『宋元學案』原本復原

（清）黃宗羲 著
焦印亭 整理

中国社会科学出版社

圖書在版編目（CIP）數據

《宋元學案》原本復原 /（清）黃宗羲著，焦印亭整理. — 北京：中國社會科學出版社，2021.3

ISBN 978-7-5203-7276-3

Ⅰ.①宋…　Ⅱ.①黃…②焦…　Ⅲ.①學術思想—思想史—研究—中國—宋元時期　Ⅳ.①B248.05

中國版本圖書館CIP數據核字（2020）第179484號

出 版 人　趙劍英
責任編輯　安　芳
責任校對　張堯釔
責任印製　李寡寡

出　　版　中国社会科学出版社
社　　址　北京鼓樓西大街甲158號
郵　　編　100720
網　　址　http://www.csspw.cn
發 行 部　010-84083685
門 市 部　010-84029450
經　　銷　新華書店及其他書店

印刷裝訂　北京君升印刷有限公司
版　　次　2021年3月第1版
印　　次　2021年3月第1次印刷

開　　本　787×1092　1/16
印　　張　52.5
字　　數　1018千字
定　　價　298.00圓

目錄

六 伊川學案

一二　藍田學案……三三六

二五　金溪學案之三 …… 五八二

二七　潛庵學案……六三三

三三 雙峰學案……七〇六

三四　四明朱門學案一

三五　四明朱門學案二……七三六

《宋元學案》辨原

《宋元學案》是繼《明儒學案》以後又一部大型斷代學術史專著，對於瞭解宋元思想學術的來龍去脈及各家各派的宗旨特色具有極大的史料價值。

《宋元學案》初無定名，稱法不一：或稱《宋儒學案》，或稱《宋元儒學案》，或以《宋儒學案》和《元儒學案》分稱。《宋元學案》並非出自一人之手，也非成書于一時。從發凡起例到定稿付梓，經歷了複雜的過程。大致可分為三個階段：

第一，草創階段（康熙時期）。

黄宗羲於清康熙十五年至三十四年間，搜集資料，起例發凡，其季子黄百家恪守家學具體編輯，梨洲門人楊開沅、顧諟，分任編輯之責，並大體完成了學案的初稿，此為黄氏原本。

第二，初步成書階段（乾隆、嘉慶時期）。

乾隆、嘉慶年間，黄宗羲私淑弟子全祖望受黄宗羲之孫黄千秋的委託對《宋元學案》「黄氏原本」進行了修定、次定、補定、補本四個方面的修補工作，共增補了三十二個學案，並確定了九十一個學案（包括黨案、略案）共一百卷（「全氏補本」）的整體規模，但只刊行了卷首《宋元儒學案·序錄》和卷十七《横渠學案上》，全祖望就因病辭世了。其後黄宗羲的五世孫黄璋與六世孫黄征乂等余姚黄氏家族後裔在黄氏原本及全祖望修補本的基礎上編纂了八十六卷的「黄璋校補本」（《宋元學案》中稱之為「黄氏補本」）稿本，但並沒有刊行。

第三，定稿刊行階段（道光時期）。

道光年間，全祖望的私淑弟子王梓材、馮雲濠等人以全祖望的修補本為底本，以黄璋校補本等版本相參校，于道光十八年出版了百卷本的『慈溪馮氏醉經閣初刻本』。其後王梓材、何紹基在初刻本的基礎上再次校刊，于道光二十六年出版了「道州何紹基重刻本」（即今通行本的母本）。

從黄宗羲草創此書至最後編定刊刻出版，經數十人之手（可考證出姓名的就有五十一人），歷時大約一百六十年。《宋元學案》的內容與性質伴隨其成書三個階段也大致經歷了三個階段的變化。第一階段的主要編纂者黄氏父子在其「黄氏原本」中，以宋元理學的發展脈絡為主線，致力於哲學思想的闡釋與評價。故「黃氏原本」的形式與內容與《明儒學案》一脈相承，可謂精華版的宋元哲學史（理學史）。第二階段的主要編纂者全祖望在「黃氏原本」的基礎上進行大規模增補修訂並決定了全書的總體規模。從而導致「黃氏原本」的哲學史意味為全氏的思想史框架所掩蓋，並使得《宋元學案》的思想史意味非常濃厚。第三階段的主要編纂者王梓材與馮雲濠在第二階段「全氏修補本」的基礎上作了進一步的修補訂正，補充了許多資料，並留下了大量與修訂、調整相關的案語，使《宋元學案》作為宋元儒學思想文獻資料彙編的史料學意味十分強烈。

黃宗羲晚年撰著的《宋元儒學案》屬未定稿。他從理學之儒觀念表述宋元理學的宗傳歷史，計完成三十三個學案，並有數十條關於理學家為學宗旨和理學問題探討的案語。此稿經其季子黃百家的補充纂輯，是為「黃氏原本」。全祖望對此著進行重新編訂和修補，即是今傳之百卷本《宋元學案》。全氏修補本擴大了學案的範圍，其未能理解黃宗羲的儒學觀念和「理學之儒」嚴格的學術意義，其學案擴大化的結果使黃氏原著面目全非，難以同《明儒學案》的價值相比擬。

今傳之百卷本《宋元學案》完全違背黃宗羲原意，未貫徹理學之儒的觀念，致使此著蕪雜散亂，淹沒了原本之學術水準。①因此，按黃宗羲的觀念與體例恢復《宋元儒學案》之「黃氏原本」應是中國哲學史研究的一項重要的工作。

黃宗羲、黃百家父子草創之黃氏原本今已亡佚，但現本《宋元學案》中有大量的案語，通過對案語的梳理與分析，我們可以尋到其來龍去脈，參證《明儒學案》之體例，恢復《宋元儒學案》之原貌，體現宋元理學發展的源流宗傳。現本《宋元學案》中共有八位編纂者，二一五二條案語，這些案語體現了編纂者的編纂成果及其思想立場，留下了文獻資料來源和整理的線索。通過統計，二一五二條案語分別是：黃宗羲八九條，黃百家二一四條，全祖望四〇五條，王梓材九二四條，馮雲濠四六三條，楊開沅二三條，顧諟二四條，張采十條。黃氏父子的案語側重於哲學闡釋，重心在北宋五子：邵雍、周敦頤、程顥、程頤、張載和南宋的朱熹、陸九淵。全祖望的案語側重於史實的考訂和學術思想源流的梳理，重點在黃氏父子未曾或較少關注的學者。王梓材、馮雲濠二人的案語數量最多，主要內容均是與文獻整理相關的情況說明，有許多校勘修訂的具體細節。「王梓材、馮雲濠對黃氏原本、全氏補本逐條理清，並在《宋元學案》中一一注明，使我們對兩家的編纂、修補情況一目了然。如，卷十一《廉溪學案》上，王梓材在該卷《序錄》後案雲：『是卷學案，謝山唯補講友數人。』又在『鐮溪講友』周文敏、傅譽傳後加一『補』字。這就在客觀上為我們研究該書的編纂情況提供了便利，也為我們探討黃、全兩家的

① 謝桃坊：《〈宋元儒學案〉辨原》，《西華大學學報》二〇一六年第四期。

著述宗旨、對材料的取捨態度、對學術流別辨識的觀點等等提供了依據。」①根據王梓材與馮雲濠整理時留下的案語所示的資料線索，我們基本可以鉤稽黃氏原本的面貌和全祖望對黃氏原本所作的改動和處理。

一案語記載黃氏原本的學案

梳理全書中王梓材與馮雲濠的案語，依學案先後次序羅列如下：安定學案、泰山學案、康節學案、濂溪學案、明道學案、伊川學案、橫渠學案、上蔡學案、龜山學案、廌山學案、和靖學案、藍田學案、永嘉學案之一、武夷學案、豫章學案、橫浦學案、艾軒學案、紫陽學案、南軒學案、東萊學案、永嘉學案之二、永康學案、金溪學案之一、金溪學案之二、金溪學案之三、勉齋學案、潛庵學案、潛室學案、北溪學案、鶴山學案、西山學案、金華學案、雙峰學案、四明朱門學案一、四明朱門學案二、新安學案、北方學案、草廬學案。共計三十八個。

二全祖望對黃氏原本的補修與調整處理

現百卷本《宋元學案》含黃氏原本中的三十三個學案，排列如下：安定學案、泰山學案、康節學案、濂溪學案、明道學案、伊川學案、橫渠學案、上蔡學案、龜山學案、廌山學案、和靖學案、藍田學案、武夷學案、豫章學案、橫浦學案、艾軒學案、紫陽學案、南軒學案、東萊學案、永嘉學案、永康學案、金溪學案、勉齋學案、潛庵學案、潛室學案、北溪學案、鶴山學案、西山學案、金華學案、雙峰學案、新安學案、北方學案、草廬學案。

上述三十三個學案均保存了黃氏原本的面貌，在現百卷本《宋元學案》中被標註為「修定」「次定」。三十三個學案被全祖望更改名稱的計有七個：康節學案改為百源學案、紫陽學案改為晦翁學案，永康學案改為龍川學案，潛室學案改為木鐘學案，西山學案改為西山真氏學案，金華學案改為北山四先生學案，新安學案改為介軒學案，北方學案改為魯齋學案。其中康節學案、紫陽學案在更改名稱的同時又被分為上、下卷。

更改名稱又重新調整處理的計有五個：藍田學案調整為呂范諸儒學案；永嘉學案之一調整為周許諸儒學案，永嘉學案之二調整為艮齋學案和止齋學案，從永嘉學案之一中分出水心學案；金溪學案之一、之二調整為梭山復齋學案，金溪學案之三調整為象山學案。

現百卷本《宋元學案》有九十一個學案（包括黨案、略案），出自黃氏原本的共有五十九個學案，全祖望增補了三十二個學案。復原《宋

① 林久貴：《〈宋元學案〉的作者及成書經過述論》，《黃岡師專學報》一九九八年第三期。

元儒學案》時，全祖望增補的三十二個學案撇開不管。出自黃氏原本的五十九個學案，全祖望的編纂工作分為修定（今本《宋元學案》中目錄標記為「黃氏原本、全氏修定」，正文標記為「黃宗羲原本、黃百家纂輯、全祖望修定」）、次定（今本《宋元學案》中目錄標記為「黃氏原本、全氏次定」，正文標記為「黃宗羲原本、黃百家纂輯、全祖望次定」）、補定（目錄標記為「黃氏原本、全氏補定」，正文標記為「黃宗羲原本、黃百家纂輯、全祖望補定」）。根據「校刊宋元學案條例」：「故有梨洲原本所有，而為謝山增益者曰『黃某原本，全某修定』；有梨洲原本所無，而為謝山特立者，則標之曰『全某補本』；又有梨洲原本，謝山唯分其卷第者，則標之曰『黃某原本，全某次定』；亦有梨洲原本，謝山分其卷第而特為立案者，則標之曰『黃某原本，全某補定』。蓋次定無所謂修補，補本無所謂原本，修定必有所由來，補定兼著其特立也。其曰『定』者，謝山稿本當自標之」①我們可以這樣理解：標為「全氏修定」是全祖望對原本作的一些修補，標為「次定」是對某些學案進行分卷，它們均保存了原本面貌，這些修定、次定的學案當是復原《宋元儒學案》的主要來源。對某學案中所列弟子，重新單列學案，標為「補定」，可以理解為黃氏原本外的全部或部分增加，在復原《宋元儒學案》時應格外審慎進行辨析，甄別何為黃氏原著，何為全祖望補定。

現百卷本《宋元學案》出自黃氏原本的五十九個學案，修定、次定、補定的情況清單如下。

修定情況一覽表

卷次	一	二	十	一二	一四	一六	一八	二四	二五	二六	二七
現百卷本學案名稱	安定學案	泰山學案	百源學案（下）	濂溪學案（下）	明道學案（下）	伊川學案（下）	橫渠學案（下）	上蔡學案	龜山學案	廌山學案	和靖學案
黃氏原本	安定學案	泰山學案	康節學案	濂溪學案	明道學案	伊川學案	橫渠學案	上蔡學案	龜山學案	廌山學案	和靖學案
卷次	三四	三九	四十	四七	四九	五十	五一	五六	五七	五八	六三
現百卷本學案名稱	武夷學案	豫章學案	橫浦學案	艾軒學案	晦翁學案（下）	南軒學案	東萊學案	龍川學案	梭山復齋學案	象山學案	勉齋學案
黃氏原本	武夷學案	豫章學案	橫浦學案	艾軒學案	紫陽學案	南軒學案	東萊學案	永康學案	金溪學案之一、之二	金溪學案之三	勉齋學案

① 黃宗羲原著、全祖望補修：《宋元學案》，中華書局一九八六年版，第二一頁。

续表

卷次	六四	六五	六八	八十	八一	八二	八三	八九	九十	九二	
現百卷本學案名稱	潛庵學案	木鐘學案	北溪學案	鶴山學案	西山真氏學案	北山四先生學案	雙峰學案	介軒學案	魯齋學案	草廬學案	
黃氏原本	潛庵學案	潛室學案	北溪學案	鶴山學案	西山學案	金華學案	雙峰學案	新安學案	北方學案	草廬學案	

次定情況一覽表

卷次	九	一一	一三	一五	一七	四八
現百卷本學案名稱	百源學案（上）	濂溪學案（上）	明道學案（上）	伊川學案（上）	橫渠學案（上）	晦翁學案（上）
黃氏原本	康節學案	濂溪學案	明道學案	伊川學案	橫渠學案	紫陽學案

以上修定、次定的學案共三十二個。其中龍川學案，黃氏原本名稱為永康學案，今本《宋元學案》中目録標記為「黃氏原本、全氏補定」，而正文標記為「黃宗羲原本、黃百家纂輯、全祖望修定」，究竟是「修定」，還是「補定」？從其内容來看，陳亮小傳下邊的黃百家案語實際為黃氏為此學案所做的序録。按「修定」統計較為妥當。

補定情況一覽表

卷次	一三	三十	三一	三二	三三	三六	四一	四二	四三	五二	五三
現百卷本學案名稱	滎陽學案	劉李諸儒學案	呂范諸儒學案	周許諸儒學案	王張諸儒學案	紫微學案	衡麓學案	五峰學案	劉胡諸儒學案	艮齋學案	止齋學案
黃氏原本	附安定學案	附明道學案、附伊川學案	藍田學案	永嘉學案之一	附康節學案	附和靖學案	附武夷學案	附武夷學案	劉勉之為全氏特立，胡憲附武夷學案	永嘉學案之二	永嘉學案之二

续表

卷次	現百卷本學案名稱	黃氏原本
五四、五五	水心學案(上、下)	永嘉學案之一
六二	西山蔡氏學案	附紫陽學案
六六	南湖學案	全氏所分立，車玉峰《腳氣集》有梨洲原本
六七	九峰學案	附紫陽學案
六九、七十	滄州諸儒學案(上、下)	紫陽、勉齋、潛庵、潛室、北溪諸學案所附
七一	岳麓諸儒學案	附南軒學案
七三	麗澤諸儒學案	附東萊學案
七四	慈湖學案	附金溪學案
七五	潔齋學案	附金溪學案
七六	廣平定川學案	附金溪學案
七七	槐堂諸儒學案	附金溪學案

卷次	現百卷本學案名稱	黃氏原本
八五	深寧學案	附西山學案
八六	東發學案	四明朱門學案二
八七	靜清學案	四明朱門學案一
九一	靜修學案	附北方學案
九三	靜明寶峰學案	附金溪學案

以上補定的學案共二十七個。其中龍川學案，按「修定」統計，不歸於「補定」的學案。

通過以上的梳理統計，現百卷本《宋元學案》修定、次定的三十二個學案保存了原本的面貌，是最珍貴的部分，是復原黃氏原本的主要材料來源。情況複雜的是基於黃氏原本藍田學案的吕范諸儒學案，基於黃氏原本永嘉學案之一的周許諸儒學案，基於永嘉學案之二的艮齋學案和止齋學案，從永嘉學案分出的水心學案。這些學案在黃氏原本中本是專列的，而在現百卷本《宋元學案》中全祖望均標明為「補定」，説明他在黃氏原本外做了分割及部分的增加與調整，在復原過程中辨析剝離何為黃氏原著，何為全祖望補定是難點。

在復原《宋元學案》過程中，我們還應注意《宋元學案》與《明儒學案》體例結構的不同。「黃宗羲按照理學之儒的觀念全面考察明代理學的發展，對各家學術宗旨的探究、源流的追溯、宗派的區分及學理的批評，均體現了高度的理論水準。」①「在《明儒學案》裏，他按照『分其宗旨、別其源流』的原則，匯列一代理學授受者為若干學案。每個學案由四部分組成：一、序錄，論述案主為學之宗旨；二、

① 謝桃坊：《〈宋元儒學案〉辨原》，《西華大學學報》二〇一六年第四期。

傳記，介紹案主生平事蹟；三、案主論學資料，包括語錄、論著、選錄及後人之評論；四、承傳之弟子情況。」①《明儒學案》「是一部博大精深的斷代思想史，更確切地說是一部明代理學史。黄宗羲欲建構七百年的完整的理學史系統，遂在完成《明儒學案》之後，繼而撰著《宋元儒學案》，以使其『理學之儒』的觀念得以完滿地實現。顯然《宋元儒學案》的撰著是沿襲《明儒學案》的體例和嚴格的『理學之儒』的觀念進行的。」②而今百卷本《宋元學案》的體例結構為：一、學案表，揭示所收學者間的師承關係、傳授情況及其傳承譜系；二、序錄，簡要説明案主的思想特色或評價作為各學案之綱領；三、案主本傳，記錄案主生平事蹟及學術活動等内容；四、案主思想資料，從文集、專著、時人評論等原典文獻中輯錄的案主的論學及思想資料，五、附錄，補充説明案主的事蹟或學術評論等内容；六、與案主有師承關係的人物資料，與案主有師承關係的人物被區分成「講友」「學侣」「同調」「門人」「私淑」「家學」等，排列其傳記、輯錄時人評議、選編其著述與學術資料、附錄等内容。③「黄宗羲撰著《明儒學案》時按各家授受關係分立學案，而于其他理學家則分别歸入諸儒學案。在每個學案裡並未特别標明某案主之『學侣』『講友』『同調』等等關係。」「《宋元學案》在每個學案裡特别標明某案主『學侣』『講友』『同調』『私淑』『家學』等，這種複雜紛繁的學術承傳關係，多半是不切實際的。」④今百卷本《宋元學案》完全背離了黄宗羲原本之體例，違背了黄宗羲意圖建立以程朱學派為主的宋元理學系統的原意，未貫徹理學之儒的觀念。黄宗羲《明儒學案》是以闡述明代理學宗傳為主旨，力圖建立純正的理學系統。此著為黄氏生前獨立完成，集中體現了其本人的哲學觀點和立場。故《宋元儒學案》的原本體例亦理應參照比附《明儒學案》的體例。⑤

在復原《宋元儒學案》的過程中，我們應熟知現百卷本《宋元學案》的「條例」，以區分哪些是黄氏原本的内容哪些是全祖望和他人的補修。「校刊宋元學案條例」中一條尤其重要：「每學案中所采語錄、文集各條，有知為梨洲原本者，則注明『黄氏原本』；有知為謝山所補者，則注明『全氏補』。至於學派諸小傳，有梨洲有傳，而謝山修之加詳者，則注『修』字；有梨洲無傳，並無其名，而謝山特補之者，則注『補』字。庶使一覽了然，不至兩家混淆。」⑥

---

① 謝桃坊：《〈宋元儒學案〉辨原》，《西華大學學報》二〇一六年第四期。
② 謝桃坊：《〈宋元儒學案〉辨原》，《西華大學學報》二〇一六年第四期。
③ 連凡：《〈宋元學案〉的層次結構與學案設置》，《北京社會科學》二〇一七年第四期。
④ 謝桃坊：《〈宋元儒學案〉辨原》，《西華大學學報》二〇一六年第四期。
⑤ 謝桃坊：《〈宋元儒學案〉辨原》，《西華大學學報》二〇一六年第四期。
⑥ 黄宗羲原著、全祖望補修：《宋元學案》，中華書局，一九八六年版，第二一頁。

此外，掌握一些規律性的現象也非常有利於《宋元儒學案》的復原工作。如：黃氏父子在排列思想資料時，一般遵循的順序是將其予以重視的代表性著作、文章置於開頭，其次是語錄或專著，最後文集。《宋元學案》最後的編纂者王梓材為了使全書的內容與形式統一，對此前黃氏父子或全祖望編纂的資料之所屬進行了大量調整。比如：黃宗羲為原本學案所做的序錄即被調整為案語或作為附錄；將資料從原來的「案主思想資料」移入「附錄」（不限於同一學案）的情況也非常之多。

此外，我們應理解王梓材案語中的術語的意指，這對於《宋元儒學案》的復原工作很有幫助，王梓材案語中涉及資料調整時使用最多的術語是「移為」與「移入」，「移為」用於同一學案，「移入」用於不同學案。

整理說明

此次整理據《續修四庫全書》影印清道光二十六年道州何氏刻本，並參考中華書局一九八六年點校本，二〇〇五年浙江古籍出版社《黄宗羲全集》點校本，依據書中的案語復原三十八個學案，根據《宋元學案》先後次序羅列如下：安定學案、泰山學案、康節學案、濂溪學案、明道學案、伊川學案、横渠學案、上蔡學案、龜山學案、廌山學案、和靖學案、藍田學案、永嘉學案之一、武夷學案、豫章學案、横浦學案、艾軒學案、紫陽學案、南軒學案、東萊學案、永嘉學案之二、永康學案、金溪學案之一、金溪學案之二、金溪學案之三、勉齋學案、潛庵學案、潛室學案、北溪學案、鶴山學案、西山學案、金華學案、雙峰學案、四明朱門學案一、四明朱門學案二、新安學案、北方學案、草廬學案。

按照《宋元學案》的條例與案語，我們能夠斷定：第一，黄百家在撰述過程中，協助其父做了資料的搜集與編纂工作，是黄宗羲學術思想的忠實繼承人，貫徹父親定下的編纂原則與思想史觀，留下了諸多精準確切的案語，表明他對理學有深入的認識。第二，有黄氏父子、楊開沅、顧諟案語與張采曰的必定出自黄氏原本。何刻本《宋元學案》正文百卷中錄存「張采謹案」六條，分佈於五卷之中，分別評論横渠、正獻、張繹、魏掞之、龍川諸人。據岳珍、劉真倫考證，張采是黄宗羲友人，卒于順治五年，下距康熙年間梨洲編撰《宋元學案》尚有數十年之遥，書中錄存其文字，當采自其著述，或亦梨洲因文存人之意。值得注意的是，醉經閣刻本錄存上述文字，均作「張采曰」。「張采謹案」當為王梓材所改，是誤張采為《宋元學案》之編撰者。[1]基於此，在整理中將「張采謹案」改為「張采曰」。

《宋元學案》的附錄是《明儒學案》之外新增的一個項目，主要内容為與學者有關的生平事跡、補充事跡及學術評論，亦有逸聞趣事和歷代學者的相關評論。其内容與小傳及思想資料的界限區分不甚明晰，少數有資料來源的案語說明，在整理中依據案語恢復原貌，大多數則没有交代來源就附在傳記的後面。

學案案主或某學者傳記後排列的論學資料包括代表性著作、文章、語錄、專著、文集，在整理中一一註明出處，部分有現代整理本

---

① 岳珍、劉真倫：《儒藏本〈宋元學案〉校理芻議》，《華中國學》二〇一九年春之卷。

的亦給出出處以供參考，因現代整理本依據的版本與《宋元學案》版本不同，文字存在差異，本書不作校勘判定，特予以說明。論學資料中有幾條篇名、卷數注錯者，經查閱核實後直接改正，亦未在文中交代。

案主或某學者傳記後有「黃氏原本，全祖望修之加詳」者，指黃氏原本有傳，全祖望修之加詳。

作者小傳後即有黃氏父子的案語的，可視為該學案的序錄。如孫復、邵雍、周敦頤、程顥、程頤、張載、謝良佐、楊時、尹焞、胡安國、羅從彥、朱熹、張栻、陸九淵、輔廣、何基、董夢程小傳後的黃宗羲案語即是泰山學案、康節學案、濂溪學案、明道與伊川學案、橫渠學案、上蔡學案、龜山學案、和靖學案、武夷學案、豫章學案、紫陽學案、南軒學案、潛庵學案、金華學案、新安學案的序錄。上蔡學案、和靖學案已根據案語，將黃氏父子的案語還原為學案語略（序錄）。

整理參照比附《明儒學案》的体例，即按照「分其宗旨，別其源流」的原则，滙列一代理學授受者爲若干學案。每个學案由四部分組成：一、序錄，论述案主爲學之宗旨；二、傳記，介绍案主生平事跡；三、案主論學資料，包括語錄、論著、選錄及后人之評論；四、承傳之弟子情況。需要說明的是《宋元學案》只有部分學案有序錄，沒有的則空缺。《明儒學案》承传之弟子情况中沒有門人、再傳、三傳等分類，而《宋元學案》的承傳情況較為複雜，整理中對案主的門人、再傳、三傳做了梳理歸類，雖屬畫蛇添足之舉，但用意在於為使用者提供些許便利。

一 安定學案

文昭胡安定先生瑗

胡瑗，字翼之，泰州如皋人。七歲善屬文，十三通《五經》，即以聖賢自期許。鄰父見而異之，謂其父曰：「此子乃偉器，非常兒也！」家貧無以自給，往泰山，與孫明復、石守道同學，攻苦食淡，終夜不寢，一坐十年不歸。得家書，見上有「平安」二字，即投之澗中，不復展，恐擾心也。以經術教授吳中，范文正愛而敬之，聘為蘇州教授，諸子從學焉。景祐初，更定雅樂，文正薦先生，以白衣對崇政殿。授試祕書省校書郎，辟丹州軍事推官，歷保寧節度推官。滕宗諒知湖州，聘為教授。先生倡明正學，以身先之。雖盛暑，必公服坐堂上，嚴師弟子之禮。視諸生如子弟，諸生亦愛敬如父兄。其教人之法，科條纖悉具備。立「經義」「治事」二齋：經義則選擇其心性疏通、有器局、可任大事者，使之講明《六經》。治事則一人各治一事，又兼攝一事，如治民以安其生，講武以禦其寇，堰水以利田，算曆以明數是也。凡教授二十餘年。慶曆中，天子詔下蘇、湖，取其法，著為令于太學。召為諸王宮教授，辭疾不行。尋為太子中舍，以殿中丞致仕。皇祐中，更鑄太常鐘磬，驛召先生與阮逸，同太常官議于祕閣，遂典作樂事。授光祿寺丞、國子監直講。樂成，遷大理寺丞，賜緋衣、銀魚袋。嘉祐初，擢太子中允、天章閣侍講，仍專管句太學。四方之士歸之，至庠序不能容，旁拓軍居以廣之。既而疾作，以太常博士致仕。東歸之日，弟子祖帳百里不絕，時以為榮。卒，年六十七，謚文昭，詔賻其家。

所著有《易》《書》《中庸義》《景祐樂議》。是時禮部所得士，先生弟子十常居四五，隨材高下而修飾之，人遇之，雖不識，皆知為先生弟子也。在湖學時，福唐劉彝往從之，稱為高弟。後熙寧二年，神宗問曰：「胡瑗與王安石孰優？」對曰：「臣師胡瑗以道德仁義教東南諸生時，王安石方在場屋中修進士業。臣聞聖人之道，有體、有用、有文。君臣父子，仁義禮樂，歷世不可變者，其體也。《詩》《書》史傳子集，垂法後世者，其文也。舉而措之天下，能潤澤斯民，歸于皇極者，其用也。國家累朝取士，不以體用為本，而尚聲律浮華之詞，是以風俗偷薄。臣師當寶元、明道之間，尤病其失，遂以明體達用之學授諸生。夙夜勤瘁，二十餘年，專切學校。始于蘇、湖，終于太學，出其門者無慮數千餘人。故今學者明夫聖人體用，以為政教之本，皆臣師之功，非安石比也。」帝曰：「其門人今在朝者為誰？」對曰：「若錢藻之淵篤，孫覺之純明，范純仁之直溫，錢公輔之簡諒，皆陛下之所知也。其在外，明體達用之學，教於四方之民者，殆數十輩。

其餘政事、文學粗出于人者，不可勝數。此天下四方之所共知也。」帝悅。明嘉靖中，從祀孔廟，稱「先儒胡子」。

百家謹案：先生在太學，嘗以「顏子所好何學論」試諸生。先生得伊川作，大奇之，即請相見，處以學職，知契獨深。伊川之敬禮先生亦至。于濂溪，雖嘗從學，往往字之曰「茂叔」；于先生，非「安定先生」不稱也。又嘗語人曰：「凡從安定先生學者，其醇厚和易之氣，一望可知。」又嘗言「安定先生之門人，往往知稽古愛民矣，于從政乎何有！」

先生世居安定，流寓陵州。父訥為寧海節度推官，隨任生于泰州寧海鄉，先生故址也。人稱為之安定先生，溯其源也。

先生在太學，其初人未信服。使其徒之已仕者盛僑、顧臨輩分置執事，又令孫覺說《孟子》，中都士人稍稍從遊。日升堂講《易》，音韻高朗，旨意明白，眾皆大服。《五經》異論，弟子記之，目為《胡氏口義》。

先生在學時，每公私試罷，掌儀率諸生會于肯善堂，合雅樂歌《詩》。至夜，乃散諸齋，亦自歌《詩》奏樂，琴瑟之聲徹于外。

先生嘗召對，例須就閤門習儀。先生曰：「吾平生所讀書，即事君之禮也，何以習為！」閤門奏上，人皆謂山野之人必失儀。及登對，乃大稱旨。上謂左右曰：「胡瑗進退周旋，皆合古禮。」

先生初為直講，有旨專掌一學之政，遂推誠教育多士。亦甄別人物，故好尚經術者，好談兵戰者，好文藝者，好尚節義者，使之以類群居講習。先生亦時時召之，使論其所學，為定其理。或自出一義，使人人以對，為可否之。或即當時政事，俾之折衷。故人人皆樂從而有成效。朝廷名臣，往往皆先生之徒也。

某先生，番禺大商子也。安定為國子日，遣之就學京師，所齎千金，儇蕩而盡，身病瘠，將危，客於逆旅。適其父至，閔而不責，攜之謁安定，告其故。曰：「是宜先警其心，而後教諭之以道也。」乃取一帙書曰：「汝讀是可以知養生之術，知養生，而後可學矣。」視之，乃《素問》也。讀未竟，惴惴然懼伐性之過，自痛悔責。安定知已悟，召而誨之曰：「知愛身則可修身。自今以始，其洗心向道，取聖賢書次第讀之，既通其義，然後為文章，則汝可以成名。聖人不貴無過，而貴改過。勉勤事業！」先生銳穎善學，取上第而歸。

徐積初見先生，頭容少偏。先生厲聲云：「頭容直！」積猛然自省，不特頭容要直，心亦要直，自是不敢有邪心。

神宗題贊先生像曰：「先生之道，得孔、孟之宗；先生之教，行蘇、湖之中。師任而尊，如泰山屹峙于諸峰；法嚴而信，如四時迭運于無窮。辟居太學，動四方欣慕，不遠千里而翕從；召入天章，輔先帝日侍，啟沃萬言而納忠。經義治事，以適士用；議禮定樂，以迪朕躬。敦尚本實，還隆古之諄風；倡明正道，開來學之顓蒙。載瞻載仰，誰不思公；誠斯文之模範，為后世之欽崇！」

其孫滌曰：先祖治家甚嚴，尤謹內外之分。兒婦雖父母在，非節朔不許歸寧。有遺訓，嫁女必須勝吾家者，娶婦必須不若吾家者。或問故，曰：「嫁女勝吾家，則女之事人必欽必戒。娶婦不若吾家，則婦之事舅姑必執婦道。」黃東發曰：「先生明體用之學。師道之立，自先生始。然其始讀書泰山，十年不歸，及既教授，夙夜勤瘁，二十餘年，人始信服。立己立人之難如此。」

百家謹案：先生之學，實與孫明復開伊洛之先，且同學始終友善。其云先生在太學，與明復避不相見，此邵氏《後錄》之謬，正與「主癰疽、寺人」之談同也。

論語說

友者輔仁之任，不可以非其人。故仲尼嘗曰：「吾死，商也日進，賜也日退。」商好與勝己者處，賜好與不如己者處也。（無友不如己者）

非止聞夫子之道，凡聞人之善言善行，皆如是。（子路唯恐有聞）

命者稟之說于天，性者命之在我。在我者修之，稟于天者順之。愚、魯、辟、喭，皆道其所短而使修之者也。（愚、魯，辟、喭）

公叔文子與大夫僎同升諸公，孔子曰「可以為『文』」；臧文仲知柳下惠之賢而不舉，孔子謂之「竊位」。由此觀之，君子以薦賢為己任。（臧文仲竊位）

子貢之言，甚而言之也。孔子固學于人而後為孔子。（子貢言夫子不可及）

冉求有為政之才，故曰「可使為宰」；及其聚斂不合正道，故曰「小子鳴鼓而攻之可也」。如美管仲之功，則曰「如其仁，如其仁」；至于鄙管仲之僭，則曰「管氏而知禮，孰不知禮」。（孔子稱冉求可使為宰，又鄙為「小子」）

古之取人以德，不取其有言，言與德兩得之。今之人兩失之。（有德者必有言，有言者不必有德）

取以一時之能，而不責以平生之行。（孔子見互鄉童子）

春秋說

不書「王師敗績于鄭」，王者無敵于天下，書「戰」則王者可敵，書「敗」則諸侯得禦，故言「伐」而不言「敗」。茅戎書「敗」者，王師非王親兵致討取敗，而書之。（桓五年，蔡人、衛人、陳人從王伐鄭）

蔡季者，蔡桓侯之弟。弟季當立。「歸」者，善辭也。時多弑奪，明季無惡。字者，諸侯之弟例書字。（桓十七年，蔡季自陳歸于蔡）

諸侯伐衛以納朔，天子不先救，朔卒為諸侯所納，天子威命盡矣。先師謂：猶愈乎不救。書王人子突之救，以王法尚行于此也。勢既已去，

烏能必勝哉！（莊六年，王人子突救衛）

八月弒君，十月出奔，臣子不討賊可知！（莊十二年，宋萬出奔陳）

婦人，從夫者也。公親迎于齊，夫人不從公而至，失婦道也。大夫宗婦者，同宗大夫之婦，非謂大夫與宗婦也。覿者，見夫人也。用幣者，為贄不過榛、栗，棗、脩，今婦人而用男子之贄，莊公以誇侈失禮也。（莊二十四年，大夫宗婦覿，用幣）

伯姬乃婦人中之伯夷也。（襄三十年，宋伯姬卒）

生則書「王」，明實為嗣。死乃稱「子」，正未踰年，未成天子之至尊。（昭二十二年，王子猛卒）

安定門人

正公程伊川先生頤

見《伊川學案》。

忠宣範堯夫先生純仁（李端叔附傳）

范純仁，字堯夫，文正公仲子也。以父任為太常寺太祝。第進士，調知武進縣，以遠親不赴。易長葛，又辭。時胡安定瑗與孫泰山復、石徂徠介、李盱江覯皆客文正門，先生從之學。每講肄，至夜分不寢，置燈帳中，帳頂如墨。

父歿，始出仕，以著作佐郎知襄城縣，歷遷侍御史。會議濮王典禮，先生言宜如王珪等議。繼與御史呂誨等更論奏，不聽，先生還所授告敕，家居待罪。既而皇太后手書尊王為皇，夫人為后，先生言：「陛下以長君臨御，奈何使命出房闈？恐異日為權臣矯託之地。」尋詔罷追尊，起先生就職，先生乞外，遂通判安州。改知蘄州，歷京西提點刑獄，京西、陝西轉運副使。

召還，拜兵部員外郎，兼起居舍人、同知諫院。奏言：「王安石變祖宗法度，掊克財利，民心不寧。《書》曰：『怨豈在明，不見是圖。』願陛下圖不見之怨。」帝曰：「何謂？」對曰：「杜牧『天下之人不敢言而敢怒』是也。」帝曰：「卿善論事，為朕條古今治亂可為監戒者。」乃作《尚書解》以進。直集賢院，同修起居注。

帝切于求治，多延見咨訪疏逖小臣。先生言：「小人知小忘大，貪近昧遠，其言不可不察。」又論：「安石欲求近功，忘其舊學。尚法令則稱商鞅，言財用則背孟軻。鄙老成為因循，棄公論為流俗。異己為不肖，合意為賢人。宜速還言者而退安石，答中外之望。」

不聽，遂求罷諫職，改判國子監，去意愈決。執政遣人諭留：「已擬知制誥矣！」先生曰：「此言何為至我哉？言不用，萬鐘非所願也。」凡所上章，語多激切，帝悉不付外。先生錄申中書，安石乞加重貶，帝不從，命知河中府。徙成都路轉運使。先生戒州縣未得遽行新法，安石怒，左遷知和州。徙邢州。未至，加直龍圖閣，知慶州。過闕入對，帝曰：「卿父在慶著威名。卿隨父既久，兵法必精，邊事必熟。」先生知帝有功名心，對曰：「臣儒家，未嘗學兵。先臣守邊時，臣尚幼，不復記憶。且今日事勢，宜有不同。願別謀之帥臣。」

環州種古執熟羌為盜，流南方，過慶呼冤，先生以屬吏，非盜也。古避罪讕訟，詔御史治于寧州。先生就逮，民萬數遮馬涕泗，不得行，至有自投于河者。獄成，古以誣謫，亦加先生以他過，黜知信陽軍。移知河中。哲宗立，復直龍圖閣、知慶州。召入，歷除給事中。宣仁后垂簾，司馬文正公為政，將盡改熙、豐法度，先生謂：「去其太甚可也。」累進吏部尚書、同知樞密、右僕射、中書侍郎。先生在位，務以博大開上意，忠篤革士風。王覿言事忤旨，先生慮朋黨將熾，與文潞公、吕申公辯于簾前，未解。先生曰：「朝臣本無黨，但善惡邪正，各以類分。彦博、公著皆累朝舊人，豈容雷同罔上。昔先臣與韓琦、富弼同柄慶曆政，各舉所知。當時飛語指為朋黨，相繼補外。造謗者公相慶曰『一網打盡！』此事未遠，陛下戒之。」因錄歐文忠《朋黨論》以進。吳處厚上蔡確《車蓋亭詩》，以為謗訕，廷議欲寘憲典，惟先生與王存以為不可，爭之。司諫吳安詩、正言劉安世交章劾先生黨確，先生亦力求罷。

明年，以觀文殿學士知潁昌府。歷拜右僕射。因入謝，宣仁后曰：「或謂卿必先引用王覿、彭汝礪，卿宜與吕大防一心。」對曰：「此二人實有士望，臣終不敢保位蔽賢。」宣仁寢疾，召先生曰：「汝父仲淹可謂忠臣。在明肅垂簾時，惟勸明肅盡母道；明肅上賓，惟勸仁宗盡子道。卿當似之。」先生泣曰：「敢不盡忠！」宣仁崩，哲宗親政，所用二三大臣皆從中出，侍從、臺諫官亦多不由進擬。先生言：「陛下初親政，四方拭目以觀，天下治亂實本于此。」又群小競排宣仁垂簾時事，先生曰：「太皇保佑聖躬，功烈誠心，幽明共鑒。議者不恤國事，一何薄哉！」遂以仁宗禁言明肅垂簾事上之。

李清臣殿試策問，為紹述之說。蘇轍奏辯，引漢昭變法事。哲宗震怒曰：「安得以漢武比先帝！」轍下殿待罪，眾不敢仰視。先生從容言：「武帝雄才大略，史無貶詞，轍言殆非謗也。且進退大臣，不當如呵叱奴僕。」右丞鄧潤甫越次曰：「先帝法度為司馬光、蘇轍壞盡。」先生曰：「不然。法本無弊，弊則當改。」帝為少霽。轍平日與先生有異，至是乃服，謝曰：「公，佛地位中人也！」帝既召相章惇，先生堅請去，遂出知潁昌府。徙河南，又徙陳州。吕大防等竄嶺表，會明堂肆赦，惇先期阻其事，先生上疏為申理，且曰：「臣曾被大防排斥，陛下所親見。臣之激切，蓋仰報聖德爾。」惇不悦，詆為同罪，連貶永州安置。時以疾失明，怡然就道。聞諸子怨惇，必怒止之。赴貶所，江行舟覆，扶先生出，衣盡溼，顧諸子曰：「此亦豈章惇為之哉！」

徽宗即位，虛相位，連除觀文殿大學士，屢賜優詔、茶藥。以病乞歸，卒，年七十五。謚忠宣。先生夷易寬簡，不以聲色加人。義之所在，則挺然不少屈。自布衣至宰相，廉儉如一。在洛與司馬諸賢為真率會，脫粟一飯，酒數行而已。所得俸賜，皆以廣義莊，賑貧乏。种古之獄，不少芥蔕，且念先世契誼薦擢之。嘗曰：「吾平生所學，得之『忠恕』二字，一生用之不盡。」每戒子弟曰：「苟能以責人之心責己，恕己之心恕人，不患不至聖賢地位也。」又曰：「《六經》，聖人之事，知一字則行一字，須要造次顛沛必於是。」有請教者，曰：「惟儉可以助廉，惟恕可以成德。」有《文集》五十卷行世。子正平、正思。正平克承家學。

知襄城，伯兄純祐久心疾，先生承事照管如孝子。召編校祕閣書籍，以兄病辭不赴，富公責之曰：「臺閣清資，人豈易得，何必苦辭？」先生曰：「富貴有命。」

文正公在睢陽，遣先生到姑蘇取麥五百斛。先生時尚少，既還，舟次丹陽，見石曼卿，問寄此久何如。曼卿曰：「兩月矣。三喪在淺土，欲葬之而北歸，無可與謀者。」先生以所載麥舟付之，單騎自長蘆捷徑而去。到家，拜起侍立，良久，文正曰：「東吳見故舊乎？」對曰：「石曼卿為三喪未舉，方留滯丹陽。時無郭元振，莫可告者。」文正曰：「何不以麥舟與之？」曰：「已與之矣。」

襄民素不事蠶織，未有植桑者。先生因有罪情輕者，視所植多寡榮茂除其罰。民思不忘，號著作林。

自陝西運副召還，神宗問曰：「卿在陝西久主漕輓，必精意邊事。城郭、甲兵、糧儲何如？」對曰：「城郭粗完，甲兵粗修，糧儲粗備。」帝愕然曰：「卿才能如此，朕所倚賴，而執事皆言粗，何也？」徐對曰：「粗者，未精之辭，如是足矣。臣願陛下無意于邊事，恐邊臣觀望，要功生事，結釁塞外，殘害生靈，耗竭財用，糜費爵賞。不惟為今日目前之害，又將貽他時意外之憂。願陛下究孟子交鄰之道，修孔子來遠之德，使好生之德洽于遐方，彼將愛戴陛下如父母。雖其酋首桀驁，欲侵侮我疆，其徒亦不為之用也。」

旱久不雨，先生度將來必闕食，遂盡籍境內客舟，召其主而諭之曰：「民將無食，爾等商販惟以五穀貯于佛寺中。候闕食時，吾為汝主糶。」衆賈從命，運販不停。諸縣饑，境內之民不知也。

環慶大饑，公初到，餓殍滿路。先生欲發常平封樁粟麥賑之，州郡皆欲俟奏請得旨後散。先生曰：「人七日不食即死，何可待報？諸公但弗預，吾寧獨坐罪。」

除給事中，時哲宗、宣仁共政。司馬溫公入相，首改差役。先生謂之曰：「此事當熟講而緩行。不然，滋為民病。且宰相職在求人，變法非所先也。」溫公有所建請，先生復言：「宰相當虛心以采衆論，不必謀自己出。謀自己出，則諂諛得乘間迎合，而正士當卷懷退避。」先生與溫公雖同志，及臨事，不苟同，不見小，思前料后，劑量矯正，類如此。

溫公欲令進士召朝官保任然後應舉，又更貢舉法。先生曰：「舉人難得朝士相知。士族近京猶可，寒遠之士尤不易矣。兼今之朝士未必能過京官選人，京官選人未必能如布衣，徒令求舉，未必有益。既欲不廢文章，則雜文、四六之科不如設在衆人場中，不須別設一科也。

《孟子》恐不可輕黜，猶《六經》之《春秋》也。」溫公從之。

除兼侍講，公語人曰：「國之本在君，君之本在心。人君之學，當正心誠意，以仁為體，使邪僻浮薄之説無自而入，然後發號施令，為宗廟社稷之福。豈務章通句解，以資口舌之辯哉？」及在經筵進講，必反覆開陳其説，歸于人君可用而後止。

元祐三年，有吳處厚者以蔡確《題安州車蓋亭詩》來上，以為謗訕。宣仁太后得之，怒曰：「蔡確以吾比武后，當重謫。」呂汲公大防為左相，不敢言。先生乞薄罪，不從。初議貶確新州，先生謂汲公曰：「此路荊棘已七八十年，吾輩開之，恐不自免。」汲公不敢言，先生因乞罷政。

西邊儒帥有以威敵斥境請于先生者，手自答曰：「大輅與柴車較逐，鸞鳳與鴟鴞爭食，連城與瓦石相觸，君子與小人鬭力，不惟不能勝，兼不可勝。不惟不可勝，雖勝亦非也。」

百家謹案：先生只此數語，真聖人之言也。夫聖人之本，殺一不辜，雖得天下且不為。彼以開拓邊疆為事，使百姓肝腦塗地而不恤者，罪不容于死者也。先生既承文正公之家學，而又得安定、泰山之傳。其學以忠信為體，《六經》為功。至其事君，一以正心誠意格其非心，勸其仁愛萬民，毋開邊釁。百家嘗想：先生父子間，古今來粹然純白，學問中不易多覯之人也。先生疾革，精識不亂，諸子侍側，口占遺表，略云：「蓋嘗先天下而憂，期不負聖人之學。此先臣所以教子，而微臣資以事君。」又曰：「若宣仁之誣謗未明，致保佑之憂勤不顯。本權臣務快其私忿，非泰陵實謂之當然。」以至「未究流人之往愆，悉以聖恩而特敘，尚使存歿猶污瑕疵」，又「未解疆埸之嚴，幾空帑藏之積，有城必守，得地難耕」，凡八事，命門人李之儀次第之。先生之至死盡忠如此。

李之儀，字端叔，滄洲人。登第三十年，乃從蘇文忠於定州幕府。曆樞密院編修、官通判原州。元符中，監內香藥庫。御史石豫言其嘗從蘇軾辟，詔勒停。徽宗初，提舉河南常平。坐為忠宣遺表、作行狀，編管太平，遂居姑熟。久之，徙唐州。終朝請大夫。先生能為文，有《姑溪集》若干卷。惜其晚年狎一妓以生子，再為郭功父所發，於行有不揜云。

節孝徐仲車先生積

徐積，字仲車，山陽人。三歲而孤，事母至孝。以父名石，終身不用石器。從安定學，惡衣服不恥。應舉入都，載母以從。比登第，同年共致百金為壽，卻之，神宗朝數召對，以耳疾不能至。元祐年，除揚州司戶參軍。母歿，廬墓三年，雪夜伏側，哭不絕聲。時甘露降，木成連理。廷臣薦其孝廉，為楚州教授。徽宗初，改宣德郎。卒年七十六。《東坡志林》曰：仲車，古之獨行也，于陵仲子不能過。然其詩文則怪而放，如玉川子，此一反也。耳聵甚，畫地為字，乃始通語，終日面壁坐，不與人接，而四方事無不周知其詳。雖新且密，無不先知，此二反也。政和六年，賜謚節孝。有《文集》三十一卷。

先生三歲而孤，晨昏匍匐床下，求其父甚哀。太夫人攜于陝右外家，事母篤孝。一日，具公裳見貴官，忽自思云：「見貴官尚必用公裳，豈有朝夕見母而不具公裳者乎？」遂裹頭，服公裳，晨省其母。外氏諸婦大笑之，先生彌恪，久而亦不復笑也。先生嘗曰：「吾之持敬，自此始也。」又一日，為母置膳，先過一賣肉家，將買之，遂向市中買他物。而歸途有便道，稍近，且亦有賣肉家，將買之。因自念：「吾已有所許，而忽他之，將無欺其初心乎？」卒迂道就故所賣肉家。先生嘗曰：「吾之行信，自此始也。」

既冠，徒步從安定先生學。安定門下踰千人，以別室處之，遣婢視飲食澣濯。盛寒惟衲裘，以米投漿甕，日中數塊而已。安定使其徒餽之食，不受。將還，受一飯而行，曰：「先生之命，不可終違。」常曰：「吾於安定之門，所得多矣。言之在耳，一字不違也。」二叔父議析居，先生涕泣止之，不可。于是請其叔父，取所欲餘書十篋、敝屋數間而已。其叔沒，家替，先生事叔母如母，送死無不備。事母謹嚴，非有大故不去側。日具太夫人所嗜，皆手自調味。為兒嬉或謳歌以悅之。故太夫人雖在窮巷，奉養充美，無須臾不快也。太夫人之喪，廬墓三年，雪夜號伏，呼問太夫人寒否如平生，因委頓僵仆，手足皆裂，不顧也。翰林呂溱嘗造墓，知狀，垂涕曰：「想見鬼神幽明不隔。」鄉里瞻仰先生如神，有爭訟，必就決，不復造有司。每歲甘露降于墳域，必逾月。墓左有杏，兩枝連合。至孝感應如此。先生畜犬，孳生至數十，不以與人。或問之，曰：「吾不忍其母子相離也。」

荀子辯

荀子曰：「人之性惡，其善者僞也。」「古者聖人以之性惡，以為偏險而不正，悖亂而不治，是以為之起禮義，制法制，以矯飾人之情性而正之，以擾化人之情性而道之也。使皆出于理，合于道也。」

辯曰：荀子非也。且人之性既惡矣，又惡知惡之可矯而善之可為也？矯性之矯，如矯木之矯，則是杞柳為桮棬之類也，何異于告子哉！弗思而已矣。余以為禮義者，所以充其未足之善；法制者，矯其已習之惡。

荀子曰：「凡性者，天之就也，不可學，不可事。」

辯曰：若如此論，則是上之教可廢，而下之學可棄也，又烏用禮義為哉？余以為天能命人之性，而不能就人之性，唯人能就其性。如此，則與孔子之意合。孔子曰：「成性存存，道義之門。」

荀子曰：「今人之性，目可以見，耳可以聽。可以見之明不離目，可以聽之聰不離耳。目明耳聰不可學，明矣。」

辯曰：奚物而不可學也？赤子之性也，不匍匐矣。既匍匐也，不能行，必須左右扶持，猶曰「姑徐徐」云爾。然而卒能之楚、之秦、之天下者，其故何哉？蓋曰學而已也。至于耳目，則何獨不然。其始也，目不能視矣，耳不能聽矣。然而明可以察秋毫之末，聰可以辨五聲之和。卒能如此者，其故何哉？亦曰學而已也。夫奚物而不可學邪？

百家謹案：正唯耳目之有聰明，故聖人因明，繼以規矩，以為方員平直，因聰，繼以六律，以正五音，而有視聽之學。正惟性之善，聖人制為禮義法度，而有復性之學。

荀子曰：「今人之性，飢而欲飽，寒而欲煖，勞而欲休，人之情性也。今人飢，見長者而不敢先食者，將有所讓也；勞而不敢求息者，將有所代也。夫子之讓乎父、弟之讓乎兄，子之代乎父、弟之代乎兄，此二行者，皆反于性而悖于情也。故順情性則不辭讓矣，辭讓則悖于情性矣。用此觀之，人之性惡明矣。其善，偽也。」

辯曰：夫飢而欲飽，寒而欲煖，勞而欲休，此人情之常也，雖聖人亦不免矣。至于子之讓乎父、弟之讓乎兄，子之代父、弟之代兄，此二行皆出于其性也，何反于性而悖于情哉？有是性即有是行也，無是性即無是行也，烏有性惡而能為孝弟哉？弗思而已矣！

百家謹案：飽煖安逸，固人性情。然已既飽煖安逸，而見父兄之飢勞，試問此時之為子弟者，亦不知其心能安否。夫欲飽煖安逸，人之情也，其不安于父兄于勞之心，性之善也；讓代其父兄，順乎性之善也。

荀子曰：「凡禮義者，是生于聖人之偽，非故生于人之性也。故陶人合土而生瓦，然則瓦生于陶人之偽，非故生于人之性。工人斲木而生器，然則器生于工人之偽，非故生于人之性也。」

辯曰：夫欲行其實者必先正其名，名正則教行矣。禮義之偽與作偽之偽，有以異乎？其無以異乎？在人者必皆謂之偽，則何事而不言偽？言性惡者，將以貴禮義也。今乃以禮義而加之偽名，則是欲貴之而反賤之也。奚不曰：「陶人因土而生瓦，工人因木而生器，聖人因人而生禮義」也？何必曰偽。

百家謹案：荀子固不識性，實由乎不識禮義也。夫性即土也，而禮義非瓦也；性即木也，而禮義非器也。況性不可以土木喻哉！夫性果何物也？即此心之惻隱、羞惡、恭敬、是非，仁義禮智之理也。而此心不能不應萬事，于是聖人取此心恭敬之性而為經曲之禮，羞惡之性而為咸宜之義。是禮與義即性也。云「順其性而為禮義」者，并多此「順」與「為」字。至若土與木，曷嘗有瓦與器來，而以之相擬乎？由先生之辯，不足以折荀子也。

荀子曰：「薄願美，狹願廣，貧願富，賤願貴，苟無之中者，必求于外。故富而不願財，貴而不願勢，苟有之中者，不及於外。用此觀之，人之欲為善者，為性惡也。」

辯曰：荀子過甚矣，何不顧孟子之意也？孟子以仁義禮智謂之四端。夫端亦微矣，其謂仁者，豈遂足用為仁哉？其謂義者，豈遂足用為義哉？是在其養而大之也。此所謂薄願美，狹願廣，貧願富，賤願貴，以其不足于中而必求于外也；安得曰富而不願財，貴而不願勢，苟有中而不求于外邪？故人之欲為善，以其善之未足也，而有可充之資、可為之質也，何必待性惡而後為善哉？性惡而為善，譬如搏水上山。善而為善，如水之流而就溼也，火之始燃而燥也，豈不順也？

百家謹案：天下未有無其物而可強為者。即如荀子言，合土生瓦，斲木生器，亦必有是土木而後可生瓦器，豈無是土木而陶人工人強生瓦器乎？且荀子云「人之欲為善者，為性惡也」，不知如果性惡，安有欲為善之心乎？即此有欲為之心，已足驗人心之善矣。先生云「何不顧孟子之意」，似迂。彼既主張性惡，豈顧孟子哉！

荀子曰：「性善，則去聖王，息禮義；性惡，則興聖王，貴禮義。」

辯曰：一陰一陽，天地之常道也。男有室，女有歸，人倫之常道也。君必有民，民必有君，所以為天下也。不然，何以為天下？聖王之興，豈為性惡而已哉！故性善，得聖王則愈治，得禮義則愈興，安得曰「去聖王，息禮義。」性善而得禮義，如物萌而得膏雨也，勃然矣，有何不可哉！

荀子曰：「凡人之性，堯、舜之與桀、跖，其性一也；君子之與小人，其性一也。」

辯曰：天下之性惡而已，堯、舜、桀、跖亦惡而已，是自生民以來未嘗有一人性善也。未嘗有一人性善，其禮義曷從而有哉？其所謂聖人者，曷從而為聖人哉？

荀子曰：「堯問于舜，人情何如。舜對：人情甚不美，妻子具而孝衰于親，嗜欲得而信衰于友，爵祿盈而忠衰于君。」

辯曰：荀子載堯、舜之言，則吾不知也。至于妻子具而孝衰于親，則是妻子未具而嘗有孝矣。嗜欲得而信衰于友，則是嗜欲未得而嘗有信矣。爵祿盈而忠衰于君，則是爵祿未盈而嘗有忠矣。則是天下之性，未嘗無孝，未嘗無信，未嘗無忠，而人之性果善矣。其所以不善者，外物害之也。學荀子者，以吾言為何如？

百家謹案：荀子之學，與告子極相似，而有辨陶人合土以生瓦，工人斲木以生器，此杞柳桮棬之說也；禮義為偽，此義外之說也；以性為惡，即食色為性、生之謂性也。但告子之以杞柳喻性、桮棬喻義者，以為人生所有之本質，惟此知覺，而知覺無禮義也。欲得理于我，必須向天地萬物上求之，使與我之知覺合而為一，而後為作聖之功。而不知此知覺之遂感而通，不失其宜者，即禮義也。然告子之東流、西流，亦只言性無善惡，須復求理于外。而荀子則直以人欲橫流者為性，竟云性惡，反禮義為矯性之偽物矣。嗟乎，性道難言也！孔子明言求諸己，孟子明言性善、萬物皆備，程子明言性即理也，朱子明言虛靈不昧、具眾理而應萬事。彼告子、荀子以禮義為外，人皆知為異端，猶可言也；欲明為儒者，不識吾性之即為禮義，狺狺焉欲以沿門乞火為祕旨，凡有反求諸己者，即便妄詆之為禪，不可言也。（文淵閣四庫全書《節考集》卷二十九）

辯習

性善乎？曰：善也。以善性而習有善惡者，何也？物誘于外而欲攻于內也，好惡之不正而邪情奸于其間也。養之而弗充，則性之弗固也，況未嘗一日而養之乎。能自養者鮮矣，于是有君師之教、禮義之化也，所以養其性、長其善而正其習也。習不正則惡矣，惡不已則其性汩，而謂性之不善，是何異于害其苗而謂苗之不長也！人亦知夫苗乎？物之有苗也，苟無外物之害，則苗無不長矣。苗之槁者，外物害之也。是故善養苗者，必去其害苗者。去莠，惡其害苗也。善養性者，必去其害性者。去惡，惡其害性也，然則性者善也，習有善與惡也。習久不變，然后善惡定也。卒而為君子，卒而為小人，皆所以取之道也，是故習不可不慎也，善習者，雖瞽、鯀為父，亦舍父而習他矣。性則善也，習有善與惡也，是故習不可不慎也。（文淵閣四庫全書《節考集》卷二十九）

語錄

先生言人當先養其氣，氣完則精神全，其為文則剛而敏，治事則有果斷，所謂先立其大者也。故凡人之文，必如其氣。班固之文，可謂新美，然體格和順，不若太史公之嚴。近世孫明復及石徂徠之文，雖不若歐陽之豐富新美，然自嚴毅可畏。

人之同官，不可不和。和則事無乖逆，而下不能為奸。必欲和，莫若分過而不掠美。

欲求聖人之道，必於其變。所謂變者何也？蓋盡中道者，聖人也；而中道不足以盡，聖人故必觀于變。蓋變則縱橫反覆，不主故常而皆合道，非賢人之所能。故孔子曰「未可與權」，孟子「惡其執一」也。

治《詩》者必論其大體。其章句細碎，不足道也。且《詩》何必分二《南》為《國風》，而《雅》有大小，又有《頌》也？蓋天下之本在國，國之本在家，家之本在身。故二《南》言文王之化，正于閨房衽席之間，以至乎人化之。蓋《風》為治家之始，而《小雅》者治國政之始，《大雅》者治天下之始，《頌》者成功之始，是謂四始也。

《艮》言「思不出其位」，正以戒在位者也。若夫學者，則無所不思，無所不言，以其無責可以行其志也。若云「思不出其位」，是自棄于淺陋之學也。

揚子稱孟子之「不動心」曰：「貧賤富貴，不能動其心。」大非也。夫古之山林長往之士，豈不能以貧賤富貴不動其心；而世之匹夫之勇者，豈非所以死生不動其心也？如此，則孟子之不動心，乃常人爾。蓋孟子充養之至，萬物皆備于我，而萬變悉昭于胸中，故雖以齊國卿相之重位，亦不動心思之經營而可治。以其養之至也。

「志，氣之帥；氣，體之充。」此言精微，學者宜思之。蓋以謂志則在心而心為有知，有知則所好亦有節，而所惡不過分；縱過而踰節，亦知自反也。若氣，則冥然無知，特可以充養四體。縱之而不已，則喜怒為氣之所使，必至于過分踰節矣。此小人之事也。若君子，則學而能正能誠，所以志能帥氣，而喜怒不過。唯小人為氣所鼓，方其喜怒之際，不知形色之變，至于不聞人之聲音，不覺己之忤物，或至于殺人，殺身者，皆為氣之所使而不能帥氣也。故曰：「持其志，無暴其氣。」學者可不知此乎！

百家謹案：志與氣原非二物，志即氣之精明者是也。持志、無暴，並無兩樣工夫，故孟子止言養氣，而持志在其中矣。先遺獻曰：「若離氣而言持志，未免捉捏虛空矣。所以古人說九容，只是無暴其氣。無暴其氣，志焉有不在者乎？」

安定說中庸始于情性。蓋情有正與不正，若欲亦有正與不正，德有凶有吉，道有君子有小人也。若「天地之情可見」，「聖人之情見乎辭」，豈得為情之不正乎？若「我欲仁，斯仁至矣」，豈為不正之欲乎？故以凡言情為不正者，非也；言聖人無情者，又非也。聖人豈若土木哉！「強哉矯」，蓋矯者強之甚，大木之曲者性也。能矯而為正，豈不強乎！

百家謹案：離情無所為性，但觀此情恰好不恰好耳。存諸中而自然，發諸外而中節，氣血即是義理，子劉子所謂「中和皆是性」也。若無主宰中存，肆欲妄行，則小人之無忌憚矣。凡人生有情，情之正者即性。性從情中看出。彼釋氏之情不附物，是無情也，非聖人之道也。先生言聖人非無情，甚是。但解「強哉矯」，謂矯性之曲而正之，則非。夫所謂「強哉矯」者，乃矯乎流俗也。若性之生也直，奚待矯哉？先生辯荀，恐未免仍蹈乎荀之說也。

「道，自道也」者，且以「道路」之道言之：凡窮天下，周八極，人跡所及，皆可至焉，則道豈不六通四闢乎？然有徑有支皆道也，故必在人之所擇而行之。（文淵閣四庫全書《節孝語錄》）

訓學者文

諸君欲為君子，而使勞己之力，費己之財，如此而不為君子，猶可也；不勞己之力，不費己之財，諸君何不為君子？鄉人賤之，父母惡之，如此而不為君子，猶可也；鄉人榮之，父母欲之，諸君何不為君子？（文淵閣四庫全書《節考集》卷三十一）

侍講呂原明先生希哲

呂希哲，字原明，河南人。正獻公之長子也。正獻相哲宗，先生徧交當世之學者。與伊川俱事胡安定，在太學並舍，年相若也。其後心服伊川學問，首師事之。王荊公謂：「士未官而事科舉者，為貧也。有官矣，而復事于此，是僥倖富貴利達，學者不由也。」先生聞之，遂棄科舉，以蔭入官。荊公為政，將置其子雱于講官，以先生有賢名，欲先用之。先生辭曰：「辱公相知久，萬一從仕，將不免異同，則疇昔相與之意盡矣。」荊公乃止。

元祐中，伊川歸洛，貽書范內翰祖禹曰：「丞相久留左右所助，一意正道者，在原明爾。」父喪後，祖禹始薦為崇政殿說書，言：「正心誠意，天下自化。身不能修，雖左右之人且不能喻，況天下乎！」擢右司諫，累辭未獲，蘇文忠戲之曰：「法筵龍象，眾當觀第一義。」先生曰：「苟不得辭，當以楊畏為首。」以畏為文忠所厚也。會紹聖黨論起，出知懷州，謫居和州。

徽宗初，復官知單州，召為光祿少卿，以直祕閣知曹州。尋奪職，知相州、邢州。奉祠，流寓淮、泗間。日讀《易》一爻，默坐沈思。政和中，卒，年七十八。晚年嘗言：「十餘年前在楚州，橋壞墮水，時覺動心。數年前大病，已稍稍勝前。今次疾病，全不動矣。」其自力如此。禮部尚書豐稷嘗舉先生自代，詞云：「心與道潛，湛然淵靜。所居則躁人化，聞風則薄夫敦。」

正獻居家簡重寡默，而申國夫人性嚴有法度，雖甚愛先生，然教之事事循規蹈矩。甫十歲，祁寒盛暑，侍立終日，不命之坐不敢坐。日必冠帶以見長者。平居雖天甚熱，在父母長者之側不得去巾襪縛袴，衣服惟謹。行步出入，不得入茶肆酒肆。市井里巷之語，鄭、衛之音，未嘗經耳。不正之書，非禮之色，未嘗接目。

正獻倅潁州，歐陽文忠適知州事。焦伯強千之客文忠所，嚴毅方正，正獻招之為諸子師。諸子少有過差，伯強端坐，召與相對終日，竟夕不與之語。時先生方十餘歲，內則正獻與申國夫人教訓之嚴，外則焦師化導之篤，故先生之成就德器如此。

守官京師，不謁臺諫。遇遷轉，一謁執政，過此不見也。

監陳留稅務，章樞密質夫知縣事，雅敬愛之。一日語次，忽相陵折，先生不為動。質夫笑曰：「誠厚德也！適來相試耳。」

監稅時，汪輔之居陳留，恃才傲物，獨重公。橫渠聞曰：「是所謂蠻貊可行者也。」

正獻作相時，弟希純已官省寺，先生尚滯管庫。正獻歎曰：「當世善士，吾收拾略盡，而獨以吾故，置不用，命也。」申國夫人笑曰：「是亦未知其子也。是子豈以功名為榮辱哉！」

百家謹案：呂氏家教近石氏，故謹厚性成。又能網羅天下賢豪長者以為師友，耳濡目染，一洗膏粱之穢濁。惜其晚年更從高僧遊，盡究其道，斟酌淺深而融通之曰：「佛氏之道，與吾聖人脗合。」夫聖人以盡倫理為道，種種相背，不啻冰炭。是先生于師門之旨不無差謬也。

正獻廣用當世賢士，人之有一善，無不用也。嘗以數幅紙書當世名士姓名，既而失之。後復見此紙，則所書人悉用之矣。嘗親書遺公曰：「當世善士，無不用者。獨爾以吾故，不得用，亦命也。」

張采曰：大臣事君，此為第一義。然只須不當使知恩自己出。

吕氏雜志

孝子事親，須事事躬親，不可委之使令也。《穀梁》言：「天子親耕以供粢盛，王后親蠶以供祭服。非無良農工女，以為人之所盡事其祖禰，不若以己所自親者也。」此說最盡事親之道。

為人子者，視于無形，聽于無聲，未嘗頃刻離親也。事親如天。頃刻離親，則有時而違天。天不可得而違也。（文淵閣四庫全書《性理大全書》卷五十二）

後生初學，且須理會氣象。氣象好時，百事自當。氣象者，辭令容止，輕重疾徐，足以見之矣。不惟君子小人于此焉分，亦貴賤壽夭之所由定也。

「攻其惡，無攻人之惡。」蓋自攻其惡，日夜且自點檢，絲毫不盡，即不慊于心矣，豈有工夫點檢他人邪？

或問公：「為小人所詈辱，當何以處之？」曰：「上焉者，知人與己本一，何者為詈？何者為辱？自然無忿怒心也。下焉者，且自思曰：『我是何等人，彼是何等人！若是荅他，卻與此人等也。』如此自處，忿心亦自消也。」

凡與交遊，書其父祖知名于世者，須避其名諱。文潞公與故舊款接，一坐未嘗犯其父諱。（文淵閣四庫全書《宋名臣言行錄》外集卷六）

諫院錢先生公輔

錢公輔，字君倚，武進人。少從學于安定。中進士甲科，歷知制誥。英宗立，陳《治平十議》，又作《帝問》一篇上之。王疇為翰林學士未久，擢副樞密，先生謂其望淺，不草制，謫滁州團練使。起知廣德軍。神宗立，歷知諫院。宰相富鄭公弼謂曰：「上求治如饑渴，正賴君輩同心以濟。」答曰：「朝廷所為是，天下誰敢不從。所為非，公輔欲同之，不可得已。」王安石雅與之善，既得志，主薛向更鹽法，出滕甫于鄆州。先生數于帝前言向當黜，甫不當去，拂安石意，罷諫職，出知江寧府。帝欲召還，安石沮之，徙揚州。以病乞祠，改提舉崇福觀。卒，年五十二。

龍學孫莘老先生覺（附弟覽）

孫覺，字莘老，高郵人。甫冠，從安定遊。安定之門弟子千數，別其老成者為經社，先生年最少，儼居其間，眾皆推服。登進士第，調合肥主簿。歲旱，州督民捕蝗，先生言：「民方艱食，若以米易之，是為除害而享利也。」守悅，推其說于諸縣。嘉祐中，進館閣校勘。神宗擢至右正言。帝將大革積弊，先生言「革而當，其悔乃亡」，帝稱善。嘗從容語及知人之難，先生曰：「堯以知人為難，終享其易。願觀《詩》《書》之所任使，無速于小功近利，則王道可成矣。」帝語以欲用陳升之而罷邵亢，先生即奏如所言。帝以為希旨，奪官兩級。先生連章丐去，云：「去歲有罰金御史，今茲有貶秩諫官。未聞罰金貶秩，猶可居位者。」乃通判越州。徙知通州。

熙寧二年，詔知諫院，同修起居注，知審官院。王安石早與先生善，驟引用之，將援以為新法助，而先生與異議，安石怒，因遣行視畿縣散常平錢利病。先生疏言：「陳留不散一錢，以此見民實不願，望賜寢罷。」反覆出知廣德軍。歷知蘇州，徙福州，連徙亳、揚、徐州，知應天府。入為太常少卿、祕書少監。

哲宗立，累遷御史中丞、龍圖閣學士。卒，年六十三。紹聖中，以元祐黨奪官。徽宗初復之。所著有《文集》《奏議》《春秋傳》。

弟覽，字傳師，亦歷官龍學，知太原。城葭蘆策勳，加樞密直學士。忤時相，遭貶。

百家謹案：先生之《春秋經解》多主《穀梁》之說，而參以《左氏》《公羊》及漢、唐諸家之說。義有未安者，則補以所聞于安定及己之獨悟。晁公武稱其議論最精，誠哉斯言！初，王介甫頗與先生交好，《三經義》外，原欲解《春秋》以行天下，見先生之解，其心知不復能勝，遂舉聖經而廢之，且詆為「斷爛朝報」。其始由于忮刻，而終之以無忌憚。先生既與介甫異議，連遭貶斥，不以介意。介甫退居鍾山，先生遠訪道舊；迨其死，又誄之。嗟乎，學問之德量不同如此！

游定夫曰：「莘老少而好易，以是行己，亦以是立朝。或進或退，或語或默，或從或違，皆占于易而後行。」

章敏滕先生元發

滕元發，字達道，初名甫，東陽人也。范文正公之甥。從安定學，安定門人以千計，先生之文常為首。以進士第三授評事，通判湖州。孫沔方守杭，一見奇之，曰：「名臣也。他日當為賢將。」授以治劇守邊之要。累遷戶部判官。英宗召對，書其姓名於禁中，而未及用也。

神宗即位，方求非常之士而進之。先生入見，姿度雄爽。問天下所以治亂，對曰：「治亂之道，如黑白、東西。所以變色、易位者，朋黨亂之耳！」帝曰：「卿知君子小人之黨乎？」對曰：「君子無黨。譬之草木，綢繆相附者必蔓草，非松柏也。朝廷無朋黨，雖中主可以濟。不然，雖上聖不治。」帝太息曰：「天下名言也！」遂以右正言進知制誥，累遷御史中丞、翰林學士，且大用矣。先生性疏達不疑，在帝前論事，如家人父子，言無文飾，洞見肝鬲。帝亦知其誠藎，事無巨細，人無親疏，輒以問先生。或中夜降手詔，使者旁午，先生隨事解答，不自嫌外。而執政方行新法，恐先生撓之而帝信之，乃阻之，且造謗焉。帝雖眷先生，然竟以是出知鄆州。徙齊州，再徙鄧州。

帝眷尚未衰。先生之妻黨有犯大不道者，小人遂乘之下石，竟欲殺之。帝知其無罪，但落職貶筠州。相傳尚有後命，先生談笑自若，曰：「天知吾直，上知吾忠，吾何憂焉！」乃上書自訟曰：「樂羊無功，謗書盈篋。即墨何罪，毀言日聞。」帝覽之釋然，詔知湖州。先生去國既久，而乃心王室，著書五篇，一曰《尊主勢》，二曰《本聖心》，三曰《校人品》，四曰《破朋黨》，五曰《贊治道》，上之。詔求直言，先生疏曰：「但取熙寧二年以來所行新法悉罷，民氣和，天意解矣。」哲宗立，徙真定、河東，治邊凜然，威行西北，論者以為果賢將也。晉龍圖閣學士、右光祿大夫。卒，謚章敏。安定先生之亡，公累割俸以賙其子。及為湖州，祭其墓，哭之慟。（黄氏原本，全祖望修之加詳）

學士顧先生臨

顧臨，字子敦，會稽人。學于安定，通經學，長於訓詁。皇祐中，舉說書科，為國子監直講，遷館閣校勘，同知禮院。神宗以先生喜論兵，詔編《武經要略》，且召問兵。對曰：「兵以仁義為本，動靜之機，安危所繫，不可輕也。」因條十事以獻。權湖南轉運判官，提舉常平。議事忤執政，罷歸。改同判武學，累遷直龍圖閣、河東轉運使。元祐二年，擢給事中。朝廷方事回河，拜天章閣待制、河北都轉運使。學士蘇文忠軾言：「臨資性方正，學有根本，宜留左右以補闕遺。」諫議大夫梁燾亦言：「都漕之職，在外豈無其人。在朝如臨者，恐不易得。」皆不報。先生至部，請因河勢回使東流。復以給事中召還。歷龍圖閣學士、知定州，徙應天，河南府。轉運使郭茂恂徇時宰意劾先生，奪職知歙州。又以附會黨人斥饒州。卒，年七十二。徽宗立，追復之。

司成汪先生澥

汪澥，字仲容，宣州人。少從胡安定學。又學于荊公。熙寧太學成，分錄學正。復第進士，累遷大司成。議學制不合，以顯謨閣待制知婺州，改潁昌諸州，後徙應天府，予祠。卒，贈宣奉大夫。

先生自布衣錄太學，至為正，為司業、祭酒，迄于司成，以儒名者三十年，一時人士推之。然惜其守安定之學不終，而染於新經之說。

隱君徐八行先生中行

徐中行，字德臣，臨海人。嘗遊京師，范忠宣公賢之，薦于司馬文正公，謂斯人神清氣和，他日不為國器，必為儒宗。因福唐劉執中得執經于安定，熟讀精思，攻苦食淡，夏不扇、冬不爐、夜不安枕者踰年。乃歸，葺小室，竟日危坐，所造詣，人莫測也。父死，跣足廬墓，躬耕養母，推其餘力葬內外親及州里貧無後者十餘喪。晚年教授，遠近來學者肩摩袂屬。其為教，必自灑掃、應對、格物、致知，達于治國、平天下，俾不失其性、不越其序而後已。其友羅適持節本路，舉以自代，又率部使者以遺逸薦。崇寧中，郡守李諤又以八行薦。一日，去之黄巖，會親友，盡燬所為文，幅巾藜杖，往來委羽山中。陳忠肅瓘謫台，定交相善，謂與山陽節孝徐積齊名，稱為「八行先生」。

知州劉先生彝

劉彝，字執中，閩縣人，從安定學，安定稱其善治水，凡所立綱紀規式，力居多焉。第進士，為邵武尉，調高郵簿。移朐山令，邑人紀其事，目曰《治範》。熙寧初，為制置三司條例官屬，以言新法非便，罷。神宗擇水官，除都水丞，為兩浙轉運判官。知處州，著《正俗方》，訓斥尚鬼之俗，易巫為醫。加直史館，代沈起知桂州。時王安石用事，求邊功，起以平蠻自任，不聽交人互市，交人疑懼。先生代起，值交阯率衆内犯，連陷欽、廉、邕數州，貶為民。元祐初，復以都水丞召，道卒。著有《七經中義》《洪範解》《古禮經傳續通解》《明善》《居易》二集。子淮夫，累官朝散大夫，以孝弟稱，有賢行。

學士錢先生藻

錢藻，字醇老。吳越王元瓘之子儼入朝，為昭化節度，守和州，生昭慈，昭慈生順之，先生其子也。舉説書進士，又舉賢良方正。英宗時為祕閣校理，三上書請慈聖光獻太后歸政天子。熙寧中，累遷樞密直學士、知開封府。以慈恕簡靜為本，不求智名，以希世寵。遷翰林侍讀學士。元豐五年，卒。先生刻勵為學，于書無不究極。其見于文詞，閎放雋偉，名動一時。為人清謹寡過，拘守繩墨。立朝無矯亢，亦不雷同。處勢利，澹如也。神宗嘗問安定之學并門人于劉彝，首稱先生之淵篤。神宗素知其賢且貧，賻錢五十萬，贈太中大夫。

大理歐陽先生發

歐陽發，字伯和，廬陵人，文忠公之長子。少師安定，盡傳其古樂鐘律之説，不治科舉業，文忠謂其得文昭之學。以父蔭官至大理寺丞。所著有《古今系譜圖》《宋朝二府年表年號録》。

著作朱先生臨（附子服）

朱臨，字正夫，浦江人，其先家吳興。先生從安定受《春秋》，安定著《春秋辯要》，惟先生所得為精。晚年好唐陸淳之學，謂孔子沒千有餘年，説《春秋》者無出淳書之右。以吕申公薦入官，歷光禄寺丞。乞歸，以著作佐郎致仕。守臣徐仲謀築亭，列詔書褒語以表揚之。所著《春秋說》二百餘篇。

子服，字行中，熙寧進士。元豐中為御史，章惇欲見而用之，不可，尋劾之。紹聖初，累官禮部侍郎、知廬州。以與東坡善，被謫，安置興國。（黃氏原本，全祖望修之加詳）

開府翁先生仲通

翁仲通，字濟可，崇安人。幼時賦《竹杖》詩，先輩劉滋深奬之。後師安定，長于《春秋》。舉進士，調山陰尉，遷武平令，僉書興化軍，復令黃巖。所至興築陂湖，控遏盜賊。武平陋不知學，先生建學教之。在黃巖聽民輸錢代米，民免流殍。以親不逮養致仕，累贈銀青光祿大夫、開府儀同三司。子彥約、彥深、彥國。

杜蘭陵先生汝霖

杜汝霖，字仁翁，蘭溪人。受業安定之門。《六經》皆通，尤邃于《易》，學者宗師之。李公擇常敬仰稱道不置。至曾孫旟，字伯高，兄弟皆世家，善古文。

進士莫先生君陳（附子砥）

莫君陳，字和中，歸安人。少從安定學，篤志力行，不樂仕。第嘉祐進士，不赴調。熙寧中，新置大法科，先生中首選，甚為荊公所器重。御家嚴整，無大小對之如神明。子砥，知永嘉，惠愛及民，民立祠祀之。孫伯虛，知常州。（黃氏原本，全祖望修之加詳）

庶官張八行先生堅

張堅，字適道，諸暨人。家貧篤學，力以聖賢自任。聞安定教授蘇、湖，負笈徒步往從之。旦夕研味，至忘寢食。不期年，盡得《六經》之奧。辭歸鄉里，開門授徒，從遊者甚眾。每語諸弟子曰：「人皆可以為堯舜。自信得過，則精一之傳在我。」後以八行舉得官，尋改京秩。貧不能自給，嘯吟自若，當時稱為醇儒。

殿丞祝先生常

祝常，字履中，常山人。從安定學，操履端毅，未嘗以辭色借人。登進士第，王安石深器之。時有詔解《三經》義，先生屢出正義，反覆辯難之，遂忤安石，出令平陽。終殿中丞。著有《蓬山類苑》《元浩》《正謨》諸論及《清高集》。

隱君管臥雲先生師復

管師復者，龍泉人也。古靈講學仙居，先生與其弟師常不告父母，奔走而來。閉門官舍中，惡衣粗食，聞古善言善行，必欲力行而進之。每與人言及其親之老，則涕泗滂沱不能收。友愛其弟。為人仁勇且直，好古而義。朋友有暴戾弗革者，先生能屈之，或至泣下。古靈因使為仙居都講，聚諸子使教之。諸生畏先生之糾彈，莫敢犯矩度者。古靈北官，先生復從學安定，其名日盛，然無仕進意。神宗以大臣之薦，召至，問曰：「聞卿工詩，所得如何？」對曰：「『滿隖白雲耕不破，一潭明月釣無痕』，臣所得也。」官之，不受。學者稱為臥雲先生。所著有《白雲集》。

助教管先生師常

管師常者，師復弟也。履行正固，精經術。師復學于古靈而歸，仙居之弟子失其齋長，古靈使先生司之。容止莊謹，雖退食，不脫冠帶，横經夜坐，如對古人，終歲如一日。古靈喜曰：「生不屑屑于糾彈，而修身自律以勸人，其更峻也。」已而從學安定，益留心民事，適于時用。以薦為太學正。古靈管太學，嘗薦為助教。其後監江寧府上元縣事，古靈又常薦之韓忠獻公云。先生深于《大易》《春秋》之旨，惜其書無傳者。

文學林先生晟（附子玉勝、用，孫俊民、朝价）

林晟，字美中，福清人，偶□世孫。弱冠有文名。從遊安定之門。元祐選文學假官副館閣校對御前書籍，先生與焉。子玉勝尚幼，問難亹亹，能助先生校勘事，館中目為「濟南生」。次子用，以薦假承事郎，甫銓注，蔡攸提舉祕書省，薦以校勘，力辭。攸託其戚龍圖許份訪之，乃佯狂，歸隱于巖山，與諸子講學論道。所著有《經濟要覽》。玉勝二子，俊民、朝价，俱以明經聞，人稱林氏之世學。

職方游先生烈

游烈，字晉老，邵武人。素以孝節稱。從安定學。官至職方員外郎。邵人之經學，實先生始之。

徽君徐先生唐（附師吳果）

徐唐，字守忠，寧化人。未冠，受《春秋》于鄉先生吳果，不兩月，誦析如流。縣令奇之，俾受業于盱江李覯。盱江曰：「胡先生講《春秋》于上庠，子盍造焉。」于是負笈京師，質疑問難，旁洽群經，諸子屈服。遂見知于歐陽文忠，薦之，神宗召見講《易》。嘉祐三年，奔母喪，廬墓不出。

饒凌雲先生子儀

見《泰山學案》。

縣令陳先生舜俞

陳舜俞，字令舉，嘉興人。強記博學，從安定遊。舉進士，嘉祐中，制科第一。熙寧初，以屯田員外郎知山陰。會青苗法行，不奉令，上疏自劾，責監南康軍酒稅。在貶所，日與太傅劉凝之跨雙犢，窮泉石之勝。自號白牛居士。鄉人名其所居曰白牛鎮青風里。詩畫皆傳于世。

校書周正介先生穎

周穎，字伯堅，江山人。從學安定，以行義稱。與趙清獻抃交，清獻為諫官，先生移書曰：「當公心以事君，平心以待物。無以難行事強人主，無以私喜怒壞賢士大夫。」清獻以書進，神宗喜，欲用之，不果。熙寧初，詔舉節行材識，守胡遏以名薦，召賜進士第，授校書郎。王安石問新法何如，對曰：「歌謠甚盛。」安石喜，叩其辭，先生高誦曰：「市易青苗，一路蕭條。」安石不樂，出宰樂清。先生氣岸雄豪，行事似張公乖崖，門人私謚正介。有《正介先生集》。

庶官翁南仲先生升

翁升，字南仲，慈溪人。從安定受《易》。第元豐進士，出仕以廉謹稱。元符中，上書言事，切中時病。用事者方以黨禁錮賢士大夫，籍先生于初等，自是沈于選調。

承信江石室先生致一

江致一，字得之，休寧人。從遊安定之門，宣和鄉舉首選。靖康中，伏闕上書，乞斬蔡京、童貫等六奸臣，復李綱相，聲震中外。尋授承信郎。

州守陳先生敏

陳敏，字伯修，無錫人。年十一而孤，廬於墓所。受業安定之門，安定奇之曰：「此錫之英也！」熙寧初，舉進士。徽宗朝，諸蔡用事，斥司馬諸賢為奸黨，令郡國皆立黨人碑。先生守天台，曰：「誣司馬公，是誣天也！」倅立后先生碎之，謝事而歸。

司業盛先生僑

盛僑，未詳爵里。安定在太學，先生已仕，安定使為堂長。《中庸講義》一卷，先生所述，見《宋史》。陳古靈嘗薦之。

縣尉倪千乘先生天隱

倪天隱，字茅岡，桐廬人。古靈先生妹婿也，古靈三妹，長適劉執中，次適先生，並學于安定，而少適鄭閎中，與古靈為四先生之一。學者稱先生為千乘先生。所述《周易上下經口義》十卷，又《繫辭》上下及《說卦》三卷。晁氏止載其《上下經》，而《繫辭》《說卦》不載，唯《宋藝文志》有之。但既列《易傳》十卷，復列《口義》十卷，誤也。蓋安定講授之餘，欲著《傳》而未逮，先生述之。以非其師之親筆，故不敢稱《傳》而名之曰《口義》。傳之後世，或稱《傳》，或稱《口義》，無二書也。先生官至縣尉，晚年主桐廬講席，弟子千人。其為桐廬令葉安道作《題名記》，戒之令師善徽惡，無為石羞，時人傳之。高弟子曰彭汝礪。（黃氏原本，全祖望修之加詳）

吳先生孜

吳孜，蕭山人。有《尚書大義》二卷，見《宋志》。嘉祐、治平間，有名經苑。捨住宅為學宮，太守張伯玉至，以便服坐堂上。先生鳴鼓行學規，伯玉謝過，安受其罰。陳古靈嘗薦之。

學士朱先生光庭

見《泰山學案》。

提刑罗赤城先生適（附師朱絳）

羅適，字正之，寧海人。少從鄉先進朱絳學。後與徐中行、陳貽范友善，得聞胡安定之教，遂以私淑稱弟子。第治平進士，尉桐城，移泗水，改著作郎，知濟陽縣，徙江都，政化大行。民知其長者，不忍欺。每郊行，召耆老問以疾苦及所願，為罷行之。遷推官。兩浙、蘇、秀水災，朝議賑恤，以先生為提點刑獄。後移京西北路，嘗有與蘇文忠公論水利，凡興復者五十有五。既去，民思之，置生祠祀焉。

安定門人黃氏原本有目而無傳：

侍制吕先生希純、龍學盧先生秉、莊敏苗先生授、枢密安先生焘、直講張先生巨。

百家謹案：安定先生初教蘇、湖，後為直講，朝命專主太學之政。先生推誠教育，甄別人物，有好尚經術者，好談兵戰者，好文藝者，好尚節義者，使之以類群居講習。先生時時召之，使論其所學，為定其理。或自出一義，使人人各對，為可否之。或就當時政事，俾之折衷。故人皆樂從而有成效。歐陽廬陵詩曰：「吳興先生富道德，詵詵子弟皆賢才。」王臨川云：「先取先生作梁棟，以次收拾桷與榱。」蓋就先生之教法，窮經以博古，治事以通今，成就人才，最為的當。自後濂、洛之學興，立宗旨以為學的，而庸庸之徒反易躲閃，是語錄之學行而經術荒矣。當時安定學者滿天下，今廣為搜索，僅得三十四人，然而錚錚者在是矣。

安定再傳

教授汪青溪先生革

汪革，字信民，臨川人也。紹聖四年進士，官楚州教授。吕侍講原明方居符離，先生從之學，稱高弟。侍講嘗曰：「黃憲、茅容之儔也。」分教長沙，張侍郎舜民在焉，相與講學極契。蔡京當國，召為宗正博士，力辭不就，曰：「吾不能附名不臣傳！」復為楚州教授以卒，年止四十。侍講為志其墓，晁景迂有詞哀之。先生篤實剛直，惜不免墮于禪學，則侍講之所夾雜也。故其詩云：「富貴空中花，文章木上癭。要知真實地，惟有華嚴境。」不得入聖人之室矣。然其言云：「咬得菜根，則百事可做。」固名言也。學者稱為青溪先生。有《論語直解》《青溪集》。謝逸與弟邁皆學于侍講，當事以八行薦，無逸力辭，兄弟終身老死布衣，其高節蓋得侍講之力。信民貽之詩曰：「新年更勵於陵操，妻子同鉏五畝蔬。」蓋不當唯以詞人目之。

江季恭先生端禮

江端禮，字子和，一字季恭，圉城人。受學節孝，深于《春秋》。黄山谷謂其文似尹師魯，張文潛亦喜之。而其駮柳子厚《非國語》，則東坡之所許也。嘗裒集節孝遺書。三十八歲卒。

邢先生居實

邢居實，字惇夫，陽武人，恕之子也。受學于莘老。其父為程門之叛夫，而先生不然。所宗師者司馬溫文正公、吕申正獻公，所從遊者坡公、涪翁、無咎兄弟也。年二十卒，遺言欲魯直為狀，莘老為銘，無无為其文序。莘老未及為而卒，景迂代之。所著有《呻吟集》。

隱君林塘奥先生石

林石，字介夫，瑞安人。少有志操。初習進士聲律，既而曰：「古人之學不如是。」遂刻意諸經。聞括蒼管師常明《春秋》，往從受之。遭父喪，廬墓三年，不茹草木之滋。臨川王氏《三經》行，先生獨不趨新學，以《春秋》教授鄉里。既而《春秋》為時所禁，乃絶意仕進，築室躬耕，作萱堂以養母。或勸以仕，不答。講論古今，必先實行而後文藝，曰：「本之不立，末于何有？」邑官初至，率來謁，執弟子禮。母卒，年九十餘，白首終喪如父時，人以為難。建中靖國年，無疾而逝。周行已為《沈子正墓銘》云：「河南程正叔、京兆吕與叔、括蒼龔深之與介夫，皆傳古道，名世宗師。唯是書成弗以示人，故世無傳焉。」學者稱塘奥先生。

徐季節先生庭筠（附孫日升）徐先生庭槐、徐先生庭蘭

徐庭筠字季節，臨海人，八行先生子，童丱有志行，律身嚴毅，居無惰容，孝友天至，既免喪，猶不忍娶者十餘年。秦檜當國，試題問中興歌頌。先生歎曰：「今日豈歌頌時邪？吾不忍欺君。」因疏未足為中興者五，忤主司意見，黜黄岩尉，鄭伯熊代去請益。先生曰：「富貴易得，名節難守，願安時處順，主張世道。」伯熊受其教，迄為名臣。其學以誠敬為主，無惰容，無戲言，不事緣飾，不苟臧否。年八十五卒。朱文公行部，拜墓下，題詩有「道學傳千古，東甌數二徐」句，且大書表之。兄庭槐、庭蘭，皆有父風，孫日升，苦節有守。《宋史》稱「徐氏詩書不絶者六世」。（黄氏原本，全祖望修之加詳）

朝散劉先生淮夫

劉淮夫，字長源，閩縣人，彝之子也。先生于古靈為甥，少從學，孝于親。元豐中，為台州判，累被薦。更曆一考，即可改官，以父被召赴闕，不忍離，遂不待任滿，乞隨侍去。父卒，監江寧府酒務，念母年幾九十，思歸陽羡，雖甚貧，不復顧祿，即乞以朝散郎致仕。太守以下再三留之，皆不可得。母卒，無屋可居，無田可食，而守之甚固，未嘗一毫有求於人。東南薦紳先生皆稱為孝子，先生輒皇恐曰：「此人子之常然，無足道也！」鄒忠公薦之，終不起。

縣令鄒先生夔

鄒夔字尧叟，泰寧人。從學於劉執中浸灌《六經》，貫穿百代，執中以女妻之。以进士知宣城縣，楊龜山聞其名，晚從之遊，稱其在淮陽時，太守怒一卒，欲斬之，先生不從，守怒，先生執法不移，蓋有守之士。

安定三傳

文肅鄭景望先生伯熊

見《永嘉學案之二》。

二 泰山學案

殿丞孫泰山先生復

孫復，字明復，晉州平陽人。四舉開封府籍進士不第，退居泰山，學《春秋》，著《尊王發微》十二篇。石徂徠介著名山左，自徂徠而下，躬執弟子禮，師事之，稱為富春先生，拜起必扶持。既徂徠為學官，作《明隱篇》以語于朝曰：「孫明復先生畜周、孔之道，非獨善一身，而兼利天下者也。四舉而不得一官，築居泰山之陽，聚徒著書，種竹樹栗，蓋有所待也。古之賢人有隱者，皆避亂世而隱者也。彼所謂隱者，有匹夫之志，守硜硜之節之所為也，聖人之所不與也。先生非隱者也。」于是范文正、富文忠皆言先生有經術，宜在朝廷，除國子監直講，召為邇英殿祇候說書。楊安國言講說多異先儒，罷之。

徐州人孔直溫以狂謀捕治，索其家，得詩，有先生姓名，坐貶。久之，翰林學士趙槩等言：「孫復行為世法，經為人師，不宜使佐州縣。」乃復為直講。稍遷殿中丞。年六十六卒，賜賻錢十萬。

先生病時，韓魏公言于仁宗，選書吏，給紙筆，命其門人祖無擇就其家，所得著書十有五篇，錄藏秘閣。

百家謹案：先文潔公曰：「宋興八十年，安定胡先生、泰山孫先生、徂徠石先生始以師道明正學，繼而濂、洛興矣。故本朝理學雖至伊洛而精，實自三先生而始，故晦庵有『伊川不敢忘三先生』之語。震既鈔讀伊洛書，而終之以徂徠、安定篤實之學，以推其發源之自，以示歸根復命之意，使為吾子孫者毋蹈或者末流談虛之失，而反之篤行之實。蓋先生應舉不第，退居泰山，聚徒著書，以治經為教。先生與安定同學，而《宋史》謂瑗治經不如復。安定之經術精矣，先生復過之。惜其書世少其傳，其略見徂徠作《泰山書院記》。」

先生退居泰山之陽，枯槁憔悴，鬚眉皓白。故相李文定迪守兗，見之，歎曰：「先生年五十，一室獨居，誰事左右？不幸風雨飲食生疾，柰何？吾弟之女甚賢，可以奉箕帚。」先生固辭。文定曰：「吾女不妻先生，不過一官人妻。先生德高天下，幸婿李氏，榮貴莫大于此」先生曰：「宰相女不以妻公侯貴戚，而固以嫁山谷衰老藜藿不充之人。相國之賢，古無有也。予安敢不承！」其女亦甘淡泊，事先生盡禮，當時士大夫莫不賢之。（《澠水燕談》）

范文正在睢陽掌學，有孫秀才者索遊，上謁文正，贈錢一千。明年，孫生復過睢陽，謁文正，又贈一千。因問：「何為汲汲于道路？」生戚然動色曰：「母老，無以為養。若日得百錢，甘旨足矣。」文正曰：「吾觀子辭氣，非乞客也。二年僕僕，所得幾何，而廢學多矣！吾今補子學職，月可得三千以供養，子能安于學乎？」生大喜。于是授以《春秋》，而孫生篤學，不舍晝夜。明年，文正去睢陽，孫生亦辭歸。後十年，聞泰山下有孫明復先生以春秋教授學者，道德高邁。朝廷召至，乃昔日索遊孫秀才也。（《楊公筆錄》）

百家謹案：石徂徠《泰山書院記》：自周以上觀之，賢人之達者，皐陶、傅說、伊尹、吕望、召公、畢公是也。自周以下觀之，賢人之窮者，孟子、揚子、文中子、韓吏部是也。然較其功業德行，窮不易達。吏部後三百年，賢人之窮者又有泰山先生。孟子、揚子、文中子、吏部皆以其道授弟子；既授弟子，復傳之于書；其書大行，其道大耀。先生亦以其道授弟子；既授弟子，亦將傳之于書；將使其書大行，其道大耀。乃于泰山之陽起學舍講堂，聚先聖之書滿屋，與群弟子而居之。當時從遊之貴者，孟子則有梁惠王、齊宣王、滕文公之屬，揚則有劉歆、桓譚之屬，文中子則有越公之屬，吏部則有裴晉公、鄭相國、張僕射之屬。門人之高第者，孟則有萬章、公孫丑、樂正克之徒，揚則有侯芭、劉棻之徒，文中子則有董常、程元、薛收、李靖、杜如晦、房、魏之徒，吏部則有李觀、李翺、李漢、張籍、皇甫湜之徒。今先生從遊之貴者，故王沂公、蔡貳卿、李泰州、孔中丞，今李丞相、范經略、明子京、張安道、士熙道、祖擇之；門人之高第者，石介、劉牧、姜潛、張洞、李緼。足以相望于千百年之間矣，孰謂先生窮乎！大哉，聖賢之道無屯泰。孟子、揚子、文中子、吏部，皆屯于無位與小官，而孟子泰于七篇，揚子泰于《法言》《太玄》，文中子泰于《續經》《中說》，吏部泰于《原道》《論佛骨表》十餘萬言。先生嘗以為盡孔子之心者《大易》，盡孔子之用者《春秋》，是二大經，聖人之極筆也，治世之大法也，故作《易說》六十四篇，《春秋尊王發微》十二篇。疑四凶之不去，十六相之不舉，故作《堯權》。防後世之篡奪，諸侯之僭偪，故作《舜制》。辨注家之誤，正世子之名，故作《正名解》。美出處之得，明傳嗣之嫡，故作《四皓論》。先生述作，上宗周、孔，下擬韓、孟，是亦為泰。先生孰少之哉！介樂先生之道，大先生之為，請以此說刊之石，陷于講堂之西壁。又徂徠與祖擇之書云：「自周以上觀之，聖人之窮者惟孔子；自周以下觀之，賢人之窮者惟泰山明復先生。」今先生之書不可盡見，但以徂徠之學問而為其尊戴如此，即可以知先生矣。嗟乎，師道之難言也！視學問重，則其視師也必尊；視學問輕，則其視師也自忽。故廬陵之志先生墓曰：「魯多學者，其尤賢而道者石介。自介而下，皆以弟子事之。孔給事道輔聞先生之風，就見之，介執杖屨侍左右，先生坐則立，升降拜則扶之。及其往謝也，亦然。魯人既素高此兩人，由是始識師弟子之禮，莫不嗟歎之。」嗚呼，觀于徂徠事師之嚴，雖不見先生之書，不可以知先生之道之尊哉？

春秋尊王發微

《詩》至《黍離》而降，《書》至《文侯之命》而絕，《春秋》乃作，自隱公始也。

平王迨隱而死。夫生猶可待也，死何所為？《春秋》始隱者，天下無復有王也。（以上《總論》）欲治其末者必端其本，嚴其終者必正其始。元年書「王」，所以端本也；「正月」，所以正始也。其本既端，其始既正，然後以大中之法從而誅賞之。（隱元年，春王正月）

凡書「盟」者，皆惡之也。附庸之君，未得列于諸侯，故稱字以別之。（公及邾儀父盟于蔑）

「克」者，力勝之辭。鄭伯養成段惡，至于用兵，此兄不兄、弟不弟也，故曰「鄭伯克段于鄢」以交譏之也。（鄭伯克段于鄢）

祭伯，天子卿。不稱「使」者，非天子命也。非天子命，則奔也。不言「奔」，非奔也，祭伯私來也，故曰「祭伯來」以惡之。（祭伯來）

諸侯非有天子之事，不得出會諸侯。凡書「會」，皆惡之也。（隱二年，公會戎于潛）

莒，小國也。「入」者，以兵入也。莒小國，以兵入向者，隱、桓之際，征伐用師，國無大小，皆專而行之。（莒人入向）

隱公夫人也。夫人小君，與君一體，故志之也。子，宋姓。（夫人子氏薨）

孔子曰：「天下有道，則禮樂征伐自天子出。」非諸侯可得而專也。諸侯專之，猶曰不可，況大夫乎！吾觀隱、桓之際，諸侯無小大皆專而行之，宣、成而下，大夫無内外皆專而行之，其無王也甚矣！孔子從而錄之，正以王法。凡侵、伐、圍、入、取、滅，皆誅罪也。鄭人，微者。（鄭人伐衛）

正月書「王」者九十二，二月書「王」者二十，三月書「王」者十七。（隱三年，春王正月）

武氏，世卿也。其言「武氏子」，父死未葬也。（武氏子來求賻）

「遇」者，不期也。不期而會曰遇。《詩》稱「邂逅相遇，適我願兮」是也。諸侯守天子土，非享覲不得踰境。此言「公及宋公遇于清」者，惡其自恣，出入無度。（隱四年，公及宋公遇于清）

翬不氏，未命也。（翬帥師）

稱「人」以殺，討賊亂也。其言「于濮」者，桓公被殺至此八月，惡衛臣子緩不討賊，俾州吁出入自恣也。（衛人殺州吁于濮）

諸侯受國于天子，非國人所得立也。（衛人立晉）

觀魚，非諸侯之事也。天子適諸侯，諸侯朝天子，無非事者，動必有為也。隱公怠棄國政，觀魚于棠，可謂非事者矣。（隱五年，公矢魚于棠）

考，成也。元年宰咺歸賵，非禮也。隱公以是考仲子之宫祭之，此又甚矣。夫宗廟有常，故公、夫人之廟皆不書。（考仲子之宫）

魯僭用天子禮樂，舞則八佾。孔子不敢斥也，故因減用六羽，以見其僭天子之意。（初獻六羽）

公子彄，臧僖伯也。孝公子。（公子彄卒）

鄭人來輸誠于我，平四年翬會諸侯伐鄭之怨也。平者，釋憾之辭。（隱六年，鄭人來輸平）

長葛，鄭邑，天子所封，非宋人可得取也。宋人前年伐鄭，圍長葛，此而取之，故言「伐」、言「圍」、言「取」，悉其惡以誅之也。（宋人取長葛）

媵書者，為莊十二年歸于酅起。（叔姬歸于紀）

城邑宮室，高下大小皆有王制，不可妄作。是故城一邑，新一廄，作一門，築一囿，時與不時，皆詳而錄之。時謂周之十二月，夏之十月，非此不時也。得其時者其惡小，非其時者其惡大。此聖人愛民力、重興作、懲僭忒之深旨也。（隱七年，夏，城中丘）

言「伐」，用兵也。楚丘，衛地。地以楚丘者，責衛不能救難。錄「以歸」者，惡凡伯不死位。（戎伐凡伯于楚丘，以歸）

祊，鄭邑，天子所封，非魯土地，故曰「來歸」。定十年齊人來歸鄆、讙、龜陰田，皆此義也。先言「歸」而後言「入」者，鄭不可歸，魯不可入也。鄭人歸之，魯人受之，其罪一也。入者，受之之辭。（隱八年，鄭伯使宛來歸祊）

不氏，未命也。（無駭卒）

公與翬傾眾悉力共疾于宋，又浹日而取二邑，故君臣並錄以疾之。（隱十年，翬帥師會齊人、鄭人伐宋）

齊、晉、宋、衛未嘗來朝魯者，齊、晉盛也，宋、衛敵也。滕、薛、邾、杞來朝，奔走而不暇者，土地狹陋，兵眾寡弱，不能與魯抗也。（隱十一年，滕侯、薛侯來朝）

水不潤下也。昔者聖王在上，五事修而彝倫敘，則休驗應之，故曰：「肅時雨若，乂時暘若，哲時燠若，謀時寒若，聖時風若。」若聖主不作，五事廢而彝倫攸斁，則咎驗應之，故曰：「狂常雨若，僭常暘若，豫常燠若，急常寒若，蒙常風若。」若春秋之世多災異者，聖王不作故也。然自隱迄哀，天下之災異多矣，悉書之則不可勝其所書矣，是故孔子惟日食與內災則詳而書之，外災則或舉其一，或舉于齊、鄭、宋、衛，則天下之異，從可見矣。（桓元年，秋，大水）

弒君之賊，諸侯皆得討之，宣十一年楚人殺陳夏徵舒是也。此言「公會齊侯、陳侯，鄭伯于稷以成宋亂」者，惡不討賊也。（桓二年，會于稷）

凡日食，人君皆當戒懼修德，以消其咎。（桓三年，日有食之）

是時文姜亂魯，驪姬惑晉，南子傾衛，夏姬喪陳，上下化之，滔滔皆是，不可悉舉也。故自隱而下，內女出處之跡，皆詳而錄之，

以懲以戒，為萬世法。（公子翬如齊逆女）

此齊侯送姜氏，公受之于讙也。公受姜氏于讙，不以讙至者，不與公受姜氏于讙也。故曰「夫人姜氏至自齊」，以正其義。（夫人姜氏至自齊）

桓立十八年，唯此言「有年」者，是未嘗有年也。書者，著桓公為國不能勤民務農若是也。（有年）

狩，冬田也。天子、諸侯四時必田者，蓋安不忘危，治不忘亂，講武經而教民戰也，豈徒肆盤遊、逐禽獸而已哉！然禽獸多則五穀傷，不可不捕也，故因田以捕之，上以供宗廟之鮮，下以除稼穡之害。故田必以時，殺必由禮。田不以時謂之荒，殺不由禮謂之暴。惟荒也妨于農，惟暴也殄于物。此聖人之深戒也。（桓四年，春正月，公狩于郎）

此言「甲戌、己丑，陳侯鮑卒」，闕文也。蓋甲戌之下有脱事爾，且諸侯未有以二日卒者也。（桓五年，陳侯鮑卒）

桓王以蔡人、衛人、陳人伐鄭，鄭伯叛王也。其言「蔡人、衛人、陳人從王伐鄭」者，不使天子首兵也。案十四年宋人以齊人、蔡人、衛人、陳人伐鄭，僖二十六年公以楚師伐齊，定四年蔡侯以吳子及楚人戰于柏舉，皆曰「以」，此不使天子首兵可知也。曷為不使首兵？天子無敵，非鄭伯可得抗也，故曰「蔡人、衛人、陳人從王伐鄭」以尊之。尊桓王，所以甚鄭伯之惡也。夫鄭同姓諸侯，密邇畿內，桓王親以三國之眾伐之，拒而不服，此鄭伯之罪不容誅矣。（從王伐鄭）

雩，求雨之祭，建巳之月常祀也，故經無六月雩者。建午建申之月非常則書。謂之「大」者，雩於上帝也。天子雩于上帝，諸侯雩于山川百神。魯，諸侯也，雩于山川百神，禮也；雩于上帝，非禮也。是時周室既微，諸侯之僭者多，舉于魯，則諸侯僭之從可知矣。然《春秋》魯史，孔子不敢斥也。其或災異非常，改作不時者，則從而錄之，以著其僭天子之惡。隱五年九月考仲子之宮，初獻六羽，此年秋大雩，六年八月壬午大閲，閔二年夏五月乙酉吉禘於莊公，僖三十一年夏四月四卜郊，不從乃免牲，宣三年春王正月郊牛之口傷，改卜牛，牛死乃不郊，定二年夏五月壬辰雉門及兩觀災之類是也。嗚呼，其旨微矣！（大雩）

此與二年書「來朝」、三年會郕同旨。（桓六年，公會紀侯於郕）

八月，不時也；大閲，非禮也。大閲，仲冬簡車馬，八月不時可知也。大閲、大蒐，謂天子田。（大閲）

稱「人」以殺，討賊亂也。（蔡人殺陳佗）

《春秋》之法，諸侯不生名。生名，惡之大者也。此年穀伯綏來朝，鄧侯吾離來朝，十五年鄭伯突出奔蔡，莊十年荊敗蔡師於莘，以蔡侯獻舞歸，僖十九年宋人執滕子嬰齊，二十五年衛侯燬滅邢，昭十一年楚子虔誘蔡侯般，殺之於申是也。桓大逆之人，諸侯皆得殺之。穀伯綏、鄧侯吾離不能致討，反交臂而來朝，故生而名之也。（桓七年，穀伯綏、鄧侯吾離來朝）

不出主名，微者也。（桓八年，秋，伐邾）

此年書「王」者，王無十年不書也。十年無王，則人道滅矣。（桓十年，春王正月）

來戰于郎，不言侵伐者，不與齊、衛、鄭加兵于我也。郎，魯地，地以魯，則魯與戰可知矣。不書主名者，三國無故加兵于我，不道之甚，故以三國自戰為文也。（來戰于郎）

柔不氏，内大夫之未命者。蔡叔，蔡侯弟也。案諸侯母弟未命為大夫者皆字。此年柔會宋公、陳侯、蔡叔盟于折，十五年許叔入于許，十七年蔡季自陳歸于蔡，莊三年紀季以酅入于齊之類是也。（桓十一年，盟于折）

再言丙戌，羨文也。此盟與卒同日爾，且經未有一日而再書者，此羨文可知。（桓十二年，丙戌，衛侯晉卒）

此公及鄭伯伐宋也。不言公者，諱之也。地以宋，則宋與戰可知也。不書主名者，不與公及鄭伯伐宋也，故以魯、鄭自戰為文。凡公專尸其事則諱之，此年及鄭師伐宋，丁未戰于宋，十七年及齊師戰于奚，莊九年及齊師戰于乾時之類是也。（戰于宋）

齊以郎之戰未得志于魯，因宋、鄭之仇，故帥衛、燕與宋伐魯。魯親紀而比鄭也，故令紀侯、鄭伯及齊師、衛師、宋師、燕師戰。以四國之師，不地者，戰于魯也。（桓十三年，春二月，公會紀侯、鄭伯。己巳，及齊侯、宋公、衛侯、燕人戰，齊師、宋師、衛師、燕師敗績）

孔子作《春秋》，專其筆削，損之益之，以成大中之法，豈其日月舊史之有闕者，不隨而刊正之哉？此云「夏五」，無「月」者，后人傳之脱漏爾。（桓十四年，夏五）

案十二年及鄭師伐宋，丁未戰于宋。宋人怨突之背己也，故以齊人、蔡人、衛人、陳人伐鄭。「以」者，乞師而用之也。謂四國本不出師，宋以力弱不足，乞四國之師而伐鄭爾。僖二十六年公以楚師伐齊取穀，定四年蔡侯以吳子及楚人戰于柏舉，皆此義也。然四國從宋伐鄭，助其不道，其惡亦可見矣。（宋人伐鄭）

天王使家父來求車者，諸侯貢賦不入，周室財用不足故也。（桓十五年，天王使家父來求車）

鄉曰「鄭忽出奔衛」，今曰「鄭世子忽復歸于鄭」者，明忽世嫡當嗣也。（鄭世子忽復歸于鄭）

皆微國之君。（邾人、牟人、葛人來朝）

蔡季言「自陳歸于蔡」者，桓侯卒，蔡季當立，時多篡奪，明季無惡，故曰「歸于蔡」，所以與許叔異也。（桓十七年，蔡季自陳歸于蔡）

内諱奔，公、夫人皆曰「孫」。此年夫人孫于齊，閔二年夫人姜氏孫于邾，昭二十五年公孫于齊是也。（莊元年，夫人孫于齊）

天子嫁女于齊，魯受命主之，故使單伯逆王姬。不言如京師者，不與公使單伯如京師逆王姬也。魯桓見殺于齊，天子命莊公與齊主婚，

非禮也。莊公以親讎可辭，而莊公不辭，非子也。故交譏之。（單伯逆王姬）

賞所以勸善也，罰所以懲惡也。善不賞，惡不罰，天下所以亂也。桓弑逆之人，莊王生不能討，死又追錫之，此莊王之為天子可知也。

（王使榮叔來錫桓公命）

衛侯朔在齊，故溺會齊師伐衛，謀納朔也。（莊三年，溺會齊師伐衛）

紀侯大去其國，紀無臣子，故齊侯葬紀伯姬。齊侯不道，逐紀侯而葬伯姬。生者逐之，死者葬之，甚矣齊侯之詐也！（莊四年，齊侯葬紀伯姬）

此諸侯伐衛納朔也。不言納朔者，不與諸侯伐衛納朔也。朔行惡甚，國人逐之，奔齊，故天子不使反衛，明年王人子突救衛是也。公與諸侯連兵，不顧王命，伐衛納朔，故貶諸侯曰「某人某人」。人諸侯，則公之惡從可見矣。（莊五年，公會齊人、宋人、陳人、蔡人伐衛）

衛侯朔得入于衛，天子之威命盡矣，公與諸侯之罪不容誅矣。故言「伐」言「救」言「入」，以著其惡。（莊六年，衛侯朔入于衛）

此衛寶也。其言齊人歸之者，齊本主兵伐衛，故衛寶先入于齊。齊人歸之，魯人受之，其惡一也。（齊人來歸衛寶）

恆星，星之常見者也。常見而不見，此異之大者。隕，墜也。夜中星隕如雨，謂隕墜者衆也。（莊七年，夜恆星不見，夜中星隕如雨）

春秋用師多矣，未有言「師還」。此言「師還」者，惡其與強讎，覆同姓，踰時還也。（莊八年，秋，師還）

案隱四年衛人殺州吁于濮。此不地者，齊人即于國內殺之也。稱人以殺，討賊辭。（莊九年，齊人殺無知）

報乾時之戰也。斥言「公」者，惡其伐齊納糾，喪師乾時，不自悔過，復敗齊師于此也。（莊十年，公敗齊師于長勺）

荊自方叔薄伐之后，入春秋肆禍復甚，聖王不作故也。（荊敗蔡師于莘，以蔡侯獻舞歸）

群公受命主王姬者多矣，唯元年與此書者，惡公忘父之讎，再與齊接婚姻也。（莊十一年，王姬歸于齊）

周禮，九命作伯，得專征諸侯。若五伯者，皆非命伯。召伯賜齊侯命，尹氏策命晉侯，《春秋》皆不錄之，故孟子曰「三王之罪人」。又曰：「北杏之會，桓公獨書爵者，孔子傷周道之絕也。桓公既入，乘天子衰季，將伯諸侯，乃會宋人、陳人、蔡人、邾人于此，首圖大舉。夫欲責之深者，必先待之重，故北杏之會，獨書其爵以與之也。」（莊十三年，齊侯、宋人、陳人、蔡人會于北杏）

桓公貪土地之廣，恃甲兵之衆，驅逐逼脅，以強制諸侯。懼其未盡從也，約之以會，要之以盟，臨之以威，束之以力。有弗徇者，小則侵之伐之，甚則執之滅之。其實假尊周之名，以自封殖爾。故此年滅遂，十四年伐宋，十五年伐郳，十六年伐鄭，十九年伐我西鄙，二十年伐戎，二十六年伐徐，二十八年伐衛，三十年降鄣，閔元年救邢，二年遷陽，皆稱「人」以切責之。（齊人滅遂）

公不及北杏之會，桓公既滅遂，懼其見討，故盟于此。（公會齊侯，盟于柯）

此公使單伯會伐宋也。桓以諸侯伐宋，本不期會。魯自畏齊，故使單伯會伐宋。三國稱「人」，獨書單伯者，吾大夫不可言「魯人」故也。（莊十四年，單伯會伐宋）

荊入蔡，齊桓猶未能救中國也。（秋七月，荊入蔡）

齊侯既死，文姜不安于魯，故如齊。（莊十五年，夏，夫人姜氏如齊）

不言朔，不言日，日、朔俱失之也。（莊十八年，春王三月，日有食之）

案僖二十六年齊人侵我西鄙，公追齊師至于酅，弗及，先言「侵」而後言「追」。此不言侵伐者，明不覺其來，已去而追之也。書者，譏內無戎備。（公追戎于濟西）

媵書者，為遂事起也。結矯命專盟，故曰「遂」以惡之。案僖三十年公子遂如京師，遂如晉，襄二年仲孫蔑會晉荀罃、齊崔杼、宋華元、衛孫林父、曹人、邾人、滕人、薛人、小邾人于戚，遂城虎牢，孔子皆譏之，何獨與公子結也？若以書至鄄為出境，乃得專之，則公子遂自京師如晉、仲孫蔑會晉荀罃，自戚城虎牢，豈非出境也哉？況秋與齊侯、宋公盟，而冬齊人、宋人、陳人加兵于魯，非所謂可以安社稷、利國家也。陳稱「人」者，媵不當書，故略言之也。（莊十九年，公子結媵陳人之婦于鄄，遂及齊侯、宋公盟）

肆大眚，非正也，亂法易常者也。（莊二十二年，春王正月，肆大眚）

《春秋》之義，非天子不得專殺。此言「陳人殺其公子禦寇」者，譏專殺也。是故二百四十二年無天王殺大夫文，書諸侯殺大夫者四十七，何哉？古者諸侯之大夫皆命于天子，諸侯不得專命也。大夫有罪，則請于天子，諸侯不得專殺也。大夫猶不得專殺，況世子母弟乎？春秋之世，國無大小，其卿、大夫、士皆專命之，有罪無罪皆專殺之，其無王也甚矣！故孔子從而錄之，以誅其惡。稱君、稱國、稱「人」，雖有重輕，而其專殺之罪則一也。（陳人殺其公子禦寇）

荊十年敗蔡師于莘，始見于經。十四年入蔡，十六年伐鄭，皆曰「荊」。此稱「人」者，以其修禮來聘，稍進之也。（莊二十三年，荊人來聘）

公會齊侯盟于扈，謀逆姜氏也。公二年之中，納幣，觀社，及齊侯遇于穀，比犯非禮，今又會盟于扈，甚矣！（公會齊侯，盟于扈）

公親迎于齊，不俟夫人而至，失夫之道也。婦人，從夫者也；夫人不從公而入，失婦之道也。夫不夫，婦不婦，何以為國？非所以奉先公而紹後嗣也。不亂何待！（莊二十四年，夫人姜氏入）

隱二年書「紀裂繻來逆女」，此不言「逆」者，天下日亂，昏禮日壞，逆者非大夫也。逆者非大夫，故不言「逆」。僖二十五年季

姬歸于鄫、成九年伯姬歸于宋之類是也。（莊二十五年，伯姬歸于杞）

不書名氏者，脫之。（莊二十六年，曹殺其大夫）

凡内女直曰「來」者，惡其無事而來也。（莊二十七年，杞伯姬來）

案八年師及齊師圍郕，郕降于齊師，先言「圍」而後言「降」。此直書「齊人降鄣」者，惡齊強脅，且見鄣微弱，不能抗齊之甚也。（莊三十年，齊人降鄣）

莊比年興作，今又一歲而三築臺，妨農害民，莫甚于此。（莊三十一年，春，築臺于郎；夏四月，薛伯卒，築臺于薛；秋，築臺于秦）

戎捷，伐山戎之所得也。齊侯來獻戎捷，非禮也。（齊侯來獻戎捷）

桓未能率諸侯以往，故猶稱「人」。（閔元年，齊人救邢）

不言慶父弒者，内諱弒，故弒君之賊不書焉。不地者，義與隱公同。（閔二年，秋八月辛丑，公薨）

公子慶父、夫人姜氏，同惡之人也。夫人孫于邾，故慶父出奔莒。（公子慶父出奔莒）

莊十年荊敗蔡師于莘，始見于經。十四年入蔡稱「荊」，二十三年來聘，始進稱「人」，二十八年伐鄭稱「荊」。今曰「楚人伐鄭」者，以其兵衆地大，漸通諸夏，復其舊封，比之小國也。故自此十數年，侵伐用兵，皆稱「人」焉。（僖元年，楚人伐鄭）

孫于邾不貶，此而貶者；孫于邾不貶，不以子討母也；此而貶者，正王法也。（夫人氏之喪至自齊）

此會檉諸侯城楚丘也。不言諸侯者，桓公怠于救患，諸侯不一也。然則善歟？非善也。與其亡而存之，不若未亡而救之之善也。（僖二年，城楚丘）

桓之病楚也久矣，故元年會于檉，二年盟于貫，三年會于陽穀以謀之。是時楚方強盛，蔡、楚與國，故先侵蔡；蔡既潰，遂進師次于敵境。（僖四年，蔡潰，遂伐楚）

桓公救邢、城邢，皆曰「某師某師」。此合魯、衛、陳、鄭七國之君侵蔡，遂伐楚，書爵，以其能服強楚，皆稱爵焉。（同上）

桓公既與陳侯南服強楚，歸而反執陳轅濤塗，其惡可知也。（執陳轅濤塗）

内言及外稱「人」，皆微者也。（及江人、黄人伐陳）

伯姬内女，來朝其子者，以其子來朝也。諸侯來朝猶曰不可，杞伯姬來朝其子，非禮可知。（僖五年，杞伯姬來朝其子）

稱「人」以執，惡晉侯也。五等之制，雖其國家宮室車旗衣服禮儀之有差，而天子命之，南面稱孤，皆諸侯也。其或有罪，方伯請于天子，命之執則執之，不得專執也。有罪猶不得專執，況無罪者乎？春秋之世，諸侯無小大，唯力是恃，力能相執則執之，無復請于天子，孔子從而錄之，正以王法，或則稱侯以著其惡，或則稱「人」以奪其爵。稱侯以著其惡者，謂雖非王命，執得其罪，其罰輕，故但著其專執之惡。二十八年晉侯入曹，執曹伯，畀宋人，成十五年晉侯執曹伯，歸于京師之類是也。稱「人」以奪其爵者，謂既非王命，又執不得其罪，其罰重，故奪其爵。此年晉人執虞公，十九年宋人執滕子嬰齊之類是也。（晉人執虞公出踰三時。（僖六年，公至自伐鄭）

小邾子，邾之別封也，故曰「小邾子」以別之。（僖七年，夏，小邾子來朝）

言「鄭世子華」者，齊人伐鄭未已，鄭伯懼，欲求成于齊，故先使世子華受盟于寧母也。（盟于寧母）

禘，天子大祭。夫人，成風也。不言「風氏」者，成風，僖公妾母，嫁非廟見，不得與祭。僖公既君，欲尊其母，故因此秋禘，用夫人之禮致于太廟，使之與祭也。妾母稱「夫人」，僭之大者，故不言「風氏」以貶之。案莊元年夫人文姜孫于齊，貶去「姜氏」，此不言「風氏，」其貶可知矣。（僖八年，禘于太廟，用致夫人）

桓以諸侯致宰周公于葵丘，經以宰周公主會為文者，不與桓以諸侯致天子三公也。（僖九年，會葵丘）

奚齊庶孽，獻公殺世子而立之，《春秋》不與，故曰「君之子」，惡之也。（里克殺其君之子奚齊）

「公及夫人姜氏會齊侯于陽穀」，參譏之也。（僖十一年，公及夫人姜氏會齊侯于陽穀）

言「次」、言「救」者，惡諸侯緩于救患也。諸侯既約救徐，而遣大夫往，此緩于救患可知也。（僖十五年，公孫敖帥師及諸侯之大夫救徐）

此以宋主兵者，不與宋襄伐齊也。宋襄伐人之喪，擅易人之主，甚矣。（僖十八年，宋師及齊師戰于甗，齊師敗績）

「宋人執滕子嬰齊」，不得其罪也。滕子名者，惡遂失國也。（僖十九年，宋人執滕子嬰齊）

「梁亡」，惡不用賢也。梁伯守天子土，有宗廟社稷之重，有軍旅民人之眾。左右前後，朝夕與為治，莫有聞者，是左右前後皆非其人也。左右前後皆非其人，不亡何待？故直曰「梁亡」以惡之。（梁亡）

城郭門戶皆有舊制，壞則修之。常事書者，譏其侈泰、妨農功、改舊制也。案莊二十九年春新延廄，不言「作」。此言「作」，改舊制可知也。（僖二十年，新作南門）

鄭即楚故也。案莊十六年荊伐鄭，二十八年荊伐鄭，僖元年楚人伐鄭，二年楚人侵鄭，三年楚人伐鄭，鄭不即楚。此而即者，齊桓既死，宋襄不能與楚抗也。（僖二十二年，宋公、衛侯、許男、滕子伐鄭）

楚人敗宋公于泓，齊侯視之不救，而又加之以兵，故「伐」「圍」并書，以著其惡。（僖二十三年，齊侯伐宋，圍緡）

四國雜然從夷以圍中國，其貶自見。（僖二十七年，冬，楚人、陳侯、蔡侯、鄭伯、許男圍宋）

外大夫來赴，非禮也。（文三年，王子虎卒）

先言「伐楚」而後言「以救江」者，惡不能救江也。楚人圍江，陽處父帥師不急赴之，乃先伐楚，欲其引兵自救而江圍解，非救患之師，故明年楚人滅江。（晉陽處父帥師伐楚以救江）

自是公朝強國皆至者，惡其輕去宗廟，遠朝強國也。（文四年，公至自晉）

此公逆婦姜于齊也。不言「公」者，諱之也。不言「逆女」者，以其成禮于齊也。以其成禮于齊，故不言「公」以諱之。（夏，逆婦姜于齊）

春秋二百四十二年，閏月多矣，獨此書「不告月」者，是常告也。文既不告閏月，猶朝于廟，非禮可知。（文六年，閏月不告月，猶朝于廟）

遂城郚，重勞民也。（文七年，遂城郚）

公孫敖如京師，弔喪也。不至而復，丙戌奔莒，文公不能誅，敖得以自恣，文公之惡亦可見矣。不言所至者，舉京師為重也。（文八年，公孫敖如京師，不至而復）

楚復彊也。楚自城濮之敗，不敢加兵于鄭。今伐鄭者，晉文既死，中國不振故也。（文九年，楚人伐鄭）

楚子執宋公，伐宋，復貶稱「人」者二十年。至此稱爵者，以其慕義，使椒再來修聘，進之也。椒，楚人夫；未命，故不氏。（楚子使椒來聘）

秦人來歸僖公、成風之襚，正也。書者，以見周室陵遲，典禮錯亂，秦人之不若也。案四年十有一月壬寅，夫人風氏薨；五年春王正月，王使榮叔歸含，且賵；三月辛亥，葬我小君成風，王使召伯來會葬。此年秦人來歸僖公、成風之襚，不及事也。其言正者，妾母稱夫人，非正也，妾母稱夫人自僖公始，天子不能正而秦人能之，故曰「秦人來歸僖公、成風之襚」。（秦人來歸僖公、成風之襚）

晉自令狐之戰，不出師者三年，其厭戰之心亦可見也。而秦不顧人命，見利則動，又起此役，夷狄之道也，故曰「秦伐晉」以黜之。（文十年，秦伐晉）

案莊八年師及齊師圍郕，郕降于齊師，自是入齊為附庸。此而來奔，齊所逼爾。（文十二年，春正月，郕伯來奔）

二國之讎既易世矣，二國之戰固可以已也。而秦康、晉靈猶尋舊怨，殘民以逞，是彰父之不德也。故孔子自令狐之戰，不復名其將帥。（秦人、晉人戰于河曲）

帥師而城，畏莒故也。鄆，莒、魯所爭者。（季孫行父帥師城諸及鄆）

孛，彗之屬。偏指曰彗，光芒四出曰孛。（文十四年，有星孛入于北斗）

舍未踰年，稱「君」者，孔子疾亂臣賊子之甚，嫌未踰年與成君異也。故誅一公子商人為萬世戒。（齊公子商人弒其君舍）

單伯，魯大夫。子叔姬，昭公夫人，舍母也。舍既遇弒，魯使單伯視子叔姬，故商人執子叔姬。單伯至此猶見者，蓋其子孫世爾。（齊人執子叔姬）

「毀泉臺」，惡勞民也。築之勞，毀之勞。既築之，又毀之，可謂勞矣。（文十六年，毀泉臺）

「宋師敗績，獲宋華元」，惡鄭公子歸生與楚比周，既敗宋師，又獲其帥，可謂甚矣。（宣二年，宋師敗績，獲宋華元）

陳即楚，故晉趙盾、衛孫免侵陳，陳人請成。（宣六年，晉趙盾、衛孫免侵陳）

仲遂雖卒，猶當追正其罪。宣公不能正仲遂之罪，則當為之廢繹。何者？君臣之恩未絕也。（宣八年，壬午，猶繹，《萬》入去籥）

敬，謚；嬴，姓。「雨，不克葬」，譏無備也。葬既有日，不為雨止。經言「己丑葬我小君敬嬴，雨，不克葬」，是己丑之日喪既行而遇雨也。且雨之遲久不可得而知，設若浹日彌月，其可停柩路次不行乎？案禮，平旦而葬，日中而虞。此言「庚寅日中而克葬」，葬之無備可知也。（葬我小君敬嬴，雨，不克葬）

仲孫蔑，公孫敖之孫。（宣九年，仲孫蔑如京師）

根牟，微國。內滅國曰「取」。此年取根牟，成六年取鄟，襄十三年取是邿也。（秋，取根牟）

崔氏，齊大夫。言「氏」者，起其世也。東遷之後，天子、諸侯、大夫皆世。隱三年書尹氏，譏天子大夫，故此書崔氏，譏諸侯大夫也。（宣十年，齊崔氏出奔衛）

此楚子殺陳夏徵舒也。其言「楚人」者，與楚討也。陳夏徵舒弒其君，天子不能誅，諸侯不能討，而楚人能之，故孔子與楚討也。（宣十一年，楚人殺陳夏徵舒）

楚子伐宋，以其伐陳也。（宣十三年，楚子伐宋）

鄭與楚故。（宣十四年，晉侯伐鄭）

生殺之柄，天子所持也，是故《春秋》非天子不得專殺。王札子，人臣也。王札子人臣，殺召伯、毛伯于朝，定王不能禁，專孰甚焉！故曰「王札子殺召伯、毛伯」以誅其惡。（宣十五年，王札子殺召伯、毛伯）

秋中之螽未息，冬又生子，重為災。（冬，蝝生）

不書葬者，貶之也。吳、楚僭極惡重，王法所誅，故皆不書葬以貶之。（宣十八年，楚子旅卒）

臧孫許，臧孫辰子。（成元年，盟于赤棘）

王者至尊，天下莫得而敵，非茅戎可得敗也。定王庸暗，無宣王之烈，王師為茅戎所敗，惡之大者。故孔子以王師自敗為文，所以存周也。（王師敗績于茅戎）

汶陽之田，魯地也，齊人侵之。今魯從晉，故復取之。不言取之齊者，明本非齊地。（成二年，取汶陽田）

「來歸」者，棄而來歸也。（成五年，杞叔姬來歸。）

蟲牢之盟，鄭服也。天王崩，晉會諸侯同盟于蟲牢，不顧甚矣。（同盟于蟲牢）

武宮者，武公之宮也，其毀已久。宗廟有常，故不言「立」。此言「二月辛巳立武宮」，非禮可知也。（成六年，立武宮）

宣九年取根牟，此年取鄟，襄十三年取邿，皆微國也。（取鄟）

吳本子爵，始見于經曰「吳」者，惡其僭號也。（成七年，吳伐郯）

吳乘楚伐鄭，故入州來。州來，微國。（吳入州來）

汶陽之田，齊所侵魯地也，故二年用師于齊取之。晉侯使韓穿來言歸之于齊，非正也。魯之土地，天子所封，非晉侯所得制也。晉侯使歸之于齊，是魯國之命制在晉也。故曰「晉侯使韓穿來言汶陽之田，歸之于齊以惡之。（成八年，韓穿來言汶陽之田）

成雖即位八年，非有勤王之績。天子使召伯來賜公命，濫賞也。（天子使召伯來賜公命）

林父七年奔晉。其言「自晉歸于衛」者，由晉侯而得歸也。衛大夫由晉侯而得歸，則衛國之事可知矣。（成十四年，衛孫林父自晉歸于衛）

諸侯大夫不敢致吳子也。吳子在鐘離，故相與會吳于鐘離爾。（成十五年，會吳于鐘離）

鄭與楚比周，晉侯再假王命、三合諸侯以討之，而不能服鄭，霸國不振可知也。（成十七年，公會單子、晉侯、宋公、衛侯、曹伯、齊人、邾人伐鄭）

君之卿佐，是為股肱。厲公不道，一日而殺三卿，此自禍之道也，故列數之以著其惡。（晉殺其大夫郤錡、郤犨、郤至）

楚師侵宋，所以救鄭也。（襄元年，楚公子壬夫帥師侵宋）

成公夫人。（襄二年，夫人姜氏薨）

叔孫豹，僑如弟。（叔孫豹如宋）

季氏四月城所食邑，其專可知也。（襄七所，城費）

公前年會諸侯于鄬，不至者，公自鄬朝晉也。（襄八年，春王正月，公如晉）

盜者，微賤之稱。盜一日而殺三卿，故列數之，惡鄭伯失刑政也。（襄十年，盜殺鄭公子騑、公子發，公孫輒）

大國三軍，次國二軍。魯以次國而作三軍，亂聖王之制也。（襄十一年，春王正月，作三軍）

天子不親迎，取后則三公逆之。劉夏，士也。王后天下母，使微者逆之，可哉？故曰「劉夏逆王后于齊」以著其惡。（襄十五年，劉夏逆王后于齊）

晉平溴梁之會方退，執莒子、邾子以歸，又不歸于京師，非所以宗諸侯也。（襄十六年，晉人執莒子、邾子以歸）

三年之中，君臣加兵于魯者四，齊之不道亦可知也。（襄十七年，齊侯伐我北鄙）

諸侯不序，前目後凡也。（襄十九年，諸侯盟說于祝柯）

諸侯土地，受之天子，不可取也。言「取」，惡內也。（取邾田，自漷水）

城西郛，城武城，懼齊也。（城武城）

書「畀我來奔」，惡內也。惡鄉受邾叛人邑，今又納邾叛人也。故是年冬臧孫紇出奔，邾亦受之。（襄二十三年，邾畀我來奔）

此欒盈以曲沃之甲入晉，敗而奔曲沃也。經言「欒盈復入于晉，入于曲沃」者，欒盈復入于晉，犯君當誅，曲沃大夫不可納也。入于曲沃，明曲沃大夫納之，當坐。（欒盈復入于晉，入于曲沃）

次，止也。言「救」、言「次」，惡不急救患也。君命救晉，豹畏齊，廢命而止，故曰「叔孫豹帥師救晉，次于雍榆」以惡之。（叔孫豹帥師救晉，次於雍榆）

孟莊子也。（仲孫速卒）

不言「其大夫」者，欒盈出奔楚，當絕也。稱「人」以殺，從討賊辭。（晉人殺欒盈）

羯，仲孫速子孟孝伯也。（襄二十四年，仲孫羯帥師侵齊）

晉再合諸侯，將伐齊，齊人懼，弒莊公以求成，晉侯許之，八月己巳諸侯同盟于重丘是也。莊公復背澶淵之盟，加兵晉、衛，信不道矣。然齊人殺莊公以求成，逆之大者，晉不能討之以定齊國之亂，曷以宗諸侯？宜乎大夫日熾，自是卒不可制也。故先書崔杼之弒以著其惡。（會于夷儀）

獻公之奔齊也，孫林父逐之。寧喜弒剽以納獻公，故林父懼，入于戚以叛。（襄二十六年，孫林父入于戚以叛）

先言「辛卯衛寧喜弒其君剽」，後言「甲午衛侯衎復歸于衛」者，以見衎待弒而歸也。案十四年衛侯衎出奔齊，前年入于夷儀，今

喜弒剽四日而復歸于衛，此待弒而歸可知也。（衛侯衎復歸于衛）

稱君以殺世子，甚之也。（宋公殺其世子痤）

隱、桓之際，天子失道，諸侯擅權。宣、成之間，諸侯僭命，大夫專國。至宋之會，則又甚矣。何哉？自宋之會，諸侯日微，天下之政皆大夫專持之也。故二十九年城杞，三十年會澶淵，昭元年會虢，諸侯莫有見者。此天下之政皆大夫專持之可知也。（襄二十七年，會于宋）

甯喜不以討賊辭書者，獻公殺之不以其罪也。（衛殺其大夫甯喜）

無冰，時燠也。（襄二十八年，春，無冰）

公留于楚者七月。（襄二十九年，夏五月，公至自楚）

共，謚也。內女不葬，葬者皆非常也。莊四年齊侯葬紀伯姬，三十年葬紀叔姬，此年叔弓如宋葬共姬是也。（襄三十年，葬宋共姬）

襄公太子，未踰年之君也。名者，襄公未葬也。不薨不地，降成君也。（襄三十一年，秋九月癸巳，子野卒）

公不能以禮自重，取困辱也。（昭二年，冬，公如晉，至河乃復）

待昭公反季孫之不若，亦晉侯之惡也。（季孫宿如晉）

陳哀公二子：太子偃師，次子留。公弟招與大夫過皆愛留，欲立之。哀公疾，遂殺太子偃師以立之。留，庶孽也。偃師，塚嗣也。招以叔父之親，不顧宗社之重，隕塚嗣以立庶孽，致楚滅陳，皆招之由也。故曰「陳侯之弟招殺陳世子偃師」以甚招之惡也。（昭八年，陳侯之弟招殺陳世子偃師）

此公子招殺大夫公子過也。其言「陳人殺其大夫公子過」者，不與公子招殺也。故以陳人自討為文。（陳人殺其大夫公子過）

十月壬午，楚師滅陳。此言「葬陳哀公」，如不滅之辭者，所以存陳也。九年「陳災」同此。（葬陳哀公）

此年無「冬」者，脫也。（昭十年）

般弒逆之人，諸侯皆得殺之。楚子名者，楚子暴虐無道，貪蔡土地，不以弒君之罪殺般也。四月丁巳，楚子虔誘蔡侯般，殺之于申。十有一月丁酉，楚子滅蔡，執蔡世子有以歸，用之。此暴虐無道，貪蔡土地，不得以討賊例，當坐誘殺蔡侯般也。（昭十一年，楚子虔誘蔡侯般，殺之于申）

蒐，春田也。五月，不時也。時又有夫人之喪。（大蒐于比蒲）

會于厥慭，欲救蔡而不能也。（會于厥慭）

先言「歸」者，明比不與謀也。後言「弑」者，正比之罪也。（昭十三年，楚公子比自晉歸于楚）

大夫執則至，至則名，不稱氏，前見也。（昭十四年，春，意如至自晉）

宋、衛、陳、鄭同日而災也。宋、衛、陳、鄭同日而災，異之甚者。（昭十八年，宋、衛、陳、鄭災）

鄸，公孫會之邑也。言「自鄸出奔宋」者，以別從國都而去爾。（昭二十年，曹公孫會自鄸出奔宋）

衛侯之母兄而盜得殺之，衛侯之無刑政也。故曰「盜殺衛侯之兄縶」以著其惡。（盜殺衛侯之兄縶）

以天子之尊，三月而葬，此諸侯之不若也。（昭二十二年，葬景王）

言「王」，所以明當嗣之人也。言「子」，所以見未踰年之君也。言「猛」，所以別群王之子也。不「崩」不「葬」，降成君也。（王子猛卒）

《春秋》之戰，書敗者多矣，未有諸侯之師略而不序者。此六國之師略而不序者，賤之也。其言「胡子髡、沈子逞滅」，深惡二國之君不得其死，皆以自滅為文也。（昭二十三年，胡子髡、沈子逞滅）

內諱「奔」，皆曰「孫」。次于陽州者，不得入于齊也。（昭二十五年，公孫于齊）

齊侯取鄆，以處公也。不言處公者，明年「公至自齊，居于鄆」，此處公可知也。（齊侯取鄆）

居于鄆者，公為意如所拒，不得入于魯也。（昭二十六年，公至自齊，居于鄆）

謀納公而不能也。（盟于鄟陵）

公前年如齊者再，皆不見禮，故如晉。其言「于乾侯」者，不得入于晉也。公既不見禮于齊，又不得入于晉，其窮辱如此。（昭二十八年，公如晉，次于乾侯）

季孫意如，逐君之賊也。晉侯不能討而戮之，既使荀躒會意如于適歷，又使荀躒唁公于乾侯，何所為哉？此晉侯之惡亦可見矣。（昭三十一年，晉侯使荀躒唁公于乾侯）

周，自天子言之則曰「王城」、「成周」，諸侯言之則曰「京師」。（昭三十二年，城成周）

不書「正月」者，定公未立，不與季氏承其正朔也。是時季氏專國，昭公薨于乾侯，及歲之交，定又未立，故略不書焉，所以黜強臣而存公室也。（定元年，春王）

《春秋》之義，諸侯不得專執，況大夫乎。宋仲幾會城成周，韓不信，陪臣也，非天子命，執仲幾于天子之側，甚矣。故曰「晉人執宋仲幾于京師」以疾之。（晉人執宋仲幾于京師）

其言「雉門及兩觀災」者，雉門與兩觀俱災也。雉門、兩觀，天子之制。（定二年，雉門及兩觀災）

蔡人病楚，使告于晉，故晉合諸侯于此，此救蔡伐楚也。然諸侯不振，使救蔡伐楚之功歸于強吳，「冬蔡侯以吳子及楚人戰于柏舉，楚師敗績」是也。（定四年，春，侵楚）

「以」者，乞師而用之也。晉合十八國之君，不能救蔡伐楚，吳能救之伐之，此吳、晉之事，強弱之勢，較然可見也。故自是諸侯小大皆宗于吳。（冬，戰于柏舉）

蔡公孫姓帥師滅沈，沈與楚故也。以沈子嘉歸，殺之，公孫姓之罪不容誅也。（滅沈）

晉師救我，故公會于瓦。（定八年，公會晉師于瓦）

不曰「盜歸寶玉大弓」者，盜微賤，不可再見也。（定九年，得寶玉大弓）

郈叛，叔孫州仇、仲孫何忌帥師圍之。郈不服，故二卿秋再圍。（定十年，圍郈）

天子祭社稷、宗廟，不與諸侯共福之禮，此謂助祭諸侯也。魯未嘗助祭，天王使石尚來歸脤，非禮也。（定十四年，天王使石尚來歸脤）

「雨，不克葬」，譏不能葬也。葬不為雨止。「戊午日下昃乃克葬」，言無備之甚也。（定十五年，雨不克葬）

夏四月，衛靈公卒，衛人立輒。輒者，蒯聵之子也。故晉趙鞅帥師納蒯聵于戚。其言「于戚」者，為輒所拒，不得入于衛也。案定十四年衛世子蒯聵出奔宋。靈公既卒，輒又已立，猶稱曩日之世子蒯聵當嗣，惡輒貪國叛父，逆亂人理以滅天性，孔子正其名而書之也。（哀二年，納衛世子蒯聵于戚）

閏月喪事不數，葬齊景公，非禮也。春秋二百四十二年，書閏者惟文六年不告月，此年葬齊景公爾，皆譏其變常也。且三年之喪，練、祥各有其月，此非禮可知。（哀五年，閏月，葬齊景公）

吳伐我，以邾子益來故也。直曰「伐我」者，兵加于都城也。（哀八年，吳伐我）

田者，井田也。賦者，財賦也。宣公奢泰，始什二而稅。至于哀公，則又甚焉。哀公不道，既什二而稅其田，又什二而斂其財，故曰「用田賦」。言用田以為財賦之率也。（哀十二年，春，用田賦）

周之十二月，夏之十月也。為異之甚。（冬十有二月，螽）

報雍丘之師也。二國覆師以相償報，其惡如此。（哀十三年，春，鄭罕達帥師取宋師于嵒。）

吳子方會，越乘其無備而入之也。（于越入吳）

光芒四出曰孛。不言所在之次者，見于旦也。文十四年有星孛入于北斗，昭十七年有星孛入于大辰。此不言所在之次者，見于旦可知也。

（冬十有一月，有星孛于東方）（以上見文淵閣四庫全書《春秋尊王發微》）

泰山門人

直講石徂徠先生介

石介，字守道，奉符人。第進士，歷鄆州，南京推官，篤學有志尚，樂善疾惡，喜聲名，遇事奮然敢為。以論赦書，罷為鎮南掌書記。代父丙遠官，為嘉州軍事判官。丁父母艱，垢面跣足，躬耕徂徠山下，葬不葬者七十喪。以《易》教授其徒，魯人稱徂徠先生。入為國子監直講、太子中允、直集賢院，學者從之甚衆。常患文章之弊，佛、老為蠹，著《怪說》三篇及《中國論》，言去此三者，乃可以有為。又著《唐鑑》，以戒姦臣、宦官、宮女，指切當時，無所忌諱。慶曆三年，吕夷簡罷相，夏竦罷樞密使，而杜公衍、章公得象、晏公殊、賈公昌朝、范公仲淹、富公弼、韓公琦同時執政，歐陽公脩、余公靖、王公素、蔡公襄并為諫官。先生喜曰：「此盛事也！」乃作《慶曆聖德詩》，略曰：「衆賢之進，如茅斯拔；大奸之去，如距斯脫。」衆賢指杜等，大奸斥竦也。泰山見之曰：「子禍始此矣！」先生不自安，求出，判濮州。未赴，卒于家，年四十一。會孔直溫謀畔，搜其家，得先生書。夏竦欲因以修報復，且中傷杜公等，因言介詐死，北走契丹，請發棺以驗。詔下，時杜公在兗，以語官屬，龔鼎臣願以闔族保介必死。提點刑獄吕居簡亦曰：「介果走，孥戮非酷。不然，國家無故剖人冢墓，何以示後世？且介死必有親屬門生會葬，苟召問無異，亦足應詔。」于是衆數百同保，乃免斲棺。子弟羈管他州，亦得還。先生家故貧，妻子不免凍餒，富、韓二公共買田以贍養之。有《徂徠集》行于世。

守道為舉子時，寓學于南都，其固窮苦學，世無比者。王瀆聞其窮約，因會客，以盤餐遺之。石謝曰：「甘脆者，亦介之願也。但日饗之則可，若止一餐，則明日無繼。朝饗膏粱，暮厭粗糲，人之常情也。介所以不敢當賜。」便以食還，王咨重之。（《倦遊錄》）

景祐二年，錄五代及諸國後。時辟先生御史臺主簿，未至，論不當求諸偽國後，坐罷。歐陽文忠貽書責杜祁公曰：「主簿于臺中非言事官。介足未履臺門之閾，已用言事罷，可謂正直剛明，不畏避矣。度介之才不止為主簿，直可為御史也。介斥而他舉，亦必擇賢。賢者固好辯。如此，必得愚暗懦默者而止。」杜不能用。

歐陽公誌其墓曰：先生非隱者也，其仕嘗位于朝矣。魯之人不稱其官而稱其德，以為徂徠魯之望，先生魯人之所尊，故因其所居之山以配其有德之稱，曰徂徠先生。其遇事發憤，作為文章，極陳古今治亂成敗，以指切當世。賢愚善惡，是是非非，無所諱忌。世俗頗駭其言，由是謗議喧然。而小人尤嫉惡之，相與出力，必擠之死。先生安然，不惑不變，曰：「吾道固如是。吾勇過孟軻矣！」

《呂氏家塾記》曰：天聖以來，穆伯長、尹師魯、蘇子美、歐陽永叔始創為古文，以變西崑體，學者翕然從之。其有為揚、劉體者，守道尤嫉之，以為孔門之大害，作《怪說》三篇以排佛、老及楊億。于是新進後學，不敢為揚、劉體，亦不敢談佛、老。

杜默曰：「夏英公因《慶曆詩》之斥己，恨先生刺骨。因先生有奏記富文忠公，責以行伊、周之事，欲因是以傾文忠及范文正等，乃使女奴陰習先生成書，改伊、周為伊、霍，又偽作先生為富撰廢立詔草，飛語上聞。富、范大懼，適聞契丹伐夏，遂請行邊。既得命，過鄭州，見呂公夷簡。呂公問何事遽出，范對以經略兩路，事畢即還。呂曰：『君此行正蹈危機，豈得復入？若欲經制西事，莫若在朝為便。』范公愕然。」八月，以富公為河北宣撫使。富、范既去朝，攻者益急，帝心不能無疑矣。先生亦不自安，乃請外，得濮州通判。

李端叔《姑溪集》曰：初，夏竦在樞府，深怨石介之譏己，必欲報之。滁州狂人孔直溫謀反伏誅，搜其家，得石介書。時介已死，竦為宣徽南院使，言介詐死，乃富弼遣介結契丹起兵，期以一路兵為內應，請發介棺驗之。詔下兗州。時知兗者為杜衍，語僚屬，莫敢答。掌書記龔鼎臣願以闔族保介必死。提刑呂居簡亦言無故發棺，何以示後，具狀上之，始獲免。

孫氏《鴻慶居士集》曰：夏竦既譏先生于仁宗，謂介不死，北走契丹。幸呂居簡為京東轉運使，具狀保于中使，仁宗始悟竦之譖。及竦之死，仁宗將往澆奠，吳奎言于帝曰：「夏竦多詐，今亦死矣。」仁宗憮然。至其家，澆奠畢，躊躇久之，命大閹去竦面幕而視之。世謂剖棺之與去面幕，其為人主之疑，一也。亦所謂「報應」者邪？

春秋說

稱「人」者貶也而人不必皆貶，微者亦稱人。稱爵者褒也，而爵未必純褒，譏者亦稱爵。繼故不書即位，而桓、宣則書。即位妾母不稱夫人，而成風則稱夫人。失地之君名，而衛侯奔楚則不名。未踰年之君稱子而鄭伯伐許則不稱子。會盟先主會者，而瓦屋之盟則先宋。征伐首主兵者而甗之師則後齊。母弟一也而或稱之以見其惡，或沒之以著其罪。天王一也，或稱天以著其失，或去天以示其非。

《春秋》為無王而作，孰謂隱為賢且讓而始之哉！（以上《總論》，《徂徠石先生文集》，中華書局一九八四年版，第二五六頁。）

子叔姬先書被執，次書來歸，非郯、杞之比。夫商人弒君自立，又虐其國君之母，天子不能討，諸侯不能伐。季孫行父再如晉，諸侯為是盟于扈，皆無能為而退，徒得單伯之至、子叔姬之歸而已，而興兵以侵魯者未已也。于以見晉霸之不競也，于以見諸侯之有弒君者而莫之討也，于以見齊之橫而魯之弱也。（文十四年，齊人執子叔姬）

翬弒隱公，遂弒子赤。桓公之立，逆女使翬；宣公之立，逆女使遂。斯二人者，在國以為賊，而桓、宣以為忠也。故終桓、宣之世，

翬、遂皆稱公子，無異詞。（宣元年，公子遂如齊逆女）

禮有重輕先後之不同。以祭視繹，則祭為重而繹為輕；以繹視卿佐之喪，則繹為輕而卿佐之喪為重。有國者當圖其稱也。（壬午，猶繹，《萬》入去籥）

內取外邑皆曰取，如取郜、取防、取訾婁。外歸魯地皆曰歸，如濟西、龜陰及讙、闡、汶陽田，魯地也，齊人以歸于我，當曰歸，今而曰取者，蓋因晉力而取之也。歸者其意也；取者我也，非其志也。于後齊復事晉，故八年使韓穿來言歸之于齊。然此年齊歸我田書曰取，八年齊取我田乃曰歸者，取之自晉，歸之自晉，以見魯國之命制于晉而已。故雖我田也，而不得偃然有之，其猶寄爾。故齊歸我田書曰「取」，猶若取之于外者；齊取我田書曰「歸」，猶若齊之所有也。（成十年，取汶陽田）

公之此行，內有僑如之患，外不見于霸主，故危而致之。（成二六年，公至自會）

不書「及」，內之也。鄫有國而私屬于魯，魯之私屬鄫也，皆不臣之著也。（襄五年，叔孫豹、鄫世子巫如晉）

成九年為蒲之會，將以合吳而吳不至，故十五年諸侯之大夫會之于鐘離。前三年悼公盟雞澤，使荀會逆吳子而又不至，故此年使魯先會之于善道。凡此皆往會之也。至秋戚之會，序吳于列而不復殊者，因來會也。凡序吳者，來會我也；殊吳者，往會之也。（襄五年，仲孫蔑、衛孫林父會吳于善道）

日食之變，起于交也。有雖交而不食者，春秋二百四十二年而日食三十六。有頻交而食者，此年及二十四年，三年之內連月而食者再也。諸儒以為曆無此法，或傳寫之誤。然漢之時亦有頻食者，高帝三年及文帝前三年十月晦、十一月晦是也。天道至遠，不可得而知。後世執推步之術，案交會之度而求之，亦已難矣。（襄二十一年，九月庚戌朔，日有食之。冬十月庚辰朔，日有食之）

（以上見《徂徠石先生文集》，中華書局一九八四年版，第二五六—二五八頁。）

徂徠文集

堯、舜、禹、湯、文、武、周、孔之道，萬世常行，不可易之道也。佛、老以妖妄怪誕之教壞亂之，楊億以淫巧浮偽之言破碎之。（《怪說》，見《徂徠石先生文集》，第六三頁。）

慈溪黃氏曰：「徂徠先生學正識卓，闢邪說，衛正道，上繼韓子以達于孟子，真百世之師也。楊億不過文詞浮靡，其害本不至與佛、老等，而亦闢之峻如此，蓋宋興八十年，浮靡之習方開，為所怪也。使先生生乎今之世，見託儒者之名售佛、老之說者，闢之又當何如哉？」

狗當吾戶，貓捕吾鼠，雞知天時，有功于人，食人之食可矣。彼素飡尸祿，將狗貓雞之不若乎！（《責素餐》，見《徂徠石先生文集》，第八九頁。）

天地間必然無有者有三：無神仙，無黄金術，無佛。大凡窮天下而奉之者，一人也。莫貴于一人，天地兩間苟所有者，求之莫不得也。秦始皇求為仙，漢武帝求為黄金，梁武帝求為佛，勤亦至矣，而始皇遠遊死，梁武餓死，漢武鑄黄金不成。吾故知三者之必無也。（《辨惑》，見《徂徠石先生文集》，第九三—九四頁。）

鄭康成注《文王世子》云：「文王以憂勤損壽」之説，大非也。文王享年九十有七，豈為損壽乎？夫憂勤天下者，聖人之心也。安樂一身，匹夫之情也。後世人君皆耽于逸樂，壽命不長，康成之罪也。（《憂勤非損壽論》，見《徂徠石先生文集》，一二一頁。）

辱書謂士熙道言天下人有感應為失，至乃謂：「人自人，天自天，天人不相與。斷然以行乎大中之道，行之則有福，異之則有禍，非有感應也。」夫能行大中之道，則是為善，善降之福，是人以善感天，天以福應善人。不能行大中之道，則是為惡，惡則降之禍，是人以惡感天，天以禍應惡也。此所謂感應者也。而曰非感應，吾所未達也。人亦天，天亦人，天人相去，其間不容髮。但天陰隲下人，不如國家昭昭然設爵賞刑罰以示人善惡。《書》曰：「天工人其代之。」《易》曰：「兼三才而兩之。」文中子曰：「三才之道不相離。」又《乾卦》曰：「先天而天弗違，後天而奉天時。」揚雄曰：「天辟乎上，地辟乎下，人辟乎中。」天人果不相與乎？熙道通天地人者，故言人必言天，言天必言人。文中子曰：「《春秋》其以天道終乎！《元經》其以人事終乎！」天人相與之際，甚可畏也，故君子備之。言人而遺乎天，言天而遺乎人，未盡天人之道也。（《與范奉禮書》，見《徂徠石先生文集》，第一八三—一八五頁。）

運判劉長民先生牧

劉牧，字先之，號長民，衢之西安人。年十六，舉進士不第，曰：「有司豈枉我哉！」乃買書閉戶治之，及再舉，遂為舉首。調州軍事推官，與州將爭公事，為所擠，幾不免。及後將范文正公至，先生大喜曰：「此吾師也！」遂以為師。文正亦數稱先生，勉以實學，因得從學説于泰山之門。歲終，將舉京官，先生以讓其同官有親而老者，文正歎息，許之曰：「吾不可以不成君之美。」及文正撫河東，舉先生可治劇，于是為兖州觀察推官。改大理寺丞，于知大名府。先是，多盜，先生即用其黨推逐，有發輒得，後遂無為盜者。有詔集其強壯，刺其手為義男，多惶怖不知所為，相率欲亡走。先生諭以詔意，為言利害，皆就刺，欣然曰：「劉君不我欺也。」通判建州。富文忠公以樞密副使使河北，奏掌機宜文字。保州兵士為亂，文忠使撫視，先生自長垣三日抵其城下，定之。會文忠罷去，乃之建州。連丁内外艱。服除，通判廬州。朝廷弛茶榷，使江西議均其税，奏事得請，人皆便之。除廣南西路轉運判官，修險阨，募丁壯以減戍卒，徙倉便輸，考攝官功次，絕其行賕。居二年，凡利害無不興廢者，乃移荆湖北路。至踰月，卒。家貧無以為喪，自棺槨諸物，皆荆南士人為具。

先生既優于學，復優于才，又為范、富二公所知，一時士大夫爭譽之。先生亦慨然自以為當得意。已而屯邅流落，抑沒于庸人之中。

幾老矣，乃稍出為世用，若將以有為也，而即死，掄材者為之悵然。

先生又受《易》學于范諤昌，諤昌本于許堅，堅本于种放，實與康節同所自出。其門人則吳祕、黄黎獻也。祕上其書于朝，黎獻序之，《卦德通論》一卷，《鉤隱圖》三卷，《先儒遺論九事》一卷。

侍講吕原明先生希哲

見《安定學案》。

忠宣范堯夫先生純仁

見《安定學案》。

學士朱先生光庭

朱光庭，字公掞，偃師人。嘉祐二年進士，調萬年簿。文潞公舉應制科，會仁宗升遐，罷試。丁艱。服除，為修武令，改垣曲，以樞密臣薦召對。吕汲公大防守長安，辟簽書判官。司馬文正薦，召為左正言。歷左司諫、右諫議、給事中。出知亳州，復召為給事中。後知潞州，遷集賢院學士。紹聖元年卒，年五十八。先生受學于泰山，告以為學之本，主于忠信，終身力行之。後從二程于洛，聞格物致知為進道之門，正心誠意為入德之方，深信不疑。其為諫官，奮不顧身，以衛師門，遂名洛黨之魁。蓋傑然自拔于流俗者也。

簿萬年，數假邑事，邑人謂之明鏡。

神宗召對，言：「陛下即位以來，更張法度。臣下行之，或非聖意，故有便有不便。誠能去其不便，則天下均被福矣！」

溫公薦為左正言，首以辨大臣忠邪為言，又請天子燕閒與儒臣講習，罷提舉常平官，不散青苗錢，廣儲蓄，備水旱，太學置明師以養人材，論奏無虚日。

太皇太后嘉公正直，諭以朝政闕失，當安心言之，勿畏避。公感知遇，知無不言。時進退大臣，損益政事，密勿啟沃，多見施行。

劉摯罷相守鄆州，公封還麻制，以摯有功大臣，不當無名而去，言者若指臣為朋黨，願被斥而不辭。後鄭雍攻之，出知亳州。

伊川哭之曰：「自予兄弟倡學之初，衆方驚異，君時甚少，獨信不疑。篤學力行，至于沒齒，志不渝于金石，行可質于神明。在邦在家，臨民臨事，造次動靜，一由至誠。上論古人，豈易其比，蹇蹇王臣之節，凜凜循吏之風。謂當大施于時，必得其壽；天胡難忱，遽止于此。七八年間，同志共學之人相繼而逝，（原注：劉質夫、李端伯、呂與叔、范巽之、楊應之相繼而逝也。）今君復往，使予踽踽于世，憂道學之寡助。則予之哭君，豈特交朋之情而已！」

胡文定曰：自熙寧、元祐、靖國間，事變屢更。當其時，固有名蓋天下，致位廟堂，得行所學者。然夷考其事，猶有憾焉！如張天祺、朱公掞等，可謂奮不顧身，盡忠許國，而議論亦過矣。乃知理未易窮，義未易精，言未易知，心未易盡，聖賢事業未易到也。

宗羲案：朱子言，「公掞文字有尺幅，是見得明也。」然攻蘇子瞻策問，有「欲師仁祖之忠厚，」而患百官有司不舉其職，或至于偷；法神考之勵精，而恐監司守令不識其意，流入于刻」。公掞為左司諫，即奏：「學士院不識大體，謂仁祖、神考不足師法，乞正其罪，以戒人臣之不忠者。」此等舉動，與孔文仲實在百步、五十步之間。洛、蜀相持，使小人收漁人之利，只是見不明也。

進士張先生洞

張洞，字明遠，任城人。第進士。石徂徠嘗有書與先生曰：「明遠始受業于劉子望，又傳道于泰山孫先生，得《春秋》最精。近見所為論十數篇，甚善，黜三家之異同，而獨會于經，予固以拳拳服膺矣。明遠纔三十二歲，已能斬稂莠而搴菁英，出紅塵而摩蒼昊。討尋不倦，智識日通。異日于《春秋》，其將為諸子師。明遠勉之！」又有《與韓密學書》，內云：「泰山布衣孫明復，沛縣布衣梁遘，太平布衣姜潛，任城布衣張洞，皆有文武材略，仁義忠勇，籌策謀略，可應大任。今邊寇內侮，苟得四人，實有以助成閤下之功。」

百家謹案：《宋史》有《張洞列傳》，字仲通，祥符人，官至工部郎中，別是一人。

縣令姜至之先生潛

姜潛，字至之，奉符人。從泰山學《春秋》，亦從徂徠。累薦為國子直講、韓王宮伴讀。謁宗正允弼，吏引趨庭，不答，呼馬欲去，遂以客禮見。神宗聞其賢，召對延和殿，訪以治道，對曰：「有《堯》《舜》二典在，顧陛下致之之道何如。」知陳留縣，數月，條例司劾祥符住散青苗，先生知不免，移疾去。縣人詣府請留之，不得。《宋史》傳列之《隱逸》，非也。先生不喜人作詩，嘗曰：「損心氣，招悔吝。」亦名言也。（黃氏原本，全祖望修之加詳）

龍學祖先生無擇

祖無擇，字擇之，上蔡人。進士高第，歷直集賢院。時封孔子後為文宣公，先生言：「前代所封曰宗聖，曰奉聖，曰崇聖，曰恭聖，曰褒聖。唐開元中尊孔子為文宣王，遂以祖謚而加後嗣，非禮也。」于是議改衍聖。出知袁州，首建學宮，置生徒。郡國絃誦之風，由此始盛。歷龍圖閣學士，知鄭、杭二州。神宗立，進銀臺司，與王安石同知制誥。安石嘗辭潤筆物，置院梁上，及憂去，先生用為公費。安石惡之，諷監司求先生罪，逮治，無貪狀，謫忠正軍節度副使。尋復光祿卿、祕書監、集賢院學士，主管西京御史臺。移知信陽軍，卒。先生少從學于泰山，及死，蒐輯遺文以傳。以言語、政事為名卿。有《文集》若干卷行世。

百家謹案：史載無擇與王安石同知制誥，安石嘗辭潤筆，置諸院梁上。安石憂去，無擇用為公費，安石聞而惡之。及無擇知杭州，安石得政，乃諷監司求無擇罪。知明州苗振以貪聞，御史王子韶使兩浙廉其狀，事連無擇。子韶，小人也，請內侍逮赴秀州獄。獄成，無貪狀，但得其貸官錢，接部民坐及乘船過制而已，遂謫忠正軍節度副使。案《邵氏聞見錄》：「擇之知杭州，王介甫以前事恨之，密諭監司求擇之罪。監司承風旨，以贓濫聞于朝廷，遣御史王子韶按治，攝擇之下獄，鍛鍊無所得，坐送賓客酒三百小瓶，責節度副使安置。同時有知明州光祿卿苗振，監司亦因觀望，發其贓罪，朝廷遣崇文院校書張載按治。載字子厚，所謂橫渠先生者，悉平反之，罪止罰金。其幸不幸有若此也。」先生所坐與史既異，而苗振之事與先生初不相涉，乃以按治苗振俱屬之王子韶，皆非實也。先遺獻曰：「擇之學文于穆伯長，為有宋古文之始。今所傳雖少，亦可以見其師法也。」

饒凌雲先生子儀

饒子儀，字元禮，臨川人。從泰山及胡安定受經。親沒，不事科舉。楊傑授以星曆諸書，莫不洞究。結庵凌雲，名曰葆光，杜門著書。臨江守王說欲迎致軍學，郡守劉公臣曰：「吾州有士如此，令他之，可乎！」乃迎還，躬率諸生聽講說。崇寧初，詔舉懷才抱藝、養素丘園之士，郡以先生應詔。所著《編年史要》，陳忠肅瓘為之序，謂其事核旨察，有補于聖經。又有《周易》《論語解》及《詩文集》。

縣尉李先生緼（附曹起）

李緼，字仲淵，邛州人。龍圖閣學士絢之弟。舉進士，調兗州奉符縣尉。同門姜潛居于奉符之太平鎮，某年六月七日夜，大水至，潛幾不免，先生為借縣弓手營救之。上官以私役人獲罪，徂徠為作《朋友解》，略云：「緼與潛友義甚厚，潛之患難不細，緼不足為有勢力可以庇潛，而操本縣尉權略足以施于潛，尚更退顧其身，不為潛致毫髮力，忍宴安坐視，此誠禽獸所不為也。東家火，西家焦髮爛額為撲滅。赤子入井，路人下乘弛擔，匍匐走救之。潛之水，甚于東家火也；潛之將至于死，猶赤子之入井也。緼少被仲兄故龍圖之教，長師泰山孫明復先生，及親慕士建中而交石介，識周公、孔子之道，知仁義忠信，且與潛交厚，乃不如禽獸乎？乃不如西家路人乎？」

又有《上范經略書》，內有云：「負罪而有才者二人：前兗州奉符縣尉李緼，宿州臨渙縣令曹起。皆進士策名。起亦事劉子望，緼亦事孫明復，能知聖人之道，樂蹈名節，好履仁義，守一官能勤且廉，善養民繩吏，人頗受其福。又皆有才，負志節，慕忠義，知兵習戰。」屢稱之不一焉。

泰山再傳

蘇先生唐詢

蘇唐詢者，從徂徠受《易》。其告歸也，徂徠嘗有詩贈之曰：「爨或經年絕，書猶盡日尋。」讀之可以想見其篤行。

杜先生默

杜默，字師雄。徂徠稱其詩可與石曼卿并稱。

徐先生遁

徐遁，未悉爵里。

高先生拱辰

高拱辰者，徂徠先生婿也。徂徠嘗有詩，望以韓退之之有李漢云。

趙先生狩

趙狩，受業徂徠與士建中，後受業于泰山。忽與方士遊，學養生術，徂徠作《可嗟》責之。

孟先生宗儒

孟宗儒，本道士。從徂徠受《春秋》，遂棄其巾服，乞為儒，徂徠更名之曰宗儒。

百家謹案：《十七史》以來，止有《儒林》。至《宋史》别立《道學》一門，在《儒林》之前，以處周、程、張、邵、朱、張及程、朱門人數人，以示隆也。于是世之談學者動云周、程、張、朱，而諸儒在所渺忽矣。先遺獻曰：「以鄒、魯之盛，司馬遷但言《孔子世家》《孔子弟子列傳》《孟子列傳》而已，未嘗加《道學》之名也。《儒林》亦為傳經而設，以處夫不及為弟子者，猶之傳孔子之弟子也。歷代因之，亦是此意。周、程諸子道德雖盛，以視孔子，則猶然在弟子之列，入之儒林，正為允當。今無故而出之為《道學》，在周、程未必加重，而于大一統之義乖矣。通天地人曰儒。以魯國而止儒一人，儒之名目原自不輕。儒者，成德之名，猶之曰賢也，聖也。道學者，以道為學，未成乎名也，猶之曰志于道。志道，可以為名乎？欲重而反輕，稱名而背義，此元人之陋也。且此傳以周、程、張、朱而設，以門人附之。程氏門人，朱子最取呂與叔，以為高于諸公；朱氏門人，以蔡西山為第一；皆不與焉。其錯亂乖繆，無識如此。逮後性理諸書，俱宗《宋史》。言宋儒者必冠濂溪，不復思夫有安定、泰山之在前也。」百家案：先文潔曰：「本朝理學，實自胡安定、孫泰山、石徂徠三先生始。」朱文公亦云伊川有不忘三先生之語。即考諸先儒，亦不謬也。

黄先生黎獻

黄黎獻者，受長民《易》。所著有《續鉤隱圖》一卷，《略例義》一卷，《室中記師隱訣》一卷。

提刑吳先生祕

吳祕，字君謨，甌寧人。景祐元年登第，歷侍御史、知諫院。以言事，出知濠州，提點京東路刑獄。乞閒，除守同安。所著有《周易通神》一卷。今世所稱長民《周易新注》十卷，蓋合黎獻之三卷及先生《通神》一卷皆在其內。其《記師説》一卷，《指歸》一卷，《精微》一卷，又不知何人所作，蓋亦其門人之筆也。其後有徐庸。

三　康節學案

康節邵堯夫先生雍（祖德新、父古，附師李之才）

邵雍，字堯夫，其先范陽人，曾祖令進以軍職逮事藝祖，始家衡漳。祖德新，父古，皆隱德不仕。先生幼從父遷河南，即自雄其才力，慕高遠，謂先王之事必可致。居蘇門山百源之上，布裘蔬食，躬爨養父之餘，刻苦自勵者有年。已而嘆曰：「昔人尚友千古，吾獨未及四方。」于是踰河、汾，涉淮、漢，周流齊、魯、宋、鄭之墟而始還。

時北海李之攝共城令，授以《圖》《書》先天象數之學。先生探賾索隱，妙悟神契，多所自得；始至洛，蓬篳甕牖，不蔽風雨，而怡然有以自樂，人莫能窺也。富鄭公、司馬溫公、吕申公退居洛中，為市園宅。出則乘小車，一人挽之，任意所適。士大夫識其車音，爭相迎候。童孺厮隸皆曰：「吾家先生至也。」不復稱其姓字。遇人無貴賤賢不肖，一接以誠。群居燕飲，笑語終日，不甚取異于人。樂道人之善，而未嘗及其惡。故賢者悦其德，不賢者喜其真，久而益信服之。嘉祐中，詔舉遺逸，留守王拱辰薦之，授試將作監簿，先生不赴。熙寧初，復求逸士，中丞吕誨等復薦之，補潁州團練推官，皆三辭而後受命，終不之官。新法作，仕州縣者皆欲解綬而去，先生曰：「此正賢者所當盡力之時。能寬一分，則民受一分之賜矣！」王安石罷相，吕惠卿參政，富公憂之，先生曰：「二人本以勢利合。勢利相敵，將自為仇矣，不暇害他人也。」未幾，惠卿果叛安石。先是，于天津橋上聞杜鵑聲，先生慘然不樂曰：「不二年，南士當入相，天下自此多事矣！」或問其故，曰：「天下將治，地氣自北而南。將亂，自南而北。今南方地氣至矣。禽鳥，得氣之先者也。」至是，其言乃驗。

疾革，謂司馬公曰：「試與觀化一遭。」公曰：「未應至此！」先生笑曰：「死生亦常事爾！」横渠問疾，論命，先生曰：「天命則已知之。世俗所謂命，則不知也。」伊川曰：「先生至此，他人無以為力，願自主張。」先生曰：「平生學道，豈不知此。然亦無可主張。」伊川問：「從此永訣，更有見告乎」先生舉兩手示之，伊川曰：「何謂也？」曰：「面前路徑須令寬。路窄，則自無著身處，况能使人行也！」先生居内寢，議事者在外甚遠，皆能聞之，召其子伯溫謂曰：「諸公欲葬我近地，不可。當從先塋爾。墓誌必以屬吾伯淳。」熙寧十年七月五日卒，年六十七。程伯子為銘其墓。元祐中，賜謚曰康節。初，歐陽棐過洛，見先生，先生自敘其履歷甚詳，臨別屬之曰：

「願足下異日無忘此言。」棐受而疑之，所謂不忘者亦何事邪？後二十年，棐入太常為博士，當作謚議，方知先生所屬者在是也。所著有《觀物篇》《漁樵問答》《伊川擊壤集》《先天圖》《皇極經世》等書。咸淳初，從祀孔子廟庭，追封新安伯。明嘉靖中，祀稱「先儒邵子」。

百家謹案：周、程、張、邵五子並時而生，又皆知交相好，聚奎之占，可謂奇驗，而康節獨以《圖》《書》象數之學顯。攷其初，《先天卦圖》傳自陳摶，摶以授种放，放授穆修，修授李之才，之才以授先生。顧先生之教雖受于之才，其學實本于自得。始學于百源，堅苦刻厲，冬不爐，夏不扇，日不再食，夜不就席者凡數年。大名王豫嘗于雪中深夜訪之，猶見其儼然危坐。蓋其心地虚明，所以能推見得天地萬物之理。即其前知，亦非術數比。明道嘗謂先生「振古之豪傑」，又曰：「内聖外王之道也。」有問朱子：「康節心胸如此快活廣大，安得如之？」答曰：「他是甚麼樣工夫！」又有問朱子：「學者有厭拘檢、樂放舒、惡精詳、喜簡便者，自謂慕堯夫為人，何如？」曰：「邵子這道理，豈易及哉！他胸襟中這個學，能包括宇宙，始終古今，如何不做得大，放得下。今人卻恃個甚，敢復如此。」

二程嘗侍太中公訪先生于天津之廬。先生移酒飲月坡上，歡甚，語其平生學術出處之大致。明日，明道謂周純明曰：「昨從堯夫先生遊，聽其議論，振古之豪傑也。惜其無所用于世。」周曰：「所言何如？」曰：「内聖外王之道也。」

居洛四十年，安貧樂道，自云未嘗攢眉。所居寢息處，名安樂窩，自號安樂先生。又為甕牖，讀書燕居其下。旦則焚香獨坐，晡時飲酒三四甌，微醺便止，不使至醉。嘗有詩云：「斟有淺深存燮理，飲無多少係經綸。莫道山翁拙于用，也能康濟自家身！」

先生與富鄭公早相知。富初為相，屬大卿田棐挽之出，先生不答，以詩謝之。文潞公尹洛，以兩府禮召見先生，先生不往。既王拱辰尹洛，以先生與常秩同薦，俱不起。至熙寧二年，詔舉遺逸，吕誨、吴充、祖無擇交薦先生，歐陽文忠薦常秩，除先生祕書省校書郎、潁川團練推官。辭，不許。既受命，即引疾，以詩答鄉人曰：「平生不作皺眉事，天下應無切齒人。斷送落花安用雨，裝添舊物豈須春！幸逢堯舜為真主，且放巢由作老臣。六十病夫宜揣分，監司無用苦開陳。」常秩就官，依附安石，盛言新法之便，天下薄之。較之先生，一龍一豬矣。

先生為隱者之服，烏帽縚褐，見卿相不易也。

司馬溫公見先生，曰：「明日僧修顒開堂說法，富公、晦叔欲偕往聽之。晦叔貪佛，已不可勸，富公果往，于理未便。光後進，不敢言，先生曷不止之？」先生曰：「恨聞之晚矣。」明日，富果往，後先生見富，謂曰：「聞上欲用裴晉公禮起公。」富笑曰：「先生以為某衰病能起否？」先生曰：「固也。或人言：上命公，公不起；一僧開堂，公乃出。無乃不可乎！」富驚曰：「某未之思也！」富以先生年高，勸學修養，先生曰：「不能學人胡亂走也！」

圖數之學，由陳圖南摶，种明逸放，穆伯長修、李挺之之才遞傳于先生。伯長剛躁多怒罵，挺之事之甚謹。先生居百源，挺之知先生事父孝謹，勵志精勤，一日，叩門勞苦之曰：「好學篤志何如？」先生曰：「簡策之外，未有適也。」挺之曰：「君非跡簡策者，其如物理之學何！」他日，又曰：「不有性命之學乎！」先生再拜，願受業。其事挺之也，亦猶挺之之事伯長，雖野店，飯必襴，坐必拜。

一日雷起，先生謂伊川曰：「子知雷起處乎？」伊川曰：「某知之，堯夫不知也。」先生愕然曰：「何謂也？」曰：「既知之，安用數推之。以其不知，故待推而知。」先生曰：「子云知，以為何處起？」曰：「起于起處。」先生咥然。

晁以道問先生之數于伊川，答云：「某與堯夫同里巷居三十餘年，世間事無所不問，惟未嘗一字及數。」

明道云：堯夫欲傳數學于某兄弟，某兄弟那得工夫。要學，須是二十年工夫。堯夫初學于李挺之，師禮甚嚴，雖在野店，飯必襴，坐必拜。欲學堯夫，亦必如此。

明道聞先生之數既久，甚熟。一日，因監試無事，以其說推算之，皆合。出謂先生曰：「堯夫之數，只是加一倍法。」以此知《太玄》都不濟事！」

先生與商州趙守有舊，時章惇作商州令。一日，守請先生與惇會，惇縱橫議論，不知敬先生也。因語及洛中牡丹之盛，守因謂惇曰：「先生，洛人也，知花甚詳。」先生因言洛人以見根撥而知花之高下者為上，見枝葉而知者次之，見蓓蕾而知者下也。惇默然。後從先生遊，欲傳數學，先生謂須十年不仕乃可，蓋不之許也。

邵子文云：邢和叔亦欲從先君學，先君略為開其端倪，和叔援引古今不已。先君曰：「姑置是！此先天學，未有許多言語。且當虛必滌慮，然後可學。」此和叔《留別》詩有「圯下每慚呼孺子，牀前時得拜龐公」之句。先君和云：「觀君自比諸葛亮，顧我殊非黃石公。」斷章云：「出人才業尤須惜，慎弗輕為西晉風！」

百家謹案：先生數學，不待二程求而欲與之。及章惇、邢恕，則求而不與。蓋兢兢乎慎重其學，必慎重其人也。上蔡云：「堯夫之數，邢七要學，堯夫不肯，曰：『徒長奸雄。』」章惇不必言矣！

伊川云：「邵堯夫臨終時，只是諧謔，須臾而去。以聖人觀之，則亦未是，蓋猶有意也。比之常人，其懸絕矣。他疾革，頤往視之，因警之曰：『堯夫平生所學，今日無事否？』他氣微不能答。次日見之，卻有聲如絲髮來大，答云：『你道生薑樹上生，我亦只得依你說。』是時諸公都廳上議事，他在房間便聞得。諸公恐喧他，盡之外說話，他皆聞得。一人云『有新報』云云，堯夫問有甚事。曰：有某事。堯夫曰：『我將謂收卻幽州也。』以他人觀之，便以為怪。此只是心虛而明，故聽得。」問：「堯夫未病時不如此，何也？」曰：「此只是病後氣將絕，心無念，慮不昏，便如此。」又問：「釋氏亦先知死，何也？」曰：「只是一個不動心。釋氏平生只學這個事，將這個做一件大事。學者不必學他，但燭理明，自能之。只如堯夫事，他自如此，亦豈嘗學也。」

張峿述行略曰：先生治《易》《書》《詩》《春秋》之學，窮意言象數之蘊，明皇帝王霸之道，著書十餘萬言，研精極思三十年。觀天地之消長，推日月之盈縮，攷陰陽之度數，察剛柔之形體，故經之以元，紀之以會，始之以運，終之以世。又斷自唐、虞，訖于五代，本諸天道，質以人事，興廢治亂，靡所不載。其辭約，其義廣；其書著，其旨隱。嗚呼，美矣，至矣，天下之能事畢矣！

明道銘其墓曰：嗚呼先生，志豪力雄。闊步長趨，凌高厲空。探幽索隱，曲暢旁通。在古或難，先生從容。有《問》有《觀》，以沃以豐。天不慭遺，哲人之凶。鳴皋在南，伊流在東，有寧一宮，先生所終。

百家謹案：《晁氏客語》：「邵堯夫墓誌後題云：『前葬之月，河南尹賈昌衡言于朝。既刻石，詔至，以著作佐郎告先生第，賻粟帛。熙寧丁巳歲也。』」

元祐中，韓康公尹洛，請謚于朝，常博歐陽棐議曰：「君少篤學，有大志。久而後知道德之歸，且以為學者之患，在于好惡先成乎心，而挾其私智以求于道，則蔽于所好，而不得其真。故求之至于四方萬里之遠，天地陰陽屈伸消長之變，無所不可，而必折衷于聖人。雖深于象數，先見默識，未嘗以自名也。其學純一而不雜，居之而安，行之而成，平夷渾大，不見圭角，其自得深矣」云云。案《謚法》，溫良好樂曰康，能固所守曰節。

百家謹案：棐字叔弼，文忠公之子，官至大理評事。考晁說之集，叔弼謂以道曰：「棐從母王宣徽夫人得疾洛陽，先妣夫人亟以棐入洛。時先公參大政，臨行告戒曰：『洛中有邵堯夫，吾獨不識，汝為吾見之。』棐既至洛，求教，先生特為棐徐道其立身本末，甚詳。出門揖送，猶曰：『足下其無忘鄙野之人于異日。』後二十年，棐入太常為博士，次當作謚議，乃恍然回省先生當時之言，落筆若先生之自敘，無待其家所上文字也。』棐伏念先生未嘗辱教一言，雖欲不忘，亦何事邪！歸白大人，則喜曰：『幸矣，堯夫有以處吾兒也。』」

楊龜山曰：「《皇極》之書，皆孔子所未言者。然其論古今治亂成敗之變，若合符節，故不敢略之，恨未得其門而入耳！」

謝上蔡曰：「堯夫直是豪才。在風塵時節，便是偏霸手段。」

朱子曰：「康節為人須極會處置事。為他神閑氣定，不動聲色，須處置得別。蓋他氣質本來清明，又養得純厚，又不曾枉用了心，他用心都在緊要上。為他靜極了，看得天下事理精明。」

又曰：「康節本是要出來有為底人，然又不肯深犯手做。凡事直待可做處，方試為之。纔覺難，便拽身退。正張子房之流。」

又曰：「伊川之學，于大體上瑩徹，于小小節目上猶有疏處。康節能盡得事物之變，卻于大體上有未瑩處。」

又曰：「程、邵之學固不同，然二程所以推尊康節者至矣。蓋以其信道不惑，不雜異端，班于溫公、橫渠之間。則亦未可以其道不同而遽貶之也。」

魏鶴山曰：「邵子平生之書，其心術之精微在《皇極經世》，其宣寄情意在《擊壤集》。凡歷乎吾前，皇帝王霸之興替，春秋冬夏之代謝，陰陽五行之變化，風雷雨露之霽曀，山川草木之榮悴，惟意所驅，周流貫徹，融液擺落，蓋左右逢源，略無毫髮凝滯倚著之意。嗚呼，真所謂風流人豪者歟！或曰：揆以聖人之中，若勿合也。『天何言哉！四時行焉，百物生焉。』聖人之動靜語默，無非至教，雖常以示人，而平易坦明，不若是之多言也。『老者安之，朋友信之，少者懷之。』聖人之心量，直與天地萬物上下同流，雖無時不樂，而寬舒和平，不若是之多言也。曰：是則然矣。宇宙之間，飛潛動植，晦明流峙，夫孰非吾事！若有以察之，參前倚衡，造次顛沛，觸處呈露。凡皆精義妙道之發焉者，脫斯須之不在，則芸芸並驅，日夜雜糅，相代乎前，顧于吾何有焉！若邵子者，使猶得從遊于舞雩之下，浴沂詠歸，毋寧使曾皙獨見稱于聖人也歟！洙泗已矣！秦、漢以來諸儒，無此氣象。讀者當自得之。」

熊勿軒《祀典議》曰：或謂：「涑水之學，不由師傳，其德言功烈之所就，亦不過盡其天資之所到而已。若康節，則《先天》一圖，《皇極》一書，謂之無聞于斯道則不可，又何以不進之于五賢乎？」曰：康節之高明，涑水之平實，蓋各具是道之一體。要其所見，則涑水之于康節，固不可以同日語也。康節《先天圖》心法與濂溪《太極圖》實相表裏。至于《皇極》一書，則其志直欲以道經世，而自處蓋欲作雍熙泰和以上人物。此豈易以世俗窺測！但其制行，不免近于高曠。若使進之聖門，則曾皙非不高明，子貢非不穎悟，終不可謂與顏、曾同得其傳。百世以俟，不易吾言矣！

又曰：問嘗以此求正于鄉先生福清林若存，謂此論直可質無疑而俟不惑。且謂康節作《長曆》，書「建成、元吉作亂，秦王世民誅之」，可與溫公作《通鑑》書「諸葛入寇」同科，此亦一證。寧德陳子芳謂：此說已是。程子亦曰「堯夫直是不恭」，又曰「堯夫根本帖帖地」，其不滿溫公處亦多，更以此參之，當益明矣。並識于此，以俟來者。

胡敬齋曰：「程子言康節空中樓閣，朱子言其四通八達，須實地上安腳更好。」

又曰：「明道作康節墓誌，言七十子『同尊聖人，所因以入者，門戶亦眾矣』，是未嘗以聖學正門庭許他。言『先生之道，可謂安且成矣』，是康節自成一家。」

問高忠憲：「明道許康節內聖外王之學，何以後儒論學只說程、朱？」忠憲曰：「伊川言之矣。康節如空中樓閣，他天資高，胸中無事，日日有舞雩之趣，未免有玩世意。」

宗羲案：康節反為數學所掩。而康節數學，《觀物外篇》發明大旨。今載之《性理》中者，註者既不能得其說，而所存千百億兆之數目，或脫或訛，遂至無條可理。蓋此學得其傳者，有張行成、祝泌、廖應淮，今寥寥無繼者。余嘗于《易學象數論》中為之理其頭緒，抉其根柢。

觀物內篇

百家謹案：先生《觀物內、外篇》，《內篇》先生所自著，《外篇》門弟子所記述。《內篇》註釋，先生子伯溫也。

物之大者，無若天地，然而亦有所盡也。天之大，陰陽盡之矣。地之大，剛柔盡之矣。陰陽盡而四時成焉，剛柔盡而四維成焉。夫四時、四維者，天地至大之謂也。凡言大者，無得而過之也，亦未始以大為自得，故能成其大，豈不謂至偉者與！天生于動者也，地生于靜者也，一動一靜交而天地之道盡之矣。動之始則陽生焉，動之極則陰生焉，一陰一陽交而天之用盡之矣。靜之始則柔生焉，靜之極則剛生焉，一剛一柔交而地之用盡之矣。動之大者謂之太陽，動之小者謂之少陽，靜之大者謂之太陰，靜之小者謂之少陰。太陽為日，太陰為月，少陽為星，少陰為辰，（辰者天之土，不見而屬陰。）日月星辰交而天之體盡之矣。太柔為水，太剛為火，少柔為土，少剛為石，水火土石交而地之體盡之矣。（《邵雍集》，中華書局二〇一〇年，第一—二頁。）

或曰：「《皇極經世》舍金木水火土，而用水火土石，何也？」曰：日月星辰，天之四象也。水火土石，地之四體也。金木水火土者，五行也。四象、四體，先天也；五行，後天也。先天，後天之所自出也。水火土石，五行之所自出也。水火土石，本體也；金木水火土，致用也。以其致用，故謂之五行，行乎天之間者也。水火土石，蓋五行在其間矣，金出于石而木生于土。有石而後有金，有土而后有木。金者從革而后成，木者植物之一類也。是豈舍五行而不用哉？五行在其間者，此之謂也。《皇極經》世用水火土石，以其本體也；《洪範》用金木水火土，以其致用也。皆有所主，其歸則一。（文淵閣四庫全書《皇極經世書解》卷五）

混成一體，謂之太極。太既既判，初有儀形，謂之兩儀。兩儀又判而為陰、陽、剛、柔，謂之四象。四象又判而為太陽、少陽、太陰、少陰、太剛、少剛、太柔、少柔，而成八封。太陽、少陽、太陰、少陰成象于天而為日月星辰，太剛、少剛、太柔、少柔成形于地而為水火土石，八者具備，然後天地之體備矣。天地之體備，而後變化生成萬物也。所謂八者，亦本四而已。在天成象，日也；在地成形，火也。陽燧取于日而得火，火與日本乎一體也。在天成象，月也；在地成形，水也。方諸取于月而得水，水與月本乎一體也。在天成象，星也；在地成形，石也。星隕而為石，石與星本乎一體也。在天成象，辰也；在地成形，土也。自日月星之外高而蒼蒼者皆辰也，自水火石之外廣而厚者皆土也，辰與土本乎一體也。天地之間，猶形影，聲響之相應，象見乎上，體必應乎下，皆自然之理也。蓋日月星辰猶人之有耳目口鼻，水火土石猶人之有血氣骨肉，故謂之天地之體。陰陽剛柔，則猶人之精神而所以主耳目口鼻、血氣骨肉者也，故謂之天地之用。（文淵閣四庫全書《皇極經世書解》卷五）

日為暑，月為寒，星為晝，辰為夜，寒暑晝夜交而天之變盡之矣。水為雨，（水氣所化）。火為風，（火氣所化）。土為露，（土氣所化）。石為雷，（石氣所化。四者又交相化焉，故雨有水雨，有火雨，有土雨，有石雨。水雨則為　霈之雨，火雨則為苦暴之雨，土雨則為霢霂之雨，石雨則為雹凍之雨。所感之氣如此，皆可以類推也。）雨風露雷交而地之化盡之矣。（《邵雍集》，第二—三頁。）

暑變物之性，寒變物之情，晝變物之形，夜變物之體，性情形體交而動植之感盡之矣。雨化物之走，風化物之飛，露化物之草，雷化物之木，走飛草木交而動植之應盡之矣。（《邵雍集》，第二—三頁。）

人之所以靈于萬物者，謂其目能收萬物之色，耳能收萬物之聲，鼻能收萬物之氣，口能收萬物之味。聲色氣味者，萬物之體也；耳目鼻口者，萬人之用也。體無定用，惟變是用；用無定體，惟化是體。體用交而人物之道于是乎備矣。然則人亦物也，聖亦人也。有一物之物，有十物之物，有百物之物，有千物之物，有萬物之物，有億物之物，有兆物之物。生一物之物當兆物之物者，豈非人乎？有一人之人，有十人之人，有百人之人，有千人之人，有萬人之人，有億人之人，有兆人之人。生一人之人當兆人之人者，豈非聖乎？是知人也者，物之至者也；聖也者，人之至者也。人之至者，謂其能以一心觀萬心，一身觀萬身，一世觀萬世者焉。其能以心代天意，口代天言，手代天工，身代天事者焉。其能以上識天時，下盡地理，中盡物情，通照人事者焉。其能以彌綸天地，出入造化，進退古今，表裏人物者焉。（《邵雍集》，第六—八頁。）

《易》曰：「窮理盡性，以至于命。」所以謂之理者，物之理也。所以謂之性者，天之性也，所以謂之命者，處理性者也。所以能處理性者，非道而何？是知道為天地之本，天地為萬物之本。以天地觀萬物，則萬物為物，以道觀天地，則天地亦為萬物。道之道盡于天矣，天之道盡于地矣，天地之道盡于物矣，天地萬物之道盡于人矣。人能知天地萬物之道所以盡于人者，然後能盡民也。天之能盡物，則謂之昊天；人之能盡民，則謂之聖人。

夫昊天之盡物，聖人之盡民，皆有四府焉。昊天之四府者，春、夏、秋、冬之謂也，陰陽升降于其間矣。聖人之四府者，《易》《書》《詩》《春秋》之謂也，禮樂污隆于其間矣。（《邵雍集》，第九—一一頁。）

孔子贊《易》，自羲、軒而下；序《書》，自堯、舜而下；刪《詩》，自文、武而下；修《春秋》，自桓、文而下。自羲、軒而下，祖三皇也；自堯、舜而下，宗五帝也；自文、武而下，子三王也；自桓、文而下，孫五霸也。（《邵雍集》，第二二頁。）

夫古今者，在天地之間猶旦暮也。以今觀今，則謂之今矣；以後觀今，則今亦謂之古矣。以今觀古，則謂之古矣；以古自觀，則古亦謂之今矣。是知古亦未必為古，今亦未必為今，皆自我而觀之也。安知千古之前，萬古之後，其人不自我而觀之也？（《邵雍集》，第二〇頁。）

人皆知仲尼之為仲尼，不知仲尼之所以為仲尼，則舍天地將奚之焉？人皆知天地之為天地，不知天地之所以為天地，則舍動靜將奚之焉？夫一動一靜者，天地之至妙者與！夫一動一靜之間者，天地人之至妙者與！是故知仲尼之所以能盡三才之道者，謂其行無轍　也。

故有曰：「予欲無言。」又曰：「天何言哉！四時行焉，百物生焉。」其斯之謂與！（《邵雍集》，第二一頁。）

夫好生者，生之徒也；好殺者，死之徒也。周之好生也以義，漢之好生也亦以義。秦之好殺也以利，楚之好殺也亦以利。周之好生也以義，而漢且不及；秦之好殺也以利，而楚又過之。天之道，人之情，又奚擇于周、秦、漢、楚哉？擇乎善惡而已！（《邵雍集》，二六—二七頁。）

是知善也者，無敵于天下，而天下共善之；惡也者，亦無敵于天下，而天下共惡之。天之道，人之情，又奚擇于周、秦、漢、楚哉？擇乎善惡而已矣！天與人相為表裏，天有陰陽，人有邪正。邪正之由，繫乎上之所好也。上好德，則民用正；上好佞，則民用邪。邪正之由，有自來矣。雖聖君在上，不能無小人，是難其為小人。雖庸君在上，有能無君子，是難其為君子。自古聖君之盛，未有如唐堯之世，君子何其多邪！時非無小人也，是難其為小人，故君子多也。所以雖有四凶，不能肆其惡。自古庸君之盛，未有如商紂之世，小人何其多邪！時非無君子也，是難其為君子，故小人多也。所以雖有三仁，不能遂其善。是知君擇臣、臣擇君者，是非繫乎人也；君得臣、臣得君者，是非繫乎人也，繫乎天也。（文淵閣四庫全書《皇極經世書解》卷六）

夫天下將治，則人必尚行也；天下將亂，則人必尚言也。尚行，則篤實之風行焉。尚言，則詭譎之風行焉。天下將治，則人必尚義也；天下將亂，則人必尚利也。尚義，則謙讓之風行焉。尚利，則攘奪之風行焉。三王，尚行者也；五霸，尚言者也。尚行必入于義也，尚言必入于利也。義利之相去，一何遠之如是邪！是知言之于口，不若行之于身；行之于身，不若盡之于心。言之于口，人得而聞之；行之于身，人得而見之；盡之于心，神得而知之。人之聰明猶不可欺，況神之聰明乎！是知無愧于口，不若無愧于身；無愧于身，不若無愧于心。無口過易，無身過難；無身過易，無心過難。既無心過，何難之有！吁！安得無心過之人而與之語心哉！是知聖人所以能立無過之地者，謂其善事于心者也。（《邵雍集》，第三〇頁。）

天由道而生，地由道而成，人物由道而行。天、地、人物則異也，其于由道則一也。夫道也者，道也。道無形，行之則見之于事矣。如道路之道坦然，使千億萬年行之，人知其歸者也。（《邵雍集》，第三三頁。）

夫所以謂之觀物者，非以目觀之也。非觀之以目，而觀之以心也。非觀之以心，而觀之以理也。聖人之所以能一萬物之情者，謂其能反觀也。所以謂之反觀者，不以我觀物也。不以我觀物者，以物觀物之謂也。既能以物觀物，又安有我于其間哉！（文淵閣四庫全書《皇極經世書解》卷八）

日經天之元，月經天之會，星經天之運，辰經天之世。以日經日，則元之元可知矣。以日經月，則元之會可知矣；以日經星，則元之運可知矣；以日經辰，則元之世可知矣。以月經日，則會之元可知矣；以月經月，則會之會可知矣；以月經星，則會之運可知矣；以月經辰，則會之世可知矣。以星經日，則運之元可知矣；以星經月，則運之會可知矣；以星經星，則運之運可知矣；以星經辰，則運之世可知矣。以辰經日，則世之元可知矣；以辰經月，則世之會可知矣；以辰經星，則世之運可知矣；以辰經辰，則世之世可知矣。元之元一，元之會十二，元之運三百六十，元之世四千三百二十。會之元十二，會之會一百四十四，會之運四千三百二十，會之世五萬一千八百四十。運之元三百六十，運之會四千三百二十，運之運一十二萬九千六百，運之世一百五十五萬五千二百。世之元四千三百二十，世之會五萬一千八百四十，世之運一百五十五萬五千二百，世之世一千八百六十六萬二千四百。（《邵雍集》，第三五—三六頁。）

以日經日為元之元，其數一，日之數一故也。以日經月為元之會，其數十二，月之數十二故也。以日經星為元之運，其數三百六十，星之數三百六十故也。以日經辰為元之世，其數四千三百二十，辰之數四千三百二十故也。則是日為元，月為會，星為運，辰為世，此《皇極經世》一元之數也。一元象一年，十二會象十二月，三百六十運象三百六十日，四千三百二十世象四千三百二十時也。蓋一年有十二月，三百六十日，四千三百二十時故也。《經世》一元，十二會，三百六十運，四千三百二十世。一世三十年，是為一十二萬九千六百年。是為《皇極經世》一元之數。一元在大化之間，猶一年也。自元之元更相變而至于辰之元，自元之辰更相變而至于辰之辰，而後數窮矣。窮則變，變則生，生而不窮也。《皇極經世》但著一元之數，使人伸而引之，可至于終而復始也。其法皆以十二、三十相乘。十二、三十，日月之數也。其消息盈虛之說，不著于書，使人得而求之，蓋「藏諸用」也。此《易》所謂「天地之數也」。（文淵閣四庫全書《皇極經世書解》卷七）

太陽之體數十，太陰之體數十二；少陽之體數十，少陰之體數十二；少剛之體數十，少柔之體數十二；太剛之體數十，太柔之體數十二。進太陽少陽太剛少剛之體數，退太陰少陰太柔少柔之體數，是謂太陽少陽太剛少剛之用數。進太陰少陰太柔少柔之體數，退太陽少陽太剛少剛之體數，是謂太陰少陰太柔少柔之用數。太陽少陽太剛少剛之體數一百六十，太陰少陰太柔少柔體數一百九十二，太陽少陽太剛少剛之用數一百一十二，太陰少陰太柔少柔之用數一百五十二。以太陽少陽太剛少剛之用數，倡太陰少陰太柔少柔之用數，是謂日月星辰之變數。以太陰少陰太柔少柔之用數，和太陽少陽太剛少剛之用數，是謂水火土石之化數。日月星辰之變數一萬七千二十四，謂之動數。水火土石之化數一萬七千二十四，謂之植數。再倡和日月星辰、水火土石之變化，通數二萬八千九百八十一萬六千五百七十六，謂之動植通數。（《邵雍集》，第三九—四〇頁。）

日為太陽，其數十；月為太陰，其數十二；星為少陽，其數十；辰為少陰，其數十二；石為少剛，其數十；土為少柔，其數十二；火為太剛，其數十；水為太柔，其數十二。太陽少陽太剛少剛之本數四十，太陰少陰太柔少柔之本數四十有八。以四因四十，得一百六十；以四因四十八，得一百九十二；是謂太陽少陽太陰少陰太剛少剛太柔少柔之體數。一百六十數之內退四十八，得一百一十二；

一百九十二數内退四十，得一百五十二；是謂太陽少陽太陰少陰太剛少剛太柔少柔之用數也。陰陽剛柔，互相進退，去其體數，而所存者謂之用數。陰陽剛柔所以相進退者，陽中有陰，陰中有陽，剛中有柔，柔中有剛，天地交際之道也。以一百一十二因一百五十二，得一萬七千二十四，謂之水火土石之化數。以一百五十二因一百一十二，得一萬七千二十四，謂之日月星辰之變數。變數謂之動數，化數謂之植數。以一萬七千二十四因一萬七千二十四，得二萬八千九百八十一萬六千五百七十六，是謂動植之通數。此《易》所謂「萬物之數」也。或曰：「《經世》之數，與大衍之數不同，何也？」曰：《易》用九、六，《經世》用十、十二。用十、十二，用極數也。十去其一，則九矣；十二分而為二，則六矣。故日，陽也，止于十；月，陰也，止于十二。此之謂極數。大衍、《經世》，皆本于四。四者，四象之數也。故大衍四，四因九，得三十六，是謂《乾》一爻之策數；四因六，得二十四，是謂《坤》一爻之策數。六因三十六，得二百一十有六，是謂《乾》一卦之策數；六因二十四，得一百四十有四，是謂《坤》一卦之策數。《乾》《坤》之策，凡三百六十也。三十二因二百一十六，得六千九百一十有二，是謂三十二陽卦之策數；三十二因一百四十有四，得四千六百有八，是謂三十二陰卦之策數。合二篇之策，凡萬有一千五百二十也。如《太玄》之數，則用三數。聖賢立法不同，其所以為數則一也。（文淵閣四庫全書《皇極經世書解》卷八）

日月星辰者，變乎暑寒晝夜者也；水火土石者，化乎雨風露雷者也。暑寒晝夜者，變乎性情形體者也；雨風露雷者，化乎走飛草木者也。性情形體者，本乎天者也；走飛草木者，本乎地者也。本乎天者，分陰分陽之謂也；本乎地者，分柔分剛之謂也。夫分陰分陽、分柔分剛者，天地萬物之謂也。備天地萬物者，人之謂也。（《邵雍集》，第四〇—四一頁。）

觀物外篇

性非體不成，體非性不生。陽以陰為體，陰以陽為性。動者性也，靜者體也。在天則陽動而陰靜，在地則陽靜而陰動。性得體而靜，體隨性而動，是以陽舒而陰疾也。陽不能獨立，必得陰而後立，故陽以陰為基。陰不能自見，必待陽而後見，故陰以陽為倡。陽知其始而享其成，陰效其法而終其勞，陽能知而陰不能知，陽能見而陰不能見也。能知能見者為有，故陽性有而陰性無也。陽有所不偏，而陰無所不偏也；陽有去而陰常居也。無不偏而常居者為實，故陽體虛而陰體實也。自下而上謂之升，自上而下謂之降，升者生也，降者消也，故陽生于下而陰生于上，是以萬物皆反。陰生陽，陽生陰，陰復生陽，陽復生陰，是以循環而無窮也。

天地之本，其起于中乎？是以乾坤交變而不離乎中。人居天地之中，心居人之中，日中則盛，月中則盈，故君子貴中也。

本一氣也，生則為陽，消則為陰，故二者一而已矣，四者二而已矣，六者三而已矣，八者四而已矣。是以言天而不言地，言君而不言臣，言父而不言子，言夫而不言婦也。然天得地而萬物生，君得臣而萬物化行，父得子、夫得婦而家道成，故有一則有二，有二則有四，有三則有六，有四則有八。

氣則養性，性則乘氣，故氣存則性存，性動則氣動也。堯之前，先天也；堯之後，後天也。後天乃效法耳。

氣一而已，主之者神也。神亦一而已，乘氣而變化，能出入于有無死生之間，無方而不測者也。

時然後言，乃應變而言，言不在我也。

氣者，神之宅也。體者，氣之宅也。

陸中之物，水中必具者，猶影象也。陸多走，水多飛者，交也。是故巨于陸者必細于水，巨于水者必細于陸也。虎豹之毛，猶草也；鷹鸇之羽，猶木也。人之骨巨而體繁，木之幹巨而葉繁，應天地之數也。動者體橫，植者體縱，人宜橫而反縱也。

動物謂鳥獸，體皆橫生，橫者為緯，故動。植物謂草木，體皆縱生，縱者為經，故靜。非惟鳥獸草木，上而列宿，下而山川，莫不皆然。至于人，亦動物，體宜橫而反縱，此所以異于萬物，為最貴也。

天有四時，地有四方，人有四支，是以指節可以觀天，掌文可以察地。天地之理具乎指掌矣，可不貴之哉！

天圓而地方。天南高而北下，是以望之如倚蓋焉。地東南下西北高，是以東南多水，西北多山。日行陽度則盈，行陰度則縮，賓主之道也。月去日則明生而遲，近日則魄生而疾，君臣之義也。陽消則生陰，故日下而月西出也。陰盛則敵陽，故日望而月東出也。天為父，日為子，故天左旋，日右行。日為夫，月為婦，故日東出，月西出也。

月本無光，借日光以為光。及其盛也，遂與陽敵。為人君者可不慎哉！

陽得陰而為雨，陰得陽而為風，剛得柔而為雲，柔得剛而為雷。無陰則不能為雨，無陽則不能為雷。雨，柔也；而屬陰；陰不能獨立，故待陽而後興。雷，剛也，而屬體，體不能自用，必待陽而後發也。雲有水火土石之異，他類亦然。

張嵎曰：水火土石，地之體也。凡物皆具地之體。先生曰：「水雨霖，火雨暴，土雨濛，石雨雹；水風涼，火風熱，土風和，石風烈；水雲黑，火雲赤，土雲黄，石雲白；水雷霆，火雷虩，土雷連，石雷霹。」故一物必通四象。

象起于形，數起于質，名起于言，意起于用。天下之數出于理，違乎理則入于術。世人以數而入術，故失于理也。天下之事皆以道致之，則休戚不能至矣。

天之神棲于日，人之神發于目。人之神寤則棲心，寐則棲腎，所以象天也，晝夜之道也。

夫卦各有性體，然皆不離《乾》《坤》之門，如萬物受性于天，而各為其性也。在人則為人之性，在禽獸則為禽獸之性，在草木則為草木之性。天以氣為主，體為次；地以體為主，氣為次。在天在地者亦如之。

天之象數則可得而推，如其神用，則不可得而測也。自然而然者，天也，惟聖人能索之。效法者，人也，若時行時止，雖人也亦天。神者，人之主，將寐在脾，熟寐在腎，將寤在肝，正寤在心。

將寐在脾，猶時之秋也。熟寐在腎，猶時之冬也。將寤在肝，猶時之春也。正寤在心，猶時之夏也。

以物觀物，性也；以我觀物，情也。性公而明，情偏而暗。

天地之大寤在夏，人之神則存于心。

鮑時曰：「午則日隨天在南，子則日隨天在北，一日之寤寐也。夏則日正在午，冬則日正在子，一年之寤寐也。日者，天之神也。人之神晝在心，夏也；夜在腎，冬也。」

火無體，因物以為體。金石之火烈于草木之火者，因物而然也。

曆不能無差。今之學者曆但知曆法，不知曆理。能布算者，洛下閎也。能推步者，甘公、石公也。洛下閎但知曆法；揚雄知曆法，又知曆理。

百家謹案：細觀《太玄》，子雲便未即知曆理。

學不至于樂，不可謂之學。

漢儒以反經合道為權，得一端者也。權所以平物之輕重。聖人行權，酌其輕重而行之，合其宜而已。故執中無權者，猶為偏也。

夫《易》者，聖人長君子、消小人之具也。及其長也，闢之于未然；及其消也，闔之于未然。一消一長，一闔一闢，渾渾然無跡。非天下之至神，其孰能與于此！

知《易》者不必引用講解，是為知《易》。孟子之言未嘗及《易》，其間《易》道存焉，但人見之鮮耳。人能用《易》是為知《易》。如孟子，所謂善用《易》者也。

月者，日之影也。情者，性之影也。心性而膽情，性神而情鬼。

心為太極。又曰：道為太極。

形可分，神不可分。

木結實而種之，又成是木而結是實。木非舊木也，此木之神不二也。此實生生之理也。

以物喜物，以物悲物，此發而中節者也。

不我物，則能物物。

任我則情，情則蔽，蔽則昏矣。因物則性，性則神，神則明矣。潛天潛地，不行而至，不為陰陽所攝者，神也。

先天之學，心也。後天之學，跡也。出入有無死生者，道也。

神無所在，無所不在。至人與他心通者，以其本于一也。道與一，神之強名也。以神為神者，至言也。

陰對陽為二，然陽來則生，陽去則死，天地萬物生死主于陽，則歸之于一也。

神無方而性有質。

凡人之善惡，形于言，發于行，人始得而知之。但萌諸心，發乎慮，鬼神已得而知之矣，此君子所以慎獨也。

人之類，備乎萬物之性。

人之神則天地之神。人之自欺，所以欺天地，可不慎哉！

物理之學，或有所不通，有可以強通。強通則有我，有我則失理而入于術矣。

心一而不分，則能應萬變。此君子所以虛心而不動也。

君子之學，以潤身為本。其治人應物，皆餘事也。

兌，說也。其他說皆有所害，惟朋友講習，無說于此，故言其極者也。

能循天理動者，造化在我也。

學不際天人，不足以謂之學。

人必內重，內重則外輕。苟內輕，必外重，好利好名，無所不至。

天下言讀書者不少，能讀書者少。若得天理真樂，何書不可讀，何堅不可破，何理不可精！

所行之路不可不寬，寬則少礙。

天主用，地主體。聖人主用，百姓主體，故日用而不知。

天使我有是之謂命，命之在我之謂性，性之在物之謂理。

劉絢問無為，對曰：「時然後言，人不厭其言。樂然後笑，人不厭其笑。義然後取，人不厭其取。此所謂無為也。」

金須百鍊然後精，人亦如此。

「多聞，擇其善者而從之」，雖多聞，必擇善而從之。「多見而識之」，識，別也。雖多見，必有以別之。

鬼神者，無形而有用，其情狀可得而知也，于用則可見之矣。若人之耳目鼻口手足，草木之枝葉華實顔色，皆鬼神之所為也。福善禍淫，主之者誰邪？聰明正直，有之者誰邪？不疾而速，不行而至，任之者誰邪？皆鬼神之情狀也。

太羹可和，玄酒可漓，則是造化亦可和可漓也。

易地而處，則無我也。

思慮一萌，鬼神得而知之矣。故君子不可不慎獨。（以上均見文淵閣四庫全書《皇極經世書解》卷十四）

漁樵問答

百家謹案：《黃氏日鈔》云：「《伊川至論》第八卷載《漁樵問答》，蓋世傳以為康節書者，不知何為亦剿入其中。近世昭德先生晁氏《讀書記》疑此書為康節子伯溫所作。」今觀其書，惟「天地自相依附」數語為先儒所取，餘多膚淺。子文得家庭之説而附益之，明矣。今去其問答浮詞并與《觀物篇》重出者，存其略焉。

樵者曰：「天地之道備于人，萬物之道備于身，衆妙之道備于神，天下之能事畢矣。又何思何慮！」

漁者曰：「以我徇物，則我亦物也。以物徇我，則物亦我也。我物皆致，意由是明。天地亦萬物也，萬物亦我也，我亦萬物也。何物不我，何我不物。如是，則可以宰天地，可以司鬼神，而況于人乎！況于物乎！」

樵者問漁者曰：「天何依？」曰：「依乎地。」「地何附？」曰：「附乎天。」曰：「然則天地何依何附？」曰：「自相依附。天依形，地附氣。其形也有涯，其氣也無涯。有無之相生，形氣之相息，終則有始。終始之間，天地之所存乎！天以用為本，以體為末；地以體為本，以用為末。利用出入之謂神，名體有無之謂聖。惟神與聖，能參乎天地者也。」

竊人之財謂之盜。其始取之也，惟恐其不多也，及其敗露也，惟恐其多矣。夫賄之與贓，一物也；而兩名者，利與害故也。竊人之美謂之徼。其始取之，惟恐其不多也；及其敗露也，惟恐其多矣。夫譽之與毁，一事也；而兩名者，名與實故也。凡言朝者，萃名之所也；市者，聚利之地也。能不以爭處乎其間，雖一日九遷，一貨十倍，何害生實喪之有邪！是知爭也者，取利之端也；讓也者，趨名之本也。利至則害生，名興則實喪。利至名興而無害生喪實之患，唯有德者能之。

樵者曰：「人有禱鬼神而求福者。福可禱而求邪？求之而可得邪？敢問其所以。」曰：「語善惡者，人也；禍福者，天也。天道福善而禍淫，鬼神其能違天乎！自作之咎，固難逃已；天降之災，禳之奚益！修德積善，君子常分，安有餘事于其間哉！」樵者曰：「有為善而遇禍，有為惡而獲福者，何也？」漁者曰：「有幸，有不幸也。幸不幸，命也；當不當，分也。一命一分，人其逃乎！」曰：「何為分？何為命？」曰：「小人之遇福，非分也，有命也；當禍，分也，非命也。君子之遇禍，非分也，有命也；當福，分也，非命也。」

漁者謂樵者曰：「人之所謂親，莫如父子也；人之所謂疏，莫如路人也。利害在心，則父子過路人遠矣。父子之道，天性也，利害猶或奪之，況非天性者乎！夫利害之移人如是之深也，可不慎乎！路人之相逢則過之，固無相害之心焉，無利害在前故也。有利害在前，則路人與父子又奚擇焉！路人之能相交以義，又何況父子之親乎？夫義者，讓之本也；利者，爭之端也。讓則有仁，爭則有害，仁與害何相去之遠也？堯、舜亦人也，桀、紂亦人也，人與人同，而仁與害異爾。仁因義而起，害因利而生。以利不以義，則臣弑其君者有焉，子弑其父者有焉，豈若路人之相逢一日而交袂于中逵者哉！」

樵者謂漁者曰：「『《無妄》，災也。』敢問其故。」曰：「妄則欺也。得之必有禍，斯有妄也。順天而動，有禍及者，非禍也，災也。猶農有思豐年而不勤稼穡者，其荒也不亦禍乎！農有勤稼穡而復敗諸水旱者，其荒也不亦災乎！故《象》言『先王以茂對時育萬物』者，貴不妄也。」

漁者謂樵者曰：「春為陽始，夏為陽極，秋為陰始，冬為陰極。陽始則溫，陽極則熱，陰始則涼，陰極則寒。溫則生物，熱則長物，涼則收物，寒則殺物。皆一氣，其別而為四焉。其生萬物也亦然。」

樵者謂漁者曰：「人謂死而有知，有諸？」曰：「有之。」曰：「何以知其然？」曰：「以人知之。」曰：「何者謂之人？」曰：「耳、目、鼻、口、心、膽、脾、腎之氣全，謂之人。心之靈曰神，膽之靈曰魄，脾之靈曰魂，腎之靈曰精。心之神發乎目，則謂之視；腎之精發乎耳，則謂之聽；脾之魂發乎鼻，則謂之臭；膽之魄發乎口，則謂之言。八者具備，然後謂之人。夫人者，天地萬物之秀氣也。然而亦有不中者，各求其類也。若全得人類，則謂之曰全人之人。夫全類者，天地萬物之中氣也，謂之曰全德之人也。全德之人者，人之人者也。夫人之人者，仁人之謂也，惟全人然後能當之。人之生也，謂其氣行；人之死也，謂其形返。氣行則神魂交，形返則精魄存。神魂行于天，精魄返于地。行于天則謂之曰陽行，返于地則謂之曰陰返。陽行則晝見而夜伏者也，陰返則夜見而晝伏者也。是故知日者，月之形也；月者，日之影也。陽者，陰之形也；陰者，陽之影也。人者，鬼之形也；鬼者，人之影也。人謂鬼無形而無知者，吾不信也。」

漁者問樵者曰：「小人可絕乎？」曰：「不可。君子稟陽正氣而生，小人稟陰邪氣而生。無陰則陽不成，無小人則君子亦不成，唯以盛衰乎其間也。陽六分則陰四分，陰六分則陽四分，陰陽相半則各五分矣。由是知君子小人之時有盛衰也。世治，則君子六分；君子六分，則小人四分，小人固不勝君子矣。亂世則反是。君君，臣臣，父父，子子，兄兄，弟弟，夫夫，婦婦，謂各安其分也。君不君，臣不臣，父不父，子不子，兄不兄，弟不弟，夫不夫，婦不婦，謂各失其分也。此則由世治世亂使之然也。君子常行勝言，小人常言勝行；故世治則篤實之士多，世亂則緣飾之士眾。篤實鮮不成事，緣飾鮮不敗事。成多國興，敗多國亡，家亦由是而興亡也。夫興國興家之人，與亡國亡家之人，相去一何遠哉！」

樵者問漁者曰：「人所謂才者，有利焉，有害焉者，何也？」漁者曰：「才一也，利害二也。有才之正者，有才之不正者。才之正者，利乎人而及乎身者也。才之不正者，利乎身而害乎人者也。」曰：「不正，則安得謂之才？」曰：「人之所不能而皆能之，安得不謂之才。聖人所以惜乎才之難者，謂其能成天下之事而歸之正者寡也。若不能歸之以正，才則才矣，難乎語其仁也。譬猶藥之療疾也，毒藥亦有時而用也，可一而不可再也，疾愈則速已，不已則殺人矣。平藥，則常日而用之可也，重疾非所以能治也。能驅重疾而無害人之毒者，古今人所謂良藥也。《易》曰：『大君有命，開國承家。小人勿用。』如是，則小人亦有時而用之。時平治定，用之則否。《詩》云：『他山之石，可以攻玉。』其小人之才乎！」（《邵雍集》，第五五二—五六五頁。）

先天卦位圖

八卦次序之圖

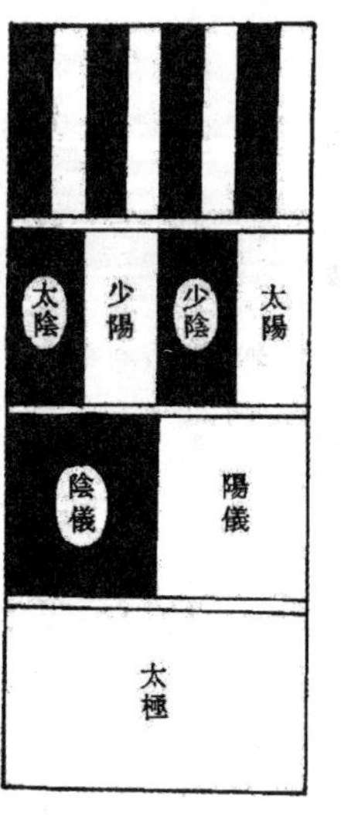

一分為二，二分為四，四分為八也。

《啟蒙》曰：太極之判，始生一奇一耦而為一畫者二，是為兩儀，其數則陽一而陰二，在《圖》《書》則奇耦是也。兩儀之上各生一奇一耦而為二畫者四，是為四象，其位則太陽一、少陰二、少陽三、太陰四，其數則太陽九、少陰八、少陽七、太陰六。以《河圖》言之，則六者一而得五者也，九者四而得五者也，八者三而得五者也，七者二而得五者也。以《洛書》言之，則九者十分一之餘也，八者十分二之餘也，七者十分三之餘也，六者十分四之餘也。四象之上各生一奇一耦而為三畫者八，于是三才略具而有八卦之名。其位則乾一、兌二、離三、震四、巽五、坎六、艮七、坤八。在《河圖》則乾坤離坎分居四正，兌震巽艮分居四隅。《周禮》所謂「大卜掌三《易》之法，夏曰《連山》，商曰《歸藏》，周曰《周易》，其經卦皆八」也，《大傳》所謂「八卦成列」也。（文淵閣四庫全書《皇極經世書解》卷首上）

百家謹案：《大傳》，包犧氏仰觀俯察，遠求近取，于是始作八卦，非因《河圖》而作也。至于《河圖》，自漢以來未有定說。孔安國、劉歆以八卦為《河圖》，《洪範》本文為《洛書》。鄭康成依緯書，則云《河圖》九篇，《洛書》六篇。其一六居下之圖，皆以為天地之數，初未嘗以此為《河圖》也。至劉牧謂《河圖》之數九，《洛書》之數十，亦以今之《洛書》為《河圖》，《河圖》為《洛書》。而朱子始反置之，作《啟蒙》。說詳先遺獻《象數論》中。據《啟蒙》，以圖中虛五與十為太極，一六居下、二七居上、三八居左、四九居右、奇耦數各二十為兩儀，以一二三四合五而成六七八九為四象，拆四方之合為乾坤離坎，補四隅之空為兌震巽艮，并牽扯《洛書》入之，以傅會《大傳》「河出圖，洛出書，聖人則之」之文。而蔡氏謂伏皇但據《河圖》以作《易》，不必豫見《洛書》而已逆與之合，《圖》者伏皇之所由以畫卦，《書》者大禹之所由以衍疇也。其實八卦與《河圖》不相黏合。即朱子自于《原象篇》云：「惟皇太昊，仰觀俯察，奇耦既陳，兩儀斯設。既幹乃支，一各生兩，陰陽交錯，以立四象。兩一既分，一復生兩，三才在目，八卦指掌。」其《感興篇》又云：「皇羲古神聖，妙契一俯仰，不待龍馬圖，人文已宣朗。」其附錄語又謂：「仰觀俯察，遠求近取，安知《河圖》非其中之一事。」據此，殆亦自悟《啟蒙》之失矣。

八卦方位之圖

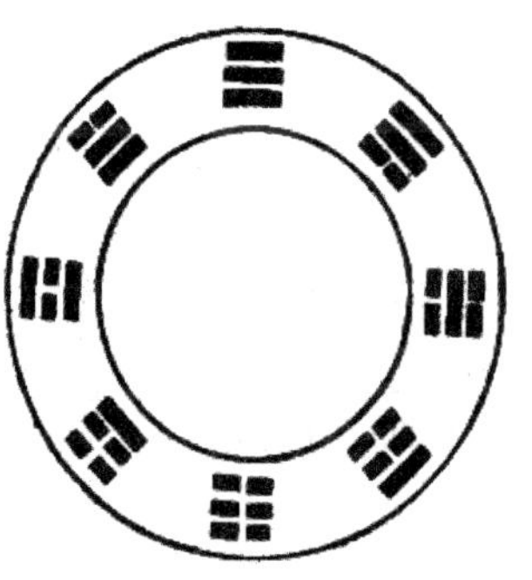

此明伏羲八卦也。又曰：乾南，坤北，離東，坎西，震東北，兌東南，巽西南，艮西北。自震至乾為順，自巽至坤為逆。後六十四卦方位倣此。

「八卦相錯」，明交相錯而成六十四卦也。「數往者順」，若順天而行，是左旋也，皆已生之卦也，故云「數往」也。「知來者逆」，若逆天而行，是右行也，皆未生之卦也，故云「知來」也。（文淵閣四庫全書《皇極經世書解》卷首上）

胡庭芳曰：《伏羲八卦方位之圖》，天位乎上，地位乎下，日生于東，月生于西，山鎮西北，澤注東南，風起西南，雷動東北，自然與天地造化合，先天八卦對待以立體如此。八卦之在《横圖》，則首乾，次兌離震巽坎艮坤，是為生出之序。及八卦之在《圓圖》，則首震一陽，次離兌二陽，次乾三陽，接巽一陰，次坎艮二陰，終坤三陰，是為運行之序。

六十四卦次序之圖

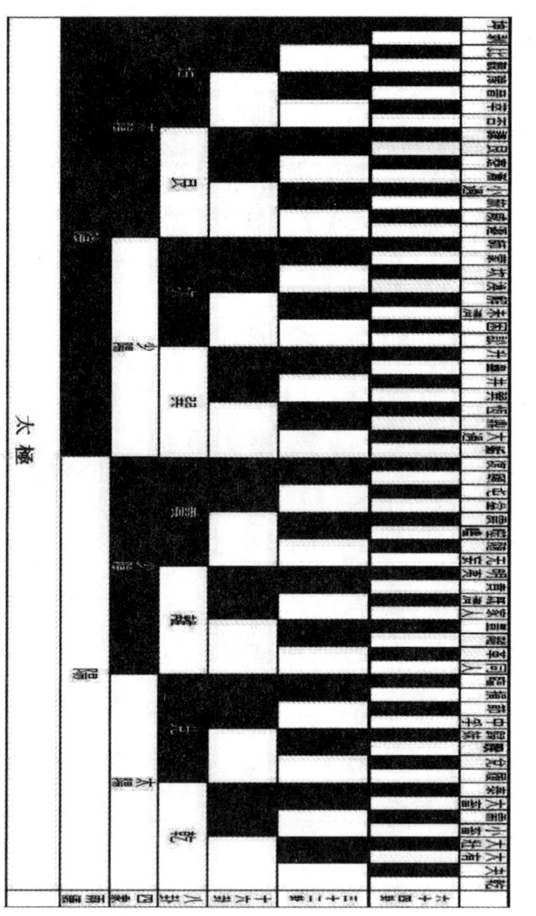

八分為十六，十六分為三十二，三十二分為六十四也。《啟蒙》曰：八卦之上各生一奇一耦而為四畫，邵子所謂八分為十六也。是于兩儀之上各加八卦，八卦之上各加兩儀也。四畫之上各生一奇一耦而為五畫，邵子所謂十六分為三十二也。是于四象之上各加八卦，八卦之上各加四象也。五畫之上各生一奇一耦而為六畫，邵子所謂三十二分為六十四也。是八卦之上各加八卦，《大傳》謂「因而重之」者此也。自此以上又各生一奇一耦以至為十二畫，成四千九十六卦，此即焦贛《易林》卦變之數，蓋以六十四乘六十四也。（文淵閣四庫全書《田間易學》卷首上）

百家謹案：此邵子所謂《伏皇先天六十四卦横圖》也。下三畫即前圖之八卦，上三畫則各以其序重之，而下卦因亦各衍而為八也。朱子《本義》于《横圖》用黑白以別陰陽爻畫，其答袁樞有云：「黑白之位，亦非古法。但以奇耦為之，終不粲然。今欲易曉，固不若黑白之了了心目間也。」《圓圖》即以此序規而圓之，《方圖》以此割而疊之。

六十四卦圓圖（方位圖）

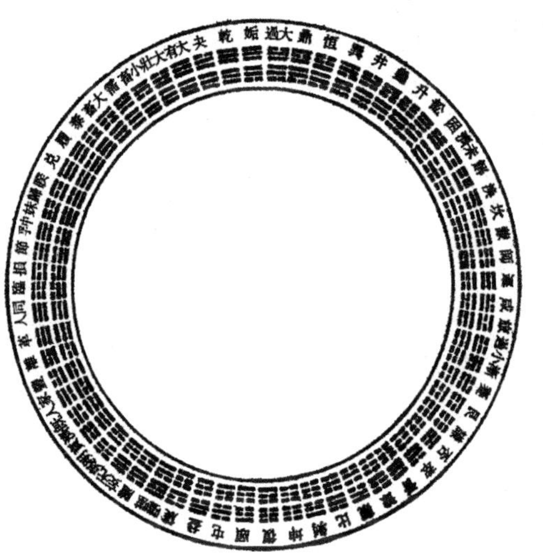

先天學。心法也。圖皆從中起，萬化萬事生于心也。

乾以分之，坤以合之，震以長之，巽以消之。長則分，分則消，消則翕也。乾坤，定位也；震巽，一交也；兑離坎艮，再交也。故震，陽少而陰尚多也；巽，陰少而陽尚多也；兑離，陽浸多也；坎艮，陰浸多也。無極之前，陰含陽也；有象之後，陽分陰也。陰為陽之母，陽為陰之父，故母孕長男而為《復》，父生長女而為《姤》，是以陽起于《復》而陰起于《姤》也。自《姤》至《坤》為陰含陽，自《復》至《乾》為陽分陰。《坤》《復》之間為無極，自《坤》反《姤》為無極之前。

乾四十八而四分之一分，為陰所克也；坤四十八而四分之一分，為所克之陽也。故乾得三十六，而坤得十二也。陽在陰中，陽逆行；陰在陽中，陰逆行；陽在陽中，陰在陰中，皆順行。（文淵閣四庫全書《皇極經世觀物外篇衍義》卷八）

朱子曰：「《圓圖》左屬陽，右屬陰。坤無陽，艮坎一陽，巽二陽，為陽在陰中逆行。震一陽，離兑二陽，乾三陽，為陽在陽中順行。巽一陰，坎艮二陰，坤三陰，為陰在陰中順行。乾無陰，兑離一陰，震二陰，為陰在陽中逆行。此以内八卦言也。若以外八卦推之：右方外卦四節，皆首乾終坤，四坤無陽，自四艮各一陽，逆行而至于乾之三陽，其陽皆自下而上，亦陽在陰中，陽逆行也。左方外卦四節，亦首乾終坤，四乾無陰，自四兑各一陰，逆行而至于坤之三陰，其陰皆自上而下，亦陰在陽中，陰逆行也。右方外卦四乾無陰，自四艮各一陽，順行而至于乾之三陽，其陽皆自下而上，亦陽在陽中，陽順行也。左方外卦四坤無陽，自四兑各一陰，順行而至于坤之三陰，皆自上而下，亦陰在陰中，陰順行也。以逆順之説推之：陰陽各居本方，則陽自下而上，陰自上而下，皆為順。若反居其位，則陽自上而下，陰自下而上，皆為逆。」

《復》至《乾》凡百一十有二陽，《姤》至《坤》凡八十陽，《姤》至《坤》凡百一十有二陰，《復》至《乾》凡八十陰。坎、離者，陰陽之限也。故離當寅，坎當申。而數常踰之者，陰陽之溢也。然用數不過乎中也。

百家謹案：邵子之説，以得半為中，又不敢至于巳半，而以將半為中也。朱子謂：「邵子初只看得太極生兩儀，兩儀生四象，心只管在那上轉，久之理透，一舉眼便成四片。其法四之外又有四焉。凡物纔過到二之半時，便煩惱了，蓋以漸趨于衰也。如見花方蓓蕾，則謂其盛；既開，則謂其衰。其理不過如此。」

方圖（四分四層圖）

坤	剝	比	觀	豫	晉	萃	否
謙	艮	蹇	漸	小過	旅	咸	遯
師	蒙	坎	渙	解	未濟	困	訟
升	蠱	井	巽	恆	鼎	大過	姤
復	頤	屯	益	震	噬嗑	隨	无妄
明夷	賁	既濟	家人	豐	離	革	同人
臨	損	節	中孚	歸妹	睽	兌	履
泰	大畜	需	小畜	大壯	大有	夬	乾

《方圖》中起震巽之一陰一陽，然后有坎離艮兌之二陰二陽，後成乾坤之三陽三陰，其序皆自內而外。內四卦四震四巽相配而近，有雷風相薄之象。震巽之外十二卦縱橫，坎離有水火不相射之象。坎離之外二十卦縱橫，艮兌有山澤通氣之象。艮兌之外二十八卦縱橫，乾坤有天地定位之象。四而十二，而二十，而二十八，皆有隔八相生之妙。以交股言，則《乾》《坤》《否》《泰》也，《兌》《艮》《咸》《損》也，《坎》《離》《既》《未濟》也，《震》《巽》《恆》《益》也，為四層之四隅。

朱子曰：「《圓圖》象天，一順一逆，流行中有對待，如震八卦對巽八卦之類。《方圖》象地，有逆無順，定位中有對待，四角相對，如乾八卦對坤八卦之類。此則《方》《圓圖》之辨也。」

程道大曰：「邵子謂「圖皆從中起」，此「皆」字兼《方》《圓圖》而言。天地定位，《圓圖》之從中起也；雷以動之，風以散之，《方圖》之從中起也。《圓圖》，《乾》《坤》當南北之中；《艮》居《坤》之右，《兌》居《乾》之左，為山澤通氣；《震》居《坤》之左，《巽》居《乾》之右，為雷風相薄；《坎》居正西，《離》居正東，為水火不相射。是《圓圖》起南北之中，而分于東西也。《方圖》，《震》《巽》當圖之中，故曰雷以動之，風以散之；《坎》次《巽》，《離》次《震》，故曰雨以潤之，日以晅之；《艮》次《坎》，《兌》次《離》，故曰艮以止之，兌以說之；《乾》次《兌》，《坤》次《艮》，故曰乾以君之，坤以藏之。是《方圖》起圖之中，而達乎西北東南也。故曰「皆從中起」。

百家謹案：《方圖》不過以前《大橫圖》分為八節，自下而上疊成八層，第一層即《橫圖》自《乾》至《泰》八卦，第二層即《橫圖》自《臨》至《履》八卦，以至第八層即《橫圖》自《否》至《坤》八卦也。

卦氣圖

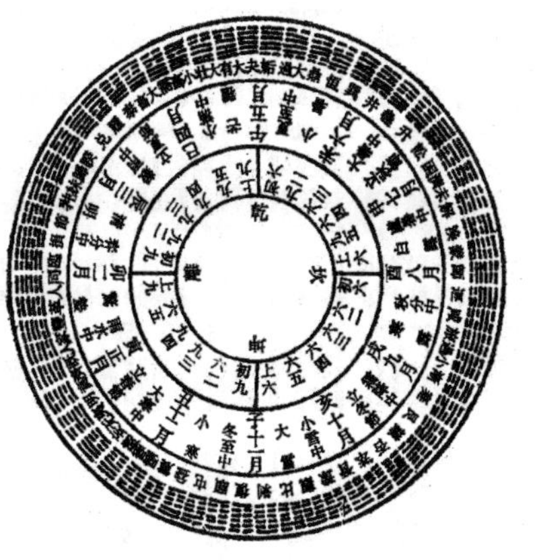

《發微》曰：邵子先天卦氣皆中起，子午卯酉為四中，二至、二分當之；寅申巳亥為四孟，四立當之。[①]○邵子以六十四卦分二十四氣，

① 此段「○」用于間隔，分断。

每月二氣，氣有在月初者，有在月半者，惟二至、二分則日在中，故《乾》《坤》《坎》《離》當上下左右之中，其實于中亦得半，故以冬至子之半一例明之。○冬至日與天會，月與地會，為《復》，天地皆在《坤》，故《坤》不用。春分日在卯，為《大壯》，日月皆入《離》，故《離》不用。夏至日與天遇，月與地遇，為《姤》，天地皆在《乾》，故《乾》不用。秋分日在酉，為《觀》，日月皆入《坎》，故《坎》不用。

胡玉齋曰：「當因邵子子半之說推之，依《先天卦圖》以卦分配節候。《復》為冬至，子之半；《頤》《屯》《益》為小寒，丑之初；《震》《噬嗑》《隨》為大寒，丑之半；《无妄》《明夷》為立春，寅之初；《賁》《既濟》《家人》為雨水，寅之半；《豐》《離》《革》為驚蟄，卯之初；《同人》《臨》為春分，卯之半；《損》《節》《中孚》為清明，辰之初；《歸妹》《睽》《兑》為穀雨，辰之半；《履》《泰》為立夏，巳之初；《大畜》《需》《小畜》為小滿，巳之半；《大壯》《大有》《夬》為芒種，午之初；至《乾》末交夏至，為午之半。此左方陽儀三十二卦也。《姤》為夏至，午之半；《大過》《鼎》《恒》為小暑，未之初；《巽》《井》《蠱》為大暑，未之半；《升》《訟》為立秋，申之初；《困》《未濟》《解》為處暑，申之半；《渙》《坎》《蒙》為白露，酉之初；《師》《遯》為秋分，酉之半；《咸》《旅》《小過》為寒露，戌之初；《漸》《蹇》《艮》為霜降，戌之半；《謙》《否》為立冬，亥之初；《萃》《晉》《豫》為小雪，亥之半；《觀》《比》《剝》為大雪，子之初；至《坤》末交冬至，為子之半。此右方陰儀三十二卦也。二分、二至、四立，總為八節，每節各計兩卦，餘十六氣每氣各計三卦，合為六十四卦。以卦配氣者如此。」

周一敬曰：「邵子詩云：『冬至子之半，天心無改移。一陽初動處，萬物未生時。』明乎氣無中歇，但有動靜屈伸，幾希可會耳。一歲之元，以此為根。今第取每歲冬至之日，視屬何甲，甲屬何干何支，即擬此于干支為一歲之冬至矣。再視此日冬至確屬何時，即擬此時為天心乍轉，定為《復卦》矣。自此《復》之一刻積而引之，五日為候，或十日，或十五日，為一氣之節，逐時逐日敘而數之，或為甲子，或為乙丑，本日所值之干支即占者所值之卦爻也。凡干支之一日，即卦中之一畫，以畫配日，毫不得謬。于是以干支詳理氣之盛衰，以卦爻詳理氣之當否。理貞者吉，不貞者凶；氣舒者昌，氣促者掩；數長者福，數盡者迍。消息盈虛，歸于太極，萬物萬事莫能遁矣。○如今年歲在辛巳，筮者于六月朔問焉，其日在乙巳，則冬至當在庚辰歲戊子月九日丙戌之辰時矣。由丙戌日之辰時而順數之，至辛巳歲六月之朔，適得二百日，因就《復》之初爻順數之，遞《頤》而《屯》而《益》，以至《姤》之上及《大過》初，適得二百爻，在《姤》《過》乘承之候，其節氣為小暑矣。視所值為《姤》之上邪，則日為甲辰，于冬至丙戌，干為生而支為沖，《姤》上角剛喜觸，黨助皆剛，無處静之德。五月木盛，陽氣將窮，正《乾》盡午中時也。視所值者其《大過》之初邪，則日為乙巳，于冬至丙戌，干既逢生，支又助旺，初爻白茅無咎，慎德載物，濟事有人。正月木盛，而藉之用茅，又在陰候，得時得朋，有才有器者也。消息盈虛，理正如此。

總之，視冬至之日時以順數，節氣配分卦畫，無不應者，在學者神而明之耳。」

百家謹案：康節《卦氣圖》卦主六日七分，亦京房日法也。而用《先天圖》六十四卦以分布氣候，去《乾》《坤》《坎》《離》四正卦以主二至二分，蓋六十四卦凡三百八十四爻，去四卦二十四爻，以一爻當一日，恰合當期之三百六十日。朱子謂康節之學似揚子雲。康節謂：「揚雄知曆法，又知曆理。」又曰：「揚子作《玄》，可謂見天地之心者也。」然今觀《太玄》，有氣而無朔，有日星而無月，亦便未可謂知曆理、見天地之心者也。康節《先天卦位》，崇奉之者莫如朱子，至舉其圖架于文王、周公、孔子之上。然而辯之者亦不少。茲略採辯圖之說于後，以俟千秋論定焉。

附先天圖辯

歸震川曰：「《易圖》，邵子之學也。昔者包犧氏之王天下也，仰觀俯察，觀鳥獸之文，與地之宜，遠稽近取，于是始作八卦，以通神明之德，以類萬物之情。蓋以八卦盡萬物之理，宇宙之間，洪纖巨細，往來升降，死生消息之故，悉著之于象矣。後之人苟以一說求之，無所不通，故雖陰陽小數、納甲飛伏、坎離填補、卜數雙耦之類，人人自以為《易》。要之，皆可以言《易》也。《易》不離乎象數，象數之變至于不可窮。然而有正焉，有變焉。卦之明白而較著者為正，此聖者之作也。旁推而衍之者為變，此明者之述也。伏羲之作，止于八卦，因而重之，如是而已矣，初無一定之法，亦無一定之書，而剛柔、上下、陰陽之變態極矣。今所謂《易圖》者，列《橫圖》于前，又規而圓之，左順右逆以象天，填而方之，交加八卦以象地，謂出于伏羲。太古無言之數，何若是紛紜邪？《大傳》曰：『神無方，《易》無體。』夫卦散于六十四，可圓可方。一域于圓方之形，則局矣。故散圖以為卦而卦全，紐卦以為圖而卦局。邵子以步算之法衍為《皇極經世》之書，有分秒直事之術，其自謂得先天之學固以此。要其旨不叛于聖人，然不可為作《易》之本。故曰：推而衍之者變也。此邵子之學也。」○或曰：「邵子所據，《大傳》之文也。《大傳》『《易》有太極』節，先天卦序也。『天地定位』章，先天卦位也。『帝出乎震』節，文王卦位也。」曰：「此邵子謂之云爾。夫《易》之法，自一而兩，兩而四，四而八，其相生之序則然也。八卦之象，莫著于八物，天、地也，山、澤也，雷、風、水、火也。八者，不求為耦而不能不為耦者也。帝之出入，傳固已詳矣。以八卦配四時，夫以為四時，則東南西北繫是焉，非文王易置之而有此位也。總之，圖與《傳》雖無乘剌，然必因《傳》為此圖，不當謂《傳》為圖說也。」

附梨洲《易學象數論》，論《先天圖》曰：邵子《先天橫圖》次序，以「《易》有太極，是生兩儀，兩儀生四象，四象生八卦」為據。黃東發言：「生兩、生四、生八，《易》有之矣；生十六、生三十二，《易》有之否邪？」某則據《易》之生兩、生四、生八，而後知《橫圖》之非也。「易有太極，是生兩儀」，所謂「一陰一陽」者是也。其一陽也，已括一百九十二爻之奇；其一陰也，已括一百九十二爻之耦。以三百八十四畫為兩儀，非以兩畫為兩儀也。若如朱子以第一爻而言，則一陰一陽之所生者各止三十二爻，而初爻以上之奇耦又待此三十二爻以生。陰陽者氣也，爻者質也，一落于爻，已有定位，焉能以此位生彼位哉？「兩儀生四象」，所謂老陽、老陰、少陽、少陰是也。乾為老陽，坤為老陰，震坎艮為少陽，巽離兌為少陰。三奇☰者老陽之象，三耦☷者老陰之象，一奇二耦☳者少陽之象，一耦二奇☴者少陰之象。是三畫八卦即四象也，故曰「八卦成列，象在其中矣」，「八卦以象告」。此質之經文而無疑者也。又曰：「《易》有四象，所以示也。」又曰：「《彖》者，言乎象者也。」今觀《彖傳》必發明二卦之德，則象之為三畫八卦明矣。是故四象之中，以一卦為一象者，乾、坤是也；以三卦為一象者，震、坎、艮與巽、離、兌是也。必如康節均二卦為一象，乾、離、坎、坤于四象之位得矣，兌之為老陽，震之為少陰，巽之為少陽，艮之為老陰，無乃雜而越乎？《易》言「陽卦多陰，陰卦多陽」，艮、震之為陽卦，巽、兌之為陰卦，可無疑矣。反而置之，明背經文，而學者不以為非，何也？至于八卦次序，乾、坤、震、巽、坎、離、艮、兌，其在《說卦》者亦可據矣。而易為乾一、兌二、離三、震四、巽五、坎六、艮七、坤八，以緣飾圖之左陰右陽，學者信經文乎？信傳注乎？「四象生八卦」者，《周禮》《太卜》「經卦皆八，別皆六十四」，《占人》「以八卦占簭之八故」，則六十四卦統言之，皆謂之八卦也。蓋內卦為貞，外卦為悔，舉貞可以該悔，舉乾之貞而坤乾、震乾、巽乾、坎乾、離乾、艮乾、兌乾該之矣。以下七卦皆然。證之于《易》，曰「八卦定吉凶」，若三畫之八卦，吉凶何從定乎？曰「包犧氏始作八卦」，其下文自《益》至《夬》，所取之十卦已在其中，則八卦之該六十四卦亦明矣。由是言之，太極、兩儀、四象、八卦，因全體而見。蓋細推八卦，即六十四卦之中皆有兩儀四象之理，而兩儀四象初不畫于卦之外也。其言生者，即「生生謂易」之生，非次第而生之謂。康節加一倍之法，從此章而得，實非此章之旨，又何待生十六、生三十二而後出經文之外也？其謂之「先天」者，以此章所生八卦，與前章「始作八卦」，其文相合，以為宓戲之時止有三畫而無六畫，故謂之先天。又以己之意生十六，生三十二，生六十四，倣此章而為之，以補羲皇之闕，亦謂之先天。不知此章于六十四卦已自全具，補之反為重出。《易》言「因而重之」。生十六、生三十二、生六十四，是積累而後成者，豈可謂重乎？既不難明背，何止如東發言非《易》之所有邪！

其二曰：邵子《先天方位》，以「天地定位，山澤通氣，雷風相薄，水火不相射，八卦相錯」為據，而作乾南、坤北、離東、坎西、震東北、兌東南、巽西南、艮西北之圖。于是為之說曰：「數往者順，若順天而行，是左旋也，皆已生之卦也。乾一、兌二、離三、震四，生之序也。震初為冬至，離兌之中為春分，乾末交夏至。故由震至乾皆已生之卦。知來者逆，若逆天而行，是右行也，皆未生之卦也。巽五、坎六、艮七、坤八，生之序也。巽初為夏至，坎艮之中為秋分，坤末交冬至。故由巽至坤，皆未生之卦。」又倣此而演之，以為六十四卦方位。夫卦之方位，已見「帝出乎震」一章。康節舍其明明可據者，而于未嘗言方位者重出之以為先天，是謂非所據而據焉。「天地定位」，言天位乎上，地位乎下，未聞南上而北下也。「山澤通氣」，山必資乎澤，澤必出乎山，其氣相通，無往不然，奚取其相對乎？「雷風相薄」，震居東，巽居東南，遇近而合，故言相薄，遠之則不能薄矣。東北為寅，時方正月，豈雷發聲之時邪？「水火不相射」，南方炎，北方寒，猶之冬寒夏熱也。離東坎西，是指春熱秋寒，誰其信之！此皆先儒所已言者，某則即以邵子所據者破邵子之說。「帝出乎震」之下文「動萬物者莫疾乎雷，撓萬物者莫疾乎風，燥萬物者莫熯乎火，說萬物者莫說乎澤，潤萬物者莫潤乎水，終萬物始萬物者莫盛乎艮」，其次序非即上文離南坎北之位乎？但除乾坤于外耳。而繼之以「故水火相逮，雷風不相悖，山澤通氣，然後能變化，既成萬物也」，然則前之「天地定位」四句，正為離南坎北之方位而言也，何所容先天之說雜其中邪！且卦爻之言方位者，「西南」皆指坤，「東北」皆指艮，「南狩」「南征」必為離，「西山」「西郊」必為兑。使有乾南坤北之位在其先，不應卦爻無闌入之者，康節所謂「已生」「未生」者，因擴圖乾一兑二之序。乾一兑二之序，一人之私言也，則「左旋」「右行」之說益不足憑耳。凡先天四圖，其說非盡出自邵子也。朱震《經筵表》云：「陳摶以《先天圖》傳种放，放傳穆修，修傳李之才，之才傳邵雍。放以《河圖》《洛書》傳李溉，溉傳許堅，堅傳范諤昌，諤昌傳劉牧。」故朱子云宓戲四圖其說皆出自邵氏。然觀劉牧《鉤深索隱圖》，乾與坤數九也，震與巽數九也，坎與離、艮與兑數皆九也。其所謂九數者，天一地八定位，山七澤二通氣，雷四風五相薄，水六火三不相射。則知《先天圖》之傳，不僅邵氏得之也。

論天根月窟曰：康節因《先天圖》而創為天根月窟，即《參同契》乾坤門戶牝牡之論也。故以八卦言者，指坤震二卦之間為天根，以其為一陽所生之處也；指乾巽二卦之間為月窟，以其為一陰所生之處也。程前村直方謂天根在卯，離兑之中是也；月窟在酉，坎艮之中是也，引《爾雅》「天根，氐也」，《長揚賦》「西壓月窟」證之。然與康節「乾遇巽時觀月窟，地逢雷處見天根」之詩背矣。以六十四卦言者，朱子曰，天根月窟指《復》《姤》二卦。有以十二辟卦言者，十一月為天根，五月為月窟。其三十六宮，凡有六說。以八卦言者三：乾一、兑二、離三、震四、巽五、坎六、艮七、坤八之次序，積數為三十六。乾一對坤八為九，兑二對艮七為九，離三對坎六為九，震四對巽五為九，四九亦為三十六。乾畫三，坤畫六，震、坎、艮畫各五，巽、離、兑畫各四，積數亦三十六。以六十四卦言者二：朱子曰，卦之不易者有八，《乾》《坤》《坎》《離》《頤》《中孚》《大過》《小過》，反易者二十八，合之為三十六。方虛谷回曰：《復》起子左得一百八十日，《姤》起午右得一百八十日，一旬為一宮，三百六十日為三十六宮。以十二辟卦言者一：鮑魯齋恂曰：自《復》至《乾》六卦，陽爻二十一，陰爻十五，合之則三十六；自《姤》至《坤》六卦，陰爻二十一，陽爻十五，合之亦三十六；陽爻陰爻總七十二，以配合言，故云三十六。案諸說雖異，其以陽生為天根，陰生為月窟，無不同也。蓋康節之意，所謂天根者，性也；所謂月窟者，命也。性命雙修，老氏之學也，其理為《易》所無，故其數與《易》無與也。

論八卦方位曰：離南坎北之位，見于經文，而卦爻所指之方亦與之相合，是亦可以無疑矣。蓋卦畫之時即有此方位，《易》不始于文王，則方位亦不始于文王，故不當云「文王八卦方位」也。乃康節必欲言文王因先天乾南坤北之位改而為此。朱子則主張康節之說過當，反致疑于經文，曰：「曷言『齊乎巽』，不可曉。」曰：「坤在西南，不成東北方無地？」曰：「乾西北亦不可曉，如何陰陽來此相薄？」曰：「西方肅殺之氣，如何言萬物之所説？」凡此數説，有何不可曉！巽當春夏之交，萬物畢出，故謂之齊。觀北地少雨，得風則生氣郁然，可驗也。夏秋之交，土之所位，故坤位之，非言地也。若如此致難，則先天方位巽在西南，何不疑東北無風邪？其餘七卦，莫不皆然。乾主立冬以後，冬至以前，故陰陽相薄。觀《説卦》乾之為寒、為冰，非西北何以置之？萬物告成于秋，如何不説？朱子注「元亨利貞」之利曰：「利者，生物之遂，物各得宜，不相妨害，于時為秋，于人為義，而得其分之和。」非説乎？顧未嘗以肅殺為嫌也。然則朱子所以致疑者，由先天之説先入于中。故曰主張太過也。康節曰「乾坤交而為泰」，言文王改《先天圖》之意，先天乾南坤北，交而為《泰》，故乾北坤南。「坎離交而為《既濟》」，先天離東坎西，交而為《既濟》，故離南坎北。「乾生于子」，先天乾居午，而其生在子，故下而至北。「坤生于午」，坤居子，而其生在午，故上而至南。「坎終于寅」，坎當申，交于離，故終寅。「離終于申」，離當寅，交于坎，故終申。所謂交者，不取對待言之也。即以對待而論，則乾南坤北者，亦必乾北坤南而後《泰》之形可成也，今坤在西南，乾在西北；離東坎西者，亦必離西坎東而後《既濟》之形可成也，今離在上，坎在下，于義何居？藉曰「再變而後為今位」，是乾南坤北之後，離南坎北之前，中間又有一方位矣。乾位戌，坤位未，坎位子，離位午，于子午寅申皆無當也。康節又曰：「震、兑，始交者也。」陽本在上，陰本在下，陽下而交于陰，陰上而交于陽。震一陽在下，兑一陰在上，故為始交，故當朝夕之位。「坎、離，交之極者也。」坎陽在中，離陰在中，故為交之極，故當子午之位。四正皆為用位。「巽、艮，不交而陰陽猶雜也。」巽一陰在下，艮一陽在上，適得上下本然，故為不交，故當用中之偏。「乾、坤，純陽純陰也，故當不用之位。」東方陽主用，西方陰為不用。夫氣化周流不息，無時不用。若以時過為不用，則春秋不用子午，冬夏不用卯酉，安在四正之皆為用位也？必以西南、西北為不用之位，則夏秋之交，秋冬之交，氣化豈其或息乎？康節又曰：「乾坤縱而六子横，《易》之本也。先天之位，震兑横而六卦縱，《易》之用也。」由前之説，則後自坎離以外皆横也；由後之説，則前自坎離以外皆縱也。圖同而説異，不自知其遷就歟？是故離南坎北之位，本無可疑。自康節以為從先天改出，牽前曳后，始不勝其支離。朱子求其所以改之之故而不可得，遂至不信經文。吁，可怪也！

附黄晦木宗炎《周易象辭先天卦圖辯》，略曰：伏皇以前，初無著之方冊，代見物理之事。伏皇欲以文字教天下，傳後世，創為奇耦之畫，使天地雷風水火山澤八象之在兩間者，焕然移于方冊之上，正所謂文字也。後聖師其大意，變成斜正縱横之狀，而文字日增。是卦畫者，文字之根原；文字者，卦畫之支流也。八卦者，六書之指事、象形；六十四卦者，六書之聲、意、轉、借也。為陳、邵之説者視此為圖，以為不立言語文字，使人靜觀以悟其神妙，何異云孔、孟惡諛墓不為碑版，慎毁譽不為序記，《雅》《頌》不為樂府，風人不為長律短句也？造為文、周、孔子只從中半説起。人至三聖，恐無可復加矣，何獨于演《易》贊《易》，不識向上精微，僅從中半説起，自戾伏皇作《易》

之大道乎？有周之時，編簡未繁，無堆狀插架之部帙，吾夫子學《易》，韋絕窮思，極其擬議，必曰「昔者聖人之作《易》也」，推原上古，探所由來，漸及于中古，攷其窮變，一一著明，昭然旦晝，獨近摘糟粕，遺向上根原而不顧乎？後此二、三千年，去古愈遠，注經解傳，汗牛充棟，乃忽遇夫天根月窟，與伏皇揖遜于一堂，印心于密室。就使事事合符，吾尚未敢信其必然，況乎自相衡決，彼此乖舛，惟以大言壓人邪！試平心靜觀，文《彖》、周《爻》、孔《翼》，治亂聖狂，經國修身，吉凶悔吝，揭日月于中天，無論智愚、賢不肖，俱可持可效。循道而行，外之則治國平天下，致斯世于雍熙；內之則窮神知化，盡性以至于命。陳、邵《先天方位》，變亂無稽，徒取對待。《橫圖》乾一、兌二、離三、震四、巽五、坎六、艮七、坤八，奇耦疊加，有何義理？有何次序？又屈而圓之，矯揉造作，卦義無取，時令不合。又交股而方之，裝湊安排，全昧大道。帝王之修齊治平安在？聖賢之知天知人安在？庸眾之趨吉避凶安在？反謂文、周、孔子所不能窺，亦是老者曰「孔子，吾師之弟子」之意耳！古人命名立意，有典有則，可觀玩，可諷詠。今用橫圓方制為名號，亦覺俚俗鄙野，大非修辭辭文之旨。五百年來譸張戛聒，令紫色鼃聲奪玄黃鐘鼓之席，推倒周公、孔子，壓于其上，率天下之人而疑三聖人者，非二氏之徒，實儒者之徒也。作先天諸圖辯。

辯《先天八卦方位圖》曰：邵堯夫引「天地定位」一章，造為《先天八卦方位圖》，其說云：「『天地定位』，乾南坤北也；『水火不相射』，離東坎西也；『雷風相薄』，震東北、巽西南也。『山澤通氣』，艮西北、兌東南也。」夫聖人所謂定位，即如首章「天高地卑，乾坤定矣」之義，未可贅以南北也。天地之間，山澤最著，故次及之，言山峻水深，形體隔絕，其氣則通，山能灌澤成川，澤能蒸山作雲，未可指為西北、東南也。雷以宣陽，風以盪陰，兩相逼薄，其勢尤盛，未可指為東北、西南也。水寒火熱，水溼火燥，物性違背，非克必爭，然相遇又有和合之用，有相射害，未可誣以東西也。八象既出，或聯或間，何莫非消息往來之運行，豈必取于對待乎？故總言「八卦相錯」，謂不止于天地之交、山澤之遇、雷風之合、水火之重也。八象遞加，轉展變動，則成二篇之《易》矣。明白斬截，毫無藤蔓，容我裝湊者。其云「乾南坤北」也，實養生家之大旨。謂人身本具天地，但因水潤火炎，陰陽交易，變其本體，故令☰乾之中畫損而成☲離，☷坤之中畫塞而成☵坎，是後天使然。今有取坎填離之法，挹坎水一畫之奇，歸離火一畫之耦。如鍊精化氣、鍊氣化神之類，益其所不足，離得故有也；如鑿竅喪魄、五色五聲五味之類，損其所有餘，坎去本無也。離復反為乾，坎復反為坤，乃先天之南北也。養生所重，專在水火，比之為天地。既以南北置乾坤，坎離不得不就東西。坎，月也，水也，生于西方；離，日也，火也，出自東方。丹家砂火能伏頑水鉛水，結成金液，所謂火中水，水中金，混和結聚。此之先後，即承上文之變易而言，已不若乾坤之確矣。兌居東南，艮居西北，巽居西南，震居東北，直是無可差排，勉強塞責，竟無義理可尋，緣此四卦不過為丹鼎備員，非要道也。又水火木金已盡現伏于四正位，止云兌澤連接于正南之乾天。兩金相倚，艮山根種于正北之坤地；兩土相附，雷發于地，風起于天云爾。

安見其必然，而欲以此奪三聖之大道與？○附會《先天方位》者，反疑夫子震東兑西為少長相合于正方，巽東南艮東北為少長相合于偏方。少長之合非其耦，必若伏羲八卦，以長合長、少合少為得其耦。豈直以卦畫為男女邪？父、母、長、中、少亦象爾，合與耦亦象爾。如必曰男女也，則震坎艮不宜重，巽離兑不宜錯，乾坤烏可加諸六子邪？固哉其為《易》也！

辯《先天横圖》曰：夫子明訓，八卦既立，「因而重之」，又曰「八卦相盪」，又曰「八卦相錯」。自有乾、坤、六子，以一卦為主，各以八卦加之，得三畫即成六畫，得八卦即有六十四卦，何曾有所謂四畫、五畫之象，十六、三十二之次第也？四畫、五畫，成何法象？雖謂陰陽剛柔，不可擬為三才。十六、三十二，何者在先，何者在後？其于天地雷風水火山澤，貞卦不全其八，悔卦無可指名。視之若枯枝敗荄，無理無義，以遂其遞生一奇一耦之説，縱其所如，成乾一、兑二、離三、震四、巽五、坎六、艮七、坤八之位置，初無成見于胸中，絕無關轄于象數。有疑之者，則大言以震撼之，辭色俱厲以拒絕之，使天下盡出于詖淫邪遁之一轍，以反攻其父母。甚矣，儒者之好怪也！苟掩卷而思之，學《易》者何不以三乘三，以八加八，一舉而得六爻，再舉而得六十四卦，明白且簡易，直截且神速乎？惡用是牽纏羈絆，挽之不來，卻之不去者為哉！聖人作《易》仰觀俯察，近身遠物，無不勘破其情狀，體悉其至理，若巨若細，盡備于胸臆，然後宣發于文字。豈有漫無成見，隨手畫去，如小兒之搬棋砌瓦，原非心思所主宰，又非外緣所感觸，待其自成何物，然後從而名之？夫子所云「擬議以成其變化」，豈欺我哉！夫焦氏《易》學，傳數而不傳理，響應于一時，聲施于後世者，自有變通之妙用。分為四千九十六卦，實統諸六十四，是一卦具六十四卦之占。乾坤還其為乾坤，六子還其為六子，別卦還其為別卦，非層累而上，有七畫、八畫以至十二畫之卦也。《易林》一卦中錯綜雜出，變動不拘，豈一畫止生一奇一耦，歷千百而不改，如是其頑冥不靈者歟？兩間氣化，自有贏縮，或陰盛陽衰，或陽多陰少，惡得均分齊一，無輕重、大小、往來、消長之異同乎？若然，則天無氣盈朔虚，無晝夜寒燠，人無仁暴，地無險夷矣。若然，則人皆一男一女，鳥皆一雌一雄，獸皆一牝一牡矣。若然，則續鳧斷鶴，黔鵠浴烏，五行運氣，無偏重之性矣。夫物之不齊，物之情也。造化之參差，理義之所由以立也。聽一奇一耦之自為盤旋，于教化乎何有？于裁成輔相乎何有？于《易》不可為典要乎何有？是一定也，非易也。吾直曰：邵氏之《易》，欲求為京、焦，而力有弗逮也。○一奇一耦，層累疊加，是作《易》聖人不因天高地厚而定乾坤，無取雷風動入而成震巽，坎陷離麗未有水火之象，艮止兑説不見山澤之形，但信手堆砌，然後相度揣摩，贈以名號。自《乾》至《復》三十二卦為無母，自《坤》至《姤》三十二卦為無父；山澤未嘗通，雷風未嘗薄，水火未嘗濟；父與少女、中女、長男同時而產，母與少男、中男、長女同時而育；無三畫為卦之限，無内外貞悔之序；足重半天下，首偏鋭一耦，三十二物聯攣合體，上下大小殊絕，牽纏桎梏，天地不能自有其身，雷風水火山澤不能自完其性。第一畫貫三十二爻，可云廣矣；奇遺《姤》至《坤》之半，耦遺《復》至《乾》之半，則掛漏之極也。第二畫貫十六爻，第三畫貫八爻，始有八象，吾不知天何私于澤火雷而獨與之同氣，何惡于風水山而杳不相蒙也；地何親于山水風，何疏于雷火澤，親者膠固而無彼此，疏者隔塞而不相應求也。古今事理，惟簡能御繁，一可役萬，故卦止八象，爻止六位，變變化化，運用無窮。如必物物皆備，始稱大觀，則七畫以至十一畫乃魑魅現形，無有人道；及成十二畫，則頭上安頭，床上置床，徒覺狀貌之臃腫，取義之贅疣。若其所云日月星辰，水火土石，寒暑晝夜，雷露風雨，情性形體，草木飛走，耳目口鼻，聲色氣味，元會運世，歲月日辰，皇帝王霸，《易》《書》《詩》《春秋》，似校《說卦》為詳密，而其偏僻疏罔特甚。何天無霜雪雷雹虹霾也？地無城隍田井海岳都鄙也？時無溫和旱潦也？人無臟腑手足髮膚也？無盜賊蠻方也？經無《禮》《樂》也？物無蟲魚也？「形體」之與「耳目口鼻」又何其重出也？即萬舉萬當，于神明、化裁、引伸、觸類之謂何！使吾夫子《十翼》退舍而卻行者，其宗陳、邵之流與！

《辯圓圖》曰：邵氏以震歷離兌乾為順，以巽歷坎艮坤為逆，順為數往，逆為知來。則震離兌乾僅能數往，不能知來；巽坎艮坤職在知來，無煩數往。夫乾知大始，乃統天，于知來乎何有，豈可但局之數往！坤以藏之，承天順天，成物代終，於數往乎何有，豈可反以為知來！亦不類矣。數往順天左旋，乾一、兌二、離三、震四為已生之卦，知來逆天右旋，巽五、坎六、艮七、坤八為未生之卦，已屬鑿空。又云《易》數由逆而成，若逆知四時之謂，豈震離兌乾無當于《易》數，而漫列冗員者與？聖人知來數往，萬理萬物無不兼該，非專為四時而設，四時節候有治曆之法，千歲日至可坐而定，絕無取乎卦氣也。今屈《橫圖》而圓之，云乾生子中，盡午中，坤生午中，盡子中，離盡卯中，坎盡酉中，皆緣冬至一陽為《復》，遂充類至義之盡，以六十四卦分配二十四節候，然亦須一候得二卦有奇，乃為恰合，何以倏多倏少，遠不相謀？《復》之「至日閉關」，夫子特舉象之一節。若《姤》為夏至，未見明訓，未敢信為必然。《臨》《泰》《大壯》《夬》《乾》與《遯》《否》《觀》《剝》《坤》之配歲周，不免案圖索驥，近于顓愚，矧可牽引六十四卦，矯揉誣罔，一切不符乎？今去冬至《復卦》一陽生子半，閱《頤》《屯》《益》《震》《噬嗑》《隨》《无妄》《明夷》《賁》《既濟》《家人》《豐》《離》《革》《同人》《臨》凡十七卦，始得二陽，為十二月，已是卯半，為春分矣。《損》《節》《中孚》《歸妹》《睽》《兌》《履》《泰》凡八卦，乃得三陽，為正月，已是巳初，為立夏矣。《大畜》《需》《小畜》《大壯》凡四卦，乃得四陽，為二月，已是巳半，為小滿矣。《大有》《夬》止二卦，即得五陽，為三月，已是午初，為芒種矣。至《乾》止一卦，即得純陽，為四月，已是午半，為夏至矣。至《姤》亦止一卦，一陰生午半，閱《大過》《鼎》《恆》《巽》《井》《蠱》《升》《訟》《困》《未濟》《解》《渙》《坎》《蒙》《師》《遯》凡十七卦，始得二陰，為六月，已是酉半，為秋分矣。《咸》《旅》《小過》《漸》《蹇》《艮》《謙》《否》凡八卦，乃得三陰，為七月，已是亥初，為立冬矣。《萃》《晉》《豫》《觀》凡四卦，乃得四陰，為八月，已是亥半，為小雪矣。《比》《剝》止二卦，即得五陰，為九月，已是子初，為大雪矣。至《坤》止一卦，即得純陰，為十月，已是子半，為冬至矣。將六十四卦破碎割裂，苦死支吾，猶然背畔若此，胡見其自然哉！若卦畫各義，毫無統屬，則精微之正論，反可姑置者也！○何謂已生、未生？八卦如此分屬，尚有全用乎？既有乾一、兑二、離三、震四、巽五、坎六、艮七、坤八之序，則皆已生矣。就彼而言，震巽居中，有長男代父、長女代母為政之象。震順天左行，自《復》《頤》至《夬》《乾》，行三十二卦，遇《姤》而息。巽逆天右行，自《姤》《大過》至《剥》《坤》，行三十二卦，遇《復》而息。夫兩間氣化，轉轂循環，無有端緒。其來也非突然而來，即其去而來已在內；其去也非決然而去，即其來而去已下伏。焉得分疆畫界，釐然中判，其去其來，若左右不相連貫者！震巽東西背馳，亦如人之行路，畢竟先有方向，然後可揚帆策馬，行縢履屩。焉得東行者，山川原隰，歷歷可指，而云已生；西行者，悉莽滄無憑，而待行者自為開闢，乃云未生歟？春夏何其逸，秋冬何其勞也？一二三四五六七八之數自有則俱有，焉得震獨據一二三四，數往而順；巽獨擅五六七八，知來而逆？且數自一而二三四為順，今反以四三二一為順；自八而七六五為逆，今反以五六七八為逆；亦難錯説矣！震長男，陽也，陽主創，近乎未生，或可云逆，而反云順。巽長女，陰也，陰主隨，近乎已生，本可云順，而反云逆。陰而逆，是牝雞司晨者也。陰陽順逆，一切顛倒矣！陽而順，是不能制義者也。細心體驗，種種可疑。

辯《方圖》曰：邵氏又作《方圖》，謂天圓地方，置之《圓圖》之中，謂天包地外。其説曰「天地定位」，以西北角置《乾》，東南角置《坤》為定位，又非南北故武矣；曰「《否》《泰》反類」，東北角置《泰》，西南角置《否》，為反類；曰「山澤通氣」，《兑》二斜依《乾》一，《艮》七斜依《坤》八，為通氣；曰「《咸》《損》見意」，斜依《否》之《咸》，斜依《泰》之《損》，為見意；曰「雷風相薄」，以《震》四斜依《離》三，《巽》五斜依《坎》六，《震》《巽》當中，斜依交會，為相薄；曰「《恒》《益》起意」，《恒》自《咸》而《未濟》斜來，《益》自《損》而《既濟》斜來，亦交會于子中，為起意；曰「水火相射」，以《坎》六自《艮》七斜接《巽》五，《離》三自《兑》二斜接《震》四，為相射；曰「《既濟》《未濟》」，《既濟》自《損》來斜連于《益》，《未濟》自《咸》來斜連于《恒》也。曰「四象相交，成十六事」。夫《横圖》既云陰陽老少為四象，此則明明用其六畫之卦，何以又稱四象乎？云「十六事」者，《乾》《坤》《否》《泰》，《艮》《兑》《咸》《損》，《震》《巽》《恒》《益》，《坎》《離》《既濟》《未濟》，俱取老、長、中、少、陰、陽正對，似乎稍有可觀。《易》卦陽爻一百九十二畫，陰爻一百九十二畫，奇耦停勻，隨人牽引，俱可布位整齊。使確守乾父坤母、一再三索而搬演之，何嘗不繡錯絲編，爛然秩然，而理則較勝也？《大易》全篇，何莫非神化變通，而僅取《否》《泰》《咸》《損》《恒》《益》、二《濟》為綱領，將謂此外皆附庸之國乎？總之，先天卦畫，奇耦相加，亂左陽右陰之常經。《方》《圓圖》次第撮湊小巧，紊四時之序，變八方之位，去君父母子之名分，倒老長中少之行列。曲護其説者，甚至謂乾坤無生六子之理。夫子所云乾父坤母，乾坤《易》之門，乾坤《易》之藴，一筆塗抹；《説卦》三傳，無一可宗。可乎哉！

百家謹案：《先天卦圖》傳自方壺，謂創自伏皇。此即《雲笈七籤》中云某經創自玉皇，某符傳自九天玄女，固道家術士假托以高其說之常也。先生得之而不改其名，亦無足異，顧但可自成一說，聽其或存或沒于天地之間。乃朱子過于篤信，謂程演周經，邵傳犧畫，掇入《本義》中，竟壓置于文《彖》、周《爻》、孔《翼》之首，則未免奉螟蛉為高曾矣！歸震川疑之，謂因《傳》而有圖，圖未必出于伏聖也。豈知《傳》中所謂「天地定位」與先天八卦并初無干涉邪！況邵伯溫《經世辯惑》云：「希夷《易》學，不煩文字解說，止有圖以寓陰陽消長之數與卦之生變。圖亦非創意以作，孔子《繫辭》述之明矣。」則以此圖明明直云出自希夷也。惜朱子固不之考，震川亦不之疑耳。

經世衍易圖

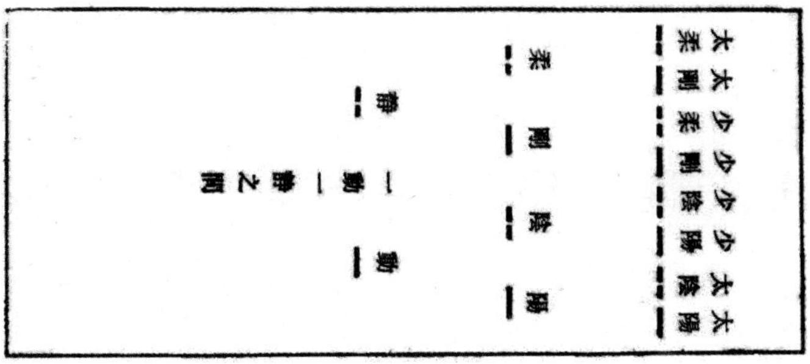

太陽 太陰 少陽 少陰 少剛 少柔 太剛 太柔

陽 陰 剛 柔

動 靜

一動一靜之間

經世天地四象圖

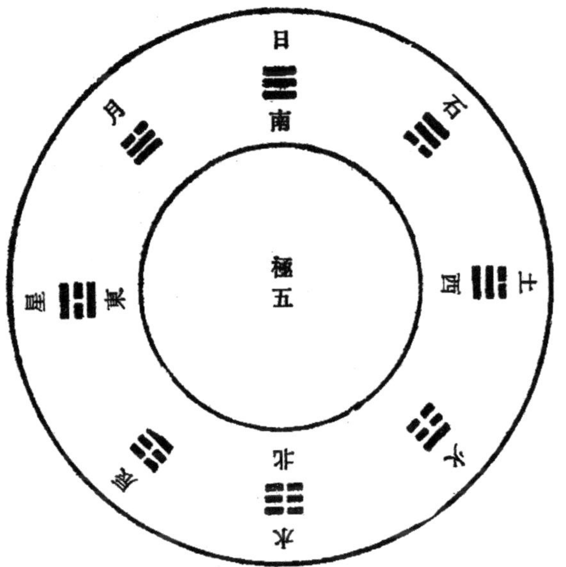

太陽	日	暑	性
	目	元	皇
太陰	月	寒	情
	耳	會	帝
少陽	星	晝	形
	鼻	運	王
少陰	辰	夜	體
	口	世	霸
少剛	石	雷	木
	氣	歲	易
少柔	土	露	草
	味	月	書
太剛	火	風	飛
	色	日	詩
太柔	水	雨	走
	聲	時	春秋

蔡西山曰：「一動一靜之間」者，《易》之所謂太極也。動、靜者，《易》所謂兩儀也。陰、陽、剛、柔者，《易》所謂四象也。太陽、太陰、少陽、少陰、少剛、少柔、太剛、太柔，《易》所謂八卦也。

百家謹案：先儒云《經世》全書六十二篇，及弟子所記《外篇》上下，通六十四篇。內《元會運世》三十四篇，橫列甲子，起堯元年甲辰，終五代周顯德九年己未，繫歲紀事，以驗天時人事之得失；十六篇以聲音律呂更唱迭和，為圖三千八百四十，以窮萬物之數；又有《皇極體要》、内外《觀象》數十篇。子文又著《一元消息》等圖。書甚浩繁，近世不能得其全書，無傳其學者。茲載入先遺獻《象數論》中所論《皇極》五篇，并《掛一》《既濟》陰、陽三圖，及《聲音論》數篇。其文雖約，大體已備。觸類引伸，一隅可三反矣。

經世掛一表

元之元	元之元之元之元 泰 冬至	元之元之元之會 損	元之元之元之運 大畜	元之元之元之世 節
	元之元之會之元 需	元之元之會之會 中孚	元之元之會之運 小畜	元之元之會之世 歸妹
	元之元之運之元 大壯	元之元之運之會 睽	元之元之運之運 大有 小寒	元之元之運之世 兌
	元之元之世之元 夬	元之元之世之會 履	元之元之世之運 乾	元之元之世之世 困
元之會	元之會之元之元 咸	元之會之元之會 未濟	元之會之元之運 旅	元之會之元之世 解
	元之會之會之元 小過	元之會之會之會 渙 大寒	元之會之會之運 漸	元之會之會之世 坎
	元之會之運之元 蹇	元之會之運之會 蒙	元之會之運之運 艮	元之會之運之世 師
	元之會之世之元 臨	元之會之世之會 謙	元之會之世之運 坤	元之會之世之世 遯
元之運	元之運之元之元 晉 立春	元之運之元之會 觀	元之運之元之運 比	元之運之元之世 剝
	元之運之會之元 巽	元之運之會之會 升	元之運之會之運 否	元之運之會之世 豫
	元之運之運之元 井	元之運之運之會 豐	元之運之運之運 屯 雨水	元之運之運之世 革
	元之運之世之元 恒	元之運之世之會 蠱	元之運之世之運 訟	元之運之世之世 益
元之世	元之世之元之元 離	元之世之元之會 大過	元之世之元之運 姤	元之世之元之世 隨
	元之世之會之元 家人	元之世之會之會 震 驚蟄	元之世之會之運 鼎	元之世之會之世 噬嗑
	元之世之運之元 既濟	元之世之運之會 頤	元之世之運之運 萃	元之世之運之世 明夷
	元之世之世之元 復	元之世之世之會 同人	元之世之世之運 无妄	元之世之世之世 賁

會之元	會之元之元之元　損　春分	會之元之元之會　大畜	會之元之元之運　節	會之元之元之世　需
	會之元之會之元　中孚	會之元之會之會　小畜	會之元之會之運　大壯	會之元之會之世　睽
	會之元之運之元　大有	會之元之運之會　兌	會之元之運之運　夬　清明	會之元之運之世　履
	會之元之世之元　乾	會之元之世之會　困	會之元之世之運　咸	會之元之世之世　未濟
會之會	會之會之元之元　旅	會之會之元之會　解	會之會之元之運　歸妹	會之會之元之世　渙
	會之會之會之元　漸	會之會之會之會　坎　穀雨	會之會之會之運　蹇	會之會之會之世　蒙
	會之會之運之元　艮	會之會之運之會　師	會之會之運之運　泰	會之會之運之世　臨
	會之會之世之元　謙	會之會之世之會　小過	會之會之世之運　觀	會之會之世之世　剝
會之運	會之運之元之元　蠱　立夏	會之運之元之會　井	會之運之元之運　屯	會之運之元之世　遯
	會之運之會之元　姤	會之運之會之會　訟	會之運之會之運　无妄	會之運之會之世　大過
	會之運之運之元　豫	會之運之運之會　鼎	會之運之運之運　比　小滿	會之運之運之世　巽
	會之運之世之元　坤	會之運之世之會　升	會之運之世之運　萃	會之運之世之世　随
會之世	會之世之元之元　晉	會之世之元之會　噬嗑	會之世之元之運　否	會之世之元之世　離
	會之世之會之元　革	會之世之會之會　頤　芒種	會之世之會之運　復	會之世之會之世　恒
	會之世之運之元　豐	會之世之運之會　震	會之世之運之運　家人	會之世之運之世　益
	會之世之世之元　既濟	會之世之世之會　賁	會之世之世之運　明夷	會之世之世之世　同人

運之元	運之元之元之元　大畜　夏至	運之元之元之會　節	運之元之元之運　需	運之元之元之世　中孚
	運之元之會之元　小畜	運之元之會之會　歸妹	運之元之會之運　睽	運之元之會之世　大有
	運之元之運之元　兌	運之元之運之會　夬	運之元之運之運　履　小暑	運之元之運之世　乾
	運之元之世之元　困	運之元之世之會　未濟	運之元之世之運　解	運之元之世之世　大壯
運之會	運之會之元之元　恒	運之會之元之會　鼎	運之會之元之運　大過	運之會之元之世　訟
	運之會之會之元　姤	運之會之會之會　隨　大暑	運之會之會之運　旅	運之會之會之世　噬嗑
	運之會之運之元　小過	運之會之運之會　震	運之會之運之運　渙	運之會之運之世　巽
	運之會之世之元　益	運之會之世之會　井	運之會之世之運　屯	運之會之世之世　坎
運之運	運之運之元之元　漸　立秋	運之運之元之會　晉	運之運之元之運　萃	運之運之元之世　泰
	運之運之會之元　蹇	運之運之會之會　豫	運之運之會之運　遯	運之運之會之世　咸
	運之運之運之元　師	運之運之運之會　艮	運之運之運之運　剝　處暑	運之運之運之世　觀
	運之運之世之元　无妄	運之運之世之會　離	運之運之世之運　豐	運之運之世之世　復
運之世	運之世之元之元　蠱	運之世之元之會　革	運之世之元之運　家人	運之世之元之世　否
	運之世之會之元　比	運之世之會之會　升　白露	運之世之會之運　頤	運之世之會之世　賁
	運之世之運之元　蒙	運之世之運之會　謙	運之世之運之運　坤	運之世之運之世　同人
	運之世之世之元　明夷	運之世之世之會　臨	運之世之世之運　損	運之世之世之世　既濟

世之元	世之元之元之元 升 秋分	世之元之元之會 蒙	世之元之元之運 蠱	世之元之元之世 井
	世之元之會之元 坎	世之元之會之會 巽	世之元之會之運 渙	世之元之會之世 解
	世之元之運之元 恒	世之元之運之會 未濟	世之元之運之運 鼎 寒露	世之元之運之世 困
	世之元之世之元 大過	世之元之世之會 姤	世之元之世之運 訟	世之元之世之世 隨
世之會	世之會之元之元 兌	世之會之元之會 乾	世之會之元之運 萃	世之會之元之世 噬嗑
	世之會之會之元 夬	世之會之會之會 否 霜降	世之會之會之運 无妄	世之會之會之世 睽
	世之會之運之元 咸	世之會之運之會 革	世之會之運之運 遯	世之會之運之世 大有
	世之會之世之元 履	世之會之世之會 泰	世之會之世之運 剝	世之會之世之世 頤
世之運	世之運之元之元 益 立冬	世之運之元之會 豐	世之運之元之運 歸妹	世之運之元之世 大壯
	世之運之會之元 小過	世之運之會之會 臨	世之運之會之運 賁	世之運之會之世 中孚
	世之運之運之元 既濟	世之運之運之會 晉	世之運之運之運 損 小雪	世之運之運之世 節
	世之運之世之元 家人	世之運之世之會 需	世之運之世之運 大畜	世之運之世之世 小畜
世之世	世之世之元之元 坤	世之世之元之會 謙	世之世之元之運 漸	世之世之元之世 艮
	世之世之會之元 離	世之世之會之會 比 大雪	世之世之會之運 蹇	世之世之會之世 豫
	世之世之運之元 師	世之世之運之會 同人	世之世之運之運 旅	世之世之運之世 屯
	世之世之世之元 觀	世之世之世之會 震	世之世之世之運 復	世之世之世之世 明夷

世，三十。運，三百六十。

會，一萬八百。元，十二萬九千六百。

世之世，九百。世之運，一萬八百。

世之會，三十二萬四千。

世之元，三百八十八萬八千。

運之世，一萬八百。

運之運，十二萬九千六百。

運之會，三百八十八萬八千。

運之元，四千六百六十五萬六千。

會之世，三十二萬四千。

會之運，三百八十八萬八千。

會之會，一億一千六百六十四萬。

會之元，十三億九千九百六十八萬。

元之世，三百八十八萬八千。

元之運，四千六百六十五萬六千。

元之會，十三億九千九百六十八萬。

元之元，一百六十七億九千六百十六萬。

元會運世本數四，互相乘，則變為十六。

世之世之世之世，八十一萬。（以九百乘九百而得）

世之世之世之運，九百七十二萬。（以九百乘一萬八百）

世之運之世之運，一億一千六百六十四萬。（以一萬八百乘一萬八百）

世之世之世之會，二億九千一百六十萬。（以九百乘三十二萬四千）

世之運之運，一十三億九千九百六十八萬。（以一萬八百乘十二萬九千六百）

世之世之世之元，三十四億九千九百二十萬。（以九百乘三百八十八萬八千）

運之運之運之運，一百六十七億九千六百一十六萬。（以十二萬九千六百自乘）

世之世之運之元，四百一十九億九千四十萬。（以九百乘四千六百六十五萬六千）

世之世之會之會，一千四十九億七千六百萬。（以九百乘一億一千六百六十四萬）

世之世之運之元，五千三十八億八千四百八十萬。（以一萬八百乘四千六百六十五萬六千）

世之世之會之元，一萬二千五百九十七億一千二百萬。（以九百乘十三億九千九百六十八萬）

運之運之運之元，六萬四百六十六億一千七百六十萬。（以十二萬九千六百乘四千六百六十五萬六千）

世之世之元之元，一十五萬一千一百六十五億四千四百萬。（以九百乘一百六十七億九千六百十六萬）

世之會之會之會，三十七萬七千九百十三億六千萬。（以三十二萬四千乘一億一千六百六十四萬）

世之運之元之元，一百八十一萬三千九百八十五億二千八百萬。（以一萬八百乘一百六十七億九千六百十六萬）

世之會之會之元，四百五十三萬四千九百六十三億二千萬。（以三十二萬四千乘十三億九千九百六十八萬）

運之運之元之元，二千一百七十六萬七千八百二十三億三千六百萬。（以十二萬九千六百乘一百六十七億九千六百十六萬）

世之會之元之元，五千四百四十一萬九千五百五十八億四千萬。（以三十二萬四千乘一百六十七億九千六百十六萬）

會之會之會之會，一兆三千六百四萬八千八百九十六億。（以一億一千六百六十四萬自乘）

運之會之元之元，六兆五千三百三萬四千七百億八千萬。（以三百八十八萬八千乘一百六十七億九千六百十六萬）

會之會之會之元，十六兆三千二百五十八萬六千七百五十二億。（以一億一千六百六十四萬乘十三億九百六十八萬）

運之元之元之元，七十八兆三千六百四十一萬六千四百九億六千萬。（以四千六百六十五萬六千乘一百六十七億九千六百十六萬）

會之會之元之元，一百九十五兆九千一百四萬一千二十四億。（以一億一千六百六十四萬乘一百六十七億九千六百十六萬）

會之元之元之元，二千三百五十兆九千二百四十九萬二千二百八十八億。（以十三億九千九百六十八萬乘一百六十七億九千六百十六萬）

元之元之元之元，二萬八千二百十一兆九百九十萬七千四百五十六億。（以一百六十七億九千六百十六萬自乘）

又以十六數互相乘，如元之會為一數，其下之運之世為一數，乘之，變為二百五十六數，分配二百五十六卦。自《泰》起，元之元之元之元，得二萬八千二百十一兆九百九十萬七千四百五十六億。至《明夷》卦終，為世之世之世之世，得八十一萬。今舉二十五條為例。

經世既濟陽表

元之元	元之元**否否**泰 水水音八八坤 日日聲一一乾	會之元**遯否**需 火水音七八剝 日日聲一一乾	運之元**訟否**大壯 土水音六八比 日日聲一一乾	世之元**姤否**夬 石水音五八觀 日日聲一一乾
	元之會**否遯**損 水火音八七謙 日日聲一一乾	會之會**遯遯**中孚 火火音七七艮 日日聲一一乾	運之會**訟遯**睽 土火音六七蹇 日日聲一一乾	世之會**姤遯**履 石火音五七漸 日日聲一一乾
	元之運**否訟**大畜 水土音八六師 日日聲一一乾	會之運**遯訟**小畜 火土音七六蒙 日日聲一一乾	運之運**訟訟**大有 土土音六六坎 日日聲一一乾	世之運**姤訟**乾 石土音五六渙 日日聲一一乾
	元之世**否姤**節 水石音八五升 日日聲一一乾	會之世**遯姤**歸妹 火石音七五蠱 日日聲一一乾	運之世**訟姤**兌 土石音六五井 日日聲一一乾	世之世**姤姤**困 石石音五五巽 日日聲一一乾
元之會	元之元**否萃**鹹 水水音八八坤 日月聲一二履	會之元**遯萃**小過 火水音七八剝 日月聲一二履	運之元**訟萃**蹇 土水音六八比 日月聲一二履	世之元**姤萃**臨 石水音五八觀 日月聲一二履
	元之會**否咸**未濟 水火音八七謙 日月聲一二履	會之會**遯咸**渙 火火音七七艮 日月聲一二履	運之會**訟咸**蒙 土火音六七蹇 日月聲一二履	世之會**姤咸**謙 石火音五七漸 日月聲一二履
	元之運**否困**旅 水土音八六師 日月聲一二履	會之運**遯困**漸 火土音七六蒙 日月聲一二履	運之運**訟困**艮 土土音六六坎 日月聲一二履	世之運**姤困**坤 石土音五六渙 日月聲一二履
	元之世**否大過**解 水石音八五升 日月聲一二履	會之世**遯大過**坎 火石音七五蠱 日月聲一二履	運之世**訟大過**師 土石音六五井 日月聲一二履	世之世**姤大過**遯 石石音五五巽 日月聲一二履

元之運	元之元**否晉**晉 水水音八八坤 日星聲一三同人	會之元**遯晉**巽 火水音七八剝 日星聲一三同人	運之元**訟晉**井 土水音六八比 日星聲一三同人	世之元**姤晉**恒 石水音五八觀 日星聲一三同人
	元之會**否旅**觀 水火音八七謙 日星聲一三同人	會之會**遯旅**升 火火音七七艮 日星聲一三同人	運之會**訟旅**豐 土火音六七蹇 日星聲一三同人	世之會**姤旅**蠱 石火音五七漸 日星聲一三同人
	元之運**否未濟**比 水土音八六師 日星聲一三同人	會之運**遯未濟**否 火土音七六蒙 日星聲一三同人	運之運**訟未濟**屯 土土音六六坎 日星聲一三同人	世之運**姤未濟**訟 石土音五六渙 日星聲一三同人
	元之世**否鼎**剝 水石音八五升 日星聲一三同人	會之世**遯鼎**豫 火石音七五蠱 日星聲一三同人	運之世**訟鼎**革 土石音六五井 日星聲一三同人	世之世**姤鼎**益 石石音五五巽 日星聲一三同人
元之世	元之元**否豫**離 水水音八八坤 日辰聲一四无妄	會之元**遯豫**家人 火水音七八剝 日辰聲一四无妄	運之元**訟豫**既濟 土水音六八比 日辰聲一四无妄	世之元**姤豫**復 石水音五八觀 日辰聲一四无妄
	元之會**否小過**大過 水火音八七謙 日辰聲一四无妄	會之會**遯小過**震 火火音七七艮 日辰聲一四无妄	運之會**訟小過**頤 土火音六七蹇 日辰聲一四无妄	世之會姤**小過**同人 石火音五七漸 日辰聲一四无妄
	元之運**否解**姤 水土音八六師 日辰聲一四无妄	會之運**遯解**鼎 火土音七六蒙 日辰聲一四无妄	運之運**訟解**萃 土土音六六坎 日辰聲一四无妄	世之運**姤解**无妄 石土音五六渙 日辰聲一四无妄
	元之世**否恒**隨 水石音八五升 日辰聲一四无妄	會之世**遯恒**噬嗑 火石音七五蠱 日辰聲一四无妄	運之世**訟恒**明夷 土石音六五井 日辰聲一四无妄	世之世**姤恒**賁 石石音五五巽 日辰聲一四无妄

	元	會	運	世
會之元	元之元**萃否**損 水水音八八坤 日月聲二一夬	會之元**咸否**中孚 火水音七八剝 日月聲二一夬	運之元**困否**大有 土水音六八比 日月聲二一夬	世之元**大過否**乾 石水音五八觀 日月聲二一夬
	元之會**萃遯**大畜 水火音八七謙 日月聲二一夬	會之會**咸遯**小畜 火火音七七艮 日月聲二一夬	運之會**困遯**兌 土火音六七蹇 日月聲二一夬	世之會**大過遯**困 石火音五七漸 日月聲二一夬
	元之運**萃訟**節 水土音八六師 日月聲二一夬	會之運**咸訟**大壯 火土音七六蒙 日月聲二一夬	運之運**困訟**萃 土土音六六坎 日月聲二一夬	世之運**大過訟**无妄 石土音五六渙 日月聲二一夬
	元之世**萃姤**需 水石音八五升 日月聲二一夬	會之世**咸姤**睽 火石音七五蠱 日月聲二一夬	運之世**困姤**履 土石音六五井 日月聲二一夬	世之世**大過姤**未濟 石石音五五巽 日月聲二一夬
會之會	元之元**萃萃**履 水水音八八坤 月月聲二二兌	會之元**萃咸**漸 火水音七八剝 月月聲二二兌	運之元**困萃**艮 土水音六八比 月月聲二二兌	世之元**大過萃**謙 石水音五八觀 月月聲二二兌
	元之會**萃咸**解 水火音八七謙 月月聲二二兌	會之會**咸咸**坎 火火音七七艮 月月聲二二兌	運之會**困咸**師 土火音六七蹇 月月聲二二兌	世之會**大過咸**小過 石火音五七漸 月月聲二二兌
	元之運**萃困**歸妹 水土音八六師 月月聲二二兌	會之運**咸困**蹇 火土音七六蒙 月月聲二二兌	運之運**困困**泰 土土音六六坎 月月聲二二兌	世之運**大過困**觀 石土音五六渙 月月聲二二兌
	元之世**萃大過**渙 水石音八五升 月月聲二二兌	會之世**咸大過**蒙 火石音七五蠱 月月聲二二兌	運之世**困大過**臨 土石音六五井 月月聲二二兌	世之世**大過大過**剝 石石音五五巽 月月聲二二兌

會之運	元之元**萃晉**蠱 水水音八八坤 月星聲二三革	會之元**咸晉**姤 火水音七八剝 月星聲二三革	運之元**困晉**豫 土水音六八比 月星聲二三革	世之元**大過晉**坤 石水音五八觀 月星聲二三革
	元之會**萃旅**井 水火音八七謙 月星聲二三革	會之會**咸旅**訟 火火音七七艮 月星聲二三革	運之會**困旅**鼎 土火音六七蹇 月星聲二三革	世之會**大過旅**升 石火音五七漸 月星聲二三革
	元之運**萃未濟**屯 水土音八六師 月星聲二三革	會之運**咸未濟**无妄 火土音七六蒙 月星聲二三革	運之運**困未濟**比 土土音六六坎 月星聲二三革	世之運**大過未濟**萃 石土音五六渙 月星聲二三革
	元之世**萃鼎**遯 水石音八五升 月星聲二三革	會之世**咸鼎**大過 火石音七五蠱 月星聲二三革	運之世**困鼎**巽 土石音六五井 月星聲二三革	世之世**大過鼎**隨 石石音五五巽 月星聲二三革
會之世	之元**萃豫**晉 水水音八八坤 月辰聲二四隨	會之元**咸豫**革 火水音七八剝 月辰聲二四隨	運之元**困豫**豐 土水音六八比 月辰聲二四隨	世之元**大過豫**既濟 石水音五八觀 月辰聲二四隨
	之會**萃小過**噬嗑 水火音八七謙 月辰聲二四隨	會之會**咸小過**頤 火火音七七艮 月辰聲二四隨	運之會**困小過**震 土火音六七蹇 月辰聲二四隨	世之會**大過小過**賁 石火音五七漸 月辰聲二四隨
	元之運**萃解**否 水土音八六師 月辰聲二四隨	會之運**咸解**復 火土音七六蒙 月辰聲二四隨	運之運**困解**家人 土土音六六坎 月辰聲二四隨	世之運**大過解**明夷 石土音五六渙 月辰聲二四隨
	元之世**萃恒**離 水石音八五升 月辰聲二四隨	會之世**咸恒**恒 火石音七五蠱 月辰聲二四隨	運之世**困恒**益 土石音六五井 月辰聲二四隨	世之世**大過恒**同人 石石音五五巽 月辰聲二四隨

運之元	元之元**晉否**大畜 水水音八八坤 星日聲三一大有	會之元**旅否**小畜 火水音七八剝 星日聲三一大有	運之元**未濟否**兌 土水音六八比 星日聲三一大有	世之元**鼎否**困 石水音五八觀 星日聲三一大有
	元之會**晉遯**節 水火音八七謙 星日聲三一大有	會之會**旅遯**歸妹 火火音七七艮 星日聲三一大有	運之會**未濟遯**夬 土火音六七蹇 星日聲三一大有	世之會**鼎遯**未濟 石火音五七漸 星日聲三一大有
	元之運**晉訟**需 水土音八六師 星日聲三一大有	會之運**旅訟**睽 火土音七六蒙 星日聲三一大有	運之運**未濟訟**履 土土音六六坎 星日聲三一大有	世之運**鼎訟**解 石土音五六渙 星日聲三一大有
	元之世**晉姤**中孚 水石音八五升 星日聲三一大有	會之世**旅姤**大有 火石音七五蠱 星日聲三一大有	運之世**未濟姤**乾 土石音六五井 星日聲三一大有	世之世**鼎姤**大壯 石石音五五巽 星日聲三一大有
運之會	元之元**晉萃**恒 水水音八八坤 星月聲三二睽	會之元**旅萃**姤 火水音七八剝 星月聲三二睽	運之元**未濟萃**小過 土水音六八比 星月聲三二睽	世之元**鼎萃**益 石水音五八觀 星月聲三二睽
	元之會**晉咸**鼎 水火音八七謙 星月聲三二睽	會之會**旅咸**隨 火火音七七艮 星月聲三二睽	運之會**未濟咸**震 土火音六七蹇 星月聲三二睽	世之會**鼎咸**井 石火音五七漸 星月聲三二睽
	元之運**晉困**大過 水土音八六師 星月聲三二睽	會之運**旅困**旅 火土音七六蒙 星月聲三二睽	運之運**未濟困**渙 土土音六六坎 星月聲三二睽	世之運**鼎困**屯 石土音五六渙 星月聲三二睽
	元之世**晉大過**訟 水石音八五升 星月聲三二睽	會之世**旅大過**噬嗑 火石音七五蠱 星月聲三二睽	運之世**未濟大過**巽 土石音六五井 星月聲三二睽	世之世**鼎大過**坎 石石音五五巽 星月聲三二睽

運之運	元之元晉晉漸 水水音八八坤 星星聲三三離	會之元旅晉蹇 火水音七八剝 星星聲三三離	運之元未濟晉師 土水音六八比 星星聲三三離	世之元鼎晉无妄 石水音五八觀 星星聲三三離
	元之會晉旅晉 水火音八七謙 星星聲三三離	會之會旅旅豫 火火音七七艮 星星聲三三離	運之會未濟旅艮 土火音六七蹇 星星聲三三離	世之會鼎旅離 石火音五七漸 星星聲三三離
	元之運晉未濟萃 水土音八六師 星星聲三三離	會之運旅未濟遯 火土音七六蒙 星星聲三三離	運之運未濟未濟剝 土土音六六坎 星星聲三三離	世之運鼎未濟豐 石土音五六渙 星星聲三三離
	元之世晉鼎泰 水石音八五升 星星聲三三離	會之世旅鼎鹹 火石音七五蠱 星星聲三三離	運之世未濟鼎觀 土石音六五井 星星聲三三離	世之世鼎鼎復 石石音五五巽 星星聲三三離
運之世	元之元晉豫蠱 水水音八八坤 星辰聲三四噬嗑	會之元旅豫比 火水音七八剝 星辰聲三四噬嗑	運之元未濟豫蒙 土水音六八比 星辰聲三四噬嗑	世之元鼎豫明夷 石水音五八觀 星辰聲三四噬嗑
	元之會晉小過革 水火音八七謙 星辰聲三四噬嗑	會之會旅小過升 火火音七七艮 星辰聲三四噬嗑	運之會未濟小過謙 土火音六七蹇 星辰聲三四噬嗑	世之會鼎小過臨 石火音五七漸 星辰聲三四噬嗑
	元之運晉解家人 水土音八六師 星辰聲三四噬嗑	會之運旅解頤 火土音七六蒙 星辰聲三四噬嗑	運之運未濟解坤 土土音六六坎 星辰聲三四噬嗑	世之運鼎解損 石土音五六渙 星辰聲三四噬嗑
	元之世晉恒否 水石音八五升 星辰聲三四噬嗑	會之世旅恒賁 火石音七五蠱 星辰聲三四噬嗑	運之世未濟恒同人 土石音六五井 星辰聲三四噬嗑	世之世鼎恒既 石石音五五巽 星辰聲三四噬嗑

世之元	元之元**豫否**升 水水音八八坤 辰日聲四一大壯	會之元**小過否**坎 火水音七八剝 辰日聲四一大壯	運之元**解否**恒 土水音六八比 辰日聲四一大壯	世之元**恒否**大過 石水音五八觀 辰日聲四一大壯
	元之會**豫遯**蒙 水火音八七謙 辰日聲四一大壯	會之會**小過遯**巽 火火音七七艮 辰日聲四一大壯	運之會**解遯**未濟 土火音六七蹇 辰日聲四一大壯	世之會**恒遯**姤 石火音五七漸 辰日聲四一大壯
	元之運**豫訟**蠱 水土音八六師 辰日聲四一大壯	會之運**小過訟**渙 火土音七六蒙 辰日聲四一大壯	運之運**解訟**鼎 土土音六六坎 辰日聲四一大壯	世之運**恒訟**訟 石土音五六渙 辰日聲四一大壯
	元之世**豫姤**井 水石音八五升 辰日聲四一大壯	會之世**小過姤**解 火石音七五蠱 辰日聲四一大壯	運之世**解姤**困 土石音六五井 辰日聲四一大壯	世之世**恒姤**隨 石石音五五巽 辰日聲四一大壯
世之會	元之元**豫萃**兌 水水音八八坤 辰月聲四二歸妹	會之元**小過萃**夬 火水音七八剝 辰月聲四二歸妹	運之元**解萃**咸 土水音六八比 辰月聲四二歸妹	世之元**恒萃**履 石水音五八觀 辰月聲四二歸妹
	元之會**豫咸**乾 水火音八七謙 辰月聲四二歸妹	會之會**小過咸**否 火火音七七艮 辰月聲四二歸妹	運之會**解咸**革 土火音六七蹇 辰月聲四二歸妹	世之會**恒咸**泰 石火音五七漸 辰月聲四二歸妹
	元之運**豫困**萃 水土音八六師 辰月聲四二歸妹	會之運**小過困**无妄 火土音七六蒙 辰月聲四二歸妹	運之運**解困**遁 土土音六六坎 辰月聲四二歸妹	世之運**恒困**剝 石土音五六渙 辰月聲四二歸妹
	元之世**豫大過**噬嗑 水石音八五升 辰月聲四二歸妹	會之世**小過大過**睽 火石音七五蠱 辰月聲四二歸妹	運之世**解大過**大有 土石音六五井 辰月聲四二歸妹	世之世**恒大過**頤 石石音五五巽 辰月聲四二歸妹

世之運	元之元**豫晉**益 水水音八八坤 辰星聲四三豐	會之元**小過晉**小過 火水音七八剝 辰星聲四三豐	運之元**解晉**既濟 土水音六八比 辰星聲四三豐	世之元**恒晉**家人 石水音五八觀 辰星聲四三豐
	元之會**豫旅**豐 水火音八七謙 辰星聲四三豐	會之會**小過旅**臨 火火音七七艮 辰星聲四三豐	運之會**解旅**晉 土火音六七蹇 辰星聲四三豐	世之會**恒旅**需 石火音五七漸 辰星聲四三豐
	之運**豫未濟**歸妹 水土音八六師 辰星聲四三豐	會之運**小過未濟**賁 火土音七六蒙 辰星聲四三豐	運之運**解未濟**損 土土音六六坎 辰星聲四三豐	世之運**恒未濟**大畜 石土音五六渙 辰星聲四三豐
	元之世**豫鼎**大壯 水石音八五升 辰星聲四三豐	會之世**小過鼎**中孚 火石音七五蠱 辰星聲四三豐	運之世**解鼎**節 土石音六五井 辰星聲四三豐	之世**恒鼎**小畜 石石音五五巽 辰星聲四三豐
世之世	元之元**豫豫**坤 水水音八八坤 辰辰聲四四震	會之元**小過豫**離 火水音七八剝 辰辰聲四四震	運之元**解豫**師 土水音六八比 辰辰聲四四震	世之元**恒豫**觀 石水音五八觀 辰辰聲四四震
	元之會**豫小過**謙 水火音八七謙 辰辰聲四四震	會之會**小過小過**比 火火音七七艮 辰辰聲四四震	運之會**解小過**同人 土火音六七蹇 辰辰聲四四震	世之會**恒小過**震 石火音五七漸 辰辰聲四四震
	元之運**豫解**漸 水土音八六師 辰辰聲四四震	會之運**小過解**蹇 火土音七六蒙 辰辰聲四四震	運之運**解解**旅 土土音六六坎 辰辰聲四四震	世之運**恒解**複 石土音五六渙 辰辰聲四四震
	元之世**豫恒**艮 水石音八五升 辰辰聲四四震	會之世**小過恒**豫 火石音七五蠱 辰辰聲四四震	運之世**解恒**屯 土石音六五井 辰辰聲四四震	世之世**恒恒**明夷 石石音五五巽 辰辰聲四四震

經世既濟陰表

歲之歲	水水音一一坤 日日聲八八乾 歲之歲**泰泰**	水水音一一坤 月日聲八七夬 月之歲**臨泰**	水水音一一坤 星日聲六八大有 日之歲**明夷**泰	水水音一一坤 辰日聲五八大壯 時之歲**復泰**
	水水音一一坤 日月聲八七履 歲之月**泰臨**	水水音一一坤 月月聲七七兌 月之月**臨臨**	水水音一一坤 星月聲六七睽 日之月**明夷臨**	水水音一一坤 辰月聲五七歸妹 時之月**復臨**
	水水音一一坤 日星聲八六同人 歲之日**泰明夷**	水水音一一坤 月星聲七六革 月之日**臨明夷**	水水音一一坤 星星聲六六離 日之日**明夷明夷**	水水音一一坤 辰星聲五六豐 時之日**復明夷**
	水水音一一坤 日辰聲八五無妄 歲之時**復泰**	水水音一一坤 月辰聲七五隨 月之時**臨復**	水水音一一坤 星辰聲六五噬嗑 日之時**明夷復**	水水音一一坤 辰辰聲五五震 時之時**復復**
歲之月	水火音一二乾 日日聲八八乾 歲之歲**泰大畜**	水火音一二乾 月日聲八七夬 月之歲**臨大畜**	水火音一二乾 星日聲六八大有 日之歲明**夷大畜**	水火音一二乾 辰日聲五八大壯 時之歲**復大畜**
	水火音一二乾 日月聲八七履 歲之月**泰損**	水火音一二乾 月月聲七七兌 月之月**臨損**	水火音一二乾 星月聲六七睽 日之月明**夷損**	水火音一二乾 辰月聲五七歸妹 時之月**復損**
	水火音一二乾 日星聲八六同人 歲之日**泰賁**	水火音一二乾 月星聲七六革 月之日**臨賁**	水火音一二乾 星星聲六六離 日之日明**夷賁**	水火音一二乾 辰星聲五六豐 時之日**復賁**
	水火音一二乾 日辰聲八五无妄 歲之時**泰頤**	水火音一二乾 月辰聲七五隨 月之時**臨頤**	水火音一二乾 星辰聲六五噬嗑 日之時明**夷頤**	水火音一二乾 辰辰聲五五震 時之時**復頤**

歲之日				歲之時			
水土音一三師 日日聲八八乾 歲之歲**泰需**	水土音一三師 日月聲八七履 歲之月**泰節**	水土音一三師 日星聲八六同人 歲之日**泰既濟**	水土音一三師 日辰聲八五无妄 歲之時**泰屯**	水石音一四升 日日聲八八乾 歲之歲**泰小畜**	水石音一四升 日月聲八七履 歲之月**泰中孚**	水石音一四升 日星聲八六同人 歲之日**泰家人**	水石音一四升 日辰聲八五无妄 歲之時**泰益**
水土音一三師 月日聲八七夬 月之歲**臨需**	水土音一三師 月月聲七七兌 月之月**臨節**	水土音一三師 月星聲七六革 月之日**臨既濟**	水土音一三師 月辰聲七五隨 月之時**臨屯**	水石音一四升 月日聲八七夬 月之歲**臨小畜**	水石音一四升 月月聲七七兌 月之月**臨中孚**	水石音一四升 月星聲七六革 月之日**臨家人**	水石音一四升 月辰聲七五隨 月之時**臨益**
水土音一三師 星日聲六八大有 日之歲**明夷需**	水土音一三師 星月聲六七睽 日之月**明夷節**	水土音一三師 星星聲六六離 日之日**明夷既濟**	水土音一三師 星辰聲六五噬嗑 日之時**明夷屯**	水石音一四升 星日聲六八大有 日之歲**明夷小畜**	水石音一四升 星月聲六七睽 日之月**明夷中孚**	水石音一四升 星星聲六六離 日之日**明夷家人**	水石音一四升 星辰聲六五噬嗑 日之時**明夷益**
水土音一三師 辰日聲五八大壯 時之歲**復需**	水土音一三師 辰月聲五七歸妹 時之月**復節**	水土音一三師 辰星聲五六豐 時之日**復既濟**	水土音一三師 辰辰聲五五震 時之時**復屯**	水石音一四升 辰日聲五八大壯 時之歲**復小畜**	水石音一四升 辰月聲五七歸妹 時之月**復中孚**	水石音一四升 辰星聲五六豐 時之日**復家人**	水石音一四升 辰辰聲五五震 時之時**復益**

月之歲				月之月			
火水音二一剝 日日聲八八乾 歲之歲**大畜泰**	火水音二一剝 日月聲八七履 歲之月**大畜臨**	火水音二一剝 日星聲八六同人 歲之日**大畜明夷**	火水音二一剝 日辰聲八五无妄 歲之時**大畜復**	火火音二二艮 日日聲八八乾 歲之歲**大畜大畜**	火火音二二艮 日月聲八七履 歲之月**大畜損**	火火音二二艮 日星聲八六同人 歲之日**大畜賁**	火火音二二艮 日辰聲八五无妄 歲之時**大畜頤**
火水音二一剝 月日聲八七夬 月之歲**損泰**	火水音二一剝 月月聲七七兌 月之月**損臨**	火水音二一剝 月星聲七六革 月之日**損明夷**	火水音二一剝 月辰聲七五隨 月之時**損復**	火火音二二艮 月日聲八七夬 月之歲**損大畜**	火火音二二艮 月月聲七七兌 月之月**損損**	火火音二二艮 月星聲七六革 月之日**損賁**	火火音二二艮 月辰聲七五隨 月之時**損頤**
火水音二一剝 星日聲六八大有 日之歲**賁泰**	火水音二一剝 星月聲六七睽 日之月**賁臨**	火水音二一剝 星星聲六六離 日之日**賁明夷**	火水音二一剝 星辰聲六五噬嗑 日之時**賁復**	火火音二二艮 星日聲六八大有 日之歲**賁大畜**	火火音二二艮 星月聲六七睽 日之月**賁損**	火火音二二艮 星星聲六六離 日之日**賁賁**	火火音二二艮 星辰聲六五噬嗑 日之時**賁頤**
火水音二一剝 辰日聲五八大壯 時之歲**頤泰**	火水音二一剝 辰月聲五七歸妹 時之月**頤臨**	火水音二一剝 辰星聲五六豐 時之日**頤明夷**	火水音二一剝 辰辰聲五五震 時之時**頤復**	火火音二二艮 辰日聲五八大壯 時之歲**頤大畜**	火火音二二艮 辰月聲五七歸妹 時之月**頤損**	火火音二二艮 辰星聲五六豐 時之日**頤賁**	火火音二二艮 辰辰聲五五震 時之時**頤頤**

月之日	火土音二三蒙 日日聲八八乾 歲之歲**大畜需**	火土音二三蒙 月日聲八七夬 月之歲**損需**	火土音二三蒙 星日聲六八大有 日之歲**賁需**	火土音二三蒙 辰日聲五八大壯 時之歲**頤需**
	火土音二三蒙 日月聲八七履 歲之月**大畜節**	火土音二三蒙 月月聲七七兌 月之月**損節**	火土音二三蒙 星月聲六七睽 日之月**賁節**	火土音二三蒙 辰月聲五七歸妹 時之月**頤節**
	火土音二三蒙 日星聲八六同人 歲之日**大畜既濟**	火土音二三蒙 月星聲七六革 月之日**損既濟**	火土音二三蒙 星星聲六六離 日之日**賁既濟**	火土音二三蒙 辰星聲五六豐 時之日**頤既濟**
	火土音二三蒙 日辰聲八五無妄 歲之時**大畜屯**	火土音二三蒙 月辰聲七五隨 月之時**損屯**	火土音二三蒙 星辰聲六五噬嗑 日之時**賁屯**	火土音二三蒙 辰辰聲五五震 時之時**頤屯**
月之時	火石音二四蠱 日日聲八八乾 歲之歲**大畜小畜**	火石音二四蠱 月日聲八七夬 月之歲**損小畜**	火石音二四蠱 星日聲六八大有 日之歲**賁小畜**	火石音二四蠱 辰日聲五八大壯 時之歲**頤小畜**
	火石音二四蠱 日月聲八七履 歲之月**大畜中孚**	火石音二四蠱 月月聲七七兌 月之月**損中孚**	火石音二四蠱 星月聲六七睽 日之月**賁中孚**	火石音二四蠱 辰月聲五七歸妹 時之月**頤中孚**
	火石音二四蠱 日星聲八六同人 歲之日**大畜家人**	火石音二四蠱 月星聲七六革 月之日**損家人**	火石音二四蠱 星星聲六六離 日之日**賁家人**	火石音二四蠱 辰星聲五六豐 時之日**頤家人**
	火石音二四蠱 日辰聲八五无妄 歲之時**大畜益**	火石音二四蠱 月辰聲七五隨 月之時**損益**	火石音二四蠱 星辰聲六五噬嗑 日之時**賁益**	火石音二四蠱 辰辰聲五五震 時之時**頤益**

日之歲				日之月			
土水音三一比 日日聲八八乾 歲之歲**需泰**	土水音三一比 日月聲八七履 歲之月**需臨**	土水音三一比 日星聲八六同人 歲之日**需明夷**	土水音三一比 日辰聲八五无妄 歲之時**需復**	土火音三二蹇 日日聲八八乾 歲之歲**需大畜**	土火音三二蹇 日月聲八七履 歲之月**需損**	土火音三二蹇 日星聲八六同人 歲之日**需賁**	土火音三二蹇 日辰聲八五无妄 歲之時**需頤**
土水音三一比 月日聲八七夬 月之歲**節泰**	土水音三一比 月月聲七七兌 月之月**節臨**	土水音三一比 月星聲七六革 月之日**節明夷**	土水音三一比 月辰聲七五隨 月之時**節復**	土火音三二蹇 月日聲八七夬 月之歲**節大畜**	土火音三二蹇 月月聲七七兌 月之月**節損**	土火音三二蹇 月星聲七六革 月之日**節賁**	土火音三二蹇 月辰聲七五隨 月之時**節頤**
土水音三一比 星日聲六八大有 日之歲**既濟泰**	土水音三一比 星月聲六七睽 日之月**既濟臨**	土水音三一比 星星聲六六離 日之日**既濟明夷**	土水音三一比 星辰聲六五噬嗑 日之時**既濟復**	土火音三二蹇 星日聲六八大有 日之歲既**濟大畜**	土火音三二蹇 星月聲六七睽 日之月既**濟損**	土火音三二蹇 星星聲六六離 日之日**既濟賁**	土火音三二蹇 星辰聲六五噬嗑 日之時**既濟頤**
土水音三一比 辰日聲五八大壯 時之歲**屯泰**	土水音三一比 辰月聲五七歸妹 時之月**屯臨**	土水音三一比 辰星聲五六豐 時之日**屯明夷**	土水音三一比 辰辰聲五五震 時之時**屯復**	土火音三二蹇 辰日聲五八大壯 時之歲**屯大畜**	土火音三二蹇 辰月聲五七歸妹 時之月**屯損**	土火音三二蹇 辰星聲五六豐 時之日**屯賁**	土火音三二蹇 辰辰聲五五震 時之時**屯頤**

日之日	土土音三三坎 日日聲八八乾 歲之歲**需需**	土土音三三坎 月日聲八七夬 月之歲**節需**	土土音三三坎 星日聲六八大有 日之歲**既濟需**	土土音三三坎 辰日聲五八大壯 時之歲**屯需**
	土土音三三坎 日月聲八七履 歲之月**需節**	土土音三三坎 月月聲七七兌 月之月**節節**	土土音三三坎 星月聲六七睽 日之月**既濟節**	土土音三三坎 辰月聲五七歸妹 時之月**屯節**
	土土音三三坎 日星聲八六同人 歲之日**需既濟**	土土音三三坎 月星聲七六革 月之日**節既濟**	土土音三三坎 星星聲六六離 日之日**既濟既濟**	土土音三三坎 辰星聲五六豐 時之日**屯既濟**
	土土音三三坎 日辰聲八五无妄 歲之時**需屯**	土土音三三坎 月辰聲七五隨 月之時**節屯**	土土音三三坎 星辰聲六五噬嗑 日之時**既濟屯**	土土音三三坎 辰辰聲五五震 時之時**屯屯**
日之時	土石音三四井 日日聲八八乾 歲之歲**需小畜**	土石音三四井 月日聲八七夬 月之歲**節小畜**	土石音三四井 星日聲六八大有 日之歲**既濟小畜**	土石音三四井 辰日聲五八大壯 時之歲**屯小畜**
	土石音三四井 日月聲八七履 歲之月**需中孚**	土石音三四井 月月聲七七兌 月之月**節中孚**	土石音三四井 星月聲六七睽 日之月**既濟中孚**	土石音三四井 辰月聲五七歸妹 時之月**屯中孚**
	土石音三四井 日星聲八六同人 歲之日**需家人**	土石音三四井 月星聲七六革 月之日**節家人**	土石音三四井 星星聲六六離 日之日**既濟家人**	土石音三四井 辰星聲五六豐 時之日**屯家人**
	土石音三四井 日辰聲八五无妄 歲之時**需益**	土石音三四井 月辰聲七五隨 月之時**節益**	土石音三四井 星辰聲六五噬嗑 日之時**既濟益**	土石音三四井 辰辰聲五五震 時之時**屯益**

時之歲				時之月			
石水音四一觀 日日聲八八乾 歲之歲**小畜泰**	石水音四一觀 日月聲八七履 歲之月**小畜臨**	石水音四一觀 日星聲八六同人 歲之日**小畜明夷**	石水音四一觀 日辰聲八五無妄 歲之時**小畜復**	石火音四二漸 日日聲八八乾 歲之歲**小畜大畜**	石火音四二漸 日月聲八七履 歲之月**小畜損**	石火音四二漸 日星聲八六同人 歲之日**小畜賁**	石火音四二漸 日辰聲八五无妄 歲之時**小畜頤**
石水音四一觀 月日聲八七夬 月之歲**中孚泰**	石水音四一觀 月月聲七七兌 月之月**中孚臨**	石水音四一觀 月星聲七六革 月之日**中孚明夷**	石水音四一觀 月辰聲七五隨 月之時**中孚復**	石火音四二漸 月日聲八七夬 月之歲**中孚大畜**	石火音四二漸 月月聲七七兌 月之月**中孚損**	石火音四二漸 月星聲七六革 月之日**中孚賁**	石火音四二漸 月辰聲七五隨 月之時**中孚頤**
石水音四一觀 星日聲六八大有 日之歲**家人泰**	石水音四一觀 星月聲六七睽 日之月**家人臨**	石水音四一觀 星星聲六六離 日之日**家人明夷**	石水音四一觀 星辰聲六五噬嗑 日之時**家人復**	石火音四二漸 星日聲六八大有 日之歲**家人大畜**	石火音四二漸 星月聲六七睽 日之月**家人損**	石火音四二漸 星星聲六六離 日之日**家人賁**	石火音四二漸 星辰聲六五噬嗑 日之時**家人頤**
石水音四一觀 辰日聲五八大壯 時之歲**益泰**	石水音四一觀 辰月聲五七歸妹 時之月**益臨**	石水音四一觀 辰星聲五六豐 時之日**益明夷**	石水音四一觀 辰辰聲五五震 時之時**益復**	石火音四二漸 辰日聲五八大壯 時之歲**益大畜**	石火音四二漸 辰月聲五七歸妹 時之月**益損**	石火音四二漸 辰星聲五六豐 時之日**益賁**	石火音四二漸 辰辰聲五五震 時之時**益頤**

時之日	石土音四三渙 日日聲八八乾 歲之歲**小畜需**	石土音四三渙 月日聲八七夬 月之歲**中孚需**	石土音四三渙 星日聲六八大有 日之歲**家人需**	石土音四三渙 辰日聲五八大壯 時之歲**益需**
	石土音四三渙 日月聲八七履 歲之月**小畜節**	石土音四三渙 月月聲七七兌 月之月**中孚節**	石土音四三渙 星月聲六七睽 日之月**家人節**	石土音四三渙 辰月聲五七歸妹 時之月**益節**
	石土音四三渙 日星聲八六同人 歲之日**小畜既濟**	石土音四三渙 月星聲七六革 月之日**中孚既濟**	石土音四三渙 星星聲六六離 日之日**家人既濟**	石土音四三渙 辰星聲五六豐 時之日**益既濟**
	石土音四三渙 日辰聲八五無妄 歲之時**小畜屯**	石土音四三渙 月辰聲七五隨 月之時**中孚屯**	石土音四三渙 星辰聲六五噬嗑 日之時**家人屯**	石土音四三渙 辰辰聲五五震 時之時**益屯**
時之時	石石音四四巽 日日聲八八乾 歲之歲**小畜小畜**	石石音四四巽 月日聲八七夬 月之歲**中孚小畜**	石石音四四巽 星日聲六八大有 日之歲**家人小畜**	石石音四四巽 辰日聲五八大壯 時之歲**益小畜**
	石石音四四巽 日月聲八七履 歲之月**小畜中孚**	石石音四四巽 月月聲七七兌 月之月**中孚中孚**	石石音四四巽 星月聲六七睽 日之月**家人中孚**	石石音四四巽 辰月聲五七歸妹 時之月**益中孚**
	石石音四四巽 日星聲八六同人 歲之日**小畜家人**	石石音四四巽 月星聲七六革 月之日**中孚家人**	石石音四四巽 星星聲六六離 日之日**家人家人**	石石音四四巽 辰星聲五六豐 時之日**益家人**
	石石音四四巽 日辰聲八五无妄 歲之時**小畜益**	石石音四四巽 月辰聲七五隨 月之時**中孚益**	石石音四四巽 星辰聲六五噬嗑 日之時**家人益**	石石音四四巽 辰辰聲五五震 時之時**益益**

以《方圖》裂為四片，每片十六卦。西北十六卦為天門，《乾》主之；東南十六卦為地戶，《坤》主之；東北十六卦為鬼方，《泰》主之，西南十六卦為人路，《否》主之。《陽圖》以天門十六卦為律，每一位各唱地戶呂卦十六位，謂之動數，律左呂右，從右橫觀，上體與上體互，下體與下體互，又成兩卦，每一位變西南之卦三十二，共成一千二十四卦。《陰圖》以地戶十六卦為呂，每一位各唱天門律卦十六位，謂之植數，呂右律左，從左橫觀，又成兩卦，每一位變東北之卦三十二，共成一千二十四卦。

經世聲音表

正聲	正音	四聲	音四	八聲	音八		音十二
		刀早孝嶽	夫法□飛	●●●●	走哉足■		■卓中■
平上去入	开发收闭	毛寶報霍	父凡□吠	●●●●	自在匠■		■宅直■
日月星辰	水火土石	牛門奏六	武晚□尾	●●●●	草采七■		■拆醜■
		○○○玉	文萬□未	●●●●	曹才全■		■茶呈■
一聲	音一	五聲	音五	九聲	音九		
多可個舌	古甲九癸	妻子四日	卜百丙必	●●●●	思三星■		
禾火化八	□□近揆	衰○帥骨	步白葡鼻	●●●●	寺□象■		
開宰愛○	坤巧丘	○○○德	普撲品匹	●●●●	□□□■		
回每退○	□□乾虯	龜水貴北	旁排平瓶	●●●●	□□□■		
二聲	音二	六聲	音六	十聲	音十		
良兩向○	黑花香血	宮孔眾○	東丹帝■		■山手■		
光廣況○	黃華雄賢	龍甬用○	兌大弟■		■土石■		
丁井亙○	五瓦仰□	魚鼠去○	土貪天■		■□耳■		
兄永瑩○	吾牙月堯	烏虎兔○	同覃田■		■□二■		
三聲	音三	七聲	音七		音十一		
千典旦○	安亞乙一	心審禁○	乃妳女■		■莊震■		
元犬半○	□爻王寅	○○○十	內南年■		■乍□■		
臣引良○	母馬美米	男坎欠○	老冷呂■		■義赤■		
君允巽○	目皃眉民	○○○妾	鹿犖離■		■崇辰■		

附聲音論

邵伯溫曰：「物有聲色氣味，可考而見，唯聲為甚。有一物則有一聲，有聲則有音，有律則有呂。故窮聲音律呂，以窮萬物之數。數亦以四為本，本乎四象故也。自四象而為八卦，自八卦而為六十四，天下萬物之數備于其間矣。此與前元會運世其法同。日日聲即元之元、日之日也，日月聲即元之會、日之月也，日星聲即元之運、日之星也，日辰聲即元之世、日之辰也。其餘皆可類推。」

鐘過曰：「天之體數四十，地之體數四十八。天數以日月星辰相因，為一百六十；地數以水火土石相因，為一百九十二。于天數內去地之體數四十八，得一百一十二，是為天之用聲。于地數內去天之體數四十，得一百五十二，是為地之用音。凡日月星辰四象為聲，水火土石四象為音。聲有清濁，音有闢翕。遇奇數則聲為清，音為闢；遇耦數則聲為濁，音為翕。聲皆為律，音皆為呂。以律唱呂，以呂和律。天之用聲別以平上去入者一百一十二，皆以開發收閉之音和之；地之用音別以開發收閉者一百五十二，皆以平上去入之聲唱之。」

又曰：「東方之音在齒舌，南方之音在脣舌，西方之音在齶舌，北方之音在喉舌。便於喉者不利于脣，便於齒者不利于齶，由是訛正牽乎僻論，是非出乎曲說，繁然殽亂于天下矣！不有正聲正音，烏能正之哉！」

又曰：「天有陰陽，地有剛柔，律有闢翕，呂有唱和。一陰一陽交而日月星辰備焉，一柔一剛交而金土火水備焉，一闢一翕交而平上去入備焉，一唱一和交而開發收閉備焉。日月星辰備而萬情生焉，金土火水備而萬形成焉，平上去入備而萬聲出焉，開發收閉備而萬音生焉。律隨天而變，呂隨地而化，闢隨陽而出，翕隨陰而入，唱隨剛而上，和隨柔而下，然後律呂隨音，宮徵角羽之道各得其正矣。陽生日，陰生月，剛生星，柔生辰；剛生金，柔生土，陽生火，陰生水。日月星辰、金土火水正而天地正焉，是知律呂聲音之道可以行天地矣。日生目，月生耳，星生鼻，辰生口；金生氣，土生味，火生色，水生聲。目耳鼻口、氣味色聲正而人道正焉，是知律呂聲音之道可以行人事矣。目之體數十，耳之體數十二；色之體數十，聲之體數十二。進目鼻氣色之體數，退耳口味聲之體數，是為正律之用數。進耳口味聲之體數，退目鼻氣色之體數，是為正呂之用數。以正律之用數協正呂之用數，是為正音之用數。以正呂之用數和正律之用數，是為正聲之用數。正律之用數一百一十二，正呂之用數一百五十二，正聲之用數萬有七千二十四，正音之用數萬有七千二十四。律感呂而聲生焉，呂感律而音生焉。律呂與天地同和，聲音與律呂同順。是故古之聖王見天地萬物之情暢，然後作樂以崇之，命工以和之，以詩言志，以歌永言，以聲依永，以律和聲，此所謂八音克諧而百獸率舞，人神以和而鳳凰來儀。則是學也，豈直言釋音文義而已哉！」

祝子涇曰：「宮商角徵羽分太少，為十聲，管以十干；六律六呂合為十二音，管以十二支，攝之以聲音之字母二百六十四。聲分平上去入，音分開發收閉，鋪布悉備，以為三千八百四十圖，各十六聲十六音，總三萬四千四十八音聲，蓋取天聲有字無字與無聲字一百六十位。地音有字無字與無音字一百九十二位，衍忒而成之。聲之位去不用之四十八，止百十二，所以括《唐韻》之內外八轉而分平上去入也；音之位去不用之四十，止百五十二，所以括切字母脣舌牙齒喉而分開發收閉也。何謂無聲？百六十位中有位而調不出者。何謂無音？百九十二位中有位而切不出者。以聲音統攝萬物之變，及于無聲無音，則備矣。其間有聲有音，雖無字，皆洪纖高下，遂其生育者也。若有聲而無音，有音而無聲，則天地不相唱和，獨陽不生，獨陰不成，徒有其位，實無其物也。聲音字母二百六十四，相交而互變，始于一萬七千二十四，極于二萬八千九百八十一萬六千五百七十六，以取掛一之二百五十六卦，以觀天地萬物之進退盈虛消長也。」

上官萬里曰：「自胡僧了義以三十六字為翻切母，奪造化之功。司馬公《指掌圖》為四聲等字，蒙古韻以一聲該四聲，皆不出了義區域。蓋但欲為翻切用，而未及于物理也。惟《皇極》用聲音之法，超越前古。以聲起數，以數合卦，而萬物可得而推矣。詳見祝氏《鈐》，而祝氏又或與康節有異同處。」

彭長庚曰：「鄭夾漈云：『四聲為經，七音為緯。江右之儒為韻書，知縱有四聲，而不知衡有七音。縱成經，衡成緯，經緯不交，所以失立韻之原。』今考《經世》書，聲為律，音為呂，律為唱，呂為和，一經一緯，一縱一橫，而聲音之全數具矣。聲有十，音有十二者，如甲至癸十，子至亥十二也。于聲之用數中去音之體數四十八，于音之用數中去聲之體數四十者，如天數無十，地數無一也。以聲配音而切韻生焉，翕闢清濁辨焉，三萬四千四十八音聲在其中矣。天下之聲既具，而天下之若色若臭若味皆在其中矣，此所以為萬物之數也。」

袁清容《答高舜元問邵子聲音之學及字母淵源》曰：縱為四聲，橫為七音，鄭漁仲之說備矣。邵子聲音之學，出于其父，名古號伊川丈人，有圖譜行于世，溫公《切韻》皆源于此。然此學由西域來，今所謂三十六字母亦從彼出。中國四聲甚拙，至沈約始明七音。先儒嘗言中聲合于天籟，若如近世祝泌《觀物解》中韻譜，卻又入樂工清濁之拘。莊子謂「樂出虛」，乃邵子心法，但得伊川丈人圖子一觀，方得髣髴。后漢風角鳥占，亦不出此。然非至靜工夫，未易能通也。

附梨洲皇極經世論

《皇極》之數，一元十二會，為三百六十運；一會三十運，為三百六十世；一運十二世，為三百六十年；一世三十年，為三百六十月；一年十二月，為三百六十日；一月三十日，為三百六十時；一日十二時，為三百六十分；一時三十分，為三百六十秒。蓋自大以至于小，總不出十二與三十之反覆相承而已。以《掛一圖》之二百五十六卦分配，凡一運、一世、一年、一月、一日、一時，各得四爻，其為三百六十者盡二百四十卦。餘十六卦，分于二十四氣，亦每氣得四爻，以寓閏法于其間。不論運世年月日時，皆有閏也。然推求其說，多有可疑。夫自一年成數言之，為三百六十日；自十二月言之，為三百五十四日；自二十四氣言之，為三百六十五日三時；自閏歲言之，為三百八十四日。今以康節之術，案之于曆，辰法三百六十，（其數皆以秒言。）日法四千三百二十，月法十二萬九千六百，歲法一百五十五萬五千二百，世法四千六百六十五萬六千，運法五千九百八十七萬二千，會法一百六十七億九千六百十六萬，元法二千一十五億五千三百九十二萬，皆成數也。在一月為三十日，于朔策強二千一百六十，于氣策弱一千八百九十。在一年為三百六十日，于歲實弱二萬二千六百八十，于十二朔實強二萬五千九百二十。既不可施之曆矣，乃于二氣相接之際，各增一日以為閏，以準一年三百八十四之數，可謂巧矣。然三百八十四日，有閏之歲也。閏雖每歲有之，亦必積之三歲兩歲，而後滿于朔實，故有三百八十四日之歲。若一歲之閏策只四萬八千六百，今概之三百八十四日，是歲歲有閏月也，豈可通乎！且所謂閏者，見之于年月日時者也。就如其說，增此四爻，亦當增于三百六十之中，徒增之于卦，其為三百六十者如故，是有閏之名，而無閏之實矣。是故運世歲無閏，而月日時有閏，六者不可一例。一年之日三百五十四，以運準之，則少六日；一月之時三百五十四，以世準之，則少六時。康節必欲以十二與三十整齊之，其奇零豈可抹殺乎？如以康節之數而立法，歲實一百五十七萬七千八百八十，朔策一十二萬七千四百四十，氣策六萬五千七百四十五，閏法四萬八千六百，由此推而上之為元會運世，庶乎可通耳！康節之為此書，其意總括古今之曆學，盡歸于《易》。奈《易》之于曆，本不相通，硬相牽合，所以其說愈煩，其法愈巧，終成一部鶻突曆書而不可用也。（《皇極一》《□□》）

《乾》《兌》《離》《震》為天之四卦，四卦自交成十六卦，十六而十六之，得二百五十六卦，謂之《掛一圖》，以之分配元、會、運、世、年、月、日、時，然在一元，會止十二，止以辟卦配之。一元之中有三百六十運，一會之中有三百六十世，一運之中有三百六十年，一世之中有三百六十月，一年之中有三百六十日，一月之中有三百六十時，凡此六者，則以《掛一圖》配之，皆用四爻直一，三百六十盡二百四十卦。餘十六卦，每氣之首各用四爻，二十四氣恰盡餘卦。顧六者起卦，各有不同。一曰運卦：張文饒得牛無邪之傳，以為堯當《賁》之六五，堯即位在日甲、月巳、星癸、辰未之甲辰年，已歷一百八十運。若起元之元之元之元《泰卦》，至此在會之世之世之世，其卦為《同人》，與無邪之傳異矣。惟起于世之元之元之元《升卦》，則至此是元之世之世之世，始合于無邪之《賁》直。三四五上爻，一爻直三世，其世在己未，則是五爻以來四十一年也，故文饒據此遂起《升卦》。番陽祝氏謂起《泰》者未然之卦，運世用之，起《升》者已然之卦，歲月日時用之，直以堯當《同人》。然無邪有所授受，祝氏以意逆之，故不舍無邪而從祝氏也。二曰世卦：起于會首所當之卦。子會起《升》，丑會起《否》，寅會起《損》，卯會起《泰》，辰會起《渙》，巳會起《屯》，午會起《損》，未會起《坎》，申會起《比》，酉會起《大畜》，戌會起《隨》，亥會起《剝》。夏禹八年入午會。祝氏起卦用《泰》，午會之首在《大畜》，故以《大畜》六五至《節》九二為世之始，其卦雖異《損》，其起于午會同也。但以堯之已未世直《賁》，歷《明夷》《同人》，與午會之《大畜》相接續，不知逆推而上，則巳會甲子世一千八百一，亦起于《大畜》矣。以巳會而用午會之起卦，何所取義？蓋祝氏聞堯運在《賁》之說，用元之元以推運卦，既不能合，而午會世起《大畜》，其上適與《賁》接，遂謂無邪所言為堯之世卦，非運卦也，亦未嘗逆推，知其乖戾耳！文饒言世卦隨大運消長，遇奇卦則取後卦，遇耦卦則取前卦，并二卦以當十二世。據之，是世卦不煩別起，只在運卦左右，如己未世之運卦是《賁》，為耦卦，則取前卦之《无妄》合之，分配癸亥運內之十二世可也。三曰年卦：所謂小運也。以世當月，以年當日，視其世所當之辰而起。子起冬至，丑起大寒，寅起雨水，卯起春分，辰起穀雨，巳起小滿，午起夏至，未起大暑，申起處暑，酉起秋分，戌起霜降，亥起小雪。（所謂中朔同起。）三十日分二氣，一氣分三候，一月六候。甲己孟季仲各值五日，子午卯酉為仲，辰戌丑未為季，寅申巳亥為孟。仲、孟逆生，先候五日；季順行，後候五日。即如唐堯以己未世為月，甲辰年為日，甲辰是大暑，以甲己季日，當後五日起卦，直《師》之三四五上，至十一年甲寅，得《蠱》之初六，為立秋節。己未世之季氣，即庚申世之初氣也。若漢高小運以己未為月，甲午為日，亦是大暑。以甲己仲日，當先五日起卦，直《歸妹》初九。祝氏用《元之元卦圖》，其起卦皆氣後月十五日，非也。四曰月卦：以甲子、甲午年之正月起《升》《蒙》，三十年而一周。文饒又言月卦隨小運進退，如世卦之法。如堯時《師》為甲辰年，耦卦，則取前卦《艮》合之，一爻配一月也。五曰日卦：從氣不從月，以立春起《升》《蒙》，一月而周。六曰時卦：以朔日之子起《升》《蒙》，一年而周。康節當時有數鈐，私相授受，後之為學者多失其傳，余為攷定如此。即如十二會之辟卦，朱子曰：「《經世書》以十二辟卦管十二會，綳定時節，卻就中推吉凶消長。堯時正是《乾卦》九五。」案一會得一卦，會有三十運，是五運得一爻也。巳會當星之巳一百七十六，已入《乾》上九。唐堯在星之癸一百八十，是上爻將終，安得云九五哉！于其易明者且然，況科條煩碎，孰肯究心于此乎！（《皇極二》《起運》）

《卦氣圖》二百五十六位之序，雖曰《乾》《兌》《離》《震》四卦自交而成，然案之《方圖》又錯雜，時有出入，則別立取卦之法，于通數中除極數，以謂即見聖人畫卦之旨。通數，二萬八千九百八十一萬六千五百七十六。（陽剛太少，其數十，凡四位，為四十。以四因之，得一百六十。陰柔太少，其數十二，凡四位，為四十八。以四因之，得一百九十二。以二數相唱和，各得三萬七百二十，謂之動植體數。于一百六十陽數之中除去陰數四十八，得一百十二；于一百九十二陰數之中除去陽數四十，得一百五十二。以一百五十二與一百十二相唱和，各得一萬七千二十四，謂之動植用數。以用數自乘，得通數。）極數，元之元一，元之會十二，元之運三百六十，元之世四千三百二十；會之元十二，會之會一百四十四，會之運四千三百二十，會之世五萬一千八百四十，運之元三百六十，運之會四千三百二十，運之運一十二萬九千六百，運之世一百五十五萬五千二百；世之元四千三百二十，世之會五萬一千八百四十，世之運一百五十五萬五千二百，世之世一千八百六十六萬二千四百。假令元之元置通數，（從左起，至右六，凡九位。）以其中位之一萬分列，于右四位為九千九百九十九。（其通數萬下之六千五百七十六除去不用，以此列之。）除卦身八算，（在千位除之。）又除元之元極數一，餘二萬八千九百八十萬九千九百九十九。以中位（萬為中位。）左見八，八屬坤；右見一，一屬乾；左為外卦，右為內卦，成地天《泰》。

其第二卦即以第一卦餘算除卦身，除極數。滿六十四卦，方去餘算，再置通數。如在元之會，即以十二餘起。凡除卦身，動中萬除右卦身，進動百萬除左卦身。然取卦往往不能相合，則別有五法：一法退陰，于右卦減一算或二算。二法進陽，于左卦增一算或二算。進退不過三。三法虛張，奇畫虛張五則為《乾》六畫。四法分布，耦畫分布十則為《坤》十二畫。五法消息，移右算補左謂之消陰息陽，移左算補右謂之消陽息陰，數不過。牛無邪亦傳如此，又謂退陰而不合則又進陽，進陽而又不合則又虛張，以至于消息而止，皆必先右而後左。以某推之則不然。有不合者方用五法，若右合而左不合，當竟用其法于左，安得先陰而後陽乎？（左為陽，右為陰。）右不合者，進退可合則用進退，虛張、分布可合則用虛張、分布，消息可合則用消息，不須從進退以至于消息也。此無邪之說，胡庭芳所以謂之繁晦歟？然用此五法以增減，則無卦不可附會，故必知卦而後可算卦。若欲從卦以定算，則五法俱不可用，而通極二數有時而窮也。圖之為序，當必有說，張、祝二家皆影響矣。（《皇極三》《卦氣序》）

七十二蓍合一曰太極，分為二以象兩，置左不用，揲右以四，視其餘數，一為元，二為會，三為運，四為世。既得象矣，（元、會、運、世為四象。）復合而分之，取左之四拜于右，（既分之后，從左手取四策入于右手。）置左不用，揲右以八，視其餘數，為上卦之體。復合而分之，取右之四拜于左，（取右手四策入于左手。）置右不用，揲左以八，視其餘數，為下卦之體。二體相附，既得卦矣，復合而分之，置右不用，揲左以六，視其餘數，自一為初，訖六為上，以定直事之爻。假令初揲餘一，于象為元；再揲餘五，上體為巽；三揲餘七，下體為艮；巽艮合為《漸》，在《卦氣圖》得元之《漸卦》。終揲餘六，則上九為直事之爻，《漸》當元之會之會之運。以《律呂圖》求之，元之會為日月聲，卦當《履》；會之運為火土音，卦當《蒙》；合而為物數，則卦當《遯》，因以《觀物》之象準之，為皇之帝之帝之王，（皇帝王霸。）飛之走之走之木，（飛走草木。）士之農之農之工，（士農工商。）一之二之七之六之類是也。上九爻變陰則為《蹇》，（爻自下而上，奇位為陽，耦位為陰，當位則不變，不當位則變。以九處上為不當位，故變。）上體巽變震則為《小過》。（乾兌離震居上，坤艮坎巽居下，為當位。反是，為不當位。當位則不變，不當位則變。以巽居上體，故變。卦、爻皆以當位為吉，不當位為凶。）《漸》者艮歸魂之卦，以九三為世爻，上九為應爻。今上九為當世直事之爻，則應復為世，與本爻相敵。此占之大略也。康節本無蓍法，張文饒立之以配《易》《玄》《包》《虛》。《易》《玄》《包》《虛》有辭，而《經世》無辭。有辭者以辭占，無辭者占其陰陽之進退，卦爻之當否，時日之早暮，五行之盛衰。爻者時用也，卦者定體也。爻之變不變以觀其隨時，卦之變不變以觀其大定。變不變者數也，利不利者命也。辨其邪正則有理，制其從違則有義。若愛惡之思不忘于胸中，則吉凶亦情遷矣。雖專心致志，不可謂之誠也。（《皇極四》《蓍法》）

致用之法，以一定之卦推治亂，以聲音數取卦占事物。凡占一卦，視其卦之當位與否，當位則不變，不當位則變。卦既變矣，視其所直之爻當位與否，當位則不變，不當位則變。以終變之卦為準，終變之卦即不當位亦不變。本卦為貞，變卦為悔。當位則吉，不當位則凶。視其卦為奇為耦，于《方圖》中奇卦在右為陽中陽，在左為陰中陽；耦卦在左為陰中陰，在右為陽中陰。陽為順，陰為逆。視其卦在某會某運某世，大運以會當月，以運當日，以世當辰，如堯之巳會、癸亥運、己未世，即一歲之五月三十日未時也；小運以世當月，以年當日，以月當時，如堯之己未世、甲辰年，即一歲之六月十一日也。視其卦之納甲與所當之年月日時有無生剋，視其卦之世應與所值之爻有無倫奪，又以《律圖》求之。運在四大象中某所，得天門唱卦，居左；世在四大象中某所，得地戶和卦，居右。合兩卦並觀，在《既濟圖》第幾位，合《掛一圖》何卦，然後以其卦變化進退之，而推其時運之吉凶。若用年配世，則以世求天門唱卦，居左，以年求地戶和卦，居右，與上一例。取卦之時，視算位中餘數，以六位配六爻，元自一起，世至九終。無問十百千萬，皆以當一為甲，二為辛，三為丙，四為癸，五為戊，六為乙，七為庚，八為丁，九為壬，十為己。甲乙為木，為饑饉，為曲直之物。庚辛為金，為兵戈，為刃物。丙丁為火，為大旱，為銳物。壬癸為水，為淫潦，為流溼之物。戊己為土，為中興，為重滯之物。此致用之大凡也。《皇極》包羅甚富，百家之學無不可資以為用，而其要領在推數之無窮。宋景濂作溟涬生贊，記蜀道士杜可大之言曰：「宇宙，太虛一塵耳！人生其間，為塵幾何，是茫茫者尚了然心目間。」此一言已盡《皇極》之祕，能者自有冥契，則予言亦說鈴也。（《皇極五》《致用》）

百家謹案：以上均先遺獻《皇極經世論》，見《易學象數論》中。

修撰邵子文先生伯溫

邵伯溫，字子文，康節之子也。二程、司馬溫公、呂申公俱屈名位輩行，與再世交。先生入聞庭訓，出友長者，故學益博，尤熟當世之務。元祐中，以薦授大名助教，調潞州長子縣尉。

蔡確之罷相也，邢恕亦被黜知河陽，間道謁確于鄧，謀定策事。恕出司馬溫公之門，又與其子康同登第。及是，康免父喪赴闕，恕邀康至河陽。先生力止之，曰：「恕傾巧，必有事要兄，將為異日之悔。」既恕果勸公休作書，稱確有定策功。後為梁燾、劉安世所論，始歎先生之前知，悔不用其言也。逮公休卒，子植幼，宣仁后憫之。呂汲公曰：「康素謂伯溫可託，請以為西京教授教之。」先生至，誨植曰：「溫公之孫，大諫之子，賢愚在天下，可畏也！」植因力學，有成立。章惇嘗師事康節，及為相，欲引先生，百計避之。

徽宗初，以日食上書，懇切言復祖宗制度，辯宣仁誣謗，解元祐黨錮，別君子小人，戒勞民用兵。又為書曰《辯誣》，為小人所忌。後置先生于「邪等」中，以此書也。元符末，有旨復元祐后位號，或曰：「上于后，叔嫂也。叔無復嫂之禮。」伊川亦疑之，曰：「論者未為末說。」先生曰：「不然。《禮》曰：『子不宜其妻，父母以為善，子不敢言出。』今皇太后同聽政，于哲宗，母也；于后，姑也。

母之命，姑之命，何為不可？非以叔復嫂也。」伊川喜曰：「子之言得之矣！」

歷主管永興軍耀州三白渠公事。聞童貫為宣撫，出他州避之。除知果州，擢提點成都路刑獄，除利路轉運副使。紹興四年，卒，年七十八。初，康節言世將亂，惟蜀安，可避居。宣和末，先生載家徒蜀，得免于難。丞相趙忠簡公少嘗從先生遊，追贈祕閣修撰，又表其墓曰：「以學行起元祐，以名節居紹聖，以言廢于崇寧。」世以三語足盡其出處。

先生嘗曰：「二程先生教某最厚。某初除服，宗丞謂曰：『人之為學忌標準。若循循不已，自有所立。』及某入仕，侍講謂曰：『凡作官，雖所部公吏，有罪，立案而後決。或出于私怒，莫倉卒。每決人，有未經杖責者，宜慎之，恐其或有所立也。』某終身行之。」著有《易辯惑》一卷、《河南集》《聞見錄》《皇極系述》《皇極經世序》《觀物内外篇解》。三子：溥、博、傅。

語錄

道生一，一為太極。一生二，二為兩儀。二生四，四為四象。四生八，八為八卦。八生六十四，六十四具而後天地萬物之道備矣。天地萬物莫不以一為本，原于一而衍之以為萬，窮天下之數而復歸于一。一者何也？天地之心也，造化之原也。（文淵閣四庫全書《皇極經世書解》卷八）

備天地，兼萬物，而合德于太極者，其唯人乎！日用而不知者，百姓也；反身而誠之者，君子也；因性而由之者，聖人也。故聖人以天地為一體，萬物為一身。（文淵閣四庫全書《性理大全書》卷九）

一動一靜者，天地之妙用也；一動一靜之間者，天地人之妙用也。陽闢而為動，陰合而為靜，所謂一動一靜者也；不役乎動，不滯乎靜，非動非靜，而主乎動靜者，一動一靜之間者也。自靜而觀動，自動而觀靜，則有所謂動靜；方靜而動，方動而靜，不拘于動靜，則非動非靜者也。《易》曰：「《復》，其見天地之心乎！」天地之心，蓋于動靜之間有以見之。夫天地之心于此而見之；聖人之心即天地之心也，亦于此而見之。雖顛沛造次，未嘗離乎此也。《中庸》曰：「道，不可須臾離也。可離，非道也。」「退藏于密」，則以此洗心也；「吉凶與民同患」，則以此齋戒也。夫所謂密，所謂齋戒者，其在動靜之間乎！此天地之至妙至妙者也。聖人作《易》，蓋本乎此。世儒昧于《易》本，不見天地之心，見其一陽初復，遂以動為天地之心，乃謂天地以生物為心。噫，天地之心何止于動而生物哉！見其五陰在上，遂以靜為天地之心，乃謂動復則靜，行復則止。噫，天地之心何止于靜而止哉！為虛無之論者，則曰天地以無心為心。噫，天地之心一歸于無，則造化息矣。蓋天地之心，不可以有無言，而未嘗有無，亦未嘗離乎有無者也；不可以動靜言，而未嘗動靜，亦未嘗離乎動靜者也。故于動靜之間，有以見之。然動靜之間，間不容髮，豈有間乎！惟其無間，所以為動靜之間也。（文淵閣四庫全書《性理大全書》卷九）

夫太極者，在天地之先而不為先，在天地之後而不為後，終天地而未嘗終，始天地而未嘗始，與天地萬物圓融和會而未嘗有先後始終者也。有太極，則兩儀、四象、八卦，以至于天地萬物，固已備矣。非謂今日有太極，而明日方有兩儀，後日乃有四象、八卦也。雖謂之曰「太極生兩儀，兩儀生四象，四象生八卦」，其實一時具足，如有形則有影，有一則有二，有三，以至于無窮，皆然。是故知太極者，有物之先本已混成，有物之後未嘗虧損，自古及今，無時不存，無時不在。萬物無所不稟，則謂之曰命；萬物無所不本，則謂之曰性；萬物無所不主，則謂之曰天；萬物無所不生，則謂之曰心。其實一也。古之聖人窮理盡性以至于命，盡心知性以知天，存心養性以事天，皆本乎此也。（文淵閣四庫全書《性理大全書》卷九）

康節門人

王天悅先生豫

王豫，字悅之，又字天悅，大名人，瑰偉博達之士也，精于《易》。聞康節之篤志，愛而欲教之，與語三百日，得所未聞，始大驚服，卒舍其學而學焉。

宗羲案：康節之學，子文之外，所傳止天悅，此外無聞焉。蓋康節深自秘惜，非人勿傳。章惇作商州令，時從先生游，欲傳數學，先生語惇須十年不仕宦乃可學，蓋故難之也。而邢恕援引古今，亦欲受業，先生曰「姑置是。此先天之學，未有許多言語。」謝上蔡曰：「堯夫之數，邢七要學，堯夫不肯曰：『徒長奸雄。』」天悅無所授，以先生之書殉葬枕中。未百年而吳曦叛，盜發其冢，有《皇極經世體要》一篇，《內外觀物》數十篇。道士杜可大賄得之，以傳廖應淮，應淮傳彭復，彭復傳傅立，皆能前知云。

常簿張先生崏

張崏，字子望，滎陽人也。登進士弟，官至太常寺簿。《觀物外篇》二卷乃其所述。子文曰：「先君《易》學，獨以授之天悅與子望，皆早世，故世不得其傳。」陳直齋曰：「其記康節之言，十纔一二而已，足以發明成書。」

侍講吕原明先生希哲

見《安定學案》。

校書李端伯先生籲

李籲，字端伯，緱氏人。第進士。元祐中，為祕書省校書郎，卒。先生與劉質夫才器志尚頗相同。伊川云：「端伯相聚雖不久，未見他操履，然才識穎悟，自是不能已也。」又云：「明道語錄，只有端伯本無錯。他人多只依說時，不敢改，或脫忘一兩字，便大別。端伯卻得其意，不拘言語，往往錄得都是。」先生歿，追悼之曰：「自予兄弟倡明道學，能使學者視傚而信從者，籲與絢有力焉！」

呂正字祭先生文曰：子之胸中，閎肆開發，求之孔門，如賜也達。子與人交，洞照其情，和而不流，時靡有爭。子之于事，如控六轡，逐曲舞交，屈折如意。予求友于四方，顧所得之幾希，志或同而才之不足，才或高而志與之違。子敏且強，予心子契，謂其有年，以立斯世。嗟如之何，皇天降災，夭于中道，使不得盡其才。

進士周先生純明

见《伊川学案》。

朝散楊先生賢寶

楊賢寶，字□□，洛陽人也。官至朝散大夫。晁以道曰：「紹聖戊寅邂逅楊老，語及《易》而異之，懇從之求，乃得康節先生自為《易圖》二，雖輹輪俱存，而楊行年將七十，中風，語音清濁不端，無由詰問。二三年少在旁哂笑，僕敬之而尊其圖。楊且指《乾》《坤》《坎》《離》四卦，為僕言曰：『得是四卦，則見伏羲之《易》，而文王之《易》在其中。』明日，如迷人識歸路，有感于二圖可指，循環無方也。楊曰：『吾昏病，而忘之已久。今日因子之言，如初授此圖時也。』」陳直齋曰：「晁以道于紹聖間遇賢寶，得康節二《易圖》，又從伯溫得遺編，始作《易傳》，名曰《商瞿易》。」（黃氏原本，全祖望修之加詳）

教授張先生雲卿

張雲卿，字伯紀，洛陽人也。學問該洽，于經書無不讀。時洛中三處士，田述古明之、尹材處初與先生也。司馬溫公居洛，訪士于康節，以三人對。已而田、尹皆得遊溫公之門，先生未見。康節以問溫公，曰：「田、尹之賢，信如先生言。張君，則或傳其旅殯父棺于和州而久不省，故未敢與見。」康節歎曰：「張君，孝子也。其父以謫官死和州，貧不能歸，因寓其喪，奉母歸洛。貧甚，府尹哀之，俾為國子監說書，得月俸七千以養。若為和州之行，當數月罷俸，則母饑矣，故不往也。」溫公悵然曰：「光幾誤聽！」于是先生得見溫公。未幾，先生母死，徒步至和迎父柩歸葬焉。溫公入相，田、尹以遺逸，先生以累舉，特恩同除學官，世以康節能成人。文潞公之在洛也，經史注疏或有遺忘，必多從先生質之。

四　濂溪學案

元公周濂溪先生敦頤（父輔成，附鄭向，子壽、燾）

周敦頤，字茂叔，道州營道人。元名敦實，避英宗舊諱改。父輔成，為賀州桂嶺縣令。母鄭氏。少孤，養于舅龍圖閣學士鄭向家。景祐三年，向奏授洪州分寧縣主簿。時有獄久不決，先生一訊立辨，部使者薦為南安軍司理參軍。轉運使王逵慮囚失入，吏無敢可否，先生獨力爭之。不聽，則置手版歸，取告身委之而去，曰：「如此，尚可仕乎！殺人以媚人，吾不為也。」逵感悟，囚得不死。

知郴州桂陽縣，用薦改大理寺丞。知南昌縣，縣人喜曰：「是能辨分寧獄者，吾無冤矣！」嘗得疾，更一日夜始甦。潘興嗣視其家，服御之物，止一敝篋，錢不滿百。以太子中舍簽書合州判官事，遷國子博士、通判虔州。初在合州，不為部使者趙清獻公抃所知，及趙公為虔守，熟視先生所為，大服之，執其手曰：「今而後乃知周茂叔也。」移判永州，已權知邵州。熙寧初，用趙公及呂正獻公公著薦，轉虞部郎中、廣東轉運判官，提點本路刑獄，雖荒崖絕島，人跡所不到者，衝瘴而往，以洗冤抑。

以疾乞知南康軍，因家廬山蓮花峰下，取營道故居濂溪名之。趙公再鎮蜀，將奏用，未及而卒，年五十七歲，熙寧六年六月七日也。葬江州德化縣之清泉社。二子：壽，司封郎中；燾，朝議大夫、徽猷閣待制。

先生官南安時，二程先生父珦攝通守事，視其氣貌非常，因與為友，使二子受學焉，即明道先生顥、伊川先生頤也。嘉定十三年，賜謚元公。淳祐元年，封汝南伯，從祀孔子廟庭。後改封道國公。明嘉靖中，祀稱「先儒周子」。

百家謹案：孔、孟而後，漢儒止有傳經之學，性道微言之絕久矣。元公崛起，二程嗣之，又復橫渠諸大儒輩出，聖學大昌。故安定、徂徠卓乎有儒者之矩范，然僅可謂有開之必先。若論闡發心性義理之精微，端數元公之破暗也。

先生名張宗範之亭曰養心而為之說曰：孟子曰：「養心莫善于寡欲。其為人也寡欲，雖有不存焉者，寡矣。其為人也多欲，雖有存焉者，寡矣。」予謂養心不止于於寡焉而存爾。蓋寡焉以至于無，無則誠立明通。誠立，賢也；明通，聖也。是聖賢非性生，必養心而至之。養心之善，有大焉如此，存乎其人而已。

荀子言「養心莫善於誠」。先生曰「荀子元不識誠。」明道曰：「既誠矣，心焉用養邪！」

顧諟謹案：子劉子曰：「告子原不識性，故曰『生之謂性』，買櫝而還珠。荀子原不識誠，故曰『以誠養心』，握燈而索照。若識得，即如此說亦不妨。」

嘉祐四年，蒲宗孟泛蜀江，道合州，初見先生，相與款洽，連三日。夜退而嘆曰：「世有斯人與！」乃以妹歸之。先生初娶陸，繼以蒲。熙寧四年，先生領廣東憲事，以洗冤澤物為己任。俄得疾，聞水嚙母墓，遂乞南康。改葬畢，曰：「強疾而來者，為葬爾。今欲以病汙麾紱邪？」

廬山之麓有溪焉，發源于蓮花峰下，潔清紺寒，合于湓江。先生濯纓而樂之，築書堂其上，名之曰濂溪，志鄉閭在目中也。

自合州歸，王介甫提點江東刑獄，與先生相遇，語連日夜。介甫退而精思，不能得也。

明道曰：「昔受學于周茂叔，每令尋仲尼、顏子樂處，所樂何事。」

又曰：「自再見周茂叔後，吟風弄月以歸，有『吾與點也』之意。」

又曰：「吾年十六七時，好田獵。既見茂叔，則自謂已無此好矣。」茂叔曰：「何言之易也！但此心潛隱未發。一日萌動，復如初矣。」後十二年，復見獵者，不覺有喜心，乃知果未也。

顧諟謹案：子劉子曰：「程子十二年化个喜獵心不得。獵心躲在，那學得成。故曰：有多少病在，若一旦消化得，便一旦學成得。不然，十數年來，竟費了幾場交戰。又曰：『方未見時，不知閃在何處了。知此，可知未發之中。』」

又曰：周茂叔窗前草不除去，問之，云：「與自家意思一般。」子厚觀驢鳴，亦謂如此。

伊川見康節，伊川指食卓而問曰：「此卓安在地上，不知天地安在何處？」康節為之極論其理，以至六合之外。伊川歎曰：「平生唯見周茂叔論至此。」

黃山谷曰：「濂溪先生胸懷灑落，如光風霽月。廉于取名而銳于求志，薄于儌福而厚于得民，菲于奉身而燕及煢嫠，陋于希世而尚友千古。」

胡五峰曰：「周子啟程氏兄弟以不傳之妙，一回萬古之光明，如日麗天，將為百世之利澤，如水行地，其功蓋在孔、孟之間矣。人見其書之約也，而不知其道之大也；見其文之質也，而不知其義之精也；見其言之淡也，而不知其味之長也。患人以發策決科，榮身肥家，希世取寵為事也，則曰『志伊尹之所志』。患人以知識聞見為得而自畫，不待賈而自沽也，則曰『學顏子之所學』。人有真能立伊尹之志，修顏子之學者，然後知《通書》之言，包括至大，而聖門之事業無窮矣。」

汪玉山與朱子書曰：「濂溪先生高明純正，然謂二程受學，恐未能盡。」

朱子曰：「濂溪在當時，人見其政事精絕，則以為宦業過人，見其有山林之志，則以為襟懷灑落，有仙風道氣，無有知其學者。唯程太中知之，宜其生兩程夫子也。」

又為先生像贊曰：「道喪千載，聖遠言湮。不有先覺，孰開後人！《書》不盡言，圖不盡意。風月無邊，庭草交翠。」

張南軒曰：自秦、漢以來，言治者汩于五霸功利之習，求道者淪于異端空虛之說，而于先王發政施仁之術，天理人倫之教，莫克推尋而講明之，故言治者若無豫于學，而求道者反不涉于事，民莫睹乎三代之盛，可勝歎哉！唯先生崛起于千載之後，獨得微指于殘編斷簡中，推本太極，以及乎陰陽五行之流布，人物之所以生化，于是知人之為至靈而性之為至善，萬理有其宗，萬物循其則。舉而措之，可見先王之所以為治者，皆非私智之所出。孔、孟之意，于以復明。

黃勉齋曰：周子以誠為本，以欲為戒，此周子繼孔、孟不傳之緒也。至二程則曰：「涵養須用敬，進學在致知。」又曰：「非明則動無所之，非動則明無所用。」而為《四箴》，以著克己之義焉。此二程得統于周子者也。

魏鶴山曰：周子奮自南服，超然獨得，以上承孔、孟垂絕之緒。河南二程子神交心契，相與疏淪闡明，而聖道復著。曰誠，曰仁，曰太極，曰性命，曰陰陽，曰鬼神，曰義利，綱條彪列，分限曉然，學者始有所準。于是知身之貴，果可以位天下，育萬物；果可以為堯、舜，為周公、仲尼。而其求端用力，又不出乎暗室屋漏之隱，躬行日用之近。固非若異端之虛寂，百氏之支離也。

黃東發曰：諸子之書，與凡文集之行于世者，或累千百言，而僅一二合于理，或一意而敷繹至千百言。獨周子文約理精，言有盡而理無窮，蓋《易》《詩》《書》《語》《孟》之流，孔、孟以來，一人而已。若其闡性命之根源，多聖賢所未發，尤有功于孔、孟。較之聖帝明王之事業，所謂揭中天之日月者哉！

吳草廬曰：周子生于千載之下，不由師授，默契道妙。士君子有志斯世，大而宰天下，小而宰一邑，皆可以行志，顧其人何如耳！

羅整庵曰：周子之言性，有自其本而言者，誠源、誠立，純粹至善是也；有據其末而言者，「剛善剛惡，柔亦如之，中焉止矣」是也。然《通書》首章之言，渾淪精密，讀者或有所未察，遂疑周子專以剛柔善惡言性，其亦疏矣。

又曰：《通書》四十章，義精詞確，其為周子手筆無疑。至于「五殊二實」「一實萬分」數語，反覆推明造化之妙，本末兼盡。然語意渾然，即氣即理，絕無罅縫，深有合乎《易傳》「乾道變化，各正性命」之旨矣。

高景逸曰：元公之書，字字與佛相反，即謂之字字闢佛可也。元公謂「聖人之道，仁義中正而已矣」，會得此語，可謂深于闢佛者矣。

宗羲案：周子之學，以誠為本。從寂然不動處握誠之本，故曰主靜立極。本立而道生，千變萬化皆從此出。化吉凶悔吝之途而反覆其不善之動，是主靜真得力處。靜妙于動，動即是靜。無動無靜，神也，一之至也，天之道也。千載不傳之祕，固在是矣。而後世之異論者，謂《太極圖》傳自陳摶，其圖刻于華山石壁，列玄牝等名，是周學出于老氏矣。又謂周子與胡文恭同師僧壽涯，是周學又出于釋氏矣。此皆不食其胾而說味者也。使其學而果是乎，則陳摶、壽涯亦周子之老聃、萇弘也。使其學而果非乎，即日取二氏而諄諄然辯之，則范縝之神滅，傅奕之昌言，無與乎聖學之明晦也。顧涇陽曰：「周元公不闢佛。」高忠憲答曰：「元公之書，字字與佛相反，即謂之字字闢佛可也。」豈不信哉！

百家謹案：周子之學，在于志伊尹之志，學顏子之學，已自明言之矣。後之儒者不能通知其微，尊之者未免太高，抑之者未免過甚。朱子曰：「宓戲作《易》，自一畫以下，文王演《易》，自『乾元』以下，皆未嘗言太極也，而孔子言之。孔子贊《易》，自太極以下，未嘗言無極也，而周子言之。先聖後聖，豈不同條而共貫哉！」又曰：「『無極』二字，真得千聖以來不傳之祕。」夫「無極」二字，且無論出于外氏。柳子厚曰：「無極之極。」邵康節曰：「無極之前，陰含陽也。有極之後，陽分陰也。」是周子之前已有無極之說。真西山曰：「元公直指無極、太極，以明道體，殆與伏羲始畫八卦同功。」顧涇陽曰：「元公，三代以下之包犧也。」又曰：「宛然一孔子也。《太極圖說》直與《河圖》《洛書》相表裏。」夫《河圖》《洛書》，原屬渺茫之事，茲不具論。顧既經羲皇之仰觀俯察，則之以畫卦，又以文王、周公、孔子一闡再闡三闡，大著于天下，必無盡廢四聖之所已著者，而偶傳方士之圖，換其名色，便謂可與列聖齊肩，且更謂周乃生知之聖，而孔子僅九千鎰。此則未免標榜，尊之太高者。晁氏謂元公師事鶴林寺僧壽涯而得「有物先天地，無形本寂寥，能為萬象主，不逐四時彫」之偈。《性學指要》謂：「元公初與東林總遊，久之無所入，總教之靜坐，月餘忽有得，以詩呈曰：『書堂兀坐萬機休，日暖風和草自幽。誰道二千年遠事，而今只在眼睛頭。』總肯之，即與結青松社。」游定夫有「周茂叔窮禪客」之語。豐道生謂：「二程之稱胡安定，必曰胡先生，不敢曰翼之。于周，一則曰茂叔，再則曰茂叔，雖有吟風弄月之游，實非師事也。至于《太極圖》，兩人生平俱未嘗一言道及，蓋明知為異端，莫之齒也。」先遺獻嘗辯之，其《過圓通寺詩》有云「何須孔墨話無徵」者，此也。嗟乎！儒、釋分途，冰炭迥別，談學者動以禪學詆人，殊可怪也。夫大道本公，吾儒之所以為正道，釋氏之所以為異端，非從門戶起見也。蓋實因吾聖人之道，由仁義禮智以為道德，忠孝愛敬以盡人倫，慈祥恭儉以應事機，財成輔相以理民物，存順沒寧，其視生死猶晝夜也。而釋氏止以自了生死為事，背棄君親，滅絕天理；不娶不嫁，斷絕人類；不耕不織，廢棄人事；蝗蝻延蔓，蠹賊生民。總由其視生死事重，豫辦死地，雖生之日，無異于死，故自心性知識，以至山河大地，一切空之，聽六根之交于六塵，而應事無情，任善惡之無主，猖狂而有無不著，此如憂廬室之崩頹，而先自焚之也。而其尤可痛惡者，創輪迴之說，謂父母為今生之偶值，使人愛親之心從此衰歇，而又設為天堂地獄，種種荒唐怪妄之談，譸張鑿鑿，所以為異端也。非謂凡從事于心性，克己自治，不願乎外，深造自得者，便可誣之為禪也。是故同一言性，儒者之性善而釋氏之性空也；同一言心，儒者之心依乎仁而釋氏以無心為也；同一言覺，儒者以天理為聞道而釋氏以無理為悟也。種種懸絶，曷可勝言，奈何全不知儒、釋之根柢而妄加訾議乎？試觀元公，以誠為五常之本，百行之源，以無欲主靜立人極，其居懷高遠，為學精深，孝于母，至性悱惻過人，又勤于政事，宦業卓然，此正與釋氏事事相反者。若果禪學如此，則亦何惡于禪學乎？即或往來于二林，以資其清淨之意，亦何害邪？至于受學于周茂叔之言，親出于明道之口，豈以「仲尼」二字疑子思之不為宣聖孫乎？此皆未免有意抑之過甚者。惟黄山谷曰：「茂叔人品甚高，胸懷灑落，如光風霽月。好讀書，雅意林壑，初不為人窘束。廉于取名而鋭于求志，薄于徼福而厚于得民，菲于奉身而燕及煢嫠，陋于希世而尚友千古。」此則不亢不卑，延平李氏謂是知德之言，善形容乎有道氣象者也。

通書

百家謹案：《通書》，周子傳道之書也。朱子釋之詳矣；月川曹端氏繼之為《述解》，則朱子之義疏也。先遺獻嫌其于微辭奥旨尚有未盡，曾取蕺山子劉子説箋註一過，謹條載本文下，間竊附以鄙見。《性理》首《太極圖説》，兹首《通書》者，以《太極圖説》後儒有尊之者，亦有議之者，不若《通書》之純粹無疵也。説詳後。

誠者，聖人之本。「大哉乾元，萬物資始」，誠之源也。「乾道變化，各正性命」，誠斯立焉。純粹至善者也。故曰：「一陰一陽之謂道，繼之者善也，成之者性也。」元亨，誠之通；利貞，誠之復。大哉《易》也，性命之源乎！（《誠上》第一，見《周敦頤集》，中華書局一九九〇年版，第一三頁。）

劉蕺山曰：「『乾元亨利貞』，乾，天道也。誠者，天之道也，四德之本也。誠之者，人之道也。主靜，所以立命也。知幾其神，所以事天也。聖同天，信乎！○濂溪為後世儒者鼻祖，《通書》一編，將《中庸》道理又翻新譜，直是勺水不漏。第一篇言誠，言聖人分上事。句句言天之道也，卻句句指聖人身上家當。繼善成性，即是元亨利貞，本非天人之別。

百家謹案：繼善即元亨，成性即利貞，故《易》曰：「乾道變化，各正性命，保合太和，乃利貞。」

人分上有元亨利貞，後人只將仁義禮智配合，猶屬牽強。惟《中庸》臚出『喜怒哀樂』四字，方有分曉。○或問：『元亨誠之通，利貞誠之復，天道亦不能不乘時位為動静，何獨人心不然？』曰：在天地為元亨利貞，在人為喜怒哀樂，其為一通一復同也。《記》曰：『哀樂相生，循環無窮，正明目而視之不可得而見，傾耳而聽之不可得而聞。』人能知哀樂相生之故者，可以語道矣。」

百家謹案：提出喜怒哀樂以接元亨利貞，此子劉子宗旨。

聖，誠而已矣。誠，五常之本，百行之原也。静無而動有，至正而明達也。五常百行非誠，非也，邪暗塞也。故誠則無事矣。至易而行難。

果而確，無難焉。故曰：「一日克己復禮，天下歸仁焉。」（《誠下》第二，《周敦頤集》，中華書局一九九〇年版，第一五頁。）

聖，誠而已矣。誠則無事，更不須說第二義。縱說第二義，只是明此誠而已，故下章又說個「幾」字。

百家謹案：薛文清曰：「《通書》一『誠』字括盡。」

誠無為，幾善惡。德，愛曰仁，宜曰義，理曰禮，通曰智，守曰信。性焉安焉之謂聖，復焉執焉之謂賢，發微不可見、充周不可窮之謂神。（《誠幾德》第三，見《周敦頤集》，中華書局一九九〇年版，第一六頁。）

「幾善惡」即繼之。曰「德，愛曰仁，宜曰義，理曰禮，通曰智，守曰信」，此所謂德幾也，「道心惟微」也。幾本善而善中有惡，言仁義非出于中正，即是幾之惡，不謂忍與仁對，乖與義分也。先儒解「幾善惡」多誤。○誠無為，如惡惡臭，如好好色，直是出乎天而不係乎人。此中原不動些子，何為之有！○幾者動之微，不是前此有個靜地，後此又有動之者在，而幾則界乎動靜之間者。審如此三截看，則一心之中，隨處是絕流斷港，安得打合一貫？故誠、神、幾非三事，總是指點語。

百家謹案：幾字，即《易》「知幾其神」、顏氏「庶幾」、孟子「幾希」之幾。「有不善未嘗不知」，所謂知善知惡之良知也。故念庵羅氏曰：「『幾善惡』者，言惟幾故能辨善惡，猶云非幾即惡焉耳。必常戒懼，常能寂然，而後不逐于動，是乃所謂研幾也。」

寂然不動者，誠也。感而遂通者，神也。動而未形，有無之間者，幾也。誠精故明，神應故妙，幾微故幽。誠、神、幾，曰聖人。（《聖》第四，見《周敦頤集》，中華書局一九九〇年版，一七頁。）

「有無之間」，謂不可以有言，不可以無言，故直謂之「微」。《中庸》以一「微」字結一部宗旨，究竟說到「無聲無臭」處，然說不得全是無也。

百家謹案：後儒之言無者，多引《中庸》「無聲無臭」為言，不知《中庸》所云，僅言聲之無也，臭之無也，非竟云無也。若論此心，可以格鬼神，貫金石，豈無也哉。儒、釋之辨，在于此。

誠、神、幾，曰聖人。常人之心，首病不誠，不誠故不幾而著，不幾故不神，物焉而已。

百家謹案：《明儒學案・蔣道林傳》：「周子所謂動者，從無為中指其不泯滅者而言。此生生不已，天地之心也。誠、神、幾，名異而實同。以其無為，謂之誠；以其無而實有，謂之幾；以其不落于有無，謂之神。」道林以念起處為幾，念起則形而為有矣。

動而正曰道，用而和曰德。匪仁、匪義、匪禮、匪智、匪信，悉邪也。邪動，辱也；甚焉，害也。故君子慎動。（《慎動》第五，見《周敦頤集》，中華書局一九九〇年版，第一八頁。）

慎動即主靜也。主靜，則動而無動，斯為動而正矣。離幾一步，便是邪。

聖人之道，仁義中正而已矣。守之貴，行之利，廓之配天地。豈不易簡，豈為難知，不守不行不廓耳！（《道》第六，見《周敦頤集》，中華書局一九九〇年版，第一九頁。）

百家謹案：敬軒薛氏曰：「周子《通書》，《誠上》《誠下》《幾德》《聖》《慎動》《道》六章，只是一個性字，分作許多名目。」

夏峰孫氏曰：「守之、行之、廓之，正見知幾慎動。」

或問曰：「曷為天下善？」曰：「師。」曰：「何謂也？」曰：「性者，剛柔善惡中而已矣。」不達。曰：「剛善為義，為直，為斷，為嚴毅，為幹固；惡為猛，為隘，為彊梁。柔善為慈，為順，為巽；惡為懦弱，為無斷，為邪佞。惟中也者，和也，中節也。天下之達道也，聖人之事也。故聖人立教，俾人自易其惡，自至其中而止矣。故先覺覺後覺，暗者求于明，而師道立矣。師道立，則善人多；善人多，則朝廷正而天下治矣。」（《師》第七，見《周敦頤集》，中華書局一九九〇年版，第二〇頁。）

濂溪以中言性，而本之剛柔善惡。剛柔二字，即喜怒哀樂之別名。剛而善，則怒中有喜；惡則只是偏于剛，一味肅殺之氣矣。柔而善，則喜中有怒；惡則只是偏于柔，一味優柔之氣矣。中便是善。言于剛柔之間認個中，非是于善惡之間認個中，又非是于剛柔善惡之外別認個中也。此中字分明是喜怒哀樂未發之謂中，故即承之曰：「中也者，和也，中節也，天下之達道也，聖人之事也。」《圖說》言「仁義中正」，仁義即剛柔之別名，中正即中和之別解。

百家謹案：先遺獻《孟子師說》曰：「《通書》云：『性者，剛柔善惡中而已矣。』剛、柔皆善，有過不及則流而為惡。是則人心無所為惡，止有過不及而已。此過不及亦從性來，故程子言『惡亦不可不謂之性』也。仍不礙性之為善。」

人之生，不幸不聞過，大不幸無恥。必有恥，則可教；聞過，則可賢。（《幸》第八，見《周敦頤集》，中華書局一九九〇年版，第二一頁。）

百家謹案：孟子云「恥之于人大矣」，茲云「大不幸無恥」。無恥之人，是非顛倒，即聞過，不以為過，并有以己過自得意為榮者矣，此又諱過、文過之變相也。今比比漸成風俗矣。噫！

《洪范》曰：「思曰睿，睿作聖。」無思，本也；思通，用也。幾動于彼，誠動于此，無思而無不通，為聖人。不思，則不能通微；不睿，則不能無不通。是則無不通生于通微，通微生于思。故思者，聖功之本，而吉凶之幾也。《易》曰：「君子見幾而作，不俟終日。」又曰：「知幾，其神乎！」（《思》第九，見《周敦頤集》，中華書局一九九〇年版，第二一—二二頁。）

案：《通書》此章最難解。周子反覆言誠、神、幾不已，至此指出個把柄，言思，是畫龍點睛也。思之功全向幾處用。幾者，動之微，吉凶之先見者也。知幾故通微，通微故無不通，無不通故可以盡神，可以體誠，故曰：「思者，聖功之本，而吉凶之幾也。」吉凶之幾，言善惡由此而出，非幾中本有善惡也。幾動誠動，言幾中之善惡方動于彼，而為善去惡之實功已先動于思，所以謂之「見幾而作，不俟終日」，所以謂之「知幾其神」。幾非幾也，言發動所由也。〇聖，誠而已。誠之動處是思；思之覺處是幾；寂然不動，感而遂通處即是神。誠、神、幾，曰聖人。故曰：「思曰睿，睿作聖。」然則學聖人者如之何？曰：思無邪。

聖希天，賢希聖，士希賢。伊尹、顏淵，大賢也。伊尹恥其君不為堯、舜；一夫不得其所，若撻于市。顏淵不遷怒，不貳過，三月不違仁。志伊尹之所志，學顏子之所學，過則聖，及則賢，不及則亦不失于令名。（《志學》第十，見《周敦頤集》，中華書局一九九〇年版，第二二—二三頁。）

百家謹案：此元公自道其所志學也。伊尹之志，雖在行道，然自負為天民之先覺，志從學來。顏子之學，固欲明道，然究心四代之禮樂，學以志裕。元公生平之寤寐惟此。

天以陽生萬物，以陰成萬物。生，仁也；成，義也。故聖人在上，以仁育萬物，以義正萬民。天道行而萬物順，聖德修而萬民化。大順大化，不見其跡，莫知其然之謂神。故天下之衆，本在一人。道豈遠乎哉！術豈多乎哉！（《順化》第十一，見《周敦頤集》，中華書局一九九〇年版，第二三—二四頁。）

百家謹案：此聖人奉若天道以治萬民也。道不遠，術不多，胡為後世紛紛立法乎！

十室之邑，人人提耳而教，且不及，況天下之廣，兆民之衆哉？曰：純其心而已矣。仁義禮智四者，動静言貌視聽無違，之謂純。心純，則賢才輔；賢才輔，則天下治。純心要矣！用賢急焉！（《治》第十二，見《周敦頤集》，中華書局一九九〇年版，第二四—二五頁。）

百家謹案：治道之要，在乎君心。純其心，斯成大順大化。法天為治也。

禮，理也；樂，和也。陰陽理而後和。君君臣臣，父父子子，兄兄弟弟，夫夫婦婦，萬物各得其理然後和。故禮先而樂後。（《禮樂》第十三，見《周敦頤集》，中華書局一九九〇年版，第二五頁。）

百家謹案：程子謂敬則自然和樂，可以知禮樂之先後矣。

實勝，善也；名勝，恥也。故君子進德修業，孳孳不息，務實勝也。德業有未著，則恐恐然畏人知，遠恥也。小人則偽而已矣。故君子日休，小人日憂。（《務實》第十四，見《周敦頤集》，二五頁。）

有善不及，曰：「不及，則學焉。」問曰：「有不善？」曰：「不善，則告之以不善，且勸曰：『庶幾有改乎！斯為君子。』有善一，不善二，則學其一而勸其二。有語曰：『斯人有是之不善，非大惡也？』則曰：『孰無過，焉知其不能改。改則為君子矣。不改為惡，惡者天惡之，彼豈無畏邪？焉知其不能改。』故君子悉有衆善，無弗愛且敬焉。」（《愛敬》第十五，見《周敦頤集》，中華書局一九九〇年版，第二六—二七頁。）

勉其善，改其不善，正是反身對證藥。綿裏藏鍼，卻從輭處煞緊。不然，雖懊悔一場，亦無益。吾輩須尋個真自訟手段。

動而無靜，靜而無動，物也。動而無動，靜而無靜，神也。動而無動，靜而無靜，非不動不靜也。物則不通，神妙萬物。水陰根陽，火陽根陰，五行陰陽，陰陽太極。四時運行，萬物終始，混兮闢兮，其無窮兮！（《動靜》第十六，見《周敦頤集》，中華書局一九九〇年版，第二七—二八頁。）

時位不能無動靜，故有動有靜。性本不與時位為推遷，故無動無靜。

古者聖王制禮法，修教化，三綱正，九疇敘，百姓大和，萬物咸若，乃作樂，以宣八風之氣，以平天下之情。故樂聲淡而不傷，和而不淫，入其耳，感其心，莫不淡且和焉。淡則欲心平，和則躁心釋。優柔平中，德之盛也；天下化中，治之至也。是謂道配天地，古之極也。后世禮法不修，政刑苛紊，縱欲敗度，下民困苦。謂古樂不足聽也，代變新聲，妖淫愁怨，導欲增悲，不能自止，故有賊君棄父，輕生敗倫，不可禁者矣。嗚呼！樂者，古以平心，今以助欲；古以宣化，今以長怨。不復古禮，不變今樂，而欲至治者，遠矣！（《樂上》第十七，見《周敦頤集》，中華書局一九九〇年版，第二九—三〇頁。）

樂者，本乎政也。政善民安，則天下之心和，故聖人作樂以宣暢其和心，達于天地，天地之氣感而大和焉。天地和則萬物順，故神祇格，鳥獸馴。（《樂中》第十八，見《周敦頤集》，中華書局一九九〇年版，第三〇頁。）

樂聲淡則聽心平，樂辭善則歌者慕，故風移而俗易矣。妖聲豔辭之化也，亦然。（《樂下》第十九，見《周敦頤集》，中華書局一九九〇年版，第三〇頁。）

聖可學乎？曰：可。曰：有要乎？曰：有。請問焉，曰：一為要。一者，無欲也。無欲則靜虛動直。靜虛則明，明則通；動直則公，公則溥。明通公溥，庶矣乎！（《聖學》第二十，見《周敦頤集》，第三一頁。）

百家謹案：《伊川至論》本「明則通」下作：「動直則行，行則傳。明通行傳，庶乎！」

欲，原是人本無的物。無欲是聖，無欲便是學。其有焉，柰之何？曰：學焉而已矣。其學焉何如？曰：本無而忽有，去其有而已矣。孰為有處？有水即為水。孰為無處？無水即為水。欲與天理，虛直處只是一個，從凝處看是欲，從化處看是理。

公于己者公于人。未有不公于己，而能公于人也。明不至則疑生，明無疑也。謂能疑為明，何啻千里！（《公明》第二十一，見《周敦頤集》，中華書局一九九〇年版，第三一頁。）

小害大，賤害貴，于己儘不公處。疑是私意，必也擇善乎。學貴知疑，是從悟處得來。

厥彰厥微，匪靈弗瑩。剛善剛惡，柔亦如之，中焉止矣。二氣五行，化生萬物。五殊二實，二本則一。是萬為一，一實萬分。萬一各正，小大有定。（《理性命》第二十二，見《周敦頤集》，中華書局一九九〇年版，第三二頁。）

顏子一簞食，一瓢飲，在陋巷，人不堪其憂，而不改其樂。夫富貴，人所愛也，顏子不愛不求而樂乎貧者，獨何心哉？天地間有至貴至富、可愛可求而異乎彼者，見其大而忘其小焉爾。見其大則心泰，心泰則無不足，無不足則富貴貧賤，處之一也。處之一則能化而齊，故顏子亞聖。（《顏子》第二十三，見《周敦頤集》，中華書局一九九〇年版，第三二—三三頁。）

古人見道親切，將盈天地間一切都化了，更說甚貧，故曰「所過者化」。顏子卻正好做工夫，豈以彼易此哉！此當境克己實落處。

百家謹案：化而齊者，化富貴貧賤如一也。處之一以境言，化以心言。

天地間至尊者道，至貴者德而已矣。至難得者人；人而至難得者，道德有于身而已矣。求人至難得者有于身，非師友，則不可得也已。（《師友上》第二十四，見《周敦頤集》，中華書局一九九〇年版，第三三頁。）

道義者，身有之則貴且尊。人生而蒙，長無師友則愚，是道義由師友有之，而得貴且尊。其義不亦重乎！其聚不亦樂乎！（《師友下》第二十五，見《周敦頤集》，中華書局一九九〇年版，第三四頁。）

仲由喜聞過，令名無窮焉。今人有過，不喜人規，如護疾而忌醫，寧滅其身而無悟也。噫！（《過》第二十六，見《周敦頤集》，第三四頁。）

天下，勢而已矣。勢，輕重也。極重不可反，識其重而亟反之可也。反之，力也；識不早，力不易也。力而不競，天也；不識不力，人也。天乎？人也。何尤！（《勢》第二十七，見《周敦頤集》，中華書局一九九〇年版，第三四—三五頁。）

造化在手，宇宙在握。

文，所以載道也。輪轅飾而人弗庸，徒飾也，況虛車乎！文辭，藝也；道德，實也。篤其實而藝者書之，美則愛，愛則傳焉，賢者得以學而至之，是為教。故曰：「言之無文，行之不遠。」然不賢者，雖父兄臨之，師保勉之，不學也；強之，不從也。不知務道德而第以文辭為能者，藝焉而已。噫，弊也久矣！（《文辭》第二十八，見《周敦頤集》，中華書局一九九〇年版，第三五—三六頁。）

不憤不啟，不悱不發。舉一隅不以三隅反，則不復也。子曰：「予欲無言。天何言哉！四時行焉，百物生焉。」然則聖人之蘊，微顏子殆不可見。發聖人之蘊，教萬世無窮者，顏子也。聖同天，不亦深乎！常人有一聞知，恐人不速知其有也，急人知而名也，薄亦甚矣！（《聖蘊》第二十九，見《周敦頤集》，中華書局一九九〇年版，第三六—三七頁。）

看來曾子之唯，不如顏子之愚。孔、顏天道，曾子人道。今且說顏子教萬世在何處！

百家謹案：《通書》屢津津于顏子，蓋慕顏子默體聖蘊，無些少表暴。元公之學近之。南軒張氏曰：「濂溪之學，舉世不知。為南安獄掾日，惟程太中始知之。」可見無分毫矜誇。此方是樸實頭下工夫人。嗟乎，學問一道，有諸內而矜誇者，然且不可。子劉子曰：「顏子死，分付後人曰法天爾。人即是天。爾法爾天，不必更尋題目了。後來周子理會得。」

聖人之精，畫卦以示；聖人之藴，因卦以發。卦不畫，聖人之精不可得而見；微卦，聖人之藴殆不可悉得而聞。《易》何止《五經》之源，其天地鬼神之奥乎！（《精藴》第三十，見《周敦頤集》，中華書局一九九〇年版，第三七—三八頁。）

君子乾乾不息于誠，然必懲忿窒慾、遷善改過而後至。乾之用其善是，損益之大莫是過。聖人之旨深哉！吉凶悔吝生乎動。噫，吉一而已，動可不慎乎！（《乾損益動》第三十一，見《周敦頤集》，中華書局一九九〇年版，第三八頁。）

聖學之要，只在慎獨。獨者，靜之神，動之幾也。動而無妄曰靜，慎之至也。是之謂主靜立極。○乾乾不息，其靜有常。投間抵隙，多在動處。動返于吉，其靜不漓。生而不匱，其出無方，其為不止，聖人原不曾動些子。學聖者宜如何？曰：慎動。

治天下有本，身之謂也。治天下有則，家之謂也。本必端，端本，誠心而已矣。則必善，善則，和親而已矣。家難而天下易，家親而天下疏也。家人離，必起于婦人，故《睽》次《家人》，以「二女同居，其志不同行」也。堯所以釐降二女于媯汭，舜可禪乎，吾兹試矣。是治天下觀于家，治家觀于身而已矣。身端，心誠之謂也。誠心，復其不善之動而已矣。不善之動，妄也；妄復則无妄矣，妄則誠矣，故《无妄》次《復》，而曰「先王以茂對時育萬物」。深哉！（《家人睽復无妄》第三十二，見《周敦頤集》，中華書局一九九〇年版，第三八—四〇頁。）

最勘得親切。此為慎動。

百家謹案：《家人》《睽》二卦，往來于巽離兑三女，足徵家之離合廢興。《家人》長、中二女，長巽順居上，中離明在下，水火相得，家之和也。《睽》中女離火猛烈，少女兑澤邪媚，火澤不相容，炎上潤下相違，家之睽乖也。復，德之本也。惟復則无妄，剛自外來而為主于内。妄字從亡，從女；女，古汝字也。言人之不誠者，是喪失其本心，亡乎汝矣。今无妄，是得復還乎天之所命，故《彖傳》言天之命。又卦震下乾上，程子所謂「動以天，安有妄」乎！

君子以道充為貴，身安為富，故常泰，無不足，而銖視軒冕，塵視金玉。其重無加焉爾。（《富貴》第三十三，見《周敦頤集》，中華書局一九九〇年版，第四〇頁。）

顧諟謹案：言寡尤，行寡悔，禄在其中矣，故曰「身安為富」。仁義忠信，樂善不倦，此天爵也，故曰「道充為貴」。

聖人之道，入乎耳，存乎心，藴之為德行，行之為事業。彼以文辭而已者，陋矣！（《陋》第三十四，見《周敦頤集》，中華書局一九九〇年版，第四〇頁。）

至誠則動，動則變，變則化。故曰：「擬之而後言，議之而後動，擬議以成其變化。」（《擬議》第三十五，見《周敦頤集》，中華書局一九九〇年版，第四〇頁。）

百家謹案：吾儒之學，以言動為樞機，惟恐有失。必兢兢業業，擬之而後言，議之而後動。擬議之熟，極乎精義入神，而后可從心所欲，以造于至誠之天，以成變化。故此章以《擬議》名篇。非如釋氏一任無心，要用直須用，擬心即差者比也。

天以春生萬物，止之以秋。物之生也，即成矣，不止則過焉，故得秋以成。聖人之法天，以政養萬民，肅之以刑。民之盛也，欲動情勝，利害相攻，不止則賊滅無倫焉，故得刑以治。情偽微曖，其變千狀，苟非中正明達果斷者，不能治也。《訟卦》曰「利見大人」，以剛得中也。《噬嗑》曰「利用獄」，以動而明也。嗚呼，天下之廣，主刑者，民之司命也，任用可不慎乎！（《刑》第三十六，見《周敦頤集》，四一頁。）

聖人之道，至公而已矣。或曰：「何謂也？」曰：「天地，至公而已矣。」（《公》第三十七，見《周敦頤集》，中華書局一九九〇年版，第四一頁。）

《春秋》，正王道，明大法也，孔子為後世王者而修也。亂臣賊子，誅死者于前，所以懼生者于後也。宜乎萬世無窮，王祀夫子，報德報功之無盡焉。（《孔子上》第三十八，見《周敦頤集》，第四二頁。）

道德高厚，教化無窮，實與天地參而四時同，其惟孔子乎！（《孔子下》第三十九，見《周敦頤集》，中華書局一九九〇年版，第四二頁。）

童蒙求我，我正果行，如筮焉。筮，叩神也，再三則瀆矣，瀆則不告也。山下出泉，靜而清也；汩則亂，亂不決也。慎哉，其惟時中乎！艮其背，背非見也；靜則止，止非為也。為，不止矣。其道也深乎！（《蒙艮》第四十，見《周敦頤集》，中華書局一九九〇年版，第四二—四三頁。）

百家謹案：《蒙》《艮》二卦，義似不相連，《通書》以卒章者，思四十章中屢言師道，蓋元公以師道自任，《蒙》以養正為聖功，而《艮》有始終成物之義，殆隱然欲以先覺覺後覺乎！〇又案：朱文公曰：「周子《通書》本號《易通》，與《太極圖說》並出，程氏以傳于世，而其為說實相表裏。大抵推一理、二氣、五行之分合，以綱紀道體之精微；決道義、文辭、利祿之取舍，以振起俗學之卑陋。至論所以入德之方，經世之具，又皆親切簡要，不為空言。顧其宏綱大用，既非秦、漢以來諸儒所及；而其條理之密，意味之深，又非今世學者所能驟窺也。」東發黃文潔公曰：「周子《通書》《誠上章》主天而言，故曰『誠者，聖人之本』，言天之誠即人之所得以為聖者也。《誠下章》主人而言，故曰『聖，誠而已矣』，言人之聖即所得于天之誠也。《誠幾德章》言誠之得于天者皆自然，而幾有善惡，要當察其幾之動以全其誠，為我之德也。《聖章》言由誠而達于幾，為聖人，其妙用尤在于感而遂通之神。蓋誠者不動，幾者動之初，神以感而遂通，則幾之動也純于善，此其為聖也。誠一而已，人之不能皆聖者，係于幾之動，故

《慎動》次之。動而得正為道，故《道》次之。得正為道，不淪于性質之偏者能之，而王者之師也，故《師》次之。人必有恥則可教，而以聞過為幸，故《幸》次之。聞于人必思于己，故《思》次之。師以問之矣，思以思之矣，在力行而已，故《志學》次之。凡此十章，上窮性命之源，必以體天為學問之本。所以修己之功既廣大而詳密矣，推以治人則《順化》，為上與天同功也。《治》為次，純心用賢也。禮樂又其次，治定而後禮樂可興也。繼此為《務實章》《學敬章》，又所以斟酌人品而休休然與之為善。蓋聖賢繼天立極之道備矣。餘章皆反覆此意，以丁戒人心，使自知道德性命之貴，而無陷辭章利祿之習。開示聖蘊，終以主靜，庶幾復其不善之動以歸于誠，而人皆可聖賢焉。嗚呼，周子之為人心計也，至矣。」敬軒薛氏曰：「《通書》，《誠上》《誠下》《誠幾德》《聖》《慎動》《道》六章，只是一個性字，分作許多名目。」又曰：「周子論幾字，如《復》之初九，善幾也；《姤》之初六，惡幾也。善幾不可不充，惡幾不可不絕。朱子所謂近則公私邪正，遠則廢興存亡，只于此處看破，便斡轉了。此實治己治人之至要也。」

太極圖說

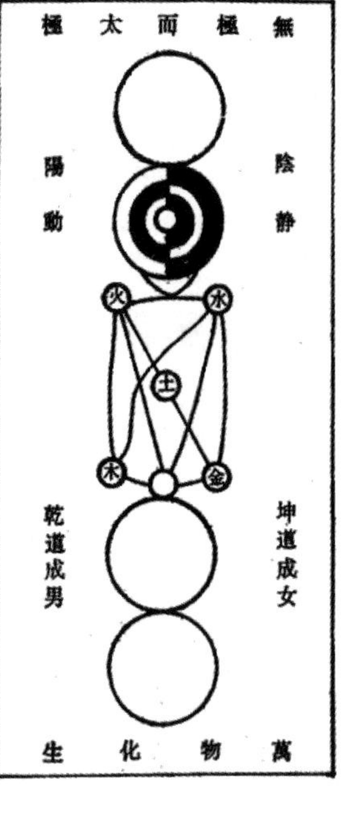

無極而太極。太極動而生陽，動極而靜，靜而生陰。靜極復動。一動一靜，互為其根。分陰分陽，兩儀立焉。陽變陰合，而生水火木金土，五氣順布，四時行焉。五行一陰陽也，陰陽一太極也，太極本無極也。五行之生也，各一其性。無極之真，二五之精，妙合而凝。乾道成男，坤道成女。二氣交感，化生萬物，萬物生生而變化無窮焉。惟人也得其秀而最靈。形既生矣，神發知矣，五性感動而善惡分，萬事出矣。聖人定之以中正仁義，而主靜，（自註云：無欲故靜。）立人極焉。故聖人與天地合其德，日月合其明，四時合其序，鬼神合其吉凶。君子修之吉，小人悖之凶。故曰：「立天之道，曰陰與陽。立地之道，曰柔與剛。立人之道，曰仁與義。」又曰：「原始反終，故知死生之說。」大哉《易》也，斯其至矣！（見《周敦頤集》，中華書局一九九〇年版，第三—八頁。）

劉蕺山曰：「一陰一陽之謂道」，即太極也。天地之間，一氣而已，非有理而後有氣，乃氣立而理因之寓也。就形下之中而指其形而上者，不得不推高一層以立至尊之位，故謂之太極；而實無太極之可言，所謂「無極而太極」也。使實有是太極之理為此氣從出之母，則亦一物而已，又何以生生不息，妙萬物而無窮乎？今曰理本無形，故謂之無極，無乃轉落註腳。太極之妙，生生不息而已矣。生陽生陰，而生水火木金土，而生萬物，皆一氣自然之變化，而合之只是一個生意，此造化之蘊也。惟人得之以為人，則太極為靈秀之鍾，而一陽一陰分見于形神之際，由是殽之為五性，而感應之塗出，善惡之介分，人事之所以萬有不齊也。惟聖人深悟無極之理而得其所謂靜者主之，乃在中正仁義之間，循理為靜是也。天地此太極，聖人此太極，彼此不相假而若合符節，故曰合德。若必捐天地之所有而畀之于物，又獨鍾畀之于人，則天地豈若是之勞也哉！自無極說到萬物上，天地之始終也。自萬事反到無極上，聖人之終而始也。始終之說，即生死之說，而開闢混沌、七尺之去留不與焉。知乎此者，可與語道矣。主靜要矣，致知亟焉。○或曰：周子既以太極之動靜生陰陽，而至于聖人立極處，偏著一靜字，何也？曰：陰陽動靜，無處無之。如理氣分看，則理屬靜，氣屬動，不待言矣。故曰：循理為靜，非動靜對待之靜。

宗羲案：朱子以為，陽之動為用之所以行也，陰之靜為體之所以立也。夫太極既為之體，則陰陽皆是其用。如天之春夏，陽也；秋冬，陰也；人之呼，陽也；吸，陰也。寧可以春夏與呼為用，秋冬與吸為體哉！緣朱子以下文主靜立人極，故不得不以體歸之靜。先師云：「循理為靜，非動靜對待之靜。」一語點破，曠若發蒙矣。

附梨洲太極圖講義

通天地，亙古今，無非一氣而已。氣本一也，而有往來、闔闢、升降之殊，則分之為動靜。有動靜，則不得不分之為陰陽。然此陰陽之動靜也，千條萬緒，紛紜膠轕，而卒不克亂，萬古此寒暑也，萬古此生長收藏也，莫知其所以然而然，是即所謂理也，所謂太極也。以其不紊而言，則謂之理；以其極至而言，則謂之太極。識得此理，則知「一陰一陽」即是「為物不貳」也。其曰無極者，初非別有一物依于氣而立，附于氣而行。或曰因「《易》有太極」一言，遂疑陰陽之變易，類有一物主宰乎其間者，是不然矣，故不得不加「無極」二字。造化流行之體，無時休息，中間清濁剛柔，多少參差不齊，故自形生神發、五性感動後觀之，知愚賢不肖，剛柔善惡中，自有許多不同。世之人一往不返，不識有無渾一之常，費隱妙合之體，徇象執有，逐物而遷，而無極之真，竟不可見矣。聖人以「靜」之一字反本歸元，蓋造化、人事，皆以收斂為主，發散是不得已事，非以收斂為靜，發散為動也。一斂一發，自是造化流行不息之氣機，而必有所以樞紐乎是，運旋乎是，是則所謂靜也，故曰主靜。學者須要識得靜字分曉，不是不動是靜，不妄動方是靜。慨自學者都向二五上立腳，既不知所謂太極，則事功一切俱假。而二氏又以無能生有，于是誤認無極在太極之前，視太極為一物，形上形下，判為兩截。蕺山先師曰：「千古大道陸沈，總緣誤解太極。『道之大原出于天』。此道不清楚，則無有能清楚者矣。」

附朱陸太極圖說辯

陸象山與朱子書曰：

梭山兄謂：「《太極圖說》與《通書》不類，疑非周子所為。不然，或是其學未成時所作。不然，則或是傳他人之文，後人不辨也。蓋《通書》《理性命章》言『中焉止矣，二氣五行，化生萬物，五殊二實，二本則一』，曰『一』，曰『中』，即太極也，未嘗于其上加『無極』字。《動靜章》言五行、陰陽、太極，亦無『無極』之文。假令《太極圖說》是其所傳，或其少時所作，則作《通書》時不言無極，蓋已知其說之非矣。」此言殆未可忽也。兄與梭山書云：「不言無極，則太極同于一物，而不足為萬化根本。不言太極，則無極淪于空寂，而不能為萬化根本。」夫太極者，實有是理，聖人從而發明之耳。非以空言立論，使後人簸弄于頰舌紙筆之間也。其為萬化根本，固自素定。其足不足，能不能，豈以人言不言之故邪？《易大傳》曰：「《易》有太極。」聖人言有，今乃言無，何也？作《大傳》時不言無極，太極何嘗同于一物而不足為萬化根本邪？《洪范》五皇極，列在九疇之中，不言無極，太極亦何嘗同于一物而不足為萬化根本邪？後書又謂：「無極即是無形，太極即是有理。周先生恐學者錯認太極別為一物，故著『無極』二字以明之。」《易》之《大傳》曰：「形而上者謂之道。」又曰：「一陰一陽之謂道。」一陰一陽已是形而上者，況太極乎！曉文義者舉知之矣。自有《大傳》，至今幾年，未聞有錯認太極別有一物者。設有愚謬至此，奚啻不能以三隅反，何足上煩先生，特地于太極上加「無極」二字，以曉之乎？且「極」字亦不可以「形」字釋之。蓋極者，中也。言無極，則是猶言無中也，是奚可哉！若懼學者泥于形器而申釋之，則宜如《詩》言「上天之載」，而于下贊之曰「無聲無臭」可也，豈宜以「無極」字加于太極之上。朱子發謂濂溪得太極圖于穆伯長，伯長之傳出于陳希夷，其必有攷。希夷之學，老氏之學也。「無極」二字，出于《老子》「知其雄」章，吾聖人之書所無有也。《老子》首章言「無名天地之始，有名萬物之母」，而卒同之，此老氏宗旨也。「無極而太極」，即是此旨。老氏學之不正，見理不明，所蔽在此。兄于此學，用力之深，為日之久，曾此之不能辨，何也？《太極圖說》以「無極」二字冠首，而《通書》終篇未嘗一及「無極」字。二程言論文字至多，亦未嘗一及「無極」字。兄今攷訂註釋，表顯尊信，如此其至，恐未得為善祖述者也。潘清逸豈能知濂溪者。明道、伊川親師承濂溪，當時名賢居潘右者亦復不少，濂溪之誌卒屬于潘，可見其子孫之不能世其學也，兄何據之篤乎？

朱答曰：

來書反復其于無極太極之辨，詳矣。然以熹觀之，伏羲作《易》，自一畫以下，文王演《易》，自「乾元」以下，皆未嘗言太極也，而孔子言之。孔子贊《易》，自太極以下，未嘗言無極也，而周子言之。夫先聖後聖，豈不同條而共貫哉！若于此有以灼然實見太極之真體，則知不言者不為少，而言之者不為多矣，何至若此之紛紛哉！今既不然，則吾之所謂理者，恐其未足以為群言之折衷；又況于人之言有所不盡者，又非一二而已乎。既蒙不鄙而教之，熹亦不敢不盡其愚也。且夫《大傳》之太極者，何也？即兩儀四象八卦之理，具于三者之先而蘊于三者之内者也。聖人之意，正以其究竟至極，無名可名，故特謂之太極。猶曰「舉天下之至極無以加此」云爾，初不以其中而命之也。至如「北極」之極，「屋極」之極，「皇極」之極，「民極」之極，諸儒雖有解為中者，蓋以此物之極常在此物之中，非指極字而訓之以中也。極者，至極而已。以有形者言之，則其四方八面，合輳將來，到此築底，更無去處，從此推出，四方八面，都無向背，一切停勻，故謂之極耳。后人以其居中而能應四外，故指其處而以中言之，非以其義為可訓中也。至于太極，則又無形象方所之可言，但以此理至極而謂之極耳。今乃以中名之，則是所謂理有未明而不能盡乎人言之意者一也。《通書》《理性命章》，其首二句言理，次三句言性，次八句言命，故其章内無此三字，而特以三字名其章以表之，則章内之言固已各有所屬矣。蓋其所謂「靈」，所謂「一」者，乃為太極；而所謂「中」者，乃氣稟之得中，與剛善、剛惡、柔善、柔惡者為五性，而屬乎五行，初未嘗以是為太極也。且曰「中焉止矣」，而又下屬于「二氣五行，化生萬物」之云，是亦復成何等文字義理乎？今乃指其中者為太極而屬之下文，則又理有未明而不能盡乎人言之意者二也。若論「無極」二字，乃是周子灼見道體，迥出常情，不顧旁人是非，不計自己得失，勇往直前，說出人不敢說底道理，令後之學者曉然見得太極之妙，不屬有無，不落方體。若于此看得破，方見此老真得千聖以來不傳之祕，非但架屋下之屋，疊牀上之牀而已也。今必以為未然，是又理有未明而不能盡乎人言之意者三也。至于《大傳》既曰「形而上者謂之道」矣，而又曰「一陰一陽之謂道」，此豈真以陰陽為形而上者哉？正所以見一陰一陽雖屬形器，然其所以一陰一陽者是乃道體之所為也。故語道體之至極，則謂之太極；語太極之流行，則謂之道。雖有二名，初無兩體，周子所以謂之無極，正之其無方所、無形狀，以為在無物之前而未嘗不立于有物之後，以為在陰陽之外而未嘗不行乎陰陽之中，以為通貫全體，無乎不在，則又初無聲臭影響之可言也。今乃深詆無極之不然，則是直以太極為有形狀、有方所矣；直以陰陽為形而上者，則又昧于道器之分矣；又于「形而上者」之下復有「況太極乎」之語，則是又以道上別有一物為太極矣。此又理有未明而不能盡乎人言之意者四也。至熹前書所謂「不言無極，則太極同于一物，而不足為萬化根本；不言太極，則無極淪于空寂，而不能為萬化根本」，乃是推本周子之意，以為當時若不如此兩下說破，則讀者錯認語意，必有偏見之病，聞人說有，即謂之實有，見人說無，即謂之真無耳。自謂如此說得周子之意，已是大殺分明，只恐知道者厭其漏洩之過甚，不謂如老兄者，乃猶以為未穩而難曉也。請以熹書上下文意詳之，豈謂太極可以人言而為加諸損者哉？是又理有未明而不能盡乎人言之意者五也。來書又謂「《大傳》明言『《易》有太極』，今乃言無，何邪？」此尤非所望于高明者。今夏因與人言《易》，其人之論正如此，當時對之不覺失笑，遂至被劾。彼俗儒膠固，隨語生解，不足深怪。老兄平日自視為何如，而亦為此言邪！老兄且謂《大傳》之所謂「有」，果如兩儀、四象、八卦之有定位，天地、五行、萬物之有常形邪？周子之所謂「無」，是果虛空斷滅，都無生物之理邪？此又理有未明而不能盡乎人言之意者六也。老子「復歸于無極」，無極乃無窮之義，如莊生「入無窮之門，以遊無極之野」云爾，非若周子所言之意也。今乃引之，而謂周子之言實出乎彼，此又理有未明而不能盡乎人言之意者七也。

陸曰：

來書本是主張「無極」二字，而以明理為說，其要則曰「于此有以灼然實見太極之真體」。九淵竊謂老兄未曾實見太極。若實見太極，上面必不更著「無極」字，下面必不更著「真體」字。上面加「無極」字，正是疊牀上之牀；下面著「真體」字，正是架屋下之屋。虛見之與實見，其言固自不同也。

朱曰：

熹亦謂老兄正為未識太極之本無極而有真體，故必以中訓極，而又以陰陽為形而上者之道。虛見之與實見，其言果不同也。

陸曰：

《繫辭》言「神無方」矣，豈可言「無神」？言「易無體」矣，豈可言「無易」？老氏以無為天地之始，以有為萬物之母，以常無觀妙，以常有觀竅。直將「無」字搭在上面，正是老氏之學，豈可諱也！

朱曰：

熹詳老氏之言有無，以有無為二；周子之言有無，以有無為一。正如南北、水火之相反。更請子細著眼，未可容易譏評也。

陸曰：

此理乃宇宙之所固有，豈可言無！若以為無，則君不君，臣不臣，父不父，子不子矣。

朱曰：

請詳看熹前書，曾有「無理」二字否！

陸曰：

極亦此理也，中亦此理也。五居九疇之中，而曰「皇極」，豈非以其中而命之乎？民受天地之中以生，而《詩》言「立我烝民，莫非爾極」，豈非以其中命之乎？《中庸》曰：「中也者，天下之大本也。和也者，天下之達道也。致中和，天地位焉，萬物育焉。」此理至矣，外此，豈更復有太極哉？

朱曰：

「極」是名此理之至極，「中」是狀此理之不偏，雖然同是此理，然其名義各有攸當。雖聖賢言之，亦未敢有所差互也。若「皇極」之極，「民極」之極，乃為標準之意。猶曰「立于此而示于彼，使其有所向望而取正焉」耳，非以其中而命之也。「立我烝民」，「立」與「粒」通，即《書》所謂「烝民乃粒」。「莫非爾極」，則「爾」指后稷而言。蓋曰「使我眾人皆得粒食，莫非爾后稷之所立者是望」耳。「爾」字不指天地，「極」字亦非指所受之中。中者，天下之大本，乃以喜怒哀樂之未發，此理渾然無所偏倚而言。太極固無偏倚而為萬化之本，然其得名，自為「至極」之極，而兼有標準之義，初不以中而得名也。

陸曰：

以極為「中」，則為不明理；以極為「形」，乃為明理乎？

朱曰：

老兄自以中訓極，熹未嘗以形訓極也。

陸曰：

字義固有一字而數義者，用字則有專一義者，有兼數義者。而字之指歸又有虛實，虛字則但當論字義，實字則當論所指之實，則有非字義所能拘者。如「元」字，有始義，有長義，有大義。《坤》五之「元吉」，《屯》之「元亨」，則是虛字，專為大義，不可復以他義參之。如「乾元」之元，則是實字，論其所指之實，則《文言》所謂善，所謂仁，皆元也，亦豈可以字義拘之哉！「極」字亦如此。「太極」「皇極」，乃是實字，所指之實，豈容有二。充塞宇宙，無非此理，豈容以字義拘之乎！中即至理，何嘗不兼至義。《大學》《文言》皆言「知至」，所謂「至」者，即此理也。語讀《易》者曰：「能知太極，即是知至。」語讀《洪范》者曰：「能知皇極，即是知至。」夫豈不可！蓋同指此理，則曰「極」，曰「中」，曰「至」，其實一也。「一極備凶，一極無凶」，此兩極字乃是虛字，專為至義，卻使得「極者，至極而已」，于此用「而已」字方用得當。老兄最號為精通詁訓文義者，何為尚惑于此！

朱曰：

熹詳「知至」二字雖同，而在《大學》則「知」為實字，「至」為虛字，兩字上重而下輕，蓋曰「心之所知無不到」耳；在《文言》，則「知」為虛字，「至」為實字，兩字上輕而下重，蓋曰「有以知其所當至之地」耳。兩義既自不同，而與太極之為至極者，又皆不相似。請更詳之！

陸曰：

直以陰陽為形器而不得為道，此尤不敢聞命。《易》之為道，一陰一陽而已。先後、始終、動靜、晦明、上下、進退、往來、闔闢、盈虛、消長、尊卑、貴賤、表裏、隱顯、向背、順逆、存亡、得喪、出入，行藏，何適而非一陰一陽哉！奇耦相尋，變化無窮，故曰「其為道也屢遷」。《說卦》曰：「是以立天之道，曰陰與陽。」顧以陰陽為非道而直謂之形器，而孰為昧于道器之分哉？

朱曰：

若以陰陽為形而上者，則形而下者復是何物？熹則曰：凡有形有象者，皆器也；其所以為是器之理者，則道也。如是，則來書所謂始終、晦明、奇偶之屬，皆陰陽所為之器，獨其所以為是器之理，如目之明、耳之聰、父之慈、子之孝，乃為道耳。

陸曰：

《通書》云「中者，和也，中節也，天下之達道也，聖人之事也。故聖人立教，俾人自易其惡，自致其中而止矣。」周子之言中如此，亦不輕矣。外此，豈更別有道理，乃不得比虛字乎？所舉《理性命章》五句，但欲見《通書》言「中」言「一」，而不言「無極」耳。「中焉止矣」一句，不妨自是斷章。兄必見誣以屬之下文。兄之為辯，失其指歸，大率類此。

朱曰：

周子言「中」而以「和」字釋之，又曰「中節」，又曰「達道」。彼非不識字者，而其言顯與《中庸》相戾，則亦必有說矣。蓋此中字，是就氣稟發用而言其無過不及處耳，非直指本體未發無所偏倚者而言也。豈可以此而訓極為中也哉！

陸曰：

《大傳》《洪范》《毛詩》《周禮》與《太極圖說》孰古？以極為形，而謂不得為中；以一陰一陽為器，而謂不得為道。無乃絀古書為不足信，而任胸臆之所裁乎！

朱曰：

《大傳》《洪范》《詩》《禮》皆言極而已，未嘗謂極為中也。先儒以此極處常在物之中央，而為四方之所面向而取正，故因以中釋之，蓋亦未為甚失。而後人遂直以極為中，則又不識先儒之本意矣。

陸曰：

來書謂周子說出人不敢說底道理，謂之無極。誠令以無方所、無形狀而言，不知人有甚不敢道處。但加之太極之上，則吾聖門正不肯如此道耳。

朱曰：

「無極而太極」，猶曰「莫之為而為，莫之致而至」，又如曰「無為之為」，皆語勢之當然，非謂別有一物也。其意則固若曰：非如皇極、民極、屋極之有方所形象，而但有此理之至極耳。若曉此意，則于聖門有何違叛，而不肯道乎？「上天之載」，是就有中說無；「無極而太極」，是就無中說有。若實見得，即說有說無，或先或後，都無妨礙。今必如此拘泥，強生分別，曾謂「不尚空言，專務事實」，而反如此乎！

陸曰：

夫乾確然示人易矣，夫坤隤然示人簡矣，太極亦何嘗隱于人哉！尊兄兩下說無說有，不知漏洩得多少！如所謂「太極真體，不傳之祕」，「無物之前，陰陽之外」，「不屬有無，不落方體」，「迥出常情，超出方外」等語，莫是曾學禪宗，所得如此？平時既私其說以自妙，及教學者，則又往往祕此，而多說文義，此「漏洩」之說所從出也。以實論之，兩頭都無著實，彼此只是葛藤。末說氣質不美者樂寄此以神其姦，不知繫絆多少好氣質底學者！既以病己，又以病人，殆非一言一行之過。兄其無以久習于此而重自反也！

朱曰：

太極固未嘗隱于人，然人之識太極者則少矣。往往只是于禪學中認得個昭昭靈靈，能作用底，便謂此是太極。而不知所謂太極乃天地萬物本然之理，亙古亙今，顛撲不破者也。「迥出常情」等語，只是俗談，即非禪家所能專有，不應儒者反當回避。況今雖偶然道著，而其所見所說，即非禪家道理。非如他人，陰實祖用其說，而改頭換面，陽諱其所自來也。如曰「私其說以自妙，而又祕之」，又曰「寄此以神其姦」，又曰「繫絆多少好氣質底學者」，則恐世間自有此人，可當此語。熹雖無狀，自省得與此語不相似也。（見《陸九淵集》，中華書局第一九八〇年版，第二二—三〇頁、五四九—五六三頁）

宗義案：朱、陸往復，幾近萬言，亦可謂無餘蘊矣。然所爭只在字義、先後之間，究竟無以大相異也。惟是朱子謂「無極即是無形，太極即是有理，在無物之前而未嘗不立于有物之後，在陰陽之外而未嘗不行于陰陽之中」，此朱子自以理先氣後之說解周子，亦未得周子之意也。羅整菴《困知記》謂：「『無極之真，二五之精，妙合而凝』三語，不能無疑。凡物必兩而後可以言合。太極與陰陽，果二物乎？其為物也果二，則方其未合之先，各安在邪？朱子終身認理氣為二物，其原蓋出于此。」不知此三語，正明理氣不可相離，故加「妙合」以形容之，猶《中庸》言「體物而不可遺」也。非「二五之精」，則亦無所謂「無極之真」矣。朱子言無形有理即是，是尋「無極之真」于「二五之精」之外，雖曰無形而實為有物，亦豈無極之意乎！故以為歧理氣出自周子者，非也。至于《說》中「無欲故靜」一語，非其工夫之下手處乎？此語本孔安國「仁者靜」之注，蓋先聖之微言也。

王魯齋曰：「無極而太極」一句，朱子謂無形而有理，非不明白。然命詞之意，咀嚼未破，故象山未能釋然。其妄意謂此是《太極圖說》，只當就圖上說此一句，不可懸虛說理，若又有所謂無極之理。蓋周子欲為此圖以示人也，而太極無形無象，本不可以成圖，然非圖，則造化之淵微又難于模寫，不得已畫為圖象，擬天之形，指為太極。又苦無形無象，故于圖首發此一語，不過先釋太極之本無此圖象也。

許白雲《答或人問》曰：《太極圖》之原出于《易》，而其義則有前聖所未發者。周子探大道之精微而筆成此書，其所以包括大化，原始要終，不過二百餘字，蓋亦無長語矣。謂之去「無極」二字而無所損，則不可也。太極者，孔子名其道之辭。無極者，周子形容太極之妙。二陸先生適不燭乎此，乃以周子加「無極」字為非。蓋以太極之上不宜加無極一重，而不察無極即所以贊太極之語。周子慮夫讀《易》者不知太極之義，而以太極為一物，故特著「無極」二字以明之，謂無此形而有此理也。以此坊民，至今猶有以太極為一物者，而謂可去之哉！朱子辯之精，而曉天下後世者亦至矣，此固非後學之所敢輕議也。此外則無可議可辯者矣，非朱、陸二子之思慮不及也。太極、兩儀之言，圖本于《易》也。而兩儀之義則微有不同，然皆非天地之別名也。《易》之兩儀，指陰陽奇耦之畫而言；圖之兩儀，指陰陽互根之象而言也。《易》以一而二，二而四，四而八，八而十六，十六而三十二，三十二而六十四；圖以一而二，二而五，五而一，一而萬者也。《易》以陰陽之消長而該括事物之變化，圖明陰陽之流行而推原生物之本根，圖固所以輔乎《易》也。惟以兩儀為天地，則大不可。以《易》之兩儀為天地，則四象、八卦非天地所能生；以圖之兩儀為天地，則五行亦非天地所可生也。夫太極，理也；陰陽，氣也；天地，形也。合而言之，則形稟是氣而理具于氣中；析而言之，則形而上、形而下不可以無別。所謂圖以陽先生于陰，與「太極生兩儀」者異，此猶有可論者。太極之中本有陰陽，其動者為陽，靜者為陰，生則俱生，非可以先後言也。一元混淪而二氣分肇，譬猶一木析之為二，兩半同形，何先後之有！《易》之辭簡，故惟曰「生兩儀」；圖之言詳，故曰「動而生陽，動極而靜，靜而生陰，靜極復動」。陰陽既有兩端，出言下筆必有先後，其可同言而並著之乎？況下文繼之曰「一動一靜，互為其根」，則非先後矣。而下文又曰「分陰分陽，兩儀立焉」，乃先言陰而後言陽。此周子錯綜其文，而陰陽無始之義亦可見矣。當以上下文貫穿觀之，不可斷章取義也。雖然，動靜亦不可謂無先後。自一氣混沌，其初始分，須有動處，乃其始也。元會運世，歲月日時，大小不同，理則一也。其氣之運行，皆先陽而後陰。一歲之日，春夏先而秋冬後；春夏，陽也。一元之運，子先而午後；子至巳，陽也。數以一為陽，二為陰，一固先于二。人以生為陽，死為陰，生固先于死。孰謂陽不先于陰乎！但未動之前，亦只為靜。此乃互根之體，終不可定以為陽先耳。所謂太極之下生陰陽，陰陽之下生五行，及乎男女成形，萬物化生，圖中各有次序，則以太極與天地五行相離，則又不可也。陰陽不可名天地，前既已言之矣。太極、陰陽、五行，下至于成男女而化生萬物，此正推原生物之根柢，乃發明天地之祕，而反以為病，何其異邪！太極剖判，此世俗相承之論，非君子之言也。太極無形，何可剖判！其所判者，乃一元之氣。閉物之後，溟涬玄漠；至開天之時，則輕清者漸澄而為天，重濁者漸凝而為地，乃可言判耳。太極、陰陽、五行之生，非果如母之生子而母子各具其形也。太極生陰陽，而太極即具陰陽之中；陰陽生五行，而太極、陰陽又具五行之中；安能相離也？何不即「五行一陰陽，陰陽一太極」之言而觀之乎！所謂「乾道成男，坤道成女」，則二氣不待交感而各自生物，又不可也。此一節自「無極之真，二五之精，妙合而凝，乾道成男，坤道成女，二氣交感，化生萬物」，作一貫說下，安得謂不交感而自化生邪！成男成女，朱子謂此人物之始，以氣化而生者。氣聚成形，遂以形化而無窮。真精合而有成，而所成者則有陰陽之異。其具陽之形者，乾之道；具陰之形者，坤之道。又合則又生，至于無窮，則不出乎男女也。今所問之言，果有所疑邪？或直以周子之言未當也？如其果疑，則以前說求之，或得其梗概。直以言為未當，則非敢預聞此不韙也。待承下問，敢以為復！

百家謹案：周子之作《太極圖說》，朱子特為之注解，極其推崇，至謂得千聖不傳之祕，孔子後一人而已。二陸不以為然，遂起朱、陸之同異。至今紛紛，奴主不已。宗朱者詆陸，以及慈湖、白沙、陽明；宗陸者詆朱及周，近且有詆及二程者矣。夫周、程、朱、陸諸君子，且無論其學問之造詣，破暗千古，其立身行己，俱萬仞壁立。其在兩間，則斗杓、華嶽也；在人，則宗祖父母也。是豈可詆毀者！且道理本公共之物，諸君子即或有大純小疵處，亦只合平心參酌，必無可死守門戶，先自存心于悖躁，而有詆毀之理。明嘉靖南禺豐氏坊作《易辯》，辯《太極圖說》，滔滔八千餘言，故索垢瘢，此不足述者。至于其圖之授受來由，雖見于朱漢上震之《經筵表》，而未得其詳。今節略先叔父晦木《憂患學易》中《太極圖辯》于此，以俟後之君子或否或是焉！

周子《太極圖》，創自河上公，乃方士修鍊之術也，實與老、莊之長生久視，又屬旁門。老、莊以虛無為宗，無事為用。方士以逆成丹，多所造作，去致虛靜篤遠矣。周子更為《太極圖說》，窮其本而反于老、莊，可謂拾瓦礫而得精蘊。但綴《說》于圖，而又冒為《易》之太極，則不侔矣。蓋夫子之言太極，不過贊《易》有至極之理，專以明《易》也，非別有所謂太極而欲上乎羲、文也。周子之「無極而太極」，則空中之造化而欲合老、莊于儒也。朱子得圖于葛長庚，曰「包犧未嘗言太極而孔子言之，孔子未嘗言無極而周子言之」，未免過于標榜矣。攷河上公本圖名《無極圖》，魏伯陽得之以著《參同契》，鍾離權得之以授呂洞賓。洞賓後與陳圖南同隱華山，而以授陳，陳刻之華山石壁，陳又得《先天圖》于麻衣道者，皆以授种放。放以授穆修與僧壽涯。修以《先天圖》授李挺之，挺之以授邵天叟，天叟以授子堯夫。修以《無極圖》授周子，周子又得「先天地」之偈于壽涯。其圖自下而上，以明逆則成丹之法。其重在水火。火性炎上，逆之使下，則火不熛烈，惟溫養而和煖。水性潤下，逆之使上，則水不卑溼，惟滋養而光澤。滋養之至，接續而不已；溫養之至，堅固而不敗。其最下圈名為「玄牝之門」，玄牝即谷神，牝者竅也，谷者虛也，指人身命門兩腎空隙之處，氣之所由以生，是為祖氣。凡人五官百骸之運用知覺，皆根于此。于是提其祖氣上升，為稍上一圈，名為「鍊精化氣，鍊氣化神」。鍊有形之精，化為微芒之氣，鍊依希呼吸之氣，化為出有入無之神，使貫徹于五臟六腑，而為中層之左木火、右金水、中土相聯絡之一圈，名為「五氣朝元」。行之而得也，則水火交媾而為孕。又其上之中分黑白、兩相間雜之一圈，名為「取坎填離」，乃成聖胎。又使復還于無始，而為最上之一圈，名為「鍊神還虛，復歸無極」，而功用至矣。蓋始于得竅，次于鍊己，次于和合，次于得藥，終于脫胎求仙，真長生之祕訣也。周子得此圖，而顛倒其序，更易其名，附于《大易》，以為儒者之祕傳。蓋方士之訣，在逆而成丹，故從下而上；周子之意，以順而生人，故從上而下。太虛無有，有必本無，乃更最上圈「鍊神還虛，復歸無極」之名曰「無極而太極」。太虛之中，脈絡分辨，指之為理，乃更其次圈「取坎填離」之名曰「陽動陰靜」。氣生于理，名為氣質之性，乃更第三圈「五氣朝元」之名曰「五行各一性」。理氣既具而形質呈，得其全靈者為人，人有男女，乃更第四圈「鍊精化氣，鍊氣化神」之名曰「乾道成男，坤道成女」。得其偏者蠢者為萬物，乃更最下圈「玄牝」之名曰「萬物化生」。顧就是圖詳審之。「《易》有太極」，夫子贊《易》而言也，不可云無極；無方者神也，無體者《易》也，不可圖圓相。有者无之，无者有之，恐非聖人本旨。次圈判左右為陰陽，以陰陽推動靜，就其貫穿不淆亂之處，指之為理。此時氣尚未生，安得有此錯綜之狀，將附麗于何所？觀其黑白之文，實坎離兩卦成《既濟》之象，中含聖胎。謂之「取坎填離」，則明顯而彰著；謂之「陽動而陰靜」，則陽專屬諸離，離專主動，陰專屬諸坎，坎專主靜，豈通論哉！五行始于《洪范》，言天地之氣化運行，若有似乎木火土金水者。然其實，木火土金水，萬物中之五物也，非能生人者也。此時人物未生，此五者之性于何而辨？《易繫》言「乾道成男，坤道成女」，亦謂乾之奇畫，成男之象；坤之偶畫，成女之象；非云生于天者為男，生于地者為女也。且天之生男女、萬物，在一氣中，無分先後。其下二圈在方士為玄牝、鍊化，自屬兩層；乃男女、萬物亦分二圈，恐屬重出矣。至其《說》曰：「太極動而生陽，動極而靜，靜而生陰。靜極復動。一動一靜，互為其根。分陰分陽，兩儀立焉。」陰陽雖有動靜之分，然動靜非截然兩事。陰陽一氣也，一闔一闢謂之變，往來不窮謂之通，而何有乎分！動靜無端，陰陽無始，而何有乎生！「分陰分陽」與「生生之謂易」，自《易》之為書而言，以明奇偶柔剛之疊用相生，則可；自造化而言，以為太極所生，陰陽所分，則不可。儀者，象也；兩儀者，卦中所函奇偶之象也。今直以為天地之名，則不可。天有陰陽，地有柔剛，斯道無往而不在，非分陽而立天，分陰而立地也。曰：「陽變陰合，而生水火木金土，五氣順布，四時行焉。」夫四時之序，陰陽之運耳。陰陽既合，萬物齊生，豈有先生水火木金土自為一截，待水火木金土之氣布，而後四時得行乎？若然，則是又以五行生陰陽，先生質而後生氣也。曰：「五行一陰陽也，陰陽一太極也，太極本無極也。五行之生也，各一其性。無極之真，二五之精，妙合而凝。」五行各性，性已紛雜，復參以陰陽而七，雜亂棼擾，如何謂之精？如何可以凝？《大傳》曰：「天地絪縕，萬物化醇；男女媾精，萬物化生。」故三人損一以致一。三且不能生，況于七乎！曰：「乾道成男，坤道成女。二氣交感，化生萬物，萬物生生而變化無窮焉。」乾男坤女，顯然形質，此時萬物無不備具，何故又言二氣之交感而化生萬物也？吾不知此男女合物之雌雄牝牡俱在內，又不知專指人言。如合雌雄牝牡，則與圖之所分屬者不侔；如專指人，人無化生異類之事。曰：「惟人也得其秀而最靈。形既生矣，神發知矣，五性感動而善惡分，萬事出矣。」性一也，分天命、氣質為二，已屬臆說，況又析而為五！感動在事，不在性，四端流露，觸物而成。即以乍見孺子入井論之，發為不忍乃其仁，往救乃其義，救之而當乃其禮，知其當救乃其智，身心相應乃其信，焉有先分五性然後感動之理？五性之說，大異乎夫子所云「繼之者善，成之者性」，子思「天命之謂性」，孟子道性善之旨矣。曰：「聖人定之以中正仁義而主靜，立人極焉。故聖人與天地合其德，與日月合其明，與四時合其序，與鬼神合其吉凶。君子修之吉，小人悖之凶。」仁義者，性之大端也，循是而行謂之道。然恐其行之也不免于過不及之差，則聖人立教，使協于中而歸于正。今以中正、仁義對言，而中正且先乎仁義，則于天命之性、率性之道、修道之教之三言者，何所施邪？謂性有善惡，而仁義待乎聖人之所定，此告子杞柳、桮棬之說也。老氏之學，致虛極，守靜篤，甘瞑于無何有之鄉，慹然似非人，內守而外不蕩，歸根曰靜，靜曰復命。主靜、立人極，其亦本此與？其後雜引《文言》《說卦》，而以知生死為《易》之至，蓋自呈其所得之學，立說之原爾！

據此，人能去其所存先入之見，平心一一案之，實可知此無極之太極，絕無與夫子所云之「《易》有太極」，宜乎為二陸所疑，謂非周子所作。蓋周子之《通書》，固粹白無瑕，不若《圖說》之儒非儒、老非老、釋非釋也。況《通書》與二程俱未嘗言及無極，此實足徵矣。百家所以不敢仍依《性理大全》之例，列此《圖說》于首，而止附于通書之後，並載仲父之辯焉。

濂溪門人

郡守李先生初平

李初平，失其字。慶曆六年，元公令郴，先生為郡守，知元公為高賢，不以屬吏遇之，既薦諸朝，又周其不給。既聞元公論學，先生嘆曰：「吾欲讀書，如何？」元公曰：「公老，無及矣！請為公言之。」先生遂悉心聽教，二年而有得。皇祐初，先生卒，子幼，元公為就護其喪歸葬之，往來經紀其家，始終不懈。

百家謹案：先生為元公上官，有謂不當列弟子者。夫學以傳道為事，豈論勢位。自古至今，有弟子而不能傳道多矣。以先生之虛懷問業，悉心聽受，二年有得，與二程同列諸弟子之班，足見先生之盛德，又何嫌哉！又何嫌哉！

純公程明道先生顥

見《明道學案》。

正公程伊川先生頤

見《伊川學案》。

五　明道學案

純公程明道先生顥

程顥，字伯淳，世居中山，後徙為河南人。高祖羽，太宗朝三司使。父珦，太中大夫。先生生而秀爽。叔祖母任抱之，釵墜不覺，後數日方求之，先生未能言，以手指示其處，得之。踰冠，中進士第，調鄠縣主簿。南山有石佛，歲傳其首放光，遠近聚觀。先生謂其僧曰：「吾有職事。俟復見，為吾取其首來觀之。」自是光不復見。

改上元縣，盛夏隄決，法當言之府，府言之漕司，然後興作。先生曰：「若是，苗槁久矣！」竟發民塞之，歲乃大熟。上元當水運之衝，設營以處病卒，至者輒死。先生曰：「病者給券而後得食。待食數日，奚而不死！」乃白漕司豫貯米營中，死者減半。

仁宗登遐，遺制，官吏成服三日而除。三日之朝，府尹率屬吏將釋服，先生進曰：「請盡今日。若朝而除之，所服止二日爾。」尹不從。先生曰：「公自除之。某非至夜，不敢釋也。」一府相視，無敢除者。茅山有龍池，其龍如蜥蜴而五色，自昔嚴奉，以為神物。先生捕而脯之，使人不惑。始至邑時，見持竿以黏飛鳥者，取其竿折之，自是鄉民子弟不敢復畜禽鳥。其不嚴而令行如此。

移晉城令。河東財賦窘迫，官所科買，雖至賤之物，價必騰湧。先生度所需，使富室豫儲以待，及期，定價買之，貧富咸利。縣庫有雜納錢數百千，常借以補助民力。部使者至，則告之曰：「此錢令自用而不私，請一切不問。」

先生視民如子。民以事至縣者，必告之以孝悌忠信。欲辨事者，或不持牒，徑至庭下，先生從容理其曲直，無不釋然。度鄉村遠近為保伍，使之力役相助，患難相卹，而姦偽無所容。凡孤煢殘廢者，責之親戚鄉黨，使無失所。行旅出于其塗者，疾病皆有所養。鄉皆有校，暇時親至，召父老而與之語；童兒所讀書，親為正句讀。教者不善，則為易置。鄉民為社會，為立科條，旌別善惡，使有勸有恥。在縣三年，民無強盜及鬬死者。秩滿，吏夜叩門，稱有殺人者，先生曰：「吾邑安有此！誠有之，必某村某人也。」問之，果然。或詢其故，曰：「吾嘗疑此人惡少之勿革者也。」

熙寧初，用呂正獻公公著薦，為太子中允、監察御史裏行。神宗素知其名，每召見，從容咨訪。將退，則曰：「卿可頻來求對。欲常相見耳。」一日，議論甚久，日官報午正，先生始退。中人相謂曰：「御史不知上未食邪？」務以誠意感動人主，言人主當防未萌之欲。

神宗俯身拱手曰：「當為卿戒之！」及論人才，曰：「陛下奈何輕天下士？」神宗曰：「朕何敢如是！」前後進說，未有一語及于功利。嘗極陳治道，神宗曰：「此堯、舜之事，朕何敢當！」先生愀然曰：「陛下此言，非天下之福也。」

王安石執政，議更法令，言者攻之甚力。先生被旨赴中堂議事，安石方怒言者，厲色待之。先生徐曰：「天下事非一家私議，願平氣以聽。」安石為之媿屈。新法既行，先生言：「智者若禹之行水，行所無事。自古興治立事，未有中外人情交謂不可，而能有成者。就使徼倖小成，而興利之臣日進，尚德之風浸衰，尤非朝廷之福。」乞去言職。安石本與之善，及是，雖不合，猶敬其忠信，不深怒，但出提點京西刑獄。先生固辭，改簽書鎮寧軍判官。奄人程昉治河，取澶卒八百，天方大寒而虐用之，衆逃歸。群僚畏昉，欲勿納。先生曰：「彼逃死自歸，勿納必亂。」即親往啟門，約少休，三日後役，衆驩呼而入。具以事上，得不遣。昉後過州，見先生，言甘而氣懾。退而揚言于衆曰：「澶卒之潰，程中允誘之，吾且訴于上。」先生聞之，笑曰：「彼方憚我，故為是言也。」果不敢訴。

曹村堤決，先生謂郡守劉渙曰：「曹村決，京師可虞。請以廂兵見付，事或可集。」渙以鎮印假之，先生立走決所，激諭士卒。議者以為勢不可塞，徒勞人耳。先生募善泅者銜細繩以渡決口，得引大索，兩岸並進，數日而合。

遷太常丞、知扶溝縣，廣濟、蔡河在縣境，瀕河惡子脅取行舟財貨，歲必焚舟十數。先生捕得一人，引其類，得數十人，不復根治，但使分地挽舟，督察作過者，其患始息。水災，請發粟，司農遣使閱實，鄰邑多自陳「穀且登，無貸可也」，先生請貸不已，得穀六千石，饑者用濟。司農視貸籍，戶同等而所貸不等，檄縣杖主吏。先生言：「濟饑當以口之衆寡，不以戶之高下。今實為之，非吏罪。」乃已。奄人王中正巡閱保甲，權寵張甚，諸邑供帳，唯恐得罪。至扶溝，主吏以告。先生曰：「吾邑貧，安能效他邑。取于民，法所禁也，獨有令故青帳可用爾。」中正亦憚之，不敢入境。有犯小盜者，先生諭而遣之。再發，盜謂其妻曰：「我與大丞約，不復為盜。今何面目見之邪！」遂自經。

除判武學，李定劾其新法之初，首為異論，罷復舊任。已坐逸獄，責監汝州酒稅。哲宗立，召為宗正丞，未行而卒，元豐八年六月十五日也，年五十四。

先生資性過人，而充養有道，和粹之氣，盎于面背。門人交友從之數十年，未嘗見其忿厲之容。遇事優為，雖當倉卒，不動聲色。自十五六時，與弟正叔聞汝南周茂叔論學，遂厭科舉之習，慨然有求道之志。泛濫于諸家，出入于老、釋者幾十年，返求諸《六經》，而後得之。秦、漢而下，未有臻斯理也。文潞公採衆議而為之表其墓曰明道先生。嘉定十三年，賜謚曰純公。淳祐元年，封河南伯，從祀孔子廟庭。明嘉靖中，祀稱「先儒程子」。

百家謹案：宋乾德五年，五星聚奎，占啟文明之運。逮後景德四年、慶曆三年復兩聚，而周子、二程子生于其間。朱子曰：「元公不由師傳，默契道體，建《圖》屬《書》，根極領要。當時見而知之者有程氏，遂廣大而推明之，使夫天理之微，人倫之著，事物之眾，鬼神之幽，莫不洞然畢貫于一，而周、孔、孟氏之傳，焕然復明。」此定論也。顧二程子雖同受學濂溪，而大程德性寬宏，規模闊廣，以光風霽月為懷；二程氣質剛方，文理密察，以峭壁孤峰為體。其道雖同，而造德自各有殊也。

先生數歲，即有成人之度，賦《酌貪泉詩》「中心如自固，外物豈能遷」，已見志操矣！

十五六歲與弟伊川受學于濂溪，即慨然有為聖賢之志。嘗自言再見茂叔後，吟風弄月，有「吾與點也」意。

明道作縣，常于坐右書「視民如傷」，云：「顥每日嘗有愧于此。」觀其用心，應是不到錯決撻了人。

明道主簿上元時，謝師直為江東轉運判官，師宰來省其兄，嘗從明道假公僕掘桑白皮。明道問之曰：「漕司役卒甚多，何為不使？」曰：「《本草》說，桑白皮出土，見日者殺人。以伯淳所使人不欺，故假之耳。」師宰之相信如此。

伊川云：「謝師直尹洛時，嘗談經，與鄙意不合。」因曰：「伯淳亦然。往在上元，景溫說《春秋》，猶時見取；至言《易》，則皆曰非是。」頤謂曰：「二君皆通《易》者也。監司談經而主簿乃曰非是，監司不怒，主簿敢言。非通《易》，能如是乎？」

薦為御史，神宗召對，問所以為御史。對曰：「使臣拾遺補闕，裨贊朝廷，則可。使臣掇拾臣下短長，以沽直名，則不能。」神宗歎賞，以為得御史體。

一日，神宗縱言，及于辭命。先生曰：「人主之學，惟當務為急。辭命非所先也。」神宗為之動容。

先生為御史時，神宗嘗使推擇人才。所薦數十人，以父表弟張載暨弟頤為首，天下咸稱允當。

熙寧五年，太中公告老而歸，先生求折資監當以便養，歸洛。歲餘，得監西京洛河竹木務。家數清窶，僦居洛城殆十餘年，與弟從容親庭，日以讀書講學為事，士大夫從遊者盈門。自是身益退，位益卑，而名益高于天下。

神宗問王安石之學何如，明道對曰：「安石博學多聞則有之，守約則未也。」

明道昔見上稱介甫之學，對曰：「王安石之學不是。」上愕然問曰：「何故？」對曰：「臣不敢遠引，止以近事明之。臣嘗讀《詩》，言周公之德云：『公孫碩膚，赤舄幾幾。』周公盛德，形容如是之盛，如王安石，其身猶不能自治，何足以及此！」

王荊公嘗與明道論事不合，因謂先生曰：「公之學，如上壁。」言難行也。明道曰：「參政之學，如捉風。」後來逐不附己者，而獨不怒明道，且曰：「此人雖未知道，亦忠信人也。」

先生嘗曰：「熙寧初，王介甫行新法，並用君子小人。」君子正直不合，介甫以為俗學不通世務，斥去；小人苟容諂佞，介甫以為有才能知通變，用之。君子如司馬君實不拜同知樞密院以去，范堯夫辭同修起居注得罪，張天祺自監察御史面折介甫被謫。介甫性狠愎，衆人皆以為不可，則執之愈堅。君子既去，所用皆小人，爭為刻薄，故害天下益深。使衆君子未用與之敵，俟其勢久自緩，委曲平章，尚有聽從之理，俾小人無隙以乘，其為害不至此之甚也。

扶溝地卑，歲有水旱，先生經畫溝洫之法以治之，未及興工而去官，曰：「以扶溝之地，盡為溝洫，必數年乃成。吾為經畫十里之地以開其端，後人知其利，必有繼之者矣。夫為令之職，必使境內之民凶年飢歲免于死亡，飽食逸居，有禮義之訓，然後為盡。故吾于扶溝，開設學校，聚邑人子弟教之，亦幾成而廢。夫百里之施，至狹也，而道之興廢繫焉。是數事皆未及成，豈不有命與！然知而不為，徒責命之興廢，則非矣。此吾所以不敢不盡心也。」

在澶州日，修橋少一長梁，曾博求之民間。後因出入，見林木之佳者，必起計度之心。因語以戒學者，心不可有一事。

明道終日坐，如泥塑人，然接人渾是一團和氣，所謂「望之儼然，即之也溫」。

張子厚學成德尊，識者謂與孔子為比。然猶祕其學，不多為人講之。其意若曰：「雖復多聞，不務畜德，徒善口耳而已。」故不屑與之言。先生謂之曰：「道之不明于天下也久矣！人善其所習，自謂至足。必欲如孔門『不憤不啟，不悱不發』，則師資勢隔，而先王之道或幾乎息矣。趣今之時，且當隨其資而誘之，雖識有明暗，志有淺深，亦各有得焉，而堯、舜之道庶可馴致。」子厚用其言，故關中學者躬行之多，與洛人並。推其所自，先生發之也。

劉立之曰：「先生德性充完，粹和之氣盎于面背，樂易多恕，終日怡悅，未嘗見其忿厲之容。」某問以臨民，曰：「使民各輸其情。」又問御史，曰：「正己以格物。」

又曰：「先生平生與人交，無隱情，雖童僕必託以忠信，故人亦忍欺之。嘗自澶淵遣奴持金詣京師貿用物，計金之數可當二百千，奴無父母妻子，同列聞之，莫不駭且誚。既奴持物如期而歸，衆始歎服。」

陳忠肅公瓘嘗作《責沈文》送其侄孫淵幾叟云：「葉公沈諸梁問孔子于子路，子路不對。葉公當世賢者，魯有仲尼而不知，宜乎子路之不對也。」

范淳夫曰：「顏子之不遷不貳，惟伯淳有之。」

邵伯溫曰：「元豐八年三月五日，神宗升遐，詔至洛，故相韓康公為留守，程宗丞伯淳為汝州酒官，會以檄來，舉哀于府。既罷，謂康公之子兵部宗師曰：『顥以言新法不便忤大臣，同列皆謫官，顥獨除監司，顥不敢當，辭之。念先帝見知之恩，終無以報。』已而泣。兵部曰：『今日朝廷之事如何？』宗丞曰：『司馬君實、呂晦叔作相矣。』兵部曰：『二公果作相，當如何？』宗丞曰：『當與元豐大臣同。

若先分黨與，他日可憂。』兵部曰：『何憂？』宗丞曰：『元豐大臣皆嗜利者，使自變其已甚害民之法，則善矣。不然，衣冠之害未艾也。君實忠直，難與議。晦叔解事，恐力不足爾。』既而二公果並相，召宗丞，未行，以疾卒。宗丞為溫公、申公所重，使不早死，更相調護協濟于朝，則元祐朋黨之論無自而起矣。論此事時，范淳夫、朱公掞、杜孝錫、伯溫同聞之。今年四十，而其言益驗，故表而出之。」

侯仲良曰：「朱公掞見明道于汝州，歸謂人曰：『某在春風中坐了一月。』」

胡敬齋曰：「明道天資高，本領純粹，其學自大本上流出，于細微處又精盡。」

又曰：「明道才大德盛，當時入朝建言，若依他做，三代之治可運于掌，惜乎神宗惑于王安石功利之言而不能用也。當時神宗甚欲有為，亦甚聰明，安石亦才高，故明道俱要格其心，已被明道感動了。明道雖去，神宗眷眷懷之，安石亦言感公誠意。當時被張天祺等攻激太過，遂不能從。故明道深惜此機會，以為兩分其罪。」

羅整庵曰：「張子《正蒙》『由太虛，有天之名』數語，亦是將理氣看作二物。其求之不為不深，但語涉牽合，殆非性命自然之理也。嘗觀程伯子之言有云：『上天之載，無聲無臭。其體則謂之易，其用則謂之神，其命于人則謂之性。』只將數字剔撥出來，何等明白！學者若于此處無所領悟，吾恐其終身亂于多說，未有歸一之期也。」

高景逸曰：「先儒惟明道先生看得禪書透，識得禪弊真。」

又曰：「《大學》者，聖學也；《中庸》者，聖心也。匪由聖學，寧識聖心！發二書之祕，教萬世無窮者，先生也。淵乎微乎！非先生，學者不識天理為何物矣。不識天理，不識性為何物矣。是儒者至善極處，是佛氏毫釐差處。」

唐一菴曰：「明道之學，嫡衍周派，一天人，合內外，主于敬而行之以恕，明于庶物而察于人倫，務于窮神知化而能開物成務，就其民生日用而非淺陋固滯。不求感而物應，未施信而民從。筮仕十疏，足以占王道之端倪。惜早世，未極其止。」

百家謹案：伊川之表先生墓，謂孟軻死，聖人之學不傳，學不傳，千載無真儒，先生生于千四百年之後，一人而已。自斯言出，後人群然無異辭也。而要識先生之所以為真儒，千四百年後之一人者何在。蓋由其學本于識仁；識仁，斯可以定性。然仁果何以識？先生曰：「存久自明。」則存養之功為要也。先生又曰：「學者識得仁體，先實有諸己，只要義禮栽培。如求經義，皆栽培之意。」又曰：「學以知為本，且未說到持守。持守甚事？須先在致知。」又曰：「悟則一句句皆是這個。道理已得後，無不是此事也。」夫曰「存久自明」，曰「先實有諸己」，將經義只為栽培，曰「學以知為本」，曰「悟」，將論先生之學者，又疑為禪矣。不知儒、釋之辨，只在有理與無理而已。非必凡內求諸己，務求自得者便是禪；懵懂失向，沿門乞火者便是儒也。先生自道「天理二字，是我自家體貼出來」，而伊川亦云「性即理也」，又云「人只有個天理，卻不能存得，更做甚人」，兩先生之言，如出一口。此其為學之宗主，所以克嗣續洙泗而迥異乎異氏之滅絕天理者也。至于先生之德性和粹，劉安禮謂從先生三十餘年，未嘗見其忿厲之容。而于興造禮樂，制度文為，下及兵刑水利之事，無不悉心精練。使先生而得志有為，三代之治不難幾也。顧裕陵亦有意于先生，而不容于安石之褊拗，且年壽亦不永。富鄭公曰：「伯淳無福，天下之人也無福。」信哉！

識仁篇

學者須先識仁。仁者，渾然與物同體，義、禮、智、信皆仁也。識得此理，以誠敬存之而已，不須防檢，不須窮索。若心懈，則有防；心苟不懈，何防之有！理有未得，故須窮索；存久自明，安待窮索！此道與物無對，「大」不足以明之。天地之用，皆我之用。孟子言「萬物皆備于我」，須「反身而誠」，乃為大樂。若反身未誠，則猶是二物有對，以己合彼，終未有之，又安得樂！《訂頑》意思，（横渠西銘，舊名《訂頑》。）乃備言此體，以此意存之，更有何事。「必有事焉而勿正，心勿忘，勿助長」，未嘗致纖毫之力，此其存之之道。若存得，便合有得。蓋良知良能，元不喪失。以昔日習心未除，卻須存習此心，久則可奪舊習。此理至約，惟患不能守。既能體之而樂，亦不患不能守也。（《河南程氏遺书》卷第二上，又見《二程集》上，中華書局一九八一年版，第十六－十七頁。）

劉蕺山曰：程子首識仁，不是教人懸空參悟，正就學者隨事精察力行之中，先與識個大頭腦所在，便好容易下工夫也。識得後，只須用葆任法，曰「誠敬存之」而已。而勿忘、勿助之間，其真用力候也。蓋天理微妙之中，著不得一毫意見伎倆，與之湊泊。纔用纖毫之力，便是以己合彼之勞矣，安得有反身而誠之樂。誠者，自明而誠之謂。敬者，一于誠而不二之謂。誠只是誠此理，敬只是敬此誠，何力之有！後人不識仁，將天地間一種無外之理，封作一膜看，因并不識誠敬，將本心中一點活潑之靈，滯作一物用，胥失之矣！良知良能是本心，昏昧放逸是習心。向來不識此理，故種種本心為習心用；今來既識此理，故種種習心為本心轉。又何患不存之，又存而不能期月守也？此程子見道分明語也。乃先儒以為地位高者之事，非淺學可幾，學者只合說「克己復禮為仁」。周海門先生深不然之，以為「不識仁而能復禮者無有」，是處極為有見。而顧涇陽先生則云：「學者極喜舉程子識仁。但昔人是全提，後人只是半提。『仁者，渾然與物同體，義禮智信皆仁也』，此全提也。後人只說得『渾然與物同體』，而遺卻下句，此半提也。『識得此理，以誠敬存之，不須防檢，不須窮索』，此全提也。後人只說得『不須』二句，而遺卻上句，此半提也。」尤見衛道之苦心矣！

又曰：朱子謂程子《識仁篇》乃地位高者之事，故《近思錄》遺之。然「誠敬存之」四字，自是中道而立。

又曰：《識仁》一篇，總只是狀仁體合下來如此，當下認取，活潑潑地，不須著纖毫氣力，所謂「我固有之」也。然誠敬為力，乃是無著力處。蓋把持之存，終是人為；誠敬之存，乃為天理。只是存得好，便是誠敬，誠敬就是存也。存正是防檢，克己是也；存正是窮索，擇善是也。若泥不須防檢窮索，則誠敬存之當在何處？未免滋高明之惑。子靜專言此意，固有本哉！

顧涇陽曰：程伯子曰「仁者渾然與物同體」，只此一語已盡，何以又云「義禮智信皆仁」也？始頗疑其為贅。及觀世之號識仁者，往往務為圓融活潑，以外媚流俗而內濟其私，甚而蔑棄廉恥，決裂繩墨，閃鑠回互，誑己誑人，曾不省義禮智信為何物，猶偃然自命曰仁也，然後知伯子之意遠矣！

宗羲案：明道之學，以識仁為主，渾然太和元氣之流行，其披拂于人也，亦無所不入，庶乎「所過者化」矣！故其語言流轉如彈丸，說「誠敬存之」便說「不須防檢，不須窮索」，說「執事須敬」便說「不可矜持太過」，惟恐稍有留滯，則與天不相似。此即孟子說「勿忘」，隨以「勿助長」救之，同一埽跡法也。鳶飛魚躍，千載旦暮。朱子謂：「明道說話渾淪，然太高，學者難看。」又謂：「程門高弟，如謝上蔡、游定夫、楊龜山，下稍皆入禪學去。必是程先生當初說得高了，他們只睥見上一截，少下面著實工夫，故流弊至此。」此所謂程先生者，單指明道而言。其實不然。引而不發，以俟能者。若必魚筌兔跡，以俟學人，則匠、羿有時而改變繩墨，彀率矣。朱子得力于伊川，故于明道之學，未必盡其傳也。

百家謹案：先遺獻《孟子師說》解「必有事焉」：「此與明道識仁之意相合。『正』是把捉之病，『忘』是間斷之病，『助』是急迫之病。故曰『不須防檢，不須窮索』，『未嘗致纖毫之力』。蓋存得好就是誠敬，誠敬就是存也。存正是防檢，克己是也；存正是窮索，擇善是也。若外此而為防檢窮索，便是人為，未有不犯三者之病也。」

百家又憶姜定庵先生希轍嘗于其家兩水亭問先遺獻「學而時習」之解，答云：「《白虎通》云：『學者，覺也，覺悟所未知也。』朱子曰：『學之為言效也，總是工夫之名。』荀子所謂『誦數以貫之，思索以通之，為其人以處之，除其害以持養之』，皆是。然必有所指之的，則合其本體而已矣，明道之識仁是也。『時習』者，孟子：『必有事焉而勿正，心勿忘，勿助長也。』明道：『識得此理，以誠敬存之而已，不須防檢，不須窮索。若心懈，則有防心；苟不懈，何防之有！理有未得，故須窮索；存久自明，安待窮索！』蓋其間調停節候，如鳥之肆飛，沖然自得，便是『說』也。」

附百家《求仁篇》：孔門之學，莫大于求仁。求仁之外，無餘事矣。顧未知仁之奚若，于何求之？故明道云：「學者須先識仁。」第仁道至大，無可名言，又非懸空想像可得。即《識仁篇》所言「仁者渾然與物同體，義禮智信皆仁也」，雖其言仁大旨已盡，而在學者仍未易識如何之為渾然，如何之為義禮智信而為仁也。繼此云「識得此理，以誠敬存之而已」，則又是識後之工夫。其識前之工夫，止于「不須窮索」句中帶補出「存久自明」句，而存之之道在「必有事焉而勿正，心勿忘，勿助長」，是程子于識前識後俱以一「存」統之也。而先儒以為此地位高者之事，非淺學可幾，然則為淺學者于何而可以識仁？仁不易遽識，仍當于未識前思所以求之之方，此末史《求仁篇》之所由作也。夫天下沿流而不獲者，則當溯其源。求仁之言，出于孔子，則當還自孔子之言仁者以求之。顏淵問仁，子曰：「克己復禮為仁。」禮，天則也，攝心之規矩也。心不踰乎矩，而有不仁者乎？此以禮求仁也。仲弓問仁，子曰：「出門如見大賓，使民如承大祭。己所不欲，勿施于人。」朱子曰：「敬以持己，恕以及物，則私意無所容，而心德全矣。」此以敬恕求仁也。司馬牛問仁，子曰：「仁者，其言也訒。」此言顧行，行顧言，心存乎慥慥而不自知其緘默，以求仁也。樊遲問仁，子曰「愛人」，曰「先難而後獲」，曰「居處恭，執事敬，與人忠」，此以仁者之心，胞與為懷，自強遠利，無在而不存，以求仁也。子貢問為仁，子曰：「事其大夫之賢者，友其士之仁者。」此求仁于友輔者也。子張問仁，子曰：「能行五者于天下，為仁矣。」此求仁于感應者也。其在人而直與之以仁者，于微、箕、比干則曰「殷有三仁」，于伯夷、叔齊則曰「求仁而得仁」，蓋五人跡雖不同，俱能以此惻怛之苦心，懇摯婉轉于倫類間，而克全其至性者也。于顏子曰「三月不違」，與其不遷不貳，復禮而庶幾也。于管仲曰「如其仁」，就其功亦可稱也。至于仲弓可使南面矣，子路可使治賦矣，冉有可使為宰矣，子華可使掌朝會矣，皆曰「不知其仁」，不欲以才混德也。子文之忠，文子之清，曰「未知，焉得仁」，不可以一節概生平也。宰我之食稻衣錦，季氏之舞佾歌《雍》，直斥之為「不仁」，惡忘親，嚴犯分也。慨好仁，惡不仁之未見，中心安仁者天下一人，言夫全德之難其人也。一日用力，力無不足，我欲仁，仁斯至，言夫奮往之當決其機也。其他如仁者不憂，仁者有勇，觀過知仁，殺身成仁，仁者靜，仁能守，立人達人，能好人，能惡人，無終食之間違仁，力行剛毅木訥近仁，亦既詳矣。而後儒則以為聖人之言仁雖多，究未曾正定說出，使學者有畫一可由之路，于是紛紛各立宗旨，以矜獨得，一似乎孔子有漏義，乃賴後儒之補救也。曾不知聖人之言，如詔入室，學者得門，八面皆可入。況于哀公問政之對，昭然已直揭其體，實指其功，曰：「仁者，人也，親親為大。」此聖人爾后之告，實為言仁之宗主，當時之人，孰不知之。惟以聖門有此一言為之主，故其餘之言皆可因人隨事以指點，總不失斯言之會歸耳。試以證之。孟子曰：「仁也者，人也。」「親親，仁也」「仁之實，事親是也。」孔、孟之言仁，如出一口，柰何不察，後之君子，謂吾性中曷嘗有孝弟來，而反以孝弟也者為仁之本，故解作好仁之本，明自背于孔，孟與！總之，後儒謂性生于有生之初，知覺發于既生之後。性，體也；知覺，用也。性，公也；知覺，私也。不可即以知覺為性。愛親敬長屬乎知覺，故謂性中無孝弟，而必推原其上一層。不知性雖為公共之物，而天命于人，必俟有身而後有性。吾身由父母而生，則性亦由父母而有。性由父母而有，似屬一人之私，然人人由父母而有，則仍是公共之物。夫公共之物，宜非止以自愛其親，然人人之所以自愛其親，正以見一本大同之道。所以孔子曰：「夫孝，天之經也。」謂之天經者，蓋以此愛親之心具自孩提之童，不學不慮，一本乎天，乃吾良知良能之知覺，即性體也。及長而知敬兄者，此也；忠君者，此也；勇戰者，此也；仁民愛物者，此也。無二心也。故曰：「孝弟之至，通于神明，光于四海」「堯、舜之道，孝弟而已矣。」而猶謂孝弟之非仁，乃藐之而他是求邪？且佛氏之言性，何嘗不精，所以為異端者，正以不就人言性，求性于父母未生前，合含生蠢動以為本覺，于是其視父母也甚輕。害道之大，全在于此。孔子言性，止就人而言。故孟子道性善，亦曰「人無有不善」，不合牛犬于内也。言仁則曰「親親」，以無父母即無此身，父母即天地，我與父母固結而不可解之心，不知其所自來，此天然之至性，乃所謂仁也。儒、釋之界限惟此，吾儒胡為而復墮其霧乎？王塘南曰：「聖學主于求仁，而仁體最難識。若未能識仁，只從孝弟上懇惻以求盡其力。當其真切于孝弟時，此心油然藹然而不能自已，則仁體即此可默會。」先遺獻曰：「人生墮地，分父母以為氣質，從氣質而有義禮。則義理之發源，在於父母。人能事以父母為心，便是天理，便是仁也。」嗚呼！孔、孟求仁之學，惟塘南與先遺獻，可謂撥雲霧而睹青天矣！

楊開沅謹案：「仁者渾然與物同體」，即《大學》「格物」之物，所謂「有物有則」也。「此道與物無對」，即《大學》《中庸》必慎之獨，天命之性體也。惟萬物皆備于我，所以同體；推而放之四海而準，所以無對。

定性書

百家謹案：横渠張子問于先生曰：「定性未能不動，猶累于外物，何如？」先生因作是篇。

所謂定者，動亦定，静亦定，無將迎，無内外。苟以外物為外，牽己而從之，是以己性為有内外也。且以己性為隨物于外，則當其在外時，何者為在内？是有意于絶外誘，而不知性之無内外也。既以内外為二本，則又烏可遽語定哉！夫天地之常，以其心普萬物而無心；聖人之常，以其情順萬物而無情。故君子之學，莫若廓然而大公，物來而順應。《易》曰：「貞吉，悔亡。憧憧往來，朋從爾思。」苟規規于外誘之除，將見滅于東而生于西也，非惟日之不足，顧其端無窮，不可得而除也。人之情各有所蔽，故不能適道，大率患在于自私而用智。自私，則不能以有為為應跡；用智，則不能以明覺為自然。今以惡外物之心，而求照無物之地，是反鑑而索照也。《易》曰：「艮其背，不獲其身。行其庭，不見其人。」孟氏亦曰：「所惡于智者，為其鑿也。」與其非外而是内，不若内外之兩忘也。兩忘，則澄然無事矣。無事則定，定則明，明則尚何應物之為累哉！聖人之喜，以物之當喜；聖人之怒，以物之當怒。是聖人之喜怒，不繫于心而繫于物也。是則聖人豈不應于物哉？烏得以從外者為非，而更求在内者為是也？今以自私用智之喜怒，而視聖人喜怒之正，為何如哉？夫人之情易發而難制者，唯怒為甚。第能于怒時遽忘其怒，而觀理之是非，亦可見外誘之不足惡，而于道亦思過半矣。（《河南程氏文集》卷第二，又見《二程集》上，中華書局一九八一年版，第四六〇—四六一頁。）

百家謹案：先生他日又曰：「治怒為難，治懼亦難，克己可以治怒，明理可以治懼。」

劉蕺山曰：「此伯子發明主静立極之說，最為詳盡而無遺也。稍分六段看，而意皆融貫，不事更端，亦不煩詮解。今姑為之次第：

首言動静合一之理，而歸之常定，乃所以為静也。是内非外，非性也；離動言静，非静也。『天地之常』以下，即天地之道以明聖人之道不離物以求静也。『人之情』以下，言常人之情自私用智，所以異于聖人而終失其照物之體也。『《易》曰』以下，又引《大易》、孟子之言以明自私用智之必不然也。『聖人之喜』以下，又即聖人應物之情以明外物之不足惡。而『夫人之情』以下，又借怒之一端，于極難下手處得定性之法如此，又以見外物之不足惡也。合而觀之，主静之學，性學也。『人生而静，天之性也。感于物而動，性之欲也。』聖人常寂而常感，故有欲而實歸于無欲，所以能盡其性也。常人離寂而事感，離感而求寂，故去欲而還以從欲，所以自汩其天也。主静之説，本千古祕密藏，即横渠得之，不能無疑。向微程伯子發明至此，幾令千古長夜矣。」

百家謹案：「性無内外」云者，羅整菴云：「内外只是一理也。」「情順萬物而無情」者，先遺獻云：「此語須看得好。孔子之哭顔淵，堯、舜之憂，文王之怒，所謂『情順萬物』也。若是無情，則内外兩截，此正佛氏之消煞也。『無情』只是無私情，如下文聖人之喜怒，以物之當喜怒，而無自私用智之喜怒。」

百家又案：嘉靖中，胡柏泉松為太宰，疏解《定性書》，會講于京師，分作四層：「一者，天地之常，心普物而無心，此是天地之定。二者，聖人之常，情順物而無情，此是聖人之定。三者，君子之學，廓然大公，物來順應，此是君子之定。四者，吾人第于怒時遽忘其怒，觀理是非，此是吾人之定。吾人希君子，君子希聖人，聖人希天地。」是日，天下計吏俱在京，咸會于象房所，約五千餘人。羅近溪、耿天臺、周都峰、徐龍灣並參講席，莫不飽飫斯義。

語録

《詩》《書》中凡有一個主宰的意思，皆言帝；有一個包涵徧覆的意思，則言天；有一個公共無私的意思，則言王。上下千百歲中，若合符契。言天之自然者謂之天道，言天之賦予萬物者謂之天命。

《繫辭》曰：「形而上者謂之道，形而下者謂之器。」又曰：「立天之道，曰陰與陽。立地之道，曰柔與剛。立人之道，曰仁與義。」又曰：「一陰一陽之謂道。」陰陽亦形而下者也，而曰「道」者，惟此語截得上下最分明，元來只此是道，要在人默而識之也。

忠信所以進德。「終日乾乾」君子當終日對越在天也。蓋「上天之載，無聲無臭」，其體則謂之易，其理則謂之道，其用則謂之神，其命于人則謂之性，率性則謂之道，修道則謂之教。孟子在其中又發揮出浩然之氣，可謂盡矣。故説神「如在其上，如在其左右」；大小疑事，而只曰「誠之不可掩」。徹上徹下，不過如此。形而上為道，形而下為器，須著如此説。器亦道，道亦器。但得道在，不繫今與後，己與人。《中庸》言誠，便是神。

惟神也，故不疾而速，不行而至。神無速，亦無至。須如此言者，不如是不足以形容故也。

冬夏寒暑，陰陽也；所以運用變化者，神也，神無方，故易無體。若如或者別立一天，謂人不可以包天，則有方矣，是二本也。

生生之謂易，生生之用則神也。

「窮神知化」，化之妙者，神也。

劉蕺山曰：「神更不說體。精義入神，以致用也。神無方，化之妙處即是，故以用言。」

楊開沅謹案：誠便是神之體。但體物不遺，故不可以體言。「鼓萬物而不與聖人同憂」。聖人，人也，故不能無憂。天，則不為堯存，不為桀亡者也。

天地日月一般。月受日光，而日不為之虧，然月之光乃日之光也。地氣不上騰，則天氣不下降。天氣降而至于地，地中生物者皆天氣也。雖無成而代有終者，地之道也。

劉蕺山曰：「先升而後降，如何？」

乾，陽也，不動則不剛。其靜也專，其動也直，不專一則不能直遂。坤，陰也，不靜則不柔。其靜也翕，其動也闢，不翕聚則不能發散。言「有無」則多有字，言「無無」則多無字，有無與動靜同。如冬至之前天地閉，可謂靜矣，而日月星辰亦自運行而不息，謂之無動，可乎？但人不識有無動靜耳！

咸、恒，體用也。體用無先後。

劉蕺山曰：「神化原是一個。」

天地萬物之理，無獨必有對。皆自然而然，非有安排也。每中夜以思，不知手之舞之，足之蹈之也。

萬物莫不有對：一陰一陽，一善一惡；陽長則陰消，善增則惡減。斯理也，推之其遠乎？人只要知此耳。

質必有文，自然之理必有對待，生生之本也。有上則有下，有此則有彼，有質則有文。一不獨立，二則為文。非知道者，孰能識之。

天文，天之理也；人文，人之理也。

劉蕺山曰：「一不獨立便是二，不是一以生二。正如月落萬川，處處皆圓。月本水之精，即水成象，不是假象。纔看是一个，隨看卻是千萬个，千萬个卻是一个。在天非一，在川非萬。一者是質，萬者是文。」

「一陰一陽之謂道」，自然之道也。「繼之者善也」，有道則有用，「元者善之長」也。成之者卻只是性，「各正性命」也。故曰：「仁者見之謂之仁，知者見之謂之知，百姓日用而不知，故君子之道鮮矣。」如此，則亦無始，亦無終；亦無因甚有，亦無因甚無；亦無有處有，亦無無處無。

劉蕺山曰：「說『陰陽不測之謂神』便是，不有道字，幾落禪詮。」

古今異宜，不惟人有所不便，至于風氣亦自別也。

視聽思慮動作，天也。人于其中，要識得真與妄耳。

天下善惡皆天理。謂之惡者，非本惡，但或過或不及，便如此。如楊、墨之類。

事有善有惡，皆天理也。天理中物，須有美惡。蓋物之不齊，物之情也。但當察之，不可自入于惡，流于一物。

劉蕺山曰：「物有善惡，神無善惡。無善無惡，乃為至善。吾輩時常動一善念，細揣之，終是多這念。有這念，便有比偶；有比偶，便有負勝。譬如一疋絹，纔說細，便有麤者形他，又有更細者形他。故曰「毛猶有倫」。○盈天地間皆道也，學者須是擇乎中庸。事之過不及處便是惡事，則念之有依著處便是惡念。擇善卻不在事上，直證本心始得。」

問：「心有善惡否？」曰：「在天為命，在義為理，在人為性，主于身為心，其實一也。心本善，發于思慮則有善有不善。若既發，則可謂之情，不可謂之心。譬如水只謂之水，至如流而為派，或行于東，或行于西，卻謂之流也。」

劉蕺山曰：「溯流尋源，其必由學乎！學者但養得未發之中，思過半矣。」

嘗論以心知天，猶居京師往長安，但知出西門便可到長安，此猶是言作兩處。若要至誠，只在京師便是到長安，更不可別求長安。只心便是天，盡之便知性，知性便知天。當處便認取，更不可外求。

「窮理、盡性，以至于命」，三事一時並了，元無次序。不可將窮理作知之事。若實窮得理，即性命亦可了。

昔在長安倉中閒坐，後見長廊柱，以意數之，己尚不疑。再數之，不合；不免令人一一聲言而數之，乃與初數者無差。則知越著心，把捉越不定。

劉蕺山曰：「把捉正是障。」

人心不得不所繫。

醫書言手足痿痺為不仁，此言最善名狀。仁者以天地萬物為一體，莫非己也。認得為己，何所不至。若不有諸己，自與己不相干，如手足不仁，氣已不貫，皆不屬己。故博施濟眾，乃聖人之功用。仁至難言，故曰：「己欲立而立人，己欲達而達人。能近取譬，可謂仁之方也已。」欲令如是觀仁，可以得仁之體。

切脈最可體仁。

劉蕺山曰：脈脈不斷，正此仁生生之體無間斷，故無痿痺。一斷，便死了。不仁者，如邵子所謂「不知死過幾萬徧，卻是不曾生」一般。剛毅木訥，質之近乎仁也。力行，學之近乎仁也。若夫至仁，則天地為一身，而天地之間品物萬形為四肢百體。夫人豈有視四肢百體而不愛者哉？聖人，仁之至也，獨能體是心而已，曷嘗支離多端，而求之自外乎！故「能近取譬」者，仲尼所以示子貢求仁之方也。醫書以手足風頑謂之四體不仁，為其疾痛不以累其心故也。夫手足在我，而疾痛不與知焉，非不仁而何！世之忍心無恩者，其自棄亦若是而已。

滿腔子是惻隱之心。

百家謹案：《孟子師說》：「滿腔子是惻隱之心，此意周流而無間斷，即未發之喜怒哀樂是也。遇有感觸，忽然迸出來，無內外之可言也。先儒言惻隱之有根源，未嘗不是，但不可言發者是情，存者是性耳。擴充之道，存養此心，使之周流不息，則發政施仁，無一非不忍人之心矣。」政又案：「但不可言發者是情，存者是性」二句，一時恐未必得解人，百世以俟聖人而不惑。

不學，便老而衰。

百家謹案：先遺獻每道此語，且云體驗實然。

舍己從人，最為難事。己者我之所有，雖痛舍之，猶懼守己者固而從人者輕也。

明道見謝子記問甚博，曰：「賢卻記得許多。」謝子不覺面赤身汗，先生曰：「只此便是惻隱之心！」

「人語言緊急，莫是氣不定否？」曰：「此亦當習。習到自然緩時，便是氣質變也。學至氣質變，方是有功。」

楊、墨之害甚于申、韓，佛、老之害甚于楊、墨。楊氏為我，疑于仁；墨氏兼愛，疑于義；申、韓則淺陋易見。故孟子只闢楊、墨，為其惑世之甚也。佛氏其言近理，又非楊、墨之比，此所以為害尤甚。楊、墨之害亦經孟子闢之，所以廓如也。

百家謹案：《孟子師說》曰：「仁義者，無所為而為之者也。楊氏為我，墨氏兼愛。淳于髡『先名實者為人，後名實者自為』，即此也。戰國儀、秦、鬼谷，凡言功利者，莫不出此二途。楊、墨是其發源處，故孟子言『天下之言不歸楊，則歸墨』，所以遂成戰國之亂。害事，謂凡人所行；害政，謂各國所為。若是推其流弊，恐其後來，何以言『盈天下』乎？無父無君之禍，正是指當時而言也。朱子言：『無君，只是潔身自高，天下事教誰理會？無父，以其枯槁澹泊，其孝不周。』據如此言，即有之，亦是一身一家之事，孟子何至痛切如此？揚之雲謂：『古者楊、墨塞路，孟子辭而闢之，廓如也。』真是夢語！楊、墨之道，至今未熄。程子曰：『楊，墨之害甚于申、韓，佛、老之害甚于楊、墨。佛、老其言近理，又非楊、墨之比。』愚以為佛氏從生死起念，只是一個自為，其發願度眾生，亦即是一個為人，何曾離得楊、墨窠臼。豈惟佛氏，自科舉之學興，儒門那一件不是自為為人？自古至今，只有楊、墨之害，更無他害。朱子言：『孟子雖不得志于時，然楊、墨之害自是滅息，而君臣父子之道賴以不墜，是亦一治也。』豈其然哉！孟子方痛其不能滅息，而以口舌爭之，所謂『夫天未欲平治天下也』，庶幾望之後人之能言距楊、墨者，正是言其久亂而不治也。」

觀雞雛，可以觀仁。

劉蕺山曰：「豈惟雞雛。盈天地間，並育並行，莫不足觀仁。」

天地之大德曰生。天地絪緼，萬物化醇。生之謂性。萬物之生意最可觀，此元者善之長也，斯所謂仁也。人與天地一物也，而人特自小之，何哉？

孟子曰：「仁也者，人也。合而言之，道也。」《中庸》所謂「率性之謂道」是也。仁者，人此者也。「敬以直內，義以方外」，仁也。若以敬直內，則便不直矣。行仁義豈有不直乎？「必有事焉而勿正」，則直也。夫能敬以直內，義以方外，則與物同矣。故曰「敬義立而德不孤」。是以仁者無對，放之東海而準，放之西海而準，放之南海而準，放之北海而準。

劉蕺山曰：「仁者，人也。識得此理，存之即是。若不識本來面目，強欲以人為湊泊，則遠人為道矣。敬，即念而存也；義，即事而存也。只此敬義工夫，便將天地萬物打成一片，都存在這裏了。方成其為人。」

楊開沅謹案：敬義立則與物同，即物格也。仁者無對，即慎獨而意誠也。

「博學而篤志，切問而近思」，何以言「仁在其中」？學者要思得之。了此，便是徹上徹下之道。

仲尼言仁，未嘗兼義，獨于《易》曰：「立人之道，曰仁與義。」而孟子言仁，必以義配。蓋仁者體也，義者用也。知義之為用而不外焉者，可以語道矣。世之所論于義者，多外之，不然則混而無別，非知仁義之說者。

劉蕺山曰：只是陰陽。

「士不可以不弘毅，任重而道遠。」重擔子須是硬脊梁漢方擔得。

禮樂只在進反之間，便得性情之正。

聖賢千言萬語，只是欲人將已放之心，約之使反，復入身來，自能尋向上去。下學而上達也。

劉蕺山曰：「識此意，方可言勿忘勿助。不然，亦是說夢。」

學只要鞭辟近裏，著己而已。故博學而篤志，切問而近思，則仁在其中矣。言忠信，行篤敬，雖蠻貊之邦，行矣。言不忠信，行不篤敬，雖州里，行乎哉？立則見其參于前也，在輿則見其倚于衡也，夫然後行，只此是學。質美者明得盡渣滓，便渾化，卻與天地同體。其次惟在莊敬持養。及其至，則一也。

敬勝百邪。

「毋不敬，儼若思，安定辭，安民哉」，君道也。君道即天道也。「出門如見大賓，使民如承大祭」，此仲弓之問仁而仲尼所以告之者，以仲弓為可以事斯語也。「雍也可使南面」，有君之德也。

劉蕺山曰：「荀子二語並稱，亦見他請事斯語，分明篤恭而天下平氣象。卻嫌『四勿』猶落聲臭支離在。而象山又本程子之言以推尊仲弓，不知孔子教人，何嘗不皆是天道，但不可得而聞耳。仲弓資性厚重，而用功于敬，至此夫子只是要打成他一片處，近乎『一貫』之呼矣。荀子雖未為無見，抑亦佛、老之學。即是論性之解，此派相沿，誤盡後人，總之不識所謂天道也。」

毋不敬，可以對越上帝。

中心斯須不和不樂，則鄙詐之心入之矣。此與「敬以直內」同理。謂敬為和樂則不可，然敬須和樂，只是中心沒事也。

學者須敬守此心，不可急迫。當栽培深厚，涵泳于其間，然後可以自得。但急迫求之，終是私己，終不足以達道。

執事須是敬，又不可矜持太過。

學在知其所有，又在養其所有。

若不能存養，只是說話。

「天地設位，而易行乎其中」，只是敬也。敬則無間斷。

「體物而不可遺」者，誠敬而已矣。不誠，則無物也。《詩》曰：「維天之命，於穆不已！於乎不顯，文王之德之純！」純則無間斷。

「天下雷行，物與无妄」，天性豈有妄邪？「聖人以茂對時育萬物」，各使得其性也。无妄，則一毫不可加，安可往也？往則妄矣！

无妄震下乾上，動以天，安有妄乎？動以人，則有妄矣。

欲當大任，須是篤實。

自明而誠，雖多由致曲，然亦有自大體中便誠者。雖亦是自明而誠，謂之致曲則不可。

以己及物，仁也；推己及物，恕也。忠恕一以貫之。忠者天道，恕者人道。忠者无妄，恕者所以行乎忠也。忠者體，恕者用，大本達道也。此與違道不遠異者，動以天耳！

學者不必遠求，近取諸身，只明人理，敬而已矣，便是約處。

劉蕺山曰：「此無欲學聖之旨。」

《易》之乾卦言聖人之學，坤卦言賢人之學。惟言「敬以直內，義以方外，敬義立而德不孤」，至于聖人亦止如是，更無別塗。穿鑿繫累，自非道理。故有道有理，天人一也，更不分別。

楊開沅謹案：「敬以直內」即忠也，「義以方外」即恕也。聖人亦止如是，所以云「一以貫之」。

浩然之氣，乃吾氣也。養而無害，則塞乎天地。一為私意所蔽，則欿然而餒，知其小也。

論「持其志」，曰：「只這個也是私。然學者不恁地不得。」

「先難」，克己也。

問不知如何持守，曰：「且未說到持守。持守甚事？須先在致知。」

悟則句句皆是這個。道理已明後，無不是此事也。

「能近取譬」，反身之謂也。

克己則私心去，自然能復禮。雖不學文，而禮意已得。勿忘勿助之間，正當處也。

良知良能，皆無所由，乃出于天，不繫于人。

人心莫不有知。唯蔽于人欲，則亡天德也。

此實理也，人知而信者為難。孔子曰：「朝聞道，夕死可矣！」生死亦大矣，非誠知道，則豈以夕死為可乎？

宗羲案：父母全而生之，原不僅在形體。聞道，則可以全歸矣。

一行豈所以名聖人。至于聖人，則自不可見，何嘗道「聖人孝」「聖人廉」？

九思各專其一。

「致知在格物」，格，至也。或以格為正物，是二本矣。

「致知在格物」，格，至也。窮理而至于物，則物理盡。

儒者只合言人事，不得言有數。直到不得已處，然後歸之命可也。

昔受學于周茂叔，每令尋仲尼、顏子樂處，所樂何事。

劉蕺山曰：「便說樂道，亦是。只看道是何等物。」

人之學不進，只是不勇。

告神宗曰：「先聖後聖，若合符節。非傳聖人之道，傳聖人之心也。非傳聖人之心也，傳己之心也。己之心無異聖人之心，廣大無垠，萬善皆備。欲傳聖人之道，擴充此心焉耳！」

一命之士，苟存心于愛物，于人必有所濟。

百家謹案：此即是欲立欲達之體。

知至，則便意誠。若有知而不誠者，皆知未至爾。知至而至之者，知至而往至之，乃幾之先見，故曰「可與幾也」。知終而終之，則可與存義也。

死生存亡，皆知所從來，胸中瑩然無疑，止此理耳。孔子言「未知生，焉知死」，蓋略言之。死之事，即生是也，更無別理。

性與天道，非自得之則不知，故曰「不可得而聞」。

大抵學不言而自得者，乃自得也。有安排布置者，皆非自得也。

性靜者可以為學。

且省外事，但明乎善，務進誠心，其文章雖不中，不遠矣。所守不約，汎濫無功。

興于《詩》，立于禮，自然見有著力處。至成于樂，自然見無所用力。

「毛猶有倫」，入毫釐絲忽，終不盡。

不哭的孩兒，誰抱不得？

自「舜發于畎畝之中」，至「孫叔敖舉于海」，若要熟，也須從這裏過。

既得後須放開，不然只是守。

神也者，妙萬物而為言。若上竿、弄瓶，至于斲輪，誠至則不可得而知。上竿初習數尺，而後至于百尺，習化其高。矧聖人誠至之事，豈可得而知。

犯而不校。校則私，非樂天者也。

學者識得仁體，實有諸己，只要義理栽培。如求經義，皆是栽培之意。

世有以讀書為文為藝者。曰：「為文謂之藝，猶之可也；讀書謂之藝，則求諸書者淺矣。」

學者先學文，鮮有能至道。至如博觀泛濫，亦自為害。故先生嘗教謝良佐曰：「賢讀書，慎不要循行數墨。」

昔錄《五經》語作一冊，伯淳見，謂曰：「玩物喪志！」

「生生之謂易。」「天地設位，而易行乎其中。」「乾坤毀，則無以見易。易不可見，乾坤或幾乎息矣。」「易」畢竟是甚？又指而言曰：「聖人以此洗心，退藏于密。」聖人示人之意，至此深且明矣，終無人理會。「易」也，「此」也，「密」也，是甚物？

楊開沅謹案：此即意也，即獨也，即良知之本然，物之當格者也。陽明、蕺山乃為道破耳。

學者須學文，知道者進德而已。有德，則「不習，無不利」。「未有學養子而後嫁」，蓋先得是道矣。學文之功，學得一事是一事，二事是二事，觸類至于千百，至于窮盡，亦只是學，不是德。有德者不如是。故此言可為知道者言，不可為學者言。如心得之，則施于四體，四體不言而喻。譬如學書，若未得者，須心手相須而學；苟得矣，下筆便能書，不必積學。

某寫字時甚敬。非是要字好，即此是學。

劉蕺山曰：「正是要字好。」

百家謹案：《孟子師說》解「必有事焉」引此：「當寫字時，横一為學之心在內，則事與理二，便犯『正』之為病。更轉一語曰：正是要字好。」

因論「口將言而囁嚅」，云：「若合開口時，要他頭，也須開口。須是『聽其言也厲』。」

「萬物皆備于我」，不獨人耳，物皆然。都自這裏出去，只是物不能推，人則能推之。雖能推之，幾時添得一分？不能推之，幾時減得一分？百理具在，平鋪放著。幾時道堯盡君道，添得些君道多？舜盡子道，添得些孝道多？元來依舊！

百家謹案：此則未免説得太高。人與物自有差等，何必更進一層，翻孟子案，以蹈生物平等？撞破乾坤，只一家禪詮。

理則極高明，行之只是中庸也。

能盡飲食言語之道，則可以盡去就之道。能盡去就之道，則可以盡死生之道。飲食言語，去就死生，小大之勢一也。故君子之學，自微而顯，自小而章。

「居處恭，執事敬，與人忠」，此是徹上徹下語。聖人元無二語。

太山為高矣，然太山頂上已不屬太山。雖堯、舜事業，亦只是如太虛中一點浮雲過目。

目畏尖物，此事不得放過，須與放下。室中率置尖物，須以理勝他，尖必不刺人也，何畏之有！

除了身，只是理。便説「合天人」，合天人已是為不知者引而致之。天人無間。夫不充塞則不能贊化育，言「贊化育」，已是離人而言之。

言「體天地之化」，已賸一「體」字。只此便是天地之化，不可對此個別有天地。

楊開沅謹案：若別有天地，則不可謂「獨」矣。故曰：「仁者與物同體。」

至誠可以贊天地之化育，則可以與天地參。贊者，參贊之義，「先天而天弗違，後天而奉天時」之謂也，非謂贊助。只有一個誠，何助之有！

楊開沅謹案：參、贊皆是同體中事。如人一身，目視耳聽，手持足行，不可謂耳有助于目，足有助于手。總是一個誠耳！若手足痿痺，便是不仁矣。

大人者，與天地合其德，與日月合其明，非在外也。

天人本無二，不必言「合」。若不一本，則安得先天而天弗違，後天而奉天時？

道一本也。或謂：「以心包誠，不若以誠包心；以至誠參天地，不若以至誠體人物。」是二本也。知不二本，便是篤恭而天下平之道。

「范圍天地之化而不過」者，模范出一天地耳，非在外也。如此曲成萬物，豈有遺哉！

人須知自慊之道。自慊，無不足也。若有所不足，則張子厚所謂「有外之心，不足以合天心」者也。

人心常要活，則周流無窮，而不滯于一隅。

與叔所問，今日宜不在有疑。今尚差池者，蓋為昔有雜學。故今日疑所進有相似處，則遂疑養氣為有助，便休信此說。蓋前日思慮紛擾，今要虛靜，故以為有助。前日思慮紛擾，又非禮義，又非事故，如是則只是狂妄人耳！懲此以為病，故要得虛靜。其極，欲得如槁木死灰，又卻不是。蓋人，活物也，又安得為槁木死灰？既活，則須有動作，須有思慮。必欲為槁木死灰，除是死也。「忠信所以進德」者，何也？閑邪則誠自存；誠存，斯為忠信也。如何是「閑邪」？非禮而勿聽言動，邪斯閑矣！以此言之，又幾時要身如槁木，心如死灰？又如絕四後畢竟如何，又幾時須如槁木死灰？敬以直內，則須君則是君，臣則是臣。凡事如此，大小直截也。

有形總是氣，無形只是道。

凡有氣，莫非天。凡有形，莫非地。

觀天地生物氣象。

息，止也。止則便生，不止則不生。

「生生之謂易」，是天之所以為道也。天只是以生為道。繼此生理者，只是善也。善便有一個「元」的意思，「元者善之長」。萬物皆有春意，便是「繼之者善」也。「成之者性也」，成卻待他萬物自成其性須得。

「生之謂性」，性即氣，氣即性，生之謂也。人生氣稟，理有善惡，然不是性中元有此兩物相對而生也。有自幼而善，有自幼而惡，是氣稟自然也。善固性也，然惡亦不可不謂之性也。蓋「生之謂性」，「人生而靜」以上不容說，才說性，便已不是性也。凡人說性，只是說「繼之者善」也，孟子言人性善是也。夫所謂「繼之者善」也，猶水流而就下也。皆水也，有流而至海，終無所污，此何煩人力之為也！有流而未遠，固已漸濁；不出而甚遠，方有所濁。有濁之多者，有濁之少者。清濁雖不同，然不可以濁者不為水也。如此，則人不可以不加澄治之功。故用力敏勇，則疾清；用力緩怠，則遲清。及其清也，則卻只是元初水也。亦不是將清來換卻濁，亦不是取出濁來置在一隅也。水之清，則性善之謂也。故不是善與惡在性中為兩物相對，各自出來。此理，天命也；順而循之，則道也；循此而修之，各得其分，則教也。自天命以至于教，我無加損焉。此舜「有天下而不與焉」者也。

「寂然不動，感而遂通」者，天理具備，元無欠少，不為堯存，不為桀亡，父子君臣，常理不易，何曾動來！因不動，故言寂然。惟不動，感便感，非自外也。

復卦非天地之心，復則見天地之心。聖人無復，故未嘗見其心。

心要在腔子裏。

百家謹案：《孟子師說》：「程子言『心要在腔子裏』，腔子指身也。此操存之法。愚則反之曰：『腔子要在心裏。』今人大概止用耳目，不曾用心。識得身在心中，則髮膚經絡皆是虛明。佛氏有人識得心，大地無寸土，何處容其出入？」

百官萬務，金革百萬之眾，飲水曲肱，樂在其中。萬變俱在人，其實無一事。

「不有躬，無攸利。」不立己，後雖向好事，猶為化物不得，以天下萬物撓己。己立後，自能了當得天下萬物。

自「幼子常視毋誑」以上，便是教以聖人事。

舞射便見人誠。古之教人，莫非使之成己。自灑掃應對上，便可到聖人事。灑掃應對便是形而上者，理無大小故也。故君子只在慎獨。

學始于不欺闇室。

楊開沅謹案：純公處處提倡慎獨，不待蕺山也。

風竹是感應無心。如人怒我，勿留胸中，須如風動竹。德至于無我者，雖善言善行，莫非所過之化也。

明德新民，豈分人我，是成德者事。

學者今日無可添，只有可減，減盡，便沒事。

大凡把捉不定，皆是不仁。

知止則自定，萬物撓不動。非是別將個定來助知止也。

愚者指東為東，指西為西，隨象所見而已。智者知東不必為東，西不必為西。惟聖人明于定分，須以東為東，以西為西。

聞見如登九層之臺。

坐井觀天，非天小，只被自家入井中，被井筒拘束了。然井何罪，亦何可廢。但出井中，便見天大。已見天如此大，不為井所拘，卻入井中也不害。

覺悟便是信。

靜後見萬物皆有春意。

須是大其心，使開闊。譬如為九層之臺，須大做腳始得。

克勤小物最難。

大抵有題目，事易合。

凡學之雜者，終只是未有所止，內自不足也。譬如一物懸在室中，苟無所依著，則不之東則之西。故須著摸他道理，只為自家內不足也。譬之家藏良金，不索外求；貧者見人說金，便借他的看。

「天地設位，而易行乎其中矣。」「乾坤毀，則無以見易。易不可見，乾坤或幾乎息矣。」「易」是個甚？易又不只是這一部書，是易之道也。

不要將易又是一個事，即事盡天理，便是易也。

憂子弟之輕俊者，只教以經學念書，不得令作文字。子弟凡百玩好皆奪志。至于書札，于儒者事最近，然一向好著，亦自喪志。如王、虞、顏、柳輩，誠為好人則有之，曾見有善書者知道否？平生精力一用于此，非惟徒廢時日，于道便有妨處，只此喪志也。

二氣五行，剛柔萬殊，聖人所由惟一理。人須要復其初。

李籲問：「每常遇事，即能知操存之意。無事時，如何存得熟？」曰：「古之人，耳之于樂，目之于禮，左右起居，盤盂几杖，有銘有戒，動息皆有養。今皆廢此，獨有義理之養心耳。但存此涵養意，久則自熟矣。敬以直內，是涵養意。言不莊不敬，則鄙詐之心生矣；貌不莊不敬，則怠慢之心生矣。」

或問涵養，曰：「若造得到，更說甚涵養！」

一物不該，非中也。一事不為，非中也。一息不存，非中也。何哉？謂其偏而已矣。故曰：「道也者，不可須臾離也。可離，非道也。」修此道者，「戒慎乎其所不覩，恐懼乎其所不聞」而已。由是而不息焉，則「上天之載，無聲無臭」，可以馴致矣。

惟善通變，便是聖人。

今學者敬而不見，得又不安者，只是心生，亦是太以敬來做事得重。此「恭而無禮則勞」也。恭者，私為恭之恭也；禮者，非體之禮，是自然的道理也。只恭，而不為自然的道理，故不自在也。須是「恭而安」。今容貌必端，言語必正者，非是道獨善其身，要人道如何，只是天理只如此，本無私意，只是個循理而已。

今志于義理而心不安樂者，何也？此則正是賸一個助之長。雖則心操之則存，舍之則亡，然而持之太甚，便是必有事焉而正之也。亦須且恁去，如此者只是德孤。「德不孤，必有鄰」，到德盛後，自無窒礙，左右逢其源也。

涵養到著落處，心便清明高遠。

人雖睡著，其識知自完，只是人與喚覺便是，他自然理會得。

吾學雖有所授受，「天理」二字卻是自家體貼出來。

百家謹案：《樂記》已有「滅天理而窮人欲」之語，至先生始發越大明于天下。蓋吾儒之與佛氏異者，全在此二字。吾儒之學，一本乎天理。而佛氏以理為障，最惡天理。先生少時亦曾出入老、釋者幾十年，不為所染，卒能發明孔、孟正學于千四百年無傳之後者，則以「天理」二字立其宗也。

得此義理在此，甚事不盡，更有甚事出得！視世之功名事業，真譬如閒。視世之仁義者，其煦煦孑孑，如匹夫匹婦之為諒也。自視天來大事，處以此理，又曾何足論！若知得這個義理，便有進處。若不知得，則緣何仰高鑽堅，在前在後也？竭吾才，則又見其卓爾。（語錄大多見于《河南程氏遺書》卷一至卷二十五、《外書》，個別見於《二程粹言》，又見《二程集》上，第一—三二七頁、三五一—四四五頁；《二程集》下，第一一六九—一二七二頁。）

陳治法十事

臣竊謂：聖人創法，皆本諸人情，通乎物理。二帝三王之盛，曷嘗不隨時因革，稱事為制乎？然至于為治之大原，牧民之要道，理之所不可易，人之所賴以生，則前聖後聖，未有不同條而共貫者。如生民之稱有窮，則聖王之法可改。故後世盡其道則大治，用其偏則小康，此歷代彰灼著明之效也。苟或徒知泥古而不能施之于今，姑欲循名而顧忘其實，此固末世陋儒之見，誠不足以進于治矣。然儻謂今世人情已異于古，先王之迹必不可復于今，趨便目前，不務高遠，亦恐非大有為之論，而未足以濟當今之極弊也。獨行之有先後，用之有緩急耳！

古者自天子達于庶人，未有不須師友而成其德者。故舜、禹、文、武之聖，亦皆有所從受學。今師傅之職不修，友臣之義不著，而尊德樂善之風未成，此非有古今之異者也。王者奉天建官，故天地四時之職，二帝三王未之或改，所以修百度而理萬化也。唐存其略，而紀綱小正。今官秩淆亂，職業廢弛，太平之治，鬱而未興，此非有古今之異者也。

天生烝民，立之君，使司牧之，必制之常產以厚其生，經界必正，井地必均，此為治之大本也。唐尚存口分授田之制，今益蕩然。富者田連阡陌，跨州縣而莫之止；貧者日流離，餓殍而莫之卹；倖民猥多，衣食不足而莫為之制。將生齒日繁，轉死日促，制之之道，所當漸圖，此亦非有古今之異者也。古者政教始乎鄉里，其法起于比閭族黨，州鄉酇遂以聯屬，統治其民，故民安于親睦，刑法鮮犯，廉恥易格，此亦人情之自然，行之則效，非有古今之異者也。

庠序學校之教，先王所以明人倫，化成天下者也。今師學廢而道德不一，鄉射亡而禮義不興，貢舉不本于鄉里而行實不修，秀士不養于學校而人材多廢，此較然之事，亦非有古今之異者也。古者府史胥徒受祿公上，而兵農未始判也。今驕兵耗國力，匱國財，極矣。禁衛之外，不漸歸之于農，將大貽深患。府史胥徒之毒徧天下，而目為公人，舉以入官，不更其制，何以善後？此亦至明之理，非有古今之異者也。

古者國有三十年之通餘，九年之食以制國用，無三年之食者，則國非其國。今天下耕之者少，食之者眾，地力不盡，人功不勤，雖富室強宗，鮮有餘積，況其貧弱者乎！一遇年歲之凶，即盜賊縱橫，飢羸滿路。如不幸有方三二千里之災，或連年之歉，當何以處之？宜漸從古制，均田務農，俾公私交務于儲餘，以豫為之備，未可以幸為恃也。古者四民各有常職，而農者十居八九，故衣食易給而民無所苦。今京師浮民數逾百萬，游手游食，不可貲度，其窮蹙辛苦，孤貧疾病，變詐巧偽以自求生，而常不足以生，日益歲滋。宜酌古變今，均多卹寡，漸為之業以振救其患。聖人奉天理物之道，在乎六府，六府之任，列之五官，山虞澤衡，各有常禁，夫是以萬物阜豐而財用不乏也。今五官不修，六府不治，用之無節，取之不時，林木焚赭，斧斤殘傷，而川澤漁獵之繁，暴殘耗竭，而侵尋不禁。宜修古虞衡之職，使將養之，以成變通長久之利。古冠婚喪祭，車服器用，差等分別，莫敢逾僭，故財用易給而民有常心。今禮制未修，奢靡相尚，卿大夫之家莫能中禮，而商販之類或踰王公，禮制不足以檢飭人情，名數不足以旌別貴賤，詐虞攘奪，人人求厭其欲而後已，此大亂之道也。因先王之法，講求而損益之。凡此，皆非有古今之異者也。然是特其端緒，必可施行之驗也云爾。如科條度數、施為注措之道，必稽之經制而合，施之人情而安，惟聖明博擇其中！（《河南程氏文集》卷一，又見《二程集》上《論十事劄子》，中華書局一九八一年版，第四五二—四五五頁。）

百家謹案：先生所上神宗《陳治法十事》，觀其文彩，似乎不足，案其時勢，悉中肯綮，無一語非本此中至誠之流露也。此真明體達用之言。胡敬齋曰：「若依他做，三代之治可運之掌，惜惑于王安石而不能用也。」

明道門人

博士劉質夫先生絢

劉絢，字質夫，其先常山人，後徙河南。祖舜卿，虞部郎中；父師旦，朝散大夫。先生以祖蔭為壽安縣主簿，移潞之長子令。督公逋，如期而集，迄去不笞一人。歲大旱，府遣吏視傷，所蠲稅十二三，先生力爭不得，還其榜，請易之。富鄭公歎曰：「劉絢，古縣令也！」元祐初，侍郎韓公維、樞密王公巖叟相繼以經明行修薦，為京兆府教授，又為太學博士。卒，年四十三。

先生生質明粹，長而溫恭，自髫齔時即事二程，受學焉。所受有本末，所知造淵微，知所止矣，孜孜焉不知其他也。天性孝弟樂善，而不為異端所惑；內日加重，而無交戰之病。明道嘗謂人曰：「他人之學，敏則有之，未易保也。斯人之至，吾無疑焉！」少通《春秋》，祖于程氏，專以孔、孟之言斷經意，作傳未就。既病，與李端伯言曰：「每瞀悶時，正坐端意，氣即下。平居持養，氣可忽乎！」同舍呂與叔過問疾，先生曰：「死生常理，無足言者。獨念累吾親爾！」

先生歿，伊川哭之曰：聖學不傳久矣！吾生百世之後，志將明斯道、興斯學于既絕，力小任重而不懼其難者，蓋亦有冀矣。以謂苟能使知之者廣，則用力者眾，何難之不易也。遊吾門者眾矣，而信之篤、得之多、行之果、守之固若子者幾希。方賴子致力以相輔，而不幸遽亡，使吾悲傳學之難。則所以惜子，豈止遊從之情哉！

程子曰：「質夫沛然。」

侯仲良曰：「明道和平簡易，惟劉絢庶幾似之。」

謝上蔡曰：「諸君留意《春秋》之學，甚善。向見程先生言，須要廣見諸家之說。其門人惟劉質夫得先生旨意為多。」

校書李端伯先生籲

見《康節學案》。

監場謝上蔡先生良佐

見《上蔡學案》。

文靖楊龜山先生時

見《龜山學案》。

文肅游廌山先生酢

見《廌山學案》。

龍學呂晉伯先生大忠

見《藍田學案》。

教授呂和叔先生大鈞

見《藍田學案》。

正字呂藍田先生大臨

見《藍田學案》。

侯荊門先生仲良

侯仲良，字師聖，河東人，二程子舅氏華陰先生無可之孫。人有欲館先生于其門者，先生造焉，則壁垂佛像，几積佛書，其家人又常齋素，欲先生從之，先生遂行。或問之，先生曰：「疏食，士之常分。若食彼之食，則非矣。吾聞用夏變夷，未聞變于夷者也。」人有父在而身為祖母忌日飯僧者，召先生，先生不往。或問之，先生曰：「主祭祀者，其父也，而子當之，則無父矣。吾何往焉！」

胡文定《與楊大諫書》云：「侯某去春自荊門潰卒甲馬之中脱身，相就于漳水之濱，今已兩年。其安于羈苦，守節不移，固所未有。至于講論經術，則通貫不窮；商搉時事，則纖微皆察。因遣子宏從之遊。」

尹和靖曰：「伊川謂侯子議論，只好隔壁聽。」

朱子說侯子《論語》曰：「詳味此言以驗此書，竊謂其學大抵明白勁正，而無深潛縝密沈浸濃郁之味，故于精微曲折之際不免疏略，時有罅縫。不得于言而求諸心，乃其所見所存有此氣象，非但文字之疵也。」

學士朱先生光庭

見《泰山學案》。

修撰邵子文先生伯溫

見《康節學案》。

博士蘇先生昞

蘇昞，字季明，武功人。學于橫渠最久，後師二程。和靖初為科舉之學，先生謂之曰：「子以狀元及第，即學乎？抑科舉之外更有所謂學乎？」和靖未達。他日會茶，先生舉盞以示曰：「此豈不是學？」和靖有省，先生令詣二程受學。元祐末，吕晉伯薦自布衣召為，太常博士。坐元符上書入黨籍，編管饒州，卒。

百家謹案：先生得罪遭貶，行過洛，館和靖所，頗以遷謫為意。和靖曰：「當季明上書時，為國家計邪？為身計邪？若為國家計，當欣然赴饒。若為進取計，則饒州之貶，猶為輕典。」先生渙然冰釋。孫鐘元先生曰：「季明能成彥明於始，彥明能成季明於終。朋友之益大矣哉！」

季明嘗以「治經為傳道居業之實，居常講習只是空言無益」，質之兩先生。伯淳先生曰：「『修辭立其誠』，不可不子細理會。能修省言辭，便自要立誠。若是修省言辭為心，只是為偽也。若修其言辭，正為立己之誠意，乃是體當自家『敬以直內、義以方外』之實事。道之浩然，何處下手？惟立誠纔有可居之處，則可以修業也。終日乾乾大小，大事，卻只是『忠信所以進德』，為實修業處。」正叔先生曰：「治經，實學也。譬諸草木，區以別矣。道之在經，大小遠近，精粗高下，森列於其中。譬如中月在上，無不見者，一人指之，不若眾人指之自見也。如《中庸》一卷書自至理，便推之於事，如國家有九經及歷代聖人之跡，莫非實學也。如登九層之台，自下而上者為是。人患居常講習空言無實者，蓋不自得也。為學治經最好。苟不自得，則盡治《五經》，亦是空言。今有人心得識達，所得多矣，有雖讀書，卻在空虛者，未免此弊。」

六　伊川學案

正公程伊川先生頤

程頤，字正叔，河南人，明道先生之弟也。年十八，上書闕下，勸仁宗黜世俗之論，以王道為心。游太學，胡安定瑗試諸生以「顏子所好何學」，得先生論，大驚，延見，處以學職。同學呂原明希哲即以師禮事之。

治平、熙寧間，大臣屢薦，皆不起。哲宗初，司馬溫公光、呂申公公著共疏上其行義，詔以為西京國子監教授，力辭。尋召赴闕，擢崇政殿說書。奏言：「輔養之道，不可不至。一日之中，接賢士大夫之時多，親宦官宮女之時少，則氣質自然變化。今閒日一講，解釋數行，為益既少，又自四月罷講，直至中秋，不接儒臣，殆非古人旦夕承弼之意。」又言邇英閣迫隘，乞就崇正、延和殿講讀。給事中顧臨以殿上講讀為不可，先生曰：「祖宗以來，並是殿上坐講。仁宗始就邇英，而講官立侍，蓋從一時之便耳，非若臨之意也。臨之意，不過以尊君為說，而不知尊君之道。」

先生在經筵，每當進講，必宿齋豫戒，潛思存誠，冀以感動上意，而其為說，常于文義之外，反復推明，歸之人主。一日，當講「顏子不改其樂」章，門人或疑此章非有人君事也，將何以為說。及講，既畢章句，入復言曰：「陋巷之士，仁義在躬，忘其貧賤。人主崇高，奉養備極，苟不知學，安能不為富貴所移？且顏子，王佐才也，而簞食瓢飲；季氏，魯國之蠹也，而富于周公。魯君用舍如此，非後世之監乎！」聞者嘆服。

先生容貌莊嚴，于上前不少假借。時文潞公彥博以太師平章重事，侍立終日不懈，上雖諭以少休，不去也。或謂之曰：「君之嚴，視潞公之恭，孰為得失？」先生曰：「潞公四朝大臣，事幼主，不得不恭。吾以布衣職輔導，亦不敢不自重也。」

上在宮中漱水避蟻，先生聞之，問：「有是乎？」曰：「然。誠恐傷之爾！」先生曰：「願陛下推此心以及四海，則天下幸甚！」一日講罷未退，上折柳枝，先生進曰：「方春發生，不可無故摧折。」講書有「容」字，哲宗藩邸嫌名，中人以黃綾覆之。講畢，進言曰：「人主之勢，不患不尊，患臣下尊之過甚而驕心生爾。此皆近習養成之，不可以不戒。請自今舊名、嫌名皆勿復避。」神宗喪未除，冬至百官表賀，先生言：「節序變遷，時思方切，乞改賀為慰。」既除喪，有司請開樂置宴，先生又言：「除喪而用吉禮，當因事用樂。

今特設宴，是喜之也。」

呂申公、范堯夫入侍經筵，聞先生講説，退而嘆曰：「真侍講也！」士人歸其門者甚盛，而先生亦以天下自任，議論褒貶，無所顧避。方是時，蘇子瞻軾在翰林，有重名，一時文士多歸之。文士不樂拘檢，迂先生所為，兩家門下迭起標榜，遂分黨為洛、蜀。會帝以瘡疹不御以筵，先生曰：「上不御殿，太皇太后不當獨坐。且人主有疾，大臣可不知乎！」宰相始奏請問疾。由是大臣亦多不悦。諫議孔文仲因奏先生為五鬼之魁，當放還田里，遂出管句西京國子監。屢乞致仕，董敦逸以為怨望，去官。紹聖間黨論，削籍，竄涪州。徽宗即位，移峽州，復其官。崇寧二年，范致虚言程頤以邪説詖行惑亂衆聽，而尹焞、張繹為之羽翼，事下河南府體究，盡逐學徒，復隸黨籍。四方學者猶相從不舍，先生曰：「尊所聞，行所知可矣，不必及吾門也。」五年，復宣義郎，致仕，大觀元年九月庚午，卒于家，年七十五。疾革，門人進曰：「先生平日所學，正今日要用。」先生曰：「道著用，便不是。」

先生為學，本于至誠，其見于言動事為之間，疏通簡易，不為矯異。或説餇匌以吊喪，誦《孝經》以追薦，此出謗者之口，尹和靖辯之明矣。衣雖布素，冠襟必整。食雖簡儉，蔬飯必潔。致養其父，細事必親。贍給内外親黨八十餘口，其接學者以嚴毅。嘗瞑目靜坐，游定夫、楊龜山立侍不敢去。久之，乃顧曰：「日暮矣！姑就舍。」二子者退，則門外雪深尺餘矣。明道嘗謂曰：「異日能使人尊嚴師道者，吾弟也。若接引後學，隨人才而成就之，則予不得讓焉！」嘉定十三年，賜謚曰正公。淳祐元年，封伊川伯，從祀孔子廟庭。明稱「先儒程子。」

先生父太中大夫。嘗知龔、鳳、磁、漢四州，歷官十二任，享祿六十年。廉謹寬和，孜孜夙夜。七十致仕，自為墓誌，卒年八十五。先生母夫人有知人之鑒。二先生幼時，勉之讀書，因書線帖上曰吾惜勤讀書兒。又並書二行，前曰殿前及第程延壽，次曰處士，後皆驗。夫人已知之于童稚中矣。（明道幼時名延壽）

百家謹案：二程母夫人侯郡君，好讀書，博知古今。二程父有所怒，必為之寬解。唯諸子有過，則不掩。嘗曰：「子之所以不肖者，由母蔽其過而父不知也。」行而或踣，則曰：「汝若徐行，寧至踣乎？」嘗絮羹，曰：「幼求稱欲，長當何如？」與人爭忿，雖直不右，曰：「患其不能屈，不患其不能伸。」在廬陵，公宇多怪，家人報曰：「有鬼執扇。」曰：「天熱爾！」他日以報曰：「鬼鳴鼓。」曰：「與之椎！」自是怪絶。

二程隨侍太中知漢州，宿一僧寺。明道入門而右，從者皆隨之，先生入門而左，獨行至法堂上相會。先生自謂「此是某不及家兄處」。蓋明道和易，人皆親近，先生嚴重，人不敢近也。

經筵承受張茂則嘗招講官啜茶觀畫，先生曰：「吾平生不啜茶，亦不識畫。」竟不往。

貶涪州，渡江，中流船幾覆，舟中人皆號哭，先生獨正襟安坐如常。已而及岸，同舟有父老問曰：「當船危時，君獨無怖色，何也？」曰：「心存誠敬爾！」父老曰：「心存誠敬固善，然不若無心。」先生欲與之言，父老徑去不顧。

先生被謫時，李邦直尹洛，令都監來見伊川，才出見之，便請上轎，先生欲略見叔母亦不許，莫知朝命云何。是夜宿于都監廳，明日差人管押成行。至龍門，邦直遣人賷金百星，先生不受。既歸，門人問何為不受，曰：「渠是時與某不相知，豈可受！」

韓公維與二先生善，屈致于潁昌。暇日同游西湖，命諸子侍，行次有言貌不莊敬者，伊川回視，厲聲叱之曰：「汝輩從長者行，敢笑語如此，韓氏孝謹之風衰矣！」韓遂皆逐去之。

先生與韓公維約，候韓公年八十一往見之。是歲元日，因子弟賀正，乃曰：「某今年有一債未還，當暫往潁昌見持國。」乃往造焉。久留潁川，韓早晚伴食，體貌加敬。一日，韓密謂其子彬叔曰：「先生遠來，無以為意。我嘗有黃金藥楪一，重三十兩，似可為先生壽，未敢遽言之。我當以他事使汝侍食，從容道我意。」彬叔侍食，如所戒試啟之。曰：「頤與乃翁道義交，故不遠而來，奚以此為！」詰朝遂歸。持國謂其子曰：「我不敢言，正為此耳！」再三謝過而別。

呂汲公以百縑遺伊川，伊川辭之。時族兄子公孫在旁，謂伊川曰：「勿為已甚，姑受之。」伊川曰：「公之所以遺頤者，以頤貧也。公為宰相，能進天下之賢，隨材而任之，則天下受其賜也。何獨頤貧也，天下之貧者亦眾矣。分帛固多，恐公不能周也。」

崇寧三年，謂張思叔曰：「吾受氣甚薄，三十而寖盛，四十、五十而後完。今生七十二年，校其筋骨，無損也。」思叔曰：「先生豈以受氣之薄而厚為保生邪？」先生默然，曰：「吾以忘生徇欲為深恥！」

尹和靖年二十始登先生之門，嘗得朱公掞所鈔《雜說》呈先生，問先生此書可觀否，先生留半月。一日，請曰：「前日所呈《雜說》如何？」先生曰：「某在，何必觀此。若不得某心，只是記得他意。」和靖自此不敢復讀。

《易傳》成書已久，學者莫得傳授，或以為請。曰：「自量精力未衰，尚覬有少進耳！」其後寖疾，始以授和靖、思叔。

南方學者從先生既久，有歸者。或問曰：「學者久從學于門，誰是最有得者？」先生曰：「豈敢便道有得處！且只是指與他個蹊徑，令他尋將去不錯了，已是忒大歟。若夫自得，尤難其人。謂之得者，便是已有也。若論隨力量而有見處，則不無其人也。」

問：「先生曾定《六禮》，今已成未？」曰：「舊日作此，已及七分。後被召入朝，既在朝廷，則當行之朝廷，不當為私書。既遭憂，又病疾數年。今始無事，更一二年可成也。」曰：「聞有《五經解》，已成否？」曰：「惟《易》須親撰，諸經則關中諸公分去，以頤說撰成之。《禮》之名數，陝西諸公刪定，已送呂與叔。與叔今死矣，不知其書安在也。然所定即《禮》之名數，若《禮》之文，亦非親作不可也。」

鮮于侁問：「顏子在陋巷，不改其樂，不知所樂者何事？」先生曰：「尋常道顏子所樂者何？」侁曰：「不過是說所樂者道。」先生曰：「若有道可樂，便不是顏子。」鄒志完曰：「伊川見處極高！」

司馬溫公、吕申公嘗言于朝曰：「程頤之為人，言必忠信，動遵禮義，真儒者之高蹈，聖世之逸民。」

朱光庭又言曰：「程頤道德純備，學問淵博，有經天緯地之才，有制禮作樂之具，實天民之先覺，聖代之真儒也。」

吕申公又言曰：「程頤年三十四，有特立之操，出群之資，洞明經術，通古今治亂之要，有經世濟物之才。非同拘儒曲士，徒有偏長。使在朝廷，必為國器。」

王巖叟嘗言于朝曰：「程頤學極聖人之精微，行全君子之純粹，與其兄顥俱以德名顯于時。」

又曰：「頤抱道養德之日久，而潛神積慮之功深，靜而閱天下之義理者多，必有嘉言，以新聖聽。」

胡文定公言于朝曰：「伏見元祐之初，宰臣秉政當國，急于得人，首薦河南處士程頤，乞加召命，擢以不次。遂起韋布，超居講筵。自司勸講，不為辯辭，解釋文義，所以積其誠意、感通聖心者，固不可得而聞也。及當官而行，舉動必由乎禮；奉身而去，進退必合乎義。其修身行法，規矩準繩，獨出諸儒之表。門人高弟，莫或繼焉。雖崇寧間曲加防禁，學者私相傳習，不可遏也。其後頤之門人如楊時、劉安節、許景衡、馬伸、吳給等，稍稍進用，于是傳者浸廣，士大夫爭相淬礪。而其間志于利祿者，託其說以自售，學者莫能別其真偽，而河洛之學幾絕矣。自是服儒冠者以伊川門人妄自標榜，無以屈服士人之心，故眾論洶洶，深加詆誚。夫有為伊洛之學者，皆欲屏絕其徒，而乃上及于伊川，臣竊以為過矣。夫聖人之道，所以垂訓萬世，無非中庸，非有高難行之說，此誠不可易之至論也。然中庸之義，不明久矣，自頤兄弟始發明之，然後其義可思而得也。不然，則或謂高明所以處己，中庸所以接物，本末上下，析為二途，而其義愈不明矣。士大夫之學，宜以孔、孟為師，庶幾言行相稱，可濟時用，此亦不易之至論也。然孔、孟之道，不傳久矣，自頤兄弟始發明之，而後其道可學而至也。不然，則或以《六經》《語》《孟》之書資口耳，取世資，以干利祿，愈不得其門而入矣。今欲使學者蹈中庸，師孔、孟，而禁使不得從頤之學，是入室而不由戶也，不亦誤乎！夫頤之文，于《易》則因理以明象，而知體用之一源；于《春秋》則見諸行事，而知聖人之大用；于諸經、《語》《孟》則發其微旨，而知求仁之方，入德之序。然則「狂言怪語，淫說鄙論」，豈其文也哉？頤之行，其行己接物，則忠誠動于州里；其事親從兄，則孝弟顯于家庭；其辭受取舍，非其道義，則一介不以取與諸人，雖祿之千鐘，有必不顧也。其餘則亦與人同爾。然則「幅巾大袖，高視闊步」，豈其行也哉？伏望特降指揮，裒集遺書，便于學者傳習，羽翼《六經》，以推尊仲尼、孟子之道，使邪說者不得乘間而作，而天下之道術定，豈曰小補之哉！

朱子曰：「伊川言『性即理也』，與橫渠言『心統性情』，此二句顛破不得。」

又曰：「伊川說話，如今看來，中間寧無小小不同，只是大綱統體說得極善。如『性即理也』一語，直是孔子後惟是伊川說得盡。這一句便是千萬世說性之根基，是個公共底物事。不解會不善人做不是失了性，卻不是壞了著修。」

黃東發曰：「伊川十八，上書仁宗，謂應時而出，自比諸葛。其後應聘為哲宗講官，則自講讀之外，無他說。不特其時至慮易而然，蓋時與位既不同，而哲宗尚幼，惟以培養為急。其他論濮議，論薄葬，代呂公著上神宗書，無不深切著明。然則天下事，非得其位，當其可，則固未易輕言也。若《三學看詳》，反為禮部所駁，則本朝文密之弊，固難與俗吏言久矣。」

又曰：「伊川嘗言：『今日之禍，亦是元祐做成。』愚謂理亦有此，但諸賢一時為天下救急，有不奈何，恐不可赦小人而反責君子耳。豈責備果《春秋》意邪？然無元祐諸賢，恐不待靖康而後南渡；雖南渡，未必人心戴宋如此。」

又曰：「明道之歿，伊川狀其行，求銘于韓持國，而文潞公題其墓。伊川歿，洛人畏黨禍，送喪惟四人，曰張繹、范域、孟厚、尹焞。又薄暮出城，乙夜方至者，為邵溥。迨晦庵朱先生，始訪其事《年譜》云。」

薛敬軒曰：「伊川為講官，以三代之上望其君。從與否則在彼，而己其肯自貶以徇之哉！」

又曰：「伊川以筵疏，皆格心之論。三代以下，為人臣者但論政事、人才而已，未有直從本原，如程子之論也。」

劉蕺山曰：「叔子篤信謹守，其規模自與伯子差別，然見到處更較穩實。其云『性即理也』，自是身親經歷語。」

葉六桐曰：「明道不廢觀釋、老書，與學者言，有時偶舉示佛語。伊川一切屏除，雖《莊》《列》亦不看。其實儒、釋之根本懸殊，下種既異，即偶資其灌溉，終不能變桃為李，亦不必有意深絕也。孔子于老子，亦嘆其猶龍，何曾染得孔子？」

　　百家謹案：朱子云：「釋、老書後來須看，不看無緣知他道理。」蓋謂儒、釋判然，吾本既立，惡能為累，即舉其語，所以取之異也。乃茫昧者遂引以為儒、釋渾同之左券。更有妄子，瞎摘盲取二程語錄中之微近高渾者，並誣兩先生盡屬瞿曇之異學。此其蚍蜉撼樹，本不足言，但嘆世風之變幻日深，毫不識儒、釋之根柢本是天淵隔絕，強取先儒，說同說異，妄加批駁，置方寸于岑樓者何多也！

翁祖石曰：先生之在經筵，哲宗可謂敬信之甚矣。但進說于人君之前，自當擇其大者。柳枝之諫，為哲宗所不悅，由是見疏。宜乎呂正獻聞而嘆息此言之太瑣也。

　　宗羲案：明道、伊川大旨雖同，而其所以接人，伊川已大變其說，故朱子曰：「明道宏大，伊川親切。大程夫子當識其明快中和處，小程夫子當識其初年之嚴毅，晚年又濟以寬平處。」是自周元公主靜、立人極開宗；明道以靜字稍偏，不若專主于敬，然亦唯恐以把持為敬，有傷于靜，故時時提起。伊川則以敬字未盡，益之以窮理之說，而曰「涵養須用敬，進學在致知」，又曰「只守一個敬字，不知集義，卻是都無事也」，然隨曰「敬以直內，義以方外，合內外之道」，蓋恐學者作兩項工夫用也。舍敬無以為義，義是敬之著，敬是義之體，實非有二，自此旨一立，至朱子又加詳焉。于是窮理、主敬，若水火相濟，非是則隻輪孤翼，有一偏之義矣。後之學者不得其要，從事于零星補湊，而支離之患生。故使明道而在，必不為此言也。兩程子接人之異，學者不可不致審焉！

百家謹案：黄文潔公曰：「自孔、孟殁後，異端紛擾者千四百年，中閒唯董仲舒『正誼』『明道』二語與韓文公《原道》一篇，為得議論之正。逮二程得周子之傳，然後有以窮極性命之根柢，發揮義理之精微。議者謂比漢、唐諸儒説得向上一層，愚謂豈特視漢、唐為然。風氣日開，議論日精，濂、洛之言，雖孔、孟亦所未發。特推其旨要，不越于孔、孟云耳。」此評論之得當者。而唐一庵樞謂：「明道之學，一天人，合内外，已打成一片。而伊川居敬又要窮理，工夫似未合併，尚欠一格。」此但知先生「涵養須用敬，進學在致知」，而忘卻先生「未有致知而不在敬者」之語，恐未是深知先生者也。蓋語學至二程，諸儒之中更醇乎其醇矣。第大程質性高明，而先生從踐履入，非聖人之書不觀，其功在于密察邊耳。至于大程之表《大學》《中庸》，先生之《易傳》，更足為萬世經術斗杓也。

語録

一人之心即天地之心，一物之理即萬物之理，一日之運即一歲之運。

天地之化，既是兩物，必動已不齊。譬之兩扇磨行，便其齒齊，不得齒齊。既動，則物之出者何可得齊？從此參差萬變，巧曆不能窮也。

楊開沅謹案：此即天地之氣有過不及，而人性之所謂「相近」亦因之。若動而齊，則無過不及，便是有心，有心則有為，有為則有己，而人性亦不必云「相近」矣。

天地之化，一息不留，疑其速也，然寒暑之變甚漸。

楊開沅謹案：此則天地之中氣所以萬古不易其大常，而人性之所以善也。

天地之化，雖廓然無窮，然而陰陽之度，日月寒暑晝夜之變，莫不有常，此道之所以為中庸。

鑽木取火，人謂火生于木，非也。兩物相戛，用力極則陽生。今以石相軋，便有火出，非特木也。蓋天地間無一物無陰陽。

葉六桐曰：木石中火因鑽擊而始出，非木石中本有火也。然謂木石無火，則鑽冰擊土，何以火不可得？學者須具可鑽可擊之質。

真元之氣，氣之所由生，不與外氣相雜，但以外氣涵養而已。若魚之在水，魚之性命非是水為之，但必以水涵養，魚乃得生耳。人居天地氣中，與魚在水無異。至于飲食之養，皆是外氣涵養之道。出入之息者，闔闢之機而已，所出之息非所入之氣，但真元自能生氣，所入之氣正當闢時隨之而入，非假此氣以助真元也。若謂既反之氣復將為方伸之氣，必資于此，則殊與天地之化不相似。天地之化，自然生生不窮，更復何資于既斃之形，既返之氣，以為造化？近取諸身，其闔闢往來，見之鼻息，然不必須假吸復入以為呼，氣則自然生。

人氣之生，生于貞元；天地之氣，亦自然生生不窮。至如海水，陽盛而涸，及陰盛而生，亦不是將已涸之氣卻生，水自然能生。往來屈伸，只是理也。盛則便有衰，晝則便有夜，往則便有來。天地中如洪爐，何物不銷鑠！

楊開沅謹案：往來屈伸是氣，往而必來、屈而必伸處是理。其實離氣無從見理。以為有前後際，便不是。

季明問：「先生說『喜怒哀樂未發謂之中』是在中之義，不識何意？」曰：「只喜怒哀樂不發，便是中也。」

楊開沅謹案：喜怒哀樂之「未」發是中。易以「不」字，便不是。

曰：「中莫無形體，只是個言道之題目否？」曰：「非也。中有甚形體？然既謂之中，也須有個形象。」曰：「當中之時，耳無聞，目無見否！」曰：「雖耳無聞，目無見，然見聞之理在，始得。」曰：「中是有時而中否？「曰：「何時而不中！以事言之，則有時而中；以道言之，何時而不中。」曰：「固是所謂皆中，然而觀于四者未發之時，靜時自有一般氣象，及至接物時又自別，何也？」曰：「善觀者不如此，卻于喜怒哀樂已發之際觀之。賢且說靜時如何？」曰：「謂之無物則不可，然自有知覺處。」曰：「既有知覺，卻是動也，怎生言靜？人說復以靜見天地心，非也。復之卦下面一畫便是動也，安得謂之靜！自古儒者皆言靜見天地之心，惟某言動而見天地之心。」或曰：「莫是于動上求靜否？」曰：「固是，然最難。釋氏多言定，聖人便言止。且如物之好便道是好，物之惡便道是惡，物之好惡關我這裏甚事？若說道我只是定，更無所為，然物之好惡亦自在裏，故聖人只言止。所謂止，如『為人君止于仁，為人臣止于敬』之類是也。《易》之艮言止之義曰：『艮其止也，止其所也。』言隨其所止而止之。人多不能止，蓋人萬物皆備，遇事時各因其心之所重者更互而出，纔見得這裏重，便有這事出，若能物各付物，便是不出來也。」或曰：「先生于喜怒哀樂未發之前，下動字，下靜字？」曰：「謂之靜則可，然靜中須有物始得，這裏便難處。學者莫若且理會得敬，能敬則自知此矣。」或曰：「何以用功？」曰：「莫若主一。」

劉蕺山曰：「未發前謂之靜否？」曰：「非也，謂之中。」○先生于動字靜字，不下得一穩實字，一則曰「最難」，再則曰「難處」，總是教人莫站足在動靜上。又曰：「思即是已發，非也。思正是未發，為是已發。未發屬動，已發屬靜，然總是一個，故著不得偏屬字。」

楊開沅謹案：「不出來處即是未發，愈知前云「不發」謂之中之非。

季明曰：「昞常患思慮不定，或思一事未了，他事如麻又生，如何？」曰：「不可。此不誠之本也。須是習，習能專一便好。不拘思慮與應事，皆要求一。」或曰：「當靜坐時，物之過乎前者，還見不見？」曰：「看事如何。若是大事，如祭祀，前旒蔽明，黈纊充耳，凡物之過者，不見不聞也。若無事時，目須見，耳須聞。」或曰：「當敬時，雖見聞，莫過焉而不留否？」曰：「不說道『非禮勿視，勿聽』？勿者，禁止之辭。纔說弗字，便不得也。」

問：「《雜說》中以赤子之心為已發，是否？」曰：「已發而去道未遠也。」曰：「大人不失赤子之心，若何？」曰：「取其純一近道也。」

曰：「赤子之心與聖人之心若何？」曰：「聖人之心，如明鏡止水。」

論動靜之際，聞寺寺叩鐘，和靖曰：》說著靜，便多一個靜字，說動亦然。」伊川頷之。和靖每曰：「動靜只是一理。陰陽、死生亦然。」

問：「孟子言心『出入無時』，如何？」曰：「心本無出入，孟子只是據操舍言之。」又問：「人有逐物，是心之逐否？」曰：「心則無出入矣。逐物是欲。」

有言：「未感時知心何所寓？」曰：「『操則存，舍則亡，出入無時，莫知其鄉』，更怎生尋所寓？只是有操而已。操之之道，敬以直內也。」

問：「孟子言心、性、天，只是一理否？」曰：「然。自理言之謂之天，自稟受言之謂之性，自存諸人言之謂之心。」又問：「凡運用處是心否？」曰：「是意也。」問：「意是心之所發否？」曰：「有心而後有意。」

百家謹案：運用處固是意，正惟以意為心之主宰，故能運用，全屬不得「意為心之所發」也。即先生「有心而後有意」之言，亦不屬意于已發，說甚長，詳《明儒蕺山學案》。

聖人之心未嘗有在，亦無不在。蓋其道合內外，體萬物。

學者先務，固在心志。有謂欲屏去聞見知思，則是「絕聖棄智」。有欲屏去思慮，患其紛亂，則須是坐禪入定。如明鑒在此，萬物畢照，是鑒之常，難為使之不照。人心不能不交感萬物，亦難為使之不思慮。若欲免此，惟是心有主。如何為主？敬而已矣。有主則虛，虛謂邪不能入；無主則實，實謂物來奪之。今夫瓶甖，有水實內，則雖江海之浸，無所能入，安得不虛？無水于內，則渟注之水，不可勝注，安得不實？大凡人心不可二用，用于一事，則他事更不能入者，事為之主也。事為之主，尚無思慮紛擾之患，若主于敬，又焉有此患乎？所謂敬者，主一之謂敬。所謂一者，無適之謂一。且欲涵泳主一之義，一則無二三矣。言敬無如聖人之言，《易》所謂「敬以直內，義以方外」，須是。直內乃是主一之義。至于不敢欺，不敢慢，尚不愧于屋漏，是皆敬之事也。但存此涵養，久之自然天理明。

呂與叔嘗言患思慮多，不能驅除。曰：「此正如破屋中禦寇，東面一人來，未逐得，西面又一人至矣。左右前後，驅除不暇。蓋其四面空疏，盜固易入，人無緣作得主定。又如虛器入水，水自然入。若以一器實之以水，置之水中，水何能入來？蓋中有主則實，實則外患不能入，自然無事。

百家謹案：前言虛實重虛字，此言虛實重實字，所謂得主則頭頭是道，橫說豎說只是一理。

或問：「思慮果出于正，亦無害否？」曰：「且如宗廟則主敬，朝廷則主莊，軍旅則主嚴，此是也。若發不以時，紛然無度，雖正亦邪。」

人心作主不定，正如一個翻車，流轉動搖，無須臾停，所感萬端。又如縣鏡空中，無物不入其中，有甚定形？不學則卻都不察，及有所學，便覺察得是為害。著一個意思，則與人成就得個甚好見識？心若不做一個主，怎生奈何？張天祺嘗自約數年，自上著床，便不得思量事。不思量事後，須強把他這心來制縛，亦須寄寓在一個形象，皆非自然。君實自謂「吾得術矣，只管念個中字」，此則又為中繫縛。且中字亦何形象？若愚夫不思慮，冥然無知，此又過與不及之分也。有人胸中常若有兩人焉：欲為善，如有惡以為之間；欲為不善，又若有羞惡之心者。本無二人，此正交戰之驗也。持其志，便氣不能亂，此可大驗。要之，聖賢必不害心疾，其他疾卻未可知。他臟腑只為原不曾養，養之卻在修養家。

百家謹案：能養身則德潤身，心廣體胖，他臟腑以無所不養。

問：「日中所不欲之事，夜多見于夢，此何故也？」曰：「只是心不定。今人所夢見事，豈特一日之間所有之事，亦有數十年前之事。夢見之者，只為心中舊有此事，平日忽有事與此事相感，或氣相感，然後發出來。故雖白日所憎惡者，亦有時見于夢也。譬如水為風激而成浪，風既息，波猶洶湧未已也。若存養久的人，自不如此。聖賢則無這個夢，只有朕兆，便形于夢也。人有氣清無夢者，亦有氣昏無夢者。聖人無夢，氣清也。若人困甚時，更無夢，只是昏氣蔽隔，夢不得也。若孔子夢周公之事，與常人夢別。人于夢寐間，亦可以卜所學之淺深。如夢寐顛倒，是心志不定，操守不固。」

人有四百四病，皆不由自家，則是心須教由自家。

劉蕺山曰：病由自病，醫由自醫。

問：「人心所繫著之事，則夜見于夢。所著事善，則夜夢見之者，莫不害否？」曰：「雖是善事，心亦是動。凡事有朕兆入夢者卻無害，舍此皆是妄動。」或曰：「孔子嘗夢見周公，如何？」曰：「此聖人存誠處也。聖人欲行周公之道，故雖一夢寐，不忘周公。及其既衰，知道之不可行，故不復夢見。然所謂夢見周公，豈是夜夜與周公語也？人心須要定，使他思時方思乃是。今人都由心。」曰：「心誰使之？」曰：「以心使心則可。人心自由，便放去也。」

百家謹案：「以心使心」一語似未安。一心聽使，一心使心，是一人有二心矣。不若云：「心未能定，聽其自由，便放去也。」

氣有善有不善，性則無不善也。人之所以不知善者，氣昏而塞之耳。孟子所以養氣者，養之至則清明純全，而昏塞之患去矣。「或曰養心，或曰養氣，何也？」曰：「養心則勿害已，養氣則在有所帥也。」

劉蕺山曰：不是兩樣。

百家謹案：《孟子師說》：「天地間只有一氣充周，生人生物。人稟是氣以生，心即氣之靈處，所謂知氣在上也。心體流行，其流行而有條理者即性也。猶四時之氣，和則為春，和盛而溫則為夏，溫衰而涼則為秋，涼盛而寒則為冬，寒衰則復為春。萬古如是，若有界限于其間，流行而不失其序，是即理也。理不可見，見之于氣；性不可見，見之于心。心即氣也。心失其養，則狂瀾橫溢，流行而失其序矣。養氣即是養心。然言養心，猶覺難把捉；言養氣，則動作威儀，旦晝呼吸，實可持循也。佛氏明心見性，以無能生氣，故必推原于生氣之本，其所謂『本來面目』，『父母未生前』，『語言道斷，心行路絕』，皆是也。至于參話頭，則壅遏其氣，使不流行。離氣以求心性，吾不知所明者何心，所見者何性也！」

楊開沅謹案：「氣有善不善」，此是伊川先生分氣質、義理為二性之根，從此無往不與孟子異矣。夫人生也，直如其本然，而勿襲取助長以害之，便為善養。豈因其不善而養之使善哉！

不動心有二：有造道而不動者，有以義制心而不動者。此義也，此不義也，義吾所當取，不義吾所當舍，此以義制心者也。義在我，由而行之，從容自中，非有所制也，此不動之異。

楊開沅謹案：二者只分生熟，非有異也。

問：「仁與心何異？」曰：「心是所主，言仁是就事言。」曰：「若是，則仁是心之用否？」曰：「固是。若說仁者心之用，則不可。心譬如身，四端如四肢，四肢固是身所用，只可謂身之四肢。如四端固具于心，然亦未可便謂之心之用。」或曰：「譬如五穀之種，必待陽氣而生？」曰：「非是。陽氣發處，卻是情也。心譬如穀種，生之性便是仁也。」

又問：「仁與聖何以異？」曰：「人只見孔子言『何事于仁，必也聖乎』，便謂仁小而聖大，殊不知此言是孔子見子貢問博施濟眾，問得來事大，故曰『何止于仁，必也聖乎』。蓋仁可以通上下言之，聖則其極也。聖人，人倫之至也。倫，理也。既造倫理之極，更不可以有加。若今人或一事是仁，亦可謂之仁，至于盡人道，亦可謂之仁，此通上下言之也。如曰『若聖與仁，則吾豈敢』，此又卻仁與聖兩大也。大抵盡仁道者即是聖人，非聖人則不能盡得仁道。」問曰：「人有言『盡人道謂之仁，盡天道謂之聖』，此語何如？」曰：「此語固無病，然措意未是。安有知人道而不知天道者乎？道一也，豈人道自是一道，天道自是一道？《中庸》言：『盡己之性，則能盡人之性；能盡人之性，則能盡物之性；能盡物之性，則可以贊天地之化育。』此言可見矣。揚子曰：『通天地人曰儒，通天地而不通人曰技。』此亦不知道之言。豈有通天地而不通于人者哉！如止曰『通天之文與地之理』，雖不能此，何害于儒。天地人只一道也，纔通其一，則餘皆通。如後人解《易》，言『乾，天道也；坤，地道也』，便是亂道。論其體，則天尊地卑；如論其道，豈有異哉！」

問：「『必有事焉』，當用敬否？」曰：「敬只是涵養一事，『必有事焉』須當集義。只知用敬，不知集義，卻是都無事也。」又問：「義莫是中理否？」曰：「中理在事，義在心內。苟不主義，浩然之氣從何而生？理只是發而見于外者。且如恭敬，幣之未將者也。恭敬雖因威儀而後發見，然須心有此恭敬，然後著見。若心無恭敬，何以能爾？所謂『德者，得也』，須是得之于己，然後謂之德。」

問：「敬義何別？」曰：「敬只是持己之道，義便知有是有非。順理而行，是為義也。若只守一個敬，不知集義，卻是都無事也。且如欲為孝，不成只守一個孝字？須是知所以為孝之道，所以奉侍當如何，溫清當如何，然後能盡孝道也。」又問：「義只在事上，如何？」曰：「內外一理，豈特事上求合義也。『敬以直內，義以方外』，合內外之道也。」

宗羲案：此即「涵養用敬，進學致知」宗旨所由立也。然曰「敬以直內，義以方外，合內外之道」，仍是舍敬無以為義。義是敬之著，敬是義之體，非有二也。

問：「人敬以直內，氣便充塞天地否？」曰：「氣須是養，集義所生。積習既久，方能生浩然氣象。人但看所養何如，養得一分便有一分，養得二分便有二分。只將敬，安能便到充塞天地處！且氣自是氣，體所充，自是一件，敬自是敬，怎生便合得？如曰『其為氣也，配義與道』，若說氣與義自別，怎生便能使氣與義合？」

百家謹案：「配義與道」一段，《師說》云：「正釋上段氣之所以塞于天地之故。言此氣自能有條理而不橫溢，謂之道義。流行之中有主宰也。若無此主宰，便不流行，則餒而不與天地相似，豈能充塞哉！石渠言『若無義道，雖欲行之而氣自餒矣』是也。」

楊開沅謹案：伊川之說，理氣分而為二，《師說》理氣合而為一，不同處只在此。

「必有事焉」，有事于此也。「勿正」者，若思此而曰善，然後為之，是正也。「勿忘」，則是必有事也。「勿助長」，則是勿正也。後言之漸重，須默識取主一之義。

百家謹案：《孟子師說》：「『必有事焉』正是存養工夫，不出于敬。伊川云『有物始言養，無物又養個甚麼？浩然之氣，須是見一個物，如卓爾躍如』是也。」又云：「『必有事』雖不出于敬，然不曰敬而曰有事者，程子曰：『若只守一個敬，不知集義，卻是都無事也。且如欲為孝，不成只守著一個孝字？須是知所以為孝之道，所以侍養當如何，然後能盡孝道也。』蓋有事而始完得一敬，誠中形外，敬是空明之體，若不能事事則昏暗，仍屬不敬。程子『涵養須用敬，進學在致知』，是一串工夫，須用善看，故又曰：『未有能致知而不在敬者。』」

入道莫如敬，未有能致知而不在敬者。

涵養須用敬，進學則在致知。

劉蕺山曰：《易》言敬義，此卻代以致知，皆是不孤之學。此程門口訣。

聞見之知非德性之知，物交物則知之，非內也，今之所謂「博物多能」者是也。德性之知，不假見聞。

百家憶姜定庵先生問「知之為知之」章，先遺獻曰：「有知、有不知，此麗物之知，動者也。為知之、為不知，此照心也。麗物之知有知有不知，湛然之知則無乎不知也。子路認此麗物者以為知，則流入于識神邊去，此毫釐千里之差。夫子一口道破，點鐵成金矣。若云由此而求之，又有可知之理，夫子豈向多寡上分疏？」所謂麗物之知、湛然之知，即此聞見之知、德性之知也。

須是識在所行之先。譬如行路，須是光照。

問：「忠信進德之事，固可勉強，然致知甚難？」曰：「子以誠敬為可勉強，且恁地說。到底須是知了方能行得。若不知，只是覷了堯，學他行事，無堯許多聰明睿知，怎生得如他動容周旋中禮？有諸中必行諸外，德容安可妄學？如子所言，是篤信而固守之，非固有之也。且如《中庸》九經，『修身也，尊賢也，親親也』。《堯典》：『克明俊德，以親九族。』親親本合在尊賢上，何故放在下？須是知所以親親之道方得。未致知，怎生得行？勉強行者，安能持久？除非燭理明，自然樂循理。性本善，循理而行，是循理事本亦不難。但為人不知，旋安排著，便道難也。知有多少般數，煞有淺深。向親見一人，曾為虎所傷，因言及虎，神色便變。旁有數人見他說虎，非不知虎之猛可畏，然不如他說了有畏懼之色。蓋真知虎者也。學者深知，亦如此。且如膾炙，貴公子與野人莫不皆知其美，然貴人聞著便有欲嗜膾炙之色，野人則不然。覺者須是真知。纔知得，便是泰然行將去也。某年二十時，解釋經義與今無異，然思今日，覺得意味與少時自別。」

劉蕺山曰：古人只說真知，更穩似良知。

人苟有「朝聞道，夕死可矣」之志，則不肯一日安其所不安也。何止一日，須臾不能！如曾子易簀，須要如此乃安。人不能若此者，只為不見實理。實理得之于心，自別。若耳聞口道者，心實不見。若見得，必不肯安于所不安。人之一身，儘有所不肯為，及至他事，又不然。若士者，雖殺之，使為穿窬，必不為，其他事未必然。至于執卷者，莫不知說禮義，又如王公大人，皆能言軒冕外物，及其臨利害，則不知就義理，卻就富貴。如此者，只是說得，不實見。及其蹈水火，則人皆避之，是實見得。須是有「見不善如探湯」之心，則自然別。得之于心，是謂有德，不待勉強。然學者則須勉強。古人有捐軀殞命者，若不實見得，烏能如此。須是實見得生不重于義，生不安于死也。故有殺身成仁者，只是成就一個是而已。

如眼前諸人，要特立獨行，煞不難得，只是要一個知見難。人只被知見不通透。人謂要力行，亦只是淺近語。人既能知見，豈有不能行！一切事皆所當為，不待著意做。纔著意做，便有個私心。這一點意氣，能得幾時了！

宗羲案：伊川先生已有知行合一之言矣。

問：「前世所謂隱者，或守一節，或惇一行，然不知有知道否？」曰：「若知道，則不肯守一節一行也。如此等人鮮明理，多取古人一節事專行之。孟子曰：『服堯之服，行堯之行。』古人有殺一不義，雖得天下不為，則我亦殺一不義，雖得天下不為。古人有高尚隱逸，不肯就仕，則我亦高尚隱逸不仕。如此人則倣效前人所為耳，于道鮮自得也。是以東漢尚名節，有雖殺身不悔者，只是不知道也。」

問：「學何以有至覺悟處？」曰：「莫先致知。能致知，則思一日而愈明一日，久而後有覺也。學無覺，則何益矣，又奚學為？『思曰睿，睿作聖』。纔思便睿。以至作聖，亦是一個思。故曰：『勉強學問，則聞見博而知益明。』」又問：「莫致知與力行兼否？」曰：「為常人言，才知得非禮不可為，須用勉強，至于知穿窬不可為，則不待勉強，是知亦有深淺也。古人言『樂循理之謂君子』，若勉強，只是知循理，非是樂也。纔到樂時，便是循理為樂，不循理為不樂，何苦而不循理，自不須勉強也。若夫聖人，不勉而中，不思而得，此又上一等事。」

「思曰睿」。思慮久後，睿自然生。若于一事上思未得，且別換一事思之，不可專守著這一事。蓋人之知識于這裏蔽著，雖強思亦不通也。

百家謹案：釋氏止于一件上□取，決不他換。

孔子曰：「棖也慾，焉得剛！」甚矣，慾之害人也。人之為不善，慾誘之也。誘之而弗知，則至于天理滅而不知反。故目則欲色，耳則欲聲，以至鼻則欲臭，口則欲味，體則欲安，此則有以使之也。然則何以窒其慾？曰：「思而已矣！」學莫貴于思，唯思為能窒慾。曾子之三省，窒慾之道也。

人思如湧泉，汲之愈新。

不深思則不能造于道。不深思而得者，其得易失。然學者有無思無慮而得者，何也？以無思無慮而得者，乃所以深思而得之也。以無思無慮為不思，而自以為得者，未之有也。

百家謹案：深思之久，方能于無思無慮忽然撞著。

學者先要會疑。

顧諟謹案：王陽明先生曰：「古之君子，唯有所不知也，而後能知之。後之君子，唯無所不知，是以容有不知也。夫道有本而學有要，是非之辨精矣，義利之間微矣，斯吾未之能信焉，曷亦姑無以為知之也，而姑疑之而姑思之乎！」發揮「先要會疑」之旨，最為精切。

欲知得與不得，于心氣上驗之。思慮有得，中心悅豫，沛然有裕者，實得也。思慮有得，心氣勞耗者，實未得也，強揣度耳！嘗有人言此因學道思慮心虛。曰：「人之氣血，固有虛實。疾病之來，聖賢所不免。然未聞聖賢因學而致心疾者。」

心欲窮四方上下所至，且以無窮置卻則得。若要真得，直是體會。

致知在格物，非由外鑠我也，我固有之也。因物而遷，迷而不悟，則天理滅矣，故聖人欲格之。

顧諟謹案：此伊川先生格物宗旨。認得宗旨，都放過不得。

隨事觀理，而天下之理得矣。天下之理得，然後可以至于聖人。君子之學，將以反躬而已矣。反躬在致知，致知在格物。

格，猶窮也；物，猶理也。猶曰窮其理而已矣。窮其理，然後足以致知，不窮則不能致也。物格者，適道之始與！欲思格物，則固已近道矣。是何也？以收其心而不放也。

宗羲案：收其心而不放，即是敬。朱子撥敬于格物之前，已失伊川之旨。

今人欲致知，須要格物。物不必謂事物然後謂之物也，自一身之中，至萬物之理，但理會得多，相次自然豁然有覺處。

窮理亦多端，或讀書講明義理，或論古今人物，別其是非，或應接事物而處其當然，皆窮理也。或問：「格物須物物格之，還是格一物而萬物皆知？」曰：「怎生便會該通！若只格一物，便通衆理，雖顏子亦不能如此道。須是今日格一件，明日格一件，積習既多，然後脫然有貫通處。」

劉蕺山曰：所謂今日一件，明日一件，蓋指上「講明義理」三項而言，亦須格在吾身上。後人引為話柄，過矣！

姜定庵曰：若格得大頭腦處，則萬物自知，以物異而理同也。

問：「人有志于學，然知識蔽錮，力量不至，則如之何？」曰：「只是致知。若致知，則知識當自漸明，不曾見人有一件事終思不到也。知識明，則力量自進。」問曰：「何以致知？」曰：「在明理，或多識前言往行。識之多，則理明。然人全在勉強也。」

問：「『觀物察己』，還因見物，反求諸身否？」曰：「不必如此說。物我一理，纔明彼即曉此，合內外之道也。語其大，至天地之高厚，語其小，至一物之所以然，學者皆當理會。」又問：「致知先求之四端，如何？」曰：「求之性情，固是切于身。然一草一木皆有理，須是察。」

觀物理以察己，既能燭理，則無往而不識。天下物皆可以理照。有物必有則，一物須有一理。

生知者，只是他生自知義理，不待學而知。縱使孔子是生知，亦何害于學？如問禮于老聃，訪官名于郯子，何害于孔子？禮文、官名既欲知，舊物又不可鑿空撰得出，須是問他先知者始得。

人患事繫累，思慮蔽，只是不得其要。要在明善。明善在乎格物窮理。窮至于物理，則漸久後天下之物皆能窮，只是一。

姜定庵曰：「所以貴識大頭腦！」

或問：「如何學，可謂之有得？」曰：「大凡學問，聞之知之皆不為得。得者，須默識心通。學者欲有所得，須是篤，誠意燭理。上知，則穎悟自別。其次，須以義理涵養而得之。」

自得者所守固，而自信者所行不疑。

學莫貴于自得，非在外也，故曰自得。

信有二般：有信人者，有自信者。如七十子之于仲尼，得他言語，便終身守之，然未必知道這個怎生是，怎生非也。此信于人者也。

學者須要自信。既自信，怎生奪亦不得。

謝子與張繹說：「某到山林中靜處，便有喜意，覺著些不是。」伊川曰：「人每至佛廟神殿處便敬，何也？只是每常不敬，見彼乃敬。若還常敬，則到佛殿廟宇，亦只如此。不知在鬧處時，此物安在，直靜處乃覺。」繹言：「伊云只有這些子已覺。」伊川曰：「這回比舊時殺長進。這些子已覺，固是。若謂只有這些子，卻未敢信。」

學者不可不通世務。天下事譬如一家，非我為則彼為，非甲為則乙為。

人惡多事，或人憫之。世事雖多，盡是人事。人事不教人做，更責誰做！

今人主心不定，視心如寇賊而不可制，不是事累心，乃是心累事。當知天下無一物是合少得者，不可惡也。

見一學者忙迫，先生問其故。曰：「欲了幾處人事。」曰：「某非不欲周旋人事者，曷嘗似賢忙迫！」

今之學者，如登山麓，方其迤邐，莫不闊步，及到峻處，便逡巡。

古之學者，優柔厭飫，有先後次第。今之學者，卻做一場說話，務高而已。常愛杜元凱語，「若江海之浸，膏澤之潤，渙然冰釋，怡然理順」，然後為得也。今之學者，往往以游、夏為小，不足為，然游、夏一言一事卻總是實。如子路、公西赤言志如此，聖人許之，亦以此自是實事。後之學者好高，如小人游心于千里之外，然自身卻只在此。

學者好語高，正如貧子說金，說黃色、堅輭。道他不是又不可，只是好笑。不曾見富人說金如此。

修養之所以引年，國祚之所以祈天永命，常人之至于聖人，皆工夫到這裏，則有此應。

較事大小，其究為枉尺直尋之病。

生而知之，學而知之，亦是才。問：「生而知之要學否？」曰：「生而知固不待學，然聖人必須學。」

螟蛉、蜾蠃，本非同類，為其氣同，故祝則肖之。又況人與聖人同類者？大抵須是自強不息，將來涵養成就到聖人田地，自然氣貌改變。

問：「人于議論，多欲己直，無含容之氣，是氣不平否？」曰：「固是氣不平，亦是量狹。人量隨識長。亦不人識高而量不長者，是識實未至也。大凡別事，人都強得，惟識量，人強不得。今有人斗筲之量，有釜斛之量，有鐘鼎之量，有江河之量。江河之量亦大矣，然有涯，有涯亦有時而滿。惟天地之量則無滿，故聖人者，天地之量也。聖人之量，道也。常人有量者，天資也。天資有量者，須有限，大抵六尺之軀，力量只如此，雖欲不滿不可得。且如人有得一薦而滿者，有得一官而滿者，有改京官而滿者，有入兩府而滿者。滿雖有先後，而卒不免。譬如器盛物，初滿時尚可蔽護，更滿則必出。皆天資之量，非知道者也。昔王隨甚有器量，仁宗賜飛白書曰「王隨德行，李淑文章」，當時以德行稱，名望甚重。及為相，有一人求作三路轉運使，王溥之，出鄙言，當時人多驚怪。到這裏位高後，便動了。人之量只如此。古人亦有如此者多。如鄧艾位三公，年七十，處得甚好。及因下蜀有功，便動了，言姜維云云。謝安聞謝玄破苻堅，對客圍棋，報至不喜，及歸，折屐齒，終強不得也。更如人大醉後益謹者，只益恭，便動了。雖與放肆者不同，其為酒所動一也。又如貴公子，位益高益謙卑，只益謙卑，便是動了。雖與驕傲者不同，其為位所動一也。然唯知道者，量自然宏大，不勉強而成。今人有所見卑下者，無他，亦是識量不足也。

思叔詬詈僕夫，伊川曰：何不動心忍性！思叔慚謝。

問：「人有日誦萬言，或妙絶技藝，此可學否？」曰：「不可。大凡所受之才，雖加勉強，止可少進，而鈍者不可使利也。惟理可進。除是積學既久，能變化得氣質，則愚必明，柔必強。蓋大賢以下即論才，大賢以上即不論才。聖人與天地合德，與日月合明。六尺之軀，能有多少技藝？人有身，須有才；聖人忘己，更不論才也。」

或問：「人有恥不能之心，如何？」曰：「人恥其不能而為之，可也；恥其不能而掩藏之，不可也。」問：「技藝之事，恥己之不能，何如？」曰：「技藝不能，安足恥！為士者當知道。己不知道，可恥也。恥之何如？亦曰勉之而已。人安可嫉人之能，而諱己之不能也？」

離了陰陽，更無道。所以陰陽者，是道也；陰陽，氣也。氣是形而下者，道是形而上者。形而上者，則是密也。

百家謹案：「離了陰陽，更無道」，此語已極直截。又云「所以陰陽者，是道也」，猶云「陰陽之能運行者，是道也」，即《易》「一陰一陽之謂道」之意。「所以」二字要善理會。

「神」是極妙之語。

二三立，則一之名亡矣。

又語及太虛，先生曰：「亦無太虛。」遂指虛曰：「皆是理，安得謂之虛！天下無實于理者。」

或謂「許大太虛」，先生謂：「此語便不是。這裏論甚大與小！」

問：「『鳶飛戾天，魚躍于淵』，莫是上下一理否？」曰：「到這裏只是點頭。」

百家謹案：生生之體，洋溢兩間，流行之機，通徹無礙。察者識之精，從敦化而見川流，即可從川流而見其畫一。聶雙江謂鳶飛魚躍，渾是率性，全無一毫意必。程子謂活潑潑地，與「必有事焉而勿正，心勿忘」同意。

稱性之善謂之道，道與性一也。以性之善如此，故謂之性善。性之本謂之命，性之自然者謂之天，性之有形者謂之心，性之有動者謂之情。凡此數者，皆一也。聖人因事以制名，故不同若此。而後之學者，隨文析義，求奇異之說，而去聖人之意遠矣。

道孰為大？性為大。千里之遠，數千歲之久，其所動靜起居，隨若亡矣。然時而思之，則千里之遠在乎目前，數千歲之久無異數日之近，人之性則亦大矣。噫！人之自小者，亦可哀也。夫人之性一也，而世之人皆曰：「吾何能為聖人！」是不自信也。其亦不察乎！

動物有知，植物無知，其性自異。但賦形于天地，其理則一。

問：「喜怒出于性否？」曰：「固是。纔有生識，便有性；有性，便有情。無性，安得情？」又問：「喜怒出于外，如何？」曰：「非出于外，感于外而發于中也。」問：「性之有喜怒，猶水之有波否？」曰：「然。湛然平靜如鏡者，水之性也。及遇沙石或地勢不平，便有湍激，或風行其上，便有波濤洶湧，此豈水之性哉！人性中只有四端，又豈有許多不善的事。然無水，安得波浪？無性，安得情也？」

論性不論氣，不備；論氣不論性，不明。

「『性相近也，習相遠也』。性一也，何以言相近？」曰：「此只言氣質之性也。如俗言性急、性緩之類。性安有緩急？此言性者，『生之謂性』也。」又問：「『上知下愚不移』，是性否？」曰：「此是才。須理會得性與才所以分處。『乃若其情，則可以為善，若夫為不善，非才之罪』，此言人陷溺其心者，非關才事。才猶言材料，曲可以為輪，直可以為棟梁。若是毀鑿壞了，豈關才事。下面不是說人皆有是四者之心？」或曰：「『人材有美惡，豈可言非才之罪？』」曰：「才有美惡者，是舉天下言之也。若說一人之才，如因富歲而賴，凶歲而暴，豈才質使之然也？」

百家謹案：子劉子《論語學案》解「性相近」章：「性相近，猶言相同，言性善也。聖人就有生以後氣質用事，雜糅不齊之中，指點粹然之體，此無嗇，彼無豐。但人生有氣質，此性若囿于氣質之中，氣習用事，各任其所習而往，或相倍蓰什佰千萬無算，此豈性之故哉！夫習雖不能不歧乎遠，然苟知其遠而亟返之，則遠者復歸于近，即習即性，性體著矣。此章性解紛紛，只是模一近字。《記》云：『執柯以伐柯，其則不遠。睨而視之，猶以為遠。』此近之說也。兩下只作一處看，故曰：『夫道一而已矣。』千萬人千萬世較量，只是一個。若是彷彿相違，便是善與利之間，差之毫釐，繆以千里矣。此個爭差些子不得。今說『習相遠』，亦只差些便了，難說相近是一尺，遠是尋丈。如兩人面貌相像，畢竟種種不同，安得為近。且所謂近，果善乎？惡乎？善惡混乎？善只是一個，惡亦是一個。有善有惡，便是天淵，豈有善惡總在一處者。如說惡，則惡是一個；如說無善無惡，則近在何處？蓋孔子分明說性善也。說者謂孔子言性只言近，孟子方言善，言一。只為氣質之性、義理之性分析後，便令性學不明，故說孔子言性是氣質之性，孟子言性是義理之性。愚謂氣質還他是氣質，如何扯著性？性是氣質中指點義理者，非氣質即為性也。清濁厚薄不同，是氣質一定之分，為習所從出者。氣質就習上看，不就性上看。以氣質言性，是以習言性也。聖人正恐人混性于習，故判別兩項分明若此。曰『相近』云者，就兩人尋性，善相同也。後人不解相近之說，始有『無善無不善』、『可以為善可以為不善』、『有善有不善』之說。至荀卿直曰惡，揚子善惡混，種種濫觴，極矣。」

楊開沅謹案：蕺山云「氣質就習上看」，則可；若以氣質為習所從出，似不盡然。胎教以前，氣質由于習；既生以後，則有習由于氣質者。然究竟氣質由習而成者多。

問：「人性本明，因何有蔽？」曰：「此須索理會也。孟子言人性善，是也。雖荀、揚亦不知性也。孟子所以獨出諸儒者，以能明性也。性無不善，而有不善者，才也。性即是理，理則自堯、舜至于塗人，一也。才稟于氣，氣有清濁，稟其清者為賢，稟其濁者為愚。」又問：「愚可變否？」曰：「可。孔子謂『上知與下愚不移』，然亦有可移之理。惟自暴自棄者則不移也。」曰：「下愚所以自暴棄者，才乎？」曰：「固是也。然卻道不可移不得。性只一般，豈不可移？卻被他自暴自棄，不肯去學，故移不得。使肯學時，亦有可移之事。」

百家謹案：孟子云：「非天之降才爾殊也。」又云：「乃若其情，則可以為善。若夫為不善，非才之罪也。」明明言無不善之才矣。今夫麰麥播種，能抽芽發穗，結實成熟者，其才也。就其中之生意為性。蓋性之善由才之善而見，不可言性善而後才善也，又惡可言性善而才有不善也？然而上知下愚實不可移，將謂才無不善，降無爾殊乎？嗟乎，此從來言性學之葛藤，最難剖斷。于是後儒遂謂：「有氣質之性、義理之性。孔子之言近，言上知下愚，氣質之性也。孟子之言善，義理之性也。」將一性岐而二之。不知性者。從氣質中指其義理之名。義理無氣質，從何托體？氣質無義理，不成人類。氣質、義理，一物也，即一性也。試為從本言之。《易傳》不云乎：「一陰一陽之謂道。繼之者善也，成之者性也。」自繼之而言，陰陽天命之流行，尚未著于人物，其時道體之沖和於穆，粹然至善者也。及其有所賦予，或成而人，或成而物。就人之氣質得陰陽天命之全而性善焉，是性者因氣質而有也。有是氣質，而後有是性，則性之善亦因氣質之善而善之也。如將一粒麥種看，生意是性，生意默默流行便是氣，生意顯然成象便是質。如何將一粒分作兩項，曰性善氣質不善？然而知愚賢不肖生來不等者，天命至精，著于生初，當其在胎之時，即有習染，所以古人有胎教之言。如此麰麥落地而有肥磽雨露人事之不齊，說不得麰麥之性不同也。孔子言「習相遠」，習不僅在墮地之後，其在胎時即有習矣。總之，于天命之性無與也。

性即理也，所謂理性是也。天下之理，原其所自，未有不善。喜怒哀樂之未發，何嘗不善。發而中節，則無往而不善。發不中節，然後為不善。故凡言善惡，皆先善而後惡；言是非，皆先是而後非；言吉凶，皆先吉而後凶。

劉蕺山曰：性即理也，即伯子所謂天理。

百家謹案：《孟子師說》：「程子『性即理也』之言，截得清楚，然極須理會。單為人性言之則可，欲以該萬物之性則不可。即孟子之言性善，亦是據人性言之，不以此通之于物也。若謂人物皆稟天地之理以為性，人得其全，物得其偏，便不是。夫所謂理者，仁義禮智是也，禽獸何嘗有是。如虎狼之殘忍，牛犬之頑鈍，皆不可不謂之性。具此知覺，即具此性。晦翁言『人物氣猶相近，而理絕不同』，不知物之知覺，絕非人之知覺，其不同先在乎氣也。理者，純粹至善者也，安得有偏全！人雖桀、紂之凶惡，未嘗不知此事是惡，是陷溺之中，其理亦全。物之此心已絕，豈可謂偏者猶在乎？若論其統體，天以氣之精者生人，粗者生物，雖一氣而有清粗之判。故氣質之性但可言物，不可言人。在人雖有昏明厚薄之異，總之是有理之氣。禽獸之所稟者，是無理之氣。非無理也，其不得與人同者，正是天之理也。」

問：「『舍則亡。』心有亡，何也？」曰：「否。此是說心無形體，纔主著事時便在這裏，纔過了便不見。如『出入無時，莫知其鄉』，此句亦須要人理會。心豈有出入，亦以操舍而言也。『放心』，謂心本善而流于不善，是放也。」

百家謹案：心之為物，靈明不測，出入之易而保守之難，惟在操之有要耳。敬以直內，操之之法也。「出入無時，莫知其鄉」，正形容「舍則亡」也。

「人心惟危，道心惟微」。心，道之所在；微，道之體也。心與道渾然一也，對放其良心者言之，則謂之道心。放其良心則危矣。「惟精惟一」，所以行道也。

心，生道也。有是心，斯有是形以生。惻隱之心，人之生道也，雖桀、跖不能無是以生，但戕賊之以滅天耳。始則不知愛物，俄而至于忍，安之以至于殺，充之以至于好殺，豈人理也哉！

問：「人之形體有限量，心有限量否？」曰：「論心之形，則安得無限量。」又問：「心之妙用有限量否？」曰：「自是人有限量。以有限之形，有限之氣，苟不通之以道，安得無限量？孟子曰：『盡其心，知其性。』心即性也。在天為命，在人為性，論其所主為心，其實只是一個道。苟能通之以道，又豈有限量？天下更無性外之物。若曰有限量，除是性外有物始得。」

顧諟謹案：《傳習錄》曰：「心即理也。」與「心即道也」如出一口。陽明先生因後人求理于事物，故屢屢提掇此義。不知者遂駭為特創耳。

天地之間只有一個感與應而已，更有甚事！

沖穆無朕，萬象森然已具，未應不是先，已應不是後。如百尺之木，自根本至枝葉皆是一貫，不可道上面一段是無形無兆，卻待人旋安排引出來，教入塗轍，既是塗轍，卻只是一個塗轍。

楊開沅謹案：此段發明道器一貫，最為明白。知此，則「理生氣」，「纔說性便不是性」，「人性中曷嘗有孝弟來」，皆頭上安頭，屋上架屋矣。

「寂然不動，感而遂通」，此已言人分上事。若論道，則萬理皆具，更不說感與未感。

寂然不動，萬物森然已具。感而遂通，感則只是自內感，不是外面將一件物來感于此也。

蘇季明問：「中之道與『喜怒哀樂未發謂之中』同否？」曰：「非也。喜怒哀樂未發是言在中之義。只一個中字，但用不同。」或曰：「喜怒哀樂未發之前求中，可否？」曰：「不可。既思于喜怒哀樂未發之前求之，又卻是思也。既思，即是已發，便謂之和，不可謂之中也。」又問：「吕學士言當求于喜怒哀樂未發之前。信斯言也，恐無著摸，如之何而可？」曰：「看此語如何地下。若言存養于喜怒哀樂未發之時，則可；若言求中于喜怒哀樂未發之時，則不可。」又問：「學者于喜怒哀樂發時，固當勉強裁抑。于未發之前，當如何用功？」曰：「于喜怒哀樂未發之前，更怎生求？只平日涵養便是。涵養久，則喜怒哀樂自中節。」或曰：「有未發之中，有既發之中。」曰：「非也。既發時，便是和矣。發而中節，固是得中；只是將中、和來分說，便是和也。」

凡物本有本末，不可分本末為兩段事。洒掃應對是其然，必有所以然。

楊開沅謹案：《大學》「物有本末」，似兩段事。然合之總完一至善，仍是一事也。即云修齊治平是其然，格致誠正是其所以然，亦得。

《易》曰：「閑邪存其誠。」閑邪則誠自存。而閑其邪者，乃在于言語、飲食、進退、與人交接而已矣。

問：「《行狀》云：『盡性至命，必本于孝弟。』不識孝弟何以能盡性至命也？」曰：「後人便將性命別作一般事說了。性命、孝弟，只是一統的事，就孝弟中便可盡性至命。至如洒掃應對，與盡性至命亦是一統的事，無有本末，無有精粗，亦被後來人言性命者別作一般高遠說。故舉孝弟，是于人切近者言。然今時非無孝弟之人，而不能盡性至命者，由之而不知也。」

百家謹案：先遺獻曰：「凡人氣聚成形，無一物帶來，而愛親敬長，最初只有這些子，後來盛德大業，皆原于此，故曰『仁之本』。《集注》：『為仁，猶曰行仁。』謂『性中只有個仁義禮智，曷嘗有孝弟來』。蓋以孝弟屬心，心之上一層方纔是性，有性而後有情，故以孝弟為行仁之本，不可為仁之本。李見羅《道性編》皆發此意。愚以為心外無性，氣外無理。如孟子曰：『惻隱之心，仁也；羞惡之心，義也；恭敬之心，禮也；是非之心，智也。』蓋因惻隱、羞惡、恭敬、是非而後見其為仁義禮智，非是先有仁義禮智而後發之為惻隱、羞惡、恭敬、是非也。人無此心，則性種斷滅矣。是故理生氣之説，其弊必至于語言道斷，心行路絕而後已。程子曰：『「盡性至命，必本于孝弟。」孰謂孝弟不可為仁之本與？』」

養心莫善于寡欲。所欲不必沈溺，只有所向，便是欲。

劉蕺山曰：「心齋又加個有所見」。

「曷之用，二簋可用享。」損者，損過而就中，損浮末而就本實也。聖人以「寧儉」為禮之本，故損發明其義。以享祀之禮，其文最繁，然以誠敬為本。多儀備物，所以將飾其誠敬之心。飾過其誠，則為偽矣。損飾，所以存誠也。故云「曷之用，二簋可用享」。二簋之約，可用享祭，言在乎誠而已。誠為本也。天下之害，無不由末之勝也。峻宇雕牆本于宮室，酒池肉林本于飲食，淫酷殘忍本于刑罰，窮兵黷武本于征伐。凡人欲之過者，皆本于奉養。其流之遠，則為害矣。先王制其本者，天理也；後人流于末者，人欲也。損之義，損人欲以復天理而已。

問「『不遷怒，不貳過』，何也？《語錄》有怒甲不遷乙之說，是否？」曰：「是。」曰：「若此，則甚易，何待顏氏而後能？」曰：「只被說得粗了，諸公便道最易。此莫是最難。須是理會得因何不遷怒。如舜之誅四凶，怒在四凶，舜何與焉？蓋因是人有可怒之事而怒之，聖人之心本無怒也。譬如明鏡，好物來時便見是好，惡物來時便見是惡，鏡何嘗有好惡也？世之人固有怒于室而色于市。且如怒一人，對那人說話能無怒色否？有能怒一人而不怒別人者，能忍得如此，已是煞知義理。若聖人，因物而未嘗有怒，此莫是甚難。君子役物，小人役于物。今人見有可喜可怒之事，自家著一分陪奉他，此亦勞矣。聖人心如止水。」

有恐懼心，亦是燭理不明，亦是氣不足。須知義理之悅我心，猶芻豢之悅我口。玩理以養心，如此。蓋人有小稱意事，猶喜悅，有淪肌浹體，如春和意思，何況義理。然窮理亦當知用心緩急，但苦勞而不知悅處，豈能養心！

為人處世間，見事無可疑處，多少快活！

有疑病者，事未至時，先有疑端在心。周羅事者，先有周羅事之端在心。皆病也。

罪己責躬不可無，然亦不當長留在心胸為悔。

視聽言動，非禮不為，即是禮。禮即是理也。不是天理，便是私欲。

人雖有意于為善，亦是非理。無人欲即皆天理。

顧諟謹案：《傳習錄》曰：「既去惡念，便是善念，便復心之本體矣。譬如日光被雲來遮蔽，雲去，光已復矣。若惡念既去，又要存個善念，即是日光之下，添然一燈。」此有意為善亦是非理之旨。

敬即便是禮，無己可克。

公則一，私則萬殊。至當歸一，精義無二。人心不同如面，正是私心。

大而化，則己與理一。一，則無己。

大抵人有身，便有自私之理，宜其與道難一。

要息思慮，便是不息思慮。

人多思慮不能自寧，只是做他心主不定。要作得心主定，惟是止于事，「為人君止于仁」之類。如舜之誅四凶，四凶已作惡，舜從而誅之，舜何與焉！人不止于事，只得攬他事，不能物各付物。物各付物則是役物；為物所役，則是役于物。有物必有則，須是止于事。

人不能祛思慮，只是吝。吝，故無浩然之氣。

問仁。曰：「此在諸公自思之，將聖賢所言仁處，類聚觀之，體認出來。孟子曰：『惻隱之心，仁也。』後人遂以愛為仁。惻隱固是愛也，愛自是情，仁自是性，豈可專以愛為仁。孟子言惻隱為仁，蓋為前已言『惻隱之心，仁之端也』。既曰『仁之端』，則不可便謂之仁。退之言『博愛之謂仁』，非也。仁者固博愛，然便以博愛為仁，則不可。」

百家謹案：孔子亦曰「愛人」，以愛為仁，恐不在後人也。「仁者，心之德，愛之理」，自是無病。

仁之道，要之只消道一公字。公即是仁之理，不可將公便喚做仁。公而以人體之，故為仁。只為公則物兼照，故仁所以能恕，所以能愛。恕則仁之施，愛則仁之用也。

問：「愛人是仁否？」伊川曰：「愛人乃仁之端，非仁也。」某謂：「仁者，公而已矣。」伊川曰：「何謂也？」曰：「仁者能愛人，能惡人。」伊川曰：「善涵養！」

百家謹案：《蕺山語錄》：「『惻隱之心，仁也。』又曰：『惻隱之心，仁之端也。』說者以為端緒外見耳，此中仍自不出來，與『仁也』語意稍傷。不知『人皆有不忍人之心』，只說仁的一端，因就仁推義禮智去，故曰四端，如四體判下一般，說得最分明。後人錯看了，又以誣『仁也』，因以孟子誣《中庸》。『未發為性，已發為情』，雖喙長三尺，向誰說！」蓋子劉子意，以仁義禮智之性，由惻隱、羞惡、辭讓、是非而名，故惻隱即仁也。時位有動靜，性體無動靜，非未發為性，已發為情，中、和盡屬性也。情者性之情，不得與性對。此開闢以來之特解，須細心體會。

仁則一，不仁則二。

問：「先生前日教某思『君子和而不同』，某思之數日，便覺胸次開闊，其意味有不可言述。竊有一喻：今有人焉，久寓遠方，一日歸故鄉，至中塗，適遇族兄者俱抵旅舍，異居而食，相視如塗人。彼豈知為族弟，此豈知為族之兄邪？或告曰：『彼之子，公之族兄某人也。』『彼之子，公之族弟某人也。』既而歡然相從，無有二心。向之心與今之心，豈或異哉？知與不知而已。今學者苟知大本，則視天下猶一家，亦自然之理也。」先生曰：「此乃善喻也！」

問：「學者須志于大，何如？」曰：「志無大小。且莫說道將第一等讓于別人，且做第二等。才如此說，便是自棄。雖與不能居仁由義者差等不同，其自小則一也。言學便以道為志，言人便以聖為志。自謂不能者，自賊者也。謂其君不能者，賊其君者也。」

或問：「人或倦怠，豈志不立乎？」曰：「若是氣，體勞後須倦。若是志，怎生倦得？人只為氣勝志，故多為氣所使。人少而勇，老而怯，少而廉，老而貪，此為氣所使者也。若是志勝氣時，志既一定，更不可易。如曾子易簀之時，其氣之微可知，只為他志已定，故雖死生許大事，亦動他不得。蓋有一絲髮氣在，則志猶在也。」

學者為氣所勝，習所奪，只可責志。

顧諟謹案：王陽明先生曰：「凡一毫私欲之萌，只責此志不立，即私欲便退聽。一毫客氣之動，只責此志不立，即客氣便消除。蓋無一息而非立志責志之時，無一事而非責志立志之地。故責志之功，其于去人欲，有如烈火之燎毛，太陽一出而魍魎潛消也。」

聖人不記事，所以常記得。今人忘事，以其記事。不能記事，處事不精，皆出于養之不完固。

謝良佐往見伊川，伊川曰：「近日事如何？」對曰：「天下何思何慮！」伊川曰：「是則是有此理，賢卻發得太早。在伊川直是會鍛煉。說了又道：恰好著工夫也！」

劉蕺山曰：「此事本不易承當，然不教人、不承當，亦不得。」

「艮其背，不獲其身，行其庭，不見其人，無咎。」人之所以不能安其止者，動于欲也。欲牽于前而求其止，不可得也，故艮之道，當艮其背。所見者在前，而背乃背之，是所不見也。止于所不見，則無欲以亂其心，而止乃安。「不獲其身」，不見其身也，謂忘我也，無我則止矣。不能無我，無可止之道。「行其庭，不見其人」，庭除之間，至近也，在背則雖至近不見，謂不交于物也。外物不接，內欲不萌，如是而止，乃得止之道，于止為無咎也。

百家謹案：閩林氏兆思專言艮背之學，謂「聖人以此洗心，退藏于密」，即艮其背也。

「艮其所」，止其所也。「艮其止」，謂止之而止也。止之而能止者，由止得其所也。止而不得其所，則無可止之理矣。夫子曰：「于止，知其所止。」謂當止之所也。夫有物必有則，父止于慈，子止于孝，君止于仁，臣止于敬。萬物庶事，莫不各有其所。得其所則安，失其所則悖。聖人所以能使天下順治，非能為物作則也，唯使之各得其所而已！

忘物與累物之弊等。

尹焞嘗請曰：焞今日解得心寬體胖之義。伊川正色曰：「何如？」和靖曰：「莫只是樂否？」伊川曰：「樂亦沒處著。」

思叔詬詈僕夫，伊川曰：「何不動心忍性？」思叔慚謝。

人于天地間，並無窒礙處，大小快活！

顧諟謹案：《中庸》所謂「無入不自得」，《論語》所謂「坦蕩蕩」，孟子所謂「不淫」「不移」「不屈」曾有絲毫窒礙否？

君子之學，在于意必固我既忘之後，而復于喜怒哀樂未發之前，則學之至也。

嚴威儼恪，非持敬之道，然敬須自此入。

閑邪則誠自存，不是外面捉一個誠，將來存養。今人外面役役于不善，于不善中尋個善來存著，如此則豈有入善之理？只是閑邪則誠自存，故孟子言性善，皆由內出。只為誠便存閑邪，更著甚工夫。但惟是動容貌，整思慮，則自然生敬。敬，只是主一也，主一，則既不之東，又不之西，如是則只是中；既不之此，又不之彼，如是則只是內。存此，則自然天理明白。學者須是將「敬以直內」涵養此意。直內是本。

閑邪則固一矣，主一則不消閑邪。有以一為難見，不可下工夫。如何一者？無他，只是嚴肅整齊，則心便一。一則自無非僻之干。此意但涵養久之，天理自然明白。

先生曰：「初見伊川時，教某看敬字。」某請益，伊川曰：「主一則是敬。」當時雖領此語，然不若近時看得更親切。寬問：「如何是主一，願先生善諭。」先生言：「敬有甚形影，只收斂身心便是主一。且如人到神祠中致敬時，其心收斂，更不著著得毫髮事，非主一而何？」又曰：「昔有趙承議從伊川學，其人性不甚利，伊川亦令看敬字。」趙請益，伊川曰：「整衣冠、齊容貌而已。」趙舉示先生，先生于趙言下有個省覺處。

百家案雲：此條為祁居之所記，內稱先生，則尹和靖也。

人之于儀形，有是持養者，有是修飾者。

《記》中說「君子莊敬日強，安肆日偷」，蓋常人之情，纔放肆則日就曠蕩，纔檢束則日就規矩。

問：「『出門如見大賓，使民如承大祭。』方其未出門、使民時，如何？」曰：「此『儼若思』之時也。當出門時，其敬如此，未出門時可知也。且見乎外者，出乎中者也。使民、出門者，事也。非因是事上方有此敬，蓋素敬也。如人接物以誠，人皆曰誠人，蓋是素來誠，非因接物而始有此誠也。『儼然正其衣冠，尊其瞻視』，其中自有個敬處。雖曰無狀，敬自可見。」

忘敬而後無不敬。

劉蕺山曰：主一之謂敬。心本有主，主還其主，便是主一。今日乃打破敬字。

居敬即自然簡。「居簡而行簡」，則似乎太簡矣，然乃所以為不簡。蓋先有心于簡，則多卻一簡字矣。居敬則中心無物，是乃簡也。

問：「人之燕居，形體怠惰，心不慢，可否？」曰：「安有箕踞而心不慢者！學者須恭敬，但不可令拘迫，拘迫則難久也。」

志道懇切，固是誠意；若迫切不中禮，則反為不誠。蓋實理中自有緩急，不容如是之迫。觀天地之化乃可知。

涵養吾一。

「無妄，元亨利貞，其匪正有眚，不利有攸往。」無妄者，至誠也。至誠者，天之道也。天之化育萬物，生生不窮，各正其性命，乃無妄也。人能合無妄之道，則所謂「與天地合其德」也。無妄有大亨之理，利在貞正。失貞正，則妄。雖無邪心，不合正理，則妄也。

妄乃邪心也。故有匪正，則為過眚。既已無妄，不宜有往，往則妄也。

六二：「不耕穫，不菑畬，則利有攸往。」凡理之所當然者，非妄也，人所欲為者，乃妄也，故以耕穫、菑畬譬之。六二居中得正，又應九五之中正，居動體而柔順，為能順乎中正，乃無妄也，故極言無妄之義。耕，農之始；穫，其成終也。田一歲曰菑，三歲曰畬。不耕而穫，不菑而畬，謂不首造其事而因其事理所當然也。首造其事，則是人心所作為，乃妄也。因事之當然，則是順理應物，非妄也，穫與菑是也。蓋耕則必有穫，菑則必有畬，是事理之當然耳，非必意之所造作也，如是則為無妄。不妄，則所往利而無害也。或曰：「聖人制作以利天下者，皆造端也，豈非妄乎？」曰：「聖人隨時制作，合乎風氣之宜，未嘗先時而開之也。若不待時，則一聖人足以盡為矣，豈待累聖繼作也？時乃事之端也，聖人隨時而為也。」

聖人與理為一，故無過不及，中而已矣。其他皆是以心處這個道理，故賢者常失之過，不肖者常失之不及。

問：「君子時中，莫是隨時否？」曰：「是也。中字最難識，須是默識心通。且試言：一廳則中央為中，一家則廳非中而堂為中，一國則堂非中而國之中為中，推此類可見矣。且如初寒時，則薄裘為中；在盛寒而用初寒之裘，則非中也。更如三過其門不入，在禹、稷之世為中，若居陋巷則不中矣。居陋巷在顏子之時為中，若三過其門不入，則非中也。」或曰：「男女不授受之類皆然？」曰：「是也。男女不授受，中也。在喪祭，則不如此矣。」

漢儒以反經合道為權，故有權變，權術之論，皆非也。權只是經也。自漢以來無人識權字。

葉六桐曰：權乃是一定不移之物。

問：「舜執其兩端，與湯執中如何？」曰：「執只是一個執。舜執兩端，是執持而不用；湯執中而不失，將以用之也。若子莫執中，卻是子莫見楊、墨過不及，遂于過、不及二者之間執之，卻不知有當摩頂放踵利天下時，有當拔一毛利天下不為時。執中而不通變，與執一無異。」

《孟子》「養氣」一章，諸君潛心玩索，須是實識得方可。「勿忘」「勿助長」，只是養氣之法，如不識，怎生養？有物始言養，無物又養個甚麼！浩然之氣，須是見一個物，如顏子「如有所立卓爾」，孟子言「躍如也」，「卓爾」「躍如」，分明見得方可。

宗羲案：伊川此段與明道識仁之意相合。又曰：「昔有問浩然之氣塞乎天地，何處見得。」周海門曰：「何處見不得！此即鳶飛魚躍，察乎上下之意。然非勿忘勿助，活潑潑地，如何見之？」

古之學者為己，其終至于成物。今之學者為人，其終至于喪己。

學也者，使人求于內也。不求于內而求于外，非聖人之學也。何謂不求于內而求于外？以文為主者是也。學也者，使人求于本也。

不求于本而求于末，非聖人之學也。何為不求于本而求于末？攷詳略，採同異者是也。是二者皆無益于吾身，君子弗學。道無精粗，言無高下。

語高則指遠，言約則義微。大率《六經》之旨，涵蓄無有精粗。欲言精微，言多則愈粗。

《六經》之言，在涵蓄中默識心通。

文字上無閒暇，終是少工夫，然思慮則似儘不廢。于外事雖奔迫，然思慮儘悠悠。

古之學者，先由經以識義理，蓋始學時盡是傳授。後之學者，卻須先識義理，方始看得經，蓋不得傳授之意云耳。如《易繫辭》所以解《易》，今人須看了《易》，方始看《繫辭》。

解義理，若一向靠書策，何由得居之安，資之深？不惟自失，兼以誤人。

《論語》《孟子》，只詳讀著，便自意足。學者須是玩味，若以語言解著，意便不足。某始作此二書文字，既而思之，又似贅。只有先儒錯會處，卻待與整理過。善學者要不為文字所拘，故文義雖解錯，而道理可通行者，不害也。

安有識得《易》後，不知退藏于密！

宗羲案：橫看側看，面面皆山。

問：「窮神知化，由通于禮樂，何也？」曰：「此句須自家體認。人往往見禮樂亡，不知禮樂未嘗亡也。如國家一日存時，尚有一日之禮樂，由有上下尊卑之分也。除是禮樂亡盡，然後國家始亡。雖盜賊至為不道者，然亦有禮樂。蓋必有總屬，必相聽順，乃能為盜。不然，則叛亂無統，不能一日相聚而為盜也。禮樂無處無之，學者須要識得。」問：「『明則有禮樂，幽則有鬼神』，何也？」曰：「鬼神只是一個造化。『天尊地卑，乾坤定矣』，『鼓之以雷霆，潤之雨以風』是也。」

尹焞偶學《虞書》，伊川曰：「賢那得許多工夫！」

古者八歲入小學，十五入大學，擇其才可教者聚之，不肖者復之田畝。蓋士農不易業，既入學，則不治農，然後士農判。在學之養，若士大夫之子則不慮無養，雖庶人之子則亦必有養。古之仕者，自十五入學，至四十方仕，中間自有二十五年學，又無利錄可趨，則所志可知趨善，便自此成德。後之人自童稚間已有汲汲趨利之意，何由得向善？故古人必使四十而仕，然後志定。只營衣食卻無害，惟利錄之誘最害人。

人多說某不教人習舉業，某何嘗不教人習舉業也？人若不習舉業，而望及第，是責天理而不修人事。但舉業既可以及第即已，若更去向上盡力，求必得之道，是惑也。

伊川與和靖論義命，和靖曰：「命為中人以下說。若聖人，只有一個義。」伊川曰：「何謂也？」和靖曰：「行一不義、殺一不辜而得天下，皆不為也，奚以命為！」伊川大賞之。

范淳夫之女讀《孟子》，至出入無時，語人曰：「孟子不識心，心豈有出入？」先生聞之曰：「此女雖不識孟子，卻能識心。」

有患心疾，見物皆獅子。伊川教之以見即直前捕執之，無物也。久之，疑疾遂愈。

敬以直內，有主于內則虛，自然無非僻之心，如是則安得不虛？「必有事焉」，須把敬來做件事看。此道最是簡，最是易，又省工夫。為此語，雖近似常人所論，然持之必別。

人心緣境，出入無時，人亦不覺。

有一物而可以相離者，如形無影，不害其成形，水無波，不害其為水。有兩物而必相須者，如心無目則不能視，目無心則不能見。

心具天德。心有不盡處，是天德處未能盡。何緣知性知天？盡己心，則能盡人盡物，與天地參，贊化育。贊則直養之而已。

人多言「天地之外」不知天地如何說內外，外面畢竟是個甚？若言著外，則須是似有個規模。

天地安有內外！言「天地之外」，便是不識天地也。人之在天地，如魚在水，不知有水，直待出水，方知動不得。

語默猶晝夜，晝夜猶死生，死生猶古今。

靜中便有動，動中便有靜。

冬至一陽生，卻須陡寒，正如欲明而反暗也。陰陽之際，亦不可截然不相接，　廝侵過便是道理。天地之間如是者極多。艮之為義，終萬物，始成物。此理最妙，須玩索這個理。

陰陽于天地間，雖無截然為陰為陽之理，須至參錯。然一個生殺升降之分，不可無也

問：「張子曰：『陰陽之精，互藏其宅。』然乎？」曰：「此言甚有味，由人如何看。水離物不得，故水有離之象；火能入物，故火有坎之象。」

凡氣參和交感則生，不和分散則死。

天地之間，有者只是有。譬之人之知識聞見，經歷數十年，一日念之，了然胸中，這個道理在那裏放著來。

天之賦與謂之命，稟之在我謂之性，見于事業謂之理。

人夢不惟聞見思想，亦有五臟所感者。

大圭黃鐘，全沖和氣。

觀天理，亦須放開意思，開闊得心胸，便可見。

凝然不動，便是聖人。

忿欲忍與不忍，便見有德無德。

匹夫悍卒，見難而能死者有之矣。惟情欲之牽，妻子之愛，斷而不惑者鮮矣！

多驚多怒多憂，只去一事所偏處自克。克得一件，其餘自正。

驚怒皆是主心不定。

忿懥，怒也。治怒為難，治懼亦難。克己所以治怒，明理所以治懼。

人患乎懾怯者，蓋氣不充，不素養故也。

雖公天下事，若用私意為之，便是私。

思慮不得至于苦。

有言養氣可以為養心之助。曰：「敬則只是敬，敬字上更添不得。譬之敬父矣，又豈得道更將敬兄助之？如今端坐附火，是敬于向火矣，又豈須道更將敬于水以助之？猶之有人曾到東京，又曾到西京，又曾到長安，若一處上心來，則他處不容參雜在心。心裏著兩件物不得。」

百家謹案：養氣、養心，原是一事，分不得兩件。

致知但知止于至善，如「為人子止于孝，為人父止于慈」之類。不須外面只務觀物理，泛然正如遊騎無所歸也。

造道深後，雖聞常人言語淺近，莫非義理。

先生（謝顯道）習舉業，已知名，往扶溝見明道受學，甚篤。明道一日謂之曰：「爾輩在此相從，只是學某言語，故其學心口不相應。盍若行之！」請問焉，曰：「且靜坐。」

伊川見人靜坐，便歎其善學。

遊定夫問陰陽不測之謂神。伊川曰：「賢是疑了問，是揀難底問？靜坐獨處不難，居廣居、應天下為難。」

人皆可以至聖人，而君子之學必至于聖人而後已。不至于聖人而後已者，皆自棄也。孝其所當孝，弟其所當弟，自是而推之，則亦聖人而已矣。

懈心一生，便是自暴自棄。

小人小，丈夫不合小了，他本不是惡。

尹彦明問于程子：「如何是道？」程子曰：「行處是。」

人少長，須激昂自進。中年以後，自至成德者事方可自安。

不應為，總是非道。

只外面有些罅縫，便走了。

九德最好。

存養熟，然後泰然行將去。

聖人之責人也常緩，只是欲事正，無顯人過惡之意。聖人責己感處多，責人應處少。

義理與客氣常相勝，又看消長分數多少，為君子小人之別。義理所得漸多，則自然知得，客氣消散得漸少，消盡者是大賢。

古之學者為己，今之學者為人。古之仕者為人，今之仕者為己。古之強有力者，將以行禮；今之強有力者，將以作亂。

今之學者岐而為三：能文者謂之文士，談經者謂之講師，惟知道者乃儒學也。

聖人凡一言，便全體用。

季明嘗以治經為傳道居業之實，居常講習只是空言無益，質之兩先生。伯淳先生曰：「修辭立其誠，不可不子細理會。能修省言辭，便自要立誠。若是修省言辭為心，只是為僞也。若修其言辭正為立己之誠意，乃是體當自家敬以直內，義以方外之實事。道之浩然，何處下手？惟立誠才有可居之處，則可以修業也。終日乾乾，大小大事，卻只是忠信所以進德為實下手處，修辭立其誠為實修業處。」正叔先生曰：「治經，實學也。譬諸草木，區以別矣。道之在經，大小遠近，精粗高下，森列於其中。譬如中月在上，無不見者，一人指之，不若衆人指之自見也。如《中庸》一卷書，自至理便推之於事，如國家有九經及歷代聖人之跡，莫非實學也。如登九層之台，自下而上者為是。人患居常講習空言無實者，蓋不自得也。為學，治經最好。苟不自得，則盡治《五經》，亦是空言。今有人心得識達，所得多矣。有雖讀書，卻患在空虛者，未免此弊。」

學者多蔽于解釋註疏，不須用功深。

學有所得，不必在談經論道間，當于行事動容周旋中禮者得之。

學禮者考文，必求先王之意，得意乃可沿革。

門人有言曰：「吾與人居，視其有過而不告，則于心有所不安；告之而人不受，則柰何？」曰：「與之居而不告其過，非忠也。要使誠意之交，通于未言之前，則言出而人信矣。」

責善之道，要使誠有餘而言不足，則于人有益，而在我者自無辱矣。

以富貴為賢者不欲，卻反人情。

夫內之得有淺深，外之來有輕重。內重則可勝外之輕，得深則可以見誘之小。

舉業不患妨功，惟患奪志。

仁人此，義宜此，事親仁之實，從兄義之實，須于一道中別出。

誠然後敬。未及誠時，卻須敬，而後能誠。

無妄之謂誠，不欺其次矣。

劉蕺山曰：無妄亦無誠。

聖人于天下事，自不合與，只順他天理，茂對時育萬物。

去氣偏處發，便是致曲；去性上修，便是直養。然同歸于誠。

不能動人，只是誠不至。于事厭怠，皆是無誠處。

誠則自然無累，不誠則有累。

敬而無失，便是「喜怒哀樂未發之謂中」也。敬不可謂之中，但敬而無失即為中也。

萬物無一物失所，便是天理謂中也。

聖人憂勞中其心則樂，安靜中卻有至憂。

發于外者謂之恭，有諸中者謂之敬。

君子之遇事，無巨細，一于敬而已。簡細故以自崇，非敬也；飾私智以為奇，非敬也。要之，非敢慢而已。《語》曰：「居處恭，執事敬，雖之夷狄，不可棄也。」然則「執事敬」者，固為仁之端也。推是心而誠之，則「篤恭而天下平」矣。

孔子言仁，只說「出門如見大賓，使民如承大祭」。看其氣象，便須心廣體胖，動容周旋中禮自然可見。惟慎獨便是守之之法。聖人修己以敬，以安百姓，篤恭而天下平。唯上下一于恭敬，則天地自位，萬物自育，氣無不和，四靈畢至。此體信達順之道，聰明睿智皆由引出。以此事天饗帝，故《中庸》言鬼神之德盛，而終之以「微之顯，誠之不可揜如此」。

孟子謂「必有事焉而勿正，心勿忘，勿助長」，「正」是著意，「忘」則無物。勿忘勿助，必有事焉，只中道上行。

聖人之明猶日月，不可過也。過則不明。

世之人務窮天地萬物之理，不知反之一身。五臟六腑、毛髮筋骨之所存，鮮或知之。善學者取諸身而已，自一身以觀天地。

致知在格物，物來則知起。物各付物，不役其知，則意誠。不動意，誠自定，則心正。始學之事也。

所務于窮理者，非道須盡窮了天地萬物之理，又不道是窮得一理便到，只是要積累多後，自然見去。

冠昏喪祭，禮之大者，今人都不理會。豺獺皆知報本，今士大夫家多忽此，厚于奉養而薄于先祖，甚不可也。某嘗修《六禮》，（原注：冠、昏、喪、祭、鄉、相見。）大略家必有廟，廟必有主，月朔必薦新，時祭用仲月，冬至祭始祖，立春祭先祖，季秋祭禰，忌日遷主，祭于正寢。凡事死之禮，當厚于奉生者。人家能存得此等事，幼者可漸使知禮義。

學佛者多要忘是非，是非安可忘得？自有許多道理，何事忘為！夫事外無心，心外無事。世人只被為物所役，便覺苦事多。若物各付物，便役物也。世人只為一齊在那昏惑迷暗海中，拘滯執泥坑裏，便事事轉動不得，沒著身處。

百家謹案：學佛者之忘是非，正為有許多道理，所以要忘。昏迷拘泥，所以為物所役。能自己轉動得，人便不昏迷拘泥。

閱機事之久，機心必生。蓋方其閱時，心必喜；既喜，則如種下種子。

百家謹案：此真為至言！然不唯機事，凡兵陳、刑名以及權術之書，後生看慣，即便下著毒種，多致後日有喪身敗德之事。教子孫者，不可不蒙養以正。

敬則自虛靜，不可把虛靜喚做敬。

「一陰一陽之謂道」，此理固深，說則無可說。所以陰陽者道，既曰氣，則便是二。言開闔已是感，既二則便有感。所以開闔者道，開闔便是陰陽。老氏言「虛而生氣」，非也。陰陽開闔本無先後，不可道今日有陰，明日有陽。如人有形影，蓋形影一時，不可言今日有形，明日有影。有便齊有。

近取諸身，百理皆具。屈伸往來之義，只于鼻息之間見之。屈伸往來只是理，不必將既屈之氣復為方伸之氣。生生之理，自然不息。如復言「七日來復」，其間元不斷續，陽已復生，物極必返，其理須如此。有生便有死，有始便有終。

大凡人心不可二用。用于一事，則他事更不能入者，事為之主也。事為之主，尚無思慮紛擾之患，若主于敬，又焉有此患乎？所謂敬者，主一之謂敬。所謂一者，無適之謂一。且欲涵泳主一之義，一則無二三矣。至于不敢欺，不敢慢，尚不愧于屋漏，皆是敬之事也。

學者不泥文義者，又全背卻遠去；理會文義者，又滯泥不通。如子濯孺子為將之事，孟子只取其不背師之意，人須就上面理會事君之道如何也。又如萬章問舜完廩浚井事，孟子只答他大意。人須要理會浚井如何出得來，完廩又怎生下得來，若此之學，徒費心力。（語錄大多見于《河南程氏遺書》卷一至卷二十五、《外書》，個別見於《二程粹言》，又見《二程集》上，第一—三二七頁、三五一—四四五頁；

(《二程集》下，第一一六九—一一七二頁。)

四箴並序

顏淵問克己復禮之目，孔子曰：「非禮勿視，非禮勿聽，非禮勿言，非禮勿動。」四者，身之用也，由乎中而應乎外，制乎外所以養其中也。顏淵事斯語，所以進于聖人。後之學聖人者，宜服膺而勿失也。因箴以自警。

黃東發曰：《視聽言動箴》，在由中應外、制外養中兩語。心兮本虛，

陳北溪曰：心之為體，其中洞然，本無一物，只純是理而已。然理亦未嘗有形狀也。應物無迹；心虛靈知覺，事物纔觸，即動而應，無蹤迹之可尋捉處。

操之有要，視為之則。

人之接物，視最為先。即此處而操存之，庶乎得其要而有一定之準。

蔽交于前，蔽指物欲之私而言。

其中則遷，中指心之體而言，即天理之謂也。物欲之蔽接于前，則心體逐之而去矣。

制之于外，以安其內；物欲克去于外，則無以侵撓吾內，而天理寧定矣。

克己復禮，上以一節言，此以全體言。

久而誠矣。(《視箴》)

誠者，真實無妄之理也。克復工夫真積力久，則私欲淨盡，徹表裏一于誠，純是天理之流行而無非仁矣。

人有秉彝，本乎天性。

陳北溪曰：「人均執此常道而生，其原于天之所賦而人受之以為性者也。」

知誘物化，知指形氣之感而言。物欲至而知覺萌，遂為之引去矣。化則與之相忘如一，而無彼我之間也。

遂亡其正。

正以理言。至是則天理俱滅而無復存矣。

卓彼先覺，悟此理之全而體之者。

知止有定，事事物物各有所當止之處，即理之當然者是也。能一一知其然，則此心明徹，于日用應接皆有定理，不為之誘而化矣。

閑邪存誠，邪者物欲之私，誠者天理之實。閑外邪不使之入，則所存于心者，徹表裏一于誠，純是天理之流行而仁矣。

非禮勿聽。（《聽箴》）

總結之。

人心之動，因言以宜。

陳北溪曰：「一念之動于中，或善或惡，必由言以宣之，而後見于外。」

發禁躁妄，疾而動曰躁，虛而亂曰妄。人之為言，大概不出此二者，皆人欲之所為也，故必禁之。

內斯靜專。

靜安專一，皆天理之所存也。外不躁則內靜，外不妄則內專。此二句為一篇之關要處。

矧是樞機，門之闢闔，所繫在樞；弩之張弛，所繫在機。人心之動有善惡，由言以宣之而後見于外，是亦人之樞機也。

興戎出好，言非禮則有躁妄而起爭，言以禮則無躁妄而生愛。

吉凶榮辱，惟其所召。

興戎則凶而辱，出好則吉而榮。

傷易則誕，易者輕快之謂，躁則傷于易；誕者欺誑之謂，而易中之病也。

傷煩則支，煩者多數之謂，妄則傷于煩。支猶木之枝，從身之旁而逆出者，乃煩中之失也。

己肆物忤，傷易而誕，則無有成法，在己者肆而與物忤矣，內何復靜之云！出悖來違。

傷煩而支，則不合正理，所出者悖而來亦違矣，內何復專之云！

非法不道，法，謂先主之法言。

欽哉訓辭！（《言箴》）

欽，謂敬謹所出而無躁妄也。

哲人知幾。

陳北溪曰：「幾者，善惡欲動而未形之間，其兆甚微，哲人心通理明，能燭于其先。

誠之于思，于一念微動而未形之間，便已知覺而實之無妄，則天理之本然者流行無壅矣。

志士厲行，見于所行之謂行。志士激厲，能勇于有行。

守之于為。

為，事動之已著者也。至此方知覺而守之不放，則事亦中理而無過舉矣。順理則裕，從欲惟危。結上文。二者之動，雖微顯不同，然循天理之公則皆無餒于中，故裕；逐人欲之私則易陷于下，故危。此正舜、跖二路之所由分。其發軔之始，尤不可以不謹之也。

造次克念，雖急遽苟且之時，亦必誠之于思，則其涵養之功密矣。戰兢自持，常恐懼戒謹，守之于為，則其操存之力篤矣。習與性成，習慣如自然，則莫非天理之流行而仁熟矣。聖賢同歸。（《動箴》）

自賢入聖，同一歸宿，即其止于至善之地者也。（《河南程氏文集》卷第八，又見《二程集》上，第五八八—五八九頁。）

顏子所好何學論

聖人之門，其徒三千，獨稱顏子為好學。夫《詩》《書》、六藝，三千子非不習而通也，然則顏子所獨好者，何學也？學以至聖人之道也。聖人可學而至與？曰：然。學之道如何？曰：天地儲精，得五行之秀者為人。其本也真而靜，其未發也五性具焉，曰仁義禮智信。形既生矣，外物觸其形而于中矣，其中動而七情出焉，曰喜怒哀懼愛惡欲。情既熾而益蕩，其性鑿矣。是故覺者約其情使合于中，正其心，養其性，故曰「性其情」。愚者則不知制之，縱其情而至于邪僻，牿其性而亡之，故曰「情其性」。凡學之道，正其心，養其性而已。中正而誠，則聖矣。君子之學，必先明諸心，知所養，然後力行以求至，所謂「自明而誠」也。故學必盡其心，盡其心則知其性。知其性，反而誠之，聖人也。故《洪范》曰：「思曰睿，睿作聖。」誠之之道，在乎信道篤。信道篤則行之果，行之果則守之固，仁義忠信不離乎心，造次必于是，顛沛必于是，出處語默必于是。久而弗失，則居之安，動容周旋中禮，而邪僻之心無自生矣。故顏子所事，則曰「非禮勿視，非禮勿聽，非禮勿言，非禮勿動」。仲尼稱之，則曰「得一善則拳拳服膺，而弗失之矣」，又曰「不遷怒，不貳過」，「有不善未嘗不知，知之未嘗復行也」。此其好之篤，學之之道也。視聽言動皆禮矣，所異于聖人者：聖人則不思而得，不勉而中，從容中道；顏子則必思而後得，必勉而後中。故曰：顏子之與聖人，相去一息。孟子曰：「充實而有光輝之謂大，大而化之之謂聖，聖而不可知之謂神。」顏子之德，可謂充實而有光輝矣；所未至者，守之也，非化之也。以其好學之心，假之以年，則不日而化矣。故仲尼曰：「不幸短命死矣！」蓋傷其不得至于聖人也。所謂化之者，入于神而自然，不思而得，不勉而中之謂也，孔子曰「七十而從心所欲，不踰矩」是也。或曰：「聖人，生而知之者也。今謂可學而至，其有稽乎？」曰：「然。孟子曰：『堯、舜，性之也；湯、武，反之也。』性之者，生而知之者也；反之者，學而知之者也。」又曰：「孔子則生而知也，孟子則學而知也。後人不達，以謂『聖本生知，非學可至』，而為學之道遂失。不求諸己而求諸外，以博文強記、巧文麗辭為工，榮華其言，鮮有至于道者，則今之學與顏子所好異也。」（《河南程氏文集》卷第八，又見《二程集》上，第五七七—五七八頁。）

劉蕺山曰：此伊川得統于濂溪處。

伊川門人

博士劉質夫先生絢

見《明道學案》。

校書李端伯先生籲

見《康節學案》。

侍講呂原明先生希哲

見《安定學案》。

監場謝上蔡先生良佐

見《上蔡學案》。

文靖楊龜山先生時

見《龜山學案》。

文肅游廌山先生酢

見《廌山學案》。

龍學吕晉伯先生大忠

見《藍田學案》。

教授吕和叔先生大鈞

見《藍田學案》。

正字吕藍田先生大臨

見《藍田學案》。

肅公尹和靖先生焞

見《和靖學案》。

著作王福清先生蘋

黄氏原本有目無傳。

正字周浮沚先生行己

見《永嘉學案之一》。

忠簡許橫塘先生景衡

見《永嘉學案之一》。

修撰邵子文先生伯溫

見《康節學案》。

博士蘇先生昞

見《明道學案》。

楊先生國寶

楊國寶，字應之，□□人。其為人勁挺不屈，自為布衣以至官於朝，未嘗有求於人，亦未嘗假人以言色。篤信好學，至死不變。伊川曰：「楊應之在交遊中，英氣偉度，過絕於人，未見其比。可望以托吾道者矣。」

学士朱先生光庭

見《泰山学案》。

御史陳默堂先生淵

見《龜山學案》。

文質羅豫章先生從彥

見《豫章學案》。

太學楊先生迪

見《龜山學案》。

呂先生義山

見《藍田學案》。

侯荊門先生仲良

見《明道學案》。

張思叔先生繹

張繹，字思叔，河南壽安人。初以文聞鄉曲，一旦以科舉之學不足為，適小程子歸自涪，時先生年已三十，乃往受業。讀《孟子》「志士不忘在溝壑，勇士不忘喪其元」，慨然歎曰：「人能如此，則無不可為之事！」未及仕而卒。伊川嘗言「晚得二士」，謂先生與和靖也。

張采曰：思叔大約英分多，故有得孟子此兩句。

施氏《北窗炙輠》曰：張思叔，伊川高弟也。本一酒家保，喜為詩，雖拾俗語為之，往往有理致。謝顯道見其詩而異之，遂召其人與相見，至則眉宇果不凡。顯道即謂之曰：「何不讀書去？」思叔曰：「某下賤人，何敢讀書！」顯道曰：「讀書人人有分。觀子眉宇，當是吾道中人。」思叔遂問曰：「讀何書？」曰：「讀《論語》。」遂歸，買《論語》讀之。讀畢，乃見顯道曰：「某已讀《論語》畢，奈何？」曰：「見程先生。」思叔曰：「某何等人，敢造程先生門！」顯道曰：「第往！先生之門，無貴賤高下，但有志于學者，即授之耳。」思叔遂往見伊川，顯道亦先為伊川言之，伊川留門下。一日侍坐，伊川問曰：「《記》曰：『有所忿懥，則不得其正。有所恐懼，則不得其正。有所好樂，則不得其正。有所憂患，則不得其正。』正卻在何處？」思叔遂于言有省。其後伊川之學，最得其傳者惟思叔。今《伊川集》中有伊川祭文十許首，惟思叔之文理極精微，卓乎在諸公之上也。

張橫浦曰：惠即吉，逆即凶。非于順道之外復有吉，從逆之外復有凶也。張思叔，伊川高弟也。或問：「人而不仁，疾之已甚，何以謂亂？」思叔曰：「此亂在我，非在彼也。使日用間規規以疾人為心，則我之方寸已紊亂矣。非方寸外復有亂也。」此即惠吉逆凶之意。

侍御馬東平先生伸

馬伸，字時中，東平人。紹聖四年進士，歷西京法曹。因張繹求見伊川程子，時學禁方興，伊川固辭。先生十反，愈恭，毅然對曰：「使伸朝聞道，夕死何憾！」自是公暇日一造請，卒受《中庸》以歸。靖康初，孫傳以卓行薦，召擢監察御史。金人陷汴京，立張邦昌，眾唯唯。

先生與御吴給約秦檜共為議狀，乞存趙氏，復嗣君位。同院無肯連名者，先生獨持以往。而銀臺司視書不稱臣，卻不受。先生投袂叱之曰：「吾今日不愛一死，正為此爾！」即繳申尚書省以示邦昌。其書略曰：「相公不幸，迫于强寇，使當偽號。所以忍須臾死而詭聽之者，其心若曰：與其虚遜于人而實亡趙氏之宗，孰若虚受于己而實存趙以歸爾！忠臣義士未即就死者，亦以相公必能立趙孤也。今金人北還，康王在外，國即有屬。宜即發使通問，掃清宮室，率群臣共迎而立之。然後歸死司寇，伏闕俟命。如此，則明主必能照察相公，忠實存國，義非苟生，且棄過而錄功矣。否則九廟在天，萬無成理。伸必不能為宋朝叛臣，請先伏死都市，以明此心。」邦昌得書氣阻，明日，議迎孟后垂簾，追還偽赦，遣使往迎康王。既即位，擢殿中侍御史，撫諭荊湖、廣南。所過州縣，察吏賢否與民利疚以聞。乃先奏孫覿、謝克家「趨操不正，宜加遠竄」；又奏黄潛善、汪伯彦罪惡：「摭其所為，誠辜倚任，陛下隱忍不肯斥逐，中原遺民固已絶望，二聖還期在何時邪？」疏入，留中。明日，改衛尉少卿，辭不拜，移疾待命。二相恚甚，必欲殺之，責以言辭不實，降監濮州酒税，濮逼近敵境，先生怡然襆被而行，死道中。天下識與不識，皆寃痛之。明年，廣陵陷，黄、汪始以誤國竄殛，乃召先生衛尉少卿，未知其死也。尋加直龍圖閣。後以胡文定安國言，贈諫議大夫。

先生天資純確，問學淵源，勇于為義而所韞深厚。每日晨興，必整衣冠端坐，讀《中庸》一過，然後出視事。嘗曰：「吾志在行道。若以富貴為心，則為富貴所累，以妻子為念，則為妻子所奪，而道不可行也。」山東已擾，家尚留于鄆。嘗稱：「孔子言『志士不忘在溝壑，勇士不忘喪其元』，今日何日，溝壑乃吾死所也。」門人何兑為辰州通判，覩郵報，秦檜自陳存趙之功，他人莫預，兑即徑取先生事狀達尚書省。檜大怒，下兑荊南詔獄，坐削官，竄真陽。檜死，始放還，復其官。

鹽場周先生孚先

周孚先，字伯忱，晉陵人。與弟伯温俱從伊川學。伊川嘗謂先生兄弟氣質純明，可以入道。其後俱由鄉薦入太學。先生調四明鹽場，改建德尉，不就，後丐祠。伯温終坑冶官。

坑冶周先生恭先

周恭先，字伯温，伯忱之弟也。初見伊川，伊川曰：「從事覺有所得否？學者要自得。」先生問何如可以自得，曰：「『思曰睿，睿作聖。』須是于思慮間得之。」又問顏子如何學孔子到此深邃，伊川曰：「顏子所以大過人者，只是得一善則拳拳服膺，與能屢空爾。」兄弟由鄉薦入太學，氣質不少異，尤篤于信道。釋褐，授坑冶幹官。每以沽名為戒，謂子孫曰：「吾歿後，毋為誌文碑銘，以重吾不德。」

終身恬于進取。（黄氏原本，全祖望修之加詳）

侍郎晏先生敦復

晏敦復，字景初，臨川人，元獻公殊之曾孫也。少學于小程子。第進士，累官權吏部侍郎，請謁不行，銓綜平允，凡四選格法，多所裁定。除給事中，在職二月，論駁二十四事，人皆憚之。真拜吏部侍郎。檜始拜相，制下，朝士相賀，先生有憂色曰：「姦人相矣！」及檜倡屈己許和之説，先生爭甚力，又與張燾等廷爭之。檜使所親諭曰：「能曲從，兩府地旦夕可至。」先生曰：「薑桂之性，到老愈辣。終不為身計，誤國家。」卒不能屈。先生靜默如不能言，及立朝論事，鯁峭無所顧避。帝每稱曰：「卿可謂無忝爾祖矣！」

進士周先生純明

周純明，字全伯，澶淵人，都官長孺之子也。長孺受業康節，早卒，康節撫先生如子，教之讀書，因為求昏于伊川。康節歿，先生從伊川卒業。喪其嫡母，又有所生母之喪，疑于為服為□，伊川亦未決。康節之子伯溫以問司馬溫公，溫公答曰：「《雜記》：『有三年之練冠，則以大功之麻易之。』又云：『有父之喪，如未沒喪而母死，其除父之喪也，服其除服，卒事，反喪服。』『雖諸父昆弟之喪，如當父之喪，其除諸父昆弟之喪也，皆服其除服，卒事，反喪服。』是先有喪而重有者，皆當別為服也。《曾子問》曰：『「並有喪，如之何？何先何後？」孔子曰：「其葬也，先輕而後重；其奠及虞，先重而後輕。」』所謂『遭同月』者也。今律令嫡繼慈養諸母皆服齊衰三年，則固當同服，而設位則當于他所。蓋《喪服小記》『妾祔于妾祖姑』，是其尊卑不可混也。」伯溫以語先生，遵而行之。

孟先生厚

孟厚，字敦夫，洛人。從伊川，又為王氏學。舉業特精，獨處一室，糞穢不治。嘗獻書于伊川，伊川云：「孟厚初時説得也似，其後須沒事生事。」一日，伊川語之曰：「子何不見尹焞、張繹？朋友間最好講學。」然三公皆同齒也。先生見和靖曰：「先生令厚來見二公。若彥明固所願見，如思叔莫不消見否？」和靖曰：「只不消見思叔之心，便是不消見焞之心也。」伊川之葬，門人畏黨禍，莫敢至，獨先生與尹、張、范棫、邵溥送焉。

博士謝先生湜

謝湜，字持正，金堂人。登元豐進士，官至國子博士。小程子之高弟也。著有《易記》。

徵君譙天授先生定

譙定，字天授，涪陵人。不喜佛，後學易于郭氏。郭氏世家為南平，始祖在漢為嚴君平之師，蓋象數之學也。先生後至京，聞伊川講道于洛，特往見之，得聞精義，造詣深至，浩然而歸。靖康初，中丞吕好問薦于欽宗，召為崇政殿說書，辭不就。高宗即位，許翰又薦。寠甚，與中貴人鄰，饋以衣食不受，潛委金去，先生袖而歸之。上將擢用，會金兵至，不果。復歸蜀，愛青城大峩之勝，棲遁其中。蜀人敬禮，不敢名，稱之曰譙夫子。後以《易》學授劉白水勉之、胡籍溪憲，而馮時行、張行成則得先生之餘意者也。

伊川再傳

侯仲良門人

文忠胡致堂先生寅

見《武夷學案》。

參議胡茅堂先生寧

見《武夷學案》。

承務胡五峰先生宏

見《武夷學案》。

譙定門人

簡肅劉白水先生勉之

見《龜山學案》。

簡肅胡籍溪先生憲

見《武夷學案》。

其他

觀使劉屏山先生子翬

劉子翬，字彥沖，崇安人，忠顯公韐仲子。以父任授承務郎，辟真定府幕屬。以父死靖康之難，痛憤，廬墓三年。服除通判興化軍。以執喪致羸疾，不堪吏事，辭歸武夷山。間走父墓下，瞻望徘徊，涕泗嗚咽，或累日而返。妻死不再娶，事繼母呂氏及兄子羽盡孝友。姪珙敏而嗜學，教之不懈。所與遊皆海內名士，韋齋朱先生且以子文公托之。先生少喜佛，歸而讀《易》，渙然有得。以為學《易》莫先于《復》，而初九乃其工夫之要。文公嘗請益，先生曰：「吾于《易》，得入道之門焉。所謂『不遠復』者，吾之三字符也，佩服周旋，罔敢失墜。汝尚勉哉！」一日感微疾，謁家廟，泣別其母，與親朋訣，付珙家事，指己所葬處。後二日卒，年四十七。學者稱為屏山先生。

先生學尤深于《易》。家有東西二齋，東以復名，西以蒙名。齋之記有曰：「三代而下，《易》學廢矣！六國之士為談說所蒙，兩漢之士為章句所蒙，晉、魏之士為虛無所蒙，隋、唐之士為辭藻所蒙，皆處偏滯而不反。如波滾沙，反以自渾；如谷騰霧，反以自暝；初不知其豁然者常存也。今吾與二三子既知之矣，可不兢兢肅肅，以養其聖邪！」

或問：「《原道》謂『軻之死不得其傳』，程子以為非見得真實，不能出此語。屏山乃以為孤聖道，絕後學，何如？」朱子笑曰：「屏山只要說釋子、道流皆得其傳耳！」

聖傳論

吾觀古聖賢進修之速，未有如湯者。湯之《盤銘》曰：「苟日新，日日新，又日新。」夫豈有瞬息悠悠意度哉！樂善如貪，契理如函，聞非如獲利，舍過如遺蛻，德必日新也。日新之學，非踐履純實，不自覺知。彼謂聖道一言可契，非由陛級，不假修為，以日就月將為初學，以真積力久為鈍才，是自誣也！

學《易》者必有門戶。《復卦》，《易》之門戶也。入室者必自戶，學《易》者必自《復》始。得是者，其惟顏氏乎！（文淵閣四庫全書《屏山集》卷一）

忠肅劉先生珙

劉珙，字共父，崇安人，安撫使子羽之子也。生有奇質，從季父屏山先生學。以蔭補承務郎，登進士乙科，監紹興府都稅務。請祠歸，杜門力學，不急仕進。後歷禮部郎。秦檜欲追謚其父，召禮官會議，先生不至，檜即諷言者逐之。檜死，召為大宗正丞。累遷中書舍人、直學士院。出知潭州、湖南安撫使。終建康府、江東安撫使、行宮留守。進觀文殿學士，屬疾，請致仕，草遺奏言：「恭、顯、伾、文，近習用事之戒。今以腹心耳目寄之此曹，朝綱以紊，士氣以索，民心以離，咎皆在此。陳俊卿忠良確實，可以任重致遠，張栻學問醇正，可以拾遺補闕，願亟召用。」既又手書與南軒、晦翁訣，皆以未能為國雪讎為恨。卒，年五十七，贈光祿大夫，謚忠肅。

先生事繼母以孝聞。功緦之戚，必素服以往。喜受盡言，事有小失，下吏言之，立改。臨數鎮，民愛如父母，聞訃，有罷市巷哭，相與祠之者。

隱君黃穀城先生銖（附門人陳以莊）

黃銖，字子厚，建安人也。隱居不仕，從劉屏山遊。屏山門下，朱子最為大儒，而先生亦其眉目也。屏山歿，遺文散落，晦翁與先生讎校以傳。固窮而卒，所著有《穀城集》五卷，朱子序之，謂其文學太史公，詩學屈、宋、曹、劉，隸、古皆得魏晉以前筆意。而西山《後序》述其詩曰：「先生有遺訓，憂道不憂貧。」又曰：「私意苟未克，放心何由馴！」此不媿為屏山之徒矣。有高弟曰陳以莊，字敬叟，其甥也，亦工詩。（黃氏原本，全祖望修之加詳）

總領詹元善先生體仁

見《紫陽學案》。

七 横渠學案

獻公張横渠先生載（父迪。附焦寅）

張載，字子厚，世居大梁。父迪，仕仁宗朝，殿中丞、知涪州，卒官。諸孤皆幼，不克歸，以僑寓為鳳翔郿縣横渠鎮人。先生少孤自立，志氣不群，喜談兵，因與邠人焦寅遊。當康定用兵時，年十八，慨然以功名自許，欲結客取洮西之地，上書謁范文正公。公知其遠器，責之曰：「儒者自有名教可樂，何事于兵！」手《中庸》一編授焉，遂翻然志于道。已求諸釋、老，乃反求之《六經》。

嘉祐初，至京師，見二程子。二程于先生為外兄弟之子，卑行也。先生與語道學之要，厭服之，因渙然曰：「吾道自足，何事旁求！」于是盡棄異學，淳如也。當是時，先生已擁皋比，講《易》京邸，聽從者甚眾，先生謂之曰：「今見二程至，深明《易》道，吾不及也，可往師之。」即日輟講。文潞公以使相判長安，聘延先生于學宫，命士子矜式焉。

舉進士，仕為雲巖令，以敦本善俗為先。月吉具酒食，召父老高年者，親與勸酬為禮，使人知養老事長之義，因問民所苦。每鄉長受事至，輒諄諄與語，令歸諭其里閭。民因事至庭，或行遇于道，必問：「某時命某告若曹某事，若豈聞之乎？」聞則已，否則詰責其受命者。故教命出，雖僻壤婦人孺子畢與聞，俗用丕變。

熙寧初，遷著作佐郎，簽書渭州軍事判官。用中丞吕正獻公薦，召對問治道，對曰：「為治不法三代，終苟道也。」神宗方勵精于大有為，悦之，曰：「卿宜日與兩府議政，朕且大用卿。」謝曰：「臣自外官赴召，未測新政所安。願徐觀旬月後，當有所獻替。」上然之。除崇文院校書。時王安石執政，謂先生曰：「新政之更，懼不能任，求助于子，何如？」先生曰：「公與人為善，孰敢不盡！若教玉人琢玉，則固有不能者矣。」安石不悦，以按獄浙東出之。程純公時官御史，爭之曰：「張載以道德進，不宜使治獄。」安石曰：「淑問如皋陶，然且讞囚，庸何傷？」獄成還朝，會弟御史戩爭新法，為安石所怒，遂託疾歸横渠。終日危坐一室，左右簡編，俯讀仰思。冥心妙契，雖中夜必取燭疾書，曰：「吾學既得諸心，乃修其辭命。命辭無失，然後斷事。斷事無失，吾乃沛然。」蓋其志道精思，未始須臾息也。告諸生以學必如聖人而後已，以為知人而不知天，求為賢人而不求為聖人，此秦、漢以來學者之大蔽也。故其學以《易》為宗，以《中庸》為的，以《禮》為體，，以孔、孟為極。患近世喪祭無法，期功以下未有衰麻之變，祀先之禮襲用流俗，于是一循古禮為倡、教童子以灑埽應對，女子未嫁者，使觀祭祀，納酒漿，以養遜弟，就成德。嘗曰：「事親奉祭，豈可使人為之！」于是關中風俗一變而至于古。

熙寧九年，吕汲公薦，召同知太常禮院。會言者欲講行冠婚喪祭之禮以善俗，禮官持不可，先生力爭之。適三年郊，禮官不致，嚴疏正之。俱不能得，復謁告歸。中道疾作，抵臨潼，沐浴更衣而寢，旦視之，逝矣。時十年十二月也，年五十八。囊笥蕭然。明日，門人在長安者咸奔哭，致賻襚，乃克斂。詔賜館職賻，奉喪還葬于涪州。

先生氣質剛毅，望之儼然。與之居，久而日親。居恆以天下為念。道見饑殍，輒咨嗟，對案不食者終日。雖貧不能自給，而門人無貲者，輒麤糲與共。慨然有志于三代之法，以為仁政必自經界始，經界不正，即貧富不均，教養無法，雖欲言治，牽架而已。與學者將買田一方，畫為數井，以推明先王之遺法，未就而卒。所著曰《東銘》《西銘》《正蒙》。嘉定中，賜謚。淳祐初，追封郿伯，從祀學宫。（太常初擬曰達，眾論未叶。再擬曰誠，又擬曰明，俱未用。最後定謚曰獻。）

百家謹案：先生少喜談兵，本跅弛豪縱士也。初受裁于范文正，遂翻然知性命之求，又出入于佛、老者累年。繼切磋于二程子，得歸吾道之正。其精思力踐，毅然以聖人之詣為必可至，三代之治為必可復。嘗語云：「為天地立心，為生民立命，為往聖繼絕學，為萬世開太平。」自任之重如此。始不輕與人言學，大程曰：「道之不明久矣，人各善其所習，自謂至足。必欲如孔門不憤不啟，則師資勢隔，道幾息矣。隨其資而誘之，雖識有明暗，志有淺深，亦皆各有得焉。」先生用其言，所至搜訪入才，惟恐失其成就，故關中學者鬱與，得與洛學爭光。猗與盛哉！但先生覃測陰陽造化，其極深至精處，固多先儒所未言，而其憑心臆度處，亦頗有後學所難安者。至于好古之切，謂《周禮》必可行于後世，此亦不能使人無疑。夫《周禮》之的為偽書，姑置無論。聖人之治，要不在制度之細。竊恐《周官》雖善，亦不過隨時立制，豈有不度世變之推移，可一一泥其成迹哉！況乎《周官》之繁瑣，黷擾異常。先生法三代，宜不在《周禮》。是又不可不知也。

先生氣質剛毅，德盛貌嚴，然與人居，久而日親。其治家接物，大要正己以感人。人未之信，反躬自治，不以語人，雖有未喻，安行而無悔。故識與不識，聞風而畏。聞人之善，喜見顏色。答問學者，雖多不倦。有不能者，未嘗不開其端。可語者，必丁寧以誨之，惟恐其成就之晚。

先生在渭，渭帥蔡公子正特所尊禮，軍府之政，小大咨之。先生夙夜從事，所以贊助之力為多。並塞之民，常苦乏食而貸于官帑，不能足，又屬歲旱，先生力言于府，取軍儲數十萬以救之。又言戍兵徒往來，不可為用，不若損數以募土人為便。（以上吕與叔撰《行狀》）

謂范巽之曰：「吾輩不及古人，病源何在？」巽之請問，先生曰：「此非難悟。設此語者，蓋欲學者存意之不忘，庶游心浸熟，有一日脱然如大寐之得醒耳！」

横渠著《正蒙》時，處處置筆硯，得意即書。明道云：「子厚卻如此不熟！」

張釆曰：是子厚謹慎處。若到熟時，便是聖人言聖人事矣。子厚既不能，若未到熟時，率意著作，如何得有《西銘》極純無雜來！

横渠嘗言：「吾十五年學個『恭而安』不成。」明道曰：「可知是不成，有多少病在！」

張釆曰：「恭而安」是學不得，工夫在「恭而安」前。

明道曰：張子厚聞皇子生，喜甚。見餓莩者，食便不美。

又曰：《西銘》，某得此意，只是須得子厚如此筆力，他人無緣做得。孟子以後，未有人及此。得此文字，省多少言語。要之，仁孝之理備于此。須臾而不于此，則便不仁不孝也。

又曰：孟子之後，只有《原道》一篇，其間言語固多病，然大要儘近理。若《西銘》，則是《原道》之宗祖也。《原道》卻只説道，元未到《西銘》意思。據子厚之文，醇然無出此文也。自孟子後，蓋未見此書。

問：「《西銘》如何？」明道曰：「此横渠文之粹者也」。曰：「充得盡時如何？」曰：「聖人也。」「横渠能充盡否？」曰：「言有兩端：有有德之言，有造道之言。有德之言説自己事，如聖人言聖人事也。造道之言則智足以知此，如賢人説聖人事也。横渠道儘高，言儘醇，自孟子後，儒者都無他見識。」

明道嘗與横渠在興國寺講論終日，而曰：「不知舊日曾有甚人于此處講此事。」

伊川《答横渠書》曰：觀吾叔之見，志正而謹嚴，深探遠賾，豈後世學者所嘗慮及。然以大概氣象言之，則有苦心極力之象，而無寬裕溫和之氣，非明睿所照，而考索至此，故意屢偏而言多窒，小出入時有之。更望完養思慮，涵泳義理，他日當自條暢。

子厚言：「關中學者用禮漸成俗。」正叔言：「自是關中人剛勁敢為！」子厚言：「亦是自家規矩寬大。」

伊川曰：關中學者，以今日觀之，師死而遂倍之，卻未見其人，只是更不復講。

又曰：藻鑑人物，自是人才有通悟處，學不得也。張子厚善鑑裁，其弟天祺學之，便錯。

又曰：子厚以禮教學者，最善，使學者先有所據守。

又曰：某接人，治經論道者亦甚多，肯言及治體者，誠未有如子厚。

問：「横渠言『由明以至誠，由誠以至明』，此言恐過當。」伊川曰：「『由明以至誠』，此句卻是。『由誠以至明』則不然。誠即明也。孟子曰：『我知言，我善養吾浩然之氣。』只『我知言』一句已盡。横渠之言不能無失，類若此。若《西銘》一篇，誰説得到此！今以管窺天，固是見北斗；別處雖不得見，然見北斗不可謂不是也。」

問：「橫渠之言有迫切處否？」伊川曰：「子厚謹嚴。纔謹嚴，便有迫切氣象，無寬舒之氣。」

橫渠之沒，門人欲謚為明誠夫子，質于明道先生。先生疑之，訪于溫公，以為不可，答書云：「昨日承問張子厚謚，倉卒奉對，以漢、魏以來此例甚多，無不可者。退而思之，有所未盡。竊惟子厚平生用心，欲率今世之人復三代之禮者也。漢、魏以下，蓋不足法。《郊特牲》曰：『古者生無爵，死無謚。』爵謂大夫以上也。《檀弓》記禮所由失，以為士之有誄，自縣賁父始。子厚官比諸侯之大夫，則已貴，宜有謚矣。然《曾子問》曰：『賤不誄貴，幼不誄長，禮也。惟天子稱天以誄之。諸侯相誄，非禮也。』諸侯相誄猶為非禮，況弟子而誄其師乎！孔子之沒，哀公誄之，不聞弟子復為之謚也。子路欲使門人為臣，孔子以為欺天。門人厚葬顏淵，孔子歎不得視猶子也。君子愛人以禮，今關中諸君欲謚子厚而不合于古禮，非子厚之志。與其以陳文範、陶靖節、王文中、孟貞曜為比，其尊之也，曷若以孔子為比乎！承關中諸君決疑于伯淳，而伯淳謙遜，復謀及于淺陋，不敢不盡所聞獻之，以備萬一。惟伯淳擇而折衷之！」

呂與叔作《行狀》，有「見二程，盡棄其學」之語。伊川語和靖曰：「表叔平生議論，謂頤兄弟有同處則可，若謂學于頤兄弟，則無是事。頃年屬與叔刪去之，不謂尚存，幾于無忌憚矣！」

楊龜山致書伊川，疑《西銘》言體而不及用，恐其流于兼愛。曰：「橫渠立言誠有過者，乃在《正蒙》。若《西銘》，明理以存義，擴前聖所未發，與孟子『性善』『養氣』之論同功，豈墨氏之比哉！《西銘》理一而分殊，墨氏則二本而無分，子比而同之，過矣！且謂言體而不及用，彼欲使人推而行之，本為用也，反謂不及，不亦異乎！」

龜山曰：《西銘》只是發明一個事天底道理。所謂事天者，循天理而已！

尹和靖曰：見伊川後半年，方得《大學》《西銘》看。

又曰：人本與天地一般大，只為人自小了。若能自處以天地之心為心，便是與天地同體。《西銘》備載此意。顏子克己，便是能盡此道。

晁公武曰：橫渠《易說》，《繫辭》差詳，而今無之。

朱子曰：橫渠云：「吾學既得于心，則修其辭命。辭命無差，然後斷事。斷事無失，吾乃沛然。」看來理會道理，須是說得出。一字不穩，便無下落。所以橫渠中夜便筆之于紙，只要有下落。而今理會得有下落底，臨事尚腳忙手亂，況不曾理會得下落。橫渠如此，若論道理，他卻未熟，然他地位卻要如此。高明底則不必如此。

又曰：橫渠之學是苦心得之，乃是「致曲」，與伊川異。

又曰：明道之學，從容涵泳之味洽。橫渠之學，苦心力索之功深。

又曰：曾子剛毅，立得牆壁在，而後可傳之子思、孟子。伊川、横渠甚嚴，游、楊、之門倒塌了。若天資大段高，則學明道；若不及明道，則且學伊川、横渠。

又曰：横渠教人道：「夜間自不合睡。只為無可應接，他人皆睡了，己不得不睡。」他做《正蒙》時，或夜裏默坐徹曉。他直是恁地通，方做得。因舉曾子「任重道遠」一段曰：「子思、曾子直恁地，方被他打得透！」

又曰：學者少有能如横渠輩用功者。近看得横渠用功最親切，直是可畏！

或云：「諸先生說話，皆不及小程先生，雖大程亦不及。」朱子曰：「不然。明道說話儘高。邵、張說得端的處，儘好。且如伊川說『仁者天下之公，善之本也』，大段寬而不切。如横渠說『心統性情』，這般所在說得的當。又如伊川謂『鬼神者造化之迹』，卻不如横渠所謂『二氣之良能』也。」

問：「横渠似孟子否？」朱子曰：「横渠嚴密，孟子宏闊。」又問：「孟子平正，横渠高處太高，僻處太僻？」曰：「是。」又曰：「横渠之于程子，猶伯夷，伊尹之于孔子。」

問《西銘》仁孝之理，朱子曰：「他不是說孝，是將這孝來形容這仁。事親底道理，便是事天底様子。」

朱子又曰：「横渠《西銘》，初看有許多節卻似狹，充其量是甚麼様大，合下便有個『乾健坤順』意思。自家身已便如此，形體便是這個物事。性便是這個物事。同胞是如此，吾與是如此，主腦便是如此。『尊高年，所以長其長；慈孤弱，所以幼其幼』，又是做工夫處。後面節節如此。『于時保之，子之翼也；樂且不憂，純乎孝者也』，其品節次第又如此。横渠說這般話，體用兼備。豈似他人，只說得一邊。」

問：「自其節目言之，便是各正性命；充其量而言之，便是流行不息？」曰：「然。」

朱子贊先生像曰：早悦孫、吳，晚逃佛、老。勇撤皐比，一變至道。精思力踐，妙契疾書。《訂頑》之訓，示我廣居。

張南軒曰：《西銘》謂以乾為父，坤為母，有生之類，無不皆然，所謂理一也。而人物之生，血脈之屬，各親其親，各子其子，則其分亦安得而不殊哉！是則然矣。然即其理一之中，乾則為父，坤則為母，民則為同胞，物則為吾與，若此之類，分固未嘗不具焉。龜山所謂「用未嘗離體」者，蓋有見于此也。似更須說破耳。

又曰：人之有是身也，則易以私，私則失其正理矣。《西銘》之作，惟患夫私勝之流也，故推明理之一以示人。理則一而其分森然，自不可易。惟識夫理一，乃見其分之殊。明其分殊，則所謂理之一者，斯周流而無弊矣。此仁義之道所以常相須也。學者存此意，涵泳體察，求仁之要也。

真西山曰：張子有言：「為天地立心，為生民立極，為前聖繼絶學，為萬世開太平。」又云：「此道自孟子後千有餘歲，若天不欲此道復明，則不使今日有知者。既使人有知者，則必有復明之理。」此皆先生以道自任之意。

薛文清曰：讀《西銘》，有天下為一家，中國為一人之氣象。又曰：讀《西銘》，知天地萬物為一體。又曰：《西銘》立心，可以語王道。

宗羲案：橫渠氣魄甚大，加以精苦之工，故其成就不同。伊川謂其多迫切而少寬舒，考亭謂其高處太高，僻處太僻，此在橫渠已自知之，嘗言「吾十五年學個『恭而安』不成」，所謂寬舒氣象即安也。然「恭而安」自學不得，正以迫切之久而後能有之。若先從安處學起，則蕩而無可持守，早已入漆園籬落。

西銘

百家謹案：先生嘗銘其書室之兩牖，東曰《砭愚》，西曰《訂頑》。伊川曰：「是起爭端，不若曰《東銘》《西銘》。」二銘雖同作于一時，而《西銘》旨意更純粹廣大。程子曰：「《訂頑》之言，極純無雜，秦、漢以來學者所未到。意極完備，乃仁之體也。」又曰：「《訂頑》立心，便可達天德。」朱子曰：「程門專以《西銘》開示學者。」

乾稱父，坤稱母。予茲藐焉，乃渾然中處。故天地之塞，吾其體；天地之帥，吾其性。民吾同胞，物吾與也。大君者，吾父母宗子；其大臣，宗子之家相也。尊高年，所以長其長；慈孤弱，所以幼其幼。聖其合德，賢其秀也。凡天下疲癃殘疾、惸獨鰥寡，皆吾兄弟之顛連而無告者也。于時保之，子之翼也。樂且不憂，純乎孝者也。違曰悖德，害仁曰賊。濟惡者不才，其踐形唯肖者也。知化則善述其事，窮神則善繼其志。不愧屋漏為無忝，存心養性為匪懈。惡旨酒，崇伯子之顧養；育英才，潁封人之錫類。不弛勞而底豫，舜其功也；無所逃而待烹，申生其恭也。體其受而歸全者，參乎？勇于從而順令者，伯奇也。富貴福澤，將厚吾之生也；貧賤憂戚，庸玉女于成也。存吾順事，沒吾寧也。（《張載集》，中華書局一九七八年版，第六二—六三頁。）

張橫浦曰：乾吾父，坤吾母。吾乃乾坤之子，與人物渾然處于中間者也。吾之體不止吾形骸，塞天地間如人、如物、如山川、如草木、如禽獸昆蟲，皆吾體也。吾之性不止于視聽言貌，凡天地之間若動作、若流峙、若生植飛翔潛泳，必有造之者，皆吾之性也。既為天地生成，則凡與我同生于天地者，皆同胞也。既同處于天地間，則凡林林而生，蠢蠢而植者，皆吾黨與也。吾為天地之子，大君主天地之家事，是吾父母宗子也。大臣相天子以繼天地之業，是宗子之家相也。高年先我生于天地間，有若吾兄，吾能尊之，是長天地之長也。孤兒幼子後吾生于天地間，有若吾弟，吾能慈之，是幼天地之幼也。聖人合天地之德，賢人特天地之秀也。人之有疲癃殘疾，惸獨鰥寡，是乃吾兄弟顛連而無告訴者也。于時保恤之，是子之能翼天以代養此窮民也。吾能樂天地之命，雖患難而不憂，此天地純孝之子也。達天地之心，是不愛其親者，故謂之悖德。害天地之仁，是父母之賊也。世濟其惡，是天地不才之子。踐履天地之形，以貌言視聽思之形，為恭從聰明睿之用，是克肖天地之德也。天地之事不過乎化，天地之志不過乎神，知化窮神，則善述善繼天地之事志者也。天地之心無幽明之間，不愧屋漏之隱者，乃無忝于天地。心性即天地，夙夜存心養性，是夙夜匪懈以事天地也。崇伯之子，禹也；酒能亂德，惡旨酒，乃顧天地父母之養也。潁谷封人請遺羹于母，以起鄭莊公之孝；今我育天地所生之英才，則是以孝心與其類也。舜夔夔齊慄，不弛勞而致父母之悅豫：吾能竭力為善，以致天地之喜，是舜之功也。大舜逢父怒，大杖則走，小杖則受。申生不明乎道，以死為恭，成父之惡，不可為訓。橫渠之意，以為遭遇讒邪，此命也；順受其死以恭順乎天地，如申生之恭，可也。曾子得正而斃；吾能處其正，順受而全歸于天地，是有曾參之孝也。伯奇，尹吉甫之子；吉甫惑于後妻，虐其子，無衣無履而使踐霜挽車，伯奇順父之令，無怨尤于天地，是乃若伯奇之孝也。富貴福澤，固天地之厚吾生；貧賤憂戚，亦天地之愛汝，玉成于我也。吾存則順事天地而不逆，沒則安其心志而不亂，是乃始終聽命于天地，而為天地至孝之子焉。

劉蕺山曰：「訂頑」云者，醫書以手足痿痺為不仁，視人之但知有己而不知有人，其病亦猶是，則此篇乃求仁之學也。仁者以天地萬物為一體，真如一頭兩足合之百體然。蓋原其付畀之初，吾體吾性，即是天地；吾胞吾與，本同父母。而君相任家督之責，聖賢表合德之選，皆吾一體中人也。然則當是時而苟有一夫不得其所，其能自已于一體之痛乎？于時保之，畏天以保國也。樂且不憂，樂天以保天下也。反是而違天，則自賊其仁甚焉。濟惡，亦天之戮民而已。然則吾子宜何如以求其所為一體之脈而通于民物乎？必也反求諸身，即天地之所以與我者，一一而踐之。踐之心即是窮神，踐之事即是知化，而工夫則在不愧屋漏始。于是有存養之功焉，繼之有省察之要焉，進之有推己及人以及天下萬世者焉。天之生斯民也，使先知覺後知，使先覺覺後覺，如是而已矣，庶幾以之稱天地之肖子不虛耳！若夫所遇之窮通順逆，君子有弗暇問者。功足以格天地，贊化育，尚矣！其或際之屯，亦無所逃焉。道足以守身而令終，幸也；其或瀕之辱，亦惟所命焉。凡以善承天心之仁愛，而死生兩無所憾焉，斯已矣！此之謂立命之學。至此而君子真能通天地萬物以為一體矣。此求仁之極則也。歷引崇伯子以下言之，皆以孝子例仁人云。

東銘

戲言出于思也，戲動作于謀也。發乎聲，見乎四支，謂非己心，不明也；欲人無己疑，不能也。過言非心也，過動非誠也。失于聲，繆迷其四體，謂己當然，自誣也；欲他人己從，誣人也。或者以出于心者歸咎為己戲，失于思者自誣為己誠，不知戒其出汝者，歸咎其不出汝者，長傲且遂非，不知孰甚焉！（《張載集》，第六六頁。）

劉蕺山曰：此張子精言心學也。戲言戲動，人以為非心，而不知其出于心。思與謀，心之本乎人者也。過言過動，人以為是心，而不知其非心。誠者，心之本乎天者也。心之本乎人者當如何以省察之，而其不本乎天者當如何以克治之，則學問之能事畢矣。今也指其本乎心者曰「吾戲耳」，而不知戒，又指其不本乎心者曰「是亦吾心也」，而不知咎，則戲而不已，必長其傲，過而不已，必遂其非，適以自欺其本心之明，不智孰甚焉！夫學，因明至誠而已矣。然則《西銘》之道，天道也；《東銘》，其盡人者與！

正蒙

太和篇第一

太和所謂道，中涵浮沉升降，動靜相感之性，是生絪緼相盪、勝負屈伸之始。其來也幾微易簡，其究也廣大堅固。起知于易者乾乎！效法于簡者坤乎！散殊而可象為氣，清通而不可象為神。不如野馬絪緼，不足謂之太和。語道者知此，謂之知道。學《易》者見此，謂之見易。不如是，雖周公才美，其智不足稱也已。

高忠憲曰：太和，陰陽會合沖和之氣也。《易》曰：「一陰一陽之謂道。」張子本《易》，以明器即是道，故指太和以名道。蓋理之與氣，一而二、二而一者也。理無形而難窺，氣有象而可見。假有象者，而無形者可默識矣。浮沉、升降、動靜者，陰陽二氣自然相感之理，是其體也。絪緼，交密之狀。二氣摩盪，勝負屈伸，如日月寒暑之往來，是其用也。始猶「資始」之始，變化皆從此始也。幾微易簡，謂此氣流行，始則潛乎默運而已。廣大堅固，謂如亨利之時，則富有日新，雖金石無間也。起，猶始也；知，猶主也。效，猶呈也；法，謂造化之詳密可見者。此氣一鼓，初無形迹，而萬物化生，不見其難者，為乾之易。及庶物露生，洪纖畢達，有迹可見，亦不覺其勞者，為坤之簡。乾以此始物，坤以此成物，明非有他也。散殊可象，有彷彿之謂；清通不可象，明其不可測之意。明非有二也。「野馬」出《莊子》，喻氣之浮沉升降如野馬飛騰，無所羈絡而往來不息。言太和之盛大流行，充塞無間也。太和即陰陽也，易即道也，故知此謂之知道，見此謂之見易，明非陰陽之外別有所謂道也。

太虛無形，氣之本體。其聚其散，變化之客形爾。至靜無感，性之淵源；有識有知，物交之客感爾。客感、客形與無感、無形，惟盡性者一之。

百家謹案：此則最為諦當。盡性者能一之，合性與命，體用一源，不落有無之見也。

天地之氣，雖聚散攻取百塗，然其為理也，順而不妄。氣之為物，散入無形，適得吾體；聚為有象，不失吾常。太虛不能無氣，氣不能不聚而為萬物，萬物不能不散而為太虛。循是出入，是皆不得已而然也。然則聖人盡道其間，兼體而不累者，存神其至矣。彼語寂滅者，往而不反；徇生執有者，物而不化。二者雖有間矣，以言乎失道則均焉。聚亦吾體，散亦吾體。知死之不亡者，可與言性矣！

百家謹案：天地之間，只一氣之循環而已。著于物而有聚散，而理無聚散，性無聚散也。順而不妄，實理之自然也。散入無形，本非有減；聚為有象，本非有增。故曰「適得吾體」「不失吾常」焉。高忠憲公曰：「聖人原始反終，知夭壽不二，故樂天安土，存順沒寧，所以為存神之至。彼二氏之失道則均焉。」又曰：「性無生死也，何亡之有！」

知虛空即氣，則有無隱顯，神化性命，通一無二，顧聚散出入形不形，能推本所從來，則深于《易》者也。若謂虛能生氣，則虛無窮，氣有限，體用殊絕，入老氏「有生于無」自然之論，不識所謂有無混一之常。若謂萬象為太虛中所見之物，則物與虛不相資，形自形，性自性，形性天人不相待而有，陷于浮屠以山河大地為見病之説。此道不明，正由懵者略知體虛空為性，不知本天道為用，反以人見之小，因緣天地。明有不盡，則誣世界乾坤為幻化；幽明不能舉其要，遂躐等妄意而然。不悟一陰一陽，范圍天地，通乎晝夜，三極大中之矩，遂使儒、佛、老、莊混然一途。語天道性命者不罔于恍惚夢幻，則定以「有生于無」為窮高極微之論。入德之途，不知擇術而求，多見其蔽于詖而陷于淫矣。

百家謹案：先生以「虛能生氣」「有生于無」為詖淫，足見先生之學粹然，可為吾道大中之準。

蓋虛空即氣，為物不二者也。若謂虛能生氣，則有無自相隔礙，凡夫理氣、心性、體用、動靜，無之非二矣。此二氏以無為真，常有為幻妄之根本也。《大傳》曰「一陰一陽之謂道。」陰陽迭運者氣也。兩間無無氣之處。

氣坱然太虛，升降飛揚，未嘗止息。《易》所謂「絪縕」，莊生所謂「生物以息相吹」「野馬」者與！此虛實動靜之機，陰陽剛柔之始。浮而上者陽之清，降而下者陰之濁。其感遇聚散，為風雨，為霜雪，萬品之流形，山川之融結，糟粕煨燼，無非教也。

百家謹案：坱，《説文》謂「霧昧塵埃也」，狀氣絪縕盛大之象。朱子曰：「『坱然太虛』，此張子所謂『虛空即氣』也。」

氣聚則離明得施而有形，氣不聚則離明不得施而無形。方其聚也，安得不謂之客？方其散也，安得遽謂之無！故聖人仰觀俯察，但云「知幽明之故」，不云「知有無之故」。盈天地之間者，法象而已！文理之察，非離不相覯也。方其形也，有以知幽之因；方其不形也，有以知明之故。

百家謹案：「但云『知幽明之故』，不云『知有無之故』」一語，使人豁然。

氣之聚散于太虛，猶冰凝釋于水。知太虛即氣，則無無。故聖人語性與天道之極，盡于參伍之神變易而已。諸子淺妄，有有無之分，非窮理之學也。

太虛為清，清則無礙，無礙故神。反清為濁，濁則礙，礙則形。

程子曰：一氣相涵，周而無餘。謂氣外有神，神外有氣，是兩之也。清者為神，濁者何獨非神乎？

凡氣，清則通，昏則壅，清極則神。故聚而有間，則風行而聲聞具達，清之驗與！不行而至，通之極與！

由太虛，有天之名；由氣化，有道之名。合虛與氣，有性之名；合性與知覺，有心之名。

朱子曰：本只是一個太虛，漸細分得密耳。且太虛便是四者之總體，而不離乎四者而言。「由氣化，有道之名」，氣化是陰陽造化。寒暑晝夜，雨露霜雪，山川木石，金水火土，皆是。只此便是太虛，但雜卻氣化說。雖雜氣化說，而實不離乎太虛。未說到人物各具當然之理處。「合虛與氣，有性之名」，有這氣，道理便隨在裏面；無此氣，則道理無安頓處。心之知覺又是那氣之虛靈底。聰明視聽，作為運用，皆是。有這知覺，方運用得這道理。所以張子說「人能弘道」，是心能盡性；「非道弘人」，是性不知檢其心。

鬼神者，二氣之良能也。聖者，至誠得天之謂；神者，太虛妙應之目。凡天地法象，皆神化之糟粕爾！

天道不窮，寒暑也；眾動不窮，屈伸也。鬼神之實，不越二端而已矣。

兩不立，則一不可見；一不可見，則兩之用息。兩體者，虛實也，動靜也，聚散也，清濁也。其究一而已。

高忠憲曰：本一氣而已，而有消長，故有陰陽。有陰陽，而後有虛實、動靜、聚散、清濁之別也。

感而後有通，不有兩則無一，故聖人以剛柔立本。乾坤毀，則無以見易。

游氣紛擾，合而成質者，生人物之萬殊。其陰陽兩端，循環不已者，立天地之大義。

日月相推而明生，寒暑相推而歲成。神易無方體，一陰一陽，陰陽不測，皆所謂「通乎晝夜之道」也。

晝夜者，天之一息乎！寒暑者，天之晝夜乎！天道春秋分而氣易，猶人一寤寐而魂交。魂交成夢，百感紛紜，對寤而言，一身之晝夜也。氣交為春，萬物糅錯，對秋而言，天之晝夜也。

氣本之虛則湛一無形，感而生則聚而有象。有象斯有對，對必反其為。有反斯有仇，仇必和而解。故愛惡之情同出于太虛，而卒歸于物欲。倏而生，忽而成，不容有毫髮之間，其神矣夫！

百家謹案：《列子》曰：「神遇為夢，形接為事。」所謂魂交，即神遇也。蓋魄交魂而為寤，魂交魄而為寐。猶日出地而為晝，日入地而為夜；陽氣發生而為春夏，陽氣收藏而為秋冬也。

造化所成，無一物相肖者，以是知萬物雖多，其實一物；無無陰陽者，以是知天地變化，二端而已。

萬物形色，神之糟粕。「性與天道」云者，易而已矣。心所以萬殊者，感外物為不一也。天大無外，其為感者，絪縕二端而已。物之所以相感者，利用出入，莫知其鄉，一萬物之妙者與！

氣與志，天與人，有交勝之理。聖人在上而下民咨，氣壹之動志也。鳳凰儀，志壹之動氣也。（《張載集》，第七—一〇頁。）

參兩篇第二

地所以兩，分剛柔男女而效之，法也。天所以參，一太極兩儀而象之，性也。

高忠憲曰：天輕清，故理氣屬之；地重濁，故形質屬之。剛柔男女皆以兩而成形，故太地數兩者，效其法而兩之。太極兩儀本乎一而為二，故天數三者，象其性而三之。男女兼人、物言。

一物兩體，氣也。一故神，（兩在故不測。）兩故化，（推行于一。）此天之所以參也。

高忠憲曰：一物兩體，即太極兩儀也。太極，理也；而曰氣者，氣以載理，理不離氣也。氣惟一物，故無在無不在而神，是兩者以一而神妙也。氣惟兩體，故一陰一陽而化，是一者以兩而變化也。

地純陰，凝聚于中，天浮陽，（「浮陽」一作「純陽」。）運旋于外，此天地之常體也。恆星不動，純繫乎天，與浮陽運旋而不窮者也。日月五星逆天而行，并包乎地者也。地在氣中，雖順天左旋，其所繫辰象隨之稍遲，則反移徙而右爾。間有緩速不齊者，七政之性殊也。月陰精，反乎陽者也，故其右行最速。日為陽精，然其質本陰，故其右行雖緩，亦不純繫乎天，如恆星不動。金水附日前後進退而行者，其理精深，存乎物感可知矣。鎮星地類，然根本五行，雖其行最緩，亦不純繫乎地也。火者亦陰質，為陽萃焉，然其氣比日而微，故其遲倍日。惟木乃歲一盛衰，故歲歷一辰。辰者，日月一交之次，有歲之象也

百家謹案：恆星不動，純繫乎天，此舊說也。後曆悟恆星亦動，但極微耳，此歲差之所由生。一歲右行五十秒，二萬五千餘年一周天。日月五星逆天而行，先生本自不錯。黃瑞節解日月五星亦順天左旋，但其行稍遲，反移徙而右，若逆天而行者，此言大謬矣！蓋天左旋，以北極為樞；恆星與七政右旋，皆以黃道極為樞。日月五星各有其道，每日所行各有度次，如蟻行磨盤，所謂「日月麗乎天，宿離不忒」。若果皆順天左旋，則無所謂黃道白道，躔離次舍，日日滉漾游移，將日月亦不麗乎天，而宿離焉能不忒哉！且惟天左旋，諸曜右旋，左右勢力相抵，而地得渾然中凝。若俱左旋，則地亦隨偏，顛倒宇宙，亦不得成世界矣。種種諸繆，詳百家所作《天旋篇》。蓋諸曜右旋是曆家從來本論，儒者未得以臆見強奪之。右行日遲月速之說，日月之高下懸殊，則旋轉之路有遠近，此遲速之由也。月精反陽，日質本陰，與五星之說，俱屬未然。

凡圜轉之物，動必有機。既謂之機，則動非自外也。古今謂天左旋，此直至粗之論爾，不考日月出沒、恆星昏曉之變。愚謂在天而運者，惟七曜而已。恆星所以為晝夜者，直以地氣乘機左旋于中，故使恆星、河漢因北為南，日月因天隱見，太虛無體，則無以驗其遷動于外也。

百家謹案：地轉之說，西人歌白泥立法最奇：太陽居天地之正中，永古不動，地球循環轉旋，太陰又附地球而行。依法以推，

薄食陵犯，不爽纖毫。蓋彼國曆有三家，一多祿茂，一歌白泥，一第谷。三家立法，迥然不異，而所推之驗不異。究竟地轉之法難信。

天左旋，處其中者順之少遲，則反右矣。

百家謹案：先生前既言日月五星逆天而行，又曰日月右行最速，今此言無乃自相矛盾乎！

地，物也；天，神也。物無踰神之理，顧有地斯有天，若其配然爾。

朱子曰：天包乎地，天之氣又行乎地之中，故横渠云地對天不過。

地有升降，日有修短。地雖凝聚不散之物，然二氣升降其間，相從而不已也。陽日上，地日降而下者，虛也；陽日降，地日進而上者，盈也。此一歲寒暑之候也。至于一晝夜之盈虛升降，則以海水潮汐驗之為信然。間有小大之差，則繫日月朔望，其精相感。

百家謹案：地有升降，固是「四游」荒唐之説，即余襄公《圖序》云潮之消息係于月，亦非定論。惟朱有中之《潮賾》，其説最精：「潮之升降大小，應乎節氣。節氣輪轉，潮泛隨之。」然以之論淞、浙之潮則合，而他方之潮有一日一長者，有一日四長者，有一月兩長者，有一年一長者，有潛滋暗長者，有來如排山烟電者，此又何以例之？百家私忖，造物凡創設一種類，必極盡其變化。假觀木類，松葉細如針，桄葉大如蓋，種種奇形異狀，不可勝數。飛潛動植土石之類皆然，何于水獨不然？海之有潮，猶婦人之行經，以一月為期而有信，然亦有逾月者，有不及月者，有四季者，有暗轉者，種種不一，可無疑于潮矣。

日質本陰，月質本陽，故于朔望之際精魄反交，則光為之食矣。

吳臨川曰：由北直南而從分之，謂之度；由東至西而横截之，謂之道。月二十九日半有奇而與日同度，是為朔；十四日九時有奇而與日對度，是為望。合朔之時，從雖同度，横不同道。若横亦同道，則月掩日而日蝕。對望之時，從雖對度，横不對道。若横亦對道，則日射月而月蝕。其蝕之分數，由同道對道所交之多寡。

百家謹案：鮑雲龍《天原發微》比日月于離、坎卦中畫之陰陽。先生所云「日質本陰，月質本陽」，即此説也。至于日食，則由日高月卑，朔日月行密近于黃白交道，日體為月魄所掩，故光為之食。月食，則由日大月小，地球小于日輪大于月輪，當望時，地球間于日月之中，有影在天，是名闇虛。此時月行交道內外，遠于黃道，則地影不能及月體，則不食；若當望時，月行交道，近黃白相交之處，經由地影之中，日光不照，則月食。疑者以為，《春秋》二分食于酉之正，日月相望，其平如衡，地猶在下，烏有影能蔽月乎？不知此由清蒙氣之能使物象升卑為高也。其詳在百家所纂《明史曆志》中。

虧盈法：月于人為近，日遠在外，故月受日光常在于外。人視其終初，如鉤之曲；及其中天也，如半壁然。此虧盈之驗也。

百家謹案：古今皆言月有闕，惟沈存中云無闕。蓋月受日光，其一面常圓。但人從下視之，月與日相近時，日在上，則其光所見如鉤；月與日對照時，則其光滿如璧耳。

月所位者陽，故受日之光，不受日之精。相望中弦則光為之食，精之不可以二也。

日月雖以形相物，考其道，則有施受健順之差焉。星月金水受光于火日，陰受而陽施也。

陰陽之精互藏其宅，則各得其所安，故日月之形萬古不變。若陰陽之氣，則循環迭至，聚散相盪，升降相求，絪縕相糅，蓋相兼相制，欲一之而不能。此其所以屈伸無方，運行不息，莫或使之。不曰性命之理，謂之何哉？

「日月得天」，得自然之理也，非蒼蒼之形也。

閏餘生于朔不盡周天之氣。而世傳交食法，與閏異術，蓋有不知而作者爾！

劉近山曰：日之行，三十日五時而歷一辰，則為一月之氣。月之行，二十九日六時有奇而與日會，則為一月之朔。每月氣盈五時有奇，朔虚六時不滿。積十二氣盈凡五日三時不滿，積十二朔虚凡五日七時有奇，一歲氣盈朔虚共十日十一時有奇。將及三歲，則積之三十日而置閏。日行所多為氣盈，又曰陽贏；月行所少為朔虚，又曰陰縮。氣盈朔虚之積，是為閏餘。氣之分與朔之分至十九年而皆齊，所謂氣朔分齊而為一章。此但云朔不盡者，就周天二十四氣言之，月有大小，朔不得盡其氣而置閏也。雖言朔虚，而氣盈在其中矣。然此置閏之法。其日月交食之法，亦當類此而推，非與閏異術也。

百家謹案：推置閏術易，推交食法難，此由先生不諳曆法，臆度言之，上數節大略皆然。

陽之德主于遂，陰之德主于閉。

陰性凝聚，陽性發散。陰聚之，陽必散之，其勢均散。陽為陰累，則相持為雨而降；陰為陽得，則飄揚為雲而升。故雲物班布太虚者，陰為風驅，斂聚而未散者也。凡陰氣凝聚，陽在內者不得出，則奮擊而為雷霆；陽在外者不得入，則周旋不舍而為風。其聚有遠近虚實，故雷風有大小暴緩。和而散則為霜雪雨露，不和而散則為戾氣曀霾。陰常散緩，受交于陽，則風雨調，寒暑正。

百家謹案：此先生以陰陽之氣測想風雨露雷之由也。近代西人之說甚詳，略述大旨：自地而上二百六十里有奇，為氣域。氣域分為三際，近地者為和際，中為冷際，上為熱際。種種變化，悉在此氣中。下地水火土為天行所吸，則騰聚于氣中，鬱然成雲，散而為雨。當其未散，火在于中，為氣水所束，不得出走，則殷殷有聲，破裂而出，遂成大響，而電正其光之奔飛者也。火既破氣而出，成為雷霆，若火已盡，則不復風；或火勢盛，未得及土，横而行地上，則風雷交作。其有風而不雨者，火之升也，不受水迫，即返下土，為氣遏抑，未獲遽達，遂横奔動氣而為風。水上升而火不上，則有雨而無風。火上升而水不上，則有風而無雨。火土並蒸，則或風止而繼之以雨，或甚而風以散之，或甚而風雨並作，總視其勢之先後盛衰焉。水土並上，土多于水，則為霧。土自獨上，奔散之際，則成霾。水升僅達氣之和際，則為雨為露。入于冷際，遂成霜雪。入冷再深，則為雹。然霜雪在冬而雹在夏者，夏時炎烈，上升之勢銳，能直入冷之最深處，故結而為雹；冬則上升之勢緩，僅及冷際，遂為霜雪也。然夏時何以無霜雪？蓋夏時和際之氣暖，能為冷際之氣解，惟入最冷處，凝而為雹，始不能為之解也。且夏時之雨狹而速，雲興即雨，不待至冷際而已降矣。其直上不降，至最冷際而為雹者，偶然也。冬雲霈緩而廣，非經數日，雲氣不成，故至冷際而結為霜雪者，常然也。種種變化，悉出于自然。而其所從，咸因日月星辰往來運動，能吸引下地之火氣水土四行，不特月離于箕則多風，離于畢則多雨也。經緯星辰，性情不齊，各能施效。故精于天文及分野者，推此年之躔度，即可知此年之水旱也。

天象者，陽中之陰。風霆者，陰中之陽。

雷霆感動雖速，然其所由來亦漸爾。能窮神化所從來，德之盛者與！

火日外光，能直而施；金水內光，能闢而受。受者隨材各得，施者所應無窮。神與形，天與地之道與！

百家謹案：日火外景，金水內景，說本《淮南》。天以陽神為用，故直而施，能照萬物而不可犯；地以陰形為質，故闢而受，隨物肖形而可親狎。是火日神之屬，有天之道；金水形之屬，有地之道。道家謂日火揚光于外，故有食有滅，金水潛光于內，故無窮，以為收視返聽，潛神不曜，養生之法。

「木曰曲直」，能既曲而反申也。「金曰從革」，一從革而不能自反也。水火，氣也，故炎上潤下，與陰陽升降，土不得而制焉。木金者，土之華實也，其性有水火之雜。故木之為物，水漬則生，火然而不離也，蓋得土之浮華于水火之交也。金之為物，得火之精于土之燥，得水之精于土之濡，故水火相待而不相害，鑠之反流而不耗，蓋得土之精實于水火之際也。土者，物之所以成始而成終，地之質也，化之終也，水火之所以升降，物兼體而不遺者也。

高忠憲曰：曲直、從革，《書傳》本謂曲而又直，從而又革，張子則作一義說。「水之濡」當作「土之濡」。朱子曰：「五行之說，《正蒙》說得最好，不輕下一字。」

冰者，陰凝而陽未勝也。火者，陽麗而陰未盡也。火之炎，水之蒸，有影無形，能散而不能受光者，其氣陽也。

陽陷于陰為水，附于陰為火。

百家謹案：《參兩篇》，尤先生之極深思索，以談造化者也。但曆法一道，至今愈加精密，凡各曜之遠近大小行度，薄食陵犯，灼然可見可推，非可將虛話臆度也。伊川云《正蒙》中說得有病處，殆此類與！（《張載集》，第一〇——一三頁。）

天道篇第三

天道四時行，百物生，無非至教。聖人之動，無非至德。夫何言哉！

天體物不遺，猶仁體事無不在也。「禮儀三百，威儀三千」，無一物而非仁也。「昊天曰明，及爾出王；昊天曰旦，及爾游衍」，無一物之不體也。

朱子曰：此數句從赤心片片說出來，荀、楊豈能到！

劉蕺山曰：天無一物不體處，即是仁無一事不在處。

上天之載，有感必通。聖人之為，得為而為之也。

高忠憲曰：上天之載，寂然不動而感則必通。聖人之心，寂然無為而得為則為。明其順應而無所矯強也。

天不言而四時行，聖人神道設教而天下服。誠于此，動于彼，神之道與！

天不言而信，神不怒而威。誠故信，無私故威。

天之不測謂神，神而有常謂天。

孫鍾元曰：天與神非二，見聖人即天。

運于無形之謂道，形而下者不足以言之。

高忠憲曰：即有形之中而指言其無形之道，曰「運于無形」。非外形而別有運于無形之道也。

「鼓萬物而不與聖人同憂」，天道也，聖不可知也，無心之妙非有心所及也。

「不見而章」，已誠而明也。「不動而變」，神而化也。「無為而成」，為物不貳也。

已誠而明，故能不見而章，不動而變，無為而成。

「富有」，廣大不禦之盛與！「日新」，悠久無疆之道與！

天之知物，不以耳目心思，然知之之理，過于耳目心思。天視聽以民，明威以民，故《詩》《書》所謂帝天之命，主于民心而已焉。

「化而裁之存乎變。」存四時之變，則周歲之化可裁；存晝夜之變，則百刻之化可裁。「推而行之存乎通。」推四時而行，則能存周歲之通；推晝夜而行，則能存百刻之通。

高忠憲曰：此借《易》語，言人之存心。蓋吾心之神，即天地之一闔一闢之變，往來不窮之通。存之而四時晝夜之變通不外于是也。

「神而明之，存乎其人。」不知上天之載，當存文王。「默而成之，存乎德行。」學者常存德性，則自然默成而信矣。存文王，則知天載之神；存衆人，則知物性之神。

高忠憲曰：此亦欲人之存心。文王「純亦不已」，即上天之載也。故存文王所存，則知天載之神。德性者，衆人所受于天之正理。常存德性，所謂「存衆人」也，故知物性之神。

谷之神也有限，故不能通天下之聲。聖人之神唯天，故能周萬物而知。

高忠憲曰：「谷神」本《老子》語。谷而謂之神者，言谷之虚也，故聲達焉則響應之。然其神有限，故不能通天下之聲。聖人之神即天也，故知周萬物。

聖人有感無隱，正猶天道之神。

形而上者，得意斯得名，得名斯得象。不得名，非得象者也。故語道至于不能象，則名言亡矣。

高忠憲曰：象者，猶言性情情狀。凡有實得者，必可名言。可名斯可象。如實見天道，斯得其「元亨利貞」之名。得其名，斯得其生長收藏之象。苟恍惚不可為象，豈復有可名言哉！

世人知道之自然，未始識自然之為體爾！

有天德，然後天地之道可一言而盡。

貞明不為日月所眩，貞觀不為天地所遷。（《張載集》，第一三—一五頁。）

神化篇第四

神天德，化天道。德其體，道其用。一于氣而已。

高忠憲曰：「不外乎陰陽，故曰一于氣而已。」

「神無方，易無體」，大且一而已爾。

高忠憲曰：「既大且一，故無方所、無形體之可求也。」

虚明照鑒，神之明也。無遠近幽深，利用出入，神之充塞無間也。

天下之動，神鼓之也。辭不鼓舞，則不足以盡神。

鬼神，往來屈伸之義。故天曰神，地曰示，人曰鬼。（神示者，歸之始。歸往者，來之終。）

百家謹案：往來屈伸之義，與天神人鬼地示何相關合？昔嘗思之：一陰一陽，一氣之往來。時屈而歸謂之鬼，時伸而來謂之神。總之，陰陽之靈氣也。太虛生人生物，知氣變化，靈爽不測。無處無靈爽，即無處非鬼神。在天為化育，時行物生是也。在人為精神，聰明靈爽是也。在人為魂魄，生死聚散是也。在事為動靜，起居作息是也。在壇壝宗廟為天祖日星嶽瀆，下而至于門行井竈，皆是也。所以《中庸》言：「鬼神之為德，其盛矣乎！視之而弗見，聽之而弗聞，體物而不可遺。」夫體物而不可遺，明以兩間之氣化言鬼神矣。而下忽接言祭祀，又曰「誠之不可揜如此」，此言鬼神之至精也。蓋鬼神既為陰陽之靈氣，無處非鬼神，而人尤為鬼神之會。蓋物之靈者莫過于人心，而人心之與鬼神相接者，尤在祭祀。當其愾然肅然，不見者如或見之，不聞者如或聞之。是祭祀者，正所以通幽明，洽人神。以吾心之精誠，對鬼神之靈爽，焄蒿悽愴，洋洋如在，為物為變，情狀畢露矣。此先生具是意于言中而未發者也。

朱子曰：「神自是急底物事，緩辭如何形容之！如『陰陽不測之謂神』，『神无方，易無體』，皆是急辭。化是漸漸而化，若急辭形而上者，得辭斯得象矣。神為不測，故緩辭不足以盡神；化為難知，故急辭不足以體化。以形容之，則不可也。」

氣有陰陽，推行有漸為化，合一不測為神。其在人也，知義用利，則神化之事備矣。德盛者窮神，則知不足道；知化，則義不足云。天之化也運諸氣，人之化也順夫時。非氣非時，則化之名何有！化之實何施！《中庸》曰「至誠為能化」，孟子曰「大而化之」，皆以其德合陰陽，與天地同流而無不通也。所謂氣也者，非待其蒸鬱凝聚，接于目而後知之。苟健順動止、浩然湛然之得言，皆可名之象爾。然則象若非氣，指何為象？時若非象，指何為時？世人取釋氏「銷礙入空」、學者「舍惡趨善」以為化，此直可為始學遺累者薄乎云爾，豈天道神化所同日語哉！

朱子曰：「『神化』二字，雖程子說得亦不甚分明，惟是橫渠推出來，曰『推行有漸為化，合一不測為神』，又曰『一故神，兩在故不測』。言『兩在』者，或在陰，或在陽，在陰時全體都是陰，在陽時全體都是陽。化是逐一挨將去底。一日復一日，一月復一月，節節挨將去，便成一年，這是化。」

高忠憲曰：「天地有陰陽，在人有知義。知藏于中，為事之幹者，神也；義形于外，制事之宜者，化也。『知義用利』者，知與義，用之利也。至德盛而窮神知化，則知義皆下學之事，而不足言矣。時，即氣之推行者。」

「變則化」，由粗入精也。「化而裁之謂之變」，以著顯微也。谷神不死，故能微顯而不揜。

高忠憲曰：「變有形，化無迹，故曰由粗入精。化而裁之者，如一歲之化裁作四時之變，以變顯化也。皆神之所為，故至微至顯，昭著而不可揜。前言谷神有限，此又借谷神以明神也。」

鬼神常不死，故誠不可揜。人有是心在隱微，必乘間而見，故君子雖處幽獨，防亦不懈。

百家謹案：鬼神體物不遺，散在兩間，而其所聚則尤在人心。蓋人心之靈，即鬼神之靈也，本渾合無間，二之不得。故人心纔動，氣即感通，無隱不見。「相在爾室」，君子之慄慄危懼，雖欲不慎獨，不可得也。

神化者，天之良能，非人能。故大而位天德，然後能窮神知化。

大，可為也；大而化，不可為也，在熟而已。《易》謂「窮神知化」，乃德盛仁熟之致，非智力能強也。

大而化之，能不勉而大也。不已而天，則不測而神矣。

先後天而不違，順至理以推行，知無不合也。雖然，得聖人之任者皆可勉而至，猶不害于未化爾。大幾聖矣，化則位乎天德矣。

大則不驕，化則不吝。

無我而後大，大成性而後聖，聖位天德，不可致知謂神。故神也者，聖而不可知。

見幾則義明，動而不括則用利，屈伸順理則身安而德滋。窮神知化，與天為一，豈有我所能勉哉？乃德盛而自致爾！

「精義入神」，事豫吾內，求利吾外也。「利用安身」，素利吾外，致養吾內也。「窮神知化」，乃養盛自致，非思勉之能強，故崇德而外，君子未或致知也。

高忠憲曰：「括，結礙也。見事之幾微，則事得其宜，動而不括矣，故能屈伸順理，身安而德崇。《易》曰：『知幾，其神乎！』『精義入神』者，知幾而已。精義入神妙處，使事理素定于內而用乃利，豫利吾外而內乃安，蓋內外交相養，皆崇德之事。若夫『窮神知化』，乃德盛自致，君子無容心焉，「先難後獲」也。」

神不可致思，存焉可也。化不可助長，順焉可也。存虛明，久至德，順變化，達時中，仁之至、義之盡也。知微知彰，不舍而繼其善，然後可以成人性矣。

葉六桐曰：「陰陽不測之謂神，故不可致思。推行有漸之謂化，故不可助長。存此心之虛明則成至德，所以存神而為仁之至也。順天理之變化而達時中，所以順化而為義之盡也。微者神之妙，彰者化之著。知微知彰，不舍而繼善成性，與一陰一陽之天道無殊矣。」

聖不可知者，乃天德良能，立心求之，則不可得而知之。聖不可知謂神。莊生繆妄，又謂「有神人焉」。

惟神為能變化，以其一天下之動也。人能知變化之道，其必知神之為也。

翁祖石曰：群動萬殊，神妙萬物，故曰「一天下之動」。變化即神也。聖人存神而達化。人果知變化之道，則上文「聖不可知謂神」，神亦奚不可知！

見易，則神其幾矣！

知幾其神，由經正以貫之，則寧用終日，斷可識矣。幾者，象見而未形也。形則涉乎明，不待神而後知也。「吉之先見」云者，順性命則所先皆吉也。

百家謹案：《易》「知幾其神」之幾，即「異于禽獸幾希」之幾。此所謂天良，人之所以為人者全在此。靜則中存，動則先見，不容蓋藏。孩提愛敬，乍見惻隱，與不為不欲之心，凡聖之所同也，何有不貫！何有不知！但此先見之幾，無有不吉，而一轉念，則惡聲、納交、要譽等心，紛然並至。惟能奉此先心而無違，如「無為其所不為，無欲其所不欲」，此即聖人順性命之理，故所先皆吉也。

知神而後能饗帝饗親，見易而後能知神。是故不聞性與天道而能制禮作樂者，末矣。

精義入神，豫之至也。

徇物喪心，人化物而滅天理者乎！存神過化，忘物累而順性命者乎！

高忠憲曰：「徇物欲即滅天理，忘物累即順性命，間不容髮者乎！」

敦厚而不化，有體而無用也。化而自失焉，徇物而喪己也。大德敦化，然後仁智一而聖人之事備。性性為能存神，物物為能過化。

無我然後得正己之盡，存神然後妙應物之感。「範圍天地之化而不過」。過則溺于空，淪于靜，既不能存夫神，又不能知夫化矣。

「旁行不流」，圓神不倚也。「百姓日用而不知」，溺于流也。

義以反經為本，經正則精。仁以敦化為深，化行則顯。義入神，動一靜也。仁敦化，靜一動也。仁敦化則無體，義入神則無方。

葉六桐曰：「處事之謂義，存心之謂仁，義入神，仁敦化，即《易》『顯諸仁，藏諸用』意也。」（《張載集》，第一五—一八頁。）

動物篇第五

動物本諸天，以呼吸為聚散之漸。植物本諸地，以陰陽升降為聚散之漸。物之初生，氣日至而滋息。物生既盈，氣日反而游散。至之為神，以其伸也；反之為鬼，以其歸也。

氣于人，生而不離，死而游散者，謂魂；聚成形質，雖死而不散者，謂魄。

海水凝則冰，浮則漚。然冰之才，漚之性，其存其亡，海不得而與焉。推是，足以究死生之說。（伊川程子改「與」為「有」。）

有息者根于天，不息者根于地。根于天者不滯于用，根于地者滯于方，此動植之分也。

生有先後，所以為天序。小大高下，相並而相形焉，是為天秩。天之生物也有序，物之既形也有秩。知序然後經正，知秩然後禮行。

凡物能相感者，鬼神施受之性也。不能感者，鬼神亦體之而化矣。

高忠憲曰：「凡物能交感者，固鬼神施受之性，如草木之不能感者，鬼神亦體之而變化，見鬼神之體物不遺也。」

物無孤立之理，非同異、屈伸、終始以發明之，則雖物非物也。事有始卒乃成，非同異、有無相感，則不見其成；不見其成，則雖物非物。

故一屈伸相感而利生焉。

獨見獨聞，雖小異，怪也，出于疾與妄也。共見共聞，雖大異，誠也，出陰陽之正也。

賢才出，國將昌。子孫才，族將大。

人之有息，蓋剛柔相摩、乾坤闔闢之象也。

寤，形開而志交諸外也。夢，形閉而氣專乎內也。寤所以知新于耳目，夢所以緣舊于習心。醫謂饑夢取，飽夢與，凡寤夢所感，專語氣于五藏之變，容有取焉爾！

聲者，形氣相軋而成。兩氣者，谷響、雷聲之類；兩形者，桴鼓、叩擊之類；形軋氣，羽扇、敲矢之類；氣軋形，人聲、笙簧之類。是皆物感之良能，人皆習之而不察者爾。

林鬳齋曰：敲，《莊子》作嚆，即鳴鏑，今響箭也。

形也，聲也，臭也，味也，溫涼也，動靜也，六者莫不有五行之別，同異之變，皆帝則之必察者歟！（《張載集》，一九—二〇頁。）

誠明篇第六

誠明所知，乃天德良知，非聞見小知而已。

天人異用，不足以言誠；天人異知，不足以盡明。所謂誠明者，性與天道，不見乎小大之別也。

義命合一存乎理，仁知合一存乎聖，動靜合一存乎神，陰陽合一存乎道，性與天道合一存乎誠。

百家謹案：「義命合一存乎理」一語，此先生破荒之名言，先儒多忽略看過，不得其解。百家讀《明儒學案·孫文介淇澳傳》而有悟于先生斯語之精。世儒說天命，義理之外，別有一種氣運之命，雜糅不齊。文介謂：「孟子曰：『天之高也，星辰之遠也，苟求其故，千歲之日至，可坐而致也。』是在天氣運之行，無不齊也。而獨命人于氣運之際，顧有不齊乎哉？蓋氣之流行往來，必有過有不及，故寒暑不能不錯雜，治亂不能不循環。以世人畔援歆羨之心，當死生得喪之際，無可奈何而歸之運命，寧有可齊之理。然天惟福善禍淫。其所以福善禍淫，全是一段至善，一息如是，千古如是。不然，則生理滅息矣。此萬有不齊中一點真主宰。」此即先生「義命合一存乎理」之真詮也。

天所以長久不已之道，乃所謂誠。仁人孝子所以事天誠身，不過不已于仁孝而已。故君子誠之為貴。

誠有是物，則有終有始。偽實不有，何終始之有！故曰：「不誠無物。」

「自明誠」，由窮理而盡性也；「自誠明」，由盡性而窮理也。

性者萬物之一源，非有我之得私也。惟大人為能盡其道，是故立必俱立，知必周知，愛必兼愛，成不獨成。彼自蔽塞而不知順吾理者，則亦末如之何矣。

天能為性，人謀為能。大人盡性，不以天能為能，而以人謀為能，故曰：「天地設位，聖人成能。」

高忠憲曰：「性雖有自然之天能，大人必循其當然之理以盡之。今世之語自然而諱言思勉者，其亦不知聖人成能之旨矣。」

葉雨垓曰：「人能者，大人裁成輔相，以補天地之所不能，以自成其能。」

盡性，然後知生無所得，則死無所喪。

高忠憲曰：「生死者，形也，性豈有生死哉！是以君子夭壽不貳，實見其無二也。」

孫鍾元曰：「生順沒寧，無得亦無喪。」

未嘗無之謂體，體之謂性。

天所性者通極于道，氣之昏明不足以蔽之。天所命者通極于性，遇之吉凶不足以戕之。不免乎蔽之戕之者，未之學也。性通乎氣之外，命行乎氣之內。氣無內外，假有形而言爾。故思知人，不可不知天；盡其性，然後能至于命。

高忠憲曰：「人受為性，天賦為命。受者受于天，故亦為天所性。通者通達無間，極者推致其極。天所性者囿于氣中，有昏明之不同矣，然通極于道，則雖愚必明也，氣之昏明何足以蔽之！天所命者各有分限，有吉凶之不同矣，然通極于性，雖殺身亦以成仁，遇之吉凶何足以戕之！通極處皆學也，不學則未免于蔽之戕之矣。性通氣之外，命行氣之內，內外者以人之成形而言。天人一也，更不分別。人不知天，則塊然形骸而已，知則可以盡性而至于命也。」

知性知天，則陰陽鬼神皆吾分內爾！

葉六桐曰：世人妄談陰陽鬼神，而不知即在吾身，初非有二。

天性在人，正猶水性之在冰，凝釋雖異，為物一也。受光有小大昏明，其照納不二也。

高忠憲曰：「以水喻天，以冰喻人，以凝釋喻生死。以受光喻氣稟之不同，以照納喻性之不二。」

天良能本吾良能，顧為有我所喪爾！

上達反天理，下達徇人欲者與！

性其總，合兩也；命其受，有則也。不極總之要，則不至受之分。盡性窮理而不可變，乃吾則也。天所自不能已者謂命，不能無感者謂性。

雖然，聖人猶不以所可憂而同其無憂者，有相之道存乎我也。

百家謹案：此節講性命語頗艱澀難解，朱子亦謂其語未親切。然細案之，亦可咀味。性無有二，字宙以來只此一物，故云「性其總」，以其為總會處也。人人各得，有合兩之象。人受命于天，夭壽窮達不齊，各有一定之則。不窮理盡性，推極其總之要，則不能致于命而得其所受之分。逮窮理盡性，而所受之命不可變，蓋知吾受分之有則也。然此命也，天亦莫知其所以然而自不能已者。至于性之在人，則為天下古今之所總，通極于道，有感必應，上文所謂「氣之昏明不足以蔽之」，何不可知人知天，盡性以至命也？下言聖人之憂，蓋天與聖人一也，而聖人有憂者，欲盡其輔相之道，而不能同天地之無憂也。

湛一氣之本，攻取氣之欲。口腹于飲食，鼻舌于臭味，皆攻取之性也。知德者屬厭而已，不以嗜欲累其心，不以小害大、末喪本焉爾！

心能盡性，「人能弘道」也；性不知檢其心，「非道弘人」也。

盡其性，能盡人物之性；至于命者，亦能至人物之命。莫不性諸道，命諸天。我體物未嘗遺，物體我知其不遺也。至于物，然後能成己成物而不失其道。

以生為性，既不通晝夜之道，且人與物等。故告子之妄，不可不詆。

百家謹案：生者，氣也；生之理，性也。人有人之生，物有物之生，則人有人之性，物有物之性。

「生之謂性」，未嘗不是。惟是告子渾羽雪玉于白，同牛犬于人，入于儱侗，開後世禪門之路徑，所以可詆。

性于人無不善，繫其善反不善反而已。過天地之化，不善反者也。命于人無不正，繫其順與不順而已。行險以僥倖，不順命者也。

形而後有氣質之性，善反之，則天地之性存焉。故氣質之性，君子有弗性者焉。

程子曰：「學至氣質變化，方是有功。」

朱子曰：「氣質之說，起于張，程，極有功于聖門，有補于後學。前此未曾說道，故張、程之說立，則諸子之說泯矣。」

黃勉齋曰：「自孟子言性善，而荀卿言性惡，揚雄言善惡混，韓文公言三品。及至橫渠，分為天地之性、氣質之性，然後諸子之說始定。蓋自其理而言之，不雜乎氣質而為宗，則是天地賦與萬物之本然者，而寓乎氣質之中也。故其言曰：『善反之，則天地之性存焉。』蓋謂天地之性未嘗離乎氣之中也。其以天地為言，特指其純粹至善，乃天地賦予之本然也。曰：『形而後有氣質之性，其所以有善惡之不同者，何也？』曰：『氣有偏正，則所受之理隨而偏正；氣有昏明，則所受之理隨而昏明。木之氣盛，則金之氣衰，故仁常多而義常少。金之氣盛，則木之氣衰，故義常多而仁常少。若此者，氣質之性有善惡也。』曰：『既言氣質之性有善惡，則不復有天地之性矣，子思子又有未發之中，何也？』曰：『性固為氣質所雜矣，然方其未發也，此心湛然，物欲不生，則氣雖偏而理自正，氣雖昏而理自明，氣雖有贏乏而理則無勝負。及其感物而動，則或氣動而理隨之，或理動而氣挾之，由是至善之理聽命于氣，善惡由之而判矣。此未發之前，天地之性純粹至善，而子思之所謂中也。』《記》曰：『人生而靜，天之性也。』程子曰：『其本也真而靜，其未發也五性具焉。』則理固有寂感，而靜則其本也，動則有萬變之不同焉。嘗以是質之先師，答曰：『未發之前，氣不用事，所以有善而無惡。』至哉此言也！」

真西山曰：「張子有言：『為學大益，在自求變化氣質。』此即所謂『善反之』者也。」

百家謹案：先生雖言有氣質之性，下即言「君子有弗性焉」，是仍不以氣質之性為性也，柰何後之言性者，竟分天命、氣質為性乎？楊晉庵東明曰：「氣質之外無性。盈宇宙只是渾淪元氣，生天生地，生人物萬殊，都是此氣為之。而此氣靈妙，自有條理，便謂之理。夫惟理氣一也，則得氣清者理自昭著，得氣濁者理自昏暗。蓋氣分陰陽，中含五行，不得不雜糅，不得不偏勝，此人性所以不皆善也。然太極本體立二五根宗，雖雜糅而本質自在，縱偏勝而善根自存，此人所以無不善也。」先遺獻謂晉庵之言，可謂一洗理氣為二之謬，而其間有未瑩者，則以不皆善者之認為性也。夫不皆善者是氣之雜糅，而非氣之本然；其本然者可指之為性，其雜糅者不可以言性也。天地之氣，寒暑往來。寒必于冬，暑必于夏，其本然也。有時冬而暑，夏而寒，是為愆陽伏陰，失其本然之理矣。失其本然，便不可名之為理也。然天地不能無愆陽伏陰之寒暑，而萬古此冬夏寒暑之常道，則一定之理也。人生之雜糅偏勝，即愆陽伏陰也。而人皆有不忍人之必，所謂「厥有恆性」，豈可以雜糅偏勝者當之？雜糅偏勝，不恆者也。是故氣質之外無性，氣質即性也。第氣質之本然者是性，失其本然者非性。此毫釐之辨。

百家又案：先生言「善反之，則天地之性存焉」，此則所謂變化氣質也。夫湯、武之反，不遠之復，由違乎性，故須反復乎性也。若既以氣質之外無性，則性又何須變化乎？呂巾石懷先生之說，專以變化氣質為宗旨，以為：「氣質由身而有，不能無偏，猶水火木金，各以偏氣相勝。偏氣勝，則心不能統之矣。皆因心同形異，是生等差。故學者求端于天，不為氣質所局矣。」此言似是而有辨。先遺獻曰：「氣之流行，不能無過不及；故人之所稟，不能無偏。氣質雖偏，而中正者未嘗不在也。猶天之寒暑雖有過不及，而盈虛消息，卒歸于太和。以此證氣質之善，無待于變化。理不能離氣以為理，心不能離身以為心。若氣質必待變化，是心亦須變化也。今曰心之本來無病，由身之氣質而病，則身與心判然為二物矣。孟子言陷溺其心者為歲，未聞氣質之陷溺其心也。蓋橫渠之失，渾氣質于性；巾石之失，離性于氣質。總由看習不清楚耳！」

百家又案：氣質之性與變化氣質之說，先遺獻辨之明矣。猶有疑：「氣質即性，又不須變化，然則人皆聖人、無不善之人與？」百家曰：「惡！是何言也！夫所謂氣質即性者，謂因氣質而有天命之性，離氣質無所謂性也。性既在此氣質，性無二性，又安所分為義理之性、氣質之性乎？然氣質實有清濁厚薄之不同，而君子不以為性者，以性是就氣質中之指其一定而有條不紊，乃天下古今之所同然無異者而言，故別立一性之名。不然，只云氣質足矣，又何必添造，別設一性之名乎？」子劉子曰：「氣質還他是氣質，如何扯著性！性是氣質中指點義理者，非氣質即為性也。清濁厚薄不同，是氣質一定之分，為習所從出者。氣質就習上看，不就性上看。以氣質言性，是以習言性也。」可謂明切矣！所謂氣質無待于變化者，以氣質之本然即人之恆性，無可變化。若氣質之雜糅偏勝者，非氣質之本然矣。故曰：「氣質無待變化。非謂高明可無柔克，沈潛可無剛克也。」

人之剛柔、緩急、有才與不才，氣之偏也。天本參和不偏，養其氣，反之本而不偏，則盡性而天矣。性未成則善惡混，故亹亹而繼善者，斯為善矣。惡盡去則善因以成，故舍曰「善」，而曰「成之者性」。

百家謹案：先生之言才，就人有氣質之偏，故有才有不才。言性亦因有氣質之偏之混，故必待盡性而後成性。若論其本然，孟子言性善，又曰「若夫為不善，非才之罪」，則性固不待人為而後成，才亦無有才不才之別。何以言之？氣質者，天地生人之本，宇宙聖愚之所同也。因氣質而指其有性，是性者即從氣質之本然者而名之，非氣質之外別有性也。性既是氣質，則氣質之偏者，非惟不可言性，并不可言氣質也，柰何將氣質之偏者混擾于性中乎！蓋氣質之偏者，習也。習不因墮地後而始有。五方土地之風俗，父母胎中之習養，此即麰麥之肥磽、人事、雨露也，豈得謂麰麥之才有殊乎？先遺獻曰：「氣質即是情才。由情才之善而見性善，不可言性善而後情才善也。若氣質有不善，便是情才不善；情才不善，則荀子之性惡可謂非矣。至于成性與盡性，則大有分別。盡性屬人力，成性則本成之性，是天之所生，人力絲毫不得而與，故但有知性，而無為性之理。先生之言性，由人而成，失《大易》之旨矣！」

楊開沅謹案：成性之說，始于董子天人策。張子未能擺脫其說，亦氣質之性誤之也。氣質自氣質，如何云性？況氣質本無不善哉！

德不勝氣，性命于氣；德勝其氣，性命于德。窮理盡性，則性天德，命天理。氣之不可變者，獨死生修夭而已。故論死生則曰「有命」，以言其氣也；語富貴則曰「在天」，以言其理也。此大德所以必受命，易簡理得而成位乎天地之中也。所謂天理也者，能悅諸心，能通天下之志之理也。能使天下悅且通，則天下必歸焉。不歸焉者，所乘所遇之不同，如仲尼與繼世之君也。舜、禹「有天下而不與焉」者，正謂天理馴致，非氣稟當然，非志意所與也。必曰「舜、禹」云者，餘非乘勢，則求焉者也。

高忠憲曰：「性者天所命，德者己所成。氣，血氣也。德不勝氣，則性命皆由于氣；德勝其氣，則性命皆由于德。窮理盡性，則德勝其氣，故性能全天德，命能順天理，而氣變矣。其不可變者，獨死生修夭，故曰『有命』，言其氣之一定也。若富貴則曰『在天』，言有當得之理也。

故有易簡之大德，必受命而成位乎天地之中，以天理能悅心通志，為天下所必歸。有不歸者，如仲尼、益、伊尹、周公，有繼世之君，所乘所遇之不同也。舜、禹正由天理馴致天下之歸，非氣稟當然，非志意所與，故曰『有天下而不與』。其餘有天下者，非乘勢，則求焉，不可謂其『不與』矣。」

利者為神，滯者為物。是故風雷有象，不速于心；心禦見聞，不弘于性。

高忠憲曰：禦，止也，為見聞所梏也。風雷猶有象，故不如心之速；心禦見聞，故不如性之弘。然則人心無物，則不滯而神矣。

上智下愚，習與性相遠，既甚而不可變者也。

楊開沅謹案：先生解「上智下愚」句，以習言，蒙上「相遠」句，不以性言也，故曰「氣質之性，君子有弗性者焉」與程子解殊別。

纖惡必除，善斯成性矣。察惡未盡，雖善必粗矣。

「不識不知，順帝之則。」有思慮知識，則喪其天矣。君子所性，與天地同流異行而已焉。

「在帝左右」，察天理而左右也。天理者，時義而已。君子教人，舉天理以示之而已；其行己也，述天理而時措之也。

高忠憲曰：《大雅文王》之詩，本謂文王之神無時不在上帝之左右。張子借在為察，謂察天理而左右不違也。時義者，隨時之義，時中之謂也。舉此以教人，述此以行己，所謂「在帝左右」也。

和樂，道之端乎！和則可大，樂則可久。天地之性，久大而已矣。

莫非天也，陽明勝則德性用，陰濁勝則物欲行。領惡而全好者，其必由學乎！

黃文潔曰：「按《誠明篇》語性之廣大，無如『萬物一源』之語；論性之精切，無如『氣質弗性』之語。此『陽明』、『陰濁』，分別尤淨。」

劉蕺山曰：「若領好以用惡，手勢更捷。然在學者分上，只得倒做。」

不誠不莊，可謂之盡性窮理乎？性之德也，未嘗偽且慢，故知不免乎偽慢者，未嘗知其性也。

勉而後誠莊，非性也。不勉而誠莊，所謂「有言而信，不怒而威」者與！

生直理順，則吉凶莫非正也。不直其生者，非幸福于回，則免難于苟也。

「屈伸相感而利生」，感以誠也。「情偽相感而利害生」，雜之偽也。至誠則順理而利，偽則不循理而害。順性命之理，則所謂吉凶，莫非正也；逆理，則凶為自取，吉其險幸也。

高忠憲曰：「情，實也。天以屈伸相感，則萬物生生而無不利。人以情偽相感，則有利有害，以雜之偽焉耳。」

「莫非命也，順受其正。」順性命之理，則得性命之正。滅理窮欲，人為之招也。

高忠憲曰：「滅理窮欲以取禍，則人為之招，而非命之正矣。」（《張載集》，第二〇—二四頁。）

大心篇第七

大其心，則能體天下之物。物有未體，則心為有外。世人之心，止于聞見之狹。聖人盡性，不以見聞梏其心，其視天下，無一物非我。孟子謂盡心則知性知天，以此。天大無外，故有外之心不足以合天心。見聞之知，乃物交而知，非德性所知。德性所知，不萌于見聞。

朱子曰：「性理流行，脈絡貫通，無有不到。苟一物有未體，則便有不到處，包括不盡，是心為有外。蓋私意間隔，而物我對立，則雖至親，且未必能無外矣。」又曰：「今人理會學，先于見聞上做，工夫到，然後脫然貫通。蓋尋常見聞一事，只知得一個道理，若到貫通，便都是一理。」

高忠憲曰：「心與天，一而已矣。心大無外，天大無外。天體物而不遺。故物有未體，則心為有外。有外之心，不足以合天心也。世人之心梏于見聞之狹，聖人窮理以盡其心之全體，則知性知天，而無有外之心矣。不萌于見聞，不因見聞而萌也。」

百家謹案：心處身中，纔方寸耳，而能彌六合而無外者，由其虛竅為氣之橐籥而最靈也。蓋盈天地間惟此於穆乾知，其氣流行不已，其凝聚者在人身，而身之氣又朝宗于心，故此人人各具之一心，實具天地萬物之全氣。氣全而理即全，非謂我一人之心僅為分得之家當也。是故論斯心之本體，聖不加多，愚不加少，個個人心有仲尼，原不待體物而始無外也。由一心以措天地萬物，則無不貫；由天地萬物以補湊此心，則眼中之金屑矣。先生之云「物有未體，則心為有外」，正言聖人盡性，天下無一物非我，所謂德性之知，非世人見聞之知也。若恃見聞以體物，物可勝體乎？適足以梏其心而已！

由象識心，徇象喪心。知象者心；存象之心，亦象而已，謂之心，可乎！

百家謹案：天下之物皆象也。由耳目口鼻、父子君臣以至云為事物，皆是也。格物致知，則由象可以悟心。玩物喪志，則徇象適以喪心。存象之心，心滯于象而自失其虛明矣。

人謂己有知，由耳目有受也。人之有受，由內外之合也。知合內外于耳目之外，則其知也，過人遠矣。

天之明莫大于日，故有目接之，不知其幾萬里之高也。天之聲莫大于雷霆，故有耳屬之，莫知其幾萬里之遠也。天之不禦莫大于太虛，故心知廓之，莫究其極也。人病其以耳目見聞累其心而不務盡其心，故思盡其心者，必知心所從來而後能。

耳目雖為性累，然合內外之德，知其為啟之之要也。

百家謹案：耳目之為性累，人自累之耳。若言人之自累，則心亦足為性累，不特耳目。原天之生是耳目，耳司聽，目司視，固以通導天下之萬物于我心，如此始可見萬物之皆備于我。欲以合內外之德，能舍聰明之用乎？高忠憲公曰：「徇于物則為性累，通乎理則為啟之之要。聖人由聞見以窮理盡性，合內外之德也。」

成吾身者，天之神也。不知以性成身，而自謂因身發智，貪天功為己力，吾不知其知也。民何知哉！因物同異相形，萬變相感，耳目內外之合，貪天功而自謂己知爾！

體物體身，道之本也。身而體道，其為人也大矣。道能物身，故大。不能物身而累于身，則藐乎其卑矣！

能以天體身，則能體物也不疑。

成心忘，然後可與進于道。（成心者，私意也。）

化則無成心矣。成心者，意之謂與！

無成心者，時中而已矣。

心存無盡性之理，故聖不可知謂神。（此章言心者，亦指私心為言也。）

以我視物，則我大；以道體物我，則道大。故君子之大也，大于道。大于我者，容不免狂而已。

燭天理如向明，萬象無所隱。窮人欲如專顧影間，區區于一物之中爾！

釋氏不知天命，而以心法起滅天地，以小緣大，以末緣本，其不能窮而謂之幻妄，所謂「疑冰」者與！（夏蟲疑冰，以其不識。）

百家謹案：「維天之命，於穆不已」，此道之大原也。釋氏以理能生氣，天道之運行氣也，求道于未有天地之先，而曰「有物先天地，無形本寂寥」，以真空為宗，反以其心法之所謂空者而起滅天地，遂謂山河大地皆覺迷所生。緣心起滅，悉屬幻妄，于是造三十六諸天種種譸張之說，是以小緣大，以末緣本。總由其不知天命，不識理即是氣之本然，離氣無所謂理，妄認氣上一層別有理在，理無窮而氣有盡，視天地乃理之所生，轉覺其運行覆載之多事。真所謂夏蟲之疑冰者與！

釋氏妄意天性，而不知范圍天用，反以六根之微因緣天地。明不能盡，則誣天地日月為幻妄。蔽其用于一身之小，溺其志于虛空之大，此所以語大語小，流遁失中。其過于大也，塵芥六合；其蔽于小也，夢幻人世。謂之窮理，可乎？不知窮理而謂盡性，可乎？謂之無不知，可乎？塵芥六合，謂天地為有窮也；夢幻人世，明不能究所從也。

百家謹案：高忠憲公曰：「釋氏之失，在不能窮理。」一言以蔽之矣。蓋聖人窮理盡性，故能範圍天地之化。釋氏以理為障，以性為空，凡諸所有，悉屬緣生，故以無任運，聽六根交于六塵，謂思慮一萌，即是識神。無心之眼不視而無不見，無心之耳不聽而無不聞，無心之鼻舌手足不臭味持行而無不臭味持行。苟動視聽臭味持行之念，則眼耳有視聽即有不視聽，鼻舌手足有臭味持行即有不臭味持行矣。既無是心，豈有人我，豈有天地虛空，豈有世間一切法，故以天地、日月、六合、人世為幻妄塵夢。謗張其說，小者大之，大者小之。總由無理以為之主宰，遂成無星之稱，無界之尺，誕漫流蕩，不可準用也。（《張載集》，第二四—二六頁。）

中正篇第八

百家謹案：自《中正篇》至《王禘篇》九篇中，雜說《論語》《孟子》《易》《書》《詩》《禮》，雖間有精語，然不得經旨者亦甚多。昔伊川嘗有書答先生曰：「所論大概有竭力苦心之象，而無寬裕溫柔之氣，非明睿所照，而考索至此，故意屢偏而言多窒。」黃東發曰：「橫渠所說經，間與近世諸儒未合，似有思之太遠者，此非後學一人之所敢妄議也。」以後間發明其有關係者，餘僅存正文，不復一一詳註。

中正然後貫天下之道，此君子之所以大居正也。蓋得正則得所止，得所止則可以弘而致于大。樂正子、顏淵，知欲仁矣。樂正子不致其學，足以為善人信人，志于仁無惡而已。顏子好學不倦，合仁與知，具體聖人，獨未至聖人之止爾。

學者中道而立，則有位以弘之。無中道而弘，則窮大而失其居，失其居則無地以崇其德，與不及者同，此顏子所以克己研幾，必欲用其極也。未至聖而不已，故仲尼賢其進；未得中而不居，故惜夫未見其止也。

大中至正之極，文必能致其用，約必能感其通。未至于此，其視聖人，恍惚前後，不可為像，此顏子之歎乎！

高忠憲曰：「文必能致其用，則非汗漫之博；約必能感其通，則非枯槁之約。」

可欲之謂善，志仁則無惡也。誠善于心之謂信，充內形外之謂美，塞乎天地之謂大，大能成性之謂聖，天地同流、陰陽不測之謂神。

高明不可窮，博厚不可極，則中道不可識，蓋顏子之歎也。

高忠憲曰：「高明不可窮，仰彌高也。博厚不可極，鑽彌堅也。中道不可識，瞻之在前，忽焉在後也。」

君子之道，成身成性以為功者也。未至于聖，皆行而未成之地爾。

百家謹案：讀此，益知學者當立為聖之志，知至至之，知終終之。蓋盡人道而能踐其形者，成身也；成身，則成性矣。未至于聖，皆行而未成，是未成其為人也。凡有身性者，俱當猛省！

大而未化，未能有其大。化而後能有其大。

知德以大中為極，可謂知至矣。擇中庸而固執之，乃至之之漸也。惟知學然後能勉，能勉然後日進而不息可期矣。

體正則不待矯而弘。未正必矯，矯而得中，然後可大。故致曲于誠者，必變而後化。

極其大而後中可求，止其中而後大可有。

大亦聖之任，雖非清、和一體之偏，猶未忘于勉而大爾。若聖人，則性與天道，無所勉焉。

無所雜者清之極，無所異者和之極。勉而清，非聖人之清；勉而和，非聖人之和。所謂聖者，不勉不思而至焉者也。

勉蓋未能安也，思蓋未能有也。

不尊德性，則問學從而不道；不致廣大，則精微無所立其誠；不極高明，則擇乎中庸失時措之宜矣。

葉雨垓曰：讀《正蒙》，至「思蓋未能有也」一句，不知何以使我恍然。旨哉此言！

百家謹案：學不求諸心，則無所歸宿。道問學者，所以尊德性也。然不能尊德性，問學如何去道？譬如先有一粒穀種，而後可施栽培灌溉之功；先有一星真火，而後可用傳薪繼明之法；先得一泓原泉，而後可加導引疏決之方。今漫然求理于天地萬物，而不知反求諸己，是猶無種望歲，沿門乞火，就燥掘泉，不卻枉費勞勞乎？是故不能尊德性，則不能道問學；不致廣大，則不能立誠以窮理；不極高明，則雖擇中庸而失時措之宜也。先生此則有關于學術，足為後學發矇。

絕四之外，心可存處，蓋「必有事焉」，而聖不可知也。

不得已而後為，至于不得為而止，斯智矣夫！

不得已，當為而為之，雖殺人皆義也；有心為之，雖善皆意也。正己而物正，大人也；正己而正物，猶不免有意之累也。有意為善，利之也，假之也。無意為善，性之也，由之也。有意在善，且為未盡，況有意于未善邪？仲尼絕四，自始學至成德，竭兩端之教也。

意，有思也；必，有待也；固，不化也；我，有方也。四者有一焉，則與天地為不相似。

天理一貫，則無意、必、固、我之鑿。意、必、固、我，一物存焉，非誠也。四者盡去，則直養而無害矣。

妄去，然後得所止；得所止，然後得所養而進于大矣。無所感而起，妄也；感而通，誠也；計度而知，昏也；不思而得，素也。

百家謹案：「無所感而起，妄也；不思而得，素也」；二語精透。凡游思妄想，俱不待有感而憧憧。我本然之素知，無事于旁搜冥索之擾擾。

事豫則立，必有教以先之。盡教之善，必精義以研之。精義入神，然後立斯立，動斯和矣。

志道則進據者不止矣，依仁則小者可游而不失和矣。

志學然後可與適道，強禮然後可與立，不惑然後可與權。

博文以集義，集義以正經，正經然後一以貫天下之道。

將窮理而不順理，將精義而不徙義，欲資深且習察，吾不知其智也。

高忠憲曰：無實踐之功，而望資深習察，不智甚矣！

智、仁、勇，天下之達德，雖本之有差，及所以知之成之則一也。蓋謂仁者以生知，以安行此五者；智者以學知，以利行此五者；勇者以困知，以勉行此五者。

中心安仁，無欲而好仁，無畏而惡不仁，天下一人而已，惟責己一身當然爾。

行之篤者，敦篤云乎哉！如天道不已而然，篤之至也。

君子于天下，達善達不善，無物我之私。循理者共悅之，不循理者共改之。改之者，過雖在人，如在己，不忘自訟；共悅者，善雖在己，蓋取諸人而為，必以與人焉。善以天下，不善以天下，是謂達善達不善。

「善人」云者，志于仁而未致其學，能無惡而已。君子名之必可言也如是。

善人，欲仁而未致其學者也。欲仁，故雖不踐成法，亦不陷于惡，有諸己也。「不入于室」，由不學，故無自而入聖人之室也。惡不仁，故不善未嘗不知。徒好仁而不惡不仁，則習不察，行不著。是故徒善未必盡義，徒是未必盡仁；好仁而惡不仁，然後盡仁義之道。

「篤信好學。」篤信不好學，不越為善人信士而已。好德如好色，好仁為甚矣。見過而內自訟，惡不仁而不使加乎其身，惡不仁為甚矣。學者不如是，不足以成身，故孔子未見其人，必嘆曰「已矣乎」，思之甚也。

高忠憲曰：「篤信只是志仁，未能造好惡之甚也。仁不仁之介甚微，惟明足以察其幾，惟健足以致其決。非好學，孰能之！」

孫其志于仁，則得仁；孫其志于義，則得義。惟其敏而已。

博文約禮，由至著入至簡，故可使不得叛而去。溫故知新，多識前言往行以畜德，繹舊業而知新益，思昔未至而今至，緣舊所見聞而察來，皆其義也。

責己者，當知天下國家無皆非之理。故學至于不尤人，學之至也。

百家謹案：怨尤之生，只是在人之非，而不知反求諸己。君子惟見在己者未盡，自治不暇，何暇責人。又曰：「無皆非」一語，直可佩服終身！

聞而不疑則傳言之，見而不殆則學行之，中人之德也。聞斯行，好學之徒也。見而識其善，而未果于行，愈于不知者耳。世有不知而作者，蓋鑿也，妄也，夫子所不敢也，故曰「我無是也」。

以能問不能，以多問寡，私淑艾以教人，隱而未見之仁也。

「為山」「平地」，此仲尼所以惜顏回未至，蓋與互鄉之進也。

高忠憲曰：「為山未成一簣，顏子未見其止也。平地方覆一簣，互鄉方與其進也。」

學者四失：為人則失多，好高則失寡，不察則易，苦難則止。

高忠憲曰：「為人，則有徇外之多；好高，則寡取善之益；不察，則忽易妄行；苦難，則逡巡自畫。釋《學記》之意。」

學者捨禮義，則飽食終日，無所猷為，與下民一致，所事不踰衣食之間，燕游之樂爾！

高忠憲曰：「循此而之，去禽獸不遠矣。學者所宜省！」

百家謹案：子劉子曰：「『小人閒居為不善』，閒居時有何不善可為？只是一種懶散精神，漫無著落處，便是萬惡淵藪，正是小人無忌憚處。」可畏哉！

以心求道，正猶以己知人，終不若彼自立彼，為不思而得也。

考求迹合以免罪戾者，畏罪之人也，故曰「考道以為無失」。

儒者窮理，故率性可以謂之道。浮屠不知窮理，而自謂之性，故其說不可推而行。

百家謹案：程子「性即理也」之言，乃有功于聖學之最大者。儒者以理為性，故窮理盡性，率循其性之自然，即無適而非道，不待求之于日用彝倫之外也。佛氏以性為空，故以理為障，惟恐去之不盡，故其視天地萬物，人世一切，皆是空中起滅，俱屬幻妄，所以背棄人倫，廢離生事。其說之不可推行者，皆由乎無理以為主宰也。是故有理與無理，此是吾儒與釋氏之分別，遠若天淵。奈何絕不知儒、釋根柢，紛紛妄扯瞎誣乎！

致曲不貳，則德有定體。體象誠定，則節文著見。一曲致文，則餘善兼照。明能兼照，則必將徙義。誠能徙義，則德自通變。能通其變，則圓神無滯。

有不知則有知，無不知則無知，是以鄙夫有問，仲尼竭兩端而空空。《易》無思無為，受命乃如響。聖人一言盡天下之道，雖鄙夫有問，必竭兩端而告之。然問者隨才分各足，未必能兩端之盡也。

教人者必知至學之難易，知人之美惡，當知誰可先傳此，誰將後倦此。若灑掃應對，乃幼而孫弟之事，長後教之，人必倦弊。惟聖人于大德有始有卒，故事無大小，莫不處極。今始學之人，未必能繼，妄以大道教之，是誣也。

知至學之難易，知德也。知其美惡，知人也。知其人，且知德，故能教人使入德。仲尼所以問同而答異，以此。

「蒙以養正。」使蒙者不失其正，教人者之功也。盡其道，其惟聖人乎！

洪鐘未嘗有聲，由叩乃有聲；聖人未嘗有知，由問乃有知。「有如時雨之化」者，當其可，乘其間而施之，不待彼有求有為而後教之也。

志常繼，則罕譬而喻。言易入，則微而臧。

黃文潔曰：「人能繼其志者，少所譬曉，已默喻矣。言易入者，雖微言，而已中心藏之不忘也。釋《學記》之意。」

「凡學，官先事，士先志」，謂有官者先教之事，未官者使正其志焉。志者，教之大倫而言也。

高忠憲曰：「言釋《學記》。大倫，猶言大節。」

道以德者，運于物外，使自化也。故諭人者，先其意而孫其志可也。蓋志意兩言，則志公而意私爾。

朱子曰：「志者，心之所之，是一直去底。意又是志之經營往來底，凡營為謀度皆意也。」

能使不仁者仁，仁之施厚矣，故聖人并答仁智以「舉直錯諸枉」。

以責人之心責己，則盡道，所謂「君子之道四，丘未能一焉」者也。以愛己之心愛人，則盡仁，所謂「施諸己而不願，亦勿施于人」者也。以眾人望人，則易從，所謂「以人治人，改而止」者也。此君子所以責己，責人、愛人之三術也。

有受教之心，雖蠻貊可教。為道既異，雖黨類難相為謀。

大人所存，蓋必以天下為度，故孟子教人，雖貨色之欲，親長之私，達諸天下而後已。

子而孚化之，眾好者翼飛之，則吾道行矣。

百家謹案：以鳥喻民，弱者孚育，善者升舉之。孚，蒲標切，從爪，從子，鳥之抱卵也。眾好，謂善人。翼飛，謂升舉。其旨甚明，何從來解未及！（《張載集》，第二六—三二頁。）

至當篇第九

至當之謂德，百順之謂福。德者福之基，福者德之致，無入而非百順，故君子樂得其道。

循天下之理之謂道，得天下之理之謂德，故曰「易簡之善配至德」。

「大德敦化」，仁智合一，厚且化也。「小德川流」，淵泉時出之也。

「大德不踰閑，小德出入可也。」大者器，則小者不器矣。

德者，得也，凡有性質而可有者也。

「日新之謂盛德」，過而不有，不凝滯于心知之細也。

百家謹案：不有、不滯，無宿物于心，所以謂日新之盛，非「不二過」之解也。「知之細」句頗無謂。先生意謂：心既浩然太虛，而又須周知文理，密察日新，方兼富有。

浩然無害，則天地合德；照無偏繫，則日月合明；天地同流，則四時合序；酬酢不倚，則鬼神合吉凶。天地合德，日月合明，然後能無方體；能無方體，然後能無我。

禮器則藏諸身，用無不利。「禮運」云者，語其達也；「禮器」云者，語其成也。達與成，體與用之道；合體與用，大人之事備矣。

禮器不泥于小者，則無非禮之禮，非義之義。蓋大者器，則出入小者，莫非時中也。子夏謂「大德不踰閑，小德出入可也」，斯之謂爾。

高忠憲曰：「《禮器》皆言修身謹禮之事，故曰『藏諸身』。《禮運》則言禮樂因革，移風俗，和天人，運而無積，故曰『語其達』」。

禮，器則大矣，修性而小成者與！運則化矣，達順而樂亦至焉爾。

「萬物皆備于我」，言萬物皆有素于我也。「反身而誠」，謂行無不慊于心，則樂莫大焉。

未能如玉，不足以成德；未能成德，不足以孚天下。修己以安人；修己而不安人，不行乎妻子，況可愜于天下！

高忠憲曰：「愜，至也。《禮記》：『愜乎天下矣。』」

正己而不求于人，不願乎外之盛者與！

仁道有本，近譬諸身，推以及人，乃其方也。必欲博施濟眾，擴之天下，施之無窮，必有聖人之才，能弘其道。

制行以己，非所以同乎人。

百家謹案：《表記》曰：「聖人之制行也，不制以己，使民有所勸勉愧恥，以行其言。」此則反《禮》之意，謂制行當本己，非所徇人也。

高忠憲曰：「天下之理出于至當，則人心大同，有不知其所以然而然者，而可必物之同，必物之是乎？此所謂『制行以己』者也。」

必物之同者，己則異矣。必物之是者，己則非矣。

能通天下之志者為能感人心，聖人同乎人而無我，故和平天下，莫盛于感人心。

道遠人，則不仁。

百家謹案：道本人心，人心即天理。凡天下之不近人情者，鮮不為大奸慝，故先生直以「不仁斥。大哉斯言！」

易簡理得則知幾，知幾然後經可正。天下達道五，其生民之大經乎！經正則道前定，事豫立，不疑其所行。利用安身之要，莫先焉。

性天經，然後仁義行，故曰「有父子君臣上下，然後禮義有所錯」。

仁通極其性，故能致養而靜以安。義致行其知，故能盡文而動以變。

義，仁之動也，流于義者于仁或傷。仁，體之常也，過于仁者于義或害。

高忠憲曰：「斷制太過，則傷于仁；惻怛太過，則害于義。仁義相為體用而不可偏也。」

立不易方，安于仁而已乎！

安所遇而敦仁，故其愛有常心。有常心，則物被常愛也。

大海無潤，因暍者有潤；至仁無恩，因不足者有恩。樂天安土，所居而安，不累于物也。

孫鍾元曰：「天地父母之恩，予、受兩忘也。若求人德我而為仁，則累于物多矣！」

愛人然後能保其身，（寡助則親戚畔之。）能保其身則不擇地而安。（不能有其身，則資安處以置之。）不擇地而安，蓋所達者大矣。大達于天，則成性成身矣。

高忠憲曰：「君子不以保身而愛人。物我一體，天理自合當愛也。」

上達則樂天，樂天則不怨。下學則治己，治己則無尤。

不知來物，不足以利用；不通晝夜，未足以樂天。聖人成其德，不私其身，故乾乾自強，所以成之于天爾。

高忠憲曰：「吉凶悔吝，皆來物也，知之則不疑所行而足以利用矣。死生鬼神，皆晝夜也，通之則夭壽不二而足以樂天矣。聖人無我，乾乾自強，以成其天德而已。」

君子于仁聖，為不厭，誨不倦，然且自謂不能，蓋所以為能也。能不過人，故與人爭能，以能病人。大則天地合德，自不見其能也。

君子之道達諸天，故聖人有所不能。夫婦之智淆諸物，故大人有所不與。

匹夫匹婦，非天之聰明不成其為人。聖人，天聰明之盡者爾。

大人者，有容物，無去物，有愛物，無徇物，天之道然。天以直養萬物，代天而理物者，曲成而不害其直，期盡道矣。

志大則才大，事業大，故曰「可大」，又曰「富有」。志久則氣久，德性久，故曰「可久」，又曰「日新」。

清為異物，和為徇物。

金和而玉節之，則不過；知運而貞一之，則不流。

道所以可久可大，以其肖天地而不離也。與天地不相似，其違道也遠矣！

久者一之純，大者兼之富。

大則直不絞，方不劌，故不習而無不利。

易簡然後能知險阻，易簡理得然後一以貫天下之道。易簡故能悅諸心，知險阻故能研諸慮，知幾為能以屈為伸。

君子無所爭。彼伸則我屈，知也。彼屈則吾不伸而伸之矣，又何爭！

無不容，然後盡屈伸之道。至虛，則無所不伸矣。君子無所爭，知幾于屈伸之感而已。精義入神，交伸于不爭之地，順莫甚焉，利莫大焉。

「天下何思何慮」，明屈伸之變，斯盡之矣。

百家謹案：天下之思慮擾擾，止在計較屈伸之途。今能明屈伸之變，伸固伸也，屈亦伸也，至虛無所不伸，無入不自得，則又何思慮乎？

勝兵之勝，勝在至柔，明屈伸之神爾。

敬斯有立，有立斯有為。

「敬，禮之輿也。」不敬則禮不行。

「恭敬撙節退讓以明禮」，仁之至也，愛道之極也。

己不勉明，則人無從倡，道無從弘，教無從成矣。

熊勿軒曰：「明，明禮也。人必以禮倡率，道必以禮弘大，教必以禮成就。」

禮，直斯清，撓斯昏，和斯利，樂斯安。

將致用者，幾不可緩；思進德者，徙義必精。此君子所以立多凶多懼之地，乾乾德業，不少懈于趨時也。

「動靜不失其時」，義之極也。義極則光明著見。唯其時，物前定而不疚。

有吉凶利害，然後人謀作，大業生。若無施不宜，則何業之有！

百家謹案：吉凶利害雖無定，應之對當，則能反凶為吉，轉害為利。《說苑》亦謂：「力勝貧，謹勝禍，慎勝害，戒勝炎。」此人謀、大業之所由起也。若聖人，則大公無我，順應萬事，並無大業之可言也。

知崇，天也，形而上也。通晝夜而知，其知崇矣。

「天下何思何慮」，行其所無事，斯可矣。

知及之，而不以禮性之，非己有也。故知禮成性而道義出，如天地位而易行。

知德之難言，知之至也。孟子謂「我于辭命則不能」，又謂浩然之氣「難言」，《易》謂「不言而信，存乎德行」，又以尚辭為聖人之道，非知德，達乎是哉？

「闇然」，修于隱也；「的然」，著于外也。（《張載集》，第三二一—三七頁。）

作者篇第十

「作者七人」，伏羲、神農、黄帝、堯、舜、禹、湯。制法興王之道，非有述于人者也。

高忠憲曰：「制法興王，謂八卦、書契、稼穡、醫藥、宫室、衣裳、曆象、律吕、畫野、分州、井田、封建、治水、革命等事，皆非有述于前也。」

以知人為難，故不輕去未彰之罪；以安民為難，故不輕變未厭之君。及舜而去之。堯君德，故得以厚吾終；舜臣德，故不敢不虔其始。

高忠憲曰：「未彰之罪，四凶也。未厭之君，三苗也。君德則于人無不容，臣德則于分有不敢也。」

「別生分類」，孟子所謂明庶物、察人倫者與？

高忠憲曰：「生，姓也。別其姓，分其族類，皆聖人明庶物，察人倫處也。」

稽衆舍己，堯也；與人為善，舜也；聞善言則拜，禹也；用人惟己，改過不吝，湯也；不聞亦式，不諫亦入，文王也。

好問，好察邇言，隱惡揚善，與人為善，象憂亦憂，象喜亦喜，皆行其所無事也，過化也，不藏怒也，不宿怨也。

象憂喜，舜亦憂喜，所過者化也，與人為善也，隱惡也，所覺者先也。

舜之孝，湯、武之武，雖順逆不同，其為不幸均矣。明庶物，察人倫，然後能精義致用，性其仁而行。湯放桀，有慚德而不敢赦，執中之難也如是。天下，有道而已，在人在己，不見其間也，立賢無方也如是。

立賢無方，此湯所以公天下而不疑，周公所以于其身望道而必吾見也。（舊註：周公上疑有「坐以待旦」四字。）

「帝臣不蔽」，言桀有罪，己不敢違天縱赦，既已克之，今天下莫非上帝之臣，善惡皆不可揜，惟帝擇而命之，己不敢不聽。

「虞、芮質厥成」，訟獄者不之紂而之文王。文王之生，所以縻縶于天下，由多助于四友之臣爾。

「以杞包瓜」，文王事紂之道也。厚下以防中潰，盡人謀而聽天命者與！

上天之載，無聲臭可象，正惟儀刑文王，當冥契天德而萬邦信悦，故《易》曰：「神而明之，存乎其人。」不以聲色為政，不革命而有中國，默順帝則而天下自歸者，其惟文王乎！

高忠憲曰：「《詩》：『上天之載，無聲無臭。儀刑文王，萬邦作孚。』蓋聖人者，有形之天道；求天道于天，則微而難見，求天道于聖人，則有體而可法也。故《易》曰：『神而明之，存乎其人。』謂能冥契也。《皇矣》之詩曰：『不大聲以色，不長夏以革，不識不知，順帝之則。』正冥契天德而萬邦自然信悦，不求革命而有天下也。」

可願可欲，雖聖人之知，不越盡其才以勉焉而已。故君子之道四，雖孔子自謂未能；博施濟眾，修己安百姓，堯、舜病諸。是知人能有願有欲，不能窮其願欲。

「周有八士」，記善人之富也。

重耳婉而不直，小白直而不婉。

魯政之弊，馭法者非其人而已。齊因管仲，遂併壞其法，故必再變而後至于道。

孟子以智之于賢者為有命，如晏嬰智矣，而獨不智于仲尼，非天命邪！

山楶藻棁為藏龜之室，祀爰居之義，則歸于不智，宜矣。

使民義不害不能教愛，猶眾人之母不害使之義。禮樂不興，僑之病與！

獻子者忘其勢，五人者忘人之勢。不資其勢而利其有，然後能忘人之勢。若五人者有獻子之勢，則反為獻子之所賤矣。

顓臾主祀東蒙，既魯地，則是已在邦域之中矣，雖非魯臣，乃吾事社稷之臣也。（《張載集》，第三七—三九頁。）

三十篇第十一

三十器于禮，非強立之謂也。四十精義致用，時措而不疑。五十窮理盡性，至天之命；然不可自謂之「至」，故曰「知」。六十盡人物之性，聲入心通。七十與天同德，不思不勉，從容中道。

常人之學，日益而不自知也。仲尼學行習察，異于他人，故自十五至于七十，化而知裁，其德進之盛者與！

窮理盡性，然後至于命。盡人物之性，然後耳順。與天地參，無意、必、固、我，然後範圍天地之化，從心而不踰矩。老而安死，然後不夢周公。

從心莫如夢。夢見周公，志也。不夢，欲不踰矩也，不願乎外也，順之至也，老而安死也，故曰「吾衰也久矣」。

困而不知變，民斯為下矣。不待困而喻，賢者之常也。困之進人也，為德辨，為感速，孟子謂「人有德慧術知者，存乎疢疾」以此。

自古困于內，無如舜；困于外，無如孔子。以孔子之聖而下學于困，則其蒙難正志，聖德日躋，必有人所不及知而天獨知之者矣，故曰「莫我知也夫」，「知我者其天乎」。

立斯立，道斯行，綏斯來，動斯和，從欲風動，神而化也。

仲尼生于周，從周禮，故公旦法壞，夢寐不忘「為東周」之意。使其繼周而王，則其損益可知矣。

滔滔忘反者，天下莫不然，如何變易之？「天下有道，丘不與易。」知天下無道而不隱者，道不遠人；且聖人之仁，不以無道必天下而棄之也。

仁者先事後得，先難後獲，故君子事事則得食。不以事事，「雖有粟，吾得而食諸」？仲尼少也，國人不知，委吏、乘田得而食之矣。及德備道尊，至是邦必聞其政，雖欲仕貧，無從以得之。「今召我者，而豈徒哉，」庶幾得以事事矣，而又絕之，是誠繫滯如匏瓜不食之物也。

不待備而勉于禮樂，先進于禮樂者也；備而後至于禮樂，後進于禮樂者也。仲尼以貧賤者必待文備而後進，則于禮樂終不可得而行矣，故自謂「野人」而必為，所謂「不願乎其外」也。

功業不試，則人所見者藝而已。

鳳至《圖》出，文明之祥，伏羲、舜、文之瑞。不至，則夫子之文章知其已矣。

魯禮文闕失，不以仲尼正之，如有馬者不借人以乘習。不曰「禮文」而曰「史之闕文」者，祝史所任，儀章器數而已，舉近者而言約也。

師摯之始，樂失其次，徒洋洋盈耳而已焉。夫子自衛反魯，一嘗治之，其後伶人賤工識樂之正。及魯益下衰，三桓僭妄，自太師以下皆知散之四方，逾河蹈海以去亂。聖人俄頃之助，功化如此，「用我者，期月而可」，豈虛語哉！

「與與如也」，君或在朝在廟，容色不忘向君也。「君召使擯，趨進，翼如」，此翼如，左右在君也。「沒階趨進，翼如」，張拱而翔。

「賓不顧矣」，相君送賓，賓去則白曰賓不顧而去矣，紓君敬也。上堂如揖，恭也；下堂如授，其容紓也。

冉子請粟與原思為宰，見聖人之用財也。

聖人于物無畔援，雖佛肸，南子，苟以是心至，教之在我爾。不為已甚也如是！

「子欲居九夷。」不遇于中國，庶遇于九夷，中國之陋為可知。欲居九夷，言忠信，行篤敬，雖蠻貊之邦可行，何陋之有！

栖栖者，依依其君而不能忘也。固，猶不回也。

仲尼應問，雖叩兩端而竭，然言必因人為變化。所貴乎聖人之詞者，以其知變化也。

「富而可求也，雖執鞭之士，吾亦為之。」不憚卑以求富，求之有可致之道也。然得乃有命，是求無益于得也。

愛人以德，喻于義者常多，故罕及于利。盡性者方能至命，未達之人，告之無益，故不以亟言。仁大難名，人未易及，故言之亦鮮。

顏子于天下，有不善未嘗不知，知之未嘗復行，故怒于人者不使加乎其身，愧于己者不輒貳之于後也。

顏子之徒，隱而未見，行而未成，故曰：「吾聞其語，而未見其人也。」

「用則行，舍則藏，惟我與爾有是夫！」顏子龍德而隱，故遯世不見知而不悔，與聖者同。

龍德，聖修之極也。顏子之進，則欲一朝而至焉，可謂好學也已矣。

「回非助我者」，無疑問也，有疑問，則吾得以感通其故，而達夫異同者矣。

「放鄭聲，遠佞人。」顏回為邦，禮樂法度不必教之，惟損益三代，蓋所以告之也。法立而能守，則德可久，業可大。鄭聲、佞人能使為邦者喪所以守，故放遠之。

「天下有道則見，無道則隱。」「君子疾沒世而名不稱。」蓋士而懷居，不可以為士，必也去無道，就有道。遇有道而貧且賤，君子恥之。舉天下無道，然後窮居獨善，不見知而不悔。《中庸》所謂「唯聖者能之」，仲尼所以獨許顏回「惟我與爾為有是」也。

盧中庵曰：懷隱居之志者，雖有道不見，至沒世而名不稱，非士君子本心。必至天下皆無道，然後安于隱也。此則聖人之事，在孔門惟顏子是耳。

仲由樂善，故車馬衣裘，喜與賢者共敝。顏子樂進，故願無伐善施勞。聖人樂天，故合內外而成其仁。

高忠憲曰：「樂善，故重義輕利。樂進，故不自滿足。樂天，故因物成就，合萬物為一己，故曰『合內外成其仁』」。

子路禮樂文章未足盡為政之道，以其重然諾，言為衆信，故片言可以折獄。如《易》所謂「利用折獄」、「利用刑人」，皆非爻卦盛德，適能是而已焉。

顏淵從師，進德于孔子之門；孟子命世，修業于戰國之際。此所以潛見之不同。

犂牛之子雖無全純，然使其色騂且角，縱不為大祀所取，次祀、小祀終必取之。言大者苟立，人所不棄也。（《張載集》，第四十一—四三頁。）

有德篇第十二

「有德者必有言」，「能為有」也；「志于仁而無惡」，「能為無」也？

行修言道，則當為人取，不務徇物強施以引取乎人。故往教、妄說，皆取人之弊也。

「言不必信，行不必果。」志正深遠，不務硜硜信其小者。

辭取意達則止，多或反害也。

君子寧言之不顧，不規規于非義之信；寧身被困辱，不徇人以非禮之恭；寧孤立無助，不失親于可賤之人。三者，知和而能以禮節之者也，與上有子之言，文相屬而不相蒙者。凡《論語》《孟子》發明前文，義各未盡者，皆挈之。他皆放此。

德主天下之善，善原天下之一。善同歸治，故王心一；言必主德，故王言大。

言有教，動有法；晝有為，宵有得；息有養，瞬有存。

朱子曰：「此語極好！君子終日乾乾，不可食息間，亦不必終日讀書。或靜坐存養，亦是學者。長喚令此心不死，則日有進。」

君子于民，導使為德而禁其為非，不大望于愚者之道與！《禮》謂「道民以言，禁民以行」斯之謂耳。

無徵而言，取不信，啟詐妄之道也。杞、宋不足徵吾言，則不言；周足徵，則從之。故無徵不信，君子不言。

「便辟」，足恭；「善柔」，令色；「便佞」，巧言。

節禮樂，不使流離相勝，能進反以為文也。

「驕樂」，侈靡；「宴樂」，宴安。

言形則卜如響，以是知蔽固之私心，不能默然以達于性與天道。

人道知所先後，則恭不勞，慎不葸，勇不亂，直不絞，民化而歸厚矣。

膚受，陽也；其行，陰也。象生法必效，故君子重夫剛者。

歸罪為尤，罪己為悔。「言寡尤」者，不以言得罪于人也。

「己所不欲，勿施于欲，」，能恕己以仁人也。「在邦無怨，在家無怨」，己雖不施不欲于人，然人施于己能無怨也。

「敬而無失」，與人接而當也。「恭而有禮」，不為非禮之恭也。

聚百順以事君親，故曰「孝者，畜也」，又曰「畜君者，好君也」。

事父母「先意承志」，故能辨志意之異，然後能教人。

藝者，日為之分義，涉而不有，過而不存，故曰「游」。

高忠憲曰：「分義，職分所宜也。有之存之，則玩物喪志矣。」

天下有道，道隨身出；天下無道，身隨道屈。

「安土」，不懷居也。有為而重遷，無為而輕遷，皆懷居也。

「老而不死，是為賊。」幼不率教，長無循述，老不安死，三者皆賊生之道也。

樂驕樂則佚欲，樂宴樂則不能徙義。

「不僭不賊」，其不忮不求之謂乎！

不穿窬，義也；謂非其有而取之曰盜，亦義也。惻隱，仁也；如天，亦仁也。故擴而充之，不可勝用。

自養薄于人，私也；厚于人，私也。稱其財，隨其等，無驕吝之弊，斯得之矣！

罪己則無尤。

困辱非憂，取困辱為憂。榮利非樂，忘榮利為樂。

勇者不懼。死且不避，而反不安貧，則其勇將何施邪？不足稱也！仁者愛人。彼不仁而疾之深，其仁不足稱也！皆迷謬不思之甚，故仲尼率歸諸「亂」云。

擠人者人擠之，侮人者人侮之，出乎爾者反乎爾，理也。勢不得反，亦理也。

鄭眉軒曰：以出爾反爾為理，所以警擠人侮人者也。以勢不得反為理，所以教受擠侮者也，「橫逆不報」是也。

克己行法為賢，樂己可法為聖。聖與賢迹相近，而心之所至有差焉。辟世者依乎中庸，沒世不遇而無嫌，辟地者不懷居以害仁，辟色者遠恥于將形，辟言者免害于禍辱，此為士清濁淹速之殊也。辟世辟地，雖聖人亦同，然憂樂于中，與賢者、其次者為異，故曰「迹相近而心之所至者不同」。

「進賢如不得已，將使卑踰尊，疏踰戚」之意，與《表記》所謂「事君難進而易退則位有序，易進而難退則亂也」相表裏。

弓調而後求勁焉，馬服而後求良焉，士必慤而後智能焉。不慤而多能，譬之豺狼，不可近。

高忠憲曰：「調者，木心正，脈理直，制作如法也。服，馴也。良，善走也。見《荀子》。」

谷神能象其聲而應之，非謂能報以律呂之變也。猶卜筮叩以是言則報以是物而已，《易》所謂「同聲相應」是也。王弼謂「命呂者律」，語聲之變，非此之謂也。

「行前定而不疚」，光明也。大人虎變，夫何疚之有！

言從作乂，名正，其言易知，人易從。聖人不患為政難，患民難喻。（《張載集》，第四四—四七頁。）

有司篇第十三

有司，政之綱紀也。始為政者，未暇論其賢否，必先正之，求得賢才而後舉之。

為政不以德，人不附，且勞。

「子之不欲，雖賞之不竊。」欲生于不足，則民盜；能使無欲，則民不為盜。假設以子不欲之物賞子，使竊其所不欲，子必不竊。

故為政者在乎足民，使無所不足，不見可欲，而盜必息矣。

為政必身倡之，且不愛其勞，又益之以不倦。

「天子討而不伐，諸侯伐而不討。」雖湯、武之舉，不謂之討而謂之伐。陳恆弒君，孔子請討之，此必因周制，鄰有殺逆，諸侯當不請而討。孟子又謂「征者上伐下，敵國不相征」，然湯十一征，非賜鈇鉞，則征討之名，至周始定乎？

「野九一而助」，郊之外助也。「國中什一使自賦」，郊門之內通謂之國中，田不井授，故使什而自賦其一也。

道千乘之國，不及禮樂刑政，而云「節用而愛人，使民以時」，言能如是則法行，不能如是則法不徒行，禮樂刑政亦制數而已爾。

富而不治，不若貧而治；大而不察，不若小而察。

報者，天下之利，率德而致，善有勸，不善有沮，皆天下之利也。小人私己，利于不治；君子公物，利于治。（《張載集》，第四七—四八頁。）

大易篇第十四

《大易》不言有無。言有無，諸子之陋也。

張南軒曰：「形而上者謂之道，形而下者謂之器」，《易》之論道器，特以一形上下言之也。然道雖非器，而道必託于器。如禮樂刑賞，是治天下之道也。禮雖非玉帛，而禮不可以虛拘；樂雖非鐘鼓，而樂不可以徒作。刑本遏惡也，必託于甲兵，必寓于鞭扑；賞本揚善也，必表之以旂常，銘之以鐘鼎。故形而上者之道，託于器而後行；形而下者之器，得其道而無弊。故聖人悟《易》于心，覺《易》于性，在道不溺于無，在器不墮于有。是《大易》不言有無，明矣。言有無，如「有生于無」，則分而為二矣。又如「自無而有，自有而無」，皆老，莊之陋也。

《易》語天地陰陽情偽，至隱賾而不可惡也。諸子馳騁說辭，窮高極幽，而知德者厭其言。故言為非難，使君子樂取之為貴。

《易》一物而三才：陰陽，氣也，而謂之天；剛柔，質也，而謂之地；仁義，德也，而謂之人。

高忠憲曰：「一物而三才，其實一物而已矣。」

《易》為君子謀，不為小人謀，故撰德于卦。雖爻有小大，及繫辭其爻，必諭之以君子之義。

一物而兩體，其太極之謂與！陰陽天道，象之成也；剛柔地道，法之效也；仁義人道，性之立也。三才兩之，莫不有乾坤之道。陰陽，剛柔、仁義之本立，而後知趨時應變，故「乾坤毀，則無以見易。」

六爻各盡利而動，所以順陰陽、剛柔、仁義、性命之理也，故曰「六爻之動，三極之道也」。

陽偏體衆陰，衆陰共事一陽，理也。是故二君共一民，一民事二君，上與下皆小人之道也；一君而體二民，二民而宗一君，上與下皆君子之道也。

吉凶、變化、悔吝、剛柔，《易》之四象與！悔吝由贏不足而生，亦兩而已！

尚辭則言無所苟，尚變則動必精義，尚象則法必致用，尚占則謀必知來。四者非知神之所為，孰能與于此！

《易》非天下之至精，則辭不足待天下之問；非深，不足通天下之志；非通變極數，則文不足以成物，象不足以制器，幾不足以成務；非周知兼體，則其神不能通天下之故，不疾而速，不行而至。

示人吉凶，其道顯矣；知來藏往，其德行神矣。語蓍龜之用也。

顯道者，危使平，易使傾，「懼以終始，其要無咎」之道也。神德行者，寂然不動，冥會于萬化之感而莫知為之者也。受命如嚮，故可與酬酢；曲盡鬼謀，故可以佑神。

開物于幾先，故曰「知來」；明患而弭其故，故曰「藏往」。極數知來，前知也。前知其變，有道術以通之，君子所以措于民者遠矣！

潔淨精微，不累其迹，知足而不賊，則于《易》深矣。

天下之理得，元也；會而通，亨也；說諸心，利也；一天下之動，貞也。

乾之四德，終始萬物，迎之隨之，不見其首尾，然後推本而言，當父母萬物。

彖明「萬物資始」，故不得不以「元」配「乾」；坤其偶也，故不得不以「元」配「坤」。

仁統天下之善，禮嘉天下之會，義公天下之利，信一天下之動。

六爻擬議，各正性命，故乾道旁通，不失太和而利且貞也。

顏氏求龍德正中而未見其止，故擇中庸，得一善則拳拳服膺，歎夫子之忽焉前後也。

乾三、四，位過中，重剛，庸言庸行不足以濟之，雖大人之盛，有所不安，外趨變化，內正性命，故其危其疑，艱于見德者，時不得舍也。

九五，大人化矣，天德位矣，成性聖矣，故既曰「利見大人」，又曰「聖人作而萬物覩」。亢龍，以位畫為言。若聖人，則不失其正，何亢之有！

聖人用中之極，不勉而中；有大之極，不為其大。大人望之，所謂絕塵而奔，峻極于天，不可階而升者也。

廬中庵曰：「聖人之用其中，有其大，皆自然而然，初非勉而為者。大人則猶待于勉為，此所以望之不可及也。」

乾之九五曰：「飛龍在天，利見大人。」乃大人造位天德，成性躋聖者爾。若夫受命首出，則所性不存焉，故不曰「位乎君位」而曰「位乎天德」，不曰「大人君矣」而曰「大人造也」。

陳潛室曰：橫渠此說，不作得時位大人看，要作孔子看。所謂君有君用，臣有臣用，聖人有聖人用，學者有學者用，此善學《易》者，若專指為堯、舜、湯、武，則不識《易》矣。

庸言庸行，蓋天下經德達道，大人之德施于是溥矣，天下之文明于是著矣。然非窮變化之神以時措之宜，則或陷于非禮之禮，非義之義。此顏子所以求龍德正中，乾乾進德，思處其極，未敢以方體之常，安吾止也。

高忠憲曰：「庸言庸行，此守經也，方體之常也。德施溥者，即此庸言庸行之德及于庶物也。天下文明者，即此庸言庸行之化被于天下也。然非窮變化之神以時措之宜，亦未為達權之聖人，安知不陷于非禮之禮、非義之義哉？此顏子所以乾乾進德，未敢以守經之道自安而止之也。」

惟君子為能與時消息，順性命、躬天德而誠行之也。精義時措，故能保合太和，健利且貞，孟子所謂始終條理，集大成于聖智者與！《易》曰：「大明終始，六位時成，時乘六龍以御天。乾道變化，各正性命，保合太和，乃利貞。」其此之謂乎！

成性，則躋聖而位天德。乾九二正位于內卦之中，有君德矣，而非上治也。九五言「上治」者，言乎天之德，聖人之性，故舍曰「君」而謂之「天」，見大人德與位之皆造也。

大而得易簡之理，當成位乎天地之中，時舍而不受命，乾九二有焉。及夫化而聖矣，造而位天德矣，則富貴不足以言之。

「樂則行之，憂則違之」，主于求吾志而已，無所求于外。故善世博化，龍德而見者也；若潛而未見，則為己而已，未暇及人者也。

「成德為行」，德成自信則不疑所行，日見乎外可也。

乾九三修辭立誠，非繼日待旦如周公，不足以終其業。九四以陽居陰，故曰「在淵」，能不忘于躍。乃可以免咎。非為邪也，終其義也。

至健而易，至順而簡，故其險其阻，不可階而升，不可勉而至。仲尼猶天，九五飛龍在天，其致一也。

坤至柔而動也剛，乃積大勢成而然也。

乾至健無體，為感速，故易知。坤至順不煩，其施普，故簡能。

盧中庵曰：「無體者圓神不滯，感速者一氣所感，頃刻不留，故曰『乾知大始』，『乾以易知』。不煩者無造始之勞，施普者承天之施，隨物成就，故曰『坤作成物』，『坤以簡能』」。

坤先迷，不知所從，故失道。後能順聽，則得其常矣。

造化之功，發乎動，畢達乎順，形諸明，養諸容載，遂乎說潤，勝乎健，不匱乎勞，終始乎止。

健、動、陷、止，剛之象；順、麗、入、說，柔之體。

巽為木，萌于下，滋于上也；為繩直，順以達也；為工，巧且順也；為白，所遇而從也；為長、為高，木之性也；為臭，風也，入也；于人為寡髮廣顙，躁人之象也。

坎為血卦，周流而勞，血之象也。為赤，其色也。

離為乾卦，于木為科上槁，附且燥也。

艮為小石，堅難入也；為徑路，通或寡也。

兌為附決，內實則外附必決也；為毀折，物成則上柔者必折也。

坤為文，眾色也；為眾，容載廣也。

乾為大赤，其正色也；為冰，健極而寒甚也。

震為萑葦，為蒼莨竹，為旉，皆蕃鮮也。

一陷溺而不得出為坎，一附麗而不能去為離。

艮一陽為主于兩陰之上，各得其位而其勢止也。《易》言「光明」者，多艮之象，著則明之義也。

《蒙》無遽亨之理，由九二循循行時中之亨也。

「不終日，貞吉」，言疾正則吉也。仲尼以六二以陰居陰，獨無累于四，故其介如石，雖體柔順，以其在中而靜，何俟終日，必知幾而正矣。

坎「維心亨」，故「行有尚」。外雖積險，苟處之心亨不疑，則雖難必濟而往有功也。

中孚上巽施之，下說承之，其中必有感化而出焉者。蓋孚者覆乳之象，有必生之理。

物因雷動，雷動不妄，則物亦不妄，故曰「物與無妄」。

靜之動也，無休息之期，故地雷為卦，言「反」又言「復」，終則有始，循環無窮。入，指其化而裁之爾。深，其反也。幾，其復也。故曰「反復其道」，又曰「出入無疾」。

益長裕而不設，益以實也。妄加以不誠之益，非益也。

井渫而不食，強施行惻，然用不售，作《易》者之歎與！

闔戶，靜密也；闢戶，動達也。形開而目覩耳聞，受于陽也。

高忠憲曰：「人身一乾坤也，瘖痳一闔闢也。形閉則藏于陰，形開則受于陽。」

辭各指其所之，聖人之情也；指之以趨時盡利，順性命之理，臻三極之道也。能從之，則不陷于凶悔矣，所謂「變動以利言」者也。然爻有攻取愛惡，本情素動，因生吉凶悔吝而不可變者，乃所謂「吉凶以情遷」者也。能深存繫辭所命，則二者之動見矣。又有義命，當吉當凶，當否當亨者，聖人不使避凶趨吉，一以貞勝而不顧，如「大人否亨」，「有隕自天」，「過涉滅頂，凶無咎」，損、益「龜不克違」及「其命亂也」之類。三者情異，不可不察。

高忠憲曰：「《易傳》曰『聖人之情見乎辭。辭也者，各指其所之。』蓋聖人之繫辭，無非指人趨避之方，順天理之正，使不陷于凶悔而已，所謂『變動以利言』者也。因聖人之指，變動以從之，則盡利矣。本情者，本爻之情。近而不相得則惡而攻，相得則愛而取，本情素動，而生吉凶悔吝，所謂『吉凶以情遷』，者也。爻情如是，不可得而變，凡繫辭所命，不過二者之動而已。又有義命，當吉當凶，當否當亨，聖人使人一以正勝，而不當顧其吉凶者。如否之六二曰『大人否亨』，則必否而後道亨也；姤之九五曰『有隕自天』，則休命自天而降也；大過上六日『過涉滅頂，凶無咎』，則殺身成仁，于義無咎也；損之六五、益之六二皆曰『或益之十朋之龜，不克違』，則義所當得，不能違也；泰之上六曰『城復于隍』，則其命當亂，不可逃也。皆命之所定，義之當安，不使人趨避者也。故曰：『三者情異，不可不察。』」

因爻象之既動，明吉凶于未形，故曰「爻象動乎內，吉凶見乎外」。

「富有」者，大無外也；「日新」者，久無窮也。

顯，其聚也；隱，其散也。顯且隱，幽明所以存象；聚且散，推盪所以妙乎神。

高忠憲曰：「氣聚而有象則顯，氣散而無形則隱。顯則明，隱則幽。幽明一存乎象之聚散，聚散一妙于神之推盪也。」

「變化進退之象」云者，進退之動也微，必驗之于變化之著。故察進退之理為難，察變化之象為易。

「憂悔吝者存乎介」，欲觀《易》象之小疵，宜存志靜，知所動之幾微也。

「往」之為義，有已往，有方往，臨文者不可不察。（《張載集》，第四八—五四頁。）

樂器篇第十五

樂器有相，周、召之治與！其有雅，太公之志乎！雅者，正也，直己而行正也。故訊疾蹈厲者，太公之事邪！《詩》亦有《雅》，亦正言而歌之，無隱諷譎諫之巧也。

高忠憲曰：「《樂記》曰：『始奏以文，復亂以武，治亂以相，訊疾以雅。』文謂拊鼓，武謂金鐃。樂之始奏，先擊鼓，故曰『始奏以文』，亂，卒章之節。欲退則擊金鐃，故曰『復亂以武』。相即拊也，以其節樂而治其亂，有相之道，故謂之相。訊，亦治也。過而失節謂之疾。雅亦樂器，以其訊樂之節奏而不失于雅，是以謂之雅。《樂記》本言《武》亂皆坐為周、召之治，張子以相為周、召之治，所謂『治亂以相而周、召似之』；本言『發揚蹈厲』為『太公之志』，而張子以雅為太公之志，所謂『訊疾以雅而太公似之』。《詩》亦有《雅》，即今《大、小雅》也。」

《象武》，武王初有天下象文王武功之舞，歌《維清》以奏之。《大武》，武王沒，嗣王象武王之功之舞，歌《武》以奏之。《酌》，周公沒，嗣王以武功之成由周公，告其成于宗廟之歌也。

興己之善，觀人之志，群而思無邪，怨而止禮義，入可事親，出可事君。但言君父，舉其重者也。志至詩至，有象必可名。有名斯有體，故禮亦至焉。

高忠憲曰：「《孔子閒居》曰：『志之所至，詩亦至焉，詩之所至，禮亦至焉。』詩言志，故志至而詩至。志既發為詩，則有象之名；及其見諸踐履，則體實具焉，故禮亦至也。如象雎鳩之物，則有雎鳩之名；情摯有別，雎鳩之體，亦雎鳩之禮也。」

幽贊天地之道，非聖人而能哉！詩人謂「后稷之穡，有相之道」，贊化育之一端也。

禮矯實求稱，或文或質，居物後而不可常也。他人才未美，故絢飾之以文；莊姜才甚美，乃更絢之用質素。下文「繪事後素」，素謂其材，字雖同而義施各異。故設色之工，材黃白者必繪以青赤，材赤黑者必絢以粉素。

「陟降庭止」上下無常，非為邪也，進德修業，欲及時也。「在帝左右」，所謂欲及時也與！

江、沱之媵以類行而欲喪朋，故無怨。嫡以類行而不能喪其朋，故不以媵備數。卒能自悔，得安貞之吉，乃終有慶而「其嘯也歌」。

采卷耳，議酒食，女子所以奉賓祭，厚君親者足矣，又思酌使臣之勞，推及求賢審官。王季、文王之心，豈是過與！

《甘棠》初能使民不忍去，中能使民不忍傷，卒能使民知心敬而不瀆之以拜。非善教寖明，能取是于民哉！

《卷耳》念臣下，小勞則思小飲之，大勞則思大飲之，甚則知其怨苦吁歎。婦人能此，則險詖險私謁害政之心，知其無也。

「振振」，勸使勉也。「歸哉歸哉」，序其情也。

「綢直如髮」，貧者紒縱無餘，順其髮而直韜之耳。

《蓼蕭》《裳華》「有譽處兮」皆謂君接己溫厚，則下情得伸，讒毀不入，而美名可保也。

《商頌》「顧予烝嘗，湯孫之將」，言祖考來顧，以助湯孫也。

「鄂不韡韡」，兄弟之見不致文于初，本諸誠也。

《采苓》之詩，舍旃則無然，為言則求所得，所譽必有所試，厚之至也。

簡，略也，無所難也，甚則不恭焉。賢者仕祿，非迫于饑寒，不恭莫其焉。「簡兮簡兮」，雖刺時君不用，然為士者不能無太簡之譏，故詩人陳其容色之盛，善御之強，與夫君子由房由敖、不語其材武者異矣。

「破我斧」，「缺我斨」，言四國首亂，烏能有為，徒破缺我斧斨而已。周公征而安之，愛人之至也。

《伐柯》，言正當加禮于周公，取人以身也，其終見《書》「予小子其新逆」。

《九罭》，言王見周公當大其禮命，則大人可致也。

《狼跋》，美周公不失其聖，卒能感人心于和平也。

《甫田》「歲取十千」，一成之田九萬畝，公取十千畝，九一之法也。

后稷之生，當在堯、舜之中年，而《詩》云「上帝不寧」，疑在堯時高辛子孫為二王後，而詩人稱帝爾。

唐棣枝類棘枝，隨節屈曲，則其華一偏一反，左右相矯，因得全體均正。偏喻管、蔡失道，反喻周公誅殛。言我豈不思兄弟之愛，以權宜合義，主在遠者爾。《唐棣》本文王之詩，此一章周公制作，序己情而加之，仲尼以不必常存而去之。

日出而陰升自西，日迎而會之，雨之候也，喻婚姻之得禮者也。日西矣，而陰生于東，喻婚姻之失道者也。

鶴鳴而子和，言出之善者與！鶴鳴魚潛，畏聲聞之不臧者與！

「鴥彼晨風，鬱隆北林」，晨風雖摯擊之鳥，猶時得退而依深林而止也。

《漸漸之石》言「有豕白蹢，烝涉波矣」。豕之負塗曳泥，其常性也；今豕足皆白，眾與涉波而去，水患之多為可知也。

「君子所貴乎道者三」，猶「王天下有三重焉」：言也，動也，行也。

苟造德降，則民誠和而鳳可致，故鳴鳥聞，所以為和氣之應也。

百家謹案：苟當作耇。《書君奭》：「耇造德不降，我則鳴鳥不聞。」言耇老成人之德，下及于民也，則鳴鳥有聲。此周公留召公之意。

九疇次敘：民資以生，莫先天材，故首曰五行；君天下必先正己，故次五事；己正然後邦得而治，故次八政；政不時舉必昏，故次五紀；五紀明然後時措得中，故次建皇極；求大中不可不知權，故次三德；權必有疑，故次稽疑；可徵然後疑決，故次庶徵；福極徵然後可不勞而治，故九以嚮勸終焉。五為數中，故皇極處之；權過中而合義者也，故三德處六。

「親親尊尊」，又曰「親親尊賢」，義雖各施，然而親均則尊其尊，尊均則親其親，為可矣。若親均尊均，則齒不可以不先。此施于有親者不疑。若尊賢之等，則于親尊之殺，必有權而後行。急親賢為堯、舜之道，然則親之賢者先得之于疏之賢者為必然。堯明俊德于九族而九族睦，章俊德于百姓而萬邦協，黎民雍，皐陶亦以惇敘九族、庶明勵翼為邇可遠之道，則九族勉敬之人固先明之，然後遠者可次序而及。《大學》謂「克明峻德」為自明其德，不若孔氏之註愈。

義民，安分之良民而已；俊民，俊德之民也。官能則準牧無義民，治昏則俊民用微。

五言樂語，歌詠五德之言也。

「卜不習吉」，言卜官將占，先決問人心，有疑乃卜，無疑則否。「朕志無疑，人謀僉同」，故無所用卜。鬼神必依，龜筮必從，故不必卜筮玩習其吉以瀆神也。

衍忒未分，有悔吝之防，此卜筮之所由作也。（《張載集》，第五五—五九頁。）

王禘篇第十六

《禮》「不王不禘」，則知諸侯歲闕一祭，為不禘明矣。至周以祠為春，以禴為夏，宗廟歲六享。則二享四祭為六矣。諸侯不禘，其四享與！夏、商諸侯，夏特一祫。《王制》謂「礿則不禘，禘則不嘗」，假其名以見時祀之數爾。作《記》者不知文之害意，過矣！

高忠憲曰：「『不王不禘』，《喪小記》及《大傳》之言。諸侯歲闕一祭者，諸侯歲朝，南方諸侯春祭畢則夏來朝，故闕禘祭；西方諸侯夏祭畢則秋來朝，故闕嘗祭；四方皆然，重王事也。夏、商之祭，春礿、夏禘、秋嘗、冬烝，禘列于四者之中。周則改為春祠、夏礿，而嘗、烝仍其舊，祫、禘二享不與四祭之内，故為六享。諸侯有祫不禘，又歲闕一祭，故為四享。蓋夏、商諸侯夏當禘而不禘，而特一祫，此所以有祫不禘。《王制》謂『礿則不禘，禘則不嘗』，假禘之名以見時祀之數耳，遂使人以不禘為由于礿，而非由于不王，則文之害意甚矣！礿與禴同，薄也；春物未成，祭品鮮薄也。禘者，次第也；夏時物雖成，宜依時次第而祭之。嘗者，新穀熟而嘗也。烝，眾也；冬時物成者眾也。祠，食也。禘，天子宗廟之大祭。凡廟皆有主，皆居室中東面之位，為獨尊。禘則獨于始祖廟中特設所自出之主于東面，而始祖之主退居南面以配之。祫，合也；合祭祖考也，時祭之祫，則群廟之主皆升而合食于太祖之廟，毀廟之主不與；三年大祫，則毀廟之主亦與也。」

禘于夏、周為春夏，嘗于夏、商為秋冬。作《記》者交舉，以二氣對互而言爾。

高忠憲曰：「禘祭夏行于夏，周行于春；嘗祭夏行于秋，商行于冬。蓋礿禘用物薄，主于灌獻，順乎陽，春夏之用也；嘗烝用物多，主于饋食，順乎陰，秋冬之用也。故郊社以禘嘗對言，二氣之義也。」

「享嘗」云者，享為追享，朝享，禘亦其一爾。嘗以配享，亦對舉秋冬而言也。夏、商以禘為時祭，知追享之必在夏也。然則夏、商天子歲乃五享：禘列四祭，并祫而五也。周改禘為禴，則天子享六；諸侯不禘，又歲闕一祭，則亦四而已矣。《王制》所謂「天子犆礿、祫禘、禘，祫嘗、祫烝」，既以禘為時祭，則祫可同時而舉。「諸侯礿犆，禘一犆一祫」，言于夏禘之時，正為一祭，特一祫而已。然則不王不禘，又著見于此矣。下又云「嘗祫、烝祫」，則嘗烝且祫無疑矣。若周制亦當闕一時之祭，則當云「諸侯礿則不禴，禴則不嘗」。

高忠憲曰：「《禮記祭法》『王立七廟，遠廟為祧，有二祧，享嘗乃止』，謂四時之常祀。《周禮司尊彝》『追享、朝享』，謂四時之間祀。蓋五年之夏有禘，謂之追享；三年之冬有祫，謂之朝享。張子以享為追享、廟享，兼常祀、間祀言也。嘗乃秋祭，享當在夏，故嘗以配享，亦春夏對舉秋冬而言。特礿者，天子春祭，時物不備，故每廟特祭。夏物稍成，秋物大成，冬物畢成，故禘、嘗、烝皆合祭群主于祖廟也。礿植，即特礿也。『一犆一祫』，本謂今歲犆則來歲祫，祫之明年又犆，張子主『不王不禘』而言，故謂一祭特一祫而已。嘗祫、烝祫，則皆如天子之合祭。此夏、殷之制也。」

庶子不祭祖，（不止言王考而已。）明其宗也；（明宗子當祭也。）不祭禰，（以父為親之極甚者，故又發此文。）明其宗也。庶子不為長子斬，不繼祖與禰故也。（此以服言，不以祭言，故又發此條。）

高忠憲曰：「適士立二廟，祭禰及祖。若兄弟二人，一嫡一庶，而俱為適士，其庶子止得立禰廟，不得立祖廟而祭祖者，明其宗有所在也。若庶子非適士，或未仕，則雖禰廟亦不得立，故不得祭禰，明其宗之有所在也。有事則具牲物，稟宗子而祭之。庶子不為己之長子服斬者，以己非繼祖之宗，又非繼禰之宗，則長子非祖父之正統，不敢如宗子斬其長也。」

「庶子不祭殤與無後者，」註：「不祭殤者，父之庶。」蓋以殤未足語世數，特以己不祭禰，故不祭之。「不祭無後者，祖之庶也」，雖無後，以其成人，備世數，當祔祖以祭之，己不祭祖，故不得而祭之也。「祖庶之殤，則自祭之也，」言庶孫則得祭其子之殤者，以己為其祖矣，無所祔之也。「凡所祭殤者惟適子」，此據《禮》天子下祭殤五，皆適子適孫之類。故知凡殤非適，皆不當特祭，惟當從祖祔食。無後者，，謂昆弟諸父殤與無後者，如祖廟在小宗之家，祭之如在大宗。（見《曾子問》註）

高忠憲曰：「殤與無後，皆從祖祔食者也。己為父子庶子，不得立父廟，故不得自祭其殤子，己為祖之庶孫，不得立祖廟，故不得祭無後之兄弟，皆具牲物而宗子主其禮者也。祭祖庶之殤者，以己為祖庶孫，而或庶子之所生之殤，則己亦為祖矣，無所祔食，故自祭之。祭殤惟適子者，適子有廟，得特祭也。《祭法》曰：『天子下祭殤五，諸侯三，大夫二。』以尊祭卑，故曰下祭。五，謂適子、適孫、適曾孫、適玄孫、適來孫。《曾子問》曰：『凡殤與無後者，祭于宗子之家。』鄭氏註曰：『凡祖廟在小宗之家，祭之亦然。』小宗者，別子之庶子，以庶子所生之長子乃小宗子也；大宗者，次適為別子，別子所生之子為大宗子也。」

殷而上七廟，自祖考而下五，并遠廟為祧者二，無不遷之太祖廟。至周有百世不毀之祖，則三昭三穆。四為親廟，二為文、武二世室，并始祖而七。諸侯無二祧，故五；大夫無不遷之祖，則一昭一穆，與祖考而三，故以祖考通謂為太祖。若祫，則請于其君，，并高祖干祫之，（干祫之，不當祫而特祫之也。）孔註「王制謂周制」，亦粗及之而不詳爾。

劉近山曰：「殷而上，謂成湯以前為天子者，其廟制則七也。祖考，始祖也；而下為高、曾、祖、禰四親廟也。遠廟為祧者二，則高祖之父祖當遞遷者，其生所藏之廟也。皆無不遷之太祖廟。至周始有百世不毀之祖禰，四為親廟，二為文、武世室，并后稷始封之祖而七。曰世室者，不毀之名。其祧，則先公之遷主藏于太祖后稷之廟，先王之遷主藏于文、武世室，群穆于文，群昭于武也。諸侯無二祧，無高祖以上之祧廟也。五，謂高、曾、祖、禰及始祖也。祫，謂合祭。請于其君，并高祖干祫之者，諸侯五廟，其祫固及其始祖矣；大夫三廟，有大事不敢私自舉行，必省問于君而君賜之，乃得行焉。而其合也，亦上及于高祖。干者，自下干上之義，以卑行尊者之禮也。」

「鋪筵設同几」，疑左右几一云。交鬼神異于人，故夫婦而同几，求之或于室，或于祊也。

高忠憲曰：「《祭統》曰：『鋪筵設同几，為依神也。詔祝于室而出于祊，此交神明之道也。』筵，席也；几，所憑以為安。同几，夫婦共一几。蓋人生則形體異，故夫婦之倫在有別；死則精氣無間，故曰交鬼神異于人。廟門謂之祊，設祭在門外之西旁，故因名為祊。言不知神于彼饗之乎，于此饗之乎，無方以求之也。」

祭社稷、五祀、百神者，以百神之功報天之德爾。故以天事鬼神，事之至也，理之盡也。

劉近山曰：「社，土神；稷，穀神。五祀，門、行、戶、竈、中霤。百神，如日月、星辰、山川、丘陵之類。祭雖以百神之功，而實報天之德。百神而曰天，以見百神無非天也。故以事天之道事鬼神，則事之極而理之盡也。」

「天子因生以賜姓，諸侯以字為謚」，蓋以尊統上、卑統下之義。

朱子曰：「姓是大總腦處，氏是後來分別處。如魯本姬姓，其後有孟氏、季氏，同本姬姓而氏不同。『諸侯以字為謚』，竊恐『謚』本『氏』字，傳寫之訛。如舜生嬀汭，武王遂賜胡公滿為嬀姓，即因生賜姓也。鄭之國氏本子國之後，駟氏本子駟之後，即以字為氏，因以為族也。『尊統上』者，天子以生賜姓，統諸侯；『卑統下』者，諸侯以字分族，統大夫也。」

天子因生以賜姓，難以命于下之人，亦尊統上之道也。

據《玉藻》，疑天子聽朔于明堂，諸侯則于太廟，就藏朔之處告祖而行。

方氏曰：「天子聽朔于南門，示受之于天；諸侯聽朔于太廟，示受之于祖。原其所自也。」

「受命祖廟，作龜禰官」，次序之宜。

高忠憲曰：「《郊特牲》言卜郊之事也。告于祖廟而行事，尊祖也；用龜以卜而于禰宮，親考也。」

「公之士及大夫之衆臣為衆臣，公之卿大夫、卿大夫之室老及家邑之士為貴臣。」上言公士，所以别士于公者也；下言室老、士，所以别士于家者也。衆臣不以杖即位，疑義與庶子同。

高忠憲曰：「《儀禮喪服》謂公士、大夫之衆臣為其君布帶繩屨。公之士為公之衆臣，公之卿大夫為公之貴臣；卿大夫之室老及家邑之士為卿大夫之貴臣，其餘為卿大夫之衆臣。室老，家相之老；家邑之士，即家相。衆臣之與貴臣，猶庶子之于嫡子。《禮》「庶子不以杖即位」，謂父母之喪，嫡子則執杖進阼階哭位，庶子至中門外則去之矣。衆臣之不以杖即位，其義疑與此同也。

適士，疑諸侯薦于天子之士及王朝爵命之通名。蓋三命方受位天子之朝，一命再命受職受服者，疑官長自辟除，未有位于王朝，故謂之官師而已。

劉近山曰：「適士，諸侯之上士也。蓋諸侯薦于天子，三命方受位于王朝。若一命受職、再命受服者，皆諸侯之官長自辟除，未有位王朝，故謂之官師而已。謂但為一官之長，非若適士為王朝爵命之通名也。」

「小事則專達」，蓋得自達于其君，不俟聞于長者，《禮》所謂達官者也。所謂達官之長者，得自達之長也；所謂官師者，次其長者也。然則達官之長必三命而上者，官師則中士而再命者，庶士則一命為可知。

賜官，使臣其屬也。

高忠憲曰：「《周禮》九儀之命，六命賜官，使得以臣其屬也。」

祖廟未毀，教于公宮，則知諸侯于有服族人，亦引而親之如家人焉。

「下而飲」者，不勝者自下堂而受飲也。其爭也，爭為謙讓而已。

百家憶姜定庵先生問「君子無所爭」章，先遺獻曰：「《射義》云：『事之盡禮樂而可數為，以立德行者，莫如射，故聖王務焉。』是射者，所以教讓者也。『君子無所爭』無從而見，而見之于射。『揖讓而升，下而飲』，皆無爭之事也。凡所以為此者，盡爭欲為君子耳！若謂『惟于射而後有爭』，在射既不見有爭之事，豈兩耦心競，各不相下與？如是何以觀德？」與此「爭為謙讓」意合。

君子之射，以中為勝，不必以貫革為勝。侯以布，鵠以革，、其不貫革而墜于地者，中鵠為可知矣，此「為力不同科」之一也。

「知死而不知生，傷而不弔。」畏、壓、溺可傷尤甚，故特致哀死者、不弔生者以異之，且「如何不淑」之詞無所施焉。

博依，善依永而歌樂之也；雜服，雜習于制數服近之文也。

《春秋》，大要天子之事也，故曰：「知我者其惟《春秋》乎！罪我者其惟《春秋》乎！」

「苗而不秀者」，與下文「不足畏也」為一說。（《張載集》，五九—六二頁。）

乾稱篇第十七

凡可狀，皆有也；凡有，皆象也；凡象，皆氣也。氣之性本虛而神，則神與性乃氣所固有，此鬼神所以體物而不可遺也。（舍氣，有象否？非象，有意否？）

沈毅齋曰：天地附于氣，則由地以上皆天氣也。蒼蒼者，極遠之色耳。然人涵育于天地之中，其呼吸假天氣以為消息，猶魚之在水而不知也。吾之氣即天之氣爾，寧有不相為流通者乎！

至誠，天性也；不息，天命也。人能至誠，則性盡而神可窮矣；不息，則命行而化可知矣。學未至知化，非真得也。

高忠憲曰：「天性無妄，天命不已。性即神，命即化。故至誠無息，而性命、神化一以貫之矣。何以能誠？妄復于無妄而已！」

有無虛實通為一物者，性也。不能為一，非盡性也。飲食男女皆性也，是烏可滅！然則有無皆性也，是豈無對？莊、老、浮屠為此說久矣，果暢真理乎？

天包載萬物于內，所感所性，乾坤、陰陽二端而已。無內外之合，無耳目之引取，與人物蕞然異矣。人能盡性知天，不為蕞然起見，則幾矣。

高忠憲曰：「所感，氣也、化也；所性，理也、神也。無內外之合，無心也；無耳目之引取，無形也；與人物蕞然之小者異矣。不為蕞然起見，無我也。」

有無一，內外合，（庸聖同。）此人心之所自來也。若聖人，則不專以聞見為心，故能不專以聞見為用。無所不感者虛也，感即合也，咸也。以萬物本一，故一能合異；以其能合異，故謂之感。若非有異，則無合。天性，乾坤、陰陽也。二端，故有感；本一，故能合。天地生萬物，所受雖不同，皆無須臾之不感，所謂性即天道也。

高忠憲曰：「有無一，內外合，此人之所自來，蓋太虛之□□也。人病其以耳目見聞累其心，故思盡其心者，必知心所自來而後能。聖人惟不專以聞見為心，故能不專以聞見為用，所謂「德性所知，不萌于見聞」也。不以耳目見聞累其心，虛之極也。虛，故無所不感。所以有感者，以其合異；所以能合者，以其本一。乾坤、陰陽，一物而兩體。兩體，故有感；一物，故能合。天地無須臾之不感，萬物亦然。在萬物為性，在造化為天道，性即天道也。

感者性之神，性者感之體。（在天在人，其究一也。）惟屈伸、動靜、終始之能一也，故所以妙萬物而謂之神，通萬物而謂之道，體萬物而謂之性。

高忠憲曰：「感者性之妙用，性者感之本體。屈伸、動靜、終始之能一，兩體而一物也。神也，道也，性也，一而已矣。」

至虛之實，實而不固？至靜之動，動而不窮。實而不固，則一而散；動而不窮，則往且來。

性通極于無，氣其一物爾；命稟同于性，遇乃適然焉。人一己百，人十己千，然有不至，猶難語性，可以言氣。行同報異，猶難語命，可以言遇。

高忠憲曰：「通極，猶言究極。性超乎氣，氣其一物耳；命同于性，遇乃氣數之適然。稟者，人物所稟。曰『猶難語性』、『猶難語命』，則人不可以氣與遇之異，而不求性命之同也。」

浮屠明鬼，謂有識之死，受生循環，遂厭苦求免，可謂知鬼乎？以人生為妄，可謂知人乎？天人一物，輒生取舍，可謂知天乎？孔、孟所謂天，彼所謂道。惑者指「游魂為變」為輪迴，未之思也。大學當先知天德，知天德則知聖人，知鬼神。今浮屠極論要歸，必謂死生轉流，非得道不免，謂之悟道，可乎？自其說熾傳中國，儒者未容窺聖學門牆，已為引取，淪胥其間，指為大道。其俗達之天下，致善惡智愚，男女臧獲，人人著信；使英才間氣，生則溺耳目恬習之事，長則師世儒宗尚之言，遂冥然被驅，因謂聖人可不修而至，大道可不學而知。故未識聖人心，已謂不必求其迹；未見君子志，已謂不必事其文。此人倫所以不察，庶物所以不明，治所以忽，德所以亂。異言滿耳，上無禮以防其偽，下無學以稽其弊。自古詖淫邪遁之詞，翕然並興，一出于佛氏之門者千五百年。自非獨立不懼，精一自信，有大過人之才，何以正立其間，與之較是非，計得失！

高忠憲曰：「有識之死，謂人死而識神復循環受生也。天人取舍者，棄人事以求天性也。孔、孟所謂天，彼則謂之道；《易》所謂「游魂為變」，彼則謂之輪迴；似是而實非，皆以不知天德。不知天德，則以未嘗格物窮理，而徒欲得道以免生死輪轉。即此發本要歸，尚可謂之悟道乎？求其迹，考其行也。事其文，讀其書也。趙伯循曰：『此條學者當日誦一通，庶幾知崇正學，而可與明道。』」

釋氏語實際，乃知道者所謂誠也，天德也。其語到實際，則以人生為幻妄，有為為疣贅，以世界為蔭濁，遂厭而不有，遺而弗存。就使得之，乃誠而惡明者也。儒者則因明致誠，因誠致明，故天人合一，致學而可以成聖，得天而未始遺人，《易》所謂「不遺」「不流」「不過」者也。彼語雖似是，觀其發本要歸，與吾儒二本殊歸矣。道一而已，此是則彼非，此非則彼是，固不當同日而語。其言流遁失守，窮大則淫，推行則詖，致曲則邪，求之一卷之中，此弊數數有之。大率知晝夜陰陽則能知性命，能知性命則能知聖人，知鬼神。彼欲直語太虛，不以晝夜陰陽累其心，則是未始見易。未始見易，則雖欲免陰陽晝夜之累，末由也已。易且不見，又烏能更語真際！舍真際而談鬼神，妄也。所謂實際，彼徒能語之而已，未始心解也。

《易》謂「原始反終，故知死生之説」者，謂原始而知生，則求其終而知死必矣。此夫子所以直季路之問而不隱也。

體不偏滯，乃可謂無方無體。偏滯于晝夜陰陽者，物也；若道，則兼體而無累也。以其兼體，故曰「一陰一陽」，又曰「陰陽不測」，又曰「一闔一闢」，又曰「通乎晝夜」。語其推行故曰道，語其不測故曰神，語其生生故曰易，其實一物，指事異名爾。

大率天之為德，虚而善應；其應非思慮聰明可求，故謂之神。老氏況諸谷，以此。

太虚者，氣之體。氣有陰陽，屈伸相感之無窮，故神之應也無窮；其散無數，故神之應也無數。雖無窮，其實湛然；雖無數，其實一而已。陰陽之氣，散則萬殊，人莫知其一也；合則混然，人不見其殊也。形聚為物，形潰反原。反原者，其「游魂為變」與！所謂變者，對聚散存亡為文，非如螢雀之化，指前後身而為説也。

高忠憲曰：「天地之間，一氣而已。氣，湛然太虚而已。雖屈伸聚散，無窮無數，而其體不易，其為物不貳，此所以為神也。湛合，謂萬物散歸太虚。潰，散也；反原，即合也。游魂為變者，有聚散存亡之變，而非如螢雀前後之變。」

益物必誠，如天之生物，日進日息。自益必誠，如川之方至，日增日得。施之妄，學之不勤，俗自益且益人，難矣哉！《易》曰：「益長裕而不設。」信夫！

將修己，必先厚重以自持；厚重知學，德乃進而不固矣。忠信進德，惟尚友而急賢；欲勝己者親，無如改過之不吝。（《張載集》，第六三—六六頁。）

横渠理窟

治天下不由井地，終無由得平。周道止是均平。

《天官》之職，須襟懷洪大方看得。蓋其規模至大，若不得此心，欲事事上致曲窮究，湊合此心，如是之大，必不能得也。

井田至易行，但朝廷出一令，可以不笞一人而定。蓋人無敢據土者。又須使民悦從，其多有田者，使不失其為富。借如大臣有據土千頃者，不過封與五十里之國，則已過其所有。其他隨土多少與一官，使有租稅人不失故物。治天下之術，必自此始。今以天下之土畫分布，人受一方，養民之本也。後世不制其產，止使其力，又反以天子之貴專利，公自公，民自民，不相為計。「百姓足，君孰與不足？百姓不足，君孰與足？」其術自城起，首立四隅。一方正矣，又增一表，又治一方。如是，百里之地不日可定，何必毁民廬舍墳墓，但見表足矣。方既正，表自無用，待軍賦與治溝洫者之田各有處所不可易，旁加損井地是也。百里之國，為方十里者百。十里為成，成出革車一乘，是百乘也。然開方計之，百里之國，南北、東西各三萬步。一夫之田為方步者萬。今聚南北一步之博而會東西三萬步之長，則為方步者三萬也，是三夫之田也。

三三如九，則百里之地得九萬夫也。革車一乘，甲士三人，步卒七十二人。以千乘計之，凡用七萬五千人。今有九萬夫，故百里之國亦可言千乘也。以地計之，足容車千乘。然取之不如是之盡，其取之亦什一之法也。其間有山陵林麓，不在數。

井田亦無他術，但先以天下之地棊布畫定，使人受一方，則自是均。前日大有田產之家，雖以其田授民，然不得如分種、如租種矣，所得雖差少，然使之為田官以掌其民。使人既喻此意，人亦自從。雖少不願，然悅者衆而不悅者寡矣，又安能每每恤人情如此！其始雖分公田與之，及一二十年，猶須別立法。始則因命為田官，自後則是擇賢。欲求古法，亦先須熟觀文字，使上下之意通貫，大其胸懷以觀之。井田卒歸于封建，乃定。封建必有大功德者，然後可以封建。當未封建前，天下井邑當如何為治？必立田大夫治之。今既未可議封建，只使守令終身，亦可為也。所以必要封建者，天下之事，分得簡則治之精，不簡則不精，故聖人必以天下分之于人，則事無不治者。聖人立法，必計後世子孫。使周公當軸，雖攬天下之政，治之必精，後世安得如此！且為天下者，奚為紛紛必親天下之事？今便封建不肖者，復逐之，有何害？豈有以天下之勢，不能正一百里之國，使諸侯得以交結以亂天下？自非朝廷大不能治，安得如此？而後世乃謂秦不封建為得策，此不知聖人之意也。

《周禮》盟詛之屬，必非周公之意。（以上《周禮》，《張載集》，第二四八—二五五頁。）

管攝天下人心，收宗族，厚風俗，使人不忘本，須是明譜系世族與立宗子法。宗法不立，則人不知統系來處。古人亦鮮有不知來處者。宗子法廢，後世尚譜牒，猶有遺風。譜牒又廢，人家不知來處，無百年之家，骨肉無統，雖至親，恩亦薄。

宗子之法廢，則朝廷無世臣。

今日大臣之家，且可方宗子法。朝廷有制，曾任兩府，則宅舍不許分。（以上《宗法》，《張載集》，二五八—二五九頁、二五九頁、二六〇頁。）

今之人自少見其父祖從仕，或見其鄉閭仕者，其心正欲得利祿縱欲，于義理更不留意。有天生性美，則或能孝友廉節者。不美者，縱惡而已，性元不曾識磨礪。（《禮樂》，《張載集》，第二六四頁。）

變化氣質，孟子曰：「居移氣，養移體」，況居天下之廣居者乎！居仁由義，自然心和而體正。更要約時，但拂去舊日所為，使動作皆中禮，則氣質自然全好。《禮》曰：「心廣體胖。」心既弘大，則自然舒泰而樂也。若心但能弘大，不謹敬，則不立。若但能謹敬，而心不弘大，則入于隘。須寬而敬。大抵有諸中者，必形諸外，故君子心和則氣和，心正則氣正。其始也，固亦須矜持。古之為冠者，以重其首；為履，以重其足。至于盤盂几杖為銘，皆所以慎戒之。

學者有息時，一如木偶人，牽搖則動，舍之則息，一日而萬生萬死。學者有息時，亦與死無異，是心死也。身雖生，身亦物也，天下之物多矣。學者本以道為生，道息則死也，終是偽物，當以木偶人為譬以自戒。知息為大不善，因設惡譬如此，只欲不息。

欲事立，須是心立。立心不欽則怠墮，事無由立。

不知疑者，只是不便實作。既實作，則須有疑。必有不行處，是疑也。譬之通身會得一邊，或理會一節未全，則須有疑，是問學處也。無，則只是未嘗思慮來也。

人之氣質美惡與貴賤夭壽之理，皆是所受定分。如氣質惡者，學即能移。今人所以多為氣所使而不得為賢者，蓋為不知學。古之人在鄉閭之中，其師長朋友日相教訓，則自然賢者多。但學至于成性，則氣無由勝。孟子謂「氣壹則動志」，「動」猶言「移易」。若志壹，亦能動氣。必學至于如天，則能成性。

多聞見，適足以長小人之氣。君子莊敬日強，始則須拳拳服膺，出于牽勉。至于中禮，卻從容。如此，方是為己之學。《鄉黨》說孔子之形色之謹，亦是敬。此皆變化氣質之道也。

求心之始，如有所得，久思則茫然復失，何也？夫求心不得其要，鑽研太甚，則惑。心之要，只是欲平曠。熟後無心如天，簡易不已。今有心以求其虛，則是已起一心，無由得虛。切不得令心煩！求之太切，則反昏惑，孟子所謂「助長」也。孟子亦只言存養而已，此非可以聰明思慮，力所能致也。然而得博學于文以求義理，則亦動其心乎？夫思慮不違是心而已。「尺蠖之屈，以求伸也。龍蛇之蟄，以存身也。精義入神，以致用也。利用安身，以崇德也。」此交相養之道。夫屈者，所以求伸也；勤學，所以修身也；博文，所以崇德也。唯博文則可以力致。人平居又不可以全無思慮，須是考前言往行，觀昔人制節，如此以行其事而已，故動焉而無不中理。

慎喜怒，此只矯其末而不知治其本，宜矯輕警惰。若天祺，氣重也，亦有矯情過實處。（以上《氣質》，《張載集》，第二六五—二七一頁。）

嘗謂文字若史書歷過，見得無可取，則可放下。如此，則一日之力，可以了六七卷書。又學史不為為人。對人恥有所不知，意只在相勝。醫書雖聖人存此，亦不須大段學，不會亦不甚害事，會得，不過惠及骨肉間，延得頃刻之生，決無長生之理。若窮理盡性，則自會得。如文集、文選之類，看得數篇，無所取，便可放下。如《道藏》《釋典》，不看亦無害。既如此，則無可得看，唯是有義理也。故唯《六經》則須著循環，能使晝夜不息，理會得六七年，則自無可得看。若義理則儘無窮，待自家長得一格，則又見得別。

今之性滅天理而窮人欲，今復反歸其天理。古之學者便立天理。孔、孟而後，其心不傳，如荀、揚皆不能知。

顧諟謹案：明道程子曰：「『天理』二字，是自家體貼出來。」先生亦拈天理，而曰「歸」曰「立」，發明「自家體貼」之意，尤為喫緊。

學貴心悟，守舊無功。

為學大益，在自能變化氣質。不爾，卒無所發明，不得見聖人之奧。故學者先須變化氣質。變化氣質與心虛相表裏。

仁不得義則不行，不得禮則不立，不得智則不知，不得信則不能守。此致一之道也。

學不能推究事理，只是心粗。至如顏子未至于聖人處，猶是心粗。

讀書少，則無由考校得義精。蓋書以維持此心，一時放下，則一時德性有懈。讀書則此心常在，不讀書則終看義理不見。書須成誦，精思多在夜中或靜坐得之，不記則思不起。但通貫得大原後，書亦易記。所以觀書者，釋己之疑，明己之未達。每見每知所益，則學進矣。于不疑處有疑，方是進矣。

常人教小童，亦可取益。絆己不出入，一益也；授人數次，已亦了此文義，二益也；對之必正衣冠，尊瞻視，三益也；常以因己而壞人之才為之憂，則不敢惰，四益也。

某觀《中庸》義二十年，每觀每有義，己長得一格。《六經》循環，年欲一觀。觀書以靜為心，但只是物不入心。然人豈能長靜，須以制其亂。（以上《義理》）

書多閲而好忘者，只為理未精耳。理精，則須記了無去處也。仲尼「一以貫之」，蓋只著一義理都貫卻。學者但養心識明靜，自然可見，死生存亡皆知所從來，胸中瑩然無疑，止此理爾。孔子言「未知生，焉知死」，蓋略言之。死之事，只生是也，更無別理。

既學而先有以功業為意者，于學便相害。既有意，必穿鑿創意，作起事也。德未成而先以功業為事，是代大匠斲，希不傷手也。

戲謔直是大無益，出于無敬心。戲謔不已，不惟害事，志亦為氣所流。不戲謔亦是持氣之一端。善戲謔之事，雖不為，無傷。

正心之始，當以己心為嚴師，凡所動作，則知所懼。如此一二年間，守得牢固，則自然心正矣。（以上《學大原上》，《張載集》，第二七九—二八二頁。）

劉蕺山曰：「心為嚴師，以本無不正。故此絕頂話頭。」

慕學之始，猶聞都會紛華盛麗，未見其美而知其有美不疑，步步進則漸到，畫則自棄也。觀書解大義，非聞也，必以了悟為聞。

今人為學，如登山麓，方其迤邐之時，莫不闊步大走，及到峻峭之處，便止。須是要剛決果敢以進。

心清時常少，亂時常多。其清時即視明聽聰，四體不待羈束而自然恭謹。其亂時反是。如此者何也？蓋用心未熟，客慮多而常心少也，習俗之心未去而實心未全也。有時如失者，只為心生。若熟後，自不然。心不可勞，當存其大者，存之熟後，小者可略。

顧諟謹案：子劉子《喫緊三關》本，「實心未全也」，「全」字作「完」字，此下云：「人又要得剛，太柔則入于不立。亦有人生無喜怒者，則又要得剛。剛則守得定，不回，進道勇敢。載則比他人自是勇處多。」與此不同，存考。

人當平物我，合內外。如是以身鑒物，便偏見；以天理中鑒，則人與己皆見。猶持鏡在此，但可鑒彼，于己莫能見也；以鏡居中，則盡照。

只為天理常在，身與物均見，則自不私。己亦是一物，人常脫去己身，則自明。然身與心常相隨，無柰何！有此身，假以接物，則舉措須要是。今見人意、我、固、必，以為當絕，于己乃不能絕，即是私己。是以大人正己而物正，須待自己者皆是著見于人，物自然而正。以誠而明者，既實而行之明也；明則民斯信矣。己未正而正人，便是有意、我、固、必。鑒己與物皆見，則自然心弘而公平。意、我、固、必，只為有身，便有此。至如恐懼、憂患、忿懥、好樂，亦只是為其身處。亦欲忘其身，賊害而不顧，只是兩公平，不私于己，無適無莫，義之與比也。

學者不論天資美惡，亦不專在勤苦，但觀其趨嚮著心處如何。

顧諟謹案：此先生立志之說也。朱子曰：「書不記，熟讀可記。義不精，深思可精。惟有志不立，直是無著力處！」與此同旨。

學者以堯、舜之事，須刻日月要得之，猶恐不至，有何愧而不為，此始學之良術也。

義理有疑，則濯去舊見，以來新意。心中苟有所開，即便劄記。不思，則還塞之矣。更須得朋友之助。一日間朋友論著，則一日間意思差別。須日日如此講論，久則自覺進也。

在可疑而不疑者，不曾學，學則須疑。譬之行道者將之南山，須問道路之出自。若安坐，則何嘗有疑！

顧諟謹案：前云「有不行處是疑」，此云「學則須疑」，更不待不行矣，語意尤為警醒！

學者只是于義理中求。譬如農夫，是穮是蓘，雖有饑饉，必有豐年。蓋求之，則須有所得。

凡所當為，一事意不過，則推類，如此善也；一事意得過，以為且休，則百事廢，其病常在。謂之「病」者，為其不虛心也。又病隨所居而長，至死只依舊。為子弟則不能安灑掃應對，在朋友則不能下朋友，有官長不能下官長，為宰相不能下天下之賢，甚則至于徇私意，義理都喪，也只為病根不去，隨所居所接而長。人須一事事消了病，則常勝，故要克己。克己，下學也。下學、上達，交相培養。蓋不行，則成何德行哉！

顧諟謹案：《學大原上》內一節曰：「古者惟國家則有有司，士庶人皆子弟執事。又古人于孩提時已教之禮，今世學不講，男女從幼便驕惰壞了，到長益凶狠，只為未嘗為子弟之事。則于其親，已有物我，不肯屈下，病根常在。」朱子《小學》本自「世學不講」以下，合于此節「又病隨所居而長」之上，共為一節，至「則常勝」止。子劉子《喫緊三關》本從之。今據《張子全書》分為兩節，而記其不同于左。

學者大不宜志小氣輕！志小則易足，易足則無由進；氣輕則虛而為盈，約而為泰，亡而為有，以未知為己知，未學為已學。人之有恥于就問，便謂我好勝于人，只是病在不知求是為心。故學者當無我。（以上《學大原下》，《張載集》，第二八二—二八八頁。）

某學來三十年，自來作文字說義理無限，其有是者，皆只是「億則屢中」。譬之穿窬之盜，將竊取室中之物，而未知物之所藏處，或探知于外人，或隔牆聽人之言，終不能自到，說得皆未是實。觀古人之書，如探知于外人；聞朋友之論，如聞隔牆之言。皆未得其門而入，不見宗廟之美，室家之好。比歲方似入至其中，知其中是美是善，不肯復出，天下之議論莫能易此。譬如既鑿一穴，已有見，又若既至其中，卻無燭，未能盡室中之有，須索移動，方有所見。言「移動」者，謂逐事要思。譬之昏者觀一物，必貯目于一，不如明者舉目皆見。此某不敢自欺，亦不敢自謙，所言皆實事。學者又譬之知有物而不肯捨去者有之，以為難入不濟事而去者有之。

某向時謾說以為已成，今觀之，全未也。然而得一門庭，知聖人可以學而至。更自期一年如何。今且專與聖人之言為學，閒書未用閱。閱閒書者，蓋不知學之不足。

思慮要簡省，煩則所存都昏惑。中夜因思慮不寐，則驚魘不安。某近來雖終夕不寐，亦能安靜，卻不求寐，此其驗也。

某始持期喪，恐人非笑，己亦自若羞恥。自後，雖大功、小功亦服之，人亦以為熟，己亦熟之。天下事，大患只是畏人非笑，不養車馬，食麤衣惡，居貧賤，皆恐人非笑。不知當生則生，當死則死，今日萬鍾，明日棄之，今日富貴，明日饑餓，亦不卹，惟義所在。

祭祀用分至，四時正祭也。其禮，特牲行三獻之禮，朔望用一獻之禮，取時之新物因薦，以是日無食味也。元日用一獻之禮，不特殺，有食。寒食、十月朔日皆一獻之禮。喪自齊衰以下，朔不可廢祭。

某自今日欲正經為事，不柰何須著從此去，自古聖賢莫不由此始也。況如今遠者、大者又難及得，惟于家庭間行之，庶可見也。今左右前後無尊長可事，欲經之正，故不免須責于家人輩。家人輩須不喜，亦不柰何！或以為自尊大，亦不柰何！蓋不如此，則經不明。若便行之，不徒其身之有益，亦為其子孫之益者也。

某既閒居橫渠，說此義理，自有橫渠未嘗如此。如此地又非會衆教化之所，或有賢者經過，若此，則似繫著在此。某雖欲去此，自是未有一道理去得。如諸葛孔明在南陽，便逢先主相召，入蜀居了許多時日，作得許多功業。又如周家發迹于邠，遷于岐，遷于鎬。春積漸向冬，漢蹟漸入秦，皆是氣使之然。大凡能發見，即是氣至。若仲尼在洙、泗之間，修仁義，興教化，歷後千有餘年，用之不已。今倡此道，不知如何，自來元不曾有人說著，如揚雄、王通又皆不見，韓愈又只尚閒言詞。今則此道亦有與聞者，其已乎？其有遇乎？（以上《自道》，《張載集》，第二八八—二九二頁。）

語錄

上智下愚不移。充其德性則為上智，安于見聞則為下愚。不移者，安于所執而不移也。

子貢謂「夫子之言性與天道不可得而聞」，既云夫子之言，則是居常語之矣。聖門學者以仁為己任，不以苟知為得，必以了悟為聞，因有是說。明賢思之！

學者當須立人之性。仁者人也，當辨其人之所謂人。學者，學所以為人。

多求新意，以開昏蒙。吾學不振，非強有力者不能自奮。足下信篤持謹，何患不至！正惟求自粹美，得之最近。

萬物皆有理。若不知窮理，如夢過一生。釋氏便不窮理，皆以為見病所致。莊生儘能明理，及至窮極，亦以為夢，故稱孔子與顏淵語曰：「吾與爾皆夢也。」蓋不如易之窮理也。

有志于學者，都更不論氣之美惡，只看志如何。「匹夫不可奪志也」，惟患學者不能堅勇。

太率玩心未發，可求之平易，勿迂也。若始求太深，恐自茲愈遠。

百家謹案：此即程氏相傳「未發氣象」之旨。

太虛者，自然之道。行之要在思，故曰「思誠」。

虛心，然後能盡心。

虛心，則無外以為累。

人生固有天道，人事當行。不行則無誠，不誠則無物，故須行實事。惟聖人踐形，為實之至。得人之形，可離非道也。

與天同原謂之虛，須得事實故謂之實。此叩其兩端而竭焉，更無去處。

天地之道，無非以至虛為實，人須于虛中求出實。聖人虛之至，故擇善自精。心之不能虛者，有物榛礙。金鐵有時而腐，山嶽有時而摧，凡有形之物，即易壞。惟太虛無動搖，故為至實。《詩》云「德輶如毛」，毛猶有倫，「上天之載，無聲無臭」，至矣！

靜者善之本，虛者靜之本。靜猶對動，虛則至一。

氣之蒼蒼，目之所止也；日月星辰，象之著也。當以心求天之虛。大人不失其赤子之心，赤子之心今可知也，以其虛也。

天地以虛為德，至善者虛也。虛者天地之祖，天地從虛中來。

氣者，自萬物散殊時，各有所得之氣。習者，自胎胞中以至于嬰孩時，皆是習也。

某所以使學者先學禮者，只為學禮則便除生了世俗一副常習熟纏繞。譬之延蔓之物，解纏繞即上去，上去即是理明矣，又何求！苟能除去了一副當世習，便自然脫灑也。又學禮則可以守得定。

古之小兒，便能敬事長者。與之提攜，則兩手奉長者之手；問之，掩口而對。蓋稍不敬事，便不忠信，故教小兒且先安詳恭敬。

孟子曰：「人不足與適也，政不足與間也，惟大人為能格君心之非」。非惟君心，至于朋游學者之際，彼雖議論異同，未欲深校，惟整理其心使歸之正，豈小補哉！（《張載集》，第三〇七—三三五頁。）

文集

所訪物怪神姦，此非難説，顧語未必信耳。孟子所論，「知性」「知天」。學至于知天，則物所從出，當源源自見。知所從出，則物之當有當無，莫不心喻，亦不待語而知。諸公所論，但守之不失，不為異端所刼，進進不已，則物怪不須辨，異端不必攻，不逾期年，吾道勝矣。若欲委之無窮，付之以不可知，則學為疑撓，智為物昏，交來無間，卒無以自存，而溺于怪妄必矣！

朝廷以道學、政術為二事，此正自古之可憂者。巽之謂孔、孟可作，將推其所得而施諸天下邪？將以其所不為而強施之于天下歟？大都君相以父母天下為王道。不能推父母之心于百姓，謂之王道可乎？所謂父母之心，非徒見于言，必須視四海之民如己之子。設使四海之内皆為己之子，則講治之術必不為秦、漢之少恩，必不為五霸之假名。巽之為朝廷言，人不足與適，政不足與間，能使吾君愛天下之人如赤子，則治德必日新，人之進者必良士，帝王之道不必改途而成，學與政不殊心而得矣。（以上《答范巽之書》，（《張載集》，第三四九頁。）

性理拾遺

天下凡謂之性者，如言「金性剛」「火性熱」「牛之性」「馬之性」也，莫非固有。凡物莫不有是性，由通蔽開塞，所以有人物之別；由蔽有厚薄，故有智愚之別。塞者牢不可開；厚者可以開而開之也難；薄者開之也易；開則達于天道，與聖人一。

心統性情者也。

有形則有體，有性則有情。

發于性則見于情，發于情則見于色，以類而應也。

道所以可久可大，以其肖天地而不雜也。與天地不相似，其違道也遠矣！

事無大小，皆有道在其間。能安分則謂之道，不能安分謂之非道。「顯諸仁」，天地生萬物之功，則人可得而見也。所以造萬物，則人不可得而見，是「藏諸用」也。

接物處皆是小德，統會處便是大德。

洪鐘未嘗不聲，由叩乃有聲；聖人未嘗有知，由問乃有知。或謂：「聖人無知，則當不問之時，其猶木石乎？」曰：「有不知則有知，無不知則無知，故曰『聖人未嘗有知，由問乃有知』也。聖人無私無我，故功高天下，而無一介累于其心。蓋有一介存焉，未免乎私己也。」

明善為本，固執之乃立，擴充之則大，易視之則小。在人能弘之而已。

利，利于民則可謂利，利于身、利于國，皆非利也。利之言利，猶言美之為美。利誠難言，不可一概而言。（《張載集》，第三七三—三七五頁。）

近思錄拾遺

敦篤虛靜者，仁之本。不輕妄，則是敦篤也；無所繫閡昏塞，則是虛靜也。此難以頓悟苟知之，須久于道實體之，方知其味。「夫仁，亦在乎熟之而已！」（《孟子說》）

有潛心于道，忽忽為他慮引去者，此氣也。舊習纏繞，未能脫灑，畢竟無益，但樂于舊習耳。古人欲得朋友與琴瑟簡編，常使心在于此。惟聖人知朋友之取益為多，故樂得朋友之來。（《論語說》）

舜之事親有不悅者，為父頑母嚚，不近人情。若中人之性，其愛惡略無害理，姑必順之。親之故舊，所喜者，當極力招致，以悅其親。凡于父母賓客之奉，必竭力營辦，不計家之有無。然為養，又須使不知其勉強勞苦。苟使見其為而不易，則亦不安矣。（《記說》）

《斯干》詩言「兄及弟矣，式相好矣，無相猶矣」，言兄弟宜相好，不要厮學。猶，似也。人情大抵患在施之不見報則輟，故恩不能終。不要相學，已施之而已。（《詩說》）

古者有東宮，有西宮，有南宮，有北宮，異宮而同財，此體亦可行。古人慮遠，目下雖似相疏，其實如此乃能久相親。蓋數十百口之家，自是飲食衣服難為得一。又異宮乃容子得伸其私，所以避子之私也。子不私其父，則不成為子。古之人曲盡人情，必也同宮，有叔父、伯父，則為子者何以獨厚于其父？為父者又烏得而當之？父子異宮，為命士以上，愈貴則愈嚴。故異宮猶今世有逐位，非如異居也。（《樂說》）

謂范巽之曰：「吾輩不及古人，病源何在？」巽之請問，先生曰：「此非難悟，設此語者，蓋欲學者存意之不忘，庶遊心浸熟，有一日脫然如大寐之得醒耳。」

劉蕺山曰：「醒來只是舊時人。」

未知立心，惡思多之致疑；既知所立，惡講治之不精。講治之思，莫非術內，雖勤而何厭！所以急于可欲者，求立吾心于不疑之地，然後若決江河，以利吾往。遜此志，務時敏，厥修乃來。故雖仲尼之才之美，然且敏以求之。今持不逮之資，而欲徐徐以聽其自適，非所聞也。

為天地立心，為生民立命，為往聖繼絕學，為萬世開太平。

人多以老成則不肯下問，故終身不知。又為人以道義先覺處之，不可復謂有所不知，故亦不肯下問。從不肯問，遂生百端欺妄人。我寧終身不知！（《論語說》）

竊嘗病孔、孟既沒，諸儒囂然，不知反約窮源，勇于苟作，持不逮之資而急知後世。明者一覽，如見肺肝然，多見其不知量也。方且創艾其弊，默養吾誠，顧所患日力不足，而未果他為也。

始學之要，當知「三月不違」與「日月至焉」內外賓主之辨，使心意勉勉循循而不能已，過此幾非在我者。（《張載集》，第三七五—三七七頁。）

御史張天祺先生戩

張戩，字天祺，橫渠先生季弟也。其為人篤實寬裕，儼然正色，喜慍不見于容。接人無貴賤親疏，未嘗失色。樂道人善，不及其惡。終日無一言不及于義，任道力行，常若不及。小有過，必語人曰：「我知之矣。公等察之，後此不復為矣！」關中學者稱為「二張」。橫渠嘗語人曰：「吾弟德性之美，有所不如。其不自假而勇于自屈，在孔門之列，宜與子夏相後先。」及與之論道，曰：「吾弟，全器也。然語道而合，乃自今始。有弟如此，道其無憂乎！」伊川曰：「天祺有自然德器。」以進士歷知靈寶、流江、金堂諸縣，誠心愛人，養老恤窮，民有小善，皆籍記之。月吉，召老者飲勞，使其子孫侍，以勸孝弟。民化其德，所止獄訟稀少。

熙寧初，召為御史裏行。神宗將大有為，先生每進對，以堯、舜三代之事進，大要謂反經正本，當自朝廷始。已而累章論王安石亂法，乞罷條例司及追還常平使者，劾曾公亮、陳升之、趙抃依違不能救正，韓絳左右附從，與為死黨，李定以邪諂竊臺諫，呂惠卿刻薄辯給，假經術以文姦言，豈宜勸講君側，章數十上。又詣中書爭之，安石舉扇掩面而笑，先生曰：「戩之狂直，宜為公笑。然天下之笑公者不少！」陳升之解之曰：「察院不須如此！」先生顧曰：「相公得為無過邪！」退而謝病，不朝待罪。出知公安縣，徙知夏縣。先生之在靈寶也，采稍歲用民力，久為困擾。先生訪其利害，纖悉得之，乃計一夫之役，采稍若干，以計其直，請使民得納市于有司而罷其役，止就河壖為場，立價募民采伐給用，太守、監司不聽。及為御史，卒言于朝行之。

晚知夏縣，靈寶之民遮使者車，請曰：「吾昔日之賢令也！願使君哀吾民，還吾舊治。」使者以聞于朝，詔徙鳳翔府司竹監。夏縣之民遮道泣送，不能行，至于舉家不復食。筍監以歲發旁縣夫伐竹一月，先生以為無名之役，乃籍監中園夫課伐，而免旁縣之被役者。會暴病卒，年四十七。橫渠哭之，如不欲生。將葬，手疏哀辭十二，納于壙中。呂與叔稱：「其力之厚，任天下之重而不辭，其氣之強，篤行禮義而無倦；其忠之盛，使死者復生而無憾。」伊川又曰：「天祺在司竹，嘗愛用一卒長。及將代，見其人盜筍皮，遂治之無少貸。罪已，待之復如初，略不介意。」其德量如此！

橫渠《理窟氣質》曰：愼喜怒，此只矯其末而不知治其本，宜矯輕警惰。若天祺，氣重也，亦有矯情過實處。

橫渠門人

龍學呂晉伯先生大忠

見《藍田學案》。

教授和叔先生大鈞

見《藍田學案》。

正字呂與叔先生大臨

見《藍田學案》。

學士范巽之先生育

范育，字巽之，邠州三水人。舉進士，為涇陽令。以養親謁歸，從張橫渠學。以薦授崇文校書、監察御史裏行。神宗諭之曰：「《書》稱『堲讒說殄行』，此朕任御史意也。」先生請用《大學》誠意正心以治天下國家，因薦橫渠等數人。西夏入環慶，詔先生行邊，還言：「寶元、康定間，王師與夏人三戰三北，今再與亦然。豈中國之大，不足支數郡乎？由不察彼己，妄舉而驟用之爾！」坐劾李定親喪匿服，罷御史，知韓城縣。久之，知河中府，加直集賢院，從鳳翔，以直龍圖閣鎮秦州。

元祐初，召為太常少卿，改光祿卿、樞密都承旨，出知熙州。時又議棄質孤、勝如兩堡，先生爭之曰：「熙河以蘭州為要塞。此兩堡者，蘭州之蔽也，棄之則蘭州危。蘭州危，則熙河有腰膂之憂矣！」又請城李諸平、汝遮川，曰：「此趙充國屯田古榆塞之地也。」不報。入為給事中、戶部侍郎，卒。高宗紹興中，採其抗論棄地及進築之策，贈寶文閣學士。

龍圖游景叔先生師雄

游師雄，字景叔，武功人。受學橫渠。第進士，為儀州司戶參軍，遷德順軍判官。元祐初，為宗正寺主簿。執政將棄四寨，訪于先生，對曰：「此先帝所立以控制夏人者也，若何棄之？」不聽。因著《分疆錄》。遷軍器監丞。吐蕃寇邊，其酋鬼章青宜結乘間脅屬羌搆夏人為亂，謀分據熙河，乃擇先生與邊臣措置，聽便宜從事。既至，諜知夏人聚兵天都山，前鋒屯通遠境，吐蕃將攻河州。先生欲先發以制之，請于帥劉舜卿。舜卿曰：「彼眾我寡，柰何？」先生曰：「在謀不在眾。」遂分兵為二，姚兕將而左，种誼將而右，卒破洮州，擒鬼章。捷聞，百寮表賀，遣使告永裕陵。言者以為邀功生事，止遷一官，歷集賢校理，權副陝西轉運。召詣闕，哲宗勞之曰：「洮河之役，可謂高功，但恨賞太簿耳。」對曰：「皆上稟廟算，臣何力之有。惟將士勳勞未錄，此為歉也。」因陳其本末。拜衛尉少卿。帝數訪邊防利病，先生具慶歷以來邊臣施置藏否，朝廷謀議得失，及方今御敵之要，凡十六事，名曰《紹聖安邊策》，上之。歷知邠州、河中府、秦州、陝州，進直龍圖閣。自復洮之後，諸國悉入貢。卒，年六十。

先生之學，以經世安攘為主，非瑣瑣章句，矇瞳其精神，以自列于儒者之比也。故其志氣豪邁，于事功多所建立。議者以用不盡其材為恨。（黃氏原本，全祖望修之加詳）

忠憲种先生師道

种師道，字彝叔，洛陽人。少從橫渠學。以祖世衡蔭，補三班奉職，試法易文階，為熙州推官，權同谷縣。又通判原州，提舉秦鳳常平。議役法忤蔡京旨，換莊宅使、知德順軍。又謂其詆毀先烈，罷入黨籍，屏廢十年。後擢知懷德軍，累遷洺州防禦使、知渭州。詔帥七路兵征藏底城，八日克之，徽宗得捷書，喜進秩。從童貫為都統制，拜保靜軍節度使。貫謀伐燕，使之盡護諸將，諫曰：「鄰有盜不能救，又乘之而分其室，無乃不可乎？」貫不聽。遼使來請曰：「女真之叛本朝，亦南朝所惡也。今射一時之利，棄百年之好，結豺狼之鄰，基他日之禍，謂為得計乎？」貫不能對。先生諫宜許之，又不聽，密劾其助賊，王黼怒，責致仕，而用劉延慶代之。延慶敗績盧溝，帝思其言，召用之。已復致仕。

金人南下，趣召之，加檢校少保、靜難軍節度使、京畿河北制置使。時先生方居南山豹林谷，聞命，即至洛陽。以其春秋高，天下稱為老种。卒，贈開府儀同三司。後加贈少保，謚忠憲。（黃氏原本，全祖望修之加詳）

修撰李潏水先生復

李復，字履中，長安人也。學者稱為潏水先生。以進士累官中大夫、集英殿修撰。先生于呂、范諸子為後輩，然猶及橫渠之門。紫髯修目，負奇氣，喜言兵事。于書無所不讀，亦工詩。

崇寧中，邢恕為涇原經略使，謀立邊功以洗誣謗宗廟之罪，因納許彥圭之說，請用車戰法及造舟五百艘，將直抵興、靈，以控夏國。時先生方為熙河漕使，詔下委之，先生奏云：「奉聖旨，令本司製造戰車三百兩。臣嘗覽載籍，古者師行固嘗用車，蓋兵不妄動，征戰有禮，不為詭遇，多在平原廣野，以車可行。今盡在極邊，戎狄乘勢而來，雖鷙鳥飛翥，不如是之迅。下寨駐軍，各以保險為利。其往也，車不及期；居而保險，車不能登；歸則敵多襲逐，爭先奔趨，不暇回顧，安能收功？非若古時之可用也。臣聞此議出于許彥圭，彥圭因姚麟而獻說，朝廷遂然之，不知彥圭劇為輕妄。唐之房琯嘗用車戰，大敗于陳濤斜，十萬義軍無有脫者。畿邑平地且如此，況今欲用于峻阪溝谷之間乎？又戰車比常車闊六七寸，運不合轍，牽拽不行。昨來兵夫典賣衣物，自賃牛具，終日方進五七里，遂致兵夫逃亡，棄車于道，大為諸路之患。今乞便行罷造。如別路已有造者，乞更不牽拽前來。」又乞罷造船，奏云：「經略使乞打船五百隻，于黃河順流放下，至會州西小河內藏放。有旨專委臣監督，一年了當。契勘本路只有船匠一人，須乞于荊、江、淮、浙和雇，又釘線物料亦非本路所出。觀恕奏請，實是兒戲！且造船五百隻，若自今工料并備，亦須數年。自蘭州駕放至會州，約三百里，北岸是敵境　，豈可容易！會州之西小河鹹水，闊不及一丈，深止一二尺，豈能藏船？黃河過會州入韋精山，石峽險窄，自上垂流直下，高數十尺，船豈可過？至西安州之東，大河分為六七道，水淺灘磧，不勝舟載，一船所載，不過五馬二十人，雖到興州，又何能為？又不知幾月得至。此聲若出，必為夏國侮笑。臣未敢便依指揮擘畫，恐虛費錢物，終誤大事。」疏上，徽宗感悟，罷之。已而卒以議邊事不合罷官。久之，金人犯關中，先生已老且病，高宗以舊德強起之，知秦州，空城無兵，卒死于賊。（黃氏原本，全祖望修之加詳）

此外，傳橫渠之道者有蔡牧堂先生發，見《紫陽學案》。

八　上蔡學案

學案語略

程門高弟，予竊以上蔡為第一，《語錄》嘗累手錄之。語者謂「道南」一派，三傳而出朱子，集諸儒之大成，當等龜山于上蔡之上。不知一堂功力，豈因後人為軒輊！且朱子之言曰：「某少時妄志于學，頗藉先生之言以發其趣。」則上蔡固朱子之先河也。（黃宗羲）

監場謝上蔡先生良佐

謝良佐，字顯道，壽春上蔡人。明道知扶溝事，先生往從之。明道謂人曰：「此秀才展拓得開，將來可望！」元豐八年登進士第，歷仕州縣。宰德安之應城，胡文定以典學使者行部，不敢問以職事，先修後進禮見。入門，見吏卒植立庭中，如土木偶人，肅然起敬，遂問學焉。

建中靖國初，上殿召對，徽宗與之語，有意用之。先生退而曰：「上意不誠。」乃求監局，得西京竹木場。或謂建中年號與德宗同，不佳，先生云：「恐亦不免一播遷！」坐口語下獄，廢為民。

先生記問該贍，稱引前史，至不差一字。凡事理會未透，其顙有泚，憤悱如此。與伊川別，一年復見，問其所進，曰：「但去得一『矜』字耳！」伊川曰：「何故？」曰：「點檢病痛，盡在此處。」伊川歎曰：「此所謂『切問而近思』者也。」有《論語說》行世。

上蔡初造程子，程子以客肅之，辭曰：「為求師而來，願執弟子禮。」程子館之門側，上漏旁穿，天大風雪，宵無燭，晝無炭，市飯不得溫，程子弗問，謝處安焉。踰月，豁然有省，然後程子與之語。

先生習舉業，已知名，往扶溝見明道受學，甚篤。明道一日謂之曰：「爾輩在此相從，只是學某言語，故其學心口不相應。盍若行之！」請問焉，曰：「且靜坐。」伊川每見人靜坐，便嘆其善學。

朱公掞以諫官召，過洛見伊川。先生在坐，公掞不語。伊川指先生謂之曰：「此人為切問近思之學。」

謝子見河南夫子，辭而歸，尹子送焉，問曰：「何以教我？」謝子曰：「吾徒朝夕從先生，見行則學，聞言則識。譬如有人服烏頭者，方其服也，顏色悅澤，筋力強盛。一旦烏頭力去，將如之何？」尹子反，以告夫子。夫子曰：「可謂益友矣！」

胡文定云：「先生初以記問為學，自負該博，對明道舉史書，不遺一字。」明道曰：「賢卻記得許多，可謂玩物喪志！」謝聞之，汗流浹背，而發赤。明道卻云：「只此便是惻隱之心。」及看明道讀史，又卻逐行看過，不差一字，謝甚不服。後來省悟，卻將此事做話頭，接引博學進士。

先生為學，作課簿，以記日用言動視聽之是禮與非禮者。又舊多恐懼，嘗于危階上習以消之。

手柬胡文定曰：「儒異于禪，正在下學處。顏子工夫，真百世軌範，舍此應無入路，無住宅，三二十年不覺便虛過了。」

又曰：「《春秋》大約如法家斷例也，折以中道耳。恐因是及中庸，因「中」有「權」與「取兩者之中」之說。」

又曰：「某緣早親有道，復為克己之學，遂于世味若存若亡。昨經憂患，仕意寖薄矣。

又曰：「進學加功處，若欲少立得住，做自家物，須要自用法術，乃可得之。」

馮忠恕聞陳叔易言伊川嘗許良佐有王佐才，以是質于和靖。和靖曰：「先生無此語。先生晚年，顯道授澠池令，來洛見先生，留十餘日。先生謂焞，如見顯道，試問比來所得如何，焞即往問焉。顯道曰：『良佐每常聞先生語，多疑惑。今次見先生，聞先生語，判然無疑。所得如此。』具以告先生，先生曰：『某見得他也是如此。』雖甚喜之，但不聞此語耳。」（《記善錄》）

監西京竹木場，朱子發自太學與弟子權往謁之。坐定，子發曰：「震願見先生久矣！今日之來，無以發問，乞先生教之。」先生曰：「好！待與賢說一部《論語》。」子發私念，日刻如此，何由親款其講說？已而具飲，酒五行，只說他話。及茶罷，乃掀髯曰：「聽說《論語》！」首舉「子見齊衰者」一章，又舉「師冕見」一章：「夫聖人之道，無微顯，無內外，由洒掃應對進退而上達。夫道，一以貫之。一部《論語》，只恁地看。」

朱子曰：「上蔡說仁說覺，分明是禪。」

又曰：「《論語》上蔡解極多，看得見時，他只有一兩個緊要底字。」

又曰：「上蔡所見，透徹無隔礙處。」

又曰：「《上蔡語錄》上卷極親切，暇日試涵泳之，當自有味。不必廣求，愈令隨語生解，不得脫灑爾。」

又曰：「伊川之門，上蔡自禪門來，其說亦有差。」

又曰：「如今人說道，愛從高妙處說，便入禪去。自上蔡以來已然。」

又曰：「上蔡《論語》卻有啟發人處。雖其說或失之過，然識得理後，卻細密商量，令平正也。」

又曰：「上蔡說孝弟非仁也。孔門只說『為仁』，上蔡卻說『知仁』，只要見得此心，便以為仁。上蔡之說，一轉而為張子韶，子韶一轉而為陸子靜。上蔡所不敢衝突者，子韶盡衝突；子韶所不敢衝突者，子靜盡衝突。」

又跋《語錄》曰：「上蔡議論莫太過？」朱子曰：「先生學于程門，篤志力行，于諸公間所見最為超越。」

問：「上蔡好于事上理會，理卻有過處。」

問：「人之病痛不一，各隨所偏處去。上蔡才高，所以病痛在矜字？」朱子曰：「此說是也。然謝氏謂去得矜字，後來矜依舊未去。說道理好楊楊地。」

朱子又曰：「上蔡大率張皇，不妥帖。」

又曰：「上蔡《觀復齋記》中說道理，皆是禪底意思。觀他說復，與伊川異，似以靜處。如云『見此消息，不下工夫』之類，乃是謂儒佛不同，而所以不同，但是下截爾。龜山亦如此。」

張南軒《與朱元晦書》曰：「上蔡《論語解》偏處甚多，益知求道之難。」

又《答劉宰書》曰：「舊見謝上蔡謂『透得名利關，便是小歇處』，疑斯言太快，透名利關亦易事耳，如何便謂小歇處？年大更事，始知真透得誠未易。世有自謂能擺脫者，是猶未免為他礙著耳。前人之言不苟，類如此。用力乃知之。」

又《答喬德瞻書》曰：「惟二程先生說話完全精粹，其次則尹，又其次則楊，方到謝上蔡。後生何足以窺前輩，但講論間又不可含糊。」

黃東發曰：「上蔡信得命及，養得氣完，力去矜夸，名利不得而動，殆為百世師可也。第因天資之高，必欲不用其心，遂為禪學所入。雖自謂得伊川一語之救，不入禪學，而終身常以禪之說證儒，未見其不入也。然上蔡以禪證儒，是非判然，後世學者尚能辨之。上蔡既沒，往往羞于言禪，陰稽禪學之說，託名于儒，其術愈精，其弊又甚矣！」

語錄

問：「孟子言『盡其心者知其性』，如何是盡其心？」曰：「昔有人問明道先生：『何如斯可謂之恕心？』先生曰：『充擴得去，則為恕心。』『如何是充擴得去底氣象？』曰：『天地變化，草木蕃。』『充擴不去時如何？』曰：『天地閉，賢人隱。』察此，可以見盡不盡矣！」

心者何也？仁是已。仁者何也？活者為仁，死者為不仁。今人身體麻痺不知痛癢謂之不仁，桃杏之核可種而生者謂之仁，言有生之意。

推此，仁可見矣。學佛者知此，謂之見性，遂以為了，故終歸妄誕。聖門學者見此消息，必加功焉，故曰「回雖不敏，請事斯語矣」，「雍雖不敏，請事斯語矣」。仁，操則存，舍則亡，故曾子曰「動容貌，正顏色，出辭氣」。「出辭氣」者，從此廣大心中流出也。以私意發言，豈「出辭氣」之謂哉！夫人一日間顏色容貌，試自點檢，何嘗正，何嘗動，怠慢而已！若夫大而化之，出于自然，則「正」「動」「出」不足言矣！

仁者，天之理，非杜撰也。故哭死而哀，非為生也；經德不回，非干祿也；言語必信，非正行也；天理當然而已矣。當然而為之，是為天之所為也。聖門學者，大要以克己為本。克己復禮，無私心焉，則天矣。孟子曰：「仁，人心也。盡其心者，知其性也。知其性，則知天矣！」

所謂有知識，須是窮物理。只如黃金，天下至寶，先須辨認得他體性，始得。不然，被人將鍮石喚作黃金，辨認不過，便生疑惑，便執不定。故經曰：「物格而后知至，知至而后意誠。」所謂格物窮理，須認得天理，始得。所謂天理者，自然底道理，無毫髮杜撰。今人乍見孺子將入于井，皆有怵惕惻隱之心。方乍見時，其心怵惕，即所謂天理也。要譽于鄉黨朋友，內交于孺子父母兄弟，惡其聲而然，即人欲耳。天理與人欲相對，有一分人欲即滅卻一分天理，有一分天理即勝得一分人欲。人欲纔肆，天理滅矣。任私用意，杜撰做事，所謂人欲肆矣。故莊子曰：「去智與故，循天之理。」若在聖人分上，即說「循」字不著。勿忘又勿助長，正當恁地時自家看取，天理見矣。所謂天者，理而已。只如視聽動作，一切是天。天命有德，便五服五章，天討有罪，便五刑五用，渾不是杜撰做作來。學者直須明天理為是自然底道理，移易不得。不然，諸子百家便人人自生出一般見解，欺誑眾生。識得天理，然後能為天之所為。聖門學者為天之所為，故敢以天自處，佛氏卻不敢恁地做大。明道嘗曰：「吾學雖有所受，『天理』二字卻是自家拈出來。」

《上蔡語錄》曰：「晉伯甚好學，初理會個仁字不透，吾因曰：『世人說仁，只管著愛上，怎生見得仁？只如力行近乎仁，力行關甚愛事，何故卻近乎仁？』推此類具言之，晉伯因悟，曰：『公說仁字，正與尊宿門說禪一般。』」

今人學時，將章句橫在肚裏，怎生得脫？莫道章句，便將堯、舜橫在肚裏，也不得。

不遷怒，須是顏子始做得。假使高聲一句，便是罪過。又曰：「任意喜怒，都是人欲。須察見天理，涵養始得。」

問：「從上諸聖，皆有相傳處，至如老子，問如何？」謝子曰：「他見得錯了。」余問：「錯在甚處？」曰：「只如『失道而後德，失德而後仁，失仁而後義，失義而後禮』，是甚說話！自然不可易底便喚做道，體在我身上便喚做德，有知覺、識痛癢便喚做仁，運用處皆是當便喚做義。大都只是一事，那裏有許多分別！」

「莊周如何？」謝子曰：「吾曾問莊周與佛如何，伊川曰：『莊周安得比他佛！佛說直有高妙處；莊周氣象大，故淺近。如人睡初覺時，乍見上下東西，指天說地，怎消得恁地。只是家常茶飯，誇逞個甚底！』」謝曰：「吾曾歷舉佛說與吾儒同處，問伊川，先生曰：『恁地同處雖多，只是本領不是，一齊差卻。」余問本領何故不是，謝曰：「為他不循天理，只將拈匙把筯日用底，便承當做大小事，任意縱橫，將來作用，便是差處，便是私處。」余問作用何故是私，曰：「把來作用做弄，便是做兩般看當了，是將此事橫在肚裏。一如子路、冉子相似，便被他曾點冷眼看他，只管獨對春風吟詠，肚裏渾沒些能解，豈不快活！」

余又問：「堯、舜、湯、武做底事業，豈不是作用？」謝子曰：「他做底事業，只是與天理合一，幾曾做作，橫在肚裏！見他做出許多掀天動地蓋世底功業，如太空中一點雲相似，他把做甚麼！如子路願乘肥馬，衣輕裘，與朋友共，敝之無憾，亦是有要做好事底心。顏子早是參彼己。孔子便不然，老者合當養底便安之，少者不能立底便懷之，君君臣臣父父子子，自然合做底道理，便是天之所為，更不作用。」

余問：「佛說『直下便是，動念即乖』，如何？」謝子曰：「此是乍見孺子以前底事。乍見孺子底，吾儒喚做心，他便喚做前塵妄想，當了，是見得太高。吾儒要就上面體認做工夫，他卻一切掃除，卻那裏得地位進步？佛家說大乘頓教，一聞便悟，將乍見孺子底心，一切掃除，須是他顏、雍以上底資質始得。」

顏子欲要請事斯語，今資質萬倍不如他，卻便要一切掃除，怎生得！且如乍見孺子底心生出來，便是有自然底天理，怎生掃除得去？佛大概自是為私心。學佛者欲脫離生死，豈不是私！只如要度一切眾生，亦是為自己發此心願。且看那一個不拈香禮佛？儒者直是放得下，無許多事。

百家謹案：彼佛氏求心性于父母未生前，故須掃卻惻隱等心，何必與他較資質。

論顏子「具體而微」者，合下來有恁地氣象，但未彰著耳。孟子強勇，以身任道，壁立萬仞，誰敢正覷看！非孟子恁地手脚，也撐拄此事不去。雖然，猶有大底氣象，未能消磨得盡。不然，藐大人等語言不說出來。孔子云：「事君盡禮，人以為諂。」當時諸國君相，怎生當得他聖人恁地禮數。是他只管行禮，又不與你計較長短，與上大夫言便誾誾，與下大夫言便侃侃，冕者瞽者，見之便作，過之便趨。蓋其德全盛，自然到此，不是勉強做出來。與孟子全別。

游子問謝子曰：「公于外物，一切放得下否？」謝子謂胡子曰：「可謂切問也。」胡子曰：「何以答之？」謝子曰：「實向他道：就上面做工夫來。」胡子曰：「如何做工夫？」謝子曰：「凡事須有根。屋柱無根，拆便倒。樹木有根，雖翦枝条，相次又發。如人要富貴，要他做甚？必須有用處。尋討要用處病根，將來斬斷，便沒事。」

問：「色欲想已去多時？」曰：「伊川則不絕，某則斷此二十來年矣。所以斷者，當初有為之心多。欲有為，則當強盛方勝任得，故斷之。又用導引吐納之術，非為長生如道家也，亦以助養吾浩然之氣耳。氣強，則勝事。然色、欲自別，當作兩般理會。登徒子不好色，而有淫行。色出于心，去不得；淫出于氣。」又問：「勢利何如？」曰：「打透得此關，十餘年矣。當初大段做工夫，揀難舍底棄卻，後來漸漸輕。

至今日于器物之類置之，只為合要用，卻並無健羨底心。」

知命雖淺近，也要信得及，將來做田地，就上面下工夫。余初及第時，歲前夢入內廷，不見神宗，而太子涕泣。及釋褐時，神宗晏駕，哲廟嗣位。如此等事，直不把來草草看卻，萬事真實有命，人力計較不得。吾平生未嘗干人，在書局亦不謁執政，或勸之，吾對曰：「他安能陶鑄我，自有命在！」若信不及，風吹草動，便生恐懼憂喜，枉做卻閒工夫，枉用卻閒心力。信得命及，便養得氣不挫折。

謝子曰：「道，須是下學而上達，始得。不見古人就洒掃應對上做起？」曰：「洒掃應對上學，卻是太瑣屑，不展拓。」曰：「凡事不必須高遠，且從小處看。只如將一金與人，與將天下與人，雖大小不同，其實一也。我若有輕物底心，將天下與人如一金與人相似；我若有吝底心，將一金與人如天下與人相似。又若行千尺臺邊，心便恐懼；行平地上，心卻安穩。我若去得恐懼底心，雖履千仞之險，亦只與行平地上一般。只如洒掃，不著此心，怎洒掃得？應對不著此心，怎應對得？故曾子欲『動容貌，正顏色，出辭氣』，為此。古人須要就洒掃應對上養取誠意出來。」

問：「求仁是如何下工夫？」曰：「如顏子視聽言動上做亦得，如曾子容貌顏色辭氣上做亦得。『出辭氣』者，猶佛所謂從此心中流出。今人唱一喏，不從心中流出，便是不識痛癢。古人曰：『心不在焉，視而不見，聽而不聞，食而不知其味。』不見，不聞，不知味，便是不仁，死漢不識痛癢了。又如仲弓『出門如見大賓，使民如承大祭』，但存得如見大賓、如承大祭底心在，便是識痛癢。」

近道莫如靜。齋戒以神明其德，天下之至靜也。心之窮物有盡，而天無盡，如之何包之？此理有言下悟者，有數年而悟者，有終身不悟者。

或問：「呂與叔向常患思慮紛擾，程夫子答以『心主于敬，則自然不紛擾』。何謂敬？」謝子曰：「事至應之，不與之往，非敬乎？萬變而此常存，奚紛擾之有！夫子曰『事思敬』，正謂此耳。」

謝子曰：「吾嘗習忘以養生。」明道曰：「施之養生則可，於道有害。習忘可以養生者，以其不留情也。學道則異於是。夫必有事焉而勿正，何謂乎？且出入起居，寧無事者，正心以待之，則先事而迎。忘則涉乎去念，助則近於留情。故聖人之心如鑒，孟子所以異於釋氏，心也。」

動而不已，其神乎！滯而有跡，其鬼乎！往來不息，神也；摧仆歸根，鬼也。致生之，故其鬼神；致死之，故其鬼不神。何也？人以為神則神，以為不神則不神矣。知死而致生之，不智，知死而致死之，不仁，聖人所以神明之也。

禮者，攝心之規矩。循理而天，則動作語默無非天也。內外如一，則視聽言動無非我矣。

人不可與不勝己者處，鈍滯了人。

問：「太虛無盡，心有止，安得合一？」曰：「心有止，只為用他。若不用，則何止。」「吾丈莫已不用否？」曰：「未到此地，除是聖人便不用。當初曾發此口，被伊川一句壞了二十年。曾往見伊川，伊川曰：『近日事如何？』某對曰：『天下何思何慮！』伊川曰：『是則有此理，賢卻發得太早在。』」問：「當初發此語時如何？」曰：「見得這個事，經時無他念，接物亦應副得去。」問：「如此，卻何故被一句轉卻？」曰：「當了終須有不透處。當初若不得他一句救拔，便入禪家去矣。伊川直是會鍛鍊得人，說了又卻道『恰好著工夫也』。」問：「聞此語後如何？」曰：「至此未敢道到何思何慮地位。始初進時速，後來遲，十數年過卻如夢。」問：「何故遲？」曰：「如挽弓，到滿時愈難開。然此二十年，聞見知識卻殺長。」

明道先生與門人講論，有不合者，則曰：「更有商量。」伊川則直曰：「不然。」

先生謂學者曰：「賢看某如此，某煞用工夫。見理後須開放，不開放只是守。開又近放倒，故有禮以節之；守幾于不自在，故有樂以樂之。樂即是放開也。」

予嘗學射，到一把處難去，半把尤難去。到一把放了的多，半把放了者尤多，少有鏃齊放者。人有學射，模得鏃與把齊，然後放。因舉伯淳語曰：「射法具而不滿者，無志者也。」學者纔少有所得，便住。人多易住。伯淳嘗有語：「學者如登山，平處孰不闊步。到峻處便住。」佛家有小歇場、大歇場。到孟子處更一住，便是好歇。

惟顏子善學，故孔子有「見其進，未見其止」之歎。須是百尺竿頭，更須進步，始得。

學者且須是窮理。物物皆有理。窮理則能知人之所為，知天之所為，則與天為一。與天為一，無往而非理也。窮理則是尋個是處，有我不能窮理。人誰識真我？何者為我？理便是我。窮理之至，自然不勉而中，不思而得，從容中道。曰：「理必物物而窮之乎？」曰：「必窮其大者。理一而已，一處理窮，觸處皆通。恕，其窮理之本與！」

釋與吾儒，有非同非不同處。蓋理之精微處，纔有私意，便支離了。

「學者未能便窮理，莫須先省事否？」曰：「非事上，做不得工夫也。須就事上做工夫。如或人說『動中有靜，靜中有動』，有此理。然靜而動者多，動而靜者少，故多著靜不妨。」

上蔡曰：「先生善言《詩》，他又不曾章解句釋，但優遊玩味，吟哦上下，便使人有得處。」又曰：「昔伯淳先生教予，只管看他言語。」伯淳曰：「與賢說話，卻是扶醉漢，救得一邊，倒了一邊。只怕人執著一邊。」

或問：「或曰：『吾初學，問事必不當，人必笑。然我未有所得，須直情言之。若掩藏畏人笑，徒自欺耳！』此言何如？」曰：「是也。」謂同坐諸子曰：「亦須切記此語！」

默而識之，與書紳者異矣。

天，理也，人亦理也。循理則與天為一。與天為一，我非我也，理也；理非理也，天也。唯文王有純德，故曰「在帝左右」，「帝謂文王」，帝是天之作用處。或曰：「意、必、固、我，有一焉，則與天地不相似矣。」曰：「然。理上怎安得個字！《易》曰『與天地相似，故不違』，相似猶是自語。」

門人有初見請教者，先生曰：「人須先立志，志立則有根本。譬如樹木，須先有個根本，然後培養，能成合抱之木。若無根本，又培養個甚？此學不可將以為善，後學為人，自是當為人道。人道不教人做，卻教誰做？」

問：「一日靜坐，見一切事平等，皆在我和氣中，此是仁否？」曰：「此只是靜中之工夫，只是心虛氣平也。須于應事時有此氣象，方好。」

佛之論性，如儒之論心；佛之論心，如儒之論意。循天之理，便是性，不可容些私意。才有意，便不能與天為一。

誠是實理，不是專一。尋常人謂「至誠」，至是為專一。如惡惡臭，好好色，不是安排來。

「鳶飛戾天，魚躍于淵」，無些私意。「上下察」，以明道體無所不在，非指鳶魚而言也。若指鳶魚而言，則上面更有天，下面更有地在。知「勿忘，勿助長」，則知此。知此，則知夫子與點之意。

季路、冉求之言，不得人才做不得。然常懷此意在胸中，在曾點看著正可笑耳。學者不可著一事在胸中。纔著些事，便不得其正。且道曾點有甚事？列子御風事近之，然易做，只是無心，近于忘。

敬是常惺惺法，齋是事事放下，其理不同。

問：「更有一病，稱好則溢美，稱不好則溢惡，此猶是好惡使然。且如今日泥濘只是五寸，須說一尺。有利害猶且得，無利害須要如此，此病在甚處？」曰：「欲以意氣加人，亦是夸心。有人做作，說話張筋努脈，皆為有己。立己于胸，幾時到得與天為一處？須是克己。纔覺時便克將去，從偏勝處克。克者，勝之之謂也。」

胡子問：「矜字罪過，何故恁地大？」謝子曰：「今人做事，只管要誇耀別人耳目，渾不關自家受用事。有底人食前方丈，便向人前吃，只疏食菜羹，卻去房裏吃，為甚恁地？」

為學，必以聖人為之則。志在天下，必在以宰相事業自期。降此，寧足道乎！

心本一。支離而去者，乃意耳。

邢七云：「一日三點檢。」伯淳先生曰：「可哀也哉！其餘時句當甚事？蓋放三省之說錯了，可見不曾用功。」又多逐人面上說一般語，伯淳先生責之，邢曰：「無可說。」先生曰：「無可說，便不得不說。」

「聽其言也厲」，須是有力。某尋常才覺心不在時，語便無力。

氣能動其心。和其氣，所以和其心也。喜怒哀樂失其節，皆是病。

或問：「天下多少事，如何見得是處？」曰：「窮理便見得。事不勝窮，理則一也。」

富貴利達，今人少見出脱得者，所以全看不得，難以好事期待也。非是小事，切須勉之！透得名利關，便是小歇處，然須藉窮理工夫。至此，方可望有入聖域之理。不然，休説。（文淵閣四庫全書《上蔡語録》卷一—卷三）

宗羲案：上蔡在程門中英果明決。其論仁，以覺，以生意；論誠，以實理；論敬，以常惺惺；論窮理，以求是。皆其所獨得，以發明師説者也。朱子言其雜禪見解，大端有三：謂：「洒掃應對只是小子之始學，上蔡不合説得大了，將有不安于其小者。」夫必知其中有所謂大者，方安為之。程子云：「道無精粗，言無高下。」此與上蔡之言何殊？必曰道理有小有大，是道有精粗，言有高下也。謂：「知覺得應事接物底，如何喚做仁？須是知覺那理，方是。」夫覺者，澄然無物，而為萬理之所從出。若應事接物而不當于理，則不可謂之覺矣。覺外求仁，是覺者一物，理又一物，朱子所以終身認理氣為二也。謂：「上蔡説先有知識，以敬涵養，似先立一物了。」夫上蔡此言，亦猶《識仁篇》所云「識得此理，以誠敬存之而已」，蓋為始學者言，久之則敬即本體，豈先有一物哉？其言語小有出入則或有之，至謂不得其師之説，不敢信也。

論語解序

天下同知尊孔氏，同知賢于堯、舜，同知《論語》書弟子記當年言行，不誣也。然自秦、漢以來，開門授徒者，不過分章析句爾。魏、晉而降，談者益稀。既不知讀其書，謂足以識聖人心，萬無是理。既不足以知聖人心，謂言能中倫，行能中慮，亦萬無是理。言行不類，謂為天下國家有道，亦萬無是理。君子于此，盍闕乎？蓋溺心于淺近無用之地，聰明日就彫喪，雖欲讀之，顧不得其門而入也。聖人辭近而指遠，辭有盡，指無窮，有盡者可以索之于訓詁，無窮者要當會之以神。譬之觀人，他日識其面，今日見其心，在我則改容更貌矣，人則猶故也。為是故難讀。今試以讀此書之法語諸君焉：勿以為淺近而忽，勿以為太高而驚，勿以為簡我而忿且怒，勿以為妄誕而直不信。聖人之言，不可以訓詁形容其微意。今不復撰次成文，直以意之所到，辭達而已矣。蓋此書存于世，論其切于用而收近效，則無之。與道家使人精神專一之學，西方見性之説，並駕爭衡，孰全孰駁，未易以口舌爭也。談天語命，偉詞雄辯，使人可駭可慕，曾不如莊周、列禦寇曼衍之言。籠絡萬象，葩華百出，讀之使人亹亹不厭，曾不如班、馬雄深雅健之文。正名百物，分辨六氣，區味別性，可以愈疾引年，曾不如黃帝、岐伯之對問，神農之藥書。可以資聽訟折獄，可以飾簿書期會，曾不如申、韓之刑名。陶冶塵思，模寫物態，曾不如顔、謝、徐、庾流連光景之詩。以至神怪卜相之書，書數博奕之技，其皆可玩，獲售于人，而此書乃一無有也。欲使敏秀豪俊之士留精神于其間，幾何其不笑，且受侮與！邈乎希聲，一唱而三嘆，誰其聽之！淡乎無味，酒玄而俎腥，誰其嗜之！雖家藏人有，不委塵埃者幾希矣！余昔者供洒掃于河南夫子之門，僅得毫釐于句讀文義之間，而益信此書之難讀也。蓋「不學操縵，不能安弦；不學博依，不能安詩；不學雜服，不能安禮」，唯近似者易入也。彼其道高深溥博，不可涯涘如此，儻以淺智窺之，豈不大有逕庭乎？方其物我太深，胸中矛戟者讀之，謂終身可行之恕誠何味。方其脅肩諂笑，以言餂人者讀之，謂巧言令色寧病仁。未能素貧賤而恥惡衣惡食者讀之，豈知飯疏食、飲水、曲肱而枕之未妨吾樂。注心于利，未得而已，有顛冥之患者讀之，孰信不義之富貴真如浮雲。過此而往，益高深矣，可勝數哉！是皆越人視秦人之肥瘠也。唯同聲然後相應，唯同氣然後相求。是心與是書，聲氣同乎？不同乎？宜其卒無見也。是書遠于人乎？人遠于書乎？蓋亦弗思爾矣！能反是心者，可以讀是書矣。孰能脫去凡近，以游高明，莫為嬰兒之態而有大人之器，莫為一身之謀而有天下之志，莫為終身之計而有後世之慮，不求人知而求天知，不求同俗而求同理者乎？是人雖未必中道，然其心當廣矣，明矣，不雜矣，其于讀是書也，能無得乎？當不唯念之于心，必能體之于身矣。油然內得，難以語人，謂聖人之言真不我欺者，其亦自知而已矣。豈特慮思之效，乃力行之功。至此，蓋書與人互相發也。及其久也，習益深，行益著，知視聽言動蓋皆至理，聲氣容色無非妙用，父子君臣豈人能秩序，仁義禮樂豈人能強名，心與天地同流，體與神明為一，若動若植，何物非我，有形無形，誰其間之。至此，蓋人與書相忘也。則向所謂「辭近而指遠」者，可不信乎？宜其賢者識其大者，不賢者識其小者。好惡取舍，人相遼也。學者儻以此言為可信，則亦何達之有！以為無隱乎爾，則天何言哉，夫子之言性與天道，不可得而聞也。以為有隱乎爾，則四時行焉，百物生焉，夫子之文章可得而聞也。是豈真不可得而聞哉！《詩》云「鳶飛戾天，魚躍于淵」，此天下之至顯，聖人惡得而隱哉？所謂「無行而不與二三子者」也。「上天之載，無聲無臭」，此天下之至賾，聖人亦惡得而顯哉？宜其二三子為有隱乎我者也。知有隱、無隱之不二者，舍此書其何以見之哉！知有隱、無隱之不二者，豈非閎博明允君子哉！諸君可無意于斯乎？（文淵閣四庫全書《經義考》卷二百十四）

上蔡門人

文定朱漢上先生震

朱震，字子發，荊門軍人。登政和進士第，累仕州縣。胡文定安國大器之，薦召為司勳員外郎。趙忠簡鼎復薦其「廉正守道，士人冠冕，使備講讀，必有裨益」，再召始至。首問《易》《春秋》之旨，上悅，改除祠部員外郎，兼川、陝、荊、襄都督府詳議官。遷秘書少監，侍經筵。轉起居郎兼建國公贊讀，與翊善范元長沖，人謂極天下之選。遷中書舍人兼翊善，轉給事中，累遷翰林學士。

太常吳表臣議行明堂之祭，先生言：「《王制》，國有大喪，三年不察，惟天地社稷為越紼而行事。《春秋》譏吉禘于莊公，謂不三年也。國朝景德三年合祀天地，遂享太廟，時真宗未行三年之喪，以日易月，在今日行之則非矣。」其言不用。紹興七年，謝病丐祠，卒。上慘然曰：「楊時物故，安國與震又亡，朕痛惜之！」錄其子官。

先生經學深醇，有《漢上易解》，云：「陳摶以《先天圖》傳种放，种放傳穆修，穆修傳李之才，之才傳邵雍。放以《河圖》《洛書》傳李溉，李溉傳許堅，許堅傳范諤昌，諤昌傳劉牧。修以《太極圖》傳周敦頤，敦頤傳程顥、程頤。是時張載講學于程、邵之間。故雍著《皇極經世書》，牧陳天地五十有五之數，敦頤作《通書》，程頤述《易傳》，載造《太和》《參兩》等篇。臣今以《易傳》為宗，和會雍、載之論，上采漢、魏、吳、晉，下逮有唐及今，包括異同，庶幾道離而復合。」蓋其學以王弼盡去舊說，雜以莊、老，專尚文辭為非，故其于象數加詳焉。其論《圖》《書》授受源委亦如此，蓋莫知其所自云。

先生初為胡文定所薦，稱疾不至。會趙忠簡公鼎為參知政事，高宗諮以當世人才，趙曰：「臣所聞朱震學術深博。」乃召用。是時虔州民為盜，先生曰：「使居官者廉而不擾，則百姓自安。願詔選良太守慰撫之，且使到官之日，條具官吏　有貪墨無狀者，一切罷去，聽其自擇慈祥仁惠之人使之。」

林拙齊《紀問》曰：漢上《叢說》云：「反觀吾身，乾坤安在哉？善端初起者，乾也；身行之而作成其事者，坤也。人皆有善端，不亦易知乎？行其所知，不亦簡能乎？饑而食，渴而飲，晝作而夜息，豈不簡且易哉？以此推之，天下未有不知而作者也。」

魏鶴山《師友雅言》曰：朱漢上云：「古者衣裳相連，乾坤相依，君臣上下同體也。至秦，始取衣裳離之。」今瀘、敘獠俗，多衣統裙，猶是古法。

漢上易卦圖說

列禦寇曰：「易者，一也。一變而為七，七變而為九，九復變而為一。」李泰伯曰：「伏羲觀《河圖》而畫卦。」禦寇所謂變者，論此圖也。一者，太極不動之數；七者，大衍數；九者，玄數也。泰伯謂畫卦，亦未盡其實。大衍五十之數，寓于四十有五之中。《黃帝書》土生數五，成數五，《太玄》以五五為土，五即十也。

王洙曰：《山海經》云：「伏羲氏得《河圖》，夏后因之，曰《連山》。黃帝氏得《河圖》，商人因之，曰《歸藏》。列山氏得《河圖》，周人因之，曰《周易》。」斯乃杜子春之所憑，抑知姚信之言非口自出，但所從傳者異耳。梁武攻之，涉于率肆。（以上《河圖說》，

文淵閣四庫全書《漢上易傳》卷上）

《洛書》，劉牧傳之。一與五合而為六，二與五合而為七，三與五合而為八，四與五合而為九，五與五合而為十。一六為水，二七為火，三八為木，四九為金，五十為土。十即五五也。《洪範》曰：「一五行。」《太玄》曰：「一與六共宗，二與七共朋，三與八成友，四與九同道，五與五相守。」范望曰：「重言五者，十可知也。」一、三、五、七、九奇數，合二十有五，所謂天數。二、四、六、八、十耦數，合三十，所謂地數。故曰「天地之數五十有五。」數五即十也，故《河圖》之數四十有五，而五十之數具；《洛書》之數五十有五，而五十之數在焉。惟十即五也，故甲己九，乙庚八，丙辛七，丁壬六，戊癸五，而不數十。十，盈數也。（《洛書說》，文淵閣四庫全書《漢上易傳》卷上）

《伏羲八卦圖》，王豫傳于邵康節，而鄭夬得之。《歸藏初經》者，伏羲初畫八卦，因而重之者也。其經初乾、初奥（坤）、初艮、初兑、初犖（坎）、初離、初釐（震）、初巽，卦皆六畫，即此八卦也。八卦既重，爻在其中。薛氏曰：「昔神農氏既重為六十四卦，而《初經》更本包犧，八卦成列而六十四具焉，神農氏因之也。」《繫辭》曰：「神農氏作，斲木為耜，揉木為耒，耒耨之利，以教天下，蓋取諸益。」王輔嗣以為伏羲重卦，鄭康成以為神農重卦，其說源于此。子曰：「天地定位，山澤通氣，雷風相薄，水火不相射。」天地定位，則乾與坤對；山澤通氣，則艮與兑對；雷風相薄，則震與巽對；水火不相射，則坎與離對。而《說卦》健、順、動、入、陷、麗、止、說，馬、牛、龍、雞、豕、雉、狗、羊、首、腹、足、股、耳、目、手、口，與夫別象次序，皆初卦也。夬曰：「乾之初交于坤之初得震，故為長男；坤之初交于乾之初得巽，故為長女；乾之二交于坤之二得坎，故為中男；坤之二交于乾之二得離，故為中女；乾之上交于坤之上得艮，故為少男；坤之上交于乾之上得兑，故為少女。乾、坤，大父母也，故能生八卦。復、姤，小父母也，故能生六十四卦。復之初九交于姤之初六得一陽，姤之初六交于復之初九得一陰；復之二交于姤之二得二陽，姤之二交于復之二得二陰；復之三交于姤之三得四陽，姤之三交于復之三得四陰；復之四交于姤之四得八陽，姤之四交于復之四得八陰；復之五交于姤之五得十六陽，姤之五交于復之五得十六陰；復之上交于姤之上得三十二陽，姤之上交于復之上得三十二陰。陰陽男女皆順行，所以生六十四卦也。」（《伏羲八卦圖說》，文淵閣四庫全書《漢上易傳》卷上）

乾坤，天地之本；坎離，天地之用。乾坤交而為泰，坎離交而為既濟。乾生于子，坤生于午，坎終于寅，離終于申，（《連山》也。）以應天時也。置乾于西北，（伏羲《初經》乾上坤下，故曰「天尊地卑，乾坤定矣」。）退坤于西南，（歸藏以坤先乾。）乾統三男而長子用事，坤統三女而長女代母，坎離得位而兑艮為耦，（復歸于伏羲之《初經》。）以應地之方也。王者之法盡于是矣。故《易》始于乾坤，終于坎離，（既濟、未濟。）而《泰》《否》為上經之中，咸、恆為下經之首。乾坤，本也；坎離，用也。乾坤坎離，上篇之用也。咸，兑艮也；恆，震巽也。兑艮震巽，下篇之用也。頤、大過、小過、中孚，二篇之正也。故曰：至哉！文王之作《易》也，其

得天地之用乎！（《李挺之變卦反對圖説》，文淵閣四庫全書《漢上易傳》卷十）

往來者，以内外言也，以消息言也。自内而之外謂之往，自外而之内謂之來。請復借賁卦言之。「柔來而文剛」者，坤之柔自外卦下而來文乎乾之剛也。「分剛上而文柔」者，乾之剛自内卦上而往文乎坤之柔也。于柔言來，則知「分剛上而文柔」者，往也；于剛言上，則知「柔來而文剛」者，下也。上者出也，下者入也，此所謂「其出入以度内外」，此所謂「上下無常」也。若言「柔來者，明此本乾也」則不當言「分剛上而文柔」，當曰「剛來而文柔」矣。無妄之彖曰：「剛自外來，而為主于内。」外卦乾已三畫矣，謂之「自外來」，則當自卦外來乎！（《六十四卦相生圖説》，文淵閣四庫全書《漢上易傳》卷上）

律曆之元始于冬至，卦氣起于中孚，其書本于夏后氏之《連山》，而《連山》則首艮。所以首艮者，八風始于不周，實居西北之方，七宿之次，是為東壁、營室。東壁者辟生氣而東之，營室者營陽氣而產之，于辰為亥，于律為應鍾，于時為立冬，此顓頊之曆所以首十月也。（《太玄準易圖説》，文淵閣四庫全書《漢上易傳》卷中）

夫六十卦，乾貞于子而左行，坤貞于未而右行，屯貞于丑間時而左行，蒙貞于寅間時而右行，泰貞于寅而左行，否貞于申而右行，小過貞于未而右行。七卦錯行，律實效之：黄鍾，乾初九也；大吕，坤六四也；太蔟，乾九二也；應鍾，坤六五也；無射，乾上九也；夾鍾，坤六三也；夷則，乾九五也；仲吕，坤六二也；蕤賓，乾九四也；林鍾，坤初六也。初應四，二應五，三應上，故子丑、寅亥、卯戌、辰酉、巳申、午未謂之合聲。（《十二律相生圖説》，文淵閣四庫全書《漢上易傳》卷中）

夫坤之初六，五月之氣，姤卦也。是時豈惟無冰，而露亦未凝，何以言「履霜堅冰至」？曰：一陰之生，始凝于下，驗之于物，井中之泉已寒矣。積而不已，至于坤之上六，則露結為霜，水寒成冰。是以君子觀其所履之微陰，而知冰霜之漸。（《坤初六圖説》，文淵閣四庫全書《漢上易傳》卷下）

乾坤，鬼神也；坎離，日月，水火也；艮兑，山澤也；震巽，風雷也；坎離震兑，四時也。坎離，天地之中也。聖人得天地之中，則能與天地日月四時鬼神合。先天而天弗違，聖人即天地也；後天而奉天時，天地即聖人也。聖人與天地為一，是以作而萬物覩。同聲相應，震巽是也；同氣相求，艮兑是也；水流溼，火就燥，坎離是也。雲從龍，風從虎，有生有形，各從其類，自然而已。（《坎離天地之中圖説》，文淵閣四庫全書《漢上易傳》卷下）

夫陽生于子，陰生于午，自午至子，七而必復，乾坤消息之理也。故以一日言之，自午時至夜半復得子時；以一年言之，自五月至十一月復得子月；以一紀言之，自午歲凡七歲復得子歲。天道運行，其數自爾，合之為一紀，分之為一歲、一月、一日，莫不皆然。故六十卦當三百六十日，而兩卦相去皆以七日。且卦有以爻為歲者，有以爻為月者，有以爻為日者，以復言「七日來復」者，明卦氣也。

陸希聲謂「聖人言『七日來復』為曆數之微明」是也。（《復七日來復圖說》，文淵閣四庫全書《漢上易傳》卷下）

自初數之，至上為六。或以一爻為一歲一年，同人「三歲不興」，坎「三歲不得，凶」，豐「三歲不覿」，既濟「三年克之」，未濟「三年有賞于大國」。或以一爻為一月，臨「至于八月有凶」。或以一爻為一日，復「七日來復」。或以一爻為一人，需「不速之客三人來」，損「三人行則損一人，一人行則得其友」。或以一爻為一物，訟「鞶帶三褫」，晉「晝日三接」，師「王三錫命」，比「王用三驅」，睽「載鬼一車」，解「田獲三狐」，損「二簋可用享」，萃「一握為笑」，革「革言三就」，旅「一矢亡」，巽「田獲三品」。（《爻數說》，文淵閣四庫全書《漢上易傳》卷下）

漢上易叢說

《歸藏》之乾有「乾，大赤」。乾為天、為君、為父，又為辟、為卿、為馬、為禾，又為血卦。

《歸藏小畜》曰「其丈人」，乃知「丈人」之言，三代有之。

莧陸，澤草也，生于三月、四月。莧，蕢也，葉柔根堅而赤。陸大于莧，葉柔根堅。堅者，兑之剛也；堅而赤，赤者乾之色也。

《易》有以一策當一日者，「乾、坤之策」是也。有以一爻當一日者，「七日來復」是也。有以策數七八九六言日者，「勿逐，七日得」是也。《易》之取象，豈一端而盡。六十卦直日，兩卦相去皆七日，其實則六日七分。猶《書》稱「期三百有六旬有六日」，其實三百六十五日四分日之一；《禮》言「三年之喪」，其實二十七月；《詩》言「一之日」「二之日」，其實十一月、十二月之日。何于此六日七分而疑之乎？

「結繩而為網罟，以佃以漁」，則已取重離之象。何則？離，麗也。離為目，巽為繩。以巽變離，「結繩而為網罟」之象也。網罟，目也。離為雉，巽為魚，「以佃以漁」之象也。

彖者，孔子贊《易》十篇之一。先儒附其辭于卦辭之下，故加「彖」以明之。謂昌以乾、彖釋「元亨利貞」，《文言》又從而釋之，疑其重複，謂非孔子之言，且引穆姜之言證之。此又不然。《文言》者，文其言也。猶《序》《彖》《說卦》之類，古有是言，或文王或周公之辭，孔子因其言而文之，以垂後世。《傳》曰：「言之不文，行之不遠。」故以《文言》名其篇。

如曰「君子以非禮勿履」，則孔子所繫之《大象》也。何以明之？且以《復卦大象》言之。曰：「雷在地中，復，先王以至日閉關，商旅不行，后不省方。」考之《夏小正》，十一月「萬物不通」，則「至日閉關，后不省方」，夏之制也。周制以十一月北巡狩，至于北嶽矣。以是知繫《大象》之辭，非周公作也。

《說卦》脫誤，比于諸篇特多。《荀氏易》本乾後有四象，坤後有八，震後有三，巽後有二，坎後有八，而又以揉爲撓，離後有一，艮後有三，兑後有二。《虞氏易》本以龍爲駹，反爲阪，専爲専，寡爲宣，科爲折，羊爲羔。鄭本以廣爲黄，乾爲幹，黔爲黚。京氏本以彝爲末，蠃爲螺，果蓏爲果墮。其餘陸績、王肅、姚信、王廣，偏傍點畫亦或不同。蓋焚書之後，《周易》雖存，至漢已失《說卦》三篇，後河内女子得而上之，故三篇之文容有差誤。

聖人死曰神，賢人死曰鬼，衆人死曰物。聖人清明在躬，志氣如神，故五帝配上帝，傅說上比列星。賢人得其所歸。衆人則知富貴生而已，其思慮不出于口腹之間，袵席之上，夸張于世以自利焉，物欲蔽之，不能自反其初，故謂之物。然物之乘間而出，豈離乎五行哉！

陰陽，用也；剛柔，體也。用之謂道，體之謂德。體用無間，和會爲一，順而行之，則動靜語默皆得其宜，故曰「和順道德而理于義」。天地萬物，共由一理，其理順而不妄，深明其源，乃能一天人，合内外，體用無間矣，此之謂盡性。盡性則通晝夜之道而知，其于窮達壽夭，以正受之，不貳其心矣。

蘇氏解需「光亨」曰：「光者，物之神也。」此關子明之說也。或問「神」，曰：日月在上，其明在地。夫日月之形，其大如盤盂，光之所燭，被乎萬物，非神乎？蓋神難言也，故以「光」形容之。君子動而有光，廣大無所不及。故《易》言「未光」、「未光大」者，皆狹且陋也。（文淵閣四庫全書《漢上易傳·叢說》）

舍人曾先生恬

曾恬，字天隱，晉江人，公亮之曾孫。少從上蔡、龜山、元城、了翁遊，《上蔡語錄》，則先生所記也。紹興中，爲中書舍人。《哲宗實錄》成，加恩修史官。高宗令前後是非，載之制詞，先生行詞模糊，只泛作一修史轉官制。高宗不悦，以其嘗爲蔡京所引，疑之，乃改命吕本中。已遷大宗正丞。秦檜當國，先生丐外祠，主台州崇道觀。（黄氏原本，全祖望修之加詳）

宗羲案：天隱爲人樸實，非小人也，而有此委蛇。由熙、豐以來《新經》《字說》之類，壞人心術，非識見過人者，不能破其籬落耳。

隱君徐天民先生畸

徐畸，字南夫，一字叔範，蘭溪人也。漢上先生弟子，得其《周易》旨要，兼明《春秋》《禮記》，湛深經術，文得歐、曾筆外法，而弓兩斛力射命中。隱居講學，人莫知者，東陽吳文炳獨知之，延以教其子。于時婺中之以師道興起後進者，曰東萊，曰同甫，曰說齋，曰先生。學者稱爲天民先生。其所著有《周易解微》三卷。

九　龜山學案

文靖楊龜山先生時

楊時，字中立，南劍將樂人。熙寧九年進士，調官不赴，以師禮見明道于潁昌。明道喜甚，每言楊君會得最容易。其歸也，目送之曰：「吾道南矣！」明道沒，又見伊川于洛，先生年已四十，事伊川愈恭。一日，伊川偶瞑坐，先生與游定夫侍立不去。伊川既覺，則門外雪深一尺矣。横渠著《西銘》，先生疑其近于兼愛，與伊川辯論往復，聞「理一分殊」之説，始豁然無疑，由是浸淫經書，推廣師説。

始解褐徐州司法。數轉，知瀏陽縣，安撫張舜民禮之，不以屬吏待，而漕使胡師文惡而劾之。舜民入長諫垣，薦之，徐荊南教授。改知餘杭縣，簡易不為煩苛，遠近悅服。蔡京方貴盛，葬母餘杭，以日者言欲浚湖，先生格之。改知蕭山，邑人重其名，多畫像事之。提點明道、國寧二觀。宣和四年，年七十，罷祠錄，貧甚。郭慎求在朝，問其所欲，先生曰：「求一管庫，以為貧。」差監常州市易務，先生曰：「市易事，吾素不以為然，豈可就乎！」

有鼓山張觷者，為蔡京塾客，一日令諸生習走，諸生曰：「先生長者，尋常令某等緩步。若疾行，非所聞命。」觷曰：「天下事被汝翁已壞，旦晚賊發，先及汝家。苟能善走，或可逃死。」諸生以張為心疾，告京，京矍然曰：「此非汝曹所知。」出而問計于觷，觷曰：「唯有收拾人才為第一義。」京問其人，遂以先生對。會傅國華使高麗，高麗王問龜山先生今在何處，國華還，以聞，召為祕書郎，遷著作郎，除邇英殿説書。先生言：「近日蠲除租税，而廣濟軍以放税降官，是詔令為虚文耳！安土之民不被惠澤，而流亡為盗者獨免租税，百姓何憚而不為盗？嘉祐通商榷茶之法，公私兩便。今茶租如故，而榷法愈急，宜少寬之。諸犯榷貨不得根究來歷，今茶法獨許根究，追呼蔓延，犴狴充斥，宜即革之。東南州縣均敷鹽鈔，迫于殿最，計口而授，人何以堪？發運司宜給糴本，以復轉搬之舊。和預買宜損其數，而實支所買之直。燕、雲之軍宜退守內郡，以省運輸之勞。燕、雲之地，宜募邊民為弓箭手，使習騎射，以殺常勝軍之勢。衛士，天子爪牙，而分為二三，宜循其舊，不可增損。」凡十餘事，執政不能用。而邊事告急，則又言：「今日所急者，莫大于收人心。軍興以來，免夫之役，毒被海內。西城聚斂，東南花石，其害尤甚。宿奸巨猾，借應奉之名，豪奪民財，天下積憤，鬱而不得發者幾二十年。欲致人和，去此三者。」

欽宗嗣立，先生專對曰：「君臣一體。上皇痛自引咎，至託以倦勤避位，而宰執敘遷，安受不辭，此何理也？城下之盟，辱亦甚矣。

主辱臣死，大臣宜任其責，而皆為竄亡自全之計，陛下孤立，非有刑章，不忠何戒？童貫為三路總帥，喪師而歸，置之不問，故梁方平、何灌效尤相繼，大河不守，敵人奄至城下，而朝廷不知。帥臣失職，無甚于此！閹人握兵二十餘年，覆軍殺將，馴至今日。比聞防城仍用閹人，覆車之轍，不可復蹈。」疏上，除右諫議大夫兼侍講。

敵兵初退，議割三鎮以講和，先生極言其不可。李忠定綱罷，太學生伏闕上書，留忠定與种忠憲師道，軍民集者數萬，朝廷憂其致亂。先生召對，言：「諸生伏闕紛紛，忠于國家，非有他意。但擇其老成有行誼者為之長貳，則將自定。」欽宗曰：「無逾于卿！」遂以先生兼國子祭酒。上言：「蔡京以繼述神宗為名，實挾王安石以圖身利，故推崇安石，加以王爵，配享孔子朝廷。然致今日之禍者，實安石有以啟之也。謹按安石昔為邪說以塗學者耳目，敗壞其心術者，不可縷數，姑即一二事明之。昔神宗皇帝稱美漢文罷露臺之費，安石乃言：『陛下若能以堯、舜之道治天下，雖竭天下以自奉，不為過也。』夫堯、舜茅茨土階，其稱禹曰『克儉于家』，則竭天下者，必非堯、舜之道。後王黼以三公領應奉司，號為享上，實安石自奉之說有以倡之也。其釋《鳧鷖》之末章，則曰：『以道守成者，役使群眾，泰而不為驕；宰制萬物，費而為侈。』《詩》之所言，止謂能持盈則神祇祖考安樂之，無後艱耳，而安石獨為異說。後蔡京輩爭以奢僭相高，輕費妄用，以導人主，實安石此說有以倡之也。伏望追奪王爵，明詔中外，斥配享之像，使邪說淫辭不為學者之惑。」于是降安石于從祀，毀《三經》板。

然王氏之學，士子習之以取科第者，業數十年，不復知其非，忽聞以為邪說，相與聚鬨，先生亦謹避之。耿南仲言：「或者以王氏學不可用，陛下觀祖宗時，道德之學，人才、兵力、財用，能如熙、豐時乎？安可輕信一人之言以變之？」批答：「前日指揮，更不施行。」孫覿言先生「曩與蔡京諸子遊，今眾議攻京，而時曰慎毋攻居安」。居安者，京長子攸之字也。先生遂罷，以徽猷閣直學士提舉西京崇福宮。

高宗即位，除工部侍郎。陛對，言：「自古聖賢之君，未有不以典學為務者，以君德在是故也。」除兼侍講。連章丐外，以龍圖閣直學士提舉杭州洞霄宮。尋致仕。紹興五年四月二十四日卒，年八十三。給事中朱震上言，先生嘗「辯誣謗以明宣仁聖烈之功，雪冤抑以復昭慈聖獻之位，排邪說以正天下學術之謬」，為之請卹，詔謚文靖。學者稱龜山先生。所著有《三經義辯》等書。子迪。

百家謹案：二程得孟子不傳之祕于遺經，以倡天下。而升堂覩奧，號稱高第者，游、楊、尹、謝、吕其最也。顧諸子各有所傳，而獨龜山之後，三傳而有朱子，使此道大光，衣被天下，則大程「道南」目送之語，不可謂非前讖也。

虔州有疑獄，眾所不決者，先生皆立斷。虔守楚潛議法平允，而通判楊增多刻深，先生每從潛議，增以先生為附太守，輕己。及潛去後，守議不持平，先生力與之爭，方知其有守。

欽宗即位，先生疏言：「河朔朝廷重地，三鎮又河朔要藩，今一旦棄之與敵，以十二州之地貫吾腹中，距京城無藩籬之固，戎馬疾驅，不數日而至，非經久之計也。四方勤王之師，逾月而後集，使之無功而去，厚賜之則無名，不與則生怨，復有急召之，宜有不應命者，不可不慮也。傳聞三鎮欲以死拒之，今若以兵躡其後，使腹背受敵，宜可為也。朝廷欲專守和議，以契丹百年之好，猶不能保，況此狂敵乎？夫要盟神不信，宜審處之，無至噬臍。」

又言：「聞敵人驅兵磁、相，劫掠無算。誓書之墨未乾，而叛不旋踵。肅王初約及河而反，今挾之以往，此叛盟之大者。臣謂宜以肅王為問，責其敗盟，必得肅王而後已。三鎮之民以死拒之于前，吾以重兵擁其後，必得所欲。若猶未從，則聲其罪而討之。師直為壯。是舉也，直在我矣。」于是議者不一，終失此機會，太原諸郡皆告急矣。

太學生伏闕之事，執政懼其生亂，引高歡事揭榜于衢，且請以禮起李邦彥。先生言：「士民出于忠憤，非有作亂之心，無足深罪。邦彥首畫遁逃之策，捐金割地，質親王以主和議，罷李綱而約誓書。李鄴奉使失詞，惟敵言是聽。此二人者，國人所同棄。而敷告中外，乃推二人平賊、和議之功，非先王憲天自民之意。宜收還榜示，以慰人心。」皆從之。

伊川自涪歸，見學者彫落，多從佛學，獨先生與上蔡不變，因歎曰：「學者皆流于夷狄矣！惟有楊、謝長進。」

胡文定曰：吾于謝、游、楊三公，義兼師友，實尊信之。若論其傳授，卻自有來歷。據龜山所見在《中庸》，自明道先生所授。吾所聞在《春秋》，自伊川先生所發。

又與先生書曰：大諫初承詔命，眾論猶疑。安國獨以為以明道先生之心為心者，裂裳裹足，不俟屨而在途也。

又《與宰相書》曰：楊公時造養深遠，燭理甚明，混迹同塵，知之者鮮。（知之者，知其文學而已。不知者，以為蔡氏所引。此公無求于人，蔡氏焉能浼之！文定自註。）行年八十，志氣未衰。精力少年，殆不能及。上方嚮意儒學，日新聖德，延禮此老，置之經席，朝夕咨方，裨補必多。至如裁決危疑，經理庶務，若燭照數計而龜卜，又可助相府之忠謀也。

又《答胡應仲書》曰：楊先生世事殊不屑意，雖袒裼裸裎，不以為浼。

文定作先生墓志，載先生奏安石為邪說之事。五峰問文定：「此章直似迂闊，何以載之？」文定曰：「此是取王氏心肝底劊子手段，何可不書？書之則王氏心肝懸在肉案上，人人見得，而詖淫邪遁之辭皆破矣。」

朱子曰：龜山過黃亭詹季魯家，季魯問《易》，龜山取一張紙，畫個圈子，用墨塗其半，云：「這便是《易》。」此說極好！只是一陰一陽，做出許般樣。

問：「龜山何意出來？」朱子曰：「當此之時，苟有大力量，真能轉移天下之事，來得也不枉。既不能然，又只隨眾鶻突。」

朱子又曰：龜山之出，人多議之，惟文定之言曰：「當時若能聽用，須救得一半。」語最當。（文定云：「先生誌銘備載所論當時政事十餘條，當時宰執中若能聽用，委直院輩畫一條具，因南郊赦文行下，必須救得一半，不至如後來大段狼狽也。」）蓋龜山當此時雖負重名，亦無殺活手段。若謂其懷蔡氏汲引之恩，力庇其子，至有「愼勿攻居安」之語，則誣矣。幸而此言出于孫覿，人亦不信。

宗羲案：朱子言：「龜山晚年之出，未免祿仕，苟且就之。然來得已不是，及至，又無可為者，只是說沒緊要底事。所以使世上一等人笑儒者，以為不足用，正坐此耳。」此定論也。蓋龜山學問從莊、列入手，視世事多不經意，走熟「援而止之而止」一路。若使伊川，于此等去處，便毅然斬斷葛藤矣。故上蔡云：「伯淳最愛中立，正叔最愛定夫，二人氣象相似也。」龜山雖似明道，明道卻有殺活手段，決不至徒爾勞攘一番。為伊川易，為明道難，龜山固兩失之矣。雖然，後人何曾夢到龜山地位，又何容輕議也！

語錄

或曰：「以術行道而心正，如何？」曰：「謂之君子，豈有心不正者。當論其所行之是否爾！且以術行道，未免枉己。與其自枉，不若不得行之愈也。」

人臣之事君，豈可佐以刑名之說，如此，是使人主失仁心也。人主無仁心，則不足以得人。故人臣能使其君視民如傷，則王道行矣。

楊龜山曰：「荊公在上前爭論，或為上所疑，則曰：『臣之素行，似不至無廉恥，如何不足信？』且論事當問之是非利害如何，豈可以素有廉恥劫人使信己也！夫廉恥在常人足道，若君子更自矜其廉恥，亦淺矣。蓋廉恥自君子所當為者，如人守官，曰：『我固不受贓。』不受贓，豈分外事乎？」

理財、作人兩事，其說非不善。然世儒所謂理財者，務為聚歛；而所謂作人者，起其奔競好進之心而已。《易》之言理財，《詩》之言作人，似不如此。

或勸先生解經，曰：「不敢易也。曾子曰：『吾日三省吾身：為人謀而不忠乎？與朋友交而不信乎？傳不習乎？』夫傳而不習，以處己則不信，以待人則不忠，三者胥失也。昔有勸正叔先生出《易傳》示人者，正叔曰：『獨不望學之進乎？姑遲之，覺耄即傳矣。』蓋已耄則學不復進故也。學不復進，若猶不可傳，是其言不足以垂後矣。」

物有圭角，多刺人眼目，亦易玷闕。故君子處世，當渾然天成，則人不厭棄矣。

溝洫之量不可以容江河，江河之量不可以容滄海，有所局故也。若君子則以天地為量，何所不容！有能捐一金而不顧者，未必能捐十金；能捐十金而不顧者，未必能捐百金。此由所見之熟與不熟，非能真知其義之當與否也。若得其義矣，雖一分不妄予，亦不妄取。

知合內外之道，則顏子、禹、稷之所同可見。蓋自誠意正心推之，至于可以平天下，此內外之道所以合也。故觀其誠意正心，則知天下由是而平；觀其天下平，則知非意誠心正不能也。茲乃禹、稷、顏回之所以同也。

嘗問何以知仁？龜山曰：「孟子以惻隱之心為仁之端，平居但以此體究，久久自見。」因問二子尋常如何說隱？似祖曰：「『如有隱憂』，『勤恤民隱』，皆疾痛之謂也。」曰：「孺子將入于井，而人見之者，必有惻隱之心。疾痛非在己也，而為之疾痛，何也？」似祖曰：「出於自然不可已也。」曰：「安得自然如此？若體究此理，知其所從來，則仁之道不遠矣。」二子退，或從容問曰：「萬物與我為一，其仁之體乎？」曰：「然。」

龜山與季常言：「學者當有所疑，乃能進德。然亦須著力深，方有疑。今之士讀書為學，蓋自以為無可疑者，故其學莫能相當。如孔子門人所疑，皆後世所謂不必疑者也。子貢問政，子曰『足食足兵，民信之矣』。子貢疑所去，答之以『去兵』。于食與信猶有疑焉，故能發孔子『民無信不立』之說。若今之人問政，使之足食與兵，何疑之有。樊遲問仁，子曰『愛人』，問知，子曰『知人』，是蓋甚明白，而遲猶未達，故孔子以『舉直錯諸枉，能使枉者直』教之。由是而行之，于知之道不其庶矣乎？然遲退而見子夏，猶申問『舉直錯諸枉』之義，于是又得舜舉皋陶、湯舉伊尹為證，故仁知兼盡其說。子夏問『巧笑倩兮，美目盼兮』，直推至于曰『禮後乎』然後已。如使今之學者，方得其初問之答，便不復疑矣。蓋嘗謂古人以為疑者，今人不知疑也，學何以進！」季常曰：「某平生為學，亦嘗自謂無疑。今觀所言，方知古之學者善學。」

《易》曰：「君子敬以直內，義以方外。」夫盡其誠心而無偽焉，所謂直也。若施之于事，則厚薄隆殺一定而不可易，為有方矣。敬與義本無二。所主者敬，而義則自此出焉，故有內外之辨，其實義亦敬也。故孟子之言義，曰：「行吾敬」而已。

「毋意」云者，謂無私意爾。若誠意，則不可無也。

問：「操則存，如何？」曰：「古之學者，視聽言動無非禮，所以操心也。至于無故不徹琴瑟，行則聞佩玉，登車則聞和鸞，蓋皆欲收其放心，不使惰慢邪僻之氣得而入焉。故曰：『不有博弈者乎？為之猶賢乎已！』夫博弈非君子所為，而云爾者，以是可以收其放心爾。說經義至不可踐履處，便非經義。若聖人之言，豈有人做不得處。學者所以不免求之釋、老，為其有高明處。如《六經》中自有妙理，卻不深思，只于平易中認了。曾不知聖人將妙理只于尋常事說了。」

人性上不可添一物。堯、舜所以為萬世法，亦只是率性而已。所謂率性，循天理是也。外邊用計用數，假饒立得功業，只是人欲之私。與聖賢作處，天地懸隔。

嘗送正叔西遷，道宿僧舍，坐處背塑像，正叔令轉倚勿背，乃問曰：「豈以其徒敬之，故亦當敬邪？」正叔曰：「但具人形貌，便不當慢。」或因質此語龜山，曰：「孔子云：『始作俑者，其無後乎！為其象人而用之也。』蓋象人而用之，其流必至於用人。君子無所不用其敬，見似人者不忽，于人可知矣。若于似人者而生慢易之心，其流必至於輕忽人。」

人各有勝心。勝心去盡，而惟天理之循，則機巧變詐不作。若懷其勝心，施之于事，必于一己之是非為正，其間不能無窒礙處，又固執之以不移，此機巧變詐之所由生也。孔子曰：「不知命，無以為君子。」知命，只是事事循天理而已。循天理，則于事無固必；無固必，則計較無所用。

孔子曰：「自古皆有死，民無信不立。」今天下上自朝廷大臣，下至州縣官吏，莫不以欺誕為事，而未有以救之。只此風俗，怎抵當他！謂學校以分數多少校士人文章，使之胸中日夕只在利害上，如此作人，要何用！

朝廷作事，若要上下小大同心同德，須是道理明。蓋天下只是一理，故其所為必同。若用智謀，則人人出其私意，私意萬人萬樣，安得同！因舉舊記正叔先生之語云：「公則一，私則萬殊。人心不同猶面，其蔽于私乎！」

問：「《易》有太極，莫便是道之所謂中否？」曰：「然。」「若是，則本無定位，當處即是太極邪？」曰：「然。」「兩儀、四象、八卦，如何自此生？」曰：「既有太極，便有上下；有上下，便有左右前後；有左右前後四方，便有四維。皆自然之理也。」

梨洲《答萬公擇》曰：統三百八十四爻之陰陽，即為兩儀。統六十四卦之純陽、純陰、陽卦多陰、陰卦多陽，即為四象。四象之分布，即為八卦。故兩儀、四象、八卦，生則俱生，無有次第。

學者若不以敬為事，便無用心處。致一之謂敬，無適之謂一。

大抵人能住得，然後可以有為。才智之士，非有學力，卻住不得。

《字說》所謂「大同于物者，離人焉」。曰：揚子言「和同天人之際，使之無間」，不知是同是不同。若以為同，未嘗離人。又所謂「性覺真空者，離人焉」。若離人而之天，正所謂頑空通。總老言經中說十識，第八庵摩羅識，唐言白淨無垢；第九阿賴邪識，唐言善惡種子。白淨無垢，即孟子之言性善是也。言性善，可謂探其本。言善惡混，乃是于善惡已萌處看。荊公蓋不知此。

若使死可以救世，則雖死不足卹，然豈有殺賢人君子之人。君子能使天下治，以死救天下，乃君子分上事，不足怪，然亦須死得是。孟子曰：「可以死，可以無死，死傷勇。」如必要以死任事為能外死生，是乃以死生為大事者也，未必能外死生。

道心之微，非精一，其孰能執之？惟道心之微而驗之于喜怒樂未發之際，則其義自見，非言論所及也。堯咨舜，舜命禹，三聖相授，惟中而已。孔子之言非略也。（《楊時集》一、二，中華書局二〇一八年版，第二二五—三九九頁。）

龜山文集

世之學者皆言窮達有命，特信之未篤，某竊謂其知之未至也。知之，斯信之矣。今告人曰：「水火不可蹈！」人必信之，以其知之也。告人曰：「富貴在天，不可求。」亦必曰然，而未有信而不求者，以其知之不若蹈水火之著明也。（《與楊仲遠》，《楊時集》二，第四五九—四六〇頁。）

夫至道之歸，固非筆舌能盡也。要以身體之，心驗之，雍容自盡、燕閒靜一之中默而識之，兼忘于書言意象之表，則庶乎其至矣。反是，皆口耳誦數之學也。（《寄翁好德》，《楊時集》二，第四八〇—四八一頁。）

為是道者，必先乎明善，然後知所以為善也。明善在致知，致知在格物。號物之數至于萬，則物蓋有不可勝窮者。反身而誠，則舉天下之物在我矣。《詩》曰：「天生烝民，有物有則。」凡形色具于吾身者，無非物也，而各有則焉。反而求之，則天下之理得矣。由是而通天下之志，類萬物之情，參天地之化，其則不遠矣！（《答李杭》，《楊時集》二，第四九四—四九五頁。）

《中庸》曰：「喜怒哀樂之未發謂之中，發而皆中節謂之和。」學者當于喜怒哀樂未發之際，以心體之，則中之義自見。執而勿失，無人欲之私焉，發必中節矣。發而中節，中固未嘗忘也。孔子之慟，孟子之喜，因其可慟可喜而已，于孔、孟何有哉！其慟也，其喜也，中固自若也。鑑之照物，因物而異形，而鑑之明未嘗異也。莊生所謂「出怒不怒，則怒出于不怒；出為無為，則為出于不為」，亦此意也。若聖人而無喜怒哀樂，則天下之達道廢矣。一人橫行于天下，武王亦不必恥也。故于是四者，當論其中節不中節，不當論其有無也。夫聖人所謂「毋意」者，豈了然若木石然哉？毋私意而已，誠意固不可無也。若所謂示見者，則非誠意矣，聖人不為也。故孟子論舜曰：「彼以愛兄之道來，則誠信而喜之，奚偽焉！」無誠意，是偽也。

致知必先于格物，物格而後知至，知至斯知止矣，此其序也。蓋格物所以致知，格物而至于物格，則知之者至矣。所謂止者，乃其至處也。自修身推而至于平天下，莫不有道焉，而皆以誠意為主。苟無誠意，雖有其道，不能行。《中庸》論天下國家有九經，而卒曰「所以行之者一」，一者何？誠而已。蓋天下國家之大，未有不誠而能動者也。然而非格物致知，烏足以知其道哉！《大學》所論誠意、正心、修身、治天下國家之道，其原乃在乎物格，推之而已。若謂意誠便足以平天下，則先王之典章法物皆虛器也。故明道先生嘗謂「有《關雎》《麟趾》之意，然後可以行《周官》之法度」，正謂此爾。（以上《答學者》，《楊時集》二，第五六四—五六五頁、五六六頁。）

自致知至于慮而後得，進德之序也。譬之適四方者，未知所之，必問道所從出，所謂致知也。知其所之，則知止矣，語至則未也。知止而至之，在學者力行而已，非教者之所及也。（《答吕秀才》，《楊時集》二，第五七一—五七二頁。）

夫精義入神，乃所以致用；利用安身，乃所以崇德。此合內外之道也。天下之物，理一而分殊。知其理一，所以為仁；知其分殊，所以為義。權其分之輕重，無銖分之差，則精矣。夫為仁由己爾，何力不足之有！顏淵之「克己復禮」，仲弓之「出門如見大賓，使民如承大祭」，若此皆用力處也。但以身體之，當自知爾。

夫通天下一氣也，人受天地之中以生，其虛盈常與天地流通，寧非剛大乎？人惟自梏于形體，故不見其至大；不知集義所生，故不見其至剛。善養氣者，無加損焉，勿暴之而已，乃所謂「直」也。用意以養之，皆揠苗者也，曲執甚焉！（以上《答胡康侯》，《楊時集》二，第五三六頁。）

學始于致知，終于知至而止焉。致知在格物，物固不可勝窮也，反身而誠，則舉天下之物在我矣。《詩》曰：「天生烝民，有物有則。」凡形色之具于吾身，無非物也，而各有則焉。目之于色，耳之于聲，口鼻之于臭味，接于外而不得遁焉者，其必有以也。知其體物而不可遺，則天下之理得矣。天下之理得，則物與吾一也，無有能亂吾之知思，而意其有不誠乎？由是而通天下之志，類萬物之情，贊天地之化，其則不違矣，則其知可不謂之至矣乎？知至矣，則宜有止也。譬之四方萬里之遠，苟無止焉，則將焉歸乎？故「見其進，未見其止」，孔子之所惜也。古之聖人，自誠意、正心至于平天下，其理一而已，所以合內外之道也。世儒之論，以高明處己，中庸處人，離內外，判心迹，其失是矣。故余竊謂《大學》者，其學者之門乎！不由其門，而欲望其堂奧，非余所知也。（《題蕭欲仁大學篇後》，《楊時集》二，第六九三—六九四頁。）

龜山門人

著作王福清先生蘋

黃氏原本有目無傳。

文清呂東萊先生本中

見《和靖學案》。

御史陳默堂先生淵

陳淵，字知默，南劍州沙縣人也。初名漸，字幾叟。早年從學二程，後學于龜山。紹興五年，以胡文定薦，充樞密院編修官，李忠定綱辟為制置司機宜文字。七年，詔舉直言，召對，賜進士出身。除監察御史、右正言。面論程、王學術同異，高宗曰：「楊時《三經義辯》甚當理則。」對曰：「楊時始宗安石，後得程頤師之，乃悟其非。」上曰：「安石穿鑿。」對曰：「穿鑿之過尚小。道之大原，安石無一不差。」上曰：「差者何謂？」對曰：「聖賢所傳，止有《論》《孟》《中庸》。《論語》主仁，《中庸》主誠，《孟子》主性。愛特仁之一端，而安石遂以愛為仁。其言《中庸》，則謂中庸所以接人，高明所以處己。《孟子》發明性善，而安石取揚雄『善惡混』之言，至于『無善無惡』，又溺于佛，其失性遠矣！」

又論秦檜親黨鄭億年嘗從賊，乞寢職名，為檜所惡，以宗正少卿去位。紹興十五年，卒。嘗謂羅仲素曰：「聖道甚微，有能于後生中得一個半個可以與聞于此，庶幾得者愈廣，吾道不孤，又何難之不易也！」先生為龜山之婿，卒能傳龜山之學。學者稱之為默堂先生。其門人曰沈度，序先生《集》。

先生幼穎悟異常兒，得聞家學。十有八歲，首領鄉薦，名聲藉甚，顧慊然以所學不在是。聞楊文靖得伊洛之傳，上書執弟子禮，以伊尹之所覺、周公之所思、孔子之所貫、顏子之所樂請益焉。文靖得書，以為深識聖賢旨趣，遂以子妻之。

先生與邑人羅仲素為同門友，情好尤密，定交幾四十年。常詣仲素，必竟日迺返，謂人曰：「自吾交仲素，日聞所不聞。奥學清節，真南州之冠冕也！」

紹興九年，除監察御史，再詔遷右正言，以執事入對。上曰：「昔陳瓘為諫官，論國家安危治亂事，係君子小人用舍，及言蔡京等誤國之罪，逮靖康之難，無一不驗。今命卿以此職，注意不輕。勿墜家聲，朕之所深望也。」又嘗以語宰執曰：「御史陳某，老成有學，嘗聞講《論語》《中庸》，可令進用。」其眷遇如此。先生感上恩厚，侃然守正，每因奏事，及治亂之本原，學術之邪正，君子小人朋黨之分，中國夷狄逆順之理，必反覆為上言之。

嘗論：比年以來，恩惠太濫，賞給太厚，頒賚錫予之費太過，所用既眾，而所入實寡，此臣所甚懼也。《周官》「唯王及后、世子不會」，說者謂不得以有司之法治之，非周公作法開後世人主侈用之端也。臣謂冢宰「以九式均節財用」，有司雖不會，冢宰得以越式而論之。若事事以式，雖不會，猶會也。

先生于書無所不讀，自少即為忠肅所知，常侍左右，踰三十年，忠言讜論，得之為多。及從文靖學，濟以涵養，薰陶義理，步趨矩度，是以行己立朝，具有本末。

或勸其遷就以隨世立名，先生歎曰：「吾知上不負天子，下不負所學而已。子孫榮枯，不暇計也。」

文質羅豫章先生從彥

見《豫章學案》。

文忠張横浦先生九成

見《横浦學案》。

主簿蕭先生顗

蕭顗，字子莊，浦城人。天資質樸，少孤，事母以孝聞。母喪，廬墓有靈芝之異。與李郁、陳彥同受業於龜山。嘗答範某書雲：「士之所志，舍仁義何為哉！惟仁必欲熟，義必欲精。熟，則造次顛沛有所不違；精，則利用安身而德崇矣。」晚以累舉得官，為清流縣主簿。終歲而歸，徜徉閭裡。朱韋齋先生嘗師事之。

文忠胡致堂先生寅

見《武夷學案》。

承務胡五峰先生宏

見《武夷學案》。

簡肅劉白水先生勉之

劉勉之，字致中，建州崇安人。少以鄉舉入太學。時蔡京方嚴挾元祐書制之禁，先生心知其非，陰訪伊洛程氏之書，藏于篋底，深夜下帷燃膏，潛鈔而默誦之。學《易》于譙天授定。已而厭科舉業，南歸見劉元城、楊龜山，皆請業焉。亂後故山室盧荒頓，乃結茅別墅，讀書其中，力耕自給，澹然無求于世，與胡籍溪、劉屏山日以講論切磋為事。紹興間，特召詣闕，先生知不與秦檜合，即謝病歸，杜門十餘年，學者踵至，人號曰劉白水先生。婦家富，無子，謀盡以貲歸于女，先生不受，以畀族之賢者，命之奉祀。其友朱韋齋卒，屬以後事，且戒子受學焉，故文公之得道，自先生始。卒，年五十九。

中書舍人吕公居仁知公之深，嘗以小詩問訊，有「老大多材，十年堅坐」之句，世傳以為實録。時國家南渡幾十年，謀復中原以攄宿憤，而未有一定之計，方且寤寐後俊，與圖事功。吕公乃與同列曾公天游、李公似之、張公子猷三數人者，共列其行誼志業，以聞于朝，特詔詣闕。將行，屏山先生為作招劍之文以祝之，其卒之亂曰：「寶劍徠，奉君王。撫四裔，定八荒。時乎時，毋深藏！」其所望于先生者如此！秦檜專柄國政，方決和戎之策，惡聞天下正論。意山林之下，不顧利害，敢盡言觸忌諱，尤不欲使見天子談當世事，第令策試後省，給札，俾上其對。先生知道不易行，即日謝病歸，杜門高卧十餘年，造養益熟，名聞日尊。故相趙忠簡公出鎮南州，道出里門，紆轡入謁，坐語移日，彌加歎重。然而去未幾即遭讒，竄海外以歿。同時知先生者，亦皆廢錮不復用，先生竟不及一試于用而卒。有志之士，莫不哀之。

待制王竹西先生居正

王居正，字剛中。故蜀人，高祖始遷揚之江都，故學者稱為竹西先生。十六歲而孤，嗜學。荊公《新經義》盛行，先生非之，不肯作新進士語，流落者十年。在太學見知于司業建安黄齊，已而齊同知貢舉事，始登宣和三年進士。丁内艱，廬墓行古喪禮。除服，累有補調，皆不就。

高宗即位，以薦再召，不起，避兵陽羡山谷間。同年范宗尹為相，薦之，趣召甚急，始至行在，責宗尹曰：「時危至此，位宰相，不出所學救民塗炭中，尚誰待？予分死溝壑，勉出見公，一道此意耳。」宗尹謝罪。及入對，以為「今日之事，畏難而不復有所為，將以望天意之自回，强鹵之自斃，臣有所不忍聞」，因條仁宗聖訓十事。上悦，謂宗尹曰：「人才如王居正者，歲月間得一人，亦幸矣。」改太常博士，除尚書禮部員外郎，議宗祀明堂、隆祐太后升遐冊禮。撫州守以甘露降上聞，先生請卻其圖。進太常少卿，疏上數千言，其論省費尤詳，謂：「宋興一百七十三年，百司庶府朝夕之所行，蓋多彌文之事。今海内鼎沸，陛下行宫行在一二日少駐蹕之頃，以數路、數十州土地之所出，欲盡為向者一百七十三年之事，不忍暫有所廢革，以為能奉行祖宗之故事，而但以减半之説為隨事以省費，亦已拙矣。願詔大臣，計百事之費而論定之，其不在當為之例者罷之，而不必計秋毫之費以示弱。」

以右文殿修撰知婺州。舊貢羅萬匹，崇寧後至五萬匹，建炎中詔蠲其二萬八千匹，未幾主計者復徵之。先生三上章，不報；遺屬吏詣政事堂爭之，又不得。乃竟置其檄不行，而手疏五不可爭之，上感悟，如其請。御爐炭有獻胡桃文、鵓鴿色者，先生報轉運使書曰：「深山窮谷之民，安知所謂胡桃文、鵓鴿色者。且上方簡儉以移風俗，顧以浮侈敗之邪？」及還朝，為上言之，上曰：「朕未嘗有此也。」

已而以起居舍人權中書舍人。上欲遷宗室令廌為太中大夫，先生言：「此侍從所轉官，令廌庶寮，不得遷，此祖宗法也。」大將張俊部卒至彭澤無狀，彭澤令郭彦恭械之，帝罷彦恭，以俊訴也。先生言彦恭無可罪，又斥俊乞免徭役之非。又以和州被兵，宜蠲其進奉大禮絹。除目有自中出者，先生謂近習請託，進擬不自朝廷，所繫非輕，因錄皇祐詔書以進。上嘉納之。

除兵部侍郎。北邊解嚴，力言防江之備不可撤。時上眷先生甚，其扈車駕親征也，甫次平江，羽檄狎至，大臣有為進退計者，上曰：「王居正必不肯為！」且將授以政，而異意者忌之，先生不自安，連章請郡，以徽猷閣直學士知饒州，改知台州。陛辭，諭以將大用。御史謝祖信以危語劾之，下除待制。未幾，奉祠，屏居括蒼者三年，而上不忘也。其弟駕部居修入對，上問之曰：「汝兄安在？行大用矣。」嘗與御史論民牧，上舉先生守婺免貢羅、爭貢炭二事，曰：「守臣若皆如此，朕更何憂！」又嘗稱先生制誥得詞臣體。

起知溫州。秦檜之參知政事也，與先生善，間論天下事，銳甚。及為相，所言皆不酬，先生疾之。嘗言于上曰：「檜嘗語臣，中國之人惟當著衣噉飯，共圖中興。又自謂使檜為相，必有以聳動天下。願陛下以臣所聞問檜，使行其平昔之言。」檜怒甚。至是再當國，先生自知不為所容，半年，以目疾請祠，歸陽羨，絕口不及時事。書祠官之考十二。檜忌之不置，猶奪其徽猷閣待制，先生晏如也。詔興二十一年，卒。檜死，有詔復官。

先生自少攻《新經》，及見龜山楊文靖公于陽羨，出所著《三經義辯》示之曰：「吾舉其端，子成吾志。」先生益感厲，首尾十年，為《毛詩辯學》二十卷、《尚書辯學》十三卷、《周禮辯學》五卷、《三經辯學外集》一卷。其在兵部時，因入對，上偶及安石新學為士大夫心術之害，先生進曰：「臣側聞陛下深惡安石之學久矣，不識聖心灼見其弊安在？」上曰：「安石之學，雜以霸道，取商鞅富國強兵之說。今日之禍，人徒知蔡京、王黼之罪，而不知天下之亂生于安石。」先生對曰：「禍亂之源，誠如聖訓。然安石所學，得罪于萬世者，不止于此。」為上陳安石訓釋經義無父無君者一二條。上作色曰：「是豈不害名教！子所謂邪說者，正謂是。」于是請以《辯學》進呈，先生即序上語于書首。先生所著書有《春秋本義》十二卷、《竹西論語感發》十卷、《孟子疑難》十四卷、《竹西集》十卷、《西垣集》五卷、《兵民條例》一卷。（黃氏原本，全祖望修之加詳）

尚書廖高峰先生剛

廖剛，字用中，順昌人。嘗從陳了翁遊，已受學龜山。崇寧五年進士。宣和中，為監察御史。時蔡京當國，先生論奏無避。出知興化軍。紹興元年，召為吏部員外郎。歷起居舍人、侍講、給事中、刑部侍郎、知漳州。

秦檜當國，方主和議，召先生。先生咨于鄭邦達，邦達曰：「和亦是好事。」先生至闕，拜御史中丞，助成和議。改工部尚書，終與檜不合而去。十三年，卒。嘗與龜山說義利，先生曰：「義利即是天理人欲。」龜山曰：「只怕賢錯認，以利為義也。」朱子言：「剛非詭隨者，但見道理不曾分曉。龜山之言，正為是也。」子四，遲、過、遂、蘧，皆秉麾節。邦人號為「萬石廖氏」。

憲敏高息齋先生閌（附蔣璯）

高閌，字抑崇，鄞縣人。紹興元年以上舍選賜進士第，為祕書省正字，擢禮部員外郎，遷著作佐郎，以言者論罷。後吕為國子司業。帝幸太學，秦熺執經，先生講泰卦。胡五峰以書責之曰：「閣下為師儒之首，不能建大論，明天人之理，乃阿諛柄臣，希合風旨，求舉太平之典。欺天罔人，平生志行掃地矣！」除禮部侍郎，出知筠州。卒，贈少師，謚憲敏。

先生從龜山于太學，胡文定訪士于龜山，以先生為首稱，由是知名。和靖將卒，先生執弟子禮求見，和靖辭以疾。及卒，門人王時敏、吕稽中等問師服于先生，以「從宜」答之。著有《春秋集注》。是時有蔣處士璯字季莊者，隱居慈溪，力排王氏新經，獨窮遺經，不入城市。先生每積所疑如干條，則造訪之。季莊不輕與人相接，聞先生至，倒屣迎之，小廬促膝，竟夕不倦。先生告辭，則季莊送之數里而遙，論者交重之。（黄氏原本，全祖望修之加詳）

施氏《北窗炙輠》曰：高抑崇始封進劄子，以為非和氣不足以治天下，上首肯之。抑崇乃問上曰：「陛下以為如何是和氣？」上為愕然，乃曰：「今疾厲不作，螟蝗不生，年穀豐熟，百姓安康，即和氣也。」抑崇曰：「此萬物和氣。陛下和氣安在？」上乃默然。

又曰：高抑崇說「修其天爵而人爵從之」，以為修其天爵而人爵來從。其不來柰何？若不來，是天爵無驗。若欲其來，則與「修天爵以要人爵」何以異也？所謂從者，非此之從也。從者，任之而已矣。

提舉喻湍石先生樗

喻樗，字子才，號湍石，其先南昌人，後徙嚴陵。建炎末第進士。先生質直好議論，謁趙忠簡鼎曰：「公之事上，當使啟沃多而施行少。啟沃之際，當使誠意多而語言少。」忠簡奇之，引為上客。後都督川陝、荊襄，辟為屬，多所裨益，即薦授祕書省正字，兼史官校勘。以忤秦檜，出知懷寧縣，通判衡州，致仕。檜死復起，歷提舉浙東常平，以治績聞。玉山汪氏應辰，其婿也。門人知名者，有程迥、尤袤。

簽樞徐師川先生俯

徐俯，字師川，分寧人。以父禧死國事，授通直郎，累官至司門郎。張邦昌僭位，遂致仕。時工部侍郎何昌言與其弟昌辰避邦昌，皆改名，師川故名婢昌奴，每令驅使客前。建炎初，召為右諫議大夫。紹興二年，賜進士出身，兼侍讀。尋簽樞密院事。四年，兼權參知政事。與趙忠簡鼎議事不合，出知信州。十年，卒。先生之歸洪州也，欲不復來，龜山謂之曰：「公免得仕宦否？」先生曰：「不能。」龜山曰：

「如此，則當復來供職。仕宦處處一般，逃此至彼，彼亦有不安處，是無地可以自容也。」先生曰：「來此恐復為人所陷。」龜山曰：「顧吾所自為者何如耳！苟自為者皆合道理而無愧，然而不能免者，命也。不以道理為可憑依，而徒懼其不免，則無義無命矣。」先生受教。

運判盧毋我先生魁

盧魁，邵武人。政和初進士，仕至江西運判。嘗作《毋我論》，為眾所推，號盧毋我。其學多得于龜山。晚寓黔中。所著《筆錄》十卷。

廖先生衙

廖衙，字仲辰，□□人，龜山之姪婿也。在龜山門下與羅豫章為友。聚生徒于羅源南齋，議論得其壼奧。

提刑黄先生鍰

黄鍰，字用和，浦城人。政和五年進士，龜山甚器重之。調西安丞。李忠定宣撫河東，辟為屬。高宗拜監察御史。出提點江西刑獄，乞祠。

文簡宋雲海先生之才

宋之才，字廷佐，瑞安人。舉進士，教授京兆府。每言士負卓犖材，皆可入聖賢之域，患速售爾，故深務韜養。積十八年，不易初官。召試，除正字。丁母憂。服除，入為校書郎，遷考功郎，言不可以講和忘進取。歷司業、權禮部侍郎，乞去，以敷文閣待制奉祠。所著有《雲海敝帚集》五卷。

宗羲案：林艾軒《與楊次山書》云：「龜山先生有一徒弟在永嘉，不知其存否。」今考之，當是宋之才也。是在當時已多不識，況至于後世乎。他如范濟美、李似祖、曹令德，名皆不可知矣。

機宜李西山先生郁

李郁，字光祖，邵武人，元祐黨人深之子，龜山之婿也，嘗謂之曰：「學者當知古人之學何所用心，學之將何以用。若曰孔門求仁，則何為而謂之仁？若曰『仁，人心也』，則何者而謂之人心邪？」先生退求其說，累請而累不合，湛心者十有八年，然後渙然若有得也。故其語學者亦曰：「學者于經，讀之又讀，而于其無味之處益致思焉。至于群疑並興，寢食不置，始當驟進耳！」紹興初，以遺逸召對便殿，除敕令所删定官。秦檜用事，先生自度不能俯仰禄仕，遂遁迹西山。久之，起家福建帥司機宜。旋移病告歸。二十二年，卒。著有《易傳》《參同契》《論》《孟》遺稿及《詩文集》。朱子言：龜山之徒如蕭子莊、李西山、陳默堂，皆説禪。龜山没，西山嘗有佛經疏追薦之。

李先生似祖、曹先生令德

李似祖、曹令德，皆龜山弟子。

知州胡先生珵

胡珵，字德輝，毗陵人也。詩文、墨隸皆精好。學于楊文靖公龜山，尋以文靖之命學于劉忠定公元城。入太學，成進士。南渡初，李公伯紀為相，先生在其幕中。汪、黄甚之，以陳少陽之上書也，先生實視其草，竄蒼梧。已而東歸。趙豐公入相，直翰林，兼史館校勘，與張嵲同入書局。未幾，豐公去國，張魏公以為元祐未必全是，熙寧未必全非，遂擢何掄仲、李似表為史官，欲有改定。先生與嵲不可，遂皆求去。豐公再相，復召二人，書成。講和之役，先生與同館朱松、凌景、夏常明、范如圭合疏爭之，其稿出于先生手，略曰：「敵人方據中原，吞噬未厭，何憂何懼而一旦幡然與我和？蓋其狃于荐食之威，動輒得志，而我甚易恐，故常喜為和之説以侮我。又慮我訓兵積粟，畜鋭俟時，而事有不可知者，故不得不為和之説以撓我。蓋今之和使，即秦之衡人，兵家用之，百勝之術也。六國不悟衡人割地之無厭，以亡其國。今國家不悟敵使請和之得策，其禍可勝言哉！而執事者顧方以吾為母后，為梓宫，為淵聖天屬之故，遂不復顧祖宗社稷二百年付託之重，而輕從之，使彼得濟其不遜無稽之謀，而藉躪以逞，將焉避之哉！昔楚、漢相持之際，項羽嘗置太公俎上，而約高祖以降矣。使為高祖者，信其詐謀而遽為之屈，則自其一身且無處所，尚何太公之可還哉！惟其不信不屈，而日夜思所以圖楚者，以故卒能蹙羽鴻溝之上，使其兵疲食盡，勢窮力屈，而太公自歸。此其計之得失，亦足以觀矣！」疏上，秦檜大怒。然是時和議尚未定，公議尚張，但出之知嚴州而已。已而李莊簡公去國，遂以先生為其黨，罷之，飢寒因窮而死。所著有《蒼梧集》。

汪玉山《與吕逢吉》曰：胡德輝言《温公日記》極有可疑，如記富鄭公惑一尼之言，至願為蛆蟲，食其不潔。富公雖所見不同，何至于此！温公平日最推富公，不應如此記事，德輝以為必後來所增加。蓋當時介甫嘗奏富弼無見，惑一妖尼之言，則所謂後來增加者，當有之。

州守鄒先生柄

鄒柄，字德久，道鄉先生長子也。剛梗有父風。未冠，棄舉子業，從龜山遊，手葺《伊川語録》一卷。靖康初，自布衣薦除樞密院編修。

疏請昭雪父冤，且言本非朝廷之意，朝奏夕可，贈官賜謚，典禮憂渥。官終給事中、台州守。

舍人曾先生恬

見《上蔡學案》。

隱君徐逸平先生存

徐存，字誠叟，江山人。。隱居教授，學者稱為逸平先生，從學者至千餘人。所著有《五經講義》。林艾軒、朱子皆敬之。江山向無儒宿，其學統自正介先生周穎受之胡安定，而先生繼之。

史館柴先生禹聲、柴先生禹功

柴禹聲，字元振，江山人也。同徐逸平學于毗陵，見龜山。鄒給事可久為作《潛心室銘》。高抑崇在太學，嘗薦之，曾充史館。其兄禹功，字懋績，晚歲亦登楊門。

檢正王彥穎庭秀

王庭秀，字彥穎，慈溪人。政和二年進士，歷御史臺檢法官。高宗立，臺臣言偽楚時庶官中如虞謨、王庭秀者，初非疾病，毅然而歸，願褒擢之，拜遷侍御史，與鄭穀力爭明受降封事，出知瑞州。以右正言吕祉疏諫，召為禮部郎，改左司，遷檢正中書門下省諸房公事，與黄潛善不合，引疾奉祠歸。彥穎從學龜山，其為學旁搜遠紹，不苟趨時好，造詣深遠，操持堅正，發為文辭，後邁弘遠，焜如也。有女嫁任賢臣廉淑，賢臣攝武昌，有奉饋，告其夫曰：「異時貧甚，宜不聊生，亦且至今日矣。今日幸贏足，奈何以此自污？」説者以為彥穎之教也。

龜山再傳

子莊門人

獻靖朱韋齋先生松

見《豫章學案》。

隱君徐逸平先生存

見上。

湍石門人

文定汪玉山先生應辰

見《横浦學案》。

朝奉程沙隨先生迥

程迥，字可久，號沙隨，由寧陵徙居餘姚。登隆興元年進士第，知上饒縣。已而奉祠。嘗受經學于嚴陵喻氏，著《古易章句》十卷，《易傳外編》《古易考》《古占法》各一卷，又有《春秋傳顯微例目》《論語傳》《孟子章句》《文史評》《經史說》《諸論辯》《太玄補贊》《戶口田制貢賦書》《乾道振濟錄》等書。卒官朝奉郎。朱子稱其「博聞至行，追配古人；釋經訂史，開悟後學；當世之務，又所通該」。其高第曰高元之。

文簡尤遂初先生袤

尤袤，字延之，無錫人。入太學，以詞賦冠多士，尋冠南宮。紹興間登進士第，官至禮部尚書。卒，年七十，贈金紫光禄大夫，謚文簡。先生少從喻湍石遊。乾、淳間，程氏學稍振，忌之者目為「道學」，將攻之。先生時在掖垣，首言：「夫道學者，堯、舜所以帝，禹、湯、武所以王，周公、孔、孟所以設教。近立此名，詆訾士君子，故臨財不苟得，所謂廉介，安貧守分，所謂恬退，擇言顧行，所謂踐履，行己有恥，所謂名節，皆目之為道學。此名一立，賢人君子欲自見于世，一舉足且入其中，俱無得免。此豈盛世所宜有！」孝宗曰：「道學豈不美之名，正恐假託為姦，使真偽相亂爾。」一付出戒敕之。先生卒數年，韓侂胄擅國，于是禁錮道學，賢士大夫皆受其禍，識者以先生為知言。嘗取孫綽《遂初賦》以自號，光宗書扁賜之。有《遂初小稿》六十卷、《內外制》三十卷。

西山門人

隱君李濟軒先生呂

李呂，字濱老，一字東萊，西山先生郁之再從子也。學于西山。年四十，即棄科舉讀《易》，六十四卦皆為義說。百家無所不觀，而尤留意《通鑑》，手鈔至數四，于其中興衰得失，論著又數百篇。聚族千指，昕夕擊鼓集眾，致禮享堂，前後聚揖，自少至老，不以寒暑廢。或勸少休，先生曰：「身率猶怠，況自怠邪？」為會宗法，歲時設遠祖位，合族薦獻，聚拜飲福，秩然可觀。學務躬行，深惡口耳之習。教人循循善誘。故不喜言貨財，苟可用物利人，則勇為之，如立社倉養下戶不舉之子，創屋療旅病。朱子嘗為之記，歎其負經事綜物之才而不遇也。所著有《澹軒集》十五卷。子閎祖。（黃氏原本，全祖望修之加詳）

龜山三傳

逸平門人

州守鄭先生升之

鄭升之，字公明，江山人也。師事逸平。以進士除學官，嘗言學術之害，莫甚于《老》《莊》，乞勿命題。召試館職，累官吏部郎、守賀州。所著有《鄭賀州集》。

通判江玉汝先生介

江介，字邦直，德興人。少讀程子書，至水清性善之說，喟然太息，視平日所學不過為利祿爾，亟走謁徐逸平于常山而師之。官進賢令，以旱賑卹有勞，旁縣吏多受賞，先生曰：「子饑而母乳之，何賞為！」會詔蠲民田半租，先生以為輸租之弊，雖合勺必取盈。若但蠲其半，僅有利于大戶。彼輸一升者，名減五合，而仍一升也。不若取貧民三升以下者悉蠲之。部使者程大昌以聞，從之。大昌喜曰：「君雖官止百里，而惠加一路。」隆興帥守龔茂良尤重之。改興國令，陳其邑五事，時不能用。轉四川總領司主管文字。東川大饑，總領主餉，不豫民事，先生請以庫之羨錢賑之，遂昌守李燾亦亟稱之。通判恭州，卒。所著有《玉汝堂集》。先生誠慤敦重，有得于龜山之傳。其于逸平諱日，為不御酒食者終身。兩宰縣，可比古之循吏。門人以程端蒙為最。

漕使柴退翁先生瑾

柴瑾，字懷叔，江山人也。師事逸平。以進士倅番陽，歲飢，便宜以常平米發賑，太守難之，答曰：「設有咎，下官當自受之。」入為殿中侍御史，福建漕使。有《退翁集》。

沙隨門人

曹無妄先生建

見《紫陽學案》。

龜山四傳

玉汝門人

太學程蒙齋先生端蒙

見《新安學案》。

傳龜山之學者有黃櫄，見《和靖學案》。

宣教黃先生櫄

見《和靖學案》。

一〇　廌山學案

文肅游廣平先生酢（附兄醇）

游酢，字定夫，建州建陽人。與兄醇俱以文行知名于世，所交皆天下英豪。先生雖少，當時老師宿儒咸推先之。伊川以事至京師，一見，謂其資可進道。時明道知扶溝縣，兄弟方以倡明道學為己任，設庠序，聚邑人子弟教之，召先生來職學事。先生欣然往從之，得其微言，因受業焉。

元豐六年，第進士，調越州蕭山尉。侍臣薦為太學錄。除博士，乞外以便養，得知河清。范忠宣純仁判河南，待以國士，有疑輒咨之。忠宣移潁昌，辟自隨，為學教授。及入相，復以為太學博士。忠宣罷，先生亦請外，簽判齊州。丁憂。服除，移泉州。徽宗立，擢監察御史。出知和州，歲餘，主祠。後知漢陽軍，再乞祠。後知舒州，再知濠州。罷歸，家寓歷陽。宣和五年，卒，年七十一。

先生性潁悟，有治劇才。時修奉祠館，編氓困于征調，所至騷然。先生更數郡，處之裕如，民不勞而事集。所著有《易說》《詩二南義》《中庸義》《論語孟子雜解》各一卷。

筮仕之初，縣有疑獄，十餘年不決。公攝邑事，一問得其情而釋之，精練如素宦者，人服其明。

伊川曰：「游酢非昔日之游酢也，固是穎然資質溫厚。」又曰：「游酢讀《西銘》，已能不逆于心。言語外立得個意思，便能道中庸矣。」又曰：「游酢、楊時先知學禪，已知向裏沒安泊處，故來此，卻恐不變也。」

吕紫微曰：「定夫後更學禪。大觀間某以書問之云：『儒道以為順此父子君臣夫婦朋友兄弟，則可以至于聖人。佛道去此，則何以至于聖人？吾丈既從二程學，後又從諸禪遊，鄉二者之論必無滯閡，敢問所以不同何也？』游答云：『佛書所說，世儒亦未深攷。往年嘗見伊川云，吾之所攻者迹也。然迹安所從出哉？要之，此事須親至此地，方能辨其同異。不然，難以口舌爭也。』定夫言前輩往往不曾看佛書，故詆之如此之甚，而其所以破物者，自不以為然也。」

朱子記先生祠堂曰：先正忠肅公之與先生遊也，笑談論議，書疏詞章，皆所親見而聞之者，至今尚能誦之。其雍容俛仰之間，又能併得其深微之意，使聞者怳然，若將復見其人焉。

問定夫記程先生語中：「一物不該，非中也；一事不為，非中也；一息不存，非中也。何哉？為其偏而已矣。」朱子曰「便是此說中字不著。中字之義不如此。他說偏字，卻是一偏。一偏便不周偏，卻不妨。如定夫記此語，不親切，不似程先生每常說話，緣他夾雜王氏學。當時王氏學盛行，薰炙得甚廣。」

廌山遺文

《易》之為書，該括萬有，而一言以蔽之，則順性命而已。陰陽之有消長，剛柔之有進退，仁義之有隆污，三極之道，皆原于《易》而會于理。其所遭者時也，其所託者義也，其所致者用也，知斯三者而天下之理得矣。斯理也，仰則著于天文，俯則形于地理，中則隱于人心。而民之迷日久，不能以自得也，冥行于利害之域，而莫知所尚。聖人有憂之，此《易》之所為作也。伏羲象之而八卦成，文王重之而六爻具，周公繫之辭，仲尼訓其義。自伏羲至于仲尼，則《易》之書不遺餘旨矣。蓋將領天下于中正之塗，而要于時措之宜也。居則觀象而玩辭，動則觀變而玩占，以研心則慮精，以應物則事舉，天且助之，人且與之，而何凶咎之有！故曰：「是興神物，以前民用。」又曰：「因貳以濟民行。」此四君子之用心也。（《孫莘老易傳序》，文淵閣四庫全書《游廌山集》卷四）

廌山門人

文清吕東萊先生本中

見《和靖學案》。

侍郎曾先生開

曾開，字天遊，吉甫之兄也。其先贛人，徙河南。崇寧進士，官至刑部侍郎。從學廣平，日讀《論語》，求諸言而不得，則反求諸心。每有會意，欣然忘食。先生天性孝友，厚于九族，信于朋友。立朝遇事，臨大節而不可奪。師友淵源，蓋有所自云。

鷹山再傳

知軍曾先生集

見《南軒學案》。

一一 和靖學案

和靖學案語略

和靖在程門，天資最魯，而用志最專。嘗自云：「某不逮張思叔。如凡請問未達，三四請益，尚未有得處，久之乃得。如思叔則先生纔說，便點頭會意，往往造妙。然某雖愚鈍，他日持守，思叔恐不及某。」伊川然之。朱子云：「和靖直是十分鈍底，被他只就一個敬字做工夫，終做得成。」又云：「和靖不觀他書，只是持守得好。他《語錄》中說持守涵養處，分外親切。可知學不在多，只在功專志一。」林拙齋《紀問》紀：「尹和靖先生家居，終日竦然。家人問饑渴飲食，然後唯阿應之，不爾不言。」可想見其專功靜度矣。其後林拙齋之後有東萊，陸子正之後有艾軒，皆名世大儒也。（黄百家）

肅公尹和靖先生焞

尹焞，字彥明，一字德充。祖源字子漸，與弟洙並有名，世為洛人。叔材亦以學行顯，遊于司馬溫公、邵康節之門。溫公入相，材以遺逸薦為學官，康節所謂洛中三賢之一也。先生既家世耆宿，少聞長者之教。年二十，為舉子，因蘇季明以見伊川。紹聖元年，發策有「元祐邪黨」之問。先生曰：「噫，尚可以干祿乎哉！」不對而出，告伊川曰：「焞不復應進士舉矣！」伊川曰：「子有母在。」先生歸告其母陳，母曰：「吾知汝以善為養，不知汝以祿養。」伊川聞之曰：「賢哉母也！」

大觀元年，諫官范致虛攻其為程頤羽翼。靖康元年，五十五歲，种師道薦其學行可備講說，召至京師，賜號和靖處士，放還。明年，金師陷洛，闔門被害。先生死復甦，轉徙長安山谷中。劉豫僭號，以禮聘先生，不至，夜渡渭水，流離至蜀。張公浚宣撫川、陝，館之。張公曰：「人有不為也，而後可以有為，此孟子至論。」先生曰：「不然，好善優于天下，乃為至爾。」蓋規張公之自是也。紹興五年，侍講范公沖舉先生自代，高宗謂侍臣曰：「昔召程頤，自布衣除崇政殿說書。焞可依例，令宣撫司津遣赴行在所。」先生累辭不得，設祭于伊川，乃上道。其辭有曰：「有補于時，則未也；不辱其門，則有之。」至九江，諫官陳公輔有疏攻程學，先生止不進，上奏曰：「焞師程頤垂二十年，學之既專，自信甚篤。使焞濫列經筵，其所敷繹，不過聞于師者。舍其所學，是欺君父。」時張公入相，上章復薦，詔江州津遣入見，力辭。

高宗曰：「知卿從學程頤，待卿講學，不敢有他也。」加祕書郎。八年，除祕書少監。每當赴講前一日，必沐浴更衣，置所講書于案上，朝服再拜，齋于燕室。學者問之，先生曰：「吾言得入，則天下蒙其利；不能，則反之。欲以所言感悟人主，安得不敬！」

一日，高宗問先生曰：「紂亦是君，孟子何故謂之一夫？」先生曰：「此非孟子之言。武王誓師云：『獨夫紂，洪惟作威。』」高宗又曰：「君視臣如土芥，則臣亦便可視君如寇讎乎？」先生曰：「此亦非孟子之言，《書》云：『撫我則后，虐我則讎。』」高宗謂丞相趙鼎曰：「朕嘗以此問張九成，九成曰：『才不為君，便是獨夫。』不如尹焞之明白也。」解《論語》以進，高宗又謂趙鼎曰：「尹焞日間所行，全是一部《論語》。」鼎曰：「陛下可謂知人矣！」高宗又問先生：「卿之粹厚，何以臻此？」先生曰：「臣但一生不敢作過。」高宗笑而然之。高宗好看黃山谷詩，先生曰：「此人詩有何好處？陛下看他何用！」未幾求去，高宗語參知政事劉大中曰：「焞學問淵源，足為後學矜式。班列中得老成人，亦是朝廷氣象。」以直徽猷閣主管萬壽觀，仍侍經筵。除試大理少卿，權禮部侍郎。

秦檜獨相，力主和議，先生上疏言其不可，又遺書于檜，檜大怒。既除徽猷閣待制，先生言：「職在勸講，蔑有發明，當去一。貪戀寵榮，遂移素守，當去二。不量分守，言及國事，識見迂陋，當去三。以病乞去，更獲超遷，當去四。國典《禮經》，七十致仕，當去五。」疏上，提舉江州太平觀，尋還一官致仕。十二年十一月五日，卒于會稽，年七十二。疾革，門人稱遺表，先生曰：「某一部《孟子解》，便是遺表。」伊川嘗言：「尹彥明他時必有用于世。」又曰：「我死而不失其正者，尹氏子也。」程門學者，龜山與先生最後死。先生窮居講論，不肯少自貶屈；拱手斂足，即醉後未嘗別移一處。在平江累年，所用止有一扇，用畢置架上。凡百嚴整有常。一僧見之曰：「吾不知儒家所謂周、孔如何，恐亦只如此也！」先生在經筵，每自不安曰：「只講兩行書，如何做得致君澤民事業！」故急急求去。然則先生之用于世者，固未盡也。所著有《論語》《孟子解》。

先生因蘇昞見伊川，自後半年，方得《大學》《西銘》看。

伊川教人，專以「敬直內」為本，先生獨能力行之。先生言：「伊川先生教，只是專令用『敬以直內』。若用此理，則百事不敢輕為，不敢妄為，不愧屋漏矣。習之既久，自然有所得也。往年伊川先生自涪陵歸，焞日日見之。一日讀《易》，至敬以直內處，因問：『不習無不利時，則更無睹，當更無計較也邪？』伊川深以為然，且曰：『不易見得如此。且更涵養，不要輕說。』」

和靖每曰：「動靜只是一理。陰陽、死生亦然。」

論動靜之際，聞寺寺叩鐘，和靖曰：「說著靜，便多一個靜字，說動亦然。」伊川頷之。

初奔蜀，止於涪，涪為伊川讀《易》之地，辟三畏齋以居，邦人不識其面。

先生嘗言：「學者，所以學為人也。」又語人曰：「放教虛閑，自然能見道。」

朱子曰：「和靖日看《光明經》一部，有問之，曰：『母命不敢違。』如此便是平日缺卻『諭父母于道』一節，便致得如此。」

黃東發曰：「和靖雖亦以母命誦佛書，而絕口未嘗談禪，斯道之碩果不食者也。」

和靖說

學者切不可以富貴為大事！富貴儻來之物，纔役心于此，則不可為學矣。

「操則存，舍則亡，出入無時，莫知其鄉」，此孟子說心，非說性也。

某一日侍坐于伊川，請曰：「某看曾子三省，誠而已。」伊川曰：「不意賢看到此要緊處。」

孟子說三樂處，極好玩味。一歸之天，二歸之己，三歸之人。王天下則果在外也。

《鄉黨》一篇，門人弟子寫出一個聖人之德容，學者當潛心焉。《中庸》自「仲尼祖述」而下，至「無聲無臭，至矣」，言孔子之大。《鄉黨》一篇，自始至終言孔子之小。子思曰：「天地之大也，人猶有所憾。故君子語大，天下莫能載焉；語小，天下莫能破焉。《詩》曰：『鳶飛戾天，魚躍于淵』言其上下察也。」

某昔在涪陵千佛寺居，扁坐處曰三畏齋。至此，復取舊額扁坐榻之前，聊以自警。後因看人編《伊川師說》，說「三畏」處曰：「畏天命，不負所畀付；畏大人，亦以自畏；畏聖人之言，以自進德也。」某不覺愧于中者累日。蓋平日以是名齋，自謂有深得。且如「畏聖人之言」，只是謂道之所在而已，又何嘗推得到此。乃知伊川凡語言必推用于己。自此，亦當少戒輕為人解釋聖言也。畏大人時，且如端莊而坐，亦所以自畏也。

某昔在伊川席下，有學者來問：「六十四卦，以某觀之，皆不須得，只乾、坤足矣。」伊川曰：「要去誰分上使？」其人曰：「聖人分上使。」伊川曰：「聖人分上，一字也不須得。」

讀聖人之書，須是有所自得。且如《論》《孟》，從少知是孔子、孟子之書，不敢說爾非真知也。要如不知有孔、孟而知為孔、孟之說，乃所謂真知爾。

程先生《遺書》，雖以講說而傳，亦以誦解而陋。況其所論所趨，不無差誤，豈惟無益，害又甚焉。（《進論語狀》，（文淵閣四庫全書《和靖集》卷三）

明道嘗曰：「天下事，只是感與應爾！「先生初聞之，以問伊川，伊川曰：「此事甚大，當自識之。」先生曰：「靜之斯來，動之斯和，是亦感與應乎？」曰：「然。」

嘗請益于伊川先生曰：「某謂動靜一理。」伊川曰：「試喻之。」適聞鐘聲，某曰：「譬如鐘未撞時，聲固在也。」伊川喜曰：「且更涵養！」

溫州鮑若雨與鄉人十輩從伊川，伊川遺之見和靖。次日，伊川曰：「諸人謂子靳學，不以教渠，果否？」先生曰：「某以諸公來先生之門受學，某豈敢輒為他說，萬一有差，便是誤他一生。」伊川頷之。

先生在從班時，朝士迎天竺觀音于郊外，先生與往。有問：「何以迎觀音也？」先生曰：「眾人皆迎，某安敢違眾？」又問曰：「然則拜乎？」曰：「固將拜也。」問者曰：「不得已而拜之與，抑誠拜也？」曰：「彼亦賢者也。見賢斯誠敬而拜之矣。」

邢叔端一日歸，謂先生曰：「府中諸公謂先生官已四品，雖小衫自當用紅鞓帶。」先生笑曰：「某已致仕，自是無官，何用此為？皂帶不足，又要紅鞓；紅鞓不足，又要兼金。孟子曰：『人少則慕父母，知好色則慕少艾，有妻子則慕妻子，仕則慕君，不得於君則熱中。』心一而已，移來移去，至於熱中，則無不為矣。」

先生嘗書數句說《易》曰：「《易》之道如日星，但患於理未精，失于機會，則暗於理者也，聖人複生，恐不易吾之言。」寬問之，先生曰：「吾看『《易》逆數也』，故有是說。正在未到泰之上六，便要知泰之將極；未到否之上九，便要知否之欲傾也。」

先生每與時敏講書，必具衣冠，或深衣。講畢，則曰：「盡誠及物者我也，識之者其在子乎！」或引呂與叔《中庸》後曰：「諸君有意，今日之講，猶有望焉；無意，則不肖自為嘵嘵無益，不幾於侮聖言者乎？」

先生曰：「學者不可無師友，師道嚴，須是友。觀《易》兌卦，全說朋友。公且看樊遲問仁，孔子告以『愛人』；問知，告以『知人』。孔子竭始終言之，當時樊遲無所進，故又告以『舉直錯諸枉，能使枉者直』，遲復無所進。及退而見子夏，且以舜、湯之事言之，然後釋然不復問。朋友之得，可謂多矣。」因言：「某昔從伊川問不切，只是不答。若要切切偲偲，是朋友。」

時敏欲學讀《孟子》，問曰：「《孟子》不知誰解得好？」先生曰：「無出趙氏。公且看趙氏注。」因曰：「某被旨解《孟子》，《孟子》逐段自說分明，今更不復解，但與逐段作一說，提其要而已。」

時敏因侍坐，語及《孟子》，先生曰：「近來看得如何？」對曰：「數日看得『無為其所不為，無欲其所不欲』。」先生大聲曰：「如斯而已矣！」既而曰：「盡得此，便是聖人。」

先生謂時敏曰：「賢在此，飲食恐粗糲。」時敏起謝曰：「時敏田家子，本無食祿分。今來分先生祿食，大段僭越，豈問其粗糲。」先生大笑曰：「士志於道，而恥惡衣惡食者，未足與議也。今士大夫好事治飲食，所謂『養其小體為小人』。」因目其左右雲。

有新第人來見先生，退，先生為時敏講《論語》第七篇，呂憲又送改官文字，邢叔端舉家甚喜，先生曰：「人心固不足。秀才望得解，得解望及第，緑衫望緋衫，緋衫望紫衫。何時是已！此所謂：『小人長戚戚。』」因曰：「前輩各別，歐陽公及第後，棄其所業，與伯祖師魯習古文。近來如謝顯道、楊中立，皆因及第後來歸伊川。」時敏歸語呂丈，呂曰：「先生長者，説話有益。某祖父侍講在家，亦有新第人來見，是親戚，不欲言其名，久之曰：『某待將《三經新義》編成門類，以便學者。』侍講曰：『公更待應舉邪？』其人大慚。」呂紫微書問釋氏「輪迴」之説，先生謂時敏曰：「居仁泥於生死輪迴，某已作書喻之，引潮以喻輪迴，賢他日見渠，作某拜意問渠，今世既做了中書舍人，後世更要做宰相，輪迴之説，佛家之愛便宜也。「未幾呂再書至云：「既無輪迴，人何苦為善而不為惡？」先生笑曰：「只這裏便是私心。《經》曰：『天地之性，人為貴。』人生天地中，其本甚善，幾曾教你為惡，作賤他來！得之太虛，還之太虛，我在何處？」

先生愛潔淨，地有污穢，必去之，嘗説：「某只有這些克不去。」時敏問：「孔子告顏子克己復禮，若非禮之視聽言動，亦須如此克邪？」先生曰：「是也。」因言伊川亦如此，一領黄衲道服，至破亦潔淨，嘗曰：「衣不欲異，欲其潔；食不欲異，欲其精。」（以上除《進論語狀》，均見文淵閣四庫全書《和靖集》卷五師説上、卷六師説中、卷七師説下）

慈溪黄氏曰：程門之傳，惟先生最得其正，其餘率染異論。先生此語，蓋有為而發。

宗羲案：和靖只就敬字上做工夫，故能有所成就。晦庵謂其只明得一半，蓋以伊川涵養須用敬，進學在致知。和靖用得敬一半，闕卻致知一半也。愚以謂知之未致，仍是敬之未盡處也。以《識仁篇》論之，防檢似用敬，窮索似致知。然曰心苟不懈，何防之有？則防檢者是敬之用，而不可恃防檢以為敬也。曰存久自明，安用窮索？則致知之功，即在敬内，又可知也。今粗視敬為防檢，未有轉身處，故不得不以窮理幫助之，工夫如何守約？若和靖地位，謂其未到充實則可，于師門血脈，固絕無走作也。

和靖門人

文清呂東萊先生本中

呂本中，初名大中，字居仁。其先東萊人，自文靖公始家京師。父好問，資政殿學士，封東萊郡侯。先生以正獻公恩補承務郎。紹聖間黨事起，正獻追貶，先生亦坐黜。元符中復官。政和五年，調興仁濟陰簿，繼為泰州士曹。丁母憂，吉。除大名路撫幹。宣和六年，除樞密院編修官。靖康初，遷職方員外郎，以不答梁師成大著名。紹興六年，自直秘閣、主管崇道觀召赴行在，特賜進士出身，擢起居舍人兼權中書舍人。

七年，上幸建康，先生奏曰：「當今之計，必為恢復事業，求人才，卹民隱，審政刑，開言路，然後練兵謀帥，增師上流，固守淮甸，伺彼有釁，一舉可克。若邦本未強，恐生他患。」引疾乞祠，直龍圖閣、知台州，不就，主管太平觀。召為大常少卿。八年，遷中書舍人，又兼權直學士院。

初，先生與秦檜同為郎，意歡甚，秦又先生父所薦御史也。趙忠簡鼎耳熟先生名，亦大欽響之。先生之真拜西掖也，趙、秦適為左右揆，論議多不諧。檜有專擅之意，欲排不附己者，先生為陳「同人于野，亨」之義，檜不然之。又力勸檜不可汲用親黨，除目下，先生即奏還之，檜勉其書行，卒不從。會《哲宗實錄》成，忠簡除特進，先生草制有曰：「會晉、楚之成，不若尊王而賤伯；散牛、李之黨，未如明是以去非。」檜大怒，言于上曰：「本中受鼎風旨，伺和議不成，為脫身之計。」風御史蕭振劾罷，與祠。卒于上饒，年六十二，學者稱為東萊先生，賜謚文清。

所著有《春秋解》《童蒙訓》《師友淵源錄》，行于世。先生少從游定夫、楊龜山、尹和靖遊，而于和靖尤久。和靖之致仕也，先生問曰：「伊川歸田，納其告敕曰：『臣本布衣，得還初服為榮。』今先生受四品服致仕，與伊川異，何也？」和靖曰：「居仁責我則是。但焞荷聖恩，四章不允，復賜雜物。今解《孟子》以進，當俟書成，隨納章服耳。先後之間，非有異也。」從孫祖廉、祖儉。（黄氏原本，全祖望修之加詳）

自少講學，即聞父祖至論，又與諸君子晨夕相接薰陶。嘗言德無常師，主善為師，此論最要。又謂學者當熟究《孝經》《論語》《中庸》《大學》，然後偏求諸書，必有得矣。從游、楊、尹叩微旨，復造劉安世、陳瓘之門請益。公之學問，端緒深遠蓋如此！

六飛幸吴郡，欲進蹕建康。公論：「自古創業中興者，必有根本之地以制四方之地，必有根本之兵以制四方之兵。今所仰以為根本之地者，不過兩浙、江東、福建而已，然而諸路凋殘，民力已困。所仰以為根本之兵者，禁衛是也，而單弱不可用。乞令大臣廣選才略，先求二者之要而力行之。」

苗亙監階州倉草場，以贓獲罪，黥之。公奏曰：「近歲官吏犯贓，多抵黥罪。且既名士人，行法之際，宜有所避。況四方之遠，或有枉濫，何由盡知！若遽施此刑，異時察其非幸，雖欲深悔，亦無及矣。又此刑既用，臣恐後世不幸奸臣弄權，必且借之以及無罪。使國家此刑不絕，則紹聖以來，憸人盜柄，搢紳遭此，殆無遺類矣！願酌處常罰，以稱陛下仁厚之意。」疏再上，從之。

駕幸建康，公疏言：「當今之計，必先為恢復事業，乃可觀釁而動。若但有其志而無其業，恐益他患。今江南、二浙，科須實繁，閭里告病，尤當戒謹。儻有水旱乏絶之虞，奸宄竊發，未審何以待之。」復請：「于九江、鄂渚、荊南諸處，多宿師旅，臨以重臣。至如孫氏以來名將，皆言西陵、建平，國之審表。今二處正在荊、峽間，當精擇守臣，假之權柄，以待緩急。則江南自守之計，差為備矣。」論任人當別邪正：「邇來建言用事之臣，稍稍各徇私見，不主正說。元祐、紹聖，混為一途。其意皆有所在，若不早察，必害政體。」公以切直忤柄臣，一斥不得復用，貧甚，人多為公戚，而公方且深居，講明道學。要其視摧抑屏棄為士之常，初不以介意也。公器蘊宏厚，行誼純篤。誠意充積，表裏無間。與人忠信樂易，即之藹然，莫見其喜慍。平日學問，以窮理盡性為本。卓然高遠，不可企及。

計議呂先生稽中

呂稽中，字德元，本中兄弟行也。張公浚宣撫川、陝，辟為計議官。尹和靖入蜀，先生是依，和靖謂之曰：「吾老矣！此事當屬之子。」學者來問，和靖以屬之先生，曰：「不殊于吾。」和靖卒，為誌其墓。

縣令呂景實先生堅中

呂堅中，字景實，本中兄弟行也。其官祁陽令，胡致堂為作學宮記，稱其服勤和靖左右有年，今試之政事。先生與馮忠恕、祁寬同記和靖語。

駕部呂仁武先生弸中

呂弸中，字仁武，東萊郡侯第三子。累官駕部員外郎。嘗從其兄遊于和靖之門。東萊之大父也。

知軍馮先生忠恕

馮忠恕，字貫道，汝陽人也。其父東皋處士理與和靖同學于洛，至必同處。靖康初，和靖被召赴闕，先生從之遊。紹興中，先生為黔州節度判官，和靖寓涪，遂畢所學。後知梁山軍。

隱君祁先生寬

祁寬，字居之，均州人。南渡後寓廬山，隱居不仕。和靖作《論語解》，稱先生與王、呂諸公與有力焉。王樞密庶與之善。

隱君王先生時敏

王時敏，字德修，上饒人。有《師說》三卷，記和靖之語。和靖卒，先生為之立後。其教人云：「學者要識一媿字與恥字。」一日問難紛然，先生曰：「不必多問，但去行取。且如理會『惟精惟一，允執厥中』，只管說如此是『精』，如此是『一』，臨了『中』卻不見。」朱子嘗以書問和靖之學于先生。

提刑劉順寧先生芮

劉芮，字子駒，東平人也，忠肅公摯之曾孫，學易先生跂之孫，南渡後居湘中。劉氏自學易以來，三世守其家學，不求聞達。雖閼亞于韓、呂，而節行與之埒。先生學于孫奇甫，其後徧游尹和靖、胡文定之門，所造粹然。所著有《順寧集》二十卷，楊誠齋為之序。

侍郎徐惇立先生度

徐度，字惇立，睢陽人，太宰處仁子也。太宰在政府，晚譽不終，先生獨刻意為學。嘗問和靖曰：「某有意于學，而未知所以為問。」和靖曰：「果有此意，歸而求之，有餘師。」又嘗以蘇氏「戰栗」之說為問，和靖怫然曰：「訓經而欲新奇，則亦何所不至矣。」先生官至吏部侍郎，寓居吳興之弁山，嘗與汪文定公諫上光堯尊號，長于典故之學。

教授虞先生仲琳、高國任先生材、節推高德舉先生選

虞仲琳，餘姚人，為永嘉教授。和靖云：「虞君鄉論甚美，于此道信之極篤，每相見，多言及此。同邑高材字國任、高選字德舉，皆登和靖之門。

安撫邢先生純

邢純，字叔端，和靖婿也。為浙東安撫官時，和靖依之，因卒于會稽。

縣令程先生暐

程暐，和靖婿也。為桐廬令，和靖嘗依之。

□先生伯充

伯充，佚其氏，嘗問學道緊要于和靖，和靖曰：「只要閑邪存誠。」他日又問，亦曰「閑邪存誠」而已。他日又問，和靖正色責之曰：「公要許多言語做甚！只待要資談柄。若只恁做將去，自然有所入。」

林拙齋《紀問》曰：伯充嘗作小詩，道其欲學問之意，貼壁間。舍人見之，曰：「莫只做說話了！」

和靖再傳

提舉林三山先生之奇

林之奇，字少穎，一字拙齋，侯官人。從居仁遊，教之以廣大為心，以踐履為實，稱高弟。紹興丙辰，西上應進士，行至北津而返，曰：「未忍舍吾親也！」益肆力於學，及門常數百人，學者稱為三山先生。成紹興己巳進士，由長汀尉薦除正字，遷校書郎。入對，言堯、舜執中，不離仁義，次言宜革文弊，歸於忠實，次言無尚老、莊之學，高宗褒納之。御制《損齋紀》，先生奏言損思以益德，損用以益本，損華以益實。朝議欲兼用王氏新經，先生言：「晉人以王、何清談之罪深於桀、紂。胡蝗內食，考其端倪，王氏實負王、何之責，所謂邪說詖行淫辭之不可訓者。」先生嘗言：「欲圖中原，必自巴、蜀。若浮江絕淮，下樑，宋以圖中原，必不能也。故赤壁、淝水雖一勝，而卒不能長驅而前。」符離之捷，中外稱賀，先生獨貽書幕府，戒以持重，已而果覆。以病乞去，除宗正丞、使泉舶，奉祠，尋卒。

三山之門，當時極盛，今其弟子多無可攷，而呂成公其出藍者也。先生所著有《尚書》《周禮》《論》《孟》《揚子》等講義，又《拙齋集》二十卷。今惟《尚書》與《集》存。（黃氏原本，全祖望修之加詳）

鄉貢李和伯先生楠

李楠，字和伯，侯官人也。與其弟樗并有名。呂居仁入閩，先生兄弟與林少穎首事之，遂得伊洛之傳。少穎謂先生如元紫芝，其弟如黃叔度。其論學之言曰：「不用私稱，輕重自定；不用私斛，多寡自足；不用私心，是非自明。」又曰：「夢者，心之鑑。人之善，或以矜持矯飾為之，至夢寐間，則毫髪不可揜。君子以夢為鑑，自知心之誠偽。」又曰：「道有并行而不悖者：人之善則譽之，己不可以自譽；人之過則恕之，己不可以自恕；人之貧則矜之，己不可以自矜。」又曰：「吾于甫田得為學之道，于衡門得處世之方。」又曰：

「陳平燕居深念，陸賈至前而不見，吾欲以是慎吾思。嚴顏曰：『斫頭便斫頭，何怒邪？』吾欲以是懲吾忿。」又曰：「《春秋》之不可以凡例拘，猶《易》之不可泥于象數。苟惟取必于例，與杜後惠文何異哉！」先生尤精于《春秋》，旁搜衆說以會其趣。衆說所未安，然後斷以己意。其書未成而卒，年止三十有七，論者惜之。（黄氏原本，全祖望修之加詳）

鄉貢李迂齋先生樗

李樗，字迂仲，侯官人，自號迂齋，與兄楠俱有盛名，并以鄉貢不第早卒。臨終謂林少穎曰：「空走一遭！」勉齋嘗稱之曰：「吾鄉之士，以文辭行義為學者宗師，若李若林，其傑然者也。」所著有《毛詩解》，博引諸說，而以己意斷之。學者亦稱為三山先生。于少穎為外兄。林，李出也。

文定汪玉山先生應辰

見《横浦學案》。

隱君王先生時敏

王時敏，亦紫微門人，見前。

宣教黄先生櫄

黄櫄，字實夫。漳州人，樵仲之弟。淳熙中舍選，入對大廷，獻十論，升進士丙科，調南劍州教授。三山講學之侶，二李與林其眉目，而先生亦翹楚也。迂仲解《毛詩》，先生足之，兼傳龜山、了齋之學。官終宣教郎。有《詩解》《中庸》《語》《孟解》。

倉部吕先生大器、奉議吕先生大倫、吕先生大猷、吕先生大同

吕大器，字治先，弸中子，紫微從子，累官尚書倉部郎，東萊之父也。兄弟四人，曰大倫，字時敘；大猷，字允升；大同，字逢吉。築豹隱堂以講學，汪文定公稱之，嘗謂吕奉議時敘貧甚。閒廢日久，可惜。而尤愛逢吉，謂其所講釋者，莫非前言往行之要。蓋皆有得于家學者也。治先為曾文清公婿，兼得其傳。兄弟中惟逢吉夭。

和靖三傳

成公吕東萊先生祖謙

見《東萊學案》。

主簿林先生子沖

林子沖，字通卿，拙齋猶子。主南豐簿，能世其學。

一二　藍田學案

龍學呂晉伯先生大忠

呂大忠，字晉伯。其先汲郡人，祖太常博士通葬藍田，遂家焉。父比部郎中蕡，六子五登科，先生其長也。皇祐中第進士，歷知代州。遼使至代，設次，據主席，先生與之爭，遼使屈，乃移次于長城城北。已而復使，求代北地，神宗將從之。時先生晉祕書丞，丁艱，議奪情副常卿劉忱報使，先生辭未行。忱已使回，遼使又至，召同忱入對。先生曰：「彼遺一使來，即與地五百里。若使魏王英弼來求關南，則如何？」神宗曰：「是何言也！」先生曰：「然則安可以代北啟其侈心！」忱曰：「大忠之言，社稷至計，願陛下熟思之。」執政知先生之不可奪也，先罷忱，先生遂乞終喪制。

紹聖二年，加寶文閣直學士、知渭州，付以秦、渭之事。先生奏對，欲以計徐取橫山，不求近功。既而鍾傳城安西，王文郁用事，章惇、曾布主之，先生議不合。紹述黨禍起，降待制。弟汲公大防連遭貶謫，先生乞以所進官為量移，徙知同州。致仕。卒，復龍圖直學。

先生性剛毅質直，勇于有為。與其弟和叔大鈞、與叔大臨俱遊于張、程之門伊川曰：「晉伯老而好學，理會直是到底。」橫渠亦稱先生「篤實而有光輝」。上蔡曰：「晉伯弟兄皆有見處。蓋兄弟之既多且貴而皆賢者，呂氏也。」先生為從官，歸見縣令，必致桑梓之恭，待部吏如子弟，于學者多面折其短而樂于成人，雖汲公，未嘗少假顏色也。嘗坐堂上，汲公夫人拜庭下，二婢掖之，先生慍曰：「丞相夫人邪？吾但知二郎新婦耳。不病，何用人扶！」汲公為之媿謝。每勸汲公辭位以避滿盈之禍云？

《上蔡語錄》曰：晉伯甚好學，初理會個仁字不透，吾因曰：「世人說仁，只管著愛上，怎生見得仁。只如『力行近乎仁』，力行關甚愛事，何故卻近乎仁？」推此類具言之，晉伯因悟，曰：「公說仁字，正與尊宿門說禪一般。」

教授呂和叔先生大鈞

呂大鈞，字和叔，晉伯之弟。嘉祐二年進士，授秦州司理，監延州折博務，改知三原縣。移巴西、侯官、涇陽，以父老，皆不赴。丁艱服除，以道未明，學未優，不復有仕進意。久之，大臣薦為王宮教授，尋監鳳翔船務。元豐五年，卒。疾革，內外灑掃，冥然若思。

久之，客至問安，交語未終而歿。先生為人剛質，常言：「始學，行其所知而已。道德性命之際，躬行久則自至焉。」橫渠倡道于關中，寂寥無有和者。先生于橫渠為同年友，心悅而好之，遂執弟子禮，于是學者靡然知所趨向。橫渠之教，以禮為先，先生條為《鄉約》，關中風俗為之一變。范侍郎育表其墓曰：「唯君明善志學，性之所得者盡之心，心之所知者踐之身，可謂至誠敏德者矣！」子義山。

先生少時，贍學洽聞，無所不該。一日聞其師說，遂遷素志，而前日之學，博而反約，渙然冰釋矣，故比他人功敏而得之尤多。愛講明井田兵制，以為治道必由是，悉撰成圖籍，皆可推行。

丁比部憂，自始喪至葬祭，一放古儀所得為者。而居喪一節，巨細規矩於禮。又推之祭祀、冠昏、飲酒、相見、慶吊之事，皆不混習俗，粲然有文，以相接人，咸安而愛之。

百家謹案：先生，比部蕡之第三子也。既事橫渠，卒業于二程。務為實踐之學，取古禮繹其義，陳其數而力行之。橫渠歎以為秦俗之化，和叔與有力焉，又歎其勇為不可及也。為宣義郎，會伐西夏，鄜延轉運使李稷檄為從事。既出塞，稷饋餉不繼，欲還安定取糧，使先生請于經略安撫使种諤。諤素殘忍，左右有犯，立斬，或先刳肺肝，坐者掩面，諤飲食自若。先生告以稷言，諤曰：「吾受將命，安知糧道！萬一不繼，召稷來，與一劍耳。」先生正色曰：「朝廷出師，去塞未遠，遂斬轉運使，無君父乎？」諤曰：「君欲以此報稷，先稷受禍矣！」先生怒曰：「吾委身事主，死無所辭。正恐公過耳。」諤意折，乃竟許稷還。是非先生之剛折不撓，正氣屈諤，稷難免矣。彼平居高談性命，臨事蓄縮失措，視先生直如豨豕耳！橫渠之歎為勇不可及，信哉！

真西山曰：和叔為人質厚剛正，以聖門事業為己任。所知信而力可及，則身遂行之，不復疑畏，故識者方之季路。

吕氏鄉約

德業相勵

德謂見善必行，聞過必改，能治其身，能治其家，能事父兄，能教子弟，能御僮僕，能肅政教，能事長上，能睦親故，能擇交遊，能守廉介，能廣施惠，能受寄託，能救患難，能導人為善，能規人過失，能為人謀事，能為眾集事，能解鬬爭，能決是非，能興利除害，能居官舉職。

業謂居家則事父兄，教子弟，待妻妾，在外則事長上，接明友，教後生，御僮僕。至于讀書治田，營家濟物，畏法令，謹租賦，如禮樂射御書數之類，皆可為之。非此之類，皆為無益。

右件德業，同約之人各自進修，互相勸勉。會集之日，相與推舉其能者，書于籍，以警勵其不能者。

過失相規

過失，謂犯義之過六，犯約之過四，不修之過五。

犯義之過，一曰酗博鬭訟，訟謂告人罪惡，意在害人，誣賴爭訴，得已不已者。若事干負累，及為人侵損而訴之者，非。二曰行止踰違，踰禮、違法衆惡皆是。三曰行不恭遜，侮慢齒德者，持人短長者，恃強陵人者，知過不改、聞諫愈甚者。四曰言不忠信，或為人謀事，陷人于惡；或與人要約，退即背之；或妄說事端，熒或衆聽者。五曰造言誣毀，誣人過惡，以無為有，以小為大，或作嘲詠匿名文書，及發揚人之私隱，及喜談人之舊過者。六曰營私太甚。與人交易，傷于掊克者；專務進取，不恤餘事者；無故而好干求假貸者；受人寄託而有所欺者。

犯約之過，一曰德業不相勵，二曰過失不相規，三曰禮俗不相成，四曰患難不相恤。

不修之過，一曰交非其人，所交不限士庶，但凶惡及遊惰無行，衆所不齒者。不得已而暫往還者，非。二曰遊戲怠惰，三曰動作無儀，謂進退太疏野及不恭者，不當言而進言及當言而不言者，衣冠太華飾及全不完整者，不衣冠而入街市者。四曰臨事不恪，正事廢忘，期會後時，臨事怠惰者。五曰用度不節。

右件過失，同約之人各自省察，互相規戒，小則密規之，大則衆戒之。不聽，則會集之日，值月以告于約正，約正以義理誨諭之。謝過請改，則書于籍以俟。其爭辯不服與終不能改者，皆聽其出約。

禮俗相交

禮俗之交，一曰尊幼輩行，二曰造請拜揖，三曰請召送迎，四曰慶弔贈遺。

尊幼輩行，凡五等，曰尊者，謂長于己二十歲以上，在父行者。曰長者，謂長于己十歲以上，在兄行者。曰敵者，謂年上下不滿十歲者，長者為稍長，少者為稍少。曰少者，謂少于己十歲以下者。曰幼者，謂少于己二十歲以下者。

造請拜揖，凡三條，曰：凡少者、幼者於尊者、長者，歲首、冬至、四孟月朔辭見賀謝，皆為禮見。皆具門狀，用襆頭、公服、腰帶、鞾、笏。無官具名紙，用襆頭、襴衫、腰帶、系鞋。唯四孟通用帽子、皂衫、腰帶。凡當行禮而有恙故，皆先使人白之。或遇雨雪，則尊長先使人諭止來者。此外俟問起居，質疑白事，及赴請召，皆為燕見。深衣、涼衫皆可，尊長令免即去之。尊者受謁不報。歲首、冬至，具己名牓子，令子弟報之，如其服。長者歲首、冬至具牓子報之，如其服，餘令子弟以己名牓子代行。凡敵者，歲首、冬至辭見賀謝相往還。門狀、名紙同上，唯止服帽子。凡尊者、長者無事而至少者幼者之家，唯所服。深衣、涼衫、道服、背子可也。敵者燕見亦然。

曰：凡見尊者、長者，門外下馬，俟于外次，乃通名。凡往見人入門必問主人食否？有他客否，有他幹否？度無所妨，乃命展刺。有妨，則少俟，或且退。後皆放此。主人使將命者先出迎客，客趨入至廡間。主人出降級，客趨進，主人揖之，升堂禮見，四拜而後坐。燕見不拜。旅見則旅拜，少者、幼者自為一列。幼者拜則跪而扶之，少者拜則跪扶而答半。若尊者、長者齒德殊絕，則少者幼者堅請納拜，尊者許則立而受之，長者許則跪而扶之。拜訖，則揖而退。主人命之坐，則致謝訖，揖而坐。退，凡相見，主人語終不更端，則告退。或主人有倦色，或方幹事而有所俟者，皆告退可也。則主人送于廡下。若命之上馬，則三辭，許，則揖而退，出大門，乃上馬；不許，則從其命。凡見敵者，門外下馬，使人通名，俟於廡下或廳側。禮見則再拜。稍少者先拜，旅見則特拜。退，則主人請就階上馬。徒行則主人送于門外。凡少者以下，則先遣人通名，主人具衣冠以俟，客入門下馬，則趨出迎揖，升堂來報，禮則再拜謝。客止之則止。退，則就階上馬。客徒行，則迎於大門之外。送亦如之，仍隨其行數步，揖之則止，望其行遠乃入。

曰：凡遇尊長於道，皆徒行，則趨進揖。尊長與之言則對，否則立於道側以俟。尊長已過，乃揖而行。或皆乘馬，於尊者則回避之；于長者則立馬道側，揖之，俟過，乃揖而行。若己徒行而尊長乘馬，則回避之。凡徒行遇所識乘馬者，皆放此。若己乘馬而尊長徒行，望見則下馬前揖，已避亦然。過既遠，乃上馬。若尊長令上馬，則固辭。遇敵者，皆乘馬，則分道相揖而過。彼徒行而不及避，則下馬揖之，過則上馬。遇少者以下皆乘馬，彼不及避，則揖之而過。彼徒行不及避，則下馬揖之。於幼者則不必下可也。

請召送迎，凡四條，曰：凡請尊長飲食，親往投書。禮薄則不必書。專召他客則不可兼召尊長。既來赴，明日親往謝之。召敵者以書柬，明日交使相謝。召少者用客目，明日客親往謝。曰：凡聚會皆鄉人，皆坐以齒。非士類則不然。若有親，則必序。若有他客，有爵者則坐以爵。不相妨者坐以齒。若有異爵者，雖鄉人亦不以齒。異爵謂命士、大夫以上，今陞朝官是。若特請召，或迎勞出餞，皆以專召者為上客。如婚禮，則姻家為上客，皆不以齒爵為序。曰：凡燕集初坐，別設桌子于兩楹間，置大杯于其上。主人降席立于桌東，西向；上客亦降席立于桌西，東向。主人取杯親洗，上客辭。主人置杯桌子上。親執酒甚斟之，以器授執事者，遂執杯以獻上客。上客受之，復置桌子上。主人西向再拜，上客東向再拜，興，取酒東向跪祭，遂飲，以杯授贊者，遂拜，主人答拜。若少者以下為客，飲畢而拜，則主人跪受如常。上客酢主人如前儀，主人乃獻眾賓如前儀，唯獻酒不拜。若眾賓中有齒爵者，則特獻如上客之儀，不酢。若昏會，姻家為上客，則雖少亦答其拜。曰：凡有遠出遠歸者，則迎送之。少者幼者不過五里，敵者不過三里，各期會于一處，拜揖如禮，有飲食則就飲食之。少者以下俟其既歸，又至其家省之。

慶弔贈遺，凡四條，曰：凡同約有吉事則慶之，冠子、生子、預薦、登科、進官之屬，皆可賀，婚禮雖曰不賀，然《禮》亦曰「賀娶妻」者，蓋但以物助其賓客之費而已。有凶事則弔之。喪葬、水火之類。每家只家長一人，與同約者俱往，其書問亦如之。若家長有故，或與所慶弔者不相接，則其次者當之。曰：凡慶禮如常儀，有贈物。用幣帛、酒食、果實之屬，衆議量力定數，多不過三五千，少至一二百。如情分厚薄不同，則從其厚薄。或其家力有不足，則同約為之借助器用，及為營幹。凡弔禮，聞其初喪，聞葬同。未易服，則率同約者深衣而往哭弔之，凡弔尊者，則為首者致辭而旅拜。敵以下則不拜。主人拜則答之，少者以下則扶之。不識生者則不弔，不識死者則不哭。）且助其凡百經營之事。主人既成服，則相率素幞頭。素襴衫、素帶，皆用白生紗絹為之。具酒果食物而往奠之。死者是敵以上則拜而奠，以下則奠而不拜。主人不易服，則亦不易服。主人不哭，則亦不哭。情重則雖主人不變不哭，亦變而哭之。賻禮用錢帛，衆議其數，如慶禮。及葬，又相率致賵。俟發引，則素服而送之。賵如賻禮，或以酒食犒其役夫，及為之幹事。及卒哭及小祥及大祥，皆常服弔之。曰：凡喪家不可具酒食衣服以待弔客，弔客亦不可受。曰：凡聞所知之喪，或遠不能往，則遣使致奠，就外次，衣弔服，再拜，哭而送之。惟至親篤友為然。過期年，則不可。情重，則哭其墓。

右禮俗相交之事，值月主之，有期日者為之期日，當糾集者督其違慢。凡不如約者，以告于約正而詰之，且書于籍。

患難相恤

患難之事七，一曰水火，小則遣人救之，甚則親往，多率人救，且弔之。二曰盜賊，近者同力追捕，有力者為告之官司。其家貧，則為之助出募賞。三曰疾病，小則遣人問之，甚則為訪醫藥。貧則助其養疾之資。四曰死喪，闕人則助其幹辨，乏財則贈賻借貸。五曰孤弱，孤遺無依者，若能自贍，則為之區處，稽其出内，或聞于官司，或擇人教之，及為求婚姻。貧者，協力濟之，無令失所。若有侵欺之者，衆人力為之辨理。若稍長而放逸不檢，亦防察約束之，無令陷于不義。六曰誣枉，有為人誣枉過惡，不能自伸者，勢可以聞于官府則為言之，有方略可以救解則為解之。或其家因而失所者，衆共以財濟之。七曰貧乏。有安貧守分而生計大不足者，衆以財濟之，或為之假貸置産，以歲月償之。

右患難相恤之事。凡有當救恤者，其家告于約正，急則同約之近者為之告，約正命值月徧告之，且為之糾集而繩督之。凡同約者，財物、器用、車馬、人僕皆有無相假。若不急之用，及有所妨者，則不必借。可借而不借，及踰期不還，及損壞借物者，論如犯約之過，書于籍。鄰里或有緩急，雖非同約而先聞知者，亦當救助。或不能救助，則為之告于同約而謀之。有能如此，則亦書其善于籍，以告鄉人。

（文淵閣四庫全書《性理大全書》卷五十一）

百家謹案：朱子有《增損吕氏鄉約》，改「德業相勵」為「德業相勸」。

弔說

《詩》曰：「凡民有喪，匍匐救之。」非謂死者可救而復生，謂生者或不救而死也。夫孝子之喪親，不能食者三日，其哭不絕聲。既疾矣，杖而後起，問而後言，其惻怛之心，痛疾之意，至不欲生，則思慮所及，雖其大事，有不能周之者，而況于他哉？故親戚、僚友、鄉黨聞之而往者，不徒弔哭而已，莫不為之致力焉。始則致含襚以周其急，朋友，襚「親以進，見《士喪禮》。族人相為又有含，見《文王世子》。三日則共糜粥以扶其羸。親始死，三日不舉火，鄰里為之糜粥以飲食之，見《問喪》。每奠則執其禮，士之喪，朋友奠，見《曾子問》。將葬則助其事。孔子之喪，公西赤為志，子張之喪，公明儀為志；原壤母死，孔子助之沐槨；見《檀弓》。其從柩也，少者執紼，長者專進止。弔非從主人也，四十者執紼，見《雜記》。孔子從老聃助葬于巷黨，及堩日食，老聃曰「丘，止柩就道右，止哭以聽變」，此則專進止者也，見《曾子問》。其掩壙也，壯者待盈坎，老者從反哭。鄉人五十者從反哭，四十者待盈坎，見《雜記》。袒而賵焉，賵用車馬，所知則賵而不奠，兄弟乃奠，奠止用羊，並見《士喪禮》。不足則賻焉，知生者賻，賻用布幣以助其費，故曰：「不足則賻」，見《士喪禮》。凡有事則相焉。司徒敬子喪，孔子相；有若之喪，子游擯；國昭子之母死，問位于子張，並見《檀弓》。斯可謂能救之矣。故適有喪者之辭，不曰「願見」而曰「比」雖國君之臨，亦曰「寡君承事」；他國之使者，曰：「寡君使某，毋敢視賓客」。見《少儀》《檀弓》《雜記》。主人見賓，不以尊卑貴賤，莫不拜之，明所以謝之，且自別于常主也。平日見客，或主人先拜客，或客先拜主人。賓見主人，無有答其拜者，明所以助之，且自別于常賓也。見《曲禮》。自先王之禮壞，後世雖傳其名數，而行之者多失其義。喪主之待賓也如常主，喪賓之見主人也如常賓。如常賓，故止于弔哭，而莫敢與其事。如常主，故舍其哀而為衣服飲食以奉之。其甚者，至于損奉終之禮以謝賓之勤，廢弔哀之儀以寬主之費。由是則先王之禮意，其可以下而已乎！今欲引之者，雖未能盡得如禮，至于始喪則哭之，有事則奠之，奠不必更自致禮，惟代主人之獻爵是也。又能以力之所及為營喪具之未具者以應其求，輟子弟僕隸之能幹者以助其役，易紙幣壺酒之奠以為襚，除供帳饋食之祭以為賵與賻，凡喪家之待己者悉以他辭無受焉，必以他辭者，免異眾嫌。庶幾其可也。（文淵閣四庫全書《大學衍義補》卷五十一）

正字吕藍田先生大臨

吕大臨，字與叔，和叔之弟。兄弟俱登科，惟先生不應舉，以門蔭入官，曰：「不敢掩祖宗之德也。」元祐中，為太學博士、祕書省正字，范學士祖禹薦其修身好學，行如古人，可充講官，未及用而卒，年四十七。

初學于橫渠，橫渠卒，乃東見二程先生，故深淳近道，而以防檢窮索為學。明道語之以識仁，且以「不須防檢，不須窮索」開之，先生默識心契，豁如也，作《克己銘》以見意。始，先生于群書博極，能文章，至是涵養益粹，言如不出口，粥粥若無能者。賦詩曰：「學如元凱方成癖，文到相如始類俳。獨立孔門無一事，只輸顏子得心齋。」伊川贊之曰：「古之學者，唯務養性情，其他則不學。今為文者，專務章句，悅人耳目，非俳優而何！此詩可謂得本矣。」又曰：「和叔任道擔當，其風力甚勁。然深潛縝密有所不逮與叔。」又曰：「與叔六月中自緱氏來，燕居中必見其儼然危坐，可謂敦篤矣。」

小程子曰：與叔守橫渠說甚固，每橫渠無說處，皆相從，才有說了，更不肯回。

朱子曰：與叔惜乎壽不永，如天假之年，必所見又別。程子稱其深潛縝密，資質好，又能涵養。某若只如呂年，亦不見得到此田地了。

宗羲案：朱子于程門中最取先生，以為「高於諸公大段，有筋骨，天假之年，必理會得到」。至其求中之說，則深非之。及為《延平行狀》，謂其「危坐終日，驗未發時氣象，而求其所謂中」。蔡淵亦雲，朱子教人「於靜中體認大本未發時氣象分明，即處事應物，自然中節」，又即先生之說也。故學者但當于本原上理會，不必言語自生枝節也。

又曰：與叔之文，如千兵萬馬，飽滿伉壯。

百家謹案：先生論選舉，欲立士規，以養德勵行；更學制，以量材進藝；定貢法，以取賢斂才；立試法，以區別能否；修辟法，以興能備用；嚴舉法，以核實得人；制考法，以責任考功。其論甚悉，實可施行也。呂氏六昆，汲公既為名臣更難。先生與晉伯、和叔三人，同德一心，勉勉以進修成德為事，而又共講經世實濟之學，嚴異端之教。富鄭公致政于家，為佛氏之說，先生與書曰：「古者三公內則論道於朝，外則主教于鄉，此豈世之所望於公者哉。」鄭公謝之。其嚴正如此。

克己銘

凡厥有生，均氣同體；胡為不仁？我則有己。立己與物，私為町畦；勝心橫生。擾擾不齊。大人存誠，心見帝則；初無驕吝，作我蟊賊。志以為帥，氣為卒徒；奉辭于天，孰敢侮予！且戰且徠，勝私窒慾；昔焉寇讎，今則臣僕。方其未克，窘我室廬；婦姑勃谿，安取厥餘。亦既克之，皇皇四達；洞然八荒，皆在我闥。孰曰天下，不歸吾仁；癢疴疾痛，舉切吾身。一日至之，莫非吾事；顏何人哉，睎之則是。

（文淵閣四庫全書《山堂肆考》卷一百三十）

姜定庵曰：朱子評此銘，謂不合以己與物對説，不曾説著本意。今細玩之，「立己與物，私為町畦」，此言未克以前事，似亦無傷。

未發問答

與叔曰：「中者道之所由出。」

程子曰：「此語有病。」

與叔曰：「論其所同，不容更有二名；别而言之，亦不可混為一事。如所謂『天命之謂性，率性之謂道』，又曰『中者天下之大本，和者天下之達道』，則性與道，大本與達道，豈有二乎？」

程子曰：「中即道也。若謂道出于中，則道在中內，别為一物矣。所謂『論其所同，不容更有二名；别而言之，亦不可混為一事』，此語固無病。若謂性與道，大本與達道，可混而為一，即未安。在天曰命，在人曰性，循性曰道。性也，命也，道也，各有所當。大本言其體，達道言其用，體用自殊，安得不為二乎？」

與叔曰：「既云『率性之謂道』，則循性而行莫非道。此非性中别有道也，中即性也。在天為命，在人為性，由中而出者莫非道，所以言道之所由出也。」

程子曰：「『中即性也』，此語極未安。中也者，所以狀性之體段。如稱天圓地方，遂謂方圓為天地，可乎？方圓既不可謂之天地，則萬物決非方圓之所出。如中既不可謂之性，則道何從稱出于中？蓋中之為義，自過不及而立名。若只以中為性，則中與性不合。子居對以『中者性之德』，卻為近之。」

與叔曰：「不倚之謂中，不雜之謂和。」

程子曰：「不倚之謂中，甚善，語猶未瑩。不雜之和，未當。」

與叔曰：「喜怒哀樂之未發，則赤子之心。當其未發，此心至虛，無所偏倚，故謂之中。以此心應萬物之變，無往而非中矣。孟子曰：『權然後知輕重，度然後知長短。物皆然，心為甚。』此心度物，所以甚于權度之審者，正以至虛無所偏倚故也。有一物存乎其間，則輕重長短皆失其中矣，又安得如權度乎？大所由出』也。今細思之，乃命名未當爾。此心之狀，可以言中，未可便指此心名之曰中。」

程子曰：「喜怒哀樂之未發，謂之中。赤子之心，發而未遠于中，若便謂之中，是不識大本也。」

與叔曰：「聖人智周萬物，赤子全未有知，其心固有不同矣。然推孟子所云，豈非止取純一無偽，可與聖人同乎？非謂無毫髮之異也。大臨前日所云，亦取諸此而已。今承教，乃云已失大本，茫然不知所向。聖人之學，以中為大本，雖堯、舜相授以天下，亦云『允執厥中』。何所準則而知過不及乎？求之此心而已。此心之動，出入無時，何從而守之乎？求之于喜怒哀樂未發之際而已。當是時也，此心即赤子之心，此心所發純是義理，安得不和？前日敢指赤子之心為中者，其說如此。來教云：『赤子之心可謂之和，不可謂之中。』大臨思之，所謂和者，指已發而言之。今言赤子之心，乃論其未發之際，純一無偽，無所偏倚，可以言中。若謂已發，恐不可言心。」

程子曰：「所云『非謂無毫髮之異，』是有異也。有異者，得為大本乎？推此一言，餘皆可見。」

與叔曰：「大臨以赤子之心為未發，先生以赤子之心為已發。所謂大本之實，則先生與大臨之言未有異也，但解赤子之心一句不同爾。大臨初謂赤子之心，止取純一無偽與聖人同，孟子之義亦然，更不曲折一一較其同異，故指以為言，未嘗以已發不同處為大本也。先生謂凡言心者皆指已發為言，然則未發之前謂之無心可乎？竊謂未發之前，心體昭昭具在，已發乃心之用也。」

程子曰：「所論意雖以已發者為未發，及求諸言，卻是認已發者為說。辭之未瑩，乃是擇之未精。『凡言心者，指已發而言』，此固未當。心一也，有指體而言者，『寂然不動』是也；有指用而言者，『感而遂通天下之故』是也。惟觀其所見何如爾！大抵論愈精微，言愈易差也。」（文淵閣四庫全書《禮記集說》卷一百二十四）

百家謹案：此條即起豫章、延平「看未發以前氣象」宗旨。子劉子曰：「夫所謂未發以前氣象，即是獨中真消息也。」又曰：「一喜怒哀樂耳，自其蘊諸中言，則曰未發；自其見諸外言，則曰已發。蓋以表裏對待言，不以前後際言也。」又曰：「自喜怒哀樂之存諸中者言，謂之中，不必其未發之前別有氣象也，即天道之元亨利貞運于於穆者是也。自喜怒哀樂之發于外者言，謂之和，不必其已發之時又有氣象也，即天道之元亨利貞呈于化育者是也。惟存發總是一機，故中和渾是一性。推之一動一靜，一語一默，莫不皆然。此獨體之妙所以即微即顯，即隱即見，而慎獨之學即中和，即位育。此千聖學脈也。自喜怒哀樂之說不明于後世，而聖學晦矣！」

語錄

赤子之心，良心也，天之所以降衷，人之所以受天地之中也。寂然不動，虛明純一，與天地相似，與神明為一。《傳》曰「喜怒哀樂之未發謂之中」，其謂此與！此心自正，不待人而後正，而賢者能勿喪，不為物欲之所遷動。如衡之平，不加以物，如鑑之明，不蔽以垢，乃所謂正也。惟先立乎其大者，則小者不能奪。如使忿懥、恐懼、好樂、憂患一奪其良心，則視聽食息從而失守，欲區區修身以正其外，難矣。（文淵閣四庫全書《性理大全書》卷三十二）

百家謹案：先遺獻《孟子師說》云：「赤子之心，視聽言動與心為一，無有外來攙和，雖一無所知，一無所能，卻是知能本然之體。逮其後，世故日深，將習俗之知能換了本然之知能，便失赤子之心。大人無所不知，無所不能，不過將本然之知能擴充至乎其極，其體仍然不動，故為不失。獨夫子云：『知之為知之，不知為不知，是知也。』有知之，有不知，知之量也。以為知之，以為不知，知之體也。人以為事事物物皆須講求，豈赤子之心所能包括。不知赤子之心是個源頭，從源頭上講求事物，則千紅萬紫總不離根。若失卻源頭，只在事物講求，則翦綵作花，終無生意。」此說可謂盡赤子之心矣！百家因思前《未發問答》中伊川云『赤子之心不可謂中』一語，反不如先生之語無病。蓋赤子之心如谷種，滿腔生意盡在其中，何嘗虧欠。極大人之能事，豈能于此谷種之外添得一物？

我心所同然，即天理天德。孟子言『同然』者，恐人有私意蔽之。苟無私意，我心即天心。（文淵閣四庫全書《性理大全書》卷三十二）

萬物之生，莫不有氣，氣也者，神之盛也；莫不有魄，魄也者，鬼之盛也。故人亦鬼神之會爾！鬼神者，周流天地之間，無所不在，雖寂然不動而有感必通，雖無形聲而有所謂昭昭不可欺者。人受天地之中以生，良心所發，莫非道也。在我者，惻隱、羞惡、辭讓、是非皆道也；在彼者，君臣、父子、夫婦、昆弟、朋友之交亦道也。在物之分，則有彼我之殊；在性之分，則合乎內外，一體而已。是皆人心所同然，乃吾性之所固有也。（文淵閣四庫全書《禮記集說》卷一百二十八）

誠者，理之實然，一而不可易者也。

實理不二，則其體無雜；其體不雜，則其行無間；故至誠無息。（文淵閣四庫全書《禮記集說》卷一百三十四）

自灑掃應對，上達乎天道性命，聖人未嘗不竭以教人，但人所造自有淺深，所得亦有大小也。仲尼曰：「吾無隱乎爾！」又曰：『有鄙夫問于我，我叩其兩端而竭焉。』然子貢高弟，猶未聞乎性與天道。非聖人之有隱，而人自不能盡爾。如天降時雨，百果草木皆甲坼，其盛衰大小之不齊，膏澤豈私于物哉！（文淵閣四庫全書《性理大全書》卷五十一）

太學張先生瞻

張瞻，字景前，□□人。晉伯為秦帥，先生之父為倅，遣之聽講。及入太學，晉伯曰：「微仲弟不必見，不如見與叔弟。」其時汲公為宰相，而晉伯以為不必見，則知先生蓋亦有志于實學者也。

正字周浮沚先生行己

见《永嘉學案之一》。

忠簡許橫塘先生景衡

见《永嘉學案之一》。

太學沈石經先生躬行

沈躬行，字彬老，永嘉人也。不喜舉業之學而好古學，講明《禮經》喪葬之制。初從塘奥先生林石游，安定、古靈之再傳也。已而從伊川，兼師同門藍田吕氏。其學以《中庸》《大學》為本，篤信而力行之，卓然以聖賢為依歸。王氏廢《春秋》，先生獨手摹古經《春秋》，藏於家云。

閤門謝生生天申

謝天申，字用休，里安人也。見于《伊川語録》。和靖先生亦雅重之。以賢良薦知閤門。

一三　永嘉學案之一

正字周浮沚先生行己

周行己，字恭叔，永嘉人也。學者稱為浮沚先生。少而風儀秀整，語音如鐘，十行并下。遊太學。時新經之說方盛，而先生獨之西京從伊川遊，持身艱苦，塊然一室，未嘗窺牖。嘗作《顏子不貳過論》曰：「過不必大，豪末萌于心，而天地為之應。悟不必久，斯須著于心，而天下歸其仁。」伊川亦稱之。呂與叔時在同門，先生亦師事之。豐清敏公為司業，一日騶從鬨于堂下，先生上書規之，清敏為巽謝焉，時兩賢之。成元祐進士，求監洛中水南糴場，以便從學。

先生未達時，從母有女，為其太孺人所屬意，嘗有成言而未納采。至是，其女雙瞽，而京師貴人欲以女女之，先生謝曰：「吾母所許，吾養志可也。」竟娶之，愛過常人。伊川常語人曰：「某未三十時，亦不能如此。然其進鋭者其退速，當慎之。」其後先生嘗屬意一妓，密告人曰：「勿令尹彥明知也！」又曰：「此似不害義。」伊川聞曰：「此安得不害義！父母之體，而以偶賤倡乎？」謝上蔡曰：「恭叔不是擺脱不開，只為立不住，便放倒耳。」胡文定曰：「恭叔才識高明，只緣累太重。若把得定，便長進矣。」

崇寧中，官至太學博士，願分教鄉里以便養親，許之。尋教授齊州。大觀三年，侍御史毛□劾先生師事程氏，卑汙苟賤，無所不為，遂罷歸，築浮沚書院以講學。宣和中，除秘書省正字。卒于鄆。所著有《周博士集》三十卷。予從《永樂大典》得見之，其文蓋學東坡者。先生以偶墮狎邪之故，遂為謝、尹諸公所譏。然攷其晚年所造，似已為不遠之復，未可以此一節抹殺之。晦翁謂先生學問「靠不得」者，恐太過也。永嘉諸先生從伊川者，其學多無傳，獨先生尚有緒言。南渡之後，鄭景望私淑之，遂以重光。故水心謂永嘉之學「覘千載之已絕，退而自求，克兢省以御物欲者，周作于前，鄭承于後」。然則先生之功不可沒也。（黄氏原本，全祖望修之加详）

百家謹案：伊洛之學，東南之士，龜山、定夫之外，惟許景衡、周行己親見伊川，得其傳以歸。景衡之後不振；行己以躬行之學，得鄭伯熊為之弟子，其後葉適繼興，經術文章，質有其文，其從甚盛。

忠簡許橫塘先生景衡

許景衡，字少伊，瑞安人也。學者稱為橫塘先生。伊川講學，浙東之士從之者自先生始。成紹聖進士，歷仕至殿中侍御史。東南之未定也，詔兩浙、江東路權免茶鹽比較，賊平依舊徵之。先生疏言：「茶鹽人所日用，當視食者之多寡以為歲額之高下。今被兵州縣戶口減半，而歲額必使與舊比，東南赤子何以堪命！」三疏得請。

燕山之役，力言童貫不可用，且列其罪數十條，又言譚稹罰未稱罪。時以用兵故，誅求益甚，先生言：「財不足，當節用；民已困，當厚恤之。元豐左藏庫日支約三十六萬緡，今費一百二十萬，非舊制者可減。營繕諸役，花石綱運，非舊制者可罷。凡吏員以點檢文字、祗應準備為名，及伶官、伎藝、待詔之屬，因事增置，祿費尤多，與夫無名之功賞，非常之賜予，僥倖之請求，宜一切省絕。常賦之外，又以買糴為名，與其他抑配者，不可一二數，監司督責，州縣促辦，百姓破產相屬。為民父母，豈不惻然加恤乎？」

王、蔡亂政日甚，先生言：「尚書省比闕長官，而同知樞密亦久不除。雖近例以三公通治，然文昌政事之本，樞密總兵之地，各有任屬，安可虛位。況近年賞罰僭濫，官吏猥多，姦贓狼籍，財匱民困，軍政縱弛，邊備不嚴，陝西諸路地震彌月，京東、淮東積水害稼，此正敷求輔佐，振舉紀綱之時。望博考公議，慎選忠賢，以補政府之闕。」王黼大怒，適知洋州吳巖夫以書抵執政，言先生之賢，而誤達于黼，以是逐之。

欽宗即位，以左正言召，中丞陳過庭引親避嫌，改太常少卿兼諭德。已而除中書舍人，上書論人君心術及時政。而耿南仲以舊學執政，深惡鯁直之士，李光、程瑀相繼被斥，先生爭之。會過拜中書侍郎，先生復引嫌，南仲乃誣先生視大臣進退為去就，與同官晁說之俱罷。胡文定公爭之，不報。已而有詔召還，則京師被圍，道梗信絕。

高宗即位之八日，以給事中召，至則除中丞。時宗忠簡公守東京，小人撼之，先生力言其不可罷。又言：「方今人材未備，而政事不立，意欲節浮費，輕賦役，慎命令，明賞罰，平寇盜，嚴武備，汰奸貪，抑親黨，申公論，以革往事之弊。」浙西軍變，提刑下招安之令，既降，請授以官，先生謂作亂而反得受爵，非政刑也，罷之。惟駐蹕之議，則李忠定公主南陽，宗忠簡公主還京，而先行獨請東幸建康。黃潛善之兄潛厚為戶部尚書，先生極論其不可。乃罷尚書之命，獨以延康殿學士領財計，再疏言之。高宗甚向用先生，遂拜右丞，入政府，而潛善等益忌之。初，先生謂天下方多事，當調和同列以求濟，已而嘆曰：「調和不可為也。」則請間為上極言之，潛善等益恨。

會議改鈔法，先生曰：「國家號令失信于天下，垂三十年，而鈔法最甚。尤而效之，柰何？」遂止。有從臣汙偽命者，宰相以其有文，欲復使典制，先生曰：「是大辱國。此而可用，孰不可用也？」或謂正二月之交，乃太乙正遷之日，宜于禁中設壇望拜。上以為問，先生曰：「修德愛民，天自降福，何迎拜太乙之有！」潛善等惡宗忠簡公，謗之不已，先生廷辯之曰：「澤忠義之節，居守之功，非特臣能言之。

東都宗廟所在，北抗強敵，責任不輕。必欲易之，非左右大臣不可。」謗者默然。

初，李忠定公為相，遂定南陽之議。忠定去位，議亦罷，而忠簡累請還京。先生獨謂：「三鎮未復，不宜居危地。南陽漕運不繼，且當居建康。」及金人攻汜水，高宗尚在廣陵，先生請幸建康益力。會有傳信王榛將入洛者，高宗懼，遂下還京之詔。汪、黃實主東幸，而故以渡江之議罪先生，以資政殿大學士奉祠。先生聞還京之舉，憂之，至瓜洲，得暍疾，舟至京口而卒。夷攷當時之議，自以李、宗之北面為是，而東幸為怯，此不足為先生諱也。然汪、黃本主東幸，及怵于傳聞，始議還京，而借渡江之議以傾先生，是則小人之醜正，可為太息者。且汪、黃之主東幸，特以自便其私，而先生則主于擇險而守，其所見正不同。及夫倉卒下還京之詔，漫無牧圉之備，羽書猝至，狼狽渡江，然後知先生之早計，較之李、宗雖有遜，而小人當媿死矣。故先生既卒，而高宗思之，曰：「朕自即位以來，執政忠直，遇事敢言，無如張慤、許景衡者。」賜謚忠簡。明年，先生夫人胡氏乞借所僦官屋，詔以給其家。所著有《橫塘集》三十卷，予從《永樂大典》中曾見之。

浮沚門人

學士吳慥然先生表臣

吳表臣，字正仲，永嘉人也。大觀初進士。高宗時累官右正言，遷吏部尚書兼翰林學士。秦檜欲其使金議地界，指政事堂曰：「歸來可坐此。」先生不答，坐罷。復起知婺州，尋進直學士。晚號湛然，鄉論推其清約。《宋史》謂其源流得之陳忠肅公了翁，而不知其為浮沚先生高弟。永嘉諸公之傳，其最達者，先生也。（黄氏原本，全祖望修之加詳）

橫塘門人

學士蕭德起振

蕭振，字德起，平陽人也。橫塘許忠簡公婿，故少受業于許氏。成重和進士，為婺州兵曹。忠簡赴京，振祖道曰：「丈人至朝廷，幸勿見薦。今執政多私其親，故丈人宜革之。」忠簡肅然是之。高宗幸廣陵，東南雲擾。一日，婺卒數百挾刃倡亂，振安輯之。秩滿，數年不調，執政交薦，召對，除監察禦史。久之，以親老求去，章七上，不許，乃面奏曰：「臣事親之日少，事陛下之日長，惟聖慈哀憐之。」遂外補。已而復召為秘書郎。

當是時，伊洛之學盛行，其稱程門再傳弟子最有聲者：上蔡之門則朱震，龜山之門則張九成、喻樗、高閌，橫塘之門則振，而閩人劉子翬以私淑起。（見李心傳《道命錄》。）未幾，宰相趙鼎為秦檜所排，遂以專門之學被詆，凡宗伊洛者，指以為趙鼎、胡寅之學，貶斥無虛日，振始稍諱其傳，與句龍如淵等附於檜，以此累遷至工部侍郎。既劾劉大中，罷其參政，鼎曰：「振意不在大中也。」而振亦私謂人曰：「丞相殆不待論，當自為去就矣。」未幾，鼎罷，然振亦出知台州，又坐薦李光之党楊煒，再謫池州，君子薄之。晚年起知成都府，頗有惠政。以敷文閣學士卒官。

其他

與吳表臣之子知州吳公叔先生松年善者三人：鄭文肅公伯熊、艾軒、東萊；與鄭文肅公善者郎鵬舉。

文肅鄭景望先生伯熊（附弟伯英）

鄭伯熊，字景望，永嘉人。與其弟歸愚翁齊名，時人稱為大鄭公、小鄭公。先生少慕吕申公、范淳夫舅甥之為人，行己一以為法，而論事則慕賈長沙、陸宣公。已而直見道體。紹興十五年進士，歷黄巖尉、婺州司戶。隆興初，召試正字，除太常博士，出為福建提舉。魏王判宣州，南面坐受屬吏進謁，幕府進劄子亦坐可否之。及先生除王府司馬，遂以劄子開說：「謙德未光，嫌疑之際，或駭視聽。」又判罷吏羊縮再役，先生引吏人年滿歸農，不得再應募條法。不聽，遂自劾去。改江西提刑，奉祠。起知婺州，入為吏部郎官兼太子侍讀，歷國子司業、宗正少卿。方嚮用矣，每小不合，輒乞去。以直龍圖閣知寧國府，移知建寧，卒，後謚文肅。

方秦檜擅國，禁人為趙鼎、胡寅之學，而永嘉乃其寓里，後進為所愚者尤多。故紹興末，伊洛之學幾息，九先生之緒言且將衰歇，吳湛然、沈元簡，其晨星也。先生兄弟並起，推性命微眇，酌今古要會，師友警策，惟以統紀不接為懼，首雕程氏書于閩中，由是永嘉之學宗鄭氏。大鄭公臧否人物最矜慎，稱為方峻。小鄭公喜賢，借一介之善，雖輩行縣絕，必引進之。乾、淳之間，永嘉學者連袂成帷，然無不以先生兄弟為渠率。嘗見張宣公之文，謂歸愚曰：「世以為是人志于功名者，廖矣。是學人也，當納交焉。」吕成公尤重之，先生恂恂謹厚，少而德成，悃愊無華，無一指不本于仁義，無一言不關于教化。顧徇道寂寞，視退如進，敭歷中外，不自陳年勞以求磨勘，故卒不達。

弟伯英，字景元，資性後健果決，視其兄又別為一格。每慷慨論事，自謂一日得志，必欲盡洗紹聖以來弊政，復還承平之舊。隆興元年進士第四，故事，以甲科高第入仕者，每易進用，文肅喜而笑曰：「子一日先我矣！」

然先生性剛，自度不能俯仰于時，甫任秀州判官，遂以親老乞養，奉祠，三十年不調，竟不起。當事亦畏其氣岸，幸其自重不出，無能害己為幸，不復徵也。晚而朝議將以司幹處之，先生笑曰：「此冗官也，吾方議當省之，而身居之邪？」竟以疾辭。論者以先生兄弟性行雖不同，然并為豪傑之士。文肅有集三十卷，有《六經口義拾遺》，有《聵語》，有《記聞》，判官有《歸愚翁集》二十六卷，今皆無傳，良可惜也。（黄氏原本，全祖望修之加詳）

呂東萊《與陳同甫書》曰：景元廓落，自其所長。區區所望于渠者，正欲其愛養氣血，點檢細行以待時。

文節林艾軒先生光朝

見《艾軒學案》。

成公呂東萊先生祖謙

見《東萊學案》。

郎先生鵬舉

郎鵬舉，永康人，與鄭文肅公善。

景望門人

文節陳止齋先生傅良

見《永嘉學案之二》。

文毅陳龍川先生亮

見《永康學案》。

文懿蔡先生幼學

見《永嘉學案之二》。

忠定葉水心先生適

葉適，字正則，永嘉人。擢淳熙五年進士第二，授平江節度推官。召為太學正。由秘書郎出知蘄州。入為尚書左選郎官。贊趙忠定定內禪，遷國子司業，力求補外。趙公貶，先生亦降兩官，奉祠。起為湖南轉運判官，知泉州。召入，權兵部侍郎。丁憂，服除，權工部侍郎。以用兵除知建康府，兼沿江制置使。兵罷奪職。奉祠凡十三年而卒，年七十四，謚忠定。

水心習學記言

舜言精一而不詳，伊尹言一德詳矣。至孔子於道及學，始皆言「一以貫之」。夫行之於身，必待施之於人，措之於治，是一將有時而隱，孔子不必待其人與治也。道者，自古以為微眇難見；學者，自古以為纖悉難統。今得其所謂一，貫通上下，萬變逢原，故不必其人之可化，不必其治之有立，雖極亂大壞絕滅蠹朽之餘，而道固常存，學固常明，不以身歿而遂隱也。然予嘗疑孔子既以一貫語曾子，直唯而止，無所問質，若素知之者。以其告孟敬子者考之，乃有粗細之異，貴賤之別，未知於一貫之理果合否？曾子又自轉為忠恕。忠以盡己，恕以盡人，雖曰內外合一，而自古聖人經緯天地之妙用，固不止於是，疑此語未經孔子是正，恐亦不可便以為准也。子貢雖分截文章、性命，自絕於其大者而不敢近，孔子丁寧告之，使決知此道雖未嘗離學，而不在於學，其所以識之者，一以貫之而已。是曾子之易聽，反不若子貢之難曉。至於近世之學，但誇大曾子一貫之說，而子貢之所聞者，殆置而不言。此又予之所不能測也。（文淵閣四庫全書《習學記言》卷十三）

「曾子有疾，孟敬子問之。」近世以曾子為親傳孔子之道，死復傳之於人，在此一章。案曾子末後，語不及正於孔子，以為曾子自傳其所得之道則可，以為得孔子之道而傳之則不可。自堯、舜、禹、湯、文、武、周公、孔子，所傳皆一道，孔子以教其徒，而所受各不同。以為雖不同，而皆受之孔子則可，以為堯、舜、禹、湯、文、武、周公、孔子之所以一者，而曾子獨受而傳之人，大不可也。孔子嘗告曾子「吾道一以貫之」，曾子既唯之，而自以為忠恕。案：孔子告顏子「一日克己復禮，天下歸仁焉」，蓋己不必是，人不必非，克己以盡物可也。若「動容貌而遠暴慢，正顏色而近信，出辭氣而遠鄙倍」，則專以己為是，以人為非，而克與未克，歸與不歸，皆不可知，但以己形物而已。且其言謂「君子所貴乎道者三」，而「籩豆之事，則有司存」，尊其所貴，忽其所賤，又與一貫之指不合，故曰「非得孔子之道而傳之也」。夫堯、舜、禹、湯、文、武、周公、孔子之所以一者，非特以身傳也，存之於書所以考其德，得之於言所以知其心。故孔子稱「天之未喪斯文」為己之責，獨顔淵謂「博我以文，約我以禮，欲罷不能，既竭吾才」，餘無見焉。夫托孤寄命，雖曰必全其節，任重道遠，可惜止於其身。然則繼周之損益為難知，《六藝》之統紀為難識，故曰非得堯、舜、禹、湯、文、武、周公、孔子之所以一者受而傳之也。傳之有無，道之大事也。世以曾子為能傳，而予以為不能，予豈與曾子辯哉？不本諸古人之源流，而以淺心狹志自為窺測者，學者之患也。（文淵閣四庫全書《習學記言》卷十三）

案：《洪範》，耳目之官，不思而為聰明，自外入以成其内也。「思曰睿」，自内出以成其外也。故聰入作哲，明入作謀，睿出作聖，貌言亦自内出而成於外。古人未有不内外交相成而至於聖賢，故堯、舜皆備諸德，而以聰明為首。孔子告顔淵「非禮勿視，非禮勿聽」，學者事也，然亦不言思，故曰：「學而不思則罔，思而不學則殆。」又曰：「吾嘗終日不食，終夜不寢以思，無益，不如學也。」季文子三思而後行，子聞之曰：「再，斯可矣。」又物之是非、邪正終非有定，《詩》云：「有物有則。」子思稱「不誠無物」，而孟子亦自言「萬物皆備於我矣」。夫古人之耳目，安得不官而蔽於物？而思有是非、邪正，心有人危道微，後人安能常官而得之？舍四從一，是謂不知天之所與，而非天之與此而禁彼也。蓋以心為官，出孔子之後，以性為善，自孟子始。然後學者盡廢古人之條目，而專以心為宗主，致虚意多、實力少、測知廣、凝聚狹，而堯、舜以來，内外相成之道廢矣。

皇極言淫朋比德，則民有罪焉。下無好德，而上之福則不錫焉。王義王路，以我為正，而民之情不敢自任焉。蓋待於民者已狹，而出於君者，民已不可忤矣，猶曰未至於虐而已。然則夏、商之季，俗壞民薄，而堯、舜、禹、湯之道已不可復反乎？皋陶曰：「天聰明自我民聰明，天明威自我民明威。」箕子之言無乃異是與？蓋亦有不得已者與？然則成、康之後，遂為雜霸，不復古人之萬一者，其兆見矣。九疇于古無見也，禹稱九功，或者幾近之。（文淵閣四庫全書《習學記言》卷十三）

儒者爭言古稅法必出於十一，又有貢、助、徹之異，而其實不過十一。夫以司徒教養其民，起居飲食，待官而具，吉凶生死，無不與偕，則取之雖或不止於十一，固非為過也。後世芻狗百姓，不教不養，貧富憂樂，茫然不知，直因其自有而遂取之，則就能止於十一，而已不勝其過矣，亦豈得為中正哉！況合天下以奉一君，地大稅廣，上無前代封建之煩，下無近世養兵之衆，則雖二十而一可也，三十而一可也，豈得以孟子貉道之言為斷邪！（文淵閣四庫全書《習學記言》卷七）

《曲禮》中三百餘條，人情物理，的然不違。餘篇如此要切言語，可並集為上下篇，使初學者由之而入。豈惟初入，固當終身守而不畔。蓋一言行，則有一事之益，如鑒睹像，不得相離也。古人治儀，因儀以知事。曾子所謂籩豆之事，今《儀禮》所遺與《周官》戴氏雜記者是也。然孔子教顔淵「非禮勿視，非禮勿聽，非禮勿言，非禮勿動」，蓋必欲此身常行於度數折旋之中。而曾子告孟敬子，乃以為所貴者「動容貌、正顔色、出辭氣」三事而已，是則度數折旋皆可忽略而不省，有司徒具其文，而禮因以廢矣。故予以為一貫之語，雖唯而不悟也。今世度數折旋既已無復可考，則曾子之告孟敬子者，宜若可以遵用，然必有致於中，有格於外，使人情事理不相踰越，而後其道庶幾可存。若他無所用力，而惟三者之求，則厚者以株守為固，而薄者以捷出為偽矣。（文淵閣四庫全書《習學記言》卷七）

案：經傳諸書，往往因事該理，多前後斷絶，或彼此不相顧，而《大學》自心意及身，發明功用，至於國家天下，貫穿通徹，本末全具，故程氏指為學者趨詣簡捷之地。近世講習尤詳，其間極有當論者。《堯典》「克明峻德」，而此篇以為自明其德，其修身、齊家、治國，平天下之條目，略皆依仿而云也。然此篇以致知、格物為《大學》之要，在誠意、正心之先，最合審辨。《樂記》言「知誘於外」「好惡無節於内」「物至而人化」，知與物皆天理之害也，予固以為非。此篇言誠意必先致知，則知者心意之師，非害也。若是則物宜何從？以為物欲而害道，宜格而絶之邪？以為物備而助道，宜格而通之邪？然則物之是非固未可定，而雖為《大學》之書者亦不能明也。程氏言：「格物者，窮理也。」案：此篇心未正當正，意未誠當誠，知未至當致，而君臣、父子之道，各有所止，是亦入德之門耳，未至於能窮理也。若窮盡物理，矩矱不踰，天下國家之道已自無復遺蘊，安得意未誠、心未正、知未至者而先能之！《詩》曰：「民之靡盈，誰夙知而莫成。」疑程氏亦非也。若以為未能窮理而求窮理，則未正之心，未誠之意，未致之知，安能求之？又非也。然所以若是者，正謂為《大學》之書者，自不能明，故疑誤後學爾。以此知趨詣簡捷之地，未易求而徒易惑也。案：舜「人心惟危，道心惟微」，孔子非禮勿視、聽、言、動，皆不論有物無物，「喜怒哀樂之未發」，非無物，「發而皆中節」，非有物。三章真學者趨詣簡捷之地也，其他未有繼者。今欲以《大學》之語繼之，當由致知為始，更不論知以上有物、無物；物為是、物為非；格為絶、格為通也。若是，則所知靈悟，心意端一，雖未至於趨詣簡捷之地，而身與家國天下之理，貫穿通徹，比于諸書之言，先後斷絶，彼此不相顧者，功用之相去遠矣。坐一物字，或絶或通，自知不審，意迷心誤，而身與家國天下之理，窒滯而不閎，方為學者之患，非予所敢從也。

百家謹案：「格物」不言「先」而言「在」，則《大學》頭腦，原始「致知」，「格物」即「知止」之義，「知止」即求「至善」之地，故至「能慮」，而後能得也。

乾「以自強不息」；坤「以厚德載物」；屯「以經綸」；蒙「以果行育德」；需「以飲食宴樂」；訟「以作事謀始」；師「以容民畜衆」；小畜「以懿文德」；履「以辨上下，定民志」；否「以儉德避難」；同人「以類族辨物」；大有「以遏惡揚善」；謙「以裒多益寡，稱物平施」；隨「以向晦入宴息」；蠱「以振民育德」；臨「以教思無窮，容保民無疆」；賁「以明庶政，無敢折獄」；大畜「以多識前言往行，以畜其德」；頤「以慎言語，節飲食」；大過「以獨立不懼，遯世無悶」；坎「以常德行，習教事」；鹹「以虛受人」；恒「以立不易方」；遯「以遠小人，不惡而嚴」；大莊「以非禮勿履」；晉「以自昭明德」；明夷「以涖衆用晦而明」；家人「以言有物而行有恒」；睽「以同而異」；蹇「以反身修德」；解「以赦過宥罪」；損「以懲忿窒欲」；益「以見善則遷，有過則改」；夬「以施祿及下」；萃「以除戎器，戒不虞」；升「以順德積小以高大」；困「以致命遂志」；井「以勞民勸相」；革「以治曆明時」；鼎「以正位凝命」；震「以恐懼修省」；艮「以思不出其位」；漸「以居賢德善俗」；歸妹以永終知敝」；豐「以折獄致刑」；旅「以明慎用刑而不留獄」；巽「以申命行事」；兌「以朋友講習」；節「以制度數，議德行」；中孚「以議獄緩死」；小過「以行過乎恭，喪過乎哀，用過乎儉」；既濟「以思患豫防」；未濟「以慎辨物居方」。皆因是象，用是德，修身應事，致治消患之正條目也。孔子與弟子分別君子小人甚詳，而正條目于《易》乃著明之，又當於其間擇其尤簡直切近者。（文淵閣四庫全書《習學記言》卷三）

宗羲案：黃溍言「葉正則推鄭景望、周恭叔以達于程氏，若與呂氏同所自出。至其根柢《六經》，折衷諸子，凡所論述，無一合于呂氏。其傳之久且不廢者，直文而已，學固勿與焉。」蓋直目水心為文士。以余論之，水心異識超曠，不暇梯級，謂「洙、泗所講，前世帝王之典籍賴以存，開物成務之倫紀賴以著」；「《易》《彖》《象》，夫子親筆也，《十翼》則訛矣」；「《詩》《書》，義理所聚也；《中庸》《大學》則後矣」；「曾子不在四科之目，曰參也魯」；「以孟子能嗣孔子，未為過也；舍孔子而宗孟子，則於本統離矣」。其意欲廢後儒之浮論，所言不無過高，以言乎疵則有之，若云其概無所聞，則亦墮於浮論矣。

百家謹案：《習學記言》存於今者，《序目》而已。內說經共十四卷，《易》四卷，《書》一卷，《詩》一卷，《周禮》《儀禮》合一卷，《禮記》一卷，《春秋》一卷，《左氏傳》二卷，《國語》一卷，《孟子》一卷，若《記言》原本不知若干卷，惜乎不得見矣。是書前有山陰孫之宏序，葉氏門人。

水心外集

今天下之士，惟嗜材桀行者，乃或叩閽言邊，而明見利害之人，則皆深念根本。（《治勢篇》，文淵閣四庫全書《黃氏日抄》卷六十八）

慈溪黃氏曰：「此陰不滿於同甫諸人。」

理財與聚斂異，今言理財者，聚斂而已。故君子避其名，而小人執理財之權。自古聖賢無不理財，必也如父共子之財，而權天下之有餘不足。奈何君子不理，而諉之小人！（《財計》，文淵閣四庫全書《黃氏日抄》卷六十八）

古者養士而後取，今不養而取之。當因今之學以取士，而務養其心。（《士學》，文淵閣四庫全書《黃氏日抄》卷六十八）

用兵必用詐，自孫武始。武入楚，暴師不返。既越伐吳，敗于檇李，無救于國。今其氣焰興起，若將與聖賢並稱。而右科學生誦其書，是以不仁之心相授。況今淮以北皆吾民，方當流涕以對之，尚安用武之術！數十年來，天下士好奇，而言兵者尤奇，皆中一時之欲，而不顧天下之利害。必也實言乎不多殺人，邦本不搖，無暴征橫斂，而將得人，則兵可用。（《兵權》，文淵閣四庫全書《黄氏日抄》卷六十八）

王政之壞，始于管仲，而成于商鞅、李斯。若桑弘羊，又管、商所不屑。至唐之衰，取民無所不盡，又弘羊所不屑為。壞之也，非一人之力，則復之也，非一人之功。聖人不千歲而一起，不繼世而皆遇，故與陋俗言王政，終不合。（《管子》，文淵閣四庫全書《黄氏日抄》卷六十八）

莊周知聖人最深，而玩聖人最甚。不得志於當世，而放意狂言，其怨憤最切。然而人道之倫，顛錯而不敘；事物之情，遺落而不理。以養生送死、饑食渴飲之大節，而付之儻蕩不羈之人，小足以亡身，大足以亡天下，流患蓋未已也。（《莊子》，文淵閣四庫全書《黄氏日抄》卷六十八）

唐、虞三代，上之治為《皇極》，下之教為《大學》，行之天下為《中庸》。漢以來，無能明之者。今世之學，始於心，而三者始明。然唐、虞、三代，内外無不合，故心不勞而道自存。今之為道者，務出内以治外，故常不合。（《皇極大學中庸三論總述》，文淵閣四庫全書《黄氏日抄》卷六十八）

王安石理財法，桑弘羊、劉晏所不道；蔡京之法，又王安石所不道；乃經總製錢等法，蔡京亦羞為之。（《經總製錢論》，文淵閣四庫全書《黄氏日抄》卷六十八）

慈溪黄氏曰：「水心論恢復，在先寬民力，寬民力在省養兵之費，其言哀痛激切。然後總一篇卒歸宿于買官田，則恐非必效之方也。世降俗漓，法密文弊，民之不可一日與官接，猶羊之不可與虎群也。豈獨官民為然，衣食稍裕之家，以其田使人佃之，所經由不過一二顔情稔熟之奴隸，而已不勝其田主之苛取，奴隸之奸欺矣。至於富貴之家，以其田使人佃，其苛取，其奸欺，甚至虐不可支，有舉室而逃，捐命以相向者矣。顧欲官買田而民佃之邪？水心先以溫州為准，欲繞城三十里内，買其田一半，計谷九萬八千一百二十五扛，以養兵二千七百二十二人，監官、吏卒掌之者七十六人，鄉官、保甲催之者七十人，作米者百二十人，出納期會，下至敍箕苕帚之費，無不會計曲盡，謂可永免擾民。然必監官、鄉官、吏卒、甲頭，人人水心、世世水心其人，則量租可無斛面，納租可無費錢，催租可無摧剝。不然，則今世官取斛面，往往倍正斛，將盡三十里所出，不足以供租之半；納官租之費，一石不下數貫，既盡三十里所出，又須別營錢以納之。吏卒催租，雞犬為盡，徒虧官額，以飽私囊，倍納之外，又將不勝其橫擾。而且立法之細，亦多難久，如監官廳子月支錢二貫，果足以贍其養乎？催租甲頭，歲支穀一扛，果足以償其勞乎？脚子三十名無給，則家食而官作乎？大抵人情之於剝民，如蚊吮血，有隙胥會。監官一員，必增監門，必增門面，必置機察。江湖乞丐之靡，必於勢要脅書求為司門，為敖口，為催租官，況於吏卒，何可豫防？官租之贏既倍，吏卒之擾又煩，佃戶逃而追業主，業主逃而追親鄰，地荒民散，能保四境之不蕭然乎？」

水心門人

司業陳篔牕先生耆卿

陳耆卿，字壽老，號篔牕，臨海人。嘉定七年進士，官至國子監司業。吳子良稱其文遠參洙、泗，近探伊、洛，周旋賈、馬、韓、柳、歐、蘇間，疆場甚寬，而行武甚的，葉水心見之，驚詫起立，為序其所作，以為學游、楊而文張、晁也。水心既歿，先生之文遂巋然為世所宗。著有《論孟紀蒙》《篔牕集》，又修《赤城志》。今祀鄉賢祠。

王大田先生象祖

王象祖，字德甫，臨海人。學于水心，水心所謂塵垢拭杯案者也。其文簡古老健，雖陳篔牕亦畏之，非有所見不下筆。吳荊溪而下蔑如也。和厚嚴重，學邃行高，守令欲見不可得，真文忠公德秀極重之。有故人作相，先生已寢疾，猶稿數千言規正之，其憫時憂世之心如此，時論比之蘇明允、龐德公、魯仲連云。先生頗不喜同時論學者，嘗有詩云：「皋、夔、周、召佐中古，蕭、曹、房、杜興漢、唐。因事因時修治效，不談道學又何妨。」是則頗近同甫一派議論，不盡本于水心也。（黃氏原本，全祖望修之加詳）

王東谷先生汶

王汶，字希道，黃岩人。警敏刻勵，常師事水心，又師王誠叟。取《周易》蒙卦之義以名其齋。因購古今載籍，枕藉讀之，已而豁然有悟，援筆為文，日數千百言，伯仲陳耆卿、吳子良之間。所著有《東谷集》。

丁少詹先生希亮

丁希亮，字少詹，黃岩人也。負奇氣，拊躬誓志，自以為不至於所至不止。三十一歲從葉水心學于樂清，同門之士以其議論誇大，相與背笑之，而水心亦以其讀書有數，年已長，微砭厲之。然先生雖俯視一切，而頗自悔少學不力，竭晝夜讀書為文，不啻如嚴父師在旁程督之。又明年，變名字，從陳同甫于永康，同甫驚曰：「是人目犖犖，神諤諤，非妥帖為學徒者。且吾鄉里不素識，得非岩穴挺出之士邪？」又未幾，從東萊於明招。則一時碩師良友，名言奥義，貫穿殆盡。嘗服補褐而食蔬薄，手鈔成屋。於是縱筆所就，詞雅意確，論事深眇，皆有方幅。水心亦歎曰：「不圖少詹學倏博，文倏工，淹識練智，粗細併入，非人力所及也。」率以歲日二三留治其家，餘輒屬山航海，一夕竟去。僧坊民舍，隨所棲止，雖在千里外，家事伸縮，不失尺寸。不幸四十七歲遽卒。有《丁少詹集》。（黄氏原本，全祖望修之加詳）

侍郎方先生來

方來，字齊英，永嘉人。從水心學，登開禧第，教授安豐軍。時黄榦為通守，又師事焉。知吴江縣，以薦除監察御史。遷左司諫，面對乞早建儲及他事，皆剴切。除起居郎，擢權兵部侍郎，知漳州。朱晦庵昔守是郡，北溪陳淳從之學，前守建龍江書院，乃於側建道源堂祀晦庵，以淳配。奉祠歸里。景定中，推恩特除寶章閣待制。

正字周山房先生南

周南，字南仲，吴縣人。十五六時，視吴下問學止科舉，心陋之，一往旬日，輒棄去。凡五易師，而後登水心之門。初若無所論質，已而耳改目化，氣竦神湧，古今事物，錯落高下，不以涯量，頓悟捷得。常以世道興廢為己重，憂時傷國，老校小史，引坐深語。其治身端行拱立，尺寸程准，廉節整飭。水心于吴下弟子以先生為第一。成紹熙元年進士，對策自宫掖以至廛肆，無不及也。而最切于時論者曰：「陛下聰明，為小人蔽蒙有三：一曰道學，二曰朋黨，三曰皇極。夫仁義禮樂是為道，問辯講習是為學。人不知學，學不聞道，皆棄材也。古人同天下而為善，故以道學為名之至美者。小夫譖人，不能為善，而惡其異己，於是反而攻之曰：『此天下之惡名也。』陛下入其說，而抱學負才之士棄矣。小夫譖人猶不已，又取其不應和少罵譏者，亦例嫌之，曰：『我則彼毁，爾奚默焉？是與道學為黨耳！』陛下又入其說，而中立不倚之士以朋黨不用矣。舉國中之士，不陷於道學，則困於朋黨，唯其不能可否而自為智，無所執守而自為賢，然後竊箕子平康正直之說，為庸人自便之地，而建皇極之論起。夫箕子所謂有為、有猷、有守，是有材、有道、操執之人也。汝則念之，斯須不可忘也。不協於極，而亦受之，謂其雖有偏而終有用，亦當收拾而成就之也。今所謂道學、朋黨，正皇極所用之人也，奈何棄之，而取其庸人外若無過、中實奸罔者而用之，而謂之建皇極哉！其故無他，闒冗適尊異，凡庸當奮興，天下之大禍，始於道學，而終於皇極矣。」

考官擬第一，不用，釋褐池州教授。時天下益攻道學，新昌黄文叔者，其魁也，而先生其婿，罷教授爲常州推官，已而主管吏部架閣文字。開禧二年北伐，以先生掌樞密院機速房，大恐，辭曰：「吾方以先事造兵，爲發狂必死之藥，敢嚮邇乎？」得免，因求補外。水心惜之，薦以館職。時王師已敗，先生言：「善爲國者，不執理以强勢之所難，常順勢以申理之所易。今日之急，復和而已，甯使力尚有餘而惜和之早，無使力已不足而恨和之遲。天下繁委，當付俊傑，今廟堂無能，盡出胥吏，使頭廬兒干政接踵，糵酒藿肉，瀾翻其家，根本大壞矣。」政府怒，悔召之，然尚除正字，將逐之，會以憂去。服除還朝，御史誣其盡以田賂蘇師旦，罷。嘉定中，議起之，力辭不赴，尋卒。所著有《山房集》。水心嘗以文字之任，當寄之先生。其卒也，哭之慟。予從《永樂大典》中見先生集，果絶工云。（黄氏原本，全祖望修之加詳）

進士孫先生之宏、林先生居安、趙先生汝鐸

孫之宏，字偉夫，余姚人也。水心《習學記言》之作，傳之者三人：其一曰林居安，里安人也；其一曰趙汝鐸，樂清人也。而先生序其指曰：「學失其統久矣。本朝關、洛驟興，近世張、吕、朱氏二三巨公，益加探討，名人秀士，鮮不從風。先生後出，異識超曠，不假梯級。謂洙、泗所講，前世帝王之典籍賴以存，開物成務之倫紀賴以著。《易象》《象》，仲尼親筆也，《十翼》則訛矣。《詩》《書》義理所聚也，《中庸》《大學》則後矣。曾子不在四科之目，曰『參也魯』。孟子能嗣孔子，然舍孔宗孟，則本統離。故根柢《六經》，折衷諸子，剖析秦、漢，訖于五季，以《文鑒》終焉。其致道成德之要，如渴飲饑食之切於日用也；指治摘亂之幾，如刺腧中肓之速於起疾也。推跡世道之升降，品目人才之短長，皆若繩准而銖稱之。前聖之緒業可續，後儒之浮論盡廢，稽合於孔子之本統者也。」先生之論如此，其於《記言》大旨，蓋發明殆盡。又稱水心以舊敵垂亡，邊方數警，别有後總，秘而未傳，則先生乃葉氏晚年入室弟子也。

鶴山先生嘗銘其母墓。

居安，字德叟；汝鐸，字振文。先生成進士，不詳，其官禮部侍郎，謚忠敏。嶸叟其從孫也。（黄氏原本，全祖望修之加詳）

王先生植

王植，字立之，金華人，文定公淮之從子也。慶元中，學禁正嚴，先生以宰相家子，匿姓名，舍輜重，從水心於窮絶處。水村夜寂，蟹舍一漁火隱約，先生執書循厓，且誦且思，聲甚悲苦。其中表有仕永嘉者，月朔設集，先生獨後至，中表戲曰：「上學來邪？」自是每歲必一至水心講席，叩以所得，蓋力學之士也。（黄氏原本，全祖望修之加詳）

廉靖滕先生宬

滕宬，字季度，吳縣人，知樞密院康之孫。學于水心，水心異其沈敏，無不洞達。舉直言極諫。孝宗問知世家，甚悦。已而召試，考官謂其輕己，罷之。其後累薦，韓侂胄又忌之。先生知其意，曰：「吾焉用溟涬風波間哉！」遂不出。水心奏賜廉靖處士之號。晚居吳之齊門窮僻處。官于吳者，知其賢，多就見之，清語終日，不及私。（黄氏原本，全祖望修之加詳）

侍郎孟先生猷

孟猷，字良甫，隆祐太后曾侄孫，而信安郡王孫也。居吳，水心入吳，先生兄弟最先至，恭謹退遜，不異寒士。其學以觀省密察為主，外所涉歷，皆切於心，身所覺知，皆反於性。凡情偽錯陳，横逆忽來，幾若無所嬰拂，而筋骸之束，肌膚之會，常得由於順正。其專悟獨了，動用不窮，有非簡策所載者。其立朝無党與，中立不倚，士大夫敬愛之，累官至籍田令。

時學禁正興，建安、長沙、金華、永嘉、象山諸弟子，多入錮籍且盡，獨先生超然不豫。然以是不欲官中朝，請外補，累遷至知信州。及學禁漸弛，諸君子稍賜環，先生亦入為都官郎，累遷至尚右郎。

兵議起，永嘉弟子與之者多，先生亦被使出淮東。及事罷，貶斥者多，獨先生無及之者。蓋其平心無競，不立岸限，故能立於禍患之表。其後入為軍器監，累遷至刑部侍郎，然亦終不為當國者所容，出知婺州，已而以直龍圖閣將漕江東，尋奉祠卒。

先生喜為詩，有《孟侍郎集》。尤愛汲引後進，戶外之屨恒滿。水心于先生之學，惜其尚未能盡究古今之變，博達倫類。然以先生所得觀之，蓋有用功於内者，雖源流出於水心，而其實自得為多。水心之言，不足為先生惜也。（黄氏原本，全祖望修之加詳）

知軍孟先生導

孟導，字達甫，侍郎良甫之弟也。水心嘗曰：「予講學葑門，紅藥被野如菜，俊流數十，論難捷至。良甫最簡，時然後言，而達甫尤簡，或終席不一語，衆莫測其所至，間與言時事，無一不精切。」累官大理正，知嚴州。

先生所至皆有聲，性介甚，一絲之饋，一縷之謁，無逮門者。而敏甚，弊山訟海，皆得其情。以聚財為諱，以察寃為急，出之以和平中正，故自淳熙以後，議擇理繁劇之臣，先生未嘗不在選中。然執政者曰：「此大儒，先生所為才，非吾所為才也。」卒不果用。再知臨江軍，復為忌者所論罷，而先生亦無意于當世矣。閒居靜坐，隱幾噓嗒，驗學講德，戒其子曰：「先後遭家多難，再興家室，俯仰百年，而隆祐之澤遠矣。若等衣食其力，毋得與戚畹齒。仕必由平進，學必依癯儒。麤糲適口，則膏粱疏，毳褐附身，則綺羅贅矣。」時以為名言。

（黃氏原本，全祖望修之加詳）

監當邵先生持正

邵持正，字子文，平陽人，以父致仕恩為監當。水心初講學，先生即在學舍中，其後所至皆從之。神暇語簡，不輕變聲色。工于歌詩駢體，沈淪下吏，不永其年，水心深痛惜之。（黃氏原本，全祖望修之加詳）

陳先生昂（祖堯英）

陳昂，平陽人，其大父堯英嘗三上書闕下，論恢復事，斥和議。高宗令宰相召問，長揖，直指宰相，奏罷之。又三上書政府，詆其誤國者也。先生從水心三十年。（黃氏原本，全祖望修之加詳）

知州趙懶庵先生汝讜

趙汝讜，字蹈中，大樑人。為《水心文集》序。少俶儻，有智略。水心嘗過其家，勸之曰：「名門子，安可不學？」先生自是折節讀書，與兄汝談齊名。以恩補承務郎，曆監行右藏西庫。疏訟趙忠定冤，侂胄使胡紘攻之，坐廢十年。登嘉定進士，後知溫州，居官有政績。嘗言宗子不忘君，孝子不辱身，臨難則功業當如朱虛，立身當如子政云。（黃氏原本，全祖望修之加詳）

領衛厲先生仲方

厲仲方，字約甫，原名仲詳，東陽人也。從水心學，不遠千里同行。獨閉一室，未嘗窺戶。以武學生舉第一，任領衛官，召試閤門舍人，而先生非所好也，尋出知安豐軍。時韓侂胄謀開邊，諜妄言金衰亂，而先生適奏「淮北饑民多叩關求接應者，然非如諜者之導以用兵也」。侂胄遽從，夜半下其議，據以起事。於是論者以咎先生，召還閤門，出知和州，權知廬州。時方北伐，先生以能被選，俄召授左領衛中郎將。金人內犯，朝議憂在江北，以先生防守建康。先生有將才，其在安豐，種桑數十萬株，墾田數千頃，置曆陽軍實甚眾，後人卒用其所造九牛弩，射殺金驍將于城下，又用其所制戰車，敗之清水。水心帥建康，訪士于先生，曰：「田琳可。」乃以之戍合肥，而金不敢犯。然先生未嘗識琳也。金人屯定山十餘萬，先生募石斌賢、夏侯成再破走之。金人留六合，水心令先生往解圍，則曰：「鹵且退矣。」不數日而果然。已而復還，領衛。台臣劾其附會開邊，罷官奉祠，尋從邵州。先生慷慨自喜，少為陳同甫婿，又從水心，素留意於事功之學，故所至有稱。自侂胄死，凡豫于開邊之役者，不原其人之本末，皆擊去之，雖水心有所不免，而先生竟以此死于邵州，君子惜之。（黄氏原本，全祖望修之加詳）

忠文周先生端朝

周端朝，字子靜，永嘉人。嘉定進士。其學本出於仲父去非，得南軒之傳，已而學于蔡行之，於百氏無不通，尤熟於典故。又學于葉水心。又嘗學于劉後溪、趙昌甫。或以為晦翁弟子者，非也。

趙忠定公去國，天為雨血，京師人以盆盎貯之殷然。先生為太學生，帥其儕叩麗正門。侂胄欲斬其為首者，寧宗不可，但使聽讀而已。是時，為首者六人，而先生受禍尤酷。初，大理令聽讀於衢州，已次半道，侂胄矯旨再入大理，先生自分必死，果百輩拷掠欲斃之，然卒不死。復聽讀於信州，從章泉遊。已而押歸本貫，尋有詔聽自便，侂胄終忌之。先生避之入蜀，從後溪遊。蓋自上書後，轉徙者十七年，授徒自給。侂胄誅，有詔褒獎錄，免解策進士，為國錄。

先生性介，以女妻富陽令之子，親迎之夕，有持諸生刺以入者，先生曰：「暮矣，來朝於崇化堂當相見。」諸生曰：「我來為國錄事，非私也。有書在此。」書入，則述令為史氏私人，恐先生官職駸駸，天下以為出於姻亞之力。先生愕然，則已奏樂行酒，亟告女以其故。女素嫻禮教，遽稱疾，請展日行禮，令子登車惘然。已而，先生以女廢疾請停昏。令訴于台，罷先生所居官。於是終彌遠之世二十三年，浮沈下吏。復入為國博，不十年至侍從。端平開邊，力爭之，於是丐去。論者謂「先生一不合于侂胄，再不合於彌遠，三不合於清之，雖官至九列，蕭然孤榻，不營一椽」。有負郭田五十畝，捐以與兄。其卒也，謚忠文。（黄氏原本，全祖望修之加詳）

通直陳潛室先生埴

見《潛室學案》。

水心再傳

少卿吳荊溪先生子良

吳子良，字明輔，號荊溪，臨海人。寶慶進士，官至湖南運使，太府少卿，忤史嵩之。幼從篔簹學，亦曾登水心之門。篔簹之統，傳于先生。所著有《荊溪集》。其作《隆興府學三賢堂記》，有曰：「道公溥，不可以專門私；學深遠，不可以方冊既。貫群聖賢之旨，可以會一身心之妙；充一身心之妙，可以補群聖賢之遺，孰為異，孰為同哉？合朱、張、吕、陸之說，溯而約之于周、張、二程；合周、張、二程之說，溯而約之于顏、曾、思、孟；合顏、曾、思、孟之說於孔子，則孔子之道，即堯、舜、禹、湯、文、武之道，孔子之學，即皋、益、伊、仲、傅、箕、周、召之學。百聖而一人，萬世而一時，尚何彼此戶庭之別哉？（黄氏原本，全祖望修之加詳）

聘君車玉峰先生若水

見《金華學案》。

水心三傳

承直舒閬風先生岳祥

舒岳祥，字舜侯，一字景薛，寧海人也。寶祐進士，仕終承直郎。受文法于吳荊溪，荊溪序其集，「以異稟靈識稱之」。宋亡，避地四明之奉化，與戴表元相友善。所著有《史述》《漢砭》《補史家錄》《蓀墅稿》《避地稿》《篆畦稿》《蝶軒稿》《梧竹里稿》《三史纂言》《談叢》，又有《叢續》《叢殘》《叢隸》《昔遊錄》《深衣圖說》共二百二十卷，通曰《閬風集》，今多不傳。然自水心傳於篔牕，以至荊溪，文勝於學，閬風則但以文著矣。（黄氏原本，全祖望修之加詳）

一四　武夷學案

文定胡武夷先生安國

胡安國，字康侯，建之崇安人。紹聖四年進士第三人，除荊南教授。入為太學博士。提舉湖南學事，以所舉遺逸王繪、鄧璋為范純仁之客，蔡京惡之，除名。大觀四年復官。宣和初，提舉江東路學事，尋致仕。末年，侍臣交薦，起除尚書員外郎，至起居郎。召對，除中書舍人。為耿南仲所忌，出知通州。高宗召為給事中，論故相朱勝非，遂落職奉祠，休于衡嶽之下。著《春秋傳》進覽，除寶文閣直學士。紹興八年四月十三日卒，年六十五，謚文定。

先生自少時已有出塵之趣，登科後同年宴集，飲酒過量，是後終身不復醉。嘗好弈棋，母吳氏責之曰：「得一第，德業竟止是弈邪？」後不復弈。為學官，京師同僚勸之買妾，事既集，慨然嘆曰：「吾親待養千里之外，曾以是為急乎！」遽寢其議。行部過衡嶽，欲一登覽，已戒行矣，俄而思曰「非職事所在也。」即止。罷官荊南，僚舊餞行于渚宮，呼樂戲以待，而交代楊龜山，具朝膳，鮭菜蕭然，引觴徐酌，置《語》《孟》案間，清坐講論，不覺日晷之暮也。壬子赴闕，過上饒，有從臣家居者設宴，用音樂，先生蹙然曰：「二帝蒙塵，豈吾徒為樂之日？敢辭！」轉徙流寓，遂至空乏，然「貧」之一字，口所不道，亦手所不書。嘗戒子弟曰：「對人言貧者，其意將何求？」

朱震被召，問出處之宜，先生曰：「世間惟講學論政，則當切切詢究。至于行己大致，去就語默之幾，如人飲食，其饑飽寒溫，必自斟酌，不可決之于人，亦非人所能決也。某出處，自崇寧以來，皆內斷于心。雖定夫、顯道諸丈人行，皆不以此謀之也。」

壯年嘗觀釋氏書，後遂屏絕，嘗答曾幾書曰：「窮理盡性，乃聖門事業。物物而察，知之始也；一以貫之，知之至也。來書以五典四端每事擴充，亦未免物物致察，非一以貫之之要，是欲不舉足而登泰山也。四端固有，非外鑠；五典天敘，不可違。充四端，惇五典，則性成而倫盡矣。釋氏雖有了心之說，然其未了者，為其不先窮理，反以為障，而于用處不復究竟也。故其說流遁，莫可致詰，接事應物，顛倒差謬，不堪點檢。聖門之學，則以致知為始，窮理為要。知至理得，不迷本心，如日方中，萬象皆見，，則不疑所行而內外合也。故自修身至于家、國、天下，無所處而不當矣。來書又謂：『充良知良能而至于盡，與宗門要妙，兩不相妨，何必舍彼而取此。』夫良知良能，愛親敬長之本心也。儒者則擴而充之，達于天下，釋氏則以為前塵，為妄想，批根拔本而殄滅之，正相反也。而以為不相妨，何哉？」著有《春秋傳》《資治通鑑舉要補遺》及《文集》若干卷。三子：寅、宏、寧。從子憲。

少長，入太學，晝夜刻勵。同舍有潁昌靳裁之，嘗聞程氏之學，與先生論經史大義，以是學益強，識日明。

登第時，考官定為第一。宰執以策中無詆元祐語，欲降其等，哲宗親擢第三。

欽宗一日問中丞許翰識安國否，對曰：「臣雖未識其面，然久聞其名。自蔡京得政以來，天下士大夫無不受其籠絡。超然遠迹，不為所汙者，惟胡某一人而已。」

何㮚建議：「天下之勢，治平則宜內重，遭變則宜外重。乞分置四道，帥臣以都總管為名，各付一面，為衛王室、禦狂寇之計。」先生奏曰：「內外之勢，適平則安，偏重則危。今州郡太輕，理宜通變。然一旦遽以數百州之地，二十三路之廣，分為四道，則權復太重。假令萬一抗衡跋扈，號召不至，又何以待之乎？欲乞據見今所置帥司，選擇重臣，付以都總管之權，專治軍旅，每歲一按察其部內。或有警急，京師戒嚴，即各帥所屬守將應援。如此，則既有擁衛京師之勢，又無尾大不掉之虞，一舉兩得矣。」其後以趙野為北道，先生言魏都地重，野必誤委寄。是冬，金人大入，野遁，為群盜所殺，西道王襄擁眾不復北顧，卒如先生言。

高宗謂曰：「聞卿奧于《春秋》，方欲講論。」遂以《左氏傳》付之點句正音。先生奏曰：「《春秋》乃仲尼親筆，實經世大典，見諸行事，非空言比也。陛下必欲削平僭叛，克復寶圖，使亂臣賊子懼而不作，莫若儲心仲尼之經，則南面之術盡在是矣。」除兼侍講，專以《春秋》進講。

會除故相朱勝非都督江、淮、荊、浙諸軍事，先生奏：「勝非昔與黃潛善、汪伯彥同在政府，緘默附會，循致渡江；尊用張邦昌，結好金國，淪滅三綱，天下憤鬱。及正位冢司，苗、劉肆逆，貪生苟容，辱逮君父。今強敵憑陵，叛臣不忌，用人得失，係國安危，深恐勝非上誤大計。」勝非改除侍讀，先生持錄黃不下，左相呂頤浩特命檢正黃龜年書行。先生言：「有官守者，不得其職則去。況勝非係臣論列之人，今朝廷乃稱苗、劉之變，能調護聖躬。昔公羊氏言祭仲廢君為行權，先儒力排其說。蓋權宜廢置，非所施于君父。《春秋》大法，尤謹于此。臣以講《春秋》入侍，而與勝非為列。有違經訓。」遂臥家不出。時呂頤浩再相，欲傾右相秦檜謀于席，益目先生為黨魁，引勝非為助，乃降旨曰：「安國屢召不至，今始造朝，又數有請。其自為謀則善矣，百官象之，如國計何！」落職奉祠。

先生至豐城，寓居半載，乃渡南江而休于衡嶽，買地結廬，為終焉計，頹然當世之念矣。

五年，除徽猷閣待制、知永州，辭，詔從其請，與祠。令纂修所著《春秋傳》。書成，高宗謂深得聖人之旨，除內祠兼侍讀。未行，陳公輔疏詆假託程頤之學者。先生奏曰：「本朝自嘉祐以來，西都有邵雍、程顥及其弟頤，關中有張載，皆以道德名世。會王安石、蔡京等曲加排抑，故其道不行。望下禮官討論故事，加之封爵，載在祀典，仍詔館閣，裒其遺書頒行，使邪說者不得作。」奏入，公輔與中丞周秘、侍御石公揆交章劾先生學術頗僻，除知永州，辭，復予祠。進寶文閣直學士，卒。

初，王介甫以字學訓經義，自謂千聖一致之妙，而于《春秋》不可偏旁點畫通也，則詆以為斷爛朝報，直廢棄之，不列學官。下逮崇寧，防禁益甚。先生謂《六籍》惟此書出于先聖之手，乃使人主不得聞講說，學者不得相傳習，亂倫滅理，中原之禍殆由此乎。于是潛心刻意，自壯年即服應于此，至年六十一而書始就，慨然嘆曰：「此傳心要典也！」蓋于克己修德之方，尊君父、討亂賊、攘外寇、存天理、正人心之術，未嘗不屢書而致詳焉！

先生不及二程之門，楊、游、謝三君子皆以斯文之任期先生。謝公嘗謂朱子發曰：「康侯正如大冬嚴雪，百草萎死，而松柏挺然獨秀也。使其困厄如此，乃天將降大任焉耳！」

上蔡曰：「聞公進道甚篤，德業日美，所到豈可涯涘，真足畏也！更以其大者移于小物，作日用工夫，尤佳。」

先生風度凝遠，蕭然塵表。自登第逮休致，凡四十年，實歷仕之日不及六載。雖數以罪去，而愛君之心，遠而愈篤。每被召，即置家事不問，或通夕不寐，思所以告君者。然宦情如寄，泊如也。

《拙齋紀問》曰：胡文定嘗言：「讀《繫辭》須是都將作《易》看，不可汎說。且如『寂然不動，感而遂通天下之故』，才說性本寂然，感之斯通，便汎濫，須于《易》中求之。四十九筮蓍，當其未揲時，固寂然矣，『問焉以言，其受命也如響』，豈非感通乎？『無有師保，如臨父母』，讀《易》時其心自然肅敬，非有以使之也。其餘皆然。互體亦豈可不信，如歸妹互體為泰，而泰五爻有『帝乙歸妹』之語，《歸妹》之義有『天地不交』之語，此類可見。」

問文定與秦檜厚善之故，朱子曰：「秦嘗為密教。翟公巽知密州，薦試宏詞。游定夫過密，與之同飯于翟，奇之。後康侯問才于定夫，首以秦為對，云其人類荀文若，又云無事不會。京城破，金欲立張邦昌，執政而下無敢有異議，惟秦抗論以為不可，康侯益義之，力言于張德遠諸公之前。後秦自北歸，與聞國政，康侯屬望尤切，嘗有書疏往還，講論國政。康侯有詞掖講筵之召，秦薦之也。然其雅意堅不欲就，是時已窺見其隱微一二，有難處，故以老病辭。至後來秦做出大疏脫，則康侯已謝世矣。」

百家謹案：靖康金議立邦昌，馬時中伸抗言于稠人曰：「吾曹職為爭臣，豈可緘默坐視，當共入議狀，乞存趙氏。」秦檜不答，時中即自屬稿，就呼臺吏連名書之。檜既為臺長，則當列于首。以呈檜，檜猶豫。時中帥同僚合辭力請，檜不得已，書名。是檜迫于馬時中，以臺長列名，何嘗抗論。乃知當時無論賢愚，盡為檜欺矣。幸文定宦情如寄，天下後世亮之。因歎知人之難也！

呂東萊《與朱侍講書》曰：「胡文定《春秋傳》，多拈出《禮》『天下為公』意思。蜡賓之歎，自昔前輩共疑之，以為非孔子語，蓋不獨親其親，子其子，而以堯、舜、禹、湯為小康，真是老聃、墨子之論。胡氏乃屢言《春秋》有意于『天下為公』之世，此乃綱領本原，不容有差。」

宗羲案：先生為荊門教授，龜山代之，因此識龜山。因龜山方識游、謝，不及識伊川。自荊門入為國子博士，出來便為湖北提舉，是時上蔡宰本路一邑，先生卻從龜山求書見上蔡。上蔡既受書，先生入境，邑人皆訝知縣不接監司，先生先修後進禮見之。先生之學，後來得于上蔡者為多，蓋先生氣魄甚大，不容易收拾。朱子云：「上蔡英發，故胡文定喜之。」想見與游、楊說話時悶也。

時政論

宗羲案：紹興元年，先生以舍人兼侍講召，先以《時政論》獻。論入，復除給事中。其論之目，曰《定計》《建都》《設險》《制國》《恤民》《立政》《核實》《尚志》《正心》《養氣》《宏度》《寬隱》。先生自謂：「雖諸葛復生，為今日計，不能易此論也。」間采數則。

撥亂興衰，必有前定不移之計，而後功可就。陛下履極六年，以建都則未必有守不移之居，以討賊則未必有操不變之術，以立政則未必有行不反之令，以任官則未必有信不疑之臣。舍今不圖，後悔何及！（《定計論》，文淵閣四庫全書《宋名臣言行錄》外集卷十）

設險以得人為本，保險以智計為先。人勝險為上，險勝人為下；人與險均，纔得中策。方今所患，在于徒險而人謀未善。今欲固上流，必保漢、沔；欲固下流，必守淮、泗；欲固中流，必以重兵鎮安陸。此守江常勢，雖有小變，而大概不可易者也。（《設險論》，文淵閣四庫全書《宋名臣言行錄》外集卷十）

心者，身之本也。正心之道，先致其知而誠意。故人主不可不學也。蓋戡定禍亂，雖急于戎務，必本于方寸。不學以致知，則方寸亂矣，何以成帝王之業乎？（《正心論》，文淵閣四庫全書《宋名臣言行錄》外集卷十）

用兵之勝負，係軍旅之強弱；軍旅之強弱，係將帥之勇怯；將帥之勇怯，係人主所養之氣曲直如何耳！蓋人主，將將者也，以直養氣，自反而縮，則孟子所謂「約」而狐偃所謂「壯」也，壯則強；以曲喪氣，自反而不縮，則孟子所謂「餒」而狐偃所謂「老」也，老則弱。凡曲直者，兵家制勝之先幾也。陛下勇于為善，益新厥德，使無有曲直可議，則守為剛氣，可塞乎兩間，震為怒氣，可以安天下矣！（《養氣論》，文淵閣四庫全書《宋名臣言行錄》外集卷十）

百家謹案：先生諸論，自謂雖諸葛復生，為今日計，必不可易也。細觀之，亦尚多泛論，不十分切要。當日事勢，只要高宗復仇之心切，則此氣自然塞兩間，自反有何患不直乎！

文忠胡致堂先生寅

胡寅，字明仲，崇安人，文定之弟子也。將生，母以多男不欲舉，文定夫人夢大魚躍盆水中，急取而子之。少桀黠難制，父閉之空閣，其上有雜木，先生盡刻為人形。文定曰：「當有以移其心。」別置書數千卷于其上，年餘，悉成誦。中宣和進士甲科。靖康初，薦授秘書省校書郎。時龜山為祭酒，稟學焉。遷司門員外郎。張邦昌僭位，棄官歸。建炎三年，擢起居郎，言高宗當糾合義師，北向迎請，不宜遽踐大位，遂奉祠。紹興二年，起知永州。四年，復召為起居郎，遷中書舍人。時議遣使入雲中，先生疏言：「女真驚動陵寢，殘毀宗廟，劫質二聖，吾國之大讎也。誤國之臣遣使求和，苟延歲月，九年于茲，其效何如？幸陛下灼見邪言，漸圖恢復，然後二聖之怨可平，陛下人子之職舉矣。」高宗嘉納，召至都堂諭旨。既張忠獻浚自江上還，奏遣使為兵家機權，竟反前言，因乞郡就養，出知邵、嚴、永三州。

徽宗訃至，故事以日易月，先生上疏言：「禮，讎不復則服不除。願降詔旨，服喪三年，墨衰臨戎。」除禮部侍郎兼侍講，直學士院。父喪除，起徽猷閣直學士。秦檜當國，乞致仕，歸衡州。檜既忌先生，雖告老猶憤之，坐與李光書譏訕朝政，安置新州。檜死，復官。二十七年，卒，年五十九，謚文忠。

先生志節豪邁，初擢第，中書侍郎張邦昌欲以女妻之，不許。文定素與秦檜善，及檜擅國，先生絕之，故為所惡。在謫所，隨行無文字，先生以所記憶者著《讀史管見》。平生所著，有《論語詳說》及詩文《斐然集》。學者稱致堂先生。

朱子曰：致堂議論英發，人物偉然。向常侍之坐，見其數盃後，歌孔明《出師表》，誦張才叔《自靖人自獻于先王義》、陳了翁奏狀等。可謂豪傑之人也！

崇正辯

推兼愛之意而不知別親疏，此墨之弊也。

墨氏之弊，固如此矣；釋氏之弊，豈不甚于此乎？棄父母出家而不顧，見螻蟻蚊蚋則哀矜之，謂之別親疏，可乎？不別親疏，故不辨賢否。今有聖賢之人，坐致太平而不喜佛，則釋子必不譽也。小人亡國敗家，建寺宇，崇塔廟，厚給其田，廣度其衆，則釋氏必以為宿植家根，親受佛記者也。試用此觀之，其情見矣。（胡寅《崇正辯　斐然集》上，中華書局一九九三年版，第一一—一二頁。）

《正法念經》云：「若有衆生掃如來塔，命終生意樂天。」又云：「修治故塔，命終生白身天，與諸天女，五欲自娛。」《菩薩行經》

云：「有一貧人，賣薪為業，向澤中採薪，見一塔寺，狐狼飛鳥，草木荊棘，不淨滿中，貧人愴然，誅伐掃除，作禮而去，命終生光音天，盡其天壽。又復一日，返作轉輪王。」

佛設如此等教，其發心也，不知欲誘人為善乎？抑將自保其塔乎？如誘人為善，莫先于正其心；如此等教，反以利欲害其心也。人各有所欲，而未必皆同，多為利路以張之，必有一中，中則其說可入，此佛之術也。言生意樂天，則凡心意有所好樂而不得者，必為之掃塔矣。言生白身天，則凡醜黑，為女子所惡，欲淫色而不得者，必為之掃塔矣。言生光音天，作轉輪王，則凡瘖啞聾聵、貧窮下賤者，必為之掃塔矣。其設教之心如此，果可謂之正道乎？今欲詰之，則必曰：「此皆無礙方便也。人之根器萬端，不如是，不能攝之入善。」嗚呼！使人隨意所欲而得之，好色則得女，好貴則得王，天下大亂之道也。曾謂如是而為善乎！（胡寅《崇正辯　斐然集》上，中華書局一九九三年版，第一六一—一七頁。）

顔之推曰：「信謗之徵，有如影響。善惡之行，禍福所歸。九流百氏，皆同此論，豈釋典為虛妄乎？項橐、顔回之短折，原憲、伯夷之凍餒，盜跖、莊蹻之福壽，齊景、桓魋之富強，若引之先業，冀以後生，更為通耳。如以行善而偶鍾禍報，即便怨尤；為惡而儻值福徵，乃為欺詭；則亦堯、舜之云虛，周、孔之不實也。又欲安所信而立身乎？」

夏至之日，一陰初生，而其時則至陽用事也；陰雖微，其極必有折膠墮指之寒。冬至之日，一陽初生，而其時則至陰用事也；陽雖微，其極必有鑠石流金之暑。在人，積善積惡所感，亦如此而已。顔回、伯夷之生也，得氣之清，而不厚，故賢而不免乎夭貧；盜跖、莊蹻之生也，得氣之戾，而不薄，故惡而猶得其年壽；此皆氣之偏也。若四凶當舜之時，則有流放竄殛之刑；元凱當堯之世，則有奮庸亮采之美；此則氣之正也。何必曲為先業、後世因果之說乎？若行善有禍而怨，行惡值福而恣，此乃市井淺陋之人計功效于旦暮間者，何乃稱于君子之前乎！盜跖膾人肝，雖得飽其身，而人惡之至今；顔子食不充口，而德名流于千世。若顔子之心，窮亦樂，通亦樂，簞瓢陋巷何足以移之！鐘鼎廟堂何足以淫之！威刑死生何足以動之！而鄙夫之見，乃以貧賤夭折為顔子宿報，嗚呼陋哉！之推又云：「若不信報應之說，則無以立身。」然則自孟子而上，列聖群賢，舉無以立身，而後世纍纍蠢蠢，千百其群者，為立身之人與？（見胡寅《崇正辯　斐然集》上，中華書局一九九三年版，第二二—二三頁。）

釋圓光少耽墳典，詣理窮神。及聞釋宗，反同腐芥，由是出家。

人之稟氣不同，或昏或明，或拙或巧，或靜或躁，或剛或柔，千條萬端，非一言可盡也。膾炙人所共嗜，而有好食瘡痂者；晝夜人所共由，而有俾晝作夜者。方王澤將息，佛教未來，凡趨靜厭事之流，亦為山林之行，往而不返，如接輿、荷蕢、長沮、桀溺，乃其所見偏蔽，舍此取彼，自以為是而不可以入堯、舜、文王之道，聖人不取也。又況佛法入中國，有以惑人之耳目而移人之心意，宜夫一曲之士棄經典而耽釋宗如圓光者不可勝數，可悲也已！可悲也已！或問乎有道君子曰：「儒學者晚多溺佛，何也？」對曰：「學而無所得，其年齒長矣，而智力困矣，其心欲遽止焉，則又不安也，一聞超勝侈大之說，是以悅而從之。譬之行人，方履坦途，其進無難也，山忽高乎其前，水忽深乎其下，而進為難也，于是焉有捷徑，則欣然由之矣。其勢使然也。夫託乎逆旅者，不得家居之安耳。未有既安于家而又樂舍于旅也。」至哉斯言乎！至哉斯言乎！（見胡寅《崇正辯　斐然集》上，中華書局一九九三年版，第三〇—三一頁。）

後周武帝季年，毀破前代一切佛塔，鎔劃聖容，焚燒經典，寺廟盡賜王公為第宅，三坊釋子減三百萬，皆復軍民，還歸編戶，蓋蒼生之不幸，非吾宗之不幸也。

偉哉！周武之此舉也。禍福報應之說所不能惑，茫昧無稽之言所不能誑，卓然自信，罷斥不疑，使後嗣稍賢，能承美志，世傳弗失，以待聖王，則邪說與異端消滅已久？蒼生之幸豈有量哉？若周武者，可謂明矣！若周武者，可謂勇矣！後世英主者出，能視傚而增美之，又何愧于大禹放蛇龍，戮防風，周公驅虎豹，兼夷狄，孔子成《春秋》，討亂臣賊子，孟子闢楊、墨，息邪說，距詖行，放淫辭，以承三聖，豈特于周武有光而已也！（見胡寅《崇正辯　斐然集》上，中華書局一九九三年版，第四〇—四一頁。）

德志值周武毀滅，敕從儒禮，秉操鏗然，守死無懼，帝愍其貞諒，哀而放歸。

孔子曰：「守死善道。」于道之至善，以守死而不變，不亦智乎！于道之不善，以守死而不變，不幾乎天下之至愚乎！何謂道之至善？父慈而子孝，君仁而臣忠，兄友而弟恭，夫義而婦順是也，此儒教也。何謂道之不善？離天性之自然而外立其德，自以為道者是也，此佛教也。佛者未嘗慕儒之善而學之，而儒者乃甘心于佛之不善而依歸之，是愚也。若德志違令執迷，所宜誅責，用表至正，周武乃以其守死而哀之，殆為所嚇矣，此亦啟發後世明君之一事也。（見胡寅《崇正辯　斐然集》上，中華書局一九九三年版，第四二頁。）

天竺沙門智克，武德九年達京，住興善寺，自古教傳詞旨有所未諭者，皆委其宗緒，括其同異，渙然冰釋。帝曰：「諸有非樂，物我皆空，眷言真要，無過釋典，流通之極，豈尚翻傳。」遂下詔命碩德一十九人于興善創開傳譯，又敕左僕射房玄齡參助勘定。

佛之道，以空為至，以有為幻，此學道者所當辨也。今日月連乎天，山川著乎地，人物散殊于天地之中，雖萬佛并生，亦不能消除磨滅而使無也。日晝而月夜，山止而川流，人生而物育，自有天地以來，至今而不可易，未嘗不樂也。此物雖壞而彼物自成，我身雖死而人身猶在，未嘗皆空也。唐祖何循習不思之甚乎！儻信以為然，又復東征西伐，經綸王業，何其求不樂而為不空哉？如不能行之于身而徒言之于口，則是妄而已矣。房玄齡，唐之賢相，輔致昇平，然所學蹇淺，守正不固，乃奉承僻命，參勘邪說，使政治駁雜，其君不及于堯、舜，其俗未興于禮樂，玄齡不自知也。後世觀之，責備于賢者，豈非沒身之遺恨與！（見胡寅《崇正辯　斐然集》上，中華書局一九九三年版，第四二—四三頁。）

景龍二年，有御史大夫馮思暴卒，見二子持簿引馮庭對，官聽案覆罪愆。官吏傍有舊識者張思義手招馮曰：「吾為假貸僧物，于今未脫。汝所坐者，不合于天后宫中亂越。可發願造《涅槃經》、鑄鐘，以資餘祐。」卻放還。馮既甦三日，寫經鑄鐘，更享壽四十八年。

凡如此類，皆僧人所撰記，如《佛頂心經》所載耳。人貸僧物，久幽而未脫，則僧取人物不可勝數，當入于無間，永無出期也。于天后宫中亂越，罪之不可赦者，造經鑄鐘而得免，則是經鐘乃為人庇覆濫淫之具耳。治世常法，負債而不償，必償而後已，豈問僧與不僧哉？設有犯奸抵罪，入于縲紲，使之造經鑄鐘而可以逭刑者，吾未之見也。地獄固必無，設其有之，人神一理，必公正不阿而後法行。今造經鑄鐘而免其奸罪，錫之永年，不公不正甚矣。使人自此淫濫而無害，豈非邪說害政之甚者與！（見胡寅《崇正辯　斐然集》上，中華書局一九九三年版，第四七頁。）

唐玄宗研思注《金剛般若經》，至是人先世罪業應墮惡道處，執筆狐疑，詔沙門道氤問其是非。氤曰：「佛力不可測。陛下曩于般若會中聞熏不一，更沈注想，自發現行。」帝豁然若憶疇昔，下筆不休。

聖學以心為本，佛氏亦然，而不同也。聖人教人正其心。心所同然者，謂理也，義也。窮理而精義，則心之體用全矣。佛氏教人以心為法，起滅天地而夢幻人世，擎拳植拂，瞬目揚眉，以為作用，于理不窮，于義不精，幾于具體而實則無用，乃心之害也。如道氤之告明皇者，正是使心之術耳。明皇方疑而未決，一聞其言，致思入念，如道家存想，隨所欲而萌焉，龍華之會，靈山之集，妙喜之國，兜率之天，種種現前，皆可自誑。雖高才穎質，攻苦學道之士，于此猶不脫，又況明皇志滿氣驕，樂佚游，樂宴樂，其心昏然者哉！

沙門仁贊曰：「孔子自衛反魯，贊《易》刪《詩》，《六經》由是而列，百王于焉取法。梁武、明皇搖翰于至誥之場，冥心于真常之境，非天下英傑，可以與于此乎？」

無是非之心，非人也。蕭衍破國殞身，明皇致寇失位，萬世人君之醜也。仁贊徒以其親御翰墨，箋注佛經，遂稱為英傑之人，與孔子等。其諂諛後世之人主以自立其黨而忘是非之心，乃如此乎！餓死于臺城，不可謂至誥之場也；播遷于蜀道，不可謂真常之境也。以二君為英傑，則自古破國殞身、致寇失位之君為不少，亦皆天下之英傑矣。

釋法雲與僧閔年臘齊譽。雲公篤學，勞于色養，及居母憂，毀瘠過禮。閔謂曰：「佛有至理，恩愛重賊，不可覺放，惟有智者以方便力善能治制，何必縱情，同于細近邪？」

法雲之所為，乃人之本心，自古至今欲掃除泯滅而不可得者。蓋天命之性，其理自然，非智力技巧所能造作也。不遇聖賢，因其良心之未亡，歸諸正道，而陷身佛教，又與僧閔為徒，乃法雲之不幸耳。孟子曰：「『天生蒸民，有物有則。』民之秉彝也，故好是懿德。」僧閔者，戕毀物則之人也。毀則為賊，反則為亂，又可責以仁義之道邪？（見胡寅《崇正辯　斐然集》上，中華書局一九九三年版，第四八—四九頁。）

釋曇延著《涅槃義疏》，疏畢，恐不合聖理，乃于塔前以火驗之，其卷軸并放光明，通夜呈祥。

理之所在，先聖、後聖，其心一也。曇延造經疏，若于理周盡，何異前言；若有未盡，更須進學。如飲水食飯，其冷煖饑飽之意，他人豈能知之，乃驗之于火，以卜中否，可笑甚矣！復云經軸放光，則又妄之極也。火無不化之物。今以大乘經典投之火中，應手煨燼，曇延獨以何道使疏不可焚，無乃幻術邪？自達摩而後，凡參禪悟徹者，必求人印證。夫得道不得道，在我而已，人何預焉！我誠自信，孰得移敓之？我誠勿悟，孰能分與之？必待人言為是而後以為是，是信否在人而不在己，與對塔焚疏者何以異乎！

靈潤十三出家，二親既終，兄弟哀訴，曾無動容，但為修冥福而已。

靈潤割父母天性之愛，棄兄弟哀訴之言，自以世網超脫，慧忍能斷，然良心終不可忘也。何以驗之？靈潤雖無動容，而為修冥福，則其心于父母有絲毫不忍之意。當其回向之時，必曰資薦父母，終不曰資薦道路他人也。即此絲毫不忍者，乃是人之本心。佛教以為幻妄，掃而去之，儒教以為惻隱，保而存之，其異如此。或者謂儒佛同歸，是冰炭可以共器乎？（見胡寅《崇正辯　斐然集》上，中華書局一九九三年版，第五〇—五一頁。）

釋惠嵩，高昌國人，少出家。兄為博士，嘗勉嵩令罷道，嵩曰：「腐儒小智，當同諸糟粕，餘何可論！」元魏末至京，本國請還，嵩曰：「以我之博達，非邊鄙之所資。」固執不往，高昌乃夷其三族。嵩聞之，告其屬曰：「經不云乎：『三界無常，諸有非樂。』何足怪哉！」

佛之教，欲以大悲願力盡度眾生，故阿難贊之曰：「若一眾生未成佛，終不于此取泥洹。」惠嵩，學佛者也，未能度人，先殞其族，此何道邪？彼之教曰「三界無常」，何為愛變中華而輕賤邊鄙？又曰「諸有非樂」，何為自恃博達而詆誚儒風？遂使三族之人，無罪夷滅，愚很慘酷，蛇虺豺狼之不如也。（見胡寅《崇正辯　斐然集》上，中華書局一九九三年版，第五二頁。）

釋惠斌博覽經史，十九為州助教。懷慕出世，年二十三翦髮。其父于汶水之陰，九達之會，建義井一區，仍樹碑銘云：「哀哀父母，載生載育；亦既弄璋，我顧我復。一朝棄予，山川滿目；雲掩重關，風迴大谷。愛敬之道，天倫在茲；殷憂莫訴，見子無期。鑿井通道，託事興辭；百年幾日，對此申悲。」

惠斌博覽經史，年既踰冠，父母依望以成家者也。棄親而去，無復人心，理之所不容矣。觀井碑之語，哀怨感切，讀之令人怵惕而惻然，想當日之意為何如也！其所以建碑于九達之會者，必其力不能制其子，庶幾往來之人，官師之間，或見或聞，動心興念，能反之耳。則不知是時為民上者，以為是乎？以為非乎？亦有欲存天理，明人倫，行反道敗德之誅者乎？後人目睹此事者，亦將崇邪毁正，姑置之不問而已乎？夫天性至恩，不可解于心，猶水之溼，猶火之燥，孰能逃之？而佛之教乃一切掃除，謂之至道，嗚呼異哉！嗚呼異哉！（見胡寅《崇正辯　斐然集》上，中華書局，第五二—五三頁。）

釋惠豫誦《涅槃》《法華》等經。嘗寢，見人來叩戶，問其故，答曰：「師應死，故來奉迎。」豫曰：「小事未了，可申一年否？」答曰：「可。」至明年而卒。

佛教中有術，使人豫知死期，僧人得之，往往以為神異，或曰吾某日當去，或曰明年某月吾去矣，此精于卜相者亦或能之，何足貴哉！人死猶其生，其來不可禦，其去不可止。若可留一年，則十年、百年，皆可引伸而常存，此理之所必無也。近世儒者如師魯尹公、子厚張公、康節邵公，皆聞于死生之際，辭氣不亂，安靜而逝，君子猶以為未及曾子易簀之正也。蓋聖人以生死為分內事，無可懼者，故未嘗以為言；佛氏本于怖死，是以《藏經》五千四十餘卷，《傳燈》一千七百餘人，皆皇皇以死為一大事。彼三代之民，直道而行，順受其正，夭壽不貳，修身以俟之，不聞有輪迴之說，豈非簡易明白之道，何至惴恐經營，若彼其切哉！自佛教入中國，說天堂可慕，地獄可怖，輪迴可脫，于是人皆以死為一大事，而舍身取義、殺身成仁之道晦矣。夫既不以死為常事，必至于貪生失理，懼死怛化，而不順受其正也。自兩漢而上，戰國、春秋之時，聖人所謂道喪之世也。當其時，義心激切，視死如歸者，班班可攷，其心初無慕怖，安于義而已。後世學佛者，自以為其道可以了達死生，而其行事視三代之風尚未能及，況聖賢之際乎！（見胡寅《崇正辯　斐然集》上，第五七—五八頁。）

澄謂弟子法祚曰：「戊申歲禍亂漸萌，己酉石氏當滅。吾及其未亂，先從化矣。」即遣人辭虎。虎出宮慰諭，澄謂虎曰：「出生入死，惟道之常。修短分定，非人能延。念意未盡者，以國家心存佛理，無若興起寺廟，崇顯壯麗，稱斯德也。」

澄所以告其弟子，與告石虎者，何得反覆不侔邪？既曰「及其未亂，當先從化」，則是死生在我，去住自如也。又曰「修短分定，非人能延」，則是天命有限，欲止不可也。則未知澄以數盡不得已而死乎？抑數未盡自經而絕乎？智者必能辨之矣。且當其將死之日，石氏危亂已著，澄果有愛人忠虎之計，史必傳之以為美談。今觀其告虎之言，曰「無若興起寺廟，崇顯壯麗」而已。是以有道君子闢之曰：「佛氏之教，名為廣愛眾生，終必歸于自利之塗。」聖人復起，不易斯言哉！（見胡寅《崇正辯　斐然集》上，第五九—六〇頁。）

釋寶崖于益州城西路首，以布裹左右五指燒之。有問痛邪，崖曰：「痛由心起。心既無痛，指何所痛！」并燒二手。于是積柴于樓上，作乾麻小室，以油潤之，自以臂挾炬，麻燥油濃，赫然火合，于熾盛之中禮拜。比第二拜，身面焦折；復一拜，身踣于炭上。

佛教以心為法，不問理之當有當無也。心以為有則有，心以為無則無，理與心二，謂理為障，謂心為空，此其所以差也。聖人心即是理，理即是心，以一貫之，莫能障者。是是非非，曲曲直直，各得其所，物自付物，我無與焉。故曰：如天之無不覆，如地之無不載；如四時之錯行，如日月之代明；如飛走動植并育而不相害，仁義禮智并行而不相背。夫又何必以心為空，起滅天地，偽立其德，以擾亂天下哉！今夫人，目視而耳聽，手執而足行，若非心能為之主，則視不明，聽不聰，執不固，行不正，無一而當矣。目瞽耳聵，心能視聽乎？手廢足蹇，心能執行乎？一身之中，有本有末，有體有用，相無以相須，相有以相成，未有焦灼其肌膚而心不知者也。學佛者言空而事忍，蓋自其離親毁形之時，已喪其本心矣。積習空忍之久，于刲剔焚煉而不以為痛，蓋所以養心者，素非其道也。凡人之生，無不自愛其身。彼學佛者于蚑蚋之微，草芥之細，猶不忍害，廣悲願也。自愛乃能愛人，愛人乃能愛物。故養心保身者，濟人利物之本也。今乃殘之如此，將何為哉？非有喪心之疾而然乎！（見胡寅《崇正辯　斐然集》上，第六八—六九頁。）

釋道安，天和四年三月敕召有德眾僧、名儒道士、文武百官二千餘人，量校三教之優劣，欲事廢立，安乃著《本二教論》：「有客問曰：『優柔宏闊，于物必濟，曰儒；用之不匱，于物必通，曰道。老嗟身患，孔歎逝川，固欲後外以致存生，感往以知物化，何異釋典厭身無常之說哉？』主人曰：『救形之教，教稱為外；濟神之教，教稱為內。釋教為內，儒教為外。教惟有二，寧有三！』」

客與主人問答之言，皆出道安之手。道安所見，蹇淺若是哉！儒之為名，學者之通號耳，非為稱名為儒，即是賢也。故孔子謂子夏曰：「女為君子儒，無為小人儒。」不知道安所謂「優柔宏闊，于物必濟」之儒，何所本乎？稽之書傳，無是言也。子在川上曰，「逝者如斯，不舍晝夜」，蓋言存神過化、闔闢萬古、變而常存之道如此，何嘗有厭身之嘆哉？道安所以知孔子，末矣。釋教為內，而釋徒自處則曰「方外之人」，儒教為外，而鄙薄儒者則曰「方內之士」，吾未知道安所以區別內外之限者何如也。今以地言之，天子所居曰京師，千里曰王畿，推而廣之，至于要荒，則京師為內而要荒為外矣。人之所居曰奧阼，然後有堂有庭，有門有垣，則奧阼為內而垣為外矣。名者，實之賓也。有此實，然後有此名；無其實，則名何從生？不知道安所謂內外者，何以限之。吾恨不得聞其說也。（見胡寅《崇正辯　斐然集》上，第七八—七九頁。）

釋惠立見尚醫奉御吕才造《釋因明圖注》三卷，非斥諸師正義，立致書責之云：「奉御于俗少聞，遂謂真宗可了。何異鼷鼠見釜竈之堪陟，乃言崑丘之非難；蛛蝥睹棘林之易羅，亦謂扶桑之可網！」才由茲而寢。

射如李廣，然後可以服匈奴；御如王良，然後可以乘叓駕。蓋事各有理，物各有能。不知物之能，則不足以役物；不知事之理，則不足以揆事。如吕才，亦有意乎！不信異端小道，嘗著論以排之矣。惠立所言鄙淺，才不應遽為之改，然其詳則未之考也。大抵儒者之遇異端，其未達則推理以窮之，其既達則明理而正之，必能折其萌芽而摧其枝葉，然後言不徒發，而于道有補。楊、墨之言盈天下，孟子以「無父」「無君」之言折之，其禍遂息。佛氏之言盈天下，程子以「天理」及「自利」之言折之，而其禍未息者，前乎此者，有以解經自名而得君，其學雜乎佛也。後乎此者，有以文辯豪世而得時，其學雜乎佛也。人之所趨者勢利，所悦者華釆，于是聖人之道欲明而復暗。然賴先聖之説尚存而不泯也，學者可以溯流窮源，一洗其害，而先韓、歐之駕，以追蹤于孟子，正人心，闢邪説，距詖行，放淫辭，為聖人之徒，不亦善乎！（見胡寅《崇正辯　斐然集》上，第八〇—八一頁。）

釋元珪曰：「若能無心于萬物，則欲不為淫，福淫禍善不為盜，濫誤混疑不為殺，先後違天不為妄，惛荒顛倒不為醉。無心則無戒，無戒則無佛無衆生，無汝及無我。無我無汝，孰能戒哉？」

世之禪師所謂機辯，横説竪説，逆行順行者，皆如此。吾今折之曰：人未有無心者也。自古大聖人垂世立教，曰養心，曰宅心，曰存心，曰洗心，不言無心也。心不可無，無則死矣。聖人之心若鑑，不勞思慮，不用計度，而盡天地之理者，亦曰如鑑之明而已，不言無鑑也。有所欲必淫，聖人所欲不踰矩，是以無淫。福淫禍善必盜，聖人福善禍淫，是以無盜。濫誤混疑必殺，聖人四罪而天下咸服，是以無殺。先後違天必妄，聖人憲天聰明，是以無妄。惛荒顛倒必醉，聖人不為酒困，是以無醉。聖人之心，寂然不動，感而遂通天下之故，自己及人，自人及物，各止于其所而天下之理定。元珪所言，失之毫釐，差之千里者也。今有欲其所不可欲，以淫人為是，以善人為非，觸情殘害，逆天之理，放意于酒，沈酣日富，而曰「我未嘗有心也，適然如是耳」，而可乎？蓋佛氏以心、跡為兩途，凡其犯理背義，一切過失，必自文曰「此粗跡，非至道也」。譬如有人終日涉泥塗，歷險阻，而謂人曰「吾足自行耳，吾心未嘗行也」，則可信邪？（見胡寅《崇正辯　斐然集》上，第八四—八五頁。）

釋明瓚于衡嶽閒居。李泌隱南嶽，潛察瓚所為，曰「非常人也」，中夜往謁焉，望席門自贊而拜。瓚大詬，仰空唾曰：「是賊！」李公愈加敬，惟拜而已。瓚正撥牛糞火，出芋啖之，良久乃曰：「可席以坐。」取啗芋之半以授焉。李跪捧盡食而謝。謂李曰：「慎勿多言！領取十年宰相。」李拜而退。

李鄴侯高才多智，唐之名臣，方未仕時，辭萬乘之友，隱居南嶽紫蓋峰者凡十年。隱居之旁有一僧巖居，曰明瓚，相去甚邇，鄴侯未嘗與往來。此見之于傳記，乃事之實，不知明瓚何為有此説乎。使鄴侯欲謁瓚，白日而不往，中夜而後行，素非師尊，望門而便拜，中下之人猶不為此，孰謂鄴侯而為之？明瓚其果有道之士，與鄴侯鄰居之日久，亦豈不知其賢否也？一見詬唾，此何禮哉！以鄴侯氣凌宇宙，才幹四海，嘗辭宰相而不為，及得山僧煨芋之餘，乃跪捧而食，事理之必無者也。十年宰相，人世之常事，使鄴侯天命不當作，瓚豈能與之？使其固有，瓚但能知之耳，何足為鄴侯之損益哉？大抵僧人多取世間有名之士一言半句，增重其事，抑彼揚己，人人同轍。家君崇寧中宦遊湖南，偶與一僧倡酬一絕詩句，尋即忘之矣。後三十年，再至湖南，乃見其僧有鏤《語録》載此詩者，題其目曰「某人請益」，乃知此曹攀附名勢，其心深切，必借重于公卿大夫然後足，以籠惑愚俗。過庭之訓曰：「侯師聖有言：『君子當守先王之道，壁立萬仞，異端邪説勿挂于口，庶幾不為所誘矣。』此言是也，汝等其識之！」予敢不奉以周旋乎！（見胡寅《崇正辯　斐然集》上，第八七—八八頁。）

釋曇遷，隋開皇七年下詔勞問，遷既為揖敬，或謂滯于榮寵者，乃著《無是非論》以示之。

曇遷所著《無是非論》雖不可見，而其立名已失矣。事有是非，猶松直棘曲，鷺白烏黑，雖創物之智不能改也。聖人之教，因人本有是非之心而教之，使是其所當是，非其所當非。是非不亂，則天下之事定矣。曇遷學佛，則當遺物離世，投身于巖穴之間，使世欲聞其聲且不可得，況見其面乎。今乃借用佛法付于國王之言，諂諛人主，耽彼榮利，何也？若以事君為是，則不臣為非；若以徇俗為非，則出家為是。是非之分，豈可亂哉！曇遷心疑又增滯寵之議，慨然著論，秖益贅疣耳！將以是為非，何異指中尊為外道；將以非為是，何異稱外道為中尊；將是非之泯然，何異中尊外道，莫較賢否。僧人誠以此思之，則是非之心自見。苟見此心，必從是而違非矣。（見胡寅《崇正辯　斐然集》上，第九二—九三頁。）

釋懷感信念佛往生，暨三載，忽感靈異，見金色玉毫，便證念佛三昧。臨終感佛來迎，面西而往。

人心有所著者，不能忘之于心，存想既極，則恍惚微茫之中真若有所見者。漢武帝見李夫人，唐明皇見李老君，皆此類耳。懷感專切，用志不分，故隨其所欲而見焉。其實則寂然無一物，乃妄見也。故君子養心，貴于得正，正則無此矣。得正，則所見亦正。（見胡寅《崇正辯　斐然集》上，第九七頁。）

東晉成帝幼沖，庾冰輔政，謂沙門應敬王者。何充等議不應敬。詔曰：「父子君臣，百代所不應廢。今慕茫昧，棄禮教，使凡民常人假飾服以傲憲度，吾所弗取。」充言：「五戒之禁，實助王化。今一令其拜，遂壞其法，修善之俗，廢于聖世，臣所未安。」詔曰：「百王制法，未有以殊俗參治者也。五戒小善，既擬人倫，而于世主略其禮敬邪！卑尊不陳，王教亂矣。」充言：「今沙門燒香祝願，必先國家。欲福祐之隆，情無極矣。奉上崇順，出于自然。臣以為因其所利而惠之，使賢愚莫敢不用情，則上有天覆地載之施，下有守一修善之人也。」冰議遂寢。

凡釋氏自護其教甚密，不肯少為法度所屈，以開廢毀之漸，故于一言一拜，計較如此。充，溺佛者也。觀其言曰：「今令其拜，遂壞其法。」遠法師亦云：「一旦行此，如來之法滅矣。」遠膠于所習，固不足責。充服儒衣冠，為國大臣，反主無父無君之教，千古之罪人也。人之夭壽，稟于天命，一定而不可易。燒香祝壽，曰「無量壽佛」者，蓋所諂諛世主，竊寺宇衣食之安耳！梁衍、齊襄，豈不深受回向，其終何如！是可鑒也。若夫《天保》歸美報上，祈之以日月，祝之以南山者，為君能下下以成其政，臣子至情，以遐壽望焉，非為諛也。能正是國人，則惜其胡不萬年；能為邦家之光，則願其萬壽無期；皆好善之誠心，非為利也。名之曰幽、厲，則孝子不能改；時日曷喪，則民欲與之偕亡；非有私也。故古之愛君者，惟勸其作德。周公戒成王曰：夏、商之末，「惟不敬厥德，乃早墜厥命」；逸欲之君，「乃罔克壽，或五六年，或四三年」。其德既至，雖短命如顏子，何病其賢！其德不修，雖期頤如莊蹻，何救其惡！故詩人詠歌其上者，皆以其有德而已。今僧于人，不問其賢不肖，苟于己有分毫之利，則焚香唄贊，書棟名鐘，必深致善頌以悅之。豈彼不知命不可以力增，福不可以諂求，禍不可以苟免哉？以世之愚者惑而向焉，是以其說得行，而莫或正之也。孟子曰：「舜、跖之分無他，利與善之間耳。」僧人以自利存心，而以修善為言。利與善之間甚微，非明哲不能辨，如充烏足以知之！彼僧者，當隋煬帝時祝之曰「今上萬歲」，當唐太宗時祝之亦然，至武后時祝之又然。必有明哲之君，灼見其情狀，斷然絕之，則其術無所施矣。（見胡寅《崇正辯　斐然集》上，第一三八頁。）

宗羲案：吴必大問《崇正辯》如何，朱子曰：「亦好。」必大曰：「今釋亦謂所辯者皆其門中自不以為然。」曰：「吾儒守三綱五常，若有人道不是，亦可謂吾儒自不以為然否！」又問：「此書只論其跡？」曰：「論其跡亦好。伊川言不若只于跡上斷，畢究其跡是從那裏出來。明仲說得明白。」某案致堂所辯，一部書中，大概言其作偽。雖有然者，畢竟已墮億逆一邊。不若就其所言，件件皆真，愈見其非理。然此皆晉、宋間其徒報應變化之論。後來愈出愈巧，皆吾儒者以其說增益之，牛毛繭絲，辯之所以益難也。

參議胡茅堂先生寧

胡寧，字和仲，文定次子，以蔭補官。試館職，除敕令所刪定官。遷祠部郎官，出為夔路安撫司參議官。除知澧州，不赴。學者稱為茅堂先生。

文定作《春秋傳》，修纂檢討，盡出先生手。又自著《春秋通旨》，總貫條例、證據史傳之文，二百餘章，輔傳而行。吳淵穎曰：「胡氏傳本，大概本諸程氏，程氏門人李參所集程說，頗相出入，而胡氏多取之。蓋欲觀正傳，又必先求之《通旨》，故曰『史文如畫筆，經文如化工』。若一以例觀，則化工與畫筆何異？惟其隨學變化，則史外傳心之要典，聖人時中之大權也。世之讀《春秋》者自能知之，不可以昔者向、歆之學而異論也。」由吳氏之言觀，則茅堂《通旨》之書，多與文定相參考，可以互證者矣。是書在元初趙仁甫最傳之，故《胡氏春秋》，遂頒學宮，惜乎今之不可復見也！（黃氏原本，全祖望修之加詳）

承務胡五峰先生宏

胡宏，字仁仲，崇安人，文定之季子。自幼志于大道，嘗見龜山于京師，又從侯師聖于荊門，而卒傳其父之學。優遊衡山二十餘年，玩心神明，不舍晝夜。張南軒師事之。學者稱五峰先生。

朱子云：「秦檜當國，卻留意故家子弟，往往被他牢籠出去，多墜家聲。獨明仲兄弟卻有樹立，終不歸附。」所著有《知言》及詩文、《皇王大紀》。

百家謹案：文定以游廣平之薦，誤交秦檜，失知人之明。想先生兄弟竊所痛心，故顯與檜絕，所以致堂有新州之徙。先生初以蔭補右承務郎，避檜不出。至檜死，被召，以疾卒。嗚呼！此真孝子慈孫，克蓋前人之愆者也，其志昭然，千古若見焉。

紹興間，先生嘗上書，略云：徽、欽二帝，劫于讎敵，遠適窮荒。願陛下加兵敵國，庶得復還，父子兄弟，得重相見。引領南望，九年于茲矣！陛下乃北面事仇，偷安江左，亦何誤邪！又陛下即位以來，中正邪佞，更進更退。然陳東以直諫死于前，馬伸以正論死于後。何摧中正之易，去奸邪之難！

高閌為國子司業，請幸太學。先生見其表，作書責之曰：昔楚懷王不返，楚人憐之，如悲親戚。大上皇劫制于強敵，生往死歸，此臣子傷心切骨，臥薪嘗膽，宜思所以必報也。而柄臣乃敢欺天罔人，以大仇為大恩乎！昔宋公為楚所執，及楚釋之，孔子筆削春秋，乃曰：「諸侯盟于薄，釋宋公。」不許楚人制中國之命也。太后天下之母，其縱釋乃在金人，此中華之大辱，臣子所不忍言也。而柄臣乃敢欺天罔人，以大辱為大恩乎！晉朝廢太后，董養遊太學，升堂歎曰：「天人之理既滅，大亂將作矣！」遂遠引而去。今閣下偃然為天下師儒之首，既不能建大論，明天人之理，以正君心，乃阿諛柄臣，希合風旨，求舉太平之典，又為之辭。欺天罔人孰甚焉！

初，南軒見先生，先生辭以疾。他日，見孫正孺而告之。孫道五峰之言曰：「渠家好佛，宏見他說甚！」南軒方悟不見之因。于是再謁之，語甚相契，遂授業焉。南軒曰：「栻若非正孺，幾乎迷路！」

朱子曰：近世為「精義」之說，莫詳于《正蒙》。而五峰亦曰：「居敬，所以精義也。」此言尤精切簡當，深可玩味。

又曰：《知言》中議論多病，近疏所疑，與敬夫、伯恭議論。如心以成性，相為體用，性無善惡，心無生死，天理人欲同體異用，先識仁體然後敬有所施，先志于大然後從事于小，此類極多。又其辭意多急迫，少寬裕，良由務以智力探取，全無涵養之功，所以至此。然其思索精到處，何可及也。

又曰：五峰善思，然其思過處亦有之。

又曰：五峰臨終謂彪德美曰：「聖門工夫，要處只在個敬。」此為名論！

張南軒曰：《知言》一書，乃其平日之所自著。其言約，其義精，誠道學之樞要，制治之蓍龜也。

又序先生《文集》曰：先生非有意于為文者也。其一時詠歌之所發，蓋所以　抒寫其性情。而其他述作，與夫問答往來之書，又皆所以明道義而參異同，非若世之為文者，徒從事于言語之間而已也。粵自早歲服膺文定公之教，至于沒齒，惟其進德之日新，故其發見于議論之間者亦月異而歲不同。雖然，以先生之學，而不得大施于時，又不幸僅得中壽，其見于文字間者復止于此，豈不甚可歎息！至其所志之遠，所造之深，綱領之大，義理之精，後人亦可以推而得焉。

胡子知言

道充乎身，塞乎天地，而拘於墟者不見其大；存乎飲食男女之事，而溺於流者不知其精。諸子百家億之以意，飾之以辯。傳聞習見蒙心之言，命之理、性之道，置諸茫昧則已矣，悲夫！此邪説暴行所以盛行，而不為其所惑者鮮也。然則奈何？曰：在修吾身。

夫婦之道，人醜之矣，以淫欲為事也。聖人則安之者，以保合為義也。接而知有禮焉，交而知有道焉，惟敬者為能守而弗失也。《語》曰「樂而不淫」，則得性命之正矣。謂之淫欲者，非陋庸人而何！天得地而後有萬物，夫得婦而後有男女，君得臣而後有萬民，此一之道也，所以為至也。

天下莫大於心，患在於不能推之爾；莫久於心，患在於不能順之爾；莫成於命，患在於不能信之爾。不能推，故人物內外不能一也；不能順，故死生晝夜不能通也；不能信，故富貴、貧賤不能安也。

氣之流行，性為之主；性之流行，心為之主。

學貴大成，不貴小用。大成者，參於天地之謂也；小用者，謀利計功之謂也。

有而不能無者，性之謂與？宰物不死者，心之謂與？感而無自者，誠之謂與？往而不窮者，鬼之謂與？來而不測者，神之謂與？

仁者，人所以肖天地之機要也。

靜觀萬物之理，得吾心之悦也易；動處萬物之分，得吾心之樂也難。是故仁智合一，然後君子學成。成己所以成物。

堯、舜以天下與人，而無人德我之望；湯、武有人之天下，而無我取人之嫌。是故天下無大事。我不能大，則以事為大，而處之也難。

有毀人敗物之心者，小人也；操譽人成物之心者，義士也。油然乎物各得其分而無為者，君子也。

禮文多者，情實必不足，君子交際宜察焉；言辭巧者，臨斷必不善，君子選用宜察焉。

學欲博，不欲雜；守欲約，不欲陋。雜似博，陋似約，學者不可不察也。

能攻人之實病，至難也；能受人之實攻，為尤難也。人能攻我實病，我能受人實攻，朋友之義其庶幾乎。不然，其不相陷而為小人者幾希矣。

行紛華波蕩之中，慢易之心不生，居幽獨得肆之地，匪僻之情不起，上也；起而以禮制，次也；制而不止者，昏而無勇者也。理不素窮，勇不自任，必為小人之歸，可恥之甚也。

萬物皆性所有也。聖人盡性，故無棄物。

情一流則難遏，氣一動則難平，流而後遏，動而後平，是以難也。察而養之於未流，則不至於用遏矣。察而養之於未動，則不至於用平矣。是故察之有素，則雖嬰於物而不惑。養之有素，則雖激於物而不背。《易》曰：「艮其背，不獲其身。行其庭，不見其人。無咎。」此之謂也。

性定則心宰，心宰則物隨。

氣惑於物，發如雷霆，狂不可制，唯明者能自反，勇者能自斷。事之誤，非過也，或未得馭事之道焉耳。心之惑，乃過也。心過難改。改心過，則無過矣。

生本無可好，人之所以好生者，以欲也。死本無可惡，人之所以惡死者，亦以欲也。生求稱其欲，死懼失其欲，憧憧天地之間，莫不以欲為事，而心學不傳矣。

深于道者富，用物而不盈。衛公子荊善居室，孔子何取焉？以其心不嬰於物，可以為法也。夫人生於物，用物以成其生耳，其久能幾何？而世人馳騖不返也。（《知言》，《胡宏集》，中華書局一九八七年版，第三—四八頁。）

知言疑義

天命之謂性。性，天下之大本也。堯、舜、禹、湯、文王、仲尼六君子先後相詔，必曰心而不曰性，何也？曰：心也者，知天地，宰萬物，以成性者也。六君子，盡心者也，故能立天下之大本，人至于今賴焉。不然，異端并作，物從其類而瓜分，孰能一之。

朱子曰：「以成性者也」，此句可疑。欲作「而統性情也」，何如？張南軒曰：「統」字亦恐未安。欲作「而主性情」，何如？朱子曰：所改「主」字極有功。然凡言刪改者，亦且是私竊講貫議論，以為當如此耳，未可遽塗其本編也。何如？又案：孟子盡心之意，正謂私意脫落，衆理貫通，盡得此心無盡之體，而自是擴充，則可以即事物而無不盡其全體之用焉耳。但人雖能盡得此體，然存養不熟，而于事物之間一有所蔽，則或有不得盡其用者。故孟子既言盡心知性，又言存心養性，蓋欲此體常存而即事即物各用其極，無有不盡云爾。以《大學》之序言之，則盡心知性者，致知格物之事；存心養性者，誠意正心之事；而夭壽不貳，修身以俟之者，修身以下之事也。此其次序甚明，皆學者之事也。然程子「盡心知性，不假存養，其唯聖人乎」者，蓋唯聖人則合下盡得此體，而用處自然無所不盡，中間更不須下存養擴充節次工夫。然程子之意，亦指夫始條理者而為言，非便以盡心二字就功用上說也。今觀此書之言盡心，大抵皆就功用上說，又便以為聖人之事，竊疑未安。（朱子自注：舊說未明，今別改定如此。）吕東萊曰：「成性」固可疑，然今所改定，乃兼性情而言，則與本文設問不相應。來諭以盡心為集大成者之始條理，則非不可以為聖人事。但胡子下「者也」兩字，卻似斷定爾，若言六君子由盡其心而能立天下之大本如此。朱子曰：論心必兼性情，然後語意完備。若疑與所設問不相應，而「者也」二字亦有未安，則某欲別下語云：「性固天下之大本，而情亦天下之達道也，二者不能相無。而心也者，知天地，宰萬物，而主性情者也。六君子者惟盡其心，故能立天下之大本，行天下之達道，人至于今賴焉」云云。不知更有病否？若所謂「由盡其心」者，則辭恐太狹，不見程子所謂「不假存養」之意。

天理人欲，同體而異用，同行而異情。進修君子，宜深別焉！

朱子曰：某案此章亦性無善惡之意，與「好惡，性也」一章相類，似恐未安。蓋天理莫知其所始，其在人，則生而有之矣。人欲者，梏于形，雜于氣，狃于習，亂于情，而後有者也。然既有而人莫之辨也，于是乎有同事而異行者焉，有同行而異情者焉，君子不可以不察也。然非有以立乎其本，則二者之幾，微曖萬變，夫孰能別之！今以天理人欲混為一區，恐未允當。東萊曰：「天理人欲，同體而異用」者，卻似未失。蓋降衷秉彝，固純乎天理，及為物所誘，人欲滋熾，天理泯滅，而實未嘗相離也。同體異用，同行異情，在人識之爾。朱子曰：再詳此論，胡子之言，蓋欲人于天理中揀別得人欲，又于人欲中便見得天理，其意甚切。然不免有病者，蓋既謂之同體，則上面便著「人欲」二字不得。此是義理本原極精微處，不可少差。試更子細玩索，當見本體實然只一天理，更無人欲，故聖人只說「克己復禮」，教人實下工夫，去卻人欲，便是天理，未嘗教人求識天理于人欲汩沒中也。若不能實下工夫，去卻人欲，則雖就此識得未嘗離之天理，亦安所用乎？

好惡，性也。小人好惡以己，君子好惡以道。察乎此，則天理人欲可知。

朱子曰：案此章即性無善惡之意。若果如是，則性但有好惡，而無善惡之別矣！「君子好惡以道」，是性外有道也。「察乎此，則天理人欲可知」，是天理人欲同時并有，無先後賓主之別也。然則所謂「天生烝民，有物有則；民之秉彝，好是懿德」者，果何謂乎？龜山楊子曰：「天命之謂性，人欲非性也。」卻是此語直截。而胡子非之，誤矣。南軒曰「好惡，性也」，此一語無害，但著下數句則為病矣。今欲作：「好惡，性也，天理之公也。君子者，循其性者也。小人則以人欲亂之而失其則矣。」朱子曰：好惡固性之所有，然直謂之性則不可。蓋好惡，物也；好善而惡惡，物之則也。有物必有則，是所謂「形色，天性」也。今欲語性，乃舉物而遺則，恐未得為無害也。

百家謹案：朱子「好惡，物也」，此句可疑。蓋好惡，物之則也。如以好惡為物，將喜怒哀樂未發之中亦物乎？

心無不在，本天道變化，為世俗酬酢，參天地，備萬物。人之為道，至大也，至善也。放而不知求，耳聞目見為己蔽，父子夫婦為己累，衣裘飲食為己欲，既失其本矣，猶皆曰我有知，論事之是非，方人之短長，終不知其陷溺者，悲夫！故孟子曰：「學問之道無他，求其放心而已矣。」

朱子曰：「人之為道，至善也，至大也」，此說甚善。若性果無善惡，則何以能若是邪？南軒曰：論性而曰「善不足以名之」，誠為未當，如元晦之論也。夫其精微純粹，正當以至善名之。龜山謂「人欲非性也」，亦是見得分明，故立言直截爾。遺書中所謂「善固性也，惡亦不可不謂之性也」，則如之何？譬之水，澄清者其本然也；而或混焉，則以泥滓之雜也。方其混也，亦不可不謂之水也。夫專善而無惡者，性也，而其動則為情。情之發，有正有不正焉。其正者，性之常也；而其不正者，物欲亂之也，于是而有惡焉，是豈性之本哉？

其曰「惡亦不可不謂之性」者，蓋言其流如此，而性之本然者亦未嘗不在也。故善學者，化其滓以澄其初而已。朱子曰：某詳此論性甚善。但明道所謂「惡亦不可不謂之性」，是說氣稟之性，觀上下文可見。某又看此章云：「本天道變化，為世俗酬酢」，疑「世欲」字有病，猶釋子之謂父母家為俗家也。改作「日用」字如何？某又細看，雖改此字，亦為未安，蓋此兩句大意自有病。聖人下學而上達，盡日用酬酢之理，而天道變化行乎其中爾。若有心要本天道以應人事，則胸次先橫了一物，臨事之際，著意將來把持作用，而天人之際終不合矣。大抵自謝子以來，雖說以洒埽應對為學，然實有不屑卑近之意，故纔說洒埽應對，便須急作精義入神意思，想像主張，惟恐其滯于小也。如為朱子發說《論語》，乃云「聖門學者，敢以天自處」，皆是此個意思。恐不免有病也！

百家謹案：《知言》「本天道變化，為世俗酬酢」，就心本體能事言，未曾說到工夫也。似亦無病。

或問性。曰：「性也者，天地之所以立也。」曰：「然則孟軻氏、荀卿氏、揚雄氏之以善惡言性也，非與？」曰：「性也者，天地鬼神之奧也，善不足以言之，況惡乎哉！」或又曰：「何謂也？」曰：「某聞之先君子曰：『孟子所以獨出諸儒之表者，以其知性也。』某請曰：『何謂也？』先君子曰：『孟子之道性善云者，歎美之辭，不與惡對也。』」

或問：「心有死生乎？」曰：「無生死。」曰：「然則人死，其心安在？」曰：「子既知其死矣，而問安在邪！」或曰：「何謂也？」曰：「夫唯不死，是以知之。又何問焉！」或者未達，胡子笑曰：「甚哉，子之蔽也！子無以形觀心，而以心觀心，則其知之矣。」

朱子曰：「性無善惡」「心無死生」兩章，似皆有病。性無善惡，前此論之已詳；心無死生，則幾于釋氏輪迴之說矣。天地生物，人得其秀而最靈。所謂心者，乃虛靈知覺之性，猶耳目之有見聞爾。在天地則通古今而無成壞，在人物則隨形氣而有始終。知其理一而分殊，則又何必為是心無生死之說，以駭學者之聽乎！南軒曰：「心無死生」章亦當刪去。

凡天命所有而衆人有之者，聖人皆有之。人以情為有累也，聖人不去情。人以才為有害也，聖人不病才。人以欲為不善也，聖人不絕欲。人以術為傷德也，聖人不棄術。人以憂為非達也，聖人不忘憂。人以怨為非弘也，聖人不釋怨。然則何以別于衆人乎？聖人發而中節，而衆人不中節也。中節者為是，不中節者為非。挾是而行則為正，挾非而行則為邪。正者為善，邪者為惡。而世儒乃以善惡言性，邈乎遼哉！

朱子曰：「聖人發而中節，故為善。衆人發不中節，故為惡。世儒乃以善惡言性，邈乎遼哉！」此亦性無善惡之意。然不知所中之節，聖人所自為邪？將性有之邪？謂聖人所自為，則必無是理。謂性所固有，則性之本善也明矣。南軒曰：所謂世儒，殆指荀、揚。荀、揚蓋未知孟子所謂善也。此一段大抵意偏而辭雜，當悉刪去。朱子曰：某詳此段，不可盡刪。但自「聖人發而中節」以下刪去，而以一言斷之云：「亦曰天理人欲之不同爾！」南軒曰：所謂「輕詆世儒之過而不自知其非」，恐氣未和而語傷易。析理當極精微，毫釐不可放過。

至于尊讓前輩之意，亦不可不存也。朱子曰：某觀此論，切中淺陋之病，謹已刪去訖。

彪居正問：「心，無窮者也，孟子何以言『盡其心』？」曰：「惟仁者能盡其心。」居正問為仁。曰：「欲為仁，必先識仁之體。」曰：「其體如何？」曰：「仁之道，弘大而親切。知者可以一言盡；不知者，雖設千萬言，亦不知也。能者可以一事舉；不能者，雖指千萬事，亦不能也。」曰：「『萬物與我為一』，可以為仁之體乎？」曰：「子以六尺之軀，若何而能與萬物為一？」曰：「身不能與萬物為一，心則能矣。」曰：「人心有百病一死，天下之物有一變萬生，子若何而能與之為一？」居正竦然而去。他日，某問曰：「人之所以不仁者，以放其良心也。以放心求心，可乎？」曰：「齊王見牛而不忍殺，此良心之苗裔，因利欲之間而見者也。一有見焉，操而存之，存而養之，養而充之，以至于大。大而不已，與天同矣。此心在人，其發見之端不同，要在識之而已。」

朱子曰：某案「欲為仁，必先識仁之體」此語大可疑。觀孔子答門人問為仁者多矣，不過以求仁之方告之，使之從事于此而自得焉爾，初不必使先識仁體也。又「以放心求心」之問甚切，而所答者反若支離。夫心，操存舍亡，間不容息，知其放而求之，則心在是矣。今于已放之心不可操而復存者置不復問，乃俟異時見其發于他處，而後從而操之，則夫未見之間，此心遂成間斷，無復有用功處。及其見而操之，則所操者亦發用之一端耳，于其本源全體，未嘗有一日涵養之功，便欲擴而充之，與天同大，愚竊恐無是理也。南軒曰：必待識仁之體，而後可以為仁，不知如何而可以識也。學者致為仁之功，則仁之體可得而見；識其體矣，則其為益有所施而無窮矣。然則答為仁之問，宜莫若敬而已矣。東萊曰：仁體誠不可遽語。至于答放心求心之問，卻自是一說。蓋所謂「心操存舍亡，間不容息，知其放而求之，則心在是」者，平時持養之功也。所謂「良心之苗裔，因利欲而見，一有見焉，操而存之」者，隨時體察之功也。二者要不可偏廢。苟以此章欠說涵養一段，未見之間，此心遂成間斷，無復用功處，是矣；若曰于已放之心置不復問，乃俟其發見于他處而後從而操之，語卻似太過。蓋見牛而不忍殺，乃此心之發見，非發見于他處也。又謂所操者亦發用之一端，胡子固曰此良心之苗裔，固欲人因苗裔而識根本，非徒認此發用之一端而已。朱子曰：二者誠不可偏廢，然聖門之教，詳于持養而略于體察，與此章之意正相反。學者審之，則其得失可見矣。孟子指齊王愛牛之心，乃是因其所明而導之，非以為必如此然後可以求仁也。夫必欲因苗裔而識根本，孰若培其根本而聽其枝葉之自茂邪？

天地，聖人之父母；聖人，天地之子也。有父母則有子矣，有子則有父母矣，此萬物之所以著見，道之所以名也。非聖人能名道也，有是道則有是名也。聖人指明其體曰性，指明其用曰心。性不能不動，動則心矣。聖人傳心，教天下以仁也。

朱子曰：心性體用之云，恐自上蔡謝子失之。此云「性不能不動，動則心矣」，語尤未安。凡此「心」字，皆欲作「情」字，如何？南軒曰：心性分體用，誠為有病。此若改作「性不能不動，動則情矣」一語，亦未安。不若伊川云「自性之有形者謂之心，自性之有動者謂之情」，語意精密也。此一段似亦不必存。朱子曰：此段誠不必存，然「性不能不動」此語卻安，但下句卻有未當爾。今欲存此以下，而頗改其語云：「性不能不動，動則情矣。心主性情，故聖人教人以仁，所以傳是心而妙性情之德。」又案：伊川有數語，說心字皆分明，此一段卻難曉，不知「有形」二字合如何說。（《胡宏集》附錄一，中華書局一九八七年版，第三三八—三三七頁。）

宗羲案：朱子謂《知言》可疑者，大端有八：性無善惡，心為已發，仁以用言，心以用盡，不事涵養，先務知識，氣象迫狹，語論過高。然會而言之，三端而已：性無善惡，一也。心為已發，故不得不從用處求盡；「仁，人心也」；已發言心，故不得不從用處言仁；三者同條，二也。察識此心，而後操存，三也。其下二句，則不過辭氣之間。愚以為胡氏主張本然之善，本自無對，便與惡對，蓋不欲將氣質之性混入義理也。心為已發，亦自伊川初說有「凡言心，皆指已發」而言，以其未定者為定爾。察識此心而後操存，善觀之，亦與明道識仁無異；不善觀之，則不知存養之熟，自識仁體。有朱子之疑，則胡氏之說未始不相濟也。

五峰先生語

心、性二字，乃道義淵源，當明辯不失毫釐，然後有所持循。未發只可言性，已發乃可言心。故伊川云「中者，所以狀性之體段」，而不可言「狀心之體段」。心之體段難言，「無思也，無為也，寂然不動，感而遂通天下之故」是也。未發之時，聖人與眾同一性；已發，則無思無為，寂然不動，感而遂通天下之故，聖人之所獨。若楊、尹二先生以未發為寂然不動，是聖人感物亦動，與眾人何異？至尹先生又以未發為真心，然則聖人立天下之大業，成絕俗之至行，舉非真心邪？故某嘗謂喜怒哀樂未發，沖漠無朕，同此大本，雖庸與聖無以異。而無思無為，寂然不動，乃是指易而言。易則發矣。故無思無為，寂然不動，聖人之所獨。「喜怒哀樂未發」句下，還下得「感而遂通」一句否？若下不得，則知立意自不同。伊川指性指心，蓋有深意。（《答僧吉甫》，見《胡宏集》，第一一五頁。）

五峰文集

河南之門，得其指歸者零落殆盡。今之存者，叩其所安，亦似規矩寬縱。不加嚴謹，後學將安所正？如王學士說佛「實見道體，只是差之毫釐，故不可與入堯、舜之道」。若佛氏實見道體，則途轍何容有差？伊川謂其「略見道體」，今王氏乃改「略」為「實」，豈不迷亂學者！來教謂佛氏所以差了途轍者，蓋由見處偏而不該爾。見處偏，踐履處皆偏。大抵入道者自有聖人所指大路，吾輩但當篤信力行。其他異同，一筆句斷。（《與僧吉甫》，《胡宏集》，第一一四頁。）

河南先生之言曰：「道外無物，物外無道。」晨昏之奉，室家之好，嗣續之託，此釋氏所謂幻妄粗迹，不足為者。曾不知此心本于天性，不可磨滅，妙道精義，具在于是。聖人寂然不動，感而遂通，百姓則日用而不知爾。釋氏不知窮理盡性，乃以天地人生為幻化。此心本于天性，不可磨滅者，則以為妄想粗迹，絕而不為，別談精妙者，謂之道。未知其所指之心，何以為心；所見之性，何以為性。兄得毋未之思乎？萬物皆備于我，反身而誠，仁為體要，義為權衡，萬物各得其所，而功與天地參，此道所以為至也。釋氏狹隘褊小，無所措其身，必以出家出世為事，絕滅天倫，屏棄人理，然後以為道，非邪說暴行之大者乎！（《胡宏集》，第一二〇—一二一頁。）

致疑聖人，以為未盡，推信釋氏，以為要妙，則愚意之所未安。釋氏與聖人大本不同，故末亦異。五典，天所命也；五常，天所性也。天下萬物皆有則，吾儒步步著實，所以允蹈性命，不敢違越也。退可以立命安身，進可以開物成務。不如是，則萬物不備，謂反身而誠，吾不信也。釋氏毀性命，滅典則，以事為障，以理為障，而又談心地法門，何哉？縱使身心休歇，一念不生，以至成佛，乃區區自私其身，不能與天下大同。言雖精微，行則顛沛。若大本既明，知言如孟子，權度在我，則雖引用其言，變腐壞為神奇，可矣。若猶未也，而推信其說，則險詖淫蕩奇衺流遁之辭，善迷人意，使人醉生夢死，不自知覺。故伊川謂須如淫聲美色以遠之。（以上《與原仲兄》，《胡宏集》，第一二二頁。）

吾徒幸不蔽固于俗學，聖賢事業幸有一路可以究竟。惟不志于功利，死而後已者，可與共進此道。

書辭有得有失。篤志近思，得也。迫切，則苦而不可久；悔過而不能釋去，則局束而不可大。欲速之心，以未見近功而自謂恐終不能至，則大非所望也。孟子曰：「心勿忘，勿助長。」此養心之要道。學問之道，但患自足自止。若勉進不已，則古人事業決可繼。

前輩凋零殆盡，續之使不絕，正在後輩，其可聽此事若存若亡乎！嗚呼，執書冊則言之，臨事物則棄之，如是者，終歸于流俗，不可不戒。

「思曰睿，睿作聖」，豈可放下。若放下時，卻是無所事矣。無所事，則妄人矣。若太勞，則不可。

老人、病人、衰人，有死之道。然以目前觀之，死者亦未必便是三種人。蓋修短有數，一定而不可變。雖聖人，于修短亦聽之，未嘗別致力也，此所以為聖人。在眾人，則不奈何著死爾。凡事皆然，不特死生也。疏水曲肱，安靜中樂，未是真樂。須是存亡危急之際，其樂亦如安靜中，乃是真樂。此豈易到！古人所以惟日孜孜，死而後已也。讀書一切事，須自有見處方可。不然，汩沒終身，永無超越之期，不自知覺，可憐可憐！

當有見處，不可為事物所驅役。大抵情所重處，便被驅役，自以為是，而不知區區于一物之中。人本與天地同德，乃自棄于一物，可惜哉！

凡有疑，則精思之。思精而後講論，乃能有益。若見一義即立一說，初未嘗求大體，權輕重，是謂穿鑿。穿鑿之學，終身不見聖人之用。

心之精微，言豈能宣。涉著言語，便有滯處。歷聖相傳，所以不專在言語之間。（以上《與彪德美》，《胡宏集》，第一三五—一四五頁。）

聞公每言：「纔親生產作業，便俗了人。」果有此意否？古人蓋有名高天下，躬自鉏菜如管幼安者，灌畦鬻蔬如陶靖節者。使顏子不治郭內郭外之田，饘粥絲麻將何以給？孔子猶且計升斗，看牛羊，亦可以為俗乎？豈可專守方冊，口談仁義，然後謂之清高之人！當以古人實事自律，不可作世俗虛華之見。

「行貴精進，言貴簡約」，欽夫之言真有益！便可于此痛加工夫。辱許顧我少留，幸甚！雖然，相守著亦不濟事。若左右積思積疑，有不決處，則一夕話真勝讀十年書。不然，雖某竭其愚，而左右未能脫然有悟處，亦空相守也。

仁之一義，聖學要道。直須分明見得，然後所居而安。只于文字上見，不是了了。須于行住坐臥上見，方是真見。光陰不易得，摧頽之人亦有望于警策也。

見處要有領會，不可泛濫；要極分明，不可模糊。直到窮神知化處，然後為是。道學衰微，風教大頽，吾徒當以死自擔。（以上《與孫正孺》，《胡宏集》，第一四五—一四七頁。）

簡肅胡籍溪先生憲

胡憲，字原仲，崇安人，文定從父兄子也。從文定學，即會悟程氏之説。紹興中，以鄉貢入太學，會伊洛學有禁，先生獨與鄉人劉白水勉之陰講而竊誦焉。既而學《易》於譙天授，久未有得，天授曰：「是固當然。心為物滓，故不能有見。惟學乃可明耳。」先生喟然歎曰：「所謂學者，非克己工夫邪。」一旦揖諸生歸，隱故山，力田賣藥以養其親，從遊日衆。

行義聞於朝，詔特徵之，賜進士出身，授左迪功郎、建州學教授，先生猶不起。郡守魏矼手書開譬，始就職，迪諸生以為己之學，諸生孚化，共留七年不徙。以母老，監南嶽廟以歸。是時秦檜用事，先生無復當世之念。及檜死，召為秘書正字，疏言：「金人勢必敗盟，宿將惟張浚、劉錡在，願亟起之。」時兩人皆為積毁所傷，無有敢顯言者，先生疏入即求去，帝嘉其忠，詔改秩左宣教郎，主崇道觀，歸。

初，先生與劉白水俱隱，又與劉屏山子翬、朱韋齋松交。韋齋將沒，特屬其子文公熹並受學。文公自謂從三君子游，而事籍溪先生為最久。籍溪，先生之所居，而以自號者也。年七十七卒，謚簡肅。

主簿胡廣仲先生實

胡實，字廣仲，五峰之從弟也。先生年十五，初習辭藝。五峰謂之曰：「文章小技！所謂道者，人之所以生，而聖賢得之，所以為聖賢也。」先生曰：「竊有志于此，願有以詔之！」由此就學。以門蔭補將仕郎，不就銓選，以講道為事。晚得欽州靈山簿，亦未上也。乾道九年卒，年三十八。與考亭、南軒皆有辯論，未嘗苟合也。

廣仲問答

「心有所覺謂之仁」，此謝先生救拔千餘年陷溺固滯之病，豈可輕議哉！夫知者，知此者也；覺者覺此者也。果能明理居敬，無時不覺，則視聽言動莫非此理之流行，而大公之理在我矣。尚何憤驕險薄之有！

復卦下面有一畫，乃是乾體。其動以天，且動乎至靜之中，為動而能靜之義，所以為天地之心乎！以愛名仁者，指其施用之跡也。以覺言仁者，明其發見之端也。（文淵閣四庫全書《南軒集》卷三十）

武夷門人

文清曾茶山先生幾

曾幾，字吉甫，河南人。賜上舍出身，擢國子正，遷校書郎，為應天少尹。高宗即位，曆提舉湖北、廣西運判、江西提刑、廣西轉運。為秦檜所惡，奉祠。檜死，起為浙西提刑，知台州。召對，授秘書少監。先生承平時已為館職，去三十八年而復至，須鬢皓白，衣冠偉然，每會同舍，多談前輩言行、台閣典章，薦紳推重焉。權禮部郎。孝宗立，以通奉大夫致仕。乾道二年，卒，年八十二，謚文清。著有《經說》二十卷，《文集》三十卷。子逢，亦以學稱。（黃氏原本，全祖望修之加詳）

先生早從舅氏孔文仲、武仲講學，又從劉元城、胡文定遊，其學益粹。

林拙齋《紀問》曰：「嘗問尹和靖日用下工夫處。」和靖曰：「須求喜怒哀樂未發以前底心。」少蓬曰：「如今才舉，便是發了，如何求得未發之心？」和靖曰：「只如吉甫未發意來相見時，豈有許多事，才舉意來，路中乘轎，來相見吃茶吃湯，如此類求之。」

宗羲案：朱子言：曾吉甫《答文定書》天理人欲之說，只是籠罩。其實初不曾見得，文定便許可之，他便即如此住了。蓋亦入於禪者也。

知州范先生如圭

范如圭，字伯達，建陽人。從舅氏胡文定受《春秋》學。以乙科授武安節度推官，召試秘書省正字，遷校書郎。以忤秦檜，謁告奉祠，讀書不與外事者十餘年。起判邵州、荊南。召對，提舉江西，復奉祠歸。起知泉州，尋罷。紹興三十年卒，年五十九。

提刑劉順寧先生芮

見《和靖學案》。

文定汪玉山先生應辰

見《横浦學案》。

武夷再傳

文莊曾先生漸

曾漸，字鴻甫，南城人也。紹熙中進士，累官吏部侍郎。謚文莊。詳見葉水心墓誌。朱子言曾漸多是禪。

宗羲案：湖南一派，如致堂之辟佛，可謂至矣。而同學多入于禪，何也？朱子曾舉一僧語雲：今人解書，如一盞酒，被一人來添些水，那一人來又添些水，次第來添去，都淡了。愚獨以為不然。佛氏原初本是淺薄，今觀其所謂如來禪者可識已。其後吾儒門中人，逃至於彼，則以儒門意思說話添入其中。稍見有敗闕處，隨後有儒門中人為之修補增添。次第添來添去，添得濃了，以至不可窮詰。而俗儒真以為其所自得，則儒淡矣。可歎也！

直閣陳復齋先生宓

見《紫陽學案》。

胡季隨先生大時

見《紫陽學案》。

倉部吕先生大器

見《和靖學案》。

胡伯逢先生大原

胡大原，字伯逢，五峰之從子也。先生與廣仲、澄齋守其師說甚固，與朱子、南軒皆有辯論，不以《知言疑義》為然。

伯逢問答

「心有知覺之謂仁」，此上蔡傳道端的之語，恐不可謂有病。夫知覺亦有深淺。常人莫不知寒識暖，知飢識飽，若認此知覺為極至，則豈特有病而已！伊川亦曰「覺不可以訓仁」，意亦猶是，恐人專守著一個覺字耳！若夫謝子之意，自有精神。若得其精神，則天地之用即我之用也，何病之有！以愛言仁，不若覺之為近也。（文淵閣四庫全書《南軒集》卷二十九）

「觀過知仁」云者，能自省其偏，則善端已萌。此聖人指示其方，使人自得。必有所覺知，然後有地可以施功而為仁也。（文淵閣四庫全書《晦庵集》卷四十六）

宣公張南軒先生栻

見《南軒學案》。

彪先生居正

彪居正，字德美，湘潭人也。其父虎臣從胡文定公游，先生因事五峰。五峰疾病，先生問之，且求教焉。五峰曰：「聖門工夫要處，只在個敬字。游定夫先生所以得罪于程氏之門者，以其不仁不敬而已。」先生著述雖不傳，然觀五峰所答先生書，皆志其學之大者。蓋南軒之下，即數先生，當時有彪夫子之稱。（黃氏原本，全祖望修之加詳）

吳橙齋先生翌

吳翌，字晦叔，建寧府人。遊學衡山，師事五峰，聞其所論學問之方，一以明理修身為要，遂捐科舉之學，曰：「此不足為吾事也！」五峰歿，又與張南軒、胡廣仲、胡伯逢遊。張氏門人在衡湘者甚眾，無不從之參決所疑。築室衡山之下，有竹林水沼之勝，取程子「澄濁求清」之語，榜之曰澄齋。淳熙四年，卒。年四十九。《朱文公集》有行狀。

澄齋問答

《遺書》云：「自性之有形者謂之心，自性之有動者謂之情。」又曰：「心本善，發于思慮則有善有不善。若既發，則可謂之情，不可謂之心。」夫性也，心也，情也，其實一也。今由前而觀之，則是心與情各自根于性矣；由後而觀之，則是情乃發于心矣。竊謂人之情發，莫非心為之主，而心根于性，是情亦同本于性也。今曰「若既發，則可謂之情，不可謂之心」，然則既發之後，安可謂之無心哉？豈非情言其動，而心自隱然為主于中乎？若不令省察苗裔，便令培壅根本，夫苗裔之萌且未能知，而還將孰為根本而培壅哉？此亦何異閉目坐禪，未見良心之發，便敢自謂我已見性者！故文定公曉得敬字，便不差也。

程子云：「視聽思慮動作，皆天也。但其中要識得真與妄爾。」伯逢疑云：「既是天，安得妄？」某以為此六者，人生皆備，故知均稟于天。但順其理則是真，違其理則是妄，即人為之私爾。

姜定庵曰：「人心道心，同是一心」，正謂此也。（文淵閣四庫全書《南軒集》卷二十九）

監嶽趙先生師孟

趙師孟，字醇叟，□□人。以蔭入官，監永州酒稅。用宗室恩，得監潭州南嶽廟。自是之後，寓居南嶽蕭寺中，從五峰遊，餘三十年，自以為未有得。其後有室家之戚，歷時而情累未遣，頗以為病。一日晨起，洒然有喜色。家人怪而問焉，則笑而不答。已而語其友人曰：「吾今而後，始為不負此生。平時滯吝冰解凍消，其樂有不可名言者！」乾道八年卒，年六十四。

趙先生棠

趙棠，衡山人。少從五峰學，慷慨有大志。嘗見張魏公于督府，魏公雅敬其才，欲以右選官之，不為屈，乃命子南軒與先生交。先生之子方又從南軒學。

修撰楊先生大異

楊大異，字同伯，醴陵人。從五峰受《春秋》。嘉定中進士，授衡陽主簿。調龍泉尉。召對，極言時政，進直秘閣。

蕭定夫先生佐

蕭佐，字定夫，湘鄉人也。其父為黎才翁婿，故從五峰胡氏學，而于張宣公為同門，先生因受業于宣公，授以居敬之旨。朱子帥長沙，先生以進德之説請益。曰：「守先師之訓十五年矣，今見先生，如見先師也。」鶴山嘗為作《師友堂銘》。

直閣魏艮齋先生掞之

魏掞之，字子實，初字元履，建寧人。嘗師籍溪胡先生。登鄉舉，禮部不第，遂不復出，築室讀書，榜以艮齋，人稱艮齋先生。乾道中，詔舉遺逸，力辭。陳相魏公俊卿雅知先生，招致甚力，乃以布衣陳當時之務，賜同進士出身，為太學錄。請廢王安石父子從祀，追爵程顥、程頤，列祀典，不報。又請罷詞賦空言，取人宜以德行經術為先，其次則通習世務，亦不報。喟然嘆曰：「上恩深如此，而吾德不足以感悟聖意！」遂丐去。會倖臣曾覿召還，復累疏諫，遺書陳魏公，責其不能救正，語甚切至，罷為台州教授。居家謹喪祭，重禮法。行古社倉，民賴以濟。諸鄉社倉自先生始。或訾其近名，則蹙然曰：「使夫人避此嫌，為善之路絶矣！」病革，母視之，不巾不見。戒其子「勿以僧巫俗禮浼我。」素與朱文公遊，趣向相同，召至，委以後事而卒，年五十八，贈宣教郎、直祕閣。

幼有大志。少長，遊郡庠，事胡公憲，奇之。已而偏從鄉之儒先長者遊。間適四方，又盡交其先達名士。于是聞見日廣，而聲稱日益大。于學無不講，而尤長于前代治亂興衰存亡之説，以及本朝故事之實，皆領略通貫，識其大者。平居論説，聽者悚然。故相趙忠簡薨海上，歸葬常山。衢守章傑雅怨忠簡，又希秦檜意，逮繫其家人，劾治甚急，人畏其兇虐，無敢議者。先生適客衢，獨慨然以書譙傑，傑亦不能害也。

先生諫曾覿事，又以書切責陳魏公。魏公亦不堪，乃因其告歸，罷為台州教授。覿時至龍山已久，俟先生去，然後入。

朱子記先生贈告後曰：掞之本以白衣召見，天子悦之，擢為學官。在職未幾，數上書論政，以至力遏近倖之不當進者，遂不自安而告歸，以卒。上則初未始厭其言也，越五年而眷念不忘，咨嗟憫悼，錫命追榮如此。嗚呼，偉哉！甚盛德也。所以感人心而厲臣節，為何如邪！因書所記，并刻于石，以答揚先帝之光訓，俾彌億萬年不墜于地。是則不惟聖子神孫永有觀法，而任事之臣，有志之士，亦得以稱誦道説，更相勉勵，而益勸于忠讜云。

張采曰：君子難進易退，大約綽有餘地。若待上厭而始歸，則斥逐隨之矣。功名中一輩所以昧昧爾！

文公朱晦庵先生熹

見《紫陽學案》。

朝奉劉恆軒先生懋

劉懋，字子勉，建陽人。從劉屏山、胡籍溪學，以文林郎奉祀，以朝奉大夫致仕。學者稱恆軒先生。文簡公爚，其子也。

武夷三傳

忠肅趙先生方

趙方，字彥直，衡山人。早從南軒學。淳熙中，舉進士，歷知青陽縣，告其守臣史彌遠曰：「催科不擾，是催科中撫字。刑罰無差，是刑罰中教化。」以為名言。又知隨州、江陵府。寧宗時，知襄陽府，諜知金人謀犯境，上疏力陳不可和者七，戰議遂定。其後累敗金人，進至顯謨閣直學士、太中大夫、刑部尚書。俄得疾，進徽猷閣學士、京湖制置大使，力疾犒師，第其功，上之。病革，曰：「未死一日，當立一日紀綱。」引扈再興臥內，勉以協心報國。貽書宰相，論疆場大計。尋卒，是夕有大星隕于襄陽。贈太師，謚忠肅。先生起儒生，帥邊十年，以戰為守，合官民兵為一體，通制總司為一家。其歿也，人皆惜之。先生嘗問相業于劉靜春清之，對以留意人才，故知名士皆拔為大吏，諸名將多在麾下，推誠擢任，能致其死力云。

傳武夷之學者有隱君趙江漢先生復，見《北方學案》。

一五　豫章學案

文質羅豫章先生從彥（附師吴儀）

羅從彥，字仲素，南劍人。延平有吴儀，字國華，以窮經為學，先生師之。崇寧初，見龜山于將樂，驚汗浹背曰：「不至是，幾枉過一生矣！」嘗與龜山講《易》，至《乾》九四爻，云：「伊川説甚善。」先生即鬻田裹糧，往洛見伊川，歸而從龜山者久之。建炎四年，特科授博羅主簿。官滿，入羅浮山静坐。紹興五年，卒，年六十四。學者稱豫章先生。

先生嚴毅清若，在楊門為獨得其傳。龜山初以饑渴害心令其思索，先生從此悟入。故于世之嗜好泊如也。著有《遵堯録》，言宋自一祖開基，三宗紹之，若舜、禹遵堯，相守一道。迨熙寧間，王安石用事，管心鞅法，甲倡乙和，卒稔裔夷之禍，未嘗不為之痛心疾首也。又有《春秋》《毛詩》《語》《孟解》《中庸説》《議論要語》《台衡録》《春秋指歸》。淳祐七年，賜謚文質。

宗羲案：龜山三傳得朱子，而其道益光。豫章在及門中最無氣燄，而傳道卒賴之。先師有云：「學脈甚微，不在氣魄上承當。」豈不信乎！然亦多湮沒而無聞者。聞不聞，君子不以為意，而尚論者所不敢忽。

仲素篤志好學，推研義理，必欲到聖人止宿處，遂從龜山遊，摳衣侍席二十餘載。

延平以書謁先生，其略曰：「先生服膺龜山之講席有年矣，況嘗及伊川先生之門，得不傳之道于千五百年之後。性明而修，行完而潔；擴之以廣大，體之以仁恕；精深微妙，各極其至。漢、唐諸儒，無近似者。至于不言而飲人以和，與人并立而使人自化，如春風發物，蓋亦莫知其所以然也。凡讀聖賢之書，粗有識見者，孰不願得受經門下，以質所疑！侗之愚鄙，徒以習舉子業，不得服役于門下。而今日拳拳欲求者，以謂所求有大于利祿也。抑侗聞之：『道可以治心，猶食之充饑，衣之御寒也。』人有迫于饑寒之患者，皇皇焉為衣食之謀，造次顛沛未嘗忘也。至于心之不治，有沒世不知慮。豈愛心不若口體哉？弗思甚矣。侗不量資質之陋，妄意于此。雖知真儒有作，聞風而起，固不若先生親炙之。得于動静語默之間目擊而意會也。」

朱子曰：「仲素先生都是著實子細去理會。」又曰：「羅先生嚴毅清苦，殊可畏。」

又曰：嘗見李先生說：「舊見羅先生云：『說《春秋》頗覺未甚愜意，不知到羅浮極靜後，義理會得如何。』某心嘗疑之。以今觀之，是如此。蓋心下熱鬧，如何看得義理出？」

宗羲案：楊道夫言：「羅先生教學者靜坐中看喜怒哀樂未發作何氣象，李先生以為此意不惟于進學有方，兼亦是養心之要。而遺書有云『既思則是已發』者，疑其與前所舉有礙。」黃勉齋曰：「羅先生以靜坐觀之，乃其思慮未萌，虛靈不昧，自有以見其氣象，則初無害說于未發。蘇季明以求字為問，則求非思慮不可，此伊川所以力辯其差也。」朱子曰：「羅先生說，終恐有病。如明道亦說靜坐可以為學，上蔡亦言多著靜不妨，此說終是少偏。才偏，便做病。道理自有動時，自有靜時，學者只是敬以直內，義以方外，見得世間無處不是道理，不可專要去靜處求。所以伊川謂只用敬，不用靜，便說平也。」案：羅豫章靜坐看未發氣象，此是明道以來下及延平一條血路也。蓋所謂靜坐者，不是道理只在靜處，以學者入手，從喘汗未定之中，非冥心至靜，何處見此端倪？久久成熟，而後動靜為一。若一向靜中擔閣，便為有病。故豫章為入手者指示頭路，不得不然。朱子則恐因藥生病，其言各有攸當也。

百家謹案：《豫章年譜》謂政和二年壬辰，先生四十一歲，龜山為蕭山令，先生始從受學。《宋史》亦云：龜山為蕭山令時，先生徒步往學焉，龜山熟察之，喜曰「惟從彥可與言道」，弟子千餘人，無及先生者。謹考《龜山全集》，丁亥知餘杭，壬辰知蕭山，相去六年。而《餘杭所聞》已有豫章之問答，則其從學非始于蕭山明矣。豫章之見伊川，在見龜山之後。伊川卒于丁亥。若見龜山始于壬辰，則伊川之卒已六年矣，又何從見之乎？先君子別有《豫章年譜訂正》。

議論要語

人主欲明而不察，仁而不懦。蓋察常累明，而懦反害仁故也。漢昭帝明而不察，章帝仁而不懦。孝宣明矣，而失之察；孝元仁矣，而失之懦。若唐德宗，察而不明；高宗，懦而不仁。兼二者之長，其惟漢文乎！

名器之貴賤，以其人。何則？授于君子則貴，授于小人則賤。名器之所貴，則君子勇于行道，而小人甘于下僚。名器之所賤，則小人勇于浮競，而君子恥于求進。以此觀之，人主之名器，可輕授人哉！

君明，君之福；臣忠，臣之福。君明臣忠，則朝廷治安，得不謂之福乎？父慈，父之福；子孝，子之福。父慈子孝，則家道隆盛，得不謂之福乎？俗人以富貴為福，陋哉！

王者富民，霸者富國。富民，三代之世是也；富國，齊、晉是也。至漢文帝行王者之道，欲富民，而告戒不嚴，民反至于奢；武帝行霸者之道，欲富國，而費用無節，用乃至于耗。

教化者，朝廷之先務；廉恥者，士人之美節；風俗者，天下之大事。朝廷有教化，則士人有廉恥；士人有廉恥，則天下有風俗。或朝廷不務教化而責士人之廉恥，士人不尚廉恥而望風俗之美，其可得乎！

君子在朝，則天下必治。蓋君子進則常有亂世之言，使人主多憂而善心生，故天下所以必治。小人在朝，則天下必亂。蓋小人進則常有治世之言，使人主多樂而怠心生，故天下所以必亂。

正者天下之所同好，邪者天下之所同惡，而聖人未嘗致憂于其間，蓋邪正已明故也。至于邪正未明，則聖賢憂之。觀少正卯言偽而辯，行偽而堅，孔子則誅之；楊、墨一則為我，一則兼愛，孟子則闢之；皆邪正未明而惑人者衆，此孔、孟之所汲汲。

天下之變，不起于四方，而起于朝廷。譬如人之傷氣，則寒暑易侵；木之傷心，則風雨易折。故內有李林甫之奸，則外有安祿山之亂；內有盧杞之邪，則外有朱泚之叛。《易》曰：「負且乘，致寇至。」不虛言哉！

士之立身，要以名節忠義為本。有名節，則不枉道以求進；有忠義，則不固寵以欺君矣。

聖人無欲，君子寡欲，衆人多欲。

中人之性，由于所習。見其善則習于為善，見其惡則習于為惡。習于為善，則舉世相率而為善，而不知為善之為是，東漢黨錮之士與夫太學生是也。習于為惡，則舉世相率而為惡，而不知為惡之為非，五代君臣是也。（文淵閣四庫全書《豫章文集》卷十一《雜著·議論要語》）

遵堯錄

太宗語李至曰：「人君當淡然無欲，不使嗜好形見于外，則姦邪無自入焉。」可謂善矣！夫嗜好者，人情之所不能免也。方其淡然不使之形見于外，則其違道不遠。于斯時也，苟有皋、夔、稷、契之徒以道詔之，當視《六經》猶筌蹄，上與堯、舜相得于忘言之地矣。至雖賢者，然惜非其倫也。

太宗內廷給事，不過三百人，可謂善矣！然語宰相曰：「卿等顧朕之視妻子，如脫屣耳！恨未能離世絕俗，追蹤羨門。」則是過高者之言也。夫王化之本，《關雎》之訓是也。有《關雎》之德，必有《麟趾》之應，此周之所以致太平者也。若羨門等語，非人倫之美也。

太宗嘗曰：「人君致理之本，莫先簡易。老子芻狗之說，朕所景慕。」臣從彥曰：「易簡之理，天理也。行其所無事，篤恭而天下平，易簡之謂也。老氏芻狗之說，取其無情而已，大之詆訾堯、舜，而其下流為申、韓，不可不辨也。」

佛氏之學，端有悟入處。其道宏博，世儒所不能窺。然絕乎人倫，外乎世務，非堯、舜。孔子之道。趙普之對太宗曰：「陛下以堯、舜之道治世，以浮屠之教修心。」蓋不知言者。

君子之所為，皆理之所必然，世之所常行者，然不可以求近功，圖近利。非如間小有才者，一旦得君，暴露其器能，以釣一時之譽。彼其設施，當亦有可觀者，要非能致遠也。吕端曰：「君子之道，闇然而章，歷試經久，方見為臣之節。」其幾于道者與！

聖人不作，自炎漢以來未有可稱者，莫不雜以霸道。以司馬光之學，猶誤為之說，況其下者。

章聖皇帝未生仁宗，有内侍遇異人，言王真人降生，為宋第四帝，古之燧人氏也。章懿皇后亦夢羽衣數百人從一仙官，自空而下託生。及仁宗五六歲，嘗持槐木片以鑽火。臣從彥曰：此所謂「無徵不信」者也。

古人自十五入學，至四十而後仕。其意若曰：「善道以久而後立，人材以久而後成。故處之以燕閒之地，而寬之歲月之期，俾專其業，俟其志定，則其仕也，不遷于利，不屈于欲。道之于民。天下被其澤矣。」後世怵于科舉，自童稚間已有汲汲趨利之意。一旦臨民，亦何所不至！王旦章聖皇帝時在中書最久，每進用朝士，必先望實。苟人望未孚，則雖告之曰某也才，某也賢，不驟進也。此真救弊之良圖也！

孔子曰：「三年無改于父之道。」此言孝子居喪，志存父道，不必主事而言也。況當易危為安、易亂為治之時，速則濟，緩則不及，改之，乃所以為孝也。天子之孝，在于保天下。司馬光改新法，不即理言之，乃曰「以母改子，非子改父」，以此遏衆議，則失之矣。紹聖之害，亦光此言有以召之。

司馬光所改法，無不當人心者，惟罷免役失之。安石之免役，正猶楊炎之均稅，東南人實利之。若以堯、舜、三代之法格之，則去之可也。不然，未可輕議。（文淵閣四庫全書《豫章文集》卷三）

豫章門人

文靖李延平先生侗

李侗，字愿中，南劍人。年二十四，聞郡人羅仲素傳河洛之學于龜山，遂往學焉。仲素不為世所知，先生冥心獨契。于是退而屏居，謝絶世故，餘四十年，簞瓢屢空，怡然有以自適也。其始學也，默坐澄心，以驗夫喜怒哀樂未發之前氣象為何如。久之。而知天下之大本真在乎是也。既得其本，則凡出于是者，雖品節萬殊，曲折萬變，莫不該攝洞貫，以次融釋，各有條理，如川流脈絡之不可亂。大而天地之所以高厚，細而品彙之所以化育，以至經訓之微言，日用之小物，玩之于此，無一不得其衷焉。由是操存益固，涵養益熟，泛應曲酬，發必中節，其事親從兄，有人所難能者。隆興元年十月，汪玉山應辰守閩，幣書迎先生，至之日，坐語而卒，年七十一。

朱子曰：李先生意，只是要得學者靜中有個主宰存養處。

又曰：李先生教人，大抵令于靜中體認大本未發時氣象分明，即處事應物自然中節。此乃龜山門下相傳指訣。然當時親炙之時，貪聽講論，又方竊好章句訓詁之習，不得盡心于此。至今若存若亡，無一的實見處，孤負教育之意。每一念此，未嘗不愧汗沾衣也！

又曰：熹早從先生學，受《中庸》之書，求喜怒哀樂未發之旨，未達而先生沒。余竊自悼其不敏，若窮人之無歸。聞張欽夫得衡山胡氏學，則往從而問焉。欽夫告余以所聞，亦未之省也。暇日料檢故書，得當時往還書稿一編，題曰《中和舊說》，獨恨不得奉而質諸李氏之門。然以先生之所已言者推之，知其所未言者，其或不遠矣。

又曰：「中和」二字，該道之體用，以人言之，則未發、已發之謂。舊聞李先生論此最詳，後來所見不同，遂不復致思，今乃知其為人深切，然恨已不能盡記其曲折矣。如云「人固有無所喜怒哀樂之時，然謂之『未發』，則不可徑言無也」，又云「致字如致師之致」，又如「先言慎獨，後及中和」，此意亦嘗言之。但當時既不領略，後來又不深思，遂成蹉過，孤負此翁耳！

又曰：昔聞先生之言教，以為為學之初，且當常存此心，勿為他事所勝。凡遇一事，即當且就此事反覆推尋，以究其理，待此一事融釋脫落，然後循序少進而別窮一事。如此既久，積累之多，胸中自當有灑然處，非文字言語之所及也。詳味此言，雖其規模之大，條理之密，若不逮于程子，然其工夫之漸次，意味之深切，則有非他說所能及者。惟嘗實用力于此者為能有以識之，未易以口舌爭也。

又曰：李先生不要人強行，須有見得處方行，所謂灑然處。

又曰：李先生初間也是豪邁底人，到後來也是琢磨之功。在鄉若不異于常人，鄉曲以上底人只道他是個善人。他也略不與人說，待問了方與說。

又曰：李先生涵養得自是別，真所謂不為事物所勝者。古人云「終日無疾言遽色」，他真個是如此。如尋常人去近處必徐行，出遠處行必稍急；先生去近處也如此，出遠處亦只如此。尋常人叫一人，叫之二三聲不至，則聲必厲；先生叫之不至，聲不加于前也。又有坐處壁間有字，某每常亦須起頭一看，若先生則不然。方其坐時，固不看也；若是欲看，則必起就壁下視之。其不為事物所勝，大率若此。

又曰：先生少年豪勇，夜醉，馳馬數里而歸。後來養成徐緩，雖行一二里路，常委蛇緩步，如從容室中也。

又曰：李先生終日危坐，而神彩精明，略無隤墮之氣。

又曰：李先生居處有常，不作費力事。所居狹隘，屋宇卑小。及子弟漸長，逐間接起，又接起廳屋，亦有小書室。然其齊整瀟灑，安物皆有常處。其制行不異于人。亦嘗為任希純教授延入學作職事，居常無甚異同，頹如也。真得龜山法門！

又曰：李先生不著書，不作文，頹然若一田夫野老。

又曰：先生說一步，是一步。如說「仁者其言也訒」，熹當時為之語云「聖人如天覆萬物」云云，先生曰：「不要如此廣說！須窮『其言也訒』前頭，如何要得一進步處。」

又曰：熹記頃年汪端明說：「沈元用問尹和靖：『伊川《易傳》何處最切要？』尹雲：『「體用一源，顯微無間」，此是最切要處。』後舉問李先生，先生曰：『尹說固好，然須是看得六十四卦、三百八十四爻都有下落處，方始說得此話。若學者未曾子細理會，便與他如此說，豈不誤他！』余聞之悚然，始知前日空言無實，全不濟事，自此讀書益加詳細。」

又曰：人若著些利害，便不免開口告人，卻與不學之人何異？向見李先生說：「若大段排遣不去，只思古人所遭患難有人不可堪者，持以自比，亦可以少安矣。」始甚卑其說，以為何至如此。後來臨事，卻覺有得力處，不可忽也。（以上皆朱子語）

問延平先生言行，朱子曰：「他卻不曾著書，充養得極好。凡為學，也不過是恁地涵養將去，初無異議。只是先生睟面盎背，自然不可及。」

趙師夏曰：李先生不特以得于傳授者為學，其心造之妙，蓋有先儒所未言者。

王深寧曰：延平先生論治道，必以明天理、正人心、崇節義、厲廉恥為先。

延平答問

「葉公問孔子于子路，子路不對」一章，昔日得之于吾黨中人，謂葉公亦當時號賢者，夫子名德經天緯地，人孰不識之？葉公尚自見問于其徒，所見如此，宜子路不對也。若如此看仲尼之徒，渾是客氣，非所以觀子路也。蓋弟子形容聖人盛德，有所難言爾。如「女奚不曰」下面三句，元晦以為「發憤忘食」者，言其求道之切。聖人自道理中流出，即言求道之切，恐非所以言聖人。此三句只好渾然作一氣象看，則見聖人渾是道理，不見身世之礙，故「不知老之將至」爾。元晦更以此意推廣之，看如何？大抵夫子一極際氣象，終是難形容也。尹和靖以為皆不居其聖之意，此亦甚大。但不居其聖一節事，乃是門人推尊其實如此，故孔子不居，蓋因事而見爾。若常以不居其聖橫在肚裏，則非所以言聖人矣。如何？如何？

問：「『太極動而生陽』，先生嘗曰『此只是理，做已發看不得』。熹疑既言『動而生陽』，即與復卦一陽生而見天地之心何異？竊恐『動而生陽』即天地之喜怒哀樂發處，于此即見天地之心。『二氣交感，化生萬物』，即人物之喜怒哀樂發處，于此即見人物之心。如此做兩節看，不知得否？」先生曰：「『太極動而生陽』，至理之源，只是動靜闔闢，至于終萬物、始萬物，亦只是此理一貫也。到得『二氣交感，化生萬物』時，又就人物上推，亦只是此理。《中庸》以喜怒哀樂未發已發言之，又就人身上推尋，至于見得大本達道處，又渾同只是此理。此理就人身上推尋，若不于未發、已發處看，即何緣知之？蓋就天地之本源與人物上推來，不得不異，此所以于『動而生陽』難以為喜怒哀樂已發言之。在天地只是理也，今欲作兩節看，竊恐差了。復卦見天地之心，先儒以為靜見天地之心，伊川先生以為動乃見，此恐便是『動而生陽』之理。然于復卦發出此一段示人，又于初爻以顏子『不遠復』為之，此只要示人無間斷之意。人與天理一也，就此理上皆收攝來，與天地合其德，與日月合其明，與四時合其序，與鬼神合其吉凶，皆其度內耳。某測度如此，未知元晦以為如何？有疑，更容他日得見劇論。語言既拙，又無文采，似發脫不出也。元晦可意會消詳之，看理道通否。」

承錄示《韋齋記》，追往念舊，令人淒然。某中間所舉《中庸》終始之說，元晦以為「肫肫其仁，淵淵其淵，浩浩其天」，即全體是未發底道理，惟聖人盡心能然。若如此看，即于全體何處不是此氣象？第恐無甚氣味爾。某竊以為「肫肫其仁」以下三句，乃是體認到此達天德之效處，就喜怒哀樂未發處存養，至見此氣象，儘有地位也。某嘗見吕芸閣與伊川論中說，吕以為循性而行，無往而非禮義，伊川以為氣味殊少，吕復言云云，正謂此爾。大率論文字切在深潛縝密，然後蹊徑不差。釋氏所謂「一超直入如來地」，恐其失處正坐此，不可不辯。

「五十知天命」一句，三先生之說皆不敢輕看。某尋常看此數句，竊以為人之生也，自少壯至于老耄，血氣盛衰消長自不同，學者若循其理，不為所使，則聖人之言自可以馴致，但聖賢所至處，淺深之不同耳。若五十矣，尚昧于所為，即大不可也。橫渠之說似有此意，試一思索，看如何。

問：「熹昨妄謂『仁』之一字，乃人之所以為人而異乎禽獸者，先生不以為然。熹因以先生之言思之，而得其說，敢復求正于左右。熹竊謂天地生物，本乎一源，人與禽獸草木之生，莫不具有此理。其一體之中，即無絲毫欠剩，其一氣之連，亦無頃刻停息，所謂仁也。（朱子自注：先生批云：『有有血氣者，有無血氣者。更體究此處。』）但氣有清濁，故稟有偏正。惟人得其正，故能知其本具此理而存之，而見其為仁；物得其偏，故雖具此理而不自知，而無以見其為仁。然則仁之為仁，人與物不得不同；知人之為人而存之，人與物不得不異。故伊川夫子既言『理一分殊』，而龜山又有『知其理一，知其分殊』之說。而先生以為全在知字上用著力，恐亦是此也。（朱子自注：先生勾出批云：『以上大概得之，他日更用熟講體認。』）不知果是如此否？又詳伊川之語推測之，竊謂『理一而分殊』，此一句言理之本然如此，全在性分之內，本體未發時看。（朱子自注：先生抹出批云：『須是從本體已發、未發時看，合內外為可。』）合而言之，則莫非此理，然其中無一物之不該，便自有許多差別，雖散殊錯糅，不可名狀，而纖微之間，同異畢顯，所謂『理一而分殊』也。『知其理一所以為仁，知其分殊所以為義』，此二句乃是于發用處該攝本體而言，因此端緒而下工夫以推尋之處也。蓋『理一而分殊』一句，正如孟子所云『必有事焉』之處；而下文兩句，即其所以有事乎此之謂也。（朱子自注：先生抹出批云：『恐不須引孟子說以證之。孟子之說，若以微言，恐下工夫處落空，如釋氏然。孟子之說亦無隱顯精粗之間。今錄謝上蔡一說于後，玩味之，即無時不是此理也。此說極有力。」）大抵仁字（近本作『者』。）正是天地流動之機。以其包容和粹，涵育融漾，不可名貌，故特謂之仁。其中自然文理密察，各有定體處，便是義。只此二字，包括人道已盡。義固不能出于仁之外，仁亦不離乎義之內也。然則『理一而分殊』者，乃是本然之仁義。（朱子自注：先生句斷批云：『推測到此一段甚密，為得之。加以涵養，何患不見道也。某心甚慰。』）前此乃以從此推出分殊合宜處為義，失之遠矣。又不知如此上所推測，以還是否，更乞指教。」先生曰：「謝上蔡云：『吾嘗習忘以養生。明道曰：「施之養則可，于道則有害。習忘可以養生者，以其不留情也，學道則異于是。『必有事焉勿正』，何謂乎？且出入起居，寧無事者？正心待之，則先事而迎。忘則涉乎去念，助則近乎留情。故聖人心如鑑，所以異于釋氏心也。」』上蔡錄明道此語，于學者甚有力。蓋尋常于靜處體認下工夫，即于鬧處使不著，蓋不曾如此用力也。自非謝先生確實于日用處下工夫，即恐明道此語亦未必引得出來。此語錄所以極好玩索，近方看見如此意思顯然。元晦于此更思，看如何。唯于日用處便下工夫，或就事上便下工夫，庶幾漸可合為己物不然，只是說也。某輒妄意如此，如何？如何？」

問（近本無「問」字）。熹又問：「《孟子》養氣一章，向者雖蒙明析面誨，而愚意竟未見一總會處。近日求之，頗見大體，只是要得心氣合而已。故說『持其志，無暴其氣』，『必有事焉而勿正，心勿忘，勿助長也』，皆是緊切處。只是要得這裏所存主處分明，則一身之氣自然一時奔湊翕聚，向這裏來存之不已。及其充積盛滿，睟面盎背，便是塞乎天地氣象，非求之外也。如此，則心氣合一，不見其間，心之所向，全氣隨之。雖加齊之卿相，得行道焉，亦沛然行其所無事而已，何動心之有！《易》曰：『直方大，不習无不利。』而《文言》曰：『敬義立而德不孤，則不疑其所行也。』正是此理。不審先生以為何如？」先生曰：「養氣大概是要得心與氣合。不然，心是心，氣是氣，不見所謂集義處，終不能合一也。元晦云『睟面盎背，便是塞乎天地氣象』，與下云『亦沛然行其所無事』二處，為得之，見得此理甚好。然心氣合一之象，更用體察，令分曉路陌方是。某尋常覺得，于畔援、歆羨之時，未必皆是正理，亦心與氣合，到此若彷彿有此氣象，一差則所失多矣，豈所謂浩然之氣邪？某竊謂孟子所謂養氣者，自有一端緒，須從知言處養來，乃不差。于知言處下工夫，儘用熟也。謝上蔡多謂『于田地上面下工夫』，此知言之說，乃田地也。先于此體認，令精密，認取心與氣合之時不偏不倚氣象是如何，方可看《易》中所謂『直方大，不習无不利』，然後『不疑其所行』，皆沛然矣。元晦更于此致思，看如何。某率然如此，極不揆是與非，更俟他日面會商量可也。」

承諭心與氣合，及所注小字，意若逐一理會心與氣，即不可。某鄙意止是形容到此，解會融釋，不如此不見。所謂氣，所謂心，渾然一體流浹也。到此田地，若更分別那個是心，那個是氣，即勞攘耳。不知可以如此否？不然，即成語病無疑。若更非是，無惜勤論。

吾儕正要如此。

梨洲《孟子師說》曰：天地間只有一氣充周，生人生物。人稟是氣以生，心即氣之靈處，所謂「知氣在上」也。心體流行，其流行而有條理者，即性也，猶四時之氣。和則為春，和盛而溫則為夏，溫衰而涼則為秋，涼盛而寒則為冬，寒衰則復為春，萬古如是，若有界限于間，流行而不失其序，是即理也。理不可見，見之于氣；性不可見，見之于心。心即氣也。心失其養，則狂瀾橫溢，流行而失其序矣。養氣即是養心，然養心猶難把捉，言養氣，則動作威儀，旦晝呼吸，實可持循也。

人身雖一氣之流行，流行之中必有主宰。主宰不在流行之外，即流行之有條理者。自其變者而觀之，謂之流行；自其不變者而觀之，謂之主宰。養氣者使主宰常存，則血氣化為義理；失其主宰，則義理化為血氣。所差在毫釐之間。

志，即氣之精明者是也。原是合一，豈可分如何是志，如何是氣。「無暴其氣」，便是持志工夫。若離氣而言持志，未免把捏虛空，如何養得！古人說「九容」，只是無暴其氣。無暴其氣，志焉有不在者乎？更無兩樣之可言。

知者，氣之靈者也。氣而不靈，則昏濁之氣而已。養氣之後，則氣化而為知，定靜而能慮，故知言、養氣，是一項工夫。《易》云：「將叛者其辭慚，中心疑者其辭枝。吉人之辭寡，躁人之辭多。誣善之人其辭游，失其守者其辭屈。」此是汎舉世人而言。孟子之「詖」「淫」「邪」「遁」，指一時立言之輩，破其學術。詖辭，危險之辭，如「雞三足」「卵有毛」「白馬非馬」之類，是蔽于名實者也。淫辭，汎濫援引，終日言成文典，及細察之，則倜然無所歸宿。陷，如入于坎窞，無有實地也。邪辭，邪僻之辭，如捭闔飛箝，離遠于正道。遁辭，炙輠無窮，不主一說，人見其不窮，不知其「尚口乃窮」也。詖則公孫龍之家，淫則「談天衍」之家，邪則鬼谷之家，遁則淳于髡之家，皆是當時之人也。

百家謹案：朱子此說，只要得心與氣合，又云「心氣合一，不見其間」，延平云「若更分別那個是心，那個是氣，即勞攘」，與《師說》所解雖不同，亦略相似，故採數則附此。

盡心者，如孟子見齊王，問樂則便對云云，言貨色則便對云云，每遇一事，便有以處置將去，此是盡心，舊時不之曉。蓋此乃盡心之效如此，得此本然之心，則皆推得去無窮也。如見牛未見羊，說苟見羊，則亦便是此心矣。

又見諭云：伊川所謂「未有致知而不在敬者」，考《大學》之序則不然。如夫子言非禮勿視聽言動，伊川以為制之于外而養其中。數處蓋皆各言其入道之序如此，要之敬自在其中也，不必牽合貫穿為一說。又所謂「但敬而不明于理，則敬特出于勉強，而無灑落自得之功，意不誠矣」。灑落自得氣象，其地位甚高，恐前數說方是言學者下功處，不如此則失之矣。由此持守之久，漸漸融釋，使之不見有制之于外，持敬之心，理與心為一，庶幾灑落耳。某自聞師友之訓，賴天之靈，時常只在心目間。雖資質不美，世累妨奪處多，此心未嘗敢忘也。于聖賢之言亦時有會心處，亦間有識其所以然者，但覺見反為道理所縛，殊無進步處。今已老矣，日益恐懼，吾元晦乃不鄙孤陋寡聞，遠有質問所疑，何愧如之！

示諭夜氣說甚詳，亦只是如此，切不可更生枝節尋求，即恐有差。大率吾輩立志已定，若看文字，心慮一澄然之時，略綽一見，與心會處，便是正理。若更生疑，即恐滯礙。伊川語錄中有說，明道嘗在一倉中坐，見廊柱多，因默數之，疑以為未定，屢數愈差，遂至令一人敲柱數之，乃與初默數之數合，正謂此也。夜氣之說，所以于學者有力者，須是兼旦晝存養之功，不至梏亡，即夜氣清。若旦晝間不能存養，即夜氣何有！疑此便是「日月至焉」氣象也。某曩時從羅先生學問，終日相對靜坐，只說文字，未嘗及一雜語。先生極好靜坐，某時未有知，退入室中，亦只靜坐而已。羅先生令靜中看喜怒哀樂未發之謂中，未發時作何氣象，此意不唯于進學有方，兼亦是養心之要。元晦偶有心恙，不可思索，更于此一句內求之，靜坐看如何，往往不能無補也。此中相去稍遠，思欲一見，未之得。恐元晦以親傍無人傔侍，亦難一來，奈何！切望隨宜攝養，勿貽親念，為至禱也。

梨洲《師說》曰：平旦之氣，其好惡與人相近也者幾希，此即喜怒哀樂未發之體，未嘗不與聖人同，卻是靠他不得。蓋未經鍛鍊，一逢事物，便霍然而散，雖非假銀，卻不可入火。為其平日根株久禪宗席，平旦之氣反似暫來之客。終須避去。明道之獵心，陽明之隔瘧，或遠或近，難免發露。故必須工夫，纔還本體。此念庵所以惡「現成良知」也。

世人日逐于外，喘汗不已，竟無一安頓處。到得氣機收斂之時，不用耳目，則葭管微陽，生意漸回息生也。好惡與人相近，正形容平旦之氣。此氣即是良心，不是良心發見于此氣也。

天性生生之機，無時或息，故放失之後，少間又發，第人不肯認定，以此作主宰耳。認得此心，便是養，若火之始然，泉之始達，自不能已。旦晝梏亡，未嘗非此心為之用，而點金成鐵，迷卻當下矣。

孟子言良心，何不指其降衷之體言之，而形容平旦之氣，似落于迹象。不知此即流行之命也，知此即為知命。猶之太虛，何處不是生意？然不落土，則生機散漫，無所收拾，佛氏以虛無為體，正坐不知命。（以上俱《師說》）

姜定庵曰：旦晝存養，則旦晝之氣亦清，又何但夜氣邪？正為梏亡者夜氣亦能自清，所以見性善之同然也。

昔嘗得之師友緒餘，以為問學有未愜適處，只求諸心。若反身而誠，精通和樂之象見，即是自得處。更望勉力以此而已！

所云「見《語錄》中有『仁者渾然與物同體』一句，即認得《西銘》意旨」，所見路脈甚正，宜以是推廣求之。然要見一視同仁氣象卻不難，須是理會分殊。雖毫髮不可失，方是儒者氣象。

又云：「便是『日月至焉』氣象」一段，某之意，只為能存養者積久亦可至此，若比之「不違」氣象，又迴然別也。今之學者雖能存養，知有此理，然旦晝之間一有懈焉，遇事應接，舉處不覺打發機械，即離間而差矣。唯存養熟，理道明，習氣漸爾銷鑠，道理油然而生，然後可進，亦不易也。來諭以為「能存養者無時不在，不止日月至焉」。若如此時，卻似輕看了也。如何？

動靜、真僞、善惡，皆對而言之，是世之所謂動靜真僞善惡，非性之所謂動靜真僞善惡也。惟求靜于未始有動之先，而性之靜可見矣；求真于未始有僞之先，而性之真可見矣；求善于未始有惡之先，而性之善可見矣。

天下之理，無異道也；天下之人，無異性也。性惟不可見，孟子始以「善」形之。惟能自性而觀，則其致可求；苟自善而觀，則理一而見二。

虛一而靜。心方實，則物乘之，物乘之則動。心方動，則氣乘之，氣乘之則惑。惑斯不一矣，則喜怒哀樂皆不中節矣。

常在目前，只在戒謹不睹，恐懼不聞，便自然常存。顏子非禮勿視聽言動，正是如此。

思索義理，到紛亂窒塞處，須是一切掃去，放教胸中空蕩蕩地了，卻舉起一看，便自覺得有下落處。

為學之初，且當常存此心，勿為他事所勝。凡遇一事，即當且就此事反復推尋，以究其理。待此一事融釋脫落，然後循序少進，而別窮一事。如此既久，積累之多，胸中自當有灑然處，非文字言語之所及也。

常有此心，勿為他事所勝，即欲慮非僻之念自不作矣。孟子有夜氣之說，更熟味之，當見涵養用力處也。于涵養處著力，正是學者之要。若不如此存養，終不為己物也。

人心中大段惡念，卻易制服。最是那不大段、計利害、乍往乍來底念慮，相續不斷，難為驅除。

學問之道，不在多言，但默坐澄心，體認天理。若真有所見，雖一毫私欲之發，亦退聽矣。久久用力于此，庶幾漸明，講學始有力耳。

學者之病，在于未有灑然冰解凍釋處。縱有力持守，不過苟免顯然悔尤而已。若此者，恐未足道也。

近日涵養，必見應事脫然處否？須就事兼體用下工夫，久久純熟，漸可見渾然氣象矣。勉之！勉之！

孟子言「仁，人心也」，不是將心訓仁字。

心者，貫幽明，通有無。

人之念慮，若是于過惡顯然萌動，此卻易見易除。卻怕于甚是閒底事爆起來纏繞，思念將去不能除，此尤害事。

事雖紛紛，須還我處置。

學已有許多意思，只為說敬事字不分明，所以許多時無捉摸處。

聖門之傳《中庸》，其所以開悟後學，無餘策矣。然所謂「喜怒哀樂未發之謂中」者，又一篇之指要也。若徒記誦而已，則亦奚以為哉？必也體之于身，實見是理，若顏子之歎，卓然見其為一物而不違乎心目之間也，然後擴充而往，無所不通，則庶乎其可以言中庸矣。

人固有無所喜怒哀樂之時，然謂之「未發」，則不可言無也。

看聖賢言語，但一踔看過，便見道理者，卻是真意思。纔著心去看，便蹉過了多。

某歸家，凡百只如舊。但兒輩所見凡下，家中全不整頓，至有疏漏欹敝處，氣象殊不佳。既歸來，不免令人略略修治，亦須苟完可耳。家人猶豫未歸，諸事終不便，亦欲于冷落境界上打疊，庶幾漸近道理，他不敢恤。但一味窘束，亦有沮敗人佳處，無可柰何也！

某兀坐于此，朝夕無一事，若可以一來，甚佳，致千萬意如此。然猶不敢必覬，恐侍旁乏人，老人或不樂，即未可。更須于此審處之。某尋常處事，每值情意迫切處，即以輕重本末處之，似少悔吝。願于出處間更體此意！

承諭近日學履甚適，向所耽（近本作「取」）。戀不灑落處，今已漸融釋，此便是道理進之效。甚善！甚善！思索窒礙，及于日用動靜之間有拂戾處，便于此致意，求其所以然者，久之自循理耳。

吾人大率坐此窘窶，百事驅遣不行，惟于稍易處處之，為庶幾耳！某村居兀坐，一無所為，亦以窘迫，遇事窒塞處多。每以古人貧甚極難堪處自體，即啜菽飲水，亦自有餘矣。夫復何言！

承來諭，令表弟之去，反而思之，中心不能無愧悔之恨。自非有志于求仁，何以覺此！《語錄》有云：「罪己責躬不可無，然亦不可常留在心中為悔。」來諭云：「悔吝已顯然，如何便銷隕得！」胸中若如此，即于道理有礙。有此氣象，即道理進步不得矣，正不可不就此理會也。某竊以為，有失處，罪己責躬固不可無，然過此以往，又將柰何？常留在胸中，卻是積下一段私意也。到此境界，須推求其所以愧悔不去，為何而來。若來諭所謂，似是于平日事親事長處，不曾存得恭順敬畏之心。即隨處發見之時，即于此處就本源處推究涵養之，令漸明，即此等固滯私意，當漸化矣。又昔聞之羅先生云：「橫渠教人，令且留意神化二字。所存者神，便能所過者化。私吝盡無，即渾是道理，即所過自然化矣。」更望以此二說，于靜默時及日用處下工夫，看如何。吾輩今日所以差池，道理不進者，只為多有坐此境界中耳！禪學者則不然。渠亦有此病，卻只要絕念不採，以是為息滅，殊非吾儒就事上各有條理也。元晦試更以是思之，如何？或體究得不以為然，便示報為望！

朱子注曰：後見先生，又云：「前日所答，只是攄今日病處說《語錄》中意，卻未盡。他所以如此說，只是提破，隨人分量看得如何。若地位高底人，微有如此處，只如此提破，便渙然冰釋，無復疑滯矣。」

在此粗安，第終不樂于此。若以為隨所寓而安之，即于此覦覷便不是。此微處皆學者之大病。大凡只于微處充擴之，方見礙者大耳。

（文淵閣四庫全書《延平答問》）

宗羲案：朱子言：「余之始學，亦務為儱侗宏闊之言，好同而惡異，喜大而恥于小。而延平之言曰：『吾儒之學，所以異于異端者，理一而分殊也。理不患其不一，所難者分殊耳。』余心疑而不服，以為天下之理，一而已，何為多事若是！同安官餘，以延平之言反復思之，始知其不我欺矣。」自朱子為是言，于是後之學者多向萬殊上理會，以自託于窮理之說，而支離之患生矣。亦思延平默坐澄心，其起手皆從理一。窮理者，窮此一也。所謂萬殊者，直達之而已矣。若不見理一，則茫然不知何者為殊，殊亦殊個甚麼，為學次第，鮮有不紊亂者。切莫將朱子之言錯會！

獻靖朱韋齋先生松

朱松，字喬年，婺源人。政和八年同上舍出身，為政和尉。父森卒于官邸，貧不能歸葬，即葬其邑。服除，調尤溪尉，監泉州石井鎮。紹興四年，召試館職，除秘書省正字。歷校書郎、著作佐郎、尚書度支員外郎，轉司勳、吏部兩曹。上書諫和議，出知饒州，未上，請祠。十三年，卒。先生初以詩名，繼而契心于賈誼、陸贄之通達治理。及得浦城蕭子莊、劍浦羅仲素而師之，以傳河洛之學，而昔之餘習盡矣。嘗曰：「士之所志，其分在于義利之間，兩端而已。然其發甚微，而其流甚遠。譬之射焉，失毫釐于機括之間，則差尋丈于百步之外矣。」其所善者，同學李侗、鄧啟之外，則有胡籍溪憲、劉白水勉之、劉屏山子翬。將卒，屬其子元晦熹往受學焉。後以子貴，贈通議大夫，謚獻靖。著有《韋齋集》。學者稱韋齋先生。

先生自謂卞急害道，因取古人佩韋之義，以名其齋，早夜其間，以自警飭。由是向之所得于觀考者，益有以自信，而守之愈堅。金使議和，先生與史院同舍胡珵共疏曰：「彼方吞噬未厭，而一旦幡然與我和者，紐于威以侮我耳！又慮我畜鋭，而為和之說以撓我耳！彼之和使即秦之衡人，六國不悟衡人割地之無厭，以亡其國。今國家不悟敵使請和之得策，其禍亦豈可勝言哉！而執事者方以為『吾為梓宮、母后、淵聖天屬之故』。昔項羽置太公俎上而約高祖以降矣，唯高祖不信其詐謀，不為之屈，日夜思所以圖楚者，卒能蹙羽于鴻溝之上，使其力屈，而太公自歸。此可以觀其計之得失矣！」

屏居建溪之上，日以討尋舊學為事，手鈔口誦，不懈益虔，蓋玩心于義理之微。而放意于塵垢之外，有以自得，澹如也。

先生性孝友，與人交，重然諾，不以生死窮達二其心。接引後進，教誘不倦。聞人之善，推借如不及。至于奸佞嵬瑣、簡賢附勢之流，則鄙而遠之，不忍正視其面。晚既屬疾。手書先訣于屏山、籍溪、白水，屬以其子往受學焉。

百家謹案：程太中能知周子而使二子事之，二程之學遂由濂溪而繼孟氏。朱韋齋能友延平與劉、胡三子，而使其子師之，晦翁之學遂能由三子而繼程氏。卓哉二父，鉅眼千古矣。

韋齋文集

頃來尤溪兩月，雖獲徧拜邑中之士，而未詳也。索居深念，惟小人之歸是憂。乃有識明志高、傑然自拔于流俗如吾友者，其為欣幸，未易具道。夫仕而忘學，如農夫快一朝之飽而釋終身之耕，殍于溝中，可立而俟。然則仕而志學，猶飽而念耕，亦不足道也！抑聞之先生長者，《禮記》多魯諸儒之雜說，獨《中庸》出于孔氏家學。大學一篇，乃入道之門，其道以為欲明明德于天下，在致知格物以正心誠意而已。其說與今世士大夫之學大不相近，蓋此學之廢久矣！自周衰，楊、墨雖得罪于聖人，然乃學仁義而失之者。至申、韓、儀、秦之說勝，而士始決裂聖人之藩牆，以阿流俗之所好，至漢文、景之盛未衰也，以至于今。蓋嘗有以斯文為己任，起而倡之者，然世方嬰于俗學以自強，屹乎其不可攻也。某方急于祿養，未能往究其所學，是以或聞吾友之言，凜然敬歎，若居夷而聞《雅》，雖未詳其節奏之工，然卓然于吳歈楚謠之中而不可亂也。《書》曰：「知之非艱，行之維艱。」夫問塗而之盲，則知亦豈易哉！以吾友之明，苟以德為車，而志氣御之，則朝發軔乎仁義之塗，而夕將入大學之門，以躪中庸之庭也！（《答汪德粲書》，文淵閣四庫全書《韋齋集》卷九）

學未有無師者也。學而無師，雖不無一至之得，責之以遠道則泥，質之以大方則惑，用之趨時合變，則膠戾而無所合。是妄意臆決之說，雖復憊精疲思，而道日遠矣。然生晚地寒，無東西南北之資，聞先生長者之風，而不及瞻望下風者固多。孟子曰：「誦其詩，讀其書，不知其人，可乎？是以論其世也。是尚友也。」嗚呼，此非獨友說，亦師說也。竊聞往者三川之間，程氏兄弟推本子思、孟軻，以《中庸》為宗，而司馬文正公考正經史，深于治道，皆卓然有功于聖人之門。蓋嘗誦讀其詩書，考質于師友而聞其略矣。夫達天德之精純而知聖人之所以聖，誠意正心于奧突之間而天下國家所由治，推明堯、舜、三代之盛，修己以安百姓，篤恭而天下平者，始于夫婦，而其極也察乎天地。此程氏之學也。尊德教，賤功利，獎名節，端委廟堂則忠信恭儉足以刑主德于四方而朝廷尊，燕處于家則孝友廉讓足以化其其國人，其酌古以準今則治亂存亡之效如食粟之必飽，食堇之必斃，此司馬氏之學也。程氏之門人，其高弟稱謝氏，不及見也。新鄭晁公嘗受學于司馬之門，往以事遊鄭，拜晁公于溱、洧之上，時方冥惷，不能有所質問，而今皆逝矣！古語有之曰：「想望丹青，不如式瞻儀型；諷誦詩書，不如親承風旨。」（《上謝參政書》，文淵閣四庫全書《韋齋集》卷九）

韋齋語

父子主恩，君臣主義，是為天下之大戒，無所逃于天地之間。如人食息呼吸于元氣之中，一息之不屬，理必至于斃。是以自昔聖賢立法垂訓，所以防範其間者，未嘗一日少忘。

士溺于俗學，不明君臣之大義，是以處成敗之間者，常有苟生自恕之心，而闇于舍生取義之節，將使三綱淪墜，而有國家者無所恃以為安。宜鑒既往之失，深以明人倫、勵名節為先務，而又博求魁磊骨鯁、沈正不回之士，置之朝廷，使之平居無事，正色立朝，則奸萌逆節銷伏于冥冥之中，一朝有急，奮不顧身，以抗大難，亦足以禦危辱陵暴之侮，則庶幾神器尊安，而基祚強固矣。（文淵閣四庫全書《韋齋集》卷首）

宗羲案：豫章稱韋齋才高而智明，其剛不屈于俗，故朱子之學雖傳自延平，而其立朝氣概，剛毅絕俗，則依然父之風也。

豫章再傳

延平門人

文公朱晦庵先生熹

見《紫陽學案》。

承議羅先生博文

羅博文，字宗約，沙縣人。以奏補福建司戶參軍，調靜江府觀察支使，知瑞金縣。張魏公浚都督江、淮，辟為幹辦公事。汪玉山應辰辟蜀中參議官。累遷承議郎，自請奉祠。乾道四年卒。先生于佛老之學，能究其所以然。後從張魏公問行己之大方，魏公手書所為《敬說》以授之，先生守之終身。已從李延平，得聞河洛所傳之要，多所發明，于是喟然歎曰：「儒佛之異無他，公與私之間耳！」由是自信益堅。

宗羲案：朱子與宗約，在延平門人，最為契合。然朱子之交宗約，在延平沒後，宗約尋又入蜀，其相與不過一二年耳！宗約于蜀中得豫章《議論要語》，曰：「歸當以示友人朱元晦而審訂之。」則其所推服，朱子而外，無人焉。乃宗約卒于途中，此言遂成虛語，可歎哉！

百家謹案：朱子《文集》中有宗約行狀，而《道南源委錄》中稱：「宗約年未三十，一榻蕭然，屏遠聲色，大為朱子所敬服。」

劉先生嘉譽

劉嘉譽，字德稱，長樂人。受學于延平。子世南，從林之奇遊。

一六　橫浦學案

文忠張橫浦先生九成

張九成，字子韶，錢塘人。從學龜山。紹興二年廷對第一，僉判鎮東軍。與監司不合，投檄而歸，學士大夫簦笈雲集，多執贄門下。入為太常博士，改著作郎，除宗正少卿、禮部侍郎兼侍講經筵。論災異迄時相秦檜，謫守邵州。何鑄劾以依附趙公鼎，落職。先是，先生嘗謂高宗曰：「外議以臣為趙鼎之黨，雖臣亦疑之。」帝問其故，曰：「臣每造鼎，見其議論無滯，不覺坐久，則人言無足怪也。」終父喪，取旨，與宮觀。詹大方論其與僧杲謗訕朝政，謫南安軍。檜死，起知溫州。戶部遣吏督軍糧，先生遺書痛陳其弊，戶部持之，即丐祠歸。先生在謫居十四年，解釋經義，目病，就明簷下，磚痕雙趺隱然。廣帥致籝金，先生曰：「吾雖遷徙困乏，何敢苟取！」卒不受。自號橫浦居士，亦稱無垢居士。二十九年六月四日，卒，年六十八。寶慶初，贈太師，封崇國公，諡文忠。

先生夙學天成，八歲默誦《六經》，通大旨。父積書坐旁，命客就試，公答如響，且置卷斂衽曰：「精粗本末無二致，勿謂紙上語不足多。下學上達，某敢以聖賢為法。」諸老驚嘆曰：「真奇童子也！」十歲善文，時儕稱雄。十四遊郡庠，閉閣終日，寒折膠，暑鑠金，不越戶限。比舍生穴隙以視，則斂膝危坐，對寘大編，若與神明為伍，更相驚服而師尊之。

射策集英殿，略曰：「禍亂之作，天所以開聖人。願以剛大為心，毋遽以驚憂自沮。」又曰：「臣觀金人有必亡之勢，而中國有必興之理，特在陛下何如耳！」又曰：「今日待敵之計，當先用越王之法以驕之，使侈心肆意，無所忌憚，天其滅之。將見權臣爭強，篡奪之禍起矣。」又曰：「陛下之心，臣得知之。方當春陽晝敷，行宮別殿，花氣紛紛，竊想陛下念兩宮之在北邊，塵沙漠漠，不得共此融和也，其何安乎！盛夏之際，風窗水院，涼意淒清，竊想陛下念兩宮之在北邊，罽氈擁蔽，不得共此疏暢也，亦何安乎！澄江瀉練，夜桂飄香，陛下享此樂時，必曰：『西風淒勁，兩宮得無憂乎？』狐裘溫煖，獸炭春紅，陛下享此樂時，必曰：『朔雪袤丈，兩宮得無寒乎？』至于陳水陸，飽珍奇，必投筯而起曰：『雁粉腥羊，兩宮所不便也，食其能下咽乎？』居廣廈，處深宮，必撫几而嘆曰：『穹廬甌脫，兩宮必難處也，居其能安席乎？』今閭巷之人，皆知有父兄妻子之樂，陛下雖貴為天子，富有四海，以金人之故，使陛下冬不得溫，夏不得清，昏無所定，晨無所省，問寢之私，何時可遂乎？在原之急，何時可救乎？日往月來，何時可歸乎？每歲時遇物，想惟聖心雷厲，天淚雨流，撫劍長吁，思欲埽清鑾帳，以還二聖之車。此臣心之所以知陛下者如此。」又曰：「搜攬珍離，驅馳駿馬，道路之言有若上誣聖德者。深察其原，蓋自閹人私求離馬，動以陛下為名。且閹寺聞名，國之不祥也。今此曹名字，稍稍有聞，此臣之所以憂也。賢士大夫宴見有時，宦官女子安居前後。有時者易疏，前後者難間。聖情荏苒，不知其非。不若使之安掃除之役，復門戶之司，凡交結往來者有禁，干與政事者必誅。陛下日御便殿，親近儒者，講《詩》《書》之指歸，論古今之成敗」云云。上感其言，拔置第一。

侍郎在講筵，上嘗謂曰：「何以見教？」對曰：「臣安敢當見教之語！抑不知陛下臨朝對群臣時，如何存心？」上曰：「以至誠。」曰：「不知入而對宦官嬪御，又何如？」上曰：「亦以至誠。」曰：「外不對群臣，內不對宦官嬪御，端居靜處時，不知又如何？」上遲疑未應。曰：「只此遲疑，已自不可。」上極喜，握其手曰：「卿問得極好！」

上嘗命講《春秋》，對曰：「臣未嘗習。如高閌卻理會得。」上曰：「朕要卿講。」辭遜再三，上固命之，對曰：「必欲臣講，臣惟以《論語》《孟子》為說。」上大喜曰：「又道不會！」

先生既免喪，秦檜取旨，上曰：「可與宮觀。此人最是結交趙鼎之深者。自古朋黨，唯畏人主知之，此人獨無所畏。」既而詹大方言：「頃者鼓唱浮言，九成實為之首。徑山僧宗杲知之，今已遠竄，為首者豈可置不問？望罷九成宮觀，投之遠方，以為傾和者之戒。」落職，編置南安軍。先生與宗杲為莫逆交，秦檜忌先生，于是言者論先生與宗杲謗訕朝政。

有士大夫見過云：「近日仕宦習氣可惡，上下相蒙，只圖苟免，全無後慮。若不如此，則往往其禍先及，為之柰何？」先生曰：「精金百鍊則愈剛，為器益利。人自不至誠，豈有不可為者！」

一士夫遠自浙江攜家入廣赴調，且以貧為累，焦焦然見于顏色。因謂之曰：「貧不足為公累，心為公累耳！若公不入仕，又何以處？隨分節約，老幼均之，自可無累。若以口腹欲快意，但恐私欲橫生，無時可足，貪冒無恥，禍必及之。回視節約之樂，如在天上。請公先與此心斷之，便自無累。」

黄東發曰：横浦先生憂深懇切，堅苦特立，近世傑然之士也，惟交遊杲老，浸淫佛學，于孔門正學，未必無似是之非。學者雖尊其人，而不可不審其說。其有所謂《心傳錄》者，首載杲老以「天命之謂性」為清淨法身，「率性之謂道」為圓滿報身，「修道之謂教」為千百億化身，影傍虛喝，聞者驚喜。至《語》《孟》等說，世亦多以其文雖說經，而喜談樂道之。晦庵嘗謂洪适刊此書于會稽，其患烈于洪水、夷狄、猛獸。豈非講學之要，毫釐必察，其人既賢，則其書盛行，則其害未已，故不得不甚言之，以警世哉！蓋上蔡言禪，每明言禪，尚為直情徑行，杲老教横浦改頭換面，借儒談禪，而不復自認為禪，是為以偽易真，鮮不惑矣。

宗羲案：朱子言：「張公始學于龜山之門，而逃儒以歸于釋。宗杲語之曰：『左右既得把柄入手，開導之際，當改頭換面，隨宜說法，使殊途同歸，則住世、出世間，兩無遺憾矣。』用此之故，凡張氏所論著，皆陽儒而陰釋。其離合出入之際，務在愚一世之耳目。」案横浦雖得力于宗門，然清苦誠篤，所守不移，亦未嘗諱言其非禪也。若改頭換面，便是自欺欺人，并亦失卻宗門眼目也。

横浦心傳

學問于平淡處得味，方可以入道。不然，則往往流于異端，不識真味，遂致誤人一生。

或問：「學者多為聞見所累，如何？」曰：「只緣自家無主。」

或問：「所見與所守，二者孰難？」先生曰：「所見難。」或曰：「今學者往往亦有所見，而不能守，則併與其所見而喪之。」先生曰：「不然。只是所見不到故耳。今人于水之溺、火之烈，未有無故而入水火者，以見之審也。設陷阱而蒙以錦繡，玩而蹈之者多矣。彼見畫虎而畏者，久則狎之，一日遇其真，則喪膽失魂，終身不敢入山林，其理可見。」

或問：「作善則吉，從惡則凶，如此則善惡便是吉凶否？」先生曰：「分之，則有僥幸之心。」

或問：「中、和如何分？」先生曰：「中即和。作事合理，人情自不乖。」

或問：「敬有定體否？」先生曰：「敬在心，雖死不可變，易簀結纓是矣。」

或問：「教小兒，以何術為先？」曰：「先教以恭謹，不輕忽，不躐等，讀書乃餘事。若不先以此，則雖有慧黠之質，往往輕狂，後亦難教。然有資質者，父兄便教以學作文，事科舉，不容不躐等，皆其父兄無識見。子弟稍有所長，便恣其所為，遂反壞其資質，後來多不能成器。豈得一第便是成器邪！」

或問：「孔子言『性相近也』，不明言其實，孟子乃曰人性善，何也？」先生曰：「孟子源流甚正，認得不錯，但人不之思耳。孔子嘗曰：『天地之性，人為貴。』人之行莫大于孝，孝即善也。其言豈無所自！」

看《六經》，須先精求《語》《孟》，便自有味。

有志者其規模必先定，無志者一切皆偶然。

或問：「去異端難否？」先生曰：「人多不識異端，所以難去。只如楊、墨，本學仁義，仁義豈是異端？惟孟子能辯之，故能去之也。不然，未必不反溺其說。此所以去之覺難也。」

或問：「《六經》與人心所得如何？」曰：「《六經》之書焚燒無餘，而出于人心者常在，則經非紙上語，乃人心中理耳。不然，則子雲、韓愈、董仲舒、劉向之徒，何以得傳其書？」

世俗之論，多服于無心，而君子則服于公。公固無心矣，往往有所抉擇，則以有心疑其不公。今于十人而擇其一之善，則九人者，或及其一二，或不及而謬得其名，與夫忌而毀、矜而怒者，九人不無二三也。十人可以數計也，乃若自十而百，自百而千，積而上之，擇之愈詳，爭之愈眾，紛紛而不可較。吾以為公也，是乃所以起其不公之論也。至于群千百而鋤其名，錯其數，唯吾之所取而唯其人之取吾固取之以無心，而人亦不得以有心疑吾，雖舉一盜跖而顏子不敢怒，黜數伯夷而為盜跖者亦不為之慊然，此世俗之論所以為不公也。

未能不矜，安謂知道？未能忘得，安謂知義？未能輕名，安謂知德？知道者必不自矜，知義者必不好得，知德者必不沽名。此皆表裏之符也。

東漢君子太好名。如李膺雖已禁錮，而天下士大夫欣慕唯恐不及，更相標榜，互為稱號，八君、八顧、八俊、八及、八廚之名出，而黨禍起矣，皆不見道之故。見道者必畏名。名非可好，從其自至，猶且辭之，況自相夸美乎？此取禍之自也！

禍福有幸有不幸，而善惡之理則一定。君子惟其一定之理而已，豈當論幸不幸！小人則一味圖僥幸，或僥幸而得福，往往不復以善惡為定理矣。

晉王昶為人謹厚，名其兄子曰默，曰沈，名其子曰渾，曰深，為書戒之曰：「吾以四者為名，欲汝曹顧名思義，不敢違越。夫物速成則疾亡，晚就則善終。朝華之草，夕而零落；松柏之茂，歲寒不衰。夫能屈以為伸，遜以為得，弱以為強，鮮不遂矣！」觀昶所言，真謹厚君子也。予名諸子皆以「厚」，亦欲其不為刻薄耳！心吾此言，凡發于口，必當應心，亦顧名思義之意。諸子無為刻薄以愧吾，此言當三復之！

或問：「事成于偶然，語得于不思，技精于無意，理會于適爾，然皆有終身而不可及，往往意愛神喜，自然不忘，乃若工寫規畫，朝誦夕記，目注心想，非不甚切，而旋即遺忘，何也？」先生曰：「不用意處，真情自見，用意則奪其真矣。孟子于赤子入井時喻仁，此時真情便掩不得，雖頑嚚不肖者，亦須發見。當如此察之，非言可盡。」

君子惟義所在，雖處汙辱，未始不榮。若求以全名，則必墮諂偽，往往先自受辱矣。

或問：「『易無思也，無為也，寂然不動，感而遂通天下之故。』若有感心，則有思為心，卻說『無思無為』，何也？」先生曰：「當寂然不動時，豈是土木！」

或問：「孔子言仁，未始有定名，如言仁之本，仁之方，以剛毅木訥為近，以克伐怨欲不行為難，樊遲之問則異于子貢，司馬牛之問則異于子張，顏淵之問則異于仲弓，文子止得為清，子文止得為忠，管仲止得為如，往往皆無一定之說。而先生論仁，每斷然名之以覺，不知何所見？」先生曰：「墨子不覺，遂于愛上執著。便不仁。今醫家以四體不覺痛癢為不仁，則覺痛癢處為仁矣。自此推之，則孔子皆于人不覺處提撕之，逮其已覺，又自指名不得。」或曰：「如此，則義亦可說。」先生曰：「若能于義上識得仁，尤為活法。」

或問：「先生平日處心忠厚，于一事一物，必欲成就其美，故諸子姪皆以『厚』名，欲其不輕薄耳。以某觀之，忠厚之人大抵多寬緩容物，不甚迫切。每見先生疾惡太甚，于喜怒略不能少制，似覺不甚容與，往往皆以先生為剛躁，不知或自覺否？」先生曰：「所養至，則有藏蓄；若作偽，又非真情。理不順處，自然不平，初無容心也。若見人之惡而不怒，不是作偽，便是姑息。」

或問：「屈人以服己，不爭則怨；屈己以服人，不鬬則憾。力未屈，則爭鬬；力已屈，則怨憾。此人情也。而孟子論以大字小者樂天，以小事大者畏天，皆以為然，何也？」先生曰：「聖人以天理為人情，常人往往徇人情而逆天理，故爭鬬怨憾，與畏樂不同。」

或問：「科舉之學，亦壞人心術。近來學者，唯讀時文，事剽竊，更不曾理會修身行己是何事！」先生曰：「汝所說，皆凡子也。學者先論識。若有識者，必知理趣。孰非修身行己之事？本朝名公，多出科舉。時文中議論正當，見得到處，皆是道理。汝但莫作凡子見識足矣，科舉何嘗壞人！」

或問：「『木上有火，鼎，君子以正位凝命。』鼎在木火上，而以君子正位凝命言之，豈非取其不動故邪？」先生曰：「鼎處烈火上，如君子處倉卒擾攘中，安然守正，不動聲色，而內有所處。」

或問：「處事當如何？」先生曰：「速不如思，便不如當，用意不如平心。」

或問：「近日監司責郡守縣令，守令惟務事辦，往往有所不恤，故人情法意，每每多失。其間有一執法守正者，動多拘礙，不敢容易，不以懦斥，則以不能見鄙。及違理背法，一旦事敗者，則又處之幸不幸。此當如何？」先生曰：「做不得，不如去。既任其職，只得守理守法。雖以懦斥，或以無能見鄙，于心無愧，人豈不知？若較之違法背理而自處于幸不幸者，一敗塗地，非特在我有愧，于人終豈無見察之理？豈可謂之幸不幸！」

孟子于古聖賢中獨發一「養氣」之說，卓然超越，議論深邃。如言「勿忘勿助長」，言「是集義所生」，言「配義與道」，言「至大至剛，以直養而無害」，皆自其平日踐履工夫中來，豈人所髣髴形似所可得者邪？韓愈言孟死無傳。其傳深矣，真難其人也！

為善而好名，乃是大患。若能涵養，消除其好名之心，方是為善耳。不然，則有作輟矣。

處道義中慣者，處勢利甚輕；處勢利中熟者，處道義則拘迫。道義可慣，勢利不可熟也。熟則無一點瀟灑氣，無非俗態耳。

仁即是覺，覺即是心。因心生覺，因覺有仁。脫體是仁，無覺無心。有心生覺，已是區別。于區別熟，則融化矣。

見道者如見故物，則他物不能易。聞道者如聞妻兒聲，則他人聲自不相投。

或問：「慮人疑者，常為人疑；欲防人者，必為人防；恐生事者，多被事擾；惡人擾者，人每擾之。如何？」先生曰：「皆自有以致之。何如無欲無慮，無恐無惡，便自泰然。此皆有心之過也。」

士大夫不必孜孜務挾冊看書，但時時與文士有識者每日語話，便自有氣象。終日應接時事，塵勞萬狀，適意處少，逆道理處多，苟不時時洗滌，令胸次間稍有餘地，則亦汩沒矣。

道無形體，所用者是。苟失其用，用亦無體。

理之至處，亦不離人情。但人舍人情求至理，此所以相去甚遠。

或問：「當患難之來如何處？」曰：「無事時，理會道理令實。」

或問：「『生生之謂易』，如何是生生？」曰：「于道理生處，不落死處，便是易。」

或問：「或者云，知其為小人，便當以小人處之。如何？」先生曰：「既知其為小人，復以小人待之，則我先為小人矣。此何心哉！天下豈能一一皆君子？雖堯、舜盛德之君，朝廷之上猶有小人，堯待之無異心也。四凶為惡于舜世，故不免誅戮。苟可以已，舜未必遽發也。」

或問：「孳孳為善者舜之徒，孳孳為利者跖之徒。欲知舜與跖之分，無他，利與善之間也。如何是間？」先生曰：「不可將利心去為善。」

或問：「如何是聖賢氣象？」先生曰：「聖賢自不知氣象如何，稍自涵養充實，則自然蘊藉可觀。長沮、桀溺見仲由，即知為孔某之徒。仲由平日在聖門中行行，孔子以為不得其死。一侍孔子行，便自各別。」

或問：「看古人書，有入意處，便覺與古人無異。先生以為果無異否？」曰：「凡古人書中用得處，便是自家行處，何問古今。只為今人作用多不是胸中流出，與紙上遂不同。」

或問：「道果無形跡否？」曰：「道非虛無也，實用處通變者是。」

或問：「人于窮時如何免怨尤？」曰：「理不一貫，將天人、物我都分卻，自然多怨尤。」

或問：「退之言『仁與義為定名，道與德為虛位』，如何？」先生曰：「此正是退之闢佛、老要害處。老子平日談道德，乃欲搥提仁義，一味自虛無上去，反以仁義為贅，不知道德自仁義中出。故以『定名』之實主張仁義，在此二字。既言行仁義之後，必繼曰『由是而之焉之謂道，足乎己無待于外之謂德』，亦未始薄道德也，特惡佛、老不識仁義即是道德，故不得不表而出之。」

或問：「龍無羽而飛，蟬無喙而飲，兔無牝而育，蛇無足而行，蚓無首而穴，此理如何？」先生曰：「龍能變，蟬能吸，兔能望，蛇能擾，蚓首不鋭而能食壤，豈有無故之理，但人不推之耳！」

君子之心常長厚，小人之心多刻薄。心之所存，治亂、安危、得失、成敗所自生也，不可不戒。

人失則悲，得則樂。非能自為得失也，而得失必有主，故所以致其悲樂者，以主之者致之也。有片玉而吾得之，樂因以寓，一旦失之，則悲亦隨之，是吾之所樂者以此玉之得，而所悲者以此玉之失。樂以玉得而吾初不與其樂，悲以玉失而吾初不與其悲，得失亦初不與而玉與之，反其初焉，則玉與吾較然二物耳。而吾切切乃欲斂其得失悲樂于己，而故為之得失悲樂，豈不疏且狂哉！故凡物交于前而情動于中，墮于得失悲樂之域者，安得不少反其初乎？

凡物之形于外者，常有以泄吾之真。吾逆知其形而不為之泄，則物初無柰我何，而我固自若也。為之凶惡暴橫以泄吾之怒，為之詼佞倩盼以泄吾之喜，為之厄窮憔悴以泄吾之悲，為之放曠快逸以泄吾之樂，此皆不明乎道而與物為徒者也。至于有所養者，則喜怒哀樂初不足以動其心，而付之喜怒哀樂而已，我何容心哉！

人之念慮欲靜，要須盡窮理之學。理之不窮，而欲念靜，事來無處，則愈擾矣。若見得到底，往往常覺靜，理定故也。亦有頑嬾人，自會頓置閒事，不挂思慮者，然亦不可應物。

頃嘗見邵德升《分定錄》，凡神告夢讖，為人耳目聞見者，歷數其詳，且以警貧愚不安分之人，喪廉恥圖僥倖以至死亡而不悔，于名教亦有補矣，然此理亦甚易曉。不學而求名，無貨而為商，不耕而欲食，雖三尺之童知無此理。然其間亦有偶然成名，無貨得貲，遊手坐食，則往往舍其正而求其幸，茍其得而忘其生，忽其所不可而覬其所或可，此皆暗于理故耳。胡先生序《春秋說》，有云：「君子以義斷命，而不委之于命；以理合天，而不委之于天。」此說又有造化，不止于能安分而已。

謫居南安，步帥解潛亦謫居焉。病劇，公往省之，謂曰：「太尉平日所懷，有不足者否？」潛泣曰：「一生唯仗忠義，誓與敵死，以雪國恥。以不肯議和，遂為秦檜所斥。此心唯天知之。」先生曰：「無愧此心足矣，奚必令人知。然人亦無不知者，但有遲速耳！」潛曰：「聞此言，心中豁然矣！」即逝。公曰：「武人一念正氣，此與朝聞夕死何異。吾儕讀聖賢書，平日安可不正此心乎！」

在南安，或問先生曰：「近日士大夫氣殊不振，曾無一言及天下事者。豈皆無人材邪？」先生曰：「大抵人材在上之人作成。若摧抑之，則此氣亦索。有道之士不任其事，安肯以自取辱哉！秦檜主斥異己，大起告訐，此其志，欲盡殺賢者，然未必不反徼人之言。子姑俟之！」

南安一老兵長在左右。入夜時與子姪說文字，或至三鼓，老兵不去。因謂之曰：「汝老，自去眠。」其老兵忽云：「每聽侍郎說書，某自喜，眠不著，但恐諸小官人欲睡耳。」引至燭下，則兩目熒熒，口吻瀹瀹欲語，喜色滿面。先生曰：「小人中亦有警策者，到此乃見知于此人，良可發一笑！」

或問：「先生手執一紙扇，過數夏，破即補之。一皮履汙敝闕裂，亦不易。頭上烏巾，用紗不過一二尺許，乃以疏布漬以墨汁作巾，至夏間裹之，或至墨汁流面，亦不問。筆用禿筆，紙用故紙。以至衣服飲食，皆不揀擇，粗惡尤甚。人乍見者，必以為不情，而先生處之，平生不改，此是性邪？抑愛惜不肯妄用邪？若使愛惜，亦不應如此敝陋。深所未曉。」先生曰：「汝且道我用心每日在甚處？若一一去自頭至足理會此形骸，卻費了多少工夫！我不被他使，且要我使他。此等語，須是學道之士、修行老僧方說得入，世人往往以我為鄙吝，以我為迂僻。我見世人役役然為此身所擾，自早至夜應副他不暇，特可為發一笑耳！」

恕問：「佛氏以寂滅為教，其徒未能泊然於飲食男女之欲，乃欲以紙上死生禍福之說，恐動其心，使入於善。彼世之小人，刑戮榮賞日加而日督之，猶且求以倖免，孰謂無知之孩孺，與夫鄙詐賤隸之人，而欲以此化之邪？而其甚者，至於抑絕掩閉以成其奸，過於刑戮小人之所不為者。世方敬其徒，而曾不察不知，此亦何理？」先生曰：「佛氏一法，陰有以助吾教甚深，特未可遽薄之。吾與杲和尚游，以其議論超卓可喜故也，其徒寧得皆善。但吾甥所見者，其徒之不善者耳。」恕曰：「理道妙處，如子思、孟子之書，何減《圓覺》《楞嚴》？必欲從事其人，頗非素心。」先生曰：「自來知吾甥每有惡之之語，執得堅時亦好，但恐見不透，後反為其徒所冷笑。且更窮究！且更窮究！」

或問：「陳烈行古禮，率子弟匍匐以吊蔡君謨，為世俗譏笑，太不近人情。」張橫浦曰：「今取《鄉黨》言，誾誾侃侃，踧踖與與，色勃足躩，豈不為怪狀？但世俗以人視人故耳。」

或問：「邵堯夫詩雲：『廓然心境大無倫，盡此規模有幾人？我性即天天即我，莫於微處起經綸！』此理說得盡。」橫浦曰：「孟子已說了，已說了，則無說。其第一句雲廓然心境大無倫，料得堯夫於體認中忽然有見，故輒為此語，不然又是尋影子，畢竟於活處難摸索。『起經綸』之語，決亦不是摸索不著者，然亦須自家體認得可也。他人語言，不可准擬。」

伊川妙處，全在要人力行，所以不欲苦言。用意深者當自得之，言之又不免作夢。（《張九成集》，浙江古籍出版社二〇一三年版，第一一二五—一二〇四頁。）

橫浦日新

為善者常受福，為利者常受禍。心安為福，心勞為禍。

道非虛無也，日用而已矣。以虛無為道，足以亡國。以日用為道，則堯，舜、三代之勳業也。

用明于內者，見己之過；用明于外者，見人之過。見己之過者，視天下皆勝己也；見人之過者，視天下皆不如己也；此智愚所以分與？己以為是，眾以為非；己以為非，眾以為是；吾將何從？曰：學而已矣。學而明乎善，則是非不愧乎聖賢矣。否則是非皆私心耳，奚擇焉！

子思曰：「喜怒哀樂之未發，謂之中。」若曰「不發」，是無喜怒哀樂也。若曰「已發」，此乃和爾，亦非中也。惟言「未發」，所以見子思之精微。

君子之學，豈志在取一第，效一官而已！飲食起居，皆宰相事業也。

人皆有此心，何識之者少也？儻私智消亡，則此心見矣。此心見，則入孔子絕四之境矣。

觀大節必于細事，觀朝廷必干平日。平日趨利避害，他日必欺君賣國矣。平日負約失期，他日必附下罔上矣。

君子為善，期于無愧而已，非可責報于天也。苟有一毫覬望之心，則所存已不正矣，雖善猶利也。

惠即吉，逆即凶。非於順道之外，復有吉，從逆之外，復有凶也。張思叔，伊川高弟也。或問：「人而不仁，疾之已甚，何以謂亂？」思叔曰：「此亂在我，非在彼也。使日用問規規以疾人為心，則我之方寸已紊亂矣，非方寸外復有亂也。此即惠吉逆凶之意。」

伊川之學，自踐履中入，故能深識聖賢氣象。如曰：「孔子元氣也，顏子景星卿雲也，孟子有泰山岩岩氣象。」自非以心體之，安能別白如此！

善者，天理也；利者，人欲也。舜、蹠之分，特在天理人欲之間而已。然天理明者，雖居勢利之中，而不為人欲所亂。人欲亂者，雖居仁義之中，亦無一合于天理者，此又不可不辨。昔廖剛尚書問龜山先生以治心修身之術，先生以《舜蹠》一章使剛求之。剛既退，謂先生門人曰：「此亦易曉耳。先生乃以此為問，何也？」門人曰：「何不以子意之所解者，為先生言之。」剛即入求見，先生曰：「子何來之數也？」曰：「適先生所問，剛已得之矣。」先生喜曰：「子何其敏也！盍為我言之？」剛曰：「自朝至暮，孜孜為美事者，舜之徒也；自朝及暮，孜孜為不美事者，蹠之徒也。」先生曰：「子其詳之，不可忽也。吾正恐子誤以利作善會耳。其慎思之。」剛憫然。利善之難辨如此，吾黨試以此求之，為善者心平易，為利者心險巇。（《張九成集》，浙江古籍出版社，二〇一三年版，第一二五五—一二六一頁。）

橫浦門人

尚書凌先生景夏

凌景夏，字季文，餘杭人。徒步從橫浦遊，紹興二年同第，先生居第二。官至吏部尚書。

于恕曰：「舅氏平日師友弟子間，如淩季文、喻子才、樊茂實、汪聖錫，其人物如何？」横浦曰：「季文醇厚謹畏，遇事有不可犯者。子才學問有理趣，和易而知幾。茂實沈靜。聖錫敏悟，操履有守。」

文定汪玉山先生應辰

汪應辰，字聖錫，信州玉山人也。本農家子。喻湍石為玉山尉，一見奇之，許以女，以書充匳，遂聞伊洛之學。已而趙豐公鼎帥江西，辟喻為僚，先生從之，豐公亦奇焉，置之館塾。先生由湍石以從諸前輩，湖南則胡文定公，浙東則吕舍人居仁，皆奇之，勉以正學。年十八，成進士。高宗覽其對，以為：「陛下勵精圖治，求復父兄之仇，亦歷年，而駐蹕無一定之地，戰守無一定之策，進退無一定之人，所施行事無一定規畫，何以奏功？是在陛下反求諸己而決定之。」高宗意以為老儒，擢置第一，及唱名，則少年，大喜，特書《中庸》以賜。豐公出班謝。先生本名洋，至是改賜名。將即除館職，豐公請且歷外任，以老其才，乃授鎮東簽判，待闕。狀元故事無待闕者，而先生省試亦居前列，合以陞甲轉官，豐公又令姑已之，先生感豐公意厚。聞張横浦講學，又往從之。横浦故與湍石善，見先生來，喜曰：「少年登上第，乃急忙來就學邪？」豐公出帥紹興，先生始之任，幕府事皆諮焉。方旱，令先生禱之而即應，越人歌之曰：「此相公雨。」豐公笑曰：「此狀元雨也。」召為秘書省正字。時金人方歸河南地，先生上疏謂：「和議不諧非所患，和議諧而因循無備之可患！異議不息非所患，異議息而上下相蒙之可患！今雖通好，疆埸之上宜各戒嚴，以備他盜。乃方且肆赦褒寵，以為遂休兵息民矣！縱忘積年之恥，獨不思異日意外之患乎？此所謂因循無備者也。力排群議，大則竄逐，小則罷黜，于是輕躁者阿諛以取寵，畏懦者循默以固位，忠臣正士無以自立于群小之間，此所謂上下相蒙者也。入則無法家拂士，出則無敵國外患，此其時矣。」秦檜大怒，出為建州判，遂請祠，寓居常山之蕭寺，饘粥不給，處之裕如，益以講學為事。已改判袁州，以趙豐公喪經其郡，遣兵三十人護行，祭文有忌諱，為衢守章傑所發，被訊，祭文已火。胡致堂為言之檜，得不竟。及為廣州判，檜將興大獄以誣張魏公，連逮者數十家，先生與焉。獄甫具，檜死，先生幸免。明年，召為尚書吏部郎，遷右司。先生流落嶺嶠十有七年，至是賜環，方向用，顧以親老乞外，知婺州。丁艱，服除，以秘書少監權吏部侍郎，尋權吏部尚書，奏駁李顯忠冒賞。尋權戶部侍郎，兼侍未可，謂魏公曰：「相公不如且為上正心誠意，以固其本，然後議邊事。」魏公不能用。會議上皇尊號，先生謂元豐所罷，不當復舉，又謂「光堯」二字之非，堯豈可光？上皇聞之不喜，先生乞外，知福州。未幾，召為敷文閣待制，請以朱子自代。二年，以敷文閣直學士充四川制置使、知成都府。時蜀困于徵求，民力且竭，先生撫循甚至，益除百方，詳見樓宣獻公所作行實，文繁不載。同知樞密院事劉珙進言「應辰與陳良翰、張栻，臣所不及」，有旨召還。道中再乞祠，不許。入對，以畏天愛民為言，并為上言蜀弊政之未盡去者，請并除之。除吏部尚書，兼翰林學士并侍讀。敷陳六事，廟堂議者多不合，皆忌之。而先生嘗為上言陳良祐在蜀多誕，良祐聞而譖之。良祐故亦負時名，至是，以私憾進間言，上遂疑之。先生多革夙弊，中貴人尤側目。德壽宮方甃石池，以水銀浮金鳧魚于上，上皇指以示上曰：「水銀正乏，此買之汪尚書家。」上怒曰：「應辰力言朕置方廊，與民爭利，乃自販水銀邪！」先生知之，力求去。已而復出發運均輸之旨，嘆曰：「吾不可留！」乃力爭之，遂以端明殿學士知平江府。韓玉以揀馬過平江，先生簡其禮，玉歸，復譖之，遂以平江米綱有歉貶秩。先生力請祠，自是臥家不起。尋復端明殿學士。淳熙三年，卒。又七十三年，賜謚文定。先生于學，博綜諸家。其知福州也，延致李延平講道，甫至而卒。其骨鯁極似橫浦，多識前言往行以畜德似紫微，而未嘗佞佛，粹然為醇儒。高、孝二宗皆知之，而卒不能竟其用，為可惜。學者稱為玉山先生，有《文集》五十卷。

于先生恕、于先生憲

于恕，字忠甫，□□人，無垢先生之甥也。其序《橫浦心傳錄》曰：「予與憲弟自幼承訓，頗以警策別于群兒。每一感念，情不自置，遂抱琴劍，徒步三千餘里抵嶺下。予既自喜得至，舅亦喜予之來，朝夕得侍座席，講論經史，難疑答問，無頃息少置。從容之暇，則談及世故。凡近人情，合事理，可為學者徑庭者，莫不備錄。雖所說或與舊說相異，皆一時意到之語，亦不復自疑，故名之曰《心傳》。予後以思親歸，季弟憲亦不憚勞遠，奮然獨往，其承教猶予前日也。遂各以所得，合為一集。初不敢以示人，止欲訓家庭子姪耳。予學生郎煜粗得數言，纂為所錄，而士夫已翕然傳誦，信知舅氏一話一言，為世所重如此。予老矣，守其樸學，固而不化，往往不與時習投，凡六舉于禮部而無成，遂匿影林下，時時提省此心，不致為窮達得喪所累，以失其源流，則亦無愧于吾舅平日之教矣。」

特奏郎先生煜

郎煜，字晦之，錢塘人。受學于橫浦，嘗輯《橫浦心傳》諸書。淳熙十四年，特奏得官，未任卒。或謂先生世系與侍郎簡同譜，曰：「我家白屋，豈可妄攀華胄！」

一七　艾軒學案

文節林艾軒先生光朝

林光朝，字謙之，莆田人。自少聞吳中陸子正學于尹和靖，因往從之，由是專心聖賢踐履之學。隆興元年，年五十，始進士及第，調袁州司戶參軍。與劉朔咸以名儒薦對，論龍大淵、曾覿罪，改左承奉郎、知永福縣。累官國子司業，兼太子侍讀，兼史職。因不往賀樞密張說，出為廣西提點刑獄。廣東、荊、襄茶寇為亂，先生乃自將郡兵，檄摧鋒統制路海、鈐轄黃進各以軍分控要害。會徙轉運副使，留屯不去，督二將遮擊之，賊驚懼，宵遁。帝聞，嘉其儒生知兵，加直寶謨閣，召拜國子祭酒，兼太子左諭德。淳熙四年，除中書舍人，封還曾覿所薦謝廓然內批。改工部侍郎，不拜，以集英殿修撰出知婺州。因引疾，提舉興國宮。卒，年六十五，謚文節，學者稱艾軒先生。先生學通《六經》，貫百氏，言動必以禮，四方來學者亡慮數百人，然未嘗著書，惟口授學者，使之心通理解。嘗曰：「道之本體，全于太虛。《六經》既發明之，後世注解已涉支離，若復增加，道愈遠矣。」又曰：「日用是根株，言語文字是注腳。」說者謂南渡後倡伊洛之學于東南者，自先生始云。

公與龜山之孫楊次山書有云：「某幼聞李太白、石曼卿之為人，即踴躍道其事。又讀《晉書》，見一樣人物，如寒蟬孤潔，不入俗調，心甚樂之。」一日，對方次雲及六兄談：（六兄乃夾漈也。）「古人如此，終是不俗。」六兄云：「此數人來孔子之門，一日著腳不定。」某乃悟夫子之門，為人物準的，千歲人物，要得入此窠樣中，乃無愧。千歲而上，有多少豪傑可以共學入道，恨不令聞此語。陳寔、管寧、元德秀，姿稟如許，數百年中乃一見，又卻不聞道，此大可惜。

答人問「忠恕而已矣」曰：南人偏識荔枝奇，滋味難言只自知。剛被北人來借問，香甜兩字且酬伊。

自喻有曰：「修水佳人白玉蘭，花前何似妾容顏。從來未省傷春意，猶自樓頭畫遠山。」又曰：「莫怪騷人太頡頏，曾聞阿母語劉郎。神仙本是無言說，尸解由來最下方。」

艾軒語

「不亦說乎」，說，不餒也。「時習」，如車輪運轉時，此尚未見得如何，讒頃刻推不去，便覺前者為說之義。起居語默，運轉不停，此為時習。讒一失節則餒矣，乃知不餒即為說。

忠恕者，謂夫子之道乃如是。忠恕，有足者皆可至也。非是以忠恕說一貫。忠恕違道不遠，要當如是發語耳。

有才藻之人，讒有一分簡忽氣象，要做甚！吾夫子謂雖「有周公之才美，使驕且吝」，即「不足觀」。此語久久，乃如一泓秋水，鬚眉自見。（文淵閣四庫全書《隱居通議》卷三）

艾軒門人

文介林網山先生亦之

林亦之，字學可，福清人。（一作龍江人。）艾軒嘗講學于莆之紅泉，及卒，學者請先生繼其席。趙忠定帥閩，嘗以先生之行業上于朝。未幾卒，學者稱網山先生。景定間，贈迪功郎，有集。

著作劉先生夙

劉夙，字賓之，莆田人也。生毀齒，日讀千字，嘗時時習誦其所記憶者。同門黃嵡笑曰：「患健忘邪？」答曰：「我心樂此。誦久，樂益深矣。」偕其弟朔受業艾軒之門。以紹興二十一年進士，累官溫州教授。永嘉人才正盛，陳止齋、葉水心方為諸生，先生一見即奇之。召試館職，策問薦舉之敝，對曰：「此執政大臣為惠而不知為政致之也。陳執中、章子厚，人知其為小人也，然能不以官私其親。今將告執政曰：『子為執中乎？為子厚乎？』則艴然怒矣。至其行事，則有為二人所不為者。」時傳誦之。除正字，移樞密院編修，兼國史院編修，乞侍養不就。陳良祐、周操合疏留之，除著作佐郎。

孝宗銳意恢復，內廷設射馳毬，大雨水蝗害稼，而曾覿、龍大淵挾聲勢，陰進退，士大夫皆相顧莫敢言，言輒逐。隆興二年七月，先生輪對，奏曰：「群臣不以堯、舜事陛下，臣不識忌諱，竊深憤之。」上曰：「天下事可言者，第言勿隱。」對曰：「自去夏至今，日再食，東南三地震，比又積陰彌月，所至水潦，蝗食雨中，為異尤大。在廷謂陛下宜避殿損膳自責矣，而至今不聞德音。左右近習盜陛下權。且長淮無一兵之戍，而陛下乃親技擊，騁銜轡，豈緩急欲為自將地乎？閤德、陳敏近墮馬失臂，梁珂亦摧折瀕死，陛下所親見也。」上為改容，遂下詔曰：「政事不修，災異數見，江、浙水潦，害于秋成，朕甚懼焉。其自八月朔，不御正殿，減常膳，令侍從至館職疏朕闕失及當今急務。」

先生又上封事曰：「陛下引舊僚謀政事，得如張闡、王十朋可也，乃與覿、大淵輩觴詠唱酬，字而不名，罷宰相，易大將，待其言而後決。嚴法守，裁徼倖，自宮掖近侍始可也。梁珂一年三受醲賞，他內目一日遷四使，而但減卿監郎曹數十員。昔姚崇以十事要其君，曰：『能用則就，不用則去。』今陛下以五事要其臣，曰：『不能如是則去，能如是則留。』然則安用大臣？孔道輔首論曹利用、羅崇勳使罷去，呂誨、范純仁力諫濮王不可稱親。今幺麼如楊倓輩，尚熟視不敢議，然則安用臺諫？」又言：「國初僭叛雖平，人情未一，故設邏卒。今徒用之以監謗，豈可不畏！」又曰：「禹惡旨酒，湯不邇聲色。夫宴遊無度，甚則有流蕩戲狎之患。御幸無節，其終為人獸雜亂之禍。願陛下罷行前事，應天以實，庶可消弭災變。」疏入，亟求罷。留之數日，不可，以為湖北安撫參議，不行。乾道元年，奉祠。

三年，覿、大淵出，起先生知衢州，復奏君子小人之辨，曰：「人主不示天下以所好，而常禁其所偏。」上然之。在州期年，政平訟簡，州人繪像祠之。曾覿副賀金正旦使，道衢，入謁，先生不內。移知溫州，會旱，全家淡食請命，雖奉母亦以素饌。已而以病奉祠，州人為之出涕。其歸也，莆亦大旱，手條捄荒十餘事行之，得以不饑。

孝宗之志恢復也，士無不以此說進，雖朱子亦言之。嘗遇先生于李侍郎浩座上，先生弗是也，侍郎亦如先生意。他日，朱子謂人曰：「吾乃為賓之、德遠夾攻。」南軒張子尤重先生，曰：「王龜齡弗逮也。」先生兄弟并以名德重于朝，顧皆不得大用。乾道六年，其弟卒，年四十四。先生以次年亦卒，年四十八，四方悲之如親戚，艾軒皆為位而哭，周益公因率諸朝士哭之于其邸。艾軒曰：「吾為國受吊也。」又曰：「賓之愛君均于愛親，憂國過于憂身。古有遺直，今難其人。」所著有《春秋》解。（黄氏原本，全祖望修之加詳）

乾道五年，曾覿召歸，過衢州，守臣劉賓之諭以入城決不相見，覿乃取道城外。

真西山序《春秋講義》曰：昌黎公寄玉川子詩有「《春秋》三傳束高閣」之語，學者疑之，謂未有舍傳而可求經者。今觀著作劉公講義，一以聖筆為據依。其論秦穆公以人從死者，晉文之召王，宋襄之用人于社，皆以經證傳之失，所謂偉然者也。昔歐陽子患僞說之亂經，著為論辯，自謂時雖莫同，千歲之後必有予同。曾未二百年，而劉公之論《春秋》，蓋與之合。公而有知，當不恨後世之無子雲矣。所講纔十有二條，《麟經》大旨，略盡于此。其言曰：「吾聞法吏以一字輕重矣，未聞聖人以一字輕重《春秋》也。」旨哉言乎！足以破世儒之陋學者。其深味之！

正字劉先生朔

劉朔，字復之，著作弟也。天下稱為「二劉」。以紹興三十年進士，為溫州司戶。少治《易》，其兄謂曰：「《春秋》為王氏茅塞久矣！」由是更治《春秋》，名其家。

溫州大饑，繼以大疫，先生計口受祿，以其餘散糜粥，日有常數，同僚以及富人爭效之。親為病者切脈施藥，晨往晏罷，徑入徐出。或謂之曰：「將毋為堂上憂？」曰：「此吾老母意也。」所全活數萬人。聚道旁棄兒常百計，募乳嫗飼之，聽無子者擇取。比滿秩，災疫尚未盡消，民泣曰：「司戶去，吾儕且死。」

先是，著作以先生迎養于溫，故亦求其教授于溫。既召試，先生攝學事。永嘉學術之盛，兄弟皆與有力焉。

召對，奏曰：「陛下何不延納憤激敢言之士，而聽訐直難堪之言，因以自考成敗得失？」因言曾覿、龍大淵罪狀。以是不得留，先生乞奉嶽祠。孝宗念之，猶得知福清縣。福之支邑，月責羨錢而無經賦，先生盡罷之，復請緩輸數月。大帥感其言，為并旁縣俱寬之。聽訟，使兩辭自詣，無追呼者。市食挂錢于門，民當其物持錢而去。縣庭常空，不復知械索所在。王參政之望為帥自尊，僚屬卑屈甚，先生以友誼責之，之望不悅也，于是復請祠歸。

再召對，虞允文贊恢復銳甚，希進者趨和之，先生諫曰：「臣觀今日，通和未為失策。昔富弼累增歲幣，今減十萬矣；往時兩淮不許備守，今江北諸城增陴浚隍矣；前此江上教兵，彼輒呵問，今沿淮分屯，鼓聲達泗、潁矣。敵或示我弱，殆不可測。宜選兵將，廣儲峙，責成于端重堪事者，從容以待其變。若募彼人嚮導，挾異國濟師，合中原響赴而兵不必眾，就敵人儲聚而粟不必多。憑虛蹈空，過為指料，將有臨危失據之憂。此所謂決天下于一擲者也。」上竦然。除正字。時朝列之以持重觀釁為詞者，惟先生兄弟，既而允文卒無功。先生又言：「歸附人宜散處州縣，不當聚畿甸，從之。」以疾求福建參議，行至信安，卒。自先生去溫，其兄復守溫，惠政相埒，溫人念念不置，每見莆人，輒問二劉公安否。聞其相繼卒也，哭之失聲。

先生與其兄齊名，著作挺特，不肯輕以聲色假人，先生稍濟以和易。至于輕祿位而重出處，厚名分而薄勢利，盡言于朝，盡心于官，公是非，勵廉隅，則所同也。嘗謂朋友講習，為古今至樂。又曰：「天下至大也，千歲至遠也，所不可一日無者，公論也。朋友群居，敬畏之心所由生，而公論之所由出也。窮山永夕，篝燈共語，嘗聞鐘聲未已。」其卒也，家無留貲。所著有《春秋紀年圖》。著作三子，其著者曰彌正、彌邵；正字三字，其著者曰起晦。（黃氏原本，全祖望修之加詳）

林謙之、劉復之以名儒薦對，及曾、龍罪惡，皆補縣，自是無敢言者。

縣丞黄先生芻

黄芻，字季野，艾軒門人。志行高古，同遊士自劉夙、劉朔、林亦之而下，皆推讓焉。一第而夭，竟止懷安縣丞。（黄氏原本，全祖望修之加詳）

艾軒再傳

網山門人

文遠陳樂軒先生藻

陳藻，字元潔，號樂軒，居福清之横塘。初，網山師艾軒，網山之徒又推樂軒為高弟。開門授徒，不足自給，至浮游江湖，崎嶇嶺海。歸買田數畝，輒為人奪去。士之窮，無過于此矣，而以樂軒自扁。此固先生所聞于師者與？著有《論語解》。

後村劉氏作《三先生祠堂》，有曰：「里中前一輩，及艾軒之門者衆矣。然數十年更相推讓，卒以傍邑二士接艾軒之傳。所謂公論在人心者邪！」

序樂軒《詩筌》曰：在昔隆、乾間，士之師道立，浙有東萊吕氏，建有晦庵朱氏，湘有南軒張氏，江西有象山陸氏，莆有艾軒林氏，皆以道師授，并世而立名者也。艾軒于時猶為前輩，號南夫子，獨不喜著書，門人又益微。黄懷安芻最高弟，最先夭；二劉著作正字雖暫顯，亦蚤卒。世其學者，網山一人。再傳樂軒，又皆以布衣死。艾軒在，網山以艾軒名；網山在，樂軒以網山名。近二十年，鄉井聞見日陋，張、吕諸儒，以其書在，可磔裂欺世，故人能言之。言象山者，疑信已半。至若艾軒姓氏，則問之晚少年，漫不省。樂軒雖得壽，後網山死四十年，衰白窮槁，人以為常人矣。且面背譏笑不小，其文既不適時，間出語又驚世駭俗，至于今譏笑未已也。樂軒卒十年，予請于宗伯而祠之，或詈或排，幾不就役。昨之日，猶有難予者曰：「子之師，何如人也！」笑而應之曰：「人矣乎！」「烏乎長！」曰：「奚短哉！」「烏乎學！」曰：「奚道哉！」「以文名乎！」曰：「玉質金相，春明秋潔，絕出群言，探入微賾，先生之文若是已。名則吾不知。」「以詩名乎？」曰：「洗削穠華，完復素樸，群誚鄙里，自謂奇崛，先生之詩若是已。名則吾不知。」「然則至道矣乎？」曰：「玩神遺形，甘約保獨，傲睨乎鬼神，兄老而弟佛，撓挑浮游，至死不厭。道邪非邪，予亦不知也。」客艴然而去。予方追歎未已，鸝文甫適以《詩筌》

來，覽之泣下，遂志諸卷首，而系之曰：師學之傳，豈直以詩。詩又不傳，學則誰知。後千年無人，已而已而！後千年有人，留以竢之。柰何乎，噫！

艾軒三傳

樂軒門人

舍人林竹溪先生希逸

林希逸，字肅翁，號竹溪，福清人。端平進士，淳祐中遷秘省正字，景定中官司農少卿，終中書舍人。有《鬳齋集》《易義》《春秋傳》《考工記解》。

一八　紫陽學案

文公朱晦庵先生熹

朱熹，字元晦，一字仲晦，徽州婺源人。父韋齋先生松，第進士，歷官司勳吏部郎。以不附和議忤秦檜去國，行誼為學者所師。嘗為閩延平、尤溪縣尉。建炎四年罷官，寓尤溪城外毓秀峰下之鄭氏草堂，生先生。

先生自幼穎悟，五歲讀《孝經》，即題曰：「不若是，非人也。」年十八，登紹興十八年進士第，授泉州同安主簿。選邑秀民充弟子員，日與講說聖賢修己治人之道，禁婦女之為僧道者。士思其教，民懷其德，不忍其去，至五考而後罷。二十八年，請嶽祠。二十九年，以陳康伯薦召，以疾辭。

孝宗即位，詔求直言，先生上封事：「帝王之學，必先格物致知，以極夫事物之變，使義理所存，纖悉畢照，則自然意誠心正，而可以應天下之務。」次言：「修攘之計，所以不時定者，講和之說誤之也。夫金人於我有不共戴天之讎，則不可和也明矣。願閉關絕約，任賢使能，立紀綱，厲風俗，俟數年之後，國富兵強，徐起而圖之。」次言：》四海之利病，系斯民之休戚，斯民之休戚，系守令之賢否。監司者，守令之綱，朝廷者，監司之本。本源之地，亦在於朝廷而已。」

隆興元年，復召對，其一言：「大學之道，在乎格物以致其知。陛下未嘗隨事以觀理，即理以應事，平治之效，所以未著。」其二言：「君父之讎，不與共戴天。今日所當為者，非戰無以復讎，非守無以制勝。」且陳古先聖王所以強本折衝、威制遠人之道。時相湯思退方倡和議，除先生武學博士，待次歸。乾道元年，趣就職，既至而洪適為相，復主和，論不合，復請祠歸。

三年，劉公珙在樞府，薦為樞密院編修官，待次。五年，丁內艱。六年，工部侍郎胡公銓以詩人薦，與王庭珪同召，以未終喪辭。七年，免喪，復召，以祿不及養辭。九年，梁克家相，申前命，又辭。孝宗曰：「朱熹安貧守道，廉退可嘉。」特改令入官，主管台州崇道觀。淳熙二年，除秘書郎，力辭，乃主管武夷山沖佑觀。

五年，史浩再相，除知南康軍，值歲不雨，講求荒政，全活甚多。訪白鹿洞書院遺址，奏復其舊，為學規，俾守之。明年夏，大旱，上疏言：「天下之務，莫大於恤民，而恤民之本，在人君正心術以立紀綱。蓋天下之紀綱，不能以自立，必人主之心術公平正大，無偏諫、賓友、師傅、台省、今宰相、然後乃可得而正。閉塞私邪之路，講明義理之歸，遠小人，必親賢臣，然後有所系而立。黨反側之私，

諫淨之臣，皆失其職，而陛下所與親密謀議，不過一二近習之臣。上以蠱惑陛下之心志，使陛下不信先王之大道，而悅于功利之卑說，不樂莊士之讜言，而安於私暬之鄙態。下則招集天下士大夫之嗜利無恥者，文武匯分，各入其門。交通貨賂，所盜者皆陛下之財；命卿置將，所竊者皆陛下之柄。使陛下之號令黜陟，不復出於朝廷，而出於一二人之門。莫大之禍，必至之憂，近在朝夕，而陛下獨未之知。」

孝宗讀之大怒，宰相趙雄曰：「士之好名，陛下疾之愈甚，則人譽之愈眾，無乃適所以高之。不若因其長而用之，彼漸當事任，能否自見矣。」孝宗以為然，乃除先生提舉江西常平茶鹽。旋錄救荒之勞，除直秘閣。會浙東大饑，改提舉浙東。入對，首陳災異之由與修德任人之說，次言：「近習便嬖側媚之態，既足以蠱心志，而胥吏狡獪之術又足以眩聰明，邪佞充塞，貨賂公行，人人皆得滿其所欲，惟有陛下了無所得，而顧乃獨受其弊。」孝宗為動容。先生拜命，即日單車就道，日鉤訪民隱，按行境內，郡縣官吏，憚其風采，至自引去，所部肅然。于救荒之餘，隨事處畫，必為經久之計。復奏言：「為今之計，獨有責躬求言，然後君臣相戒，痛自省改。其次，惟有盡出內庫之錢，以供大禮之費為收糴之本，詔戶部免徵舊負，詔漕臣依條檢放租稅，詔宰臣沙汰監司守臣之無狀者，遴選賢能，責以荒政，庶幾猶足下結人心。不然，臣恐所憂者不止於饑殍，而將在於盜賊；蒙其害者不止于官吏，而上及於國家也。」知台州唐仲友與王淮同里，為姻家，吏部尚書鄭丙、侍御史張大經交薦之，遷江西提刑，未行。先生行部至台，訟仲友者紛然，按得其實，章前後六上。淮不得已，奪仲友江西新命，以授先生，辭不拜，遂歸，且乞奉祠。

時鄭丙疏詆程學，且以沮先生，淮又擢陳賈為監察御史。賈面對，首論「道學者，大率假名以濟偽，願擯棄勿用」。蓋指先生也。十年，詔主管台州崇道觀，連奉雲台、鴻慶之祠者五年。十四年，以楊公萬里薦，除提點江西刑獄。十五年，淮罷相，周相必大奏趣先生之任。遂入奏，首言近年刑獄失當，獄官當擇其人。次言經總製錢之病民，及江西諸州科罰之弊。而其末言：「陛下即位二十七年，因循荏苒，無尺寸之效可以仰酬聖志。無乃燕閑蠖濩之中，虛明應物之地，天理有所未純，人欲有所未盡，是以為善不能充其量，除惡不能去其根。願陛下自今以往，一念之頃，必謹而察之，無一毫之私欲，得以介乎其間，而天下之事將惟陛下所欲為，無不如志矣。」是行也，有要之于路，以為「正心誠意」之論，上所厭聞，戒勿以為言。先生曰：「吾生平所學，惟此四字，豈可隱默以欺吾君乎！」及奏，孝宗曰：「久不見卿。浙東之事，朕自知之，今當處卿清要，不復以州縣為煩也。」

時曾覿已死，王抃亦逐，獨內侍甘昇尚在，先生力以為言。孝宗曰：「昇乃德壽所薦，為其有才爾。」先生曰：「小人無才，安能動人主。」翌日，除兵部郎官，以足疾丐祠。本部侍郎林栗嘗與先生論《易》《西銘》不合，劾先生本無學術，徒竊張載、程頤緒餘，謂之道學，所至輒攜門生數十人，妄希孔、孟曆聘之風，邀索高價，不肯供職，其偽不可掩。孝宗曰：「林栗言似過。」周必大言先生上殿之日，

足疾未瘳，勉強登對，孝宗曰：「朕亦見其跛曳。」左補闕薛叔似亦奏援先生。乃令依舊職江西提刑，先生辭免。太常博士葉適疏與栗辯，謂：「其言無一實者。」「謂之道學」一語，無實尤甚。往日王淮表裏台諫，陰廢正人，蓋用此術。會胡晉臣除侍御史，首論栗喜同惡異，無事而指學者為黨，乃黜栗知泉州，除先生直寶文閣，主管西京嵩山崇福宮。未踰月，再召，先生又辭。

始，先生嘗以為口陳之說，有所未盡，乞具封事以聞，至是投匭進封事曰：

「今天下大勢，如人有重病，內自心腹，外達四支，無一毛一髮不受病者。且以天下之大本與今日之急務，為陛下言之：大本者，陛下之心；急務，則輔翼太子，選任大臣，振舉綱紀，變化風俗，愛養民力，修明軍政，六者是也。古先聖王，兢兢業業，持守此心，是以建師保之官，列諫諍之職。凡飲食酒漿，衣服次舍，器用財賄，與夫宦官宮妾之政，無一不領於冢宰，使其左右前後，一動一靜，無不制以有司之法，而無纖芥之隙。陛下所以持守其心，果有如此之功乎？所以正其左右，果有如此之效乎？

至於輔翼太子，則自王十朋、陳良翰之後，稱職者鮮，而又時使邪佞儇薄、闒冗庸妄之輩參其間。師傅、賓客既不復置，而詹事、庶子有名無實。其左右春坊，遂直以使臣掌之。既無以發其隆師親友、尊德樂義之心，又無以防其戲慢媟狎、奇邪雜進之言。宜討論前典，置師傅、賓客之官，罷去春坊使臣，而使詹事、庶子各復其職。

至於選任大臣，則以陛下之聰明，豈不知天下之事，必得剛明公正之人而後可以任哉？直以一念之間，未能徹其私邪之蔽，若用公明剛正之人，則恐其有以妨吾之事，害吾之人而不得肆，是以排擯此等，而後取凡疲懦軟熟、平日不敢直言正色之人而揣摩之，又於其中得其至庸極陋、決可保其不至於有所妨者，然後舉而加之於位。是以除書未出，而物色先定，姓名未顯，而中外已逆知其決非天下之第一流矣。

至於振肅紀綱，變化風俗，則今日宮省之間，禁密之地，而天下不公之道、不正之人，顧乃得以窟穴盤據於其間，是以紀綱不正於上，風俗頹弊於下。大率習為軟美、依阿，甚者以金珠為脯醢，以契券為詩文，惟得之求，無復廉恥。一有剛毅正直、守道循理之士出乎間，則群議眾排，指為道學而禁錮之，必使無所容其身而後已，此豈治世之事哉！

至於愛養民力，修明軍政，則自虞允文之為相也，盡取版曹歲入羨餘之數而輸之內帑，以備它日用兵進取不時之需。二十餘年，內帑歲入不知幾何，而認為私貯，典以私人，日銷月耗，以奉燕私之費，曷嘗聞其能易敵人之首，如太祖之言哉！徒使版曹經費闕乏日甚，督促日峻，中外承風，競為苛急，此民力之所以重困也。

諸將之求進也，必先掊克士卒以殖私財，然後以此自結于陛下之私人，而祈以姓名達于陛下之貴將。貴將以付軍中，使自什伍以上保稱材武，陛下以為公薦可以得人，而豈知其論價輸錢，已若晚唐之債帥哉！彼智勇材略之人，孰肯抑心下首于宦官、宮妾之門。而陛下之所得，皆庸夫走卒，而猶望其修明軍政，激勸士卒，以強國勢，豈不誤哉！凡此六事，本在於陛下之一心。一心正，則六事無有不正矣。」

疏入，夜漏下七刻，孝宗已就寢，亟起秉燭讀之終篇。明日，除主管太乙宮，兼崇政殿說書，先生力辭。除秘閣修撰，奉外祠。

光宗即位，再辭職名，仍舊直寶文閣，降詔獎諭。居數月，除江東轉運副使，以疾辭，改知漳州。奏除無名之賦七百萬，減經總製錢四百萬。以習俗未知禮，采古喪葬嫁娶之儀，揭以示之。嘗病經界不行，會朝論欲行汀、漳、泉三州經界，先生乃訪事宜上之。宰相留正，泉人也，其里黨亦多以為不可行，布衣吳禹圭上書訟其擾人，有旨先行漳州經界。明年，以子喪請祠。

時史浩入見，請收天下人望，乃除先生秘閣修撰，主管南京鴻慶宮，再辭。詔「論撰之職，以寵名儒」，乃拜命。除荊湖南路轉運副使，辭。漳州經界竟報罷，以言不用自劾。除知靜江府，辭，主管南京鴻慶宮。未幾，差知潭州，力辭。黃裳為嘉王府翊善，自以學不及先生，乞召為宮僚，王府直講彭龜年亦為大臣言之。留正曰：「正非不知熹，但其性剛，恐到此不合，反為累耳。」先生方再辭，有旨「長沙巨屏，得賢為重」，遂拜命。會洞獠擾屬郡，先生遣人諭以禍福，皆降之。申敕令，嚴武備，戢奸吏，抑豪民。所至興學校，明教化，四方學者畢至。

寧宗即位，趙忠定汝愚首薦先生及陳傅良，除煥章閣待制、侍講。入對，首言：「乃者，太皇太后躬定大策，陛下寅紹丕圖，可謂處之以權而不失其正。今三月矣，或反不能無疑於逆順名實之際，臣願陛下盡負罪引慝之誠，致溫清定省之禮，而大倫正，大本立矣。」時論者以寧宗未還大內，恐名體不正而疑議生，有旨修葺舊東宮，為屋至數百間，欲徙居之。先生奏疏言：「此必有左右近習倡為此說以誤陛下，而欲因以遂其奸心。臣恐上帝震怒，災異數出，不當興此大役，以咈譴告警動之意。亦恐畿甸百姓，阽于死亡之際，怨望忿切，以生他變。又聞太上皇后懼忤太上皇帝聖意，不欲其聞太上之稱，又不欲其聞內禪之說，此又慮之過者。父子大倫，三綱所系，久而不圖，亦將有借其名以造謗生事者，此又臣之所大懼也。願陛下罷修葺東宮之役，回就慈福、重華之間，草創寢殿，使粗可居。下詔自責，減省輿衛，入宮之後，暫變服色，如唐肅宗之改服紫袍，執鞚馬前者，則太上皇帝雖有忿怒之情，亦且霍然消散，而歡意浹洽矣。

至若朝廷之紀綱，則凡號令弛張，人才進退，一委之二三大臣，使之反復校量，有不當者，繳駁論難，擇其善者，稱制臨決，則不惟近習不得干預朝權，大臣不得專任己私，而陛下亦得以益明習天下之義，而無所疑於得失之算矣。

若夫山陵之卜，則願黜台史之說，別求草澤以營新宮，使壽皇之遺體得安，而宗社生靈皆蒙福矣。」

疏入，不報，然寧宗亦未有怒先生意也。每以所講編次成帙以進，寧宗亦開懷容納。先生又奏：「自漢文短喪，歷代因之，三綱不明，千有餘年。壽皇聖帝易月之外，猶執通喪，朝衣朝冠皆用大布。間者，遺詔初頒，太上皇帝偶違康豫，不能躬就喪次。陛下以世嫡承大統，則承重之服著在禮律，所宜遵壽皇已行之法。遂用漆紗淺黃之服，臣竊痛之。然既往之失，不及追改，將來啟殯發引，禮當復用初喪之服。」會孝宗祔廟，議宗廟迭毀之制。自太祖首建僖、順、翼、宣四祖之廟，治平間議者以世數寖遠，請遷僖祖於夾室。後王安石等奏，僖祖有廟，與稷、契無異，請復其舊。時相趙忠定雅不以復祀僖祖為然，侍從多從其說，吏部尚書鄭僑欲且祧宣祖而祔孝宗。先生以為神宗得禮之正，所謂有舉之而莫敢廢者乎。又擬為《廟制》以辯，以為物豈有無本而生者。廟堂不以聞，即毀撤僖、宣廟室，更創別廟以奉四祖。

始，寧宗之立，韓侂冑自謂有定策功，居中用事。先生憂其害政，上疏斥言左右竊柄之失，在講筵復申言之。御批云：「憫卿耆艾，恐難立講，已除卿宮觀。」趙忠定袖還御筆，且諫且拜，內侍王德謙徑以御筆付先生，台諫爭留，不可。樓宣獻鑰與陳傅良旋封還錄黃，修注官劉光祖、鄧駬封章交上。先生行，被命除寶文閣待制，與州郡差遣，辭。尋除知江陵府，辭。詔依舊煥章閣待制、提舉南京鴻慶宮。初，忠定既相，收召四方知名之士，中外引領望治。先生獨惕然以侂冑用事為慮，既屢為寧宗言，又數以手書啟忠定，勿使得預朝政。忠定謂其易制，不以為意。及是，忠是亦以誣逐，而朝廷大權，悉歸侂冑矣。

先生始以廟議自劾，不許，以疾再乞休致，詔依舊秘閣修撰。二年，沈繼祖為監察御史，誣先生十罪，詔落職罷祠，門人蔡元定亦送道州編管。四年，先生以年近七十，申乞致仕。五年，依所請。明年卒，年七十一。疾且革，手書屬其子在及門人范念德、黃榦，拳拳以勉學及修正遺書為言。翌日，正坐，整衣冠，就枕而逝。

先生登第五十年，仕於外者，僅歷同安簿，知南康軍，提舉浙東常平茶鹽，知漳洲、潭州，凡五任九考，及經筵纔四十日。家故貧，少依父友劉子羽，寓建之崇安，後徙建陽之考亭。簞瓢屢空，晏如也。諸生之自遠而至者，豆飯藜羹，率與之共。往往稱貸於人以給用，而非其道義，則一介不取也。

自先生去國，侂冑勢益張。何澹為中司，首論專門之學，文詐沽名，乞辨真偽。劉德秀仕長沙，不為南軒之徒所禮，及為諫官，首論留正引偽學之罪。「偽學」之稱，自此始。太常少卿胡紘言：「比年偽學猖獗，圖為不軌，望宣諭大臣，權住進擬。」遂召陳賈為兵部侍郎。未幾，先生有奪職之命。劉三傑以前御史論先生、趙汝愚、劉光祖、徐誼等，前日之偽黨，至此而又變為逆黨，即日除三傑右正言。右諫議大夫姚愈論道學權臣，結為死黨，窺伺神器，乃命直學士院高文虎草詔諭天下，於是攻偽學日急，選人余嘉至上書乞斬先生。

方是時，士之繩趨尺步，稍以儒名者，無所容其身。從遊之士，特立不顧者，屏伏丘壑；依阿巽懦者，更名他師，過門不入，甚至變易衣冠，狎遊市肆，以自別其非黨。而先生日與諸生講學不休，或勸其謝遣生徒者，笑而不答。有籍田令陳景思者，故相康伯之孫也，與侂冑有姻連，勸侂冑勿為已甚，侂冑意亦漸悔。先生既沒，將葬，言者謂：「四方偽徒期會，送偽師之葬。會聚之間，非妄談時人短長，則繆議時政得失，望令守臣約束。」從之。

嘉泰初，學禁稍弛。二年，詔先生以致仕除華文閣待制，與致仕恩澤。後侂胄死，詔賜先生遺表恩澤，謚曰「文」，尋贈中大夫，特贈寶謨閣直學士。理宗寶慶三年，贈太師，追封信國公，改徽國。

始，先生少時，慨然有求道之志。年十四，韋齋公病亟，嘗屬先生曰：「籍溪胡原仲、白水劉致中、屏山劉彥沖三人，學有淵源，吾所敬畏，吾即死，汝往事。」二人，謂胡憲、劉勉之、劉子翬也。故先生之學，既博求之經傳，復遍交當世有識之士。延平李願中先生老矣，嘗從學于羅仲素先生，先生歸自同安，不遠數百里徒步往從之。

其為學，大抵窮理以致其知，反躬以踐其實，而以居敬為主，全體大用，兼綜條貫，表裏精粗，交底於極。嘗謂聖賢道統之傳，散在方冊，聖經之旨不明，而道統之傳始晦，於是竭其精力，以研窮聖賢之經訓。其于百家之支，二氏之誕，不憚深辯而力辟之。所著書有：《易本義》《啟蒙》《蓍卦考誤》《詩集傳》《大學中庸章句》《或問》《論語》《孟子集注》《太極圖》《通書》《西銘解》《楚辭集注》《辯證》《韓文考異》；所編次有：《論孟集議》《孟子指要》《中庸輯略》《孝經刊誤》《小學書》《通鑒綱目》《宋名臣言行錄》《家禮》《近思錄》《河南程氏遺書》《伊洛淵源錄》，皆行於世。平生為文凡一百卷，生徒問答凡八十卷，別錄十卷。

紹定末，秘書郎李心傳乞司馬溫公、周濂溪、邵康節、張横渠、程明道、程伊川及先生七子列於從祀，不報。淳祐元年正月，理宗視學，手詔以張、周、二程及先生從祀孔廟。

元至正二年，封韋齋公為獻靖公。明洪武初，詔以先生之書立于學宮，天下學者咸宗之。嘉靖中，祀稱「先儒朱子」。韋齋公從祀啟聖祠。先生墓在崇安之九峰山下。子三：塾、埜、在，皆賢。在，紹定中為吏部侍郎。今新安、考亭，各世襲博士一員。

百家謹案：紫陽以韋齋為父，延平、白水、屏山、籍溪為師，南軒、東萊諸君子為友，其傳道切磋之人，俱非夫人之所易姤也。稟穎敏之資，用辛苦之力。嘗自言曰：某舊時用心甚苦，思量這道理，如過危木橋子，相去只在毫髮之間，纔失脚便跌下去。可見先生用功之苦矣。而又孜孜不肯一刻放懈。其為學也，主敬以立其本，窮理以致其知，反躬以踐其實。而博極群書，自經史著述而外，凡夫諸子、佛老、天文、地理之學，無不涉獵而講究也。其為間世之巨儒，復何言哉！

先生之父韋齋，建炎間為南劍州尤溪尉。罷官待調，遷寓於隔溪鄭氏之書室，於庚戌九月十五日生先生，後人因名所近之山曰毓秀峰。先生幼有異稟，五歲入小學，始誦《孝經》，即了其大義，書八字於其上曰：「若不如此，便不成人。」間從群兒嬉游，獨以沙列八卦象，詳觀側玩。又嘗指日問韋齋曰：「日何所附？」曰：「附於天。」又問：「天何所附？」韋齋異之。

韋齋疾，以家事屬劉子羽，而訣于籍溪胡憲、白水劉勉之、屏山劉子翬，且俾先生父事之。白水以女女焉。不數年，二劉俱沒，獨事籍溪最久。

孝宗即位，應詔上封事，首論聖學，次論金人有不共之讎，萬無可和之理，即參以利害，亦有百害而無一利。次年趨召命，又極言之。乾道四年，建州饑，先生請于府，貸粟散給，民多免死。社倉之法始此。淳熙二年，吕東萊自東陽來訪，先生留止寒泉精舍月余，商訂《近思錄》。餞東萊至鵝湖，陸子壽、子靜、劉子澄來會，相與講辯其所聞。六年，知南康軍，立濂溪祠，以二程配。別立五賢堂，祀陶靖節、劉西澗父子、李公擇、陳了齋。復白鹿洞書院。十三年，入對，上封事。次年戊申，又上封事。紹熙元年，知漳州，刊《四經》《四子書成》。

光宗之立也，趙忠定求能通信于長信宫者，未有其人。或言韓侂胄于太皇后為親屬，遣入白，不許。侂胄出，遇内侍關禮於門，告之故，禮請獨入，涕泣固請，太皇許之。命呼侂胄入，使喻意廟堂，其論遂定。侂胄自謂有定策功，依託肺腑，居中用事。先生惕然為憂，因疏寓其意，且進對面陳之。又數戒忠定，勿使預政，而忠定謂其易制，不復遠慮。先生因講畢奏疏極言之，侂胄大怒，陰使其党謀去先生。乃於禁中為優戲，以熒惑上聽。及先生再申前疏，而御批與祠，先生去國矣。

慶元元年，侂胄誣趙相以不軌，竄置永州，且創僞學之名，以斥善類。先生草疏萬言，極諫奸邪蔽主之禍，白宰相之冤。諸生力諫，遂筮之，遇遯之同人，先生默然，焚其稿，更號遯翁。朝廷時治党人方急，趙相死於道。

先生自筮仕以至屬纊，五十年間，歷事四朝，仕於外者僅九考，立朝纔四十日。

初居崇安五夫，築書院于武夷之五曲，榜曰紫陽，識鄉關也。後築室建陽蘆峰之巔，曰雲穀，其草堂曰晦庵，自號雲谷老人，亦曰晦庵或晦翁。晚居考亭，作精舍曰滄洲，號滄洲病叟。最後曰遯翁。

張南軒與先生書曰：「所與廣仲書，言語未免有少和平處。從共甫詳問日用間事，使人嘆服處固多，但其間於氣質偏處，似未能盡變乎舊，蓋自他人謂為豪氣底事，自學者論之，亦是爭氣病痛。元晦要學顏子，卻不於此等偏處下自克之功，豈不害事？願于平時以為細故者，作大病醫療，異時相見，當觀變化氣質之功。」

黄勉齋狀其行曰：

「其為學也，窮理以致其知，反躬以踐其實，居敬者，所以成始成終也。謂致知不以敬，則昏惑紛擾，無以察義理之歸；躬行不以敬，則怠惰放肆，無以致義理之實。持敬之方，莫先主一。既為之箴以自警，又筆之書，以為小學、大學，皆本於此。終日儼然，端坐一室，討論曲訓，未嘗少輟。自吾一心一身以至萬事物，莫不有理。存此心于齋莊静一之中，窮此理於學問思辨之際。皆有以見其所當然而不容已，與其所以然而不可易。然充其知而見於行者，未嘗不反之於身也。不睹不聞之前，所以戒懼者，愈嚴愈敬；隱微幽獨之際，所以省察者，愈精愈密。思慮未萌而知覺不昧，事物相接而品節不差。無所容乎人欲之私，而有以全乎天理之正。不安於偏見，不急於小成，而道之正統在是矣。

其為道也，有太極而陰陽分，有陰陽而五行具。稟陰陽五行之氣以生，則太極之理，各具於其中。天所賦為命，人所受為性，感於物為情，統性情為心。根于性，則為仁義禮智之德；發於情，則為惻隱羞惡辭遜是非之端；形於身，則為手足耳目口鼻之用；見於事，則為君臣父子夫婦兄弟朋友之常。求諸人，則人之理不異於己；參諸物，則物之理不異於人。貫徹古今，充塞宇宙，無一息之間斷，無一毫之空闕。莫不析之，極其精而不亂；然後合之，盡其大而無餘。先生之于道，可謂建諸天地而不悖，質諸聖賢而無疑矣。

故其得於己而為德也，以一心而窮造化之原，盡性情之妙，達聖賢之藴；以一身而體天地之運，備事物之理，任綱常之責。明足以察其微，剛足以任其重，弘足以致其廣，毅足以極其常。其存之也，虚而静；其發之也，果而確；其用之也，應事接物而不窮；其守之也，歷變履險而不易。本末精粗，不見其或遺；表裏初終，不見其或異。至其養深積厚，矜持者純熟，嚴厲者和平，心不待操而存，義不待索而精，猶以為義理無窮，歲月有限，常歉然有不足之意。蓋有日新又新，不能自已者，而非後學之所可擬議也。

其可見之行，則修諸身者，其色莊，其言厲，其行舒而恭，其坐端而直。其閒居也，未明而起，深衣幅巾方履，拜於家廟以及先聖。退坐書室，幾案必正，書籍器用必整。其飲食也，羹食行列有定位，匕箸舉措有定所。倦而休也，瞑目端坐；休而起也，整步徐行。中夜而寢，既寢而寤，則擁衾而坐，或至達旦。威儀容止之則，自少至老，祁寒盛暑，造次顛沛，未嘗有須臾之離也。行於家者，奉親極其孝，撫下極其慈。閨庭之間，内外斬斬；恩義之篤，怡怡如也。其祭祀也，事無纖巨，必誠必敬。小不如儀，則終日不樂。已祭無違禮，則油然而喜。死喪之禮，哀戚備至，飲食衰絰，各稱其情。賓客往來，無不延遇，稱家有無，常盡其歡。於親故，雖疏遠必致其愛；於鄉閭，雖微賤必致其恭。吉凶慶吊，禮無所遺；賙恤問遺，恩無所闕。其自奉則衣取蔽體，食取充腹，居止取足以障風雨，人不能堪，而處之裕如也。若其措諸事業，則州縣之設施，立朝之言論，經綸規畫，正大宏偉，亦可概見。雖達而行道，不能施之一時，然退而有道，足以傳之萬代。

謂聖賢道統之傳，散在方策，聖經之旨不明，則道統之傳斯晦。於是竭其精力，以研窮聖賢之經訓。于《大學》《中庸》，則補其闕遺。别其次第，綱領條目，燦然復明。於《論語》《孟子》，則深原當時荅問之意，使讀而味之者，如親見聖賢而面命之。于《易》與《詩》，則求其本義，攻其末失，深得古人遺意于數千載之上。凡數經者，見之傳注，其關於天命之微，人心之奥，入德之門，造道之域者，既已極深研幾，探賾索隱，發其旨趣而無遺矣。至於一字未安，一辭未備，亦必沈潛反復，或達旦不寐，或累日不倦，必求至當而後已。故章旨字義，至微至細，莫不理明辭順，易知易行。於《書》，則疑今文之艱澀，反不若古文之平易。於《春秋》，則疑聖心之正大，決不類傳注之穿鑿。於《禮》，則病王安石廢罷《儀禮》而《傳記》獨存。于樂，則憫後世律尺既亡，而清濁無據。是數經者，亦嘗討論本末，雖未能著為成書，然其大旨固已獨得之矣。若歷代史記，則又考論西周以來，至於五代，取司馬溫公編年之書，繩以《春秋》紀事之法，綱舉而不繁，目張而不紊，國家之理亂，君臣之得失，如指諸掌。周、程、張、邵之書，所以繼孔聖道統之傳，歷時未久，微言大義，鬱而不彰，為之哀集發明，而後得以盛行於世。《太極》《先天》二圖，精微廣博，不可涯涘，為之解剝條畫，而後天地本原，聖賢蘊奧，不至於泯沒。程、張門人，祖述其學，所得有深淺，所見有疏密，先生既為之區別，以悉取其所長，至或識見小偏，流於異端者，亦必研窮剖析而不沒其所短。南軒張公，東萊呂公，同出其時，先生以其志同道合，樂與之友，至或識見少異，亦必講磨辯難，以一其歸。至若求道而過者，病傳注誦習之煩，以為不立文字，可以識心見性，不假修為，可以造道入德，守虛靈之識而昧天理之真，借儒者之言以文佛、老之說，學者利其簡便，詆訾聖賢，捐棄經典，倡狂叫呶，側僻固陋，自以為悟。立論愈下者，則又崇獎漢、唐，比附三代，以便其計功謀利之私。二說並立，高者陷於空無，下者溺於卑陋，其害豈淺淺哉！先生力排之，俾不至亂吾道以惑天下，於是學者靡然向之。

先生教人，以《大學》《語》《孟》《中庸》為入道之序，而後及諸經。以為不先乎《大學》，則無以提綱挈領，而盡《論》《孟》之精微；不參之以《論》《孟》，則無以融會貫通，而極《中庸》之旨趣。然不會其極於《中庸》，則又何以建立大本，經綸大經，而讀天下之書，論天下之事哉！其於讀書也，又必使之辯其音釋，正其章句，玩其辭，求其義，研精覃思，以究其所難知，平心易氣，以聽其所自得。然為己務實，辨別義利，毋自欺、謹其獨之戒，未嘗不三致意焉。蓋亦欲學者窮理反身而持之以敬也。從遊之士，迭誦所習，以質其疑。意有未諭，則委曲告之，而未嘗倦。問有未切，則反復戒之，而未嘗隱。務學篤，則喜見於言；進道難，則憂形於色。講論經典，商略古今，率至夜半。雖疾病支離，至諸生問辨，則脫然沈屙之去體。一日不講學，則惕然常以為憂。摳衣而來，遠自川蜀；文辭之傳，流及海外。至於荒裔，亦知慕其道，竊問其起居。窮鄉晚出，家蓄其書，私淑諸人者不可勝數。

先生既沒，學者傳其書、信其道者益眾，亦足以見理義之感於人者深也。繼往聖將微之緒，啟前賢未發之機，辯諸儒之得失，辟異端之訛謬，明天理，正人心，事業之大，又孰有加於此者！至若天文、地志、律曆、兵機，亦皆洞究淵微。文詞字畫，騷人才士，疲精竭神，常病其難，至先生，未嘗用意，而亦皆動中規繩，可為世法。是非姿稟之異，學行之篤，安能事事物物，各當其理，各造其極哉！學修而道立，德成而行尊，見之事業者又如此。」

李季札曰：「先生游鐘山書院，見書籍中有釋氏書，因而揭看。先君問其中有所得否，曰：「幸然無所得！吾儒廣大精微，本末備具，不必他求。」

陳北溪序《竹林精舍錄》曰：「先生寢疾，某每入臥內聽教，諄諄警策，無非直指病痛所在。以為所欠者下學，惟當專致其下學之功而已。致知必一一平實，循序而進，而無一物之不格；力行必一一平實，循序而進，而無一事之不周。如顏子之博約，毋遽求顏子之卓爾。如曾子之所以為貫，毋遽求曾子之所以為一。其所以痛切直截之意，比之向日從容和樂之論，又不同。」

熊勿軒《考亭書院記》曰：

「周東遷而夫子出，宋南渡而文公生。世運升降之會，天必擬大聖大賢以當之者，三綱五常之道所寄也。」

道有統，羲、軒邈矣。陶唐氏迄今六十二甲辰。孟氏歷敘道統之傳，為帝為王者千伍百餘歲，則堯、舜、禹之于冀也，湯、伊尹之於亳也，文、武、周公之于岐、豐也。自是以下，為霸為強者二千餘歲，而所寄僅若此，儒者幾無以藉口于來世。嗚呼！微夫子《六經》，則五帝三王之道不傳；微文公《四書》，則夫子之道不著，人心無所於主，利欲持世，庸有極乎？《七篇》之終，所以近聖人之居而尚論其世者，其獨無所感乎？

嗚呼！由文公以來，又百有餘歲矣。建考亭視魯闕里，初名竹林精舍，後更滄洲。宋理宗表章公學，以公從祀廟庭，始錫書院額。諸生世守其學不替。龍門毋侯逢辰灼見斯道之統，有關於世運，故于此重致意焉。歲戊子，侯為郡判官，始克修復，邑令古澶郭君瑛又從而增辟之。乙巳，侯同知南劍郡事，道謁祠下，顧謂諸生曰：「居已完矣，其盍有所養乎！」書院舊有田九十餘畝，春秋祀猶不給，侯捐田為倡，郭君適自北來，議以克協，諸名賢之冑與邦之大夫士，翕然和之，合為田五百畝有奇，供祀之餘，則以給師弟子之廩膳，名曰義學田。初，省府以公三世孫朱沂充書院山長，既歿，諸生請以四世孫朱椿襲其職。侯白之當路，仍增弟子員，屬其事于邑簿汪君蒙。且以書來曰：「養可以粗給矣，而教之不可以無師也！」謂禾猶逮前聞，俾與前貢士魏夢牛分教大、小學，蓋有甚欲然者，既又屬禾記其事，其將何以為詞？

重惟文公之學，聖人全體大用之學也，本之身心，則為德行，措之國家天下，則為事業。其體則有健順仁義中正之性，其用則有治教農禮兵刑之具。其文則有《小學》《大學》《語》《孟》《中庸》《易》《詩》《書》《春秋》《三禮》《孝經》《圖》《書》《西銘傳義》及《通鑒綱目》《近思錄》等書，學者學此而已。今但知誦習公之文，而體用之學，曾莫之究，其得謂之善學乎？矧曰體其全而用其大者乎？公之於考亭也，門人蔡氏淵嘗言，其晚年閒居，於大本大原之地，充養敦厚，人有不得窺其際者，蓋其喜怒哀樂之未發，蚤聞師說于延平李先生者，體驗已熟。雖其語學者，非止一端，而敬貫動靜之旨，聖人復起，不易斯言矣。嗚呼！此古人授受心法也。世之溺口耳之學，何足以窺其微哉！

公之修《三禮》，自家鄉至邦國王朝，大綱小紀，詳法略則，悉以屬之門人黃氏榦，且曰：「如用之，固當盡天地之變，酌古今之宜，而又通乎南北風氣，損文就質，以求其中，可也。」使公之志克遂，有王者作，必來取法矣。嗚呼！古人為治之大經大法，平居既無素習，一旦臨事，惟小功近利是視，生民亦何日蒙至治之澤乎？

秦人絕學之後，《六經》無完書，若井田，若學校，凡古人經理人道之具盡廢。漢猶近古，其大機已失之矣。當今治宇一統，京師首善之地，立胄學，興文教，文公《四書》，方為世大用，此又非世運方升之一幾乎？邵氏《觀物》所謂：「善變之，則帝王之道可與」者，以時考之，可矣。誠能于此推原義、軒以來之統，大明夫子祖述憲章之志，上自辟雍，下逮庠序，祀典、教法，一惟我文公之訓是式，古人全體大用之學，復行於天下，其不自茲始乎？

今公祠以文肅黃氏榦配，舊典也，從以文節蔡氏元定、文簡劉氏爚、文忠真氏德秀，建安、武夷例也。我文公體用之學，黃氏其庶幾焉！餘皆守公之道不貳，其侑公也實甚宜。

公以建炎庚戌生於劍之南溪，父吏部韋齋先生仕國也。公蘊經世大業，屬權奸相繼用事，鬱鬱不得展。道學為世大禁，公及門人益務堅苦，泊如也。慶元庚申，歿於考亭。後十年庚午，疆埸事起。又六十七年丙子，宋亡。公之曾孫浚，以死節著。嗚呼！大聖大賢之生，其有關於天地之化、盛衰之運者，豈可以淺言哉！夫子之《六經》，不得行於再世，而公之《四書》乃得彰於當代，公之身雖詘於當時，而公之道卒信於其後者，天也。過江來，中州文獻欲盡。自左丞覃懷許公衡倡明公學，家誦其書，人尊其道，凡所以啟沃君心，栽培相業，以開治平之原者，皆公餘澤也。

方侯創義學，東平袁君璧適以臬事至閩，訪求公後，表浚二子林、彬於省，長南溪、建安二書院，奉韋齋及公祠。又以考亭乃公舊宅，懇懇為語諸生小學入門之要，尤以師道不立為憂。既而金華陳君公舉、司文吳會，為胄學徵藏書，考尋文獻，且欲于此繼成公志，以復《六經》古文為屬，誠詎典也，而必欲有俟焉。天道循環，無往不復。欲觀周道，舍魯何適？正學一派，亟起而迓續之，則天地之心，生民之命，萬世之太平，當於此乎在，侯之功不亦遠乎！侯世以德顯，其仕閩，以化為政。道南七書院，皆其再造也。考亭西北偏有山曰雲谷，晦庵在焉，亦為之起廢。汪君於山之麓為門以識之。凡公墳宅，悉從而表樹焉，庶乎知為政之先務矣。精舍創於紹興甲寅，前堂後室制甚樸。寶慶乙酉，邑令莆陽劉克莊始闢公祠。今燕居廟，則淳祐辛亥漕使眉山史侯季溫舊構也。書院之更造，惟公手創，不敢改，棟宇門廡，煥然一新，邑士劉熙實終始之。義學創興，宋燮、黃樞首帥以聽，華恭孫、葉善夫、趙宗叟、盱江李廷玉與有謀焉。而厚帑庾，完塈茨，以迄于成，則虞子建、劉實也。賢勞皆可書。時提調官總管燕山張仲儀、教授三山黃文仲，助田名氏，悉書石陰。後甲辰三歲，大德十一年四月朔日記。」

中和說一

（自注雲：此書非是，但存之以見議論本末耳。正篇同此）

《與張敬夫》曰：「人自有生即有知識，事至物來，應接不暇，念念遷革，以至於死，其間初無頃刻停息，舉世皆然也。然聖人之言則有所謂未發之中，寂然不動者。夫豈以日用流行者為已發，而指夫暫而休息、不與事接之際為未發時邪？嘗試以此求之，則泯然無覺之中，邪暗鬱塞，似非虛明應物之體，而幾微之際，一有覺焉，則又便為已發，而非寂然之謂，蓋愈求而愈不可見。於是退而驗之日用之間，則凡感之而通，觸之而覺，蓋有渾然全體應物而不窮者，是乃天命流行、生生不息之機，雖一日之間，萬起萬滅而其寂然之本體，則未嘗不寂然也。所謂未發如是而已矣。夫豈別有一物，限於一時，拘於一處，而可以謂之中哉。」（文淵閣四庫全書《晦庵集》卷三十，又見《朱子全書》，上海古籍出版社、安徽教育出版社二〇〇二年版，第一三一五頁。）

劉蕺山曰：「說得大意已是，猥不是限於一時，拘於一處，但有覺處，不可便謂之已發，此覺性原自渾然，原自寂然。」

中和說二

《答張敬夫》曰：「日前所見，累書所陳者，只是儱侗見得大本達道底影像，便執認以為是了。蓋只見得個直截根源，傾湫倒海底氣象，日間但覺為大化所驅，如在洪濤巨浪之中，不容少頃停泊，以故應事接物處，但覺粗厲勇果，而無寬裕雍容之氣。雖竊病之，而不知其所自來也。今而後，乃知浩浩大化之中，一家自有一個安宅，正是自家安身立命、主宰知覺處，所以立大本、行達道之樞要，所謂體用一原，顯微無間，乃在於此。道邇求遠，亦可笑矣。」（文淵閣四庫全書《晦庵集》卷三十二，又見《朱子全書》第二一冊，上海古籍出版社、安徽教育出版社二〇〇二年版，第一三九二頁。）

劉蕺山曰：「這知覺又有個主宰處，正是天命之性，統體大本、達道者。端的，端的。」

中和說三

《答張欽夫》曰：「近復體察，見得此理，須以心為主而論之，則性情之德，中和之妙，皆有條而不紊。蓋人之一身，知覺運動莫非心之所為。則心者，所以主於身而無動靜語默之間者也。方其靜也，事物未至，思慮未萌，而一性渾然，道義全具。其所謂中，乃心之所以為體，而寂然不動者也。及其動也，事物交至，思慮萌焉，則七情迭用，各有攸主。其所謂和，乃心之所以為用，感而遂通者也。

然性之靜也而不能不動，情之動也而必有節焉，是則心之所以寂然感通，周流貫徹而體用未始相離者也。然人有是心而或不仁，則無以著此心之妙。人雖欲仁而或不敬，則無以致求仁之功。蓋心主乎一身而無動靜語默之間，是以君子之于敬，亦無動靜語默而不致其力焉。未發之前，是敬也，固已主乎存養之實；已發之際，是敬也，又常行乎省察之間。方其存也，思慮未萌而知覺不昧，是則靜中之動，復其見天地之心也；及其發也，事物紛糾而品節不差，是則動中之靜，艮之所以不獲其身、不見其人也。有以主乎靜中之動，是則寂而未嘗不感；有以察乎動中之靜，是則感而未嘗不寂。寂而常感，感而常寂，此心之所以周流貫徹而無一息之不仁也。」（文淵閣四庫全書《晦庵集》卷三十二，又見《朱子全書》第二一冊，上海古籍出版社、安徽教育出版社二〇〇二年版，第一四一八—一四一九頁。）

劉蕺山曰：「以心為主及主敬之說，最為諦當。」

中和說四

《答湖南諸公》曰：「向來講論思索，直以心為已發，而日用工夫，亦止察識端倪，為最初下手處，以故缺卻平日涵養一段工夫，使人胸中擾擾，無深潛純一之味，而其發之言語事為之間，亦常急迫浮露，無復雍容深厚之風。蓋所見一差，其害乃至於此，不可不審也。」（文淵閣四庫全書《晦庵集》卷六十四，又見《朱子全書》第二三冊，上海古籍出版社、安徽教育出版社二〇〇二年版，第三一三一頁。）

劉蕺山曰：「畢竟求之未發之中，歸之主靜一路。然較濂溪為少落邊際。蓋朱子最不喜儱侗說道理，故已見得後，仍做鈍根工夫。」此朱子特參《中庸》奧指以明道也。第一書先見得天地間一段發育流行之機，無一息之停待，乃天命之本然，而實有所謂未發者存乎其間，即已發處窺未發，絕無彼此先後之可言者也。第二書則以前日所見為儱侗，浩浩大化之中，一家自有一個安宅，為立大本、行達道之樞要，是則所謂性也。第三書又以前日所見為未盡，而反求之於心，以性情為一心之蘊，心有動靜，而中和之理見焉，故中和只是一理。一處便是仁，即向所謂立大本、行達道之樞要。然求仁工夫，只是一敬，心無動靜，敬無動靜也。最後一書又以工夫多用在已發為未是，而專求之涵養一路，，歸之未發之中雲。合而觀之，第一書言道體也，第二書言性體也，第三書合性於心，言工夫也，第四書言工夫之究竟處也。見解一層進一層，工夫一節換一節。孔、孟而後，幾見小心窮理如朱子者！愚按朱子之學，本之李延平，由羅豫章而楊龜山、而程子、而周子。自周子有主靜立極之說，傳之二程，其後羅、李二先生專教人默坐澄心，看喜怒哀樂之未發時作何氣象。朱子初從延平遊，固嘗服膺其說，已而又參以程子主敬之說。靜字為稍偏，不復理會。迨其晚年，深悔平日用功未免疏於本領，致有辜負此翁之語，固已深信延平立教之無弊，而學人向上一機，必於此而取則矣。《湖南答問》誠不知出於何時？考之原集，皆載在敬夫次第往復之後，經輾轉折證而後有此定論。則朱子生平學力之淺深，固於此窺其一斑，而其卒傳延平心印，以得與於斯文，又當不出此書之外無疑矣。夫「主靜」

一語，單提直入，惟許濂溪自開門戶，而後人往往從依傍而入，其流弊便不可言。幸而得，亦如短販然，本薄利奢，叩其中藏，可盡也。朱子不輕信師傳，而必遠尋伊、洛以折衷之，而後有以要其至，乃所為善學濂溪者。

百家謹案：《中和舊說序》，先生自敘：幼從學延平，求喜怒哀樂未發之旨，未達。聞張欽夫得衡山胡氏學，往問之，亦未省。退而沈思，謂人自嬰兒至老死，莫非已發，特其未發者，為未嘗發耳。後忽自疑，復取程氏書，虛心平氣而徐讀之，未及數行，凍解冰釋，然後知性情之本然，聖賢之微旨，平正明白如此。

觀心說

或問：「佛者有觀心說，然乎？」曰：「夫心者，人之所以主乎身者也，一而不二者也，為主而不為客者也，命物而不命於物者也。故以心觀物，則物之理得。今復有物以反觀乎心，則是此心之外復有一心，而能管乎此心也。然則所謂心者，為一邪，為二邪？為主邪，為客邪？為命物者邪？為命於物者邪？此亦不待教而審其言之謬矣。」

或者曰：「若子之言，則聖賢所謂精一，所謂操存，所謂盡心知性，存心養性，所謂見其參於前而倚於衡者，皆何謂哉？」應之曰：「此言之相似而不同，正苗莠、朱紫之間，而學者之所當辨者也。夫謂人心之危者，人欲之萌也；道心之微者，天理之奧也。心則一也，以正、不正而異其名耳。惟精惟一，則居其正而審其差者也，絀其異而反其同者也。能如是，則信執其中而無過不及之偏矣。非以道為一心，人為一心，而又有一心以精一之也。夫謂操而存者，非以彼操此而存之也；舍而亡者，非以彼舍此而亡之也。心而自操，則亡者存；舍而不操，則存者亡耳。然其操之也，亦曰不使旦晝之所為，得以梏亡其仁義之良心雲爾，非塊然兀坐，以守其炯然不用之知覺而謂之操存也。若盡心雲者，則格物窮理，廓然貫通而有以極夫心之所具之理也；存心雲者，則敬以直內，義以方外，若前所謂精一操存之道也。故盡其心而可以知性知天，以其體之不蔽而有以究夫理之自然也。存心而可以養性事天，以其體之不失而有以順夫理之自然也。是豈以心盡心，以心存心，如兩物之相持而不相舍哉！若參前倚衡之雲者，則為忠信篤敬而發也。蓋曰忠信篤敬，不忘乎心，則無所適而不見其在是雲爾，亦非有以見夫心之謂也。且身在此而心參於前，身在輿而心倚於衡，是果何理也邪！大抵聖人之學，本心以窮理，而順理以應物，如身使臂，如臂使指，其道夷而通，其居廣而安，其理實而行自然。釋氏之學，以心求心，以心使心，如口齕口，如目視目，其機危而迫，其途險而塞，其理虛而其勢逆。蓋其言雖有若相似者，而其實之不同，蓋如此也。然非夫審思明辨之君子，其亦孰能無惑於斯邪？」（文淵閣四庫全書《晦庵集》卷六十七，又見《朱子全書》第二三冊，上海古籍出版社、安徽教育出版社二〇〇二年版，第三二七八—三二七九頁。）

仁說

天地以生物為心者也。而人物之生，又各得夫天地之心以為心者也。故語心之德，雖其總攝貫通，無所不備，然一言以蔽之，則曰仁而已矣。請試詳之：

蓋天地之心，其德有四，曰元亨利貞，而元無不統。其運行焉，則為春夏秋冬之序，而春生之氣無所不通。故人之為心，其德亦有四，曰仁義禮智，而仁無不包。其發用焉，則為愛恭宜別之情，而惻隱之心無所不貫。故論天地之心者，則曰乾元、坤元，則四德之體用，不待悉數而足。論人心之妙者，則曰仁，人心也，則四德之體用亦不待偏舉而該。

蓋仁之為道，乃天地生物之心，即物而在，情之未發而此體已具，情之既發而其用不窮。誠能體而存之，則眾善之源，百行之本，莫不在是。此孔門之教，所以必使學者汲汲于求仁也。其言有曰：克己復禮為仁。言能克去己私，復乎天理，則此心之體無不在，而此心之用無不行也。又曰：居處恭，執事敬，與人忠。則亦所以存此心也。又曰：事親孝，事兄弟及物恕，則亦所以行此心也。又曰：求仁得仁。則以讓國而逃，諫伐而餓，為能不失乎此心也。又曰：殺身成仁。則以欲甚於生，惡甚於死，而能不害乎此心也。此心何心也？在天地則坱然生物之心，在人則溫然愛人利物之心，包四德而貫四端者也。

或曰：「若子之言，則程子所謂愛情仁性，不可以愛為仁者，非歟？」曰：「不然。程子之所謂，以愛之發而名仁者也；吾之所論，以愛之理而名仁者也。蓋所謂情性者，雖其分域之不同，然其脈絡之通，各有攸屬者，則曷嘗判然離絕而不相管哉！吾方病夫學者誦程子之言而不求其意，遂至於判然離愛而言仁，故特論此以發明其遺意，而子顧以為異乎程子之說，不亦誤哉！」

或曰：「程氏之徒，言仁多矣。蓋有謂愛非仁而以『萬物與我為一』為仁之體者矣，亦有謂愛非仁而以心有知覺釋仁之名者矣。今子之言若是，然則彼皆非歟？」

曰：「彼謂物我為一者，可以見仁之無不愛矣，而非仁之所以為體之真也。彼謂心有知覺者，可以見仁之包乎智矣，而非仁之所以得名之實也。觀孔子答子貢博施濟眾之問，與程子所謂『覺不可以訓仁』者，則可見矣。子尚安得復以此而論仁哉？抑泛言同體者，使人含糊昏緩而無警切之功，其弊或至於認物為己者有之矣。專言知覺者，使人張惶迫躁而無沈潛之味，其弊或至於認欲為理者有之矣。一忘一助，二者蓋胥失之。而知覺之云者，於聖門所示樂山能守之氣象，尤不相似，子尚安得以此而論仁哉！因並記其語，作《仁說》。」（文淵閣四庫全書《晦庵集》卷六十七，又見《朱子全書》第二三冊，上海古籍出版社、安徽教育出版社二〇〇二年版，第三二七九—三二八一頁。）

百家謹案：浙本誤以南軒先生《仁說》為先生《仁說》，而以先生《仁說》為序，今正之。

語要

問：「理在氣中，發見處如何？曰：如陰陽五行錯綜，不失條緒，便是理。若氣不結聚時，理亦無所附著。」

或問：「理在先，氣在後？曰：理與氣本無先後之可言，但推上去時，卻如理在先、氣在後相似。」

姜定庵曰：「畢竟理從氣而見，說不得理在先。」

太極自是涵動靜之理，卻不可以動靜分體用，蓋靜即太極之體也，動即太極之用也。

太極之有動靜，是天命之流行也。或疑靜處如何流行？曰：「惟是一動一靜，所以流行。如秋冬之時，謂之不流行，可乎？若謂不能流行，何以謂之靜而生陰也？觀生之一字可見。」

陰陽只是一氣，陽之退，便是陰之生，不是陽退了，又別有個陰生。

陰陽只是一氣，陰氣流行即為陽，陽氣凝聚即為陰，非直有二物相對也。

天地始初，混沌未分時，想只有水火二者，水之滓腳便成地，今登高而望群山，皆為波浪之狀，便是水泛如此，只不知因甚麼事凝了。初間極軟，後來方凝得硬。問：「想得如潮水湧起沙相似？」曰：「然。水之極濁便成地，火之極清便成風霆雷電日星之屬。」

問：「自開闢以來，至今未萬年，不知已前如何？」曰：「已前亦須如此一番明白來。」又問：「天地會壞否？」曰：「不會壞。只是相將人無道極了，便一齊打合，混沌一番，人物都盡，又重新起。」

方渾淪未判，陰陽之氣混合幽暗。及其既分，中間放得開闊光朗，而兩儀始立。邵康節以十二萬九千六百年為一元，則是十二萬九千六百之前，又是一個大闔辟，更以上亦復如此，直是動靜無端，陰陽無始。小者大之影，只晝夜便可見。五峰所謂「一氣太息，震盪無垠，海宇變動，山勃川湮，人物消盡，舊跡大滅」，是謂鴻荒之世。嘗見高山有螺蚌殼或生石中，此石即舊日之土，螺蚌即水中之物。下者卻變而為高，柔者卻變而為剛，此事思之至深，有可驗者。

天明，則日月不明。天無明，夜半黑淬淬地，天之正色。

道夫言：「向者，先生教思量天地有心無心。近思之，竊謂天地無心，仁便是天地生物之心。若使其有心，必有思慮，有營為，天地曷嘗有思慮來？然其所以四時行、百物生者，蓋以其合當如此便如此，不待思維，此所以為天地之道。」曰：「如此，則《易》所謂『復其見天地之心』，『正大而天地之情可見』，又如何？如所說，只說得他無心處爾。若果無心，則須牛生出馬，桃樹上發李花。他又卻自定。」程子曰：「『以主宰謂之帝，以性情謂之乾』。他這名義自定，心便是他個主宰處，所謂天地以生物為心。中間欽夫以為某不合如此說。某謂天地別無勾當，只是以生物為心。一元之氣，運轉流通，略無停間，只是生出許多萬物而已。」問：「程子謂『天地無心而成化，聖人有心而無為』。」曰：「這是說天地無心處。且如四時行、百物生，天地何所容心。至於聖人，則順理而已，復何為哉。所以明道雲：『天地之常，以其心普萬物而無心；聖人之常，以其情順萬事而無情。』說得最好。」問：「『普萬物』，莫是以心周徧而無私否？」曰：「天地以此心普及萬物，人得之，遂為人之心；物得之，遂為物之心；草木禽獸接著，遂為草木禽獸之心，只是一個天地之心爾。今須要知得他有心處，又要見得他無心處，只恁定說不得。」

天地初間，只是陰陽之氣。這一個氣運行，磨來磨去，磨得急了，便挼許多渣滓，裏面無處出，便結成個地在中央。氣之清者，便為天，為日月，為星辰，只在外常周環運轉。地便在中央不動，不是在下。

姜定庵曰：「磨得急了，急字未安，易久字如何？」

問：「鬼神便是精氣魂魄，如何？」曰：「然。且就這一身看，自會笑語，有許多聰明知識，這是如何得恁地？虛空之中，忽然有風有雨，忽然有雷有電，這是如何得恁地？這都是陰陽相感，都是鬼神。看得到這裏，見得到一身，只是個軀在這裏，內外無非天地陰陽之氣。所以夜來說道『天地之塞吾其體，天地之帥吾其性』，思量來只是一個道理。」又雲：「如魚之在水，外面水，便是肚裏面水，鱖魚肚裏水與鯉魚肚裏水一般。」仁父問：「魂魄如何是陰陽？」曰：「魂如火，魄如水。」

先儒言口鼻之噓吸為魂，耳目之聰明為魄也，只說得大概，卻更有個母子，這便是坎離水火。暖氣便是魂，冷氣便是魄。魂便是氣之神，魄便是精之神。會思量計度底，便是魂；會記當去底，便是魄。又曰：「見於目而明、耳而聰者，是魄之用。」老氏雲：「載營魄。」營是晶熒之義，魄是一個晶光堅凝物事。釋氏之地水火風，其說雲：「人之死也，風火先散，則不能為祟。蓋魂先散而魄尚存，只是消磨未盡，少間自塌了。若地水先散而風火尚遲，則能為祟，蓋魂氣尚存爾。」又曰：「無魂，則魄不能以自存。今人多思慮役役，魂都與魄相離了。老氏便只要守得相合，所謂『致虛極，守靜篤』，全然守在這裏不得動。」又曰：「專氣致柔，不是守字，卻是專字，便只是專在此，全不放出，氣便細；若放些子出，便粗了也。」

陰陽之始交，天一生水。物生始化曰魄。既生魄，暖者為魂，先有魄而後有魂，故魄為主，為幹。

人生初間是先有氣，既成形，是魄在先。形既生矣，神知發矣。既有形後，方有精神知覺。子産曰：「人生始化曰魄，既生魄，陽曰魂。」數句說得好。

動者魂也，靜者魄也。動靜二字，括盡魂魄。凡能運用作為，皆魂也，魄則不能也。今人之所以能運用，都是魂使之爾，魂若去，魄則不能也。月之黑暈便是魄，其光者，乃日加之光爾，他本無光也，所以說「哉生魄、旁死魄」。《莊子》曰：「日火外影，金水內影。」此便是魂魄之說。

或問：「口鼻呼吸者為魂，耳目之聰明為魄？」曰：「精氣為物，魂乃精氣中無形底。」《淮南子》雲：「魂者陽之神，魄者陰之神。」釋氏「四大」之說，亦是竊見這意思。人之一身，皮肉之類皆屬地，涕唾之類皆屬水，暖氣運動為風。地、水，陰也；火、風，陽也。

或問：「氣之出入者為魂，耳目之聰明為魄，然則魄中復有魂，魂中復有魄邪？」曰：「精氣周流，充滿於一身之中，噓吸聰明，乃其發而易見者爾。然既周流充滿於一身之中，則鼻之知臭，口之知味，非魄乎？耳目之中皆有暖氣，非魂乎？推之徧體，莫不皆然。佛書論『四大』處，似亦祖述此意。」問：「先生嘗言體、魄自是二物，然則魂、氣亦為兩物邪？」曰：「將魂、氣細推之，亦有精粗，但其為精粗也甚微，非若體、魄之懸殊爾。」問：「以目言之：目之輪，體也；睛之明，魄也。耳則何如？」曰：「竅即體也，聰即魄也。」又問：「月魄之魄，豈只指其光而言之，而其輪則體邪？」曰：「月不可以體言，只有魂魄爾。月魄即其全體，而光處乃其魂之發也。」

魂屬木，魄屬金，所以說三魂七魄，是金木之數也。

梨洲《破邪論論魂魄》篇曰：

或問：「醫家言心藏神，脾藏意，肚藏魂，肺藏魄，腎藏精與志，信乎？」

曰：「非也。此以五行相配，多為名目，其實人止有魂魄二者而已。《禮記》曰：『魂者，陽之盛也；魄者，陰之盛也。』延陵季子葬，子曰：『骨肉歸復於土，命也。若魂氣，則無不之也。』不言魄者，已葬，故不及魄。《易》曰：『精氣為物，遊魂為變。』所謂精氣，即魄也。神與意與志，皆魂之所為也。」

魂魄如何分別？

曰：「昭昭靈靈者是魂，運動作為者是魄。魄依形而立，魂無形可見。故虎死眼光入地，掘之有物如石，謂之虎威。自縊之人，其下亦有如石者，猶星隕如石，皆魄也。凡戰場之磷火，陰雨之哭聲，一切為厲者，皆魄之為也，魂無與焉。譬之於燭，其炷是形，其焰是魄，其光明是魂。子產曰：『人生始化曰魄。既生魄，陽曰魂。』是人之生，先有魄而後有魂也。及其死也，有魂先去而魄尚存者，今巫祝家死後避哀之說是也。有魄已落而魂尚未去者，如楚穆王弑成王，謚之曰靈，不瞑，曰成，乃瞑。中行穆子『死而視不可舍』，是也。」

然則釋氏投胎之說，有之乎？

曰：「有之，而不儘然也。史傳如羊叔子識環之事甚多，故不可謂之無。或者稟得氣厚，或者培養功深，或專心致志。透過生死，兇暴之徒，性與人殊，投入異類，亦或有之。此在億兆分之中，有此一分，其餘皆隨氣而散。散有遲速，總之不能留也。釋氏執其一端，以概萬理，以為無始以來，此魂常聚，輪回六道，輾轉無已。若是，則盛衰、消息、聚散、有無、成虧之理，一切可以抹卻矣。試觀天下之人，屍居餘氣，精神懵懂，即其生時，魂已欲散，焉能死後而復聚乎？且六合之內，種類不同，似人非人，地氣隔絕。禽蟲之中，牛象蟣虱，大小懸殊，有魄無魂，何所憑以為輪回乎？」

然則儒者謂聖賢凡愚，無有不散之氣，同歸於盡者，然乎？否也？

曰：「亦非也。吾謂聚必散者，為愚凡而言也。聖賢之精神長留天地，寧有散理。先儒言何曾見堯、舜做鬼來，決其必散。堯、舜之鬼，綱維天地，豈待其現形人世而後謂之鬼乎？『文王陟降，在帝左右』，豈無是事而詩人億度言之邪！周公之金縢，傅說之箕尾，明以告人。凡後世之志士仁人，其過化之地，必有所存之神，猶能以仁風篤烈，拔下民之塌茸，固非依草附木之精魂可以誣也。死而不亡，豈不信乎？」

或疑普天之下，無有不祭其祖先者，而謂凡愚之魂盡散，乃虛拘乎？

曰：「凡愚之魂散矣，而有子孫者，便是他未盡之氣。儒者謂子孫盡其誠意，感他魂之來格，亦非也。他何曾有魂在天地間？其魂即在子孫思慕之中。此以後天追合先天，然亦甚難，故必三日齋，七日戒，陰厭陽厭，又立一屍，以生氣迎之，庶幾其一線之氣。若非孝子孝孫，則亦同一散盡也。」

鬼神只是氣。屈伸往來者，氣也。天地間無非氣。人之氣與天地之氣常相接無間斷，人自不見。人心纔動，必達於氣，便與這屈伸往來者相感通，如卜筮之類，是皆心自有此物，只說你心上事，纔動必應也。

問：「伊川言『鬼神造化之跡』，此豈亦造化之跡乎？」曰：皆是也。若論正理，則似樹上忽生出花葉，此便是造化之跡。又如空中忽然有雷霆風雨，皆是也。但人所常見，故不之怪。忽聞鬼嘯、鬼火之屬，則便以為怪，不知此亦造化之跡，但不是正理，故為怪異。如《家語》雲：『山之怪曰夔、魍魎，水之怪曰龍、罔象，土之怪曰羵羊。』皆是氣之雜糅乖戾所生，亦非理之所無也。專以為無則不可，如冬寒夏熱，此理之正也。有時忽然夏寒冬熱，豈可謂無此理！但既非理之常，便謂之怪，孔子所以不語，學者亦未須理會也。」

死而氣散，泯然無跡者，是其常道理恁地。有托生者，是偶然聚得氣不散，又怎生去湊著那生氣便再生，然非其常也。伊川雲「《左傳》伯有之為厲，又別是一理」，言非死生之常理也。

問：「伯有之事，別是一理，如何？」曰：「是別是一理。人之所以病而終盡，則其氣散矣。或遭刑，或忽然而死者，氣猶聚而未散，然亦終於一散。釋、道所以自私其身者，便死時亦只是留其身不得，終是不甘心死。銜冤憤者亦然，故其氣皆不散。浦城山中有一道人，常在山中燒丹，後因一日出神，乃祝其人雲：『七日不返時，可燒我。』未滿七日，其人焚之。後其道人歸，叫罵取身，亦能於壁間寫字，但墨較淡，不久又無。嘗見張天覺有一事亦然，鄧隱峰一事亦然。其人只管討身，隱峰曰：『說底是甚麼！』其人悟，謝之而去。」

用之問：「先生《答廖子晦書》雲：『氣之已散者，既化而無有矣，而根於理而日生者，則固浩然而無窮也。故上蔡謂我之精神，即祖考之精神，蓋謂此也。』根於理而日生者，浩然而無窮，此是說天地氣化之氣否？」曰：「此氣只一般。《周禮》所謂天神、地祇、人鬼，雖有三樣，其實只一般。若說有子孫底，引得他氣來，則不成無子孫底，他氣便絕無了。他血氣雖不流傳，他那個亦是浩然日生無窮。如《禮書》諸侯因國之祭，祭其國之無主後者。如齊太公封于齊，便用祭甚爽鳩氏、季萴、逢伯陵、蒲姑氏之屬，蓋他先主此國來，禮合祭他。然聖人制禮，惟繼其國者，則合祭之，非在其國者，便不當祭，便是理合如此。道理合如此，便有此氣。如衛侯夢康叔云：『相奪予享。』蓋衛侯都帝丘，夏後相亦都帝丘，則都其國自合當祭，不祭，宜其如此。又如晉侯夢黃熊入寢門，以為鯀之神，亦是此類。不成說有子孫底，方有感格之理；便使其無子孫，其氣亦未嘗亡也。如今祭句芒，他更是遠，然既合當祭他，便有些氣。要之，通天地人，只是這一氣。所以說洋洋然如在其上，如在其左右。虛空偪塞，無非此理。自要人看得活，難以言曉也。所以明道答人鬼神之問，云：『要與賢說無，何故聖人卻說有！要與賢說有，賢又來問某討說。』只說到這裏，要人自看得。孔子曰：『未能事人，焉能事鬼？』而今且去理會緊要道理，少間看得道理通時，自然曉得。上蔡所說，已是殺分曉了。」

問：「鬼神之義，來教雲：『只是上蔡祖宗精神便是自家精神』一句，則可見其苗脈矣。必大嘗讀《太極圖義》，有雲：『人物之始，以氣化而生者也。氣聚成形，則形交氣感，遂以形化，而人物生生變化無窮。』是知人物在天地間，其生生不窮者，固理也；其聚而生、散而死者，則氣也。有是理，則有是氣，氣聚於此，則其理亦命於此。今所謂氣者，既已化而無有矣，則所謂理者，抑於何而寓邪？然吾之此身，即祖考之遺體，祖考之所具以為祖考者，蓋於我而未嘗亡也。是其魂升魄降，雖已化而無有，然理之根於彼者，既無止息，氣之具於我者，復無間斷。吾能致精竭誠以求之，此氣既純一而無所雜，則此理自昭著而不可揜，此其苗脈之較然可睹者也。上蔡雲：『三日齋，七日戒，求諸陰陽上下，只是要集自家精神。』蓋我之精神即祖考之精神，在我者既集，即是祖考之來格也。然古人于祭祀必立屍，其義精甚，蓋又是因祖考遺體，以凝聚祖考之氣，氣與質合，則其散者庶幾復聚，此教之至也。故曰：『神不歆非類，民不祀非族。』」曰：「所喻鬼神之說甚精密。大抵人之氣傳於子孫，猶木之氣傳於實也。此實之傳不泯，則其生木雖枯毀無餘，而氣之在此者猶自若也。」

問：「鬼神恐有兩樣。天地之間，二氣氳氳，無非鬼神，祭祀交感，是以有感有。人死為鬼，祭祀交感，是以有感無。」曰：「是所以道天神、人鬼。神便是氣之伸，此是常在底；鬼便是氣之屈，此是已散了底，然以精神去合他，又合得在。」問：「不交感時常在否？」曰：「若不感而常有，則是有餒鬼矣。」

論萬物之一原，則理同而氣異，觀萬物之異體，則氣猶相近而理絕不同。或問：「理同而氣異，此一句是說方纔付與萬物之初，以其天命流行，只是一般，故理同；以其二五之氣有清濁純駁，故氣異。下句是就萬物已得之後說，以其雖有清濁之不同，而同此二五之氣，故氣相近；以其昏明開塞之甚遠，故理絕不同。《中庸》是論其方付之初，《集注》是看其已得之後。曰氣相近，如知寒暖，識饑飽，好生惡死，趨利避害，人與物都一般。理不同，如蜂蟻之君臣，只是他義上有一點子明，虎狼之父子，只是他仁上有一點子明，其他更推不去。恰似鏡子，其他處都暗了，中間只有一點子明。大凡物事稟得一邊重，便占了其他的，如慈愛之人少斷制，斷制之人多殘忍。蓋仁多便遮了那義，義多便遮了那仁。」問：「所以婦人臨事多怕，亦是氣偏了？」曰：「婦人之仁，只流從愛上去底。」

問：「吕與叔雲：『性一也，流行之方，有剛柔昏明者，非性也。有三人焉，皆一目而別乎色，一居乎密室，一居乎帷箔之下，一居乎廣都之中，三人所見，昏明各異，豈目不同乎？隨其所居，蔽有淺深爾。竊謂此言，分別得性氣甚明，若移此語以喻人物之性，亦好。頃嘗以日為喻，以為大明當天，萬物咸觀，亦此日爾；茅屋之下，容光必照，亦此日爾。日之全體，未嘗有小大，只為隨其所居而大小不同爾。不知亦可如此喻人物之性否？』」朱子曰：「亦善。」

問：「枯槁之物亦有性，是如何？」曰：「枯槁之物，謂之無生意則可，謂之無生理則不可。如朽木無所用，止可付之爨灶，是無生意矣。然燒甚麼木，則是甚麼氣，亦各不同，這是理元如此。且如大黃、附子，亦是枯槁，然大黃不可為附子，附子不可為大黃。一草一木，皆天地和平之氣。」問：「動物有知，植物無知，何也？」曰：「動物有血氣，故能知；植物雖不可言知，然一般生意，亦可默見，若戕賊之，便枯悴，不復悦澤，亦似有知者。嘗觀一般花樹，朝日照曜之時，欣欣向榮，有這生意，皮包不住，自迸出來。若枯枝老葉，便覺憔悴，蓋氣行已過也。」問：「此處見得仁意否？」曰：「只看戕賊之，便凋悴，亦是義底意思。」

百家謹案：泰西人分人物三等：人為萬物之首，有靈魂；動物能食色，有覺魂；草木無知，有生魂。頗諦當。

或問：「氣稟有清濁不同？」曰：「氣稟之殊，其類不一，非但清濁二字而已。今人有聰明、事事曉者，其氣清矣，而所為未必皆中於理，是其氣不醇也。有謹厚忠信者，其氣醇矣，而所知未必皆達於理，則是其氣不清也。推此求之，可見。」

性者心之理，情者心之動，纔便是那情之會恁地者。情與才絕相近，但情是遇物而發，路陌曲折，恁地去底，纔是那會如此底。要之，千頭萬緒，皆是從心上來。

又問：「如此，則才與心之用相類？」曰：「才是心之力，是有氣力去做底；心是管攝主宰者，此心之所以為大也。心，譬水也；性，水之理也。性所以立乎水之靜，情所以行乎水之動，欲則水之流而至於濫也。才者水之氣力，所以能流者。然其流有急有緩，則是才之不同。伊川謂性稟於天，才稟於氣是也。」

動靜、真偽、善惡，皆對而言之，是世之所謂動靜、真偽、善惡，非性之所謂動靜、真偽、善惡也。惟求靜於未始有動之先，而性之靜可見矣；求真於未始有偽之先，而性之真可見矣；求善於未始有惡之先，而性之善可見矣。

又曰：「天下之理，無異道也；天下之人，無異性也。性惟其不可見，孟子始以善形之。惟能自性而觀，則其故可求，苟自善而觀，則理一而見二。」

問：「心是知覺，性是理，心與理如何得貫通為一？」曰：「不須去著貫通，本來貫通。如何本來貫通？」曰：「理無心，則無著處。」所見者心之理，能覺者氣之靈。

宗羲謹案：發明心字，曰：一言以蔽之，曰：生而已。天地之大德曰生。人受天地之氣而生，故此心必仁。仁則生矣。

知覺從君臣父子處，便是道心。

有道理底人心，便是道心。

饑欲食、渴欲飲者，人心也；得飲食之正者，道心也。須是一心只在道上，少間，那人心自降伏得不見了。人心與道心為一，恰似無了那人心相似，只是要得道心純一，道心都發見在那人心上。

問：「形體之動，與心相關否？」曰：「豈不相關。自是心使他動。」曰：「喜怒哀樂未發之前，形體亦有運動，耳目亦有視聽，此是心已發抑未發？」曰：「喜怒哀樂未發，又是一般。然視聽言動，亦是心向那裏。若形體之行動，心都不知，便是心不在，行動都沒理會了，說甚未發！未發不是漠然全不省，亦常醒在這裏，不恁地困。心無間於已發未發，徹頭徹尾都是，那處截做已發未發？如放僻邪侈，此心亦在，不可謂非心。」

問：「人心形而上下，如何？」曰：「如肺肝五臟之心，卻是實有一物。若今學者所論操舍存亡之心，則自是神明不測。故五臟之心受病，則可用藥補之，這個心則非菖蒲、茯苓所可補也。」問：「如此，則心之理乃是形而上否？」曰：「心比性則微有跡，比氣則自然又靈。」

問：「先生嘗言心不是這一塊，義剛竊謂滿體皆心也，此特其樞紐爾。」曰：「不然，此非心也，乃心神明升降之舍。人有病心者，乃其舍不寧也。凡五臟皆然。心豈無運用，須常在軀殼之內，譬如此建陽縣知縣，須常在衙裏，始管得這一縣也。」義剛曰：「然則程子言心要在腔子裏，謂當在舍之內，而不當在舍之外邪？」曰：「不必如此，若言心，不可在腳上，又不可在手上，只得在這些子上也。」

性猶太極也，心猶陰陽也。太極只在陰陽之中，非能離陰陽也。然至論太極自是太極，陰陽自是陰陽，惟性與心亦然，所謂一而二、二而一也。

心，主宰之謂也。動靜皆主宰，非是靜時無所用，及至動時，方有主宰也。言主宰，則混然體統，自在其中，心統攝性情，非儱侗與性情為一物而不分別也。

問：「意是心之運用處，是發處？」曰：「運用是發了。」問：「情亦是發處，何以別？」曰：「情是性之發，情是發出恁地，意是主張要恁地。如愛那物，是情；所以去愛那物，是意。情如舟車，意如人去使那舟車一般。」

未動而能動者，理也；未動而欲動者，意也。

心之所之謂之志，日之所之謂之時。志字從之從心，時字從之從日。如日在午時、在寅時，制字之義由此。志是心之所之，一直去底。意又是志之經營往來底，是那志底脚。凡營為謀度往來，皆意也，所以横渠雲：「志公而意私。」

百家謹案：意如好好色，如惡惡臭，見其直遂不可揜，故曰誠。若經營往來，是好色有不好，惡臭有不惡之意矣。所患不誠者，謂其欺也。欺則謂人不已知而可已欺也。究之揜不善而著善，亦知人有不可欺，故揜之；又謂人能已欺，故著之。總是知不致，故不誠耳，不誠意，謂不著實去正心上用。故曰欲誠其意者，先致其知。横渠志公而意私，似未安。

問：「知與思，於人身最緊要？」曰：「然。二者也只是一事。知，如手相似；思，是交這手去做事也。思所以用夫知也。」

心、性、理，拈著一個，則都貫串，惟觀其所指處輕重如何。養心莫善於寡欲，雖有不存焉者寡矣，存雖指理言，然心自在其中。操則存，此存雖指心言，然理自在其中。

性只是理，情是流去運用處。心之知覺，即所以具此理而行此情者也，具此理而覺其為是非者，是心也。此處分別，只在毫釐之間，精以察之，乃可見爾。

公不可謂之仁，但公而無私便是仁；敬不可謂之中，但敬而無失便是中。無私以間之則公，公則仁。譬如水，若些子礙，便成兩截，須是打並了障塞，便滔滔流去。

「心之德」是統言，「愛之理」是就仁義禮智上分説，如義便是宜之理，禮便是別之理，智便是知之理。但理會得愛之理，便理會得心之德。又曰：愛雖是情，愛之理是仁也。仁者愛之理，愛者仁之事；仁者愛之體，愛者仁之用。愛是個動物事，仁是個静物事。理便是性，緣裏面有這愛之理，所以發出來無不愛。程子曰：「心如穀種，其生之性，乃仁也。」生之性便是愛之理。

因舉天地萬物同體之意，極問其理。曰：「須是近裏著身推究，未干天地萬物也。須知所謂心之德者，即程先生所謂谷種之説。愛之理者，則正為仁是未發之愛，愛是已發之仁爾。只以此意推之，不須外邊添入道理。若於此處認得仁字，即不妨與天地萬物同體。若不會得，便將天地萬物同體為仁，卻轉無交涉矣。孔門之教，説許多仁，卻未曾有定説出，蓋此理真是難言。若立下一個定説，便該括不盡。且直於自家身分上體究，久之自然通達。程子謂四德之元，猶五常之仁，偏言則一事，專言則包四者。須是統看仁如何卻包得數者，又卻分看義禮智如何亦謂之仁。大抵於仁上見得盡，須知發於剛果處亦是仁，發於辭遜、是非亦是仁。且款曲研究，識盡全體。正猶觀山所謂『横看成嶺，直看成峰』，若自家見他不盡，初謂只是一嶺，及少時又見一峰出來，便是未曾盡見全山，到底無定據也。」

以生字説仁，生自是上一節事，當求天地生我底意，而今須要自體認得，試自看一個物，堅硬如頑石，成甚物事，此便是不仁。「藹乎若春陽之溫，盎乎若醴酒之醇」，此是形容仁底意思。

或問：「存得此心便是仁？」曰：「且要存得此心，不為私欲所勝。遇事每每著精神照管，為可隨物流去，須要緊緊守著。若常存得此心，應事接物，雖不中不遠。思慮紛擾於中，都是不能存此心。此心不存，合視處也不知視，合聽處也不知聽。」或問：「莫在於敬否？」曰：「敬非別是一事，常喚醒此心便是。人每日只鶻鶻突突過了，心都不曾收拾得在裏面。」又曰：「仁雖是有剛直意，畢竟本是個溫和之物，但出來發用時，有許多般，須得是非、辭遜、斷制三者，方成仁之事。及至事定，三者各退，仁仍舊溫和，緣是他本性如此。人但見有是非、節文、斷制，卻謂是仁之本意，則非也。春本溫和，故能生物，所以說仁為春。」

仁義互為體用動靜。仁之體本靜，而其用則流行不窮；義之體本動，而其體則各止其所。

先生答叔重疑問曰：「仁體剛而用柔，義體柔而用剛。」廣請曰：「自太極之動言之，則仁為剛而義為柔；自一物中陰陽言之，則仁之用柔，義之用剛。」曰：「也是如此。仁便有個流動發越之義，然其用則慈柔；義便有個商量從宜之義，然其用則決裂。尋常人施恩惠底心，便發得易，當刑殺時，此心便疑，可見仁屬陽、屬剛，義屬陰、屬柔。直卿雲：只將收斂二字看，便見喜則舒，怒則斂。」

禮者仁之發，智者義之藏。且以人之資質言之，溫厚者多謙遜，通曉者多刻剝。

義之嚴肅，即是仁底收斂。

仁、禮屬陽，屬健，義、智屬陰、屬順。問：「義則截然有定分、有收斂底意思，自是屬陰順。不知智如何解？」曰：「智更是截然，更是收斂，如知得是、知得非，知得便了，更無作用，不似仁、義、禮三者有作用。智只是知得了，便交付惻隱、羞惡、辭遜三者，他那個更收斂得快。」

問：「仁是天地之生氣，義、禮、智又於其中分別，然其初只是生氣，故為全體？」曰：「然。」問：「肅殺之氣亦只是生氣？」曰：「不是二物，只是收斂。春夏秋冬亦只是一氣。」又曰：「若曉得此理，便見得克己復禮。私欲盡去，便純是溫和沖粹之氣，乃天地生物之心，其餘人所以未仁者，只是中心未有此氣象。」問：「向聞先生語吾學者，五行不是相生，合下有時都有，如何？」曰：「此難說。然會得底，便自然不相悖，喚做一齊有也得，喚做相生也得。他雖不是相生，他氣亦自相灌注，如人五臟，固不曾有先後，但其灌時自有次序。」久之，又曰：「仁字如人釀酒，酒方微發時，便是義，到得成酒後卻只與水一般，便是智。又如一日之間，早間天氣清明便是仁，午間極熱時便是禮，晚下漸涼便是義，夜半全然收斂，無些形跡時便是智。只如此看，甚分明。」

「天理之渾然」，既謂之理，則便是個有條理底名字，故其中所謂仁義禮智四者合下，便各有一個道理，不相混雜。以其未發，莫見端緒，不可以一理名，是以謂之渾然，非是渾然裏面都無分別，而仁義禮智卻是後來旋次生出四件有形有狀之物也。須知天理只是仁義禮智之總名，仁義禮智便是天理之件數。

性是太極渾然之體，本不可以名字言，但其中含具萬理，而綱領之大者有四，故命之曰仁義禮智。孔門未嘗備言，至孟子而始備言之者，蓋孔子時性善之理素明，雖不詳著其條而說自具；至孟子時，異端蜂起，往往以性為不善，孟子思有以明之，於是別而言之。蓋四端之未發也，雖寂然不動，而其中自有條理，自有間架，不是儱侗都無一物，所以外邊纔感，中間便應，如赤子入井之事感，則仁之理便應，而惻隱之心於是乎形；如過朝過廟之事感，則禮之理便應，而恭敬之心於是乎形。蓋由其中眾理渾具，各各分明，故外邊所過，隨感而應。所以四端之發，各有面貌之不同。是以孟子析而為四，以示學者，使知渾然全體之中而燦然有條若此，則性之善可知矣。然四端之未發也，所謂渾然全體，無聲臭之可言，無形象之可見，何以知其燦然有條如此？蓋是理之可驗，乃依然就他發處驗得。凡物必有本根，性之理雖無形，而端的之發最可驗。故由其惻隱，所以必知其有仁；由其羞惡，所以必知其有義；由其恭敬，所以必知其有禮；由其是非，所以必知其有智。使其本無是理於內，則何以有是端於外？由其有是端於外，所以必知其有是理於內，而不可誣也。故孟子言：「乃若其情，則可以為善矣，乃所謂善也。」是則孟子之言性善，蓋亦溯其情而逆知之爾。

韓子說所以為性者五，而今之言性者，皆雜佛、老而言之，所以不能不異，在諸子中最為近理。蓋如吾儒之言，則性之本體，便只是仁義禮智之實。如老、佛之言，則先有個虛空底性，後方旋生此四者出來；不然，亦說性是一個虛空底物，裹麵包得四者。今人卻為不曾曉得自家道理，只見得他說得熟，故如此不能無疑。又纔見說四者為性之體，便疑實有此四塊之物，磊塊其間，皆是錯看了也。須知性之為體，不離此四者，而四者又非有形象方所，可撮可摩也。但於渾然一理之中，識得個意思情狀，似有界限，而實非有牆壁遮攔分別處也。然此處極難言，故孟子亦只於發處言之，如言四端，又言乃若其情，則可以為善之類，是於發處教人識取。不是本體中元來有此，如何用處，發得此物出來？但本體無著摸處，故只可於用處看，便省力爾。

仁只是一個理，理舉著，便無欠缺，但如言著仁，則都在仁上，言著誠，則都在誠上，言著忠恕，則都在忠恕上，言著忠信，則都在忠信上。只為只是這個道理，自然血脈貫通。體是這個道理，用是他用處，如耳聽目視，自然如此理也，開眼看物，著耳聽聲，便是用。江西人說個虛空底體涉事物，便喚做用。

書不記，熟讀可記；義不精，細思可精。惟有志不立，直是無著力處。只如而今貪利祿而不貪道義，要作貴人而不要作好人，皆是志不立之病。直須反復思量，究見病痛起處，勇猛奮躍，不復作此等人，一躍躍出，見得聖賢所說千言萬語，都無一事不是實語，方始立得此志。就此積累工夫，迤邐向上去，大有事在。

直須抖擻精神，莫要昏鈍，如救火治病然，豈可悠悠歲月。

學者只是不為己，故日間此心安頓在義理上時少，安頓在閒事上時多，于義理卻生於閒事卻熟。

學者須是熟。熟時一喚便在目前，不熟時須著旋思索，到思索得來，意思已不如初了。

學問須是大進一番，方始有益。若能於一處大處攻得破，見那許多零碎，只是這一個道理，方是快活。然零碎底非是不當理會，但大處攻不破，縱零碎理會得些少，終不快活。曾點、漆雕開已見大意，只緣他大處看得分曉。今且道他那大底是甚物事，天下只有一個道理，學只要理會得這一個道理。這裏纔通，則天理人欲義利公私善惡之辨，莫不皆通。

或問：「氣質之偏，如何救得？」曰：「纔說偏了，又著一個物事去救他偏，越見不平正了，越討頭不見要緊，只是看教大底道理分明，偏處自見得。如暗室求物，把火來，便照見，若只管去摸索，費盡心力，只是摸索不見。若見得大底道理分明，有病痛處，也自會變移不自知，不消得費力。」

為學，必須於平日氣稟姿質上驗之，如滯固者疏通，顧慮者坦蕩，智巧者易直，苟未如此轉變，要是未得力爾。須要公平觀理而撤戶牖之小，嚴敬持身而戒防範之踰，周密而非發於避就，精察而不安于小成，此病痛皆所素共點檢者爾。

理義無窮，才知有限，非全放下，終難湊泊，然放下正自非易事也。

今學者之病，所患在於未有灑然冰解凍釋處，縱有力持守，不過只是苟免顯然尤悔而已。似此皆不足道也。

聖人與理為一，是恰好；其他以心處這理，卻是未熟。要將此心處理，有一分心向裏得一分力，有兩分心向裏得兩分力。世間萬事，須臾變滅，皆不足置胸中，惟有窮理修身為究竟法爾。

為學當以存主為先，而致知力行亦不可以偏廢。縱使已有一長，未可遽恃以輕彼，而長其驕吝克伐之私，況其有無之實，又初未可定乎？

凡日用間知此一病而欲去之，則即此欲去之心，便是能去之藥。但當堅守，常自警覺，不可妄意推求，必欲舍此拙法而別求妙解。

知得如此是病，卻便不如此是藥。若更問何由得如此，則是騎驢覓驢，只是一場閒話矣。騎驢覓驢，《傳燈錄》云：「參禪有二病，一是騎驢覓驢，一是騎驢不肯下。此病皆是難醫，若解下，方喚作道人。」又云：「不解即心是佛，真是騎驢覓驢。」

為學大要，只在求放心。此心泛濫無所收拾，將甚處做管轄處？其他用功總閑漫，須先就自心上立得定，決不雜，則自然光明四達，照用有餘。凡謂是非善惡，亦不難辨，況天理人欲，決不兩立，須得全在天理上行，方見人欲消盡。義之與利，不待分辨而明。至若所謂利者，凡有分毫求自利便處皆是，便與克去，不待顯著，方謂之利。此心須令純，純只在一處，不可令有外事參雜。遇事而發，合道理處，便與果決行去，勿顧慮。若臨事見義，方便遲疑，則又非也。仍須勤勤把將做事，不可俄頃放寬，日日時時如此，便須見驗。人之精神，習久自成。大凡人心，若勤緊收拾，莫令寬縱逐物，安有不得其正者。若真個提得緊，雖半月見驗可也。

今于日用間空閒時，收得此心在這裏截然，這便是喜怒哀樂未發之中，便是渾然天理。事物之來，隨其是非，便自見得分曉，是底便是天理，非底便是逆天理。常常恁地收拾得這心在，便如執權衡以度物。人若要洗刷舊習都淨了，卻去理會此道理。若無是理，只是收放心，把持在這裏，便須有個真心發見，從此便去窮理。

問：「靜中常用涵養？」曰：「說得有病。一動一靜，無時不養。學者工夫，且去翦截那浮泛底思慮，學者常用提省此心，使如日之升，則群邪自息。他本是光明廣大，自家則著些子力去提省照管他便了，不要苦著力，則反不是。」

以敬為主，則內外肅然，不忘不助，而心自存。不知以敬為心，而欲存心，則不免將一個心把捉一個心，外面未有一事時，裏面已有三頭兩緒，不勝其擾也。就使實能把捉得住，只此已是大病，況未必真能把捉得住乎！

人心纔覺時便在。孟子說求放心，求字已是遲了。

或謂：「人心紛擾時難把持。」曰：「真個是難把持，不能得久，又被事物及閑思慮引將去。《孟子》『牛山之木』一章，最要看操之則存，舍之則亡。」或又謂：「把持不能久勝，物欲不去。」曰：「這個不干別人事，雖是難，亦是自著力把持。常惺惺不要放倒，覺得物欲來，便著緊不要隨他去。這個須是自家理會，若說把持不得，勝他不去，是自壞了，更說甚『為仁由己而由人乎哉』？」又曰：「把心不定，喜怒憂懼四者皆足以動心。」問：「心不能自把捉否？」曰：「自是如此。蓋心便能把捉自家，自家卻如何把捉得他，惟有以義理涵養爾。」

問：「學者于已發處用功，此卻不枉費心？」曰：「存養於未發之前則可，求中於未發之前則不可。然則未發之前，固有平日存養之功矣，不必待已發然後用功也。」問：「涵養于未發之初，令不善之念全消，則易為力，若發後則難制？」曰：「聖賢之論，正要就發處制。惟子思說喜怒哀樂未發之謂中。孔子教人，多從發處說，未發時固當涵養，不成發後便都不管。」或雲：「這處最難。」因舉橫渠「戰退」之說，曰：「此亦不難，只要明得一個善惡，每日遇事，須體認見得是善，從而保養，自然不肯走在惡上去。」

問心思擾擾。曰：「程先生曰：『嚴威整肅，則心便一。一則自無匪僻之幹』，只纔整頓起處，便是天理。別無天理，但常常整頓處，思慮自一。此心此性，人皆有之，所以不識者，物欲昏之爾。欲識此本根，亦須合下，且識得個持養工夫，次第而加功焉，方始見得。見得之後，又不舍其持養之功，方始守得。蓋初不曾外來，只持養得，便自著見，但見窮理工夫互相發爾。」

人心中大段惡念，卻易制伏。最是那不大段計利害，乍往乍來底念慮，相續不斷，難為驅除。

人固有終身為善而自欺者，不特外面有，心中欲為善而常有個不肯底意思，便是自欺也，須是打迭得盡。蓋意誠而後心正，過得這一關後方可進。

有個天理，便有個人欲。蓋緣這個天理，有個安頓處，纔安頓得不恰好，便有人欲出來。天理、人欲，分數有多少。天理本多，人欲也便是天理裏面做出來，雖是人欲，人欲中自有天理。問：「莫不是本來全是天理否？」曰：「人生都是天理，人欲都是後來沒把鼻生底。人只個天理、人欲，此勝則彼退，彼勝則此退，無中立不進退之理。凡人不進，便退也。譬如劉、項相拒于滎陽、成皋間，彼進得一步，則此退一步，此進一步，則彼退一步。初學者只要牢劄定脚，與他捱，捱到一毫去，則逐旋捱將去，此心莫退，終須有勝時。勝時甚氣象，人只是此一心，今日是，明日非，不是將不是底換了是底；今日不好，明日好，不是將好底換了不好底。只此一心，便看天理、人欲之消長何如爾，以至千載之前，千載之後，與天地相為終始。只此一心，學者須是革盡人欲，復盡天理，方始是學。」又曰：「天理人欲，此長彼必短，此短彼必長。未知學問，此心渾為人欲。既知學問，天理自然發見而人欲漸漸消去者，固是好矣。然克得一層，又有一層，大者固不可有，而纖微者尤要密察。」

問：「五峰所謂『天理、人欲，同行異情』，莫非這裏要分別否？」曰：「同行異情，只如渴飲饑食等事，在聖賢無非天理，在小人無非人欲，所謂同行異情者如此。此事若不曾尋著本領，只是說得他名義而已矣。說得名義，盡分曉，畢竟無與我事，須就自家身上，實見得私欲錮蔽時如何，天理發見時如何，其間正有好用工夫處。蓋天理在人，亙古今而不泯，隨甚如何蔽錮，而天理常自若，無時不是私意中發出，但人不自覺。正如明珠大貝，混雜砂礫中，零星逐時出來，但只于這個道理發見處，當下認取，打合零星，漸成片段，到得自家好底意思，日長月益，則天理自然純固，向之所謂私欲者，自然消磨退散，久之不復萌動矣。若專務克治私欲而不能充長善端，則吾心與所謂私欲者，日相鬥敵，縱一時安伏得下，又當復作矣。初不道隔去私欲後，別尋一個道理主執而行，纔如是，又只是自家私意。只如一件事，見得如此為是，如此為非，便從是處行將去。誤了一事，必須知悔，只這知悔處，便是天理。孟子說牛山之木，既曰『若此其濯濯也』，又曰『萌蘖生焉』，既曰旦晝梏亡，又曰夜氣所存。如說求放心，心既放了，如何又求得？只為這些道理，根於一性者，渾然至善。故發於日用者，多是善底道理。只要人自識得，雖至惡人，亦只患他頑然不知省悟。若心裏稍知不穩，便從這裏改過，亦豈不可做好人？孟子曰：『人之所以異於禽獸者幾希，庶民去之，君子存之。』去只是去這些子，存只是存得這些子，學者所當深察也。」

問：「父母之于子，有無窮憐愛，欲其聰明，欲其成立，此之謂誠心也？」曰：「父母愛其子，正也。愛之無窮而必欲其如此，則邪矣。此天理、人欲之間，正當決審。」

要知天之與我者，只如孟子說「無惻隱之心非人也，無羞惡之心非人也，無是非之心非人也，無辭讓之心非人也」。今人非無惻隱、羞惡、是非、辭讓發見處，只是不省察，若於日用間誠省察此四端者，分明迸攢出來，就此便操存涵養將去，便是下手處。只為從前不省察了，此端纔見，又被物欲汩了，所以秉彝不可泯滅處雖在，而終不能光明正大，如其本然。古人瞽史誦詩之類，是規戒警悔之意，有時不然，便被他恁地訬，自是使人住不著。大抵學問須是警省。今說求放心，吾輩卻要得此心主宰得定，方賴此做事業。如《中庸》說「天命之謂性」，即此心也；「率性之謂道」，亦此心也；「修道之謂教」，亦此心也。以至於致中和，贊化育，亦只此心也。致知即心致也，格物即心格也，克己即心克也。非禮勿視、聽、言、動，勿與不勿，只爭毫髮地爾。所以明道說：「聖賢千言萬語，只是欲人將已放之心，收拾入身來，自能尋向上去。」今且須就心上做得主定，方驗得聖賢之言，有歸著自然有契。如《中庸》所謂「尊德性、致廣大、極高明」，蓋此心本自如此廣大，但為物欲隔塞，故其廣大有虧；本是高明，但為物欲系累，故于高明有蔽。若能常自省察警覺，則高明廣大者常自若，非有所損益之也。其「道問學」「盡精微」「道中庸」等工夫，皆自此做，盡有商量也。若此心上工夫，則不待商量。睹當即今見得如此，則更無間時，行時、坐時、讀書時，應事接物時，皆有著力處。大抵只要見得，收之甚易而不難也。文字講說得行而意味未深者，正要本原上加功，須是持敬以靜為主，此意須要於不做工夫時，頻頻體察，久而自熟。但是著實自做工夫，不干別人事，「為仁由己而由人乎哉」，此語的當。更看有何病痛，知有此病，必去其病，此便是療之之藥。如覺言語多，便用簡默；意思疏闊，更加細密；覺得輕浮淺易，便須深沉厚重。程先生所謂「矯輕警惰」。蓋如此人有此心，便知有此身；人昏昧不知有此心，便如人困睡不知有此身。人雖困睡，得人喚覺，則此身自在。心亦如此，方其昏蔽，得人警覺，則此心便在這裏。學者工夫，只在喚醒上。問：「人放縱時，自去收斂，便是喚醒否？」曰：「放縱只為昏昧之故，能喚醒則自不昏昧，則自不放縱矣。心只是一個心，非是以一個心治一個心。所謂存、所謂收，只是喚醒。心不專靜純一，故思慮不精明，便要養此心，令虛明專靜，使道理從裏面流出，便好。」問：「何以能如此？莫只在靜坐否？」曰：「自去點檢，且一日間，試看此幾個時在內，幾個時在外。小說中載趙公以黑、白豆記善、惡念之起，此是古人做工夫處，如此點檢，則自見矣。李先生嘗雲：『人之念慮，若是於顯然過惡萌動，此卻易見易除。卻怕於近似間底事爆起來，纏繞思念，將去不能除，此尤害事。』某向來亦是如此。」

問：「凡人之心，不存則亡，而無不存不亡之時，故一息之頃，不加提省之力，則淪亡而不自覺。天下之事，不是則非，而無不是不非之處，故一事之微，不加精察之功，則陷於惡而不自知。近見如此，不知如何？」曰：「道理固是如此，然初學亦能便如此也？」

問：「人之手動足履，須還是都覺得始得。看來不是處，都是心不在，後錯過了？」曰：「須是見得他合當是恁地。」

問：「『立則見其參於前，在輿則見其倚於衡』，只是熟後，自然見得否也？」曰：「也只是隨處見得，那忠信篤敬，是合當如此。」又問：「近見《敬齋箴》中雲：『擇地而蹈，折旋蟻封。遂如行步時，要步步覺得他移動，要之無此道理，只是常常提撕？』」曰：「這病痛須一一識得，方得。且如事父母，方在那奉養時，又自著著腳，解說道這個是孝，如事長，方在那順承時，又自著注腳，解說道這個是弟，便是兩個了。」問：「只是如事父母，當勞苦有倦心之際，卻須自省覺說這個是當然？」曰：「是如此。」或曰：「每常處事，或思慮之發，覺得發之正者，心常安，其不正者，心常不安。然義理不足以勝私之心，少間安者卻容忍不安者，卻依舊被私欲牽將去。

及至事過，又卻悔。悔時，依舊是本心發處否？」曰：然。只那安不安處，便是本心之德。孔子曰：『志士仁人，無求生以害仁，有殺身以成仁。』求生如何便害仁？殺身如何便成仁？只是個安與不安而已。」又曰：「不待接事時，方流入於私欲，只那未接物時，此心已自流了。須是未接物時，也常剔抉此心，教他分明，少間接事，便不至於流。上蔡解『為人謀而不忠』雲：『為人謀而忠，非特臨事而謀，至於平居靜慮，所思以處人者，一有不盡，則非忠矣。』此雖于本文說得來太過，然卻如此。今人未到為人謀時方不忠，只平居靜慮閑思念時，便自懷一個利便於己，將不好處推與人之心矣。須自於此處常常照管得分明，方得。」

問：「覺是人之本心，不容泯沒，故乘間發見之時，直是昭著，不與物雜。於此而自識，則本心之體即得其真矣。上蔡謂人須自識其真心，竊恐謂此。然此恐亦隨在而有。蓋此心或昭著燕閒靜一之時，如孟子言平旦之氣；或發見於事物感動之際，如孟子言人乍見孺子將入井，皆有怵惕惻隱之心；或求文字而怡然有得，如程伊川先生所謂有讀《論語》了後，其中得一兩句喜者；或索之講論而恍然有悟，如夷子聞孟子極論一本之說，遂憮然為問而受命。凡此恐皆是覺處。若素未有覺之前，但以為己有是心而求以存之，恐昏隔在此，不知實為何物，必至覺時，方始識其所以為心者。既嘗識之，則恐不肯甘心以其虛靈不昧之體，迷溺于卑污苟賤之中，此所以汲汲求明，益不能已，而其心路已開，亦自有可進步處，與夫茫然未識旨趣者，大不侔矣。故某嘗竊疑覺為大學、小學相承之機，不知是否？」曰：「所論甚精，但覺似少渾厚之意。心字，一言以蔽之，曰生而已。天地之大德曰生。人受天地之氣而生，故此心必仁。仁則生矣。」

朱子《與平甫書》曰：「學問之道，不在於多言，但默坐澄心體認，天理若見，雖一毫私欲之發，亦自退聽矣。久久用力於此，庶幾漸明，講學始有力也。大率有疑處，須靜坐體究，人倫必明，天理必察。於日用處著力，可見端緒，在勉之爾。」

一之問：「存養多用靜否？」曰：「不必然。孔子卻都就用處教人做工夫。今雖說主靜，然亦非棄物事以求靜。既為人，自然用事君親，交朋友，撫妻子，御童僕，不成捐棄了，只閉門靜坐，事物之來，且曰：『候我存養』，又不可只茫茫隨他事物中走。二者須有個思量倒斷始得。」頃之，復曰：「動時靜便在這裏，動時也有靜，順理而應，則雖動亦靜也。故曰：『知止而後有定，定而後能靜。』事物之來，若不順理而應，則雖塊然不交於物以求靜心，亦不能得靜。惟動時能順理，則無事時能靜，靜時能存，則動時得力。須是動時也做工夫，靜時也做工夫，兩莫相靠，使工夫無間斷始得。若無間斷，靜時固靜，動時心亦不動，動亦靜也。若無工夫，則動時固動，靜時雖欲求靜，亦不可得而靜，靜亦動也。動靜如船之在水，潮至則動，潮退則止。有事則動，無事則靜。（一雲：事來則動，事過則靜。如潮頭高，船也高。潮頭下，船也下。）雖然，動靜無端，亦無截然為動為靜之理。如人之氣，吸則靜，噓則動；又問答之際，答則動也，止則靜矣。凡事皆然。且如涵養、致知，亦何所始？但學者須是截從一處做去。程子謂學莫先於致知，是知在先；又曰『未有致知而不在敬者』，則敬也在先。從此推去，只管恁地。」

李伯誠曰：「打坐時意味也好。」朱子曰：「坐時固是好，須是臨事接物，長如坐底時方好。」靜中動，起念時；動中靜，是物各付物。

或問：「而今看道理不出，只是心不虛靜否？」曰：「也是不會去看。會看底就看，自虛靜。這個互相發。」

主敬存養，雖說必有事焉，然未有思慮作為，亦靜而已。所謂靜者，固非枯木死灰之謂；而所謂必有事者，亦豈求中之謂哉？

問：「伯羽如何用功？」曰：「且學靜坐，痛抑思慮。」曰：「痛抑也不得，只是放退可也。若全閉眼而坐，卻有思慮矣。」又言：「也不可全無思慮，但要無邪思爾。」問：「某尋常覺得資質昏愚，但持敬則此心虛靜，覺得好。若敬心稍不存，則裏面固是昏雜，而發於事亦兀突，所以專於敬而無失上用功。」曰：「這裏未消說敬與不敬在。蓋敬是第二節事，而今把來夾雜說，則鶻突了，愈難理會。且只要識得那一是一、二是二，便是虛靜也要識得這物事，不虛靜也要識得這物事。如未識這物事，則所謂虛靜亦是黑底虛靜，不是白底虛靜。而今須是要打破那黑底虛靜，換做個白底虛靜，則八窗玲瓏，無不融通。不然，則守定那裏底虛靜，終身黑淬地，莫之通曉也。」問：「每日暇時，略靜坐以養心，但覺意自然紛起，要靜越不靜。」曰：「程子謂心自是活底物事，如何窒定教他不思？只是不可胡亂思。纔著個要靜底意思，便添了多少思慮。且不要恁地拘迫他，須自有寧息時。」又曰：「要靜便是先獲，便是助長，便是正。」

或問：「延平先生靜坐之說如何？」曰：「這事難說。靜坐便理會道理，自不妨。只是專要靜坐，則不可。理會得道理明透，自然是靜。今人都是討靜坐以省事，則不可。蓋心下熱鬧，如何看得道理出？須是靜，方看得出。所謂靜坐，只是打迭心下無事，則道理始出。道理既出，則心愈明靜矣。」

問：「人之思慮，有正有邪。若是大段邪僻之思，都容易制；惟是許多頭無端頭面不緊要底思慮，不知何以制之？」曰：「此亦無他，只是覺得不當思量底，則莫要思量。便從覺下做工夫，久久純熟，自然無此等思慮矣。譬如人坐不定者，兩腳常要行；但纔要行時，便自省覺，不要行，久久純熟，亦自然不要行而坐得定矣。前輩有欲澄治思慮者，于坐處置兩器。每起一善念，則投一粒白豆于器中；每起一惡念，則投一粒黑豆于器中。初時黑豆多，白豆少；後來白豆多，黑豆少。到後來，遂不復有黑豆。最後，則雖白豆亦無之矣。然此只是個死法。若更加以讀書窮理底工夫，則去那般不正底思慮，何難之有。又如人喜做不要緊事，如寫字作詩之屬，初時念念要做，更遏禁不得。若能將聖賢言語來味，見得義理分曉，則漸漸覺得此重彼輕，久久不知不覺，自然剝落消隕去。何必橫生一念，要得別尋一捷徑，盡去了意見，然後能如此！此皆是不耐煩去修治他一個身心了，作此見解。譬如人做官，則當致誠去做職業。卻不耐煩去做，須要尋個倖門去鑽，道鑽得這裏透時，便可以超躐將去。今欲去意見者，皆是這個心。學者但當就意見上分真妄，存其真者，去其妄者而已。若不問真妄，盡欲除之，所以游游蕩蕩，虛度光陰，都無下工夫處。」因舉《中庸》曰：「『喜怒哀樂未發謂之中，發而皆中節謂之和。』中也者，天下之大本；和也者，天下之達道。致中和，天地位焉，萬物育焉。』只如喜怒哀樂，也皆人之所不能無者，如何要去得？只是要發而中節爾。所謂致中，如孟子之求放心與存心養性是也；所謂致和，如孟子論平旦之氣與充廣其仁義之心是也。今卻不耐煩去做這樣工夫，只管要捷徑，去意見，只恐所謂去意見者，正未免為意見也。聖人教人，如一條大路，平平正正，自此直去，可以到聖賢地位。只是要人做得徹。做得徹時，也不大驚小怪，只是私意剝落淨盡，純是天理融明爾。」又曰：「『興于《詩》，立于禮，成于樂。』聖人做出這一件物事來，使學者聞之自然歡喜，情願上這一條路去，四方八面攛掇他去這路上行。」又曰：「所謂致中者，非但自在中而已。纔有些子偏倚，便不可。須是常在那中心十字上立，方是致中。譬如射，雖射中紅心，然在紅心邊側，亦未當，須是正當紅心之中，乃為中也。」輔廣云：「此非常存戒謹恐懼底工夫不可。」曰：「固是。只是個戒謹恐懼，便是工夫。」又曰：「『博我以文，約我以禮』，聖門教人，只此兩事。須是互相發明，約禮工夫深，則博文底工夫愈明；博文工夫至，則約禮底工夫愈密。」

或問先生人事之煩。曰：「人凡事只得耐煩做將去，方起厭心便不得。」

或問理會應變處。曰：「今且當理會常，未要理會變。常底許多道理，未能理會得盡，如何便要理會變？聖賢說話，許多道理，平鋪在那裏，且要闊著心胸，平去看通透後，自能應變，不是硬捉定一物，便要討常，便要討變。今也須如僧家行腳，接四方之賢士，察四方之事情，覽山川之形勢，觀古今興亡治亂得失之跡，這道理方見得周徧。士而懷居，不足以為士矣。不是塊然守定這物事，在一室閉戶獨坐便了，便可以為聖賢。自古無不曉事情底聖賢，亦無不通變底聖賢，亦無關門獨坐底聖賢。聖賢無所不通，無所不能，那個事理會不得！如《中庸》『天下國家有九經』，便要理會許多物事。如武王訪箕子，陳《洪範》，自身之貌言視聽思，極至於天人之際，以人事則有八政，以天時則有五紀，稽之于卜筮，驗之於庶徵，無所不備。如《周禮》一部書，載周公許多經國制度，便有國家當自家做，只是古聖賢許多規模大體也要識。蓋這道理無所不該，無所不在。且如禮樂射御書數，許多周旋升降、文章品節之繁，豈有妙道精義在，只是也要理會，理會得熟時，道理便在面上。又如律曆、刑法、天文、地理、軍旅、官職之類，都要理會。雖未能洞究其精微，然也要識個規模大概，道理方浹洽通透。若只守個些子，捉定在這裏，把許多都做閒事，便都無事了，如此只理會得門內事，門外事便了不得。所以聖賢教人要博約，須是博學之，審問之，慎思之，明辨之，篤行之。子曰：『我非生而知之者，好古敏以求之者也。』『文、武之道，布在方策。在人，賢者識其大者，不賢者識其小者。』『夫子焉不學？而亦何常師之有！』聖人雖是生知，然也事事理會過，無一之不講。這道理不是只就一件事上理會見得便了，學時無所不學，理會時卻是逐一件上理會去。凡事雖未理會得詳密，亦有個大要處，縱詳密處未曉得，而大要處已被自家見了。今只就一線上窺見天理，只恁地了，便要去通那萬事，不知如何通得！萃百物，然後觀化工之神；聚眾材，然後知作室之用。於一事一義上，欲窺見聖人之用心，非上智不能也。須開心胸去理會，天理大，所包得亦大。且如五常之教，自家而言，只有個父子、兄弟、夫婦，纔出外，便有朋友。朋友之中，事已殺多，及身有一官，君臣之分便定，這裏面又殺多事。多事都合講過。他人未做工夫底，亦不敢向他說，如吾友于己分上已自見得，若不說與公，又可惜了，他人於己分上不曾見得，泛而觀萬事，固是不得，而今已有個本領，卻只捉定這些子便了，也不得。如今只道是持敬，收拾人心，日用要合道理，無差失，此固是好，然出應天下事，應這事得時，應那事又不得。學之大本，《中庸》《大學》已說盡了，《大學》首說格物致知，為甚要格物致知？便是要無所不格，無所不知。物格知至，方能意誠、心正、身修，推而至於家齊、國治、天下平，自然滔滔去，都無障礙。」

元晦謂略於省察。向來某與渠書，亦嘗論此矣。後便錄呈。如三省、四勿，皆持養省察之功兼焉，大要持養是本，省察所以成其持養之功者也。

熹舊時亦要無所不學。禪、道、文章、《楚辭》《詩》兵法，事事要學。一日忽思之曰：「且慢！我只一個渾身，如何兼得許多？」自此逐時去了。

學者須是主一上做工夫。若無主一工夫，則所講底義理無安著處，都不是自家物事。工夫到時，纔主一，便覺意思好，卓然精神。不然便散漫消索了，沒意思。做工夫只自腳下便做將去，固不免有散緩時，但纔覺便收斂將來。漸漸做去，但得收斂時節多，散緩之時少，便是長進處。故孟子說：「學問之道無他，求其放心而已。」所謂「求放心」者，非是別去求個心存著。只纔覺，放心便在此。孟子又曰：雞犬放則知求之，心放則不知求。某嘗謂：雞犬猶在外面，纔放了，須去外面捉將來。若是自家心，更不用別求，纔覺便在這裏。雞犬放猶有求不得，自家心則無求不得之理。

橫渠說做工夫處，更精切似二程。二程資稟高明潔淨，不大段用工夫。橫渠資稟有偏駁夾雜處，大段用工夫來。觀其言曰：「心清時少，亂時多。其清時，視明、聽聰，四體不待羈束而自然恭敬；其亂時，反是。」說得來大段精切。

聖人言語，當初未曾關聚，如說出門如見大賓，使民如承大祭等類，皆是敬之目。到程子始關聚，說出一個敬來教人。然敬有甚物？只如畏字相似，不是塊然兀坐，耳無聞，目無見，全不省事之謂。只收斂身心，整齊純一，不恁地放縱，便是敬。

孔子之所謂克己復禮，《中庸》所謂致中和，尊德性，道問學，《大學》所謂明明德，《書》曰：「人心惟危，道心惟微，惟精惟一，允執厥中。」聖人千言萬語，只是教人存天理，滅人欲。人性本明，如寶珠沉溷水中，明不可見，去了溷水，則寶珠依舊自明。自家若知得是人欲蔽了，便是明處，只是這上便緊緊著力主定，一面格物。今日格一物，明日格一物，正如遊兵攻圍拔守，人欲自銷鑠去。所以程先生說敬字，只謂我自有一個明底物事在這裏，把個敬字抵敵，常常存個敬在這裏，則人欲自然來不得。夫子曰：「為仁由己，而由人乎哉。」緊要處正在這裏。

聖賢言語，大約似乎不同，然未始不貫。只如夫子言非禮勿視、聽、言、動，「出門如見大賓，使民如承大祭」，「言忠信，行篤敬」，這是一副當說話。到孟子又卻說求放心，存心養性。《大學》則又有所謂格物致知，正心誠意。至程先生又專一發明一個敬字。若只恁地看，似乎參錯不齊，千頭萬緒，其實只一理。道夫曰：「泛泛於文字間，秖覺得異，實下功，則貫通之理始見。」曰：然。只就一處下工夫，則餘者皆兼攝在裏。聖賢之道，如一室然，雖門戶不同，自一處行來，便入得，但恐不下工夫爾。

因歎敬字工夫之妙，聖賢之所以成始成終者，皆由此。故曰「修己以敬」，下面安人、安百姓，皆由於此，只緣子路問不置，故聖人復以此答之。只是個「修己以敬」，則其事皆了。或曰：「自秦、漢以來，諸儒皆不識這敬字，直至程子方說得親切，學者知所用力。」曰：「程子說得如此親切了，近世程沙隨猶非之，以為聖賢無單獨說敬字時，只是『敬親』『敬君』『敬長』，方著個敬字，全不成說話。聖人說『修己以敬』，曰『敬而無失』，曰『聖敬日躋』，何嘗不單獨說來？若說有君、有親、有長時用敬，則無君、無親、無長之時，將不敬乎？」

敬之一字，學者若能實用其力，則雖程子兩言之訓，猶為剩語。如其不然，則言愈多，心愈雜，而所以病夫敬者益深矣。當使截斷嚴整之時多，膠膠擾擾之時少，方好。

敬不是萬慮休置之謂，只是隨事專一謹畏，不放逸爾。非專是閉目靜坐，耳無聞，目無見，不接事物，然後為敬。整齊收斂這身心不敢放縱，便是敬。嘗謂敬字似甚字，卻似個畏字。

周先生只說「一者，無欲也」，然這話頭高，卒急難湊泊，尋常人如何便得無欲？故伊川只說個敬字，教人只就這敬字上捱去，庶幾執捉得定，有個下手處，縱不得，亦不至失。要之皆只要人於此心上見得分明，自然有得爾。然今之言敬者，乃皆裝點外事，不知直截於心上求功，遂覺累墜不快活。不若眼下於求放心處有功，則尤省力也。但此事甚易，只如此提醒，莫令昏昧，一二日便可見效，且易而省力。只在念不念之間爾，何難而不為？

敬即是此心自做主宰處。

問：「下學與上達，固相對是兩事，然下學卻當大段多著工夫？」曰：「聖賢教人多說下學事，少說上達事。說下學工夫要多，也好，但只理會下學，又局促了，須事事理會過來，也要知個貫通處。不去理會下學，只理會上達，即都無事可做，恐孤單枯燥。程先生雲：『但是自然，更無玩索。』既是自然，便卻無可理會了。譬如耕田，須是種下種子，便去耘鋤灌溉，然後到那熟處。而今只想像那熟處，卻不曾下得種子，如何會熟？」

問：「為學道理，日用間做工夫，所以要步步縝密者，蓋緣天理流行日用之間，千頭萬緒，無所不在，故不容有所欠缺，便於天理湊得著？」曰：「也是如此。理只在事物之中，做工夫須是密，然亦須就那疏處斂向密，又就那密處展放開。若只拘要那縝密處，又卻局促了。」問：「放開樣子如何？」曰：「亦只是見得天理是如此，人欲是如此，便做將去。」或云：「無時不戒謹恐懼，則天理無時而不流行；有時而不戒謹恐懼，則天理有時而不流行。此語如何？」曰：「不如此也不得，然也不須將戒謹恐懼說得太重。不是恁地驚恐，只是常常提撕，認得這物事，常常存得不失。今人只見他說此四個字重，便作臨事驚恐看了。『如臨深淵，如履薄冰』，曾子也只是認這道理，常常恁地把捉去，不成便恁地驚恐。學問只是要此心常存，若不用戒謹恐懼而此理常流通者，惟天地與聖人。不勉而中，不思而得，從容中道，亦只是此心常存，理常明，故能如此。賢人所以異于聖人，眾人所以異于賢人，亦只爭這些子境界，存與不存而已。嘗謂人無有極則處，便是堯、舜、周、孔，不成說我是從容中道，不要去戒謹恐懼。那工夫亦自未嘗得息。」

持養之久，則氣漸和，氣和則溫裕婉順，望之者意消忿解，而無招咈取怒之患矣。體察之久，則理漸明，理明則諷導詳款，聽之者心喻慮移，而無起爭見卻之患矣。更須參觀物理，深察人情，體之以身，揆之以時，則無偏蔽之失也。持養、察識之功，要當並進，更當於事事物物，試驗學力。若有窒礙齟齬，即深求病源所在而鋤去之。

問：「『持其志無暴其氣』，古人在車聞鸞和，行則有佩玉，凡此皆所以無暴其氣，今人既無此，不知何如而為無暴？」曰：「此人多動作，多笑語，做力所不及底事，皆是暴其氣。今學者須事事節約，莫教過當，此便是養氣之道也。」

問夜氣平旦之氣，曰：「這一段，其所以主卻在心，熹嘗謂只有程先生『夜氣之所存者，良知也，良能也』，諸家解，惟此說為當。」

梨洲《師說》曰：「平旦之氣，即是良心，不是良心發見於此氣也。」又曰：「孟子言良心，何不指其降衷之體言之，而形容平旦之氣，似落於跡象。不知此即流行之命也。知此即為知命。猶之太虛，何處不是生意？然不落土則生機散漫，無所收拾。佛氏以虛無為體，正坐不知命。」

洪慶將歸，朱子召入與語，曰：「此去但存養，要這個道理分明。常在這裏，久自有覺。覺後自有此物洞然，貫通圓轉。」乃舉《孟子》「求放心」「操則存」兩節，及《明道語錄》中「聖賢教人千言萬語下學上達」一條雲：「自古聖賢教人也，只就這裏上用功。所謂『放心』者，不是走作向別處，蓋一瞬目間便不見，纔覺得便又在面前。不是苦難收拾，公且自去提撕，便見得。」又曰：「如合要『下學』工夫，且須端莊存養，獨觀昭曠之原，不須全費工夫，鑽紙上語。待存養得，此中昭明洞達，自覺無許多窒礙，恁時方取文字來看，則自然有意味，道理自然透徹，遇事時自然迎刃而解，皆無許多病痛。此等語不可對諸人說，恐他不肯去看文字，又不是了。且教他看文字，撞來撞去，將來自有撞著處。凡看文字，非是要理會文字，正要理會自家性分上事。學者須要主一，主一常要心存在這裏，方可做工夫。如人須尋個屋子住，至於為農工商賈，方惟其所之。住若無個屋子，如小人趁得百錢，亦無歸宿。孟子說『求其放心』，已是兩截。如常知得心存這裏，則心自不放。」又雲：「無事時，須要知得此心。不知此心，卻似睡困，都不濟事。今看文字，又理會義理不出，亦只緣主一工夫欠缺。」

學者須是培養，今不做培養工夫，如何窮得理。程子言「動容貌，整思慮，則自生敬。敬只是主一也。存此則自然天理明」。又曰：「整齊嚴肅，則心便一，一則自無匪僻之幹，此意但涵養久之，則天理自然明。」今不曾做得此工夫，胸中膠擾駁雜，如何窮得理一？如他人不讀書，是不肯去窮理，又無持敬工夫，從陸子靜學，如楊敬仲輩，持守得亦好。若肯去窮理，須窮得分明。然他不肯讀書，只任一己私見，有似個稊稗。今若不做培養工夫，便是五穀不熟，又不如稊稗也。

人也有靜坐無思念底時節，也有思量道理底時節，豈可畫為兩途，說靜坐時與讀書時工夫迥然不同。當靜坐涵養時，正要體察思繹道理，只此便是涵養。不是說喚醒提撕，將道理去卻那邪思妄念，只自家思量道理時，自然邪念不作。「言忠信，行篤敬，立則見其參於前，在輿則見其倚於衡」，只是見這忠信篤敬在眼前，自然邪念無自而入。非是要存這忠信篤敬，去除那不忠不敬底心。今人之病，正在其靜坐、讀書時，二者工夫不一，所以差。

「惺惺」乃心不昏昧之謂，只此便是敬。心若昏昧，燭理不明，雖強把捉，豈得為敬。

學固不在乎讀書，然不讀書則義理無由明。要之，無事不要理會，無書不要讀。若不讀這一件書，便缺了這一件道理；不理會這一件事，便缺了這一件道理。要他底，須著些精彩方得。然泛泛做，又不得。故程先生教人以敬為本，然後心定理明。孔子言出門如見大賓，使民如承大祭，也是散說要人敬。但敬便是關聚底道理。

日用之間，隨時隨處提撕此心，勿令放逸，而於其中隨事觀理，講求思索，沈潛反復，庶于聖賢之教，漸有默相契處，則自然見得天道性命，真不外乎此身，而吾之所謂學者，舍是無有別用力處。

嘗愛古人說得「學有緝熙于光明」，此句最好。蓋心地本自光明，只被利欲昏了，今所以為學者，要令其光明處轉光明，所以下「緝熙」字。心地光明，則此事有此理，此物有此理，自然見得。且如人心何嘗不光明，見他人做得是，便道是，做得不是，便知不是，何嘗不光明，然只是纔明便昏了。又有一種人，自謂光明，而事事物物原不曾照見，似此光明，亦不濟得事。

《大學》是聖門最初用功處，格物又是《大學》最初用功處。然格物是夢覺關，格得來是覺，格不得只是夢。誠意是善惡關，誠得來是善，誠不得只是惡。過得此二關，上面工夫，卻一節易如一節了。到得平天下處，尚有些工夫，只為天下闊，須著如此點檢。

學者讀書，須是於無味處當致思焉。至於群疑並興，寢食俱廢，乃能驟進。因歎驟進二字最下得好，須是如此。若進得些子，或進或退，若存若亡，不濟事。如用兵相殺，爭得些兒小可一二十里地，也不濟事。須大殺一番，方是善勝。為學之要，亦是如此。

讀書，始讀未知有疑，其次則漸漸有疑，中則節節是疑。過了這一番後，疑漸漸解，以至融會貫通，都無所疑，方始是學。

學者要看義理，須是胸次放開，磊落明快。恁地去，第一不可先責效，纔責效便有憂愁底意思。只管如此，胸中便結聚一餅子不散。今且放置閒事，不要閑思量，只專心去玩味義理，便會心精，心精便會熟。

讀書須是有精力。至之曰：「亦須是聰明。」曰：「雖是聰明，亦須是靜，方運得精神。昔見延平說：『羅先生解《春秋》也淺，不似胡文定。後來隨人入廣，在羅浮山住三兩年，去那裏心靜，須看得較透。』某初疑《春秋》干心靜甚事，後來方曉，蓋靜則心虛，道理方看得出。」

看書與日用工夫，皆要放開心胸，令其平易文闊，方可徐徐旋看道理，浸灌培養。切忌合下便立己意，把捉得太緊了，即氣象急迫，田地狹隘，無處著工夫也。今人觀書，先自立了意，後方觀書，牽古人言語，入做自家意思中來。如此，則是推廣得自家意思，如何得見古人意思？須是虛此心，將古人言語放前面，看他意思倒殺向何處去。如此玩心，方可得古人意，有長進處。且如孟子說《詩》，要「以意逆志，是為得之」。逆者，等待之謂也。如前途等待一人，未來時，且須耐心等，將來自有來時候。他未來，其心急迫，又要進前尋來，卻不是以意逆志，卻是以意捉志也。如此，只是牽古人言語，入做自家意思中來，終無進益。

讀書理會道理，只是將勤苦捱將去，不解得不成。文王猶勤，而況寡德乎？今世上有一般議論，成就後生懶惰。如雲「不敢輕議前輩」「不敢妄立論」之類，皆中怠惰者之意。前輩固不敢妄議，然論其行事之是非，何害？固不可鑿空立論，然讀書有疑，有所見，自不容不立論。其不立論者，只是讀書不到疑處爾。將諸家說相比並，以求其是，便是有合辯處。

經之有解，所以通經，經既通，自無事于解。借經以通乎理爾，理得則無俟乎經。今意思只滯在此，則何時得脫然會通也？且所貴乎簡者，非謂欲語言之少也，乃在中與不中爾。若句句親切，雖多何害？若不親切，愈少愈不達矣。某嘗說讀書須細看得意思通融後，都不見注解，但見有正經幾個字在，方好。

大抵思索義理到紛亂窒塞處，須是一切掃去，放教胸中空蕩蕩地了，卻舉起一看，便是覺得有下落處。此說向見李先生曾說來，今日方真實驗得如此，非虛語也。

問：「力行何如說是淺近語？」曰：「不明道理，只是硬行。」又問：「何以為淺近？」曰：「他只見聖賢所為，心下愛，硬依他行，這是私意，不是當行。若見得道理時，皆是當恁地行。」

廖晉卿請問所讀書，朱子雲：「公心放已久，精神收拾未定，且收斂精神，方可商量讀書。」

方伯謨勸先生少著書。答曰：「在世間吃了飯後，全不做得些子事，無道理。」

人多言「為事所奪，有妨講學」，此謂「不能使船，嫌江曲」者也。遇富貴，就富貴上做工夫，遇貧賤就貧賤上做工夫。兵法一言最佳：「因其勢而利導之。」人謂齊人弱，田忌乃因其弱以取勝。又如韓信特地送許多人安於死地，乃始得勝。學者若有絲毫氣在，必須盡力。除非無了此氣，這口不會說話，方可休也。

古人所以從事于學者，其果何為而然哉？天之生斯人也，則有常性。人之立於天地之間也，則有常事。在身有一身之事，在家有一家之事，在國有一國之事。其事也，非人之所能為也，性之所有也。弗勝其事，則為弗有其性；弗有其性，則為弗克若天矣。克保其性而不悖其事，所以順乎天也。然則舍講學其能之哉！凡天下之事，皆人之所當為。君臣、父子、兄弟、夫婦、朋友之際，人事之大者也，以至於視聽言動，周旋食息，至纖至悉，何莫非事者。一事之不貫，則天性之陷溺也。然則講學其可不汲汲乎！學，所以明萬事而奉天職也。雖然，事有其理，而著於吾心。心也者，萬事之宗也。惟人放其良心，故事失其統紀。學也者，所以收其放而存其良也。夏葛而冬裘，饑食而渴飲，理之所固有而事之所當然者，凡吾於萬事，皆見其若是也，而後為當其可。學者求乎此而已。嘗竊怪今世之學者異乎是。鼓篋入學，抑亦思吾所謂學者，果何事乎？聖人之立教者，果何在乎？而朝廷建學，群聚而教養者，又果何為乎？嗟乎！此獨未之思而已矣。使其知所思，則必竦然動於中，而其朝夕所接君臣、父子、兄弟、夫婦、朋友之際，視聽言動之間，必有不得而遁者，庶乎可以知入德之門矣。

講究義理，須要看得如饑食渴飲，只是平常事。若談高說妙，便是懸空揣度，去道遠矣。近日學者論仁，多只是要見得仁字意思，縱使逼真，亦終非實得。看《論語》中聖人所言，只欲人下工夫，升高自下，陟遐自邇，循序積習，自有所至。存養、省察，固當並進。存養是本，工夫固不越於敬，敬固主一。此事惟用力者，方知其難。

講學不可以不精也，毫釐之差，則其弊有不可勝言者。故夫專于考索，則有遺本溺心之患，而騖于高遠，則有躐等憑虛之憂；二者皆其弊也。考聖人之教，固不越乎致知力行之端，患在人不知所用力爾。莫非致知也，日用之間，事之所遇，物之所觸，思之所起，以至於讀書考古，知所用力，則莫非吾格物之妙也。其為力行也，豈但見於孝弟忠信之所發，形於事而後行乎？自息養瞬存，以至於三千三百之間，皆合內外之實也。行之力，則知愈進；知之深，則行愈達。

做事若顧利害，其終未有不陷於害也。古人臨事，所以要回互時，是一般國家大事，系生死存亡之際，有不可直情徑行處，便要權其輕重而行之。今則事事用此，一向回互，至於枉尺直尋，而利亦可為與？是甚意思？

問：「學者講明義理之外，亦須理會時政。凡事要一一講明，使先有一定之說，庶他日臨事不至面牆？」曰：「學者若得胸中義理明，從此去量度事物，自然泛應曲當。人若有堯、舜許多聰明，自做得堯、舜許多事業。若要一一理會，則事變無窮，難以逆料，隨機應變，不可預定。今世才人文士，開口便說國家利害，把筆便述時政得失，終濟得甚事？只是講明義理，以淑人心。」

人最不可曉。有人奉身儉嗇之甚，充其操，上食槁壤，下飲黃泉底，卻只愛官職。有人奉身清苦而好色，他只緣私欲不能克，臨事只見這個重，都不見別個了。或曰：「似此等人，分數勝已下底。」曰：「不得如此說。纔有病，便不好，更不可以分數論。他只愛官職，便弒父與君也敢。」

古人尊貴，奉之者愈備，則其養德也愈善。後之奉養備者，賊之而已矣。

為血氣所使者，只是客氣。惟於性理說話涵泳，自然臨事有別。

處事須是慈祥和厚為本。如勇決剛果，固不可無，然用之有處所。事至於過當，便是偽。

學常要親細務，莫令粗心。問：「避嫌是否？」曰：「合避豈可不避？如瓜田不納履，李下不整冠，豈可不避？如君不與同姓同車，與異姓同車不同服，皆是合避處。事有不當耐者，豈可常學耐事？學耐事，其弊至於苟賤不廉。學者須要有廉隅牆壁，便可擔負得大事去。如子路世間病痛都沒了，親於其身為不善者不入，此大者立也。」

恥有當忍者，有不當忍者。人須有廉恥。孟子曰：「恥之於人大矣哉！」恥便是羞惡之心。人有恥，則能有所不為。今有一樣人，不能安貧，其氣錯屈，以至立脚不住。不知廉恥，亦何所不至。因舉呂舍人詩：「逢人即有求，所以百事非。」如《論語》必須論「富與貴，是人之所欲也，不以其道得之，不處也；貧與賤，是人之所惡也，不以其道得之，不去也。」然後說「君子去仁，惡乎成名」？必先教取捨之際，限界分明，然後可做工夫。不然，則立脚不定，安能有進？又云：學者不于富貴貧賤上立定，則是入門便差了也。人之所以戚戚於貧賤，汲汲于富貴，只緣不見這個道理。若真見這個道理，何富貴之足羨而貧賤之足憂邪？

學者常常以志士不忘溝壑為念，則道理重而計較死生之心輕矣。況衣食至微末事，不得亦未必死，亦何用犯義犯分，役心役志，營營以求之邪？某觀今人，固不能咬菜根而至於違其本心者，衆矣，可不戒哉！惟君子然後知義理之所必當為，與義理之所必可恃。利害得失，既無所入於其心，而其學又足以應事物之變，是以氣勇謀明，無所懾憚。不幸蹉跌，死生以之。小人之心，一切反是。（文淵閣四庫全書《朱子語類》卷一—卷二四，又見《朱子語類》，中華書局一九八六年版，第一—五六六頁）

宗羲案：「涵養須用敬，進學在致知」，此伊川正鵠也。考亭守而勿失，其議論雖多，要不出此二言。大較明道之言，故欲揚之，恐人滯；考亭之言，故欲抑之，恐人蕩，其用心則一也。然考亭之悟，畢竟在晚年。陽明子為《朱子晚年定論》，雖或有出於早年者，其大意則灼然不失也。一輩學人，胸無黑白，不能貫通朱子之意，但驚怖其河漢，執朱子未定之論，不敢信孔、孟，並不敢信朱氏，是豈朱子之所欲哉？

晦翁文集

自聖學不傳，世之為士者不知學之有本，而惟書之讀，則其所以求於書，不越於記誦、訓詁、文辭之間，以釣聲名、干祿利而已。是以天下之書愈多而理愈昧，學者之事愈勤而心愈放。詞章愈麗，議論愈高，而其德業事功之實，愈無以逮乎古人。然非書之罪也。讀者不知學之有本，而無以為之地也。（《福州州學經史閣記》，文淵閣四庫全書《晦庵集》卷八十，又見《朱子全書》二四冊，第三八一三頁。）

人之所以位天地之中而為萬物之靈者，心而已矣。然心之為體，不可以聞見得，不可以思慮求。謂之有物則不得於言，謂之無物則日用之間無適而非是也。君子于此，亦將何所用其力哉？必有事焉而勿正，必勿忘，勿助長，則存之之道也。如是而存，存而久，久而熟，心之為體，必將瞭然有見乎參倚之間，而無一息之不存矣。（《存齋記》，文淵閣四庫全書《晦庵集》卷七十七，又見《朱子全書》二四冊，第三六九八—三六九九頁。）

若如所謂「當應事，然後思是事之理；當接物，然後思是物之理」，則恐思之有豫而無所及。若豫講之，則又陷於所謂出位而思，念慮紛擾之病。竊意用力之久，必有說以處此矣。幸明告我，得以反復之。（《答程次卿》，文淵閣四庫全書《晦庵集》卷五十九，又見《朱子全書》二三冊，第二八一二頁。）

若知此心此理，端的在我，則參前倚衡，自有不容舍者，亦不待求而得，不待操而存矣。格物致知，亦是因其所已知者，推之以及其所未知。只是一本，原無兩樣工夫也。（《答陳才卿》，文淵閣四庫全書《晦庵集》卷五十九，又見《朱子全書》二三冊，二八四七頁。）

如釋氏擎拳豎拂、運水搬柴之說，豈不見此心，豈不識此心！而卒不可與入堯、舜之道者，正謂不見天理，而專認此心以為主宰，故不免流於自私爾。前輩有言聖人本天，釋氏本心，蓋謂此也。（《答張欽夫》，文淵閣四庫全書《晦庵集》卷三十，又見《朱子全書》二一冊，第一三一四頁。）

邵子又謂「心者，性之郛廓」，乃為近之，但其語意未免太粗。須知心是身之主宰，而性是心之道理，乃無病爾。所謂察識此心，乃致知之切近者，此說是也。然亦須知所謂識心，非徒欲識此心之精靈知覺也，乃欲識此心之義理精微爾。（《答姜叔權》，文淵閣四庫全書《晦庵集》卷五十二，又見《朱子全書》二二冊，第二四六〇頁。）

治國平天下，與誠意正心修身齊家，只是一理。所謂格物致知，亦曰如此而已矣。此《大學》一書之本指也。今必以治國平天下為君相之事，而學者無與焉，則內外之道，異本殊歸，與經之本旨正相南北矣。禹、稷、顏回同道，豈必在位乃為為政邪？（《答江德功》，文淵閣四庫全書《晦庵集》卷四十四，又見《朱子全書》二二冊，第二〇四〇頁。）

文字雖不可廢，惟涵養本原而察于天理人欲之判，此是日用動靜之間，不可頃刻間斷底事。若于此處見得分明，自然不到得流入世俗功利權謀裏去矣。熹亦近日方實見得向日支離之病，雖與彼中證候不同，然其忘己逐物、貪外虛內之失，則一而已。程子說：「不得以天下萬物撓己，己立後自能了得天下萬物。」今自家一個身心，不知安頓去處，而談王說霸，將經世事業，別做一個伎倆商量講究，不亦誤乎？

子約問：「主忠信之言，後於不重則不威，其意如何？」朱子答曰：「聖賢所言為學之序例如此。須先是外面分明有形象處把捉扶持起來，不如今人動便說正心誠意，卻打入無形影、無稽考處去也。」

須知「必有事焉」，只此一句，便合見天理流行，活潑潑地。方要於此著意尋討，便窒礙了。如說先難，只此二字，已見得為仁工夫。然於此處纔有計較，便夾雜了。故纔說上句，便說下句，以急救之。

來書亦于「智力」二字，畢竟看不破，放不下。殊不知此正是智力中之仁義，賓中之主，鐵中之金。若苦向這裏覓道理，便落在五霸假之以下規模裏，出身不得。孟子、董子所以拔本塞源，斬釘截鐵，便是正怕後人似此拖泥帶水也。熹常語此間朋友：「孟子一生忍窮受餓，費盡心力，只破得『枉尺直尋』四字。今日諸賢苦心勞力，費盡言語，只成就『枉尺直尋』四字，不知淆訛在甚麼處。」此話無告訴處，只得仰屋浩歎也。

示諭日用工夫，如此甚善。然亦且要見得一大頭腦分明，便於操舍之間有用力處。如實有一物，把住放行，在自家手裏，不是謾說求其放心，實卻茫茫無把捉處也。

來書謂伊川先生所雲「內外不備」者為不然，蓋無有能直內而不方外者，此論甚當。據此，正是熹所疑處。若使釋氏果能「敬以直內」，則便能「義以方外」，便須有父子，有君臣，三綱五常，缺一不可。今日能直內矣，而其所以方外者，果安在乎？又豈數者之外，別有所謂義乎？以此而觀，伊川之語，可謂失之恕矣。然其不然，特老兄未之察爾。所謂直內者，亦謂其有心地一段工夫爾，但其用功卻有不同處，故其發有差，他卻全不管著，此所以無方外之一節也。固是有根株，則必有枝葉。然五穀之根株，則生五穀之枝葉華實而可食；稊稗之根株，則生稊稗之枝葉華實而不可食，此則不同爾。葠朮以根株而愈疾，鉤吻以根株而殺人。其所以殺人者，豈在根株之外而致其毒哉？（以上《答呂子約》，文淵閣四庫全書《晦庵集》卷四十三—卷四十七，又見《朱子全書》二二冊，第二一六五—二二〇五頁。）

百家謹案：此內外之辯。

涵養本原之功，誠易間斷。然纔覺得間斷，便是相續處。只要常自提撕，分寸積累將去，久之自然接續，打成一片爾。講學工夫亦是如此。

莫論事之大小，理之淺深，但到目前，即與理會到底，久之自然浹洽貫通也。（《答方賓王》，文淵閣四庫全書《晦庵集》卷五十六，又見《朱子全書》二三冊，第二六七〇頁。）

前者所論，未嘗欲專求息念，但以為不可一向專靠書冊，故稍稍放教虛閑，務求親切自己。然其無事之時，猶是本根所在，不可昏惰雜擾，故又欲就此便加持養，立個主宰，其實只是一個提撕警策，通貫動靜。但是無事時只是一直如此持養，有事處便有是非取捨，所以有直內方外之別，非以動靜真為判然二物也。（《答余正叔》，文淵閣四庫全書《晦庵集》卷五十九，又見《朱子全書》二三冊，第二八五二—二八五三頁。）

學問臨事不得力，固是靜中欠卻工夫。然欲舍動求靜，又無此理。蓋人之身心，動靜二字，迴圈反復，無時不然。但常有此心，勿令忘失，則隨動隨靜，無處不是用力處矣。（《答吳伯豐》，文淵閣四庫全書《晦庵集》卷五十二，又見《朱子全書》二二冊，第二四三一—二四三二頁。）所論為學之意，善矣。然欲專務靜坐，又恐墮落那一邊去。只是虛著此心，隨動隨靜，無時無處，不致其戒謹恐懼之力，則自然主宰分明，義理昭著矣。然著個戒謹恐懼四字，已是壓得重了。要之只是略綽提撕，令自省覺，便是工夫也。（《答潘子善》，文淵閣四庫全書《晦庵集》卷六十，又見《朱子全書》二三冊，第二九〇六—二九〇七頁。）

夫性者，理而已矣。乾坤變化，萬物受命，雖所稟之在我，然其理則非有我之所得私也。所謂「反身而誠」，蓋謂盡其所以得乎己之理，則知天下萬物之理初不外此，非謂盡得我之知覺，則眾人之知覺皆是此物也。性只是理，不可以聚散言。其聚而生、散而死者，氣而已矣。所謂精神魂魄，有知有覺者，皆氣之所為也。故聚則有，散則無。若理，則初不為聚散而有無也。但有是理，則有是氣。苟氣聚乎此，則其理亦命乎此爾，不得以水漚比也。鬼神便是精神魂魄，程子所謂「天地之功用，造化之跡」，張子所謂「二氣之良能」，皆非性之謂也。故祭祀之禮，以類而感，以類而應，若性則又豈有類之可言邪？然氣之已散者，既化而無有矣，其根於理而日生者，則固浩然而無窮也。故上蔡謂我之精神，即祖考之精神，蓋謂此也。然聖人之制祭祀也，設主立尸，焫蕭灌鬯，或求之陰，或求之陽，無所不用其極，而猶止曰庶或享之而已。其至誠惻怛精微恍惚之意，蓋有聖人所不欲言者，非可以世俗粗淺知見，執一而求也。豈曰一受其成形，則此性遂為吾有，雖死而猶不滅，截然自為一物，藏乎寂然一體之中，以俟夫子孫之求而時出以饗之邪？必如此說，則其界限之廣狹，安頓之處所，必有可指言者。且自開闢以來，積至於今，其重並積迭，計已無地之可容矣。是又安有此理邪！且乾坤造化，如大洪爐，人物生生，無少休息，是乃所謂實然之理，不憂其斷滅也。今乃以一片大虛寂目之，而反認人物已死之知覺，謂之實然之理，豈不誤哉！又聖賢所謂歸全安死者，亦曰無失其所受乎天之理，則可以無愧而死爾。非以為實有一物，可奉持而歸之，然後吾之不斷不滅者，得以晏然安處乎冥漠之中也。夭壽不貳，修身以俟之，是乃無所為而然者，與異端為生死事大，無常迅速，然後學者，正不可同日而語。今乃混而言之，以彼之見，為此之説，所以為説愈多而愈不可合也。

詳來諭，正謂日用之間，別有一物，光輝閃爍，動盪流轉，是即所謂「無極之真」，所謂「谷神不死」。二語皆來書所引。所謂「無位真人」，此釋氏語，正谷神之酋長也。學者合下便要識得此物，而後將心想像照管，要得常在目前，乃為根本工夫。至於學問踐履，零星湊合，則自是下一截事，與此粗細迥然不同。雖以顏子之初，仰高鑽堅，瞻前忽後，亦是未見此物，故不得為實見爾，此其意則然矣。然若果是如此，則聖人設教，首先便合痛下言語，直指此物，教人著緊體察，要令實見，著緊把捉，要常在目前，以為直截根原之計。而卻都無此説，但只教人格物致知，克己復禮，一向就枝葉上零碎處做工夫，豈不誤人枉費日力邪？《論》《孟》之言，平易明白，固無此等玄妙之談。雖以子思、周子吃緊為人，特著《中庸》《太極》之書，以明道體之極致，而其所説用工夫處，只説擇善固執，學問思辨而篤行之，只説「定之以中正仁義而主靜」「君子修之吉」而已。未嘗使人日用之間，必求見此天命之性、無極之真而固守之也。蓋原此理之所自來，雖極微妙，然其實只是人心之中，許多合當做底道理而已。但推其本，同見其出於人心而非人力之所能為，故曰天命。雖萬事萬化，皆自此中流出，而實無形象之可指，故曰「無極」爾。若論工夫，則只擇善固執、中正仁義，便是理會此事處，非是別有一段根源工夫，又在講學應事之外也。

為政以寬為本者，謂其大體規模意當如此爾。古人察理精密，持身整肅，無偷惰虧豫之時，故其政不待作威而自嚴，但其意則以愛人為本爾。及其施之於政事，便須有綱紀文章，關防禁約，截然而不可犯。然後吾之所謂寬者，得以隨事及人，而無頑弊不舉之處；人之蒙惠於我者，亦得以通達明白，實受其賜，而無間隔欺蔽之患。聖人説政，以寬為本，而今反欲其嚴，正如古樂以和為主，而周子反欲其淡。蓋今之所謂寬者，乃縱弛；所謂和者，乃哇淫，非古之所謂寬與和者。故必以是矯之，乃得其平爾。如其不然，則雖有愛人之心，而事無統紀，緩急先後可否予奪之權，皆不在己，於是奸豪得志而善良之民反不被其澤矣。此事利害只在目前，不必引舊傳、考古今，然後知也。但為政必有規矩，使奸民猾吏不得行其私，然後刑罰可省，賦斂可薄。所謂以寬為本，體仁長人，孰有大於此乎？（以上《答廖子晦》，文淵閣四庫全書《晦庵集》卷四十五，又見《朱子全書》二二冊，第二〇八一—二〇八二頁、二一一〇—二一一一頁、二一一〇〇—二一〇一頁。）

子思以來，教人之法，惟以尊德性、道問學兩事為用力之要。今子靜所説，專是尊德性事，而某平日所論，卻是問學上多了。所以為彼學者，多持守可觀，而看得義理全不子細，又別説一種杜撰道理遮蓋，不肯放下。而某自覺雖于義理上不敢亂説，卻於緊要為己為人上多不得力。今當反身用力，去短集長，庶幾不墮一邊爾。（《答項平父》，文淵閣四庫全書《晦庵集》卷五十六，又見《朱子全書》二三冊，第二五四六頁。）

人之所以懶惰，只緣見此道理不透，所以一向提掇不起。若見得道理分明，自住不得，豈容更有懶惰時節邪！又謂海內善類消磨摧落之後，所存無幾，此誠可歎。若鄙意，則謂纔見消磨得去，此等人便不濟事。若使真有所見，實有下工夫處，則便在鐵輪頂上轉旋，亦如何動得他。

天下只有一理，此是即彼非，此非即彼是，不容並立。故古之聖賢，心存目見，只有義理，都不見有利害可計較。日用之間，應事接物，直是判斷得直截分明。而推以及人，吐心吐膽，亦只如此，更無回互。若信得及，即相與俱入聖賢之域；若信不及，即在我亦無為人謀而不盡底心。而此理是非，昭著明白，今日此人雖信不及，向後他人須有信得及底，非但一時之計也。若如此所論，則在我者未免視人顏色之可否以為語默，只此意思，何由能使彼信得及乎？然此亦無他，只是自家看得道理，自不曾端的，故不能真知是非之辨，而為此回枉。不是說時病痛，乃是見處病痛也。（以上《答劉季章》，文淵閣四庫全書《晦庵集》卷五十三，又見《朱子全書》二二冊，第二五〇〇頁、二四九七—二四九八頁。）

聖門所謂「聞道」，「聞」只是見聞玩索而自得之之謂，「道」只在君臣父子日用常行當然之理。非有玄妙奇特不可測知，如釋氏所雲豁然大悟、通身汗出之說也。如今更不可別求用力處，只是持敬以窮理而已。（《答吳斗南》），文淵閣四庫全書《晦庵集》卷五十九，又見《朱子全書》二三冊，第二八三五頁。）

既謂之「同體」，則上面便著「人欲」兩字不得。此是義理本原極精微處，不可少差。試更子細玩索，當見本體實然，只一天理，更無人欲。故聖人只說克己復禮，教人實下工夫，去卻人欲，便是天理，未嘗教人求識天理於人欲汩沒之中也。若不能實下工夫，去卻人欲，則雖就此識得未嘗離之天理，亦安所用乎？（《胡子知言疑義》），文淵閣四庫全書《晦庵集》卷七十三，又見《朱子全書》二四冊，第三五五七頁。）

百家謹案：此答「天理人欲同體而異用，同行而異情」，進修君子宜別之。

二先生所論敬字，須該貫動靜看。方其無事而存主不懈者，固敬也。及其酬酢不亂者，亦敬也。故曰「毋不敬，儼若思」。又曰「事思敬」，「執事敬」，豈必以攝心坐禪而謂之敬哉！禮樂固必相須，然所謂樂者，亦不過胸中無事而自和樂爾，非是著意放開一路而欲其和樂也。然欲胸中無事，非敬不能。故程子曰：「敬則自然和樂。」而周子亦以為「禮先而樂後」，此可見也。則自得後須放開，不然，卻只是守。此言既自得之，則自然心與理會，不為禮法所拘而自中節。若未能如此，則是未有所得，纔方是守法之人爾。亦非謂既自得之，又卻須放開也。克己復禮，固非易事，然顏子用力，乃在於視聽言動禮與非禮之間，未敢便道得其本心而了無一事也。此其所以先難而後獲與！今言之甚易而苦其行之難，亦不考諸此而已矣。（《答廖子晦》，文淵閣四庫全書《晦庵集》卷四十五，又見《朱子全書》二二冊，第二〇七八頁。）

雖至於堯、舜、孔子之德，其自處常只在下學處也。上達處不可著工夫，更無依泊處。動靜語默，無非下學，聖人豈曾離此來？（《答許順之》，文淵閣四庫全書《晦庵集》卷三十九，又見《朱子全書》二二冊，第一七三六頁。）

非氣無形，無形則性善無所賦，故凡言性者皆因氣質而言，但其中自有所賦之理爾。人心、道心，亦非有兩物也。（《答林德久》，文淵閣四庫全書《晦庵集》卷六十一，又見《朱子全書》二三冊，第二九四五頁。）

問五行之生各一其性。朱子答曰：「氣質是陰陽五行。所為性，即是太極之全體。但論氣質之性，則此全體墮在此質之中爾，非別有一性。」

孟子指齊王愛牛之心，乃是因其所明而道之，非以為必如此，然後可以求仁也。夫必欲因苗裔而識本根，孰若培其根本而聽其枝葉之自茂邪？（《答呂伯恭問胡子知言疑義》，文淵閣四庫全書《晦庵集》卷七十三，又見《朱子全書》二四冊，第三五六二頁。）

若使道可以多聞博觀而得，則世之知道者為不少矣。熹近日因事方有省發，如鳶飛魚躍，明道以為與「必有事焉勿正」之意同者，今乃曉然無疑。日用之間，觀此流行之體，初無間斷處，有下工夫處，乃知日前自誑誑人之罪，蓋不可勝贖也。此與守書冊、泥言語全無交涉，幸於日用間察知之。

百家謹案：勿忘勿助，原是活潑潑地，鳶飛魚躍，乃是自然之事，無容造作者。

或問子程子曰：「心術最難執持，如何而可？」「子曰：『敬。』」又嘗曰：「操約者，敬而已矣。」惟其敬足以直內，故其義足以方外。義集而氣得所養，則夫喜怒哀樂之發，其不中節者寡矣。孟子論養吾浩然之氣，以為「集義所生」。而繼之曰：「必有事焉而勿正，心勿忘，勿助長也。」蓋又以居敬為集義之本也。夫「必有事焉」者，敬之謂也。若曰「其心儼然肅然，常若有所事」雲爾。夫其心儼然肅然，常若有所事，則雖事物紛至而沓來，豈足以亂吾之知思，而宜不宜、可不可之機，已判然於胸中矣。如此，則此心晏然，有以應萬事之變，而何躁妄之有哉？（以上《答何叔京》，文淵閣四庫全書《晦庵集》卷四十，又見《朱子全書》二二冊，第一八二五—一八二六頁、一八〇八頁。）

夫道之極致，物我固為一矣。然豈獨物我之間驗之？蓋天地鬼神、幽明隱顯、本末精粗，無不通貫而為一也。《正蒙》之旨，誠不外是。然聖賢言之則已多矣，《正蒙》之作，復何為乎？恐須反復研究其說，求其所以一者而合之。於其所謂一者，必銖銖而較之，至於鈞而必合，寸寸而度之，至於丈而不差，然後為得也。孟子曰：「博學而詳說之，將以反說約也。」正為是爾。今學之未博，說之未詳，而遽欲一言探其極致，則是銖兩未分而億料鈞石，分寸未辨而目計丈引。不惟精粗二致，大小殊觀，非所謂「一以貫之」者。愚恐小差積而大謬生，所謂鈞石、丈引者亦不得其真矣。此躐等妄意之蔽，世之有志於為己之學而未知其方者，其病每如此也。《明道先生行狀》雲：「先生教人，自致知至於知止，誠意至於平天下，灑掃應對至於窮理盡性，循循有序。病世之學者，舍近而趨遠，處下而窺高，所以輕自大而卒無得也。」此言至矣。（《答江彥謀》，文淵閣四庫全書《晦庵集》卷六十四，又見《朱子全書》二三冊，第三一一六頁。）

觀舜居深山之中，伊尹耕於有莘之野，豈不是樂此以終身。後來事業，亦偶然爾。若先有一毫安培排等待之心，便成病痛矣。（《答甘吉甫》，文淵閣四庫全書《晦庵集》卷六十三，又見《朱子全書》二三冊，第二九九一頁。）

伊川先生言：「性即理也」。此一句自古無人敢如此道。心則知覺之在人而具此理者也。橫渠先生又言：「由太虛有天之名，由氣化有道之名，合虛與氣，有性之名，合性與知覺有心之名。」其名義亦甚密，皆不易之至論也。蓋天之生物，其理固無差別，但人物所稟，形氣不同，故其心有明暗之殊，而性有全不全之異爾。若所謂仁，則是性中四德之首，非在性外別為一物而與性並行也。然惟人心至靈，故能全此四德而發為四端；物則氣偏駁而心昏蔽，固有所不能全矣。然其父子之相親，君臣之相統，間亦有僅存而不昧者。然欲其克己復禮以為仁，善善惡惡以為義，則有所不能矣。然不可謂無是性也，若生物之無知覺者，則又其形氣偏中之偏者，故理之在是物者，亦隨其形氣而自為一物之理，雖若不復可論仁義禮智之彷佛，然亦不可謂無是性也。又謂「枯槁之物，只有氣質之性而無本然之性」，此語尤可笑。若果如此，則是物只有一性，而人卻有兩性矣。此語非常醜差。蓋由不知氣質之性，只是此性墮在氣質之中，故隨氣質而自為一性，正周子所謂「各一其性」者。向使元無本然之性，則此氣質之性，又從何處得來邪？況亦非獨周、程、張子之言為然，如孔子言成之者性，又言各正性命，何嘗分別某物是有性底，某物是無性底？孟子言「山之性」「水之性」，山水何嘗有知覺邪？若於此看得通透，即知天下無無性之物。除是無物，方是無性；若有此物，即如來諭木燒為灰，人陰為土，亦有此灰土之氣。既有灰土之氣，即有灰土之性，安得為枯槁無性也？（《答徐子融》，文淵閣四庫全書《晦庵集》卷五十八，又見《朱子全書》二三冊，第二七六七—二七六八頁。）

天之生物，有有血氣知覺者，人獸是也；有無血氣知覺而但有生氣者，草木是也；有生氣已絕而但有形色臭味者，枯槁是也。是雖其分之殊，而其理則未嘗不同。但以其分之殊，則有其理之在是者，不能不異。故人為最靈而備有五常之性，禽獸則昏而不能備，草木枯槁則又並與其知覺者而亡焉。但其所以為是物之理，則未嘗不具爾。若如所謂「絕無生氣便無生理」，則是天下乃有無性之物，而理之在天下，乃有空闕不滿之處也，而可乎？（《答余方叔》，文淵閣四庫全書《晦庵集》卷五十九，又見《朱子全書》二三冊，第二八五三—二八五四頁。）

「人生而靜」，靜者固是性，然只是「生」字，便帶卻氣質了。但生字已上，又不容說，蓋此道理未有形見處，故今纔說性，便須帶著氣質，無能懸空說得性者。「繼之者善」，本是說造化發育之功，明道此處卻是就人心發用處說，如孟子所謂「乃若其情，則可以為善」之類是也。伊川所言「極本窮源之性」，乃是對氣質之性而言，言其氣質雖善惡不同，然極本窮源而論之，則性未嘗不善也。

性之始終，一於善而已，不當云性之初只有善也。若如所云，則謂性之終為有惡，可乎？性之發用，非情而何？情之初，則可謂有善而無惡爾。（以上《答王子合》，文淵閣四庫全書《晦庵集》卷四十九，又見《朱子全書》二二冊，第二二五八—二二五九頁、二二六〇頁。）

孟子所謂「性善」者，以其本體言之，仁義禮智之未發者是也。所謂「可以為善」者，以其用處言之，四端之情發而中節者是也。蓋性之與情，雖有已發未發之不同，然其所謂善者，則血脈貫通，初未嘗有不同也。此孟子道性善之本意，伊、洛諸君子之所傳而未之有改者也。（《答胡伯逢》，文淵閣四庫全書《晦庵集》卷四十六，又見《朱子全書》二二冊，第二一五一頁。）

善惡二字，便是天理人欲之實體。今謂性非人欲，可矣；由是而並謂性非天理，可乎？必曰極言乎性之善而不可名，又曷若直謂之善而可名之為甚易而實是也？

釋氏只是恍惚之間，見得些心性影子，亦卻不曾子細見得真實心性，所以都不見裏面許多道理。正使有存養之功，亦即是存養得他所見底影子。固不謂之無所見，亦不可謂之不能養，但所見所養，非心性之真爾。（以上《答胡季隨》，文淵閣四庫全書《晦庵集》卷五十三，又見《朱子全書》二二冊，二五二七頁、第二五二一頁。）

心體固本靜，然亦不能不動；其用固本善，然亦能流而入於不善。夫其動而流於不善者，固不可謂心體之本然，然亦不可不謂之心也，但其誘於物而然爾。故先聖只說「操則存，舍則亡，出入無時，莫知其鄉」。只此四句，說得心之體用、始終、真妄、邪正，無所不備。又見得此心不操即舍，不出即入，別無閑處可安頓之意。若如所論出入有時者，為心之正；然則孔子所謂「出入無時」者，乃心之病矣。不應卻以「惟心之謂與一句」，直指而總結之也。（《答遊誠之》，文淵閣四庫全書《晦庵集》卷四十五，又見《朱子全書》二二冊，二〇六二頁。）

問明道言人生而靜以上不容說。朱子答曰：「人生而靜，是未發時，以上即是人物未生之時，不可謂性。纔謂之性，便是人生以後。此理墮在刑氣之中，不全是性之本體矣。然其本體又未嘗外此，要人即此而見得其不雜於此者爾。《易大傳》言繼善，是指未生之前，孟子言性善，是指已生之後，雖曰已生，然其本體初不相雜也。」（《答嚴時亨》，文淵閣四庫全書《晦庵集》卷六十一，又見《朱子全書》二三冊，第二九六一頁。此段《宋元學案》本標注為《答陳膚仲》，誤。其他版本中「朱子答曰」下的文字亦异于此段文字）

夫讀書固收心之一助。然今只讀書時收得心，而不讀書時便為事所奪，則是心之存也常少，而其放也常多矣。且胡為而不移此讀書工夫，向不讀書處用力，使動靜兩得，而此心無時不存乎？然所謂涵養工夫，不是閉眉合眼，如土偶人，然後謂之涵養也。只要應事接物處之不失此心，各得其理而已。（《答陳膚仲》，文淵閣四庫全書《晦庵集》卷四十九，又見《朱子全書》二二冊，第二二六八頁。）

所論「纔說存養，即是動了」，此恐未然。人之一心，本是光明，不是死物。所謂存養，非有安排造作，只是不動著他，即此知覺炯然不昧，但無喜怒哀樂之偏，思慮雲為之擾爾。當此之時，何嘗不靜。不可必待冥然都無知覺，然後謂之靜也。（《答孫敬甫》，文淵閣四庫全書《晦庵集》卷六十三，又見《朱子全書》二三冊，第三〇六六頁。）

纔說性字，便是以人所受而言，此理便與氣合了。但直指其性，則於氣中，又須見得別是一物，始得不可混並說也。（《答李晦叔》，文淵閣四庫全書《晦庵集》卷六十二，又見《朱子全書》二三冊，第三〇〇九頁。）

百家謹案：性即氣之有條理者是，非別是一物也。

至於孔、孟言性之異，則其說又長，未易以片言質。然略而論之，則夫子雜乎氣質而言之，孟子乃專言其性之理也。雜乎氣質而言之，故不曰「同」而曰「近」，蓋以為不能無善惡之殊，但未至如其所習之遠爾。以理而言，則上帝之降衷，人心之秉彝，初豈有二理哉？但此理在人，有難以指言者。故孟子之告公都子，但以其才與情者明之。辟如欲觀水之必清，而其源不可到，則亦觀諸流之未遠者，而源之必清可知矣。（《答宋深之》，文淵閣四庫全書《晦庵集》卷五十八，又見《朱子全書》二三冊，第二七七〇—二七七一頁。）

孟子固未嘗不畏大人，但藐其巍巍然者爾。辨得此心，即更掀卻臥房，亦且露地睡。似此方是真正大英雄人。然此一種英雄，卻是從戰戰兢兢、臨深履薄處，做將出來。若是血氣粗豪，卻一點使不著也。（《答陳同甫》，文淵閣四庫全書《晦庵集》卷六十三，又見《朱子全書》二一冊，第一五九四頁。）

白鹿洞書院教條

父子有親，君臣有義，夫婦有別，長幼有序，朋友有信。

右五教之目。堯、舜使契為司徒，敬敷五教，即此是也。學者，學此而已。而其所以學之之序，亦有五焉，其別如左：

博學之、審問之、慎思之、明辨之、篤行之。

右為學之序。學、問、思、辨四者，所以窮理也。若夫篤行之事，則自修身以至處事、接物，亦各有要，其別如左：

言忠信，行篤敬，懲忿窒欲，遷善改過。

右修身之要。

正其誼，不謀其利；明其道，不計其功。

右處事之要。

己所不欲，勿施於人；行有不得，反求諸己。

右接物之要。

熹竊觀古昔聖賢所以教人為學之意，莫非使之講明義理，以修其身，然後推以及人，非徒欲其務記覽，為詞章，以釣聲名、取利祿而已也。今人之為學者，既反是矣。然聖賢所以教人之法，具存於經，有志之士，固當熟讀深思而問辨之。苟知其理之當然，而責其身以必然，則夫規矩禁防之具，豈待他人設之，而後有所持循哉！近世於學有規，其待學者為已淺矣，而其為法，又未必古人之意也。故今不復以施於此堂，而特取凡聖賢所以教人為學之大端，條列如右，而揭之楣間。諸君其相與講明遵守，而責之於身焉，則夫思慮云為之際，其所以戒謹而恐懼者，必有嚴於彼者矣。其有不然，而或出於禁防之外，言之所棄，則彼所謂規者，必將取之，固不得而略也。諸君其亦念之哉！（文淵閣四庫全書《晦庵集》卷七十四，又見《朱子全書》二四冊，第三五八六—三五八七頁。）

紫陽門人

文節蔡西山先生元定（父發）

蔡元定，字季通，建之建陽人。父發，博覽群書，號牧堂老人。以程氏《語錄》、邵氏《經世》、張氏《正蒙》授先生，曰：「此孔、孟正脈也。」先生深涵其義。既長，辨晰益精。聞朱文公名，往師之。文公叩其學，大驚，曰：「此吾老友也，不當在弟子列。」四方來學者，必俾先從先生質正焉。從臣尤公袤、楊公萬里薦，堅以疾辭。

慶元初年，韓侂胄禁偽學，御史沈繼祖奏：「朱熹剽竊張載、程頤之餘論，寓以吃菜事魔之妖術，以簧鼓後進，張浮駕誕，私立品題，收召四方無行誼之徒，以益其党伍，相與餐粗食淡，衣褒帶博，潛形匿跡，如鬼如蜮。其徒蔡元定佐之為妖，乞送別州編管。」先生曰：「化性起偽，惡得無罪。」遂謫道州。郡縣捕甚急，先生毅然上道。文公與諸所從游百餘人，送別蕭寺，坐客感歎，有泣下者。文公視先生不異平時，因曰：「友朋相愛之情，季通不挫之志，可謂兩得之矣。」杖屨同其子沈行三千里，腳為流血，至春陵，遠近從者日眾。或謂宜謝生徒，先生曰：「彼以學來，何忍拒之？若有禍患，亦非閉門塞竇所能避也。」貽書訓諸子曰：「獨行不愧影，獨寢不愧衾，勿以吾得罪故遂懈。」一日，謂沈曰：「可謝客，吾欲安靜，以還造化舊物。」閱三日，卒於貶所。嘉定三年，贈迪功郎，謚文節。

先生從文公遊最久，精識博聞，同輩皆不能及。尤長於天文、地理、樂律、歷數、兵陳之說。凡古書盤錯肯綮，學者讀之不能以句，先生爬梳剖析，細入秋毫，莫不暢達。文公嘗曰：「人讀易書難，季通讀難書易。」又曰：「造化微妙，惟深於理者能識之，吾與季通言而不厭也。」先生處家，以孝弟忠信儀刑子孫。而其教人也，以性與天道為先。自本而支，自原而流，聞者莫不興起。所著《大衍詳說》《律呂新書》《燕樂原辯》《皇極經世》《太玄潛虛指要》《洪范解》《八陳圖說》。子淵、沆、沈，並躬耕不仕。

文肅黃勉齋先生榦

見《勉齋學案》。

文定李宏齋先生燔

李燔，字敬子，建昌人。紹熙元年第進士，授岳州教授，未上，往建陽從文公學。文公告以曾子宏毅之語，退而名其齋，以自儆焉。既至岳州，教士以古文六藝，不因時好，改襄陽。文公沒，率同門會葬。時學禁方嚴，不為少怵。九江守以遺逸薦，召赴都堂審察，力辭。守請為白鹿書院堂長。除大理司直，又辭。尋添差江西運司幹辦公事，會洞寇亂，漕、帥各持其說。先生謂：「寇獨非民邪？」請自馳往，分兵守險，諭順逆禍福，寇皆帖服。修贛江堤，旱澇有備，洪州皆為沃壤。時十四界會子新行，價日損。漕司欲視民稅產物力，各令藏之，官為封識，則價可增。先生與國子學錄李誠之力爭，不能止，又劄爭之，漕司即弛禁。薦改通判潭州。真文忠德秀為長沙帥，一府之事，咸諮先生。不數月，歸。適史彌遠當國，廢皇子竑。歎曰：「三綱絕矣！」遂不復出。以直秘閣主管慶元至道宮。

先生嘗曰：「凡人不必待仕宦方有功業，但隨力到處，有以及物，即功業矣。」又嘗曰：「仁宦至卿相，不可失寒素體。」史臣李心傳論當時高士累召不起者，以先生為海內第一。九江蔡念成稱先生心事如秋月。年七十卒，贈直華文閣，謚文定，錄其子舉，補下州文學。孫鑣亦登第。方明父暹、饒伯輿魯、趙忠靖葵，其門人也。

文憲張主一先生洽

張洽，字元德，清江人。少穎異，從文公學，博極群書。嘗取《管子》「思之，思之，又重思之，思之不通，鬼神將通之」之語，要為窮理之要。時行社倉法，請於縣，貸常平米，建倉里中，鄉人利之。

嘉定元年中第，授松滋尉。湖右經界弊甚，先生請行推排法，吏奸無所匿。改袁州司理參軍，尋知永新縣。湖南鄐寇作亂。與縣接壤，民大恐。先生單車往，延見隅宮，詢利害，犒之，寇竟不至。薦通判池州，數請祠。時袁甫提刑江東，以白鹿書院廢弛，招先生為長。曰：「是先師之跡也，其可辭！」已復謝病去。端平初，用薦，召都堂審察，不赴，除秘書郎，尋遷著作佐郎。帝數問度正、葉味道曰：「張洽何時可到？」將處以說書。固辭，遂除直秘閣，主管建康崇禧觀。以疾乞致仕，卒，年七十七。卒後有旨，除寶章閣。

先生自少力於敬，故以主一名齋。所著有《春秋集注》《春秋集傳》《左氏蒙求》《讀通鑒長編事略》、子㯖、樫，賜同進士出身。

朝奉輔傳貽先生廣

見《潛庵學案》。

輔先生萬

見《潛庵學案》。

通直陳潛室先生埴

見《潛室學案》。

文修葉西山先生味道

葉味道，初名賀孫，以字行，更字知道，溫州人。師事文公。試禮部第一。時制策禁偽學，先生所對，率本程學，不為顧避。知舉胡紘斥之。學禁開，登嘉定進士，調鄂州教授。理宗訪問朱氏學徒及所著書，部使以先生聞，差主管三省架閣文字。遷宗學諭，授太學博士，兼崇政殿說書。時因皇子竑事，帝惑于鬼神之理，疑伯有為厲，涉于誕妄，對曰：「陰陽二氣之聚散，雖天地不能易。死而氣散者，其常也。若不得其死，鬱結不散者，其變也。故聖人設為宗祧，以別親疏遠近，正所以教民親愛，參贊化育。伯有之死，其氣不散，為妖為厲，使國人上下為之不寧。當時為立良止以奉其後，庶乎鬼有所知，而神始安寧矣。」又言：「三京用師，廷臣交進機會之說，搖本根以事枝葉，無益于國。」既而洛師累敗，人服其先見。尋終著作佐郎。所著有《四書說》《大學講義》《祭法郊社外傳》《經筵口奏》《故事講義》。諡文修。

隱君蔡節齋先生淵

蔡淵，字伯靜，號節齋，西山先生之長子也。先生于《易》一書，沈潛反復，積之有年，精神之極，神明通之，著為《訓解》《意言》《辭象》，分為四卷。董氏真卿曰：「其書經二篇，以孔子《大象》置逐卦辭之下，《彖傳》又置《大象》之後，《小象》置各爻辭之後，皆低一字，以別卦；《爻辭》《繫辭》《文言》《說卦》《序卦》《雜卦》亦低一字書。又有《卦爻辭旨》，論六十四卦大義。《易象意言》雜論卦爻《十翼》象數，《餘論》雜論《易》大義。開禧乙丑自序」云。

運幹蔡復齋先生沆

蔡沆，字復之，號復齋居士，西山先生之次子也。西山憐外表兄虞英無子，與之為嗣，更名知方。從母命歸宗。入則受教家庭，出則從文公學。承父《春秋》之屬，先生爰著《春秋五論》《春秋大義》《春秋衍義》等書，蘇天爵稱其有功於《春秋》，有補于後學者也。又作《敬義大旨》《復卦大要》二篇。以敬為入德之門戶，義為一身之主宰，發明敬、義，以示人。以復為學者遷善改過之幾。與人講明復卦，嘗言人當以不遠復為法，以「頻復而厲」為戒，尤有功於世教雲。

文正蔡九峰先生沈

蔡沈，字仲默，建陽人，西山先生季子也。隱居九峰，當世名卿物色求訪，不就，學者稱為九峰先生。先生自勝衣趨拜，入則服膺父教，出則師事文公。文公晚年訓傳諸經略備，獨《書》未及為，環視門下生，求可付者，遂以屬先生。《洪範》之數，學者久失其傳，西山獨心得之，未及論著，亦曰：「成吾書者，沈也。」先生沈潛反復者數十年，然後克就。其於《書》也，考序文之誤，訂諸儒之說，以發明二帝、三王、群聖賢用心之要。《洪範》《洛誥》《泰誓》諸篇，往往有先儒所未及者。

慶元初，偽學之論興，西山遠謫春陵，先生徒步數千里以從，九疑之麓，道楚、粵窮僻處，山川風物，悲涼悽愴，居者率不能堪，先生父子相對，獨以理義自怡悅，浩然無湘累之思，楚囚之泣也。西山不幸歿貶所，復徒步護柩以歸。有遺以金而義不可受者，輒謝卻之，曰：「吾寧隨所止而殯，不忍累先人也。」先生年僅三十，即屏去舉子業，一以聖賢為師。其文長於論辯。詩早慕太白，晚入陶、韋社中。至其吟詠性情，摹寫造化，則又源流文公《感興》諸作，非徒以詩自命而已。明正統初，追謚文正。

文安陳北溪先生淳

見《北溪學案》。

陳後之先生易

見《北溪學案》。

吏部廖槎溪先生德明

廖德明，字子晦，順昌人。少學釋氏，及得楊龜山書，讀之大悟，遂受業文公之門。乾道五年進士。歷知莆田縣，通判潮州，知潯州，除廣西提點刑獄，移江西、廣東。復以直秘閣知廣州兼廣東經略，進直煥章閣，除吏部左選郎官。尋奉祠卒。

先生初除潯州教授，為學者講明心學之要。在南粵立師悟堂，刻朱子《家禮》及程氏諸書。公餘，延僚屬及諸生親為講說，遠近化之。嘗語人以仕學之要曰：「德明自入仕至為郡，惟用『三代直道而行一句』而已。學禁方嚴，先生確守師說，不為時論所變。所著有《文公語錄》《春秋會要》《槎溪集》行世。（黄氏原本，全祖望修之加詳）

通判李果齋先生方子

李方子，字公晦，邵武人。性端謹純篤，文公謂之曰：「觀公為人，自是寡過，但寬大中要規矩，和緩中要果決。」遂以「果」名齋。居家竟日危坐，未嘗傾側。對賓客一語不妄發。嘗游太學，學官李道傳屈官位輩行具刺就謁之。嘉定七年，廷對擢第三，調泉州觀察推官。適真西山守泉，以師友禮之，郡政咸諮焉。暇則辯論經訓，每至夜分。故事，秩滿必先通書廟堂，先生獨不肯。史丞相彌遠聞之怒，踰年，始除國子錄。無何，將選宮僚。或曰：「此真德秀黨也。」諷台臣劾罷之。既歸，學者畢集。嘗曰：「吾于學問，雖未能周盡，然幸於大本有見處，此心常覺泰然，不為物欲所潰爾。」起家通判辰州，卒。其卒也，天子憫之，與一子恩澤。禮部尚書牟子才，其門人也。（黄氏原本，全祖望修之加詳）

漕帥趙先生師恕

見《勉齋學案》。

文節趙章泉先生蕃

趙蕃，字昌父，本鄭州人也。南渡後，居玉山，學者稱為章泉先生。以大父龍圖致仕恩入仕。嘗再得官，皆未赴。已而主太和簿。

先生雅有山林之思，居官清苦，題其齋曰思隱。楊公誠齋贈之詩云：「勸渠未要思舊隱，且與西昌作好春。」又酷愛其詩，以為滄秋菊、嚼春冰也。及為辰州司理參軍，辨冤獄，不為二千石屈，以是罷，然卒見直于當路。先生少從靜春先生劉氏學，至靜春守衡，欲從之卒業，乃求為衡之安仁酒庫監。甫至，靜春以非罪去官，先生即丐祠從之歸。論者嘆曰：「師友之際如此，肯負國乎！」先生性寬平，與人樂易，而大節所在，莫能奪也。周公平園少與先生厚，平園仕漸通顯，先生寄之詩曰：「公如在廊廟，我亦遂簞瓢。」及平園入相，累薦竟不起，論者以為不食其言。喜作詩，書箋往復，多以詩代，援筆立成，不甚經意，而閒遠自得，讀者以為有陶靖節之風。中興而後，學道諸公多率于詩，呂居仁、曾吉甫、劉彥沖其卓然者。乾、淳閒薛季宣、陳君舉尤工。至四靈雖嘗遊水心之門，而無得于其學，故是時學道而工詩者惟先生，大江以南推二泉，其一謂韓氏澗泉也。每當得意，浩歌長吟，有風浴詠歸之風，然先生時以學道未成為懼，年且五十，更從朱子請益。及其老也，猶以末路自警，題所居曰難齋。先生最謙退，不敢以師道自居。晚而諸儒彫謝，惟先生歸然無恙，門人負笈從之者益多，則勉以師友之源流。理宗即位，于時先生書祠官之考三十有一，朝臣爭薦。以太社令召，三辭不拜，以直祕閣召，三辭不拜。詔予祠，先生連章請致仕，不許。自是累年請益力，乃詔以原官老，踰月而卒，得年八十有七。其長子遂亦七十矣。所著有《章泉集》。信州守吳旂請錄其後，詔以遂補上州文學，亦固辭。詔以承務郎致仕，仍推恩于其子。景定三年，門人祕閣修撰鄭夢協為詩謚，乃謚文節。遂，字景初，有家學。

郡守宋先生之源

宋之源，字積之，朱子更曰深之，雙流人也，祕書丞若水子。兄弟皆師朱子。祕書使湖南，先生從行，朱子謂曰：「衡、湘，胡氏父子兄弟及南軒講學地也，今其流風遺韻多在者。吾友劉子澄方為守，可就訪之。」先生奉教。既至，遂學于劉氏。會永嘉戴少望亦在焉，先生又師之。其不名一師，好學如此。官龍游令，逆曦之變，解印去。賊平，當路者以聞，詔進秩，知什邡縣，累官知雅州。夷人盜邊，撫而又至，先生曰：「不大治不創。」乃絕其餉道，示必盡之，夷誓死無犯。璽書褒嘉，進知嘉定府卒。

忠肅彭止堂先生龜年

彭龜年，字子壽，清江人。得程氏《易》讀之，至忘寢食。從南軒質疑而學益明。登乾道五年進士第，授宜春尉、安福丞。用薦為太學博士，累轉兼嘉王府直講，除起居舍人。寧宗立，遷中書舍人，尋升吏部侍郎兼侍讀。慶元二年落職。嘉泰初，復官，奉祠。開禧二年，以寶謨閣待制致仕。卒，謚忠肅。

先生言：「《大學》格物致知之外，非別有所謂誠意、正心、修身、齊家、治國、平天下之道。」其疏於各條之下者，即格物致知之事，未嘗有闕文也。又言：「大本者，即此理之存，達道者，即此理之行。未有極其中而不和者，未有天地位而萬物不育者，不必分說。時中者，以其全得此理，故無時而不中，非是就時上取中也。」皆與《集注》不同。

知州趙先生善佐

趙善佐，字佐卿，邵武人。以宗室子授將樂丞，累官知泰州、常德府、贛州，卒官。著有《易疑問答》。先生嘗受學于南軒，亦嘗從朱子遊。（黄氏原本，全祖望修之加詳）

張錦溪先生巽

張巽，字子文，泉州人。父寓，知臨江軍，嘗與南軒共學，遣先生從之游。時晦翁之學盛行，惠安劉鏡，晦翁之及門也，先生數往問之，未能釋然，曰：「恐晦翁之教，不止是也。」乃走武夷，謁晦翁，以所嘗與南軒講論中和之旨告之，曰：「此某與軒晚年畫一工夫。」臨别，又請教，晦翁曰：「南軒記嶽麓，某記石鼓，合而觀之，知所用力矣。」先生退而喜曰：「吾謂其不止是也。」既歸，日從事於涵養體察，久益明淨，或勸其著述，曰：「于所聞所知，尚未能加意，安敢妄作。」有草堂在錦溪，稱錦溪先生。

胡季隨先生大時

胡大時，字季隨，崇安人，五峰季子。南軒從學於五峰，先生從學于南軒，南軒以女妻之。湖、湘學者，以先生與吳畏齋為第一。南軒卒，其弟子盡歸止齋，先生亦受業焉。又往來于朱子，問難不遺餘力。或說季隨才敏，朱子曰：「須確實有志，而才敏方可，若小小聰悟，亦徒然。」最後師象山。象山作《荊公祠記》，朱子譏之，先生獨以為荊公復生，亦無以自解。先生于象山最稱相得雲。

湖南答問

學者問曰：「《延平先生語錄》有曰：『大抵學者多為私欲所分，故用力不精，不見其效。若欲進步，須打斷諸路頭，靜坐默識，使其泥滓漸漸消去。』又云：『靜坐時收拾將來，看是如何，便如此就偏處著理會。』又云：『學者有未祛處，只求諸心。思索有窒礙處，及于日用動靜之間有咈戾處，便于此致思，求其所以然者。』又云：『大凡只于微處充擴之，方見礙者大爾。』又引上蔡語云：『凡事必有根，必須有用處。尋討要用處，將來斬斷便沒事。此語可時時經心。』又云：『靜中看喜怒哀樂未發時作何氣象，不惟于進學有功，兼亦是養心之要。』觀此數説，真得聖賢用功緊要處。但其間有一段云：『學者之病，在于未有』灑然冰釋凍解處，縱有力持守，不過只是苟免顯然尤悔而已，恐不足道也。』竊恐所謂灑然冰釋凍解處，必于理皆透徹，而所知極其精妙，方能爾也。學者既未能爾，又不可以急迫求之，只得且持守優柔饜飫，以俟其自得。如能顯然免于尤悔，其功力亦可進矣。若直以為有足道，恐太甚也。」大時答曰：「所謂灑然冰釋凍解，只是通透灑落之意。學者須常令胸中通透灑落，則讀書為學，皆通透灑落，而道理易進，持守亦有味矣。若但能苟免顯然尤悔，則途之人有亦能之，誠不足為學者道也。且其能苟免顯然尤悔，則胸中之所潛藏隱伏者，固不為少，而亦不足以言學矣。」（《答胡季隨》，文淵閣四庫全書《晦庵集》卷五十三）

學者問曰：「《遺書》曰：『須是大其心使開闊，譬如為九層之臺，須大做根腳方得。』恐大其心胸時，卻無收斂縝密的意思則如何？」大時答曰：「心目不可不開闊，工夫不可不縝密。」

學者問曰：「《遺書》曰：『執事須是敬，又不可矜持太過。』竊謂學者之于敬，常懼其放倒。既未能從容到自然處，恐寧過于矜持，亦不妨也。」大時答曰：「頃年劉仲本亦曾舉此條以為問，蓋嘗答之曰：『敬是除病之大藥，矜持是病之旁證，藥力既到，病勢既退，則旁證亦除矣。』」

學者問曰：「《遺書》曰：『有諸中必形諸外，唯恐不直內，直內則外必方。』至論釋氏之學，則謂：『于敬以直內則有之，義以方外則未之有也。』又似以敬義內外為兩事矣。竊謂釋氏之學，亦未有能敬以直內，若有此，則吾儒之所謂『必有事焉』者，自不容去之也。」大時答曰：「前一段，其意之所重，在『有諸中必形諸外』上，後一段，其意之所重，在『義以方外』上。且謂其『敬以直內』上『則有之』，味『有之』二字，則非遽許之以為與吾儒之學所謂敬者便可同日而語矣。」

學者問曰：「《遺書》曰：『釋氏只曰止，安知止乎？釋氏無實，譬之以管窺天，只務直上去，惟見一偏。』又卻有曰：『釋氏只到止處，無用處，無禮義。』竊謂既無實，惟見一偏，則其學皆憑虛鑿空，無依據矣，安可謂其到止處而責之以有用、有禮義乎？」大時答曰：「釋氏曰止，安知止乎？此以吾學之所謂止而論之也。禪學只到止處，無用處，無禮義。此止字，就其學之所謂止而論之也。」

學者問曰：「《遺書》曰：『孟子曰：「盡其心者，知其性也。」彼所謂識心見性是已。若存心養性一段事，則無矣。』竊謂此段事，釋氏固無之。然所謂識心見性，恐亦與孟子盡心知性不同。盡心者，物格知至，積習貫通，盡得此生生無窮之體，故知性之稟于天者，蓋無不具也。釋氏不立文字，一超直入，恐未能盡其心而知其性之全也。」大時答曰：「釋氏云識心見性，與孟子之盡心知性固是不同，彼所謂識心見性之云，蓋亦就其學而言之爾，若存心養性一段則無矣之云，所以甚言吾學與釋氏不同也。」

學者問曰：「《遺書》曰：『學者所貴聞道，若執經而問，但廣聞見而已。』竊謂執經而問，雖止于廣聞見而已，須精心究此，而後道由是而可得也，不然恐未免于説空説悟之弊矣。」大時答曰：「所謂『學者所貴聞道，若執經而問，但廣聞見而已』，蓋為尋行數墨而無所發明者設，而來諭之云謂必須深究乎此，然後可以聞道，則亦俱墮于一偏矣。」

學者問曰：「《遺書》曰：『根本須先培壅，然後可立趨向。』竊謂學者必須先審其趨向，而後根本可培壅，不然恐無入頭處。」大時答曰：「必先培其根本，然後審其趨向，猶作室焉，亦必先有基址，然後可定所向也。」

學者問曰：「《遺書》曰：『誠然後能敬，未及誠時，須敬而後能誠。』學者如何便能誠，恐不若專主于敬而後能誠也。」大時答曰：「誠者，天之道也，而實然之理，亦可以言誠。敬，道之成，則聖人矣，而整齊嚴肅亦可以言敬。此兩事者，皆學者所當用力也。」

學者問曰：「《遺書》曰：『只外面有些罅隙，便走了。』學者能日用間常切操存，則可漸無此患矣。」大時答曰：「其中充實，則其外無罅隙矣。」

學者問曰：「《樂記》曰：『人生而靜，天之性也，感于物而動，性之欲也。』五峰有曰：『昧天性感物而動者，凡愚也。』向來朋友中有疑此説，謂靜必有動，然其動未有不感于物者。所謂性之欲者，恐指已發而不可無者為言，若以為人欲，則性中無此。五峰乃專以感物而動為言，昧天性而歸于凡愚，何也？」大時答曰：「按本語云：『知天性感物而通者，聖人也；察天性感物而節者，君子也；昧天性感物而動者，凡愚也。』曰知，曰察，曰昧，其辨了然矣。今既不察乎此，而反其語而言，乃以感物而動為昧天性者，失其旨矣。」學者又曰：「曰知，曰察，曰昧，其辨固了然，但鄙意猶有未安者。感物而動爾，《樂記》固止云：『感物而動，性之欲也。』初未嘗有聖人、君子、凡愚之分，通與節之説。今五峰乃云：『知天性感物而通者，聖人也；察天性感物而節者，君子也；昧天性感物而動者，凡愚也。』是不以感物而動為有得也。更請垂誨。」大時答曰：「『人生而靜，天之性也，感于物而動，性之欲也，物格知至，然後好惡形焉。好惡無節于內，知誘于外，不能反躬，天理滅矣。夫物之感人無窮，而人之好惡無節，則是物至而人化于物也。人化于物者，滅天理而窮人欲者也。』觀其下文，明白如此，則知先賢之言為不可易矣。且味『感于物而動，性之欲也』兩句，亦有何好，而必欲舍其正意而曲為之説，以主張之乎？程子云：『寂然不動，感而遂通天下之故者，天理具備，元無少欠，不為堯存，不為桀亡，父子君臣，常理不易，何曾動來。因不動，故言寂然不動。感而遂通天下，便感非自外來也。』又曰：『寂然不動，萬象森然已具。感而遂通，感則只是內感，不是外面將一個物來感于此也。』又曰：『寂然不動，感而遂通，此言人分上事。若論道，則萬理皆具，更不説感與未感。』又曰：『蓋人、萬物皆備，遇事時各因其心之所重者，更互而出，纔見得這事重，便有這事出。若能物各付物，則便自不出來也。』以此四條之所論者而推之，益知先賢之言不可易，而所謂『感物而動，性之欲』者，不必曲為之説，以主張之矣。湘山詩云：『聖人感物靜，

所發無不正。衆人感物動，動與物欲競。』殆亦與聖賢之意相為表裏云爾。」（《答胡季隨》，文淵閣四庫全書《晦庵集》卷五十三）

尚書李先生大同

李大同，字從仲，東陽人。學于成公與朱文公之門。登嘉定進士第，官至工部尚書，以寶謨閣直學士知平江府。有《群經講義》。

忠簡王渾尺先生介

王介，字元石，金華人。從朱文公與吕成公遊。紹熙元年，廷對，陳時弊，光宗嘉其直，擢居第三人。歷國子錄。上久不朝重華宮，先生上疏極諫。孝宗崩，又力請過宮執喪，言甚激切，人歎其忠。寧宗立，以忤韓侂胄，坐劾，奉祠。久之，累遷國子祭酒。會旱，詔求直言，先生手疏論時政。又言：「漢法，天地降災，策免丞相，乞命史彌遠終喪。」後以集英殿修撰、知襄陽府、京西安撫使。以疾奉祠，卒，謚忠簡。子埜，從真西山遊。

吕先生喬年

見《東萊學案》。

教授高先生松

見《永嘉學案之二》。

文靖舒廣平先生璘

見《金溪學案之三》。

通判傅曾潭先生夢泉

傅夢泉，字子淵，號若水，建昌南城人。為人機警敏悟，疏通洞達，學於象山。自言「少時知舉業，觀書不過資意見，後因困志知返」，適陳剛自槐堂歸，因問象山所以教人者，剛曰：「首尾一月，先生諄諄只言辨志。又言古者入學一年，早知離經辨志，今日有終其身而不知自辨者，可哀也已。」先生私心識之。一日，讀《孟子·公孫醜》章，忽然心與相應，胸中豁然，尚未知下手處，及見象山，始盡知入德之方，謂剛曰：「陸先生教人辨志，只在義利。嘗謂人曰：『人生天地間，自有卓卓不可磨滅者在，果能於此涵養，於此擴充，良心善端，交易横發，塞乎宇宙，貫乎古今。』」象山論及門之士，以先生為第一。

登淳熙二年進士，分教衡陽，士人歸之者衆，太守亦加禮焉。有一二同官，頗與違言，先生處之裕如也。時陳止齋為漕使，先生與之講學，止齋心折其言。象山臨卒前數日，或自衡陽來，呈先生與周平園論道五書，象山歎曰：「子淵擒龍打鳳手也。」宰寧都，邑號難治，先生一化以道，不踰年，俗大變，平園以為有西漢循吏之風。遷清江判，卒於官。所著有《石鼓文》。嘗講學曾潭之滸，學者稱曾潭先生。

先生性地剛毅，然多偏，自言初見象山，即聞艮背行庭之教。已而，見張南軒於荊州，見朱子于南康，不安於象山之説者十年，及在衡陽乃深信之。先生于朱子尤多相左。象山言其疏節闊目，佳處在此，其病處亦在此。及其卒也，或言其以喪心而死。然真西山跋其行狀，謂先生之卒，縣大夫繪像祠於學而祀之。其後四十餘年，部使者以其學行聞於朝，有詔建祠於邑之玉虚觀側，則喪心之言，不足信也。（黄氏原本，全祖望修之加詳）

宗羲案：陸子之在象山五年間，弟子屬籍者至數千人，何其盛哉！然其學脈流傳，偏在浙東，此外則傅夢泉而已，故朱子曰：「浙東學者，多子靜門人，類能卓然自立，相見之次，便毅然有不可犯之色。」然則此數千人者，固多旅進旅退之徒耳。今傳數十人於此，其槩可睹矣。

判軍孫燭湖先生應時

孫應時，字季和，余姚人也，學者稱為燭湖先生。父介，胡宗伋高弟，以古道著，所稱雪齋先生者也。先生八歲能文，師事象山，以進士尉黄岩。朱子持常平節，一見即與定交。任滿，士民欲置田宅留居之，辭不受。邱忠定公帥蜀，辟先生以行。是時吴氏世將，蜀人畏之。會吴挺疾忠定，遣先生視之，以覘其軍情。挺盛有所贈，先生辭不受，歸告忠定曰：「挺行且死，然其子曦必叛，宜因其死，遺統制權領其軍，而檄總領楊輔兼利州安撫以節制之，别選將才，以革其世將之弊。」忠定然之。及挺死，如其策。知常熟縣，已代矣，太守以私憾捃摭之，謂其負倉粟三千斛，其實前令積逋也，士民爭擔負為償，而太守愈不喜，竟坐貶秩。尋起判邵武軍，未赴，卒。其後，吴曦復入蜀，竟叛。朝臣訟言先生問學深醇，行誼修飭，見微慮遠，能為國家弭患，請録其後。詔補其子下州文學。先生家門雍睦，合膳同居，所稱世友堂者也。（黄氏原本，全祖望修之加詳）

宗羲案：季和問學于朱、陸之間，而所師者則陸也。

季和改常熟令，大興教化，立子游祠，朱子記之，以為武城弦歌之化，復見於今。季和以乾道八年見陸子，其後親詣槐堂受業，亦嘗問學于朱子。

進士諸葛先生千能

諸葛千能，字誠之，會稽人，淳熙進士。以乾道八年見陸子，遂學業焉。先生嘗以書貽朱子，論曹立之墓表事，欲解兩家之爭。先生有兄字受之，佚其名，亦師陸子。同邑胡達材，亦以乾道八年侍陸子，稱其資質甚美，天常亦厚。及其問學，以為若有神明在上、在左右，則陸子非之。（黃氏原本，全祖望修之加詳）

宗羲案：諸葛誠之問學于朱、陸，二家相難，誠之以學徒競辯為非，言之于晦翁，亦悵然其言也。象山言誠之嗜學甚篤，又有筋力，朋友間尤所賴者。

包克堂先生揚、包先生約、包先生遜

包揚，字顯道，號克堂，南城人。兄約，字詳道；弟遜，字敏道，皆師象山。初，先生在南豐時，嘗詆朱子，有「讀書講學，充塞仁義」之語。朱子以告象山，象山亦大駭，答以「此公好立虛論，須相見時，稍減其性」。後遺先生書，責其怪。及象山卒，先生率其生徒，詣朱子精舍中，執弟子禮。蔡季通之貶也，朱子將為經營，先生以福禍已定，不必徒加勞攘，朱子善之。然先生嘗葺朱子語為四卷，今多載入《語類》中。其間有先生平日之言，托于朱子，如所載《胡子》「知言」一章，以書為溺志之大穽者。後黎靖德編《朱子語》，始削去之。象山嘗曰：「某何嘗教人不讀書。」故一聞先生在南豐時之語，斥之不遺餘力，而先生少時之見，埋藏八識田中，且欲以誣朱子，是真陸氏弟子之失傳者，固宜後世之人，直言文安師弟以讀書為大禁也。敏道喜譚禪，見《劉後村集》。

宗羲案：包顯道、詳道、敏道同學于朱、陸，而趨向于陸者分數為多。

侍從石先生宗昭

石宗昭，字應之，新昌人，與兄斗文同問學于朱、呂、陸三氏之門。初為象山所喜，復感於異說，而祭東萊之文，以為石火電光，是區區者之不足恃。象山見之，駭其迷繆，尋先生異時書問一束封之，題曰石應之公案。已而會于臨安，以公案示之，先生欲持去，象山曰：「不可。觀足下神思，今不能辦此。此書非吾相對剖決，亦長物耳。」以進士第授無為軍教授，積官至侍從。象山謂高宗商曰：「觀應之容貌言論，與曩者判若二人，今遂居台閣，益令人憐之耳。」

直閣趙先生師雍、趙先生師蒧

趙師雍，字然道，黄岩人。淳熙十四年進士。與弟師蒧，字詠道，俱師陸子，亦兼學于朱子。先生嘗言：「諸公傷於著書，而其心反有所蔽。」意指朱子。陸子聞而非之，以為「必其心先有蔽，而言之蔽因之，故敢於著書，豈可言因著書而反蔽其心」？陸子卒，先生致書朱子，言惜不及見兩家論辯有所底止。朱子答之，有「敝帚千金」之語，蓋亦諷之。先生兄師淵，字幾道，即為朱子修《綱目》者。弟師夏，字致道，則朱子孫婿也。近作《考亭淵源録》者，目先生為叛徒。據先生之學，原是陸子分位多，然其于朱子，不過意見不盡合，今置之胡紘、傅伯壽之列，則繆矣。（黄氏原本，全祖望修之加詳）

文清徐毅齋先生僑

徐僑，字崇甫，義烏人。從學吕東萊門人葉氏邽。登淳熙進士。調上饒縣簿。復登文公之門，文公稱其明白剛直，以「毅」名齋。嘗言：「文公之書，比年滿天下，不過割裂掇拾，以為進取之資，求其專精篤實，能得其所言者蓋鮮。」由祕書正字、校書郎兼吴益王府教授。尋直寶謨閣、提點江東刑獄，以迕史彌遠劾罷。端平初，遷祕書少監、太常少卿。凡經奏對累數千言，皆感憤剴切，剖析理慾，分別黑白。帝數慰諭之，顧見其衣履弊垢，愀然曰：「卿可謂清貧矣。」賜以金帛，固辭。先生退而上疏，言所謂「貧者，乃邦本未建，疆宇日蹙，權幸用事，將帥非材；旱蝗相仍，盜賊並起；女謁、閹宦，蠹國膏肓，執政大臣，戕時蝨賊，比之于臣，未為貧也。」帝為之感動。經筵侍講，復開陳友愛大義，皇子竑得復爵邑。又請從祀周、程、張、朱，以趙汝愚侑食，寧宗皆如其言。金使至，無國書，先生論宜館之于外，迕時相意。丐休，遷工部侍郎，奉内祠兼侍讀。以疾申前請，改寶謨閣待制奉外祠。卒，謚文清。同邑葉由庚、朱中皆門人也。

文簡劉雲莊先生爚

劉爚，字晦伯，建陽人。與弟炳俱受學朱文公、吕成公之門。登乾道進士，調山陽簿，轉饒州録事參軍，遷連城令，改知閩縣。偽學禁興，歸武夷山講道讀書，築雲莊山房，為終老之計。父憂服闋，調贛州坑冶司主管文字，差知德慶府，擢提舉廣東常平，遷湘西提點刑獄，遷國子司業。奏言：「宋興，《六經》微旨，孔、孟遺言，自朱某發明于千載之後，以事父則孝，以事君則忠，世之所謂道學也。」請刊行所註《學》《庸》《語》《孟》，以備勸講，及《白鹿洞規》示太學。俄兼國史編修、實録檢討，接伴金使于盱眙。還，言：

「兩淮之地，宜加經理。約頃畝以授田，列溝洫以儲水，具田器，貸種糧，使相保護，使相糾率。鄉為一團，里為一隊，平居則耕，有警則守，力餘則戰，非止一時之利也。」帝嘉納之。進國子祭酒兼修注官，權兵部侍郎，封建陽縣開國男，賜食邑，兼太子左諭德，國史、實録院同修撰，試刑、工二部。奏乞絕金歲幣，罷遺賀正使，建制置使于歷陽，以援兩淮。進權工部尚書，封子爵，兼太子右庶子。卒，贈光禄大夫，賜謚文簡。著有《奏議》《史稿》《經筵故事》《講堂故事》《雲莊外稿》等集。

縣丞劉琴軒先生剛中

劉剛中，字德言，光澤人。嘗讀老、莊、荀、揚之書，有所得，皆為發明。及遊朱子之門，先生以所業請質。朱子曰：「老、莊書壞人心術。」自是篤志于道。朱子易其字曰「近仁」。與黄勉齋為友。既歸，築室講學，號曰琴學，四方人士翕然從之。薦于鄉，登嘉定四年進士，授漢陽薄，調蘭溪丞，卒。文公子侍郎在為狀其行。邑士大夫舉祀鄉賢。有《師友問答》。

師友問答

剛中問先生曰：「義利之辨，為吾儒第一關頭，學者講求有素，所見非不分明，及處事卻又模糊，何也？」先生曰：「祇緣見不分明耳。若分明，如薰蕕觸鼻即聞，旨否入口即覺。」曰：「然則嚮所見為義者非義，見為利者非利乎？」曰：「此又何嘗不是。只見其大略曰，此是義，此是利，究竟幾微分際，尚未甚黑白。」剛中曰：「幾微分際何在？」先生曰：「在公私間。以公心出之，利亦是義，以私心出之，義亦是利。」剛中曰：「若是公私在心，義利在事，心不應事，事不應心，柰何？」先生曰：「《大學》戒自欺，求自慊，知之真，行之力，不待處分其事，一動念，早自義利判然。至若舍利取義，已屬事後應跡。」剛中心喜，稱快而退。

問：「為學工夫，須是有起端處。人心之五常，猶天運之五行，迭相為明，循環無端，初學復性，從那一端下手？」先生曰：「始條理者，智之事也。人而智，則見理明，恁地欲為仁，便認真有個仁，欲為義，便于所往。《易》《文言》曰：『體仁足以長人，利物足以和義，嘉會足以合禮，貞固足以幹事。』仁義禮信而不及智者，智居乎其先也。」

問：「《大學》一書，包孕聖功王道，何以云初學入德之門？」先生曰：「凡人居處，有門必先有路，識得路，方到得門，到得門，方升得堂，入得室。《大學》綱領條目是門也，本末先後是路也，格、致、誠、正、修、齊、治、平是堂也，明、新、至善是室也。初學便學《論語》。望洋向若，無有涯涘，何如循途歷級，從容馴至？扶進高深，若不得其門而入，將倀倀乎其何之！」

問：「人不學，不知道。學在讀書上見，道在行事上見，必讀書然後可行事與？」先生曰：「固也。然學即學其道，非作兩截。無論讀書，無論行事，恁地皆是道，恁地皆是學。果于經史典籍，潛心玩索，日用云為，細意體察，自能窮天下之理，致吾心之知。豈談空説玄之謂道，鉤深索隱之謂學哉！」

問：「《大學》八工夫必先致知，致知在格物，敢請物恁底物？」先生曰：「此説程伊川言之甚善。所謂格物者，窮經應事，尚論古人之屬，無非用力之地。若舍此平易顯明之功，而必搜索于無形無跡之境，當前物理，反不能靡所遺矣。」

問：「伊川涵養，須是主敬，進學則在致知，主敬、致知殆亦非兩截事與？」先生曰：「主敬則心靜，致知則理明，心靜理明，知以涵養而益深沈。然敬，非終日危坐，游心淡泊，必有事焉。神不外馳，而説心研慮，時時有新得也。」

剛中每見善人，縱極愛敬，不過當面則然，見不善人，雖其人久不在，猶作十日惡。自知性情之偏，不知何以克治，使嫉惡之嚴，移而之好善之篤。先生曰：「人心本自有善，故投之以善則順；人心本自無惡，故投之以惡則逆。順受易忘，逆受難制，其勢然也。要惟是爾學問工夫未到，率其本然，未免過于忿激。若能以沖和者養成氣質，漸漸消融結習，自然寬厚平夷，好善惡惡，各適如其分量而止，而偏私悉化，德器亦自此深醇。」

問：「周子主靜，程子主敬，二説各願聞其大概。」先生曰：「屏思慮，絶紛擾，靜也。正衣冠，尊瞻視，敬也。致靜以虛，致敬以實，然此中皆有誠實工夫，豈摸形捉影而得！周子靜則禮先樂後，程子敬則自然和樂。和樂禮樂，非爾所及，但時時收斂，將身心攝入靜敬中，正心誠意，久之自有進步處。」

剛中出，思尊聞行知。柰一日之間，聞而知之者分數多，尊而行之者分數少，因想「子路有聞，未之能行，唯恐有聞，」直是學不得底。先生曰：「天下事理，有為吾所合知行者，『聞斯行諸』可也。如此事知其當如此行，值事不我屬，如何拏定要行？若遇行事時，苦于窒礙，則又不可無知妄作，或商以師友，或證以古今，又何嘗不是尊所聞，行所知？」

敢告先生，某向年于眾情酬酢之地，口雖不言，私下一一對勘，常覺得自家儘有好處，別人儘有不好處。今雖漸減，亦時或微微有此意思。先生厲聲曰：「是慝也，是最不好，如何反説自家儘有好處！」剛中憮然為閒曰：「先生何以教之？」先生曰：「攻其惡，無攻人之惡，非『修慝』與！」

問：「讀其書，想見其為人。不敏讀書時，亦嘗掩卷沈吟思慕，愛悦其人，時時髣髴欲得見古人情狀，究不我與，何也？」先生莞爾而笑曰：「所謂想見者，想見其為人，非想見其人也。我不在古人地位，亦不能到古人地位，要其所以為人處，皆可師法。從容久坐，如對古人，須從古人行事上著意。彈琴見文王，十日得進，實實地有神相契合，柰何虛空摹擬，將千年已朽之骨，作栴檀佛像觀邪！」

問：「太極，極字不訓中，當作何解？」先生曰：「原極之所以得名，蓋取諸樞極、根極之義。今天樞、天根號北極，義可通也。太極者，陰陽之樞紐，萬物之根柢也。蓋極也，而太矣。」

問：「程子言仁曰心。譬如谷種，生之性便是仁，陽氣發處乃情也？」先生曰：「豈惟谷種。凡果實核內，其中心皆曰仁。」

問：「醫家謂手足痺痿曰不仁，其形象不與谷種、果核反對？」先生曰：「仁是性之生發流通者，谷種、果核能生發也，手足痺痿不流通也。」

問：「聖人垂訓教人，務須委備詳盡。先生獨不喜人繁瑣，豈謂語言文字太多，必至纏繞支離？」先生曰：「辭達而已矣。即不纏繞支離，苟不達，累千萬句奚為？程夫子亦謂立言宜蘊藉含蓄，毋使知德者厭，無德者惑。」

劉剛中問東坡何如人，朱子曰：「天情放逸，全不從心體上打點，氣象上理會；喜怒哀樂，發之以嬉笑怒罵，要不至悍然無忌，其大體段尚自好耳，『放飯流歠而問無齒決』，吾于東坡，宜若無罪焉。」

劉剛中問黃直卿曰：「先生學有淵源，群弟子皆知之矣。比以古昔聖賢，未識到得何人地位？」直卿曰：「自洙泗以遠，博文、約禮，兩極其至者，先生一人而已。然則先生之學，其踵孔、顏乎？」直卿曰：「然。」

剛中退，見李方子，問曰：「先生作《綱目》，愈于涑水《通鑑》。殆法《春秋》以立綱，法傳文以著目與？」方子曰：「宏綱細目，實本《大學》三綱領、八條目，所以規制盡善，前此未有也。」

劉剛中問：「黃魯直如何人？」朱子曰：「孝友行，瑰瑋文，篤謹人也。觀其贊周茂叔『光風霽月』，非殺有學問，不能見此四字；非殺有功夫，亦不能說出此四字。」

劉剛中問：「程伊川粹然大儒，何故使蘇東坡竟疑其奸？」朱子答曰：「伊川繩趨矩步，子瞻脫岸破崖。氣盛心粗，知德者鮮矣，夫子所以致歎夫由也。」

劉剛中問：「張子《西銘》與墨子《兼愛》何以異？」朱子曰：「異以理一分殊。一者一本，殊者萬殊。脈絡流通，真從乾坤父母源頭上聯貫出來，其後支分派別，井井有條，隱然子思『盡其性』『盡人性』『盡物性』，孟子『親親而仁民，仁民而愛物』微旨，非如夷之『愛無差等』。且理一，體也；分殊，用也。墨子兼愛，只在用上施行。如後之釋氏人我平等，親疏平等，一味慈悲。彼不知分之殊，又烏知理之一哉！」

晦翁居，先生侍。晦翁語先生曰：「子來從吾遊也，誰使之？」先生避席前跽曰：「曾王父河南開封府君使之也。府君官開封府尹，南渡，力阻講和不得，每恨不能雪恥報仇，歸隱墨田雲峰山下，易簀，屬後人曰：『閩自楊龜山倡道東南，進而益上，超群儒而集大成，其在朱韋齋公子沈郎乎？爾輩可往就學。』」先生為誦府君述懷詩曰：「撫心有恨辜君國，學道無成愧子孫。」晦翁嗟歎不已。」

李方子、黃直卿與先生侍，晦翁左顧右盼，已而徐徐語先生曰：「爾輩用工夫，不要把合底事看得驚惶，只當做日用飲食，人生本應如此。元初離不得有事勿正，略著一形象，生一計較，不急遽即惰慢，忘助兩病徵，一時俱到矣。」（所著大多散佚，存《师友问答》二十三条）

文簡曹昌谷先生彥約、曹先生彥純

曹彥約，字簡甫，都昌人。初事朱子于白鹿書院。又十四年，復見于嶽麓書院。淳熙進士，累遷知澧州，未上，以京湖宣撫薛叔似辟主管機宜。勉齋黃文肅公歎曰：「是偉人也，薛能得之，良不易，惜未能用之耳。」攝守漢陽。金人大入，棗陽、信陽被兵，而襄陽將帥內自相戕。先生絕江見薛，勉以持重，求土豪，得許嵩俾總民兵，趙觀俾防水道，而党仲昇將宣撫軍屯城中。金人圍安陸，游騎至漢川。觀受方略，結漁戶守南河。金人至，逆擊，斬其先鋒，且遣死士焚其戰艦。大軍繼進，連戰，北復追擊之。時漢陽群盜亦乘間起。及金人遁，捕盜盡平之。進秩二等，就知漢陽。宇文紹節為宣撫，先生言：「不築棗陽，不足以守隨。守隨所以守德安。不築信陽，不足以守德安。守德安所以守黃。不築神馬坡、樊城，不足以守襄陽。守襄陽所以守光化。」又言：「荊、湖之勢，以鄂渚為腹心，江陵、德安為兩臂，其餘猶十指。襄州雖大，不過駢拇巨擘耳。若都統制在襄，則副都統制宜在江陵。」嘉定元年，詔求言，先生上封事，謂：「敵豈不以歲幣為利？惟其所向輒應，所求輒得，以我為易與而縱其欲。莫若遲留小使，督責邊備，假以歲月，當知真偽。設復大舉，則民固已怨，欲進而我已戒嚴，欲退而彼有叛兵，決勝可期也。」尋提舉湖北常平，兼權知鄂州，改提刑。已而以為雲南運判。先是，開禧三年，桂陽有盜，吏不以實聞。桂陽當湖南、江西、廣東三路之脊，山川險絕，盜窟其間。江西群不逞相挺而起，東踐南、吉，西逼郴、衡，南蹂韶、石，北抵攸、環，數千里患之。明廷調江、鄂軍捕之，不得要領，而江西專務招安，詭降覆出，朝廷患之。會賊破安仁、茶陵、桂陽，進迫長沙之攸縣。中朝復下江西招安之令，先生持之不可，曰：「是犯眾怒，損國威。」詔以直祕閣充湖南安撫使知潭州。先生督諸將逼賊巢而屯。賊之諸長曰羅世傳、李孟一、李元礪、李新、李如松、胡友睦，而羅世傳尤黠。官軍擊破新，降如松，遂復桂陽。孟一復至，以有備，引去，攻樂平。官軍復擊破之，遁入寨，遂圍之。元礪來援。世傳密請圖之以自效，先生許之。世傳竟禽元礪。明年，破孟一，餘黨漸平，而世傳恃功，索賂無厭，不肯出峒。池州牧許俊駐吉之龍泉，頗結世傳，許以承襲。世傳乃以元礪獻。江西右司胡渠主之，請用世傳盡主諸峒，悉撤兩路戍兵。先生固爭，乃以羅九遷者為間，令友睦圖而殺之。世傳死而諸峒服。江西來爭功，先生不之校也。尋上善後事宜，進直龍圖閣。五年，以吏部郎召。先是，宰相之弟守潭，兄子守吉，盜熾且及二郡，故亟以先生與王公居安代之。盜平，宰相以為媿，且妒之，乃以右正言鄭昭先疏，寢召命，罷免。昭先亦嘗學于朱子者也。先生徑歸，卜居南康，罕至城市。或謂宰相曰：「人言曹長沙與人爭功，二年來無一字到廟堂，此豈競進者？」八年，除利州運判。知利州時，沔州都統制王大才驕橫，制司董居誼不能馭之，反曲意承奉。先生以蜀邊諸司並列，兵權不一，有警則紛然奏議，理財者詆兵弱，握兵者咎財匱，乃作《病夫議》，陳之曰：「古之臨邊，求一賢者而盡付之兵權，兵權正則事體重，兵權專則號令一。今廟堂之上，患士大夫不奉行詔令，惡士大夫不恪守忠實，故雖信而用之，又以人參之，雖以事權付之，又從中馭以維繫之，致使知事者不敢任事，畏事者常至失事，猝有緩急，各持己見，兵權、財計互相歸咎。昔秦、隴以善戰聞天下，自吳氏世襲以來，握兵者志在于怙勢，不在于尊上，用兵者志在于誅貨，不在于息民。本原一壞，百病間出，至有世將已叛，而宣威不覺，四郡已割，而諸將不知。更化之後，逆黨既誅，而士俗人心其實未改。任軍官而領州事者，易成藩鎮之權；起行伍而立微效者，漸無階級之分。由阜郊以至宕昌、隴西、天水之地，其忠義民兵，利在戰鬬，緩急之際，固易鼓率。若其恃勇貪利，犯上作亂，則又不止于一軍而已。苟不正其本原，摩之以歲月，漸之以禮義，未見其可。今日之領帥權者，必當近邊境，必當擁親兵；有兵權者，必當領經費，必當寬用度。至于忠義之兵，又須有德者以為統率，擇知書者以為教導，如古人所謂教民而用之也。今議不出此，乃欲幸勝以為功，苟安以求免，誤天下者，必此人也。」時朝論未以為然。其後制閫雖暫徙利州，而兵賦異掌，卒莫能合。先生以病乞歸。次年拜江西安撫使，知隆興府。未幾，蜀邊被兵，內有張福、莫簡之變。朝論思前言，以戶部侍郎召，尋以寶謨閣待制充四川制置使，兼知成都府。先生乞赴闕奏事，不報，移書廟堂，請對，又不允。蓋有憚其來者。先生遂奏辭，改知福州。先生謂辭制置而受待制，于義未安，又辭。乃以集英殿修撰知潭州，又辭。乃奉祠。已而復待制。寶慶元年，以兵部侍郎召，入對，首勸講正學，防近習。次言：「當以慶歷、元祐聽言為法，以紹聖、崇、觀緯言為戒。年來有以賣直好名之說見奏封者，願倚忠直如蓍龜，去邪佞如蟊賊，其有阻撓讜言者，必加斥逐。」末言：「宜敕邊吏愛民」。已而上封事曰：「陛下謹定省以侍長樂，開王社以篤天倫，孝友之行，宜足信于天下。然兄弟至親，猶誤于狂妄小人之手，而道路異說，猶襲于尺布不縫之謠。臣以為，守法者，人臣之職也；施恩者，人主之柄也。漢文帝封淮南之二子，本朝太宗之所已行也。今若法之，雖不止謗而謗息矣。」又薦隆州布衣李心傳精史學。尋兼侍讀，遷禮部侍郎。又除寶謨閣直學士，奉祠，仍兼侍讀。嘗因進讀，言曰：「古人以德行為才，十六才子自齊、聖、廣、淵、明、允、篤、誠、忠、肅、恭、懿、宣、慈、惠、和皆德行之所發見。後世以欺詐暴虐為才，如酆舒、知伯、盆成括皆以才稱，卒于敗事。其實本非才也。鶴山魏文靖公同在從班，聞而歎服。次年遷兵部尚書，力辭，改寶章閣學士，知常德府。陛辭，獻唐張蘊古、趙師民二箴，請圖之座右，且言：「下情猶未通，橫斂猶未革。」上曰：「其病安在？」公曰：「臺諫專論人主，不及時政，下情安得通？苞苴公行于都城，則州縣橫斂，無可疑者。」時相恨之。又言：「夷狄盜賊之患，惟在處置得宜。一曰守道，二曰固本，三曰通財，四曰稽眾，五曰愛民。」尋以病辭常德之行，奉祠得歸。自草遺表，其略云：「望陛下精勤務學，恭儉修身，屈己以求直言，不惡其訐，守信以禦外侮，不邀其功，塞炎荒遷謫之門，絕饋遺往來之路，疾奸貪以寬民力，進恬退以厚士風。」詔加華文閣學士致仕。卒，謚文簡。所著有《輿地綱目》十五卷、《昌谷類稿》

六十卷、《經幄管見》七卷。先生之在朱門，勉齋稱為豪傑之士。蓋論學統，以勉齋為第一，論經濟大略，有以自見，以先生為第一。兄彥純，亦學于朱子之門。（黄氏原本，全祖望修之加詳）

龍圖詹元善先生體仁

詹體仁，字元善，浦城人。隆興元年進士第，為晉江丞。宰相梁克家薦于朝，入為太常博士，攝金部郎官。光宗即位，除戶部員外郎、湖廣總領，就陞司農少卿。奏蠲諸郡賦輸積欠百餘萬。除太常少卿。陛對，首陳父子主恩之説，謂：「《易》于《家人》之後，次之以《睽》，《睽》之上九曰：『見豕負塗，載鬼一車，先張之弧，後脱之弧，匪寇婚媾，往，遇雨則吉。』夫疑極而惑，凡所見者皆以為寇，而不知實其親也。孔子釋之曰：『遇雨則吉，群疑亡也。』蓋人倫天理，有間隔而無斷絶，方其未通也，湮鬱煩潰，若不可以終日；及其醒然而悟，泮然而釋，如遇雨然，何其和説而條暢也。」時上久不過重華宫，故引《易》「睽弧」之義，以開廣聖意。後除太府卿，尋直龍圖閣。開禧二年卒。先生少從朱子學，以存誠慎獨為主，為文悉根諸理。周益公必大嘗疏薦三十餘人，皆當世名士，先生與焉。郡人真西山早從之遊，嘗問居官涖民之法，先生以盡心平心告之，「盡心則無愧，平心則無偏」。當世服其確論。

忠簡傅竹隱先生伯成

傅伯成，字景初，晉江人。忠肅公察之孫，直祕閣自得之子也。少從文公學。隆興初，與兄伯壽同登第。慶元間，為太府寺丞，力言吕祖儉不當貶，朱熹不可目以僞學。又言：「朋黨之弊，起于人主好惡之偏。」出知漳州，一以律己愛民為本，推文公遺意行之。召除工部侍郎。火災，陳三事，曰失人心，曰隳軍政，曰啟邊釁。朝議欲納金人之畔降者，先生言，不宜輕棄信誓。中丞鄧友龍劾罷之，嘉定更化，召對，面論「前日失之戰，今日失之和。今之策雖以和為主，宜暇日為戰守之備」。權戶部侍郎，拜左諫議大夫，抗疏十有三，皆軍國大義。史彌遠密諭以當共政，使有所彈劾，先生曰：「豈可傾人以為利哉！」疏乞詔大臣以公滅私。改權吏部侍郎。俄補郡。八年，召，不至。理宗即位，加寶謨閣直學士，予祠，乃進「昭明天常，扶持人極」之説。尋召除寶文閣學士，奉内祠。胡夢昱坐論濟王冤狀貶，抗疏力論，不報。加龍圖閣學士。先生純實無妄，表裏洞達，每稱人善，不啻如己出，語及奸邪，聲色俱厲。嘗慕尸諫，疾革疏草，亟命繕寫，朝服而逝。端平中，謚忠簡。初授明州教授，以年少，嫌以師自居，日與諸生論質往復，後多成才。（黄氏原本，全祖望修之加詳）

提舉黃西坡先生灝

黃灝，字商伯，都昌人。登進士第，教授隆興府，知德化縣，薦除登聞鼓院，遷太常寺簿。論「今禮教廢闕，請敕有司取政和冠昏喪葬儀，及司馬光、高閌等書參訂行之」。除太府寺丞，出知常州，提舉本路常平。奏乞併閣秋苗，不俟報行之。言者罪其專，移居筠州，削兩秩，而從其蠲閣之請，起知信州，改廣西轉運判官，移廣東提點刑獄，皆不赴，卒。先生性行端飭，以孝友稱。文公守南康，執弟子禮。文公沒，黨禁方厲，先生單車往赴，徘徊不忍去者久之。（黃氏原本，全祖望修之加詳）

侍郎度性善先生正

度正，字周卿，合州人。少從朱子學。紹熙進士，官至禮部侍郎。太廟災，獻二說，其一用朱子之議，其一因宋朝廟制而參朱子之議：「自西徂東為一列，每室之後，別為一室，以藏祧廟之主，各依昭穆次序。後世穆之祧主藏太祖廟，昭之祧主藏太宗廟。仁、高二宗為百世不遷之宗，藏亦如之，前為兩室，三年祫享，則帷帳幕之，通為一室，盡出諸廟及祧主，並為一列，合食其上。于本朝制度，初無更革，頗得三年大祫之義。」著有《性善堂文集》。

宣獻任斯庵先生希夷

任希夷，字伯起，邵武人。第進士，調浦城簿。從文公學，文公器之曰：「伯起，開濟士也。」開禧初，為太常簿，奏乞編次紹興以來禮書。從之。累遷禮部尚書，奏周敦頤及二程百代絕學之倡，乞賜謚。其後周謚元，程謚純、謚正，皆先生發之。權參知政事，時史彌遠柄國久，執政皆具員，識者頗譏其拱默。謚宣獻。（黃氏原本，全祖望修之加詳）

布衣宋先生斌

宋斌，袁州人。少從黃勉齋、李宏齋登朱子之門。學禁方嚴，羈旅困沮，年且八十，趙清敏與懽延之，事以父行，奏乞用旌禮布衣故事。卒，葬西湖上，歲一祭之，則其賢可知矣。

知州黃復齋先生畬

黃畬，字子耕，分寧人。嘗從文公遊。舉太學進士，歷官大理寺簿、軍器監丞，後知台州。上蔡子孫居台者既播越流落，先生求之民間，收而教之。勤苦夙夜，郡稱平治。遷袁州，卒。著有《復齋集》。

修撰陳北山先生孔碩、陳先生孔夙

陳孔碩，字膚仲，侯官人。祖禧、父衡，皆為晦翁所稱許。先生少即以聖賢自期。既從南軒、東萊學，後偕其兄孔夙事晦翁。著《中庸大學解》《北山集》，學者稱為北山先生。官祕閣修撰。子韡，從葉水心遊。

國錄吳蠢隱先生仁傑

吳仁傑，字斗南，一字南英，自號蠢隱。其先洛陽人，居崑山。博洽經史，講學于朱子之門。登淳熙進士第，歷羅田令、國子學錄。有《古周易》《洪範辯圖》《漢書刊誤補遺》等書。

直閣陳復齋先生宓

陳宓，字師復，莆田人，丞相信安公之第四子也。少從其兄守、定同遊文公之門。長從黃勉齋榦。嘗為《朱墨銘》，以驗理欲分寸之多寡，謂朱屬陽，墨屬陰。以蔭歷泉州南安鹽稅，主管南外睦宗院，知安溪縣。嘉定七年，入監進奏院，遷軍器監簿。上言三事：一宮闈儀範未正，二朝廷權柄分奪，三政令刑賞舛逆。又言：「人主之德貴乎明，大臣之心貴乎公，臺諫之言貴乎直。」出知南康軍，歲大祲，奏蠲其賦十九，令流民群集就役，以築江隄，給食活之。與諸生講論白鹿書院。改知南劍州，復大旱，蠲罕宿逋十數萬，弛新輸三之一。又創延平書院，倣《白鹿洞規》。無何，請致仕，直祕閣主管崇禧觀卒。自言「居官期如顏真卿，居家期如陶潛」。又深愛諸葛亮「家無餘財，庫無餘帛」。庶乎能蹈其語者。端平初，御史王遂追論其直，宜褒以勸天下，贈直龍圖閣。所著有《論語註義問答》《春秋三傳鈔》《續通鑑綱目》《唐史贅疣》諸書。

太學程蒙齋先生端蒙

見《新安學案》。

縣尉董槃澗先生銖

見《新安學案》。

王拙齋先生過

見《新安學案》。

程柳湖先生珙

程珙，字仲璧，蒙齋先生之從曾孫也。亦登文公之門，著有《易說》。

戛蓮塘先生淵

戛淵，字亞夫，號蓮塘，涪陵人。西晉中郎將戛清之後。世世居襄陽，後徙居蜀，家培坪山。受業文公。所著有《孟子註》，今佚。

門人陽枋、陽岊。

方庵先生士繇

方士繇，字伯謨，莆田人。父豐之，仕至監豐國鎮，朱子稱其詩豪壯。先生少孤，依母邵武吕氏。已而徙居崇安，從朱子遊。聰明絕人，持以謙厚。嘗累試場屋，不利，棄舉子業，專以講學授徒為事。《六經》皆通，尤長于《易》。紹熙間，朱子門人有至行在者，公卿延致惟恐後。先生在遠聞之，曰「異時必為學者禍。」未幾，偽禁果作。又嘗勸朱子少著書，以朱子教人讀《集註》為未然。其憂深思遠類此。所為詩尤溫潤，有《遠庵集》。

隱君胡洞源先生泳

胡泳，字伯量，建昌人，文公之高第弟子也。不樂仕進，學者翕然尊之，稱為洞源先生。著有《四書衍說》。

縣丞陳仁齋先生駿附子成父

陳駿，字敏仲，寧德人。舉進士。登朱文公之門。著《毛詩筆義》，未及脫稿而卒。號仁齋。子成父。

縣令饒先生敏學

饒敏學，昭武人，朱文公高弟也。知黔陽縣。

孫龍坡先生調

孫調，字和卿，長溪人。其學得朱文公之傳，以排擯佛、老，推明聖經為本。所著有《冊府》一百卷，《易詩書解》《中庸發題》共五十卷，《浩齋稿》三卷。學者稱為龍坡先生。卒，祠于學。

帥幹李綱齋先生閎祖

李閎祖，字守約，光澤人，濱老呂之子。先生早受學家庭。已而與其二弟從朱子講學，篤志學問，強力精思，論議切實，朱子置之西塾訓諸孫，為編《中庸章句或問輯略》。第嘉定辛未進士，調靜江府臨桂簿，提刑方信儒、漕使陳孔碩咸咨以臺事。暇日詣學與諸生講解，士習不變。辟古田令，改廣西帥幹，勤慎明恕，諸司論薦改秩，未赴卒。黃勉齋、李宏齋、張主一、陳北溪皆敬重之。勉齋嘗祭以文，極痛悼焉。自號綱齋。有《問答》十卷。

李先生相祖

李相祖，字時可，守約之弟。在朱門辨質詳明，用心精切，嘗以朱子之命，編《書說》三十卷。

縣尉李先生壯祖

李壯祖，字處謙。與守約同登第。調閩清尉。朱子亦嘉其有志。真西山嘗以典刑人物薦之。

郎中王東湖先生遇父羽儀

王遇，字子合，龍溪人。父羽儀，衢州通判，博學有文。先生第乾道進士。受學于朱、張、呂之門，而與廖槎溪、黃勉齋、陳北溪友善。歷長樂令，通判贛州，薦章交上。時韓侂胄當國，先生不少貶以求售。侂胄敗，召為太學博士，除諸王宮教授。以常州大旱，命為守。講求荒政，民無流殍。又究致旱之由，開掘太湖水之侵塞于富家者。浙東饑，復詔提舉常平事。入對，極論時弊，至官，力言計竈買鹽之非策。除大宗正丞，遷右司郎中，以考校殿廬卒。著有《論孟講義》《兩漢博議》及文集。號東湖先生。

提刑楊淡軒先生方

楊方，字子直，長汀人。清修篤孝，行己拔俗。隆興初登第。平生心慕朱子。調弋陽尉，還道崇安，參謁面受所傳而歸。趙忠定汝愚帥蜀，辟機宜。忠定尋薦于朝，召對，擢宗正寺簿。丐外，通判吉州，知建昌軍，召除編修官。首乞朝重華宮，辭甚懇切，寧宗立，除祕書郎，出知吉州。偽學禁興，坐趙、朱黨，罷居贛州。閉門讀書，自號淡軒。黨禁解，起家知撫州。未幾奉祠，嘉定更化，召為侍右郎官，進考功郎官。不三月，復積忤以去。踰再歲，除直寶謨閣、廣西提刑。卒于象州。

堂長楊信齋先生復

楊復，字志仁，福安人。受業朱文公之門，與黄榦相友善。真西山帥閩，嘗創貴德堂于郡學以延之。學者稱曰信齋先生。著《祭禮》十四卷、《儀禮圖》十四帙。又有《家禮雜說附註》二卷。

進士李堯卿先生唐咨

李唐咨，字堯卿，龍溪人。與州學正石洪慶、林易簡、施允壽皆以旦評推重。朱文公守郡，延于學，為諸生楷式。牒云：「唐咨、易簡，或究索淵微，或持循雅飭，察其志行，久益可觀。允壽、洪慶，皆以耆艾之年，進學不倦，強毅方正，衆所嚴憚。」

楊至之先生至

楊至，字至之，晉江人。遊朱文公之門，與清漳李唐咨皆文彩發越，燦然可觀。蔡西山妻以孫女。有《文公語錄》二卷。

余先生大雅、游先生儆

余大雅，字正叔，順昌人。與劍浦游敬仲同時從朱子遊。每見必告以簡約切實工夫，而要其歸于求放心一言。先生嘗有詩云：「三見先生道愈尊，言提切切始能安。如今抉破本根說，不作從前料想看。有物有常須自盡，中倫中慮覺猶難。願言克己工夫熟，便得周旋事仰鑽。」朱子深與其進。有《朱子語錄》一卷。

司戶鄭持齋先生可學

鄭可學，字子上，莆田人，自號持齋。受學于朱子，以稟性卞急，力于懲忿上做工夫，久之，最得精要。面命問答，率前賢所未發，四方來學者，朱子多使質正焉。朱子知漳州，延至西塾。其後，刪定《大學》一編，曰：「此書欲付託得人，惟子上足以當之。」前後三奉大對，晚以特科調衡州司戶。著《春秋博議》十卷、《三朝北盟舉要》一卷、《師說》十卷。初，先生在臨安，欲往見陸子靜，或云：「吾友方學，不可見，見之必歸參禪。」先生以此遂止。

許存齋先生升

許升，字順之，同安人。遊朱文公之門。文公來為簿，從遊最早，恬澹無欲。及文公去任，復從遊于建陽。及卒，文公作文祭之。

劉撝堂先生炎

劉炎，字潛夫，邵武人。遊朱子之門。朱子卒，先生祭以文，有云：「凜然若銜馭之甚嚴，泰然若方行之無畔。蓋久而後得之，又何止流行乎四時，而昭示乎河、漢。」

黃壺山先生士毅

黃士毅，字子洪，號壺山，莆田人，徙居吳。幼知嗜學，為向上事業。方慶元詆誹道學，先生徒步趨閩，師朱文公。命日觀一書，夜叩所見，告以靜坐勿雜，喚醒勿昏。居數月，授以《大學章句》，終其身從事于斯。著述甚富，類註《儀禮》、譔次《文公書說》七卷、《文集》一百五十卷，又因語錄成言，分門序次，為《語類》一百三十八卷。嘗言：「孔、孟之道，至周、程而復明，至朱子而大明。」識者以為知言。

劉先生鏡

劉鏡，字叔光，惠安人。從朱文公學，稱高弟。

縣令李先生東

李東，字子賢，邵武人，丞相綱族孫。受學朱子，號精敏。登紹熙進士弟，為廬陵簿。秩滿，周公必大餞以詩云：「地跨江、閩秀氣兼，玉成界尺直方廉。撫曹久處習鑿齒，高士惟知孫子嚴。」遷知萬安縣，黃勉齋以書薦于漕使楊楫，乞委以事而觀其能。

主簿方先生壬

方壬，字若水，莆田人，耕道耒之弟也。淳熙中，遊太學，往返建安，必造謁朱子，至必留月餘。擢第為漳州長泰簿。時朱子為守，辟先生主學。條上講說、課試、差補等十事，朱子令諸邑倣之。每見民間疾苦，悉別白為朱子言之。後朱子召還，出《大學章句》，俾刊示學者。

方履齋先生大壯

方大壯，字履之，莆田人。少好學，不踐場屋，專心求道。朱子之莆，先生舉所學就正焉，得其親傳面命之意，日與同志講明。自號履齋，朱子為書其額。

縣令上官先生謐

上官謐，字安國，邵武人，東京副留守悟之孫。從朱子遊。以祖蔭授會昌東尉，調永州推官。簡易不深刻，永人懷之。遷四會令卒。

常博傅先生誠

傅誠，字至叔，仙遊人。嘗從朱文公遊。淳熙中登第，由□陽令召提轄文思院，充江、淮督府幕官。時参政張巖為都督，著述皆出先生。嘉定初，除國子博士，遷太常博士。輪對，深憂國勢不振，力勸寧宗奮起治功，言甚鯁切。一日登對，忽卒于殿下。

黃先生寅

黃寅，字直翁，邵武人。少時飄蕩豪爽，方士繇語之曰：「以子之方俊，何善不可為！乃甘心里巷，以辱其身邪？」先生感泣，問過可改否。曰：「惟狂克念作聖。」于是奮勵修飭，登朱子之門，問學精詣，言行準繩，鄉人敬歎之。

梁先生琢

梁琢，字文叔，邵武人。從遊于朱文公，刻志勵學。所論為學工夫，及體氣魂魄鬼神之說，文公多許可之。又輯《文公語錄》《澹臺石刻》。

縣尉馮見齋先生允中

馮允中，字作肅，邵武人。從學于朱子。所論懲創後生妄作之弊，及敬義性情心術之說甚善，朱子多許之。嘗名其所居曰「見齋」云。

朝請吕渭川先生勝己

吕勝己，字季克。父祉，居建陽，以尚書護合肥軍死義，敕葬邵武之樵嵐，因家焉。先生從張南軒、朱晦翁講學，晦翁為和東堂九詠詩。工隸書，得漢法。仕為湖南幹官，歷倅江州，知杭州，官至朝請大夫。自號渭川居士。

料院楊尹叔先生仕訓

楊仕訓，字尹叔，漳浦人。從朱文公遊。醇靜警敏，刻勵自奮，務求聖賢遺意而躬行之。由太學擢第，調永福令。留意學校，更定祭器，修立社稷風雨壇。推誠以待物，邑人士誦德不釋口，諸臺亦以愷悌慈祥、聽訟平允薦之。會湖廣總領請于朝，願得廉靖吏以董軍餉，差監鄂州糧料院，踰月卒。同學黄榦、陳淳皆深痛惜之。

修撰葉息庵先生武子

葉武子，字成之，邵武人。受學朱子，補太學生。朝議有欲以韓侂胄首和敵者，先生曰：「奸臣首不足惜，如國體何？」率同舍叩閽，力爭之。嘉定甲戌，擢甲科，調郴州教授，一以《白鹿洞學規》為諸生準程，刻《四書集註章句》以授之。歷國子正，知處州，入為宗學博士。嘗以福建保長催科害民，陛對，論罷之。進直寶謨閣。平生所得，于《易》為多。其言曰：「《易》之道，莫大于時。時有二義：有在外之時，有在我之時。人之出處，須先論在我者。我之時可動，然後論在外之時。若我之時未然，在外之時縱佳，亦不暇論其存乎我者與！」淳祐初，先生雅志恬退，掛冠日久，加直龍圖閣，尋加祕閣修撰卒。

知州俞先生聞中

俞聞中，字夢達，邵武人。從學朱子。登淳熙八年進士第。累官知黎州，悉意撫字，民夷感恩。

進士吳先生英

吳英，字茂實，邵武人。紹興三十年第進士。從學朱子。有《論語問答略》。

黃先生孝恭

黃孝恭，字令裕，邵武人。從朱子學，治身嚴整，起居有常度，論著確實。

丘先生珏

丘珏，字玉父，邵武人。從朱子學。有《主敬問答》。學禁嚴，遂謝場屋。

知軍饒先生幹

饒幹，字廷老，邵武人。淳熙進士。調知長沙縣，適朱文公為守，先生夙興治事，暇即聽講。後知懷安軍卒。有為之銘者曰：「能磨琢而器吾之玉乎？則心皇皇如不足。能恆赫而丹吾之轂乎？則足縮縮如不欲。故樂也不加若性，而污也不懼其辱，是謂善學朱氏者，蓋不惟其名而實之篤。」

楊先生履正

楊履正，字子順，晉江人。朱文公門人。生徒數百人。

隱君劉先生賁

劉賁，字炳文，建昌人。與周舜弼、余伯秀、李晦叔同學于朱子之門，並有時名，不求仕進。

劉先生孟容

劉孟容，字公度，隆興人，靜春先生子澄之族人也。舊從學于子澄，亦嘗學于陸子。嘗以書勸朱子弗為講學之爭，朱子答以「臨川近說愈肆，《荊舒祠記》曾見之否？此等議論，皆學問偏枯、見識昏迷之故」。而私意又從而激之：「若公度之說行，則此等事無人管矣。」又貽書云：「建昌士子過此者多，方究得彼中道理端的是異端，誤人不少。向見賢者亦頗好之，近亦覺其非否？」

縣令江德功先生默

江默，字德功，崇安人。知建寧縣。

程格齋先生永奇

程永奇，字次卿，休寧人，先之子。朱子門人，稱格齋先生。

祕書林先生至

林至，字德久，華亭人。官祕書郎。登朱子之門。著有《易裨傳》。

吳先生壽昌

吳壽昌，字大年，邵武人。初謁佛者疏山，喜談禪學。後遊晦庵先生之門。著《問答略》，嘗論張、呂二先生，謂「南軒非壽昌所敢知。東萊博學多識則有之，守約恐未也。」朱子深然之。

甘吉甫先生節

甘節，字吉甫，臨川人。文公高弟。

曾先生祖道

曾祖道，字宅之，廬陵人，劉子澄之徒也。嘗師象山，其後為朱子之學。有云陸先生與祖道言：「目能視，耳能聽，鼻能知臭，口能知味，心能思，手足能運動，如何更要存誠持敬，硬將一物去治一物？風浴詠歸，自是吾子家風。」祖道言：「此恐非初學所到地位。」陸子曰：「吾子有之，而必欲外鑠以為本，可惜也。」其後為象山之學者辯之，以象山《答宅之書》，今見載集中，但言存誠持敬二語。存字上古有考，若持字則後人之言，是陸子未嘗如宅之所云。然孟子嘗言存心，亦言持志，則陸子謂持敬為杜撰者，其說亦過。

徵君吳友堂先生昶

吳昶，字叔夏，號友堂，休寧人。淳熙丙申，文公以掃墓歸婺源，先生率先執經館下。久之，偽學禁作，弟子多更名他師，而先生徒步走寒泉精舍就正所學。所著有《易論》《書說》，文公深嘉許之。

迪功陳克齋先生文蔚

陳文蔚，字才卿，稱克齋先生，上饒人。因同鄉余正叔得師朱子。其學以求誠為本，以躬行實踐為事。以著《尚書解注》有益治道，詔補迪功郎。書成，賦詩云：「水飲已忘三月味，囊中真乏一錢儲。屢空本是我家事，贏得閒身且著書。」洵有道之言也。徐忠愍公元杰，其門人也。

萬先生人傑

萬人傑，字正淳，大冶人。陸文達公為興國教授，即來受學。旋事文安公于槐堂。象山嘗言：「吾門惟曹立之、萬正淳可不為利害所動。」已而先生見朱子于南康，亦力稱之，先生遂為朱子之學。

曹無妄先生建

曹建，字立之，餘干人，學者稱為无妄先生。初從沙隨程氏，繼從陸氏兄弟，最後乃從朱子于南康。其所欲見而不得者，南軒張氏而已。朱子序其言道：「非一聞可悟，一超可入也。循下學之則，加窮理之功，由淺而深，由近而遠，則庶乎其可矣。今必先期于一悟，而遂至棄百事以趨之，吾恐未悟之閒，狼狽也已甚。此其晚歲用力之標的程度也。」象山言其「天資甚高，因讀書用心之過成疾。其後疾與學相為消長。某與蕩滌，則胸中快活明白，病亦隨減。一聞他人言語，又復昏蔽，病亦隨發。如此者不一。有告之以某乃釋氏之學，渠平生惡釋、老如仇讐，于是盡叛某之說，湊合元晦說話，不相見，以至于死」。

輅院詹景憲先生淵

詹淵，字景憲，崇安人。調清江戶曹掾。江西俗尚嚚訟，有數年不決者，先生一閱之皆得其情。于是環十一府之民，有求質于有司者，皆請屬先生，曰：「寧為戶曹非，不願他官直。」官至差監車輅院。

符先生敘

符敘，字舜功，建昌人。初問學于象山。象山遺傅子淵書言：「其妄肆無知之談，子淵不得不任其責。」其答先生書亦多微詞。其後先生師朱子，嘗言陸子不喜說性，蓋亦不以槐堂弟子自名者矣。

陳復之先生易

陳易，字復之，永春人。從朱文公學。文公嘗稱先生及北溪為學頗得蹊徑次第。同郡蔡白石累貽書請質。

紫陽再傳

節齋門人

祕監葉平巖先生采

見《北溪學案》。

宏齋門人

文元饒雙峰先生魯

見《雙峰學案》。

方連雲先生暹

見《勉齋學案》。

進士許先生應庚

見《雙峰學案》。

槎溪門人

提刑鄒先生應博

鄒應博，泰寧人。受學于廖槎溪。開禧初，登第。寶慶中，監行在都進院。奏對，謂：「《書》曰：『人心惟危，道心惟微。惟精惟一，允執厥中。』朱熹謂人不能無人心，亦未嘗無道心。人心者，如飲食男女、好樂忿懥之類是也。若無此，則何以為人乎！惟其縱而不知檢，則逐物而遷，故曰『人心惟危』也。道心者，良能良知也，而此心必甚微而難見。聖人充吾良能良知之心，使天理流行而昭著，則人心自入于檢防之中也。」嘗知婺州、蘇州，提點江南西路刑獄，為真西山所薦云。

推官陳貫齋先生沂

見《北溪學案》。

果齋門人

清忠牟存齋先生子才

見《鶴山學案》。

毅齋門人

葉通齋先生由庚

葉由庚，字成甫，義烏人。生而口吃，嗜讀書。試有司不中，遂絕意進取。時徐文清倡明朱子之學，先生執經從之。文清授以中、誠、仁、命、性、心六字之說。與金華何北山、王魯齋辯析理學，不立異，不苟同，虚己精索，必求真是之歸。其誨學者曰：「古之人知行並進，若纏蔽于文字間，待其知至而後行，是終無可行之日也。」人以為名言。學者稱通齋先生。

元善門人

文忠真西山先生德秀

見《西山學案》。

蒙齋門人

州判董介軒先生夢程

見《新安學案》。

蓮塘門人

進士陽字溪先生枋

見《四明朱門學案一》。

陽存齋先生岊

見《四明朱門學案一》。

玉峰門人

知軍江先生塤

見《西山學案》。

復齋門人

山長黃德遠先生績

黃績，字德遠，莆田人。初遊淮、浙，徧參諸老。已而從陳師復、潘謙之二子遊。及二字卒，同門友築東湖書堂，而請田于官以祀之，讀約聚講如二子規約，由是學者皆就正于先生。郡守推入尊德堂，以繼劉彌昭，又辟充涵江書院山長。先生以「獨不懼」名齋。所著有《四書遺說》《近思錄義類》。

堯卿門人

鄉舉陳先生思謙

陳思謙，字退之，龍溪人。學問該博，教授後學，嘗魁鄉薦。著《春秋三傳會同》及《列國類編》，朱文公喜之，因語其門人李唐咨以女妻焉。

撝堂門人

運使王敬巖先生佖

見《金華學案》。

克齋門人

忠愍徐先生元杰

見《西山學案》。

簽判丘行可先生富國

丘富國，字行可，建安人。受業朱子之門人。簽判端陽。所著有《周易輯解》十卷、《易學説約》五篇、《經世遺書》三卷。宋亡，先生高蹈不仕。（黄氏原本，全祖望修之加詳）

紫陽三傳

陳玉巖先生天澤

陳天澤，字澤民，一字玉巖，昌化人，葉采弟子。

劉先生子玠

見《勉齋學案》。

德遠門人

推官鄭先生獻翁

鄭獻翁，字帝臣，莆田人。從黄德遠游。咸淳初登第，仕至漳州推官。元既改物，與仲元諸人俱以宿儒為郡人模範。

行可門人

翰林張先生諒、張先生貢

張諒，字子京，建安人。與弟貢學《易》于丘行可。著《經史事類書澤》三十卷。後贈翰林應奉文字。貢字壯夫。

賢良鄭翠屏先生儀孫

鄭儀孫，建安人，號翠屏。從丘行可學《易》。咸淳中，以賢良舉。少帝北行，先生退而著書，作《易說》《大學中庸章句》《史學蒙求箋註》《性理字訓》。郡守吳某率幕屬迎于學，師事之。

師承不詳者

知州傅先生壅

傅壅，字仲珍，忠簡之子。慶元中登第。知崇安縣，創均惠倉，增學田，立義冢，邑人為立祠。用課最，歷大理寺丞。審冤獄得實，卿以下患之。臺諫劾罷。旋以獄直知南劍州，改漳州。先是，忠簡兄弟相繼守漳，先生治如其父，邦人安之。徙撫州，以都官郎召，未至，卒。

徽猷傅先生康

傅康，字仲良，忠簡之子。以父任知古田縣，猾胥匿簿書，賦入日少，先生籍其家，出所匿，復得實，邑計以饒。為司農寺丞，知汀州。時兄仲珍守漳，其父往來就養，鄉人榮之。徙南劍，發奸摘伏，吏不敢欺，累進司農少卿，兼左司諫，練熟典章，上甚材之。晚知袁州，直徽猷閣致仕。

紫陽四傳

國學陳鱴翁先生取青

陳取青，東陽人。受學石一鼇，慷慨有志節。子樵。（百家記）

隱君汪東山先生華

見《雙峰學案》。

鄉舉陳定宇先生櫟

陳櫟，字壽翁，一字定宇，晚稱東阜老人，徽之休寧人。學以朱子為宗。所著有《百一易略》《四書發明》《書傳纂疏》《禮記集義》等書。時雙湖、東阜最稱宿儒。延祐初，詔以科舉取士，有司強之鄉闈，中選，竟不復赴禮部。先生性孝友剛介，日用之間，動中禮法，善誘學者，江東士人就學草廬者，盡遺而歸。先生年八十三卒。（黃氏原本，全祖望修之加詳）

定宇文集

《書》載帝王之治，而治本于道，道本于心。道安在？曰在中。心安在？曰在敬。揖讓放伐、制度詳略等事雖不同，而同于中，欽、恭、寅、祗、慎、畏等字雖不同，而同于敬，求道于心之敬，求道于治之中，詳說反約，《書》之大旨，不外是矣。況諸經全體上下千數百年之治跡，二帝三王之淵懿，皆在于《書》，稽古者，舍是經奚先哉！孔子所定，半已遺逸，厥今所存，出漢儒口授，孔宅壁藏，錯簡斷編，當闕疑者何限。自有註解以來，三四百家，朱子晚年始命門人集傳之，惜所訂正，三篇而止。本朝科舉興行，諸經《四書》，壹是以朱子為宗，《書》宗蔡《傳》，固亦宜然。櫟不揆晚學，三十年前，嘗編《書解折衷》，以羽翼蔡《傳》，亡友胡庭芳見而許可，又勉以即蔡《傳》而纂疏之，遂加博采精究，方克成編，期與四方學者共之。（《書傳纂疏序》，文淵閣四庫全書《定宇集》卷一）

知事張先生復

張復，字伯陽，建安人。仕元為建寧路知事。師事鄭翠屏，學《易》得丘氏之傳，嘗輯諸儒論議，編《性理遺書》十四卷。

紫陽五傳

隱君陳鹿皮先生樵

陳樵，字君采，取青之子。好以鹿皮為衣，自號鹿皮子。先生學于家庭，又從李直方受《五經》大義。性沈敏嗜學，獨取遺經精思，逾四十年，心領神會，自以聖賢大指可識，乃入東白山大霞洞中著書。其微詞奧義，多前儒未經道。虞伯生、黃晉卿、歐陽圭齋輩皆向慕，以為不可及。宋潛溪志其墓，稱為「東陽隱君子」。（百家記）

提舉戴九靈先生良

見《金華學案》。

隱君劉青村先生涓

見《金華學案》。

隱君倪道川先生士毅

倪士毅，字仲宏，隱居徽州祁門山，定宇陳氏弟子也，學者稱為道川先生。生平事親至孝，接物以誠，非仁義道德之說、素論定于郡先師朱子者，不以教人，故黟人信其言而尊其行。與趙東山、汪環谷朝夕講學，時稱「新安三有道」。嘗言：「朱子《四書集註》既行，當時儒者懼後學誦習之難，因各為詮解。」于是勉齋有《通釋》，而采《語錄》附于《大學章句》之下，始自西山真氏，名曰「集義」；祝氏宗道《四書附錄》，放而成之；格齋趙氏有《纂疏》；克齋吳氏有《集成》；定宇陳氏有《發明》；雲峰胡氏有《四書通》；仁山金氏有《指義》。由宋迄元，不下數十家，而義理未為明備，著《四書輯釋》三十六卷，環谷為之序。（黃氏原本，全祖望修之加詳）

朱子綱目凡例序

《朱子綱目》之作，權度精切，而筆削謹嚴，先輩論之詳矣，贅不待贅。唯《凡例》世尚罕傳，學者于書法有未窺其要者。至元後戊寅冬，友人朱平仲晏歸自泗濱。明年春，出其所錄之本，謂得于趙公繼清質翁之子嘉績凝。始獲披閱，遂節錄之。暇日詳觀，因轉相傳錄，而不能無小誤，惜未有他本以參校，乃隨所可知，正其錯簡二條，漏誤衍文共三十餘字，以寄建安劉叔簡錦文刊之坊中，與四方學者共之。又記昔受學于先師陳定宇先生時，得李氏《綱目論》一篇，實能發朱子此書之大旨，而見者亦少，今併錄以附于後。蓋《凡例》當與《綱目》並行，而李氏《綱目論》當與尹氏《綱目發明》並行。若《綱目》及尹氏之書，皆盛行矣，故願以是二書備傳之，苟能相與講習，則朱子繼《春秋》之筆，煥然以明，其于世教，豈曰小補。（文淵閣四庫全書《御批資治通鑒綱目》卷首上）

學士朱楓林先生升、程先生存

朱升，字允升，號楓林，休寧人。從定宇學，又師黃楚望。《五經》皆有旁註，而《易》尤詳，別有《前圖》二卷。元末舉鄉薦，為池州學正。盜起，隱石門。又同邑程存，亦定宇弟子，著《太極圖說》。（黃氏原本，全祖望修之加詳）

易前圖說

案：邵子此詩，取先天八卦圓圖，指其緘要景象，而示人以履運處身之道也。邵子平日所以為教，妙在一動一靜之間，詩之天根、月窟正指此也。所謂天地者，指坤、震二卦之間而言。坤、震之間，陰既極矣，微陽將生。將生之微陽，天所生之根也。所謂月窟者，指乾、巽二卦之間而言。乾、巽之間，陽既極矣，微陰將生。將生之微陰，月所出之窟也。陰陽一元氣，非有二也。動而陽，靜而陰，更相禪代，無有窮已。天之寒暑，時之晝夜，人之呼吸，物之榮枯，其著者也。方其動而陽也，非全無陰，陽漸盛則陰漸微。及其靜而陰也，非全無陽，陰漸盛則陽漸微。盛之極者消，則微之極者息矣，知此則知坤、震之間，乃乾之靜專既極而動直之初也，故曰天根；乾、巽之間，乃坤之靜翕既極而動闢之初也，故曰月窟。凡草木之甲坼，必先根而後萌。坤、震之間，在圖之下方，其象厚地之下。天包地外，地下有天，札根之所著愈深，則萌之所發者愈暢，天根之名所以立也。月之魄，受日之光，其無光處，月之本體也。乾、巽之間，在圖之上方，其象中天之上。月望而午，盈極而虧，而月之本體無光者，始微出于此，月窟之名所以立也。氣機闔闢，流行不息，而人物生焉。氣之流行，其陰陽消長固不齊，人物囿乎其中，其純駁美惡，豈能齊乎！以吾身而處乎人物之中，必也下極乎動靜之間，如足之躡天根，上極乎動靜之間，如手之探月窟，真有見乎氣機之消息流行者，而後人物之生所以不齊者，可得而喻矣。見之明，體之熟，則其所以撫世酬物者，必有其道矣。所謂三十六宮，指八卦之畫為言。剛畫奇一為一宮，柔畫耦一為二宮，八卦二十四畫，共三十六宮。陽宮十二，陰宮二十四，三十六宮不皆春也。以耳目聰明之身，而探月窟，躡天根，知物識人，而灼見其不齊也。而以無所繫累之間，心來往乎其間，翫對待之象，以施泛應之用，畫之對則皆一奇一耦也，卦之對則皆三陽三陰也，如是則泛而應，曲而當。三十六宮，陽宮不暑，陰宮不寒，無適而非春也。天根、月窟、三十六宮，《易》之象也。知物識人間來往都是春，則其占也。此邵子胸中之全《易》，而凡學者所當以為己《易》者也。昔人于此詩遇字逢字，翫而未審，誤以六十四卦圖復、姤二卦言之，或又有偏泥于歸根內丹之說者，是以本指未徹，愚故詳之，以附于《易》旁注前圖之後云。（《三十六宮圖說》，（文淵閣四庫全書《讀易考原》）

案：自甲至癸者，十日之名也。日有十，而卦以八，以八納十，故乾、坤二卦，始終包羅之，而納甲、乙、壬、癸之四日。甲、壬陽日，乾納之，乙、癸陰日，坤納之也。其間六日，三男納其陽，三女納其陰，六子之卦，各得乾、坤之一畫者也。又艮納丙、兑納丁者，氣之方行者也，少男女納之，猶日之未午，歲之方夏時也。震納庚、巽納辛者，質之已凝者也，長男女納之，猶日之過午，歲之既秋時也。坎、離中男女納戊、己于正中，有不待言者矣。《易》家納甲意本如此。其見于經，則蠱之「先甲」「後甲」，巽之「先庚」「後庚」，與革之「己曰乃孚」而已。世言《易》卦納甲，本于《參同契》，今以其書考之，則以月之明魄多少，取象于卦畫，而以所見方位為所納之甲，二者皆非也。夫既以乾三畫純陽為望，以坤三畫純陰為晦，則其明魄消長，當以五夜當一畫，若是則震當為初五夜之月，而非生明，兑當為初十夜之月，而非上弦也。望後巽、艮準此。此月之明魄，既與所言卦畫不類矣。又地之方位，甲庚相對，既以望夕之月為乾而出甲，則初生之月，不見于庚矣。上下弦之昏旦，同見于南方之中，亦初無上弦見丁、下弦見丙之異也。大抵月之行天，一歲十二月間，其昏朏出見之地，夜夜推移，不襲其位，惟有春秋二分，黄道與赤道相踏，又須氣朔分齊，則其朔望昏朏出見，乃有定位可指，而不可以言納甲之理也。《參同契》乃是整齊一歲一月一日之造化，以明吾心之造化，姑借《易》以言之，大概約略取象云爾，而非以説《易》也。（《八卦納甲圖説》，文淵閣四庫全書《新安文獻志》卷三十一）

一九　南軒學案

宣公張南軒先生栻

張栻，字敬夫，一字樂齋，號南軒，廣漢人，遷于衡陽。父浚，故丞相魏國公，謚忠獻。先生穎悟夙成。少長，從五峰胡先生問程氏學。五峰一見，知其大器，即以所聞孔門論仁親切之指告之。先生退而思，若有得也。五峰曰：「聖門有人，吾道幸矣！」先生益自奮勵，以古聖賢自期，作《希顔錄》以見志。

以蔭補承務郎。紹興間，忠獻出督，奏先生充機宜。以軍事入見，上異之，除直秘閣。丁父憂，服闋，長沙郴桂帥守劉公珙薦於朝，除知撫州，改知嚴州。奏言：「先王所以建事立功無不如志者，以胸中之誠，有以感格天人之心而與之無間也。今規畫雖勞，事功不立，陛下誠深察之，亦有私意之發，以害吾之誠者乎？」

明年，召為吏部郎兼侍講。時相方謂敵勢衰弱可圖，先生奏言時猶未可，上為歎息褒諭。其後因賜對，反復前説，帝益嘉歎，面諭「當以卿為講官，冀時得晤語也」。會史正志為發運使，名為均輸，實盡奪州縣財賦，遠近騷然，士大夫爭言其害，先生亦以為言。上閲其實，即詔罷之。

除左司員外郎，仍兼侍講。講《詩葛覃》，進説：「治生於敬畏，亂起於驕淫。使為國者每念稼穡之勞，而其後妃不忘織紝之事，則心不存者寡矣。」因上陳祖宗自家刑國之懿，下斥今日興利擾民之害。帝歎曰：「此王安石所謂『人言不足恤者』，所以為誤國也。」

知閤門事張説除簽書樞密院事，先生夜草疏極諫其不可，旦詣朝堂，責宰相虞公允文曰：「宦官執政，自京、黼始。近習執政，自相公始。」先生奏再上，命遂寢。然宰相實陰附張説，明年，出先生知袁州。

先生在朝未期歲，而召對至六七，所言皆修身務學，畏天恤民，抑僥倖，屏讒諛，於是宰相憚之，近習尤不説。退而家居累年，孝宗念之，詔除舊職，知靖江府，經略安撫廣南西路。治聞，詔特進秩，直寶文閣。尋除秘閣修撰、荊湖北路轉運副使。改知江陵府，安撫本路。

嘗與朱子書曰：「郭杲問此間得毋為守備乎？緩急有堡寨否？某應以：此間出門即平原，走襄陽僅六百里，所恃者襄、漢立得定，折衝捍蔽耳。太尉當力任此事，要兵要糧，此當往助。若教賊入肝脾裹，人心瓦碎，何守備為？向來劉信叔、張安國皆有緩急移保江北之論，乃大謬也。賊到此地，何以為國？守臣但當握節而死。渠為悚然。然某所恃者，有此二萬義勇，所可整頓，緩急有隱然之勢。今專務固結其心，愛養其力，庶幾一旦可共生死。」

湖北故多盜，先生首劾大吏之縱賊者，捕斬奸民之舍賊者，令其黨得相捕告以除罪，群盜皆遁去。會信陽守劉大辨怙勢希賞，先生劾請論罪，不報。即以不得其職求去，詔以右文殿修撰提舉武夷山沖佑觀。病革，猶手疏勸上親君子，遠小人，信任防一己之偏，好惡公天下之理。先生有公輔之望，卒年四十八，世咸惜之。

先生為人坦蕩明白，表裏洞然，詣理既精，通道以篤。其樂於聞道而勇於從義。則又奮勵明決，無毫髮滯吝意。故其德日新，業日廣，而所以見於論說行事之間者，上下信之，至於如此。著有《論語》《孟子》《詩》《書》《太極圖說》、《經世編年》等書。嘉泰中，賜謚宣。景定初，從祀孔子廟庭。（黃氏原本，全祖望修之加詳）

宗羲案：湖南一派，在當時為最盛，然大端發露，無從容不迫氣象。自南軒出而與考亭相講究，去短集長，其言語之過者，裁之歸於平正。有子，考無咎，其南軒之謂與？

孝宗初，起忠獻謫籍，都督諸軍事，即奏先生書寫機宜文字。先生時年甫三十，內贊密謀，外參庶務，夙夜凜凜，直以君臣之責為己憂。閑以軍事入見，因進言曰：「陛下上念祖宗之讎恥，下閔中原之塗炭，惕然於中，而思有以振之。臣謂此心之發，即天理之所存也。願陛下勿怠此心，而親賢稽古以擴充之，則不惟今日之功，可以必成，而千古因循之弊，亦庶乎其可革矣。」帝異其言。

湯思退用事，務罷兵講和，金反乘隙縱兵入淮甸，中外大震。先生疏言：「我與金義不同天日者，雖嘗詔以縞素出師，而玉帛之使，未嘗不躡其後，是以和戰之念雜於胸中，而至誠惻怛之心，無以感格乎天人之際。繼今以往，誓不言和，專務自強，雖折不撓，遲以歲月，何功之不濟哉！」

召為吏部郎。時宰相謂敵勢衰弱可圖，先生入見，孝宗曰：「卿知彼中事乎？」先生曰：「不知也。」曰：「彼國饑饉連年，盜賊四起。」先生曰：「彼中之事，臣雖不知，然境內之事，則知之詳矣」。帝曰：「何事？」對曰：「比年諸道水旱民貧，而國家兵弱財匱，大小之臣，又皆誕謾不足倚仗，正使彼中可圖，臣懼我之未足以圖彼也。」帝默然久之。先生因言：「必勝之形，當在於早正素定之時，而不在乎兩陣決機之日。為今計之，但當下哀病之詔，明復仇之義，顯絕金人，不與通使，然後修德立政，用賢養民，選將帥，練甲兵，通內修外攘、進戰退守為一事，又且必治其實，而不為虛文，使必勝之形，隱在目前，則雖三尺童子，亦奮躍而爭先矣。」帝為之歎息褒論，以為前始未聞此論也。

一日奏事，帝問天，先生曰：「不可以蒼蒼者便為天，當求諸視聽言動之間。一念纔是，便是上帝監觀，上帝臨汝，簡在帝心，一念纔不便，便是上帝震怒。」

先生寢疾，微吟曰：「舍瑟而作，敢妄事上之忠；鼓缶而歌，當盡順終之理。」乃自作遺表，勸帝親君子，遠小人，絕己偏，公好惡，拳拳不已云。

五峰先生與書曰：「辱示《希顏錄》，足見稽考之勤。先賢之語，去取大是難事。文中子之言，誕漫不親切。揚子雲淺陋不精通。莊子『坐忘』費力，『心齋』支離，《家語》如不容然後見君子，亦未免於陋。」

又曰：「某意《希顏錄》，如《易》《論語》《中庸》之說，不可瑕疵，亦須真實見得不可瑕疵，然後可也。其他諸說，亦須玩味，於未精當中求精當。」

嘗與朱子書曰：「祈請竟出疆，顛倒綷悖，極可憂，某決求去，蓋會慶在近，不忍見大使之至也。」

又曰：「聞建寧書坊，將《孟子解》已刻板，極皇恐，見今刪改不定，恐誤學者，兼亦甚不便，已移文漕司毀板矣，更望力主張。」

又曰：「舟中覺向來偏處，取所解《孟子》觀之，段段不可意，正當深其本。」

朱子《述行狀後》曰：「公之教人，必使之先有以察乎義利之間，而後明理居敬，以造其極。其剖析精明，傾倒切至，必竭兩端而後已。」

又曰：「公嘗有言曰：『莫先於義利之辨。而義也者，本心之所當為而不能自已，非有所為而為之者也。一有所為而為之，則皆人欲之私，而非天理之所存矣。』嗚呼！至哉言也，其亦可謂廣前聖之所未發，而同於性善養氣之功者與。」

又《語類》曰：「南軒《洙泗言仁》，編得亦未是。聖人說仁處，固是仁，然不說處，不成非仁，天下只有這個道理，聖人說許多說話，都要理會，豈可只去理會說仁處，不說仁處，便掉了不管。」

宗羲案：南軒之學，得之五峰，論其所造大要，比五峰更純粹，蓋由其見處高，踐履又實也。朱子生平相與切磋得力者，東萊、象山、南軒數人而已。東萊則言其雜，象山則言其禪，惟于南軒，為所佩服。一則曰敬夫見識卓然不可及，從遊之久，反復開益為多；一則曰敬夫學問愈高，所見卓然，議論出人表。近讀其語，不覺胸中灑然，誠可嘆服。然南軒非與朱子反復辯難，亦焉取斯哉？第南軒早知持養是本，省察所以成其持養，故力省而功倍，朱子缺卻平日一段涵養工夫，至晚年而後悟也。

宗羲又案：南軒受教於五峰之日淺，然自一聞五峰之說，即默體實踐，孜孜勿釋，又其天資明敏，其所見解，初不歷階級而得之。五峰之門得南軒而有耀，從游南軒者甚眾，乃無一人得其傳，故道之明晦，不在人之眾寡爾。

南軒答問

來書所謂思慮紛擾之患，此最是合理會處。其要，莫若主一。《遺書》論此處甚多，須反復玩味。據目下底意思用功，辟如汲井，漸汲漸清。如所謂未應事時，此事先在，既應之後，此事尚存，正緣主一工夫未到之故。須思此事時，只思此事，做此事時，只做此事，莫教別底交互出來，久久自別，看時似乎淺近，做時極難。某前作《主一箴》，為一相識所刊，其間亦有此意。（《答潘書昌》，文淵閣四庫全書《南軒集》卷二十七）

居敬有力，則其所窮者益精；窮理浸明，則其所居者亦有地。所謂持敬，乃是切要工夫，然要將個敬治心，則不可。蓋主一之謂敬，敬是敬此者也。若謂敬為一物，將一物治一物，非惟無益，而反有害，乃孟子所謂必有事焉而正之，卒為助長之病。如左右所謂窘于應事，無舒緩意，無怪其然也。故欲從事於敬，惟當常存主一之意。此難以言盡，實下工夫，涵泳勿舍，久久自覺深長而無窮也。（《答陳平甫》，文淵閣四庫全書《南軒集》卷二十六）

所論「收斂則失於拘迫，從容則失於悠緩」，此學者之通患。於是二者之間，必有事焉，其惟敬乎？拘迫則非敬也，悠緩則非敬也。但當常存乎此，本原深厚，則發見必多，而發見之際，察之則必精矣。若謂先識所謂一者而後可以用力，則用力未篤，所謂一者，只是想像，何由意味深長乎！（《答潘書昌》，文淵閣四庫全書《南軒集》卷二十七）

論及邇來工夫，足見不輟。但所謂二病，若曰「荒忽因循，則非游泳之處」；若曰「蹙迫寡味，則非矯揉之方」，此正當深思，於主一上進步也。要是常切省勵，使凝斂清肅時多，則當漸有向進，不可求一切近功也。（《答呂子約》，文淵閣四庫全書《南軒集》卷二十五）

葉六桐曰：「主一從敬字用功始，敬久則誠，而一在是矣。」

問：「近有人疑『但能存心，則自無不敬』，乃以動容貌、整思慮為言，卻似從外面做起，不由中出，不若直言『存其心』之為約也。」曰：「程子教人居敬，必以動容貌、整思慮為先。蓋動容貌、整思慮，則其心一以敬也。今但欲存心，而以此為外，既不如此用功，則心亦烏得而存？其所謂存者，不過強制其思慮，非敬之理矣，此其未知內外之本一故也。今有人容貌不莊，而曰吾心則存，不知其所謂不莊者，是果何所存乎？推此可見矣。」（文淵閣四庫全書《南軒集》卷三十）

所論「雖間有平帖安靜之時，意思清明，四體和暢，念慮不作，覺無所把摸，接物遇事，則渙散矣」。此蓋未能持敬之故。所謂「平帖安靜」者，亦是暫時血氣休息耳。且既曰「覺無所把摸」，安得謂安靜乎？敬有主宰，涵養漸熟，則遇事接物，此意豈容遽渙散乎？主一之義，且深體之。（《答潘文叔》，文淵閣四庫全書《南軒集》卷二十七）

所論居敬，「雖收斂此心，乃覺昏昏不活，而懈意漸生」。夫敬則惺惺，而乃覺昏昏，是非敬也。惟深自警勵，以進主一之功，幸甚。（《答戚德銳》，文淵閣四庫全書《南軒集》卷二十七）

嗟乎！自聖學不明，語道者不睹夫大全，卑則割裂而無統，高則汗漫而不精。是以性命之說，不參乎事物之際，而經世之務，近出乎私意小智之為，豈不深可歎哉！惟周子生乎千有餘年之後，超然獨得《大易》之傳。所謂《太極圖》，乃其綱領也。推明動靜之一源，以見生化之不窮，天命流行之體，無乎不在；文理密察，本末該貫，非闡微極幽，莫能識其指歸也。然而學者若之何而可進於是哉？亦曰敬而已矣。誠能起居食息，主一而不舍，則其德性之知，必有卓然不可掩於體察之際者，而後先生之藴可得而窮，太極可得而識矣。（《通書後跋》，文淵閣四庫全書《南軒集》卷三十三）

格，至也。格物者，至極其理也。此正學者下工夫處。吕舍人之説雖美，乃是物格知至以後事，學者未應躐等及此也。雖然，格物有道，其惟敬乎？是以古人之教，有小學，有大學，自灑掃應對而上，使之循循而進，而所謂格物致知者，可以由是而施焉。故格物者，乃大學之要也。（《答江文叔》，文淵閣四庫全書《南軒集》卷二十六）

問：「孟子曰：『可欲之謂善。』伊川謂『與元者善之長同理』。又曰：『乾，聖人之分也，可欲之善屬焉。』剛仲嘗謂孟子言可欲，非私欲之欲也，自性之動而有所之焉者耳。於可不可之間甚難擇，姑以近者言之。如飲食男女，人之所大欲，人孰不欲富貴，亦皆天理自然。循其可者而有所之，如饑而食，渴而飲，以禮則得妻，以其道而得富貴之類，則天理也。過是而恣行妄動，則非天理矣。故《書》曰：『敬修其可願。』孟子又曰『無欲其所不欲是也』。『乾，聖人之分』，豈謂聖人之動，皆循天理而然與？元者，天德也。孟子所謂善，豈指天理而言與？横渠又曰：『明善必明於未可欲之際。』『未可欲』，謂大本未發者否？見於可欲，則性之苗裔已發見者。未可欲，則大本全體渾然，不容一毫之僞。明之之功，何自而先？莫亦當先從於可不可之際，審擇而固執之否？愚見如此，心中亦未安。恐伊川引乾元處，别有深意。」曰：「人具天地之心，所謂元者也。由是而發見，莫非可欲之善也。其不由是而發，則為血氣所動，而非其可矣。聖人者，是心純全，渾然天理，『乾知大始』之體也。故曰：『乾，聖人之分也，可欲之善屬焉。』在賢者，則由積習以復其初，『坤作成物』之用也。故曰：『坤，學者之事也，有諸己之信屬焉。』今欲用功，宜莫若養其源，先于敬用功之久，人欲寖除，則所謂可者，益可得而存矣。若不養其源，徒欲於發見之際，辨擇其可不可，則恐紛擾而無日新之功也。」（《答宋伯潛》，文淵閣四庫全書《南軒集》卷三十一）

元晦謂略於省察。向來某與渠書，亦嘗論此矣。後便録呈。如三省、四勿，皆省察之功兼焉，大要持養是本，省察所以成其持養之功者也。

百家謹案：子劉子曰：「省察正涵養之得力吃緊處。」

（文淵閣四庫全書《南軒集》卷二十八）

垂諭忿怒之病，氣習偏私處，正當深致其力。損「懲忿窒欲」，「懲」之為言，須思其所以然而懲艾之。先覺謂惟思為能窒欲，某謂懲忿亦然。若謂「正當發時，最好看吾本心」，此卻有病。本心須是平日涵泳，庶幾私意漸可消磨。若當其發時，如明道先生所謂「遽忘其怒而觀理之是非」則可，若直待此時看吾本心，則天理人欲不相參，恐無力也。更幸思之。（《答戚如玉》，文淵閣四庫全書《南軒集》卷二十六）

姜定庵曰：「正當發時，亦能覺著本心，畢竟人欲居勝。此處惟用懲窒之力，方能挽回。終不若平日涵泳，不使私意相參之為得也。」

問：「『君子時中』，朱編修云：『以其有君子之德，而又能隨時以取中也。』龜年竊謂，君子精義，故能時中。謂之時中者，以其全得此理，故無時不中，非謂就時上處中也。今曰『以其有君子之德，而又能隨時以處中』，心竊疑焉。」曰：「『隨時以取中』，非元晦語，乃先覺之意也。此意甚精，蓋中字作統體看，是渾然一理也。若散在事物上看，事事物物，各有正理存焉。君子處之，權其所宜，悉得其理，乃隨時以取中也。然元晦云『以其有君子之德，而又能隨時以取中』，語卻有病。不若云：『所貴于君子之中庸者，以君子能隨時以處中也。』」（《答彭子壽》，文淵閣四庫全書《南軒集》卷三十一）

問：「明道先生曰：『維天之命，於穆不已』，不其忠乎？『天地變化，草木蕃』，不其恕乎？」伊川先生曰：「『乾道變化，各正性命』，恕也。」侯子曰：「伊川說得尤有功，天授萬物之謂命。春生之，冬藏之，歲歲如是，天未嘗一歲誤萬物也，可謂忠矣。萬物洪纖，高下短長，各得其欲，可謂恕矣。九思謂『維天之命，於穆不已』。蓋一元之氣，運行無息，所謂『天行健』者也。以其行健無息，故能生生萬物而各稟此善意，故曰『恕』。其在人體之，則曰『乾乾』。誠意無毫髮間斷，則發見於外，斯能以己推之。以心之所本既善，則應人接物，皆如其心，可謂茹矣。觀明道謂『草木蕃』，于伊川言『各正性命』，不見有差殊。其在萬物，得其所以蕃生，便是正性命。不知侯子何以分輕重？兼謂『維天之命』為天授萬物者，恐此天命，只是天理。伊川所謂『在天為命』，不必須是授之萬物，方可言命。故又謂春生冬藏，歲歲如是，未嘗誤萬物為忠。恐此亦只是恕，蓋已發者也。九思所言忠恕與天命，大意是否，及所疑侯先生之言，並乞詳教。」曰：「明道之言，意固完具，但伊川所舉各正性命之語，為更有功。忠，體也；恕，用也。體立而用未嘗不存乎其中；用之所形，體亦無乎不具也。以此意玩味，則見伊川之言，尤有功處。侯師聖所說忠字，恐未為得二先生之意。天命且于理上推原，未可只去一元之氣上看。」（《答遊誠之》，文淵閣四庫全書《南軒集》卷三十二）

問：「明道所云：『志動氣者什九，氣動志者什一。』所謂氣動志者，非獨趨蹶，藥也，酒也，亦是也。若只以藥酒與趨蹶言之，謂之少可也。明道又云：『氣專在喜怒上，豈不動志。』夫人為私欲所勝，喜怒不公，以移奪其志者，多矣。而謂氣動志者什一，此則未論。」曰：「所以喜怒，亦志動氣也。但因喜怒之氣而志益不能自寧，是氣復動志也。蓋常人志動氣而氣復動志，無窮已耳。然自始動而言，只可謂志之動氣也。惟趨蹶與藥也、酒也，則是氣先之也。」（《答宋伯潛》，文淵閣四庫全書《南軒集》卷三十一）

問：「明道先生論『持其志』曰：『只這個也是私，然學者不恁地不得。』九思思之，謂人之志，不能持之，使常自覺其所在，往往遇事則為氣所使，顛倒失次而不能制，與不自知其所以然者，皆志不定故也。使其志常定於內，昭然不亂，必不至遇事而失措矣。故志不可不持。持之久而熟，則必能自然。以心驗之，未見其為私。明道謂『只這個也是私』，其意如何？」曰：「纔涉人為，便是私。有個持守字，便是人為。然學者從此用功，由誠之進於誠，殺有節次。」（《答遊誠之》，文淵閣四庫全書《南軒集》卷三十二）

或問伊川先生：「必有事焉，當用敬否？」曰：「敬只是涵養一事，必有事焉，須當集義。只知用敬，不知集義，卻是都無事也。九思思之，若能敬，則能擇義而行。伊川謂知敬而不知集義為『都無事』，不曉其旨。又『集義所生』，義生於心，不知如何集？」曰：「居敬、集義，工夫並進，相須而相成也。若只要能敬，不知集義，則所謂敬者，亦塊然無所能為而已，烏得心體周流哉？集，義訓積。事事物物，莫不有義，而著乎人心，正要一事一件上集。」（《答遊誠之》，文淵閣四庫全書《南軒集》卷三十二）

梨洲《孟子師說》曰：「集義者，應事接物，無非心體之流行。心不可見，見之於事。行所無事，則即事即義也。心之集於事者，是乃集於義矣。有源之水，有本之木，其氣生生而不窮。義襲者，高下散殊，一物有一義，模仿跡象以求之，正朱子所謂『欲事事皆合於義』也。襲裘之襲，羊質虎皮，不相黏合。事事合義，一事不合則伎倆全露，周章無措矣。告子外義之病如此，朱子言其『冥然無覺，悍然不顧』，此則世俗頑冥之徒，孟子亦何庸與之辯哉！」

問：「心無內外。而有內外，是私心也，非天理也。故愛吾親，而人之親亦所當愛，敬吾長，而人之長亦所當敬。今吾有親則愛焉，而人之親不愛，吾有長則敬焉，而人之長不敬，是心有兩也，是二本也。且天之生物，使之一本，而二本可乎？」曰：「此緊要處，不可毫釐差。蓋愛敬之心由一本，而施有差等，此仁義之道所以未嘗離也。《易》所謂『稱物平施』，稱物之輕重，而吾施無不平焉，此吾儒所謂『理一而分殊』也。若墨氏愛無差等，即是二本。伊川先生《答楊龜山論西銘書》，當熟玩味。」（《答陳平甫》，文淵閣四庫全書《南軒集》卷三十）

問：「奔逸絕塵存乎思？」曰：「如此等語，皆涉於浮誇，不穩帖。夫思者，沈潛縝密，優遊涵泳，以深造自得者也。今曰『奔逸絕塵』，則有臆度採取之意，無乃流入于異端『一聞便悟、一超直入之弊乎』？非聖門思睿作聖之功也。推此類察之。」（《答陳平甫》，文淵閣四庫全書《南軒集》卷二十六）

問：「吾心純乎天理，則身在《六經》中。饑而食，渴而飲，天理也。晝而作，夜而息，天理也。自是而上，秋毫加焉，即為人欲矣。人欲萌，而《六經》違矣。」曰：「此意雖好，然饑食渴飲，異教中亦有拈出此意者，而其與吾儒異者何哉？此又不可不深察也。孟子即常拈出愛親敬長之端，最為親切。於此體認，便不差也。」（《答陳平甫》，文淵閣四庫全書《南軒集》卷三十）

所謂一陰一陽之道，凡人所行，何嘗須臾離此。此則固然。然在學者未應如此說。要當知其所以不離也，此則正要用工夫，主敬窮理是已。

如饑食渴飲，晝作夜息，固是義，然學者要識其真。孟子只去事親從兄上指示，最的當。釋氏只為認揚眉瞬目、運水搬柴為知義，而不分人欲、天理於毫釐之間，此不可不知也。（《答俞秀才》，文淵閣四庫全書《南軒集》卷二十七）

「克己復禮」之說，所謂禮者，天之理也，以其有序而不可過，故謂之禮。凡非天理，皆己私也。己私克則天理存，仁其在是矣。然克己有道，要當審察其私，事事克之。今但當指吾心之所愧者必其私，而其所無負者必夫禮。苟工夫未到，而但認己意為則，且將以私為非私，而謂非禮為禮，不亦誤乎！又如格物之說，格之為言至也。理不遺乎物，至極其理，所以致其知也。今乃云「物格，則純乎我」，是欲格去乎物而己獨立，此非異端之見而何？且物果可格乎？如其說，是反鏡而索照也。（《答呂季克》，文淵閣四庫全書《南軒集》卷二十六）

所諭尚多駁雜，如云「知無後先」，此乃是釋氏之意，甚有病。知有淺深，致知在格物，格字煞有工夫。又云「儻下學而不加上達之功」，此尤甚謬。上達不可言加功。聖人教人以下學之事，下學工夫浸密，則所謂上達者愈深。非下學之外，又別有上達之功也。致知、力行，皆在下學。此其意味深遠而無窮，非驚怪恍惚者比也，學者且當務守。守非拘迫之謂，不走作也。守得定，則天理浸明。若強欲驟開拓，則將窮大而失其居，無地以崇德矣。惟收拾豪氣，毋忽卑近，深厚縝密，以進居敬窮理之功，則所望也。（《答周允升》，文淵閣四庫全書《南軒集》卷二十六）

問：「為佛學者，言『人當常存此心，令日用之間，眼前常見光爍爍地』，此與吾學所謂『操則存』者，有異同否？」曰：「某詳佛學，所謂與吾學之雲存，字雖同，其所為存者，固有公私之異矣。吾學操則存者，收其放而已矣。收其放，則公理存，故於所當思而未嘗不思也，所當為而未嘗不為也，莫非心之所存故也。佛學之所謂存心者，則欲其無所為而已矣。故於所當有而不知有也，於所當思而不之思也，獨憑藉其無所為者以為宗，日用間將做作用。其云『令日用之間，眼前常見光爍爍地』，是弄此為作用也。目前一切，以為幻妄，物則盡廢，自利自私，此其不知天故也。」（文淵閣四庫全書《南軒集》卷三十）

問：「程子云：『視、聽、思、慮、動、作，皆天也。但其中要識真與妄耳。』伯逢疑云：『既是天，安得妄？』某以為此六者，人生皆備，故知均稟于天。但順其理則是真，違其理則是妄，即人為之私耳。如此言之，知不謬否？」曰：「有物必有則，此天也。若非其則，則是人為亂之，妄而已矣。只如釋氏揚眉瞬目，自以為運用之妙，而不知其為妄而非真也。此毫釐之間，正要辨別得。如伯逢，病正在此耳。所答語，大意已得之。」（文淵閣四庫全書《南軒集》卷二十九）

天命之全體，流行無間，貫乎古今，通乎萬物者也。眾人自昧之，而是理也，何嘗有間斷。聖人盡之，而亦非有所增益也。未應不是先，已應不是後。立則俱立，達則俱達。蓋公天下之理，非有我之得私，此仁之道所以為大，而命之理所以為微。若釋氏之見，則以為萬化皆吾心所造，皆自吾心生者，是昧夫太極本然之全體，而反為自利自私，天命不流通也，故其所謂心者，是亦人心而已，而非識道心者也，《知言》所謂「自滅天命，固為己私」，蓋謂是也。（《答胡季立》，文淵閣四庫全書《南軒集》卷二十五）

問：「不可息者，非仁之謂與？」曰：「仁固不息，只以不息說仁，未盡。程子曰：『仁道難名，惟公近之，不可便以公為仁』，須於此深體之。」（《答陳平甫》，文淵閣四庫全書《南軒集》卷三十）

問：「性，太極，太極不動，不動，則不見其所以為仁。心則與物接矣，與物接則自心應之矣，此古人所以直指心要曰：『仁，人心也。』曰：「未與物接時，仁如之何？」（《答陳平甫》，文淵閣四庫全書《南軒集》卷三十）

問：「『心有覺謂之仁，此謝先生救拔千年餘陷溺固滯之病，豈可輕議哉』云云。夫知者，知此者也；覺者，覺此者也。果能明理居敬，無時不覺，視聽言動，莫非此理之流行，而大公之理在我矣，尚何躁憤險薄之有？」曰：「元晦前日之言，固有過當，然知覺終不可以訓仁。如所謂『知者，知此者也；覺者，覺此者也』，此言是也。然所謂此者，乃仁也。知覺是知覺，此又豈可遂以知覺為此哉？」（《答胡廣仲》，文淵閣四庫全書《南軒集》卷三十）

問：「以愛名仁者，指其施用之跡也；以覺言仁者，明其發見之端也。」曰：「愛固不可以言仁，然體夫所以愛者，則固求仁之要也，孔子答樊遲之問以『愛人』之意。」（《答胡廣仲》，文淵閣四庫全書《南軒集》卷三十）

問：「『觀其過斯知仁矣』，舊觀所作《訥齋》《韋齋記》，與近日所言殊異，得非因朱丈別以一心觀，又別以一心知，頃刻之間，有此二用為急迫，不成道理，遂變其說乎？某嘗反復紬繹此事，正如懸鏡當空，萬象森羅，一時畢照，何急迫之有？必以觀人之過為知仁，則觀小人之過於薄，何處得仁來？又如觀君子之過於厚，則如鬻拳之以兵諫，豈非過於忠乎？唐人之刲股，豈非過於孝乎？陽城兄弟之不娶，豈非過於友悌乎？此類不可勝數，揆之聖人之中道，無取焉耳，仁安在哉？若謂因觀他人之過，而默知仁之所以為仁，則曷若返之為愈乎？奭于先生舊說，似未能遽舍，更望詳教。」曰：「後來玩伊川先生之說，乃見前說甚有病，來說大似釋氏，講學不可潦草，蓋過須是子細玩味，方見聖人當時立言意思也，過於厚者，謂之仁則不可，然心之不遠者可知，比夫過於薄，甚至於為忮、為忍者，其相去不亦遠乎？請用此意體認，乃見仁之所以為仁之義，不至渺茫恍惚矣。」（《答周允升》，文淵閣四庫全書《南軒集》卷三十一）

梨洲《答姜定庵問觀過知仁》，曰：「黨，偏也。『無偏無党，王道蕩蕩』。人之氣質，剛柔狂狷，各有所偏，而過亦從之而生。過則不仁，識得過底是己私，便識得不過底是仁。如工夫有間斷，知間斷便是續。故觀過斯知仁，此南軒《韋齋記》意如此，晦翁以為一部《論語》，何嘗只說知仁，便須有下手處，殊不知不知仁，亦無從有下手處。果視其所知者，懸空測度，只在影響一邊，便是禪門路徑。若觀過知仁，消融氣質，正下手之法。明道之『識仁』，獨非知乎？」

垂諭仁之說，若只做周流無滯礙氣象看了，卻只是想像。又云「其所以然者，乃仁也」，不知其所以然者，果何與？願只於日用間，因其發見曲裔而深察默求之，勿舍勿棄，當的然見其樞機之所由發也。」（《答范主薄》，文淵閣四庫全書《南軒集》卷二十七）

問：「平居以利物為心，然後此道廣。」曰：「若日常以利物為心，是外之也。日公天下萬物而不私其己焉，則可矣。」（《答陳平甫》，文淵閣四庫全書《南軒集》卷三十）

問：「『人者，天地之心』，經以禮論，而五峰以論仁者，自其體言之為禮，日其用言之為仁。」曰：「仁，其體也，以其有節而不可過，故謂之禮。《禮運》『人者，天地之心』之言，其論禮，本仁而言之也。」（《答陳平甫》，文淵閣四庫全書《南軒集》卷三十）

問：「子文、文子之事，聖人以清忠目，就此事言，只可謂之清忠，此洙泗言仁之所極是也。然遺書有謂聖人為之，亦只是清忠，茲又不能無疑。夫聖人無一事之非仁，而乃云爾，何也？又況程子于『博施濟眾』之下，乃云『今人或一事是仁，亦可謂之仁，至於盡仁道，亦謂之仁』，此通上下言之也，則又與清忠之說不同，請問之。」曰：「遺書中之意，大要以為此事只得謂之清忠，然在二子為之，曰忠曰清而止矣，仁則未知也。在聖人事，或有類此者，以其事言，亦只得謂之清忠，然而所以然者，則亦不妨其為仁也，如伯夷之事，雖以清目之，亦何害其為仁乎？看先覺話，切忌執殺，不知如何？」（《答吳晦叔》，文淵閣四庫全書《南軒集》卷二十九）

不睹不聞者，指此心之所存，非耳目之所見聞也。目所不睹，可謂隱矣；耳所不聞，可謂微矣。然莫見莫顯者，以善惡之幾，一毫萌焉，即吾心之靈，有不可自欺而不可以掩者，此其所以為見、顯之至者也。以吾心之靈，獨知之而人所不與，故言獨。此君子之所致嚴者，蓋操之之要也。今以不睹不聞為方寸之地，隱微為善惡之幾，而又以獨為合是二者，以吾之所見乎此言之，不支離否？（《答朱元晦》，文淵閣四庫全書《南軒集》卷三十）

或問伊川曰：「心出入無時，如何？」曰：「心本無出入，孟子只據操舍言之。」又問：「人有逐物，是心逐之否？」曰：「心則無出入矣，逐物是欲。九思謂性之在人，可以言不動心，若性之已發已行，安有無出入？今人對鏡，則心馳焉，是出矣。不必言邪惡之事，只大凡遇一事而心逐之，便是出。及定而入其舍，是入矣。然孟子固已明言其出入為心矣，而伊川謂心無出入。不知逐日之間，有出入者，是果何物？又有一處謂『在人為性，則不可言出入』。謂『主於身為心，凡能主之則在內，不主之則外馳』，是亦出入之意。不知心之於性，相去如何？思慮之於心，相去又如何？」曰：「心本無出入，言心體本如此。謂有出入者，不識心者也。孟子之言，特因操舍而言出入也。蓋操之在此，謂之入可也，舍則亡矣，謂之出可也，而心體則實無出入也。此須深自體認，固未可以語言盡之爾。程子曰『心本無出入，以操舍而言』。又曰『心則無出入矣，逐物是欲』。蓋操之便在此，舍之則不見。因操舍，故出入之云耳。若論人之逐物，蓋因其舍亡，故誘於物而欲隨之。欲雖萌於心，然其逐物而出，則是欲耳，不可謂心也。至於是心之存，物來心應，理在於此，又豈得謂之出乎？」（《答

游誠之》，文淵閣四庫全書《南軒集》卷三十二）

《樂記》「人生而靜一章」，曰「靜」、曰「性之欲」，又曰「人欲」。靜者，性之本然也。然性不能不動，感於物則動矣。此亦未見其不善，故曰「性之欲」，是性之不能不動者然也，然物之感人無窮，而人之好惡無節，則流為不善矣，此豈其性之理哉？一己之私而已，於是而有「人欲」之稱。對天理而言，則可見公私之分矣。譬諸水泓然而澄者，其本然也。其水不能不流也，流亦其性也，至於因其流激，汩於泥沙，則其濁也，豈其性哉？（《答吳晦叔》，文淵閣四庫全書《南軒集》卷十九）

未發、已發，體用自殊，不可溟涬無別。要須精晰體用分明，方見貫通一源處。有生之後，豈無未發之時？正要深體之。若謂有生之後，皆是已發，是昧夫性之所存也。伊川先生《語錄》所論，幸精思之。（《答游誠之》，文淵閣四庫全書《南軒集》卷二十六）

讀書欲自博而趨約，此固前人規模，其序固當爾。但旁觀博取之時，須常存趨約之意，庶不至溺心。又博與雜相似而不同，不可不察也。（《答胡季履》，文淵閣四庫全書《南軒集》卷二十五）

南軒門人

胡季隨先生大時

見《紫陽學案》。

忠肅彭止堂先生龜年

見《紫陽學案》。

文定吳畏齋先生獵

吳獵，字德天，醴陵人也，學者稱為畏齋先生，遷居善化。年二十三，見張宣公，稱其宏裕疏暢，曰：「吾道知不孤矣。」先生謂聖賢教人莫先於求仁，乃以孔門問答及周、程以來諸儒，凡言仁者，萃類疏析以請正，宣公是之。

以進士主平南簿。宣公帥廣西，檄攝靜江教授。劉焞代宣公，辟為司屬。李接作亂，連陷州縣，先生以方略復郁林。言於焞曰：「有罪不誅，有勞不賞，師所以久不克也。」焞乃大會將士，錄郁林之功，而誅南流尉等數人，一軍皆用命，不踰時禽接，六州八縣盡平。

磔接於市，膾其心肝，以祭死事者。

南流尉者，宰相王淮甥也。初，盜之起，焞責刑獄司佚捕，轉運司分餉，二司懼且怨，至是欲中先生以並中焞，且迎宰相意，乃劾先生。焞上疏爭之。先生適以憂去，焞亦改鎮湖北，刑、漕二司遂劾先生左遷，並及焞，罷之，焞亦尋卒。先生服闋，上書為焞訟冤，言：「六州之功，犯不測者四，為其難者六，且臣今不忍負劉焞，乃不負陛下也。」不報。先生時當赴溆浦令，以焞冤未白，不行。趙雄、林栗趣之，乃赴。

明年，調桂陽軍酒庫監，賑荒有勞，趙雄薦之。紹熙四年，知無錫縣，陳文節公止齋言其平李接之功，訟劉焞之義，桂陽荒政之勤，召赴都堂。尋召試館職，先生對曰：「大義不明，而委兵民於交病之地，此今日所患也。靖康之禍，天地之大變，而古今之所無。使南渡以來，君臣上下，朝思夕勉，如句踐之報吳，田單之復齊，則將必其將，兵必其兵，上無賄取幸得之門，下無虛籍冗費之敝，民力庶其有瘳。而紹興以來，厄於權臣之和議，乾道以來，格於幾會之未集，馴至於今，又非前比。以偷安為和平，以不事事為安靜，天經地義，陷溺而不知，竭州縣之力，以養不耕不戰之軍，不惟不可用於外，亦未保其恬然於內也。」除秘書省正字。六月，召姜特立，先生率同列上封事，命隨寢。秋九月，率三館之士請過重華宮，不報。冬十月，與同列三上疏，不報。又自上疏諫，不報。又因慶節奏曰：「慈福有八十之太母，重華有垂白之二親，不於此時問安上壽，何以慰二宮之心？」五年春，白宰相，乞召朱子、楊誠齋。夏四月，又率同列上封事，請過宮。又自上疏極言之，不報。時止齋亦以爭過宮不從，求去。先生為書留之曰：「今天下安危之機，已判然可見，而未聞有叩頭流血、牽裾折檻之士，方且曰『是不宜激，激則已甚』。公不於此時有所奮發，為士大夫倡，第潔身而去，不欲歸過君父，身雖退，奚益？」止齋改容謝之。

寧宗即位，遷校書郎，俄除禦史。其冬，以災異陳五事：一曰，居喪次以答神人之心；二曰，審最殿以徽宗社之福；三曰，寢禦劄以專廟堂之責；四曰，體乾綱以強主德；五曰，建皇極以正人心。是時韓侂胄已用事，累以御批行，故先生及之。有詔侍從台諫言事，先生請廣之，百執事悉許盡言。上將移禦大內，先生上疏略曰：「壽皇破漢、魏以來之薄俗，為高宗服三年之喪，陛下輕棄喪次，無以慰在天之靈。況大母春秋高，壽成又當大變之後，皆悲切而不自聊。今陛下在行宮，瞻前顧後，猶有憑恃，一旦舍之以去，兩宮何以為懷？陛下即位以來，未見上皇，其閑必有幾微曲折，非外庭小臣所能盡言者。陛下宜篤勵精神，俟上皇和豫，徐為祇見之謀，何苦為是趣迫之舉。而況行殿之次，三年之喪，所以祈天永命之意，實肇基立本乎此。」

其後禦劄日盛，復上疏曰：「陛下臨禦未數月，今日出一紙去宰相，明日出一紙去諫臣，其他令由中出，不知其幾。昨日以聞侍講朱熹以禦劄畀祠祿，中外惶駭，謂事不出於中書，是謂亂政。熹當世老儒，清議所出，陛下無謂天下為一人私有，而用舍之間，輕易快意。」

尋駁史浩謚，集議孝廟配享，先生謂：「艱難以來，首倡大義，不與賊俱生，不以成敗利純異其心者，張浚一人而已。孝宗皇帝規恢之念，一飯不忘。歷考相臣，始終此念，足以上配孝宗在天之靈，亦惟張浚一人。」議不合。求去，外除江西運判。半載罷歸。於是學禁正興，先生入慶元黨籍。五年，學禁稍弛，復官，奉祠。

嘉泰三年，除廣西運判，改知鄂州，尋以戶部員外郎總領湖廣、江西、京西財賦。時則有開邊之議，金人諜知，增戍。先生移書當路，請號召沿邊忠義人，以保疆埸；刺軍中子弟，以補軍實；增棗陽、信陽之戍，以備衝突；分屯陽羅五關，以捍武昌；杜越境誘竊，以謹國隙；選試良家子，以衛府庫。且謂：「金懲紹興末年之敗，今其來，必出荊、襄，宜有儲峙。」乃並輸湖南米於襄陽，得五十萬石，芻豆倍且過之。又以湖北漕司和糴米三十萬石，分輸荊、郢、安、信四郡。又儲銀一百萬兩為軍費，拔董逵、孟宗政、柴發等，其後皆為名將。而襄、安、郢之圍，卒賴儲峙之力，人心不搖。

閏月，召赴行在奏事。尋除秘書少監。對言：「臣所聞于師友者，唯大義是究，未嘗舍是而言他。今縱未能一舉以大快神人之憤，亦宜簡收人才，搜練軍實，使一日有一日之積，一歲有一歲之功。其次招勇敢，葺險要，廣召募，明間諜，光、鄂當經理，江、黃當增戍，于良家子中增爵賞，以募間探，擇近臣授之節制，視前請加贍。」又言：「恢復之計，必先內後外，日積月累，使規模先全，異論不搖。佐胄方銳意剋期用兵，弗善也。」乃以上流告饑，除秘閣修撰，知江陵，理賑貸事。辟黃公勉齋為司屬。先生念金人萬一窺襄陽，則荊州為天下劇，方高氏有國，嘗以三海為水防，乃大發緡錢，首築金鑾、內湖、通濟、保安四櫃，以達於上海，而注之中海；拱辰、長林、藥山、棗林四櫃，以達於下海；又分高沙、東獎之流，由寸金堤外歷南紀、楚望諸門，東匯於沙市為南海。又於赤湖城西南，遏走馬湖、熨斗陂之水，西北注李公櫃，水勢四合，高可注而下，卑可限戎馬，深可舟，淺不可揭，堤上有路，路端有隘，而堤穴以相灌注。其後金人東至竟陵，北窺荊門，而不敢窺江陵者，以此。又請募茶商水手，調荊、嶽、鼎、澧義勇防城。

是冬，金人犯棗陽，先生謂棗失則郢重，郢重則荊危，請調兵援之。未報，金人已圍襄陽、德安。乃以二千人援郢，以一千三百人會百頃，義勇千人援襄陽。有詔節制軍馬。金人迫竟陵，遣張榮以八百人援之。又招神馬陂潰軍，得萬人，以三千人援襄陽，以八百人援德安。有詔除寶謨閣待制、京湖宣撫使。竟陵將魏友諒乞濟師，以一千五百人應之。又遣章彥珍、金安世各將五百人駐龍泖灘。又使馬瑾以一千四百人再援竟陵，遣應城將董逵、郝恩各將兵援郢，陳椅以四千人守荊門。張榮敗死於竟陵，金人圍郢，而吳曦反書至。會魏公鶴山罷官歸，道出江陵，先生留為參議官，委以西事。募死士入郢，令王宗廉以死守，而調諸軍分道夾擊，始解郢州之圍。

乃督諸軍自京山進援德安，而自黃陂約山砦諸軍進解襄陽之圍，始為西討之計。以軍扼秭歸、巫山，立柵石門，控均、房之險，轉夔峽之粟，以待王師。又募得衢士趙師濟，令往說夔州偽帥祿禧。於是寧宗除先生刑部侍郎，手詔付以西討之事。而安丙誅曦，露布至夔州，亦誅禧。先生並上其功，請厚其賞。當事之殷，荊、湖人情岌岌，微先生支拄之，事且殆。寧宗乃復以手詔令先生諭蜀，且商善後之事。自夔趨沔，與安丙定議，區畫分屯。首奏楊震仲死節，李好義有大功，皆應賜諡立祠，劾蔣介不忠。將歸報，會除敷文閣直學士，即授四川安撫制置使兼知成都府。先生列上倡義之士十有五人，守節二十九人，去官二十三人，受偽命九人。又上人材五十二人，請養成之，以為異日用。又請蠲賦役，以幸蜀民。其略曰：「竊惟蜀之利病，莫甚於賦斂，姑以養兵言之。歲有二千萬之供，取民百端，未易毛舉。鹽課之在建炎八十萬緡，後改行引法，遞增至四百萬，今雖數數寬減，尚存二百余萬緡。酒課之在建炎一百四十萬緡，後改場店法，遞增至六百九十余萬，今寬減之余，尚存四百余萬。茶產本無幾，元豐、紹興增倍以來，今二百余萬緡。布估不過六州，天聖時，每疋給以本錢，建炎不給本錢而疋二千，今一百三十七萬緡，以至二百萬緡。畸零之錢與三十萬緡激賞之絹，當時固云『軍興暫科，事已即罷』，其後取之自如，輾轉滋甚。異時養兵費二千萬緡，今又增倍至五千萬矣，不知何以為繼。兩界錢已五千萬緡，今又添印五百萬，且增一界，又二千四百萬緡，不知子母何以相權。重以逆吳之變，總取之積，耗於妄賞，關外轉輸，焚毀殆盡。今平賊之後，諸軍累資俱高，每歲俸給增添，何啻二百萬緡。軍興之際，起夫運糧，固不可絕。地遠者出夫庸，是亦權時之宜，然有令人寒心者。臣始至巫山，士民遮道，謂巫山科夫五百，每夫為錢八十緡，以鄙小之縣，刀耕火種裁自給，而輸緡四萬，餘可類推。方軍事之殷，非財莫濟，顧以蠲減之議為獻，似不知時宜者。願廟堂之上，明詔侍從郎省之臣，有懇惻愛民、備諳蜀事者，相與討論，行下宣制總司，研窮節目，條列利病，凡無名之供，煩重之賦，一切蠲減，庶幾與民更始，咸被實德。祈天永命，無越於斯。」時不能行。

嘉定元年，至成都，祀周、程于學宮，配以朱、張，與士子講正學。先生以蜀之楮幣，舊號交子，隨閏更易，曰兌界役，以二千五六百萬為界，惟兩界並行，今增印至八萬緡，漸不可繼，與宣撫使總領所共請，以帑金三萬兩，銀一百五十萬兩，更自朝廷賣僧牒收回增數。未報，而總領所忽下令於利州收兌，人情皇駭，先生截留九十三界新引五百萬，就成都置局，且諭民以收兌不盡之數，行用如故，浮議遂止。然自是與餉臣不諧。有詔召赴行在，會羌人寇邊，尋請降，先生謂「但須增戍防守」，而安丙必欲擊之，反敗，自是與丙亦不諧。次年東歸，荊之士民夾道迎拜，像而祠之。先生歎曰：「吾昔守此，正南圍未解，西禍又作，嘗指天誓心，幸得濟事。即幅巾歸里，今又累年矣。」乃上疏請休，徑歸長沙，而台臣乘間論之，落職。尋奉祠。次年，卒，詔復學士，諡文定，恩恤如制。

先生聞言必復，見義必為，勇不可奪，而未嘗有盛氣矜色。聞人之過曰：「此必非其本心也，盍徐察之。」有善不翅己出。其在荊南也，外而幕府十餘人，內而士友十余人，賓客之往來不絕。每旦即出，見投獻利害者，以大紫袋貯之，歸輒以示人曰：「又得一囊。」送之書院之士友，令參考之，又會通以幕府之議論。將晚，士友及幕府各以所見來告，初與和齊斟酌而求其當，然後從而行之。閑舉酒一二觴，夜漏數行而後退，則以言語慰藉諸人，察其有無而周恤之。以是事無不知，知無不行。勉齋嘗曰：「近日，圖維國事，善資於人，

未有如吳公者也。」鶴山亦曰：「吳公之碩大寬深，山嶽鎮而江河流也。」（黄氏原本，全祖望修之加詳）

進士陳平甫先生概

陳概，字平甫，普城人也。乾道進士，對策慷慨，魏艮齋讀而奇之，告以君鄉有張敬夫者，醇儒也，先生遂以書問學，與兄栗同刻志于聖賢之道。予讀《南軒集·答平甫書》及所作《潔白堂記》，蓋友朋之列。其時蜀士除宇文樞密外，尚未有從南軒游者，平甫請教最先。自是范文叔、范季才始負笈從之，則皆平甫宣導之功也，而《宋史》竟以平甫為南軒門人，或者請益既久，遂執弟子之禮乎？平甫之官爵，無從考見，而兼山黄氏之源流實由此出。淳熙、嘉定而後，蜀士宵續燈、雨聚笠以從事于南軒之書，湖、湘間反不如也。然則平甫之功大矣。平甫嘗言于南軒，欲自漢、唐以來諸儒之嘉言懿行，萃為一編，以明道統，又欲訪周、程、張子之後人而周恤之，惜其著述之無所傳也。（黄氏原本，全祖望修之加詳）

楊雲山先生知章

楊知章，潼川人，號雲山老人。累舉不仕，而得張宣公之學於廣漢。歸而喜以授其子，曰：「欲造聖門，當從此入，造深養熟，内外合一，治己治人之道，備於此矣。」

知州李先生修己

李修己，字思永，豐城人也。乾道進士，參興國軍事。陸復齋為教授，盡告以躬行之説，謂「當息其已學，求所未學」，遂知聖賢源流。已而得見朱子，學益進。先生故與彭止堂為同年相善，因介紹之，從南軒遊。兩令寧鄉、衡陽，皆有聲，當路多薦之。將召，以哭趙忠定公，忤宰相，通判成都府。二江范月舟者，南軒高弟也。方聚同志講學，先生與上下其議論。時蜀中後進盛從事于南軒之教，而先生與延平張仕佺子真參焉。尋知成州。韓侂胄聞其名，使人諷其附己，先生笑而不答，竟不得召。先生居官，一介不取，而友愛任恤，不計有無，故歿無私蓄。有《李成州集》十卷。子義山。

通判張先生仕佺

張仕佺，字子真，延平人，南軒高弟。

知州范月舟先生仲黼

范仲黼，字文叔，成都人，正獻公祖禹之後也。仕至通直郎，為國子博士，兼皇侄許國公府教授。初，南軒雖蜀產，而居湖、湘，其學未甚通於蜀。先生始從南軒學，杜門十年，不汲汲於進取。鶴山謂其「剖析精微，羅絡隱遁，直接五峰之傳」。晦翁、東萊皆推敬之。後以著作郎知彭州，學者稱為月舟先生。晚年講學二江之上，南軒之教遂大行於蜀中。其時二江有九先生之目，謂范蓀、范子長、范子該與先生皆成都人，薛紱、鄧諫從皆漢嘉人，虞剛簡、程遇孫，仁壽人，宋德之，唐安人。或亦有未及事南軒者，皆從先生私淑得之，而南昌李修己、延平張仕佺亦同講習其間。（黃氏原本，全祖望修之加詳）

知州范雙流先生子長、范先生子該

范子長，字少才，成都人也，二江先生從子。與其弟子該，字少約，同游南軒之門。以進士官太學，有要人慕而候之，先生避焉。鶴山魏文靖公嘗序其事，所云「閉干木之門，或謂迫斯可見，卻陽貨之饋，乃復拜以其亡」是也。

嘉泰末，北闕門鴟尾及省部相次災，先是赤眚為沴，太陰犯權星。天子避殿求言，先生與李仲衍、趙全道、魏鶴山皆上疏，極陳韓侂胄之惡，以為爵及輿隸，權移主上，請退之。侂胄大怒，諸公相繼罷官。吳曦告變，上頗思諸正人言，有詔召蜀中三人。時侂胄尚未死，先生與鶴山皆謝不赴，惟李季允至。已而更化，又召蜀中三人，先生亦與鶴山豫焉。史彌遠忌之，先生至京，不得入對，以吏部郎知瀘州。瀘為夷境，酋長楊粲請開白錦堡，為錦州前帥許奕持之未得，寢而奕去。先生力言其不可，乃置平泉寨以鎮之。夷人不敢妄動，瀘以大治。然卒不得入朝，以殿撰知崇寧。

鶴山之初志學也，由先生兄弟及薛符溪以得門戶，及入中原，始友李敬子、輔潛庵。今語學派者，莫知淵源所自出，而蜀中之為南軒高弟者，皆泯然無傳。文獻不足，可勝歎哉！少約與陳同甫善。

知州范華陽先生蓀

范蓀，字季才，成都人也。乾、淳以後，南軒之學盛於蜀中，范文叔為之魁，而范少才、少約與先生並稱嫡傳，時人謂之四范。

仁壽虞提刑剛簡，嘗請先生講學滄江書院。鶴山魏文靖公初為考索記問之學，先生以斂華就實語之，故鶴山之稱先生有曰：「學本誠一，論不籧篨，自浩氣養心以求道腴，不茹剛吐柔而求聲利，了翁敢不勉希前輩，益勵後圖，或可代諸老先生之對，庶不貽吾黨小子之羞者也。」

太府李蘩薦士於朝，曰黃公裳、李公舜臣與先生。由太府寺簿晉大理寺丞，累官宗正寺丞，知邛州。

知州宋彭山先生德之

宋德之，字正仲，唐安人也。慶元二年外省第一，為山南道掌書記。召除國子正，遷武學博士，與諸生論八陳本乎八卦，皆動物也，奇正之變，往來而不窮，知此然後可以致勝。遷樞密院編修。

嘉泰末，平原已有開邊之說，而外人未之知也，會赤眚見太陰，犯權星，未浹旬而北門鴟尾災，延及省部，天子下詔求言於士，多指平原之橫，以及時政諸弊而已。先生謂：離為火，為日，為甲胄；坎為水，為月，為盜，為隱伏。故火失其性，赤氣見，濫炎起，則憂在戎兵之事；水失其性，太陰失度犯權，則憂在隱伏之盜。因陳七事，且曰：「人火小變不足慮，天象變，臣竊危之。」是歲，沿邊帥守始盡用武臣，吳曦既久在蜀，皇甫斌在襄陽，郭倪、李爽在兩淮。先生又進言：「敵未動而輕變祖宗之舊制，命武臣帥邊，以自貽患。晉叛將、唐藩鎮之禍將起。」又言：「蜀帥權重，宜及今防微。」侂胄惡之。先生請外，有留之者，遷太常丞。次年，出知閬州。吳曦變作，托傷足以避事。曦誅，始赴閬，而楊後用事，侂胄殛，邊事大壞，無不如先生之言者。

擢本路提刑。安沂公丙素有不快于先生，以不俟代者至，輒用觀察使印蒞事，劾先生傲視君命，詔降一官，歷湖南、湖北提刑，入為兵部郎。時中朝頗疑沂公，史彌遠以問先生，對曰：「蜀無安丙，朝廷已無蜀。夫人有大功，不敢以私嫌毀之。」執政不悅。未幾，罷官，沂公歎曰：「嗟乎！丙不知正仲，正仲知丙；丙負正仲，正仲不負丙。」乃遣人請昏，先生謝之，論者益服其公。已而起知眉州卒。先生學于南軒之門，少與范文叔輩講道，故其風節凜然，而所養極粹，惜乎未竟其用云。

知軍曾先生集

曾集，字致虛，吏部尚書楙之孫也。紹興間，累官知南康軍，勤理庶務，篤信仁賢。先生承其從祖天游、吉甫二先生之學，而於東萊為中表，又從南軒。

修撰陳北山先生孔碩

見《紫陽學案》。

郎中王東湖先生遇

王遇，字子合，龍溪人。父羽儀，衢州通判，博學有文。先生第乾道進士。受學于朱、張、吕之門，而與廖槎溪、黄勉齋、陳北溪友善。

歷長樂令，通判贛州，薦章交上。時韓侂胄當國，先生不少貶以求售。侂胄敗，召為太學博士，除諸王宮教授。以常州大旱，命為守。講求荒政，民無流殍。又究致旱之由，開掘太湖水之侵塞于富家者。浙東饑，復詔提舉常平事。入對，極論時弊，至官，力言計灶買鹽之非策。除大宗正丞，遷右司郎中，以考校殿廬，卒。著有《論孟講義》《兩漢博議》及文集。號東湖先生。

子合嘗問學問之道何先？象山曰：「親師友，去己之不美也。人資質有美惡，得師友琢磨，知己之不美而改之。」子合曰：「是。」請益，不答。象山曰：「子合要某說性善性惡，伊、洛、釋、老，此等話不副其求，故曰『是』而已。吾欲其理會此說，所以不答。」（《象山語錄》）

朝請呂渭川先生勝己

呂勝己，字季克。父祉，居建陽，以尚書護合肥軍死義，敕葬邵武之樵嵐，因家焉。先生從張南軒、朱晦翁講學，晦翁為《和東堂九詠詩》。工隸書，得漢法。仕為湖南幹官，歷倅江州，知杭州，官至朝請大夫。自號渭川居士。

文靖舒廣平先生璘

見《金溪學案之三》。

通判傅曾潭先生夢泉

見《紫陽學案》。

知州詹默信先生阜民

詹阜民，字子南，遂安人。累官宗正寺丞兼駕部郎中、知徽州府。先生初見象山，象山言：「後世學者溺于文義，知見繳繞，蔽惑愈甚。」先生退而盡屏諸書。後來疑其不可，問之，象山曰：「某何嘗不教人讀書？」他日侍坐，象山曰：「學者能常閉目亦佳。」先生遂學靜坐，夜以繼日，如此者半月。一日下樓，忽覺此心已復澄瑩中立，竊異之，擬質象山，象山曰：「子何以束縛如此？」乃自吟曰：「翼乎如鴻毛遇順風，沛乎若巨魚縱大壑，豈不快哉！」先生釋然。

二一〇 東萊學案

成公吕東萊先生祖謙

吕祖謙，字伯恭，其先河東人，後徙壽春。六世祖申國文靖公自壽春徙開封，曾祖東萊郡侯好問始居婺州。先生少時性極褊，後因病中讀《論語》，至「躬自厚而薄責於人」，有省，遂終身無暴怒。長從林拙齋、汪玉山、胡籍溪三先生游，與朱晦庵、張南軒二先生友，講索益精。

以祖致仕恩補將仕郎，登隆興元年進士第，又中博學宏詞科，曆太學博士，兼史職。輪對，勉孝宗以聖學，且言恢復規模當定，方略當審。召試館職。先是，試者前期從學士院求問目，獨先生不然，而文特典美。嘗讀陸象山文，喜之，而未識其人。考試禮部，得一卷，曰：「此必江西小陸之文也。」揭示，果象山，人服其精鑒。

父喪，除奉祠。越三年，除秘書郎，國史院編修官，實録院檢討官。重修《徽宗實録》，書成，進秩。

先生嘗面對，言曰：「願陛下虛心以求天下之士，執要總萬事之機。勿以圖任或誤而謂人多可疑，勿以聰明獨高而謂智足偏察。勿詳于小而忘遠大之計，勿忽於近而忘壅蔽之萌。」又言：「國朝治體有遠過前代者，有視前代為未備者。夫以寬大忠厚建立規模，以禮遜節義成就風俗，此所謂遠過前代者也。故於俶擾艱危之後，駐蹕東南踰五十載，無纖毫之慮，則根本之深可知矣。然文治可觀而武績未振，名勝相望而幹略未優，故雖昌熾盛大之時，此病已見。是以元昊之難，范、韓皆極一時之選，而莫能平殄，則事功之不競從可知矣。臣謂今日治體，視前代未備者，固當激厲而振起；遠過前代者，尤當愛護而扶持。」

遷著作郎。以疾請祠，歸。旋除直閣，主管武夷沖佑觀。病間，除著作郎，不就，添差浙東帥議，亦不就，主管明道宫。淳熙八年七月卒，年四十五，謚曰成。

先生文學術業，本于天資，習於家庭，稽諸中原文獻之所傳，博諸四方師友之所講，融洽無所偏滯。晚雖臥疾，其任重道遠之意不衰，達於家政，纖悉委曲，皆可為後世法。

先是，書肆有書曰《皇朝文海》，周益公必大言去取差謬，委館職銓擇，孝宗以命先生。遂斷自中興以前，崇雅黜浮，類為百五十卷，上之，賜名《皇朝文鑑》。又修《讀詩記》《大事記》，皆未成書。考定《古周易》《書說》《閫範》《官箴》《辨志錄》《歐陽公本末》，皆行於世。

嘗與江端明書曰：「劉子澄傳道尊意，是時以四方士子業已會聚，難於遽已，今歲悉謝遣歸。」

朱子曰：「《文鑑》編得泛，然亦見得近代之文。如沈存中《律曆》一篇，說渾天亦好。」

又曰：「《文鑑》編康節詩，不知怎生地那『天向一中分造化，人從心上起經綸』底詩，卻不編入。」

又曰：「向見說《左氏》之書，極為詳博。然遺辭命意，亦頗傷巧矣。」

又曰：「博雜極害事。伯恭日前只向雜博處用功，卻於要約處不曾子細研究。如《閫範》之作，旨意極佳。」

又曰：「伯恭之學，大概尊《史記》。不然，則與陳同甫說不合。同甫之學正是如此。」

又曰：「其學合陳君舉、陳同甫二人之學問而一之。永嘉之學，理會制度，偏考究其小小者。惟君舉為有所長，若正則則渙無統紀，同甫則談論古今，說王說霸，伯恭則兼君舉、同甫之所長。」

又曰：「伯恭講論甚好，但每事要鶻圇說作一塊，又生怕人說異端俗學之非，護蘇氏尤力，以為爭較是非，不如斂藏持養。」

又曰：「伯恭無恙時，愛說史學，身後為後生輩糊塗說出。一般惡口小家議論，賤王尊霸，謀利計功，更不可聽。」

又哭之曰：「嗚呼伯恭！有蓍龜之智而處之若愚，有河漢之辯而守之若訥。胸有雲夢之富而不以自多，辭有黼黻之華而不易其出。此固今之所難，而未足以議兄之髣髴也。若乃孝友絕人而勉勵如弗及，恬淡寡欲而持守不稍懈，盡言以納忠而羞為訐，秉義以飭躬而恥為介。是則古之君子尚或難之，而吾伯恭猶欿然而未肯以自大也。蓋其德宇寬洪，識量閎廓，既海納而川渟，豈澄清而撓濁。矧涵濡於先訓，紹文獻於故家，又隆師而親友，極探討之幽遐。所以稟之既厚而養之深，取之既博而成之粹。宜所立之甚高，亦無求而不備。故其講道於家，則時雨之化；進位於朝，則鴻羽之儀；造辟陳謨，則宣公獨御之對；承詔奏篇，則右尹《祈招》之詩。上方虛心而聽納，眾亦注目其敷施。何遭時之不遂，遽縈疾而言歸。慨一臥以三年，尚左圖而右書。閑逍遙以曳杖，恍沂上之風雩。眾咸喜其有瘳，冀卒攄其素蘊。否則傳道以著書，抑亦後來之程准。何此望之難必，奄一夕而長終。增有邦之殄瘁，極吾黨之哀恫。嗚呼哀哉！我實無似，兄辱與游，講摩深切，情義綢繆。粵前日之枉書，尚粲然其手筆。始言沈痼之難除，猶幸死期之未即。中語簡編之次第，卒誇草樹之深幽。謂昔騰箋而有約，盍今命駕以來遊。欣此旨之可懷，悼訃車而偕至。考日月之幾何，不旦暮之三四。嗚呼伯恭，而遽死邪？吾道之衰，乃至此邪？

問東萊之學。朱子曰：「伯恭于史，分外子細，於經卻不甚理會。嘗有人問他忠恕，楊氏、侯氏之說孰是？他卻說，公如何恁地不會看文字，這個都好看來。他要說『為人謀而不盡心為忠，傷人害物為恕』，恁地時方說不是。」門人曰：「他是相戲。浙間一種史學，故恁地。」曰：「史學甚易，只是見得淺。」

忠公呂大愚先生祖儉

呂祖儉，字子約，金華人，成公之弟也。受業于成公，如諸生。監明州倉，將上，會成公卒。部法，半年不上者為違年，先生必欲終期喪，朝廷從之，詔違年者以一年為限，自先生始。淳熙壬寅至官，去以丁未，凡六年。

時明州諸先生多里居，慈湖開講于碧沚，沈端憲講于竹洲，絜齋則講于城南之樓氏精舍，惟舒文靖以宦遊出。先生以明招山中父兄中原文獻之傳，其于諸講院，無日不會也。甬上學者，遂以先生代文靖，亦稱為四先生。而滕德粹為鄞尉，朱文公語之曰：「彼中有楊、袁、沈、呂，可與語也。」寧宗即位，曆大府丞。時韓侂胄用事，正言李沐論右相趙忠定，罷之。先生上疏論救，貶韶州安置。後移筠州，卒。朱子與書曰：「熹以官則高於子約，以上之顧遇恩禮則深於子約。乃今子約獨舒憤懣，觸群小而蹈禍機，其愧歎深矣！」先生報書曰：「在朝行聞時事，如在水火中，不可一朝居。使處鄉閭，理亂不知，又何以多言為哉！」著有《大愚集》。謚忠。（黃氏原本，全祖望修之加詳）

東萊門人

軍守樓迂齋先生昉

樓昉，字暘叔，號迂齋，鄞縣人。與弟昞俱以文名。從東萊於婺。嘗以其學教授鄉里，從遊者數百人。李悅齋學士、王厚齋尚書，其高弟也。後守興化軍卒。

端獻葛先生洪

葛洪，字容父，東陽人。從呂成公學。登進士第，曆官為尚書員外郎。上書言：「今之將帥，非必奮不顧死，冒水火，蹈白刃，而後謂之忠也。第職思其憂謂之忠，公爾忘私謂之忠，純實不欺謂之忠。」乞嚴飭將帥，申儆軍實。累遷參知政事，封東陽郡公。援土素諫仁宗卻王德用進女事，以止備嬪御，世多稱之。卒，謚端獻。杜清獻範稱其侃侃有大臣風。有奏議、雜著二十四卷。

文惠喬孔山先生行簡

喬行簡，字壽朋，東陽人。學于吕成公之門。登紹熙進士，曆宗正少卿、秘書監、權工部侍郎，兼國子司業，兼史院，兼侍講。理宗即位，貽書丞相，請法孝宗行三年喪。應詔上書曰：「求賢、求言二詔之頒，果能確守初意，則人才振而治本立，國威張而奸宄銷。臣竊觀近事，似或不然。其所召者，非久無宦情決不肯來之人，則年已衰暮決不可來之人耳。彼風節素著、廉介有守者，論薦雖多，固未嘗收拾而召之也。」端平二年，朝議收復三京，又上疏曰：「臣不憂出師之無功，而憂事力之不可繼。有功而至於不可繼，則其憂深矣。自古英君，必先治内而後治外。陛下視今日内治，其已舉乎？其未舉乎？」不聽，師果敗績。進知樞密院事。後加少師、保寧軍節度使、醴泉觀使，封魯國公。卒於家，年八十六，謚文惠。先生歷練老成，識量宏遠，居官無所不言。好薦士，多至顯達。至於舉錢時、吳如愚，又皆當時隱逸之賢者。所著有《周禮總説》《孔山文集》。

司直趙先生焯

趙焯，字景昭，開封人也。東萊介之以見玉山曰：「新太平州司戶趙焯，舊與從遊，有志於正學，練達世故，於輩流中不易得。願一聽謦欬，儻有以語之，想必能佩服。亦季路同年也。」先生復師事玉山，最與張傑善，官司直。

朝奉輔傅貽先生廣

見《潛庵學案》。

文簡劉雲莊先生爚

見《紫陽學案》。

郎中王東湖先生遇

見《南軒學案》。

修撰陳北山先生孔碩

見《紫陽學案》。

章先生用中

見《永嘉學案之二》。

文靖舒廣平先生璘

見《金溪學案之三》。

正獻袁絜齋先生燮

見《金溪學案之二》。

侍從石先生宗昭

見《紫陽學案》。

教授陳先生剛

陳剛，字正己，盱江人。以進士官教授。初見象山而歸，傅子淵問之，先生曰：「先生諄諄只言辨志。」象山言「涵養是主人翁，省察是奴婢」，先生不以為然。象山曰：「足下才氣邁往，而學失其道，凡所經營馳騖者，皆適以病其心耳。」晦庵謂學者曰：「象山之喜正己者何事？」葉賀孫曰：「喜其有才。」

少詹丁先生希亮

見《永嘉學案之一》。

東萊再傳

大愚門人

張先生渭

見《金溪學案之三》。

其他傳東萊之學者有朱元龍。

左司朱勵志先生元龍

朱元龍，字景雲，義烏人。嘉定十六年進士，歷除宗正丞，兼權左司郎官。宦官陳恂益求建節，事下都司議。先生擬曰：「優異內官，龍賁節鉞，雖出于特恩，主張國是，愛惜名器，必由于公論。不可。」宰臣傳旨，令改擬。對曰：「吾職可罷，筆不可改也。」有宗室與民論圩田，衆莫敢決。先生曰：「于法，品官不許佃民田，奈何天子屬籍之親，乃爭田訟邪？」毅然決之。時議括兩淮浮鹽，先生謂：「朝廷而行商賈之事，廟堂而踵諸閫之規，使史氏書曰：『括浮鹽，自今日始。』不可。」又兩上封事，自宮禁朝廷以及百官萬民皆痛切言之。先是，史嵩之在督府，先生劾其殺富民王倫為非，已而嵩之入相，遂斥去，予祠。

二二 永嘉學案之二

文憲薛艮齋先生季宣

薛季宣，字士龍，永嘉人。父徽言。先生年十七，辟為荊南書寫機宜文字，獲事袁道潔溉。問道潔以義理之辨，道潔曰：「學者當自求之。他人之言善，非吾有。」道潔之學，自《六經》、百氏，下至博弈、小數、方術兵書，無所不通。先生得其所傳，無不可措之用也。召為大理寺主簿，除大理正，出知湖州。改常州，未上，卒，年四十。

百家謹案：汝陰袁道潔溉，問學于二程，又傳《易》于薛翁。已得薛于宣，器之，遂以其學授焉。季宣既得道潔之傳，加以考訂千載，凡夫禮、樂、兵、農莫不該通委曲，真可施之實用。又得陳傅良繼之，其徒益盛。此亦一時燦然學問之區也，然為考亭之徒所不喜，目之為功利之學。

張南軒《與呂伯恭書》曰：「士龍正欲詳聞其為人，事功固有所當為，若曰喜事功，則喜字上煞有病。」

又答先生書曰：「聞欲招陳君舉來學中，此固善。但欲因程文而誘之讀書，則未正。今日士子耳剽口誦，用資進取，轉趨於薄，此極害事。」

呂東萊《與朱侍講書》曰：「薛士龍歸途道此，留半月。向來喜事功之意頗銳，今經歷一番，卻甚知難。雖尚多當講畫處，然胸中坦易無機械，勇於為善，於田賦、兵制、地形、水利甚下工夫，眼前殊少見其比。義理不必深窮之說，亦嘗叩之，云初無是言也。」

又曰：「士龍坦平堅決，所學確實有用，甚虛心，方欲廣諮博訪，不謂止此。」

又《與陳同甫書》曰：「士龍所學，固不止於所著書，但終尚有合商量處。」

艮齋浪語集

夫道之不可邇，未遽以體用論，見之時措，體用宛若可識，卒之何者為體？何者為用？即以徒善徒法為體用之別，體用固如是邪？上形下形，曰道曰器，道無形，舍器將安適哉？且道非器可名，然不遠物，則常存乎形器之內。昧者離器於道，以為非道，遺之，非但不能知器，亦不知道矣。下學上達，惟天知之。知天而後可以得天之知，決非學異端遺形器者之求之見。禮儀威儀，待夫人而後行，且苟不至德，誰能知味？日用自知之謂，其切當矣乎！曾子日且三省其身，吾曹安可輒廢檢察？且不識不知，順帝之則者，古人事業，學不至此，恐至道之不凝。此事自得，則當深知，殆未可以言言之也。

以同甫天資之高，檢察之至，信如有見，必能自得諸心。如曰未然，則凡平日尚論古人，下觀當世，舉而措之於事者，無非小知謏聞之累，未可認以為實。第于事物之上，習於心無適莫，則將天理自見，持之以久，會當知之。《洪範》「無黨無偏」，《大學》「不得其正」，真萬病之石鍼，獨無意於斯乎？（《答陳同甫書》，文淵閣四庫全書《浪語集》卷二十三）

教以安定之傳，蓋不出於章句誦說，校之近世高明自得之學，其效遠不相逮。要終而論，真確實語也。某何足以知此？蒙誨之及，故敢言之。子路何必讀書，孔子惡其佞。子夏必謂之學，不可謂不知言。二者豈無說邪？昧者盍少思之。嘗謂冀之先生所以教人，得于古之灑掃應對進退。知其說者徐仲車耳。余子類能有立於世，是皆舉其一端。介甫詩以宰相期之，特窺其餘緒耳。成人成己，眾人未足以知之。且君子道無精粗，無小大，是故致廣大者必盡精微，極高明者必道中庸。滯于一方，要為徒法徒善。漢儒之陋，則有所謂章句家法，異端之教，則有所謂不立文字。稽于政在方策，人存乃舉，禮儀威儀，待人以行。智者觀之，不待辯而章矣。（《與朱晦翁書》，文淵閣四庫全書《浪語集》卷二十三）

自《大學》之不明，其道散在天下，得其小者，往往自名一家，高者淪入虛無，下者凝滯於物。狂狷異俗，要非中庸，先王大經，遂皆指為無用，滔滔皆是，未易奪也。故須拔萃豪傑，超然遠見，道揆法守，渾為一途，蒙養本根，源泉時出，使人心悅誠服，得之觀感而化，乃可為耳。此事甚大，既非一日之積，又非盡智窮力所到，故聖人難言之。後世昧於誠明、明誠之分，遂謂有不學而能者。彼天之道，何與於人之道，致曲未盡，何以能有誠哉！孟子「必有事焉而勿正，心勿忘，勿助長也」之說，雖非聖人優之柔之，使自求之之意，學者于此從事，思過半矣。顏氏之子，其過與怒，寧與人異？不可及處，正在不以怒遷，不以過貳一節。

法守之事，此吾聖人所以異于二本者。空無之學，不可謂無所見，迄無所用，不知所謂不二者爾。未明道揆，通於法守之務，要終為無用。灑掃應對進退，雖為威儀之一，古人以為道無本末者，其視任心而作，居然有閑。然云文、武之道，具在方策，其人存，其政舉，苟非其人，道不虛行，要須自得之也。學不至於「不識不知，順帝之則」，竟亦何用？有如未辦澡心藏密，莫若去故去智。古人讀書百徧，其義自見，未易以淺近奪。信能反復涵泳，會當有得。得之大小，則繫乎精誠所至。時文稱於一經之內，有一言之悟，則《六經》之義粲然矣，不可以人廢言也。（《與沈應先書》，文淵閣四庫全書《浪語集》卷二十三）

某竊嘗喜《易》，讀之將數百過，而弗知其際也。夫以先天之卦見之三畫，重《易》之象，繫之六爻。天地之大，昆蟲之細，與夫聖人之道，先王之治，君子小人之事，工師卜祝之流，幽而鬼神，遠而造化，凡有可推之數，可形之象，可行之事，靡不備在此書。微若書不可言，亦求斯得之矣。《六經》之義，于《易》備焉。以為通（疑「動」字）足以盡之，則太極之體，未嘗動也；以為定足以周之，則作《易》之道變為占。是皆本諸吾身，參諸天地，擬諸變化，可由而不可測者，某安足以知之？不知《易》而施諸民，猶宵行者而瞽者也。思得通儒而與之論，未之能得。執事不以某為不肖，惠然辱枉臨之，詒我以書，縱言而及于《易》也。惟學有倫有要，執事其知之矣。善乎，《書》之論政體也，曰：「當仁明而通變，舍是則為姑息，為苛察矣。」《易》曰：「通其變，使民不倦。」此黃帝、堯、舜之治，某何德以堪之？高山仰止，敢不欽服訓誨！雖然，切有必酬之誼，故某謹布其腹心。今夫煦煦之仁，察察之明，而後有姑息苛察之事，信能仁並天地，明等日月，則何二弊之能有！某學也未造乎此，其能億二儀二曜之仁明！若夫《易》之通變，後世失之遠矣。執中無權，猶執一也，苟知變而不知止，則必若晉人之為通。《大傳》有之：「無思也，無為也，寂然不動，感而遂通，天下之故。」變通之道，盡此贊矣。（《復張人傑學論書》，文淵閣四庫全書《浪語集》卷二十五）

巧匠不世生，其法具乎規矩繩墨。聖人不世出，其言在乎《易》《禮》《詩》《書》。然則《易》《禮》《詩》《書》與夫規矩繩墨，往之所以貽後，今之所以求古也。即規矩繩墨以為方員，雖非巧匠，而巧匠之製作於是乎在。由《易》《禮》《詩》《書》以趨理義，雖非聖人，而聖人之精微備於吾身。學者為道而舍經，猶工人而去其規墨也。雖有工倕之指，其能制器乎？（《論語直解序》，文淵閣四庫全書《浪語集》卷三十）

《易》《繫》：「天垂象，見吉凶，聖人象之。河出《圖》，洛出《書》，聖人則之。」其言蓋有敘，觀之以理，無晦也。說者或謂《河圖》《洛書》本皆無有，聖人為此說者，以神道設教也。是非唯不知聖人，直不達不言而化之義，烏足與校是非理道哉！或者又以為當伏羲之時，河嘗出龍馬負《圖》，自神農至於周公，洛水皆出龜《書》。此則似是而非，無所考徵。就龍龜之說，成無驗之文，自漢儒啟之，後世宗之，徵引釋經，如出一口，而聖人之道隱，巫史之說行，後世暗君庸夫，亂臣賊子，據之假符命，惑匪彝，為天下患害者，比比而是。聖人憂深慮遠，肯為此妖偽殘賊哉？蓋亦有其說也。傳注求其事而弗得，於是托渙漫以駕其遊誣，雖知惑世害人，不暇恤也。且聖人之作《易》，仲尼固嘗已於《大傳》詳之。《大傳》無文，其可鑿以胸臆，就如其說垂象，為象降自天乎？走嘗竊痛之，為反覆以思之者更歲，推之久，究之至，而後乃得之。《傳》不云乎：「伏羲氏之作《易》也，仰以觀于天文，俯以察於地理，觀鳥獸之文，近取諸身，遠取諸物，始畫八卦。」《圖》《書》之說，從可知矣。夫《易》之有卦，所以縣法也。畫卦之法，原於象數，則象數者，《易》之根株也。《河圖》之數四十有五，乾元用九之數也。《洛書》之數五十有五，大衍五十之數也。究其始終之數，則九實尸之。故地有九州，天有九野，《傳》稱河、洛皆九曲，豈取數於是乎？《春秋命曆序》：「《河圖》帝王之階，《圖》載江河山川州界之分野，讖緯之說，雖無足深信，其有近正，不可棄也。」信斯言也，則《河圖》《洛書》乃《山海經》之類，在夏為《禹貢》，周為職方氏所掌，今諸路《閏年圖經》漢司空《輿地圖》《地理志》之比也。按《山海經》所言，皆地之物産，鳥獸蟲魚草木之屬，其古史職方之意，與仲尼所言，幾不外是。其曰河、洛之所自出，川師上之之名也。走不能遠引，請以官儀為徵。凡古今官書之所為名稱者，必以某官司某郡國，自是而後，具其職官，如春秋他國之事。漢官府上《尚書》，其傳於人，書于史，亦第稱某所行某事，言某事，上某事，而於其職事皆略。聞者皆斷然不惑者，以官師郡縣必有主之者，非能自爾也。然則《圖》《書》為川師上，何獨至古而惑之哉？或曰：「是則然矣。《圖》與《書》奚辨？」曰：「《圖》《書》者，詳略之云也。河源遠，中國不得而包之。可得而聞者，其形之曲直，源委之趨向也。洛源在九州之內，經從之地，與其所麗名物，人得而詳之，史闕其所不知，古道然也。是故以書言洛，河則第寫於《圖》，理當然耳。昔者周天子之立也，《河圖》與《大訓》並列，時九鼎亦寶于周室，皆務以辨物象而施地政，所謂據九鼎按圖籍者也。仲尼作於週末，病禮樂之廢壞，職方之職不舉，所謂發歎鳳圖者，非有他也。龜龍之說，果何稽乎？第觀垂象之文，其義可以自見。」（《河圖洛書辯》，文淵閣四庫全書《浪語集》卷二十七）

宗羲案：永嘉之學，教人就事上理會，步步著實，言之必使可行，足以開物成務。蓋亦鑒一種閉眉合眼，矇瞳精神，自附道學者，於古今事物之變，不知為何等也。夫豈不自然而馴致其道，以計較億度之私，蔽其大中至正之則，進利害而退是非，與刑名之學殊途而同歸矣。此在心術，輕重不過一銖，茫乎其難辨也。

艮齋門人

文節陳止齋先生傅良

陳傅良，字君舉，溫州里安人。少有重名，授徒僧舍，士子莫不歸敬。薛艮齋過之，啟以其端，已而東書屏居，艮齋又過之，問治何業，先生陳其所得，艮齋曰：「吾懼子之累於得也。」於是往依艮齋而卒學焉。茅茨一閑，聚書千餘卷，日考古諮今于于其中，蓋從遊者凡七八年。伊洛之學，東南之士，自龜山、廌山之外，紹興以後，言理性之學者，宗永嘉。艮齋後出，加以考訂千載，自井田、王制、司馬法、八陣圖之屬，該通委曲，真可施之實用。先生既得之，而又解剝于《周官》《左史》，變通當世之治具條畫，本末粲如也。乾道八年，登進士第，授泰州教授。未上，召為太學錄。出判福州。罷，主管崇道觀。起知桂陽軍，曆提舉荊湖南路常平茶鹽事轉運判官、兩浙提點刑獄。入奏事，留為吏部員外郎。擢秘書少監，兼嘉王府贊讀，除起居舍人起居郎。光宗不過重華，掛冠而出。寧宗即位，以中書舍人召還，兼侍講，兼直學士院，同國史院修撰。罷而奉祠。嘉泰三年，授寶謨閣待制，卒於家，年六十七，謚文節，學者稱止齋先生。

寧皇以舊學思止齋，嘗謂韓侂胄曰：「陳傅良今何在？卻是好人。」對曰：「台諫論其心術不正。」上逐不復召。寧宗之立，止齋豫有贊策功。

吕東萊《與朱侍講書》曰：「示諭明白勁正，誠中近歲諸人之病。蓋所謂委曲將護者，其實夾雜患失之病，豈能有所孚格？君舉近來議論簡徑，無向來崎嶇周遮氣象，甚可喜也。」

又《答潘叔度書》曰：「陳君舉最長處，是一切放下如初學人，正未易量。」

陳龍川與先生書曰：「亮與元晦所論，本非為三代、漢、唐設，且欲見此道在天地間如明星皎月，閉眼之人，開眼即是，安得有所謂暗合者！天理人欲，豈是同出而異用，只是情之流，乃為人欲耳。人欲如何主持得世界，而尊兄乃名以跳踉叫呼，擁戈直上。元晦之論，只是與二程主張門戶，而尊兄乃名之以正大，且地步平正。嗟乎冤哉！吾兄一世儒者巨擘，其論如此，亮便應閉口藏舌，不復更下註腳。」

葉水心《題張君所注佛書》曰：「蜀人范東叔在學省，每晨必誦《楞嚴》。陳君舉與鄰省，問為誰？東叔拱而後對。君舉戲曰：『吾以為老卒所課耳。』予問東叔要義何在？東叔沈思久之曰：『如雞候鳴，顧瞻東方，已有晴色，此是逼撲到緊切處。予聞而太息。』夫其所知止於此乎？」

經筵孟子講義

聖王不作，諸侯放恣，處士橫議，楊朱、墨翟之言盈天下。天下之言不歸楊，則歸墨。楊氏為我，是無君也；墨氏兼愛，是無父也。無父無君，是禽獸也。公明儀曰：「庖有肥肉，廄有肥馬，民有饑色，野有餓莩，此率獸而食人也。」楊、墨之道不息，孔子之道不著，是邪說誣民，充塞仁義也。仁義充塞，則率獸食人，人將相食，吾為此懼。閑先聖之道，距楊、墨，放淫辭，邪說者不得作。作于其心，害於其事；作于其事，害於其政。聖人復起，不易吾言矣！

聖王不作者，言周之衰，上無明天子也。諸侯放恣者，言上無明天子，則下無賢方伯，凡有國之君，皆得自便縱欲而專利也。處士橫議者，言自天子至於諸侯，皆失其道，不復以明教化為務，則天下蕩然，學術無統紀，而世之處士各横為議論，人自為一說，家自為一書也。楊朱、墨翟之言盈天下者，言處士橫議者雖多，於其中獨有楊朱、墨翟之教盛行而莫之抗也。天下之言，不歸楊則歸墨，言從其說者之眾也。舉天下之能言者，不以楊朱為師，則以墨翟為師，而堯、舜、禹、湯、文武、周公、孔子之教□□道也。楊氏為我，是無君也者，此孟子之所以辟楊朱也。何也？朱之為說曰：「拔一毛而利天下，弗為也。」且夫惟天生民，有欲無主乃亂。故人主者，天之所置，非天下徒尊之也。葵藿之于太陽，江、漢之於海，鳥獸之於麟鳳，皆此物也，而誰敢易之！是故天下之士，忘身以為主，忘家以徇國，非直苟利祿也。假使世之學者，皆操楊朱之心，雖損一毛而不以利物，是無與事君者也，故曰是無君也。墨氏兼愛，是無父也者，此孟子所以辟墨翟也。何也？翟之為說曰：「摩頂放踵，利天下為之。」且天之生物也，使之一本，父母是也。今夫人有父母，有兄弟，有夫婦，均此愛也，而先王立教，每為之差，而獨隆于父。《記》曰：「為人子者，不可不私其父。不私其父，不可以為人子矣。是故有東宮，有西宮，有南宮，有北宮。」此言苟私其父，雖其父之伯仲，不可以不異宮也。又曰：「資于事父以事母而愛同。天無二日，土無二王，國無二主，家無二尊，以一治之也。故父在為母齊衰期者，無二尊也。」此言苟尊其父，雖父之妃，不可以不殺服也，是之謂一本。假使世之學者，皆操墨翟之心，愛無差等，是人人而父也，故曰是無父也。無父無君，是禽獸也者，孟子極其弊而言之也。人所以相群而不亂者，以其有君父也。有君在，則上下、尊卑、貴賤之分定；有父在，則長幼、嫡庶、親疏之分定，定則不亂矣。苟無君父，則凡有血氣者，皆有爭心。苟有爭心，不奪不饜，是人心與禽獸無擇也。公明儀曰：「庖有肥肉，廄有肥馬，民有饑色，野有餓莩，此率獸而食人也」者，此孟子舉公明儀之語，推廣言之也。公明儀以為，國君之肥馬在廄，而民饑莩在野，是為君者率獸而食人也。楊、墨之道不息，孔子之道不著，是邪說誣民，充塞仁義。仁義充塞，則率獸而食人，人將相食者，蓋孟子終言楊、墨之害，與禽獸無異也。且夫孔子之道所以尊信于萬世者，非儒者能強之也，誠以三綱五常不可一日殄滅故也。三綱五常不明而殄滅，則天地不位，萬物不育矣。自古及今，天地無不位之理，萬物無不育之理，則三綱五常無絕滅之理。三綱五常無絕滅之理，則孔子之道，無不足尊信之理。今楊、墨者，自信其私說，而不信孔子，故楊、墨之道不息，則孔子之道不著。如此，則邪說行而仁義廢。今夫人之所以老者相供養，幼者相撫字，敵己者相往來，以其本諸仁義之心也。無君則不義，無父則不仁矣。此心苟亡，則私欲横流，弱者之肉，強者之食爾。故曰：「人將相食，吾為此懼。閑先聖之道，距楊、墨，放淫辭，邪說者不得作。」此孟子以衛道自任之言也。

且孟子非好辯也，懼斯道之不明，而人心淪胥，至於□□□□□□□□□□□□□□□□□□□□□謂君不君，臣不臣，父不父，子不子，雖有粟，吾得而食諸？雖有天下，不能一朝居也，此聖賢之所大懼也。作于其心，害於其事；作于其事，害於其政者，言淫辭邪說之初，亦甚微也，不過其門人弟子，轉相傳授，以為可行而深信之焉耳。夫苟有是說也，在於人心，則不見之於行事，斯已矣。苟見之於行事，則必害及於其事，不施之於有政，斯已矣。苟施之於有政，則必害及於其政。孟子逆知二氏之學，一日得志於天下，其害有不可勝言者。聖人復起，不易吾言矣者，孟子篤于自信之辭也。臣聞之曰，天下未嘗一日無邪說也。聖王在上，教明而禁立，雖有邪說而不得行耳。反道敗德，悔慢自賢，有苗氏之邪說也，而虞舜遷之。威侮五行，怠棄三正，有扈氏之邪說也，而夏啟徵之。謂祭無益，謂暴無傷，謂己有天命，謂敬不足行，商紂之邪說也，而周武滅之。然則道術分裂，間為異端，自唐、虞、三代有焉，而卒不足以幹大中至正之統者，聖王在上故也。今夫楊、墨非有王公貴人之勢也，非有醲賞以誘率人、嚴刑以驅迫人也，又未得嘗試其術于戰國之際也，而天下翕然從之，不歸楊則歸墨，是豈一人之力，一朝一夕之故哉！蓋聖王不作，則教不明，禁不立。教不明，則曲學之論興；禁不立，則朋邪之類勝；及其末流而莫之救也。由此觀之，凡不本於孔子而敢為異說者，豈不甚可畏哉？有聖王者作，豈可不深察哉？

昔者，禹抑洪水而天下平，周公兼夷狄、驅猛獸，而百姓寧，孔子成《春秋》而亂臣賊子懼。《詩》云：「戎、狄是膺，荊、舒是懲，則莫我敢承。」無父無君，是周公所膺也。我亦欲正人心，息邪說，距詖行，放淫辭，以承三聖者。豈好辯哉？予不得已也。能言距楊、墨者，聖人之徒也。

抑，遏也。兼，並也，言並治之也。膺，當也，言北當戎與狄也。懲，艾也，言南艾荊、楚及群舒也。承，止也，言天下莫敢禦之也。

聞之曰，聖賢之生斯世，必以天下為己任。當堯之時，洪水為天下害。商之末，夷狄、禽獸為天下害；周之衰，亂臣賊子為天下害；戰國之際，邪說詖行為天下害。洪水、夷狄之害，則生人不得安其居，不得安其居，則不得適其性矣；亂臣賊子之害，則生人不得定其分，不得定其分，則不得適其性矣；邪說詖行之害，則生人不得修其學，不得修其學，則亦不得適其性矣；是皆人心之所由紛亂而皆蔽也。聖賢者，天民之先覺，將使之啟迪人心，而歸於正者也。則以生人為己任者，聖賢之責，此正人心以承三聖，孟子所以不得辭也。是故禹不抑洪水，周公不兼夷狄、驅猛獸，使斯人脫於不安其生之患，而君臣、父子、兄弟、夫婦相保也，則禹、周公之責不塞。孔子不明亂臣賊子之罪，使斯人脫於不定其分之患，而君臣、父子、兄弟、夫婦相保也，則孔子之責不塞。孟子不辯邪說詖行之非，使斯人知所學，而君臣、父子、兄弟、夫婦相保也，則孟子之責不塞。禹、周公得君以行其道，則見之立功；孔、孟不得君以行其道，則見之立言；凡以盡聖賢之責而已。且夫禹、周公，人臣也。孔、孟，布衣也。夫為人臣，為布衣，不敢不以天下為己任，況尊為天子，富有四海之內乎？今敵國之為患大矣，播遷我祖宗，丘墟我陵廟，羶腥我中原，左衽我生靈，自開闢以來，夷狄亂華，未有甚於此者也。高宗崎嶇百戰，撫定江左，將以討賊，而沮於議和。孝宗憂勤十閏，經營富強，將以雪恥，而屈於孝養。二聖人之責，至今猶未塞也。陛下以仁聖之資，嗣有神器，豈得一日而忘此邪？陛下誠一日不敢忘此，則當以天下為己任，而不敢以位為樂。所謂一日不敢忘此，則不敢以位為樂者，每行一事，每用一人，必自警曰：「得無為敵國所侮乎？吾民困窮如此，吾士卒驕惰如此，吾內外之臣背公營私如此，吾父子之間歡意未洽如此，吾將何以待敵國也？」常持此心，常定此計，周公豈欺我哉！則大義可明，大功可立矣。雖然，臣特因兼夷狄發明一事爾，若夫人心不正，豈止於此，皆陛下之所當講也。（文淵閣四庫全書《止齋集》卷二十八）

止齋文集

王道至於周備矣。周之作《誥》曰：「上下勤恤，惟曰，我受天命，不若有夏曆年，式勿替有商歷年。」處心積慮，蓋庶幾兼夏、商之祚，訖于暴秦，略如其言。是道也，惟孔、孟知之。孔子曰：「周監於二代，鬱鬱乎文哉！吾從周。」孟子亦曰：「周公思兼三王，以施四事。」是故合族以五世，自夏、商用之，至周則繫之以姓而弗別，雖百世而婚姻弗通。諸侯以五服，自夏、商用之，至周九州之外，猶以為夷服、鎮服、蕃服。世一見，嗚呼備矣！後之傷今思古之士，往往謂周文弊，學者尚論三代，要當折衷于孔、孟。且夫天命之難堪，非兢畏不能有也；人心之同然，非惻怛不能懷也。文、武、成、康，積行累功之勤，誠有見於此者。讀《書》至刑人、殺人、劓刖人，君臣相敕，甚敬甚懼，服念《誥》教，至於旬時，至於再三。讀《詩》《南》《雅》，群臣、嘉賓、兄弟、朋友、故舊、戍役之際，徒一觴豆，皆深致其好，備禮盛樂。以後妃之尊，猶知以酒醴勞慰行役僕馬辛苦。夫苟燕樂之，即詠歌嗟歎之不足。夫苟刑戮之，即戰戰焉有憂色。此非有利為之也，畏天命焉耳，即人心焉耳。嘗緣《詩》《書》之義，以求文、武、周公、成、康之心，考其行事，尚多見於《周禮》一書，而傳者失之，見謂非古。彼二鄭諸儒，崎嶇章句，窺測皆薄物細故，而建官分職，關於盛衰，二三大指，悉晦弗著，後學承誤，轉失其真。漢、魏而下，號為興王，頗采《周禮》，亦無過輿服、官名、緣飾淺事，而王道缺焉盡廢。恭惟本朝純用周政，千載一時，爰自藝祖，不忍役一夫之力而養禁旅，不欲使天下一吏得以專政而罷方鎮。制度文為，雖非周舊，而深仁厚澤，意已獨至。肆我列聖，浸以寬大，任子及於異姓，取士及於特奏，養兵及於剩員。甚者汙吏有敘復，重辟有奏裁。論議之臣，每不快此，而國家世守，重於更定。蓋周衰且千載，而《詩》《書》之意，於是焉在，豈不盛哉！熙寧用事之臣，經術舛駁，顧以《周禮》一書，理財居半之說，售富強之術，凡開基立國之道，斲喪殆盡，而天下日益多故，迄于夷狄亂華，中原化為左衽。老生宿儒，發憤推咎，以是為用《周禮》禍，抵排不遺力，幸以進士舉，猶列于學宮。至論王道不行，古不可復，輒以熙寧嘗試之效藉口，則論著誠不得已也。故有《格君心》《正朝綱》《均國勢說》各四篇，而為之序如此。（《進周禮說序》，文淵閣四庫全書《止齋集》卷四十）

謂《周禮》為非聖人之書者，則以說之者之過，嘗試之者不得其傳也。《周禮》說甚眾，獨鄭氏學至今行於世。鄭經生，志以為之傳焉耳，於其說不合，即出己見附會穿鑿，其舉而措之斯世可，不可復古，鄭慮不及此也。故曰說之者過。自劉歆以其術售之新室，民不聊生。東都之輿服，西魏之官制，亦頗采《周禮》，然往往抵牾。至本朝熙寧間，荊公王安石又本之為青苗、助役、保甲之法，士大夫爭以為言。安石謂俗儒不知古誼，竟下其法，爭不勝。自是百年，天下始多故矣。故曰嘗試之者不得其傳也。以是二者，至廢《周禮》，此與因噎廢食者何異？讀夏君休所著《井田譜》，亦有志矣。鄭氏井邑若畫棋然，蓋祖《王制》。《王制》晚，雜出，漢文帝時，以海內畫為九州，州必方千里，千里必為國二百一十。其後，班固《食貨志》亦謂井方一裡，八家各私田百畝，公田十畝，是為八百八十畝，為廬舍，蓋人二畝半云。且若此，夏君皆不取，漢以來諸儒鮮或知之者。其說畿內廣成萬步謂之都，不能成都謂之鄙，即成縣者與之為縣，成甸者與之為甸，至一丘一邑盡然。以其不能成都、成鄙，故謂之閒田；以其不可為軍、為師，而無所專繫，故謂之閑民。鄉遂市官，皆小者兼大者，他亦上下相攝，備其數，不必具其員。歲登下民數於策，損益之，是謂相除之法，皆通論也。餘至纖至悉，雖泥於數度，未必皆葉，然其意要與時務合，不為空言。去聖人遠，《周禮》一經，尚多三代經理遺跡。世無覃思之學，顧以說者繆，嘗試者復大繆，乃欲一切駁盡為慊。苟得如《井田譜》與近時所傳林勳本《政書》者數十家，各致其說，取其通如此者，去其泥不通如彼者，則周制可得而考矣。周制可得而考，則天下亦幾於理矣。（《夏休井田譜序》，文淵閣四庫全書《止齋集》卷四十）

陳先生說

陳說，字習之，永嘉人。從學于止齋。其兄謙，以文字知名當世，所交多聞人，先生因得從之問學。

艮齋再傳

止齋門人

文懿蔡先生幼學

蔡幼學，字行之，里安人。未冠，從止齋遊，朝夕侍側者十年，止齋勉以前輩學業。中乾道八年進士弟，授廣德教授。曆敕令所删定官武學博士、太學博士、秘書省正字校書郎、著作佐郎。出提舉福建常平茶事，奉祠凡八年。知黃州、福建提刑，未上。召為吏部郎官、國子司業，兼權中書舍人、宗正少卿，遷中書舍人兼侍講，除刑部吏部侍郎兼直學士院，改兼侍讀。出知泉州，尋提舉興國宮，知建寧府，復提舉萬壽宮。嘉定十年，召權兵部尚書，兼太子詹事卒。陳同甫亮言：「吾常與陳君舉極論，往往擊杯案，聲撼林木。行之在旁，邈若無聞。客散，忽語吾：『道一爾，奚皇帝王霸之云。』吾方數辯，而行之横啟縱闔，援古證今，抵夜接日，若懸江河。吾謝不能，乃已。」嘗續司馬溫公《公卿百官表》《年曆》《大事記》《備忘辨疑》《編年政要》《列傳舉要》百餘篇。（黃氏原本，全祖望修之加詳）

文肅曹先生叔遠

曹叔遠，字器遠，里安人。少學於止齋。年十九，以《春秋》魁鄉薦，登紹熙第。久之，薦為國子錄，忤韓侂胄，罷。通判涪州。

曆四川節麾，守遂寧。營卒之亂，過境不敢肆暴，曰：「此江南好官員也。」入朝，為工部郎，出知袁州，乙太常少卿召權禮部侍郎，終徽猷閣待制，謚文肅。所著有《周官講議》。

推官呂先生聲之、簽判呂先生沖之

呂聲之，字大亨，新昌人。以能詩名。師陳止齋，而友蔡行之，同升太學。壁記題名，先生在止齋之下，行之之上。是年，止齋、行之皆登進士，而先生不第。或戲之曰：「所謂厄于陳、蔡之間者也。」嘉定間，累官昭信節度推官。有《沃洲雜詠》。從弟沖之，亦師止齋，簽判南康軍，講道白鹿書院，有《壁經宗旨》。（黃氏原本，全祖望修之加詳）

章先生用中

章用中，字端叟，平陽人。先生從止齋最久，又因止齋，之金華依呂東萊，之霅州依薛艮齋，由是顯名。

陳先生端己

陳端己，字子益，平陽人。從止齋學。

主簿林先生頤叔

林頤叔，字正仲，里安人。與弟淵叔，俱受業止齋。先生寬整有局量，登乾道第，任羅源簿。民俗火葬，先生導以塚甓，惡俗始革。有大辟坐刃殺者，辨其屍，為瘡且溺死也，釋之。遷建康戶部酒庫監。丁父憂，哀毀成疾，臨歿，誦夢中語曰：世衰道不淪，作者興起。因振手而逝。（黃氏原本，全祖望修之加詳）

司戶林先生淵叔

林淵叔，字懿仲，瑞安人。登淳熙十一年進士第，終於揚州司戶。先生從陳止齋學于城南書社，其後止齋所至，先生亦僦旁舍不去。永嘉崇重師友，前一輩盡，學緒幾墜，先生復修故事，後一輩趨和之，而後知有師弟子之禮。

沈先生昌

沈昌，字叔阜，里安人。與蔡行之同門，年皆少，皆有俊聲，而先生早夭。

洪先生霖

洪霖，天臺人。事止齋甚謹。

隱君朱先生黼

朱黼，字文昭，平陽人也。學於止齋，不事舉業。嘗著《紀年備遺》一百卷，《統論》一卷，始堯、舜，迄五代，若呂、武、莽、丕等皆削其紀年。水心為之序，且曰：「此書一出，義理所會，寶藏充斥。人始知其能傳陳氏學也。」躬耕南蕩山以老。（黃氏原本，全祖望修之加詳）

教授高先生松

高松，字國楹，福寧人。少遊止齋之門，不專事科舉之學。黎明而起，夜丙而止，讀書益多，聞見益廣，華枝蔓葉，自然消落，以是不合於俗。同學多先達，而先生晚始得成進士。又洊丁艱，益肆力於學。尋授台州教授，啟迪有方，一時州縉紳皆出其門。故例撰講章，據案抗聲讀，名曰「讀書」，笑曰：「是何所發明邪？」令更進迭問，疑難交發，滿意而退，士人歡服，學校大舉，而病卒矣。葉水心銘其墓。（黃氏原本，全祖望修之加詳）

湯藝堂先生健

湯建，字達可，樂清人。不為制舉業。天文地理，古今制度，考覈精詳，篤意兢省，深造理窟，學者稱藝堂先生。夙興必齋沐讀《易》一卦，鼓瑟自娛。所著《詩衍義》《論語》《老子》二解、《藝堂文集》。（黃氏原本，全祖望修之加詳）

胡季隨先生大時

見《紫陽學案》。

一二一 永康學案

文毅陳龍川先生亮

陳亮，字同甫，永康人。學者稱為龍川先生。生而目光有芒，為人才氣超邁，喜談兵，議論風生，下筆數千言立就。隆興初，與金人約和，天下欣然幸得蘇息，獨先生以為不可。婺州方以解頭薦，因上《中興五論》，奏入，不報。已而退修于家，學者多歸之，益力學著書者十年。

先是，先生嘗圜視錢塘，喟然歎曰：「城可灌爾！」蓋以地下於西湖也。至是，孝宗即位蓋十七年矣。亮更名同，詣闕上書，其略云：「請為陛下陳國家立政之本末，而開今日大有為之略；論天下形勢之消長，而決今日大有為之機。」書奏，孝宗赫然震動，用種放故事，召令上殿，將擢用，大臣交沮之，乃有都堂審察之命。待命十日，復上書言三事，欲官之，先生曰：「吾欲為社稷開數百年之基，寧用以博一官乎！」亟渡江而歸，日落魄醉酒，醉時戲為大言。一士欲中之，以其事首刑部侍郎何澹，澹即繳狀。事下大理，笞掠，誣服為不軌。事聞，孝宗知之，陰遣左右廉知其事，遂得免。居無何，家僮殺人於境，適被殺者嘗辱先生父，其家疑之，聞於官。復下大理。時辛幼安棄疾、羅春伯點素高先生才，援之尤力，復得免。又與鄉人宴會，同坐者暴死，復下大理，又得出。

先生自以豪俠，屢遭大獄，歸家益勵志讀書，所學益博。其學自孟子後惟推王通。嘗曰：「研窮義理之精微，辨析古今之同異，原心於秒忽，較理於分寸，以積累為工，以涵養為主，晬面盎背，則于諸儒誠有愧焉。至於堂堂之陳，正正之旗，風雨雲雷交發而並至，龍蛇虎豹變見而出沒，推倒一世之智勇，開拓萬古之心胸，自謂差有一日之長。」與朱文公熹論皇帝王霸之學，文公雖不與，而亦不能奪也。

先生感孝宗之知，復上疏。時將內禪，不報。由是在廷交怒，以為狂怪。光宗策進士，先生以君道師道對，且曰：「臣竊歎陛下之于壽皇莅政二十有八年之間，寧有一政一事之不在聖懷，而問安視寢之餘，所以察詞而觀色，因此而得彼者，其端甚眾，亦既得其機要而見諸施行矣，豈徒一月四朝而以為京邑之美觀也哉！」時上不朝重華宮，群臣迭諫，皆不聽，喜先生策，謂善處父子之間，擢第一。既知為亮，又喜曰：「朕擢果不謬。」孝宗在南內，甯宗在東宮，聞之皆喜。授簽書建康府判官廳公事。未上，一夕卒。吏部侍郎葉水心請於朝，官其子，非故典也。端平初，謚文毅。（黃氏原本，全祖望修之加詳）

百家謹案：永嘉之學，薛、鄭俱出自程子。是時陳同甫亮又崛興于永康，無所承接。然其為學，俱以讀書經濟為事，嗤黜空疏、隨人牙後談性命者，以為灰埃。亦遂為世所忌，以為此近于功利，俱目之為浙學。

公天資異常，俯視一世，常以經綸天下自任。壯歲應鄉舉，推為褒然之選，繼而補太學博士弟子員。其生平議論，以敵仇未雪為國大恥，六詣天闕上書，皆主於恢復，故及第後，謝恩詩有云：「復仇自是平生志，勿謂儒臣鬢髮蒼。」

公少以文名於天下，至老方第，常抱不平之恨，故及第後謝宰執，其啟云：「數十年窮居畎畝，未諧豹變之懷；五千言上徹冕旒，誤中龍頭之選。」又云：「如某材不逮于中人，學未臻于上達。十年壁水，一幾明窗。六達帝廷，上恢復中原之策；兩譏宰相，無輔佐上聖之能。荷壽皇之相容，恢漢光之大度。留張齊賢以貽主上，俾宋廣平而冠群儒。靜言叨冒之多，知自吹噓之力。」

朱晦翁曰：「同甫才高氣粗，故文字不明瑩。要之自是心地不清和也。」

又曰：「同甫在利欲膠漆盆中。」

陳同甫集

自孟、荀論義利、王霸，漢、唐諸儒未能深明其說。本朝伊、洛諸公辨析天理人欲，而王霸、義利之說於是大明。然謂三代以道治天下，漢、唐以智力把持天下，其說固已使人不能心服；而近世諸儒，遂謂三代專以天理行，漢、唐專以人欲行，其間有與天理暗合者，是以亦能久長。信斯言也，千五百年之間，天地亦是架漏過時，而人心亦是牽補度日，萬物何以阜蕃而道何以常存乎？故亮以為漢、唐之君本領非不洪大開廓，故能以其國與天地並立，而人物賴以生息。惟其時有轉移，故其間不無滲漏。曹孟德本領一有蹺欹，便把捉天地不定，成敗相尋，更無著手處。此卻是專以人欲行，而其間或能有成者，有分毫天理行乎其間也。諸儒之論，為曹孟德以下諸人設可也，以斷漢、唐，豈不冤哉！高祖、太宗豈能心服於冥冥乎！天地鬼神亦不肯受此架漏。謂之雜霸者，其道固本于王也。諸儒自處者曰義曰王，漢、唐做得成者曰利、曰霸。一頭自如此說，一頭自如彼做；說得雖甚好，做得亦不惡。如此卻是義利雙行，王霸並用。如亮之說，卻是直上直下，只有一個頭顱做得成耳。（文淵閣四庫全書《龍川集》卷二十，又見《鄧廣銘全集》第五卷《陳亮集》，河北教育出版社，二〇〇五年，第二六九—二七〇頁。）

張采曰：龍川于王、霸二字未究端委，故于諸儒之論不肯降服。且如三代而下，漢文、宋仁最近仁義，然謂其能治人欲否？龍川必欲以曹操一輩為人欲，則其說人欲淺矣。

昔者三皇、五帝與一世共安於無事，至堯而法度始定，為萬世法程。禹、啟始以天下為家而自為之。有扈氏不以為是也，啟大戰而後勝之。

湯放桀于南巢而為商，武王伐紂取之而為周。武庚挾管、蔡之隙，求復故業，諸嘗與武王共事者，欲修德以待其自定，而周公違眾議，舉兵而後勝之。夏、商、周之制度定為三家，雖相因而不盡同也。五霸之紛紛，豈無所因而然哉！老、莊氏思天下之亂，無有已時，而歸其罪于三王，而堯、舜僅免耳。使若三皇、五帝相與共安於無事，則安得有是紛紛乎！其思非不審，而孔子獨以為不然。三皇之化不可復行，而祖述止於堯、舜，而三王之禮，古今之所不可易，萬古之所當憲章也。芟夷史籍之煩辭，刊削流傳之訛謬，參酌事體之輕重，明白是非之疑似，而後三代之文燦然大明，三王之心跡皎然不可誣矣。後世徒知尊慕之，而學者徒知誦習之，而不知孔氏之勞蓋如此也。當其是非未大明之時，老、莊氏之至心豈能遽廢而不用哉！亮深恐儒者之視漢、唐，不免如老、莊當時之視三代也。儒者之說未可廢者，漢、唐之心跡未明也。故亮常有區區之意焉，而非其任耳。夫心之用有不盡而無常泯，法之文有不備而無常廢，人之所以與天地並立而為三者，非天地常獨運而人為有息也。人不立，則天地不能以獨運，舍天地則無以為道矣。夫「不為堯存，不為桀亡」者，非謂其舍人而為道也。若謂道之存亡非人之所能與，則舍人可以為道，而釋氏之言不誣矣。使人人可以為堯，萬世皆堯，則道豈不光明盛大於天下！使人人無異於桀，則人紀不可修，天地不可立，而道之廢亦已久矣。天地而可架漏過時，則塊然一物也；人心而可牽補度日，則半死半活之蟲也。道于何處而常不息哉！惟聖人為能盡倫，自余於倫有不盡，而非盡欺人以為倫也；惟王為能盡制，自余於制有不盡，而非盡罔世以為制也。欺人者，人常欺之；罔人者，人常罔之；烏有欺罔而可以得人長世者乎！不失其馳，舍矢如破，君子不必于得禽也，而非惡於得禽也。範我馳驅而能發必命中者，君子之射也。豈有持弓矢審固而甘心於空返者乎！禦者以正，而射者以手親眼便為能，則兩不相值而終日不獲一矣。射者以手親眼便為能，而禦者委曲馳驟以從之，則一朝而獲十矣。非正禦之不獲一，而射者之不正也。以正禦逢正射，則不失其馳而舍矢如破，何往而不中哉！孟子之論不明久矣，往往反用為迂闊不切事情者之地。亮非喜漢、唐獲禽之多也，正欲論當時禦者之有罪耳。高祖、太宗本君子之射也，惟禦之者不純乎正，故其射一出一入，而終歸於禁暴戢亂、愛人利物而不可掩者，其本領宏大開廓故也。故亮嘗有言：三章之約，非蕭、曹之所能教，而定天下之亂，又豈劉文靖之所能發哉！此儒者之所謂見赤子入井之心也。其本領開廓，故其發處便可以震動一世，不止如見赤子入井時微眇不易擴耳。至於以位為樂，其情猶可以察者，不得其位則此心何所從發于仁政哉！以天下為己任，其情猶可察者，不總之於一家，則人心何所底止！自三代聖人固已不諱其為家天下矣。天下，大物也，不是本領宏大，如何擔當開廓得去？惟是事變萬狀而真心易以汩沒，到得失枝落節處，其皎然者終不可誣耳。高祖、太宗及皇家太祖，蓋天地賴以常運而不息，人紀賴以接續而不墜；而謂道之存亡非人之所能預，則過矣。漢、唐之賢君果無一毫氣力，則所謂卓然不泯滅者，果何物邪？道非賴人以存，則釋氏所謂千劫萬劫者，是真有之矣。此論正在於毫釐分寸處較得失，而心之本體實非飷飣輳合以成。此大聖人所以獨運天下者，非小夫學者之所能知。使兩程而在，猶當正色明辯。比見秘書與叔昌、子約書，乃言「諸賢死後，議論蜂起」，有獨力不能支之意。伯恭，曉人也，自其在時固已知之矣。天、地、人為三才。人生只是要做個人。聖人，人之極則也。如聖人，方是成人。故告子路者則曰：「亦可以為成人。」來諭謂「非成人之至」，誠是也。謂之聖人者，于人中為聖；謂之大人者，于人中為大。纔立個儒者名字，固有該不盡之處矣。學者，所以學為人也，而豈必其儒哉！子夏、子張、子遊皆所謂儒者也。學之不至，則荀卿有某氏賤儒之說而不及其他。《論語》一書，只告子夏以「汝為君子儒」，其他亦未之聞也。則亮之說亦不為無據矣。管仲盡合有商量處，其見笑於儒家亦多，畢竟總其大體，卻是個人，當得世界輕重有無，故孔子曰人也。亮之不肖，於今世儒者無能為役，其不足論甚矣，然亦自要做個人。非專徇管、蕭以下規摹也，正欲攪金銀銅鐵鎔作一器，要以適用為主耳。亦非專為漢、唐分疏也，正欲明天地常運而人為常不息，要不可以架漏牽補度時日耳。夫說話之重輕，亦系其人。以秘書重德，為一世所尊仰，一言之出，人誰敢非！以亮之不肖，雖孔子親授以其說，纔過亮口則弱者疑之，強者斥之矣。願秘書平心以聽，惟理之從，盡洗天下之橫豎、高下、清濁、白墨，一歸之正道，無使天地有棄物，四時有剩運，人心或可欺，而千四五百年之君子皆可蓋也！故亮嘗以為得不傳之絕學者，皆耳目不洪，見聞不慣之辭也。人只是這個人，氣只是這個氣，纔只是這個才。譬之金銀銅鐵，煉有多少，則器有精粗，豈其於本質之外，換出一般，以為絕世之美器哉！故浩然之氣，百煉之血氣也。使世人爭騖高遠以求之，東扶西倒而卒不著實而適用，則諸儒之所以引之者亦過矣。（文淵閣四庫全書《龍川集》卷二十，又見《鄧廣銘全集》第五卷《陳亮集》，河北教育出版社二〇〇五年版，第二七三—二七五頁。）

某大概以為三代做得盡者也，漢、唐做到盡者也。故曰：「心之用有不盡而無常泯，法之文有不備而無常廢。」惟其做得盡，故當其盛時，三光全而寒暑平，無一物之不得其生，無一人之不遂其性。惟其做不到盡，故雖其盛時，三光明矣而不保其常全，寒暑運矣而不保其常平，物得其生而亦有時而夭閼者，人遂其性而亦有時而乖戾者。本末感應，只是一理。使其田地根本無有是處，安得有來諭之所謂小康者乎？只曰「獲禽之多」，而不曰「隨種而收」，恐未免於偏矣。孔子之稱管仲曰：「桓公九合諸侯，不以兵車，管仲之力也。如其仁，如其仁。」又曰：「一匡天下，民到於今受其賜。微管仲，吾其被髮左衽矣。」說者以為孔氏之門，五尺童子皆羞稱五霸，孟子歷論霸者以力假仁，而夫子稱之如此，所謂「如其仁者」，蓋曰似之而非也。觀其語脈，決不如說者所云。故伊川所謂「如其仁者」，稱其有仁之功用也。仁人明其道不計其功，夫子亦計人之功乎？若如伊川所云，則亦近於來諭所謂「喜獲禽之多矣」。功用與心不相應，則伊川所謂心跡元不曾判者，今亦有時而判乎？聖人之于天下，大其眼以觀之，平其心以參酌之，不使當道有棄物，而道旁有不厭於心者。九轉丹砂，點鐵成金，不應學力到後，反以銀為鐵也。前書所謂「攪金銀銅鐵鎔作一器」者，蓋措辭之失耳。王通有言：「《皇墳》《帝典》吾不得而識矣。不以三代之法統天下，終危邦也。如不得已，其兩漢之制乎？不以兩漢之制輔天下者，誠亂也已。」仲淹取其以仁義公恕統天下，而秘書必謂其假仁借義以行之。心有時而泯可也，而謂千五百年常泯可乎？法有時而廢可也，而謂千五百年常廢可乎？至於「全體只在利欲上」之語，竊恐待漢、唐之君太淺狹，而世之君子有不厭於心者矣。匡章通國皆稱不孝，而孟子獨禮貌之者，眼目既高，於駁雜中有以得其真心故也。波流奔迸，利欲萬端，宛轉於其中而能察其真心之所在者，此君子之道所以為可貴耳。若于萬慮不作，全體潔白，而曰真心在焉者，此始學之事耳。一生辛勤于堯、舜相傳之心法，不能點鐵成金，而不免以銀為鐵，使千五百年之間成一大空闕，人道泯息而不害天地之常運，而我獨卓然而有見，無乃甚高而孤乎！宜亮之不能心服也。來書所謂：「天地無心而人有欲，是以天地之運行無窮，而在人者有時而不相似。」又謂：「心則欲其常不泯，而不恃其不常泯；法則欲其常不廢，而不恃其不常廢。」此名言也。而謂指其須臾之間偶未泯滅底道理，以為只此便可與堯、舜、三代並隆，而不察其所以為之田地根本無有是處者，不知高祖、太宗何以自別于魏、宋二武哉？來書又謂：「立心之本，當以盡者為法，不當以不盡者為法。」此亦名言也。而謂漢、唐不無愧於三代之盛時，便以為欺罔，不知千五百年之間，以何為真心乎？（文淵閣四庫全書《龍川集》卷二十，又見《鄧廣銘全集》第五卷《陳亮集》，河北教育出版社二〇〇五年版，第二七六—二七七頁。）

亮大意以為本領閎闊，工夫至到，便做得三代；有本領，無工夫，只做得漢、唐。而秘書必謂漢、唐並無些子本領，只是頭出頭沒，偶有暗合處，便得功業成就，其實則是利欲場中走。使二千年之英雄豪傑，不得近聖人之光，猶是小事，而向來儒者所謂「只這些子殄滅不得」，秘書便以為好說話，無病痛乎？來書所謂「自家光明寶藏」者，語雖出於釋氏，然亦異於這些子之論矣。天地之間，何物非道，赫日當空，處處光明。閉眼之人，開眼即是，豈舉世皆盲，便不可與共此光明乎！眼盲者摸索得著，故謂之暗合，不應二千年之間有眼皆盲也。亮以為，後世英雄豪傑之尤者，眼光如黑漆，有時閉眼胡做，遂為聖門之罪人；及其開眼運用，無往而非赫日之光明，天地賴以撐拄，人物賴以生育。今指其閉眼胡做時便以為盲，無一分眼光；指其開眼運用時，只以為偶合，其實不離於盲。嗟乎，冤哉！彼直閉眼耳，眼光未嘗不如黑漆也。一念足以周天下者，豈非其眼光固如黑漆乎！天下之盲者能幾？赫日光明，未嘗不與有眼者共之，利欲汩之則閉，心平氣定，雖平平眼光亦會開得。況夫光如黑漆者，開則其正也，閉則霎時浮翳耳。仰首信眉，何處不是光明！使孔子在時，必持出其光明，以附於長長開眼者之後，則其利欲一時涴世界者，如浮翳盡洗而去之，天地清明，赫日長在，不亦恢廓灑落，閎大而端正乎！今不欲天地清明，赫日長在，只是這些子殄滅不得者，便以為古今秘寶，因吾眼之偶開，便以為得不傳之絕學。三三兩兩，附耳而語，有同告密；畫界而立，一似結壇。盡絕一世之人於門外，而謂二千年之君子皆盲眼不可點洗，二千年之天地日月若有若無，世界皆是利欲，斯道之不絕者，僅如縷耳。此英雄豪傑所以自絕於門外，以為立功建業，別是法門，這些好說話，且與留著妝景足矣。若知開眼只是個中人，安得撰到此地位乎！秘書以為，三代以前都無利欲，都無要當富貴底人，今《詩》《書》載得如此潔淨，只此是正大本子。亮以為纔有人心，便有許多不潔淨，革道止於革面，亦有不盡概聖人之心者。聖賢建立于前，後嗣承庇於後，又經孔子一洗，故得如此潔淨。秘書亦何忍見二千年間世界塗涴，而光明寶藏獨數儒者自得之，更待其有時而若合符節乎？遷善改過，聖人必欲其到底而後止，若隨分點化，是不以人待之也。點鐵成金，正欲秘書諸人相與洗淨二千年世界，使光明寶藏長長髮見，不是只靠這些子以幸其不絕，又誣其如縷也。最可惜許多眼光抹漆者，盡指之為盲人，而一世之自號開眼者，正使眼無翳，眼光亦三平二滿，元靠不得，亦何力使天地清明，赫日長在乎！（以上《復朱元晦書》，文淵閣四庫全書《龍川集》卷二十，又見《鄧廣銘全集》第五卷《陳亮集》，河北教育出版社二〇〇五年版，第二七九—二八〇頁。）

宗羲案：止齋謂：「功到成處，便是有德；事到濟處，便是有理」；此同甫之說也。如此則三代聖賢枉作工夫。「功有適成，何必有德；事有偶濟，何必有理」；此晦庵之說也。如此則漢祖、唐宗賢于僕區不遠。蓋謂二家之說，皆未得當。然止齋之意，畢竟主張龍川一邊過多。夫朱子以事功卑龍川，龍川正不諱言事功，所以終不能服龍川之心。不知三代以上之事功，與漢、唐之事功迥乎不同。當漢、唐極盛之時，海內兵刑之氣，必不能免。即免兵刑，而禮樂之風不能常渾同。勝殘去殺，三代之事功也，漢、唐而有此乎？其所謂「功有適成，事有偶濟」者，亦只漢祖、唐宗一身一家之事功耳。統天下而言之，固未見其成且濟也。以是而論，則言漢祖、唐宗不遠于僕區，亦未始不可。

二十年之間，道德性命之說一興，迭相唱和，不知其所從來。後生小子讀書未成句讀者，已能拾其遺說，高自譽道，非議前輩，以為不足學。世之為高者，得其機而乘之，以聖人之道為盡在我，以天下之事為無所不能，麾其後生，惟己之向，欲盡天下之說取而教之，頑然以人師自命。吾深惑夫治世之安有此事，而懼其流之未易禁也。（《送王仲德序》，文淵閣四庫全書《龍川集》卷十五，又見《鄧廣銘全集》第五卷《陳亮集》，河北教育出版社二〇〇五年版，第二一五頁。）

龍川門人

簽判喻蘆隱先生偘

喻偘，字伯經，原名宏，義烏人。其從父民獻首從同甫，群從數十人偕焉。登慶元己未進士第，累遷隆興觀察推官，簽書鎮南節度判官。請祠而歸，築室夫人峰下，曰蘆隱。著有《蘆隱類稿》五十卷，《隨見類錄》二百卷。

當乾道、淳熙間，朱、張、呂、陸四君子皆談性命而辟功利，學者各守其師說，截然不可犯。陳同甫崛起其旁，獨以為不然。且謂「性命之微，子貢不得而聞，吾夫子所罕言，後生小子與之談之不置，殆多乎哉！禹無功，何以成六府？乾無利，何以具四德，如之何其可廢也？於是推尋孔、孟之志，《六經》之旨，諸子百家分析聚散之故，然後知聖賢經理世故，與三才並立而不廢者，皆皇帝王霸之大略。明白簡大，坦然易行。」人多疑其說而未信。先生獨出為諸生倡，布礫綱紀，發為詞章，扶持而左右之，使同甫之門，惡聲不入於耳，皆其功也。同甫再下詔獄，先生與同志極力營解，卒得出之。（黃氏原本，全祖望修之加詳）

縣丞喻梅隱先生南強

喻南強，字伯強，偘之從弟也。其父直方，以先生與陳同甫類，俾從之遊。時著錄牒者歲數千百人，先生周旋其間，獨能探深索隱，語移日，精鋭鋒起，同甫曰：「伯強凜然可畏也。」慶元中，入太學，為富陽尉，轉縉雲丞。卒年七十一。同甫之得罪也，先生義形於色，罵其同門，言：「先生無辜受禍，吾曹為弟子，當怒髮衝冠，乃影響昧昧，是得為士類邪！」走東甌，見葉水心訴冤。水心曰：「子真義士也。」即秉筆為作書數通。先生又持走越，袖見諸台官，誦言無忌，卒直同甫之冤。其為文善馳騁，下筆數千言，不煩繩削而自合。大篇短章，恣人取去，不甚愛惜。惟存《梅隱筆談》十四卷。（黃氏原本，全祖望修之加詳）

吳先生深

吳深，全歸子思齊祖。其先居處之麗水，先生有奇才，同甫以子妻之，遂家永康。

陳先生頤

陳頤，永康人。嘗從同甫遊。

錢先生廓

錢廓，字叔因，浦江人。沈靜和雅，語如不能出諸口，同甫甚嘉之。初，先生之兄抑任家事，督先生以學，而一錢不以假之。或言汝兄私自為計，則怒曰：「汝離間我友昆邪？兄愛我者也。」其於貨幣不以嬰心，科舉之事亦不甚習也。獨求有得於學。其卒也，葉水心甚惜之。（黃氏原本，全祖望修之加詳）

郎先生景明（父鵬舉）

郎景明，永康人。其父鵬舉，與鄭文肅公善。（黃氏原本，全祖望修之加詳）

方先生坦

方坦，浦江人。同甫嘗云：「坦從予遊。一日，其父來視坦，每進見予，亦若諸生然。」其恭而篤於教子如此。（黃氏原本，全祖望修之加詳）

陳先生檜、陳先生猛

陳檜，縉雲人，章侍郎服之甥，與其弟猛同學于龍川者也。（黃氏原本，全祖望修之加詳）

金先生潚

金潚，字伯清，金華人。從同甫遊。

淩先生堅

淩堅，浦江人。孤童力學，其母何氏督之曰：「吾之不死以待汝者，欲持以見汝父于地下也。」先生感奮，卒能以學行自見。同甫患難，先生每闗切相奔走云。（黃氏原本，全祖望修之加詳）

何先生大猷

何大猷，字少嘉，義烏人，同甫之婦弟也。同甫在獄，營救不愛其力。浙江風濤之險，一日往返兩涉之，幾至覆溺。嘗曰：「吾未知前輩所謂不傳之學安在，而敢自棄乎？」同甫又稱其事母孝，事兄敬，而行甚醇謹云。（黃氏原本，全祖望修之加詳）

太學劉先生范

劉範，金華人，太學諸生。原名淵。有聲三舍閑，同甫稱其頃刻不輟於學。（黃氏原本，全祖望修之加詳）

徐先生碩

徐碩，永康人。務學不輟，其文日進。（黃氏原本，全祖望修之加詳）

孫先生貫

孫貫，字沖季，永康人。從事于王霸之學甚鋭。年二十三而卒。同甫率門人盧任、徐碩、周擴、吕約、周作、喻宏、喻寛、何凝、胡括、錢廓、方坦臨其葬而銘之。（黄氏原本，全祖望修之加詳）

胡先生括

胡括，永康人。同甫謂其可與共學。

領衛厲先生仲方

見《永嘉學案之一》。

丁少詹先生希亮

見《永嘉學案之一》。

龍川再傳

貞文吴淵穎先生萊

吴萊，字立夫，浦江人。集賢大學士直方子也。生有奇質。四歲，母盛口授《孝經》《論語》，輒成誦。七歲能屬文。族父幼敏家多書，公往私挾一編歸，盡夜讀竟。又復往易，幼敏知而視之，乃《漢書》也。幼敏指《穀永》《杜鄴傳》曰：「汝能記是，當不汝責。」先生琅琅誦之，不遺一字。幼敏以為偶熟此卷，三易他編，盡然。因悉出藏，盡使讀之。方韶父見而歎曰：「明敏如此子，雖汝南應世叔不是過也。」悉以所學授焉。自是益博極群書，至於制度沿革、陰陽律曆、兵謀術數、山經地志、字學族譜之屬，無所不通。延祐七年，以《春秋》舉上禮部，不合，退居深裹山中。益窮諸經之説，所造愈精，著述甚多。宋景濂、胡仲子皆尊師之。至元六年卒，年四十四。門人私謚曰淵穎先生，再謚貞文。（百家記）

文肅柳靜儉先生貫

見《金華學案》。

知軍吳松淵先生邃

吳邃，永康人。全歸子思齊父。累官知廣德軍。學者稱爲松淵先生。

龍川三傳

縣丞吳全歸先生思齊（附從父天澤）

吳思齊，字子善，永康人，松淵先生子。先生少穎悟，效父爲古文，即可誦，季父國子監丞天澤器之，悉授以所學。由任子入官，監臨安府新城税，後調爲嘉興丞。數以書與用事者，言：賈似道母喪，不宜用鹵簿；又言：禦史俞浙以論謝堂去職，宰相附貴戚，塞言路，如朝廷何！凡所爲，要以直遂其志，第知有是非，不知有毁譽禍福也。

宋亡，隱浦陽，家無儋石之儲。有勸之仕者，輒謝曰：譬猶處子，業已嫁矣，雖凍餓不能更二夫也。所善惟方鳳、謝翱，相與放遊山水間。登嚴陵山，慟哭西台，自號全歸子。學者尊其行，爭師之。年六十四，手編聖賢順正考終之事，曰《俟命録》。《録》成，賦詩别諸友，遂卒。

教授胡長山先生翰

見《金華學案》。

二三　金溪學案之一

隱君陸梭山先生九韶

陸九韶，字子美，撫州金溪人。復齋、象山之兄也。學問淵粹，隱居不仕，與學者講學梭山，因號梭山居士。

嘗謂晦翁《太極圖說》與《通書》不類，疑非周子所為。不然，則或是其學未成時所作；不然，則或是傳他人之文，後人不辨也。蓋《通書理性命章》言：中焉止矣。二氣五行，化生萬物，五殊二實，二本則一。曰一、曰中，即太極也，未嘗於其上加無極二字。《動靜章》言五行、太極、陰陽，亦無無極之文。假令《太極圖說》是其所傳，或其少時所作，則作《通書》時不言無極，蓋已知其說之非矣。晦翁不以為然。先生以其求勝不求益，不復致辯。

詔舉遺逸，諸司以先生應，不赴。臨終，自撰喪禮，戒不得銘墓。有文集曰《梭山日記》。

先生隱居山中，書之言行，夜必書之。其家累世義居，一人最長者為家長，一家之事聽命焉。歲遷子弟，分任家事，凡田疇、租税、出內、庖爨、賓客之事，各有主者。先生以訓戒之辭為韻語，晨興，家長率眾子弟謁先祠畢，擊鼓誦其辭，使列聽之。子弟有過，家長會眾子弟責而訓之；不改，則撻之。終不改，度不可容，則言之官府，屏之遠方焉。

辯太極圖說書

朱子《與梭山書》曰：「伏承示論太極之失，及省從前所論，卻恐長者從初便忽其言，不曾致思，只以自家所見道理為是，不知卻元來未到他地位，而便以己見輕肆抵排也。今亦不暇細論。即如《太極》篇首一句，最是長者所深排。然殊不知不言無極，則太極同於一物，而不足為萬化根本。不言太極，則無極淪於空寂，而不能為萬化根本。只此一句，便見其下語精密，微妙無窮。而向下所說許多道理，條貫脈絡，井井不亂。只今便在目前，而亙古亙今，顛撲不破。只恐自家見得未曾如此分明直截，則其所可疑者，乃在此而不在彼也。大抵古之聖賢，千言萬語，只是要人明得此理。此理既明，則不務立論，而所言無非義理之言；不務立行，而所行無非義理之實。

無有初無此理，而姑為此言以救時俗之弊者。不知子靜相會，曾以此話子細商量否？近見其所論王通續經之說，似亦未免此病也。此間近日絕難得江西便，草草布此，卻托子靜轉致。但以來書半年方達推之，未知何時可到耳。如有未當，切幸痛與指摘，剖析見教。理到之言，不得不服也。」（文淵閣四庫全書《晦庵集》卷三十六）

顧諟謹案：先生嘗有書與紫陽，言《太極圖說》非正，曲加扶振，終為病根。意謂不當於太極上加無極二字。紫陽答是書，而先生之原書不可得見，故載紫陽書入《附錄》中。

朱子又《與梭山書》曰：「前書示諭太極之說，反復詳盡。然此恐未必生於氣習之偏，但是急迫看人文字，未及盡彼之情，而欲遽申己意，是以輕於立論，徒為多說，而未必果當於理爾。

且如太極之說，熹謂周先生之意，恐學者錯認太極別為一物，故著無極二字以明之。此是推原前賢立言之本意，所以不厭重復，蓋有深指，而來諭便謂熹以太極下同一物，是則非惟不盡周先生之妙旨，而於熹之淺陋妄說，亦未察其情矣。又謂著無極字，便有虛無好高之弊，則未知尊兄所謂太極，是有形器之物邪，無形器之物邪？若果無形而但有理，則無極只是無形，太極只是有理明矣，又安得為虛無而好高乎？

熹之愚陋，竊願尊兄少賜反復，寬心遊意，必使於其所說，如出於吾之所為者，而無纖芥之疑，然後可以發言立論，而斷其可否，則其為辯也不煩，而理之所在，無不得矣。若一以急迫之意求之，則於察理已不能精，而於彼之情又不詳盡，則徒為紛紛，而雖欲不差，不可得矣。然只在迫急，即是來諭所謂氣質之弊，蓋所論之差處，雖不在此，然其所以差者，則原於此而不可誣矣。不審尊意以為何如？

子靜歸來，必朝夕得款聚。前書所謂異論，卒不能合者，當已有定說矣，恨不得側聽其旁，時效管窺，以求切磋之益也。」（文淵閣四庫全書《晦庵集》卷三十六）

顧諟謹案：此紫陽答先生之第二書也，知先生又有書答紫陽前書，今亦不可得見。

象山與朱子曰：「往歲覽尊兄與梭山家兄書，嘗因南豐便人，僭易致區區，蒙復書許以卒請，不勝幸甚。古之聖賢，惟理是視，堯、舜之聖，而詢於芻蕘，曾子之易簀，蓋得於執燭之童子。蒙九二曰：『納婦吉。』苟當於理，雖婦人孺子之言所不棄也。孟子曰：『盡信書，不如無書。吾于《武成》，取二三策而已矣。』或乘理致，雖出古書，不敢盡信也。智者千慮，或有一失，愚者千慮，或有一得，人言豈可忽哉？梭山兄謂：『《太極圖說》與《通書》不類，疑非周子所為。不然，則或是其學未成時所作；不然，則或是傳他人之文，後人不辨也。蓋《通書》《理性命章》言：「中焉止矣。」二氣五行，化生萬物，五殊二實，二本則一，曰一、曰中，即太極也，未嘗於其上加無極字。《動靜章》言五行、陰陽、太極，亦無無極之文。假令《太極圖說》是其所傳，或其少時所作，則作《通書》時不言無極，蓋已知其說之非矣。」此言殆未可忽也。兄謂：梭山急迫看人文字，未能盡彼之情，而欲遽申己意，是以輕於立論，徒為多說，而未必果當於理。《大學》曰：『無諸己而後非諸人。』人無古今、智愚、賢不肖，皆言也，皆文字也。觀兄與梭山之書，已不能酬斯言矣，尚何以責梭山哉！尊兄向與梭山書云：『不言無極，則太極同於一物，而不足為萬化根本；不言太極，則無極淪於空寂，而不能為萬化根本。』夫太極者，實有是理，聖人從而發明之耳，非以空言立論，使後人簸弄于頰舌紙筆之間也。其為萬物根本，固自素定，其足不足，能不能，豈以人言不言之故邪？《易大傳》曰：『易有太極。』聖人言有，今乃言無，何也？作《大傳》時，不言無極，太極何嘗同於一物，而不足為萬化根本邪？《洪範》五皇極，列在九疇之中，不言無極，太極亦何嘗同於一物，而不足為萬化根本邪？太極固自若也。尊兄只管言來言去，轉加糊塗，此真所謂輕於立論，徒為多說，而未必果當於理也。兄號句句而論，字字而議有年矣，宜益工益密，立言精確，足以悟疑辨惑，乃反疏脫如此，宜有以自反矣。後書又謂：『無極即是無形，太極即是有理。周先生恐學者錯認太極別為一物，故著無極二字以明之。』《大傳》曰：『形而上者謂之道。』又曰：『一陰一陽之謂道。』一陰一陽，已是形而上者，況太極乎！曉文義者舉知之矣。自有《大傳》至今幾年，未聞有錯認太極別為一物者。設有愚謬至此，奚啻不能以三隅反，何足上煩老先生，特地于太極上加無極二字以曉之乎？且極字亦不可以形字釋之。蓋極者，中也，言無極則是猶言無中也，是奚可哉？若懼學者泥于形氣而申釋之，則宜如《詩》言上天之載，而於下贊之曰無聲無臭可也，豈宜以無極字加於太極之上？朱子發謂濂溪得《太極圖》於穆伯長，伯長之傳，出於陳希夷，其必有考。希夷之學，老氏之學也。無極二字，出於《老子·知其雄章》，吾聖人之書所未有也。《老子》首章言無名天地之始，有名萬物之母，而卒同之，此老氏宗旨也。無極而太極，即是此旨。老氏學之不正，見理不明，所蔽在此。兄于此學用力之深，為日之久，曾此之不能辨，何也？《通書》『中焉止矣』之言，與此昭然不類，而兄曾不之察，何也？《太極圖說》以無極二字冠首，而《通書》終篇未嘗一及無極字，二程言論文字至多，亦未嘗一及無極字。假令其初實有是圖，觀其後來未嘗一及無極字，可見其道之進，而不自以為是也。兄今考訂注釋，表顯尊信，如此其至，恐未得為善祖述者也。潘清逸詩文可見矣，彼豈能知濂溪者？明道、伊川親師承濂溪，當時名賢居潘右者亦復不少，濂溪之志，卒屬於潘，可見其子孫之不能世其學也。兄何據之篤乎？梭山兄之言恐未宜忽也。孟子與墨者夷之辯，則據其愛無差等之言；與許行辯，則據其與民並耕之言；與告子辯，則據其義外與人性無分於善不善之言，未嘗泛為料度之說。兄之論辯則異於是。如某今者所論，則皆據尊兄書中要語，不敢增損。或稍用尊兄泛辭以相繩糾者，亦差有證據，抑所謂『夫民今而後得反之也』。兄書令梭山『寬心遊意，反復二家之言，必使於其所說，如出於吾之所為者，而無纖芥之疑，然後可以發言立論，而斷其可否，則其為辯也不煩，而理之所在無不得矣』。彼方深疑其說之非，則又安能使之『如出於其所為者，而無纖芥之疑哉』？若其『如出於吾之所為者，而無纖芥之疑』，則無不可矣，尚何論之可立，否之可斷哉！兄之此言，無乃亦少傷於急迫而未精邪？兄又謂：

『一以急迫之意求之，則於察理已不能精，而於彼之情又不詳盡，則徒為紛紛，雖欲不差，不可得矣。』殆夫子自道也。向在南康，論兄所解告子『不得於言，勿求于心』一章非是，兄令某平心觀之。某嘗答曰：『甲與乙辯，方各是其說，甲則曰願某乙平心也，乙亦曰願某甲平心也。平心之說，恐難明白，不若據事論理可也。』今此急迫之說，寬心遊意之說，正相類耳。論事理，不必以此等壓之，然後可明也。梭山氣稟寬緩，觀書未嘗草草，必優遊諷詠，耐久紬繹。今以急迫指之，雖他人亦未喻也。夫辨是非、別邪正、決疑似，固貴於峻潔明白，若乃料度、羅織、文致之辭，願兄無易之也。梭山兄所以不復致辯者，蓋以兄執己之意甚固，而視人之言甚忽，求勝不求益也。某則以為不然。尊兄平日惓惓于朋友，求箴規切磨之益，蓋亦甚至。獨群雌孤雄，人非惟不敢以忠言進於左右，亦未有能為忠言者。言論之橫出，其勢然耳。向來相聚，每以不能副兄所期為媿，比者自謂少進，方將圖合併而承教。今兄為時所用，進退殊路，合併未可期也。又蒙許其吐露，輒寓此少見區區，尊意不以為然，幸不憚下教。正遠，惟為國保愛，以需柄用，以澤天下。」（文淵閣四庫全書《象山集》卷十二）

顧諟謹案：梭山與紫陽論太極，往還各兩書之後，梭山以為求勝不求益，遂不復致辯。而象山則以為道一而已，不可不明於天下後世，故代為梭山辯之。

朱子答曰：「前書誨諭之悉，敢不承教。所謂『古之聖賢惟理是視』，『言當於理，雖婦人孺子有所不棄』；『或乖理致，雖出古書，不敢盡信』。此論甚當，非世儒淺見所及也。但熹竊謂言不難擇而理未易明，若於理實有所見，則於人言之是非，不翅白黑之易辨，固不待訊其人之賢否而為去取。不幸而吾之所謂理者，或但出於一己之私見，則恐其所取捨未足以為群言之折衷也。況理既未明，則於人之言恐亦未免有未盡其意者，又安可以遽絀古書為不足信，而直任胸臆之所裁乎？來書反復，其於無極、太極之辯詳矣。然以熹觀之，伏羲作《易》，自一畫以下，文王演《易》，自乾元以下，皆未嘗言太極也，而孔子言之。孔子贊《易》，自太極以下，未嘗言無極也，而周子言之。夫先聖後聖，豈不同條而共貫哉！若於此有以灼然實見太極之真體，則知不言者不為少，而言之者不為多矣。何至若此之紛紛哉！今既不然，則吾之所謂理者，恐其未足以為群言之折衷，又況於人之言有所不盡者，又非一二而已乎！既蒙不鄙而教之，熹亦不敢不盡其愚也。且夫《大傳》之太極者，何也？即兩儀、四象、八卦之理，具於三者之先，而蘊於三者之內者也。聖人之意，正以其究竟至極，無名可名，故特謂之太極，猶曰舉天下之至極，無以加此云爾，初不以其中而命之也。至如北極之極，屋極之極，皇極之極，民極之極，諸儒雖有解為中者，蓋以此物之極，當在此物之中，非指極字而訓之以中也。極者，至極而已。以有形者言之，則其四方八面，合輳將來，到此築底，更無去處，從此推出，四方八面都無向背，一切停勻，故謂之極耳。後人以其居中而能應四外，故指其處而以中言之，非以其義為可訓中也。至於太極，則又初無形象、方所之可言，但以此理至極而謂之極耳。今乃以中名之，則是所謂理有未明而不能盡乎人言之意者一也。《通書》《理性命章》，其首二句言理，次三句言性，次八句言命，故其章內無此三字，而特以三字名其章以表之，則章內之言固已各有所屬矣。蓋其所謂靈、所謂一者，乃為太極，而所謂中者，乃氣稟之得中，與剛善、剛惡、柔善、柔惡者為五性，而屬乎五行，初未嘗以是為太極也。且曰『中焉止矣』，而又下屬于二氣、五行，化生萬物之云，是亦復成何等文字義理乎！今來諭乃指其中者為太極，而屬之下文，則又理有未明而不能盡乎人言之意者二也。若論無極二字，乃是周子灼見道體，迥出常情，不顧旁人是非，不計自己得失，勇往直前，說出人不敢說底道理，令後之學者，曉然見得太極之妙，不屬有無，不落方體。若於此看得破，方見得此老真得千聖以來不傳之秘，非但架屋下之屋、迭床上之床而已也。今必以為未然，是又理有未明而不能盡人言之意者三也。至於《大傳》，既曰『形而上者謂之道』矣，而又曰『一陰一陽之謂道』，此豈真以陰陽為形而上者哉！正所以見一陰一陽雖屬形器，然其所以一陰而一陽者，是乃道體之所為也，故語道體之至極，則謂之太極，語太極之流行，則謂之道。雖有二名，初無兩體。周子所以謂之無極，正以其無方所，無形狀。以為在無物之前，而未嘗不立於有物之後，以為在陰陽之外，而未嘗不行乎陰陽之中，以為通貫全體，無乎不在，則又初無聲臭影響之可言也。今乃深詆無極之不然，則是直乙太極為有形狀，有方所矣。直以陰陽為形而上者，則又昧於道器之分矣。又於形而上者之下，復有況太極乎之語，則是又以道上別有一物為太極矣。此又理有未明而不能盡乎人言之意者四也。至熹前書所謂：『不言無極，則太極同於一物，而不足為萬化根本。不言太極，則無極淪於空寂，而不能為萬化根本。』乃是推本周子之意，以為當時若不如此兩下說破，則讀者錯認語意，必有偏見之病。聞人說有，即謂之實有，見人說無，即謂之真無耳。自謂如此說得周子之意，已是大煞分明，只恐知道者，厭其漏泄之過甚，不謂如老兄者，乃猶以為未穩而難曉也。請以熹書上下文意詳之，豈謂太極可以人言而為加損者哉！是又理有未明而不能盡乎人言之意者五也。來書又謂《大傳》明言『易有太極，今乃言無，何邪』？此尤非所望于高明者。今夏因與人言《易》，其人之論正如此。當時對之不覺失笑，遂至被劾。彼俗儒膠固，隨語生解，不足深怪。老兄平日自視為如何，而亦為此言邪？老兄且謂《大傳》之所謂有，果如兩儀、四象、八卦之有定位，天地五行萬物之有常形邪？周子之所謂無，是果虛空斷滅，都無生物之理邪？此又理有未明而不能盡乎人言之意者六也。《老了》復歸於無極，無極乃無窮之義，如莊生入無窮之門，以遊無極之野雲爾，非若周子所言之意也。今乃引之而謂周子之言，實出乎彼。此又理有未明而不能盡乎人言之意者七也。高明之學，超出方外，固未易以世閑言語論量，意見測度。今且以愚見執方論之，則其未合有如前所陳者，亦欲奉報，又恐徒為紛紛，重使世俗觀笑，既而思之，若遂不言，則恐學者終無所取正。較是二者，寧可見笑於今人，不可得罪於後世，是以終不獲已而竟陳之，不識老兄以為何如？」（文淵閣四庫全書《晦庵集》卷三十六）

象山答朱子曰：「前書條析所見，正以疇昔負兄所期，比日少進，方圖自贖耳。來書誨之諄復，不勝幸甚。愚心有所未安，義當展盡，不容但已，亦尊兄教之之本意也。近浙間一後生貽書見規，以為吾二人者，所習各已成熟，終不能以相為，莫若置之勿論，以俟天下後世之自擇。鄙哉，言乎！此輩凡陋，沈溺俗學，悖戾如此，亦可憐也。『人能宏道，非道宏人』，此理在宇宙間，固不以人之明不明、行不行而加損。然人之為人，則抑有其職矣。垂象而覆物者，天之職也；成形而載物者，地之職也。裁成天地之道，輔相天地之宜，以左右民者，人君之職也。孟子曰：『幼而學之，壯而欲行之。』所謂行之者，行其所學，以格君心之非，引其群君於當道，與其君論道經邦，燮理陰陽，使斯道達乎天下也。所謂學之者，從師親友，讀書考古，學問思辯，以明此道也。故少而學道，壯而行道者，士君子之職也。吾人皆無常師，周旋於群言淆亂之中，俯仰參求，雖自謂其理已明，安知非私見蔽說？若雷同相從，一唱百和，莫知其非，此所甚可懼也。何幸而有相疑不合，在同志之間，正宜各盡所懷，力相切磋，期歸於一是之地。大舜之所以為大者，善與人同，樂取諸人以為善，聞一善言，見一善行，若決江、河，沛然莫之能禦。吾人之志，當何求哉？惟其是已矣。疇昔明言善議，拳拳服膺而勿失，樂與天下共之者，以為是也。今一旦以切嗟而知其非，則棄前日之所習，勢當如出陷阱，如避荊棘，惟新之念，若決江河，是得所欲而遂其志也。此豈小智之私，鄙陋之習，榮勝恥負者所能知哉！『弗明弗措』，古有明訓，敢悉布之。尊兄平日論文，甚取曾南豐之嚴健。南康為別前一夕，讀尊兄之文，見其得意者，必簡健有力，每切敬服。嘗謂尊兄才力如此，故所取亦如此。今閱來書，但見文辭繳繞，氣象褊迫，其致辯處，類皆遷就牽合，甚費分疏，終不明白，無乃為無極所累，反困其才邪？不然，以尊兄之高明，自視其說，亦當如白黑之易辨矣。尊兄嘗曉陳同甫云：『欲賢者百尺竿頭，進取一步，將來不作三代以下人物，省得氣力，為漢、唐分疏，即使脫灑磊落。』今亦欲得尊兄進取一步，莫作孟子以下學術，省得氣力，為無極二字分疏，亦更脫灑磊落。古人質實，不尚智巧，言論未詳，事實先著，知之為知之，不知為不知。所謂『先知覺後知，先覺覺後覺』者，以其事實，覺其事實，故言即其事，事即其言，所謂言顧行，行顧言。周道之衰，文貌日勝，事實湮於意見，典訓蕪於辯說，揣量模寫之工，依放假借之似，其條畫足以自信，其習熟足以自安。以子貢之達，又得夫子而師承之，尚不免此多學而識之之見。非夫子叩之，彼固晏然而無疑。先行之訓，予欲無言之訓，所以覺之者屢矣，而終不悟。顏子既沒，其傳固在曾子，蓋可觀已。尊兄之才，未知其與子貢如何？今日之病，則有深于子貢者。尊兄誠能深知此病，則來書七條之說，當不待條析而自解矣。然相去數百里，脫或未能自克，淹回舊習，則不能無遺恨，請卒條之。來書本是主張無極二字，而以明理為說，其要則曰：『於此有以灼然實見太極之真體。』某竊謂尊兄未曾實見太極，若實見太極，上面必不更加無極字，下面必不更著真體字。上面加無極字，正是迭床上之床，下面著真體字，正是架屋下之屋。虛見之與實見，其言固自不同也。又謂：『極者，正以其究竟至極，無名可名，故特謂之太極，猶曰舉天下之至極，無以加此云爾。』就令如此，又何必更於上面加無極字也？若謂欲言其無方所，無形狀，則前書固言，『宜如《詩》言「上天之載」，而於其下贊之曰「無聲無臭」可也，豈宜以無極字加之太極之上』？《繫辭》言神無方矣，豈可言無神？言《易》無體矣，豈可言無《易》？老氏以無為天地之始，以有為萬物之母，以常無觀妙，以常有觀竅，直將無字搭在上面，正是老氏之學，豈可諱也？惟其所蔽在此，故其流為任術數，為無忌憚。此理乃宇宙之所固有，豈可言無？若以為無，則君不君，臣不臣，父不父，子不子矣。楊朱未遽無君，而孟子以為無君，墨翟未遽無父，而孟子以為無父，此其所以為知言也。極亦此理也，中亦此理也。五居九疇之中，而曰皇極，豈非以其中而命之乎？民受天地之中以生，而《詩》言『立我烝民，莫非爾極』，豈非以其中而命之乎？《中庸》言：『中也者，天下之大本也；和也者，天下之達道也。致中和，天地位焉，萬物育焉。』此理至矣。外此豈更復有太極哉！以極為中，則為不明理，以極為形，乃為明理乎？字義固有一字而數義者，用字則有專一義者，有兼數義者，而字之指歸，又有虛實。虛字則但當論字義。實字則當論所指之實，論其所指之實，則有非字義所能拘者。如元字，有始義，有長義，有大義。坤五之元吉，屯之元亨，則是虛字，專為大義，不可復以他義參之。如乾元之元，則是實字。論其所指之實，則《文言》所謂善，所謂仁，皆元也，亦豈可以字義拘之哉？極字亦如此，太極、皇極，乃是實字，所指之實，豈容有二？充塞宇宙，無非此理，豈容以字義拘之乎？中即至理，何嘗不兼至義？《大學》《文言》皆言知至，所謂至者，即此理也。語讀《易》者曰能知太極，即是知至；語讀《洪範》者曰能知皇極，即是知至；夫豈不可蓋同？蓋同指此理，則曰極、曰中、曰至，其實一也。一極備凶，一極無凶，此兩極字，乃是虛字，專為至義，卻使得，極者，至極而已，於此用而已字，方用得當。尊兄最號為精通詁訓文義者，何為尚惑於此？無乃理有未明，正乙太泥而反失之乎？至如直以陰陽為形器而不得為道，此尤不敢聞命。《易》之為道，一陰一陽而已。先後、始終、動靜、晦明、上下、進退、往來、闔辟、盈虛、消長、尊卑、貴賤、表裡、隱顯、向背、順逆、存亡、得喪、出入、行藏，何適而非一陰一陽哉？奇耦相尋，變化無窮，故曰：其為道也屢遷，變動不居，周流六虛，上下無常，剛柔相易，不可為典要，唯變所適。說卦曰：『觀變於陰陽而立卦，發揮於剛柔而生爻，和順于道德而理於義，窮理盡性，以至於命。』又曰：『昔者聖人之作《易》也，將以順性命之理，是以立天之道曰陰與陽；立地之道，曰柔與剛；立人之道曰仁與義。』《下系》亦曰：『《易》之為書也，廣大悉備，有天道焉，有人道焉，有地道焉。兼三才兩之，故六六者非他也，三才而之道也。』今顧以陰陽為非道，而直謂之形器，其孰為昧於道器之分哉？辯難有要領，言辭有旨歸，為辯而失要領，觀言而迷旨歸，皆不明也。前書之辯，其要領在無極二字。尊兄確意主張，曲為飾說，既以無形釋之，又謂周子恐學者錯認太極別為一物，故著無極二字以明之。某于此見得尊兄只是強說來由，恐無是事，故前書舉《大傳》『一陰一陽之謂道、形而上者謂之道』兩句，以是粗識文義者，亦知一陰一陽，即是形而上者，必不至錯認太極別為一物，故曰『況太極乎』？此其指歸，本是明白，而兄曾不之察，乃必見誣以道上別有一物為太極。《通書》曰：『中者，和也，中節也，天下之達道也，聖人之事也。故聖人立教，俾人自易其惡，自致其中而止矣。』周子之言中如此，亦不輕矣，外此豈更別有道理，乃不得比虛字乎？所舉《理性命章》五句，但欲見《通書》言中言一而不言無極耳。『中焉止矣』一句，不妨自是斷章，兄必見誣以屬之下文。兄之為辯，失其指歸，大率類此。『盡信書不如無書』，某實深信孟子之言。前書釋此段，亦多援據古書，獨頗不信無極之說耳。只遽坐以直絀古書為不足信，兄其深文矣哉！《大傳》《洪範》《毛詩》《周禮》與《太極圖說》孰古？以極為形，而謂不得為中，以一陰一陽為器，而謂不得為道，此無乃少絀古書為不足信，而微任胸臆之所裁乎？來書謂：『若論無極二字，乃是周子灼見道體，迥出常情，不顧傍人是非，不計自己得失，勇往直前，說出人不敢說底道理。』又謂：『周子所以謂之無極，正以其無方所，無形狀。』誠令如此，不知人有甚不敢道處？但以加之太極之上，則吾聖門正不肯如此道耳。夫乾確然示人易矣，夫坤隤然示人簡矣，太極亦曷嘗隱於人哉！尊兄兩下說無說有，不知漏泄得多少。如所謂太極真體，不傳之秘，無物之說，陰陽之外，不屬有無，不落方體，迥出常情，超出方外等語，莫是曾學禪宗，所得如此。平時既私其說以自妙，乃教學者，則又往往秘此而多說文義，此漏泄之說所從出也。以實論之，兩頭都無著實，彼此只是葛藤末說。氣質不美者樂寄此以神其奸，不知系絆多少好氣質底學者。既以病己，又以病人，殆非一言一行之過，兄其毋以久習於此而重自反也。區區之忠，竭盡如此，流俗無知，必謂不遜。《書》曰：『有言逆於汝心，必求諸道。』諒在高明，正所樂聞。若猶有疑，願不憚下教。正遠，惟為國自愛。」（文淵閣四庫全書《象山集》卷十二）

朱子答曰：「來書云：『浙間後生貽書見規，以為吾二人者，所習各已成熟，終不能以相為，莫若置之勿論，以俟天下後世之自擇。鄙哉，言乎！此輩凡陋，沈溺俗學，悖戾如此，亦可憐也！』熹謂天下之理，有是有非，正學者所當明辯。或者之說，誠為未當。然凡辯論者，亦須平心和氣，子細消詳，反復商量，務求實是，乃有歸著。如不能然，而但於匆遽急迫之中，肆支蔓躁率之詞，以逞其忿懟不平之氣，則恐反不若或者之言安靜和平，寬洪悠久，猶君子長者之遺意也。」

又曰：「來書云：『人能宏道(至)敢悉布之。』熹案：此段所說，規模宏大，而指意精切。如曰：『雖自謂其理已明，安知非私見蔽說』，及引大舜『善與人同等語』，尤為的當。熹雖至愚，敢不承教。但所謂『莫知其非』，『歸於一是』者，未知果安所決，區區於此，亦願明者有以深察而實踐其言也。」

又曰：「來書云：『古人質實（至）請卒條之。』熹詳此說，蓋欲專務事實，不尚空言，其意甚美。但今所論無極二字，熹固已謂『不言不為少，言之不為多』矣。若以為非，則且置之，其於事實，亦未有害。而賢昆仲不見古人指意，乃獨無故於此，創為浮辯，累數百言，三四往返而不能已，其為湮蕪亦已甚矣。而細考其間，緊要節目並無酬酢，只是一味慢罵虛喝，必欲取勝，未論顏、曾氣象，只子貢恐亦不肯如此，恐未可遽以此而輕彼也。」

又曰：「來書云：『尊兄未曾（至）固自不同也。』熹亦謂老兄正為未識太極之本，無極而有真體，故必以中訓極，而又以陰陽為形而上者之道。虛見之與實見，其言果不同也。」

又曰：「來書云：『老氏以無（至）諱也。』熹詳老氏之言有無，以有無為二；周子之言有無，以有無為一，正如南北水火之相反，更請子細著眼，未可容易譏評也。」

又曰：「來書云：『此理乃（至）子矣。』更請詳看熹前書曾有無理二字否！」

又曰：「來書云：『極亦此（至）極哉。』極是名此理之至極，中是狀此理之不偏，雖然同是此理，然其名義各有攸當，雖聖賢言之，亦未嘗敢有所差互也。若皇極之極，民極之極，乃為標準之意，猶曰立於此而示於彼，使其有所向望而取正焉耳，非以以其中而命之也。『立我烝民』，『立』與『粒』通，即《書》所謂『烝民乃粒』。『莫匪爾極』，則爾指後稷而言，蓋曰：使我眾人皆得粒食，莫非爾後稷之所立者是望耳。爾字不指天地，極字亦非指所受之中。（此義尤切白，似是急於求勝，更不暇考上下文。推此一條，其餘可見。）中者，天下之大本，乃以喜怒哀樂之未發，此理渾然無所偏倚而言。太極固無偏倚，而為萬化之本，然其得名，自為至極之極，而兼有標準之義，初不以中而得名也。」

又曰：「來書云：『以極為中（至）理乎？』老兄自以中訓極，熹未嘗以形訓極也。今若此言，則是已不曉文義，而謂他人亦不曉也。請更詳之。」

又曰：「來書云：『《太學》《文言》，皆言知至。』熹詳知至二字雖同，而在《大學》則知為實字，至為虛字，兩字上重而下輕，蓋曰心之所知，無不到耳。在《文言》則知為虛字，至為實字，兩字上輕而下重，蓋曰有以知其所當至之地耳，兩義既自不同，而與太極之為至極者，又皆不相似，請更詳之。（此義在諸說中亦最分明，試就此推之，當知來書未能無失，往往類此。）」

又曰：「來書云：『直以陰陽為形器（至）道器之分哉。』若以陰陽為形而上者，則形而下者復是何物？更請見教。若熹愚見與其所聞，則曰：凡有形有象者，皆器也；其所以為是器之理者，則道也。如是，則來書所謂始終、晦明、奇耦之屬，皆陰陽所為之器，獨其所以為是器之理，如目之明，耳之聰，父之慈，子之孝，乃為道耳。如此分別，似差明白，尊意以為如何？（此一條亦極分明，切望略加思索，便見愚言不為無理，而其餘亦可以類推矣。）」

又曰：「來書云：『《通書》曰（至）類此。』夫周子言中，而以和字釋之，又曰『中節』，又曰『達道』，彼非不識字者，而其言顯與《中庸》相戾，則亦必有說矣。蓋此中字，是就氣稟發用而言，其無過不及處耳，非直指本體未發、無所偏倚者而言也。豈可以此而訓極為中也哉？來書引經必盡全章，雖煩不厭，而所引《通書》，乃獨截自『中焉止矣』而下，此安得為不誤！老兄本自不信周子，正使誤引《通書》，亦未為害，何必諱此小失，而反為不改之過乎！」

又曰：「來書云：『《大傳》（至）孰古？』夫《大傳》《洪範》《詩》《禮》皆言極而已，未嘗謂極為中也。先儒以此極處常在物之中央，而為四方之所面向而取正，故因以中釋之，蓋亦未為甚失。而後人遂直以極為中，則又不識先儒之本意矣。《爾雅》乃是纂集古今諸儒訓詁以成書，其間蓋亦不能無誤，不足據以為古，又況其間但有以極訓至，以殷齊訓中，初未嘗以極為中乎！」

又曰：「來書云：『又謂周子（至）道耳。』（前又云：『若謂欲言至之上』止。）夫無極而太極，猶曰：『莫之為而為，莫之致而至。』又如曰：『無為之為，皆語勢之當然，非謂別有一物也。』（向見欽夫有此說，嘗疑其贅，今乃正使得著，方知欽夫之慮遠也。）其意則固若曰：『非如皇極、民極、屋極之有方所、形象，而但有有理之至極耳。』若曉此意，則於聖門有何違叛，而不肯道乎？上天之載，是就有中說無，無極而太極，是就無中說有。若實見得，即說有說無，或先或後，都無妨礙。今必如此拘泥，強生分別，曾為不尚空言，專務事實，而反如此乎！」

又曰：「來書云：『夫乾（至）自反也。』夫太極固未嘗隱於人，然人之識太極者，則少矣。往往只是於禪學中認得個昭昭靈靈能作用底，便謂此是太極，而不知所謂太極，乃天地萬物本然之理，亙古亙今，顛撲不破者也。『迥出常情』等語，只是俗談，即非禪家所能專有，不應儒者反當回避，況今雖偶然道著，而其所見所說，即非禪家道理。非如他人陰實祖用其說，而改頭換面，陽諱其所自來也。如曰：『私其說以自妙』，而又秘之；又曰：『寄此以神其奸』；曰『系絆多少好氣質底學者』，則恐世間自有此人可當此語。熹雖無狀，自省得與此語不相似也。

又曰：「來書引《書》云：『有言逆於汝心，必求諸道。』此聖言也，敢不承教。但以來書求之於道而未之見，但見其詞意差舛，氣象粗率，似與聖賢不甚相近。是以竊自安其淺陋之習聞，而未敢輕舍故步以追高明之獨見耳。又記頃年嘗有平心之說，而前書見諭曰：『甲與乙辯，方各自是其說，甲則曰願乙平心也，乙亦曰願甲平心也。平心之說，恐難明白，不若據事論理可也。』此言美矣。然熹所謂平心者，非直使甲操乙之見，乙守甲之說也，亦非謂都不論事之是非也，但欲兩家姑暫置其是己非彼之意，然後可以據事論理，而終得其是非之實。如謂治疑獄者當公其心，非謂便可改曲者為直，改直者為曲也，亦非謂都不問其曲直也，但不可先以己意之向背為主，然後可以審聽雙方之辭，旁求參伍之驗，而終得其曲直之當耳。今以粗淺之心，挾忿懟之氣，不肯暫置其是己非彼之私，而欲評義理之得失，則雖有判然如黑白之易見者，猶恐未免於誤，況其差有在於毫釐之間者，又將誰使折其衷而能不謬也哉！」

又曰：「熹已具此，而細看其間，亦尚有說未盡處。大抵老兄昆仲同立此論，而其所以立論之意不同。子美尊兄，自是天資質實重厚，當時看得此理有未盡處，不能子細推究，便立議論，因而自信太過，遂不可回見，雖有病意，實無他。老兄卻是先立一說，務要突過有若、子貢以上，更不數近世周、程諸公，故於其言，不問是非，一例吹毛求疵，須要討不是處。正使說得十分無病，此意卻先不好了，況其言粗率，又不能無病乎？夫子之聖，固非以多學而得之，然觀其好古敏求，實亦未嘗不多學，但其中自有一以貫之處耳。若只如此空疏杜撰，則雖有一而無可貫矣，又何足以為孔子乎？顏、曾所以獨得聖學之傳，正為其博文約禮，節目俱到，亦不是只如此空疏杜撰也。子貢雖未得承道統，然其所知，似亦不在今人之後，但未有禪學可改換耳。周、程之生，時世雖在孟子之下，然其道則有不約而合者。反復來書，竊恐老兄于其所言多有未解者，恐皆未可遽以顏、曾自處而輕之也。顏子以能問於不能，以多問於寡，有若無，實若虛，犯而不校。曾子三省其身，唯恐謀之不忠，交之不信，傳之不習。其智之崇如彼，而禮之卑如此，豈有一毫自滿自足，強辯取勝之心乎？來書之意，所以見教者甚至，而其末乃有『若猶有疑』，『不憚下教』之言，熹固不敢當此，然區區鄙見，亦不敢不為老兄傾倒也。不審尊意以為如何？如曰未然，則我日斯邁而月斯征，各尊所聞，各行所知，亦可矣，無復可望於必同也。言及於此，悚息之深，千萬幸察。又曰：「近見國史《濂溪傳》載此《圖說》，乃云：『自無極而為太極。』若使濂溪本書實有自為兩字，則信如老兄所言，不敢辯矣。然因渠添此二字，卻見得本無此字之意，愈益分明，請試思之。」（文淵閣四庫全書《晦庵集》卷三十六）

象山又答朱子曰：「往歲經筵之除，士類胥慶，延跂以俟吾道之行，乃復不究起賢之禮，使人重為慨歎。新天子即位，海內屬目，然罷行升黜，率多人情之所未喻者，群小駢肩而騁，氣息怫然，諒不能不重勤長者憂國之懷。某五月晦日拜荊門之命，命下之日，實三月二十八日，替黃元章闕，尚三年半，願有以教之。首春借兵之還，伏領賜教，備承改歲動息慰沃之劇。惟其不度，稍獻愚忠，未蒙省察，反成唐突，廉抑非情，督過深矣，不勝皇恐。向蒙尊兄促其條析，且有『無若令兄遽斷來章』之戒，深以為幸。別紙所謂：『我日斯邁而月斯征，各尊所聞，各行所知，亦可矣，無復望其必同也。』不謂尊兄遽作此語，甚非所望。君子之過也，如日月之食焉，過也，人皆見之，及其更也，人皆仰之。通人之過，雖微箴藥，久當自悟，諒尊兄今必渙然於此矣。願依末光，以卒餘教。」（文淵閣四庫全書《象山集》卷十二）

顧諟謹案：以上共七書，所以辯無極者，可謂纖悉詳盡矣。然究其大旨，象山第一書云：「周子若懼學者泥于形器而申釋之，則宜如《詩》言『上天之載』，於下贊之曰『無聲無臭』可也。」紫陽答象山第一書云：「孔子贊《易》，自太極以下未嘗言無極也。周子言之，若於此實見太極之真體，則知不言者不為少，而言之者不為多矣。」二先生之反復辯析不已者，不出此兩端。然此皆二先生蚤歲之事。考紫陽他日注《太極圖說》，首曰：「上天之載，無聲無臭，而實造化之樞紐，品匯之根柢，曰無極而太極。」實即象山之語意，其書現在，可考也。可見二先生雖有異，而晚則何嘗不相合與！

顧諟又案：朱、陸辯太極之說，百家已采其略，入《濂溪學案》中。然思朱、陸之異同，為吾儒從來之大案，不可不備祥其本末，故茲又特載其全文。其所以入於梭山之附錄者，以無極辯端之開，實肇自梭山，故類聚之，便後學之觀覽，且以昭朱、陸相異之始也。

楊開沅謹案：象山《與陶贊仲書》云：「梭山兄謂晦翁好勝，不肯與辯。某以為人之所見，偶有未通處，其說固以己為是，以他人為非，且當與之辨白，未可便以好勝絕之。以晦翁之高明，猶不能無蔽，道聽塗說之人，亦何足與言此哉！仁義忠信，樂善不倦，此夫婦之愚、不肖，可以與知能行；聖賢之所以為聖賢，亦不過充此而已。」其書上云：「《太極圖說》，乃梭山兄辯其非是，大抵言無極而太極，與周子《通書》不類。《通書》言太極不言無極，《易》《大傳》亦只言太極，不言無極，若於太極上加無極二字，乃是蔽於老氏之學。又其《圖說》本見於朱子發附錄。朱子發明言陳希夷《太極圖》傳在周茂叔，遂以傳二程，則其來歷為老氏之學明矣。周子《通書》與二程言論，絕不見無極二字，此知三公蓋已知無極之說為非矣。」此象山所以反復不已也。

梭山門人

嚴先生松

嚴松，字松年，臨川人。初師梭山先生，其後遂為存齋弟子。先生所錄《陸子論學語》，其載鵝湖之會其詳。嘗對陸子始終智聖優劣之說，以為「但有先後，無有優劣。孟子所以云：『其至爾力，其中非爾力』，乃是行文如此，不成道『其至，爾力也；其中，爾巧也』。然畢竟致知在先，力行在後，故曰始終』」。陸子然其言。先生于陸子門下，視傅夢泉輩聲譽稍次，然其造詣較平正云。

松年嘗問梭山：「孟子說諸侯以王道，行王道以崇周室乎？行王道以得天位乎？」梭山曰：「得天位。」松年曰：「豈教之簒奪乎？」梭山曰：「民為貴，社稷次之，君為輕。」象山歎曰：「家兄平日無此議論，曠古以來無此議論。」松年曰：「伯夷不見此理，武、周見得此理。」一日，象山歌「道之將廢，自孔、孟之生，不能回天而易命」，又歌《柏舟》，松年為涕泗沾襟。少閑，又歌《東皇太一》《雲中君》，松年悲泣不堪而罷。

徐先生仲誠

徐仲誠，□□人。嘗請教於象山，象山使思《孟子》萬物皆備於我矣。反身而誠，樂莫大焉一章。仲誠處槐堂一月，一日，問之云：「仲誠思得《孟子》如何？」仲誠答曰：「如鏡中看花。」答云：「見得仲誠也是如此。」顧左右曰：「仲誠真善自述者」。因說與云：「此事不在他求，只在仲誠身上。」既又微笑而言曰：「已是分明說了也」。少間，仲誠因問《中庸》以何為要語，答曰：「我與汝說內，汝只管說外。」良久，曰：「句句是要語。」梭山曰：「博學之，審問之，慎思之，明辨之，篤行之，此是要語。」象山答曰：「未知學，博學個什麼，審問個什麼，慎思個什麼，明辨個什麼，篤行個什麼！」

二四　金溪學案之二

文達陸復齋先生九齡

陸九齡，字子壽，金溪人，學者稱為復齋先生，梭山、象山其兄弟也。十歲喪母，哀毀若成人。秦氏當國，場屋無道程氏學者。先生從故編得其說，獨委心焉。久之，新博士至，聞其雅以放逸自許，慨然歎曰：「此非吾所願學也。」賦詩徑歸。時先生年尚未冠。吏部郎襄陵許忻，直道清節，屏居臨川，閉門少所賓接，一見先生，折輩行與語，凡治體之升降，舊章之損益，前輩聞人之律度軌轍，皆亹亹言之。已而許公起守邵陽，招先生往，所以屬先生者甚厚。

既歸，益肆力於學，廣覽博諮，深觀默養，兄弟自為師友，和而不同。休暇則與子弟適場圃習射，曰：「是固男子之事也。」自是裡中士始不敢鄙弓矢為武夫末藝。廬陵有寇警，旁郡皆入保，請先生主之，門人多不悅。先生曰：「古者比閭之長，即五兩之卒，士而恥此，則豪俠武斷者專之。今文移動以軍興從事郡縣，欲事之集，必假手主者。彼乘是取必於裡閈，亦何所不至。」凡先生之所以講明屯禦者，皆可為後法。而裡中盜賊群相戒曰：「是家射命中，無取死。」

初，先生之父采湣公冠、昏、喪、祭儀行之家，先生又繹先志而修明之，晨昏伏臘，奉盥請衽，觴豆饎爨，闔門千指，男女以班，各共其職。友弟之風，被於鄉社，而聞於天下。束書入太學，太學知名之士，聞聲爭願交，屏所挾，北面稱弟子者甚眾。同業汪文定公舉為學錄，登乾道五年進士，釋褐桂陽軍學教授。以母老改調興國軍教授，地瀕大江，民寒嗇，罕志學，先生不以職閑自逸，端矩矱，肅衣冠，如臨大眾，勸綏引翼，士興於學。學廩名存實亡，簿書漫漶不可考，先生為核實、催理、受輸之法白郡，授有司行之，士得其養。甫九月，以母服去。服除，調全州教授。未上，疾卒。

先生和順不違物，而非意自不能幹，簡直不徇人，而與居久益有味。有請教者，從容啟告，莫不渙然。閑有扞格不入者，則引而不發。嘗曰：人之惑，有難以口舌爭者。言之激，適固其意，少需未必不自悟也。屬纊之日，晨興坐床上，與兄弟語，猶以天下學術人才為念。少焉，正襟端臥而逝。

東萊志其墓，謂：「先生勇於求道之時，憤悱直前，蓋有不由階序者。然其所志者大，所據者實，公聽並觀，卻立四顧，弗造于至平至粹之地弗措也。」寶慶二年，特贈朝奉郎直秘閣，謚「文達」。先生之高弟曰沈煥。

朱子《答張南軒》曰：「子壽兄弟，氣象甚好，其病卻在盡廢講學而專務踐履。于踐履中要人提撕省察，悟得本心，此為病之大旨。要其操持謹質，表裡不二，實有以過人者。惜乎自信太過，規模窄狹，不得取人之善，將流於異學而不自知耳。」

百家謹案：從踐履操持立腳，恐不得指為大病。但盡廢講學，自信太過，正是踐履操持一累耳。若使純事講學，而於踐履操持不甚得力，同一偏勝。較之其病，孰大孰小乎？

顧諟謹案：朱子此書，非指踐履操持之即將流於異學也，特嫌陸氏之信心太過耳。若論朱子平日嘗謂司馬溫公之學，只恁將去無致知一段，似于溫公亦有不足矣。然考《滄洲精舍祝文》，則云：「周、程授受，萬里一源；曰邵、曰張，爰及司馬。學雖殊轍，道則同歸。」遂以溫公上班周、程、張、邵，以侑宣聖。紫陽豈專重致知而不重力行者？但先生兄弟之尊德性，亦非不致知之人。

楊開沅謹案：鵝湖之會，論及教人。朱子之意，欲令人泛觀博覽，而後歸之約；二陸之意，欲先發明人之本心，而後使之博覽。朱以陸之教人為太簡，陸以朱之教人為支離，此兩不相合之由也，然亦不過各欲明其道耳。考朱子集中，有《祭陸子壽教授》文云：「學非私說，惟道是求。苟誠心而擇善，雖異序而同流。如我與兄，少不並遊。蓋一生而再見，遂傾倒以綢繆。念昔鵝湖之下，實云識面之初。兄命駕而鼎來，載季氏而與俱。出新篇以示我，意懇懇而無餘。厭世學之支離，新易簡之規模。顧予聞之淺陋，中獨疑而未安。始聽熒於胸次，卒紛繳于談端。徐度兄之不可遽以辯屈，又知兄必將返而深觀。遂逡巡而旋返，悵猶豫而盤旋。別來幾時，兄以書來。審前說之未定，曰予言之可懷。逮予辭官而未獲，停驂道左之僧齋。兄乃枉車而來教，相與極論而無猜。自是以還，道合志同。何風流而雲散，乃一西而一東。蓋曠歲以索居，僅尺書之兩通，期杖屨之肯顧，或慰滿乎予衷。屬者乃聞兄病在床，亟函書而問訊，並裹藥而攜將。曾往使之未返，何來音之不祥。驚失聲而隕涕，沾予袂以淋浪。嗚呼哀哉！今茲之歲，非龍非蛇，何獨賢人之不淑，屢興吾黨之深嗟！惟兄德之尤粹，儼中正而無邪。嗚呼哀哉！兄則已矣，此心實存。炯然參倚，可覺惰昏。孰泄予哀？一慟寢門。緘辭千里，侑此一尊。」觀此可知朱、陸晚年合一，即是文不足為定據乎？

東萊柬晦庵曰：「子壽前日經過，留此二十餘日，幡然以鵝湖前見為非，甚欲著實看書，講論心平氣下，相識中甚難得也。」晦庵答曰：「子靜似猶有舊來意思。子壽言其雖已轉步，而未曾移身。回思鵝湖講論氣勢，今何止十去七八邪！」

先生歿，東萊又與晦翁帖曰：「陸子壽不起，可痛。篤學力行，深知舊學之偏，求益不已，乃止于此，於後學極有所系也。」

鵝湖示同志詩

孩提知愛長知欽，古聖相傳只此心。
大抵有基方築室，未聞無址忽成岑。
留情傳注翻榛塞，著意精微轉陸沈。
珍重友朋勤切琢，須知至樂在於今。

象山和韻詩

墟墓興哀宗廟欽，斯人千古不磨心。
涓流積至滄溟水，拳石崇成太華岑。
易簡工夫終久大，支離事業竟浮沈。
欲知自下升高處，真偽先須辨只今。

紫陽和韻詩

德義風流夙所欽，別離三載更關心。
偶扶藜杖出寒穀，又枉籃輿度遠岑。
舊學商量加邃密，新知培養轉深沈。
卻愁說到無言處，不信人間有古今。

百家謹案：鵝湖之會，此三詩乃三先生所論學旨者，其不合與論無極同。蓋二陸詩有支離之詞，疑紫陽為訓詁；紫陽詩有「無言」之說，譏二陸為空門。兩家門人，遂以成隙，至造作言語以相訾毀。然紫陽晚年乃有見於學者支離之弊，屢見於所與朋友之書劄，考全集內不啻七八九通。而陸子亦有追維曩昔，粗心浮氣，徒致參辰之語，見於奠東萊之文。以是知盈科而後進，其始之流，不礙殊途，其究朝宗於海，同歸一致矣。乃謂朱、陸終身不能相一，豈惟不知象山有克己之勇，亦不知紫陽有服善之誠。篤志於為己者，不可不深考也。

顧諟謹案：淳熙二年，呂東萊約先生及象山、紫陽會於廣信之鵝湖寺。先生謂象山曰：「伯恭約元晦為此集，正為學術異同。其兄弟先自不同，何以望鵝湖之同。」遂與象山議論致辯，又令象山自說，至晚罷。先生曰：「子靜之說是。」次早，象山請先生說，先生曰：「某無說。夜來思之，子靜之說極是。方得一詩。」云：孩提知愛長知欽云云。象山曰：「詩甚嘉，但第二句微有未安。」先生曰：「說得恁地，又道未安，更要如何？」象山曰：「不妨一同起行。」及至鵝湖會，東萊首問先生別後新功，先生舉詩，才四句，紫陽顧東萊曰：「子壽早已上子靜船了也。」舉詩罷，遂致辯于先生。象山曰：「某塗中和得家兄此詩。」云「墟墓興哀宗廟欽」云云。紫陽雖和韻，大不懌。朱書云：「鵝湖講道，誠當今盛事。然紫陽之門人，謂以支離見斥，恚不能平，詬詈蜂起。此朱、陸之異於此益甚矣。」

復齋門人

端憲沈定川先生煥

沈煥，字叔晦，定海人也。父鎮東簽判銖，嘗受業焦氏，以私淑程子之學，裡中奉為人師。先生少即潛心經籍，精神靜專，未嘗鶩于末習。頎而美髯，偉儀觀，尊瞻視，音吐鴻暢，試入太學，時師友道喪，學校絕無講磨之功，先生始一振其弊。臨川陸文達公九齡同在齋舍，先生以師禮事之，文達曰：「叔晦挺然任道之資也。」益以取友為急，嘗曰：「此天子學校，英俊所萃，當擇賢而親，不可固閉。」有初入學者，告以同遊中可為師為友者甚悉。時謂先生開師友講習之端，得古人相勸為善之義。

僉判每對客，先生拱立其旁，或侍酒，則竟席不敢卻。簽判性嚴，不合意即誨飭之。先生自以資稟剛勁，非所以侍庭闈，疾自砭劑，大書《祭義》「深愛、和氣、婉容、愉色」數字於壁，自觀省焉。門人弟子決疑請教者，自遠而至，啟告簡嚴，初若不可親，已而昏者明，柔者立，鄙吝者意消，師道益尊。

授上虞尉，府檄所委，非其義不往，帥亦不敢強。未嘗遣吏輕至民家，政聲以最著。或傳參知龔茂良意，令往見之，卒不赴。調揚州教授，未上，除學錄。先是教官不甚與諸生接，先生以所躬行者淑諸人，旦暮延見，司業不樂也。又言：「三舍取士，當參以平日譽望，不當只決於一試。」司業不以為然，先生持之自如。會充殿試考官，序立庭下，孝宗偉其貌，遣內侍問姓名，而丞相趙雄盛稱先生居官匪懈，以諷切其餘，忌者滋甚。或謂先生姑營職，道未可行也。歎曰：「道與職豈有二乎！」因發策試諸生，引《孟子》之言曰：「立乎人之本朝而道不行，恥也。今赧然愧於中者，可無其人乎？」於是聞者俱恨，嗾禦史言先生與長官爭議，非安靜者，宜少裁抑之，以養其器，他日更拔用之，遂外補高郵軍教授，居官僅八十日，方會食監中，夷然不驚，敘別而去，謂同事曰：「吾豈不知詭隨苟容以取光寵？朝夕兢兢，淪胥是憂，故不為也。」初，先生之與司業爭也，或謂司業深情厚貌，宜少防之。先生曰：「司業遇我厚，豈敢逆詐哉！」既得罪，乃知下石者不獨一人也，而司業與焉。先生曰：「果厚貌深情乎？」亦無怨也。充浙東安撫司幹官，高宗山陵，有司次舍供帳酒食之需，供給不暇，先生以為「國有大戚，而臣子宴樂飲酒自如，安乎？」亟言于安撫鄭汝諧，即屬先生條奏，且薦為修奉官。先生移書禦史，謂當先治喪紀，使貴戚公卿之心動，則芟舍菲食自安，不煩彈劾，需索自絕。於是治吏之並緣為奸者，追償率斂者。歲旱，分賑上虞、余姚，無復流殍。部使者與大帥交章薦，侍從亦請召之，孝宗猶記其風度，曰：「是向為學官，人物甚偉者乎？」將用之，而丞相趙雄已去，小人百計思阻之，乃作為朋黨論，列圖為三，疏士大夫三十四人姓名於下，某已去，某猶在，以為先生所作，欲激衆怒而共排之，謗議果喧。有一從臣以百口保其不然，得稍息，而從此不復召矣。改知婺源，三省合前後薦章以聞，詔遷通判舒州。待缺裡居，與鄉老史文惠王浩、汪莊靖公大猷舉行義田，文惠割其竹洲之別業以居先生。尋病，不廢讀書。垂絕，拳拳以母老為念、善類凋零為憂。丞相周必大聞其訃，曰：「追思立朝不能推賢揚善，予愧叔晦，益者三友，叔晦不予愧也。」

先生于辭受取捨尤嚴。嘗游中都，其帥雅知先生，以其貧，欲厚貽之，先生曰：「義不可受，來則難卻。」即日出關。故人典方面，贈以金，先生曰：「向也閒居，嘗受君賜，今有微祿，不當兼受。」富人欲以女妻先生子，固辭之。永嘉薛象先在太學，頹然衆人中，無知之者，先生一見稱之，以為學問見地在行輩中無其匹，聞者未信，其後果有盛名。所著有《定川集》五卷。甯宗官其子省曾。理宗贈直華文閣，賜謚端憲。（黃氏原本，全祖望修之加詳）

袁絜齋狀其行曰：「考君生平大節，寧終身固窮獨善，而不肯苟同于衆，甯齟齬與時不合，而不肯少更其守，凜然清風，振聳頹俗。使時見用，必能震朝廷之綱，折奸回之萌，屹立中流，為世砥柱，亦可為難矣。然世之知君者，如此而已。至於日進其德，駸駸自期於純全博大者，鮮能知之。君雖人品高明，而其中未安，不苟自恕，知非改過，踐履篤實，其始面目嚴冷，清不容物，久久寬平，可敬可親。面攻人之短，退揚人之善，切磋如爭，歡愛如媚，古所謂直而溫，毅而宏者，殆庶幾乎。始居家塾，非聖哲書，未嘗誦習，及遊太學亦然。嘗作詩箴其友曰：『為學未能識肩背，讀書萬卷空亡羊。』每稱陶靖節讀書不求甚解，會意欣然忘食，此真讀書者。史籍傳記，采取至約。後與東萊呂公伯仲極辯古今，始知周覽博考之益，凡世變之推移，治道之體統，聖君賢相之經綸事業，孜孜講求，日益深廣，有足以開物成務者，其可敬也夫！」

又編言行曰：「君天資高邁，語勁而氣充，足以袪人鄙吝之習，養人正大之氣。憂國發于至誠，語及時事，常頻顣，處心積慮，未嘗不在斯世。始予與君還往時，方務記覽，恥一不知，日夜勞苦。君為予言：『吾儒之學，在植根本，無妄敝其精神。』予恍然異之。聽君議論，宏大平直，坦乎如九軌通衢，而反視予所習者，縈紆繚繞，直荒蹊曲徑而已。乃盡棄其舊業，精思一意，求所為根本者。君又為予引之諸師友間，以恢廣其所未至。君之成就友朋，而大有功於吾道者若此。」

宗羲案：楊簡、舒璘、袁燮、沈煥，所謂明州四先生也。慈湖每提「心之精神謂之聖」一語，而絜齋之告君，亦曰：「古者大有為之君，所以根源治道者，一言以蔽之，此心之精神而已。」可以觀四先生學術之同矣。文信國云：「廣平之學，春風和平；定川之學，秋霜肅凝。瞻彼慈湖，雲閑月澄；瞻彼絜齋，玉澤水瑩。一時師友，聚于東浙。嗚呼盛哉！」

正獻袁絜齋先生燮

袁燮，字和叔，鄞縣人，知處州轂之玄孫也。先生生而端粹專靜，乳媪置盤水其前，玩視終日，夜臥常醒然。少長，讀東都《黨錮傳》，慨然以名節自期。乾道初，入太學，時陸復齋九齡為學錄，先生望其德容肅然，亟親炙之。同裡沈叔晦、楊敬仲、舒元質皆聚於學，朝夕相切磨。登淳熙辛醜進士第，授江陰尉。甯宗即位，為太學正。是時黨禁興，朱文公及趙忠定汝愚等相次去國，先生亦以論去。久之，曆司封郎官，因對，言：「陛下追思彭龜年，臨朝太息。今正人端士不乏，願常存此心，急聞愷切，崇獎樸直，天下何憂不治。」為國子祭酒，延見諸生，必迪以反躬切己，忠信篤實為道本。每言人心與天地一本，精思以得之，兢業以守之，則與天地相似。聞者竦然有得，士氣益振。為禮部侍郎，史彌遠主和議，先生與同鄉相好與力爭，被論罷。後知溫州，進直學士，奉祠卒。疾革，猶著述弗倦。或勸之少休，先生曰：「吾以此為笙鏞筦磬，不知其勞也。」

初，先生遇象山於都城，象山即指本心洞徹通貫，先生遂師事，而研精覃思，有所未合，不敢自信。居一日，豁然大悟，因筆於書曰：「以心求道，萬別千差；通體吾道，道不在他。」慈湖與先生同師，造道亦同，而每稱先生之覺為不可及。學者稱之不以爵氏，而曰絜齋先生。賜謚正獻。子甫。

百家謹案：真西山言絜齋之葬，慈湖銘之，其大節摹寫盡矣。考之慈湖遺書，無有也。即《舒廣平墓誌》，亦慈湖所作，《廣平言行錄》載之，而遺書亦闕。古來文集既多不傳，傳者又復不全若此，可歎哉！

絜齋粹言

人生天地間，所以超然獨貴於物者，以是心爾。心者，人之大本也。此心存，則雖賤而可貴；不存，則雖貴而可賤。

大哉，心乎！與天地一本，精思以得之，兢業以守之，則與天地相似。

直者，天德，人所以生也。本心之良，未嘗不直。回曲繚繞不勝其多端者，非本然也。

《中庸》曰：「天地之道，可一言而盡也。其為物不貳，則其生物不測。《大雅》曰：上帝臨汝，無貳爾心。維此大本，不必他求。卓然不貳，萬善鹹具。古人所以兢兢業業不敢少懈者，懼其貳也。」

心本不偏，制行而原於心，斯不偏矣。

道不遠人，本心即道。知其道之如是，循而行之，可謂不差矣。然未能為一，則猶有間也。「執柯伐柯，睨而視之，猶以為遠」，謂其未能無間，則雖近猶遠爾。惟夫全體渾融，了無間隔，則善之至也。吾道一以貫之，非吾以一貫之也。舜由仁義行，非行仁義，若致力以行之，則猶與仁義為二也。

人心至神，翳之以欲，則不神矣。

此心此理，貫通融會，美在其中，不勞外索。

凡身外之物，皆可以寡求而易足。惟此身與天地並，廣大高明，我固有之，朝夕磨勵，必欲追古人而與俱。若徒儕於凡庸，而曰「是亦人爾」，則吾所不敢也。（文淵閣四庫全書《西山文集》卷四十七）

曾先生滂、李先生纓

曾滂，字孟博，臨川人也。為人質直剛烈，長於象山五六歲，而與文達年相若。是時，陸子兄弟初談性命之學，四方人士宗之者尚少，先生首師文達，與李纓德章為弟子冠，象山甚愛重之。子極，字景建，紹其家學。其後以詩案謫道州，語在《宋史·羅必元傳》。卒于謫所，李微之為上言，得歸葬。所著有《金陵百詠》《春陵小雅》。（黃氏原本，全祖望修之加詳）

曹無妄先生建

見《紫陽學案》。

萬先生人傑

見《紫陽學案》。

知州李先生修己

見《南軒學案》。

隱君饒止翁先生延年

饒延年，字伯永，號止翁，崇仁彭原人，家臨川，魁岸倜儻。初師文達公子壽，繼師象山，嘗稱其開豁有力量。先生淹貫經學，旁究律曆、方輿、技數之書，真西山極重之。隱居不仕。值歲歉，穀價翔湧，先生以錢米和糴，指天自誓：「谷價定於此矣。」捧鬥概量，以米中錢數為准，時斗米百錢，而先生所得僅六十五，遂為定價，鄉人德之。太守欲薦于朝，固辭而止。紹定三年，以避寇難卒于金陵，明燭焚香，趺坐而逝，年八十一。訃至，太守為位於寺，哭之。魏華甫題其石曰：「有宋長者饒止翁之墓。」（黃氏原本，全祖望修之加詳）

復齋再傳

司戶鄒南堂先生斌

鄒斌，字俊甫，臨川人，博記敏識。初受學于李德章。陸氏門牆之盛，自德章師文達公復齋始，而先生為德章高弟。尋得鄧名世春秋學。嘗應省試，士多未省汶陽田所由失，先生曰：「陽虎居鄆，入於讙以叛，耑以奔喪，經不書，諱之也。」一日，見象山問平日何學，以求放心對，一語契合。鵝湖之會，先生從行。

登嘉定四年進士，授德安司戶。黃榦守漢陽，貽書叩所學，答曰：「人能識《孟子》第一義，然後可以死見象山而不辱其門。」制使使經理三關，措置有方。初，開禧間，金犯應城，進士陸桂迎降之，邑免于屠。會宣司補官事覺，先生以《春秋》誅心之法定其罪。至決魚湖訟，平漢陽獄，皆當人心。制使欲薦之留於幕府，辭曰：「制使性剛，某亦性剛，恐不相容。」漕使吳柔勝命二子淵、潛往師之。丞耒陽、武岡，有冤獄，辭連州縣，先生勘契，咸服辜，人稱神明。袁蒙齋甫作象山書院，欲延先生主其事，以老病辭。端平更化，趙汝談薦之，有旨都堂審察，不赴，除嶽祠致仕。所居南堂，藏書萬卷，陸子之門稱多學者，只先生一人而已。有《南堂稿》，學者稱南堂先生。（黃氏原本，全祖望修之加詳）

少卿袁晉齋先生肅

袁肅，字□□，絜齋之子也。從廣平于新安，其後知名于世。

正肅袁蒙齋先生甫

袁甫，字廣微，絜齋之子也。嘉定七年進士第一。累官權兵部尚書。卒，贈通奉大夫，謚正肅。少服父訓，謂：「學者當師聖人，以自得為貴。」又從慈湖問學，自謂：「吾觀草木之發生，聽禽鳥之和鳴，與我心契，其樂無涯」云。著有《蒙齋中庸講議》四卷，所闡多陸氏宗旨。陳宗禮、洪揚祖，其門人也。（黄氏原本，全祖望修之加詳）

經筵講義

子曰：「君子成人之美，不成人之惡。」

臣聞欲善惡惡，人人所同，此上帝降衷之良心也。今語人曰：「汝為天下之善人。」則莫不躍然而喜。推己欲善之心，人之有善，則必喜談而樂道之，又從而左右羽翼之，惟恐其美之不成也。又語人曰：「汝為天下之惡人。」則莫不拂然而怒。推己惡惡之心，人之有惡，則必哀矜而憫念之，又從而訓誨正救之，惟恐其惡之終成也。此其用心，洞洞乎其公也，休休乎其大也，是真可以為君子人也。乃若小人則反是。人之有美，惟恐其成也，嫉之、壞之而已耳。人之有惡，惟恐其不成也，誤之、陷之而已耳。此其用心，知有己而不知有人，知有私而不知有公，是真可以謂之小人也。嗚呼！人主每病于君子小人之難察也，豈知觀人之道，不必觀諸他，而當觀諸心。人孰無善善惡惡之心哉？能視人猶己者則為君子，不能視人如己者則為小人，此觀人之法也。

曾子曰：「君子以文會友，以友輔仁。」

臣聞，聖門所謂文者，非詞華之謂也。夫子曰：「文王既沒，文不在茲乎？」顏淵曰：「博我以文。」所謂文者，即道也。彝倫之懿，粲然相接者，皆文也。三千三百，待人以行者，皆文也。孔子振木鐸于衰周，正將以續斯文之將墜耳。一時以文會友，莫盛于洙泗。「麗澤之兑」，何往而非斯文之講習哉！既曰文，而又曰仁，同乎？異乎？曰，文者，其所著見，而仁者，其根本，名異而實同也。會之以文，蓋所以輔吾之仁也。聖人切切求于仁，造次顛沛，未嘗暫舍，終食之間，未嘗或違。孔子告顏淵曰：「為仁由己，而由人乎哉？」蓋言為仁專在乎反己，己不自力，他人奚預焉？今曾子取友以為仁，亦曰輔之而已，雖用力在己，而又得良輔，則切磋琢磨之益日增，而克己復禮之功亦多助矣。噫！後世師友之道不明，學者但知雕蟲篆刻，破碎經旨，以是為文，所謂輔仁者，漠然不知為何事！平居既無講貫之素，一旦出而事君，不仁而在高位，斲喪國脈，戕賊師友，皆不仁者之為也。為國家者果何賴于若人哉！然則，修明師友講習之學，豈非人主之急務乎？

顏淵問仁。子曰：「克己復禮為仁，一日克己復禮，天下歸仁焉。為仁由己，而由人乎哉？」顏淵曰：「請問其目。」子曰：「非禮勿視，非禮勿聽，非禮勿言，非禮勿動。」顏淵曰：「回雖不敏，請事斯語矣。」

臣案：顏淵問仁，孔子告以「克己復禮」。夫具耳目口鼻四肢百骸而有此身，此身本與天地相似，與萬物一體，如之何而克己！曰：「己與天地萬物本無隔也，而認八尺之軀為己，則與天地萬物始隔矣。故惟克己，則洞然大公，不見有己矣。」何謂克？曰：「以艮卦所謂『艮其背不獲其身，行其庭不見其人』觀之，則是內不見己，外不見物，而克己之義瞭然矣。克己何以能復禮？曰：『禮者，周流貫通乎天地萬物之間，無體無方，無不周徧。人惟認八尺之軀為己，于是去禮始遠。苟不認己為己，則天高地下，萬物散殊，皆禮也。吾亦天地萬物中一物耳，無往非禮，而何有于己哉！故不克己則禮失，既克己則禮復。」又發明之曰：「一日克己復禮，天下歸仁焉。」玩一「日」字，正所謂「朝聞道」也，正所謂「我欲仁，斯仁至矣」。凡人昏昏于物欲之中，如醉如夢，一日勇決，無牽制，無拘滯，無二三，此身與天地萬物了無阻隔，人即己也，己即人也，天地萬物皆非形軀之所能間也，故曰「天下歸仁焉」，言天下皆在吾仁之內也。禮之復也，非是外復，仁之歸也，非是外歸，本一而非二也。又發明之曰：「為仁由己，而由人乎哉？」前之己而曰「克」，此之己而曰「由」，豈有二己哉？曰：「非有二己也，塵去鑑明，而即此鑑也；雲消月皎，而即此月也。未克己之前，雲也，塵也，皆蔽我、累我者也，烏可以不克？既克己之後，月也，鑑也，本如是光明，本如是瑩潔，動靜闔闢，變化運用，何所不可，故曰『由』，言為仁在我而已，豈由他人哉！顏淵既領會夫子之大旨，而猶問其目者，蓋聖門師弟子之間，學聚問辨，不造其極不止也。克己復禮，特大綱也，又有條目焉，所以再叩夫子。夫子舉視、聽、言、動四者告之，蓋四者即己內事也。己視、己聽、己言、己動皆己也，然微有非禮，則是為己所蔽也，為己所累也。夫惟非禮則勿視，非禮則勿聽，非禮則勿言，非禮則勿動，無斯須頃刻不在禮中，則是耳目鼻口心知百體皆由順正以行，至此尚何己之足累哉！顏淵即慨然承當此任曰：「請事斯語。」事云者，言從事於此也。聞聖言而不能行者，不足以言事矣。

嗚呼！顏淵陋巷匹夫耳，聖師勤勤啟發，猶有天下歸仁之言，況人主奄有四海，必欲人人皆歸吾仁，可不奮一日克己之勇，置此身于禮度之中哉！如曰『此事由人而不由己』，則雖聖人，亦無所用其力矣。」

仲弓問仁。子曰：「出門如見大賓，使民如承大祭。己所不欲，勿施于人。在邦無怨，在家無怨。」仲弓曰：「雍雖不敏，請事斯語矣。」

臣觀夫子答仲弓問仁，與答顏子之意，一也。說者但知夫子告顏子以克己復禮，而不知告仲弓者，亦克己復禮，而初無異旨也。《禮器》曰：「一獻之禮，不足以大饗，大饗之禮，不足以大旅，大旅具矣，不足以饗帝。」夫大祭之禮，至于饗帝則無以復加，此可以觀禮矣。《仲尼燕居》曰：「兩君相見，揖讓而入門，入門而縣興，揖讓而升堂，升堂而樂闋，下管《象武》，《夏籥》序興，陳其薦俎，序其禮樂，備其百官，如此而後君子知仁焉。」夫大賓之禮，至于兩君相見，則無以復加，此又可以觀禮矣。此章所謂大祭、大賓者，皆禮之盛也。一出門之間，而儼然如見大賓，一使民之際，而肅然如承大祭，當是之時，此心之清明靜瑩為何如哉？故曰「如此而後君子知仁焉」。而《春秋左氏傳》載臼季之言亦曰：「出門如賓，使民如祭，仁之則也。」由是言之，仁、禮本一源，禮在是，仁即在是矣。而人之所以不能動合乎禮者，何也？有我之私累之也。人有不欲而施于我，我必有所不平，我有不欲，而可施于人乎？通人、己為一，則己之所不欲，人亦不欲也，非人之所欲者，斷斷乎不可施于人，如是則此心洞然大公，了無間隔，施之于家邦，人人在春風和氣之內，而又何怨之有？然則，勿施不欲，即克之謂，大祭大賓，即復禮之謂，而邦家無怨，即所謂天下歸仁，夫子之告仲弓，即其告顔子之旨也。回、雍皆在德行之科，足以傳夫子之道，故雍也請事斯語，亦奮然承當，與顔淵一同。熟誦此章，深味厥旨，于無怨一語，尤當玩索，蓋怨不在大，亦不在小，小人怨汝詈汝，則皇自敬德，為國家而使一夫有怨心，則足以感傷和氣矣。欲人之無怨，惟仁者能之，而為仁之要，不外乎克己復禮。聖人垂訓萬世，其明白的切如此。（文淵閣四庫全書《蒙齋集》卷一）

定川門人

竺先生大年

竺大年，字耕道，奉化人。性行嚴重，長于說《禮》，鄉人皆化之，為沈氏之入室也。著有《禮記訂義》。楊琪銘其墓。

宗羲案：竺氏先世服田，大年之父竺頎始遣其子從師。他日喜而語舒廣平曰：「諸子自得師，粗厲之習，變而為儒雅，暴慢之氣，轉而為溫厚，非曩日比矣。」蓋頎之意亦淺鮮矣，而豈知追源學脈者，乃及大年哉！然則，人亦何必羨夫貴仕也。

絜齋門人

左司朱勵志先生元龍

見《東萊學案》。

胡先生誼、胡先生謙

胡誼，字正之，胡謙，字牧之，奉化人，師事絜齋兄弟，文學皆為鄉黨表式。

宗羲案：真西山言與袁肅同年，視絜齋為丈人行，而于其德學則願師焉。是絜齋門人之盛亦可知也，而簡編殘缺，安得起故老而問之？

正字洪錦溪先生揚祖

見《金溪學案之三》。

太師袁彥淳韶

袁韶，字彥淳，鄞縣人。淳熙中進士，官左司郎中。常為判官，使者不敢慢語。後為浙西制置使。卒，贈太師、越國公。

二五　金溪學案之三

文安陸象山先生九淵

陸九淵，字子靜，自號存齋，金溪人。梭山、復齋之弟也。三四歲時，問其父賀：「天地何所窮際？」父奇之。聞人誦伊川語，自覺若傷我者，嘗曰：「伊川之言，奚為與孔子、孟子之言不類？」讀《論語》，即疑有子之言支離。他日讀古書，至「宇宙」二字，解者曰：「四方上下曰『宇』，往古來今曰『宙』。」忽大省曰：「宇宙內事，乃己分內事。己分內事，乃宇宙內事。」又嘗曰：「東海有聖人出焉，此心同也，此理同也；西海有聖人出焉，此心同也，此理同也；南海、北海有聖人出焉，此心同也，此理同也；千百世之上有聖人出焉，此心同也，此理同也；千百世之下有聖人出焉，此心同也，此理同也。」

乾道八年，登進士第，為呂東萊所識。始至行都，從遊者甚眾。先生能知其心術之微，言中其情，多至汗下。亦有相去千里，素無雅故，聞其概而盡得其為人。語學者曰：「念慮之不正者，頃刻而知之，即可以正。念慮之正者，頃刻而失之，即為不正。有可以形跡觀者，有不可形跡觀者。必以形跡觀人，則不足以知人；必以形跡繩人，則不足以教人。」又曰：「今天下學者，惟有兩途：一途樸實，一途議論。」足以明人心之邪正，破學者窟宅矣。一生飯次交足，飯既，先生謂之曰：「汝適有過，知之乎？」生曰：「已省。」其規矩之嚴又如此。

淳熙元年，授靖安主簿。丁憂。服闋，調崇安。九年，以侍從薦，除國子正。遷敕命所删定官，輪對，除將作監丞。給事王信疏駁，主管台州崇道觀。既歸，學者愈盛。每詣城邑，環坐二三百人，至不能容。結茅象山，學徒復大集。居山五年，來見者案籍踰數千人。

紹熙二年，除知荊門軍。故事：太守下車，必先揭約束，延賓受牒，皆有日期，吏以白，先生曰：「安用是！」賓至即見，持牒即入，無早暮。於是下情盡達，兩造有不持狀對辯求決者。郡已大治。荊門素無城壁，先生以為四戰之地，遂議築之，二旬而畢。郡於上元設醮，為民祈福，先生乃會吏民講《洪範》「斂福錫民」一章以代之，發明人心之善，所以自求多福者，聽者莫不曉然，至有泣下者。三年卒官，年五十四。嘉定十年，賜謚文安。

宗羲案：先生之學，以尊德性為宗，謂：「先立乎其大，而後天之所以與我者，不為小者所奪。夫苟本體不明，而徒致功于外索，是無源之水也」。同時紫陽之學，則以道問學為主，謂：「格物窮理，乃吾人入聖之階梯。夫苟信心自是，而惟從事于覃思，是師心之用也」。兩家之意見既不同，逮後論《太極圖說》，先生之兄梭山謂：「不當加無極二字於太極之前，此明背孔子，且並非周子之言。」紫陽謂：「孔子不言無極，而周子言之。蓋實有見太極之真體，不言者不為少，言之者不為多。」先生為梭山反復致辯，而朱、陸之異遂顯。繼先生與兄復齋會紫陽於鵝湖，復齋倡詩，有「留情傳注翻榛塞，著意精微轉陸沈」之句，先生和詩，亦云「易簡工夫終久大，支離事業竟浮沈」。紫陽以為譏己，不懌，而朱、陸之異益甚。於是宗朱者詆陸為狂禪，宗陸者以朱為俗學，兩家之學各成門戶，幾如冰炭矣。嗟乎！聖道之難明，濂、洛之後，正賴兩先生繼起，共扶持其廢墜，胡乃自相齟齬，以致蔓延今日，猶然借此辨同辨異，以為口實，寧非吾道之不幸哉！雖然，二先生之不苟同，正將以求夫至當之歸，以明其道於天下後世，非有嫌隙於其閑也。道本大公，各求其是，不敢輕易唯諾以隨人，此尹氏所謂「有疑於心，辨之弗明弗措」，豈若後世口耳之學，不復求之心得，而苟焉以自欺，泛然以應人者乎！況考二先生之生平自治，先生之尊德性，何嘗不加功于學古篤行，紫陽之道問學，何嘗不致力於反身修德，特以示學者之入門各有先後，曰：「此其所以異耳。」然至晚年，二先生亦俱自悔其偏重。稽先生之祭東萊文，有曰：「此年以來，觀省加細。追維曩昔，麤心浮氣，徒致參辰，豈足酬義！」蓋自述其過於鵝湖之會也。《與諸弟子書》嘗云：「道外無事，事外無道。」而紫陽之親與先生書，則自云：「邇來日用工夫頗覺有力，無復向來支離之病。」其別《與呂子約書》云：「孟子言學問之道，惟在求其放心。而程子亦言心要在腔子裡。今一向耽著文字，令此心全體都奔在冊子上，更不知有己，便是個無知覺、不識痛養之人，雖讀得書，亦何益於我事邪！」《與何叔京書》云：「但因其良心發見之微，猛省提撕，使此心不昧，則是做工夫底本領。本領既立，自然下學而上達矣！若不見於良心發見處，渺渺茫茫，恐無下手處也。」又謂：「多識前言往行，固君子所急，近因反求未得個安穩處。卻始知此，未免支離。」《與吳伯豐書》自謂：「欠卻涵養本原工夫。」《與周叔謹書》：「某近日亦覺向來說話有太支離處，反身以求，正坐自己用功亦未切耳。因此減去文字工夫，覺得閒中氣象甚適。每勸學者亦且看孟子道性善、求放心兩章，著實體察，收拾此心為要。」又《答呂子約》云：「覺得此心存亡，只在反掌之間，向來誠是太涉支離。若無本以自立，則事事皆病耳，豈可一向汩溺於故紙堆中，使精神昏蔽，而可謂之學！」又書：「年來覺得日前為學不得要領，自身做主不起，反為文字奪卻精神，不為小病。每一念之，惕然自懼，且為朋友憂之。若只如此支離，漫無統紀，輾轉迷惑，無出頭處。」觀此可見二先生之虛懷從善，始雖有意見之參差，終歸於一致而無間，更何煩有餘論之紛紛乎！

且夫講學者，所以明道也。道在撙節退讓，大公無我，用不得好勇鬭很於其間，以先自居於悖戾。二先生同植綱常，同扶名教，同宗孔、孟。即使意見終於不合，亦不過仁者見仁，知者見知，所謂「學焉而得其性之所近」，原無有背于聖人，矧夫晚年又志同道合乎！奈何獨不睹二先生之全書，從未究二先生之本末，糠秕眯目，強附高門，淺不自量，妄相詆毀！彼則曰：「我以助陸子也」，此則曰「我以助朱子也」，在二先生豈屑有此等庸妄無謂之助己乎！昔先子嘗與一友人書：「子自負能助朱子排陸子與？亦曾知朱子之學何如？陸子之學何如也？假令當日鵝湖之會，朱、陸辯難之時，忽有蒼頭僕子，曆階升堂，捽陸子而毆之曰：『我以助朱子也。』將謂朱子喜乎？不喜乎？定知朱子必且撻而逐之矣。子之助朱子也，得無類是？」

百家謹案：子輿氏後千有餘載，纘斯道之墜緒者，忽破暗而有周、程。周、程之後，曾未幾，旋有朱、陸。誠異數也！然而陸主乎尊德性，謂：「先生乎其大，則反身自得，百川會歸矣。」朱主乎道問學，謂「物理既窮，則吾知自致，滃霧消融矣」。二先生之立教不同，然如詔入室者，雖東西異戶，及至室中，則一也。何兩家弟子不深體究，出奴入主，論辯紛紛，而至今借媒此徑者，動以朱、陸之辨同辨異，高自位置，為岑樓之寸木？觀《答諸葛誠之書》云：「示諭競辯之論，三復悵然。愚深欲勸同志者，兼取兩家之長，不輕相詆毀，就有未合，亦且置勿論，而力勉於吾之所急。」又《復包顯道書》：「南渡以來，八字著腳理會實工夫者，惟某與陸子靜二人而已。某實敬其為人，老兄未可以輕議之也。」世儒之紛紛競辯朱、陸者，曷勿即觀朱子之言。

語錄

夫子曰：「吾十有五而志於學。」今千百年，無一人有志也。是怪他不得，志個甚底，須是有智識，然後有志願。

人要有大志。常人汩沒于聲色富貴間，良心善性都蒙蔽了。今人如何便解有志，須先有智識始得。

學者大約有四樣：一雖知學路而恣情縱欲不肯為，一畏其事大且難而不為者，一求而不得其路，一未知路而自謂能知。

凡欲為學，當先識義利、公私之辨。今所學果為何事？人生天地間，為人自當盡人道。學者所以為學，學為人而已，非有為也。

今人略有些氣焰者，多只是附物，原非自立也。若某則不識一個字，亦須還我堂堂地做個人。

志于聲色利達者，固是小。勦摸人言語底，與他一般是小。

大凡為學，須要有所立。《論語》云：「己欲立而立人。」卓然有不為流俗所移，乃為有立。須思量天之所以與我者是甚底？為還是要做人否？理會得這個明白，然後方可謂之學問。

人生天地間，如何植立？

循頂至踵，皆父母之遺體。俯仰乎天地之間，惕然朝夕，求寡乎愧怍而懼弗能。儻可庶幾於孟子之「塞乎天地」，而與聞夫子「人為貴」之說耳。

上是天，下是地，人居其間，須是做得人，方不枉。

要當軒昂奮發，莫恁地沈埋在卑陋凡下處。

此理在宇宙間，何嘗有所礙！是你自沈埋、自蒙蔽、陰陰地在個陷阱中，更不知所謂高遠底。要決裂破陷阱，窺測破羅網。

激厲奮迅，決破羅網，焚燒荊棘，蕩夷汙澤。

彘雞終日營營，無超然之意。須是一刀兩斷，何故縈縈如此！縈縈底討個甚麼？

仰首攀南斗，翻身依北辰。舉頭天外望，無我這般人。

學者須是打疊田地淨潔，然後令他奮發植立。若田地不淨潔，則奮發植立不得。古人為學即讀書，然後為學可見。然田地不淨潔，亦讀書不得。若讀書，則是假寇兵，資盜糧。

大世界不享，卻要占個小蹊小徑子；大人不做，卻要為小兒態，可惜！

與小後生說話，雖極高極微，無不聽得。與一輩老成說，便不然。以此見過無巧，只是那心不平底人，揣度便失了。

顧諟謹案：為學之要，首在立志。志不立，是猶欲築室無其基也，縱與之言學，無處可說，所謂朽木糞土不可雕朽。第懼人患此病證，故須先激發其志氣，使之知自奮厲，而後有門路進步可入。故類集先生聳動開導人語，載之于首，蓋令人知憤而後可啟也。

《論語》中多有無頭柄底說話，如「知及之，仁不能守之」之類，不知所及守者何事？如「學而時習之」，不知時習者何事？非學有本領，未易讀也。苟學有本領，則知之所及者，及此也；仁之所守者，守此也；時習者，習此也。說者說此，樂者樂此，如高屋之上建瓴水矣，學苟知本，《六經》皆我註腳。

道徧滿天下，無些小空闕。四端萬善，皆天之所予，不勞人妝點。但是人自有病，與他相隔了。

人為學甚難。天覆地載，春生夏長，秋斂冬肅，俱此理。人居其間無靈識，此理如何解得？

此理塞宇宙，所謂道外無事，事外無道。舍此而別有商量，別有趨向，別有規模，別有形跡，別有行業，別有事功，則與道不相干，則是異端，則是利欲，謂之陷溺，謂之舊窠，說只是邪說，見只是邪見。

宇宙不曾限隔人，人自限隔宇宙。

萬物森然於方寸之間，滿心而發，充塞宇宙，無非此理。

「小心翼翼，昭事上帝。上帝臨女，無貳爾心。」此理誠塞宇宙，如何由人杜撰得。文王敬忌，若不如此，敬忌個甚麼！

夫子曰：「由，知德者鮮矣。」要知德。皋陶言：「亦行有九德」，然後乃言曰：「載采采」。事固不可不觀，然畢竟是末。自養者亦須養德，養人亦然。自知者亦須知德，知人亦然。不於其德，而徒繩檢於其外，行與事之間，將使人作偽。

學者要知所好，此道甚大。人多不知好之，只愛事骨董。君子之道，淡而不厭。朋友之相資，須助其知所好者，若引其逐外，即非也。君子之道，淡而不厭。淡味長，有滋味，便是欲。

人不肯只如此，須要有個說話。今時朋友，盡須要個說話去講。其他體盡有形，惟心無形，然何故能攝製人如此之甚？

人心只愛去泊著事，教他棄事時，如猢猻失了樹，便無住處。

人不肯心閑無事，居天下之廣居，須要去逐外，著有一事，印一說，方有精神。

心不可汩一事，只自立心。人心本來無事，胡亂被事物牽將去，若是有精神，即時便出便好，若一向去，便壞了。

格物者，格此者也。伏羲仰象俯法，亦先於此盡力焉耳。不然，所謂格物，末而已矣。

顧諟謹案：世閑非無有志為學之士，顧往往有拘牽于文義，依傍格式，自謂能謹守操持，無背正道，而於自心自性，昧卻靈根，此如水浸石子，終身無長進之日。吾人為學，究致無成者，大率患此。故次之以指點人語，使人求其本心，反躬自悟，不向沿門乞火，此志學已後之進境也。

此道非爭競務進者能知，惟靜退者可入。

人之精爽，負於血氣，其發露於五官者，安得皆正？不得明師良友剖剝，如何得去其浮偽而歸於真實？又如何能得自省自覺？

大丈夫事，豈當兒戲！

大人凝然不動。不如此小家相。

某之取人，喜其忠信誠慤，言似不能出口者。談論風生，他人所取者，某甚惡之。

涓涓之流，積成江河。泉源方動，雖只有涓涓之微，去江河尚遠，卻有成江河之理。若能混混不舍晝夜，如今雖未盈科，將來自盈科；如今雖未放乎四海，將來自放乎四海；如今雖未會其有極、歸其有極，將來自會其有極、歸其有極。然學者不能自信，見夫標末之盛者，便自荒忙，舍其涓涓而趨之，卻自壞了。曾不知我之涓涓雖微，卻是真；彼之標末雖多，卻是偽。恰似簷水來相似，其涸可立而待也。

故吾嘗舉俗諺教學者云：「一錢做單客，兩錢做雙客。」

學問不得其綱，則是二君一民等是。恭敬若不得其綱，則恭敬是君，此心是民。若得其綱，則恭敬者，乃保養此心也。

人精神在外，至死也勞攘，須收拾作主宰。收得精神在內，當惻隱即惻隱，當羞惡即羞惡。誰欺得你？誰瞞得你？見得端的後，常涵養是甚次第。

有一段血氣，便有一段精神，有此精神，卻不能用，反以害之。非是精神能害之，但以此精神居廣居，立正位，行大道。

道可謂尊，可謂重，可謂明，可謂高，可謂大。人卻不自重，纔有毫髮恣縱，便是私欲，與此全不相似。

自立自重，不可隨人腳跟，學人言語。

君子役物，小人役於物。夫權皆在我，若在物，即為物役矣。

志小，不可以語大人事。

今一切去了許多繆妄勞攘，磨礱去圭角，浸潤著光精，與天地合其德云云，豈不樂哉。

人共生乎天地之間，無非同氣。扶其善而沮其惡，義所當然，安得有彼我之意，又安得有自為之意？

有志于道者，當造次必于是，顛沛必于是，凡動容周旋，應事接物，讀書考古，或動或靜，莫不在是。

有懶病也，是其道有以致之。我治其大而不治其小，一正則百正。恰如坐得不是，我不責他坐得不是，便是心不在道。若心在道時，顛沛必於是，造次必於是。豈解坐得不是，只在勤與惰，為與不為之閑。

「小心翼翼，昭事上帝。上帝臨女，無貳爾心。」戰戰兢兢，那有閑管時候。

精神不運則愚，血脈不運則病。

志固為氣之帥，然至于氣之專一，則亦能動志。故不但言持其志，又戒之以無暴其氣也。居處飲食，適節宣之宜，視聽言動，嚴邪正之辨，皆無暴其氣之功也。

凡事莫如此滯滯泥泥。某平生于此有長，都不去著他事，凡事累，自家一毫不得。每理會一事時，血脈骨髓都在自家手中。然我此中卻似個閑閑散散，全不理會事底人，不陷事中。

內無所累，外無所累，自然自在。纔有一些子意，便沉重了。徹骨徹髓，見得超然于一身，自然輕清，自然靈大。

優裕寬平，即所存多，思慮亦正。求索太過，即所存少，思慮亦不正。

學者不可用心太緊，深山有寶，無心於寶者得之。

窮究磨煉，一朝自省。

利害毀譽，稱譏苦樂，能動搖人，釋氏謂之八風。

處家遇事，須著去做，若是褪頭便不是。子弟之職已缺，何以謂學。

莫厭辛苦，此學脈也。

某今亦教人做時文，亦教人去試，亦愛好人發解之類。要曉此意是為公，不為私。

棋所以長吾之精神，瑟所以養我之德性，藝即是道。

人之所以病道者，一資稟，二漸習。

惟精惟一，須要如此涵養。

若是聖人，亦逞一些子精彩不得。

大綱提掇來，細細理會去，如魚龍游于江海之中，沛然無礙。

顧諟謹案：世間學人，非無見頭明亮得窺悟本體者。然無仁守之功，徒憑藉虛見，侈然自足，將所謂知及之者，雖得亦失矣。此種之患，更易染人。苟不知洗滌刷，其始也，望空捉影，畫餅不可以充饑；其究也，鹵莽倡狂，認野葛為滋味，流毒可勝道哉！故終摘類鍛人語，俾人知即知即行，而後其知不為虛見也。

復齋家兄，一日見問云：「吾弟今在何處做工夫？」某答云：「在人情、事勢、物理上做些工夫。」復齋應而已。若物價之低昂，與夫辨物之美惡真僞，則吾不可不謂之能。然吾之所謂做工夫，非此之謂也。

子合嘗問：「學問之道何先？」象山曰：「親師友，去己之不美也。人資質有美惡，得師友琢磨，知己之不美而改之。」子合曰：「是。」請益，不答。象山曰：「子合要某說性善、性惡、伊、洛、釋、老，此等話不副其求，故曰『是』而已」。吾欲其理會此說，所以不答。

曹立之有書於象山曰：「願先生且將孝弟忠信誨人。」象山曰：「立之之謬如此，孝弟忠信如何說『且將』！」

「定夫時宏大磊落，常常如此時好。但莫被枝葉累倒了，須是工夫孜孜不懈，乃得。若少懈，舊習又來。」

問伯敏云：「作文如何？」伯敏云：「近日讀得《原道》等書，猶未成誦，但茫然無入處。」先生云：「《左傳》深于韓、柳，未易入，且讀蘇文可也。此外別有進否？吾友之志要如何？」伯敏云：「所望成人，目今未嘗敢廢防閑。」先生云：「如何樣防閑？」伯敏云：「為其所當為。」先生云：「雖聖人不過如是。但吾友近來精神都死，卻無向來亹亹之意，不是懈怠，便是被異說壞了。夫人學問，當有日新之功，死卻便不是。邵堯夫詩云：『當鍛練時分勁挺，到磨礱處發光輝。』磨礱鍛練，方得此理明，如川之增，如木之茂，自然日進無已。今吾友死守定，如何會為所當為？防閑，古人亦有之，但他底防閑，與吾友別，吾友是硬把捉。告子硬把捉，直到不動心處，豈非難事？只是依舊不是。某平日與兄說話，從天而下，從肝肺中流出，是自家有底物事，何嘗硬把捉？吾兄中間亦云有快活時，如今何故如此？」伯敏云：「固有適意時，亦知自家固有根本，原不待把捉，只是不能久，防閑稍寬，便為物欲所害。」先生云：「此則罪在不長久上，卻如何硬把捉？種種費力，便是有時得意，亦是偶然。」伯敏云：「卻常思量，不把捉無下手處。」先生云：「何不早問？只此一事，是當為不當為。當為底一件大事不肯做，更說甚底！某平日與老兄說底話，想都忘了？」伯敏云：「先生常語以求放心立志，皆歷歷可記。」先生云：「如今正是放其心而不知求也，若果能立，如何到這般田地！」伯敏云：「如何立？」先生云：「立是你立，卻問我如何立！若立得住，何須把捉？孔門惟顏、曾傳道，他未有聞，蓋顏、曾從裡面出來，他人外面入去。今所傳者，乃子夏、子張之徒，外入之學。曾子所傳，至孟子不復傳矣。吾友卻不理會根本，只理會文字。實大聲宏，若根本壯，怕不會做文字！今吾友文字自文字，學問自學問，若此不已，豈止兩段，將百碎。」問：「近日日用常行，覺精健否？胸中快活否？」伯敏云：「近日別事不管，只理會，我亦有適意時。」先生云：「此便是學問根源也。若能無懈怠，暗室屋漏亦如此，造次必於是，顛沛必於是，何患不成！故云『君子以自昭明德』。古之學者為己，所以自昭其明德，今之學者只用心于枝葉，不求實處。孟子云：『盡其心者，知其性。知其性，則知天矣。』心即是一個心，某之心，吾友之心，上而千百載聖賢之心，下而千百載復有一聖賢，其心亦只如此。心之體甚大，若能盡我之心，便與天同，為學只是理會此。誠者自成也，而道自道也，何嘗騰口說！」伯敏云：「如何是盡心？性、才、心、情，如何分別？」先生云：「如吾友此言，又是枝葉。雖然，此非吾友之過，蓋舉世之弊。今之學者，讀書只是解字，更不求血脈。且如情性心才，都只是一般物事，言偶不同耳。」伯敏云：「莫是同出而異名否？」先生曰：「不須得說，說著便不是，將來只是騰口說，為人不為己。若理會得自家實處，他日自明。若必欲說時，則在天者為性，在人者為心，此蓋隨吾友而言，其實不須如此，只是要盡去為心之累者，如吾友適意時，即今便是『牛山之木』一段，血脈只在仁義上。所以令吾友讀此者，蓋欲吾友知斧斤之害其材，有以警戒其心『日夜之所息』，息者，歇也，又曰生息。蓋人之良心為斧斤所害，夜間方得歇息。若夜間得息時，則平旦好惡與常人甚相遠。惟旦晝所為梏亡不止，到後來夜間亦不能得息，夢寐顛倒，思慮紛亂，以致淪為禽獸，人見其如此，以為未嘗有才焉，此豈人之情也哉？只與理會實處，就心上理會。俗諺云：『癡人面前不得說夢。』又曰：『獅子咬人，狂狗逐塊。』以土打獅子，便徑來咬人，若打狗，狗狂只去理會土。聖賢急於教人，故以情以性以心以才說與人，如何泥得？若老兄與別人說定，是說如何樣是心，如何樣是性、情與才，如此分明說得好，剗地不幹我事，須是血脈骨髓，理會實處始得。凡讀書皆如此。」又問「養氣」一段，先生云：「此尤當求血脈，只要理會『我善養吾浩然之氣』。當吾友適意時，別事不理會時，便是浩然。養而無害，則塞乎天地之間。是集義所生者，非義襲而取之也。蓋孟子當時與告子說，告子之意，不得於言，勿求於心，是外面硬把捉底。要之亦是孔門別派，將來也會成，只是終不自然。孟子出於子思，則是涵養成就者，故曰『是集義所生者』。孟子之言，大抵皆因當時之人，處己太卑，而視聖人太高。不惟處己太卑，而亦以此處人，如『是何足與言仁義也』之語，可見不知天之予我者，其初未嘗不同；如『未嘗有才焉』之類，皆以為才乃聖賢所有，我之所無，不敢承當著，故《孟子》說此乃人人都有，自為斧斤所害，所以淪胥為禽獸，若能涵養此心，便是聖賢。讀《孟子》須當理會他所以立言之意。血脈不明，沈溺章句，何益？」

伯敏云：「伯敏于此心能剛制其非，只是持之不久耳。」先生云：「只剛制於外，而不內思其本，涵養之功不至。若得心下明白正當，何須剛制？且如在此說話，使忽有美色在前，老兄必無悅色之心。若心常似如今，何須剛制！」

泰伯只是好勝，見一好事便直前。餘以為，即做得亦不是，事好，心卻不好。

繆文子嘗云：「某始初來見先生，若發蒙然；再見先生，覺心下快活，凡事亦自持，只恐到昏時，自理會不得。」象山云：「見得明時，何持之有。人之於耳，要聽即聽，不要聽則否，於目亦然，何獨於心而不由我乎？」

「繆文子資質亦費力，慕外尤殢，每見他退去，一似不能脫羅網者。天之所以予我者至大、至剛、至直、至平、至公，如此私小做甚底人！須是放教此心公平正直。『無偏無党，王道蕩蕩；無党無偏，王道平平；無反無側，王道正直』。某今日作包顯道書云：『古人之學，不求聲名，不較勝負，不恃才智，不矜功能；今人之學，正坐反此耳。』」

人須是閒時大綱思量，宇宙之間如此廣闊，吾身立於其中，須大做一個人。文子云：「某嘗思量我是一個人，豈可不為人，卻為草木禽獸？」先生云：「如此便又細了。只要大綱思，且如『天命之謂性』，天之所以命我者，不殊乎天，須是放教規模廣大。若尋常思量得，臨事時自省大，不到得被陷溺了。」

丘元壽，從象山聽語累日，自言少時獨喜看《伊川語錄》。象山曰：「一見足下，知留意學問，且從事伊川學者。既好古如此，居鄉與誰遊處？」元壽對以「賦性冷淡，與人寡合。」象山云：「莫有令嗣延師否？」元壽對以「延師，亦不相契，止是托之二子耳。」象山云：「既是如此，平生懷抱欲說底話，分付與誰？」元壽對以「無分付處，有時按視田園老農老圃，雖不識字，喜其真情，四時之間，與之相酬酢居多耳」。象山顧學者笑曰：「以邵武許多士人，而不能有以契元壽之心，契心者乃出於農圃之人，如此是士大夫儒者視農圃間人不能無愧矣。」象山因言：「世間一種恣情縱欲之人，雖太狼狽，其過易於拯救，卻是好人剗地難理會。」嚴松云：「如丘丈之賢，先生還有力及之否？」象山云：「元壽甚佳，但恐其不大耳。人皆可以為堯、舜，堯、舜與人同耳，但恐不能為堯、舜之大也。」元壽連日聽教，方自慶快，且云：「天下之樂，無以加於此。」至是，忽局蹴變色而答曰：「荷先生教愛之篤，但某自度無此力量，誠不敢僭易。」象山云：「元壽道無此力量，錯說了。元壽平日之力量，乃堯、舜之力量，元壽自不知耳。」元壽默然。愈惑，退。嚴松別之，元壽自述「自聽教于先生甚樂，今胸中忽如有物以梗之者，姑鈔先生文集，歸而求之，再來承教」。

顯仲嘗問象山云：「某何故多昏？」象山曰：「人氣稟清濁不同，只是完養不逐物，即隨清明，纔一逐物，便昏睡了。顯仲好懸斷，都是妄意。人心有病，須是剝落，剗落得一番，即一番清明，後隨起來，又剝落，又清明，須是剝落得淨盡方是。」

江泰之嘗問：「某每懲忿窒欲，求其放心，然能暫而不能久，請教。」象山答曰：「但懲忿窒欲未是學問事。便懲窒得全無後，也未是學。學者須是明理，須是知學，然後說得懲窒。知學後懲窒，與常人懲窒不同，常人懲窒，只是就事就末。」

徐仲誠嘗請教於象山，象山使思《孟子》「萬物皆備於我矣。反身而誠，樂莫大焉」一章。仲誠處槐堂一月，一日，問之云：「仲誠思得《孟子》如何？」仲誠答曰：「如鏡中看花。」答云：「見得仲誠也是如此。」顧左右曰：「仲誠真善自述者。」因說與云：「此事不在他求，只在仲誠身上。」既又微笑而言曰：「已是分明說了也。」少間，仲誠因問《中庸》以何為要語，答曰：「我與汝說內，汝只管說外。」良久曰：「句句是要語。」梭山曰：「『博學之，審問之，慎思之，明辨之，篤行之』，此是要語。」象山答曰：「未知學，博學個什麽，審問個什麽，慎思個什麽，明辨個什麽，篤行個什麽！」

趙子新，象山稱歎其美質，謂「人莫不有誇示己能之心，子新為人稱揚反生羞愧；人莫不有好進之心，子新恬淡，雖推之不前；人皆惡人言己之短，子新惟恐人不以其失為告。群居終日，默然端坐，陰有以消夫氣習之澆漓者多矣，可謂人中之一瑞，但不能進境，可憂耳。」或云：「年亦未壯。」答云：「莫道未也，二十歲來。」一日，子新至，語之曰：「莫堆堆地，須發揚。車前不能令人軒，車後不能令人輊，何不發揚！」

徐子宜與先生同赴南宮試，論出「天地之性人為貴」。試後，先生曰：「某欲說底，卻被子宜道盡。但某所以自得受用底，子宜卻無。」曰：「『雖欲自異於天地，不可也。』此乃某平日得力處。」

四明楊敬仲，時主富陽簿，攝事臨安府中，始承教于先生。乃反富陽，先生過之，問「如何是本心？」先生曰：「惻隱，仁之端也。羞惡，義之端也。辭讓，禮之端也。是非，智之端也。此即是本心。」對曰：「簡兒時已曉得，畢竟如何是本心？」凡數問，先生終不易其說，敬仲亦未省。偶有鬻扇者，訟至於庭，敬仲斷其曲直訖，又問如初。先生曰：「聞適來斷扇訟，是者知其為是，非者知其為非，此即敬仲本心。」敬仲大覺，忽省此心之無始末，忽省此心之無所不通。先生嘗語人曰：「敬仲可謂一日千里。」

居象山，多告學者云：「女耳自聰，目自明，事父自能孝，事兄自能弟，本無欠闕，不必他求，在自立而已。」

一夕步月，喟然而歎。包敏道侍，問曰：「先生何歎？」曰：「朱元晦泰山喬嶽，可惜學不見道，枉費精神，遂自擔閣，奈何？」包曰：「勢既如此，莫若各自著書，以待天下後世之自擇。」忽正色厲聲曰：「敏道，敏道！恁地沒長進！乃作這般見解！且道天地間有個朱元晦、陸子靜，便添得些子？無了後，便減得些子？」

詹子南方侍坐，先生遽起，子南亦起，先生曰：「還用安排否？」

先生舉「公都子問鈞是人也」一章云：「人有五官，官有其職，子南因思是便收此心，然惟有照物而已。」他日侍坐先生，無所問。先生謂曰：「學者能常閉目亦佳。」某因此無事則安坐瞑目，用力操存，夜以繼日，如此者半月，一日下樓，忽覺此心已復澄瑩中立，竊異之，遂見先生。先生目逆而視之，曰：「此理已顯也。」某問：「先生何以知之？」曰：「占之眸子而已。」因謂某：「道果在邇乎？」某曰：

「然。昔者嘗以南軒張先生所類洙、泗言仁書考察之，終不知仁。今始解矣。」先生曰：「是即知也，勇也。」某因言而通，對曰：「不惟知、勇，萬善皆是物也。」先生曰：「然。更當為説存養一節。」

朱濟道説：「前尚勇決無遲疑，做得事。後因見先生了，臨事即疑恐不是，做事不得。今日中，只管悔過懲艾，皆無好處。」先生曰：「請尊兄即今自立，正坐拱手，收拾精神，自作主宰。萬物皆備於我，有何欠闕？當惻隱時自然惻隱，當羞惡時自然羞惡，當寬裕溫柔時自然寬裕溫柔，當發強剛毅時自然發強剛毅。」

有學者終日聽話，忽請問曰：「如何是窮理盡性以至於命？」答曰：「吾友是泛然問，老夫卻不是泛然答。老夫凡今所與吾友説，皆是理也。窮理是窮這個理，盡性是盡這個性，至命是至這個命。」

臨川一學者初見，問曰：「每日如何觀書？」學者曰：「守規矩。」歡然問曰：「如何守規矩？」學者曰：「伊川《易傳》、胡氏《春秋》上蔡《論語》、范氏《唐鑒》。」忽呵之曰：「陋説！」良久，復問曰：「何者為規？」又頃問曰：「何者為矩？」學者但唯唯。次日復來，方對學者誦「乾知大始，坤作成物；乾以易知，坤以簡能」一章，畢，乃言曰：「乾《文言》云：『大哉，乾元！』坤《文言》云：『至哉，坤元！』聖人贊《易》，卻只是個簡易字。」道了，偏目學者曰：「又卻不是道難知也。」又曰：「道在邇而求諸遠，事在易而求諸難。」顧學者曰：「這方喚作規矩。公昨日道甚規矩！」

語仲顯云：「風恬浪靜中，滋味深長。」

或有譏先生之教人，專欲管歸一路者。先生曰：「吾亦只有此一路。」

朱、吕二公話及九卦之序，先生因亹亹言之。大略謂「：復是本心復處，如何列在第三卦，而先之以履、謙？蓋履之為卦，上天下澤。人生斯世，須先辨得俯仰乎天地，而有此一身，以達其所履。其所履有得有失，又系於謙與不謙之分。謙則精神渾收，聚於內；不謙則精神渾流，散於外。惟能辯得吾一身所以在天地間舉措動作之由，而斂藏其精神，使之在内而不在外，則此心斯可得而復矣。次之以常固，又次之以損益，又次之以困。蓋本心既復，謹始克終，曾不少廢，以得其常而至於堅固。私欲日以消磨，天理日以澄瑩而為益。雖涉危蹈險，所遭多至困，而此心卓然不動，然後於道有得，左右逢其原，如鑿井取泉，處處皆足。蓋至于此，則順理而行，無纖毫透漏，如巽風之散，無往不入，雖密房奧室，有一縫一罅，即能入之矣」。二公大服。

或問先生之學，當來自何處入？曰：「不過切己自反，改過遷善。」

一學者自晦翁處來，其拜跪語言頗怪。每日出齋，此學者必有陳論，應之亦無他語。至四日，此學者所言已罄，力請誨語。答曰：「吾亦未暇詳論。然此間大綱，有一個規模説與人。今世人淺之為聲色、臭味，進之為富貴、利達，又進之為文章、技藝。又有一般人都不理會，卻談學問。吾總以一言斷之曰：『勝心』。」此學者默然。後數日，其舉動言語頗復常。（文淵閣四庫全書《象山集·象山語錄》卷一—卷四，又見《陸九淵集》，中華書局一九八〇年版，第三九五—四八七頁。）

象山門人

文元楊慈湖先生簡

楊簡，字敬仲，慈溪人。乾道五年進士，調富陽主簿。嘗反觀，覺天地萬物通為一體，非吾心外事。陸象山至富陽，夜集雙明閣，象山數提「本心」二字，先生問：「何謂本心？」象山曰：「君今日所聽扇訟，彼訟扇者，必有一是，有一非。若見得孰是孰非，即決定為某甲是，某乙非，非本心而何？」先生聞之，忽覺此心澄然清明，亟問曰：「止如斯邪？」象山厲聲答曰：「更何有也？」先生退，拱坐達旦，質明納拜，遂稱弟子。已而沿檄宿山間，觀書有疑，終夜不能寐，曈曈欲曉，灑然如有物脫去，此心益明。淳熙元年，母喪，去官，營葬車廄，更覺日用酬應，未能無礙。沉思屢日，一事偶觸，始大悟變化云為之旨，交錯萬變，而虛明寂然。服除，補紹興府理掾，差浙西撫幹。知嵊縣，外艱不赴。起知樂平，召為國子博士，以爭趙汝愚之去，主管台州崇道觀。嘉泰四年，權發遣全州，未上，論罷，主管仙都觀。

嘉定元年，累遷至著作佐郎兼兵部郎官。三年，除著作郎，遷將作少監。面奏：「陛下自信此心即大道乎？」寧宗曰：「然。」問：「日用如何？」寧宗曰：「止學定耳。」先生謂：「定無用學，但不起意，自然靜定，是非賢否自明。」他日又言：「陛下意念不起，已覺如太虛乎？」寧宗曰：「是如此。」問：「賢否是非，歷歷明照否？」寧宗曰：「朕已照破。」先生頓首為天下賀。

出知溫州，督賦之吏不入縣庭，但移文罷妓籍，訪賢人，崇孝養而已。架鑼戟門，令投牒者自鳴，鳴即引入，剖決無時。縣官賢否，即雜訪之，小民之至庭下者，言人人同，乃行黜陟。其待僚屬，方據案書判，有喏于庭者，無問誰何，即釋筆拱答。務以德化感人，民自悅服。

除駕部員外郎，改工部，除軍器監、將作監兼國史院編修官、實錄院檢討官，丐祠而歸，以寶謨閣學士、慈溪縣男、太中大夫致仕。寶慶二年卒，年八十六，謚文元。築室德潤湖上，更名慈湖，遐方僻嶠，婦人孺子，亦知有所謂慈湖先生也。所著有《甲稿》《乙稿》《冠記》《昏記》《喪禮家記》《家祭記》《釋菜禮記》《己易》《啟蔽》等書。

慈湖己易

《易》者，己也，非有他也。以《易》為書，不以《易》為己，不可也；以《易》為天地之變化，不以《易》為己之變化，不可也。天地我之天地；變化我之變化，非他物也。私者裂之，私者自小也。

包犧氏欲形容《易》，是己不可得，畫而為⚋。於戲！是可以形容吾體之似矣。又謂是雖足以形容吾體，而吾體之中，又有變化之殊焉，又無以形容之，畫而為一。一者，吾之一也，⚋者，吾之⚋也，可畫而不可言也，可以默識而不可以加知也。一者，吾之全也，⚋者，吾之分也。全即分也，分即全也。自生民以來，未有能識吾之全者。惟睹夫蒼蒼而清明而在上始能言者，名之曰天；又睹夫隤然而博厚而在下，又名之曰地。清明者吾之清明，博厚者吾之博厚，而人不自知也。人不自知而相與指名曰，彼天也，彼地也，如不自知其為我之手足，而曰彼手也，彼足也，如不自知其為己之耳目鼻口，而曰彼耳目也，彼鼻口也，是無惑乎？自生民以來，面牆者比比，而不如是昏之甚者，見謂聰明也。

夫所以為我者，毋曰血氣形貌而已也，吾性澄然清明而非物，吾性洞然無際而非量。天者吾性中之象，地者吾性中之形，故曰「在天成象，在地成形」，皆我之所為也，混融無內外，貫通無異殊，觀一畫，其指昭昭矣。厥後又繫之辭曰乾，乾，健也，言乎千變萬化，不可紀極，往古來今無所終窮，而吾體之剛健，未始有改也；言乎可指之象，則所謂天者是也。天即乾，健者也，天即一畫之所似者也，天即己也，天即《易》也。地者，天中之有形者也。吾之血氣形骸，乃清濁陰陽之氣合而成之者也，吾未見夫天與地與人之有三也。三者形也。一者性也，亦曰道也，又曰《易》也，名言之不同，而其實一體也。故夫乾彖之言，舉萬物之流行變化，皆在其中，而六十四卦之義，盡備于乾之一卦矣。

自清濁分，人物生，男女形，萬物之在天下未嘗不兩，曰天與地，曰晝與夜，曰夫與婦，曰君與臣，曰尊與卑，曰大與小，曰貴與賤，曰剛與柔，曰動與靜，曰善與惡，曰進與退，曰實與虛。博觀縱觀，何者非兩？⚋者，所以象此者也。又繫之辭曰，坤。坤，順也，明乎地、與妻、與臣、與柔之類也，然非有二道也。坤者，兩畫之乾；乾者，一畫之坤也，故曰「天地之道，其為物不貳，則其生物不測」。又曰：「明此以南面，堯之所以為君也；明此以北面，舜之所以為臣也。」又曰：「吾道一以貫之。」則夫乾坤之彖，雖有大哉至哉之辨，以明君臣上下之分，而無二元也。坤爻又曰「直方大」。又曰：「以大終也」。又以明大與至之無二旨，乾與坤之無二道也。

乾何以三一也？天，此物也，人，此物也，地，此物也，無二一也，無二己也，皆我之為也。坤何以三⚋也？天有陰陽、日月、明晦也，地有剛柔、高下、流止也，人有君臣、夫婦、貴賤、善惡也。☳天下固有如此者也，聖人繫之辭曰「震」，明乎如此者，陽為主，自下而動且起也，此我之變態也。☴天下固有如此者也，聖人繫之辭曰「巽」，明乎如此者，陰為主，陰入于下，柔隨之類也，此又我之變態也。☵天下又有如此者也，聖人繫之辭曰「坎」，言陽陷乎兩陰之中，內陽而外陰，水之類也，此我之坎也。☲天下又有如此者也，聖人繫之辭曰「離」，言陰柔不能以自立，麗乎兩剛，又有陽而中虛，為火之類也，此我之離也。天下又有☶者，陽剛止截乎其上，故繫之辭曰「艮」，艮，止也，明乎我之止也。天下又有☱者，陰柔散乎其外，故繫之辭曰「兌」，兌，說也，明乎我之說也。

舉天地、萬物、萬化、萬理皆一而已矣，舉天地、萬物、萬化、萬理皆乾而已矣。坤者，乾之兩，非乾之外復有坤也。震、巽、坎、離、艮、兌又乾之交錯散殊，非乾之外復有此六物也，皆吾之變化也。不以天地、萬物、萬化、萬理為己，而惟執耳目鼻口四肢為己，是剖吾之全體而裂取分寸之膚也，是梏于血氣而自私也，自小也，非吾之軀止于六尺七尺而已也。坐井而觀天，不知天之大也。坐血氣而觀己，不知己之廣也。

元亨利貞，吾之四德也，吾本無此四者之殊，人之言之者自殊爾。人推吾之始，名之曰元，又曰仁；言吾之通，名之曰亨，又曰禮；言吾之利，名之曰利，又曰義；言吾之正，名之曰貞，又曰固。指吾之剛為九，指吾之柔為六，指吾之清濁為天地，指吾之震、巽為雷風，指吾之坎、離為水火，指吾之艮、兌為山澤，又指吾之變而化之、錯而通之者為六十四卦、三百八十四爻。

以吾之照臨為日月，以吾之變通為四時，以吾之散殊于清濁之兩間者為萬物，以吾之視為目，以吾之聽為耳，以吾之噬為口，以吾之握為手，以吾之行為足，以吾之思慮為心。言吾之變化云為深不可測，謂之神，言吾心之本曰性，言性之妙，不可致詰，不可以人為加焉曰命。得此謂之德，由此謂之道，其覺謂之仁，其宜謂之義，其履謂之禮，其明謂之智，其昏謂之愚，其不實謂之偽，其得謂之吉，其失謂之凶，其補過謂無咎，其忻然謂之喜，其慘然謂之憂，悔其非謂之悔，嗇而小謂之吝，其不偏不過謂之中，其非邪謂之正，其盡焉謂之聖，其未盡焉謂之賢，言乎其變謂之易，言乎其無所不通謂之道，言乎無二謂之一。今謂之己，謂之己者，亦非離乎六尺而復有妙己也，一也。二之者，私也，梏也。安得無私與梏者而告之？姑即六尺而細究之。目能視，所以能視者何物？耳能聽，所以能聽者何物？口能噬，所以能噬者何物？鼻能嗅，所以能嗅者何物？手能運用屈伸，所以能運用屈伸者何物？足能步趨，所以能步趨者何物？血氣能周流，所以能周流者何物？心能思慮，所以能思慮者何物？目可見也，其視不可見；耳可見也，其聽不可見；口可見，噬者不可見；鼻可見，嗅者不可見；手足可見，其運動步趨者不可見；血氣可見，其使之周流者不可見；心之為臟可見，其能思慮者不可見。其可見者，有大有小，有彼有此，有縱有橫，有高有下，不可得而一。其不可見者，不大不小，不彼不此，不縱不橫，不高不下，不可得而二。視與聽若不一，其不可見則一；視聽與噬嗅若不一，其不可見則一；運用、止趨、周流、思慮若不一，其不可見則一。是不可見者，在視非視，在聽非聽，在噬非噬，在嗅非嗅，在運用屈伸非運用屈伸，在步趨非步趨，在周流非周流，在思慮非思慮。視如此，聽如此，噬如此，嗅如此，運用如此，步趨如此，周流如此，思慮如此，不思慮亦如此。晝如此，夜如此，寐如此，寤如此，生如此，死如此，天如此，地如此，日月如此，四時如此，鬼神如此，行如此，止如此，古如此，今如此，前如此，後如此，彼如此，此如此，萬如此，一如此，聖人如此，衆人如此。自有而不自察也，終身由之而不知其道也。爲聖者不加，為愚者不損也。自明也，自昏也。此未嘗昏，此未嘗明也。

或者蔽之二之，自以為昏為明也。昏則二，明則一，明因昏而立名，不有昏者，明無自而名也。昏明皆人也，皆名也，非天也。天即道，天即乾，天即《易》，天即人。天與人亦名也。《大傳》曰：「鼓萬物而不與聖人同憂。」此非先聖之言也。憂即天，萬物即天。孔門之徒，聞聖人之言而差之，以己意參其間，而有是言也，此非吾孔子之言也。「吾道一以貫之」，此孔子之言也。其曰：「易與天地準。」此亦非孔子之言也。何以明之？天地即《易》也，幽明本無故，不必曰「仰觀俯察」而後知其故也。死生本無說，不必「原始要終」而後知其說也。是皆非吾孔子之言也，其徒之己說也。神即《易》，道即善，其曰「繼之者善也」，離而二之也。離道以善，莊周陷溺乎虛無之學也，非聖人之大道也。孔子曰：「易其至矣乎！」夫《易》，聖人所以崇德而廣業也，此孔子之言也。聖人即《易》也，德業即《易》也，繼曰「天地設位，而易行乎其中」，又非孔子之言也。何者？離《易》與天地而二之也。「子曰」之下，其言多善，閒有微礙者，傳錄紀述者之差也，其大旨則善也。不繫之「子曰」者，其言多不善，非聖人之言故也。乾即《易》，坤即《易》，其曰：「乾坤毁則無以見《易》，《易》不可見，則乾坤或幾乎息。」又曰「形而上者謂之道，形而下者謂之器。」其非聖言，斷斷如白黑，如一二之易辨也。凡如此類，不可勝紀。

善學《易》者，求諸己，不求諸書。古聖作《易》，凡以開吾心之明而已。不求諸己而求諸書，其不明古聖之所指也甚矣。自古聖指東，學者求西，讀書者滿天下，省己者千無一，萬無十。孔氏之門，學者不知其幾，而日至者無幾也，月至者又無幾也，三月不違者，顏氏子一人而已。他日子夏、子張、子游以有若似聖人矣，而況于不在孔門者乎！幸有一曾子獨不然，曰：「不可。江、漢以濯之，秋陽以暴之，皜皜乎不可尚已！」此豈訓詁之所能解也？知之者，自知也，不可以語人也。所可得而語人者，曰「吾無行而不與二三子者」而已，終不可得言也。曰「吾有知乎哉？無知也」而已，實無得以告人也。何為其然也？尚不可得而思也，矧可得而言也？尚不可得而有也，矧可得而知也？

然則昏者亦不思而遂已，可乎？曰：正恐不能遂已。誠遂已，則不學之良能，不慮之良知，我所自有也，仁義禮智我所自有也，萬善自備也，百非自絕也，意、必、固、我無自而生也，雖堯、舜、禹、湯、文、武、周公、孔子何以異于是！雖然，思亦何害于事？箕子曰「思曰睿」。孔子曰：「學而不思則罔」。周公仰而思之，夜以繼日，思亦何害于吾事也？

「庸言之信，庸行之謹」，不可以精粗論也。儆戒無虞，罔失法度，正《易》道之妙也。堯、舜「允執厥中」，執此也，兢兢業業弗敢怠也。禹之「克艱」，不敢易也。湯「改過不吝」，去其不善而復于善也。文王翼翼，小心也。信吾信，謹吾謹，儆戒吾儆戒，執吾執，兢兢吾兢兢，業業吾業業，艱吾艱，改吾改，翼翼吾翼翼，無二我也，無二《易》也。既曰「天下何思何慮」，而又曰執，曰兢兢業業，曰艱，曰改過，曰翼翼。無思無慮者，固如此乎？但兢兢，但業業，但克艱而弗易，但改過，但翼翼，方兢兢業業克艱而不易時，此心果可得而見乎？果不可得而見乎？果動乎？果不動乎？特未之察耳。似動而不移也，似變而未嘗改也。不改不移，謂之寂然不動可也，謂之無思無慮可也，謂之不疾而速、不行而至可也，此天下之至動也，此天下之至賾也。象也者，像此者也，爻也者，傚此者也，非賾自賾、動自動也，一物而殊名也，一人而姓名字行之不同也。此非沈虛陷寂者之所能識也，亦非憧憧往來者之所能知也，然而至易也，至簡也。

或者自以為難，近取諸身，殊不遠也。身猶遠耳，近取諸心，即此心而已矣。曾子傳之，曰：「夫子之道，忠恕而已。」孟子學之，曰：「仁，人心也。」又曰：「惻隱之心，人皆有之，羞惡之心，人皆有之。」又曰：「今人乍見孺子將入于井，皆有怵惕惻隱之心，非所以內交于孺子之父母也，非所以要譽于鄉黨朋友也。」於戲！此足以指明人心之本良矣。而學者往往遂領孟子之意，而不復疑其有他者，千萬而不一二也。故孟子言必稱堯、舜，于以知孟子之言雖諄諄，而當時之聽之者多藐藐。此道甚明甚易甚簡，而人自疑自惑不信。使當時聞言而遂信者眾，必不至勞孟子諄諄如此也。能識惻隱之真心于孺子將入井之時，則何思何慮之妙，人人之所自有也；純誠洞白之質，人人之所自有也；廣大無疆之體，人人之所自有也。

此心常見于日用飲食之間，造次顛沛之間，而人不自省也。孔子曰：「造次必于是，顛沛必于是。」子思曰：「道也者，不可須臾離也，可離非道也。」當曰「道也者，未始須臾離也」。非曰「造次閒為之，顛沛閒為之。無須臾而不為也」。是心本一也，無二也，無嘗斷而復續也，無嚮也不如是而今如是也，無嚮也如是而今不如是也。晝夜一也，古今一也，少壯不強而衰老不弱也。可強可弱者血氣也，無強無弱者心也，有斷有續者思慮也，無斷無續者心也。能明此心，則思慮有斷續，而吾心無斷續，血氣有強弱，而吾心無強弱，有思無思，而吾心無二。不能明此心，則以思慮為心，雖欲無斷續不可得矣！以血氣為己，雖欲無強弱，不可得矣，雖欲造次于是，顛沛于是，無須臾不于是，勉強從事，不須臾而罷矣。況于造次乎！況于顛沛乎！

《書》曰：「作德心逸日休，作偽心勞日拙。」如此則亦偽而已矣，非誠也。孔子曰：「主忠信。」忠信者，誠實而已，無他妙也，而聖人以是為主本。或者過而索之，外而求之，必反失。忠信之心，即道心，即仁義禮智之心，即「不勉而中、不思而得」之心。「通于一，萬事畢」，「差之毫釐，繆以千里」。「不遠復」，此心復也；「頻復」，頻放而頻反也，亦危矣！然已復則如常矣，無咎也。得此則吉，失此則凶，無虞他日之吉凶，但觀一念慮之得失。當乾之初而不肯潛，此心放也。當五而不能飛，此心固也；當三而不惕，此心慢也；

當四而不疑，此心止也。循吾本心以往，則能飛能潛，能疑能惕，能用天下之九，亦能用天下之六，能盡通天下之故，仕止久速一合其宜，周旋曲折各當其可，非勤勞而為之也，吾心中自有如是十百千萬散殊之正義也。「禮儀三百，威儀三千」，非吾心外物也。故曰：「性之德也，含內外之道也，故時措之宜也。」言乎其自宜也，非求乎宜者也。

孔子曰：「道不遠人，人之為道而遠人，不可以為道。」人之為道似善矣，而孔子截截斷斷，甚言其不可。孟子竊之亦曰：「人之所不學而能者，其良能也；所不慮而知者，其良知也。孩提之童，無不知愛其親者，及其長也，無不知敬其兄也。」此豈計度而圖之也？此豈擬議而成之也？「擬議而成其變化」，此非聖人之言也，學者之臆說也。孰知夫「君子終日乾乾」而非意也？「頻復」「獨復」而非反也？「利于不息之貞」而非升也？「震來虩虩」非懼也？「其亡其亡」非慮也？「何天之衢，亨」非通也？「括囊無咎無譽」非閉也？「三日不食」非窮也？「揚于王庭」非得志也？「介于石」非止也？「出門同人」非往也？若終日用之而鬼神莫我識也，聖智莫我測也，雖我亦有所不自知，而況于他人乎！如秋陽之暴，至白而無瑕也。如江、漢之濯，至潔而無滓也。混混乎無涯無畔無始無終也。

天地非大也，毫髮非小也，晝非明也，夜非晦也，往非古也，此非今也，他日非後也，鳶飛戾天非鳶也，魚躍于淵非魚也，天下被日月之明照，而不知其自我也，天下霑雨露之潤，而不知其自我也，天下畏雷霆之威，而不知其自我也，日夜行乎我已之中，而以為他物也，其曰「範圍天地」「發育萬物」也，非過論也。孔子曰：「哀樂相生，雖使正明目而視之，不得而見也；傾耳而聽之，不得而聞也。」哀樂必有形，哭笑必有聲，而曰不可見不可聞，何也？此非心思之所能及也，非言語之所能載也，我之所自有也，而不可知也，不可識也。

書不盡言，言不盡意，未有知近而不知遠也，未有知小而不知大也，遠近一物也，小大無二體也。閨門之內，若近而實遠也，若小而實大也，即敬即愛，無不通矣，有倫有敘，無不同矣，放之東海之東而準也，放之西海之西而準也，放之南海之南而準也，放之北海之北而準也，不可思也，不可遠也。（文淵閣四庫全書《慈湖遺書》卷七）

絕四記

人心自明，人心自靈，意起我立，必固礙塞，始喪其明，始失其靈。孔子日與門弟子從容問答，其諄諄告戒，止絕學者之病，大略有四：曰意，曰必，曰固，曰我。門弟子有一于此，聖人必止絕之。毋者，止絕之辭。知夫人皆有至靈至明，廣大聖智之性，不假外求，不由外得，自本自根，自神自明，微生意焉，故蔽之；有必焉，故蔽之；有固焉，故蔽之；有我焉，故蔽之；昏蔽之端，盡由于此，故每每隨其病之所形而止絕之，曰毋如此，毋如此。聖人不能以道與人，能去人之蔽爾。如太虛未始不清明，有雲氣焉，故蔽之，去其雲氣，則清明矣。夫清明之性，人之所自有，不求而獲，不取而得，故《中庸》曰：「誠者自成也，而道自道也。」《孟子》曰：「惻隱之心，人皆有之，羞惡之心，人皆有之，恭敬之心，人皆有之，是非之心，人皆有之。仁義禮智非由外鑠，我固有之也。」

何謂意？微起焉皆謂之意，微止焉皆謂之意。意之為狀，不可勝窮，有利有害，有是有非，有進有退，有虛有實，有多有寡，有散有合，有依有違，有前有後，有上有下，有體有用，有本有末，有此有彼，有動有靜，有今有古，若此之類，雖窮日之力，窮年之力，縱說橫說，廣說備說，不可得而盡。

然則心與意奚辨？是二者未始不一，蔽者自不一。一則為心，二則為意，直則為心，支則為意，通則為心，阻則為意。直心直用，不識不知，變化云為，豈支豈離？感通無窮，匪思匪為。孟子明心，孔子毋意，意毋則此心明矣。心不必言，亦不可言，不得已而有言。孔子不言心，惟絕學者之意，而猶曰「予欲無言」，則知言亦起病，言亦起意，姑曰「毋意」。聖人尚不欲言，恐學者又起無意之意也。離意求心，未脫乎意。直心直意，匪合匪離，誠實無他，道心獨妙。匪粗匪索，匪學匪精，一猶贅辭，二何足論！十百千萬，至于無窮，無始無終，非眾非寡，姑假以言，謂之一貫。愈辯愈支，愈說愈離，不說猶離，況于費辭。善說何辭？實德何為？雖為非為，我自有之。「不可度思，矧可射思。」「周公仰而思之，夜以繼日」，非意也。孔子「臨事而懼，好謀而成」，非意也。此心之靈，明踰日月，其照臨有甚于日月之昭臨。日月能照容光之地，不能照蔀屋之下，此心之神，無所不通，此心之明，無所不照，昭昭如鑑，不假致察，美惡自明，洪纖自辨，故孔子曰：「不逆詐，不億不信，抑亦先覺。」夫不逆不億而自覺者，光明之所照也，無以逆億為也。嗚呼！孔子亦可謂善于發明道心之妙矣。亦大明白矣！而能領吾孔子之旨者有幾！鑑未嘗有美惡而亦未嘗無美惡，鑑未嘗有洪纖而亦未嘗無洪纖，吾心未嘗有是非利害而亦未嘗無是非利害。人心之妙，曲折萬變，如四時之錯行，如日月之代明，何可勝窮，何可形容，豈與夫費思力索，窮終身之力而茫然者同！

何謂必？必亦意之必，必如此，必不如彼，必欲如彼，必不欲如此。大道無方，奚可指定？以為道在此則不在彼乎？以為道在彼則不在此乎？必信必果，無乃不可，斷斷必必，自離自失。

何謂固？固亦意之固，固守而不通，其道必窮；固守而不化，其道亦下。孔子嘗曰：「我則異于是，無可無不可。」又曰：「吾有知乎哉！無知也。」可不可尚無，而況于固乎？尚無所知，而況于固乎？

何為我？我亦意之我，意生故我立，意不生我亦不立。自幼而乳，曰我乳，長而食，曰我食，衣曰我衣，行我行，坐我坐，讀書我讀書，仕宦我仕宦，名聲我名聲，行藝我行藝，牢堅如鐵，不亦如塊，不亦如氣，不亦如虛。不知方意念未作時，洞焉寂焉，無尚不立，何者為我！雖意念既作，至于深切時，亦未嘗不洞焉寂焉，無尚不立，何者為我！

蓋有學者自以為意、必、固、我咸無，而未免乎行我行，坐我坐，則何以能範圍天地，發育萬物？非聖人獨能範圍而學者不能也，非聖人獨能發育而學者不能也，聖人獨得我心之同然爾，聖人先覺，學者後覺爾。一日覺之，此心無體，清明無際，本與天地同，範圍無內外，發育無疆界。學者喜動喜進，喜作喜有，不墮于意，則墮于必，不墮于固，則墮于我。墮此四者之中，不勝其多，故先聖墮其所墮而正救之，止絶之，其誨亦隨以多，他日門弟子欲記其事，每事而書，則不勝其書，總而記于此。某即其所記，推見當日之事情，坦然灼然，而先儒未有發揮其然者。先儒豈不知毋義非無，而必以毋為無者，謂此非學者所及，惟聖人可以當之，故不得不改其義為無，而獨歸之孔子。先儒不自明己之心，不自信己之心，故亦不信學者之心。吁！賊天下萬世之良心，迷惑天下萬世至靈至明之心，其罪為大。某大懼先聖朝夕諄諄告戒切至之本旨隱没而不白，使後學意態滋蔓，荊棘滋植，塞萬世入道之門，不得已故書。（文淵閣四庫全書《慈湖遺書》卷二—卷三）

宗羲案：象山說顏子克己之學，非如常人克去一切忿慾利害之私，蓋欲于意念所起處，將來克去，故慈湖以不起意為宗，是師門之的傳也。而考亭謂「除去不好底意見則可，若好底意見，須是存留，畢竟欲除意見，則所行之事，皆不得已去做，才做便忘，所以目視霄漢，悠悠過日下梢，只成得個狂妄也」。案慈湖之告君曰：「此心即道，惟起乎意則失之。起利心焉則差，起私心焉則差，起權心焉則差。作好焉，作惡焉，凡有所不安于心焉皆差。即此虛明不起意之心以行，勿損勿益，自然無所不照。」然則不起意之旨亦略可識矣，又何曾若考亭之言邪！但慈湖工夫入細不能如象山，一切經傳有所未得處便硬說闢倒，此又學象山而過者也。

正獻袁絜齋先生燮

見《金溪學案之二》。

文靖舒廣平先生璘

舒璘，字元質，一字元賓，奉化人也。婦翁為同里童大定，楊文靖公弟子也，故先生少得聞伊洛之說。先生狀貌不踰中人，而雅有大志，恥以一善自名。每自循省：苟不聞道，何以為人？汲汲乎如饑者之索食。游太學，結交皆良友。時張宣公宦中都，請教焉，有所開警。朱子與呂成公講學於婺，徒步往從之，以書告其家曰：「敝床疏席，總是佳趣，櫛風沐雨，反為美境。」又與其兄琥、弟琪同受業陸子之門，兄弟皆頓有省悟。先生則曰：「吾非能一蹴而至其域也，吾惟朝夕於斯，刻苦磨厲，改過遷善，日有新功，亦可以弗畔云爾。」於是躬行愈力，德性益明。其學以篤實不欺為主。成乾道八年進士，為江西轉運司幹官。有忌之者，望風心議，及與之處，了無疑間。教授徽州，徽之士習久壞，先生奮然曰：「士之美惡，獨不在我乎！」則以身率之，教以日用常行之道，諸生漸知所向方。先生不憚勤勞，日日詣講，隆冬酷暑，未嘗少怠。築風雩亭，以時會集，暮夜亦問往。日有講求涵泳之功，質有頑鈍不善者，循循善誘，不敢加忿疾，端榘矱以感格之。謂諸生曰：「某亦幼不知學，及壯入成均，藉師友發明，以拯淪胥之患，今欲以其所同然者，公之君輩。」新安宿儒楚椿、汪廷佑等，先生以書幣延之為學正。有辭不至者，卑詞宛轉，托其親友以致之，使學者知所矜式。又著《詩》《禮》二解以授學者。時沈公叔晦為國錄，先生曰：「師道尊嚴，吾不如叔晦，若啟迪後進，吾不敢多遜。」於是司業汪逵首欲薦先生，或謂舉員已足，逵曰：「吾職當舉教官，舍元質其誰先？」卒薦之。留丞相正曰：「天下第一教官也。」而徽人亦曰：吾鄉學問之途，賴先生室而複通。」

先生素以天下為己任，雖居冷官，未嘗忘世事。時時為徽之牧守言荒政、茶鹽、常平、義倉、役法，皆鑿鑿可見之施行，牧守雖不能盡用，間有所采。尤留心中朝治亂之故。樓宣獻公授舍人，先生貽之書曰：「十月震電，甚異，大防當思所以為宗社久安計，不致以賀詞進。」甯宗即位，先生貽徐忠文公書曰：「聞山陵地尚未定，聞大安宮只就南內，又聞新君猶未得躬問寢禮，不審遲疑何故？某憂國之念，搖搖如懸旌。」又曰：「民命病極矣！水災甚廣，中朝曾作利害事拈出否？」又貽陳郎中英仲書曰：集賢總百官，晦翁侍講席，杞國野人之憂，若皆相時潔身以退，緩急將誰任？」已而朱文公等相繼去國，先生歎曰：「吾輩短氣矣！」呂忠公南竄，先生貽之書曰：諸君子亦次第位乎朝矣，而傳聞時政尚猶泮渙。事固不可以驟，然今日諸賢，大約回護之功多，而誠實之意少，上焉者議論不切事情，下焉者只欲相安無事。雖有憂國之心，未有善後之機，日復一日，機不再來，甚可憂也。及聞諸公多求退，先生又貽之書曰：「某不勝「所冀緝熙學力，不磷不緇，否泰迴圈，吾道未必終窮也。」蓋先生之惓惓世道者如此。

初，諸公欲薦先生，皆力止之，曰：「是非吾志也。」其後，自禮部尚書尤袤以下，推挽者眾，不得已，受之，然不稱門生，嘗答諸舉主書曰：利欲之移人，孔門自顏、閔之外，如仲弓、子夏、子路、子張之徒皆未免。厥後士益失己，僥倖于富貴利達者眾，而孟軻氏灼見義理之原，欲挽其弊而返之，於是有龍斷之喻、墦間之喻、鑽穴之喻，所以起天下之羞惡之心，而世莫之聽。上之所謂旁求俊彥既喪，下之所謂素位而行又乖，故上則挾富貴以監下，下亦冒廉恥而幹上，薦之者既自以為恩於彼，而受者亦以為恩於我，遂使聖人舉賢之公道，一變而為干祿之私情，拜爵公朝，謝恩私室，門生恩府之稱，自唐以來數百年，名卿大夫亦未能變。豈不曰人皆有欲貴之心，人應有報德之事，彼既以知己遇我，吾不委己而歸之，非人情歟！抑不知古人之事上，苟理義相同，則志意交孚，其合也，講道於一堂，其睽也，晤對於千里，出處用舍，禍福利害，其關節脈理之相應，雖無私情之感，而斷金之利，蓋有終其身而不忘者。苟其舍是，而必欲委己以露其感恩之狀，所舉賢邪，知己之報固當，不然，見利則逝，見便則奪，而亦何恩之有？蓋勢利之交出乎情，道誼之交出乎理，情易變，理難忘也。諸舉主得書，亦雅重之。

遷平陽縣，以太守政頗苛，舉民病上告，辭嚴義正，太守為之改容。聽斷訟獄，人服其平。踰年，自喜曰：簿書鞅掌，幸不至以勞勸喪本心，蒙雜而著，聖言豈欺我哉！秩滿，通判宣州，未赴，卒，徽之士子祠之學宮。

楊文元公嘗曰：「元質孝友忠實，道心融明。」袁正獻公則曰：「元質平生髮於言語，率由中出，未嘗見其一語之妄，所謂『有孚盈缶』者。」樓宣獻公亦曰：「元質如熙然之陽春。」所著有《詩學發微》《詩禮講解》《廣平類稿》。淳祐中，賜諡文靖。先生嘗自言朴拙不能文章，然淳祐詔正文體，特舉先生文，稱其厚重質實，以為世鵠。予求得其《類稿》殘本，讀之，則固德人之言也。五子，曰銔、鉦、銑、鍇、鐻，皆能傳其家學，未嘗一毫苟求。銔為沈端憲婿，銑為楊文元婿。（黃氏原本，全祖望修之加詳）

廣平類稿

成物之道，咸在吾己，我念無虧，精神必契，一或有欠，無限格言，總成虛語，端知為己之學，誠不宜一毫有虧損也。

持敬之說，某素所不取。我心不安，強自體認，強自束縛，如篾箍桶，如藤束薪，一旦斷決，散漫不可收拾，理所宜然。夫子教人，何嘗如是？入孝出弟，言忠信，行篤敬，出門如見賓，使民如承祭，此等在孩提便可致力。從事無斁，則此心不放，此理自明。（以上《答葉養源》，文淵閣四庫全書《舒文靖集》卷上）

此身不過天地間數十年之物，而昭然理義，蓋千古不磨。平時要著明處，不可以數十年之物而失其所謂不磨者。（《與吕子約》，文淵閣四庫全書《舒文靖集》卷上）

本原既明，是處流出，以是裕身則寡過，以是讀書則畜德，以是齊家則和，以是處事則當。（《答袁恭安》，文淵閣四庫全書《舒文靖集》卷上）

平時以聖賢經書、前輩議論妝裹作人，自己良心元不明白，一旦處外境不動，難矣哉！（《答劉淳之》，文淵閣四庫全書《舒文靖集》卷上）

書曰：「德惟純一，動罔不吉。」純一是心，乃克主善。善為吾主，動靜皆應，雖酬酢萬事，罔有他適，則向之所謂雜者，自無所容立矣。不然，雖外境若相宜，而失己殊甚，欲其日新，難矣。（《答趙公夫》，文淵閣四庫全書《舒文靖集》卷上）

廣平《答劉淳之書》曰：「西美先兄進學之初，親庭甚喜，先妣未能無疑，一日問曰：『為學僅好，萬一饑餓，如之何？』曰：『饑餓自當順受，若不知學，必須隕獲失措，寡廉鮮恥，惟知學乃能安於義命，隨順區處，終不至喪身失節。子曰：『君子固窮，小人窮斯濫矣。』』妣氏聞之，乃釋然大喜。」（文淵閣四庫全書《舒文靖集》卷上）

舒廣平《答袁恭安》曰：「晦翁當世人傑地步，非吾儕所及。其有不合者，姑置之。向在新安，未嘗與諸友及此。後有發者，能自知之。

後生未聞道，吾儕之論一出，便生輕薄心，未能成人，反以誤人。」（《答趙公夫》，文淵閣四庫全書《舒文靖集》卷上）

宗羲案：廣平之集，久不傳矣，近得之其子孫。所論常平、茶鹽、保長、義倉、荒政，皆鑿鑿可見之行事，而言學者甚寡，則其遺逸者尚多也。今刪節一二，亦可以知其大概矣。

《象山行狀》載有子、伊川事，鄙意謂此等未易輕以告人，人情欺蔽，道心不著，不知者，徒生矛盾，既知之，彼自能辨。此間尊晦翁學甚篤，某不暇與議。良心既明，往往不告而知，用是益知自反，不敢尤人。（《與楊敬仲》，文淵閣四庫全書《舒文靖集》卷上）

鄉貢舒先生琥

舒琥，字西美，文靖兄也，鄉貢進士，共學于陸子。兄弟家居，講貫若合符契，罔有差別，陸子稱其樸茂無他蹊徑云。

舒先生琪

舒琪，字元英，文靖弟也，共學于陸子。家居教授鄉曲子弟，亹亹可觀，慈湖雅重之。

通判傅曾潭先生夢泉

見《紫陽學案》。

主簿傅琴山先生子雲

傅子雲，字季魯，號琴山，金溪人。成童，登象山門，以其少，使先從鄧文范，尋晉弟子之位。象山歸自京師，先生亦入太學，道相值，共泛桐江，答問如回應。天山精舍成，學者坐以齒，先生在末席，象山令設一席于旁，時命先生代講。或頗疑之，象山曰：「子雲天下英才也。」及出守荊門，使居精舍，象山摯手語之曰：「書院事，俱以相付，其為我善永薪傳。」謂諸生曰：「吾遠守小郡，不能為諸君掃清氛翳，幸有季魯在，願相親近。」象山嘗謂先生骨相寒薄，道雖明，恐不得行。晚奉大對，葛丞相邲期以首選，不果。先生曰：「場屋之得失窮達不與焉，終身之窮達賢否不與焉。」時人以為名言。

主甌寧簿，決訟必傳經義，人人服之。先生嘗作《保社議》，其中言鄭康成注《周禮》，半是緯語，半是莽制，可取者甚少。象山最是其言。紹定四年，袁甫持節西江，修明象山之學，為建象山書院，時槐堂高足惟先生在，巋然上座。所著有《易傳》《論語集傳》《中

庸大學解》《童子指義》《離騷經解》。撫州守葉夢得，故先生弟子，建三陸祠于金溪，以先生配。（黄氏原本，全祖望修之加詳）

推官鄧直齋先生約禮

鄧約禮，字文範，本盱江人，以婿于李侍郎橘園，遂家臨川。橘園于陸子為前輩，而論學最契，故先生與其妻弟肅皆師象山，在槐堂中稱齋長。有求見象山者，象山或令先從先生問學。登淳熙五年進士，官德化丞，兼攝邑事，葺理凋敝，得民心。象山貽書當路，盛稱其治。為溫州教授，與葉水心相得甚歡。調常德府推官，卒於官。

先生篤于庸行，嘗謂人曰：「某得一官，但能少濟諸貧困兄弟耳。」象山嘗稱：「夢泉宏大，約禮細密。」學者稱直齋先生。先生嘗與同門生利元吉，彙建昌自有科舉以來進士為題名碑，而請朱子為之記，且言願發明國家所以教人取士之意有異于古，欲使學者讀之而知所警。朱子甚善其言，因謂：「二君蓋皆嘗有所學，而得其所貴於己者，但推其說以告於鄉之後進，使之因所感發，以求夫古人之所以教者，盡心而有得焉，則聲名文字之盛，彼將有所不屑，而況不義之富貴也？」說者但見朱子晚年多排象山，然觀記中之語，則其以公義相取者，又未嘗不在也。（黄氏原本，全祖望修之加詳）

黄先生叔豐

黄叔豐，字元吉，金溪人，象山仲兄九敘之婿。師事象山最久，象山詳其及門之士，首傅子淵，次鄧文範，次即先生。善學不自發問，每誘致諸生來授學，令其各以疑義前請，而從旁聽之。象山知荊門軍，先生從之，記所答問之語，題曰《荊州日錄》。時陳止齋始以漕至，貽書象山論學，而傅子淵亦分教衡陽，先生往焉。止齋初有疑於子淵之言，及先生至，始深信之。象山嘗曰：「元吉相從一十五年，最得老夫鍛練之力。其前數年方逐外，中間數年換入一意見窠窟去，數年換入安樂窠窟去，近年痛加鍛練，始壁立無依傍。」而同門生嚴松直言先生之學，當出子淵之上。（黄氏原本，全祖望修之加詳）

嚴先生松

見《金溪學案之一》。

胡先生大時

見《紫阳學案》。

曹無妄先生建

見《紫陽學案》。

萬先生人傑

見《紫陽學案》。

劉先生孟容

劉孟容，字公度，隆興人，靜春先生子澄之族人也。舊從學於子澄，亦嘗學于陸子。嘗以書勸朱子，弗為講學之爭，朱子答以「臨川近說愈肆，《荊舒祠記》曾見之否？此等議論，皆學問偏枯，見識昏迷之故」。而私意又從而激之，若公度之說行，則此等事無人管矣。」又貽書云：「建昌士子過此者多，方究得彼中道理端的是異端，誤人不少。向見賢者亦頗好之，近亦覺其非否？」

曾先生祖道

曾祖道，字宅之，盧陵人，劉子澄之徒也。嘗師象山，其後為朱子之學。有云：「陸先生與祖道言，目能視，耳能聽，鼻能知臭，口能知味，心能思，手足能運動，如何更要存誠持敬，硬將一物去治一物？風浴詠歸，自是吾子家風。」祖道言：「此恐非初學所到地位。」陸子曰：「吾子有之，而必欲外鑠以為本，可惜也。」其後為象山之學者辯之，以象山《答宅之書》，今見載集中，但言「存誠」「持敬」二語。「存」字上古有考，若「持」字則後人之言。是陸子未嘗如宅之所云。然孟子嘗言「存心」，亦言「持志」，則陸子謂「持敬」為杜撰者，其說亦過。

符先生敘

符敘，字舜功，建昌人。初問學于象山。象山遺傅子淵書言：「其妄肆無知之談，子淵不得不任其責。」其答先生書亦多微詞。其後先生師朱子，嘗言陸子不喜說性，蓋亦不以槐堂弟子自名者矣。

張先生商佐、熊先生鑒

張商佐，字輔之；周清叟，字廉夫；熊鑒，字□□，俱師象山，而廉夫所記《陸子語録》最佳。（黄氏原本，全祖望修之加詳）

郡守黄先生裳

黄裳，字元吉，寧德人。少有奇節，師事象山。應淳熙二年武舉，魁南宫。三曆郡守，俸入多以給親舊。任子恩，必先其兄之子而後己子。

彭世昌先生興宗

彭興宗，字世昌，金溪人。受業槐堂文安，令其教授諸子，稱其有法。淳熙十四年，文安奉祠歸家，先生登應天山，樂之，因為建一精舍，以居文安，即所謂「象山」者也。文安既卒，先生以丙辰訪朱子於家。問其何故而來，先生以書院頗少書籍，因購書故至此。朱子曰：「緊要書亦不須幾卷，某向來愛如此，其後思聚者必散，何必役於物。」自文安論心以來，議者多以為不講讀書之功，然朱子告先生語，卻合文安之旨，世人不盡知也。先生之行，朱子又贈之以詩曰：「象山聞説是君開，雲水參天瀑響雷。好去山頭且堅坐，等閒莫要下山來。」以時方嚴黨禁也。（黄氏原本，全祖望修之加詳）

知州詹默信先生阜民

見《南軒學案》。

陳先生去華

陳去華，廣中人。象山問之尋常「與點」一段，如何理會，答以理會未得。屢問，屢答如前。象山強之，説曰：「三子只是事上著到，曾點卻在這裏著到。」象山詰之曰：「向道理會不得，今又卻理會得。」從此頓有省。自敘「聽話一月，前十日聽得所言皆同，後十日所言大異，又後十日與前所言皆同」，因作十詩而別。是時，廣中皆得南軒之教，謂之南方之學，先生歸而變之，學人謂之北方之學。

進士諸葛誠之先生千能、諸葛受之先生□

見《紫陽學案》。

侍從石應之先生宗昭

見《紫陽學案》。

判軍孫燭湖先生應時

見《紫陽學案》。

中散胡達材先生拱

胡拱，字達材，東浙人。象山言「其資甚美，天常亦厚，但前此講學，用心多馳騖於外，而未知自反」。

提舉胡崇禮先生撙

胡撙，字崇禮，達材之弟。質性類于其兄，孫燭湖稱「其天資如古人，樂善急義若嗜欲」。官至浙西提舉茶鹽司幹辦。二子：衛，衍。

（黃氏原本，全祖望修之加詳）

教授陳先生剛

陳剛，字正己，盱江人。以進士官教授。初見象山而歸，傅子淵問之，先生曰：「先生諄諄只言辨志。」象山言「涵養是主人翁，省察是奴婢」，先生不以為然。象山曰：「足下才氣邁往，而學失其道，凡所經營馳騖者，皆適以病其心耳。」晦庵謂學者曰：「象山之喜正己者何事？」葉賀孫曰：「喜其有才。」

朱先生桴

朱桴，字濟道，金溪人，與其弟亨道泰卿，年皆長於象山而師事之。先生言「象山所以誨人者，深切著明，大概是令人求放心，不復以言語文字為意。其有意作文者，令收拾精神，涵養德性，根本既正，不患不能作文矣。」一日，問：「自見先生後，臨事惟恐有失，反不能如前之勇決」，象山曰：「子即今自立，正坐拱手，自作主宰，萬物皆備於我，有何歉闕！」先生嘗與象山、亨道同與鵝湖之會，亨道以元晦不能無我，不能如伯恭之虛中也。

朱濟道力稱讚文王，象山謂曰：「文王不可輕贊，須是識得文王，方可稱贊。」濟道云：「文王聖人，誠非某所能識。」曰：「識得朱濟道，便是文王。」

朱先生泰卿

朱泰卿，字亨道，金溪人，與其兄濟道，偕事象山先生。嘗從鵝湖之會，謂：「朱子欲人先博覽而後返之守約，象山欲先發明其本心而後使之博覽，以此不合，然發明之說，未可誣也。元晦見二詩有不平語，似未能無我。」又曰：「伯恭慮陸與朱議論猶有異同，欲會歸於一，其意甚善，然伯恭蓋有志於此，謂自得則未也。」先生之言，在象山弟子中，蓋亦錚錚者，視濟道當過之。然直言東萊未能自得，亦似乎易其言。先生之自得者，其已足與東萊角乎？象山弟子坐累在此。（黃氏原本，全祖望修之加詳）

李好古先生伯敏、符先生初

李伯敏，字敏求，一字好古，高安人也。少時嘗與其宗人交訟于官，劉靜春清之見之，為說《易》之訟、家人二卦，先生瞿然，即以訟貲市程《傳》歸，遂為學者。先生又嘗以書通問朱子，朱子答云：「向來見陸刪定所聞如何？若以為然，當用其言，專心致志，庶幾可以有得，不當復引他說以分其志。若有所疑，亦當且就此處商量，不當遽舍所受而遠求也。東問西聽，以致皇惑，徒資口耳，空長枝葉，是以有問而未敢對也。」先生得書，遂終身為象山之學，不復名他師。同時有符初者，字復仲，蓋符敘之族人也，亦師象山，而以書問朱子，答云：「見陸丈回書，其言明當，且就所持守，自見功效，不須多疑多問，卻轉迷惑也。」（黃氏原本，全祖望修之加詳）

宗羲案：敏求問下手工夫，象山曰：「能知天地之所以予我者至貴至厚，自然遠於非僻。」敏求曰：「非僻未嘗敢為。」象山曰：「此是硬制將來，甚費力。」敏求曰：「以今年較之去年，殊無寸進。」象山曰：「當為者有時而不能為，不當為者有時而為之，此是不長進。若泛然求進，不過欲以己先人，此是勝心。」他日，謂敏求曰：「吾友近來精神都死，卻無向來亹亹之意，不是懈怠，便是被異說壞了。夫人學問，當有日新之功。今吾友守定，如何得活！」敏求由是精進。嘗有詩云：「紛紛枝葉漫推尋，到底根株只在心。莫笑無弦陶靖節，個中三歎有遺音。」象山首肯之。

周先生清叟

周清叟，字廉夫。所記象山語，多論《書》《易》。其祭象山文有云：「天為斯文，乃至先生。指學者之膏肓，示入聖之門庭。不繳繞而支離，誠坦然而可行。暴之以秋陽之白，濯之以江、漢之清。繼孟子之絕學，舍先生其誰能？」

縣丞嚴守軒先生滋

嚴滋，字泰伯，臨川人。端重明敏，象山嘗曰：「始吾聞泰伯賢，今觀其氣象，聽其談論，乃可與適道者。」累舉進士不第，嘗著十論，叩閽言事，不得用。郡守禮請為學正，大新講舍，屬同平園記之。晚主彬陽簿，調縣丞。嘉定八年，列狀請於本州，以象山謚法為言，卒得賜云。所著有《寄松牕稿》《守軒草錄》《東征雜著》。（黃氏原本，全祖望修之加詳）

象山言：「泰伯只是好勝，見一好事便直前。余以為，即做得亦不是，事好，心卻不好。」

秘丞林山房先生夢英

林夢英，字叔虎，一字子應，大父自閩清徙臨川。先生與象山年相若而篤信其學，遂師事之。登淳熙二年進士，授祁陽簿，再調衡州法曹，所至整飭嚴明，為部使者及郡守所知。每遇改官，五剡俱集。知武陵縣，大修學宮教士。太守嘗延至郡庠講學，誨諸生曰：「今之士涉獵以為博，組繪以為工，淪胥陷溺，本心日喪，何學之云。」聞者感發。通判靖州，討平洞蠻。知武岡軍，未上，退居城西金石台，建樓藏書，倘徉其間。薛叔似辟為安撫司參議官，甫六月，隨司罷歸。召除國子監丞，遷宗正丞，權工部郎，又遷秘書丞，權司封郎。奉祠歸，年踰八十，學者稱山房先生。（黃氏原本，全祖望修之加詳）

張先生孝直

張孝直，字英甫，臨川人。性孝友，恬于利欲。師事象山，窮理最密。其于先儒經學，心有未安，雖伊洛諸儒議論，亦不肯為苟同。晚年與章節夫齊名，蔡介軒亦重之。卒年七十七，所著有《周易》《詩》《書》《語》《孟》《中庸口義》五十餘篇，又有《要言》《渾象》《原意》《雜詩》等藏於家。（黃氏原本，全祖望修之加詳）

隱君饒止翁先生延年

見《金溪學案之二》。

司石鄒南堂先生斌

見《金溪學案之二》。

直閣趙先生師雍、趙先生師蒧

見《紫陽學案》。

包克堂先生揚、包先生約、包先生遜

見《紫陽學案》。

州守高先生商老

高商老，括蒼人。登進士第，曆官至撫州守。刻《象山集》並其兄《復齋集》於郡學。自言：「嘗從象山遊，頗自奮勵，今老矣，學不加進，然而默識心通，豈欺我哉！」

初，先生知宜興縣，時朱子社倉之法新奉詔施行，間有應者，莫能遠也。先生實始為之，而治故瀆，疏積水，以防水旱。新縣中社稷之位，並作風雨雷師于其側以虔祀。又修學宮，籍閒田以為廩，斥長橋僦金以附益之。朱子皆為之記。又稱其能教人從事於為己之學，而不汲汲乎誇多鬬靡之習，以追時好而取世資，蓋亦深許其學也。先生守撫州時，嘗辟黃榦為清江令云。（黃氏原本，全祖望修之加詳）

徐先生仲誠

見《金溪學案之一》。

江先生泰之、繆先生文子、趙先生子新、丘先生元壽、□先生顯仲

五人皆象山門人，丘元壽，邵武人。

忠文徐宏父先生誼

先生稟學象山，有省同赴南宮試，論出天地之性人為貴。象山視其文曰：「某欲說底，卻被子宜道盡。但某所以自得受用底，子宜卻無。」

先生謂象山曰：「與晦翁月餘說話，都不討落著。與先生說話，一句即討落著。」

象山再傳

慈湖門人

正肅袁蒙齋先生甫

見《金溪學案之二》。

帥屬錢融堂先生時

錢時，字子是，淳安人。慈湖高弟。讀書不為世儒之習。以《易》冠漕司，即而絕意科舉，究竟理學。江東提刑袁蒙齋甫建象山書院，招主講席，學者興起，大抵發明人心，指擿痛決，聞者皆有得焉。丞相喬行簡薦之，授祕閣校勘。詔守臣以其所著書來上。未幾，出佐浙東倉幕。召入史館檢閱。以江東帥屬歸。所著書有《周易釋傳》《尚書演義》《學詩》《四書管見》《春秋大旨》《兩漢筆記》《蜀阜集》《冠昏記》《百行冠冕集》。人稱為融堂先生。

新安州學講義

顏淵問仁。子曰：「克己復禮為仁，一日克己復禮，天下歸仁焉。為仁由己，而由人乎哉？」顏淵曰：「請問其目。」子曰：「非禮勿視，非禮勿聽，非禮勿言，非禮勿動。」顏淵曰：「回雖不敏，請事斯語矣。」

洙泗問仁，隨問而答，縱橫參錯，初無異旨，然其地步各有淺深，而所以教之者，不容于躐等。至此一章，明白洞達，精詳的切，此先聖特以語顏氏子歟！仁，人心也。此心即仁，虛明渾融，本無虧闕，為意所動，始失其所以為仁，為物所遷始失其所以為仁，為習所移始失其所以為仁，為欲所縱始失其所以為仁，狂迷顛倒，醉生夢死，昏昏憒憒，日用而不知，皆己私為之窟宅，非本心然也。先聖曰：「改而止。」又曰：「過以改除。」夫所謂用力于仁者，果安所用其力哉，用力于克己而已。如月之明，雲翳之即昏，如水之清，泥滓之即渾。雲散天空，淵澄海淨，則其本清本明者固自無恙。禮者，天則之不可踰者也，一踰此，則無非己私。有一毫己私，即不足以為禮，有一毫非禮，即不足以為仁。先聖于此，不曰克己為仁，而曰「克己復禮為仁」，非于禮之外而他有所謂仁也，曰「復禮為仁」者，所以明復禮之即仁也。大哉，禮乎！分而為天地者此也，轉而為陰陽者此也，變而為四時者此也，列而為鬼神者此也，此即本心之妙，即所謂仁也。克己即復禮矣，復禮即為仁矣。夫以天地之廣大，陰陽之闔闢，四時之運行，鬼神之變化，而此禮實為之則。一日克己，豁然清明，道心大同，範圍無外，謂之天下歸仁，良不為過。然而此事斷斷在我，實非他人所能致力。古訓每曰自強，曰自修，曰自成，曰自牧，曰自昭，明德皆由己之謂。若不由己，其見必不決，其進必不勇，其發必不果，其行必不力，必搖于外誘，必亂于意見，必動于浮論虛說，支離纏繞，必不能斷割，故態惡習必不能掃除，倀倀然中無定守，而欲倚人言為之主宰，必不能特達。先聖既以克己答顏淵之問，遂斷斷曰：「為仁由己。」又斷斷曰：「而由人乎哉！」所以截外馳之路，使之彷徨四顧，略無倚仗，而斬截決裂，一斷諸己也。一斷諸己，直心而用，無所回撓，安得受制于外物也哉！顏子至此，聞言不疑，即求就實工夫，而請問其目，其為問也密矣。人之日用，應酬萬端，舉不外乎視聽言動。之四者，名四實一，無非天則。非禮則勿，是之謂克。雖然，不特接于目而後為視也，暗室屋漏，一念之邪，而不正之色，已雜然乎在目，知其非禮，隨即泯然，則視無所蔽矣。不特接于耳而後為聽也，暗室屋漏，一念之妄，而不正之聲已譁然乎在耳，知其非禮，隨即泯然，則聽無所蔽矣。以至于言，以至于動，不特宣之于口，發之于事而後見也，念慮隱微之地，大明澄照，微過則改，則言動無所蔽矣。克己工夫，全在一勿字上，行之而熟，守之而純，變化虛明，略無所累，則雖縱目而視，縱耳而聽，肆口而言，隨感而動，安往而非仁哉！顏子方皇皇然欲從末由，發鑽堅、仰高之歎，一聞斯語，如旅而歸，請事之言，其應如響。是以「有不善未嘗不知，知之未嘗復行」，「不遷怒，不貳過」，以至「三月不違」，無往而非事斯語之時矣。故以顏氏之子，其殆庶幾乎！（文淵閣四庫全書《新安文獻志》卷三十九）

司業陳習庵先生塤

陳塤，字和仲，鄞縣人。嘉定十年，登進士第，調黃州教授。喪父毀瘠，考古禮行之，歎曰：「俗學不足學。」乃師事慈湖，攻苦食淡，晝夜不怠。再調處州教授。累官至太常博士，獨為袁絜齋議謚，餘皆閣筆。論政切直，史彌遠問之曰：「吾甥殆好名邪？」先生曰：「好名，孟子所不取也。夫求士于三代之上，惟恐其好名；求士于三代之下，惟恐其不好名耳。」出判嘉興府。彌遠卒，召為樞密編修官。尋守衢州，監司閩、浙者久之。入為國子司業。知溫州，未上而罷。臥疾，抽架上書占之，得《呂東萊文集》，其《墓誌》曰：「祖謙生于丁巳歲，沒于辛丑歲。」先生曰：「異哉！我生于慶元丁巳，今歲在辛丑，于是一甲矣。吾死矣夫！」

史彌遠為先生母黨舅氏，先生于轉運司及禮部兩試第一，彌遠當國，將為先生謀加恩數，先生卻之。

教授處州，理宗求直言，先生上封事，直聲聞天下。為學錄、為宗正寺簿，俱奏對，盡言切直。賈貴妃入内，先生又言：「乞去君側之蠱媚，以正君德。」彌遠駭曰：「吾甥殆好名邪？」先生云云。

為太常博士，朱端常子乞謚，先生曰：「端常居臺諫則逐善類，為藩牧則務刻剝，宜得惡謚曰『榮愿』。」

先生嘗與御史蔣峴講《中庸》不合，判福建，為峴所劾。

尚書趙先生彥悈

趙彥悈，字元道，餘姚人。累官吏部尚書，兼給事中，以華文閣直學士知平江府卒。先生言：「人疑象山為禪，是未之思也。誠意正心以至治國平天下，原于致知二字，禪矣乎？」其題《己易》曰：「聖人之《易》，不離先生此書，不離斯人篤好欲刊之心，不離刊者之手，不離觀者之目，不離誦者之口，不離聽者之耳，又不離不刊不觀不誦不聽者之耳目手口。斯旨也，先生實有覺于事親從兄，喜怒哀樂、兢兢業業、日用之間。」

曾先生熠

曾熠，字定遠，廬陵人。得慈湖《己易》《閒居解》二書刊之。謂《西銘》之意，認天地為一家，《己易》一書，悟天地為一己，其流行發見，精粗必備，厥功益大。然先生之意，欲學者于良知良能苗裔之發見，體察而用力。慈湖以為，才言體察，是未信此心之即道也。先生復問曰：「平常正直之心，雖人所固有，然汩沒斲喪憧憧利欲之塗，須體察于膠擾之中，而後能不失。今懼其起意也，不敢體察，坐聽是心之所發，則天理與人欲並行，何以洞識乎？」慈湖答曰：「定遠猶未覺未信也。《易》曰『百姓日用而不知。』日用豈無膠擾？膠擾乃變化，即天地之風雨晦冥也。君子見善則遷，有過則改，改即足矣。故孔子曰：『改而止。』改而不止，是謂正其心反成起意耳。」先生乃喟然曰：「今而後知此心虛明，萬理萬化盡在其中。君子所以用力于仁，學而不厭者，必有事焉，初非臆度料想之謂也。」

縣丞鄒歸軒先生近仁（附子曾）

鄒近仁，字魯卿，一字季友，德興人。以特恩為靜江法曹，再調龍陽丞。問學于慈湖，與語，從容良久，即了然無疑滯。嘉定二年，疾革，語其子曾曰：「吾心甚明，無事可言，爾曹修身學道則為孝矣。」言訖而瞑。所著有《歸軒集》。先生一再語頓覺，人告之過，斂衽受教。所當為，不畏強禦。非道非義，一介不取。（黃氏原本，全祖望修之加詳）

鄉貢鄒艮齋先生夢遇

鄒夢遇，字子祥，樂平人也。從祖近仁，慈湖高弟，故先生亦從學焉。慈湖嘗曰：「自孔子沒，學者陷溺于文詞論議，喪本靈而事意見，寥寥二千載，自知自信者少，若夢遇者，其庶幾乎？」又曰：「心之精神是謂聖，百姓日用而不知。鄒氏二子，其殆知之者乎？」一字艮齋。慈湖知樂平，先生以鄉貢生從容接論，久之而有覺。隔礙未除，慈湖益導之，遂徹底澄明。其言曰：「事親從兄之閒，不思不勉，無非實地，變化云為，張弛闔闢，宇宙在吾手。」又曰：「渾然之中，品節調理，粲然以列。」又曰：「人皆以兀坐端默為靜，吾獨以步趨應酬為靜；人皆以步趨應酬為動，吾獨以兀坐端默為動。」嘉定四年，趙禮闈而疾作，將卒，歌曰：「嘉木扶疏兮，鳥鳴關關。暑風舒徐兮，庭中閒閒。起視天宇兮，浩乎虛澄。」（黃氏原本，全祖望修之加詳）

鄉貢葉同庵先生祐之

葉祐之，字元吉，吳縣人。弱冠鄉貢，有志于學，凡先儒所是者，依而行，而訶者必戒，如是者十有七年，終未相應。得慈湖《絕四記》讀之，知此心明白廣大，異乎先儒繳繞回曲之說，自是讀書行己，不敢起意。寐中聞更鼓聲而覺，全身流汗，失聲歎曰：「此非鼓聲，皆本體光明變化，而目前常若有一物。」慈湖至吳，先生摳衣求教，一聞慈湖言，其物泯然不見。慈湖之詩曰：「元吉三更非鼓聲，慈湖一夜聽鵝鳴。是同是異難聲說，何慮何思自混成。爐炭幾番來煖熱，天牕一點吐圓明。起來又無窮景，水檻澄光萬里清。」學者稱為同庵先生。忍窮四十年，一日，酣飲極醉而卒。以手鈔詩一卷，付其內弟張端義，且自為跋，引李長吉詩為中表投廁中以詬之。端義以師事先生，不敢用中表禮也。（黃氏原本，全祖望修之加詳）

曹先生夙

曹夙，字叔達，餘干人。見慈湖于縣庠，聞其提唱，晝忘食，夜忘寢，旬有四五日而忽覺。

張先生渭、張先生汾

張渭，字渭叔，張汾，字清叔，新昌人。渭叔少有俊譽，富戶欲妻以女，笑不顧。師事呂大愚及慈湖，以偽學罷歸。渭叔、清叔皆不遠數百里問學，慈湖告之曰：「心之精神是謂聖，孟子『仁，人心也』。人心即道，故舜曰道心。日用平常之心即道，故聖人曰中庸。

庸，常也。于平常而起意，始差始放逸。」渭叔領會無疑，及歸而有覺。嘉定元年卒，年三十七。

里正孫先生明仲

孫明仲，富春人。慈湖為富陽簿，先生從學，聞「執事敬」一言，日夜從事，至右手運用，左手猶拱其事如此。如此者閲兩旬。時召為里正，公移方急，而日出入阡陌，奔走應辦，憂勞申苦則甚矣，而實未嘗微動也。紹熙三年卒。

王先生子庸

王子庸，錢塘人。慈湖為浙西撫屬，先生問學，自謂有疑。慈湖告以「不假更求，本無可疑。」先生曰：「非不知之，而疑自若也。」積十八九年，淑景揚輝，躍然如脱，從此不復疑矣。再見請益，慈湖曰：「云何？」先生曰：「意猶有所未盡。」慈湖曰：「習氣之未易消釋也。如此猶有未盡者，意也，先聖之所止絶也。止絶此意者，又意也，又先聖之所止絶也。即疑即意，何思何慮，縱心盡意，匪動匪止，孝于親，友于兄弟，信于友，恂恂于鄉里，自先聖曰：『吾無知也。』而某亦安得所知以告子庸也？」

主簿馬先生樸、馬先生應之、馬先生燮

馬樸，字季文，樂平人，主廣昌簿；猶子應之，字定翁；子燮，字敬叔，俱受學于慈湖。許以「有得」。且曰：「武城宰得人矣。」敬叔尤得于持敬之説。

學官王先生琦

王琦，字表文，與余永之元發皆樂平人。慈湖稱先生為直友，而永之亦有志者。先生為學官，永之亦以薦入仕。

學録鍾了齋先生宏

鍾宏，字遠之，一字子虛，樂平人。慈湖為邑宰，從之遊。嘉定進士，官太學録。所著有《論語約説》《了齋綴稾》。

王先生晉老

王晉老，字子康，樂平人，樞密剛中孫也。以任子仕。從慈湖遊。

少師趙節齋與簒

趙與簒，字德淵，湖州人。嘉定十三年進士，累官至觀文殿學士，歷知七府。景定元年卒，贈少師。嘗見慈湖而問曰：「某于日用應酬，都無一事，只未知歸宿之地。」慈湖曰：「心之精神是謂聖，人皆有是心，心未嘗不聖，何必更求歸宿。求歸宿，乃起意，反害道。」德淵奉教終身。

宗羲案：慈湖所傳，皆以明悟為主，故其言曰：「此一二十年以來，覺者踰百人矣，古未之見，吾道其亨乎。」然考之自錢融堂、陳和仲以外，未必皆為豪傑之士也，而況于聖賢乎。史所載趙與 以聚斂稱，而慈湖謂其已覺，何也？夫所謂覺者，識得本體之謂也。象山以是為始功，而慈湖以是為究竟，此慈湖之失其傳也。

廣平門人

博士李三江先生元白（附子以稱、以制）

李元白，字景平，本奉化人，遷居鄞之三江口。其大父佾，烈士也。建炎之難，張俊、劉洪道棄郡走，蔣安義迎降，列城瓦解，佾奮然曰：「河北二十四郡，豈無人乎？」因與董之邵、任戩共起義兵于奉化之泉口。女真兵至，三戰三卻之，奉化以是得完。事定不言功，而恩賞亦弗及。至先生，始以儒術起。初，受業于蔡文懿公幼學，傳其經制之學。已而受業廣平。文懿為舍人，以先生上世起兵事聞，進論其功，有詔贈佾修武郎。先生累官至國子博士，深于《詩》《禮》。其論荒政賑卹，極有條理，皆得之廣平者也。三江舊有李朝散祠，蓋先生講學之地，元時尚存。鄭真嘗言于當事重葺之，而今不可問矣。先生子以稱、以制、以益，從弟□伯誨、伯森，皆踵世科，而以稱與先生同登第，時人傳為佳話。以制嘗為徽州教官，人皆稱其有廣平遺法。

少卿袁晉齋先生肅

見《金溪學案之二》。

鄧先生夢真、汪先生行簡、戴先生泳

鄧夢真、汪行簡、戴泳與羅子有，皆廣平之徒也。廣平在新安與慈湖書言：「與學中諸生，自得羅子有、鄧夢真、汪行簡、戴泳，皆有起發可進。」今皆不可考矣。

象山三傳

縣令錢竹間先生允文

錢允文，淳安人也，融堂從子。咸淳九年進士，武岡令。傳其家門之學，學者稱為竹間先生。（黄氏原本，全祖望修之加詳）

正字洪錦溪先生揚祖

洪揚祖，字季揚，嚴州人也。徧從慈湖、絜齋遊，而卒業于融堂。累官至正字，輪對者三。以講學正心誠意為啟沃，學者稱為錦溪先生。有集，漫塘雅稱之。

庶官吕鳳山先生人龍

吕人龍，字首之，淳安人。景定進士，融堂之高弟也。胸次灑落，日與學者指點浴沂風雩之樂。仕止小官。學者稱為鳳山先生。有集。（黄氏原本，全祖望修之加詳）

王先生良學

王良學，厚齋尚書長子，嘗從三江李氏遊。

象山四傳

州判李霽峰先生洧孫

李洧孫，字甫山，寧海人。師事舒通叟。登宋咸淳甲戌進士第，授迪功郎、黄州司户參軍，未上而宋亡。大德六年，為杭州儒學教授，以黄巖州判致仕。人稱為霽峰先生。

隱君陳靜明先生苑

陳苑，字立大，江西上饒人也。人稱為靜明先生。幼業儒，不隨世碌碌。嘗有授以金丹術者，弗之信。既得陸象山書讀之，喜曰：「此豈不足以致吾知邪？又豈不足以力吾行邪？而他求邪？」于是盡求其書及其門人如楊敬仲、傅子淵、袁廣微、錢子是、陳和仲、周可象所著經學等書讀之，益喜。益知益行。或病其違世所尚，答曰：「理則然耳。」是時，科舉方用朱子之學，聞先生說者，譏非之，毀短之，又甚者求欲中之，而先生誓以死不悔，一洗訓詁支離之習。從之遊者，往往有省，由是人始知陸氏學。生平剛方正大，于人情物理，靡不通練。強禦無所畏，奸慝無所逃，浮沈里巷之間，而毅然以昌明古道為己任。困苦終其身，而拳拳于學術異同之辨。無千金之產、一命之貴，而有憂天下後世之心。人之所是，不苟是也；人之所非，不苟非也。其高弟子曰祝蕃、李存、舒衍、吳謙，所稱「江東四先生」者也。先生之卒，祝蕃狀其行甚詳，今不傳。元儒如草廬調停朱、陸之間，石塘由朱入陸，師山由陸入朱，若篤信而固守，以嗣槐堂之緒，靜明、寶峰而已。（黄氏原本，全祖望修之加詳）

宗羲案：陸氏之學，流于浙東，而江右反衰矣。至于有元，許衡、趙復以朱氏學倡于北方，故士人但知有朱氏耳，然實非能知朱氏也，不過以科目為資，不得不從事焉，則無肯道陸學者，亦復何怪。陳靜明乃能獨得于殘編斷簡之中，興起斯人，豈非豪傑之士哉！

象山五傳

經歷祝蕃遠先生蕃

祝蕃，字蕃遠，玉山人也。又從貴溪。從遊靜明最早，稍長，頗不羈。已而感悔，復從焉，痛自刻厲。久而有省，大喜大信曰：「吾無隱乎爾！風霆流形，庶物露生，無非教也。」自是斯須不廢内觀，篤于陸氏本心之學。凡江西之士有志者，先生即引而登之。（黄氏原本傳云：「因購陸氏師友遺書，特鈔廣傳，期以發明此道。朋友知向慕者，援之共進，得一善，躍然如出諸己。」）靜明之門，一時推為都講。其事師尤謹，以茂才異等薦校□州高節書院山長。重修象山講堂，帥同志舍菜焉。求文安之後而資給之，且為之娶。累遷至饒州教授。（黄氏原本原傳云：「以《易》中鄉舉，授饒州南溪書院山長，調集慶學正。」）未幾，湖廣平章買住辟之，蘇參政天爵一見器之。海北憲使卜咱兒以罪徙，厚賄求徙近地，拒之。播州宣慰入朝謝，其贄曰：「非所以懷遠人也。」尋遷潯州總管經歷，以同知保童殺不辜，請于帥推問，即訊藤州。保童以賂，遷延不即赴辯，卒緣赦免，而先生卒于邸舍。先生雄于文，今遺集不傳。靜明高座四子，

首推蕃遠，始及仲公，而遺集一傳一否，則命也。（黃氏原本，全祖望修之加詳）

徵君李俟庵先生存（附門人何琛）

李存，字明遠，一字仲公，安仁人也。學者稱為俟庵先生。生有異稟，弱冠慕古人，謂無所不通之為大儒者，慨然于天文、地理、醫藥、卜筮、道家、法家、浮屠、諸名家之書皆致心焉。又學為古文詞。事親以孝，撫其亡兄之子以慈，資其孀妹以及其孤。一日，友舒衍語以所聞于靜明者，未之信也。衍固要之，乃往請益。靜明告曰：「無多言，心虛而口實耳。」未契，復往請之。靜明告曰：「無多言，心恆虛而口恆實耳。」于是夙夜省察，始信力行之難，惟日孜孜究明本心。焚其所著書內外十一篇，曰：「無使誤天下後世也。」嘗一應科舉，不利，即為隱居計，從遊者滿齋舍。守令禮為經師，且主試事三。以高蹈、丘園薦，中丞御史等交章請召之。著作郎李孝光舉以自代，宰相將處以翰林，不果。葺講堂曰「竹莊」，恆語學者曰：「聖賢之立言垂訓，以先覺覺後覺，此豈口耳句讀之事！正學不明，人心日入于偷，甚可懼也。徽陳子，吾其終為小人之歸矣。」或請學文，則曰：「唐、虞所有之言，三代可以不言；三代所有之言，漢、唐可以不言。未有六經，此理無隱，前聖特形容之而已，惡能有所增損？昧于理道，而聲光是炫，尚得謂之文乎？」先生神古顏清，衣冠言笑不苟，憂世之意，見諸眉睫，謙恭和易，與物無競，雖童豎皆望而敬之。危素嘗問：「心之官則思，何思也？」曰：「思其本無俟于思者爾。」俄而兵起，門人何琛迎之臨川，二年而卒。所著有《俟庵集》。（黃氏原本，全祖望修之加詳）

宗羲案：祝蕃、李存、舒衍、吳尊光，志同而行合，號「江東四先生」，皆出于陳氏，金溪之道，為之一光。是故學術之在今古，患其未醇，不患其不傳。苟醇矣，雖昏蝕壞爛之久，一人提唱，皦然便如青天白日，所謂此心此理之同也。

傳象山之學者

程月巖先生紹開

程紹開，號月巖，廣信人也。嘗築道一書院，以合朱、陸兩家之說。

文正吳草廬先生澄

見《草廬學案》。

二六 勉齋學案

文肅黄勉齋先生榦（父瑀）

黄榦，字直卿，閩縣人。父瑀，監察御史，以篤行直道著聞。父歿，往見清江劉氏子澄，奇之，因命受業朱文公。自見文公後，夜不設榻，不解帶，少倦則微坐一倚，或至達曙。後文公以其子妻之。

補將仕郎，銓中，授迪功郎，監台州酒務。丁母憂，調監嘉興府石門酒庫。歷通判安豐軍。尋知漢陽軍。以病乞祠，主管武夷沖佑觀。尋起知安慶府，至則金人破光山，乃請于朝，創郡城以備戰守，不俟報而興役。後二年，金人破黄州沙窩諸關，淮東、西皆震，獨安慶安堵如故。舒人德之，相謂曰：「生汝者，黄父也。」制置李珏辟為參議官，再辭不受。既而朝命與徐僑兩易和州，且令先制府稟議。先生即日解印趨制府。先是先生移書珏，有曰：「今日當先明保伍，立堡砦，蓄馬，制軍器，以資其用，不過累月，軍政可成。」珏不能用。及至制府，珏往維揚視師，與偕行。先生言：「敵既退，當思所以賞功罰罪者。」其時幕府皆輕儇浮靡之士，僚吏士民有獻謀畫，多為毀抹疏駁。將帥偏裨，人心不附，所向無功。流移滿道，而諸司長吏張宴無虚日。先生知不足與共事，歸自維揚，再辭和州之命，仍乞祠，閉閤謝客，宴樂不與。乃復告珏曰：「浮光敵退已兩月，安豐已一月，盱眙亦將兩旬，不知吾所措置者何事，所施行者何策。但聞請總領、運使至玉麟堂賞牡丹，用妓樂，又聞總領、運使請宴賞亦然，又聞宴僚屬亦然。今浮光之報又至矣，金欲以十六縣之眾，四月攻浮光，侵五關。五關失守，則蘄、黄決不可保；蘄、黄不保，則江南危。尚書聞此已數日，乃不聞有所施行者，何邪？」其他言皆激切，同幕忌之尤甚，共詆排之。厥後光、黄、蘄相繼失，果如其言，遂力辭去。俄再命知安慶，不就，入廬山訪其友李燔、陳宓，相與盤旋玉淵、三峽間，俯仰其師舊跡。未幾，召赴行在所奏事，除大理丞，不拜，為御史李楠所劾，遂歸里。弟子日盛，巴蜀、江、湖之士皆來。俄命知潮州，辭不行。差主管亳州明道宫，踰月，遂乞致仕，特受承議郎，卒。贈朝奉郎，錄其子，謚文肅。

先是文公編《禮書》，獨以《喪》《祭》二編屬先生，病革，以深衣及所著書授先生，手書與訣，先生持心喪三年。所著有《經解》《文集》行于世。

嘗詣東萊呂伯恭，以所聞于朱文公者相質正。及張南軒亡，文公與先生書曰：「吾道益孤，所望于賢者不輕。」通判安豐軍時，淮西帥司檄鞫和州獄。獄故以疑未決，先一夜，夢井中有人，果于廢井得尸。尋知漢陽軍，值歲饑，荒政具舉，民大感悅。即郡治後鳳棲山為屋，館四方士，立周、程、游、朱四先生祠。創築安慶郡城，日以五鼓坐于堂，濠砦官入聽命，以一日成算授之。授命畢，乃治府事，會僚佐講究邊防利病。次則督視城役，晚入書院講論經史。築城之杵，用錢監未鑄之鐵，事畢還之。初，先生入荊、湖幕府，奔走諸關，與江、淮豪傑遊，而豪傑往往願依先生。及倅安豐、武定，諸將皆歸心。後倅建康，守漢陽，聲聞益著，諸豪傑又深知先生倜儻有謀。及守安慶，且兼制幕，長、淮軍民之心翕然相向。此聲既出，在位者益忌。

百家謹案：勉齋言：「自先師夢奠以來，向日從遊之士，識見之偏，義利之交戰，而又自以無聞為恥，言論紛然，誑惑斯世。又有後生好怪之徒，敢于立言，無復忌憚。蓋不待七十子盡沒，而大義已乖矣，由是私竊懼焉。故願得強毅有立，趨死不顧利害之人，相與出力而維持之。」蓋勉齋之求後學，其真切如此，所以卒得其人而傳之于後也。

聖賢道統傳授總敘說

有太極而陰陽分，有陰陽而五行具，太極、二、五妙合而人物生。賦于人者秀而靈，精氣凝而為形，魂魄交而為神，五常具而為性，感于物而為情，措諸用而為事。物之生也，雖偏且塞，而亦莫非太極、二、五之所為。此道之原之出于天者然也。聖人者，又得其秀之秀而最靈者焉，于是繼天立極，而得道統之傳，故能參天地，贊化育，而統理人倫，使人各遂其生，各全其性者，其所以發明道統以示天下後世者，皆可考也。堯之命舜則曰：「允執厥中。」中者，無所偏倚，無過不及之名也。存諸心而無偏倚，措之事而無過不及，則合乎太極矣。此堯之得于天者，舜之得統于堯也。舜之命禹則曰：「人心惟危，道心惟微，惟精惟一，允執厥中。」舜因堯之命，而推其所以執中之由，以為人心形氣之私也，道心性命之正也。精以察之，一以守之，則道心為主，而人心聽命焉，則存之心，措之事，信能執其中。曰精曰一，此又舜之得統于堯，禹之得統于舜者也。其在成湯，則曰：「以義制事，以禮制心。」此又因堯之中，舜之精一，而推其制之之法。制心以禮，制事以義，則道心常存而中可執矣。曰禮曰義，此又湯之得統于禹者也。其在文王，則曰「不顯亦臨，無射亦保」。此湯之以禮制心也。「不聞亦式，不諫亦入。」此湯之以義制事也，此文王之得統于湯者也。其在武王，受丹書之戒，則曰：「敬勝怠者吉，義勝欲者從。」周公繫《易》爻之辭曰：「敬以直內，義以方外。」曰敬者，文王之所以制心也。曰義者，文王之所以制事也。此武王、周公之得統于文王者也。至于夫子，則曰：「博學于文，約之以禮。」又曰：「文行忠信。」又曰：「克己復禮。」其著之《大學》曰：「格物致知，誠意正心，修身齊家，治國平天下。」亦無非數聖人制心制事之意焉。此又孔子得統于周公者也。顏子得于博文約禮、克己復禮之言，曾子得之《大學》之義，故其親受道統之傳者如此。至于子思，則先之以戒懼、謹獨，次之以知、仁、勇，而終之以誠。至于孟子，則先之以求放心，而次之以集義，終之以擴充。此又孟子得統于子思者然也。及至周子，則以誠為本，以欲為戒。此又周子繼孔孟不傳之緒者也。至二程子，則曰：「涵養須用敬，進學則在致知。」又曰：「非明則動無所之，非動則明無所用。」而為四箴，以著克己之義焉。此二程得統于周子者也。先師文公之學，見之《四書》，而其要則尤以《大學》為入道之序。蓋持敬也，誠意正心修身而見于齊家治國平天下，外有以極其規模之大，而內有以盡其節目之詳。此又先師之得其統于二程者也。聖賢相傳，垂世立教，燦然明白，若天之垂象昭昭然而隱也，雖其詳略之不同，愈講而愈明也。學者之所當遵承而固守也，違乎是則差也，故嘗撮其要旨而明之。居敬以立其本，窮理以致其知，克己以滅其私，存誠以致其實，以是四者而存諸心，則千聖萬賢所以傳道而教人者，不越乎此矣。（文淵閣四庫全書《勉齋集》卷三）

中庸總論

《中庸》之書，《章句》《或問》言之悉矣，學者讀之，未有不曉其文，通其義者也。然此書之作，脈絡相通，首尾相應，子思之所述，非若《語》《孟》問答，章殊而旨異也。苟從章分句析，而不得一篇之旨，則亦無以得子思著書之意矣。程子以為始言一理，中散為萬事，末復合為一理。朱先生以誠之一字為此篇之樞紐，示人切矣。今輒述其遺意而言之。竊謂此書皆言道之體用，下學而上達，理一而分殊也。首言「性」與「道」，則性為體而道為用矣。次言「中」與「和」，則中為體而和為用矣。又言「中庸」，則合體用而言，又無適而非中庸也。又言「費」與「隱」，則分體用而言，隱為體，費為用也。自「道不遠人」以下，則皆指用以明體。自言「誠」以下，則皆因體以明用。「大哉，聖人之道」一章，總言道之體用也。「發育萬物，峻極于天」，道之體也。「禮儀三百，威儀三千」，道之用也。「仲尼」一章，言聖人盡道之體用也。「大德敦化」，道之體也。「小德川流」，道之用也。「至聖」則足以全道之用矣。「至誠」，則足以全道之體矣。末言「上天之載，無聲無臭」，則用即體，體即用，造道之極至也。雖皆以體用為言，然首章則言道之在天，由體以見于用。末章則言人之適道，由用而歸于體也。其所以用功而全夫道之體用者，則戒懼、謹獨，與夫知、仁、勇三者，及夫誠之一言而已，是則一篇之大指也。子思之著書，所以必言夫道之體用者，知道有體用，則一動一靜，皆天理自然之妙，而無一毫人為之私也。知道之有體，則凡術數辭章非道也。有用，則虛無寂滅非道也。知體用為二，則操存省察，皆不可以不用其力。知體用合一，則從容中道，皆無所用其力也。善言道者，未有加于此者也。曰：「孔孟何為而不言也？」曰：「其源流可考也。孔子之學，傳之曾子，曾子傳之子思，子思傳之孟子，皆此道也。曾子曰：『夫子之道，忠恕而已矣。』忠即體，恕即用也。『維天之命，於穆不已』，非道之體乎？『乾道變化，各正性命』，非道之用乎？此曾子得之孔子，而傳之子思者也。孟子曰：『惻隱之心，仁之端也；羞惡之心，義之端也；辭讓之心，禮之端也；是非之心，智之端也。』惻隱、羞惡、辭讓、是非非道之用乎？仁義禮智非道之體乎？此又子思得子曾子，而傳之孟子者也。道喪千載，濂溪周子繼孔孟不傳之緒。其言太極者，道之體也；其言陰陽五行、男女萬物者，道之用也。太極之靜而陰，體也；太極之動而陽，用也。聖賢之言道，又安有異指乎？」或曰：「以性為體，則屬乎人矣。子思以為天命，又以為發育萬物，峻極于天，又以為經綸大經，立大本，知化育，乃合天人為一，何也？」曰：「性即理也。自理而言，則屬乎天；以人所受而言，則屬乎人矣。屬乎人者，本乎天也，故曰『萬物統體一太極，天下無性外之物』，屬乎天者也。『一物各具一太極，性無不在』，屬乎人者也。」或曰：「《中庸》言體用，既分為二矣。程子之言『性即氣，氣即性，道亦器，器亦道』，則何以別其為體用乎？」曰：「程子有言：『體用一源，顯微無間』。自理而觀，體未嘗不包乎用。『沖漠無朕，萬象森然已具』之類是也。自物而言，用未嘗不具乎體。『一陰一陽之謂道，形色天性』之類是也。」或曰：「如此則體用既不相離，何以別其為『費』為『隱』乎？」曰：「道之見于用者，『費』也；其所以為是用者，『隱也』。『費』，猶木之華葉，可見者也；『隱』，猶花葉之有生理，不可見者也。『小德之川流，大德之敦化』，『隱』也，然大德之中，小德已具；小德之中，大德固存，此又體用之未嘗相離也。」（文淵閣四庫全書《勉齋集》卷三）

中庸總說

或者問《中庸》之書，言道之體用，則既聞之矣。戒懼、謹獨，知、仁、勇之德，與夫誠之一言，所以全道之體用者，可得而詳言之乎？天命之性，率性之道，人之所固有而無不善者。將有過不及之患，而明之行之而未至夫誠，則未足以造夫道也。是則子思子之所憂也。若昔聖賢所以立教垂世，不過欲人全其固有而無不善者。然其大旨，固非有異，而開導之方，亦各不同。或舉其一端，或示其大法，或隨其所稟，或量其所至。言之略者，非隱也；言之緩者，非怠也。教人之序，不可以躐等而學，不可以凌節而施也。子思子襲孔聖之餘訓，繼曾子之的傳，覽古先聖賢教人之旨，鑒後世學者為學之弊，作為《中庸》之書，其提挈綱維，開示蘊奧，則如言道之體用者，亦既明且盡矣。至于學者之所以用功者，又必反覆包羅而極其詳且切也。蓋嘗以其本而考之：首言戒懼、謹獨，因天命之性，率性之道，固有而無不善者而為言，欲人防其所未然而察其所以然也。其言要而易知，其事簡而易行，學者于此而持循焉，則吾之固有而無不善者，將不待他求而得之也。次言知、仁、勇三德者，因君子之中庸，小人之反中庸，皆生于氣稟之清濁，物欲之多寡而有異也，故必知之明，行之力，而終之以勇，而後氣稟、物欲不能以累其固有而無不善也。末言誠之一字者，又因天道人道之分，以見天下之理無不實，欲人實用其力，以全天理之實也。此即子思子所以教人之大旨也。曰「戒懼、謹獨」者，靜存動察之功。能若是，則吾之具是性而體是道者，固已得之矣。又曰「知、仁、勇」者，致知力行之功也。能若是，則由性以達夫道者，舉合乎中庸，而無過不及之差也。曰誠者，則由人以進夫天，聖賢之極致也。是非其言之極其詳乎？戒懼於不睹不聞之際，謹獨于至微至隱之中，則所謂靜存動察者切矣。曰知矣而繼之以仁，曰仁矣而繼之以勇，加之以弗措之功，而勉之以己百己千之力，則所謂致知力行者切矣。其言誠也，本于擇善固執之始，而成于無聲無臭之極，蓋至于所謂大而化之。過此以往，莫之或知也者，豈非又極其切者乎？若不極其詳，則學者用心，或安于偏見；不極其切，則學者用功，或止于小成。此子思子憂慮天下後世而為是書也。（文淵閣四庫全書《勉齋集》卷三）

勉齋文集

《大學》首章無他疑。但向者以為明德之發于外者，昭著而不可掩也。今之解注，乃存于中者，洞徹而無所蔽也。故鄙意以為莫若合內外而言之，虛靈指存于中者而言，昭著指發于外者而言，如輝光之類，皆指外者而言之。今既未能不疑，且守師言，就本領上看，尤為有味也。明德只得如章句所說，然其間亦難看。更以格字、致字、誠字、正字、修字與明字相參，見得分曉，方理會得先生旨意。

承教持守之方，別恐亦無他說。前輩及先師言之詳矣，亦只是不為與為之不力耳。然亦有一說。致知、持敬兩事相發人心，如火遇木即焚，遇事即應。惟于世間利害得喪及一切好樂，見得分明，則此心亦自然不為之動，而所為持守者，始易為力。若利欲為此心之主，則雖是強加控制，此心隨所動而發，恐亦不易遏也。便使強制得下，病根不除，如以石壓草，石去而草復生矣。此不可不察也。不知高明以為如何？榦老矣，未能忘祿。非錄之不可忘也，不仰祿則又須別求，所以餬其口而勞心，害義反甚于仰祿。以是東西南北，惟命是從，何去就出處之敢言！何功名事業之敢望！特汩沒世俗，學問盡廢，大為師門之罪人，不敢自文也。敬子果如何？來書所謂「甚費造化，斷不可辭」，此語卻與向來議論不同。今之出仕，只是仰祿，不得已，若為合義，則非所敢聞。只管如此立說，卻是浙間議論也，又不知高明以為如何？敬子既是應舉得官，又家貧，未能不仕，從之亦無害也。（以上《與胡伯量》，文淵閣四庫全書《勉齋集》卷八）

承誨以朋友講問之詳，甚幸，甚喜。榦之愚陋，何足以折衷之？所說大抵皆善，人心道心之說，恐如契兄所云者為是。李所謂人心氣也，余所謂性之正者，皆未精確也。道體之說，此更宜講究。謂但指隱而言者，豈所以為道體之全邪？「體」字不可以體用言，如今所謂國體、治體、文體、字體，亦曷嘗對用而言邪？所謂道體者，無物不在，無時不然，流行發用，無少間斷。如曾晳者，真是見得此理，然後從容自得，有以自樂。今之局促迫狹，尋行數墨輒拘礙者，豈亦于此有未灑然者邪？主敬、致知兩事，相為經緯，但言敬而不能有所見者，恐亦于此有所未思耳。

持守之方，無出主敬。前輩所謂常惺惺法，已是將持敬人心胸内事摹寫出了，更要去上面生枝節，只恐支離，無緣脱灑。所謂座右銘四句者，不知先師文集有邪？抑故友程君之語也？是必非夫子之言。若程君思索所到，則恐畫蛇尋足，愈支離而愈鶻突矣，安得起之九原，一叩所疑邪？

《易本義》不暇細觀。但先天六十四卦圓圖，已大錯繆。所謂有小圈者，特其小失耳。今以印策論之，則印策中縫之左，即乾卦，右即姤卦。乾、姤二卦夾在策縫左右，乃今所印本恆、巽之位，即先天乾、姤之位也。乾、姤居正南，坤復居正北，故曰「冬至子之半」是也。若今所印，則冬至在亥、子之間矣，知乾、姤在策縫之中，則伏羲八卦圖以乾為南，以坤為北，可以類推矣。此乃《易》之宗祖，宜亟正之。又圓圖後語，有圓布者，有方布者，則六十四卦圓圖之中當有方圖，豈可有其語而無其圖邪？（以上《復胡伯量》，文淵閣四庫全書《勉齋集》卷八）

道之在天下，一體一用而已。體則一本，用則萬殊。一本者，天命之性；萬殊者，率性之道。天命之性，即「大德之敦化」；率性之道，即「小德之川流」。惟其「大德之敦化」，所以語大莫能載；惟其「小德之川流」，所以語小莫能破。語大莫能載，是萬物統體一太極也；語小莫能破，是一物各具一太極也。萬物統體一太極，此天下無性外之物也；一物各具一太極，此性無不在也。尊德性，所以存心而極乎道體之大；道問學，所以致知而盡乎道體之細。自性觀之，萬物只是一樣；自道觀之，一物各是一樣。惟其只是一樣，故但存此心，而萬事萬物之理無不完具；惟其各是一樣，故須窮理致知，而萬物之理方始貫通。以此推之，聖賢言語，更相發明，只是一義，豈不自博而反約哉！「天生蒸民，有物有則」，於民之下，又言有物者，何也？有物者，就人身上有耳、有目、有手、有足、有君臣、有父子之類而言也。有此等物，便有此當然之則，如耳聰目明，手恭足重，君仁臣忠，父慈子孝之類是也。然此當然之則，固無物不體，而此理之妙，實根于人性之本然。惟人之生，各稟此有常之性，所以應事接物，皆好此美德，而不容已也。所謂美德，即所謂物之則也。其曰「好是懿德」是云者，即指上文有則而言也。孔子又加一「必」字於有則之上，加一「故」字於好是之上，其旨愈明矣。劉子曰：「民受天地之中以生，是以有動作禮義威儀之則。」亦此意也。榦嘗謂此四句，便該括了《中庸》《大學》《論語》《孟子》許多說話，非大聖人不能言也。自有天地以來，如人心道心四句，及此四句，皆是天心正法，傳授世人，不可輕將尋常詩句讀過也。且如大德小德，亦只是此意。「秉彝」便是大德，「好德」便是小德，世間只是一個道理也。

統體太極，各具太極，則兼體用。畢竟統體底又是體，各具底又是用。有統體底太極，則做出各具底太極。語大語小，則全指用而言，畢竟語大底是全體，語小底是用。天命謂性是未發，畢竟是體；率性謂道是人所常行，畢竟是用。大德而敦化，畢竟是體；小德而川流，畢竟是用。若淺看，則一段是一段；更深入思量，則又覺相似都湊。不知如何？（以上《復葉味道》，文淵閣四庫全書《勉齋集》卷八）

來教謂喜怒哀樂屬于人心為未當，必欲以由聲色臭味而喜怒哀樂者為人心，由仁義禮智而喜怒哀樂者為道心，以經文義理考之，竊恐不然。朱先生《中庸序》云：「人心發于形氣之私，道心原于性命之正。」形氣在我，如耳目口鼻是也；聲色臭味在物，豈得以發于聲色臭味者為人心乎？朱先生云：「雖上知不能無人心。」今以由聲色臭味而喜怒哀樂，則是聖人未免于逐物也，而可乎？謂由仁義禮智而喜怒哀樂者為道心，則《鄉黨》一篇，委蛇曲折，煥乎其文章，莫非由仁義而發也，曷為而以道心為惟微乎？人指此身而言，道指此理而言。發于此身者，則如喜怒哀樂是也；發于此理者，則仁義禮智是也。若必謂兼喜怒哀樂而為道心，則理與氣混然而無別矣。故以喜怒哀樂為人心者，以其發于形氣之私也；以仁義禮智為道心者，以其原于性命之正也。人心道心相對而言，猶《易》之言器與道，《孟子》之言氣與義也。人心既危而易陷，道心復微而難明，故當精以察之，則喜怒哀樂之間，皆見其有當然之則，又當一以守之，使之無一念而不合乎當然之則，然後信能守其中而不失也。（《復李公晦》，文淵閣四庫全書《勉齋集》卷八）

程、謝、尹所論敬處，固兼動靜，無淺深，亦各就持敬處見得一個意思，各立為一說以形容之。今謂謝、尹之說只是發明主一之意，恐未必有此意耳。就三先生說處，各自體認湊合將來，見得敬字愈覺親切。今只欲就主一兩字上，欲該括謝、尹之說，卻恐看得謝、尹之說未免疏略耳。明德不言性而言心，楊德淵惠書亦錄云：「所答之語，此但當答以心之明，便是性之明，初非有二物，則直截簡徑。使之自此思索，卻見得分曉。」今觀所答，是未免以心性為兩物也。如「回也，其心三月不違仁」，則心自是心，仁自是仁。如《孟子》言「仁，人心也」，則仁又便是心。《大學》所解明德，則心便是性，性便是心也。所答之病，既誤以心性為兩物，而又欲安排併合，故其說頗覺費力。心之能為性情主宰者，以其虛靈知覺也。此心之理炯然不昧，亦以其虛靈知覺也。自當隨其所指，各自體認，其淺深各自不同。心能主宰，則如謝氏常惺惺之謂，此只是能持敬，則便能如此。若此心之理，炯然不昧，如《大學》所謂明德，須是物格知至，方能如此，正不須安排併合也。

《洪範》五行、五事之說，近亦嘗思之。前輩所說，決然不是。以庶徵觀之自可見。但貌言視聽思之所以配水火木金土，則恐來說未免穿鑿耳。榦亦嘗反覆思之，只以造化及人生之初驗之，便自然合。天一生水，水便有形，人生精血，湊合成體，亦若造化之有水也。地二生火，火便有氣。人有此體，便能為聲。聲者氣之所為，亦若造化之有火也。水陰而火陽，貌亦屬陰，而言亦屬陽也。水火雖有形質，然乃造化之初，故水但能潤，火但能炎，其形質終是輕清。至若天三生木，地四生金，則形質已全具矣，亦如人身耳目既具，則人之形成矣。木陽而金陰，亦猶視陽而聽陰也。只以此配之，則人身便是一個造化，理自分明。似此等處，只得如此觀看，耳目口鼻之配五行四象，亦自分明。耳屬腎，腎即水，水即太陰。目屬肝，肝即木，木即少陽。口屬脾，脾屬土，土王于夏秋之間，即太陰少陽之合。鼻屬肺，肺屬金，金即少陰，亦是自然之理如此，初無可疑也。至于道生一，一生二，二生三，三生萬物，則老氏之所謂道，而非吾儒之所謂道也。

明道云：「天下之物，無獨必有對。若只生一，則是獨也。一陰一陽之謂道，道何嘗在一之先？而又何嘗有一而後有道哉？易有太極，易即陰陽也，太極何嘗在陰陽之先？是生兩儀，何嘗生一而後生二？嘗竊謂太極不可名狀，因陰陽而後見。一動一靜，一晝一夜，以至于一生一死，一呼一吸，無往而非二也。因陰陽之二，而反以求之太極所以為陰陽者，亦不出于二也。如是則二者道之體也，非其本體之二，何以使末流無往不二哉？然二也，各有本末，各有終始，故二分為四，而五行立矣。蓋一陽分而為木火，一陰分而為金水。木者火之始，火者木之終。金者水之始，水者金之終。物各有終始，未有有始而無終，有終而無終。二各有終始。則二分為四矣。知二之無不四，則知其所以為是四者，亦道之本體，非其四何以使物之無不四哉？故二與四，天下之物無不然，則亦足以見道體之本然也。太極不可名狀，至此亦可以見其端倪矣。體用一源，顯微無間，要當以是觀之，塞天地，貫古今，無往不然。仁義禮智，特就人心而立者耳。天以是心而成萬物，人以是心而成萬事，故曰「天體物而不遺」，猶人體事而無不在也。人之生也，五臟百骸，各有自然之則，天之為也。君仁臣忠，父慈子孝，以至手容之恭，足容之重，又人所以全天之所賦者也。自天之所為者而觀之，則不待人為，而此理已完具矣。故曰「鳶飛戾天，魚躍于淵」，言其上下察也。明道所謂活潑潑地者，真見其如此，亦真個使人不知手舞足蹈也。顏子之不改其樂，又安得而不樂哉？世間所謂功名富貴者，真太虛浮雲一點也。故曰「朝聞道，夕死可矣」。死生亦大矣，苟見此理，便死亦是閒事也。數年讀先生之書，適自見得如此。以先生之書合之，亦無不然。不但世之學者，尋行數墨而無見于此，竊意周、程、邵子、朱先生見得分明，其他皆未知其果何如也。為學而不見其本源，是入門而不至其室。雖然，前輩教人且只道敬，此又學者不可不思。（《復楊志仁》，文淵閣四庫全書《勉齋集》卷十三）

致知乃入道之方，而致知非易事，要須默認實體，方見端的。不然，則只是講說文字，終日譊譊，而真實體段，元不曾識。故其說易差，而其見不實，動靜表裏，有未能合一，則雖曰為善，而卒不免于自欺也。莫若一切將就自身上體著，許多義理名字就自身上見得是如何，則統之有宗，不至于支離外馳也。（《答陳泰之》，文淵閣四庫全書《勉齋集》卷十五）

諸人講論祭祀鬼神一段，此蓋疑于祖考已亡，一祭祀之頃，雖是聚己之精神，如何便得祖考來格？雖是祖考之氣已散，而天地之間，公共之氣尚在，亦如何便湊合得其為之祖考而祭之也？故味道兄為說，以為只是祭己之精神，如此則三日齋，七日戒，自坐而享之，以為祖考來格，可乎？果爾，則鬼神之義，亦甚粗淺，而聖人常謹言之，何邪？古人奉先追遠之誼至重，生而盡孝，則此身此心，無一念不在其親。及親之歿也，升屋而號，設重以祭，則祖考之精神魂魄，亦不至于遽散。朝夕之奠，悲慕之情，自有相為感通而不離者。及其歲月既遠，若未易格，則祖考之氣雖散，而所以為祖考之氣，未嘗不流行于天地之間。祖考之精神雖亡，而吾所受之精神，即祖考之精神，以吾受祖考之精神，而交于所以為祖考之氣，神氣交感，則洋洋然在其上，在其左右者，蓋有必然而不能無者矣。學者但知世間可言可見之理，而稍幽冥難曉，則一切以為不可信，是以其說率不能合于聖賢之意也。蓋嘗以琴觀之，《南風》之奏，今不復見矣，而絲桐則世常有也。撫之以指，則其聲鏗然矣，謂聲為在絲桐邪？置絲桐而不撫之以指，則寂然而無聲，謂聲為在指邪？然非絲桐，則指雖屢動，而不能以自鳴也。指自指也，絲桐自絲桐也，一搏拊而其聲自應。向使此心和平仁厚，真與天地同意，則《南風》之奏，亦何異于舜之樂哉！今乃以為但聚己之精神而祭之，便是祖考來格，則是舍絲桐而求聲于指也，可乎？（《復李貫之兵部》，文淵閣四庫全書《勉齋集》卷十六）

「浴沂」一章，終是看不出，喟然而歎夫子「與點」之意深矣。《集註》云：「日用之間，無非天理流行之妙。曾皙有見于此，故欲樂此以終身。如此卻是樂天理之流行，而于本文曾皙意旨恐不相似。」竊意恐須是如此，天理方流行，中心斯須不和不樂，則與道不相似，而計較繫戀之私入之矣。夫子無意、必、固、我，「老者安之，朋友信之，少者懷之」，正是此意，直與天地相似。《易》曰：「貞吉，悔亡，憧憧往來，朋從爾思。」夫子傳之曰：「天下何思何慮。」聖人豈教人如死灰槁木，曠蕩其心，徜徉其身哉！張子曰：「湛一性之本，攻取氣之欲。」一物各付物，而無一毫計較繫戀之私，則致廣大而極高明，雖堯舜事業，亦不能一毫加益于此矣。後來邵康節先生全是見得此意思。明道先生詩中，亦多此意。（《與吳伯豐》，文淵閣四庫全書《勉齋集》卷十六）

程仕曰：「此書今見《晦庵集》中。萬正淳錄以呈晦庵先生，先生答曰：『直卿之說，卻是作工夫底事，非曾點所以答「如或知爾，則何以哉」之問也。』又云：『《集註》誠有病。』今復改數語，試更詳之。」

《行狀》之作，非得已也，懼先生之道不明，而後世傳之者訛也。追思平日之聞見，參以敘奠誄之文，定為草稿，以諗同志，反覆詰難，一言之善，不敢不從。然亦有參之鄙意，而不敢盡從者，不可以無辯也。有謂「言貴含蓄，不可太露，文貴簡古，不可太繁」者。夫工於為文者，固能使之隱而顯，簡而明，是非愚陋所能及也。顧恐名曰含蓄，而未免于晦昧，名曰簡古，而未免于艱澀，反不若詳書其事之為明白也。又有謂「年月不必盡記，辭受不必盡書」者。先生之用舍去就，實關世道之隆替，後學之楷式。年月必記，所以著世變；辭受必書，所以明世教。狀先生之行，又豈可常人比，常體論哉！又有謂「告上之語，失之太直，記人之過，失之太訐」者。責難陳善，事君之大義，人主能容於前，而臣子反欲隱于後，先生敢陳于當世，而學者反欲諱于將來乎？人之有過，或具之獄案，或見之章奏，天下後世所共知，而欲沒之，可乎？又有謂「奏疏之文，紀述太繁，申請之事，細微必錄，似非行狀之體」者。古人得君行道，有事實可記，則奏疏可以不述。先生進不得用于世，其可見者，特其言論之間，乃其規模之素，則言與行豈有異邪？事雖細微處，得其道則人受其利，一失其道，則人受其害。先生理明義精，故雖細故、區處條畫，無不當于人心者，則鉅與細亦豈有異邪？其可辯者如此，則其尤淺陋者，不必辯也。至于流俗之論，則又以為「前輩不必深抑，異說不必力排，稱述之辭，似失之過」者。孔、孟諸賢，至謂孔子賢于堯、舜，豈以抑堯、舜為嫌乎？孟子闢楊、墨而比之禽獸，衛道豈可以不嚴乎？夫子嘗曰：「莫我知也夫。」又曰：「知德者鮮矣。」甚矣，聖賢之難者也！知不知不足為先生損益，然使聖賢之道不明，異端之說滋熾，是則愚之所懼而不容于不辯也。故嘗太息而為之言曰：「是未易以口舌爭，百年論定，然後知愚言之為可信。」遂書其語，以俟後之君子。（《書朱子行狀後》，文淵閣四庫全書《勉齋集》卷三十六）

勉齋門人

文定何北山先生基

見《金華學案》。

何南坡先生□

見《金華學案》。

文元饒雙峰先生魯

見《雙峰學案》。

處士方連雲先生暹

方暹，字明甫，平江人也。師事李宏齋，以宏齋之命，學于勉齋。時以饒伯輿、張元簡、趙師恕與先生稱四子。勉齋《貽宏齋書》曰：「明甫遠來，志氣甚篤，殊可愛敬，知其源流有自也。老來只覺存養玩索，不可偏廢。學者往往墮于一偏，是以無得。苟得明甫輩十人，布在四方，吾道其庶幾矣。」又《與甘吉甫書》曰：「明甫于道理大端，講之甚明，而志氣高尚，尤切于義利取舍之辨，向來朋友，未易出其右也。」先生極推伯輿，以為己所不及，而元簡之言曰：「伯輿明理而遠于事，明甫見事而中于理。」則先生在伯輿之上矣。淳祐中，湖南帥董槐、荊南帥孟珙並薦之，槐稱其冰清玉潔，妙性命道德之原，珙稱其脫去塵滓，游心高明之域。詔免文解一次，先生辭不受命。珙請如尹和靖例，加以處士之名，未報，而先生已卒。學者稱為連雲先生。先生言論宗旨不傳，要當為勉齋門下第一。（黃氏原本，全祖望修之加詳）

寶章張先生元簡

張元簡，字敬父，清江人也，勉齋黄氏高弟。勉齋嘗貽之書曰：「榦歸鄉兩年有餘，徧閱友朋，無一可人意者。其可與言者，李隨父、陳儀父耳。然李、陳亦天資醇耳，恐未必堪跌撲，故每與相識言，且煩于鄉里尋一如張敬父者，則久而無對。非為諂也，實無第二人，得人之難如此。」先生初官縣尉秩。其見于《鶴山集》中，稱其知荊門軍，嘗誅陳馬奴。漫塘又嘗薦之，李制使埴謂其足任監司之選，其後果官直寶章閣、權發遣鄂州沿江副制置使。（黄氏原本，全祖望修之加詳）

漕帥趙先生師恕

趙師恕，字季仁，□□人。為餘姚令，行鄉飲酒禮。勉齋稱其「宦不達而忘其貧，今不合而志于古」。

州判董介軒先生夢程

見《新安學案》。

劉先生子玠

劉子玠，字君錫，長樂人。朱子門人砥之子。幼孤，育于外家。長從勉齋學，非賢士不交，非義理之書不讀。嘗戒其子弟曰：「行好事，做好人，足矣。倖求名利，非吾志也。」遜田數百畝與從子，以承母志。年四十八卒。

尚書吳鶴林先生泳

見《鶴山學案》。

忠肅吳先生昌裔

吳昌裔，字季永，中江人。早孤，與兄泳師事黄勉齋，得程、張、朱子書，研繹不倦。登嘉定進士。調閬縣尉，又調眉州教授。眉士故尚蘇學，先生取諸經為之講説，揭《白鹿洞規》，放潭州釋奠儀，祀周、程五賢，士習丕變。薦知華陽。改眉州通判，著《苦言》十篇，以慮蜀後患。尋權漢州，力辯興元帥趙彥吶東納武仙，西結秦、鞏之議。未幾，武仙果敗，二州民叛。端平元年，召入，歷軍器、將作二簿，改吳益王府教授。轉對，陳六事：言「天理未純，天德未健，天命未敕，天工未亮，天職未治，天討未公」。拜監察御史，與徐清叟、杜範並命，三人皆天下正士，四方想聞風采。為《至和三諫詩》以侈之，疏凡撓政之害，言皆激切。改大理少卿，人咸惜之。既而權工部侍郎參贊四川宣撫軍事。得疾，除祕閣修撰，知嘉興，辭，改贛州。尋以右文殿修撰主管鴻慶宮，遷浙東提刑，復知婺州，加集英殿修撰、寶章閣待制，致仕。卒，謚忠肅。先生剛正莊重，遇事敢言，兼習典章。嘗輯至和至紹興諸臣奏議本末，名《儲鑑》，又會萃周、漢至宋，蜀道得失興師取財之所，名《蜀鑑》。有文集、奏議、《四書講義》《鄉約口義》《諸老記聞》《容臺議禮》行于世。（黃氏原本，全祖望修之加詳）

侍郎黃先生師雍

黃師雍，字子敬，閩清人。少從勉齋學。寶慶二年，舉進士，調婺州教授學正，一以呂東萊為法。慕徐僑，欲見之，會其有召命，先生曰：「今不可往也。」徐聞而敬之，至闕，以其學行聞于政府。喬行簡許以朝除，公以書見行簡，勸其歸老。行簡不悅，遂出之外縣。累官禮部侍郎。先生簡淡自守，言若不出口，而于邪正之辨甚明，愛護名節，無媿師友云。

鄉貢黃先生振龍

黃振龍，字仲玉，閩縣人。得朱子端莊存養之說，默契于心，書之座隅。已從勉齋遊，請所未悟，勉齋亟稱之，謂其可與適道。以鄉貢卒。

教授陳先生如晦

陳如晦，字日昭，長樂人。從勉齋遊，嘗讀西山真氏《夜氣箴》，曰：「須見冬為四時之夜，夜乃一日之冬，便是自家嚮晦入息處。又見得造化發育之妙，便是自家事物周旋處。於此敬義夾持，動靜交養，則兩得之矣。」遂次其韻為《生意箴》，西山見而歎賞焉。

梁先生祖康、曾先生成叔

梁祖康，字寧翁，不知何所人也。嘗以小不謹，致書勉齋自引咎。答曰：「華峰朋友中，深愛賢者，與曾成叔之沈靜縝密，可與共學，想不無相忌者。便使年少，陷于子弟之過，翻然改悔，何所不可？而畏彼紛紛之口邪？」則先生亦勉齋所稱許弟子也。（黃氏原本，全祖望修之加詳）

陳先生象祖

陳象祖，侯官人。朱子弟子孔碩之族也。不避勞苦，刻意講習，勉齋以為「儻得如象祖者十數人，講之精，行之果，如干將、莫邪，則先師之道，猶未至于浮雲點翳也」。

侍郎方先生來

見《永嘉學案之一》。

布衣宋先生斌

見《紫陽學案》。

二七　潛庵學案

朝奉輔傳貽先生廣

輔廣，字漢卿，號潛庵。其先趙州慶源人也。父逵，字彥達，南渡，隸楊和、王沂中麾下，累立戰功。官至左武大夫、邵州防禦使，知泰州，稱能吏。老居崇德之晚村，遂為崇德人。泰州四子，先生其仲也。

先生生于軍中，以父恩授保義郎，轉忠訓郎，漕舉四試不第，始從吕成公遊。已問學于朱文公，留三月而後返。秋塘陳善有詩送之云：「聞説平生輔漢卿，武夷山下啜殘羹。」言其用志堅苦也。偽學禁嚴，學徒多避去，先生不為動。文公曰：「當此時立得腳定者甚難，惟漢卿風力稍勁。」

開禧議和，方信孺奉使未成，欲遣先生，辭以考亭諸生，老不稱使，舉王柟自代。與魏文靖公善，每相過，必出文公言語文字，雒誦移晷而去。文靖外補，先生以其生平所得於文公者盡畀之。

先生容止氣象，不類東南人物，達官貴人稍有過舉，即正色規戒。嘉定初，上政府書，反覆于是非成敗之際，政府不悦。時衛清叔在樞密，雅重先生，政府益忌之，授意言官劾之，奉祠而歸。歸築傳貽書院教授，學者稱為傳貽先生。所著有《語孟學庸答問》《四書纂疏》《六經集解》《詩童子問》《通鑑集義》《潛庵日新録》《師訓編》。卒，贈朝奉郎。

宗羲案：乙巳歲，余拜輔漢卿先生之墓于崇德，退而攷于邑志，及其邑人所作《宗輔録》，皆不能詳，且多錯誤，故以其間出他書者為《輔潛庵傳》。

宗羲又案：舊志言魏文靖公出先生門。案文靖跋文公與先生帖云：「亡友漢卿，端方而沈碩，文公深所許可。」此可以證其非弟子矣。其為此言者，文靖由先生而得文公之書。《宋史·文靖列傳》影響其詞，謂了翁築室白鶴山下，以所聞于輔廣、李燔者，開門授徒，蓋本《文靖語類序》而分疏不詳。志則本《宋史》而展轉失實。文靖於先生與敬子皆友而非師也。《宗輔録》言蔡元定貶死，先生入京，以身試禍。賈偉節西行解禍，君子尚不以為然，寧有試禍之理？案文公與先生書云：「省闈不利，亦是時節如此，看此火色，但得安坐，已是幸事，豈其別有冀望邪？」然則先生入京，是其應舉時耳。

胡一中序《詩童子問》曰：「《詩童子問》者，潛庵輔傳貽先生所著，羽翼朱子之《集傳》者也。自三百五篇，穿鑿于《小序》，傅會于諸儒，六義之不明久矣，至朱子一正聖人之經，微詞奧旨，昭若日星。先生親炙朱子之門，深造自得于問答之際，尊其師說，退然弗敢自專，故謙之曰『童子問』。既具載師友粹言于前，復備論《詩序》辯說于後，裨讀《詩》者優柔聖經賢傳之趣，而鼓舞鳶飛魚躍之天，豈不大有功于彝倫也哉！」

宗羲案：先生之學，入閩者，熊勿軒、陳石堂其尤也；入東浙者，韓莊節、黃東發其尤也。逮至明初，而韓古遺及吾族祖黃菊東尚接其傳。於乎！道之行不行，豈以時位哉？何先生之牢落而自遠有耀乎！

百家謹案：輔潛庵，一儒生耳，漕試四舉不第，陳秋塘送之詩云：「聞説平生輔漢卿，武夷山下啜殘羹。」其衰颯一至此也，而所傳之學，蜀則有魏鶴山了翁，閩則有熊勿軒禾、陳石堂普，吾東浙自韓恂齋翼甫傳子莊節性，余端臣再傳，而有黃文潔震，逮至有明，傳其學者不絕。此先遺獻云：「道之行不行，豈以時位哉？何先生之牢落而自遠有耀乎！」

輔漢卿說

《易》須識得「辭」「變」「象」「占」四字，如「初九潛龍勿用」，辭也；有九則有六，變也；潛龍是象；勿用是占。人謂本義專主占筮者，未識先生之意。（《鶴山雅言》，文淵閣四庫全書《鶴山集》卷三十六）

輔先生萬

輔萬，潛庵先生從弟，亦事朱子。

潛庵門人

教授朱先生鵬飛

朱鵬飛者，崇德人也，從輔潛庵學，以進士教授高郵。

太學余訥庵先生端臣

余端臣，字正君，鄞縣人，太學生，以經學教授閭里，從之者數百人。其源出于輔潛庵，學者稱為訥庵先生。

潛庵再傳

宗學王先生文貫

王文貫，字貫道，鄞縣人。早嗜學，與鄉先生余端臣遊。登進士第，教授真州，除宗學諭，從遊嘗數百人。黄文潔公震，其弟子也。

知軍汪先生元春

汪元春，字景新，奉化人，受《詩》學于王文貫。嘉熙四年。鄉薦第一。明年，登進士第，累官宗學博士，出知興化軍而卒。嘗謂黄東發曰：「為人如流水，但務平平，偶遇湍激，為奇為變，亦惟行其所自然。」

潛庵三傳

文潔黄於越先生震

見《四明朱門學案二》。

傳輔氏之學者

與潛庵無師承而傳輔氏之學者計有二支：其一韓翼甫，其二劉敬堂。

其一韓翼甫

寺簿韓恂齋先生翼甫

韓翼甫，號恂齋，會稽人也。官朝奉郎、大理寺主簿。有元取宋士人之在班行者，多擕故所受告敕，入換新命，先生獨挈家絕江而東，杜門不交人事。其學出于輔氏，用功本諸《四書》，《四書》通，然後求之《六經》，不貴文詞，不急祿仕，真知力踐，求無媿古之聖賢，秦、漢而下漠如也。門人陳普曰：「聆韓先生夜旦誦《四書》，如奏九韶，令人不知肉味。」

莊節韓先生性

韓性，字明善，恂齋之子。弱冠，博綜群書，而于先儒性理之説，尤深造其閫域。延祐初，復舉科目，學者負笈而來，以文法請，先生語之曰：「今之貢舉，悉本朱文公私議，欲為貢舉之文，而不知文公之學，可乎？《四書》《六經》，千載不傳之學，自程氏兩夫子至文公而發明無餘藴矣，顧力行何如耳。施之場屋，直其餘事。」先生之為文，一主于理，凡經其口授指畫，自合繩尺。當時薦為慈湖書院山長，謝曰：「幸有先人之敝廬可庇風雨，薄田可具饘粥，此外非所願也。」竟不起。蓋先生少傳其父之遺志，其所往來，王尚書深寧、王將作英孫、王理得、唐玉潛之徒，皆逸民，故終身不欲仕元。私謚莊節先生。

先生高祖膺冑始居越。蕺山先生父子皆師劉子澄而友楊敬仲，至先生，始傳輔氏之學。其指授不為甚高論，而義理自融。見人有善，必為延譽，及辨析是非，則毅然不可犯。出門徒步，而行者讓道，至隸卒廝役，皆稱為韓先生。所著有《禮記説》四卷、《詩音釋》《書辨疑》各一卷、《莊節先生集》十二卷。（黄氏原本，全祖望修之加详）

教諭黄龘庵先生叔英

見《四明朱門學案二》。

恂齋門人

徵君陳石堂先生普

陳普，字尚德，福之寧德人。所居有石堂山，學者稱石堂先生。稍長，聞恂齋韓氏倡道浙東，負笈走會稽從之遊。入元，開門授徒，巋然以斯道自任，四方及門，歲數百人。朝廷三辟為本省教授，不赴。建州劉純父聘主雲莊書院，熊勿軒留講鰲峰，首議聖賢宜撤肖像，祀用木主，勿軒意合，且曰：「此事不革，斯文之運，未敢望其升也。」尋講饒、廣。晚在莆中十有八年，造就益衆。嘗曰：「性命、道德、五常、誠敬等事，在《四書》《六經》中，如斗極列宿之在天，五嶽四瀆之在地，舍之不求，更學何事？」延祐乙卯卒，年七十二。

承下問，仰見用功之勤，于先儒明理之書，必求洞徹，淺陋何足承厚意？然平生于此，亦嘗致思，恍惚之中，屢有所契，而不知手舞足蹈者。大略天下之物，其形體、性情、位分、度數，凡如此如彼者，皆是道理當然，所以千古萬古無一毫變易，蓋理至此止，不可得而易也。止此謂之極，無以加謂之太極，不過道理之總名爾。物有去來生死，而此道理常在人間，耿耿人心目中。所以聖人提出，濂、洛畫出，其所提出畫出，只是一個所以為物者而已，思之而見，察之而得，然則形跡聲臭，可以耳目聞睹，故謂之無極。無極太極，只是一個，非有二也。有物必有則，有形必有性，則各有所至，性各有所極。物與形出于氣，而則與性即太極之各具于物者，與物未嘗相離。然必別提出狀之于物上者，物有去來生死，其則其性，乃道理之本體，無時而不在也，故須別作一處，蓋欲使之見其則之必如是，知其性之常如此。故文公云「非有以離乎陰陽」，明陰陽而指其本體，不離乎陰陽而言，蓋形氣與理為一。然形氣須作形氣說，道理須作道理說，既須各說，則須畫個有形有氣者在下，無聲無臭者在上。形氣是所為者，道理是所以為者，便自分大小尊卑，一上一下，皆自然之理也。非獨如此，道理本是做一處，如前所言，但可以心見，而不可以耳目見爾。

往年嘗以管見為《太極說》一篇，其中有云：「物皆理之所為，則物固小而理自大，物自沈而理自浮，物自後而理自先。」當時為此，亦不曾念到濂溪《圖》。及孫伯御先生以為「物與理不相離，豈可言浮沈」？始省得來指與人看，一個空圈在上，一個空圈在下，如何不是浮沈？因此反得自慰，恨未及與孫言也。承下問勸渠卻更須詳看周子本文，最上圈是太極，不可以耳目聞見，故曰無極而太極。意謂太極不可以形氣言也，蓋雖無而實有也。緣後之儒者，將太極作一塊混沌之氣，故立此二字以示人，使知其為理而非氣。其辭則張南軒所謂莫之為而為者，最證得好，文理當然不可增減。下問所謂太極本無極，似太極之上，無所謂無極。蓋上一圈即太極，太極即是無極，別作一體不得。第二圈是半白半黑，是陰陽二氣，不可以太極言。但其圈之大之圓，與上圈同，則又見其不相離之妙。中一小圈，謂太極即在陰陽中常生常死、常有常無，謂自中央一個分開作兩個，只是頭上一大圈，但取在其中常為主，非又別有一個小底，故文公云：「中〇者，其本體也。」本體即上文本體，小大不同，本非有異，亦猶五行下一個小圈，見二五之合為一者。又是大彌六合，小不滿一掬之義，畫出成此一個，亦是妙處，非有意為之也。圖下二圈，只是一體一太極。男女圈義深最當看，男女非指人之男女，謂天地之生，氣化之初，合下只有兩端。一陰一陽，一牝一牡，人之男女，草木禽獸之雌雄牝牡，皆在其中。横渠所謂「陰陽兩端，立天地之大義」，亦此意也。二體既成，則形感之生，散為萬殊，猶一男一女，分為子孫，支庶百代，不知其極。又含一意，謂生物或有窮時，而乾道坤道之生常不息，只要天在地在，則人物皆無憂，此理又當意會，難以言語詳也。文公本體二字最好，謂物與太極不相離，而別提出畫出者，以其所以生而言也。本體者，所以生之謂也。程子不以示人，不過如文公之言。尊見之疑，只將無極太極合為一，加詳周子本文，則自明矣。區區如此，精微至理，彷佛而已，必有漏綻，更望垂教。（《答謝子祥無極太極書》，《石堂先生遺集》卷十二，續修四庫全書集部一三二一册，第四五七—四五九頁。）

普讀書不多，于象山、平山未能悉其表裏。姑據來示一二，則其于思、孟、程、朱之大義，已有胡、越參辰之擬。謂朱似伊川，陸似明道。朱似伊川則有之矣，陸似明道，豈不以陸之持敬，有類于終日危坐如泥塑人者邪？又豈不以明道未嘗著書，而陸鄙薄傳註似之？抑謂陸亦元氣之會，能有龍德正中氣象邪？明道不壽，不及有書；伊川得年，以有《易傳》。若如陸説，則《易傳》為虚作，而大、小程異趣矣。《詩》《書》《易》《禮》《四書》，微周、程、朱，學者至於今猶夜行耳。據當時，則朱之訓詁為可矣。由今觀之，則朱之《四書》《詩》《書》《禮》《易》是邪非邪？可有邪不可有邪？漢儒性命之學微，正坐不識性命耳，不以傳註熾也，《五經》傳註豈可無？但視其是與非足矣！豈宜一切屏之，若高洋斬亂絲，不問其是非曲直，但與之一劍哉？《六經》註我，莊生之流，傲忽之辭。《六經》註我，而我于《六經》之義，仍猶有所未明，何哉？未辨太極面目，而遽斥無極之非，未詳于《易》，而遽目《易》為註我，此所為傲忽者也。先立其大，則必略其小，而迷于下學上達之途矣。且有小德出入之弊，近日有磨礪大節，至其平居，則放言縱欲，致犯清議者，此説開之也。大概陸學多犯朱書明辨是非處。《論語註》中所謂：「力行而不學文，則無以考聖賢之成法，識事理之當然，而所行或出于私意。」又曰「子夏之言，其意善矣。然其流之弊，將或至于廢學。必若上章夫子之言，然後為無弊也。」又曰：「不切則磋無所施，不琢則磨無所措，故學者雖不可安于小成，而不求造道之極致；又不可騖于虚遠，而不察切己之實病也。」《中庸註》中所謂：「賢者行之過，以道為不足知，此道之所以常不明也。」《大學或問》中所謂：「不知眾理之妙，而無以窮之，則褊狹固滯，而無以盡此心之全。」又曰：「藏形匿影，別為一種幽深恍惚艱難阻絶之論，務使學者莽然措其心于文字語言之外，而曰道必如此，而後可以得之。」又曰：「今日格一物，明日格一物。凡此無非程子之言者。」諸家所記程子之言，此類不一，不容皆誤、不知何所病而疑之？豈其習于持敬之約，而厭觀理之煩邪？《孟子註》中所謂：「告子之不動心」。殆亦冥然無覺，悍然不顧而已耳。凡此皆陸學氣象多相似。（《答上饒游翁山書》，《石堂先生遺集》卷十二，續修四庫全書集部一三二一册，第四五九—四六〇頁。）

莊節門人

郡守李先生齊

李齊，字公平，廣平人。元統初進士第一，知高郵府，有政聲，張士誠據泰州、淮南行省，遣先生往招降，被拘。久之，縱歸，已陷高郵，

為其所害。先生嘗學于韓莊節性，及為御史，以性行義上聞于朝，會性卒而止。（黃氏原本，全祖望修之加詳）

參軍王先生冕

王冕，字元章，諸暨人也。貧家兒，竊喜讀書，安陽韓性聞而異之，錄為弟子，遂為通儒。性卒，門人事先生如事性。北遊燕都，泰不華薦以館職，先生即日南轅，隱九里山下，樹梅花千本。嘗倣《周禮》著書一卷，祕不示人，更深挑燈朗誦，歎曰：「持此以遇明主，伊、呂事業不難致也。」有明攻越，授以諮議參軍，一夕病死。（黃氏原本，全祖望修之加詳）

編修夏先生泰亨

夏泰亨者，會稽人也，安陽高弟。（百家纂）

陳普門人

山長韓中村先生信同（附門人王禧翁）、楊先生琬、黃先生裳

韓信同，字伯循，福寧人。陳石堂普以道學倡，士未有信之者，獨先生與其友楊琬白圭、黃裳彥山執弟子禮。刊落舊聞，貫穿周、程、張、朱之說，毫分縷析。建安聘主雲莊書院，以《四書》《六經》為課試。屬科目未興，學者方務詞賦，為之譁然。先生謂之曰：「文公《四書》，天心所在也。科舉極弊于宋，廢必復，復則文公私議必行。」延祐甲寅，科舉法行，眾始翕然以服，弟子日益進。至順壬申卒，年八十一。

嘗曰：「讀《大學傳》不知淺深始終，讀《中庸》不知支節脈絡詳略巨細，與凡諸說同異得失，讀《論》《孟》不知以門弟子所問為己問，孔、孟所答為己聞，非善為《四書》者也。吾嘗聞陳先生讀《四書》法，各章五十偏，三年七八反，大字小字如流水，又必字求其義，句逆其情，涵泳從容，無少間斷，則庶乎有以得之。」又曰：「文公精力盡于此書《集註》《章句》《或問》，學者專用力，庶不為他說所亂。近世饒氏謂『新民不可使止至善，但可使之樂樂利利』。則明德，殆別有一至善邪。」又謂：「性道教不當兼以物言者，彼于性善之奧，萬物一原之妙，蓋甚昧也。」

學者稱為古遺先生，又號中村。所著有《四書標註》四卷、《易詩三禮旁註》《書集解》《書講義》《諸史類纂》若干卷、《詩文集》

十餘卷。其門人曰王禧翁，字馬山，其婿也。曰黄洵饒氏，明人纂《大全》，多采黄氏之説。

中村遺書

不知孝弟為仁之本，便是兼愛；不知仁為孝弟之本，便不識性。

「三省」曾子入道處；「一貫」，曾子悟道處。

性與天道，只在《詩》《書》執禮中。

「四海之内皆兄弟」，輔氏謂或啟人輕視天倫之心，最是。《集註》所以謂其意圓語滯。

邦無道富貴之可恥，甚于邦有道貧賤之可恥。（信同著作大多散佚，《两宋名贤小集》卷三五六收有《古遺小集》一卷）

韓信同門人

鄉舉林先生文珙

林文珙，字仲恭，三山人，天歷己巳鄉舉，韓古遺門人也。

其二劉敬堂

劉敬堂黄氏原本有目無傳。

劉敬堂門人

參軍熊勿軒先生禾

熊禾，字去非，一字退齋，建陽人。志濂、洛之學，乃訪考亭之門人輔氏而從遊焉。咸淳十年，登進士第，授汀州司戶參軍。入元，不仕。謝枋得聞而訪之，相與講論而別。束書入武夷，築洪源書堂講學，凡一星終。乃歸故山，築鰲峰書堂，及門者甚眾。嘗與胡一桂論學，謂「秦、漢以下，天下所以無善治者，儒者無正學也。儒者所以無正學者，《六經》無完書也。《六經》無完書，則學不可得而講矣。儒者無正學，則道不可得而明矣。千五百年，牽補架漏，天地生民何望焉？考亭夫子平生精力在《四書》《詩》《易》，至于《書》，則付之門人。九峰蔡氏猶未大暢厥旨。《三禮》雖有通解，缺而未補者尚多。勉齋黄氏、信齋楊氏粗完《喪》《祭》二書，而授受損益，精意究無能續之者。《春秋》則不過發其大義而已，豈無所俟于來學乎？當吾世不完，則亦媿負師訓矣」。先生于《六經》，祇《儀禮外傳》未及成，餘皆有集疏。每經取一家之説為主，裒眾説以證明之。已而《春秋通解》厄于火。今所傳者，《易義》《大學講義》而已。皇慶元年卒，年六十，學者稱為勿軒先生。

勿軒文集

記甲申歲，余始卜居武夷之南，邑里秀俊，相與遊從者，固不乏人，而求其穎異成材者，指亦未易多屈。當路崇植儒官，奬引士類，惟儒官一途為捷徑。於是年盛力強，欲藉以奮身者胥出焉。隱屏之下，曲溪之濆，歲歲作贈語，餞友朋，散在郡邑，蓋不少矣。樵泮居閩上遊，往年拔其尤一人為之正，曰劉某，今年拔其尤一人為之錄，曰詹君履，皆武夷舊遊也。君履行有日，同舍各致贈言之義。余將何以告子？則謂之曰：「當路遴選儒官一途，非但可資以進身也；涵養德器，修礪學業，正在此時。夫以一鄉未足而之一國焉，見聞頤養，當益廣矣。今風俗偷薄，綱常埽蕩，前修文獻欲盡。吾閩自道南以來，號小鄒、魯。樵昔為多士之國，當有韜德蘊道，升堂而發薰養之歎者。坐明倫堂，領袖前廡，豈但曰友之云乎？抑當有事之者云耳。請告子以樵先正故事：方伊、洛之學盛行，西山李氏早年登龜山之門，嘗與以求仁次第。每有所講，必曰：『不然，參之二十年，然後渙然不逆。』漢上朱氏，一日見上蔡問為學之要，朗誦『子見齊衰』與『師冕見』二章，曰：『一部《論語》，盡説與賢矣。』夫仁者之旨義，何待二十年而有得？而此二章，亦何有乎精妙，而足以盡一部《論語》之大義？此在學者深思而自得之。伊洛之學，有傳于樵者，自二公始，乾、淳盛矣。端明黄公道德之懿，師表宇內，以文公之行，行之鄉國，凡書俯伏請納端拜之禮，流風懿範，藹然逮今。果齋諸賢，克紹考亭之學，又其後出也。遺言緒論，必尚可尋。此皆後學所當景慕而取法焉者也。君履其勉之。謙恭自下，以持其身，勤敏不怠，以進于學，常若武夷相與遊從時。修途萬里，發軔正不俟忙，巨木千尋，其培根也不可不厚。君履其重勉之。（《送詹君履學正序》，文淵閣四庫全書《勿軒集》卷一）

周東遷而夫子出，宋南渡而文公生。世運升降之會，天必擬大聖大賢以當之者，三綱五常之道所寄也。

道有統，羲、軒邈矣。陶唐氏迄今六十二甲辰。孟氏歷敘道統之傳，為帝為王者千伍百餘歲，則堯、舜、禹子于冀也，湯、伊尹之于亳也，文、武、周公之于岐、豐也。自是以下，為霸為強者二千餘歲，而所寄僅若此，儒者幾無以藉口于來世。嗚呼！微夫子《六經》，則五帝三王之道不傳；微文公《四書》，則夫子之道不著，人心無所於主，利欲持世，庸有極乎！《七篇》之終，所以近聖人之居而尚論其世者，其獨無所感乎？

嗚呼！由文公以來，又百有餘歲矣。建考亭視魯闕里，初名竹林精舍，後更滄洲。宋理宗表章公學，以公從祀廟庭，始錫書院額，諸生世守其學不替。龍門母侯逢辰灼見斯道之統，有關於世運，故于此重致意焉。歲戊子，侯為郡判官，始克修復。邑令古澶郭君瑛又從而增辟之。乙巳，侯同知南劍郡事，道謁祠下，顧謂諸生曰：「居已完矣，其盍有所養乎！」書院舊有田九十餘畝，春秋祀猶不給，侯捐田為倡，郭君適自北來，議以克協，諸名賢之胄與邦之大夫士，翕然和之，合為田五百畝有奇，供祀之餘，則以給師弟子之廩膳，名曰義學田。初，省府以公三世孫朱沂充書院山長，既歿，諸生請以四世孫朱椿襲其職。侯白之當路，仍增弟子員，屬其事于邑簿汪君蒙。且以書來曰：「養可以粗給矣，而教之不可以無師也。」謂禾猶逮前聞，俾與前貢士魏夢牛分教大小學。蓋有甚欲然者。既又屬禾記其事。其將何以為詞？

重惟文公之學，聖人全體大用之學也。本之身心，則為德行，措之國家天下，則為事業。其體則有健順仁義中正之性，其用則有治、教、農、禮、兵、刑之具。其文則有《小學》《大學》《語》《孟》《中庸》《易》《詩》《書》《春秋》《三禮》《孝經》《圖》《書》《西銘傳義》及《通鑑綱目》《近思錄》等書，學者學此而已。今但知誦習公之文，而體用之學曾莫之究，其得謂之善學乎？矧曰體其全而用其大者乎？公之於考亭也，門人蔡氏淵嘗言，其晚年閒居，於大本大原之地，充養敦厚，人有不得窺其際者。蓋其喜怒哀樂之未發，蚤聞師說于延平李先生者，體驗已熟。雖其語學者非止一端，而「敬貫動靜」之旨，聖人復起，不易斯言矣。嗚呼！此古人授受心法也。世之溺口耳之學，何足以窺其微哉！

公之修《三禮》，自家鄉至邦國王朝，大綱小紀，詳法略則，悉以屬之門人黃氏榦，且曰：「如用之，固當盡天地之變，酌古今之宜，而又通乎南北風氣，損文就質，以求其中可也。」使公之志克遂，有王者作，必來取法矣。嗚呼！古人為治之大經大法，平居既無素習，一旦臨事，惟小功近利是視，生民亦何日蒙至治之澤乎？

秦人絕學之後，《六經》無完書，若井田，若學校，凡古人經理人道之具盡廢。漢猶近古，其大機已失之矣。當今治宇一統，京師首善之地，立冑學，興文教，文公《四書》方為世大用，此又非世運方升之一幾乎？邵氏《觀物》所謂：「善變之，則帝王之道可與者，以時考之，可矣。」誠能于此推原羲、軒以來之統，大明夫子祖述憲章之志，上自辟雍，下逮庠序，祀典教法，一惟我文公之訓是式，古人全體大用之學，復行於天下，其不自茲始乎！

今公祠以文肅黃氏榦配，舊典也，從以文節蔡氏元定、文簡劉氏爚、文忠真氏德秀，建安、武夷例也。我文公體用之學，黃氏其庶幾焉！餘皆守公之道不貳，其侑公也實甚宜。

公以建炎庚戌生於劍之南溪。父吏部韋齋先生仕國也。公蘊經世大業，屬權奸相繼用事，鬱鬱不得展。道學為世大禁，公及門人益務堅苦，泊如也。慶元庚申歿於考亭。後十年庚午，疆場事起。又六十七年丙子，宋亡。公之曾孫浚，以死節著。嗚呼！大聖大賢之生，其有關于天地之化、盛衰之運者，豈可以淺言哉？夫子之《六經》不得行於再世，而公之《四書》乃得彰於當代，公之身雖詘於當時，而公之道卒信於其後者，天也。過江來，中州文獻欲盡。自左丞覃懷許公衡倡明公學，家誦其書，人尊其道，凡所以啟沃君心，栽培相業，以開治平之原者，皆公餘澤也。

方侯創義學，東平袁君壁適以臬事至閩，訪求公後，表浚二子林、彬于省，長南溪、建安二書院，奉韋齋及公祠。又以考亭乃公舊宅，懇懇為語諸生小學入門之要，尤以師道不立為憂。既而金華陳君公舉、司文吳會，為冑學征藏書，考尋文獻，且欲于此繼成公志，以復《六經》古文為屬，誠詎典也，而必欲有俟焉。天道循環，無往不復，欲觀周道，舍魯何適？正學一派，亟起而迓續之，則天地之心，生民之命，萬世之太平，當於此乎在。侯之功，不亦遠乎！侯世以德顯，其仕閩，以化為政。道南七書院，皆其再造也。考亭西北偏有山曰雲穀，晦庵在焉，亦為之起廢。汪君於山之麓為門以識之，凡公墳宅，悉從而表樹焉，庶乎知為政之先務矣。精舍創于紹興甲寅，前堂後室制甚樸。寶慶乙酉，邑令莆陽劉克莊始辟公祠。今燕居廟，則淳佑辛亥漕使眉山史侯季溫舊構也。書院之更造，惟公手創，不敢改，棟宇門廡，煥然一新，邑士劉熙實終始之。義學創興，宋燮、黃樞首帥以聽，華恭孫、葉善夫、趙宗叟、盱江李廷玉與有謀焉。而厚帑庾，完塈茨，以迄于成，則虞子建、劉實也。賢勞皆可書。時提調官總管燕山張仲儀，教授三山黃文仲，助田名氏，悉書石陰。後甲辰三歲，大德十一年四月朔日記。

僕于雲谷之陽，鰲峰之下，創小精舍。中為夫子燕居，配以顏、曾、思、孟，次以周、程、張、朱（濂溪、明道、伊川、橫渠、晦庵五先生），隆道統也。或有議者曰：「文公竹林精舍，以六君子從祀，先朝表章文公之道，取其法，行之太學，達于郡縣。今乃邵、馬二賢不與焉，無乃非文公之初意邪？」曰：「從祀之典，凡先儒之有功德于聖門者咸在。若夫配食先聖，則非其道德功言足以得夫聖統之正傳者，不足以與此也。韓氏曰：『軻之死，不得其傳。』此五先生所謂吾無間然者矣。後有作者，不可易也。若夫邵、馬及張、呂諸賢，固以秩在從祀矣，非去之也。文公贊六君子，乃其一時景行先哲之盛心，而竹林之祠，增延平先生為七賢，又以致其平生尊師傳之意，是固各有攸當，非可以此為疑也。」

歲在癸卯之夏，三山郡泮議創新祠。郡博士東武劉叔敬諗予曰：「泮舊有道立堂，按舊碑，蓋取『師道立，善人多』之義，自濂溪而下，凡十有五人。首六君子，次廣平游氏、龜山楊氏、豫章羅氏、延平李氏，次晦庵朱氏、南軒張氏、東萊呂氏、西山蔡氏、勉齋黃氏。丙子兵戈之後，司文臺、典教職者，又益以北山陳氏、信齋楊氏、毅齋鄭氏、說齋楊氏、庸齋趙氏，凡五人，皆學于文公，亦所以昭是邦文物之懿也。但考之郡志，西山真氏帥三山時，嘗創尊道閣，祀文公，但以勉齋配。道立堂舊祠亦止于勉齋。今廉臺之長恪齋嚴公更創新祠，欲復尊道之舊，而議者言人人殊，子其有以教之。」僕曰：「是祠若仍道立之名，則為隆師道而設，姑仍其舊可也。但師弟子不應皆北坐南向，勉齋以下，北山信齋諸賢，皆北面受經于文公者，乃侈然並居南面之列，此則有不可不正者。若更尊道之名，則為隆道統而設，其祠固當止于五先生，他有不得而與焉。邵、馬、張、吕諸賢，自有從祠彝典，廣平、龜山、豫章、延平、西山諸賢，則建創鄰郡，各有專祠。稽之《禮經》，國無先師，則合于鄰國。勉齋為朱門道統單傳，又不但三山一邦之望，莫若正西向侑食之位，雖不合于鄰國可也。西山尊道初意，亦正如此。」時盱江德臣李君亦曰：「饒之石洞，亦以夫子居中，配以顏、曾、思、孟，周、程、張、朱五賢，勉齋繼之。」時曲阜孔君申卿實主其議，遂白之嚴公，首以為允，於是繪像立祠，更扁「尊道」。又以僕嘗與聞斯議，且屬為記。

適莆陽史侯有刊修《禮書》之約，遂不得竟其事。繼會莆陽博士永嘉宋蜀翁議創先賢祠，亦以下問，僕援此答之，皆以為允。但有以程、張坐次為疑者，蓋横渠于二程為表叔，端平從祀之典，張先于程，竹林七賢之祠與六君子之贊，則程先于張，二者不同，議卒靡定。僕曰：「横渠之學，得于二程，臯比之撤，與夫平居議論，歷歷可攷。聞道在先，固有所受也。但當以竹林之祠為正，此乃學校之公，不得與家庭之私例論矣。」于是莆之新祠，位置遂定。會孔君以三山士友之請，屬記于史侯，深言尊道之祠，止于五賢，不及邵、馬者，乃萬世道統所係，惟當以此為定。孔君又言曲阜舊有五賢祠，乃祀荀、楊諸賢，今祠已燬，歸當請之衍聖公，更議以此五賢易之。此不惟大明洙、泗之正傳，亦以一洗漢、唐之陋習，扶世立教，抑邪崇正之功宏矣。因其行也，力贊勉之。私竊自謂山中一時綿蕝之禮，或者因莆、福二郡以為之兆，亦區區之志也。忽三山朋友以書來詰，謂「舊祠以邵、馬以下凡十有四人，皆從改撤，公議之戈，莫不倒指于首議之人，子當何以解之？且賢牧、鄉賢二祠，亦聞有所建白。若其果然，慎勿復言可也」。余蓋深歎世衰道微之餘，學校無公論，迺至於此，自可忘辯。然斯道所關，則亦不可以不直者，輒申其義，或者儻有察焉，亦學校風化之一助也。（《三山郡泮五賢祠記》，文淵閣四庫全書《勿軒集》卷二）

或謂：「文公贊六君子，竹林祠七賢，今尊道之祠，止及五先生，而不及邵、馬，其義可得聞乎？」曰：「尊道有祠，為道統設也。古者建學立師，教學為先，而其所學，則以道德功言為重，而道其總名也。太上立德，其次立功，其次立言，是三者，皆非有得于道不可。立德者，道之本也；立功者，道之用也；立言者，所以載道之文也。言學而無見于道，則不足以為學。言道而無得乎道之全體，則亦不足以為道矣。是故一善之德，亦可以言立德；一時之功，亦可以言立功；一語之有關于世教，亦可以為立言。而皆無見乎道體之全，則亦不足與乎道統之正矣。今觀《六經》之文，皆其德被生民，功加萬世，堯、舜、禹、湯、文、武、周公、孔子之傳在是。自是之後，四代禮樂之具，惟顏氏有之。晚年則惟曾子所傳，獨得其宗。曾傳之思，思傳之孟矣。《大學》《中庸》七篇之書，皆可具見。道喪千載，直至濂溪、明道、伊川、横渠、晦庵五先生，而後此道始大明于世。而其學皆足以為天地立心，生民立極，往聖繼絶學，萬世開太平。其立德、立功、立言，未有大于此者矣。若夫康節、涑水，謂非世之大賢不可，而其學視此則有間矣。駕風鞭霆之英傑，非可與準繩規矩之君子同科。空中樓閣，自是宇宙間一卓偉之見，觀其玩視古今，遊戲物外，其出言制行，不免近于高曠，非可以為世常法者也。程子與康節居洛三年，未嘗一語及其學，亦謂是也。若涑水之力行，苦節制行，非不誠一，而前輩謂欠卻致知一段。如尊楊雄而疑孟子，黜漢統而帝曹魏，正自有不可揜者，又不待辯而定也。故五先生直可以繼顔、曾、思、孟之次，配食夫子，而邵、馬則亦仍舊祀之典可也。

或謂：「涑水之學，不由師傳，其德言功烈之所就，亦不過盡其天資之所到而已。若康節，則《先天》一圖，《皇極》一書，謂之無聞于斯道則不可，又何以不進之于五賢乎？」曰：康節之高明，涑水之平實，蓋各具是道之一體。要其所見，則涑水之于康節，固不可以同日語也。康節《先天圖》心法與濂溪《太極圖》實相表裏，至于《皇極》一書，則其志直欲以道經世，而自處蓋欲作雍熙泰和以上人物。此豈易以世俗窺測！但其制行，不免近于高曠。若使進之聖門，則曾晳非不高明，子貢非不穎悟，終不可謂與顔、曾同得其傳。百世以俟，不易吾言矣！

或謂：「邵、馬與張、吕諸賢，秩在從祀，固無以議為也。但此五先生者，所在郡縣，別立祀庭，自為專享，得不傷于煩乎？」曰：「學校之祀典，不正久矣。五賢者，所在郡縣，非無祀秩，然學校各別為專祠，或以所居之邦，或以遊宦過化之地，或特以義起，載在先儒文集與夫碑誌之類，其來非一日矣。揆之人心，稽之公議，未有不以為允者。是果何故？吾聞道統于一，祀典亦當定于一，後世乃裂而二之，謂之不傷于煩，不可也。此事之失、源流闊遠，豈一言可斷哉！兩廡從祀，理宜損益。孔庭之祀，按貞觀二十一年，顔回以下，次以左丘明等二十二人，升侑尼父。開元八年，始塑十哲，繪七十弟子及二十二賢于壁。二十七年，又以曾參而下止六十七人，遂以杜佑《通典》所載，益以林放等五人，以足七十二人之數。此不過唐禮官一時建議云耳。宋仍唐制，不復更改，至今按為定式。竊謂學者尊事聖賢，春秋祭享，非但崇飾俎豆，姑以盡吾報本之心而已。必其平時方寸之間，真有信慕服行之素，則斯道氣脈相屬。今也姓名昧昧，年代闊遠，尋常方冊之間，耳目尚有不接，一旦對越之際，肸蠁豈易遽通？此文公竹林之祀，所以止于顔、曾、思、孟配享，六君子從祀。今所在書院，但按此為法，亦恐其煩也。程子本言十哲，世俗之論，予之晝寢短喪，求之聚斂具臣，已見責于聖門，況顔子既升配享，又增子張為十哲，果何義邪？十哲之外，若南宫適、宓子賤、蘧伯玉、曾晳、漆雕開、澹臺滅明、原憲、有若、公西赤之徒，班班見于傳記所載，亦可數矣。此其當正者一。又七十二賢之下，益以諸儒二十二人，此蓋唐禮官一時見其《六經》《三傳》，曾有訓詁之勞，故悉從而位置之，不復甄別。西都承秦絶學，若伏生之《書》，毛萇之《詩》，大、小戴之《禮》，左氏、公穀之《春秋》，與鄭、孔諸儒之傳疏，雖其間不無同異，謂其無羽翼聖經之功，不可也。學者言必根理，文必稱行，馬融為竇憲作奏草一事，誣陷忠良，漢祚以傾。平日聚徒著書，竟亦何用？

杜預建短喪之議，自背于《春秋》。王弼尚老、莊之學，自背於《易》。凡若此類，訓詁何取？此其當正者二。又如孟氏之後無傳，濂、洛未興之前，寥寥千載，獨一董仲舒，學最正，行最醇，顧不得秩在從祀。而揚雄美新投閣，不能揜《綱目》『莽大夫』之書。荀況以性為惡，以禮為偽，大本已失，便學何事？至今二人，上敢與孟子同列，下猶不失與王通、韓愈並稱。向微文公品論權衡之定，則孟子終貶，而荀、揚輩偃然得在弟子列矣。世教不明至此，可勝歎哉！此其當正者三。宋諸儒如康節、涑水、南軒、東萊四賢，固已在從祀之典。泝其淵源，豈無尚有攷論者？（龜山載道而南，再傳為延平李氏，學行醇正，其傳是為文公。竹林從祀，亦在六君子之次。又文公之學，惟勉齋黄氏獨接其傳，問學操行，一出于正，且其羽翼《四書》《三禮》之功為大。三山郡泮為之大耳。）道無二統，不合不公，誠有作者，表章正學，統一聖賢，首之京師，達之郡縣，大明學校祀典，一正天下人心，凡若此類，首宜損益，決不可以唐開元一時禮官無識之輕議，遂以為千萬世不刊之定典也。」

或謂：「祭祀之禮，各從國俗之舊，若構立新祠，以義起禮可也。今所在郡縣，各有舊祠，或繪或塑，以子之言，一從毀撤，于人情豈無不安者乎？」曰：「是何言也！承訛踵謬，樂因循，憚更改，此漢、唐千載弊政也，豈但此一事哉！仍舊貫之言，聖人予之，亦謂可以改，可以無改者耳。學校祀典，所以正人心明世教也。清議所在，不可厚誣，理有當更，對越無媿。嘗記荊公配享廟庭，其子雱從祀廡下，權勢所在，何向不可，一朝毀撤，萬口無辭。且如從祀之典，仲舒當在所益，揚雄、馬融之類，當在所損。此皆不可一日不正者，豈可習之為安，而以毀撤為嫌乎？三山郡泮舊志先賢祠，止陳公襄等五人，後增至十有一人，今則五十餘人矣。鄉牧祠内，有某人者，顯為清議不容，舊曾守土不死封疆，姑且勿論，丁丑、戊寅之間，反覆變詐，見之大書榜中，至今人猶誦之以為戲笑。當其再判也，何至如此詆毀！及其再附也，又何用如此夸諛？後又夤緣一謚，命下之日，有作詩諷之者，曰：『兩朝忠義傳，俱有某人名。』方其反覆之際，題門曰：『葵藿有心終向日，杏桃無力謾隨風。』是全不知有世間羞恥事。以此為文章問學，以此得朝廷爵謚，又以此齒學校祀典，豈可不為郡泮羞，豈可不為世教惜！舊嘗建白公堂，顧不得以子孫權勢赫奕，有所辟而不行也。雖然，又不特三山一郡為然矣。」

或謂：「程、張坐次，以竹林之祠為定，固不得以家庭之私，妨學校之公矣。雖則顏、曾、子思以坐像配享堂上，顏路、曾晳、伯魚以立像從祀廡下，或者疑焉。如此則學校祀典之公，亦不可以家庭之私為斷乎？」曰：「是不可以此為斷矣。學莫大于明人倫，人倫莫先于父子，子坐堂上，父立廡下，非人道一日所可安也。且子雖齊聖，不先父食久矣。必仍今之制，則宜別設一室，以齊國公叔梁紇居中南面，顏路、曾晳、孔鯉、孟孫氏侑食西向。春秋二祭，當先聖酌獻之時，以齒德之尊者為分獻官，行禮于齊國公之前，其配位亦如之，兩廡更不設位，如此則亦可以示有尊而教民孝矣。但有王者作，禮當損益，祀不可瀆也，姑誌于此。」

或謂：「顏、曾、思、孟所在學校，皆東坐西向，于義何居？」曰：「舊例循習已久，問之先輩，皆莫能通其義。或謂神道尊右，西廡乃迎送神之所，辟右者，不敢當尊也。故獻官序立東廡之前而行禮，執事者升降必由東階，蓋其義也。然則今之十哲配享，兩廡從祀，皆左右列，則有所不通矣。向嘗見一野史，載夫子廟庭，只有顏、孟配享，皆東西向。後因王安石配享，遂以顏、孟東坐西向，王安石介于顏、孟之間，西坐東向。後來雖撤去安石配位，而顏、孟坐次亦因而不改。竹林精舍初創，但就中增入曾子、子思二神位，而先朝取其法行之，亦承襲不暇攷正，今宜改為東坐西向北上。神道尊右，兖國公顏氏西一，郕國公曾氏東一，沂國公孔氏西二，鄒國公孟氏東二，周、程、張、朱五先生又以次列東西行，則合舊矣。然所謂舊制者，亦開元二十八年以後之制，亦非古也。按《開元禮》，夫子猶西坐東向，蓋《儀禮》特牲太牢饋食禮，尸位也；配位西向，主人位也；從祀南向，衆賓位也。開元末年，夫子始封王爵，襲兖冕，執鎮圭，遷為南向，失之矣。世學不講，有論及此者，則以為怪，安得一復古制之為快哉？」

或問：「所在郡國學校，各祀鄉之先賢，或郡之良牧，于禮亦有稽乎？」曰：「禮有祀先賢于東序，及祭鄉先生于社之文。前之所言，蓋天下通祀也。若以一國一鄉論之，各有先賢鄉先生，其節行足以師表後進，軌範薄俗者，固在鄉國之所當祀矣。孔明之在南陽，宣公之在吴江，管幼安之在東海，陽城之在晉鄙，三代而下，論天下人物，亦當首稱正，使列侍聖門，夫亦何歉？顧道喪千載，淵源無所考泝耳。又如蜀之文翁，閩之常兖，首開一方文治，雖去之千載，猶思慕之，雖欲不祀，人心獨無恝乎？凡若此類，宜悉詔郡國，按彼舊志，採其尤著者，悉以來上，列之郡祀，咸秩無文。或復其子孫，錄其賢裔，舊有祠廟去處，必為守護增葺，亦所以昭示朝廷褒美先賢之意，雖後有作者，亦莫之易也。」

或問：「子所言，首之京師，達之郡國，大明學校祀典，一正天下人心，但京師太學與郡國之學，考之古今，不無異制。不知尚有當考論者乎？」曰：「道者，天下通行之道，則其所以為教者，自天子至于庶人一也。先王建學，必祀先聖師，自古至今，未有以異。獨五學之說不同，禮家謂《詩》《書》《禮》《樂》各有其師，所以為祀亦異，則疑出于漢儒專門之傅會，三代以上，大道未分，必不至此。蓋嘗聞之師曰：『五學之制，中為天子之學，所謂太學是也。小學亦只在王宮之南，不惟天子視學行禮為便，而元子庶子與夫公卿大夫之適子入學，亦近而易習。東西南北各設學，以待四方之士。自國之貴胄與鄉之俊秀，及諸侯貢士以備論選者，未必咸在天子之學，則亦隨其方而處之。』意必古有其法，而唐之國學、四門學，恐亦其遺意也。是故京師首善之地，莫先于天子之太學矣。又嘗聞之，天子太學祀典，宜自伏羲、神農、黄帝、堯、舜、禹、湯、文、武，自前民開物，以至後天致用，其道德功言，載之《六經》，傳在萬世，誠萬世天子公卿所宜取法者也。若以伏羲為道之祖，神農、黄帝、堯、舜、禹、湯、文、武各以次而列焉。臯陶、伊尹、太公望皆見而知者。周公則不惟為法于天下，而《易》《詩》《書》所載，與夫《周禮》《儀禮》之書，皆可傳于後世。至若稷之立極陳常，契之明倫敷教，夷之降典，益之贊德，傅說之論學，箕子之陳範，是皆可以享于先王者，天子公卿所宜師式也。以此秩祀天子之學，禮亦宜之。

若孔子實兼祖述、憲章之任，集眾聖大成，其為天下萬世通祀，則首天子下達夫鄉學。春秋釋奠，天子必躬親蒞事，養老乞言，退就師保，一言行，一政事，天子一是以此為法。教化本原一正于上，四方其有不風動也哉！夫然後公卿近臣，各舉天下道德學問之士，以禮延聘，萃于京師，館之太學，一如明道先生熙寧之所奏，講明正學，以次傳授，自國學達于郡邑鄉校。其為學，一依古人小、大學教法，凡近世學官一切無用之虛文，悉以罷去。學問必見之踐履，文章必施之政事，使聖人全體大用之道，復行于世。不數十年，作養成就，士習丕變，人材輩出，先王至治之澤，不患不被乎天下，顧上之人力行何如耳。」

間嘗以此求正于鄉先生福清林若存，謂此論直可質無疑而俟不惑。且謂康節作《長曆》，書「建成、元吉作亂，秦王世民誅之」，可與溫公作《通鑑》書「諸葛入寇」同科，此亦一證。寧德陳子芳謂：「此說已是。」程子亦曰「堯夫直是不恭」，又曰「堯夫根本帖帖地」，其不滿溫公處亦多，更以此參之，當益明矣。並識于此，以俟來者。（以上《祀典議》，文淵閣四庫全書《勿軒集》卷二）

洪荒之世，氣浮而為天者，不過茫茫一太虛耳，固未有度數之分也。黃帝、顓頊雖云造歷，蓋未詳也。至帝始命羲和分掌天地四時，於是推步之法愈密，日月星辰之麗于天者，始則而象之。歲分為四時，又分為十二月，又分為三百六十日。因其氣盈朔虛，又為置閏，以應周天之度。於是天道可得而成矣。質凝為地者，亦不過一塊土耳，固未有疆理之別也。黃帝雖曰分州畫野，亦未詳也。至帝始咨四岳，舉其能治水者，以拯斯民墊溺一朝之命。鯀不能治，而禹繼之。其施功之最難者，莫如冀、壺口、龍門等處。此蓋混沌初分，水未有洩，積之歲久，衝決奔放愈甚，則懷襄之害愈烈。禹因其勢，疏鑿而順導之，若其次第，則先青、兗、徐、揚之下流，而荊、豫、梁、雍，以此底績。弼成五服，自侯甸至綏，而封建之制以立，咸則三壤，自畎澮至川，而井田之法以成，于是地道可得而平矣。自羲皇、黃帝之後，又適當一元文明之會，風氣駸開，創制之法，維其時也。五典惇，五禮庸，五服章，五刑用，法度禮樂，彰彰然著明，如日月行天，亙古常見，此又立人之道，以參贊天地化育之所不及者，蓋萬世之功也。（《帝堯萬世之功論》，文淵閣四庫全書《史纂通要》卷一）

天下之治亂繫風俗，風俗之美惡繫人心。三代固皆有道之長也，而商之一代，風俗為最美。每讀《商書》之終篇，紂之亡，三仁寧死、寧遯、寧佯狂為奴，所以自靖自獻者，不敢負先王之心。夷、齊叩馬一諫，凜凜乎萬世君臣之大義，雖聖人復起，不可易也。或言微子先抱祭器歸周者，非也。《書》所謂「我不顧行遯」，「我罔為臣僕」者，去而避紂，曷嘗有去商即周子之事哉！歸周以全宗祀，自是商亡以後事。比干之死，固已安之。箕子之佯狂，後來武王下車訪道，授聖大法，而終不為之臣，朝鮮長往，用廣宗祀，此其志何如哉！不但是也，當時為商之臣若民者，大率有不肯臣周之心，《大誥》《洛誥》《多方》《多士》諸篇，班班可睹，雖周人目之為頑，在商則不失為義矣。陳同父所謂「歷三代而後，世變風移」，蓋當康王之世，歸周且四十年，壯者已老，老者已死，其逋播遺黎，真是至死不貳，亦可見商一代之人心風俗矣。夏末之前聞也。周平王以後，奄奄如一尫羸病廢之人，略無能出一匕強劑以起其生，則所謂養成一

代之人心風俗，有王者作，誠不可已也。（《商有三仁兩義士論》，文淵閣四庫全書《史纂通要》卷一）

熊禾門人

董先生真卿

見《新安學案》。

二八　潛室學案

通直陳潛室先生埴（父煜）

陳埴，字器之，永嘉人，舉進士。少師水心，後從文公學。其言「善問者如攻堅木，善待問者如撞鐘。朋友講習，不可以無問也，問則不可以無復。今之不善問者，徒先其所難，後其所易，取其節目之堅，乃欲一斧而薪之，不少徐徐以待其自解，則匠石從旁而竊笑之矣。至其待人之問者，或小叩之而大鳴，或大叩之而小鳴，不待其再至而亟盡其餘聲，或餘之未盡而恣其人之更端焉。然則是鐘也，其必州鳩氏之所棄者乎」？故集其答門弟子之問者，名之曰《木鐘集》。其《四端說》，即文公之答其所問者，而轉以之答其弟子之問，蓋能墨守師說者也。江、淮制使趙善湘建明道書院，辟先生為幹官兼山長，從遊者甚盛。後以通直郎致仕。所著有《禹貢辯》《洪範解》《王制章句》。學者稱為潛室先生。先生之父煜，字民表，隱君子也。嘗戒其子曰：「昔人患進士浮靡，議罷之。察孝廉，雖不果，然薦送必由州縣，比鄉舉里選猶近也。今縻歲月，捐父母，棄室家，以爭優校，可乎？得喪命也，若慎無然。」諸子守其教，必待鄉貢，不上太學。（黃氏原本，全祖望修之加詳）

木鐘集

孔子曰：「伯夷、叔齊求仁而得仁。」伯夷以父命為尊，叔齊以天倫為重，是固天理恁底。然二子只句當得自身上道理無虧欠處，若律以天下之大義，叔齊辭，伯夷又辭，更無仲子，誰擔當得這國事去？彼仲子既于天倫、父命兩不相干，受之毋乃非邪？（文淵閣四庫全書《木鐘集》卷一）

既是句當得自身上道理無虧欠處，更復何求？所謂「吾何求哉，吾得正而斃焉斯已矣！」聖賢殺身成仁，只要賭一個是耳。若更反顧身後去，即成計較之矣。二子既逃，國歸仲子，天理人倫已安。若仲子更執夷、齊之義，夷、齊亦管不得他。彼視國直敝屣耳！（文淵閣四庫全書《木鐘集》卷一）

夫子言：「未見蹈仁而死者也。」後又言「有殺身以成仁」者。

蹈仁有益無害，人何憚而不為？此勉人為善之語。若到殺身成仁處，是時不管利害，但求一個是而已，學者患不蹈仁耳。蹈仁則心無計較之私，若當死而死，雖比干不害為正命。

「博學而篤志，切問而近思」，何以言「仁在其中」？

博而能篤，切而又近，如此學問儘鞭辟辟向裏，心不外馳，故言「仁在其中」。蓋心存而仁便存，心既在，則仁亦在是矣。指存心便喚作仁，固不可；但離了心外，更何處求仁？

「克己復禮為仁」，如何？

仁者心之全德，惻隱之心，是仁之正頭面。緣私欲障礙，填滿胸次，則所謂惻隱者，如頑癖風痺，不復流行發見。必須先去己私，復還天理，則本來面目方始流行發見。克己工夫非有他，即非禮勿視、勿聽、勿言、勿動之謂。既知此為非禮，則視聽言動便當一一復還于禮。除四勿之外，別無克己工夫。工夫既到，則私欲淨盡，中無障蔽，滿腔子渾是惻隱之心，而日用之間，無非真心之流行發見。若不于禮上用功，必流于釋氏絕滅之學。蓋徒知克去己私，而不復于禮，謂之空寂則可，若求其惻隱之心，則如死灰槁木矣。故聖人以此告之，蓋克此即復彼矣。先儒以「克己復禮」為乾道，「主敬行恕」為坤道。豁開雲霧，便見青天，此顏子之仁。淘去泥沙，旋引清泉，非顏子之克己復禮也。

「孔子答仲弓《問仁》」一章，程先生云：「孔子言仁，只說『出門如見大賓，使民如承大祭』，看其氣象，便須心廣體胖，動容周旋中禮，惟慎獨便是守之之法。」慎獨，固是做持敬行恕工夫，然心廣體胖、動容周旋中禮地位，仲弓學力當得來。

大賓在庭，大祭在堂，是時境界如何？想得好一片空闊世界，只緣未下持敬慎獨工夫，欲見此境界不能。

「居處恭，執事敬，與人忠」，程子以為徹上徹下語，如何？

徹上徹下，謂聖凡皆是此理。聖人一語，小則樊遲可用，大則堯舜不過，程子所謂「語有淺近而包容不盡」是也。未純熟時，但曰「下學」，已純熟後，即是「上達」，無兩個塗轍。

顏子當「博文」「約禮」之時，「既竭吾才」，直是大段著力；及夫「所立卓爾」之後，「雖欲從之，末由也已」，至此又無所用其力。不知合如何下工夫？

到此際力無所施，乃冰消雪釋渣滓融化之境，雖聖人亦不能授顏子，顏子亦不能受之于聖人。今欲學顏子，未須問他此處，且把「博文」「約禮」作依據，日積月累，人十己千，備見高堅前後境界，將來不知覺自有豁然融會時。

子曰：「吾道一以貫之。」曾子曰：「忠恕而已矣。」

「一貫」「忠恕」，雖有大小之不同，大要都是心上做出。聖人之心，渣滓淨盡，統體光明，具眾理而該萬用，故雖事物之來，千條萬目，聖人只是那一個心應將去，全不費力，如繩索之貫錢。然《易》所謂「何思何慮，殊途而同歸，百慮而一致」者，正聖人「一貫」之說也。彼學者之心，被私欲障蔽，未便得他玲瓏，須是逐一蕩滌，以類而推，方能自我及物。如子貢所謂「施諸己而不願，亦勿施於人」，卻是忠恕正頭面。使學者工夫純熟，則一旦霧除雲散，自是一貫境界。是知「一貫」乃聖人事也，「忠恕」特學者事。但聖人見快，學者見遲，一貫是熟底忠恕，忠恕是生底一貫，本非有二道也。曾子恐門人曉一貫未達，故借忠恕以明一貫，是將一貫放下說了。若程子「於穆不已，各正性命」之言，則借天地以明忠恕，是將揭起來說了。彼此互相發明，在人領會之耳。

《論語》「一貫」，與《中庸》「合內外之道」、程門「體用一原，微顯無閒」之說同否？

道理只是一個道理，有就吾心性上說者，有就事物上說者，自是兩樣頭面。今人都作一般看了，如何謂之識道理？夫《論語》之一貫，即《中庸》所謂「合內外之道」者也。聖人所以能推一心以貫萬事者，正緣他胸中渣滓淨盡，統體光明，具眾理而該萬用。故雖事物之來，千條萬目，聖人只此一心應將去，全不費力，滿腔子都是道理，更無界限。無界限，更不分內外、分中邊。才分內外，便是有界限了。才有界限，則便不能以一心而貫萬事，如何謂之「合內外」？《易》曰：「天下何思何慮，殊塗而同歸，百慮而一致。」「一貫」之說也。至于程子之說，又就物理上論，即《論語》所謂「下學上達」，「形色天性」，灑埽應對，精義入神之謂也。及其歸，則一而已。

何謂「下學上達」？

「下學上達」，如言「禮儀三百，威儀三千」，無一事而非仁也。理會得底，則一部《論語》，聖人雖就人事上說，卻無非言性與天道處。理會不得底，雖皓首窮經，鑽破故紙，仍舊不聞。此處只關係自家心裏在與不在耳。心存則見其然，必知其所以然；若不存，是謂習矣而不察。今人只說事理一貫，然亦須分別次序，始得如程子言「形而上為道，形而下為器」。須著如此，始得「下學」人事，自然「上達」天理；若不下「下學」工夫，直欲「上達」，則如釋氏覺之之說是也。吾儒有一分學問工夫，則磨得一分障礙去，心裏便見得一分道理；有二分學問工夫，則磨得二分障礙去，心裏便見得二分道理。從此惺惺恁地，不令走作，則心裏統體光明，渣滓淨盡，便是「上達」境界。

「大德不踰閑」一章，《集註》云：「不能舞弊。」如何？

弊在出入可也。聖賢心密，若大若小，皆不令有小罅漏。子夏功疏，只照管得大處，小處不免走作，故有此語，便是開一線縫，不是盛水不漏工夫。今人連大處走了，又子夏之罪人。

「子在川上」一章，孔子只是說天地間道理流行，無有窮盡，如水之更往迭來，晝夜常恁地，初無一朝停息，即此是道體，大意亦可見。《集註》云：「自漢以來，儒者皆不識此義。」如何？

自漢以來，號為儒者，只說「文以載道」，只將《詩》《書》子史喚作道，其弊正是鑽破故紙，原不曾領會得。然此事說之亦易，參得者幾人？必如周、程、邵子胸次灑落，如光風霽月，則見天理流行也。

「動容貌，斯遠暴慢矣」一章，「斯」字之義如何？

君子持敬成熟，開眼便見此理，更不待漸次安排。謂如一「動容貌」，當下即便「遠暴慢」，一「正顏色」，即便「近信」，一「出辭氣」，即便「遠鄙悖」。蓋持敬效驗如此。若待言動之後，漸次點檢，安得相應之速如此？學者持敬工夫，當其未成熟時，須著呼喚方來，及工夫熟後，須見此等境界，然後謂之成熟。蓋「斯」之為言，猶「綏斯來，動斯和」，應險疾速之謂也。

程子謂：「灑掃應對，便是形而上者，故君子只在慎獨。」

「灑掃應對」雖是至粗淺事，但心存則事不苟，此便是上達天理處。「慎獨」是存主此心，存此心，便是存天理。

飯疏飲水之樂，簞瓢陋巷之樂，所樂者何事？此濂溪點化二程子訣，二程從此悟道，終不以此語學者。晦翁事事剖露，說向後學，獨此不敢著語。

凡說所樂在道，以道為樂，此固學道者之言，不學道人，固不識此滋味。但已得道人，則此味與我兩忘，樂處即是道，固不待以彼之道樂我之心也。孔、顏之心，如光風霽月，渣滓渾化，從生至死，都是道理，順理而行，觸處是樂。行乎富貴，則樂在富貴，行乎貧賤，則樂在貧賤，夷狄患難，觸處而然。蓋行處即是道，道處即是樂，初非以道為可樂而樂之也。故濂溪必欲學者尋孔、顏所樂何事，豈以其樂不可名，使學者耽空嗜寂，而後為樂邪？濂溪以此點化二程，二程因此省悟，後卻一向不肯說破與學者，至今晦翁亦不敢說破，豈祕其事謂不可言傳邪？蓋學者才說此事，動口便要說道，謂道不是，固不可。但才說所樂在道，以道為樂，則又非孔、顏氣象。惟知孔、顏樂處便是道，則德盛仁熟之事也。要知顏子之與諸子，但有生熟之分耳。工夫生，則樂與道為二，不妨以此而樂彼，及工夫純熟之後，則樂與道為一，自不可分彼此矣。前賢不肯說破此事，正要看人語下氣味生熟耳。

問南豐云：「有知之之明，而不能好之，未可也，故加之以誠心好之。有好之之心，而不能樂之，亦未可也，故加之以至意樂之。用工夫卻在誠心、至意上否？」陳潛室曰：「此用《論語》意，從致知上發源，皆先儒所不道。南豐屢屢言之，度越諸公遠矣。但其說樂處，語不瑩耳。樂者，極至之意，是他『知』『好』工夫到後，自見此境界耳。若用一物以樂之，即非所以為樂。」

志道、據德、依仁，不知「志」「據」「依」如何用工夫？「道」「德」「仁」又如何不同？

志于道，是一心向聖路上行，欲學做聖人事。據德即志道工夫既成，凡向之所志者，今則實得于己，如有物可執據。然依于仁，則據德工夫既熟，天理與心為一，不可脫離于片時，如衣之在人身，不可脫舍也。只是一個做聖人之心，但初來生而後轉熟，初來猶是兩片，後來方成一物耳。

晦翁謂「幽明始終無二理」。程子謂「晝夜死生之道」。意者此理非有二塗。所謂一而二，以幽明始終言之；二而一，蓋死復生，生復死，人復為鬼，鬼復為人，如晝夜之循環。

氣聚則始而生，氣散則終而死。聚而生者為人，散而死者為鬼。有聚則必有散，聚散本一理也。原始而知其所以生，則反終而知其所以死。所謂一而二者，聚散本一氣，分而為聚散耳，所謂二而一者。雖發而為聚散，其實一氣耳。惟其一而二，故有生必死；惟其二而一，故知生則知死。

鬼神之事以為無邪？則四時之祭祀皆可無也；以為有邪，則事死如事生，事亡如事存，溫清甘旨之奉，不可一日無也。此淺學浪問。鬼神乃二氣之屈伸，二氣有無時否？鬼者陰之靈，神者陽之靈，在人之身，即為魂魄，人死則魂升魄散，雖散于無有，然生氣之分于子孫者，即其氣猶在也。故其子孫，賢者之死而致生之，則其鬼神；不賢者之死而致死之，則其鬼不神。

志士仁人，殺身成仁。夫殺身之事，誠難矣！未曾實有所得，實有所見，誰忍捐生就死？有志之士，所存主處不污下，故決不肯苟賤以偷生。程子曰：「古人殺身成仁，亦只是成就一個是而已。」既謂之成仁，則必如是，而後天理人倫無虧欠處，生順死安無悔憾處。當此境界，但見義理而不見已身，更管甚名譽邪！（文淵閣四庫全書《木鐘集》卷一）

夫子賢于堯、舜遠矣，何以見之？

當時若無孔子，今人連堯、舜也不識。

孟子曰：「仁，人心也。」程子曰：「心如穀種，仁其生之性。」同乎？否乎？

心生物也，而所以能生者，以有仁也。故心如穀種，雖具此生理，然有形，百穀只一粒物耳，不能以自生，所以能生者，性實為之。仁之于心亦然。人心是物，穀種亦是物，只是物之有生理耳。然便指心為仁則不可，但人心中具此生理。便以穀種為仁，亦不可，但穀種亦含此生理。穀不過是穀實結成，而穀之所以纔播種而便萌蘖者，蓋以其有生之性。心不過是血氣做成，而心之所以有運動惻怛處，亦以其有生之性。人心之與穀種，惟其有生之性，故謂之仁，而仁則非梏于二者之形也。孟子只恐人懸空去討仁，故即人心而言。程子又恐人以人心為仁，故即穀種而言。以是知仁不止于二者，則凡有生之性皆是也。

「學問之道無他，求其放心而已矣。」誠如是，即不須千頭萬緒理會學問，便一向求放心，如何？

學問之道，千緒萬端，必事事物物上都去理會將過，無非欲求其已放之心，鞭辟入身上來，在自家腔子裏，從此尋向上去，即「下學上達」工夫。止如《詩》三百篇，頭緒甚多，「一言以蔽之，曰思無邪」。學《詩》之人，每一章一篇，並存「無邪」之思以觀之，則百篇之義，不在《詩》而在我矣。此章特為學問務外不務內者言之，所謂「學問之道無他」，就千條萬緒，皆一一是「求放心」，必從心上下工夫，則學問非詞章記問之比矣。如云學問只是求放心，即不須千條萬緒，此卻是禪家寂滅之說，非孟子意。

盡心知性則知天，存心養性以事天，有何分別？

心體昭融，其大無外，包具許多眾理，是之謂性。性即理也，理有未窮，則心為有外。故盡心必本于窮理，蓋謂窮究許多眾理，則能極心體之昭融而無不盡。性與天只是一理，程子曰：「自理而言，謂之天；自稟受而言，謂之性。語其分則不同耳。」既知得性，便知得性所從出，是謂知天。到得知天地位，已是造得此理了。然聖賢學問，卻不道我已知得，到這地位，一齊了卻。又須知行夾持始得，故必存此心而不舍，養此性而無害。存養工夫到此愈密愈嚴，所謂敬以直內，是乃吾之所以事天，此時直是常在天理上行，天不在天而在我矣。知行二字，不可缺一，且如自家欲事天，向使未知天為何物，不知事個甚麽，到得知天，卻不下存養工夫，則亦非實有諸己。

程先生謂：「孟子說性善，只說繼之者善。」昨聞先生云「水無有不下處，卻是太極。」據此說，則孟子似指流而至于海，終無所污者為太極邪？

孟子說時，本是直提「一陰一陽之謂道」來說，但善者惡之對，有善便有惡，故程子以為不說得源流正派，說得繼之者善。蓋善猶水之清，惡猶水之濁。既以清為水之性，則濁非水之性乎？要知清濁可以為水之流，不可為水之性。繼之者善，亦猶是也。蓋繼之者，是說太極流行之第一節則可，謂是太極則不可。

程子以才為氣質之性。孟子曰：「若夫為不善，非才之罪。」則是人善惡又當以氣質論。

為孟子把諸路一齊截斷了，故諸子不服。須是尋他不善路頭從何處來。

公都子《問性三節》，孔子「性近習遠」「上智下愚」之說，相似否？

除第一問性無善無不善外，第二問即「性近習遠」意，第三問即「上智下愚」意。

「天命之謂性」，則有生即有性。孟子何以深詰告子「生之謂性」？

孟子只為他認生處為性，更不分別人物，是將血氣知覺為性。凡物有血氣知覺者，皆與人性一樣，見血氣而不見道理，此則不可也。

君子不謂性命。

世人以上五者為性，則見血氣而不見道理』以下五者為命，則見氣數而不見道理于是人心愈危，道心愈微。孟子于常人說性處，卻以命言，則人之于嗜慾，雖所同有，卻有品節限制，不可必得，而人心安矣。于常人說命處，卻以性言，則人之于義理，其氣稟雖有清濁不齊，須是著力自做工夫，不可一委之天，而道心顯矣。大要上是人心，人皆知循其在人，而君子則斷之以天。下是道心，人皆知委

其在天，而君子則斷之以人。此君子言知命盡性之學，所以異乎常人之道也歟！（文淵閣四庫全書《木鐘集》卷二）

木鐘集之四端說

性是太極渾然之體，本不可以名字言，但其中含具萬理，而綱理之大者有四，故命之曰仁、義、禮、智。孔門未嘗備言，至孟子而始備言之者，蓋孔子時，性善之理素明，雖不詳著其條，而說自具，至孟子時，異端蠭起，往往以性為不善，孟子懼是理之不明，而思有以明之，苟但曰渾然全體，則恐為無星之稱，無寸之尺，終不足以曉天下，于是別而言之，界為四破，而「四端」之說于是而立。蓋「四端」之未發也，雖寂然不動，而其中自有條理，自有間架，不是儱侗都無一物，所以外邊纔感，中間便應。如赤子入井之事感，則仁之理便應，而惻隱之心于是乎形。如過廟過朝之事感，則禮之理便應，而恭敬之心于是乎形。如蹴爾呼爾之事感，則義之理便應，而羞惡之心于是乎形。如妍醜美惡之事感，則智之理便應，而是非之心于是乎形。蓋由其中間，眾理渾具，各各分明，故外邊所遇，隨感而應。所以「四端」之發，各有面貌之不同，是以孟子析而為四，以示學者，使知渾然全體之中而粲然有條，若此則性之善可知矣。然「四端」之未發也，所謂渾然全體，無聲臭之可言，無形象之可見，何以知其粲然有條如此？蓋是理之可驗，乃依然就他發處驗得。凡物必有本根，而後有枝葉，見其枝葉，則知有本根。性之理雖無形，而端的之發最可驗。故由其惻隱，所以必知其有仁；由其羞惡，所以必知其有義；由其恭敬，所以必知其有禮；由其是非，所以必知其有智。使其本無是理于內，何以有是端于外？由其有是端于外，所以必知其有是理于內而不可誣也。故孟子言：「乃若其情，則可以為善矣，乃所謂善也。」是則孟子之言性善，蓋亦遡其情而逆知之耳。

仁、義、禮、智既知得界限分曉，又須知四者之中，仁、義是個對立底關鍵。蓋仁，仁也，而禮則仁之著；義，義也，而智則義之藏。猶春夏秋冬雖為四時，然春夏皆陽之屬也，秋冬皆陰之屬也。故曰：「立天之道，曰陰與陽；立地之道，曰柔與剛；立人之道，曰仁與義。」是知天地之道，不兩則不能以立，故端雖有四，而立之者則兩耳。仁、義雖對立而成兩，然仁實貫通乎四者之中，蓋偏言則一事，專言則包四者。故仁者仁之本體，禮者仁之節文，義者仁之斷制，智者仁之分別。猶春夏秋冬雖不同，而同出乎春。春則春之生也，夏則春之長也，秋則春之成也，冬則春之藏也。自四而兩，自兩而一，則統之有宗，會之有元矣。故曰：「五行一陰陽，陰陽一太極。」是天地之理固然也。仁包四端，而智居四端之末者，蓋冬者藏也，所以始萬物而終萬物者也。智有藏之義焉，有終始之義焉，則惻隱、羞惡、恭敬是三者皆有可為之事，而智則無事可為，但分別其為是為非耳，是以謂之藏也。又惻隱、羞惡、恭敬皆是一面底道理，而是非則有兩面，既別其所是，又別其所非，是終始萬物之象。故仁為四端之首，而智則能成始能成終。猶元氣雖四德之長，然元不生于元，而生于貞，蓋由天地之化，不翕聚則不能發散，理固然也。仁智交際之間，乃萬化之機軸，此循環不窮，脗合無江，程子所謂「動靜無端，陰陽無始」

者，此也。（以上為《四端說》）

程子云：「論性不論氣，不備；論氣不論性，不明。」願詳其旨。

孟子性善從源頭上說，及論情論才，只是說善。不論氣質清濁厚薄，是不備也。諸子紛紛之說，各自把氣質分別，便作天性看了，其不明之說，為害滋甚。孔門「性相近，習相遠」，卻就氣質之性上論清濁。至說「上知下愚」，乃論得氣清之十分厚者為上知，氣濁之十分薄者為下愚，其間相近者，乃是「中人」。清濁在四六之間，總起是三等氣質，此說乃是與孟子之說互相發明。要知孔子是說氣質之性，孟子是說源頭本然之性，諸子只是把氣質便作本然之性，看錯了。

繼善成性，「繼」與「成」字如何？

凡物之生死，有理而後有氣，善當作理看。（此性謂氣質之性。）道即太極也，太極纔動，首先撤出者便是理。故以繼善者，隨太極之後，漸次成就者即謂性。（成則有形質矣。）孟子說性善是第一義，從他繼之者；諸子說不善是第二義，從他成之者。

「知至而后意誠」，程子又謂：「格物窮理，但立誠意以格之。」

程門此類甚多，如致知須用敬，亦是先侵了正心誠意地位，不是于格物致知之先，更有一級工夫在上，只是欲立個主人翁耳。但常得此心有在，物可從此格，知可從此致，此程子所以言「格物窮理，但立誠意以格之」。

不睹不聞，乃此心不動之境，既是不動，卻又下戒慎恐懼工夫，莫是太著力否？太著力，則恐反動其心，何以謂之未發之中？

此處猛著力不得，纔著力，便是動了。雖不著力，然必有事焉方可。前輩謂敬貫動靜，正謂此也。戒慎恐懼，卻是常惺惺法，不爾，便白地倒了，否則空空死灰矣。此處如道家爐火養丹法，火冷則灰死，火炎則藥死。

不睹不聞，晦翁謂喜怒哀樂未發之初，至靜之時也。當至靜之時，不知戒懼之心何處著落？

此問最精。前輩于此境界，最難下言語。既是未發，才著工夫，便是發了。所以只說戒慎恐懼，蓋雖是未發之初體，已含具萬用在此，不比禪家寂如空如。所以惺惺主人，常在冥漠中照管，都不曾放下了。蓋雖是持守體段，卻不露痕跡。

「鳶飛戾天」一章，程子謂：「此一段是子思喫緊為人處。」是如何？

大要不要人去昏默冥窈中求道理，處處平平會得時，多少分明快活。

《近思錄》載「一陽復于下，乃天地生物之心。先儒以靜為天地之心，不知動之端乃天地之心」。又說：「陽始生甚微，安靜而後能長。」既以動為陽之始，復又指安靜云何邪？

一陽復于地下，即是動之端。但萌芽方動，當靜以候之，不可擾也。故卦辭言「出入無疾」，而《象》言「閉關息民」，蓋動者天地生物之心，而靜者聖人裁成之道。

程子說性與孟子不同。

性者人心所具之天理，以其稟賦之不齊，故先儒分別出來，謂有義理之性，有血氣之性。仁義禮智者，義理之性也；知覺運動者，氣質之性也。有義理之性而無氣質之性，則義理必無附著；有氣質之性而無義理之性，則無異于枯槁之物。故有義理以行乎血氣之中，有血氣以受義理之體，合理與氣而性全。孟子之時，諸子之言性，往往皆于氣質上有見，而遂指氣質作性，但能知其形而下者耳，故孟子答之，只就他義理上說，以攻他未曉處。氣質之性，諸子方得于此，孟子所以不復言之；義理之性，諸子未道于此，孟子所以反覆詳說之。程子之說，正恐後學死執孟子義理之說，而遺失血氣之性，故并二者而言之曰：「論性不論氣，不備；論氣不論性，不明。」程子之論舉其全，孟子之論所以矯諸子之偏，人能即程子之言而達孟子之意，則其不同之意不辨而自明矣。

為人為己，如何？

為己是真實無僞，為人只是要譽近名。聖人此言，是就他源頭上分別出來。今學士大夫謂為己不求人知，而求天知，纔說有求天知意，便不是為己。為己者，只是屈頭擔重擔，不計窮達得喪也。

或問明道曰：「出辭氣，莫是于言語上用工夫否？」曰：「須是自然語順。」如何？

出辭氣，「出」字著工夫不得，工夫在未出之前。此是靜時有工夫，故才動，道理便在此。動時自有著工夫者，如修辭安定辭之類。

明道曰：「中者天下之大本，惟敬而無失盡之。」「敬」便是「中」否？

當喜怒哀樂未發之時，便著甚工夫，才著得力，便是發了。所以先賢當此境界，不是無工夫，又不可猛下工夫，只是敬以直內，即戒慎恐懼意。「敬」不喚作「中」，敬而無失，方是中。無失，即不偏倚之謂。

明道云：「人之為學，忌先立標準。」何謂標準？

標準猶言限格。學問既路頭正了，只劄定腳跟，滔滔做去，不可預立限格，云「我只欲如此便休」。今世學者，先立個做時文、取科第標準橫在胸臆，殺害事。

明道謂：「學者能識仁體，實有諸己，只要義理栽培。如講求經義，皆栽培之意。」仁之在人心一耳，不學之人，獨無仁乎？

識得仁體，謂滿腔子是惻隱之心，既體認得分明，無私意夾雜，又須讀書，涵泳義理，以灌溉滋養之。不爾，便枯燥入空門去。

晦翁謂：「凡物自有天理人欲之辨，而不可以毫釐差。」恐是如程子所言「峻宇雕牆，本于宮室，酒池肉林，本于飲食。先王制其本者，天理也；後人之流于末者，人欲也」。凡物之天理人欲，皆可放此推之。

吾峰曰：「天理人欲，同行異情。」此語儘當玩味。如飲食男女之欲，堯、舜與桀、紂同，但中理中節即為天理；無理無節即為人欲。「率性之謂道」。

率性不要作工夫看，物性自然，各有所由行之路。如牛是牛之性，馬是馬之性，飛潛動植，各一其性而不可移換，便是率處。若牛作馬，馬作牛，飛者潛之，動者植之，即是違其性，非物之所謂率性矣。

意實則心實矣，然或但知誠意而不能密察此心之存否，則又無以直内而修身也。夫心意未嘗相離也，意特心之所發耳。以章句之旨觀之，毋乃心自心，意自意也。密察此心，不知又將一個心密察邪？

本是長匹無縫底物事，聖人欲人警悟處，翦下逐段向人看。理會得時，仍是長匹無縫，不曾翦斷。密察之間有味，即密察處便是心，更復何處外討一個來？前輩有以心使心語，此喫緊示人處，要人領會。（文淵閣四庫全書《木鐘集》卷二）

潛室門人

祗侯翁先生敏之

翁敏之，字功甫，樂清人也。少受知于葉水心，後師潛室，成淳祐進士，官至閤門祗侯。

知軍翁庶善先生巖壽

翁巖壽，字如山，初名夔，永嘉人。師事潛室最久，盡得其奧。從遊日眾，嘗令人讀《近思錄》，曰：「此讀書梯級也。」又令觀《言行錄》，曰：「此為人標準也。」其學以修身勵行為務，不專在語言文字之末。登淳祐第，為永州教授，除太常博士，遷國子丞，知興化軍，卒。學者稱為庶善先生，祠像于家學。

車韶溪先生安行

車安行，字正路，號韶溪，黄巖人，景山弟。遊陳潛室之門，得武夷宗旨，嘗曰：「聖賢窮達，自關世道，于人何與？」過京師，見吳丞相，憐其不遇，問曰：「欲往揚州乎？」曰：「不能。」「欲史館乎？」曰：「不能。」退而告人曰：「天不與我，丞相安能與我？」尤工于詩，所著有《鏤冰集》。

吏部董克齋先生楷

董楷，字正翁，臨海人，御史亨復之子，戶部侍郎樸之弟也。登文天祥榜進士。初為績溪簿，直冤獄，賑饑饉，修城捍水。擢守洪州，有惠政。終吏部郎。先生從潛室陳器之得朱子再傳之學，所著有《克齋集》《程朱易》行于世。

郡守徐先生霆

徐霆，字長孺，永嘉人也。潛室先生之甥。得其舅之傳。嘗在趙善湘幕中，豫平李全之亂，官至守漢陽軍。

二九　北溪學案

文安陳北溪先生淳（附子榘）

陳淳，字安卿，龍溪人。少習舉子業，林宗臣見而奇之，且曰：「此非聖賢事也。」因授以《近思錄》。及文公守漳，請教。文公曰：「凡閱義理，必窮其原。」先生聞而為學益力，日求所未至。文公數語人以「南來，吾道喜得陳淳」。後十年，復往見文公，陳其所得。時文公已寢疾，語之曰：「如今所學，已見本原，所闕者下學之功爾。」自是所聞皆要切語，凡三月而文公卒。先生追思師訓，痛自裁抑，日積月累，義理貫通，洞見條緒。郡守以下，皆禮重之，時造其廬而請焉。嘉定九年，待試中都，歸遇嚴陵守鄭之悌率僚屬延講郡庠。先生歎陸學張王，學問無原，全用禪家宗旨，認形氣之虚靈、知覺為天理之妙，不由窮理格物，而欲徑造上達之境，反託聖門以自標榜。乃發明「吾道之體統，師友之淵源，用功之節目，讀書之次序」，為四章以示學者。明年，以特奏恩授迪功郎、泉州安溪主薄，未上而卒，年六十五。所著有《論孟學庸口義》《字義詳講》《禮》《詩》《女學》等書。門人陳沂等錄其語，號《筠谷瀨口金山所聞》。子榘又編次其文為五十卷。（黄氏原本，全祖望修之加詳）

北溪語錄

太極只是理，理本圓，故太極之體渾淪。以理言，則自末而本，自本而末，一聚一散，無所不極其至。自萬古之前，與萬古之後，無端無始，此渾淪太極之全體也。自其沖漠無朕，與天地萬物皆由是出，及天地萬物既由是出，又復沖漠無朕，此渾淪無極之妙用也。聖人一心渾淪太極之全體而酬酢萬變，無非太極流行之妙用。今學問工夫，須從萬事萬物中貫過，湊成一渾淪大本，又于渾淪大本中散為萬事萬物，使無稍窒礙，然後實體得渾淪至極者在我，而大用不差矣。（文淵閣四庫全書《北溪大全集外集》）

太極只是總天地萬物之理而言，不可離天地萬物之外而別為之論。又云：陳幾叟「月落川處處皆圓」之譬，亦正如此。

道流行天地之間，無所不在，無物不有。子思言「鳶飛」「魚躍」「上下察」以證之。程子謂「子思喫緊為人，活潑潑地」者，正如顏子所謂「卓爾」，孟子所謂「躍如」之意，都是真見得這道理分明，故如此說。若《易》所謂「一陰一陽之謂道」，孔子此處，是

就造化根源上論。（文淵閣四庫全書《北溪字意》卷下）

道理二字，亦須有分別。萬古通行者，道也；萬古不易者，理也。

孟子道性善，從何而來？孔子《繫辭》曰：「一陰一陽之謂道，繼之者善也，成之者性也。」夫子所謂善，是就人物未生之前造化源頭處說，孟子所謂性善，則是就「成之者性」處說，是人生以後事。其實由造化源頭處有是「繼之者善」，然後「成之者性」時方能如是之善，則孟子之所謂善，實淵源于夫子所謂善者而來，而非有二本也。（文淵閣四庫全書《北溪字意》卷上）

仁只是天理生生之全體，無表裏、動靜、隱顯精粗之閒。唯此心純是天理之公，而絕無一毫人欲之私，乃可以當其名。若一處有病痛，一事有欠闕，一念有間斷，則私意行而生理息，即頑痺不仁矣。（文渊阁四库全书《北溪大全集外集》）

自孔門後，無識仁者。漢人只以恩愛說仁。韓子因遂以博愛為仁。至程子而非之，而曰：「仁，性也；愛，情也。以愛為仁，是以情為性矣。」至哉，言乎！然自程子之言一出，門人又一向離愛言仁，而求之高遠，不知愛雖不可以名仁，而仁亦不能離乎愛也。上蔡遂專以知覺言仁。夫仁者，固能知覺，而謂知覺為仁則不可。若能轉一步觀之，只知覺處純是天理，便是仁也。龜山又以萬物與我為一為仁。夫仁者，固與萬物為一，然謂與萬物為一為仁則不可。若能轉一步觀之，只于與萬物一之前純是天理流行，便是仁也。呂氏《克己銘》又欲克去有己，須與萬物為一體方為仁。其視仁皆若曠蕩在外，都無統攝，其實如何得與萬物合一？洞然八荒，如何得皆在我闥之內？殊失孔門向來傳授心法本旨。至文公始以「心之德、愛之理」六字形容之，而仁之說始親切矣。（文淵閣四庫全書《性理大全書》卷三十五）

《禮》謂：「執虛如執盈，入虛如有人。」只就此二句體認持敬底工夫，意最親切。（文淵閣四庫全書《性理大全書》卷四十七）

恭是敬之見于外者，敬是恭之存于中者；然未有內無敬而外能恭者，亦未有外能恭而內無敬者，恭敬不是二物，如形影與忠信忠恕相關一般。（文淵閣四庫全書《性理大全書》卷三十七）

聖門用工節目，其大要不過曰「致知力行」而已。致者，推之而至其極之謂；致其知者，所以明萬理于心而使之無所疑也。力者，勉焉而不敢怠之謂；力其行者，所以復萬善于己而使之無不備也。知不至，則真是真非無以辨，其行將何所適從！必有認人欲作天理而不自覺者矣。行不力，則雖精義入神，亦徒為空言，而盛德至善竟何有于我哉！然二者亦非截然判先後為二事也。故知之明則行愈速，而行之力則所知又益精矣。其所以為致知力行之地者，必以敬為主。敬者，主二無適之謂，聖賢所以貫動靜、徹終始之功也。能敬，則中有涵養，而大本清明。由是而致知，則心與理相涵，而無頑冥之患矣。由是而力行，則身與事相安，而不復有扞格之病矣。（《用功節目》，文淵閣四庫全書《北溪大全集》卷十五）

道理初無玄妙，只在日用人事間，但循序用功，便是有見。所謂「下學上達」者，須下學工夫到，乃可從事上達，然不可以此而安于小成也。夫盈天地間，千條萬緒，是多少人事。聖人大成之地，千節萬目，是多少工夫。唯當開拓心胸，大作基址。須萬理明徹于胸中，將此心放在天地間一例看，然後可以語孔、孟之樂。須明三代法度，通之于當今而無不宜，然後為全儒，而可以語王佐事業。須運用酬酢，如探諸囊中而不匱，然後為資之深，取之左右逢其原，而真為己物矣。至于以天理、人欲分數，而驗賓主進退之機，如好好色，惡惡臭，而為天理、人欲、強弱之證，必使之于是非非，如辨黑白，如遇鏌鋣干將，不容有騎牆不決之疑，則雖艱難險陽之中，無不從容自適，然後為知之至而行之盡。此心之量極大，萬理無所不包，萬物無所不統。古人每言學必欲其博，孔子所以學不厭者，皆所以極盡乎此心無窮之量也。《論語》曰：「博學而篤志。」立志要定不要雜，要堅不要緩。如顏子曰：「舜何人也，予何人也。有為者亦若是。」若曰：「文王，我師也，周公豈欺我哉？」皆以聖人自期，皆是能立志。孟子曰：「舜為法于天下，可傳于後世，我猶未免為鄉人也。是則可憂也。憂之如何？如舜而已矣。」孟子以舜自期，亦是能立志。（文淵閣四庫全書《北溪大全集外集》）

命字有二義：有以理言者，有以氣言者。其實理不外于氣。蓋二氣流行萬古，生生不息，不成只是空個氣。必有宰之者，曰理是也。然理非有離乎氣，只是就氣上指出個理不離乎氣而為言耳。（文淵閣四庫全書《北溪字意》卷上）

《禮運》言：「人者，陰陽之交，鬼神之會。」說得亦親切。此真聖賢之遺言，非漢儒所能言也。蓋天地間，無一物不是陰陽，則無一物不是鬼神。（文淵閣四庫全書《北溪字意》卷下）

北溪門人

推官陳貫齋先生沂

陳沂，字伯澡，一字貫齋，仙遊人，光祖之子，北溪陳氏弟子也。北溪稱其天姿粹濟，用功懇切，蓋高弟云。官至新州推官。所著有《讀易記》。

教授蘇省齋先生思恭（祖尊己）

蘇思恭，字欽甫，晉江人。祖尊己，以學行著。先生嘉定中登第，從陳北溪、蔡白石遊，篤意朱氏之學，踐履堅確，時然後言。除興化軍教授，以理義之實，革詞藻之華，士風翕然為變，陳宓諸賢推重之。調韶州教授。有《省齋文稿》《曲江志》。

卓先生琮

卓琮，字廷瑞，永春人。嗜學堅苦，能暢北溪所授之旨。

梁先生集

梁集，字伯翔。

祕監葉平巖先生采

葉采，字仲圭，邵武人。初從蔡節齋受《易》學，已而往見陳北溪。北溪以其好躐高妙，而少循序就實工夫，屢折而痛砭之，先生自是屏斂鋒鋩，俛意信向，駸趨著實，北溪深喜之。寶慶初，為祕書監，嘗論郡守貪刻之害，上嘉納之。

平翁語

有人一子名光，一子名梵，一子名晃，其父遠現不歸，光者子細探其蹤跡，知其北往，求之幽、燕，梵者不子細探討，乃求之南閩，晃者在家嬉遊而已。一日，光者得其父以歸，梵者索然而歸，光以責梵，晃亦以責梵。光可言也，晃不可言也，梵雖行路差，尚曾求父也，晃坐于家，不曾求父，乃責梵之不善于求父。今之人未嘗求道，而空空以議人，何以異此！釋氏行路差，尚曾求道也。（文淵閣四庫全書《腳氣集》）

北溪再傳

知州吕樸鄉先生大圭

吕大圭，字圭叔，南安人，楊昭復弟子也。昭復之學，得之北溪陳氏，以接朱子，世號溫陵截派。登進士，累官吏部員外郎、國子編修、實錄檢討官。知漳州軍節制左翼屯戍軍馬，未行，蒲壽庚率知州田子真降元，捕先生，至今署降表，先生不可，變服逃入海，壽庚追殺之。所傳《易經集解》《春秋或問》《學易管見》。其說《易》，取陰陽對卦並論，如乾、坤作一論，夬、剝作一論之類。

三〇　鶴山學案

文靖魏鶴山先生了翁

魏了翁，字華父，邛州蒲江人，慶元五年，登進士第，授簽書劍南西川節度判官。召為國子正。以校書郎出知嘉定府。在蜀十七年，而後入進兵部郎中，累官至權工部侍郎。降三官，靖州居住。史彌遠死，以權禮部尚書還朝。入對，首乞明君子小人之辨，次論故相十失猶存，又及修身、齊家。六閱月，以端明殿學士同簽樞密院事，督視京湖軍馬。尋復召還，遂知紹興府安撫使而出。嘉熙元年卒，贈太師，謚文靖。

百家謹案：《宋史》言：鶴山「築室白鶴山下，以所聞于輔廣、李燔者開門授徒，士爭負笈從之。由是蜀人盡知義理之學」。于是《嘉興志·輔漢卿傳》遂謂鶴山是漢卿之門人。然攷《鶴山集》，言：「開禧中，余始識漢卿于都城，漢卿從朱文公最久，盡得公平生言語文字。每過余，相與熟復誦味，輒移晷弗去。余既補外，漢卿悉舉以相畀。」又言：「亡友輔漢卿，端方而沈碩，文公深所許與。」乃知友而非師也。

鶴山師友雅言

博愛之謂仁，似未盡。次言行而宜之之謂義，則非無差等矣。（文淵閣四庫全書《鶴山集》卷一〇八）

某向來與李微之説《六經》《語》《孟》，發多少義理，不曾有「體用」二字，逮後世方有此字。先儒不以人廢言，取之以明理，而二百年來，才説性理，便欠此二字不得。亦要別尋一字換，卻終不得似此精密。（文淵閣四庫全書《鶴山集》卷三十六）

胡五峰此等語，直是廣大而精微。某亦謂「人生而靜，天之性也」，此語好；繼云「感于物而動，性之欲也」，此語差。蓋漢儒之論多然。（文淵閣四庫全書《鶴山集》卷一〇八）

上初即位，三從官輪日上殿，曹簡父、陳正父、喬壽朋皆説天子𠩄學與士大夫不同，不謀而合為此説。張忠恕行父對劄，卻云天子之學，正與士庶人同，《大學》云：「自天子至於庶人，壹是皆以修身為本。」蓋自致知、格物、誠意、正心為修身之本，齊家、治國、平天下為修身之用，天子至於庶人，一也，畢竟有家學淵原云。（文淵閣四庫全書《鶴山集》卷一〇八）

某向來多作《易》與《三禮》工夫，意欲似讀詩、記之類為一書。比來山間溫尋舊讀，益覺今是昨非，安知數年後，不又非今也。以此多懼，未易輕有著述。（《答周子□》）

又見得向來多看先儒解說，不如一一從聖經看來，蓋不到地頭親自涉歷一番，終是見得不真。來書乃謂：「只須祖述朱文公。」朱文公諸書，讀之久矣，正緣不欲于賣花擔上看桃李，須樹頭枝底方見得活精神也。（《答周子□》，文淵閣四庫全書《鶴山集》卷三十六）

鶴山門人

尚書吳鶴林先生泳

吳泳，字叔永，潼川人。嘉定二年進士。累官權刑部尚書，出知寧國、溫州、泉州而罷。輪對，嘗言：「澄源正本，使君身之所自立者先有其地。夫然後移所留之聰明以經世務，移所舍之精神以強國政，移所用之心力以卹罷民，移所省之浮費以養兵卒。」所著有《鶴林集》。

鶴山《答吳寺丞書》曰：「周、程諸先生祠堂，近世太泛，古無此典。先聖先師之祀，只是漢儒之說。先師之廟，原不出闕里，封謚之類尤不經，不知何為？朱、張諸先生亦皆謂當然，益知讀書窮理工夫無窮，此不是矜奇衒博，義理所係，世變所關，不容草草。」

丞相游克齋先生似

游似，字景仁，南充人。嘉定十四年進士，累官吏部尚書，入侍經幄。帝問：「貞觀治效何速如是？」對曰：「人主一念之烈，足以旋乾轉坤。或謂霸圖速而王道遲，不知一日歸仁，期月已可，王道曷嘗不速！」淳祐中，為右丞相兼樞密使，自南充伯進爵國公。卒，贈少師。子汶。

清忠牟存齋先生子才

牟子才，字存叟，井研人。學于魏鶴山，又從李公晦。嘉定十六年進士。累官權禮部尚書，以資政殿學士致仕。卒，謚清忠。

宗羲案：《宋史・文靖傳》言：「游似、吳泳、牟子才皆蜀名士，造門受業。」

教授程先生掌

程掌，字叔運，眉之丹稜人。紹定二年進士，授揚州觀察推官，再調巴州教授。嘗徒步杖策，訪魏鶴山于山中，曰：「嘗見洪公咨夔于於潛，謁真公德秀于浦城，聿求當今名教宗主，觀善而歸，今見先生，志願畢矣。」先生嗜關、洛之書，尤精《通鑑》。平生為人負氣，不肯少屈，鶴山嘗曰：「以子剛大之氣，而加之直養無害之功，則行行之由，亦可為聖門之高弟矣。」其後先生自贊曰：「粗厲猛起，頗欠時中。強矯磨礱，晚果有功。」鶴山喜曰：「叔運進矣。」不幸早卒。

進士史傳齋先生守道

史守道，字孟傳，丹稜人。讀書一覽不忘，發之為文，援據詳明，辭辯雄放。當時學者託周、程諸儒先語以自標榜，先生為詩曰：「但使躬行為孔、孟，何憂吾道不周、程。」每誦先儒語曰：「士不可多受恩，亦不可多受知。」故所依惟鶴山而已。後溪劉文節公、雁湖李文懿公皆恨相見之晚。考試有欲為之地者，謝不可。嘉定十三年，將入對，忽以疾卒。詔附劉渭榜，賜同進士出身，追授迪功郎。所著有《傳齋集》十卷、《傳齋有用之學》二十卷、《書略》十卷、《詩略》十卷、《周禮略》十卷、《春秋統會》十二卷、《國朝名賢年譜》十卷。

縣尉蔣一齋先生公順

蔣公順，字成父，清湘人。研精義理之學，從鶴山遊者七年，築室湘源，命之曰一齋。稅巽甫嘗謂「《易》上經似指體，下經似指用」。先生云：「經之有上下，本謂造化互相終始于乾坤，體用皆不可分。如上經坤終于復，下經乾終于《姤》。上經坤盡于復，又二卦而乾盡。下經乾盡于姤，又二卦而《坤》盡。乾坤之畫盡于升，遂繼以困。則上下經不可分體用明矣。」此說甚精。鶴山亦云：「成父從予渠陽山中，所得甚多。」在別之傑幕，以解安豐之圍補官，監施州靜江稅，再為沅州黔陽尉。辟桃源令，未赴而卒。

帥幕滕先生處厚

滕處厚，字謹仲，清湘人。鶴山稱為通經窮理之士。嘗答其論《易》書曰：「康節先天後天之說，所以發明盡心踐形之義，而人未盡知也。先天之《易》，乾坤以定上下，離坎以列左右，此天地陰陽之定位，而人物之生必得是理，必稟是氣，是所謂性之體也。後天以坎離居南北之正，則所以位天地命萬物者，莫不本諸此。離之二爻，自坤來變乾為離，蓋坤道之光而為離，故離火外明，以明來自外也，元是坤體，故曰「畜牝牛吉」。坎之二爻，自乾來變坤為坎，蓋乾道之涵而為坎，故坎水内明，以明根于中也，元是乾體，故曰「有孚，惟心亨」。乃以剛中也，是所謂性之用也。大抵陽居尊而陰居卑，陰為虛而陽為實，此性之體，即乾南坤北是也。陽以剛實居中，而陰以文明發外，此不睹不聞之極功，為性之用，即離南坎北是也。」

累官潭州帥幕，守正不阿。或笑其迂，曰：「迂，吾所自取，但媿予之不迂耳。有謂予迂者，予披襟當之矣，豈以彼易此哉。」易簀時，賦詩談笑而逝。

忠文蔣先生重珍

蔣重珍，字良貴，無錫人。嘉定十六年進士第一，簽判建康軍。紹定二年，召入對，首以「自天子至于庶人，所當知者，本心、外物二者之界限」為言。火災應詔，以「親攬大柄，盡破恩私」為言。後又進《為君難》六箴，乞召真西山、魏鶴山用之。每草奏，齋心盛服，有密啟則手書削稿，務積精神以寤上意。後以刑部侍郎致仕，謚忠文。先生本鶴山校試禮山校試禮部門下士也，其後遂問業，嘗有「心授神予」之語。（黄氏原本，全祖望修之加詳）

蔣先生山

蔣山，字得之，靖州人也。鶴山以言南遷，先生從焉。鶴山嘗答其論《易》之書曰：「朱子九圖十書之說，引邵子以證之，但邵子第言圖圓書方，不言九十，故僕未敢以為證也。得之斷然謂《河圖》則先天數也，《洛書》則五行生成數也，此不為無見。蓋九宫數見之《乾鑿度》與《張平子傳》，自是《太乙圖》而長民取為《河圖》，誠可疑。先天乃天地自然之數，必為古書無疑。得之定為《河圖》，雖未有明證，而僕心善之。魏伯陽《參同契》所載月法，乾坤、坎離、震巽、艮兑二位相對，即先天圖也。土王四季，羅絡終始，青赤白黑，各居一方，皆稟中宫戊己之功。」又云：「太乙乃君移居中州，則又似九宫圖矣。至于上弦兑數八，下弦亦如之，則不惟九宫圖，亦是後天圖也。伯陽所取，蓋非一圖，故其後又云：「上察《河圖》文，下序地形流，中稽于人心，參和考三才。其意若取《河圖》數為天，五行數為地，後天卦為人，雖不明言，而一書之中，實兼舉錯用。然《參同》之末云：『履行步斗宿，六甲以日辰』，則道家步斗法；『地九還七反八歸六居』，則道家還丹法。步斗與還丹，亦太乙下行九宫法。乃知三圖二法，起數雖異，其論則一，故朱子謂『安知《圖》不為《書》？《書》不為《圖》？』此又得之所當知也。」觀鶴山所以告先生者，則其致功于《易》可知矣。

提舉許山屋先生月卿

見《新安學案》。

鶴山再傳

提刑牟陵陽先生巘

牟巘，字獻甫，一字獻之，清忠公子才子也。以父蔭累歷浙東提刑、大理少卿，以忤賈似道去官。宋亡不出。討論《六經》，尤雄于文，蜀中自蘇氏父子後，推巽巖李氏父子，繼之者，牟氏也。學者稱為陵陽先生。理宗嘗曰：「汝名臣之子，漢人所謂家之珍寶，國之英俊者也。」以得罪時相，幾得大禍。國亡三十六年而卒，得年八十五歲。（黄氏原本，全祖望修之加詳）

教授牟隆山先生應龍

牟應龍，字成父，一字隆山，陵陽子也。咸淳進士。賈似道欲引之，不受。對策極言時弊。官定城尉。宋亡，留夢炎招之，不出。已而為溧陽教授。

三二　西山學案

文忠真西山先生德秀

真德秀，字景元，後更希元，建之浦城人。慶元五年進士，繼中博學宏辭科。累官起居舍人兼太常少卿，出為江東轉運副使，歷知泉州、隆興、潭州。理宗即位，召為中書舍人，擢禮部侍郎，史彌遠憚之，落職。紹定五年，起知泉州、福州，召為戶部尚書，時去國已十年矣。改翰林學士，尋得疾，拜參知政事而卒，端平二年也，年五十八，謚文忠，學者稱西山先生。

立朝不滿十年，奏疏亡慮數十萬言，直聲震朝廷，四方文士誦其文，想見其風采。及遊宦所至，惠政深洽，由是中外交頌。都城人時驚傳傾動，奔擁出關曰：「真直院至矣！」果至，則又填塞聚觀不置。時相益以此忌之，輒擯不用，而名愈彰。

自韓侂胄立偽學之名以錮善類。凡近時大儒之書，皆顯禁絕之。先生晚出，獨立，慨然以斯文自任，講習而服行之。黨禁既開，而正學遂明于天下後世，多其力也。《宋史·詹體仁傳》言：「郡人真德秀早從其遊，嘗問居官涖民之法，體仁曰：『盡心平心而已。盡心則無愧，平心則無偏。』」先生能守而行之。所著有《西山甲乙稿》《對越甲乙集》《經筵講義》等書。

百家謹案：從來西山、鶴山並稱，如鳥之雙翼，車之雙輪，不獨舉也。鶴山之誌西山，亦以司馬文正、范忠文之生同志、死同傳相比，後世亦無敢優劣之者。然百家嘗聞先遺獻之言曰：「兩家學術雖同出于考亭，而鶴山識力橫絕，真所謂卓犖觀群書者。西山則依門傍戶，不敢自出一頭地，蓋墨守之而已。」

西山答問

問「收其放心，養其德性」。

德性，謂得之于天者，仁義禮智信是也。收放心，養德性，雖曰二事，其實一事。蓋德性在人，本皆全備，緣放縱其心，不知操存，自致賊害其性，若能收其放心，即是養其德性，非有二事也。

問「端莊靜一乃存養工夫」。

端莊，主容貌而言；靜一，主心而言，蓋表裏交正之義。合而言之，則敬而已矣。（文淵閣四庫全書《西山文集》卷三十）

問「學問思辨乃窮理工夫」。

程子曰：「涵養須用敬，進學在致知。」蓋窮理以此心為主，必須以敬自持，使心有主宰，無私意邪念之紛擾，然後有以為窮理之基。本心既有所主宰矣，又須事事物物各窮其理，然後能致盡心之功。欲窮理而不知持敬以養心，則思慮紛紜，精神昏亂，于義理必無所得。知以養心矣，而不知窮理，則此心雖清明虛靜，又只是個空蕩蕩底物事，而無許多義理以為之主，其于應事接物必不能皆當。釋氏禪學，正是如此。故必以敬涵養，而又博學、審問、慎思、明辨以致其知，則于清明虛靜之中而眾理悉備。其靜則湛然寂然，而有未發之中；其動則泛應曲當，而為中節之和，天下義理，學者工夫，無以加于此者。自伊川發出，而文公又從而闡明之。《中庸》「尊德性道問學」章與《大學》此章皆同此意也。（文淵閣四庫全書《性理大全書》卷四十五）

問「零零碎碎湊合將來，不知不覺自然省悟」。

正如曾子平日學問，皆是逐一用功，如三省，如問禮，逐些逐小做將去，積累之久，一旦通悟，夫子遂以「吾道一以貫」告之，至此方知從前所為百行萬善，只是一理。方其積累之時，件件著力，到此如炊之已熟，釀之已就，更不須著分毫之力。

問「《大學》只說格物，不說窮理」。

器者，有形之物也；道者，無形之理也。明道先生曰：「道即器，器即道，兩者未嘗相離。」蓋凡天下之物，有形有象者，皆器也，其理便在其中。大而天地亦形而下者，乾坤乃形而上者。日月星辰、風雨霜露亦形而下者，其理即形而上者。以身言之，身之形體皆形而下者，曰性曰心之理，乃形而上者。至于一物一器，莫不皆然。且如燈燭者，器也；其所以能照物，形而上之理也。且如床卓，器也；而其用，理也。天下未嘗有無理之器，無器之理。即器以求之，而理在其中。如即天地，則有健順之理；即形體，則有性情之理，精粗本末，初不相離。若舍器而求理，未有不蹈於空虛之見，非吾儒之實學也。所以《大學》教人以格物致知，蓋即物而理在焉，庶幾學者有著實用力之地，不致馳心于虛無之境也。

問「『致知』一段是夢覺關，『誠意』一段是善惡關」。

言格物致知，必窮得盡，知得至，則如夢之覺；若窮理未盡，見善未明，則如夢之未覺，故曰「夢覺關」。好善必實然好之，如飢之必食，渴之必飲；惡惡必實然惡之，如水之不可入，火之不可蹈，如此方能盡人之道，以充人之形。若名為好善，而好之不出于實；名為惡惡，而惡之不出于實，則是為欺而已。欺心一萌，無往而非惡矣，亦何以異于禽獸哉！故曰「善惡關」。《大學》雖有八條，緊要全在兩節。若知已至，意已誠，則大本已立，其他以序而進，有用力之地矣。若知不至，意不誠，既無其本，無往而可矣。故朱子以二關喻之，言如行軍然，必須過此二重關隘，方可進兵故也。

問「主忠信章」。

《論語》止言主忠信，不言誠，至子思、孟子然後言誠。蓋誠指全體而言，忠信指用功處而言。忠是盡于中者，信是形于外者。有忠方有信，不信則非所以為忠，二者表裏體用之謂，如形之與影也。心無不盡之謂忠，言與行無不實之謂信，盡得忠與信即是誠。故孔子雖不言誠，但欲人於忠信上著力，忠信無不盡，則誠在其中矣。孔子教人，大抵只就行處說，行到盡處，自知誠之本源。子思、孟子則併本源發出以示人，其義一也。

問「非鬼而祭章」。

鬼神之理，雖非始學者所易窮，然亦須識其名義。若以神、示、鬼三字言之，則天之神曰神，地之神曰示，人之神曰鬼。若以鬼神二字言之，則神者氣之伸，鬼者氣之屈。氣之方伸者屬陽，故為神；氣之屈者屬陰，故為鬼。神者，伸也；鬼者，歸也。且以人之身論之，生則曰人，死則曰鬼，此生死之大分也。然自其生而言之，則自幼而壯，此氣之伸也；自壯而老，自老而死，此又伸而屈也。自其死而言之，則魂游魄降，寂然無形，此氣之屈也。及子孫享祀，以誠感之，則又能來格，此又屈而伸也。姑舉人鬼一端如此。至若造化之鬼神，則山澤水火雷風是也。日與電皆火也，月與雨皆水也，此數者合而言之，又只是陰陽二氣而已。陰陽二氣，流行于天地之間，萬物賴之以生，賴之以成，此即所謂鬼神也。今人只塑像畫像為鬼神，及以幽暗不可見者為鬼神，殊不知山峙、川流、日照、雨潤、雷動、風散，乃分明有跡之鬼神。伊川曰：「鬼神者，造化之跡。」又曰：「鬼神，天地之功用。」橫渠曰：「鬼神，二氣之良能。」凡此皆指陰陽而言。天地之氣，即人身之氣，人身之氣，即天地之氣。

《易・繫辭》曰：「精氣為物，游魂為變。」人之生也，精與氣合而已。精者血之類，是滋養一身者，故屬陰；氣是能知覺運動者，故屬陽，二者合而為人。精即魄也。目之所以明，耳之所以聽者，即精之所為也，此之謂魄；氣充乎體，凡人心之能思慮有知識，身之能舉動與夫勇決敢為者，即氣之所為也，此之謂魂。人之少壯也血氣強，血氣強，故魂魄盛，此所謂伸。及其老也，血氣既耗，魂魄亦衰，此所謂屈也。既死，則魂升于天以從陽，魄降于地以從陰，所謂各從其類也。魂魄合則生，離則死，故先王制祭祀之禮，使為人子孫者盡誠致敬，以焫蕭之屬求之于陽，灌鬯之屬求之于陰，求之既至，則魂魄雖離而可以復合，故《禮記》曰：「合鬼與神，教之至也。」神指魂而言，鬼指魄而言，此所謂屈而伸也。

問「仁」字。

凡天下至微之物，皆有個心，發生皆從此出。緣是稟受之初，皆得天地發生之心以為心，故其心無不能發生者。一物有一心，自心中發出生意，又成無限物，且如蓮實之中，有所謂幺荷者，便儼然如一根之荷。他物亦莫不如是，故上蔡先生論仁，以桃仁、杏仁比之，謂其中有生意，才種便生故也。惟人受中以生，全具天地之理，故其為心又最靈于物，故其所蘊生意纔發出，便近而親親，推而仁民，又推而愛物，無所不可，以至于覆冒四海，惠利百世，亦自此而推之耳。此仁心之大，所以與天地同量也。然一為利欲所汩，則私意橫生，遂流而為殘忍，為刻薄，則生意消亡，頑如鐵石，便與禽獸相去不遠，豈不可畏也哉！今為學之要，須要常存此心，平居省察，覺得胸中盎然有慈祥惻怛之意，無忮忍刻害之私，此即所謂本心，即所謂仁也，便當存之養之，使之不失，則萬善皆從此而生。（文淵閣四庫全書《西山文集》卷三十）

問「敬」字。

伊川先生言：「主一之謂敬。」又恐人未曉「一」字之義，又曰：「無適之謂一。」適，往也，主于此事，則不移于他事，是之謂無適也。主者，存主之義。伊川又云：「主一之謂敬，一者之謂誠。」主則有意在，學者用功，須當主于一。主者，念念守此而不離之意也。及其涵養既熟，此心湛然，自然無二無雜，則不待主而自一矣。不待主而自一，即所謂誠也。敬是人事之本，學者用功之要。至于誠，則達乎天道矣。此又誠敬之分也。

所謂主一者，靜時要一，動時亦要一，平居暇日未有作為，此心亦要主于一，應事接物有所作為，此心亦要主于一，此是靜時敬，動時靜。靜時能敬，則無思慮紛紜之患；動時能敬，則無舉措煩擾之患，如此則本心常存而不失。為學之要，莫先于此，當更以胡致堂一段參觀。

問「顏樂」。

《集註》所引程子三說，其一曰「不以貧窶改其樂」，二曰「蓋其自有樂」，三曰「所樂何事」，不說出顏子之樂是如何樂，其末卻令學者于博文約禮上用功。博文約禮亦有何樂，程、朱二先生似若有所隱而不以告人者，其實無所隱而告人之深也。又《程氏遺書》：有人謂顏子所樂者道，程先生以為非。由今觀之，其言豈不有理，先生非之，何也？蓋道只是當然之理而已，非有一物可以玩弄而娛悅也。若云所樂者道，則吾身與道各為一物，未到渾融無間之地，豈足以語聖賢之樂哉！顏子工夫，乃是從博文約禮上用力。博文者，言于天下之理無不窮究，而用功之廣也；約禮者，言以禮檢束其身，而用功之要也。博文者，格物致知之事也；約禮者，克己復禮之事也。內外精粗，二者並進，則此身此心皆與理為一，從容游泳于天理之中，雖簞瓢陋巷不知其為貧，萬鍾九鼎不知其為富，此乃顏子之樂也。程、朱二先生恐人只想像顏子之樂，而不知實用其功，雖日談顏子之樂，何益于我。故程子全然不露，只使人自思而得之，朱文公又恐人無下手處，特說出「博文約禮」四字，令學者從此用力，真積既久，自然有得，至于欲罷不能之地，則顏子之樂可以庶幾矣。二先生之拳拳于學者，可謂甚至，不可不深玩其旨也。

問「語上語下」。

此章南軒先生之說至為精密，所當玩味。所謂聖人之道，精粗雖無二致者，蓋道德性命者，理之精也；事親事長、灑掃應對之屬，事之粗也。然道德性命只在事親事長之中，苟能盡其事親事長之道，則道德性命不外乎此矣。但中人以下之資質，若驟然告之以道德性命，彼將何所從入？想像臆度，反所以害道，不若且從分明易知處告之，如事親事長、灑掃應對之屬，皆人所易知也，如此則可以循序而用力，不期而至于高遠之地。此聖門教人之要法也。

問「不由戶章」。

舊說謂「人之不能不由道，如出之不能不由戶」。朱文公非之，以為世人之行不由道者多矣。若如舊說，則凡人所行，不問是非善惡，皆可以為道矣。且如事親事長，人人所同也，然必事親孝，事長弟，然後謂之道，不然，則非道矣。此章蓋歎世人但知出由戶，而不知行必由道，欲人知行不可以不由道也。

又《中庸》「道不可須臾離」章，龜山先生謂：「寒而衣，飢而食，出而作，入而息，耳目之視聽，手足之舉履，無非道也。此百姓所以日用而不知。伊尹耕有莘之野，而樂堯、舜之道。所謂堯、舜之道，即樂于有莘之野是已。」朱文公辨之曰：「衣食、作息、視聽、舉履皆物也，其所以如此之義理準則乃道也。若便指物為道，不惟昧于形而上下之別，而墜于釋氏作用，是性之失，且使學者誤為道無不在，雖猖狂妄行，亦無適而不為道矣。其害可勝言哉！」蓋龜山先生以物即是道，而文公以為物之則方是道，正與「出不由戶」章意同。

又告子曰：「生之謂性。」蓋言人之能知覺運動者即性也。孟子不然之。朱文公發其義曰：「能知覺運動者只是氣，知覺運動之理方是性。告子誤認氣為性。」又引龜山舉釋氏語云：「神通并妙用，運水與搬柴，以比徐行後長，不知徐行後長方謂之弟，疾行先長則為不弟。若謂運水搬柴便是妙用，則徐行疾行皆是弟矣。」此亦與前章意同。大抵皆謂人于日用事物間，處處當理，然後為道，不可以日用事物便為道。朱文公此說最有益于學者，當參而味之。

問「太極、中庸」之義

下問太極、中庸二條，自顧淺陋，何足以辱。姑即平日所讀朱文公先生之書，及嘗見所窺者，略陳一二。所謂「無極而太極者」，豈太極之上別有所謂無極哉？特不過謂無形無象而至理存焉耳。蓋極者，至極之理也。窮天下之物，可尊可貴，孰有加于此者！故曰「太極」也。世之人以北辰為天極，屋脊為屋極，此皆有形而可見者。周子恐人亦以太極為一物，故以「無極」二字加于其上，猶言本無一物，只有此理也。自陰陽而下，則麗乎形氣矣。陰陽未動之先，只是此理，豈有物之可名邪？即吾一心而觀之，方喜怒哀樂之未發也，渾然一性而已。無形無象之中，萬理畢具，豈非所謂「無極而太極」乎？以是而言，則思過半矣。喜怒哀樂之未發，即寂然不動之時，思慮一萌，則已動矣。故程子以思為已發，此至論也。來諭謂「思是已發，則致知格物亦是已發」。此則未然。蓋格物致知，自屬窮理工夫。大凡講論義理，最忌交雜，今方論喜怒哀樂之發、未發，而以格物致知雜之，則愈渾雜而不明矣。來諭又恐「懸空無致力處」，此亦未然。蓋未發之時，則當戒慎恐懼，其將發之時，則當慎其獨，逐時逐節皆有用功之地。惟其未發也戒懼而不敢忘，將發也慎獨而不敢肆，則其發自然中節矣。聖賢之學所以無弊者，正緣句句著實，未嘗說懸空道理。且如《中庸》始言天命之性，終言無聲無臭，宜若高妙矣。然曰戒慎，曰恐懼，曰篤恭，則皆示人以用力之方。蓋必戒懼慎獨而後能全天性之善，必篤恭而後能造無聲無臭之境，未嘗使人馳于窈冥而不踐其實也。《太極圖說》亦然，首言無極太極，次言陰陽五行，亦可謂高且遠矣。要其歸宿，只在「中正仁義而主靜」之一語，其于《中庸》戒懼慎獨之云，若合符節。總而言之，惟「敬」之一字可以該也。蓋戒懼慎獨者，敬也；主靜，亦敬也。學者儻能居敬以立其本，而又窮理以致其知，則學問之道無餘蘊矣。大率此理自文公盡發其祕，已洞然無疑。所慮學者欲自立一等新奇之論，而于文公之言反致疑焉，不知此老先生是用幾年之功，沈潛反覆，參貫融液，然後發出以示人。今讀其書，未能究竟底蘊，已先疑其說之未盡，所以愈惑亂而無所明也。故區區常勸朋友間且將文公《四書》朝夕涵泳既深達其旨矣，然後以次及于《太極西銘解》《近思錄》諸書，如此作數年工夫，則夫義理之精微不患其無所見矣。又必合所知所行為一致，講貫乎此，則必踐履乎此，而不墮于空談無實之病，庶乎其可矣。此平生拙論如此，故因垂問及之，更望詳加鐫曉，以補其昏愚之所不逮，幸甚。（文淵閣四庫全書《西山文集》卷三十一）

大學衍義自序

臣始讀《大學》之書，見其自格物致知、誠意正心、修身齊家至于治國平天下，其本末有序，其先後有倫。蓋嘗撫卷三歎曰：「為人君者，不可以不知《大學》；為人臣者，不可以不知《大學》。為人君而不知《大學》，無以清出治之源；為人臣而不知《大學》，無以盡正君之法。」既又考觀在昔帝王之治，未有不本之身而達之天下者，然後知此書所陳，實百聖傳心之要典，而非孔氏之私言也。三代而下，此學失傳，其書雖存，概以傳記目之而已。求治者既莫之或考，言治者亦不以望其君。獨唐韓愈、李翺嘗舉其說，見于《原道》《復性》之篇，而立朝論議曾弗之及。蓋自秦、漢以後，尊信此書者，惟愈及翺，而亦未知其為聖學之淵源、治道之根柢也，況其他乎？臣嘗妄謂：「《大學》一書，君天下者之律令格例也，本之則必治，違之則必亂。」近世大儒朱熹，嘗為《章句》《或問》以析其義。寧皇之初，入侍經帷，又嘗以此書進講。顧治之君，儻取其書玩而繹之，則凡帝王為治之序，為學之本，洞然于胸次矣。臣不佞，竊思所以羽翼是書者，故剟取經文二百有五字，載于是編，而先之以《堯典》《皋謨》《伊訓》與《思齊》之詩、《家人》之卦者，見前聖之規橅不異乎此也。繼之以子思、孟子、荀況、董仲舒、揚雄、周敦頤之說者，見後賢之議論，不能外乎此也。（以上論帝王為治之序。）堯、舜、禹、湯、文、武之學，純乎此者也。商高宗、周成王之學，庶幾乎此者也。漢、唐賢君之所謂學，已不能無悖乎此矣。而漢孝元以下數君之學，或以技藝，或以文辭，則甚繆乎此者也。（以上論帝王為學之本。）上下數千載間，治亂存亡皆由是出，臣故斷然以為君天下之律令格例也。雖然，人君之學必知其要，然後有以為用力之地。蓋明道術，辨人材，審治體，察民情者，人君格物致知之要也。（明道術之目有四：曰天性人心之善，曰天理人倫之正，曰吾道異端之分，曰王道霸術之異。辨人材之目亦有四：曰聖賢觀人之法，曰帝王知人之事，曰奸雄竊國之術，曰憸邪罔上之情。審治體之目有二：曰德刑先後之分，曰義利重輕之別。察民情之目亦有二：曰生靈向背之由，曰田里休戚之實。）崇敬畏，戒逸欲者，誠意正心之要也。（崇敬畏之目有六：曰修己之敬，曰事天之敬，曰臨民之敬，曰治事之敬，曰操存省察之功，曰規儆箴誡之助。戒逸欲之目有五：曰沈湎之戒，曰荒淫之戒，曰盤遊之戒，曰奢侈之戒。而先之以總論者，所以兼戒四者之失也。）謹言行，正威儀者，修身之要也。（一事無其目。）重妃匹，嚴內治，定國本，教戚屬者，齊家之要也。（重妃匹之目有四：曰謹選立之道，曰賴規儆之益，曰明嫡媵之辨，曰懲廢奪之失。嚴內治之目有四：曰宮闈內外之分，曰宮闈預政之戒，曰內臣忠謹之福，曰內臣預政之禍。定國本之目有四：曰建立之計宜早，曰論教之法宜豫，曰嫡庶之分宜辨，曰廢奪之失宜鑒。教戚屬之目有二：曰外家謙謹之福，曰外家驕溢之禍。）四者之道得，則治國平天下在其中矣。每條之中，首以聖賢之明訓，參以前古之事蹟，得失之鑑，炳焉可觀。昔時入侍邇英，蓋嘗有志乎是。比年以來，屏居無事，迺得繙閱經傳，彙而輯之。畎畝微忠，朝思暮繹，所得惟此。祕之巾衍，以俟時而獻焉。其書之指，皆本《大學》，前列二者之綱，後分四者之目，所以推衍《大學》之義也，故題之曰《大學衍義》云。（文淵閣四庫全書《西山文集》卷二十九）

西山門人

簽樞王潛齋先生埜

王埜，字子文，金華人。嘉定十二年進士，仕為潭屬，真西山一見奇之，延致幕下，遂執弟子禮。西山授以辭學，先生曰：「所為學于先生者，義理之奧也。」西山益奇之。累官樞密院編修官兼檢討。淳祐初，為兩浙轉運判官，又以訪察使出視江防。寶祐二年，拜端明殿學士、簽書樞密院事。與宰相不合，罷。提舉洞霄宮卒，贈特進。

莊敏馬先生光祖

馬光祖，字華父，東陽人。寶慶二年進士，主新喻簿。見真西山講學，悅之，遂執弟子禮從焉。積陞右曹郎官，歷知處州、建康、臨安。

咸淳三年，拜參知政事。五年，進知樞密院事。以光禄大夫致仕，卒，謚莊敏。

龍圖金先生文剛

金文剛，字子潛，休寧人。用遺恩補將仕郎，調潭州司戶。時真西山帥潭，得先生，喜其端厚，由是受知，遂為真氏門人。歷知奉新縣，通判興國軍，監左藏及封樁庫。出知臨江軍、常德府，遷太府丞、浙江提舉、將作監，進直龍圖閣，卒。先生莊重修潔，燕居如肅賓，莅官尤嚴明，求民利病為兢兢，老而制行尤篤。寶祐間，真、魏得罪去國，門人或更名他師，先生獨音問不絕，舉步出言，一以西山為準。

文介孔先生元龍

孔元龍，字季凱，衢州人，先聖五十世孫也。尚志篤學，從西山遊。主餘干簿，後為柯山精舍山長。以宣教郎致仕。年至九十，手不釋卷。贈太子少師。所著有《柯山講義》《論語集説》《魯樵斐稿》《奏議》《叢壁》等書。

縣尉吕先生良才

吕良才，字賢甫。從西山遊。舉淳祐進士，任潭州善化尉，改京秩，辭歸。

吕先生敬伯

吕敬伯，從學於西山。西山稱其有求道之志，因示以入道之要。佩服「仁、誠、敬」三字，終身不忘。

知軍江先生塤

江塤，字叔文，崇安人。嘉定元年進士，尉古田縣，歷武岡軍司法參軍、提點刑獄檢法官，知永平、通判靖州，知南平軍而卒。先生從西山遊最久，貌肅而氣和，孜孜然惟講學是崇。

劉先生炎

劉炎，字子宣，括蒼人。西山序其《邇言》曰：「予讀劉子《邇言》，屢廢而歎。有問者曰：『劉子之言，常言也，子何歎之數乎？』

予曰：『子以予為玩其文辭也邪？若惟文辭之玩而已，則劉子固常言也。夫孰知其有功于學者邪？』」

承旨陳公齊先生均

陳均，字子公，一字公齊，平陽人，資政殿學士昉兄子。受學于西山。官江東提刑，改廣東。猺寇犯邊，漕臣方攝帥，邀功，囚平民數十。先生曰：「治兵帥職，治刑吾職。」審覈而縱之。被中傷去。起為江西提刑兼知贛州，以慈祥介潔著。咸淳初，除檢正。賈似道在西湖，欲以堂印自隨，先生爭之曰：「堂印無出城之理。」復坐免。尋以樞密都承旨、祕閣修撰致仕。（黄氏原本，全祖望修之加詳）

周敬齊先生天駿

周天駿，字子美，永豐人也。從西山遊，稱其質性渾厚，若在璞之玉。其學以持敬為主，西山字之曰敬齋。

忠愍徐先生元杰

徐元杰，字仁伯，上饒人。陳文蔚講書鉛山，為朱子門人，先生往師之。後師事西山。紹定五年，進士及第，官至工部侍郎。淳祐四年，史嵩之丁父憂，詔起復。先生適輪對，言：「大臣讀聖賢書，畏天命，畏人言。士論所以凜凜者，實以陛下為四海綱常之主，大臣允當身任道揆，扶翼綱常者也。自聞起復之命，凡有父母之心者，莫不失聲。興言及此，非可使聞于鄰國者也。」疏出，朝野傳誦。帝亦察其孤忠，起復之命遂寢。明年，以暴疾卒。或以為嵩之毒之，太學生相繼訟冤，臺諫交疏論奏，詔付臨安府逮醫者及常所給使鞫治，獄迄無成。謚忠愍。

西山再傳

尚書王厚齋先生應麟

王應麟，字伯厚，慶元府鄞縣人。與弟應鳳同日生。九歲通六經，從王子文埜受學。淳祐元年第進士，先生曰：「今之事舉子業者，一切委棄，制度典故漫不省，非國家所望于通儒。」于是閉門發憤，誓以博學宏辭科自見，假館閣書讀之。寶祐四年中是科。其弟應鳳，開慶元年亦中是科，詔褒諭之，添差浙西安撫使幹辦公事。帝御集英殿策士，召先生覆考。帝欲易第七卷置其首，先生讀之，乃頓首為得士賀，遂為首選。及唱名，乃文天祥也。

歷太常寺主簿，面對，定修攘至計。時丁大全諱言邊事，于是先生罷。未幾起，通判台州，遷至著作佐郎，守軍器少監。又累遷起居舍人，兼權中書舍人，忤賈似道，以祕閣修撰奉祠。起，知徽州，召為祕書監兼史職兼侍講。遷起居郎兼權吏部侍郎。

時朝臣無以邊事言者，先生指陳成敗順逆之說，帝不懌。似道復謀逐之，適以憂去。及似道潰師江上，授中書舍人兼直學士院，即引疏陳十事。進兼同修國史、實錄院同修撰兼侍讀，遷禮部侍郎兼中書舍人。日食，應詔論消弭及備禦之策，皆不及用。尋轉禮部尚書兼給事中。丞相留夢炎用徐囊為御史，擢江西制置使黃萬石等，先生繳奏，疏再上，不報，出關俟命，再奏，又不報，遂東歸。詔中使以翰林學士召，力辭。入元，不出。學者稱為厚齋先生。後二十年卒。所著有《深寧集》《困學紀聞》《玉海》等書。（黃氏原本，全祖望修之加詳）

百家謹案：清江貝瓊言：「自厚齋尚書倡學者以考亭朱子之說，一時從之而變，故今粹然皆出于正，無陸氏偏駁之弊。」然則，四明之學以朱而變陸者，同時凡三人矣：史果齋也，黃東發也，王伯厚也。三人學術既同歸矣，而其倡和之言不可得聞，何也？厚齋著書之法，則在西山真為肖子矣。

西山三傳

王先生良學

見《金溪學案之三》。

教授史果齋先生蒙卿

見《四明朱門學案一》。

三二　金華學案

文定何北山先生基（父伯熭）

何基，字子恭，金華人。父伯熭，丞臨川，而黄勉齋榦知其縣事，伯熭使二子師事之。勉齋告以必有真實心地、刻苦工夫而後可，先生悚惕受命。于是研精覃思，平心易氣，以俟義理之自通，未嘗立異以為高，徇人而少變也。凡所讀書，朱墨標點，義顯意明，有不待論説而自見者。楊與立深推服之。先生未嘗開門授徒，聞而來學者亦未嘗立題目作話頭。王魯齋柏登其門，先生舉胡五峰之言曰：「立志以定其本，居敬以持其志．志立乎事物之表，敬行乎事物之間。」先生有文集三十卷，其間與魯齋問辯者十八卷，蓋一事而至十餘往復，先生終不變其説也。

景定五年，添差婺州學教授，兼麗澤書院山長，力辭。咸淳初，授史館校勘兼崇政殿説書，改承務郎，主管西嶽廟，終不出。卒，年八十一，謚文定。居金華山北，人稱北山先生。

何文定語

為學立志貴堅，規模貴大，充踐服行，死而後已。

讀詩别是一法，須掃蕩胸次淨盡，然後吟哦上下，諷詠從容，使人感發，方為有功。

以《洪範》參之《大學》《中庸》，有不約而符者。敬五事則明明德也，厚八政則新民也，建皇極則止至善也。至于皇極，有休徵而無咎徵，有仁壽而無鄙殀，則中和位育之應，皇極之極功也。

讀《易》者，當盡去其膠固支離之見，以潔淨其心，玩精微之理，沈深涵泳，得其根源，乃可漸觀爻象，究其義理。

治經當謹守精玩，不必多起議論。有欲為後學言者，謹之又謹可也。

《四書》當以《集註》為主，而以《語錄》輔翼之。《語錄》既出衆手，不無失真，當以《集註》之精微，折衷《語錄》之疏密，以《語錄》之詳明，發揮《集註》之曲折。（文淵閣四庫全書《宋史》卷四百三十八）

宗羲案：北山之宗旨，熟讀《四書》而已。北山晚年之論曰：「《集註》義理自足，若添入諸家語，反覺緩散。」蓋自嘉定以來，黨禁既開，人各以朱子之學為進取之具，天樂淺而世好深，所就日下，而剽掠見聞以欺世盜名者，尤不足數。北山介然獨立於同門宿學，猶不滿意，曰：「恨某早衰，不能如若人強健，徧應聘講，第恐無益于人，而徒勤道路耳。」然則，若人者，皆不熟讀《四書》之故也。北山確守師說，可謂有漢儒之風焉。

百家謹案：勉齋之學既傳北山，而廣信饒雙峰亦高弟也。雙峰之後，有吴中行、朱公遷亦錚錚一時，然再傳即不振。而北山一派，魯齋、仁山、白雲既純然得朱子之學髓，而柳道傳、吴正傳以逮戴叔能、宋潛溪一輩，又得朱子之文瀾，蔚乎盛哉！是數紫陽之嫡子，端在金華也。

北山門人

文憲王魯齋先生柏

王柏，字會之，金華人。少慕諸葛孔明，自號長嘯。年踰三十，與其友汪開之同讀《四書》，取《論》《孟》集義，别以鉛黄朱墨，求朱子去取之意。以黄勉齋《通釋》尚缺答問，乃約《語錄》精要足之，名之曰《通旨》。一日，讀「居處恭，執事敬」章，惕然曰：「長嘯非持敬之道。」更以魯齋。

已遇楊與立，告以何北山基學于黄勉齋榦，得朱氏之傳，即往從之。北山授以立志居敬之旨，且作《魯齋箴》勉之。自是發憤奮勵，讀書精密，標抹點檢，旨趣自見。謂：「古人左圖右書，後世圖學幾絶。」作《研幾》七十餘圖，又作《敬齋箴圖》，以日用從事。夙興見廟，閉閣静坐，子弟白事，非衣冠不見也。來學者衆，其教必先之以《大學》。蔡杭、楊棟守婺，趙景緯守台，聘為麗澤、上蔡兩書院師。理宗崩，率諸生製服臨于郡。咸淳十年卒，年七十有八。國子祭酒楊文仲請于朝，謚文憲。

魯齋要語

三代以下所甚急者，富國強兵而已。富國強兵，必以理財為本，而儒者不屑為。夫理財而不用儒者，其害不可勝言矣。（文淵閣四庫全書《魯齋集》卷五）

世衰道微，學絶教舛，士氣不振，風俗不淑，以士大夫體不立而急于用，借濟時行道之言，以蓋其富貴利欲之私心。（文淵閣四庫全書《魯齋集》卷七）

「無極而太極」一句，朱子謂無形而有理，非不明白。然命詞之意，咀嚼未破，故象山未能釋然。其妄意謂此是《太極圖說》，只當就圖上說此一句，不可懸虛說理，若又有所謂無極之理。蓋周子欲為此圖以示人也，而太極無形無象，本不可以成圖，然非圖，則造化之淵微又難于模寫，不得已畫為圖象，擬天之形，指為太極。又苦無形無象，故于圖首發此一語，不過先釋太極之本無此圖象也。

近得車玉峰書，謂《大學》格致傳未嘗亡也，欲以「知止而后有定」一段，合「聽訟」共為一章。不動斧鑿而元詞儼然，誠追亡之上功也。昔日嚴陵吳守槃亦有此說，見廬新之跋。嘗以此說請教于西山葉先生，曰：「且去涵養。」

蘇氏以為，管仲智有餘而德不足，亦過矣。當是之時，利欲汩沒，人心已亡，其所謂知，亦即知得利欲一路，而于天理民彝，未嘗知也。愚方病其不足，安得謂之有餘？

陳恆弒其君，蘇氏謂：「齊不與者半。以魯之眾，加齊之半，可克也。」此是以戰國縱橫之士待聖人也。聖人以大義告其君，豈以利害動其聽哉？

尋樂之說，似覺求上達之意多，于下學之意少。竊謂苟無下學之功，決無上達之理。朱子于此一段公案，固曰：「學者但當從事于博文約禮，以至于欲罷不能，而既竭吾才，則庶乎有以得之。」吁！此千古不易之教，而傳之無弊者也。（文淵閣四庫全書《魯齋集》卷八）

孟子之所謂自得，欲自然得于深造之餘，而無強探力索之病，非有脫落先儒之說，必有超然獨立之見也。舉世誤認自得之意，紛紛新奇之論，為害不少。且《集註》之書，雖曰開示後學為甚明，其間包含無窮之味。蓋深求之于言意之內，尚未能得其彷彿，而欲求于言意之外乎？（文淵閣四庫全書《魯齋集》卷九）

修道，指其當行之路也；明誠，指其當知之路也。知而後能行，行固不先於知也。

原其繼善成性之初，理與氣未嘗相離也。推其極本窮源之義，理與氣不可相雜也。於不可相雜之中，要見未嘗相離之實；于未嘗相離之中，要知其不可相雜之意，方謂純粹峻潔，不悖厥旨。夫氣者，性之所寄也；性者，氣之所體也。舜之命禹曰「人心」，曰「道心」，此分理氣而並言。《湯誥》曰「降衷」，劉子曰「受中」，此於性中獨提理言，所謂性即理也。告子曰「食色」，曰「生之謂性」，此於性中獨提氣言，故曰「不識性也」。子思曰「天命」，則理氣混然在中；曰喜怒哀樂，本乎氣者也。特以其未發無所偏倚，故謂之中，此氣而合理也。發而中節，亦氣也，有理以帥乎其中，故發而能中節矣。古今之遠，四海之大，人生消息變化之無窮，推其所以相生相克者，止于五行。五行，氣也。五行之神，則仁義禮智之性也。性即天賦之理也，君子修之吉，小人悖之凶，此常理也。君子修之亦有時而不吉，小人悖之亦有時而不凶，此非常理也，變也。氣之不齊也，故氣有時而變，理則一定而不可易。學者當循其常而安其變，秉其彝而御其氣，使理常為主，而氣常聽命焉。雖富貴貧賤夭壽之不同，而仁義禮智之在我者，皆不得而泯，此自昔聖賢教人之要法。（文淵閣四庫全書《魯

齋集》卷十）

自伏羲則《河圖》，推一陰一陽之義，畫出奇耦，皆因自然之勢而生八卦。文王則《河圖》，卻因已定之卦，推其交合，乃求未畫之圖而易位置。《河圖》者，先後天之宗祖乎！大禹得《洛書》而列九疇，箕子得九疇而傳《洪範》。《洛書》之數四十有五，而《洪範》之經，推其事五十有五，與《河圖》之數不期而暗合，箕子之傳，又推而倍大衍之數。《洪範》者，經傳之宗祖乎！（文淵閣四庫全書《禮部集》卷二十）

《洛書》之所以則《河圖》者，何也？《洛書》以《河圖》生成之數並位，此其大意也。以二四易置于東南，以七九易置于西北，此其妙機也。惟如是而後縱橫相對皆十，于是陽居正而陰居偏矣。後天之所以則《河圖》者，《河圖》是逐位奇耦之交，後天是統體奇耦之交，惟四生數不動，以四成數而下上之，則耦在上而奇在下矣。「初一曰五行」以下六十五字，《洪範》也；「五皇極」以下六十四字，皇極經也。此帝王相傳之大訓，非箕子之言也。洪範、五皇極居中，一六、二七、三八、四九相並，有並義焉；一九、三七、二八、四六相對，有對義焉。箕子所陳事徵相感，舉一隅也。今三從一衡取義，亦舉一隅焉。（文淵閣四庫全書《禮部集》卷二十）

《詩》三百五篇，豈盡夫子之舊？漢初諸儒各出所記足之。夫子所刪，容有存於閭巷浮薄之口者。乃以《二南》各十有二篇，兩兩相配，退《何彼襛矣》《甘棠》於《王風》，而削去《野有死麕》。鄭、淫奔諸詩，皆所當刪也。（文淵閣四庫全書《禮部集》卷二十）

杜征南注：「隱公之元年，周王之正月。」明白有典矣。豈有魯國之史，不用周正，而用夏正？是不奉正朔也。聖人義精理明，無其位而輒改正朔，悖莫甚焉。二百四十二年之間，四時之序常違，聖人欲行夏之時，正以此也。先儒謂周正非春，是矣；謂假天時以立義，則非也。謂以周正記事，無位不敢自專，是矣；謂以夏時冠月為垂法後世，則非也。（文淵閣四庫全書《禮部集》卷二十）

《中庸》古有二篇，誠明可為綱而不可為目。

理宗時，講官徐僑請錫命《論語》為魯經，有詔奉行，時議迂之而止。先生以為聖人言行，萬世大經，曰「語」曰「子」，顧不得與帝王之書並，可乎？乃為《魯經章句》，以《大學》《中庸》《孟子》為之傳。（文淵閣四庫全書《禮部集》卷二十）

百家謹案：魯齋之宗信紫陽，可謂篤矣，而于《大學》，則以為格致之傳不亡，無待于補；于《中庸》則以為《漢志》有《中庸說》二篇，當分「誠明」以下別為一篇；于《太極圖說》則以為「無極」一句當就圖上說，不以無極為無形，太極為有理也；其于《詩》《書》，莫不有所更定，豈有心與紫陽異哉？歐陽子曰：「經非一世之書，傳之謬，非一人之失，刊正補緝非一人之能也。學者各極其所見而明者擇焉，以俟聖人之復生也。」後世之宗紫陽者，不能入郛廓，寧守注而背經，而昧其所以為說，苟有一言之異，則以為攻紫陽矣。然則魯齋亦攻紫陽者乎？甚矣，今人之不學也！

朋友服議

咸淳戊辰臘月十有九夜，承北山何先生之訃。次早排闥往哭之。既斂，僕雖以深衣入哭，隱之于心，疑所服之未稱也。自吾夫子之喪，門人不立正服，乃以義起，若喪父而為心喪。程子曰：「師可立，服不可立也，當以情之厚薄、事之大小處之。若顔、閔之于孔子，雖斬衰三年可也。其成己之功若君父，並其次各有淺深，稱其情而已。」僕于北山受教為甚深，豈可自同于流俗！因思《儀禮·喪服》有「朋友麻」三字，豈非朋友之服乎？鄭康成云：「朋友雖無親，有同道之恩，相為服加絰帶。」又曰：「士以緦麻為喪服，其弔服則疑衰。」疑之為言擬也，緦麻之布十五升，疑衰十四升，即白麻深衣，擬于吉物也。蓋緦，衰服之至輕者也，他無服矣，止有弔服，所以擬之。《註》云：「弔服加麻，其師與朋友同，既葬，除之。」疏云：「以白布深衣，庶人之常服，又尊卑未成服以前服之，故庶人得為弔服。素冠吉屨無絇。」其《弔服圖》云：「庶人弔服素委貌，白布深衣。士朋友相為服，弔服加麻。」加麻者，即加緦之絰帶，是為疑衰。或曰：「深衣，吉服也，而可為弔服乎？」僕曰：「《注》固已云擬于吉服也，況非正為弔服。親疾病時，男女改服，注云：『庶人服深衣。』又曰：『子為父斬衰。尸既襲衣十五升，布深衣，扱上衽，徒跣，交手哭。』是孝子未成服，亦服深衣也。」或者又曰：「安知深衣為弔服，又為麻純乎？」僕曰：「純之以采者曰深衣，純之以麻者曰麻衣，純之以素者曰長衣，以采緣之，袖長在外，則曰中衣。又各自有名，不可亂也。」或又曰：「子創為此服，豈不驚世駭俗？人將指為怪民矣。」僕曰：「以深衣為弔服，鄉閭亦行之，但未有麻耳。是服也，勉齋黄先生考之為至詳，其書進之于朝，藏于祕省，板行天下，非一家之私書也，遵而行之，豈得為過？」僕于北山成服日，服深衣，加絰帶，冠加絲武，即素委貌，覆以白巾，見者未嘗以為怪。越數日，通齋葉仲成父來弔，僕問：「昔日毅齋之喪，門人何服？」曰：「初遭喪時，朋友以襴僕加布帶。」其後共攷《儀禮》，至葬時，方以深衣加絰帶。僕于是釋然知無其戾于禮也，故作《朋友服議》。（文淵閣四庫全書《魯齋集》卷十）

幹辦倪先生公晦、倪先生公度、倪先生公武

倪公晦，字孟陽，金華人。魯齋稱其遷善改過，專志于下學。仕至轉運司幹辦公事，清廉介直。所著有《周易管窺》。先生之兄公度，字孟容；公武，字孟德，皆受業何氏，時稱箕谷三倪。孟德有《風雅質疑》《六書本義》。（黄氏原本，全祖望修之加詳）

張思誠先生潤之

張潤之，字伯誠，蘭溪人，號思誠子。從北山學，餘三十年，盡得其要。北山輯《敬思録》，發揮未就，金仁山履祥續成之，每條

必質于先生而後定。北山之葬也，先生為定士喪禮，不用品官之儀，以成其志。仁山曰：「思誠子于朱門為嫡孫行。端平、淳祐，文獻靈光，值亂處約，蔬薪不繼，人不堪其憂，處之裕如，至或靳之，不以為浼，冰雪中孤松也。」許白雲謙亦曰：「先生天機駿利，襟度融朗，有浴沂詠歸氣象。」先生長于仁山二十年，與魯齋為學侶，仁山視以前輩，稱之為丈，而平居商略討論，情好最密，他人不及。魯齋為北山成服用古禮，先生不以為然，獨不赴。仁山曰：「張丈之言，自可以為朋友之糾彈也。」

知州季先生鏞

季鏞，龍泉人。嘗登北山之門。

縣尉吳先生梅

吳梅，字仁伯，麗水人，從北山遊。咸淳進士，官浦江、錢塘尉。見《括蒼彙記。》

文安金仁山先生履祥

金履祥，字吉父，蘭溪人。凡天文、地形、禮樂、田乘、兵謀、陰陽、律曆之書，靡不畢究。已向濂、洛之學，事同郡王魯齋，從登何北山之門。自是講貫益密，造詣益邃。

德祐初，以迪功郎、史館編校起之，辭勿受。宋季，國勢阽危，任事者束手罔措，先生獨進奇策，請以舟師由海道直趨燕、薊，俾擣虛牽制，以解襄、樊之圍。其敘洋島險易，歷歷有據。時不能用。宋亡，屏舍金華山中，視世故泊如也。北山、魯齋之喪，先生率其同門之士，以義制服，觀者始知師弟子之禮。

當時議者謂北山之清介純實似和靖，魯齋之高明剛正似上蔡，先生則兼得之二氏，而並充于一己者也。居仁山之下，學者稱為仁山先生。謚曰文安。所著《通鑑前編》二十卷、《大學章句疏義》二卷、《論語孟子集註考證》十七卷、《書表注》四卷。（黄氏原本，全祖望修之加詳）

百家謹案：仁山有《論孟考證》，發朱子之所未發，多所牴牾。其所以牴牾朱子者，非立異以為高，其明道之心，亦欲如朱子耳。朱子豈好同而惡異者哉？世為科舉之學者，于朱子之言未嘗不錙銖以求合也，乃學術之傳，在此而不在彼，可以憬然悟矣。

復其見天地之心講義

程子曰：「先儒皆以靜為見天地之心，不知動之端乃天地之心也，非知道者，孰能識之？」

天地之化，包括無外，運行無窮，萬類散殊，品物形著，聖人作《易》，所以體天地之撰。而夫子贊《易》，獨于復之一卦繫之曰：「復其見天地之心。」夫以卦而論，則卦之六十有四，爻之三百八十有奇，皆天地之心所寓也。以時而論，則春生夏長，萬寶秋成，形形色色，生生性性，皆天地之心所為也。而聖人謂天地之心，獨于復有見焉。蓋六十四卦，固天地之用，不難見也，惟復乃見天地之心。春敷夏長，萬物生成，皆天地之跡，不難見也，惟復乃見天地之心。夫所謂天地之心者，何也？仁也，生生之道也，語其象，則復卦一爻是也。夫當窮冬之時，五陰在上，天地閉塞，寒氣用事，風霜嚴凝，雨雪交作，萬物肅殺之極，天地之間若已絕無生息，而一陽之仁，乃已潛回于地中。吁！此天地生生之所以為化生萬物之初乎？異時生氣磅礴，品物流行，皆從此中出。故程子謂：「一陽復于下，乃天地生物之心也。」蓋其仁意渾然，而萬化之全美已具；生氣闇然，而一毫之形未呈，此其所以為天地之心，而造化之端，生物之始也與！故邵子《冬至吟》有曰：「一陽初動處，萬物未生時。玄酒味方淡，太音聲正希。」夫淡者味之本，為醪為醴，皆從此生；希者聲之真，翕如純如，皆從此變。而又終之曰：「此言如不信，更請問包犧。」愚謂此一爻象天地之心，乃伏羲畫卦之始。邵子見此意本于先天一圖，所謂天根者也，今人但見六十四卦更互交錯，卻不知孔子獨于復之一陽贊之曰「天地之心」，何也？此一陽爻，正是伏羲畫卦之始也。蓋有生生之心，是以有天地生生之用。伏羲畫卦，先從天地之心畫起，故先畫一陽爻。以其相生，於是而有耦，又乘之而為四象，又乘之而為八卦，又乘之而為六十四卦，皆一畫之生，而此心之用也。此一道理，直看則此一陽六十四卦之始，是為天地生生之心，《太極圖說》見之；橫看則卦氣剝為純坤，天地生物若已盡矣，而一陽又復，是為天地不窮之心，《先天圖》見之。程子又曰：「先儒皆以靜為見天地之心，蓋不知動之端乃天地之心也，非知道者，孰能識之。」夫復卦，一陽在下，便是動之端。先儒如王弼輩乃解為「動在于地是為靜，見天地之心」。蓋看卦象不明，所以看道理不出，大抵纔說靜時便是死殺，是固亦天地之跡，如何見天地之心！惟于極靜之中，而乃有動之端焉，是乃天地之心也。然以理而論，則靜不足以見天地之心，而動之端乃見天地之心。以人心而論，則動不能見天地之心，而靜可以見天地之心。何則？人之所以失其良心，迷此仁性，而終不能見天地之心者，蓋其欲動情勝，而常失之于動也。夫物之感人無窮，人之好惡無節，此心所存，逐物而動，則飛揚升降，幻貿驅馳，安能體認義理、充養仁心？其于天地之心，惘然莫知也。故學者亦須收視反聽，澄心定慮，然後可以玩索天理，省察初心，而有以見天地之心。所以復之象曰：「先王以至日閉關，商旅不行，后不省方。」《記》「仲冬之月」亦曰：「君子齋戒，處必掩身，去聲色，禁嗜欲，安形性。」凡此無非說靜之工夫。雖曰古人如此，凡以養此陽氣之微，然古人所以見得道理分明，保得人心全固，亦是以此工夫得之。故靜之工夫，古人以此養陽氣之微，學者當以此觀義理之妙，則天地之心，豈不躍然而可見哉！故嘗謂：「有天道之復，有吾心之復。」天道之復，前所說是也；吾心之復，則凡善念之動是也。蓋四端之心，無時不發，而就中惻隱之心最先且最多，此正天地之心在吾心者。大抵人雖日營營于人欲之中，孰無一線天理之萌？此即吾心之復也，人自不察，亦自不充耳。所以不察不充，正由汨於動而不能靜之故。學者須是於此下耐靜工夫，察此一念天理之復，充此所復天理之正，而敬以持之，學以廣之，力行以踐之，古人求仁之功，蓋得諸此。然則茂對天時之復，以反求吾心之復，惟諸君勉之。

是知復者特此心之初耳。既復之後，無以長養之，則復失矣。朱子所謂「復而不固，則屢失屢復」者也。自天地之有此復也，日長日盛，進而為臨，又進而為泰，又進而為大壯，又進而為夬，又進而為純乾矣。人心之有是復也，亦必日增日長，進而為臨之大，為泰之通，又進而大壯之動以天，夬之剛決，乾之不息，而與天合德焉，此又復之之後工夫也。又況凡事莫不有復，如學宮既廢而新，則為學校之復；綱常既晦而明，則為世道之復；國家既危而安，則為國勢之復；賢卿帥出鎮大邦，作興學校，崇建明倫之堂，此學校之復也。綱常既廢而復明，國勢阽危而復振，在諸君子必有得于復之義而充復之功用者，幸不廢焉。（文淵閣四庫全書《仁山文集》卷三）

孟子性命章講義

「性也」之性，是氣質之性；「有性焉」之性，是天地之性，此固不待言。惟二命字難分。「有命焉」之命一節，是氣之理；「命也」之命一節，是理之氣。何以謂氣之理？是就氣上說，而理亦在于其中，為之品節限制。何以謂理之氣？是就理上說，而氣卻在于其中，有清濁厚薄之不同。蓋理氣未始相離。天以陰陽五行化生萬物，氣以成形，而理亦賦焉，猶命令也。然理則一，而氣則有清濁厚薄之不同，所以在人便有智愚賢否、貴賤貧富之異，而理固無一而不在焉，此皆所謂命也。但「命也」之命，自其清濁厚薄者言之，則全屬氣；「有命焉」之命，自其貧富貴賤之分限言之，則便屬理。「命也」之命在前，「有命焉」之命在後，然方其清濁厚薄，便自有貧富貴賤；纔有貧富貴賤，便自有上下品節，所以總謂之命。但其上一截清濁厚薄全屬氣，到貧賤富貴各有品節則屬理，此兩命字所以同、所以異者如此。

仁義五者非命也，到得所值不同則命也。故程子、朱子當初於此五者之命，見其說不去，卻把「命也」推上去說，清濁厚薄所值不同，以補其語意，此說盡之矣。五者之命，程子清濁厚薄之說盡之。夫清濁厚薄氣也，而清濁發于所知，厚薄發于所值。自其清者言之，則仁之于父子也自至，義之于君臣也自盡，禮之于賓主也自節，智自能辨賢否，聖人自能脗合乎天道；自其濁者言之，則於父子而仁有所窒，於君臣而義有未充，於賓主而禮有未合，於賢否而智有所昏，於天道固不能如聖人之自然脗合，此命之有清濁也。自其厚者言之，則為父而得其子之孝，為子而得其父之慈，為君而得其臣之忠，為臣而遇其君之敬，賓主之相得，賢否之會避，聖人而得位得祿得名得壽；自其薄者言之，則子孝而有瞽瞍之父，父慈而有朱均之子，君賢而有管、蔡之臣，臣忠而有龍逢、比干之戮，為主而晉侯見弱于齊，為賓而魯君不禮于楚，以言乎智則晏嬰而不知仲尼，以言乎聖與天道而孔子不得位，此命之厚薄也。氣化流行，紛綸錯糅，化生人物，隨處不同，或清或濁，或厚或薄，四者相經相緯，相糅相雜，而發于心，驗于身，遇于事，各有不同者，清者生知安行，而濁者則反是；厚者氣數遇合，而薄者則不同，此所以謂之命也。程子發此四字，《或問》兼存兩說，嘗以是質之何先生矣。先生曰：「然。故筆之。」「目之于色也」以下五句，是氣質自然之欲，故斷之曰「性也」，此是順結；「仁之于父子也」以下五句，此是人心自然之理，乃結之曰「命也」，此卻反結。何邪？曰：「目之于色」五事，是就人身言；「仁之于父子」五事，是就人事言。則所處所遇，自是有不同，故曰命。然人以前五者在人身為性，而求必得之，故孟子指出天分，謂各有限制之不同，故曰「有命焉，君子不謂性」。人以後五者在人事為命，而不求盡，故孟子指出源頭，謂本有義理之不異，故曰「有性焉，君子不謂命」。謂之君子不謂性，則知一謂之性者，世人之言也；謂之君子不謂命，則知一謂之命者，亦世人之言也，故朱子有世人之說。履祥又聞之王先生曰：「《孟子》後斷命也一句，是歇後語。」（文淵閣四庫全書《仁山文集》卷三）

金先生麟

金麟。

張先生必大

張必大。

童先生偕

童偕。

童先生俱

童俱。

余先生澤

余澤。

以上，皆北山門人。

北山再傳

運使王敬巖先生佖

王佖，號敬巖，金華人，文定公淮之孫也。學于撝堂雙峰，而卒業于魯齋。累官直敷文閣、福建轉運副使。嘗闢真西山《夜氣歌》之說。

宗羲案：方虛谷云：「西山婦翁楊圭，已以此箴為不然。」

魯齋門人

文安金仁山先生履祥

見上。

聘君車玉峰先生若水

車若水，字清臣，黃巖人。賈似道再聘入史館，不赴。先生嘗登篔𥶷陳耆卿之門。篔𥶷學古文于水心葉氏適而得其傳者也。是時，吳子良先從篔𥶷，已登科，聲譽甚震。先生以晚進，一旦篔𥶷於人前揚之過當，同門皆不平，久之乃服。已而事杜清獻公範，乃自以為求道之晚。嘗著《道統錄》，自周子至勉齋，講明性理。自號玉峰山民。有《宇宙略記》《世運錄》《道統錄》《玉峰冗稿》。（黃氏原本，全祖望修之加詳）

玉峰腳氣集

養氣要緊，在有事與勿忘上，工夫自到。又不可責近效，所謂大段著力不得也。著力則氣壹動志，前功不保矣。「勿正」，是為常有事者言也；「勿助」，是為勿忘者言也；「揠苗」，是為已耘苗者言也。不曾耘苗，草長而苗且不存，又何之可揠乎！告子不肯做有事與勿忘工夫，只願「勿正」「勿助」。其曰：「不得于心，勿求于氣；不得于言，勿求于心。」此後世釋氏之不動心，非儒者之不動心。

濂溪不言知格，徑說定以仁義中正，而主靜以上，皆知格也。厥彰厥微，弗靈匪瑩，其知格也至矣。定之仁義中正則著實，主靜則立本，其知格也至矣。

禪家之法，只是要人靜定，癡守一向，更不思別路，久而自能通達。此吾儒至誠如神意，吾儒公溥，他只是自私。他要不落窠臼，誠是不落窠臼，然亦有可摶摸者。問：「如何是佛祖西來意？」曰：「庭前柏樹子。」此語最好，是吾儒一個仁字也。「如何是佛？」曰：「乾屎橛。」謂前人往矣，我自當作工夫，說前人甚麼，此句與吾儒別。有問：「請師安心？」曰：「將心來與汝安。」百丈謂溈山曰：「汝撥爐中有火否？」溈山撥云：「無火。」百丈起，深撥得火，云：「此不是火？」吾儒亦如此教人，但今聽之者不把作事看，反不如他能信向服行也。然既曰悟道，必當首先悟吾父母何如，三綱五常，身體髮膚，七顛八倒，反借吾儒名分之說，與四海五湖無所係著之人，捏合交道，而自謂高于一世，而人亦以是高之。然若無朝廷見成飯與喫，見成法與持，亦定坐禪不成也。

程子令人類聚《論語》言仁處玩味，此最切于教人。仁實是難訓，看來看去，自曉得可也。上蔡識痛痒之語亦切，蓋出于程子痿痺不仁之語意。愚嘗講程子觀雞雛可以觀人仁，說得幾句，自謂有功于諸儒。

明道先生說：「今學者敬而不見得又不安者，只是心生，亦是太以敬來做事得重。此恭而無禮則勞也。恭者，私為恭之謂也；禮者，非體之，禮是自然底道理也。只恭而不為自然底道理，故不自在也。」人把「禮者，非體之禮」作句，所以都說不得。「禮者，非體之」是一句，「禮是自然底道理」是一句。禮者不是將吾身體得出來，乃是自然底道理。纔說「體之」，則便非自然，便身與禮為二。

格物是窮理，不可易也。而以「格」為「至」，則有可籌繹者。「格于上下」，可以訓「至」，「格物」難以訓「至」。曰「致知在至物」，非辭也。愚嘗謂格且比方思量之謂，此為是，此為非，此為正，此為邪，此為輕，此為重。今之諺，欲知輕重，則曰「以稱格之」。此字必有傳承。《玉篇》云：「格，至也，量也，度也。」《廣韻》亦然。彼之字義，多出于古時經註。「格，至也」是《堯典》註，不知「度也」「量也」出在何處。以此訓格，正與今文合。向曾以告星渚，星渚以面看屋久之，無說。

古者人鬼不相襲而相得也，後世人求鬼，鬼求人，鬼亦非其鬼矣。

程子曰：「盡其心者，知其性也。」釋氏所謂「識心見性」是也。若「存心養性」一段，則無矣。愚謂釋氏但能存其無用之心，養其無實之性，卻不盡心知性也。

乾元者，始而亨者也；利貞者，性情也。文王《卦辭》，元亨利貞，本只兩意，元而亨、利于正而已。今諸卦都是如此。孔子《文言》，自以所見拆作四字說，自是一項道理，然非文王《繫卦》之本意也。孔子到此，卻又就文王本意作兩件說，自乾元發出，豁達呈露，生意徧滿，無不亨通，所謂始而亨也。然皆可見者氣也，須有理主于其中，何嘗有不好底生意？蓋純粹至善，是乾德之本，然乾之性情，只是利于正也。乾之性情如此，則凡資始于乾者，皆如此。是故人可以為善，不可以為惡，蓋其本來情性，只是利于正也。

趙幾道說誠無為幾善惡。作一圖，上寫一誠字，直落寫個善字，偏旁一絲寫個惡字，以惡是誠之庶孽，善是宗嫡。可亭疑之，以問，此疑甚善。幾道自謂可勝胡氏同體異用之說，不知其尤非也。且如喜怒哀樂未發謂之中，當其未發，只是至善；至于發時，始有中節與不中節。中節者，是不走作這中；不中節者，是走作這中，卻不是這中。先生個中節，旋生個不中節，如水之清，有以濁之，不是當初帶得這濁來，若是庶孽，亦從他身上出，豈不枉屈？

有人一子名光，一子名梵，一子名晃。其父遠現不歸，光者子細探其蹤跡，知其北往，求之幽、燕，梵者不子細探討，乃求之南閩。晃者在家嬉遊而已。一日，光者得其父以歸，梵者索然而歸，光以責梵，晃亦以責梵。光可言也，晃不可言也，梵雖行路差，尚曾求父也；晃坐于家，不曾求父，乃責梵之不善于求父。今之人未嘗求道，而空空以議人，何以異此！釋氏行路差，尚曾求道也。

章雪崖，平江隱君子也。不曾見晦翁，而時時有書問道。晦翁答書見存。有時常高聲云：「世紛如，何汩沒得自家。」可以見其胸中之所存也。顧齋胡丈淳嘗從之。予每書此句于扇上。（文淵閣四庫全書《腳氣集》）

宗羲案：魯齋以「知止」為「格致」之傳，發自玉峰。凡玉峰之所論著者，魯齋未嘗不歎服其學力也。玉峰于魯齋在師友之閒。魯齋之門，如吉甫、玉峰，皆所謂知過于師，方堪傳授耳。

太學周子高先生敬孫

周敬孫，字子高，臨海人，太學生。魯齋主台之上蔡書院，受業焉。所著有《易象占》《尚書補遺》《春秋類例》。（黃氏原本，全祖望修之加詳）

縣令陳南村先生天瑞

陳天瑞，字德修，號南村，臨海人。咸淳進士，知金華縣。宋末，隱遯林壑。詩文高古，效淵明書甲子，有《甲子集》五十卷。（黃氏原本，全祖望修之加詳）

康敏黄壽雲先生超然

黄超然，字立道，黄巖人。宋鄉貢進士。精于《易》學，所著有《周易通義》二十卷、《或問》五卷、《發例》三卷、《釋象》五卷、《壽雲集》。自號壽雲。至治初卒，謚康敏。（黄氏原本，全祖望修之加詳）

教授張導江先生䇓

張䇓，字達善，其先蜀之導江人，僑寓江左。魯齋講學于上蔡書院，從而受業焉。至元中，中丞吴曼慶延至江寧學宫，俾子弟受業，時中州士大夫欲淑子弟以《四書集註》者，皆遣從先生遊，或闢私塾迎之。其在維、揚，來學者尤衆，稱曰導江先生，朝命為孔、顔、孟三氏教授。其所著書，草廬吴氏澄以為議論正，援據博，貫穿縱横，儼然新安朱氏之尸祝也。

百家謹案：吴正傳言：「導江學行于北方，故魯齋之名因導江而益著。」蓋是時北方盛行朱子之學，然皆無師授，導江以四傳世嫡起而乘之，宜乎其從風而應也。

聞人桂山先生詵

聞人詵，金華人。號桂山翁。嘗遊魯齋之門。

提舉樊先生萬

樊萬，縉雲人。

仁山門人

文懿許白雲先生謙

許謙，字益之，金華人，學者稱白雲先生。長值宋亡，家破，力學不已。僑寓借書，分四部而讀之。年踰三十，開門授徒。聞金仁山履祥講道蘭江，乃往就為弟子。仁山謂曰：「士之為學，若五味之在和，醯鹽既加，而鹹酸頗異。子來見我已三日，而猶夫人也，豈吾之學無以感發子邪！」先生聞之，惕然。仁山因揭為學之要曰：「吾儒之學，理一而分殊，理不患其不一，所難者分殊耳。」又曰：「聖人之道，中而已矣。」先生由是致其辨於分之殊，而要其歸于理之一，每事每物，求夫中者而用之。居數年，得其所傳，油然融會。嘗自謂：「吾無以過人者，惟為學之功無間斷耳。」中外列薦，皆不應。屏跡東陽八華山中，學者負笈重趼而至，著錄者前後千餘人。侍御史趙宏偉自金陵寓書，願率子弟以事，先生為之強出，踰年即歸。

其教以五性人倫為本，以開明心術、變化氣質為立身之要，以分辨義利為處事之制，攝其粗疏，入于微密，隨其材分，咸有所得，以身任道者垂四十年。

先生雖身立草萊，而心存當世。大德十一年，歲在丁未，熒惑入南斗句已而行，先生以為變在吳、楚，竊深憂之。是歲大祲，先生貌加瘠，或問曰：「先生有不適邪？」答曰：「道殣相望，吾能獨飽邪！」嘗謂：「吾非必于隱以為名高，仕止惟其時耳。」

晚年尤以涵養本原為上，講學之餘，齋居凝然。一日，瞑目坐堂上，門人徑入，則闃其無人乎先生之側，拱立久之，先生顧而徐言曰：「爾在斯邪？」其習于靜定如此。至元三年十月，病革，正衣冠而坐，坐呼子元受遺戒。元復請所未盡，先生曰：「吾平日訓爾多矣，復何言！」門人朱震亨進曰：「先生視稍偏矣。」先生更，肅容而逝，年六十八。至正七年，謚曰文懿。

其所論著，於《四書》曰：「學以聖人為準的，必得聖人之心，而後可學聖人之事。聖人之心，具在《四書》，而《四書》之義，備于朱子，顧其詞約義廣，安可以易心求之哉！」於《書傳》與蔡氏時有不合，每誦仁山之言曰：「自我言之則為忠臣，自他人言之則為讒賊，要歸於是而已。」於《詩》則正其音釋，攷其名物度數，以補先儒之所未備，仍存在逸義，旁採遠引，而以己意終之。於《春秋三傳》，有《溫故管窺》一書。於史則有《治忽幾微》一書，仿史家年經國緯之法，起太皞氏，迄宋元祐元年秋九月尚書左僕射司馬光卒，總其歲年，原其興亡，著其善惡。蓋以為光卒，則中國之治不可復興，誠理亂之幾也，故附于續經而書孔子卒之義，以致其意焉。嘗句讀《九經》《儀禮》《三傳》，而于大綱要旨，錯簡衍文，悉別鉛黃朱墨，意有所明，則表見之。其後吳師道得呂東萊點校《儀禮》，以相參校，所不同者十三條而已。其與先儒意見脗合如此。有《許白雲集》。（黃氏原本，全祖望修之加詳）

白雲文集

夫聖人之道常道也，不出于君臣、父子、夫婦、昆弟、朋友、應事、接物之間，致其極則中庸而已耳，非有絕俗離倫、幻視天地、埃等世故如老、佛氏之所云者。其道雖存于方冊，而不明于世久矣。周、程、張、朱諸子世出，而闢邪扶正，破蒙儆愚。秦、漢以來千五百年，英才多矣，而有昧于是，吾儕生于斯時，未必能躐于千五百年之才，而獨有見于聖人之道如是其明也。幸而生于諸子之後，固當平氣虛心，隨而求之、階之、梯之以達于上，顧實有益于己而止，何用倔強自意，摭奇務新，力與作者爭衡，又將轢而踐之哉！古之立言者，誦于口而可以心存，存于心而可以身踐，而成天下之務，則聖人之道也。今口誦之而不足明乎心，降其心以識之而不可施于事，是則佛、老之流之說耳。為佛、老之說者，措之事固不能行于跬步，而自理其身，庸可以為善人？則好為異說者，其風又下於彼矣。道在天地間，宏博精微，非可以躁心求也。而乃攘袂扼腕，作氣決眥，售其說而競，復思欲以厭今人、陵古人，則吾未之信也。古愚氣和心廣，余嘗欲從容論之，而以滿秩解去。君采芹藻之英，將以淑道諸人者，以余之說評之，然與？否與？余非敢為子勉也，子固余所敬也。（《送胡古愚序》，文淵閣四庫全書《白雲集》卷二）

昔文公初登延平之門，務為儱侗宏闊之言，好同而惡異，喜大而恥小，延平皆不之許。既而言曰：「吾儒之學，所以異于異端者，理一而分殊也。理不患其不一，所患者分殊耳。」朱子感其言，故其精察妙契，著書立言，莫不由此。足下所示程子「涵養須用敬，進學在致知」之兩言，固學者求道之綱領。然所謂致知，當求其所以知而思得乎知之至，非但奉持「致知」二字而已也，非謂知夫理之一而不必求之于分之殊也。朱子所著書，蓋數十萬言，巨細精粗，本末隱顯，無所不備，方將句而誦，字而求，竭吾之力，惟恐其不至。然則舉大綱棄萬目者，幾何不為釋氏之空談也。近日學者蓋不免此失矣，吾儕其可踵而為之乎？抑愚又有所聞，聖賢之學，知與行兩事爾。講問詰辯，朋友之職也，至于自得之妙，力行之功，他人不得與焉，非自勉無所得也。某雖愚鈍，然不可謂無志于此。足下于斯兩者，涵泳從容，精修力踐，旦旦有得，幸明以告我，賜中流之一壺，則感責善之德深矣。（《答吳正傳書》，文淵閣四庫全書《白雲集》卷三）

《太極圖》之原出于《易》，而其義則有前聖所未發者。周子探大道之精微而筆成此書，其所以包括大化，原始要終，不過二百餘字，蓋亦無長語矣。謂之去「無極」二字而無所損，則不可也。太極者，孔子名其道之辭；無極者，周子形容太極之妙。二陸先生適不燭乎此，乃以周子加「無極」字為非。蓋以太極之上不宜加無極一重，而不察無極即所以贊太極之語。周子慮夫讀《易》者不知太極之義，而以太極為一物，故特著「無極」二字以明之，謂無此形而有此理也。以此坊民，至今猶有以太極為一物者，而謂可去之哉！朱子辯之精，而曉天下後世者亦至矣。此固非後學之所敢輕議也。此外則無可議可辯者矣，非朱、陸二子之思慮不及也。太極、兩儀之言，《圖》本于《易》也，而兩儀之義則微有不同，然皆非天地之別名也。《易》之兩儀，指陰陽奇耦之畫而言；圖之兩儀，指陰陽互根之象而言也。《易》以一而二、二而四、四而八、八而十六、十六而三十二、三十二而六十四，圖以一而二、二而五、五而一，一而萬者也。《易》以陰陽之消長而該括事物之變化，《圖》明陰陽之流行而推原生物之本根，《圖》固所以輔乎《易》也，惟以兩儀為天地則大不可。以《易》之兩儀為天地，則四象八卦非天地所能生；以《圖》之兩儀為天地，則五行亦非天地所可生也。夫太極，理也；陰陽，氣也；天地，形也。合而言之，則形稟是氣而理具于氣中；析而言之，則形而上、形而下不可以無別。所謂《圖》以陽先生于陰，與「太極生兩儀」

者異，此猶有可論者。太極之中本有陰陽，其動者為陽，靜者為陰，生則俱生，非可以先後言也。一元混淪而二氣分肇，譬猶一木析之為二，兩半同形，何先後之有！《易》之辭簡，故惟曰「生兩儀」；《圖》之言詳，故曰「動而生陽，動極而靜，靜而生陰，靜極復動」。陰陽既有兩端，出言下筆必有先後，其可同言而並著之乎？況下文繼之曰「一動一靜，互為其根」，則非先後矣。而下文又曰「分陰分陽，兩儀立焉」，乃先言陰而後言陽。此周子錯綜其文，而陰陽無始之義亦可見矣。當以上下文貫穿觀之，不可斷章取義也。雖然，動靜亦不可謂無先後。自一氣混沌，其初始分，須有動處，乃其始也。元、會、運、世、歲、月、日、時，大小不同，理則一也。其氣之運行，皆先陽而後陰。一歲之日，春夏先而秋冬後，春夏，陽也；一元之運，子先而午後，子至巳，陽也。數以一為陽，二為陰，一固先于二。人以生為陽，死為陰，生固先于死。孰謂陽不先于陰乎！但未動之前，亦只為靜。此乃互根之體，終不可定以為陽先耳。所謂太極之下生陰陽，陰陽之下生五行，及乎男女成形，萬物化生，《圖》中各有次序，則以太極與天地五行相離，則又不可也。陰陽不可名天地，前既已言之矣。太極陰陽五行，下至于成男女而化生萬物，此正推原生物之根柢，乃發明天地之祕，而反以為病，何其異邪！太極剖判，此世俗相承之論，非君子之言也。太極無形，何可剖判！其所判者乃一元之氣，閉物之後，溟涬玄漠，至開天之時，則輕清者漸澄而為天，重濁者漸凝而為地，乃可言判耳。太極陰陽五行之生，非果如母之生子而母子各具其形也。太極生陰陽，而太極即具陰陽之中；陰陽生五行，而太極陰陽又具五行之中。安能相離也？何不即「五行一陰陽，陰陽一太極」之言而觀之乎！所謂「乾道成男，坤道成女」，則二氣不待交感而各自生物，又不可也。此一節自「無極之真，二五之精，妙合而凝，乾道成男，坤道成女，二氣交感，化生萬物」，作一貫說下，安得謂不交感而自化生邪！成男成女，朱子謂此人物之始以氣化而生者，氣聚成形，遂以形化而無窮，真精合而有成，而所成者則有陰陽之異。其具陽之形者，乾之道；具陰之形者，坤之道。又合則又生，至于無窮，則不出乎男女也。今所問之言，果有所疑邪？或直以周子之言未當也？如其果疑，則以前說求之，或得其梗概。直以言為未當，則非敢預聞，此不韙也。待承下問，敢以為復。（《答或人問》，文淵閣四庫全書《白雲集》卷四）

宗羲案：「理一分殊，理不患其不一，所難者分殊耳」，此李延平之謂朱子也。是時朱子好為儱侗之言，故延平因病發藥耳。當仁山、白雲之時，浙、河皆慈湖一派，求為本體便為究竟，更不理會事物，不知本體未嘗離物以為本體也。故仁山重舉斯言以救時弊，此五世之血脈也。後之學者，昧卻本體而求之一事一物間，零星補湊，是謂無本之學。因藥生病，又未嘗不在斯言也。

臺掾郭先生子昭

郭子昭，汝南人。仕為御史掾。受業于仁山。白雲謂：「師門數十人，惟子昭與余合志以求道，不汩流輩。群會無長語，書講肄有條，夜則執經問難，析理毫縷，率下漏過半，疲極抵足而臥。覺復共索所未悟。稍間，各言其志，思苴漏易弊，振奮以邁尋常。若是者久。」

文肅柳靜儉先生貫

柳貫，字道傳，浦江人。受經于仁山，究其旨趣，又徧交故宋之遺老，故學問皆有本末。舉為江山教諭，遷昌國學正，擢湖廣儒學副提舉，未上，改國子助教、太常博士，出提舉江西儒學，秩滿歸，杜門十餘年。至元元年，召為翰林待制兼國史院編修官，莅任七月而卒，年七十三，門人私謚文肅。其文與黄晉卿溍、虞伯生集、揭曼碩傒斯齊名，天下稱為四先生。

正節衛耕讀先生富益

衛富益，字□□，崇德人也。從金仁山遊。深探《易》理，而卒業于許白雲，默識心融，洞究性理。聞崖山亡，日夜悲泣，設壇以祭文、陸二丞相，詞極哀慘。歎曰：「夷、齊何人邪！馮道何人邪！」遂絕意進取，隱居石人涇講學，所謂白社書院者也。先生立學規，凡薦紳仕元者不許聽講，為人所恨。至大中，有司薦之，不就，遂遭搆，毀其書院。乃遷居湖之金蓋山，授徒不輟。所著書曰《四書考證》，曰《性理集義》，曰《易說》，曰《讀史纂要》，曰《耕讀怡情錄》。至治中，始還故里，別署耕讀居士，足不入市。或有乞詩文者，辭曰：「吾欲涵養德性，何口說為！」疾篤，取所著書焚之，曰：「玄奥處宋儒已盡之，安用此糟粕為！」九十六歲而卒。其門人曰沈夢麟，曰黄彝，曰鄭忠，相率制服，葬于金蓋，私謚正節。（黄氏原本，全祖望修之加詳）

唐先生良驥

唐良驥，蘭溪人。

修撰張子長先生樞

張樞，字子長，金華人。幼而夙慧，外家蓄書萬卷，悉取讀之，過目輒不忘。宇宙之分合，政治之得失，禮樂之廢興，以至帝號官名，歲月後先，皆無脱誤。每論及一人，則其世系閥閲與材質之良窳，歷如指掌。一日，白雲漫叩以高帝取天下之故，子長矢口而對，出入紀傳，語蟬聯不能休，白雲大奇之。既而以書上謁，請就弟子列，白雲不可，以友待之，由是斂華就實，而其學益粹。

至正間，脱脱修三史，奏辟為長史，力辭不就。再以翰林修撰、同知制誥兼國史編修官召之，行至武林驛，以病辭歸而卒。

郎中吳正傳先生師道

吳師道，字正傳，蘭溪人。初工詞章。及閲真西山遺書，幡然志于為己之學。嘗以持敬致知之學質之白雲，白雲復以理一分殊之旨，由是造詣益深。

元至治初，登進士第，授高郵丞，調寧國録事，遷池州建德尹。召為國子助教，陞博士。其教一遵許魯齋成法。以母憂去職，尋以奉議大夫、禮部郎中致仕。先生于白雲雖不稱弟子，而其祭白雲之文曰：「小子託交，殆三十年，指聖途而誘掖，極友道以磨鐫，骨肉不足以儷其親，金石不足以擬其堅。比居閒而獨處，益共究于遺編，不鄙予以不肖，將叩竭于師傳。」然則先生不可謂不與於授受之際者也。子沈。

百家謹案：白雲高第弟子雖衆，皆隱約自修，非巖棲谷汲，則浮沈庠序州邑耳。如子長、正傳，文采足以動衆，為一世所指名者，則又在師友之間，非帖帖函丈之下者也。然白雲非得子長、正傳，其道又未必光顯如是耳。

北山三傳

簡齋門人

待制周先生仁榮

周仁榮，字本心，敬孫之子也。承其家學，又師楊珏、陳天瑞。因薦署美化書院山長。美化在處州萬山中，人不知學，舉行鄉飲酒禮，士俗為變。辟江浙行省掾史，省臣皆呼先生，不以吏遇之。泰定初，召拜國子博士，遷翰林修撰，陞集賢待制。奉旨代祀嶽瀆，至會稽，以疾作，不復還朝。卒年六十有一。（黄氏原本，全祖望修之加詳）

康靖孟森碧先生夢恂

孟夢恂，字長文，黄巖人。與周仁榮同師事楊珏、陳天瑞，講解經旨，體認精切，務見諸行事，四方從遊者服焉。部使者薦其行義，署本郡學録。至正十三年，以禦寇功，授常州宜興判官，未上而卒，年七十四。賜謚號曰康靖。先生所著有《性理本旨》《四書五經辯疑》

《漢唐會要》《七政疑解》《筆海雜錄》。（黄氏原本，全祖望修之加詳）

導江門人

待制楊通微先生剛中（附子翮）

楊剛中，字志行，上元人。為文奇奥簡澀，動法古人，不屑為世俗凡語，元明善極歎異之。仕元，累官江浙提學，以洛、閩之説教學者，至翰林待制卒。子翮，世其家學，亦為江浙提學，有聲。（黄氏原本，全祖望修之加詳）

尚書夾谷先生之奇

夾谷之奇，字士常，家于滕州。累官至侍御史、吏部尚書，政事卓卓可稱。雖老于吏學者，自以為不及。為文簡嚴有法。《元史》

張𩔰傳言：「其高弟子知名者甚多，夾谷之奇、楊剛中尤顯。」

宗羲案：魯齋以下開門授徒，惟仁山、導江為最盛。仁山在南，其門多隱逸；導江在北，其門多貴仕，亦地使之然也。

白雲門人

純孝范柏軒先生祖幹、劉先生名叔、經略李先生國鳳

范祖幹，字景先，金華人。白雲嘗語人：「吾得劉名叔而學知進，得李國鳳而學日彰，得范景先而學有傳。」先生之學，以誠意為主，而嚴之以慎獨持守之功，嘗曰：「為學之本，莫大乎正心修身。欲修其身，莫若理會君子之所謂道者三，知斯三者，則知所以修身矣。若切己之實，歸而求之可也，心不在焉而能自得其根本者，吾未之聞也。」

至正中，為西湖書院山長，辭歸養親。李文忠鎮嚴州，修師資之敬。郡守王宗顯上其孝行，立純孝坊，學者因稱純孝先生。洪武十八年，疾革，召門人講學，危坐而卒。所著有《衆經指要》《讀詩記》《大學中庸發微》《柏軒集》。（黄氏原本，全祖望修之加詳）

經師葉南陽先生儀

葉儀，字景翰，金華人。立志堅苦，取四部書分程讀之。義有未明，質于白雲，隨所咨叩，咸為之盡。久之，學業日進。白雲命其子存仁、

存禮師之。白雲歿，先生率同門以義制服，經紀其喪。既而開門授徒，東南之士多趨之。洪武初，郡守王宗顯起為五經師。學者稱為南陽先生。卒年八十二。所著有《南陽雜稿》。（黃氏原本，全祖望修之加詳）

學錄唐存齋先生懷德

唐懷德，字思誠，金華人。受業白雲，不出戶者十年，六經、百家之書無不研究。余闕持節海右，特容接之。或請余書揚雄《九州箴》，未知所出。先生曰：「此出《古文苑》。」即援筆寫之，不遺一字。嘗與宋景濂宿錢塘，辯諸子是非，凡九十餘種，交舉所疑以質，宋推其博。先生曰：「徒博則陸澄之書廚耳，吾則藉之以窮理，而施諸事也。」用部使者薦，擢金華教諭。遷衢州學錄，未上而卒。所著有《破萬總錄》《六經問答》《鉤玄集》《書學指南》《存齋集》，共百餘卷。（黃氏原本，全祖望修之加詳）

文安揭先生傒斯

見《雙峰學案》。

教授朱明所先生公遷

見《雙峰學案》。

都事蘇栗齋先生友龍

蘇友龍，字伯夔，金華人。學經于白雲。以才推擇為吏，擢令蕭山，轉行樞密院照磨，陞行省都事，多著能績。入明而卒。子伯衡。（黃氏原本，全祖望修之加詳）

教授胡長山先生翰

胡翰，字仲申，金華人。從吳正傳師道受經、吳立夫萊學古文詞，又登白雲之門，獲聞考亭相傳的緒。嘗至京師，徧交當世名士，而于余闕、貢師泰尤善。避地南華山中著書。入明，除衢州教授。聘修《元史》，賜金繒而歸。居長山之陽，稱長山先生。卒年七十五。

聘君朱丹溪先生震亨

朱震亨，字彦修，義烏人。初為聲律之文，刻燭而成，已棄去為任俠。既壯，則又悔之，遂往從白雲于八華山中。白雲為開明天命人心之祕，內聖外王之微，先生聞之汗下，由是挾冊坐至四鼓，默察理欲之消長，抑其粗豪，歸于純粹，數年而其學堅定。以其所得者行之鄉黨州閭之間，興利除害，郡邑不能奪也。又曰：「吾窮而在下，澤不能及遠，隨分可自致者，其惟醫乎？」于是得羅知悌之傳，遂以醫名，醫家傳之為丹溪先生。其學以躬行為本，以一心同天地之大，以耳目為禮樂之原，積養之久，內外一致，曰：「聖賢一言，終身行之不盡，奚以多為！」浮豔之詞，尤不樂顧，直以吾道蟊賊目之。

御史王先生餘慶

王餘慶，字叔善，金華人。受業白雲。嘗遊京師，番僧為總統，欲見之，先生曰：「吾學將以明道，寧有屈身異教而道可明邪？」至正初，入經筵，為檢討官，累拜監察御史。

呂竹溪先生溥

呂溥，字公甫，永康人。從學白雲。講究經旨，為文落落有奇氣。詩動盪激烈可喜。冠昏喪祭，一依朱子所定禮行之。所著有《大學疑問》《史論》《竹溪集》。族子權，亦許氏弟子，早卒。（黃氏原本，全祖望修之加詳）

呂先生洙

呂洙，字宗魯，溥之兄也。在白雲門，服其精敏，未究而卒。有《周易圖說》《太極圖說》《大學辯疑》。（黃氏原本，全祖望修之加詳）

教授李靜學先生唐

李唐，字仲宏，號靜學，東陽人。從白雲遊。為詩文以理勝，一時名輩相推重之。仕為本郡儒學教授。所著有《靜學齋集》《尚絅齋集》。（黃氏原本，全祖望修之加詳）

正節衛耕讀先生富益

衛富益，字□□，崇德人也。從金仁山遊。深探《易》理，而卒業于許白雲，默識心融，洞究性理。聞崖山亡，日夜悲泣，設壇以祭文、陸二丞相，詞極哀慘。歎曰：「夷、齊何人邪！馮道何人邪！」遂絕意進取，隱居石人涇講學，所謂白社書院者也。先生立學規，凡薦紳仕元者不許聽講，為人所恨。至大中，有司薦之，不就，遂遭搆，毀其書院。乃遷居湖之金蓋山，授徒不輟。所著書曰《四書考證》，曰《性理集義》，曰《易說》，曰《讀史纂要》，曰《耕讀怡情錄》。至治中，始還故里，別署耕讀居士，足不入市。或有乞詩文者，辭曰：「吾欲涵養德性，何口說為！」疾篤，取所著書焚之，曰：「玄奧處，宋儒已盡之，安用此糟粕為！」九十六歲而卒。其門人曰沈夢麟，曰黃彝，曰鄭忠，相率制服，葬于金蓋，私謚正節。

戚朝陽先生崇僧

戚崇僧，字仲咸，金華人，貞孝先生紹之孫也。家學出于呂氏。先生年二十七，始從白雲講道，同門推為高第，清苦自處，不以時尚改度，每謂：「人知富貴之可欲，而不知貧賤之可樂也。」先生之父，訪其婿呂汲于永康太平山中，愛之，先生遂奉父居焉。汲之子權，亦白雲徒也，其諸孫遂從先生學。居常默坐一室，環書數百卷，非有故不出，人稱朝陽先生。所著有《春秋纂例原旨》三卷、《四書儀對》二卷、《後復古編》一卷、《昭穆圖》一卷、《歷代指掌圖》二卷。先生精于篆學，嘗以篆法繕寫《易》《詩》《書》《禮》《春秋》《孝經》《論語》《學》《庸》《孟子》，將獻之朝，以《儀禮》一經未及竟，不果上。又嘗為書言時政，將詣闕陳之，亦不果行。黃晉卿曰：「人見君高蹈物表，目以為畸人靜者，而不知其未始忘情斯世，第不苟售耳。」（黃氏原本，全祖望修之加詳）

朱裕軒先生同善

朱同善，字聖與，義烏人。從白雲講究經旨，學者師之，稱曰裕軒先生。

隱君劉青村先生涓

劉涓，字德源，義烏人。從白雲于八華山，稱為高第弟子。又從黃文獻溍學古文詞。不樂仕進，徙蜀山之青村，朋舊叩門，焚香瀹茗，對榻劇談，去則閉門不出，學者稱曰青村先生。

推官李先生裕

李裕，字公饒，東陽人。從白雲學。嘗詣闕上《至治聖德頌》，英宗召見至德殿，中書奏補國子生。登天曆間進士第，授陳州同知，轉道州路總管府推官而卒。

李先生序

李序，字仲倫，東陽人。弱冠從白雲，推為上第。為文以《左》《國》《史》《漢》為標格，唐、宋以下勿論也。宋褧按部，以先生自隨。危太樸素在史館時，歌其詩以為入格。臥東白山中，與鹿皮子陳樵相倡和，士類皆師表之。

樓先生巨卿

樓巨卿，東陽青石渡人。白雲高弟。

趙先生子漸

趙子漸，金華人。

靜儉門人

博士鄭先生濤

鄭濤，字仲舒，浦江人。受業柳道傳。工于詞翰，為丞相脫脫所知，授經筵檢討，轉國史院編修、翰林應奉，遷太常博士而罷。

提舉戴九靈先生良

戴良，字叔能，浦江人。所居在九靈山下，因以為號。好讀書，天文、地理、醫卜、佛老之書皆精究其旨。棄舉子業，學于柳道傳貫。道傳之死，心喪三年。至正十年，余闕僉浙東廉訪，行部至浦江，先生上謁，與之談詩，闕曰：「士不知詩久矣，非子吾不敢語。」乃盡授以平日所得于師友者。時以潛溪、華川、長山與叔能稱四先生。起為月泉書院山長。婺、越攻取不已，避兵山中者久之。張士誠用至正年號，開藩于吳，東南之名士多往依之，先生受中順大夫、淮南行省儒學提舉。明伐吳，先生從海道求救于山東擴廓帖木兒。洪武元年，山東降附，先生附海舟還定海，與東南失職之徒謝肅、揭汯、丁鶴年歌哭于四明山中，其子挽之還家，不得也。十五年，徵至金陵。明年，欲授以官，不可而自裁，年六十七。（黄氏原本，全祖望修之加詳）

學官楊元度先生璲（附兄琰、弟瑀）

楊璲，字元度，餘姚人。師事柳待制貫。與海内博洽者辯説，數困之。註《詩傳名物類考》，侍御史姚黻刻文上之。後以鄉貢歷寧海、縉雲及本州學官。兄琰、弟瑀，稱三楊。

提舉聞人凝熙先生夢吉

聞人夢吉，字應之，詵老先生之子。詵老學于魯齋，里中稱為桂山先生。受學家庭，《七經》傳疏，皆手鈔成集，訓詁牴牾者，別白是非，使歸于一，閉戶討論，逾十年不出。因薦起歷處州學錄、西安教諭、昌國學正、泉州教授。至正戊戌，授福建副提舉。卒年七十。門人宋景濂等私謚凝熙先生。（黄氏原本，全祖望修之加詳）

閣學吳先生沈

吳沈，字濬仲，蘭溪人。元國子博士正傳之子，以學行聞。太祖下婺州，召先生及同郡許元、葉瓚玉、胡翰、汪仲山、李公常、金信、徐孳、童冀、戴良、吳履、孫履、張起敬會食省中，日令三人進講經史。已，命先生為郡學訓導。洪武初，郡以儒士舉，誤上其名曰信仲，授翰林院待制。先生謂修撰王釐曰：「名誤不更，是欺罔也。」將白于朝。釐言恐觸上怒。先生不從，牒請改正。帝喜曰：「誠慤人也。」召侍左右。以事降編修。給事中鄭相同言：「故事，啟事東宮，惟東宮官屬稱臣，朝臣則否。今一體稱臣，于禮未安。」先生駁之曰：「東宮，國之大本。尊東宮，所以尊主上也。相同言非是。」帝從之。尋以奏對失旨，降翰林院典籍。已，擢東閣大學士。初，帝謂先生曰：「聖賢立教有三：曰敬天，曰忠君，曰孝親。散在經卷，未易會其要領，爾等以三事編輯。」至是書成，賜名《精誠錄》，命先生撰序。後改國子博士，以老歸。先生嘗著辯，言孔子封王為非禮。後布政使夏寅、祭酒丘濬皆沿其説。至嘉靖九年，更定祀典，改稱「至聖先師」，實自先生發之也。

北山四傳

忠介達先生泰不華

泰不華，字兼善，以父為台州錄事，遂居于台。家貧，好讀書，周仁榮養而教之。年十七，江浙鄉試第一。明年，對策大廷，賜進士及第，授集賢修撰，累官至禮部侍郎。至正元年，除紹興總管。召入史館，與修三史，陞禮部尚書，出為台州路達魯花赤。方國珍作亂，死之，追贈江浙行省平章政事，封魏公，謚忠介。

知州吳德基先生履

吳履，字德基，蘭溪人。受學于聞人夢吉。為文以遷、固為法。起家南康丞，遷知安化、濰州，以循吏稱。

百家謹案：金華之學，自白雲一輩而下，多流而為文人。夫文與道不相離，文顯而道薄耳，雖然，道之不亡也，猶幸有斯。

長史朱白雲先生右（附師李五峰）

朱右，字伯賢，臨江人，程門高弟光庭之後。學于陳兩峰，又嘗受文法于李五峰。明初，徵赴史局，累官至晉府右長史。所著有《白雲稿》《春秋類編》《三史鉤元》《泰漢文衡》《深衣考誤》《歷代統紀要覽》《元史補遺》。先生在明初與潛溪、子充輩皆朱門之世嫡，然漸趨于文章，而心得則似少減矣。

左丞王先生守誠

見《草廬學案》。

邢先生沂（附子旭）

邢沂，金華人也。從范純孝祖幹遊，以詞翰知名。子旭，字景暘，學于家庭。登永樂二年進士，累官河南參政。適歲旱澇，修舉荒政，民賴以安。奏免二程子孫徭役，賜田土。正統初，陞四川布政，革弊去奸，撫養軍民，恩威並著。土司王永壽，董敏失和，治兵交攻，朝廷遣師討之，景暘身詣其寨，諭以禍福，皆釋甲待罪，請遣子入質，進馬謝恩。尋致仕卒，蜀人追思惠政，立碑成都三公廟祀之。所著有《退省集》。

隱君汪先生與立

汪與立，字師道，金華人也。受業于范祖幹。其德行與何壽朋齊名，而文學稍優。嘗謂「學者當視古人為不足，毋視今人為有餘」，人以為名言。隱居教授，不求聞達，優游林泉，以高壽終。

教授蘇先生伯衡

蘇伯衡，字平仲，金華人。父友龍，受業許白雲之門。先生警敏絕倫，博洽群籍，為古文有聲。元末貢于鄉。明太祖置禮賢館，先生與焉。歲丙午用為國子學錄，遷學正。被薦，召見，擢翰林編修。力辭，乞省覲歸。洪武十年，學士宋潛溪濂致仕，太祖問誰可代者，濂對曰：「伯衡，臣鄉人，學博行修，文辭蔚贍有法。」太祖即徵之，入見，復以疾辭，賜衣鈔而還。二十一年聘主會試，事竣復辭還。尋為處州教授，坐表箋誤，下吏死。

北山五傳

唐委順先生光祖

唐光祖，字仲暹，金華人，以仁子。先生承其家傳，授徒講學，以師道自任。所著有《委順夫集》。（黃氏原本，全祖望修之加詳）

三三 雙峰學案

文元饒雙峰先生魯

饒魯，字伯輿，一字仲元，餘干人。髫齡有志于學，稍長，從黃勉齋榦、李宏齋燔學。勉齋問：「《論語》首論時習，習是如何用功？」先生曰：「當兼二義，繹之以思慮，熟之以踐履。」勉齋大器之。嘗以《易》赴棘試，不遇，遂歸，專意聖賢之學，以致知力行為本。中書舍人趙汝騰、御史董槐、左司諫湯中、提刑蔡杭等皆相為引薦，召，不起。時理學大明，師儒攸屬，四方聘講無虛日，作朋來館以居學者，又作石洞書院，前有兩峰，因號雙峰。門人私謚曰文元。所著有《五經講義》《語孟紀聞》《春秋節傳》《學庸纂述》《太極三圖》《庸學十二圖》《西銘圖》《近思錄註》。

百家謹案：黃勉齋榦得朱子之正統，其門人一傳于金華何北山基，以遞傳于王魯齋柏、金仁山履祥、許白雲謙，又于江右傳饒雙峰魯，其後遂有吳草廬澄，上接朱子之經學，可謂盛矣。

明甫見勉齋說「性者，萬物之一原」，明甫曰：「在廬山時，饒師魯曾如此說來。」勉齋曰：「是他這事物靜了，看得如此。」

雙峰語錄

「下學上達，意在言表。」程子此語，蓋為讀書者言。讀書是下學之一事，蓋凡下學者，皆可以上達。但恐下學得不是，則不能上達耳。且如讀書，則聖人所以作經之意，是上面一層事，其言語，則只是下面一層事，所以謂之「意在言表」。若讀書而能求其意，則由辭以通理，而可上達。若但溺心于章句訓詁之間，不能玩其意之所以然，則是徒事于言語文辭而已，決不能通其理也。程子曰：「玩其辭，不得其意者有矣。」又曰：「前儒失意以傳言，後學誦言而忘味。」此皆下學得不是，而無由上達者也。

問：「夫子所謂下學，兼知行否？」曰：「夫子此章只說知，惟程子引此以釋『忠恕違道不遠』，曰：『斯下學上達之意。』卻是兼知行說。」

問：「《或問》云：『上達而與天為一。』是知行都到，能如此否？」曰：「與天為一，亦以知言。方其未上達時，與天隔幾重在，及其既已上達，則吾心即天，天即吾心。但聖人之上達，與學者之上達，有遲速之不同。聖人才學便達，學者則今日格一物，明日格一物，久後方貫通。」（文淵閣四庫全書《讀書分年日程》卷三）

問：「入門涵養之道，須用敬否？」曰：「固是如此。但工夫熟時，亦不用說敬，只是纔靜便存。而今初學卻須把敬來作一件事，常常持守，久之而熟，則忘其為敬矣。」

問：「明道教人且靜坐，是如何？」曰：「此亦為初學而言，蓋他從紛擾中來，此心不定，如野馬然，如何便做得工夫？故教他靜坐。待此心寧後，卻做工夫。然亦非教他終只靜坐也，故下『且』字。」

因言《調息箴》亦不可無，如釋氏之念佛號，道家之數息，皆是要收此心，使之專一在此。若此心不存，則數珠之數，數息之數，皆差了。調息亦然。人心不定者，其鼻息之噓氣常長，吸氣常短，故須有以調之。息數停勻，則心亦漸定，調息又勝數息。

須是靜，方看得道理出。廬山諸人如蔡元思、胡伯量輩，皆不肯于此著功，見某有時靜坐，諸公皆見攻以為學禪，雖宏齋亦不能不以為慮也。

看道理須是涵養，若此心不得其正，如何看得出？《調息箴》亦不可無，蓋心固氣之帥，然亦當持其志，無暴其氣也。（文淵閣四庫全書《讀書分年日程》卷三案語）

雙峰門人

州判陳東齋先生大猷

陳大猷，字文獻，號東齋，都昌人。師雙峰饒氏。歷仕至從政郎，改黃州軍判官。著《尚書集傳會通》。子澔。

隱君吳凖軒先生中

吳中，字中行，號凖軒，樂平人。早慕伊洛之學，聞雙峰饒魯得考亭朱子正緒，往從之遊，盡得其緒論，體認精詳。隱居不仕，名藉藉當時。部使者稅駕其門，因質曰：「《論語》言心凡幾等？」即應聲曰：「『簡在帝心』，天地之心也；『從心所欲不踰矩』，聖人之心也；『其心三月不違仁』，亞聖大賢之心也；『飽食終日，無所用心』，眾人之心也。」使者愕然歎服，惜其嘉言善行不盡傳于世。

縣令羅柘岡先生天西

羅天西，字恭甫，新昌人。師事雙峰。成開慶進士，以「格非心去非人」對策，遂忤丁大全，擯外。歷官知懷集縣，不期年而治成。父卒，服除，賦詩有云：「三釜為親今莫及，萬鍾于我復何加。」遂不起。所著有《柘岡集》。（黄氏原本，全祖望修之加詳）

知州趙先生良淳

趙良淳，字景程，餘干人，忠定公汝愚曾孫。少學于其鄉饒雙峰，知立身大節。及仕，所至以幹治稱。以蔭三遷至淮西運轄。改知分寧劇邑，俗尚譁訐，先生治之，不用刑戮，不任吏胥，取民之敦孝者尊禮之，其桀驁者乃繩以法，俗為少革。秩滿，知安吉州。時元兵垂至，知州李庚先遁，百事廢，先生至，凡所以守禦之備，悉舉行之。飢歲盜起，勸富人出粟賑之，嘗語人曰：「使太守身可以濟人民，亦所不惜。」其言懇懇，足以動人，人皆倒囷以應。且以義諭盜，卒為良民。及兵圍城，率衆城守。元將范文虎遣使招降，先生焚書斬其使。卒為吳國定所賣，先降。先生自縊死，其妻雍氏同縊于郡治之集芳軒。

參軍萬先生鎮、湯先生伯陽

萬鎮，字子靜，平江人。師方明甫、饒雙峰，而雙峰尤愛之，嘗稱：「天下讀書，湯伯陽第一，子靜次之。」賈似道帥荊，辟先生為公安竹口書院山長，不赴。登淳祐庚戌第，授澧州司戶參軍。著有《左傳十辯》。倣晦翁社倉，率鄉人以為規矩。魯士能嘗曰：「子靜言語懇懇，極古今事情，非老生常談也。」

錄事魯寶潭先生士能

魯士能，字時舉，平江人。淳祐間進士。從饒雙峰學，自號寶潭。為監利令，辟充沅州錄事兼餉事。時吕帥政貪酷，沅有叔訟姪分金者，委先生勘，帥意有所望，而先生得誣狀，據事申之。吕大怒，遣卒覈所掌軍餉，餉積三十餘年，至是啟之，耗五十石，責先生償，白于朝廷，追毀出身文字，羈流沅州六年，吕死，事得白。先生受誣與得直，並無喜憂色。既歸，講學道巖。

山長程徽庵先生若庸

程若庸，字逢原，休寧人，從雙峰及沈毅齋貴瑤得朱子之學。淳祐間，聘湖州安定書院山長。馮去疾創臨汝書院于撫州，復聘為山長。

咸淳間，登進士，授武夷書院山長，累主師席，其從遊者最盛，稱徽庵先生。所著有《性理字訓》《講義》《太極洪範圖說》。陳定宇極稱其《字訓》。

朱楓林書《性理字訓》後曰：「晦庵門人程正思《字訓》三十條，勿齋增廣之為六門百八十三條，今增『善』字補以蒙齋之訓凡百八十四條。德業盡性心正四條，訓有未妥，僭易數字，餘皆元文。程敬叔《讀書日程》：『八歲未入小學，教之讀此甚善。』但此書四字成言，其語既簡約，而題目多涉命性，其理又幽深，若非根據出處本義，而旁取世俗事物以開喻之，未見其有益也。試以開卷太極之訓言之。孔子贊《易》曰：『《易》有太極，是生兩儀。兩儀生四象，四象生八卦。』今訓太極之字，當原乎此。其曰：『至理渾然，沖漠無眹者，理行乎事理之中，如身體之脈理，如枝幹之紋理，徹上徹下，無不至到。』所謂至理也，脈理紋理，皆不一也，而皆必有統會之處。今以八卦觀之，乾、兌二卦，同生于太陽之象也；離、震二卦，同生于少陰之象也；巽、坎二卦，同生于少陽之象也；艮、坤二卦，同生于太陰之象也。又以四象觀之，太陽少陰，同生于陽儀也；少陽太陰，同生于陰儀也。八卦四象，各有統會。既如此矣，則兩儀豈無統會哉！故孔子指其統會者而名之曰「太極」。極者，屋之脊棟，中正高上，眾材之所聚合者也。太者，大大之謂也。太極者，大大高上統會之稱而已。《易》書之儀之象之卦，兩而四，四而八，以至于無窮，由本而末，由原而流，皆所謂至理也。太極者，至理之渾然者也。渾然云者，如水之渾濁然，人之視之，不見其中之所有。蓋理之統會，其胚胎融聚者，固如此也。泉之未發曰沖，沙地曠遠曰漠，眹者，目未開而有其罅隙也。曰沖曰漠曰無眹，皆以形容其渾然者也。其曰『造化樞紐，品彙根柢』者，氣一噓而萬物盈，所謂造也；氣一吸而萬物虛，所謂化也。氣之造物化物，猶戶之一闔一闢也，究而言之，則闔闢在乎樞，樞必在乎容樞之紐。《易》之儀象卦者，造化也，所謂太極者，其樞紐。物之異類曰品，物之同類曰彙。萬物並生於兩間，而有同類異類者，如花葉之在枝幹，或同或異也，究而言之，則枝幹本于根，根必附乎命根之柢。《易》之儀象卦者，品彙也。所謂太極者，其根柢也。玩諸《易》，以釋太極之本義，本義既得，則後世儒者所稱述，可一見而決。若異端之所言者，固不足論也。凡讀聖賢之書，皆當如此考究，令字字有著落，非特此書也，故舉此一條以見例云。」

斛峰書院講義

龜山先生楊文靖公曰：「古之學者，以聖人為師，其學有不至，故其德有差焉。人見聖人之難為也，故凡學者以聖人為可至，則必以為狂而竊笑之。夫聖人固未易至，若舍聖人而學，是將何所取則乎？以聖人為師，猶學射而立的然，的立于彼，然後射者可視之而求中，其不中，則在人而已。不立之的，以何為準？」又嘗語羅公仲素云：「今之學者，只為不知為學之方，又不知學成要何用。此事大體，須是曾著力來，方知不易。夫學者，學聖賢之所為也。欲為聖賢之所為，須是學聖賢所得之道。若只要博古通今為文章，作忠信願慤，不為非義之士而已，則古來如此等人不少，然以為聞道則不可。且如東漢之衰，處士逸人，與夫名節之士，有聞當世者多矣，觀其作處，責以古聖賢之道，則略無毫髮髣髴相似，何也？以彼于道初無所聞故也。今時學者，平居則曰吾當為古人之所為，才有一事到手，便措置不得，蓋其所學以博古通今為文章，或志于忠信願慤，不為非義而已，而不知須是聞道，故應如此。由是觀之，學而不聞道，猶不學也。」

言道易，知道之體用難；言道之體用易，知道之全體妙用難。道者何？陰陽五行萬物萬事之理，初非有出于陰陽五行萬物萬事之外者。以形器為道，而不知其有沖漠無眹之體者，非也。以空虛為道，而不知其有闔闢無窮之用者，非也。知其體之無眹，而不知其彌綸六合，無毫釐之空缺；知其用之無窮，而不知其貫通千古，無頃刻之間斷，則其體之全，用之妙，亦有知之而未盡焉者矣。或聞而知之，或見而知之，其知之而盡焉者乎？生而知之，不思而得，安而行之，不勉而中者，聖人也；學而知之，思焉而無不得，利而行之，勉焉而無不中者，賢人也，皆知之而盡焉者也。學者之學無他，亦學乎聖賢所知之道而已。學乎聖賢所知之道無他，主敬以立其本，窮理以致其知，反躬以踐其實而已矣。窮理以致其知，反躬以踐其實，《大學》「明明德」之工夫也。主敬以立其本，則又《小學》之工夫，而《大學》之所以成始而成終焉者也。程、朱子以來，誰不知由小學而進于《大學》，然少而習焉，壯而勉焉，老雖或知之，往往未能盡焉。何也？文靖之言曰：「以身體之，以心驗之，從容默會于幽閒靜一之中，而超然自得于書言象意之表。」此讀書之法也。不以此為法，而徒于章句訓詁、文墨議論之是尚，則其於主敬也，不過曰有整齊嚴肅，而無怠惰縱肆，斯可矣；其于窮理也，不過曰有誦讀記問，而無疏脫遺忘，斯可矣；其于反躬也，不過曰有忠信願慤，而無私偽邪慝，斯可矣。嗚呼！是豈知聖賢之學，斯道之全體妙用，有不但如是而已者乎？聖賢之學，斯道之全體妙用，其何以言之？道為太極造化之樞紐，萬物統體一太極也；心為太極品彙之根柢，一物各統體一太極也。萬化之流行，由于元亨利貞之四德者，天地之全體妙用也。有人心之全體，而後天地之全體始於是而立焉。人心之全體少有或虧，則天地之全體不能以自立矣。有人心之妙用，而後天地之妙用始於是而行焉。人心之妙用少有或戾，則天地之妙用不能以自行矣。此參天地，贊化育所以不可一日而無聖賢之道。學聖賢之道者，不以一身一家、一時一世之心為心，而以彌綸六合、貫通千古之心為心；不以一身一家、一時一世之道為道，而以彌綸六合、貫通千古之道為道。則此心為此道之統宗會元，渾乎大德之敦化，此道為此心之汎應曲當，脈乎小德之川流。其于主敬也，必將如對日星，如臨淵谷，靜而無靜，動而無動，仰不愧于天，俯不怍于人，而彌綸六合、貫通千古之心在其中矣。其于窮理也，必將探賾索隱，鉤深致遠，究事物之準則，推造化之本原，致廣大而盡精微，極高明而道中庸，而彌綸六合、貫通千古之道在其中矣。其于反躬也，必將以無欲為一，以無息為誠，以日新為德，以富有為業，以一民一物不被其澤為己任，以天下後世不傳此道為己憂，而此心此道之全體妙用皆在其中矣。張子所謂「為天地立心，為生民立命，為去聖繼絕學，為來世開太平」；子思所謂「建諸天地而不悖，質諸鬼神而無疑，百世以俟聖人而不惑」；曾子所謂「置之而塞天地，溥之而横四海，施諸後世而無朝夕」，是皆吾分之所當為，而吾力之所能為者。文靖所謂「以聖人為師，猶學射而立的」者，此也；所謂「學聖賢之所為，必欲聞聖賢所得之道」者，此也。自非體之以身，從容默會而有深功，驗之以心，超然自得而有餘味者，能之乎？程子曰：「莫說道將第一等遜與別人，且做第二等，才如此說，便是自棄，雖與不能居仁由義者差等不同，其自小一也。」言學便以道為志，言人便以聖為志。是志也，坐春立雪之時，身體心驗之舊矣。道南之教，寧不以是為先務乎？由龜山、豫章而延平，逮吾朱子，大成集焉。推其説以教天下後世，至明且備。若庸嘗取其《後集》所答《劉季章書》，畫為四等之圖：其一等曰聖賢之學，其二等曰仁義名節之學，其三等曰辭章之學，其四等曰科舉之學。有剽竊架漏而不入等者，有志于第二等而未能篤實者，有志于第一等而不能無過不及之偏者，有在二三四等中不安于小成，而能勇進于一等者。大抵三四等識趣不高，奪其舊習雖有甚難，而其不變亦自不足為世輕重。惟第二等資質稍高，一生謹畏，循規守矩，向仁慕義，不為不力，惜其不知向上更有聖賢之學，切于身心而為事業之根本者焉。今之收拾人才，推廣聖賢學問血脈，正須著力救拔此一等人，而不可與其下二等概而視之也。若夫聖賢之學無他，始由此以為士，終即此以為聖人；始由此以修身，終即此以平天下，即知此道是天地間自然之理，又知此學是吾人本分之事。既能真知而篤信之，則其趣向自然正當，其志氣自然勇決，其工夫次第必能向上尋覓，不待他人勸率而自不能已矣。不幸而或不遇于世，亦必有以自樂而無所怨悔焉。嗚呼！所以為聞道之士也，此所謂聖賢之學也。文靖曰：「學而不聞道，猶不學也。」若庸亦曰：「創書院而不講明此道，與無書院等爾。」立軒大夫寧不謂然？或問：「彌綸六合、貫通千古者道也，聖賢之體是道，而欲其彌綸六合、貫通千古，其可汎然言之，而無一定之義乎？」曰：「以此心言，莫若一『誠』字，誠者，五常百行之根柢也。以此理言，莫若一『中』字，中者，應事接物之準則也。對而言，則此心此理不可偏廢；單而言，則心不外乎此理，理不外乎此心，誠可以兼中，中亦可以兼誠。堯、舜、禹、湯言『中』，『誠』固在其中；《中庸》《通書》言『誠』，『中』亦不在其外。朱子謂『理只是一個理，舉著全無欠缺，且如說著誠，則都在誠上；說著仁，則都在仁上；說著忠恕，則都在忠恕上。只是這個道理血脈，自然貫通。』其此之謂歟？（文淵閣四庫全書《新安文獻志》卷三十九）

進士許先生應庚（附弟應庭）

許應庚，字春伯，平江人。遊李宏齋及雙峰之門，與弟應庭，並有時名，俱登紹定二年進士。先生尤以操行著。張萬全守岳州，以學行宜列鄉貢。

運使王敬巖先生佖

見《金華學案》。

饒先生應中

饒應中。

隱君汪東山先生華

汪華，字榮夫，號東山，祁門人。與族兄相同事雙峰。早歲又從學鄱陽趙介如，江古心高弟也。與中書右丞燕公楠為同門友。至元初，公楠僉江浙行省事，道祁門，訪先生，與論舊故，將薦諸朝，先生固辭而止。從孫克寬，知名于世。

汪先生相

汪相，字魏夫，與弟榮夫皆學于雙峰，兩人問難叩擊，悉得其蘊奧，祁邑理學之盛，自二人發之。

逸民吳可堂先生迂

吳迂，字仲迂，浮梁人，從雙峰學。嘗應科舉不上，遂棄之。辟兵横塘，講道不廢。皇慶間，浮梁牧郭郁延之為師，以訓學者，時稱可堂先生。汪克寬，其門人也。所著有《四書語錄》《五經發明》《孔子世家》《先儒法言粹言》《重定綱目》，使者表其所居曰「逸民」。年九十卒。

蔡愚泉先生汝揆

蔡汝揆，字君審，新昌人，用之七世孫也。師饒雙峰，得道學之傳，門人稱為愚泉先生。所著有《希賢錄》《貫道集》《友議》諸種。

（黄氏原本，全祖望修之加詳）

州判胡弋溪先生志仁（附門人李實、王觀、胡棣）

胡志仁，餘干人。延祐戊午進士。學有淵源，與饒□□遊，博洽淹貫，踐履純篤。判樂平州，致仕，教授生徒，臨川李實、上饒王觀、進賢胡棣皆其門人。世稱為弋溪先生。

雙峰再傳

經師陳雲莊先生澔

陳澔，字可大，號雲莊，又號北山，東齋先生大猷子。于宋季不求聞達，博學好古，有《禮記集説》行于世，學者稱為雲莊先生。年八十有二卒。元奎章學士虞集題其墓曰「經師陳先生墓。」明成化七年，禮部題請從祀學宫，未報。弘治十七年，巡撫御史張本、提學副使邵賓題準別祠祀之。

汪先生應昇

汪應昇。

準軒門人

朱梧岡先生以實

朱以實，號梧岡，樂平人也。師事吳準軒，以紹朱子。子公遷。

徽庵門人

縣令金東園先生若洙

金若洙，字子方，休寧人，受業于程徽庵。寶祐間鄉舉，官黔江縣令，宋亡不仕，歸築東園，隱讀其間。所著有《東園集》《四詠吟編》《性理字訓集文》。

范先生奕、吳蘭皋先生錫疇

范奕、吳錫疇，皆新安人，程若庸高弟子。

文憲程雪樓先生鉅夫

程鉅夫，名文海，以字行，新建之吳城人。叔父飛卿通判建昌，以城內附，先生入為質子，授管軍千戶。召見，應對詳明，改直翰林，授應奉翰林文字，進修撰，集賢直學士，秘書少監，翰林集賢學士。至元二十四年，以侍御史求賢于江南，有宋遺老網羅殆盡。仍拜集賢學士，行御史臺事。二十九年，召對。明年，出為閩海道肅政廉訪使，移江南、湖北道。大德八年，召拜翰林學士。至大三年，廉訪山南、江北。明年，召對，留為翰林學士承旨。以病乞骸骨。居五年而卒，年七十。贈大司徒，追封楚國公，謚文憲。

初，先生讀書臨汝書院，受學于族叔徽庵，與吳草廬同門，友人稱為雪樓先生，因其所居曰「雪樓」也。

文正吳草廬先生澄

見《草廬學案》。

可堂門人

鄭先生合生

鄭合生，字子謙，浮梁人。

徵君戴先生璹

戴璹，字仲才，浮梁人，學于吳仲迂。元季，避兵深山講道。明初，重定賦稅法，浮梁頗重，先生上書言之，得減。及累薦，卒不起。所著有《東山集》。

雙峰三傳

教授朱明所先生公遷

朱公遷，字克升，梧岡子，有家學，歷婺、處二州教授。辟兵轉徙徽、栝、歙、信之間，已而以病歸里。先生有篤行，里人乘亂喜戕人者，聞其來，為之止殺，先生曰：「是可化也。」力疾訪之，其人感悟，然病遂以是篤，五日而卒。先生嘗題其室曰「高明之所」，學者稱為明所先生。所著有《四書通旨》《四書約說》《餘力稿》《詩經疏義》。其高弟曰洪初。

雪樓門人

文安揭曼碩先生傒斯

揭傒斯，字曼碩，富州人。早有文名。大德間，出遊湘、漢，程鉅夫為湖南憲長，特器重之，妻以從妹，與盧摯列薦于朝，三入翰林，仕至侍講學士，同知經筵事。卒官，追封豫章郡公，謚文安。先生狀鉅夫，謂：「獲出門下，受知最深。」（黃氏原本，全祖望修之加詳）

文敏趙松雪先生孟頫

趙孟頫，字子昂，湖州人。累官翰林學士承旨。卒，謚文敏，追封魏國公。程鉅夫搜訪遺逸于江南，得先生，以之入見，故終身以師事之。（黃氏原本，全祖望修之加詳）

雙峰四傳

縣令洪野谷先生初

洪初，字義初，樂平人，明所朱氏高弟也。明所纂《詩義》，先生左右之。學者稱為野谷先生。明洪武初，以薦知淯川縣。

雙峰五傳

徵君王松塢先生逢

王逢，字原夫，樂平人。幼穎異不凡，天性孝友。比長，默契義理之學，師事野谷洪氏，道脈所自，先生以心會焉，乃厭科舉業，研精道理性命之懿，淹貫經史。宣德初，薦授富陽訓導，不就，退歸鄉塾，日與門人何英等相討論，道益明，學益成。復以明經辟，及門強起。召見，極論禮樂二字，日晡不徹。明日，復賜對，堅辭不就職。歸即杜門環堵，足跡不入城市，毅然以斯道為己任。著有《言行志》。自書其廬曰「松塢」，學者稱為松塢先生。

雙峰六傳

徵君何梅谷先生英

何英，字積中，鄱陽人。性警敏，不事詞章。學于王松塢之門，造詣益深，累薦不起。建玉溪書院，以納天下來學。所著有《四書釋要》《詩經增釋》《易經發明》諸書。初，松塢嘗贈詩曰：「癯梅谷裏先春意。」先生因遂自署曰「梅谷。」

按：陽枋，號字溪，稱大陽先生，有《易說》；陽岊，號存齋，稱小陽先生，有《易說》。大、小陽先生及韓禮部傳，原與靜清同卷，為《四明朱門學案》之一，謝山改定為《靜清學案》，靜清以上，併入《滄州諸儒學案》下卷，今復原。

教授史果齋先生蒙卿

史蒙卿，字景正，號果齋，鄞縣人，獨善先生彌鞏之孫也。年十二，入國子學，通《春秋》《周官》。時江益公萬里為祭酒，甚器之。咸淳元年進士，授景陵主簿，歷江陰、平江教授。四明之學，祖陸氏而宗楊、袁，其言朱子之學，自黃東發與先生始。黃氏主于躬行，而先生務明體以達用，著書立言，一以朱子為法。宋亡，不復仕。自號靜清處士。有《靜清集》。（黃氏原本，全祖望修之加詳）

果齋先生每教學者，以朱子日用自警詩揭于座右。其詩曰：「圓融無際大無餘，即此身心是太虛。不向用時勤猛省，卻于何處味真腴。尋常應對尤須謹，造次施為莫放疏。一日洞然無別體，方知不枉費工夫。」

百家謹案：四明自楊、袁、舒、沈從學于象山，故陸氏之學甚盛。其時傳朱子之學者有二派：其一史果齋，從戛氏入；其一余正君，從輔氏入，故為四明朱門一、二兩案。又王深寧從學于王埜，埜從學于真文忠公，亦出自朱門詹體仁者也。

果齋訓語

學問進修之大端，其略有四：一曰尚志，二曰居敬，三曰窮理，四曰反身。大抵為士莫先于尚志。孔子曰：「吾十有五而志于學。」孟子曰：「士何事？」曰「尚志，仁義而已矣。」程子亦曰：「言學便當以道為志，言人便當以聖為志，苟此志不立，而惟流俗之徇，利欲之趨，則終身墮于卑陋，而不足與詣高明光大之域矣，何足以為士哉！」此志既立，便當居敬，以涵養其本原，蓋人心虛靈，天理具足，仁義禮智皆吾固有，聖賢之所以為聖賢者，非自外而得之也，苟能端莊靜一以涵養之，則志氣清明，義理昭著，而人欲自然退聽。以此窮理，理必明；以此反身，身必誠，乃學問之大原也。夫既知涵養其本原，則天理之全體，固渾然于吾心矣。然一心之中，雖曰萬理咸具，天敘天秩，品節粲然，苟非稽之聖賢，講之師友，察之事物，驗之身心，以究析其精微之極至，則知有所蔽，而行必有所差，此《大學》之誠意、正心、修身，所以必先格物致知，《中庸》之篤行，所以必先博學、審問、慎思、明辨也。既知所以窮理矣，則必以其所窮之理，反之于身，以踐其實，日用之間，微而念慮，著而云為，其當然者皆天理之公，其不當然者皆人欲之私也。于此謹而察之，果當然乎？則充之惟恐其不廣，行之惟恐其不至。果不當然乎，則改之惟恐其不速，去之惟恐其不盡。從事于斯，無少間斷，人欲日以銷泯，天理日以純熟，而聖賢之道，忽不自知其實有于我矣。窮則獨善其身，可以繼往聖而開來學；達則兼善天下，可以參天地而贊化育，其功用有不可勝窮者。若夫趨向卑陋，而此志不立，持養疏略，而此心不存，講學之功不加，而所知者昏蔽，反身之誠不篤，而所行者悖戾，將見人欲愈熾，天理愈微，本心一亡，亦將何所不至哉！《書》曰：「惟聖罔念作狂，惟狂克念作聖。」聖狂之分，特在念不念之間而已矣，並惟同志勉之。（此本雙峰饒氏之訓，文淵閣四庫全書《讀書分年日程》卷首）

果齋門人

教授程畏齋先生端禮

程端禮，字敬叔，鄞縣人。學者稱為畏齋先生。初用舉者為建平、建德兩縣教諭。歷稼軒、江東兩書院山長，累考授鉛山州學教諭，以台州教授致仕。

先生受學于史靜清，色莊而氣夷，善誘學者，使之日改月化，而其弟端學，剛明，動有師法，學者咸嚴憚之，人以比河南兩程氏云。（黃氏原本，全祖望修之加詳）

百家謹案：慶元自宋季皆傳陸子之學，而朱學不行于慶元，得史靜清而為之一變。蓋慈湖之下，大抵盡入于禪，士以不讀書為學，源遠流分，其所以傳陸子者，乃其所以失陸子也。余觀畏齋《讀書日程》，本末不遺，工夫有序，由是而之焉，即謂陸子之功臣可也。

集慶路江東書院講義

端禮竊聞之朱子曰：「為學之道，莫先于窮理，窮理之要，必在于讀書，讀書之法，莫貴于循序而致精，而致精之本，則又在于居敬而持志，此不易之理也。」其門人與私淑之徒，會萃朱子平日之訓，而節取其要，定為讀書法六條：曰循序漸進，曰熟讀精思，曰虛心涵泳，曰切己體察，曰著緊用力，曰居敬持志。其所謂循序漸進者，朱子曰：「以二書言之，則通一書而後及一書；以一書言之，篇章句字，首尾次第，亦各有序而不可亂也。量力所至而謹守之，字求其訓，句索其旨，未得乎前，則不敢求乎後，未通乎此，則不敢志乎彼。如是則志定理明，而無疏易陵躐之患矣。若奔程趁限，一向趲看了，則看猶不看也。近方覺此病痛不是小事。元來道學不明，不是上面欠工夫，乃是下面無根脚。」其循序漸進之說如此。所謂熟讀精思者，朱子曰：「《荀子》說誦數以貫之，見得古人誦書亦記徧數，乃知横渠教人讀書，必須成誦，真道學第一義。徧數已足，而未成誦，必欲成誦。徧數未足，雖已成誦，必滿徧數。但百徧時，自是強五十徧時，二百徧時，自是強一百徧時。今所以記不得，說不去，心下若存若亡，皆是不精不熟之患。今人所以不如古人處，只爭這些子。學者觀書，讀得正文，記得註解，成誦精熟，註中訓釋文意、事物名件、發明相穿紐處，一一認得，如自己做出來底一般，方能玩味，反覆向上，有通透處。若不如此，只是虚設議論，非為己之學也。」其熟讀精思之說如此。所謂虚心涵泳者，朱子曰：「《莊子》說，『吾與之虚而委蛇』，既虚了，又要隨他曲折去。讀書須是虚心，方得聖賢說一字是一字，自家只平著心去稱停他，都使不得一毫杜撰。學者看文字，不必自立說，只記前賢與諸家說便了。今人讀書，多是心下先有個意思了，卻將聖賢言語來湊他底意思，其有不合，便穿鑿之使合。」其虚心涵泳之說如此。所謂切己體察者，朱子曰：「入道之門，是將自個已身入那道理中去，漸漸相親，與己為一。而今人道在這裏，自家在外，元不相干。學者讀書，須要將聖賢言語體之于身，如『克己復禮』，如『出門如見大賓』等事，須就自家身上體覈，我實能克己復禮、主敬行恕否？件件如此，方有益。」其切己體察之說如此。所謂著緊用力者，朱子曰：「寬著期限，緊著課程，為學要剛毅果決，悠悠不濟事。且如『發憤忘食，樂以忘憂』是甚麽精神！甚麽筋骨！今之學者，全不曾發憤。直要抖擻精神，如救火治病然，如撑上水船，一篙不可放緩。」其著緊用力之說如此。所謂居敬持志者，朱子曰：「程先生云：『涵養須用敬，進學則在致知。』此最精要。方無事時，敬以自持，凡心不可加入無何有之鄉，須是收斂在此。及其應事時，敬于應事；讀書時，敬于讀書，便自然該貫動靜，心無不在。今學者說書，多是捻合來說，卻不詳密活熟，此病不是說書上病，乃是心上病，蓋心不專靜純一，故思慮不精明。須要養得虚明專靜，使道理從裏面流出方好。」其居敬持志之說如此。愚按：此六條者，乃朱子教人讀書之要，故其誨學者，告君上，舉不出此，而自謂其為平日艱難已試之效者也。

竊嘗論之，自孔子有「博學于文，約之以禮，亦可以弗畔矣夫」之訓，以顏子之善學，其贊孔子循循善誘，亦不過曰「博我以文，約我以禮」而已。是孔子之教，顏子之學，不越乎博文、約禮二事，豈非以學者舍是無以為用力之地與？蓋盈天地間，萬物萬事，莫非文也。其文出于聖人之手，而存之于書者，載道為尤顯，故觀孔子責子路「何必讀書，然後為學」之語，可為深戒，豈非讀書為博文之大而急者與？朱子曰：「約禮則只是這些子。博文各有次序，當以大而急者為先。」蓋謂是也。然則博文豈可不以讀書為先？而讀書又豈可不守朱子之法？朱子平日教人，千言萬語，總而言之，不越乎此六條。而六條者，總而言之，又不越乎「熟讀精思」「切己體察」之兩條。蓋熟讀精思即博文之功，而切己體察即約禮之事。然則欲學顏子之學者，豈可不由是而求之哉？今幸其説具存，學者讀書，能循是六者，以實用其力，則何道之不可進，何聖賢之不可為！使朱子復生，身登其門，耳聞其誨，未必若是之詳且要也，學者可不自知其幸與？

世之讀書，其怠忽間斷者，固不足論。其終日勤勞，貪多務廣，終身無得者，蓋以讀之不知法故也。惟精廬初建，端禮荒陋匪材，夫豈其任！承乏之初，敢以朱子讀書法，首與同志講之，期相與確守焉，以求共學之益，使他日義精仁熟，賢才輩出，則朱子之訓不為虛語，精廬不為虛設，顧不美哉！（文淵閣四庫全書《讀書分年日程》卷三）

存存齋銘

性與天道，夫子罕言。于《易》乃言，成性存存。惟性之成，天予其全。如體畢具，無異愚賢。心統性情，性體惟靜。心乘氣機，存之斯正。曰惟存心，所以存性。其方伊何？在乎主敬。其效伊何？動靜皆定。無間無雜，始曰存存。虛閒靜一，細微糾紛。弗謹弗養，千里其奔。勉強安行，聖賢是分。效天法地，道義之門。（文淵閣四庫全書《畏齋集》卷六）

讀書分年日程

八歲未入學以前：

讀《性理字訓》。（程逢源增廣者）

日讀《字訓》綱三五段，此乃朱子以孫芝老能言作《性理絶句》百首教之之意，以此代世俗《蒙求》《千字文》最佳。又以朱子《童子須知》貼壁，于飯後使之記説一段。

自八歲未入學之後：

讀《小學書》正文。

日止讀一書，自幼至長皆然，此朱子苦口教人之語。隨日力性資，自一二百字，漸增至六七百字。日永年長，可近千字乃已。每大段內，必分作細段，每細段必看讀百徧，倍讀百徧，又通倍讀二三十徧。後凡讀經書放此。自此説《小學書》，即嚴幼儀。大抵小兒終日讀誦，不惟困其精神，且致其習為悠緩以待日暮。法當纔辦徧數，即暫歇少時，復令入學，如此可免二者之患。

日程：

一、每夙興，即先自倍讀已讀冊首書，至昨日所讀書一徧。內一日看讀，內一日倍讀。生處誤處記號，以待夜間補正徧數。其間日看讀本，為童幼文理未通、誤不自知者設。年十四五以上者，只倍讀，師標起止于日程空眼簿。凡册首書爛熟，無一句生誤，方是工夫已到，方可他日退在夜間，與平日已讀書輪流倍溫，乃得力。如未精熟，遽然退混諸書中，則溫倍漸疏，不得力矣，宜謹之。凡倍讀熟書，逐字逐句，要讀之緩而又緩，思而又思，使理與心浹。朱子所謂精思，所謂虛心涵泳，孔子所謂溫故知新，以異于記問之學者，在乎此也。

一、師試倍讀昨日書。

一、師授本日正書。假令授讀《大學》、正文《章句》《或問》共約六七百字，或一千字，須多授一二十行，以備次日或有故及生徒眾不得即授書，可先自讀，免致妨功。先計字數，畫定大段。師記號起止于簿，預令其套端禮所參《館閣校勘法》，黃勉齋、何北山、王魯齋、張導江及諸先生所點抹《四書》例，及攷王魯齋《正始音》等書點定本，點定句讀，圈發假借字音，令面讀，子細正過。于內分作細段，隨文義可斷處，多不過十句，少約五六句。大段約千字，分作十段，或十一二段，用朱點記于簿，還按每細段讀二百偏，內一百偏看讀，內一百偏倍讀，句句字字要分明，不可太快。讀須聲實，如講說然，句盡字重道則句完，不可添虛聲，致句讀不明，且難足偏數。他日信口難舉，須用數珠或記數板子記數。每細段二百偏足，即以墨銷朱點，即換讀如前。盡一日之力，須足六七百字。日永年長，可近一千字。寧賸段數，不可省偏數。仍通大段倍讀二三十偏，或止通倍讀全章正經並《註》《或問》所盡亦可。必待一書畢，然後方換一書，並不得兼讀他書，及省偏數。此以朱子《讀書法》《小學書》及所訂程、董《學則》修。

一、師試說昨日已說書。

一、師授說平日已讀書不必多，先說《小學書》畢，次《大學》畢，次《論語》。假如說《小學書》，先令每句說通朱子本註，及熊氏解，及熊氏標題，已通，方令依傍所解字訓句意、說正文。字求其訓，註中無者，使簡《韻會》求之，不可杜撰以誤人，寧以俗說粗解卻不妨。既通，說每句大義。又通，說每段大義。即令自反覆說通，面試通乃已。久之，纔覺文義粗通，能自說，即使自看註，沈潛玩索。使來試說，更詰難之，以使之明透。如說《大學》《論語》，亦先令說註透，然後依傍註意說正文。

一、小學習寫字，必于四日內，以一日令影寫智永千文楷字。如童稚初寫者，先以子昂所展千文大字為格，影寫一偏過，卻用智永如錢真字影寫。每字本一紙，影寫十紙。止令影寫，不得惜紙于空處令自寫，以致走樣。寧令翻紙，以空處再影寫。如此影寫千文足後，歇讀書一二月，以全日之力，通影寫一千五百字，添至二千三千四千字。以全日之力如此寫一二月乃止。必如此寫，方能他日寫多，運筆如飛，永不走樣。又使自看寫一偏。其所以用千文，用智永楷字，皆有深意，此不暇論，待他年有餘力，自為充廣可也。蓋儒者別項工夫多，故習字止如此。用筆之法，雙鉤懸腕，讓左側右，虛掌實指，意前筆後，此口訣也。欲考字，看《說文》《字林》《六書略》《切韻指掌圖》《正始音》《韻會》等書，以求音義、偏傍、點畫、六書之正。每考三五字或十數字，擇切用之字先考。凡鈔書之字，偏傍須依《說文》翻楷之體，骨肉間架氣象用智永，非寫詩帖，不得全用智永也。

一、小學不得令日日作詩作對，虛費日力。今世俗之教，十五歲前，不能讀記九經正文，皆是此弊。但令習字演文之日，將已說《小學書》作口義，以學演文，每句先逐字訓之，然後通解一句之意，又通結一章之義。相接續作去，明理演文，一舉兩得。更令記對類單字，使知虛實死活字，更記類首長天、永日字，但臨放學時，面屬一對便行，使略知對偶輕重虛實足矣。此正為己為人、務內務外，君子儒、小人儒之所由分。此心先入者為主，終此生不可奪，不惟妨功，最是奪志，朱子諄諄言之，切戒。

一、隻日之夜，《大學》令玩索。已讀《大學》，字求其訓，句求其義，章求其旨。每一節，十數次涵泳思索，以求其通。又須虛心以為之本，每正文一節，先考索《章句》明透，然後摭《章句》之旨，以說上正文。每句要說得精確成文，鈔記旨要，又考索《或問》明透，以參《章句》。如遇說性理深奧精微處，不計數看，直要曉得，記得爛熟乃止。仍參看黃勉齋、真西山《集義》《通釋》《講義》，《饒雙峰纂述》《輯講》《語錄》，金仁山《大學疏義》《語孟考證》，何北山、王魯齋、張達善句讀、批抹畫截、表注音考，胡雲峰《四書通》《通證》，趙氏《纂疏》《集成》《發明》等書，諸說有異處，標貼以待思問。如引用經史先儒語，及性理制度治道故事相關處，必須檢尋看過。凡玩索一字一句一章，分看合看，要析之極其精，合之無不貫，去了本子，信口分說得出，合說得出，於身心體認得出，方為爛熟。朱子諄諄之訓：「先要熟讀，須是正看背看，左看右看，看得是了，未可便道是，更須反覆玩味。」此之謂也。不必多，《論語》止看得一章二章三章足矣，只要自得。凡先說者要極其精通，其後未說者，一節易一節，工夫不難矣。只要記得《大學》畢，次《論語》，次《孟子》，次《中庸》，小學止令玩索。小學燈火，起中秋，止端午。或生徒多，參考之書難徧及，則參差雙隻夜以便之。

一、雙日之夜，倍讀凡平日已讀書一徧。倍讀一二卷或三四卷，隨力所至。記號起止，以待後夜續讀。倍讀熟書，必緩而又緩，思而又思。詳見讀冊首書條。凡溫書，必要倍讀，纔放看讀，永無可再倍之日，前功廢矣，切戒。如防誤處，寧以書安于案，疑處正之，再倍讀。倍讀熟書時，必須先倍讀本章正文畢，以目視本章正文，倍讀盡本章註文，就思玩涵泳本章理趣。此法不惟得所以釋此章之深意，且免經文註文混記無別之患。如倍讀忘處，急用偏數補之。凡已讀書，一一整放在案，周而復始，以日程并書日揭之于壁，夏夜浴後，露坐無燈，自可倍讀。

一、隨雙、隻日之夜，附讀看玩索性理書。性理畢，次治道，次制度。如《大學》失時失序，當補《小學書》者，先讀《小學書》數段，仍詳看解，字字句句自要說得通透乃止。《小學書》畢，讀程氏《增廣字訓綱》，（此書銓定性理，語約而義備，如醫家脈訣，最便初學。）次看《北溪字義》《續字義》，次讀《太極圖》《通書》《西銘》，並看朱子《解》，及看何北山《發揮》，次讀《近思錄》、（看葉氏《解》）。《續近思錄》（蔡氏編，見《性理群書》）。次看《讀書記》《大學衍義》《程子遺書》《外書》《經說》《文集》《周子文集》、張子《正蒙》《朱子大全集》《語類》等書，或看或讀，必詳玩潛思，以求透徹融會，切己體察，以求自得性理，緊切書目通載于此，讀看者自循輕重先後之序。有合記者，仍分類節鈔。若治道，亦見西山《讀書記》《大學衍義》。

一、以前日程，依序分日，定其節目，寫作空眼，刊定印板，使生徒每人各置一簿，以憑用功。次日早，于師前試驗，親筆句銷。師復親標所授起止于簿。庶日有常守，心力整暇，積日而月，積月而歲，師生兩盡，皆可自見。施之學校公教，尤便有司拘鈐考察。小學、讀經、習字、演文，必須分日。（假如小學簿紙百張，以七十五張印讀書日程，以二十五張印習字讀文日程，可用二百日。）讀經必用三日，習字演文止用一日，本未欲以此間讀書之日，緣小學習字，習演口義小文辭，欲使其學開筆路，有不可後者故也。至如《大學》，惟印讀經日程。待《四書》本經傳註既畢，作次卷工程時，方印分日讀看史日程。畢，印分日讀看文日程。畢，印分日作文日程。其先後次序，分日輕重，決不可紊。人若依法讀得十餘個簿，則為大儒也，孰禦？他年亦須自填以自檢束，則歲月不虛擲矣。今將已刊定空眼式連于次卷，學者誠能刊印，置簿日填，功效自見也。

《小學書》畢。

次讀《大學》經傳正文。

一、讀書、倍溫書、說書、習字、演文如前法。

次讀《論語》正文。

次讀《孟子》正文。

次讀《中庸》正文。

次讀《孝經》刊誤。

一、讀書、倍溫書、說書、習字、演文並如前法。

次讀《易》正文。

《六經》正文依程子、朱子、胡氏、蔡氏句讀，參廖氏及古註陸氏《音義》、賈氏《音辯》、牟氏《音考》。

一、讀書、倍溫書、說書、習字、演文如前法。

次讀《書》正文。

次讀《詩》正文。

次讀《儀禮》並《禮記》正文。

次讀《周禮》正文。

次讀《春秋經》并《三傳》正文。

前自八歲，約用六七年之功，則十五歲前，《小學書》《四書》諸經正文可以盡畢。既每細段看讀百徧，倍讀百徧，又通倍大段，早倍溫冊首書，夜以序通倍溫已讀書，守此，決無不熟之理。

自十五志學之年，即當尚志。為學以道為志，為人以聖為志。自此依朱子法讀《四書》註，或十五歲前用功失時失序者，止從此起，便讀《大學章句》《或問》，仍兼補《小學書》。

讀《大學章句》《或問》。

一、讀書、倍溫書所讀字數分段，看讀百徧，倍讀百徧，並如前法。

一、夜間玩索，倍讀已讀書，玩索讀看性理書，並如前法。

必確守朱子讀書法六條：居敬持志，循序漸進，熟讀精思，虛心涵泳，切己體察，著緊用力。

必以身任道，靜存動察，敬義夾持，知行並進，始可言學。不然，則不誠無物，雖勤無益也。朱子諭學者曰：「學者書不記，熟讀可記，義不精，細思可精，惟有志不立，真是無著力處。只如今人貪利祿而不貪道義，要作貴人而不要作好人，皆是志不立之病。直須反覆思量，究其病痛起處，勇猛奮躍，不復作此等人，一躍躍出，見得聖賢千言萬語，都無一字不是實語，方始立得此志。就此積累工夫，迤邐向上去，大有事在，諸君勉旃，不是小事。」又如程子《四箴》、朱子《敬齋箴》、西山《夜氣箴》，當熟玩體察外，有天台南塘陳先生《夙興夜寐箴》曰：「雞鳴而寤，思慮漸馳，盍于其間，澹以整之。或省舊愆，或紬新得，次第條理，瞭然默識。本既立矣，昧爽乃興，盥櫛衣冠，端坐斂形。提掇此心，皦如出日，嚴肅整齊，虛明靜一。乃啟方冊，對越聖賢，夫子在坐，顏、曾後先。聖師所言，親切敬聽，弟子問辨，反覆參訂。事至斯應，則驗于為，明命赫然，常目在之。事應既已，我則如故，方寸湛然，凝神息慮。動靜循環，惟心是監，靜存動察，勿二勿三。讀書之餘，間以游泳，發舒精神，休養情性。日暮人倦，昏氣易乘，齋莊正齊，振拔精神。夜久斯寢，齊手斂足，不作思維，心神歸宿。養以夜氣，貞則復元，念茲在茲，日夕乾乾。」昔金華魯齋王先生以為此《箴》甚切得受用，以教上蔡書院諸生，使之人寫一本，置坐右。又云：「養以夜氣，足以證西山之誤。」

《大學章句》《或問》畢。

次讀《論語集註》。

次讀《孟子集註》。

次讀《中庸章句》《或問》。

次鈔讀《論語或問》之合于《集註》者。

次鈔讀《孟子或問》之合于《集註》者。

次讀本經。

治《周易》鈔法，一依《古易》十二篇，勿鈔《彖傳》《象傳》，附每段經文之後。先手鈔四聖經傳正文，依《古易》讀之。別用紙依次鈔每段正文，次低正文一字，鈔所主朱子《本義》。次低正文一字，鈔所主程子《傳》，其連解《彖傳》《象傳》者，須截在《彖傳》《象傳》正文後鈔。次低正文一字，節鈔所兼用古註疏。次低正文二字，附節鈔陸氏《音義》，次節鈔胡庭芳所附《朱子語錄》《文集》，何北山《啟蒙》《繫辭發揮》、朱子孫鑑所集《易遺說》，去其重者。次低正文二字，節鈔董氏所附《程子語錄》《文集》。次低正文三字，節鈔胡庭芳所纂諸家解及胡雲峰《易通》，及諸說精確而有裨朱子《本義》者。其正文分段，以朱子《本義》為主。每段正文既鈔諸說，仍空餘紙，使可續鈔。其讀《易》綱領，及先儒諸圖及說，鈔于卷首，圖在《啟蒙》者不可移。讀法：其朱子《本義》、程子《傳》所節古註疏，並依讀《四書》例，盡填讀經空眼簿如前法，須令先讀《五贊》《啟蒙》及《發揮》，次《本義》畢，然後讀程子《傳》畢，然後讀所節古註疏。其所附鈔，亦玩讀其所當讀者，餘止熟看參考。其程子《傳》、古註疏與朱子《本義》訓詁，指義同異，以玩索精熟為度。異者以異色筆批抹，每卦作一冊。

治《尚書》鈔法，先手鈔全篇正文讀之，別用紙鈔正文一段，次低正文一字，鈔所主蔡氏《傳》，次低正文一字，節鈔所兼用古註疏。次低正文二字，附節鈔陸氏《音義》，次低正文二字，節鈔朱子《語錄》《文集》之及此段者。次低正文三字，節鈔金氏《表註》及董氏所纂諸儒之說，及諸說精確而有裨蔡氏《傳》者。其正文分段，以蔡氏《傳》為主。每段正文既鈔諸說，仍空餘紙，使可續鈔。其《書序》及朱子所辯，附鈔每篇之末。其讀《書》綱領及先儒諸圖，鈔于首卷。讀法：其蔡氏《傳》及所節古註疏，並依讀《四書》例，盡填讀經空眼簿如前法。其所附鈔，亦玩讀其所當讀者，餘止熟看參考。須令先讀蔡氏《傳》畢，然後讀古註疏，其古註疏與蔡氏傳訓詁，指義同異，以玩索精熟為度。異者以異色批抹。每篇作一冊。

治《詩》鈔法，先手鈔《詩》全篇正文讀之，別用紙鈔《詩》正文一章，音義協音，並依朱子。次低正文一字，鈔所主朱子《傳》。次低正文一字，節鈔所兼用古註疏。次低正文二字，附節鈔陸氏《音義》。次低正文二字，節鈔朱子《語錄》《文集》之及此章者。次低正文三字，節鈔輔氏《童子問》，及魯齋王氏《詩疑辯》，及諸說精確而有裨朱子《傳》者。每段正文既鈔諸說，仍空餘紙，使可續鈔。

其《詩小序》及朱子所辯，附鈔每篇之末。其讀《詩》綱領及先儒諸圖，鈔于卷首。讀法：其朱子《傳》及所節古註疏，並依讀《四書》例，盡填讀經空眼簿如前法。其所附鈔，亦玩讀其所當讀者，餘止熟看參考。須令先讀朱子《傳》畢，然後讀古註疏。其古註疏及朱子《傳》訓詁，指義同異，以玩索精熟為度。異者以異色筆批抹。每篇作一冊。

治《禮記》鈔法，先手鈔每篇正文讀之，別用紙鈔正文一段，次低正文一字，節鈔所用古註，次低正文一字，節鈔疏，次低正文一字，附節鈔陸氏《音義》，次低正文一字，節鈔朱子《儀禮經傳通解》之相關者，次節鈔朱子《語錄》《文集》之及此段者。次低正文二字，節鈔黃氏《日鈔》、陳氏櫟《詳解》、衛氏《集解》精確而有裨正經古註疏者。其正文分段，以古註為主。每段正文既鈔諸說，仍空餘紙，使可續鈔。蓋治禮必先讀《儀禮經》。其讀《禮記》綱領及先儒諸圖及楊氏《儀禮圖》鈔于首卷。讀法：其所節古註并疏，依讀《四書》例，盡填讀經空眼簿如前法。其所附鈔，亦玩讀其所當讀者，餘止熟看參考。其古註疏之所以合于經與否，以玩索精熟為度。其未合者，以異色筆批抹。每篇作一冊或二三冊。

治《春秋》鈔法，先手鈔正經，每一年作一段讀之。讀全經畢，別用紙鈔當年經文一段，次低經文一字，節鈔所許用《三傳》、胡氏《傳》諸說之合于經之本義者，次低經文一字，節鈔《三傳》、胡氏《傳》諸說之未合者。次低經文二字，附節鈔陸氏《音義》，次低經文二字，鈔程端學所著《辨疑》《或問》。凡諸說之有裨正經、《三傳》、胡氏《傳》者、已詳見成書。每段正文既鈔諸說，仍空餘紙，使可續鈔。其讀《春秋》綱領及先儒諸圖，鈔于首卷。讀法：凡所節《三傳》、胡氏《傳》，並依讀《四書》例，盡填讀經空眼簿如前法。其所附鈔，亦玩讀其所當讀者，餘止熟看參考。其《三傳》、胡氏之所以合于經與否，以玩索精熟為度。其未合者以異色筆批抹。每年作一卷，每公作一冊或二三冊。

前自十五歲讀《四書》經註、《或問》，本經傳註，性理諸書，確守讀書法六條，約用三四年之功，晝夜專治，無非為己之實學，而不以一毫計功謀利之心亂之，則敬義立而存養省察之功密，學者終身之大本植矣。

《四書》本經既明之後，自此日看史，仍五日內專分二日倍溫玩索《四書》經註《或問》，本經傳註，倍溫諸經正文，夜間讀看玩索溫看性理書，並如前法。（為學之法，自合接續明經。今以其學文不可過遲，遂讀史，次讀韓文，次讀《離騷》，次學作文，然後以序明諸經，覽者詳焉。）

看《通鑑》：

看《通鑑》及參《綱目》，兩漢以上參看《史記》《漢書》，唐參《唐書》、范氏《唐鑑》。看取一卷或半卷，隨宜增減。雖不必如讀經之徧數，亦虛心反覆熟看。至于一事之始末，一人之姓名、爵里、謚號、世系，皆當子細考求彊記。又須分項詳看，如當時君臣心德之明暗，治道之得失，紀綱之修廢，制度之因革，國本之虛實，天命人心之離合，君子小人之進退，刑賞之當濫，國用之奢儉，稅斂之輕重，兵力之強弱，外戚宦官之崇抑，民生之休戚，風俗之厚薄，外夷之叛服，如此等類，以項目寫貼眼前，以備逐項思玩當時之得失。如當日所讀項目無者，亦須通照前後思之，如我親立其朝，身任其事，每事以我得於《四書》者照之，思其得失，合如何論斷，合如何區處。有所得與合記者，用冊隨鈔，然後參諸儒論斷、管見、《綱目》《凡例》、尹氏《發明》，金仁山《通鑑前編》，胡庭芳《古今通要》之類，以驗學識之淺深。不可先看他人議論，如矮人看場無益。然亦不可先立主意，不虛心也。諸儒好議論亦須記。仍看《通鑑釋文》正其音讀。看畢，又通三五日前者看一徧。

一、分日倍溫玩索《四書》經註《或問》，本經傳註及諸經正文，夜間讀看玩索溫看性理書，並如前法。（《四書》既明，胸中已有權度，自此何書不可看！）

《通鑑》畢。

次讀韓文。讀韓文，先鈔讀西山《文章正宗》內韓文議論、敘事兩體華實兼者七十餘篇，要認此兩體分明後最得力。正以朱子《考異》，表以所廣謝疊山批點，自熟讀一篇或兩篇，亦須百徧成誦，緣一生靠此為作文骨子故也。既讀之後，須反覆詳看。每篇先看主意，以識一篇之綱領，次看其序述抑揚、輕重運意、轉換演證、開闔關鍵、首腹結末、詳略淺深次序。既于大段中看篇法，又于大段中分小段看章法，又于章法中看句法，句法中看字法，則作者之心，不能逃矣。譬之于樹，通看則繇根至表，幹生枝，枝生華葉，大小次第相生而為樹。又折一幹一枝看，則又皆各自有枝幹華葉，猶一樹然，未嘗毫髮雜亂。此可以識文法矣。看他文皆當如此看，久之自會得法。今日學文能如此看，則他日作文能如此作，亦自能如此改矣。然又當知有法而無法，無法而有法。有法者，篇篇皆有法也；無法者，篇篇法各不同也。所以然者，如化工賦物，皆自然而然，非區區摹擬所致。有意于為文，已落第二義。在我經史熟，析理精，有學有識有才，又能集義以養氣，是皆有以為文章之根本矣。不作則已，作則沛然矣。第以欲求其言語之工，不得不如此讀看耳，非曰止步驟此而能作文也。果能如此工程讀書，將見突過退之，何止肩之而已！且如朱子《或問》及《集》中文字，皆是用歐、曾法，試看歐、曾，曾有朱子議論否！此非妄言，若能如此讀書，則是學天下第一等學，作天下第一等文，為天下第一等人，在我而已，未易與俗子言也。自此看他文，欲識文體有許多樣耳。此至末事，一看足矣，不必讀也。其學作文次第，詳見于後。

韓文畢。

次讀《楚辭》：

一、六日內分三日倍溫玩索《四書》經註、《或問》、本經傳註、諸經正文及溫看史，夜間讀看玩索溫看性理書，如前法。

讀《楚辭》，正以朱子《集註》，詳其音讀訓義，須令成誦，緣靠此作古賦骨子故也。自此他賦止看不必讀也。其學賦次第詳見于後。

一、分日倍溫玩索《四書》經註、《或問》、本經傳註、諸經正文，溫看史，夜間讀看玩溫性理書，如前法。性理畢，次考制度。制度書多兼治道，有不可分者，詳見諸經註疏、諸史志書、《通典》《續通典》《文獻通考》、鄭夾漈《通志略》、甄氏《五經算術》《玉海》《山堂考索》《尚書中星閏法詳說》、林勳《本政書》、朱子《井田譜》、夏氏《井田譜》、蘇氏《地理指掌圖》、程氏《禹貢圖》、酈道元《水經注》、張主一《地理沿革》《漢官考職源》、陸農《師禮書》《禮圖》、陳祥道《禮書》、陳暘《樂書》、蔡氏《律吕新書》及《辯證律準》《禋典郊廟奉祀禮文》、吕氏《兩漢精華》、唐氏《漢精義》《唐精義》、陳氏《漢博議》《唐律註疏》《宋刑統》《大元通制成憲綱要》《說文》《五音韻譜》《字林》《五經文字》《九經字樣》、戴氏《六書考》、王氏《正始音》、陸氏《音義》、牟氏《音考》、賈氏《群經音辯》、丁度《集韻》、司馬公《類篇》《切韻指掌圖》、吳氏《詩補音》及《韻補》《四聲等子》、楊氏《韻譜》。先擇制度之大者，如律歷、禮樂、兵刑、天文、地理、官職、賦役、郊祀、井田、學校、貢舉等，分類如《山堂考索》所載歷代沿革，考覈本末得失之後，斷以朱子之意，及後世大儒論議，如朱子《經濟文衡》、吕成公《制度詳說》。每事類鈔，仍留餘紙，使可續添，又自為之著論。此皆學者所當窮格之事。以夫子之聖，猶必問禮問樂而後能知，豈可委之以為名物度數之細而略之！平日誠能沉潛參伍以求其故，一旦在朝，庶免禮官不識禮、樂官不識樂之誚，而和胡、阮、李、范、馬、劉、楊不能相一之論可決，禘祫廟制可自我而定如韓子、朱子矣，豈特可放源流。至論及吕成公、錢學士百段錦，作成策段，為舉業資而已。

《通鑑》、韓文、《楚辭》既看既讀之後，約纔二十歲或二十一二歲，仍以每日早飯前循環倍溫玩索《四書》經註、《或問》、本經傳註、諸經正文，溫看史、溫讀韓文、《楚辭》之外，以二三年之功，專力學文。既有學識，又知文體，何文不可作！

學作文：

學文之法，讀韓文法已見前。既知篇法章法句法字法之正體矣，然後更看全集，及選看歐陽公、曾南豐、王臨川三家文體，然後知展開間架之法。緣此三家，俱是步驟韓文，明暢平實，學之則文體純一，庶可望其成一大家數文字。他如柳子厚文、蘇明允文，皆不可不看。其餘諸家文，不須雜看。此是自韓學下來漸要展開之法，看此要識文體之佳耳，其短于理處極多，亦可以為理不明而不幸能文之戒。如欲敘事雄深雅健，可以當史筆之任，當直學《史記》《西漢書》。先讀真西山《文章正宗》，及湯東澗所選者，然後熟看班、馬全史。此乃作紀載垂世之文，不可不學。後生學文，先能展開滂沛，後欲收斂簡古甚易。若一下便學簡古，後欲展開作大篇，難矣。若未忘場屋，欲學策，以我平日得于《四書》者為本，更守平日所學文法，更略看漢、唐策、陸宣公奏議、朱子封事書疏、宋名臣奏議、范文正公、王臨川、蘇東坡萬言書、策略、策別等，學陳利害則得矣。況性理、治道、制度三者已下工夫，亦不患于無以答所問矣。雖今日事務得失，亦須詳究。欲學經問，直以《大學》《中庸》《或問》為法，平日既讀《四書註》，及讀看性理文字，又不患于無本矣。欲學經義，亦放《或問》文體，用朱子《貢舉私議》中作義法為骨子。方今科制明經，以一家之說為主，兼用古註疏，乃是用朱子《貢舉私議》之說。按《貢舉私議》云：「令應舉人各占兩家以上，將來答義則以本說為主而旁通他說，以辯其是非，則治經者不敢妄牽己意，而必有據依矣。」又云：「使治經者必守家法，命題者必依章句，答義者必通貫經文，條舉眾說，而斷以己意，當更寫卷之式，明著問目之文，而疏其上下文，通約三十字以上，次列所治之說，而論其意，次又旁引他說，而以己意反覆辯析，以求至當之歸，但令直論聖賢本意，與其施用之實，不必如今日分段破題。對偶敷衍之體，每道只限五六百字以上。至于舊例經義禁引史傳，乃王氏末流之弊，皆當有以正之。」此《私議》之說也。竊謂今之試中經義，既用張庭堅體，亦不得不略放之也，考試者是亦不思之甚也。張庭堅體已具冒原《講證結》，特未如宋末所謂文妖經賊之弊耳，致使累舉所取程文，未嘗有一篇能盡依今制，明舉所主所用所兼用之說者。此皆考官不能推明設科初意，預防末流輕淺虛衍之弊，致使舉舉相承，以中為式。今日鄉試經義，欲如初舉方希愿《禮記義》者，不可得矣。科制明白，不拘格律，蓋欲學者直寫胸中所學耳，奈何陰用冒原《講證結》格律，死守而不變？安得士務實學，得實材為國家用，而為科目增重哉！因著私論于此，以待能陳于上者取焉。如自朝廷議修學校教法，以輔賓興之制，則此弊息矣。假如《書》義放張體，以蔡《傳》之說為終篇主意，如《傳》辭已精緊而括盡題意，則就用之為起，或略而泛，則以其意自做。次略衍開，次入題發明以結之，次原題題下再提起前綱主意，歷提上下經文而歸重此題。次反覆敷演，或正演，或反演，或正引事證，或反引事證，繳歸主意。次結，或入講腹，提問逐節所主之說，所以釋此章之意，逐節發明其說，援引以證之，繳歸主意。後節如前，又總論以結之如《易》。又旁通所主次一家說，又發明其異者而論斷之，又援引以證之結之，次兼用註疏，論其得失而斷之證之結之。平日既熟讀經傳，又不患于無本矣。此亦姑言其大略耳，在作者自有活法，直寫平日所得經旨，無不可者。元設科條制，既云作義不拘格律，則自可依《貢舉私議》法，此則最妙。如不得已，用張庭堅體，亦須守傳註，議論確實，不鑿不浮可也。欲學古賦，讀《離騷》已見前，更看讀《楚辭》後語，並韓、柳所作句法韻度，則已得之。欲得著題命意間架，辭語縝密而有議論，為科舉用，則當擇《文選》中漢、魏諸賦、《七發》及《晉問》熟看。大率近世文章視古漸弱，其運意則縝密于前，但于《文選》《文粹》《文鑑》觀之便見。欲學古體制、誥、章、表，讀《文章正宗·辭命類》，及選看王臨川、曾南豐、蘇東坡、汪龍溪、周平園、《宏辭總類》等體。四六章表以王臨川、鄧潤甫、曾南豐、蘇東坡、汪龍溪、周平園、陸放翁、劉後村及《宏辭總類》為式。其四六表體，今縱未能盡見諸家全集，選鈔亦須得舊本《翰苑新書》觀之，則見諸家之體，且并得其編定事料，為用作科舉文字之法。（用西山法）

讀看近經問文字九日，作一日。

讀看近經義文字九日，作一日。

讀看古賦九日，作一日。

讀看制誥章表九日，作一日。

讀看策九日，作一日。

作他文皆然。文體既熟，旋增作文日數。大抵作文辨料識格，在于平日。及作文之日，得題即放膽立定主意，便布置間架，以平日所見，一筆掃就，卻旋改可也。如此則筆力不餒。作文以主意為將軍，轉換開闔，如行軍之必由將軍號令，句則其裨將，字則其兵卒，事料則其器械，當使兵隨將轉，所以東坡答江陰葛延之萬里徒步至儋耳求作文祕訣曰：「意而已。作文事料，散在經史子集，惟意足以攝之。」正此之謂。如通篇主意間架未定，臨期逐旋摹擬，用盡心力，不成文矣。切戒！

一、仍以每日早飯前倍溫《四書》經註、《或問》、本經傳註、諸經正文，溫史。夜間考索制度書，溫看性理書，如前法。專以二三年工學文之後，纔二十二三歲，或二十四五歲，自此可以應舉矣。三場既成，卻旋明餘經及作古文。餘經合讀合看諸書，已見于前。竊謂明《四書》本經，必用朱子讀法，必專用三年之功，夜止兼看性理書，並不得雜以他書，必以讀經空眼簿日填以自程。看史及學文，必在三年之外，所作經義，必盡依科制條舉所主所用所兼用之說而推明之。又必擇友舉行藍田吕氏《鄉約》之目，使德業相勸，過失相規，則學者平日皆知敦尚行實，惟恐得罪于鄉評，則讀書不為空言，而士習厚矣。必若此，然後可以仰稱科制，經明行修，鄉黨稱其孝弟，朋友服其信義之實，庶乎其賢才盛而治教興也，豈曰小補。古者大司徒以鄉三物教萬民而賓興之，未有不教而可以賓興者。方今聖朝科制明經，一主程、朱之說，使經術、理學、舉業三者合一，以開志道之士，此誠今日學者之大幸，豈漢、唐、宋科目所能企其萬一。第因方今學校教法未立，不過隨其師之所知所能，以之為教為學，凡讀書纔挾冊開卷，已準擬作程文用，則是未明道已計功，未正誼已謀利，其始不過因循苟且，失先後本末之宜而已，豈知此實儒之君子小人所由以分，其有害士習乃如此之大。嗚呼！先賢教人格言大訓，何乃置之無用之地哉！敢私著于此，以待職教養者取焉。

右分年日程，一用朱子之意修之，如此讀書學文皆辦，纔二十二三歲，或二十四五歲。若緊著課程，又未必至此時也。雖前所云失時失序者，不過更增二三年耳，大抵亦在三十歲前皆辦也。世之欲速好徑，失先後本末之序，雖曰讀書作文而白首無成者，可以觀矣。此法似乎迂闊，而收可必之功，如種之穫云。

前所云學文之後，方再明一經，出于不得已。纔能作文之後，便補一經，不可遲，須是手自鈔讀。其諸經鈔法讀法，並已見前，其餘經史子集音義旁證等書，別見書目，今不備載。

讀經之後，當看全史一過。看張子、邵子、三胡、張南軒、吕東萊、真西山、魏鶴山、程、朱門人之書一過。（文淵閣四庫全書《讀書分年日程》卷一—卷二）

編修程積齋先生端學

程端學，字時叔，號積齋，畏齋弟。泰定進士，調仙居縣丞，未行，改授國子助教。時隱士張臨慎為司業，先生與之論文，不合，未及考即注代。平章素聞其名，留為翰林國史院編修官，學士虞集推服之。出長筠州幕而卒。

先生與同里孫友仁，慨《春秋》一經，未有歸一之説，徧索前代説《春秋》者，凡百三十家，折衷異同，湛思二十餘年，作《春秋本義》三十卷、《三傳辯疑》二十卷、《或問》十卷，故論《春秋》之精，未有如先生者也。

春秋或問

或問：「『天王使宰咺來歸惠公仲子之賵。』天王之天，先儒以為孔子所加，子獨以為魯史之舊，亦有説乎？」曰：「吾聞諸程子曰：『《春秋》因魯史，有可損而不能益也。』《周禮·司服》：『凡喪，為天王斬衰。』則天王之稱，其來舊矣，諸侯國史稱天王，無足怪者，況《春秋》大義，固不在加天于王上，然後為尊王也。凡其所以譏諸侯大夫之僭者，皆尊王之義。愚故斷然以為非孔子所加也。」曰：「張氏諸儒，以宰為太宰，夫子責其奉命賵妾，特貶冢宰於上士中士之例，而又名之以深其罪，子獨何以知其不然邪？」曰：「此正一字褒貶，賊經之弊，惡得雷同而許之也？況先儒亦有不同其説者乎！吕樸鄉有言曰：『《春秋》周大夫不名，爵從其爵，單伯、劉子之類是也。未爵稱字，家父、榮叔之類是也。舍是無名道矣。』是故經書宰有三：元年，『天王使宰咺來歸惠公仲子之賵』，書名而不書氏者，士也；桓四年，『天王使宰渠伯糾來聘』，書氏及字，命大夫也；僖三十年，『天王使宰周公來聘』，書官而不名氏者，三公也。始使士，繼使大夫，終使三公，天子日微，諸侯日強矣。此其旨，不亦甚明白哉！夫以天王之尊，而下賵諸侯之妾母，何必名其使而後知其非哉。」

或問：「『辛未，取郜。辛巳，取防。』胡翼之曰：『書甚其惡也。辛未至辛巳十一日之間，浹旬取其二邑，故謹而日之也。後之談《春秋》者，盡不用日月。且如取郜取防之義，苟不用日月，則其實何以明？若但言以此月取郜取防，必不能知一月之間十一日內，兩取其邑也。』其説然乎？」曰：「此論似是而實非也。日月者，紀事自然之法也。如日月不可用，《六經》諸史將廢之矣。惟其有用也，是以不得而廢也。《春秋》非不欲盡書日月也，然舊史有詳略焉，有闕文焉。其無日月，不可得而益；有日月，又不可得而去也。無日月而益，則僞；有日月而去，則亂。故《春秋》紀事，有有日月者矣，有無日月者矣。公、穀見其有日月與無日月也，求其説而不得，從而為之辭，或牽彼以就此，或例此以方彼，自知不通，則付之不言。故日月之例，為《春秋》蠹矣。今壬戌敗宋師，辛未取郜，辛巳取防，魯史紀事自然之法也，得其日而事益詳，魯隱之惡益彰；若或不得其日，既敗宋師，又取郜取防，其惡亦不得揜，非聖人特書其日以甚其惡，亦非謹其事而日之也。苟謂聖人特書日以甚其惡，以謹其事，則餘無日者，皆無甚惡，皆無甚謹乎？此其不書日月者也。若并月不書，則事皆無惡，皆不謹乎？故曰『似是而實非也。』」

曰：「張氏謂二邑非魯之版圖，故書『取』以著其無名者，然乎？」曰：「取者，善惡通用之。取邑曰為惡，《詩》曰『取彼斧斨』，『取彼狐狸』，亦為惡乎？況取者，舊史之文，非孔子所措之字。《春秋》之作，其自然之妙與天地侔，天之生物，非物物雕琢，《春秋》亦非字字安排，其意乃在一句之間，而非著一字以為義。一字褒貶，乃末世相沿之陋。朱子曰：『當時大亂，聖人據實書之，其是非得失，付後世公論，蓋有言外之意。若必于一字間求褒貶，竊恐不然。』可謂善讀《春秋》矣，惜其不暇著述也。」

或問曰：「『夏五』，無月。先儒有曰：『傳疑也。』疑而不益，見聖人之慎也。故其自言曰：『吾猶及史之闕文。』又語人曰：『多聞闕疑，慎言其餘，則寡尤。』而世或以私意改易古書者有矣，盍亦視此以為鑒，可也。然則《春秋》曷以謂之作？其義斷自聖心，或筆或削，明聖人之大用。其辭則舊史有可損而不能益。其說然乎？」曰：「此即《穀梁》之說，而益之以辭者也。《穀梁》之辯，孫氏、高氏備矣，此不復論。竊謂，『吾猶及史之闕文』，孔子蓋謂事之不可知者爾，若事之顯然而可見者，孔子安得不正之哉！『多聞闕疑』，孔子教人闕其理之可疑者爾，若理之斷然而可言者，孔子亦使人慎言之邪？若夏五而無月，乃事之顯然而可見，理之斷然而可言者，而非改易古書之謂也，孔子亦豈恝然而已矣？若曰『孔子筆削，可損而不可益』，當并去『五』字，亦不害于此事之義。孔子必不錄斷爛不可讀之文，為後世訓也。秀巖亦曰：『胡氏之說，愈密而愈疏矣。』聖人作《春秋》，固謂空言不如行事也。使舊史果有『夏五』之文，則亦削之而已，存而不益，于義何所當乎？此必秦、漢以後，傳者有所脫遺，如《左氏傳》成公二年『夏。有……』之比爾，必為之說，則非矣。」

或曰：「『公及齊、宋、陳、衛、鄭、許、曹會王世子於首止』，『諸侯盟于首止。』張氏諸儒謂再稱首止，美之大者。然乎？」曰：「不然也。會王世子在夏，又與世子為會盟諸侯在秋，又諸侯自為盟會。盟既異，而又有二三月之差，故不得不再言其地，乃書法當然；何大美之有！夫桓公知戴世子之為義，而不知要君之非義；先儒知桓公之有功于王，而不知假仁之非義，正《孟子》所謂『久假不歸，惡知其非有』者也。吾何以知其假也？古之真有者，躬自厚而薄責于人。桓多內嬖，家嗣不立，身死而公子作亂，其所以正王之家適者，不果自身而推之哉！聖人安得而虛美之？昔漢高帝愛趙王如意，欲易太子，張良造謀，使四皓輔太子以朝，朱子論之曰：『良之為此，不惟不暇為高祖愛子計，亦不暇為漢家社稷計矣。』其事正相類，而首止之事，殆又甚焉。嗚呼！權謀術數之計起，大人格君之道不復見，此孔子所以惻然有隱而書與。」

或問：「『衛殺其大夫元咺及公子瑕。』先儒謂公子瑕未聞有罪而殺之，元咺立以為君，故衛侯忌而殺之也。然不與衛剽同者，是瑕能守節，不為國人之所惡也，故經以『公子』冠瑕而稱『及』。然乎？」曰：「不然也。為此說者，惑于《左氏》云『元咺歸，立公子瑕』之一語也。劉氏固已辯其妄矣。使公子瑕為元咺所立而不辭，惡得為無罪哉？惡得為守節哉？其曰『不為國人之所惡』，亦意之之辭爾。瑕苟自立，則既三年矣，使其仁如堯、舜，孔子亦將正名其僭竊之號，安得以『不為國人所惡』而去其號，特冠『公子』哉？其稱『及』，乃書法當然，亦非無罪而書『及』也。」

曰：「高氏謂經書于衛侯未歸之前，若不罪衛侯者，蓋以二子之禍，皆晉文為之者。何也？」曰：「二子之禍，固晉文之為，然孔子不過據舊史先後而錄之，非衛侯既入而殺咺與瑕，孔子特易其先後，以歸晉文之罪也。今觀經文事勢及《左氏》事跡，乃衛侯殺咺與瑕而後入，衛侯雖無大罪，而義則未盡也。」

曰：「葉氏又謂執衛侯稱人，不以為伯討，為定晉侯之罪；復國加之名，為定衛侯之罪；自晉歸以復書，為定元咺之罪；立踰年不稱君，為定瑕之罪。何也？」曰：「此惑于一字褒貶之失也。夫四人者，固皆有罪矣。然衛侯之罪輕，而瑕之罪不可考。讀《春秋》者當於事觀之，不可於一字求義也。《春秋》執諸侯大夫者皆稱人，不可謂定晉侯之罪。曹伯襄無罪，復國亦稱名，不可謂定衛侯之罪；諸侯大夫歸國者多以復書，不可謂定元咺之罪；瑕實不為君，故稱公子，不可謂定瑕之罪。四人之事，昭如日星，然不求之大體，而求之一字之間，則四人之罪反得以匿矣，非學《春秋》之法也。」

或問：「『葬我君僖公。』先儒謂凡崩薨卒葬，人道始終之大變，不以得禮為常事而不書。其或失禮而害于王法之甚者，聖人則有削而不存以示義。然乎？」曰：「崩薨卒，於宋公卒既言之矣。其曰聖人削害王法之甚者以示義，則未之辯也。夫所謂削害王法之甚者以示義，其晉文召王以諸侯見之謂與？此《三傳》之妄，而先儒誤信之者也。夫《春秋》一經，皆非常之事，苟聖人削害王法之甚者，則將持害王法之輕且小者以示義，此理之不然者也。夫害王法之甚者莫如弒君，其次莫如用諸侯，其次莫如滅國取邑，其次莫如專征伐生殺，《春秋》皆一一書之，何獨于召王諱之？且後世儒者觀傳文而謂其削之也，假令《春秋》而不有《三傳》，則削之者不可得而知矣。然則聖人豫知《三傳》之將作，而先為經以待之乎？夫《春秋》大義，炳如日星，《三傳》直其一助爾，而其間晦盲旨意、碎破文義者不可勝數，學者不求之經，而求之傳，宜其有此說也。嗚呼，惜哉！」

或問：「『楚子滅蕭。』先儒有曰：『假討賊而滅陳，《春秋》以討賊之義重也，未滅而書入；惡貳己而入鄭，《春秋》以退師之情恕也。未滅而書圍，是與人為善之德。至是滅無罪之國，雖欲赦之不得也，故傳稱蕭潰，經以滅書，斷其罪也。』其說然乎？」曰：「不然。

聖人未嘗誣人之惡，亦未嘗妄稱人之善，故曰：『吾之于人，誰毀誰譽？如有所譽者，其有所試矣。』其于譽且有所試，其于毀肯誣之哉！楚之于陳，入之而已，實未嘗滅也。何以知之？楚既入陳，而陳復見于《春秋》，則非滅也，審矣。聖人安得誣楚以滅陳哉！其於鄭也，圍之而已，實未嘗入也。《左氏》之言，違經遠矣。學《春秋》者，不信經而信傳，故有是言也。今其滅蕭，實夷其社稷，取其王地，《春秋》不書其滅而何哉？左氏之言，復與經違，謂蕭激楚怒而楚圍蕭，蕭自潰。黃氏論其為楚人之言者，得之。學《春秋》者，復信傳而疑經，欲求其說而不得，故褒貶凡例之說紛然以興，而《春秋》之本義晦矣。」

或問：「『吳子使札來聘。』《三傳》賢之，子既辯而有聞矣。然泰山、康侯、張氏諸儒矯《三傳》之弊，而以去札公子之稱為貶，得其說矣。子又不然之，何也？」曰：「書公子不書公子，史氏有常法，非孔子去之也。《三傳》為褒而札以名見，則楚椒、秦術亦以名見，諸儒為貶而札去其氏，則楚椒、秦術亦去其氏。然則褒貶之說，兩不可也。且札讓國致亂，在三十年之後，孔子安得豫去公子而貶之乎？《春秋》即此事而論此事之義者也，未嘗因此事而論他事之善惡也。甯喜，弑其君者也，《春秋》復書曰：『晉人執甯喜。』孫林父，逐其君且叛者也，《春秋》復書曰：『孫林父入于戚以叛。』皆未嘗去氏也。楚公子嬰齊、公子貞、公子壬夫，伐宋、伐鄭、猾夏者也，《春秋》不去公子。公子翬、公子慶父，弑君之賊也，《春秋》書曰：『公子翬逆女』，『公子慶父奔莒』，亦不去公子。季札不過因讓致亂，《春秋》乃去公子以示貶，何輕重之失宜乎？朱子曰：『《春秋》正誼明道，貴王賤霸，尊君抑臣，內夏外夷，乃其大義，而以爵氏名字、日月土地為褒貶之類，若法家之深刻，乃傳者之鑿說。』夫朱子雖未暇及乎《春秋》，而其正大之論，亦可見矣。張氏親承朱子之教，以授《春秋》之託，乃亦為此穿鑿之說，豈不悖其師哉！」

或問：「『公侵齊。』張氏謂陽虎用事無軍政，用兵無法，故以侵書之，然乎？」曰：「不然也。侵曰侵，伐曰伐，隨事命辭，豈以用兵無法而改伐為侵乎？使實侵者，何以命辭乎？使侵而有法，可改書曰伐乎？是皆抑揚予奪之弊，學《春秋》者所當痛掃也。」

或問：「『公至自夾谷。』任氏、師氏諸儒謂不至以會而至以地，為孔子之會異乎常會，以禮義勝而地名不可沒者，然乎？」曰：「不然也。桓二年，『公至自唐』，盟戎也；文十七年，『公至自穀』，盟弑賊也；定八年，『公至自瓦』，會晉師也。未見其以禮義勝也，何為皆至以地乎？」（文淵閣四庫全書《新安文獻志》卷三十七）

果齋再傳

畏齋門人

蔣敬之先生宗簡

蔣宗簡，字敬之，明州人。程畏齋歸自江東，先生執禮為弟子，留其舍旁數歲，凡天人性命之本，古今治亂得失之跡，靡不參究，遂棄科舉之學。未幾卒。

臺臣王先生楚鼇（父起宗）

王楚鼇，父起宗，嘗尹建平，為程畏齋築室赤巖，令先生受業焉。先生出入臺閣，卒為時之名臣。

果齋三傳

陳先生韶

陳韶。

三五　四明朱門學案二

文潔黄於越先生震

黄震，字東發，慈溪人，學者稱為於越先生。寶祐四年登第。度宗時，為史館檢閲，與修寧宗、理宗兩朝《國史》《實録》。輪對，言當時之大弊：曰民窮，曰兵弱，曰財匱，曰士大夫無恥。乞罷給度僧人道士牒，使其徒老死即消弭之，收其田入，可以富軍國，紓民力。時宮中建内道場，故首及之。帝怒，批降三秩，即出國門。用諫官言，得寢。出通判廣德軍。郡守賈蕃世以權相從子驕縱不法，先生數與爭論是非，蕃世積不堪，疏先生撓政，坐解官。

尋通判紹興府，獲海寇，僇之。撫州饑起，先生知其州，多善政。詔增秩，遂陞提舉常平。初，常平有慈幼局，為貧而棄子者設，久而名存實亡。先生謂收哺于既棄之後，不若先其未棄保全之。乃損益舊法，凡當娩而貧者，許里胥請于官贍之，棄者許人收養，官出粟給所收家，成活者衆。改提點刑獄，御史中丞陳堅以讒者言，劾去，遂奉雲臺祠。賈似道罷相，以宗正寺簿召，將與俞浙並為監察御史，有内戚畏先生直，止之，而浙亦以直言去。

移浙東提舉常平。時皇叔大父福王與芮判紹興府，遂兼王府長史。先生奏曰：「朝廷之制，尊卑不同，而紀綱不可紊。外雖藩王，監司得言之。今為其屬，豈敢察其非，奈何自臣復壞其法？」固不拜長史。命進侍左郎官及宗正少卿，皆不拜。

嘗師王文貫，其語人曰：「非聖賢之書不可觀，無益之詩文不作可也。」居官恆未明視事，事至立決。自奉儉薄，人有急難，則周之不少吝。所著《日鈔》一百卷。宋亡，餓于寶幢而卒，門人私謚曰文潔先生。

先生本貫定海，其後徙于慈溪。晚年，自官歸，復居定海靈緒鄉之澤山，榜其門曰「澤山行館」，其室曰「歸來之廬」。已而僑寓鄞之南湖。已而遷寓桓溪，自署杖錫山居士。已而又避地同谷。先生沒後，其子孫多居澤山者。澤山本名櫟山，先生始改名焉。元至正中，學者建澤山書院以祀之。（黄氏原本，全祖望修之加詳）

百家謹案：先遺獻曰：「嗟夫！學問之道，蓋難言哉。無師授者，則有多歧亡羊之歎；非自得者，則有買櫝還珠之誚，所以哲人代興，因時補救，視其已甚者而為之一變。當宋季之時，吾東浙狂慧充斥，慈湖之流弊極矣，果齋、文潔不得不起而救之。然果齋之氣魄，不能及于文潔，而《日鈔》之作折衷諸儒，即于考亭亦不肯苟同，其所自得者深也。今但言文潔之上接考亭，豈知言哉！」

東發講義

子曰：「弟子入則孝，出則弟，謹而信，汎愛眾而親仁，行有餘力則以學文。」

此章教人為學以躬行為本，躬行以孝弟為先，文則行有餘力而後學之。所謂文者，又禮樂射御書數之謂，非言語文字之末。今之學者乃或反是，豈因講造化性命之高遠，反忘孝弟謹信之切近乎？然嘗思之，二者本無異旨也。造化流行，賦于萬物，是之謂性，而人得其至粹。善性發見，始于事親，是之謂孝，而推之為百行。是孝也者，其體源于造化流行之粹，其用達為天下國家之仁，本末一貫，皆此物也。故《論語》一書，首章先言學，次章即言孝弟，至于性與天道，則未嘗輕發其祕，豈非孝弟實行，正從性與天道中來，聖門之學，惟欲約之使歸于實行哉！自夫性近習遠，利欲易昏，孟子不得已始教人知性知天，周子不得已又始曉人以太極陰陽五行，無非指示此性之所從來，使人知心之所具者即性，性之所稟者即天，虛靈瑩徹，超然物表，塵視軒冕，芥視珠玉，則見于事父從兄，推之躬行踐履，自然無玷無缺，純是本然天性，凡言性天之妙者，正為孝弟之實也。二程先生講明周子之說，以達于孔、孟之說，由性命而歸之躬行，其說未嘗不兼舉，後有學者，宜已不待他求。不幸有佛氏為吾儒之異端，莊、列之戲誕遁入禪學，又為異端之異端。雖其無父無君，喪失本心，正與孝弟相反，奈何程門言心，彼亦於此時指虛空而言心，程門言性，彼亦于此時指虛空而言性。不惟大相反而適相亂，彼之空虛，反以高廣而易入，此之切實，反以平常而易厭。故二程既沒，門人弟子多潛移于禪學而不自知，雖晦翁朱先生，初年亦幾陷焉，後始一切反而歸之平實。平生用功多于《論語》，平生說《論語》多主孝弟忠信。至其言太極性命等說，乃因一時行輩儒先相與講論而發，亦本非其得已。文公既沒，其學雖盛行，學者乃不于其切實，而獨于其高遠。講學舍《論語》不言，而必先《大易》；說《論語》舍孝弟忠信不言，而獨講一貫。凡皆文公之所深戒，學者乃自偏徇而莫知返，入耳出口，無關躬行。竊嘗譬之酌水者必浚其源，浚其源為酌水計也，反舍其水而不酌，何義也？食實者必溉其根，溉其根為食實地也，反棄其實而不食，何見也？正躬行者必精性理，精性理為正躬行設也，反置躬行于不問，何為也？漢、唐老師宿儒泥于訓詁，多不精義理，近世三尺童子承襲緒餘，皆能言義理。然能言而不能行，反出漢、唐諸儒下，是不痛省而速反之，流弊當何如也！竊意儒先講貫已精之餘，正學者敬信服行之日，由儒先之發明，以反求乎孔子之大旨，知性命之從來，以歸宿于孝弟之實行，守之以謹，行之以信，愛眾以推廣乎此，親仁以增益乎此，其本既立，其用斯溥，他日推之天下國家，特舉而措之耳。故曰：「人人親其親，長其長，而天下平。」恐必如此，斯為實學，又何更求多于言語間哉！子曰：「君子欲訥于言而敏于行。」又曰：「古者言之不出，恥躬之不逮也。」孔子之教人，拳拳于躬行者如此，此晦翁先生所以終身常讀《論語》。

某嘗竊謂人之初生，知有父母而已，及其少長，游戲徵逐往往至于忘返，與父母漸疏。終身慕父母者，古今一大舜而已。人之初學，知有《論語》而已，及其既長，博習討論往往至于忘返，遂與《論語》日疏。終身讀《論語》者，古今一晦翁而已。學者常能以孔子之教為主，以《論語》之說為正，庶幾不為時尚所移，蓋孔子之說，萬世無弊。自孟子而下之說，皆隨時救弊者也，吾徒尚當謹之哉！

子曰：「參乎！吾道一以貫之。」曾子曰：「唯。」子出，門人問曰：「何謂也？」曾子曰：「夫子之道，忠恕而已矣。」

謹按：聖門之指示要領，在此一章，異端之竊證空談，亦在此一章，故學者讀此章，最不可不審。夫萬事莫不有理，學者當貫通之以理，故夫子謂之一以貫。然必先以學問之功，而後能至于貫通之地，故曾子釋之以忠與恕。蓋理固無所不在，而人之未能以貫通者，己私間之也。盡己之謂忠，推己及人之謂恕。忠恕既盡，己私乃克，此理所在，斯能貫通，故忠恕者，所能一以貫之者也。夫子他日又嘗以告子貢曰：「女以予為多學而識之者與？非也，予一以貫之。」此謂多學正所以求為貫通，不可止于務多而已也。顏子得此意，故曰：「博我以文，約我以禮。」約以禮，則一以貫矣，然非出于博文之外也。孟子得此意，故曰：「博學而詳說之，將以反說約也。」反說約，則一以貫矣，然皆自博學詳說中來也。聖賢之學，首尾該貫，昭然甚明，初未嘗單出而為一貫之說。奈何異端之學既興，蕩空之說肆行，盡《論語》二十篇，無一可借為蕩空之證者，始節略忠恕之說，單摘一貫之語，矯誣聖言，自證己說，以為天下之理，自成一貫，初無事于他求，是不從事于博文而徑欲約禮也。不從事于博學詳說而徑欲反說約也，已非聖賢教人本旨矣。甚至挑剔新說，謂不必言貫，此道不必貫而本一。嗚呼！此有物混成之說也，而可以亂聖言哉！愚嘗考其故，其端蓋自春秋、戰國來矣。夫道即理也，粲然于天地間者皆理也，不謂之理而謂之道者，道者大路之名，人之無有不由于理，亦猶人之無有不由于路，謂理為道者，正以人所當行，欲人之曉然易見，而非超出于人事之外，他有所謂高深之道也。唐、虞、三代之隆，上之所行者皆此道，下之所見者亦皆此道。士之已達者，以此道見之設施；士之未達者，以此道見之講明。大之為三綱五常，細之為萬事萬物，無非此道，而何有異說！周室既衰，學校既廢，上無與主張，下無與講習，士始分裂而四出。得志于當世者，外此道而為功名，則為管、晏之功利，則為蘇、張之縱横，則為申、韓之法術；不得志于當世者，外此道而為横議，則為老聃之清虛，則為莊、列之寓言，則為騶衍之誣誕，凡皆道之不明故也。然得志于當世者，其禍雖烈，而禍猶止于一時；不得志于當世者，其說雖高，而禍乃極于萬世。凡今之削髮緇衣喝佛為祖者，自以為深于禪學，而不知皆戰國之士不得志于當世者，戲劇之餘談也；凡今之流于高虛求異一世者，自以為善談聖經，而不知此即禪學，亦戰國之士不得志于當世者，展轉之流毒也。天生夫子，不于他時，而獨于春秋之世，正使于眾說淆亂之餘，立大中至正之極，明日用常行之道，為天下萬世之師。《論語》二十篇，拳拳訓詁惟以學問，躬行惟以孝弟忠信，獨于曾子之宏毅，而告以一以貫之之說，又獨于子貢之敏悟，而啟以一以貫之之機。以一而貫之，是于功深力到之餘，更求提綱挈領之要，夫子教人，意蓋出此。後世學者，於曾子、子貢平日之功，尚未必一日用其力，反欲盡略《論語》二十篇，而獨取一以貫之之章，又於此章節略忠恕之語，而徑為一貫之說。且貫者串物之名，而繩者，所以串物者也。必有物之可貫也，然後得以繩而貫之；必有積學之功、講明之素也，然後得以理而貫之，故曰「一以貫之」。「以」云者，用此以貫之之名也。今直曰「一貫」，併與「以」之一辭而去之，是自成一貫也，所講求已大不可，況可併去「貫」字，單出言「一」，《論語》本文，何嘗如此！而天下亦安有此理哉！愚所謂讀《論語》此章，最不可不審者，以此故也，惟吾徒其深省而懋明之。

子曰：「古者言之不出，恥躬之不逮也。」

古者，舉古之人以警今之人也；恥者，謂言或過其行，則古之人以為深恥也。夫子此意，正欲學者訥于言而敏于行耳。蓋理有自然，本不待言。四時行，百物生，天不待言，而有自然之運化；大之為三綱五常，微之為薄物細故，人亦不待言而各有自然之準則。此夫子所以歎「天何言哉」，而謂「予欲無言」。其有不得已而見于問答者，亦皆正為學者躬行而發。凡今見於《論語》二十篇者，往往不過片言而止，言之非艱，行之為艱，聖門何嘗以能言為事。自楊氏為我，墨氏兼愛，不力辯之則行之者差矣，孟子始不得已而詳于言。老氏清淨，佛氏寂滅，不力辯之則行之者差矣，韓子始不得已而詳于言。高者淪空虛，卑者溺功利，不力辯之則行之者差矣，周子、程子始又不得已而詳于言。周、程既沒，學者談虛，借周、程之說，售佛、老之私，向也以異端而談禪，世猶知禪學自為禪學，及其以儒者而談禪，世因誤認禪學亦為儒學，以偽易真，是非瞀亂，此而不闢，其誤天下後世之躬行，將又有大于楊、墨以來之患者。文公朱先生於是力主知行之說，必使先明義理，別白是非，然後見之躬行，可免陷入異端之弊。此其救世之心甚切，析理之說甚精，學者因其言之已明，正其身之所行，為聖為賢，何所不可。顧乃掇拾緒餘，增衍浮說，徒有終身之議論，竟無一日之躬行，甚至借以文姦，轉以欺世，風俗大壞，甚不忍言。文公所以講明之初意，夫豈若是！然則今日其將何以救此？亦在明吾夫子之訓，而深以言之輕出為恥。其形于言也，常恐行有不類，惕然愧恥，而不敢輕于言；其見于行也，常恐不副所言，惕然愧恥，而不敢不勉於行。則言日以精，行日以修，庶幾君子之歸，而不至駸駸陷入虛誕欺罔之域，則可無負於文公知行並進之訓矣。君子小人之分，決于言行之相顧與否，言行之相顧不相顧，又于此心之知恥與否。吾徒其可不加警省，而徒以多言為能哉！（文淵閣四庫全書《黃氏日抄》卷八十二）

東發日鈔

《孝經》視《論語》雖有衍文，其每章引《詩》為斷，雖與劉向《說苑》《新序》《列女傳》文法相類，而孝為百行之本，孔門發明孝之為義，自是萬世學者所當拳拳服膺，他皆文義之細而不容不考，至晦庵疏剔瞭然矣。「嚴父配天」一章，晦庵謂孝之所以為大者，本自有親切處，使為人臣子者，皆有「今將」之心，反陷于大不孝。此非天下通訓，而戒學者詳之，其義為尤精。愚按：《中庸》以追王大王、王季為達孝，亦與此章嚴父配天之孝同旨。古人發言，義各有主，學者宜審所躬行焉。若夫推其事之至極，至于非其分之當言，如晦庵所云者，則不可不知也。（《讀孝經》，文淵閣四庫全書《黃氏日抄》卷一）

聖人言語簡易，而義理涵蓄無窮，凡人自通文義以上，讀之無不犁然有當于心者，讀之愈久，則其味愈深，程子所謂：「有不知手舞足蹈，但以言語解著，意便不足。」此說盡之矣。故漢、唐諸儒，不過詁訓以釋文義，而未嘗敢贊之辭。自本朝講明理學，脫去詁訓，說雖遠過漢、唐，而不善學者求之過高，從而增衍新說，不特意味反淺，而失之遠者或有矣。至晦庵為《集註》，復祖詁訓，先明字義，使本文坦然易知，而後擇先儒議論之精者一二語附之，以發其指要。諸說不同，恐疑誤後學者，又為《或問》以辯之。我輩何幸，乃獲蒙成，敬受熟誦，體之躬行，庶不負先儒拳拳之意耳。近世闢晦庵字義者，固不屑事此，其尊而慕之者，又爭欲以註解名家，浩浩長篇，多自為之辭，於經漸相遠，甚者或鑿為新奇，反欲求勝，豈理固無窮邪！（《讀論語》，文淵閣四庫全書《黃氏日抄》卷二）

梁惠王問利國，孟子言利之害，而進以仁義之效；梁惠王問沼上之樂，孟子言獨樂之患，而進以與民同樂；齊宣王問桓、文，則黜桓、文之無足道，而進以行王道；齊宣王有不忍一牛之心，則反覆言之，而使推此心保四海；及教齊、梁以王道，又皆歸之耕桑孝弟之實，無非因其機而誘進之，晦庵《集註》已各發其旨趣之歸，辭意暸然，熟誦足矣。（《讀孟子》，文淵閣四庫全書《黃氏日抄》卷三）

《毛詩》註釋簡古，鄭氏雖以禮說《詩》，於人情或不通，及多改字之弊，然亦多有足以裨《毛詩》之未及者。至孔氏《疏》義出，而二家之說遂明。本朝伊川與歐、蘇諸公，又為發其理趣，《詩》益煥然矣。南渡後，李迂仲集諸家，為之辯而去取之，南軒、東萊、止齋諸家可取者，視李氏為徑，而東萊之《詩記》獨行，岷隱戴氏遂為《續詩記》，建昌段氏又用《詩記》之法為《集解》，華谷嚴氏又用其法為《詩緝》，諸家之要者多在焉。此讀《詩》之本說也。雪山王公質、夾漈鄭公樵，始皆去《序》而言《詩》，與諸家之說不同。晦庵先生因鄭公之說，盡去美刺，探求古始，其說頗驚俗，雖東萊不能無疑焉。夫《詩》非《序》莫知其所自作，去之千載之下，欲一旦盡去自昔相傳之說，別求其說于茫冥之中，誠亦難事。然其指《桑中》《溱洧》為鄭、衛之音，則其辭曉然，諸儒安得回護而謂之《雅》音？若謂《甫田》《大田》諸篇皆非刺詩，自今讀之，皆藹然治世之音。若謂「成王不敢康」之成王為周成王，則其說實出于《國語》，亦文義之曉然者。其餘改易，固不可一一盡知。若其發理之精到，措辭之簡潔，讀之使人瞭然，亦孰有加于晦庵之《詩傳》者哉！學者當以晦庵《詩傳》為主，至其改易古說，間有於意未能遽曉者，則以諸家參之，庶乎得之矣。（《讀毛詩》，文淵閣四庫全書《黃氏日抄》卷四）

《易》，聖人之書也，所以明斯道之變易，無往不在也。王弼間以老、莊虛無之說參之，誤矣。我朝理學大明，伊川程先生作《易傳》以明聖人之道，謂《易》有聖人之道四焉：以言者尚其辭，以動者尚其變，以制器者尚其象，以卜筮者尚其占。吉凶消長之理，進退存亡之道，備于辭。推辭考卦，可以知變，而象與占在其中。故其為《傳》，專主于辭，發理精明，如揭日月矣。時則有若康節邵先生，才奇學博，探賾造化，又別求《易》于辭之外，謂今之《易》，後天之《易》也，而有先天之《易》焉，用以推占事物，無不可以前知者。自是二說並興，言理學者宗伊川，言數學者宗康節，同名為《易》，而莫能相一。至晦庵朱先生作《易本義》，作《易啟蒙》，乃兼二說，窮極古始，謂《易》本為卜筮而作，謂康節《先天圖》得作《易》之原，謂伊川言理甚備，于象數猶有闕。學之未至于此者，遂亦翕然向往之，揣摩圖象，日演日高，以先天為先，以後天為次，而《易經》之上，晚添祖父矣。愚按：《易》誠為卜筮而作也，考之經傳，無有不合者也。爻者，誠為卦之占；吉凶悔吝者，誠為占之辭，考之本文，亦無有不合者也。且其義精辭覈，多足以發伊川之所未及，《易》至晦庵，信乎其復舊而明且備也。然吉者必其合乎理，凶悔吝者必其違乎理，因理為訓，使各知所趨避，自文王、孔子已然，不特伊川也。伊川奮自千餘載之後，《易》之以卜者，今無其法；以制器者，今無其事；以動者尚變，今具存乎卦之爻，遂于四者之中，專主于辭以明理，亦豈非時之宜而《易》之要也哉！若康節所謂先天之說，則《易》之書本無有也，雖據其援《易》為證者凡二章，亦未見其確然有合者也。其一章援「《易》有太極，是生兩儀，兩儀生四象，四象生八卦」，曰：「此先天之卦畫。」於是盡改《易》中伏羲始作八卦之說，與文王演《易》重為六十四卦之說，而以六十四卦皆為伏羲先天之卦畫，其法自一畫而二，二而四，四而八，八而十六，十六而三十二，三十二而六十四。然生兩、生四、生八，《易》有之矣；生十六、生三十二，《易》此章有之否邪？其一章援《易》言「天地定位，山澤通氣，雷風相薄，水火不相射」，曰：「此先天之卦位也。」於是盡變《易》中離南、坎北之說，與凡震東方卦、兌西方卦之說，而以乾南坤北為伏羲先天之卦位。其說以離為東，以坎為西，以兌、巽為東南、西南，以震、艮為東北、西北。然天地定位，安知非指天位乎上、地位乎下而言？南方炎為火，北方寒為水，亦未見離與坎之果屬東與西，而可移離、坎之位以位乾、坤也。《易》之此章，果有此位置之意否邪？且《易》之此二章，果誰為之也？謂出于孔子，孔子無先天之說也；謂出于伏羲，伏羲未有《易》之書也。何從而知此二章為先天者邪？《圖》方畫于康節，何以明其為伏羲者邪？然聞先天為演數設也，夫《易》于理與數，固無所不包，伊川、康節皆本朝大儒，晦庵集諸儒之大成，其同其異，豈後學所能知！顧伊川與康節生同時，居同洛，相與二十年，天下事無不言，伊川獨不與言《易》之數，康節每欲以數學傳伊川，而伊川終不欲。康節既沒，數學無傳。今所存之空圖，殆不能調弦者之琴譜。晦庵雖為之訓釋，他日晦庵《答王子合書》，亦自有「康節說伏羲八卦，近于附會穿鑿」之疑，則學者亦當兩酌其說而審所當務矣。伊川言理，而理者人心之所同，今讀其《傳》，犁然即與妙合；康節言數，而數者康節之所獨，今得其圖，若何而可推驗！此宜審所當務者也。明理者雖不知數，自能避凶而從吉；學數者儻不明理，必至舍人而言天，此宜審所當務者也。伊川之言理，本之文王、孔子；康節之言數，得之李挺之、穆伯長、陳希夷，此宜審所當務者也。窮理而精，則可修己治人，有補當世；言數而精，不過尋流逐末，流為技術，此宜審所當務者也。故學必如康節，而後可創言先天之《易》；學必如晦庵，而後可兼釋先天之《圖》。《易》雖古以卜筮，而未嘗聞以推步，漢世納甲、飛伏、卦氣，凡推步之術，無一不倚《易》為說，而《易》皆實無之。康節大儒，以《易》言數，雖超出漢人之上，然學者亦未易躐等。若以《易》言理，則日用常行，無往非《易》，此宜審所當務者也。（《讀易》，文淵閣四庫全書《黃氏日抄》卷六）

孔子曰：「吾志在《春秋》。」孟子曰：「《春秋》，天子之事。孔子作《春秋》，而亂臣賊子懼。」蓋方是時，王綱解紐，篡奪相尋，孔子不得其位以行其權，于是約史記而修《春秋》，隨事直書，亂臣賊子無所逃其罪，而一王之法以明。所謂撥亂世而反之正，此其為志，此其為天子之事。故《春秋》無出于夫子之所自道，及孟子所以論《春秋》者矣。自褒貶凡例之說興，讀《春秋》者往往穿鑿聖經，以求合其所謂凡例，又變移凡例，以遷就其所謂褒貶。如國各有稱號，書之所以別也，今必曰以某事也，故國以罪之；及有不合，則又遁其辭。人必有姓氏，書之所以別也，今必曰以某事也，故名以誅之；及有不合，則又遁其辭。事必有日月，至必有地所，此記事之常，否則闕文也，今必曰以某事也，故致以危之，故不月以外之，故不日以略之；及有不合，則又為之遁其辭。是則非以義理求聖經，反以聖經釋凡例也。聖人豈先有凡例而後作經乎？何乃一一以經而求合凡例邪？《春秋》正次王，王次春，以天子上承天而下統諸侯，弒君、弒父者書，殺世子、殺大夫者書，以其邑叛、以其邑來奔者書，明白洞達，一一皆天子之事，而天之為也。今必謂其陰寓褒貶，使人測度而自知，如優戲之所謂隱者，已大不可，況又于褒貶生凡例邪？理無定形，隨萬變而不齊，後世法更深刻，始于敕律之外，立所謂例，士君子尚羞用之，果誰為《春秋》先立例，而聖人必以是書之，而後世以是求之邪？以例求《春秋》，動皆逆詐億不信之心。愚故私摭先儒凡外褒貶凡例而說《春秋》者集錄之，使子孫考焉，非敢為他人發也。（《讀春秋》，文淵閣四庫全書《黃氏日抄》卷七）

孟子生于周末，周室班爵祿之制已不可得而聞。劉歆生于漢末，乃反得今所謂《周禮》六官之書，故後世疑信相半。如張橫渠則最尊敬之，如胡五峰則最擯抑之，至晦庵朱先生折衷其說，則意周公曾立下規模而未及用，近世趙汝騰按「惟王建國，以為民極」數語，意周公作洛後所為，然亦不可考矣。惟程子謂有《關雎》《麟趾》之意，然後可以行《周官》之法度。此為于其本而言之，學者明乎此，則不必泥其紛紛者。然竊意《周官》法度在《尚書·周官》一篇，而未必在此書六典耳。今以先儒考訂，聊筆其一二云。（《讀周禮》，文淵閣四庫全書《黃氏日抄》卷三十）

孔子之言，散見于經，不獨《論語》也。他如莊、荀諸書以及諸子百家，亦多傳述，第記載不同，辭氣頓異，往往各肖所記者之口吻，幾有毫釐千里之謬。至《家語》，莫考纂述何人，相傳為孔子遺書，觀《相魯》《儒行》及《論禮樂》等篇，揆諸聖經，若出一轍，乃各篇中似尚有可疑處。蓋傳聞異辭，述所傳聞又異辭，其間記載之不同，亦無足怪。或有竟疑是書為漢人偽託，此又不然。然盡信為聖人之言，則亦泥古太甚。夫去聖已遠，何從質證？千載而下，儻有任道者出，體任微言，闡揚奧旨，與莊、荀及諸子百家所傳述，節而彙錄之，別為一書，其有功于聖門匪淺鮮矣。（《讀孔氏書》，文淵閣四庫全書《黃氏日抄》卷三十二）

本朝理學，闡幽于周子，集成于晦翁。太極之圖，《易通》之書，微晦翁，萬世莫之能明也。肅襟莊誦之，為快何啻蟬脫塵涴而鵬運青冥哉！《通書·慎動》一章，周子曰：「動而正曰道。」晦翁釋之曰：「動之所以正，以其合乎眾所共由之道也。」竊意慎動常有謹審之意，動而合乎正，是即為道，周子本意，恐亦止此。若謂「合乎道，此動之所以正」，是乃「動而合乎道曰正」，與「動而正曰道」，又成一意，恐因此而發明者耳。又《務實》一章，周子曰：「君子日休，小人日憂。」晦翁釋之曰：「實修而無名勝之恥，故休；名勝而無實修之善，故憂。」竊恐小人未必知以無實為憂，果能憂其無實，是即君子之用心矣，何名小人。或者小人飾偽無實之心，自宜崎嶇而多憂。《書》曰：「作德心逸日休，作偽心勞日拙。」周子之所謂「憂」，恐類《書》之所謂「勞」者耳。

孔子于性理，舉其端而不盡言，或言之，必要之踐履之實，固可垂萬世而無弊。自心、性、天等說，一詳于孟子，至濂、洛窮思力索，極而至性以上不可說處，其意固將指義理之所從來，以歸之講學之實用，適不幸與禪學之遁辭言「識心而見性」者，雖所出異源，而同湍激之衝。故二程甫沒，門人高第多陷溺焉，不有晦翁，孰與救止？故二程固大有功于聖門，而晦翁尤大有功于程子。

本朝理學，發于周子，盛于程子。程子之門人，以其學傳世者，龜山楊氏、上蔡謝氏、和靖尹氏為最顯。龜山不免雜于佛，幸而傳之羅仲素，羅仲素傳之李願中，李願中傳之朱晦翁，晦翁遂能大明程子之學，故以晦翁繼程子，而次龜山于此，以明其自來焉。上蔡才尤高而弊尤甚，其于佛學，殆不止雜而已，蓋其所資者僧總老，其後橫浦張氏又復資僧杲老，一脈相承，非復程學矣，故以上蔡次龜山，以明源流益別之自始焉。和靖雖亦以母命誦佛書，而未嘗談禪，能恪守其師說而不變。且高宗中興，崇尚儒學之初，程門弟子，惟和靖在，故以和靖次上蔡，以明斯道之碩果不食，而程門之學，固有不流于佛者焉。和靖力辯程門之《語錄》為非，其後晦翁追編《語錄》，又力辯和靖之說為非。然晦翁搜拾于散亡，其功固大；和靖親得于見聞，其說尤的。今觀程錄，凡禪學之所有而孔門之所無者，往往竄入其間，安知非程氏既沒，楊、謝諸人附益邪？是雖晦翁不敢自保，其于編錄，猶深致其意，謂失之毫釐，其弊將有不可勝言者。然則和靖力辯《語錄》之說，其可廢也哉！

愚按：程門高弟如謝上蔡、楊龜山，末流皆不免略染禪學，惟尹和靖堅守不變。其後龜山幸三傳而得朱文公，始裒萃諸家而辨析之，程門之學，因以大明。故愚所讀先儒諸書，始于濂溪，終于文公所傳之勉齋，以究正學之終始焉。次以龜山、上蔡，以見其流雖異而源則同焉。又次以和靖，以見源雖異而其流有不變者焉。次以橫浦、三陸，以見其源流之益別焉。然上蔡、龜山雖均為略染禪學，而龜山傳之羅仲素，羅仲素傳之李延平，延平亦主澄心靜坐，乃反能救文公之幾陷禪學，一轉為大中至正之歸，致知之學，毫釐之辨，不可不精蓋如此。故又次延平于此，以明心學雖易流于禪，而自有心學之正者焉。延平《答問》，文公所親集。延平之學，以涵養為工夫，以常在心目之間為效驗，以脫然灑落處為超詣之地，文公之問，多本《論語》，多先孝弟，此皆學者所當熟味。

師道之廢，正學之不明，久矣。宋興八十年，安定胡先生、泰山孫先生、徂徠石先生始以其學教授，而安定之徒最盛，繼而伊洛之學興矣。本朝理學，雖至伊洛而精，實自三先生而始。故晦庵有伊川不敢忘三先生之語。震既讀伊、洛書，鈔其要，繼及其流之或同或異，而終之以徂徠、安定篤實之學，以推發源之自，以示歸根復命之意，使為吾子孫，毋蹈或者末流談虛之失，而反之篤行之實。（以上《讀本朝諸儒理學書》，文淵閣四庫全書《黃氏日抄》卷三十三）

黃先生夢幹

黃夢幹，字祖勉，文潔之長子也。沈潛汲古，天性淡靜。文潔峻肅，于人少可，而先生濟以和平。同年丈人陳本堂見而謂文潔曰：「君家叔度之流也。」屈行輩與為親家。宋亡，無仕進意。文潔避地寶幢，其山北精舍且就荒，先生重葺之，欲奉其父歸講學，未竟而病，亟還寶幢，竟卒。是年文潔亦卒。

教授黃鼘庵先生叔英

黃叔英，字彥實，文潔之子也。一以躬行為本。嘗為晉陵、宣城、蕪湖三學教諭，又為和靖、采石兩院山長。以家學教授閩、越間。與韓性相友善。受業其門者，皆卓然有立。學者稱為鼘庵先生。有《鼘庵雜著》二十卷、《鼘庵暇筆》三卷。

東發再傳

教授黃菊東先生珏

黃珏，字玉合，餘姚人。從鼘庵受蔡氏《尚書》，既有所得，郡邑爭致于師席，教授者餘四十年。尤喜玩《皇極經世》書，嘗曰：「天人之理微，邵子能推；帝王之道大，蔡氏能解，然非朱子訂定而發明之，愚亦何能窺見其髣髴邪？」與太原王萬石、上虞謝肅為文字歡。洪武三年卒，年七十一。自號菊東。（黃氏原本，全祖望修之加詳）

學士陳先生桱

陳桱，字子經，本堂先生著之孫也。本堂與東發善，先承其家學，而私淑黃氏之教。尤長于史學，謂司馬文正公作《通鑑》斷自周威烈王，訖于五代，而金文安公作《通鑑前編》以紀其前事，蓋用邵氏《皇極經世》歷，胡氏《皇王大紀》例，其年始陶唐氏，而唐之前，五代之後，咸未有論著，乃以盤古至高辛、宋至元為二十四卷，名曰《續編》，又取金氏之書，刪定為《通鑑前編舉要》。

先生明初僑居白下。為翰林學士，以非罪死。

東發三傳

隱君黄先生玠

黄玠，字孟成，祖勉之孫也。志尚卓然，不隨流俗，躬行力踐，以古聖賢為期。隱居教授，于書無不通曉。以講學寓居弁山。所著有《弁山小隱集》《知非稿》。

三六　新安學案

州判董介軒先生夢程

董夢程，字萬里，號介軒，鄱陽人，槃澗先生銖之從子也。初學于槃澗與程正思，其後學于勉齋。開禧進士，官朝奉大夫，知欽州，著《尚書》《毛詩訓釋》。（黃氏原本，全祖望修之加詳）

董深山先生鼎

董鼎，字季亨，鄱陽人，介軒之族弟也。其自序曰：「鼎生也晚，于道未聞，賴族兄介軒親受學于勉齋、槃澗，故再傳而鼎獲私淑焉。」別號深山。所著《尚書輯錄纂註》六卷，草廬極稱之。其采拾諸家極博，不守一師之說，有功于《尚書》者也。子真卿。

余息齋先生芑舒

余芑舒，號息齋，桃谷子也。息齋亦介軒、深山之學侶也，時稱宿儒四家，曰雙湖胡一桂，定宇陳櫟，其一即先生，其一為王葵初希旦。

介軒門人

沈毅齋先生貴珤

沈貴珤，字誠叔，德興人也。介軒高弟。有《正蒙疑解》《四書》及諸經說。學者稱為毅齋先生。

胡玉齋先生方平

胡方平，號玉齋，婺源人。早受《易》于董介軒，繼師沈貴珤，精研《易》旨，沈潛反復二十餘年，而後著書發明朱子之意。其言曰：

「朱子言《易》，開卷之初，先有一重象數，而後《易》可讀。《啟蒙》四篇，其殆明象數，以為讀《本義》而設者與！象出于《圖》《書》而形于卦畫，則上足以該太極之理，而《易》非淪于無體；數衍于蓍策，而達于變占，則下足以濟生人之事，而《易》非荒于無用，于是《本義》一書，如指諸掌也。」子一桂。

提舉許山屋先生月卿

許月卿，字太空，婺源人。初從董介軒遊，已受學于魏鶴山。登淳祐甲辰進士。授濠州司戶參軍，歷本州教授、臨安府學教授、幹辦江西提舉常平事。召試館職，罷歸。未幾，復召，而元軍已下錢塘。先生深居一室，但書「范粲寢所乘車」數字，五年不言而卒，蓋至元二十三年也，年七十。謝疊山嘗書其門云：「要看今日謝枋得，便是當年許月卿。」先生在朝，當事有戒以和平勿過剛者，先生曰：「大臣宰相以此取士，特未之思耳。夫和平以從我，豈不能和平以從人；勿過剛以順我，豈不能勿過剛以順人。靖康士大夫率由此道，許某只是一許某，決不能枉道以事人也。」時人稱之曰山屋先生。

宗羲案：新安之學，自山屋一變而為風節，蓋朱子平日剛毅之氣凜不可犯，則知斯之為嫡傳也。彼以為風節者，意氣之未融，而以屈曲隨俗為得，真邪說之誣民者也！先師嘗言，東漢之風節，一變至道，其有見于此乎！

介軒再傳

毅齋門人

隱君范求邇先生啟

范啟，字彌發，一字求邇，□□人。博學窮理，沈毅齋高弟也。高尚不樂仕進。理宗末，嘗徵之不起。所著有《雞肋漫錄》《管錐志》《井觀雜說》。

山長程徽庵先生若庸

見《雙峰學案》。

玉齋之子

鄉舉胡雙湖先生一桂

胡一桂，字庭芳，婺源人，玉齋子。生而穎悟，好讀書，尤精于《易》。年十八，領景定甲子鄉薦。試禮部不第，退而講學，得朱氏原委之正。嘗入閩，博訪諸名士。建安熊禾去非方讀書武夷山中，與之上下議論。歸而著書，遠近師之，號雙湖先生。（百家記）

周易本義附錄纂疏啟蒙翼傳序

朱子于《易》有《本義》，有《啟蒙》，其書則古經，其訓解則主卜筮，所以發明四聖人作經之初旨。至于專論卦畫蓍策，則本《圖》《書》以首之，考變古以終之，所以開啟蒙昧，而為讀《本義》之階梯，大抵皆《易經》之傳也。先君子懼愚不敏，既為《啟蒙》《通釋》以誨之。愚不量淺陋，復為《本義附錄纂疏》以承先志。今重加增纂之餘，又成《翼傳》四篇者，誠以去朱子纔百餘年，而承學寖失其真，如《圖》《書》已釐正矣，復承劉牧之謬者有之；《本義》已復古矣，復循王弼之亂者有之；卜筮之數灼如丹青矣，復祖尚玄旨者又有之。若是者，詎容于得已也哉！故日月圖書之象數明，天地自然之《易彰》矣。卦爻、十翼之經傳分，羲、文、周、孔之《易》辨矣。夏、商、周之《易》雖殊，而所主同于卜筮。古《易》之變復雖艱，而終不可逾于古。傳授傳注雖紛紛不一，而專主理義，曷若卜筮上推理義之為實，夫然後舉要以發其義，而辭變象占，尤所當講。明筮以稽其法，而《左傳》諸書皆所當備。辨疑以審其是，而《河圖》《洛書》當務為急。凡此者，固將以羽翼朱子之《易》，由朱子之《易》，以參透乎羲、文、周、孔之《易》也。若夫《易》緯，京、焦玄虛，以至《經世皇極內篇》等作，自邵子專用先天卦外，餘皆《易》之支流餘裔。苟知其概，則其列諸《外篇》固宜，而朱子之《易》卓然不可及者，又可見矣。抑又有說，朱子嘗曰：「《易》只是卜筮之書，本非以設教。」然今凡讀一卦一爻，便如筮所得，觀象玩辭，觀變玩占，而又求其理之所以然者，而施之身心家國天下，皆有所用，方為善讀。是故於乾、坤當識君臣父子之分，于咸、恆當識夫婦之別，于震、坎、艮、巽、離、兌當識長幼之序，於麗、澤、兌當識朋友之講習。以至謹言語，節飲食，當有得于頤，懲忿窒慾、遷善改過，當有得於損、益。不諂不瀆，以謹上下之交；安其身而後動，易其心而後語，定其交而後求，以為全身之道，當有得于《大傳》。即此而推，隨讀而受用焉，是則君平依忠依孝之微意也，雖日端策而筮，其根柢所在，亦何以尚此！（文淵閣四庫全書《周易啟蒙翼傳·原序》）

文王作易爻辭辯

馮厚齋解《明夷》六五「箕子之明夷」云：「『箕』字，蜀本作『其』字。此繼統而當明揚之時之象，其指大君當明揚之時而傳之子，則其子亦為明夷矣。」又謂：「文王作爻辭，移置君象于上六，以『初登于天，後入于地』，況明夷之主六五，在下而承之，明夷之主之子之象也。子繼明夷之治，利在於貞，明不可以復夷也。後世以『其』為『箕』，遂傅會於文王與紂事，甚至以爻辭為周公作而非文王。蓋箕子之囚奴，在文王羑里之後，方演《易》時，箕子之明未夷也。」李隆山深然其說，謂「班、馬只言文王演卦。」又曰：「人更三聖，世歷三古，止言包羲、文王、孔子，未嘗及周公也。馬融、陸績、王肅、姚信始有周公作爻辭之說，絕不經見。孔穎達始引韓宣子見《易象》與魯《春秋》而知周公之德與周之所以王，為周公爻辭之證審爾。謂周公作爻辭，可也，而《春秋》又將屬之周公乎？」此論確矣。愚則謂，以爻辭為文王作，固自有據，況夫子唯曰：「《易》之興也，當文王與紂之時乎？是故其辭危。」未嘗及周公，則所謂「辭」者，安知非卦爻之辭邪？愚固已疑之矣。然考箕子囚奴，誠在文王羑里之後，文王決無豫言之理。而隨之「王用亨于西山」，升之「王用亨于岐山」，又誠類太王、文王之事。夏、商之王，未有亨于岐山者。朱子解作卜祭山川之義，諸侯祭境內山川，亦正二王為侯時事。以此觀之，則爻辭未必果文王所作，而韓宣子見《易象》之言，誠可證也。隆山辯魯《春秋》之說，蓋自不曉其義耳。宣子本意，見《易象》則知周公之德，見魯《春秋》則知周之所以王也。周之王猶能為《春秋》之時之主，義甚昭然。若厚齋因蜀本「其」字之誤，盡疑天下之本，反改而從之，尤有所未可。前漢趙賓正，蜀人，解明夷六五「箕子」為「荄茲」，則蜀本「箕」字初未嘗作「其」字，況厚齋謂「父當暗世而傳子，故其子亦為明夷。」歷考前古，惟堯、舜老而舜、禹攝，此乃明德相繼。夏、商之王，未見父在而子立者。惟桀、紂可當明夷之主，其肯遽傳之子乎？馮氏見後世北齊末主、前宋徽、欽而有是說，謂文王作爻辭，乃取此義乎？爻辭稱帝乙、箕子，自是一例，況明夷「箕子」之稱，又自有夫子《彖傳》為之證據。《彖傳》「利艱貞，箕子以之」之辭，與《爻辭》「箕子之明夷，利貞」之辭正相應，烏可傅會蜀本一字之誤，以證《爻辭》為非周公作哉！愚故不能無辯，以祛讀者之惑。（文淵閣四庫全書《周易啟蒙翼傳·下篇》）

易文言辯

或疑《文言》非夫子作，蓋以第一節與穆姜之言不異。《本義》以為：「疑古有此語，穆姜稱之，夫子亦有取焉，得之矣。」然猶以為疑古有之，初亦未嘗質言之者。蓋嘗妄論之曰：「若果如或疑，則何止《文言》，雖《大象》亦謂之非夫子作，可也。」何者？八卦取象雖多，而其要則天地山澤雷木風水雲泉雨火雹日。今考文王《彖辭》，自震雷之外，離雖取象于日，而未嘗象火。周公爻辭，自巽木、離日之外，雖三取雨象，亦未嘗專取坎。他則未之聞焉。至夫子翼《易》，始列八卦之象，而六十四卦《大象》於是乎始各有定屬。如是，則夫子以前，凡引《易》者，不當有同焉，可也。而《左傳》所載卜筮之辭，多取八物之象，此皆在夫子之前，而引《易》以占者如此。若然，則《大象》亦謂之非夫子作，可也；謂夫子以前原有，可也；謂夫子作者，非也。今欲知其果作于夫子而無疑，其將何說以證？嘗反覆思之而得其說。《春秋》，夫子筆削之經也；《左傳》《春秋》經傳也。夫子繫《易》，實在作《春秋》之前，絕筆于獲麟，蓋不特《春秋》之絕筆，亦諸經之絕筆也。左氏生夫子之後，尊信夫子《春秋》，始為之傳。由此觀之，謂《易》有取于《左傳》乎？抑《左傳》有取于《易》也？又況《左傳》所載當時語，其事則髣髴，其文多出于自為。如吕相《絕秦書》，今觀其文法，要皆左氏之筆。而穆姜為人，淫慝迷亂，安得自知其過而有此正大之言？如「棄位而姣」等語，決知非出于其口。如是，則「四德」之說，是左氏本《文言》語，作為穆姜之言，明矣。至若占辭，多取諸八物，亦非當時史氏語，實左氏本夫子《大象》以文之，一時不暇詳審，遽以夫子所作之《象》，為夫子以前之人之辭也。又如《國語》載司空季子為晉文公占得國之辭，又不特取諸八物，且有及于坎勞卦之說，如是則并與說卦亦謂之非夫子作，可乎？大抵居今之世，讀古聖人書，只當以經證經，不當以傳證經。若經有可疑，他經無證，闕之可也。何況夫子十翼，其目可數，今乃因傳文反致疑于經，可乎？愚以是知《文言》《大象》真夫子作，而左氏所引，不足為惑，故不得不辯。（文淵閣四庫全書《新安文獻志》卷三十）

十七史纂首篇

三皇之號，昉于《周禮》「外史掌三皇、五帝之書」而不指其名，次則見于秦博士有天皇、地皇、人皇之議。秦去古未遠，三皇之稱，此或庶幾焉。漢孔安國序《書》，乃始以伏羲、神農、黄帝為三皇，少昊、顓頊、高辛、堯、舜為五帝，不知果何所本。蓋《孔子家語》自伏羲以下皆稱帝，《易大傳》《春秋内外傳》有黄帝、炎帝之稱，《月令》有帝太皞、帝炎帝、帝黄帝，亦足以表先秦未嘗以伏羲、神農、黄帝為三皇也。至宋五峰胡氏，直斷以孔子《易大傳》以伏羲、神農、黄帝、堯、舜為五帝，不信傳而信經，其論始定。

山屋門人

江雪矼先生凱（附汪炎昶）

江凱，字伯幾，婺源人。為許月卿之婿。不求仕進。所居號雪矼，有澗泉林木之勝，與其友汪炎昶賦詩飲酒，上下古今以相娛樂，蓋有宋遺民也。

提舉程先生榮秀

程榮秀，字孟敷，休寧人。少遊方回之門，回以睦州内附，將致之仕版，力辭而去。乃從山屋許氏受《周易》，學成，而以講授為事，非程、朱之書，蓋不之好也。延祐中，起為明道書院山長，歷平江學錄，嘉興教授，以浙江儒學副提舉致仕。

與介軒再傳同輩、其學相關而無直接師承關係者：

山長胡雲峰先生炳文（附族子淀）

胡炳文，字仲虎，婺源人。父孝善先生斗元，從朱子從孫小翁得《書》《易》之傳。先生篤志家學，又潛心朱子之學，上溯伊洛，以達洙泗，淵源靡不推究。仁宗延祐中，以薦為信州道一書院山長，調蘭溪學正，不赴。至大間，其族子淀為建明經書院，以處四方來學者，儒風之盛甲東南。所居面山，世號雲峰先生。著有《易本義通釋》《書集解》《春秋集解》《禮書纂述》《四書通》《大學指掌圖》《五經會義》《爾雅韻語》等書。（黄氏原本，全祖望修之加詳）

周易本義通釋序

宇宙間皆自然之《易》，《易》皆自然之天。天不能畫，假伏羲以畫；天不能言，假文王、周、孔以言，則是羲、文、周、孔之畫之言，皆天也。《易》言于象數，而天者具焉；《易》作于卜筮，而天者寓焉。善乎！子朱子之言曰：「伏羲《易》自是伏羲《易》，文王、周公《易》自是文王、周公《易》，孔子《易》自是孔子《易》。」嗚呼！此其所以為羲、文、周、孔之天也。必欲比而同之，非天也。《易》解凡幾百家，支離文義者不足道，附會取象者尤失之。蓋凡可見者皆謂之象，其或巧或拙，或密或疏，皆天也。《易》之取象，壹是巧且密焉，非天矣。惟邵子於先天而明其畫，程子于後天而演其辭，朱子《本義》又合邵、程而一之，是于羲、文、周、孔之《易》會其天者也。學必有統，道必有傳，溯其傳，羲、文、周、孔之《易》非朱子不能明；要其統，凡諸家講《易》，非《本義》不能一。然其統其傳，非人之所能為也，亦天也。予此書，融諸家之格言，釋《本義》之要旨，後之學者，或由是而有得于《本義》，則亦將有得於羲、文、周、孔之天矣。（文淵閣四庫全書《雲峰集》卷三）

四書通序

《四書通》何為而作也？懼夫讀者得其辭未通其意也。《六經》，天地也；《四書》，行天之日月也。子朱子平生精力之所萃，而堯、舜、禹、湯、文、武、周、孔、顔、曾、思、孟之心所寄也。其書推之極天地萬物之奥，而本之皆彝倫日用之懿也；合之盡于至大，而析之極于至細也。言若至近而涵至永之味，事皆至實而該至妙之理。學者非曲暢而旁通之，未易謂之知味也；非用力之久而一旦豁然貫通焉，未易謂之窮理也。余老矣，潛心于此者餘五十年，謂之通矣乎？未也。獨惜乎疏其下者或泛或舛，將使學者何以決擇于取舍之際也？此余所以不得不會其同而辨其異也。（文淵閣四庫全書《雲峰集》卷三）

百家謹案：雲峰于朱子所注《四書》，用力尤深。饒雙峰從事朱學，而為説多與朱子牴牾，雲峰因而深正其非，作《四書通》，悉取纂疏集成之，戾于朱子者删去之，有所發揮者則附己説于其後。

介軒三傳

雙湖門人

董先生真卿

董真卿，字季真，鄱陽人，深山先生鼎之子也。學于雙湖勿軒。著有《周易會通》十四卷，明楊士奇稱為集大成之書。子僎。

雪峰門人

程先生仲文

程仲文者，不知其爵里，雲峰胡氏弟子也。所著有《大學釋旨》。

隱君陳先生廷玉

陳廷玉，字伯圭，德興人也。從胡雲峰學。元季不仕。工詩。

三七　北方學案

隱君趙江漢先生復

趙復，字仁甫，德安人。元師伐宋，屠德安。姚樞在軍前，凡儒、道、釋、醫、卜占一藝者，活之以歸，先生在其中。姚樞與之言，奇之，而先生不欲生，月夜赴水自沈。樞覺而追之，方行積尸間，見有解髮脫履呼天而泣者，則先生也，亟挽之出。至燕，以所學教授學子，從者百餘人。當是時，南北不通，程、朱之書不及于北，自先生而發之。

樞與楊惟中建太極書院，立周子祠，以二程、張、楊、游、朱六君子配食，選取遺書八千餘卷，請先生講授其中。先生以周、程而後，其書廣博，學者未能貫通，乃原羲、農、堯、舜所以繼天立極，孔子、顏、孟所以垂世立教，周、程、張、朱所以發明紹續者，作《傳道圖》，而以書目條列于後。樞退隱蘇門以傳其學，由是許衡、郝經、劉因皆得其書而崇信之，學者稱之曰江漢先生。

世祖嘗召見曰：「我欲取宋，卿可導之乎？」對曰：「宋，父母國也，未有引他人之兵以屠父母者。」世祖義之，不強也。先生雖在燕，常有江、漢之思，故學者因而稱之。（黃氏原本，全祖望修之加詳）

百家謹案：自石晉燕、雲十六州之割，北方之為異域也久矣，雖有宋諸儒疊出，聲教不通。自趙江漢以南冠之囚，吾道入北，而姚樞、竇默、許衡、劉因之徒，得聞程、朱之學以廣其傳，由是北方之學鬱起，如吳澄之經學，姚燧之文學，指不勝屈，皆彬彬郁郁矣。

江漢所傳

文正許魯齋先生衡

許衡，字仲平，河內人。七歲入學，授章句，問其師曰：「讀書何為？」師曰：「取科第耳！」曰：「如斯而已乎？」每受書，即問其旨義，師詘而辭去。如是者三師。流離世亂，嗜學不輟，人亦稍稍從之。訪姚樞于蘇門，得伊洛、新安遺書，乃還謂其徒曰：「昔者授受殊孟浪也，今始聞進學之序，若必欲相從，當率棄前日所學，從事《小學》之灑掃應對，以為進德之基？」眾皆曰：「唯。」遂相與講誦，諸生出入惟謹。客至見之，惻然動念，皆漸濡而出。

世祖出王秦中，召為京兆提學。世祖即位，召至京師，授國子祭酒。尋謝病歸。至元二年，以安童為右丞相，使先生輔之，乃上書言立國規模。四年又歸。五年復召，至七年又歸。明年，以為集賢大學士，兼國子祭酒。乃徵其弟子王梓、劉季偉、韓思永、耶律有尚、呂端善、姚燧、高凝、白楝、蘇郁、姚燉、孫安、劉安中十二人分處各齋為齋長。久之而歸。十三年，定《授時新曆》，以原官領太史院事，曆成而還。十八年卒，年七十三，贈司徒，謚文正。皇慶二年，從祀孔子廟庭。學者因其所署，稱魯齋先生。

先生嘗曰，「綱常不可亡于天下，苟在上者無以任之，則在下之任也。」故亂離之中，毅然以為己任云。

先生幼與群兒嬉，即盡坐作進退周旋之節，群兒莫敢犯。凡三易師，亂中皆遇難而無後，每歲時，設位祭之終身。

稍長，益嗜學，然遭世亂，且貧無書。嘗從日者遊，見《尚書疏義》，請就宿，手鈔以歸。既避難徂徠山，始得王弼《易註》，夜思晝誦，言動必揆諸義而後發。

嘗暑中過河陽，渴甚，道有梨，眾爭取啖，先生獨危坐樹下。或問之，曰：「非其有而取之，不義。」或曰：「此無主。」曰：「梨無主，吾心獨無主乎？」轉魯留魏，人見其有德，稍稍從之。

家貧，父令為郡從事，見州縣追呼旁午，嘆曰：「民不聊生矣！」遂棄去。

凡喪祭嫁娶，必徵諸古禮，以倡其俗，學者寖盛。家貧躬耕，粟熟則食，不熟則食糠覈菜茹，處之泰然。有餘即以分族人及諸生之貧者。人有所遺，一毫非義，弗受也。姚樞嘗被召入京師，以其雪齋居先生，命守者館之，拒不受。庭有果熟爛墮地，童子過之，亦不睨視而去。

庚申，上即位，應詔北行，至上都，入見，問所學，曰：「孔子。」問所見，曰：「虛名無實，誤塵聖聽。」問所能，曰：「勤力農務，教授童蒙。」問科舉何如，曰：「不能。」上曰：「卿言務實，科舉虛誕，朕所不取。」留七月還燕。

平章王文統以言利進，姚、許輩入侍，每言治亂休戚，必以義為本，文統患之。竇默又日于帝前排文統學術不正，遂疑先生與默為表裏，乃奏樞為太子太師，默為太子太傅，先生為太子太保，陽示尊禮，內實擯使疏遠。默以屢攻文統不中，欲以東宮避禍，與樞同拜命，將入謝，先生曰：「此不安于義也。且禮，師傅與太子位東西鄉，師傅坐，太子乃坐，公等度能復此乎？否則，師道自我廢也。」乃相與懷制立殿下，五辭得免，改先生國子祭酒。明年，謝病以歸。

帝以先生多病，令五日一至省，四年聽歸。踰年，復召赴闕，與太常徐世隆定朝儀。儀成，帝臨觀，甚悅。又詔與太常劉秉忠、右丞張文謙定官制。先生歷考古今分并統屬之序，舉省部、院臺、郡縣與夫后妃、儲藩、百司所聯屬統制，定為圖，奏之。命集公卿議省院臺行移之體，先生曰：「中書佐天子總國政，院臺宜具呈。」時商挺在樞密，高鳴在臺，皆不樂，欲定為咨稟，因大言以動先生曰：「臺院皆宗親大臣，若一忤，禍且不測。」先生曰：「吾論國制耳，何與于人！」遂以其言質帝前，帝曰：「朕意亦與衡合。」未幾，阿合馬領尚書省六部事，大臣多阿附之，先生每議，必正色不少讓。其子忽辛有同簽樞密院之請，先生執奏曰：「國家事權，兵、民、財三者而已。今其父典民與財，子又典兵，不可。」帝曰：「卿慮其反邪？」對曰：「彼雖不反，此反道也。」阿合馬由是銜之，亟薦先生宜在中書，欲因事中之。俄除中丞，先生屢入辭。帝命左右掖先生出，及閾，還奏曰：「陛下命臣出省邪？」帝笑曰：「出殿門耳。」

從幸上京，訟列阿合馬專權罔上、蠹政害民諸事，不報。因謝病請解機務。帝惻然，召其子師可入，諭舉官自代。先生奏曰：「用人，天子大柄，臣下泛論其賢則可，若授之以位，則當斷自宸衷，不可使臣下有市恩之漸。」帝久欲開太學，會先生求罷益力，乃從其請。十三年，詔王恂定新曆。恂言「曆家知數而不知理，宜得衡專領」，乃以前官兼領太史院事。召至京，先生謂：「冬至者曆之本，而求曆本者在驗氣。今所用宋舊儀，自汴遷至大都，已自乖舛，加之歲久，規環不叶。」乃與太史令郭守敬等，新製儀象圭表。十七年，曆成，上之，賜名曰「授時曆」，頒天下。

丞相安童一見先生，語同列曰：「若輩自謂不相上下，蓋什百與千萬也，是豈熷繳之可及邪？」王磐氣概一世，少所與可，獨見先生曰：「先生神明也！」

魯齋先生奉旨教授懷孟路子弟，張仲謙由大名宣撫復入中書，初見先生，屢請執弟子禮，拒而止。仲謙數忤倖臣，被譴責，至是遣人求言。先生貽書曰，「弔者在門，慶者在閭，一倚一伏，孰知其初？君子存誠，克己就義，始若甚難，終知甚易。可委者命，可憑者天，人無率爾事有偶然。舍苗不耘，固為有害，助而揠之，其害愈大。既懲于色，又發于聲，天道無他，庸玉汝成」。

先生入院，恩眷逾隆，上每北還，必問安否，病則賜藥賜杖。至是入見，皆跪奏，上令先生起，賜坐勞問。病甚，醫者診之曰：「偏陰偏陽謂之疾，今六脈皆平，先生其稍瘳乎？」先生曰：「久病而脈平者，不治。吾殆將不起矣。」適仲春祭祀，力疾奠獻。既徹，曳杖于門曰：「予心怦怦然。」瞑目坐，久之，曰：「死生何異？人精神能有幾？世事何時窮？」遂發嘆，歌朱子所撰歌，奄然而逝。先生嘗語子師可曰：「我平生虛名所累，竟不能辭官，死後慎勿請謚立碑，但書許某之墓，使子孫識其處，足矣。」

先生著述，曰《小學大義》，乃在京兆教學者口授之語；曰《讀易私言》，是五十後所作；曰《孟子標題》，嘗以教其子師可；曰《四箴說》《中庸說》《語錄》等書，乃雜出眾手，非完書也。

先生自得《小學》，則主此書以開導學者。嘗語其子曰：「《小學》《四書》，吾敬信如神明，能明此書，雖他書不治可也。」

先生自詒學，家事悉委其子，凡賓客來學中者，皆謝絕。嘗謂：「學中若應接人事，諸生學業必有所荒。」日令家具早午膳，以老疾，日西不復食。

先生說書，章數不務多，唯懇款周折。見學者有疑問，則喜溢眉宇。又嘗曰：「教人與用人正相反，用人當用其所長，教人當教其所短。」又言：「學者治生最為先務，苟生理不足，則于為學之道有所妨。彼旁求妄進及作官謀利者，殆亦窘于生理所致。士君子當以務農為生。商賈雖逐末，果處之不失義理，或以姑濟一時，亦無不可。」

王鹿庵為《像贊》曰：「氣和而志剛，外圓而內方。隨時屈伸，與道翱翔。或躬耕太行之麓，或判事中書之堂。布褐蓬茅不為荒涼，珪組軒冕不為輝光。虛舟江湖，晴雲卷舒。尚友千古，誰與為徒？管幼安、王彥方、元魯山、陽道州，蓋異世而同符者也。」

魯齋遺書

慎思，視之所見，聽之所聞，一切要個思字。君子有九思，「思曰睿」是也。要思無邪。目望見山，便謂之青，可乎？惟知，故能思。或曰：「心中思慮多，奈何？」曰：「不知所思慮者何事，果求所當知，雖千思萬慮可也。若人欲之萌，即當斬去，在自知之耳。人心虛靈無槁木死灰不思之理，要當精于可思慮處。」（文淵閣四庫全書《魯齋遺書》卷一，又見《許衡集》，東方出版社二〇〇七年版，第二頁。）

仁為四德之長，元者善之長。前人訓「元」為廣大，直是有理。心胸不廣大，安能愛敬？安能「教思無窮、容保民無疆？」仁與元俱包四德，而俱列並稱，所謂合之不渾，離之不散。仁者，性之至而愛之理也；愛者，情之發而仁之用也；公者，人之所以為仁之道也；元者，天之所以為仁之至也。仁者，人心之所固有，而私或蔽之，以陷于不仁。故仁者必克己，克己則公，公則仁，仁則愛。未至于仁，則愛不可以充體。若夫知覺，則仁之用，而仁者之所兼也。元者，四德之長，故兼亨利貞。仁者，五常之長，故兼義禮智信。此仁者所以必有知覺，不可便以知覺名仁也。（文淵閣四庫全書《魯齋遺書》卷一，又見《許衡集》，東方出版社二〇〇七年版，第三頁。）

東萊嘗云：「南軒言『心在焉，則謂之敬。』且如方對客談論，而他有所思，雖思之善，亦不敬也。才有間斷，便是不敬。」凡事一一省察，不要逐物去了。雖在千萬人中，常知有己，此持敬大略也。（文淵閣四庫全書《魯齋遺書》卷一，又見《許衡集》，東方出版社二〇〇七年版，第四頁。）

日用間若不自加提策，則怠惰之心生焉。怠惰心生，不止于悠悠無所成，而放僻邪侈隨至矣。耳目聞見與心之所發，各以類應，如有種焉，今日之所出者，即前日之所入也。同聲相應，同氣相求，未嘗小差，不可不慎也。（文淵閣四庫全書《魯齋遺書》卷一，又見《許衡集》，東方出版社二〇〇七年版，第五頁。）

或問：「窮理至于天下之物，必有所以然之故與其所當然之則，所謂理也？」曰：「博學、審問、慎思、明辨，此解說個『窮』字；其所以然與其所當然，此說個『理』字。所以然者是本原也，所當然者是末流也；所以然者是命也，所當然者是義也。每一事，每一物，須有所以然與所當然。」（文淵閣四庫全書《魯齋遺書》卷一，又見《許衡集》，東方出版社二〇〇七年版，第五—六頁。）

天地間須大著心，不可拘于氣質，局于一己。貧賤憂戚，不可過為隕穫。貴為公相不可驕，當知有天下國家以來，多少聖賢在此位；賤為匹夫不必恥，當知有古昔志士仁人，多少屈伏甘于貧賤者。無人而不自得也，何欣戚之有？

凡事理之際有兩件，有由自己底，有不由自己底。由自己底有義在，不由自己底有命在，歸于義、命而已。

汲汲焉，毋欲速也；循循焉，毋敢惰也。非止學問如此，日用事為之間皆當如此，乃能有成。（文淵閣四庫全書《魯齋遺書》卷一，又見《許衡集》，東方出版社二〇〇七年版，第七頁。）

聖人是因人心固有良知良能上扶接將去。他人心本有如此意思，愛親敬兄，藹然四端，隨感而現。聖人只是與發達推擴，就他原有底本領上進將去，不是將人心上原無底強去安排與他。後世卻將良知良能去斷喪了，卻將人性上原無底強去安排裁接，如雕蟲小技。以此學校廢壞，壞卻天下人才。及去做官，于世事人情，殊不知遠近，不知何者為天理民彝。似此，民何由嚮方？如何養得成風俗？他如風俗人倫，本不曾學，他家本性已自壞了，如何化得人！（文淵閣四庫全書《魯齋遺書》卷一，又見《許衡集》，東方出版社二〇〇七年版，第八頁。）

稱人之善，宜就跡上言；議人之失，宜就心上言。蓋人之初心，本自無惡，特以利欲驅之，故失正理。其始甚微，其終至于不可救。仁人雖惡其去道之遠，然亦未嘗不愍其昏昧無知至此極也。故議之必從始失之地言之，使其人聞之，足以自新而無怨，而吾之言，亦自為長厚切要之言。善跡既著，即從而美之，不必更求隱微，主為一定之論。在人聞則樂于自勉，在我則為有實驗，而又無他日之弊也。（文淵閣四庫全書《魯齋遺書》卷一，又見《許衡集》，東方出版社二〇〇七年版，第八—九頁。）

天地陰陽精氣，為日月星辰，日月不是有輪廓生成，只是至精之氣，到處便如此光明。陰精無光，故遠近隨日所照。日月行有度數，人身氣血周流亦有度數。天地六氣運轉亦如是，到東方便是春，到南方便是夏，行到處便主一時。日行十二時亦然，萬物都隨他，轉過去便不屬他。（文淵閣四庫全書《魯齋遺書》卷一，又見《許衡集》，東方出版社二〇〇七年版，第一頁。）

文獻姚雪齋先生樞

姚樞，字公茂，柳城人。少力學，內翰宋九嘉識其有王佐略。後從中書楊惟中南伐，得名儒趙氏復，以傳程、朱之學。棄官居輝州時，許魯齋在魏，至輝，就錄程、朱所註書，遂依先生以居焉。

世祖在潛邸，召之，待以客禮。詢治道，以治國平天下之大經，彙為八目，曰：修身、力學、尊賢、親親、畏天、愛民、好善、遠佞，次及救時之弊，分條而陳之。從征，則以不殺一人為規，佐世祖以定天下，累官翰林學士承旨。年七十八卒，謚文獻。

濂溪周子之學未至河朔，楊惟中用師于蜀、湖、京、漢，收集伊洛諸書，載送京師。還，與姚樞謀建太極書院及周子祠，以二程、張、楊、游、朱六子配食，請趙復為師，選俊秀有識者為道學生，由是河朔始知道學。

蒙古伊囉斡齊在燕，唯事貨賂，以樞為幕官長，分及之，樞一切拒絕，因辭職去。攜家往輝州蘇門山，作家廟，別為室奉孔子及宋儒周、程、張、邵、司馬六君子像，刊《小學》《四書》并諸經傳注以惠後學，讀書鳴琴，若將終身。

文正竇漢卿先生默（附師謝獻子）

竇默，字子聲，廣平肥鄉人。幼嗜書。族祖旺，為郡功曹，欲使習刀筆，不肯就，願卒儒業。金末，轉徙兵亂之中，業醫以自給。至德安，孝感令謝獻子授以伊洛性理之書，先生自以為昔未嘗學，而學自此始。中書楊惟中奉詔招集儒士，先生甫北歸，隱于大名，與姚公樞、許公衡朝暮講習，至忘寢食。久之，還肥鄉，以經術教授諸生，由是知名。

世祖在潛邸，遣使召之，問以治道，首舉綱常為對。且曰：「失此則無以自立于世矣。」默又言：「帝王之道，在誠意正心，心既正，則朝廷遠近莫敢不一于正。」後世祖即位，以先生為翰林侍講學士，加昭文館大學士。年八十五卒，贈太師，封魏國公，謚文正。（黃氏原本，全祖望修之加詳）

江漢別傳

文靖劉靜修先生因

劉因，字夢吉，雄州容城人。初從國子司業硯彌堅，視訓詁疏釋之說，輒嘆曰：「聖人精義，殆不止此。」後于趙江漢復得周、程、張、邵、朱、呂之書，始曰：「我固謂當有是也。」至元十九年，詔徵為承德郎、右贊善大夫，教近侍子弟。未幾，以母疾辭歸。二十八年，以集賢學士、嘉議大夫召，固辭不就。帝曰：「古所謂不召之臣者，其斯人之徒與！」三十年卒，年四十五。贈翰林學士、資德大夫、上護軍，追封容城郡公，謚文靖。學者稱為靜修先生。

百家謹案：有元之學者，魯齋、靜修、草廬三人耳。草廬後，至魯齋、靜修，蓋元之所藉以立國者也。二子之中，魯齋之功甚大，數十年彬彬號稱名卿材大夫者，皆其門人，于是國人始知有聖賢之學。靜修享年不永，所及不遠，然是時虞邵庵之論曰：「文正沒，後之隨聲附影者，謂修辭申義為玩物而苟且于文章，謂辨疑答問為躐等而姑困其師長，謂無所猷為為涵養德性，謂深中厚貌為變化氣質。外以聾瞽天下之耳目，内以蠱晦學者之心思，雖其流弊使然，亦是魯齋所見，只具粗跡，故一世靡然而從之也。若靜修者，天分儘高，居然曾點氣象，固未可以功效輕優劣也。」

靜修文集

因自幼讀書，接聞大人君子之餘論，雖他無所得，至如君臣之義，自謂見之甚明，姑以日用近事言之。凡吾人之所以得安居暇食，以遂其生聚之樂者，皆君上所賜也。是以，凡吾有生之民，或給力役，或出智能，亦必各有以自效焉。此理勢之必然，自萬古而不可易，莊周所謂「無所逃於天地之間」者也。因生四十三年，未嘗效尺寸之力，以報國家養育生成之德，而恩命連至，尚敢偃蹇不出，貪高尚之名以自媚，而得罪于聖門中庸之教哉！且因之立心，自幼及長，未嘗一日敢為崖岸卓絕、甚高難繼之行。平昔交友，苟有一日之雅，皆知因之心者也。但或得之傳聞，不求其實，止于蹤跡之近似者觀之，是以有隱士高人之目，惟閤下亦知因之未嘗以此自居也。向者先儲皇以贊善之命來召，即與使者偕行，再奉旨令教學，亦即時應命。後以老母中風，請還家省視，不幸彌留，竟遭憂制，遂不復出，初豈有意于不仕邪？今聖天子選用賢良，一時新政，雖前日隱晦之人，亦將出而仕矣，況因平昔非隱晦者邪！況加以不次之寵，處以優崇之地邪！是以形留意往，命與心違，病臥空齋，惶恐待罪。竊謂供職雖未能扶病而行，而恩命不敢不扶病而拜。若稍涉遲疑，則不惟臣子之心有不安，而蹤跡高峻已不近人情矣！是以即日拜受，暫留使者，候病勢稍退，與之俱行。遷延至今，服療百至，略無一效，乃請使者先還，望閤下俯加矜憫，曲為保全，始終成就之。（《上宰相書》，文淵閣四庫全書《元文類》卷三十七）

《太極圖》，朱子發謂周子得於穆伯長，而胡仁仲因之，遂亦謂穆特周子學之一師。陸子靜因之，遂亦以朱錄為有考，而潘志之不足據也。蓋胡氏兄弟于希夷不能無少譏議，是以謂周子為非止為種、穆之學者。陸氏兄弟以希夷為老氏之學而欲其當謬加無極之責，而有所顧藉于周子也。然其實，則穆死于明道元年，而周子時年十四矣。是朱氏、胡氏、陸氏不惟不考乎潘志之過，而又不考乎此之過也。然始也，朱子見潘志，知圖為周子所自作而非有所受於人也，於乾道己醜已敘于《通書》之後矣。後八年《記書堂》則亦曰「不由師傳，默契道體，實天之所畀也」。又十年，因見張詠事，有陰陽之語，與《圖說》意頗合，以詠學於希夷者也，故謂「是說之傳，固有端緒，至於先生，然後得之於心，無所不貫，於是始為此圖，以發其秘爾」。又八年而為《圖書注釋》，則復雲「莫或知其師傳之所自」，蓋前之為說者，乃復疑而未定矣，豈亦不考乎此，故其為說之不決於一也。而或又謂「周子與胡宿、邵古同事潤州一浮屠而傳其《易》書」，此蓋與謂

「邵氏之學因其母舊為某氏妾，藏其亡夫遺書以歸邵氏」者，同為浮薄不根之說也。然而周子、邵子之學，《先天》《太極》之圖，雖不敢必其所傳之出於一，而其理則未嘗不一，而其理之出於《河圖》者，則又未嘗不一也。夫《河圖》之中宮，則《先天圖》之所謂無極，所謂太極，所謂道與心者也。《先天圖》之所謂無極，所謂太極，所謂道與心者，即《太極圖》之所謂「無極而太極」，所謂「太極本無極」，所謂「人之所以最靈者」也。《河圖》之「東北，陽之二生數，統乎陰之二成數」，則《先天圖》之「左方震一、離兌二、乾三者」也，《先天圖》之「左方震一、離兌二、乾三」者，即《太極圖》之左方陽動者也，其兌離之為陽中之陰，即陽動中之為陰靜之根者也。《河圖》之「西南陰之二生數，統乎陽之二成數」，則《先天圖》之「右方巽四、坎艮五、坤六」者也，《先天》之「右方巽四、坎艮五、坤六」者，即《太極圖》之右方陰靜者也。其坎艮之為陰中之陽者，即陰靜中之為陽動之根者也。《河圖》之奇偶，即《先天》《太極圖》之所謂陰陽，而凡陽皆乾、凡陰皆坤也。《河圖》《先天》《太極圖》之左方皆離之象也，右方皆坎之象也，是以《河圖》水火居南北之極，《先天圖》坎離列左右之門，《太極圖》陽變陰合而即生水火也。（《記太極圖說後》，文淵閣四庫全書《元文類》卷三十八）

魯齋門人

文公姚牧庵先生燧

姚燧，字端甫，柳城人，樞之從子也。年十三，見許魯齋于蘇門，十八，始受學于長安。為文法昌黎，魯齋戒之曰：「弓矢以待盜也，使盜得之，亦將以待主人。文章固發聞士子之利器，然先有能一世之名，將何以應人之見役者哉！非其人而與之，與非其人而拒之，鈞罪也。」魯齋累為國子祭酒，召弟子十二人，先生自太原驛致館下。累官翰林學士承旨。年七十六卒，謚曰文。先生由窮理致知，反躬實踐，為世名儒。至元以後三十年間，名臣世勳，顯行盛德，必得先生文始可傳信。先生亦慨然自任，曰：「文章以道輕重，道以文章輕重。復有班孟堅者出，表古今人物，九品中必以一等置歐陽子，則為去聖賢也有級而不遠。然予觀先生之文，類宋宣獻公耳，則又何也？」自號牧庵。所著有《牧庵文集》五十卷。（黃氏原本，全祖望修之加詳）

文正耶律先生有尚

耶律有尚，字伯強，東平人。受業許魯齋之門，號稱高第弟子。邃于性理，儀容詞令，動中規矩。至元八年，召為太學齋長。魯齋歸，以先生為助教，嗣領其學事。除祕書監丞，出知薊州。自先生既去，而國學事頗廢，廷議為非先生無足以繼魯齋者，遂除國子司業。

陞國子祭酒。前後五居國學，為師表者數十年，海內宗之，一如魯齋。年八十五卒，謚文正。

文穆呂先生堛

呂堛，字伯充，河内人。先生從魯齋學。魯齋為國子祭酒，舉為伴讀，輔成教養，其功為多。至元十三年，擢陝西道按察使知事。未行，改四川行樞密院都事。陞奉訓大夫、四川行省左右司郎中。三十年，知華州。仁宗即位，召拜翰林學士。未幾致仕。年七十八卒，贈陝西行省參知政事，追封東平郡公，謚文穆。

忠憲劉先生宣

劉宣，字伯宣，太原人。為中書省掾。暇則從國子祭酒許魯齋講明理學。累官吏部尚書，諫伐交趾、日本。遷行臺御史中丞。為江浙行省丞相忙古台所陷，自剄死。追封彭城郡公，謚忠憲。

文靖徐先生毅

徐毅，字伯宏，趙城人也。父德舉，提舉太原鹽鐵使。少受業于許文正公。清方勁正，辟為同知檀州事，有聲。世祖擢監察御史。上言：「江南新附未久，宜撫卹流亡，以固民心。京師天下根本，宜蠲除地稅，以厚德意。檢覆災傷，宜以時而發倉廩之儲，捐山澤之利，申明酒禁，以修荒政。鰥寡孤獨宜有養，民所疾苦宜遣使詢問。方今庶政姑息，中書親細務，而宰相失體，六部寮屬，多非其人。」因陳省臺為治之要，及憲司事宜：「監治官吏，當加儆戒，不可因人之誣言而升降。察官其行樞密院、行大司農司、行通政院及尚書省理算受賞進官者皆可罷。」又以日食地震，乞罷諸行省。又言「四川妄起邊釁，交趾虛勞王師，獻策以要功生事者，宜勿聽。官軍子弟，以膏粱承襲，未嘗知兵，當別議立法。增國子之員，重教官之選，以興學校。治宗廟，以崇祀典；修國史，以存故實。設朝立班，不可全無流品之分，實封陳言，無使苟為進身之計。」他如選用官吏，減錢糧之費，理婚田之訟，馬禁水利鹽鈔諸法，其弊當改者，前後七十餘疏。世祖崩，上封事于太皇太后、皇太后曰：「四海不可一日無君，大行奄棄天下已五日，非早定大策，萬一啟奸覦，實可寒心。皇孫撫軍朔漠，伏願遣使奉迎，歸正大統。」成宗即位，首請正東朝尊號，因言：「陛下方虛心求治，而大臣不肯任事，宰相員太多，論議不一，宜亟用舊臣伯顏。為治不在高遠，但當尊守舊制，其要有四：親賢，遠佞，信、賞必罰而已。」又請建儲貳，睦宗藩，選臺諫，教習親軍，勿事西南夷，而專備北邊。赦不可數，凡二十餘疏。累遷至河東、山西廉訪僉事。閱所部獄囚，得其冤狀，所釋五百餘人。召為徽政院長史。舊例臺察于徽政之事一無所問，先生言其非，有詆之者，即謝去。已而累除治書侍御史。大臣搆害御史郭章，先生為之辯，有沮之者，又謝去。召還，授陝西、漢中道廉訪使。入為刑部尚書，改授河北、河南道廉訪使。後入為刑部尚書、簽樞密院事。仁宗即位，授燕南、河北道廉訪使。召入，參議中書省事。頃之，拜陝西行臺御史中丞，辭歸，卒。追贈中書右丞、平陽郡公，謚文靖。所著有奏議五卷、詩文三卷。（黄氏原本，全祖望修之加詳）

李先生文炳

李文炳，□□人。其死也，魯齋哭之慟，有「喪予」之嘆。

齊長韓先生思永

韓思永，大名人。

齋長蘇先生郁

蘇郁，大名人。

齋長孫先生安

孫安，河内人。

齋長劉先生安中

劉安中，秦人。

以上皆魯齋兼祭酒時所徵弟子，分處各齋，以為齋長者。

郡王孛憐吉䚟先生

河南王孛憐吉䚟，嘗受業魯齋。

魯齋再傳

牧庵門人

文靖孛朮魯先生翀

孛朮魯翀，字子翬，順陽人。狀貌魁梧，不妄言笑。父居謙，辟掾江西。先生稍長，即勤學，從新喻蕭克翁學。已復從蕭貞敏遊。其為學一本于性命道德，文章典雅，深合古法。累官集賢直學士，兼國子祭酒。時諸生素已望先生，至是，私相歡賀。先生以古者教必有業，退必有居，遂作屋四區，以居學者。諸生積分，有六年未及釋褐者，先生至，皆使就試而官之。卒，封南陽郡公，謚文靖。有文集六十卷。子遠，字明道，以蔭調祕書郎，轉襄陽縣尹。未行，南陽賊起，明道以忠義自奮，傾財募丁壯，得千餘人，與賊拒戰，俄而賊大至，遂被害。

靜修門人

劉先生君舉

劉君舉，字季賢，南豐人。博學修行，以堯、舜君民為己任。初，受舉于廣平王公磐。後磐應詔直翰林，即勸以詩云：「節義高千古，功名重一時。」繼聞靜修講學容城，盡棄所學，學之三年，于誠偽之辨，確有定見，及歸，靜修送之，有「伊洛于今道亦高」之句。

李先生天篪

李天篪，吉水人。得劉靜修道學之傳。有《詩》《書經疏》行于世。

隱君安默庵先生熙

安熙，字敬仲，藁城人。聞劉靜修之學，心向慕焉。將造其門，而靜修已歿，乃從靜修門人烏叔備問其緒說。簡靜和易，務為下學之功。家居教授垂數十年，來學者多所成就。既歿，鄉人立祠于城西祀之。門人蘇天爵為輯其遺文，而虞伯生序之曰：「使先生得見劉氏，

廓之以高明，厲之以奮發，則劉氏之學，當益昌大于時矣。」（黄氏原本，全祖望修之加詳）

默庵之弟

隱君安素庵先生煦

安煦，藁城人，默庵之弟。其家父子伯仲自為師友，宗濂、洛性理之學。讀書必涵泳浸沈，以求其義。默庵卒，事父甚得歡心，撫其孤如己所出。凡受學質疑于門者，隨材立教，人咸有得。里人有患惡疾者，謂先生曰：「死不火吾軀，幸托君以全先人遺體。」先生許之。既死，其家人欲火之，先生勸諭百端，繼之以泣，令得禮葬。退曰：「吾負人所托，何以見之于地下！」其篤于言行類此。時山、陝憲府交辟，皆不起。自號素庵。有文一卷，藏于家。（黄氏原本，全祖望修之加詳）

靜修再傳

默庵門人

隱君李先生士興

李士興，藁城人。幼從默庵遊，弟子中獨早受知，與同門楊俊民、蘇天爵博求深造，汲汲不倦。先生道講五倫，心存三畏，甘隱遯而不樂仕進，居鄉里多有訓彝，人爭師之。後天爵大顯于時，默庵已卒，天爵貽書先生，使建鄉賢祠，先生擇地立祠，歲時致祭焉。

參政蘇滋溪先生天爵

蘇天爵，字伯修，真定人。累官吏部尚書，參議中書省事。終于江浙行省參知政事。前輩凋謝，先生獨自任一代文獻之寄，常集一代之文，選成《元文類》一書。晚歲，復以釋經為己任。學者因其所居，稱之為滋溪先生。

三八　草廬學案

文正吳草廬先生澄

吳澄，字幼清，撫州崇仁人。年二十，應鄉試中選，春省下第。越五載而元革命，程鉅夫求賢江南，起先生至京師。以母老辭歸。鉅夫請置先生所著書于國子監。左丞董士選薦授應奉翰林文字。至官而去。除江西提學副提舉，居三月，又以疾去。至大元年，召為國子監丞。陞司業。為學者言：「朱子于道問學之功居多，而陸子以尊德性為主。問學不本于德性，則其蔽必偏于語言訓釋之末，故學必以德性為本，庶幾得之。」議者遂以先生為陸氏之學，非許氏崇信朱子本意，然亦莫知朱、陸之為何如也。先生一日謝去。未幾，以集賢直學士召，不果行。英宗即位，遷翰林學士，進階太中大夫。泰定元年，為經筵講官。至治末，請老而歸。先生嘗曰：「道之大原出于天，神聖繼之，堯、舜而上，道之元也；堯、舜而下，道之亨也，洙、泗、魯、鄒，其利也；濂、洛、關、閩，其貞也。分而言之，上古則羲皇其元，堯、舜其亨，禹、湯其利，文、武、周公其貞乎！中古之統：仲尼其元，顏、曾其亨，子思其利，孟子其貞乎！近古之統：周子其元也，程、張其亨也，朱子其利也，孰為今日之貞乎？」其自任如此。元統元年卒，年八十五。追封臨川郡公，謚文正。初，先生所居草屋數間，鉅夫題曰草廬，故學者稱為草廬先生。

百家謹案：幼清從學于程若庸，為朱子之四傳。考朱子門人多習成說，深通經術者甚少，草廬《五經纂言》，有功經術，接武建陽，非北溪諸人可及也。

草廬精語

所謂性理之學，既知得吾之性，皆是天地之理，即當用功以知其性，以養其性。能認得四端之發見，謂之知。既認得日用之間，隨其所發見，保護持守，不可戕賊之謂養。仁之發見，莫切于愛其父母，愛其兄弟，于此擴充，則為能孝能弟之人，是謂不戕賊。其仁義禮智皆然。有一件不當為之事而為之，是謂戕賊其義。于所當敬讓而不敬讓，是戕賊其禮。知得某事之為是，某事之為非，而不討分曉，仍舊糊塗，是戕賊其智。今不就身上實學，卻就文字上鑽刺，言某人言性如何，某人言性如何，非善學者也。孔、孟教人之法不如此。

如欲去燕京者，觀其行程節次，即日雇船買馬起程，兩月之間，可到燕京，則見其宮闕是如何，街道是如何，風沙如何，習俗如何，並皆了然，不待問人。今不求到燕京，卻但將曾到人所記錄，逐一去挨究參互比較，見他人所記錄者有不同，愈添惑亂，蓋不親到其地，而但憑人之言，則愈求而愈不得其真矣。

自未有天地之前，至既有天地之後，只是陰陽二氣而已。本只是一氣，分而言之，則曰陰陽。又就陰陽中細分之，則為五行。五行即二氣，二氣即一氣。氣之所以能如此者，何也？以理為之主宰也。理者，非別有一物在氣中，只是為氣之主宰者即是。無理外之氣，亦無氣外之理。人得天地之氣而成形，有此氣即有此理，所有之理謂之性。此理在天地，則元亨利貞是也。其在人而為性，則仁義禮智是也。性即天理，豈有不善！但人之生也，受氣有或清或濁之不同，成質有或美或惡之不同。氣之極清、質之極美者為上聖，蓋此理在清氣美質之中，本然之真，無所汙壞，此堯、舜之性所以為至善，而孟子之道性善所以必稱堯、舜以實之也。其氣之至濁、質之至惡者為下愚。上聖以下，下愚以上，或清或濁，或美或惡，分數多寡，有萬不同。惟其氣濁而質惡，則理在其中者，被其拘礙淪染而非復其本然矣。此性之所以不能皆善而有萬不同也。孟子道性善，是就氣質中挑出其本然之理而言，然不曾分別性之所以有不善者，因氣質之有濁惡而汙壞其性也，故雖與告子言，而終不足以解告子之惑。至今人讀《孟子》，亦見其未有以折倒告子而使之心服也，蓋孟子但論得理之無不同，不曾論到氣之有不同處，是其言之不備也。不備者，謂但說得一邊不完備也，故曰論性不論氣不備。此指孟子之言性而言也。至若荀、揚以性為惡，以性為善惡混，與夫世俗言人性寬、性褊，性緩、性急，皆是指氣質之不同者為性，而不知氣質中之理謂之性，此其見之不明也。不明者，謂其不曉得性字，故曰論氣不論性不明。此指荀、揚、世俗之說性者言也。程子「性即理也」一語，正是鍼砭世俗錯認性字之非，所以為有大功。張子言：「形而後有氣質之性，善反之，則天地之性存焉，故氣質之性，君子有弗性者焉。」此言最分曉，而觀者不能解其言，反為所惑，將謂性有兩種。蓋天地之性，氣質之性，兩性字只是一般，非有兩等性也，故曰二之，則不是言人之性本是得天地之理，因有人之形，則所得天地之性，局在本人氣質中，所謂「形而後有氣質之性」也。氣質雖有不同，而本性之善則一，但氣質不清不美者，其本性不免有所汙壞，故學者當用反之之功。反之如湯、武反之也，反之謂反之于身而學焉，以至變化其不清不美之氣質，則天地之性，渾然全備，具存于氣質之中，故曰「善反之，則天地之性存焉」。氣質之用小，學問之功大，能學者，氣質可變，而不能汙壞吾天地本然之性，而吾性非復如前汙壞于氣質者矣，故曰「氣質之性，君子有弗性者焉」。

欲下工夫，惟敬之一字為要法。

學者工夫，則當先于用處著力，凡所應接，皆當主于一。主于一，則此心有主，而暗室屋漏之處，自無非僻。使所行皆由乎天理，如是積久，無一事而不主一，則應接之處，心專無二。能如此，則事物未接之時，把捉得住，心能無適矣。若先于動處不能養其性，則于靜時豈能存其心哉！

知者，心之靈，而智之用也，未有出于德性之外者。曰德性之知，曰聞見之知，然則知有二乎哉？夫聞見者，所以致其知也。夫子曰：「多聞闕疑，多見闕殆。」又曰：「多聞擇其善者而從之，多見而識之。」蓋聞見雖得于外，而所聞所見之理則具于心，故外之物格，則內之知致。此儒者內外合一之學，固非如記誦之徒，博覽于外，而無得于內；亦非如釋氏之徒，專求于內，而無事于外也。今立真知、多知之目，而外聞見之知于德性之知，是欲矯記誦者務外之失，而不自知其流入于異端也。聖門一則曰多學，二則曰多識，鄙孤陋寡聞，而賢以多問寡，曷嘗不欲多知哉！記誦之徒，則雖有聞有見，而實未嘗有知也。昔朱子于《大學或問》嘗言之矣，曰：「此以反身窮理為主，而必究其本末是非之極致，是以知愈博而心愈明。彼以徇外誇多為務，而不覈其表裏真妄之實，然是以識愈多而心愈窒。」

太極與此氣非有兩物，只是主宰此氣者便是，非別有一物在氣中而主宰之也。

元亨，誠之通者，春生夏長之時，陽之動也，于此而見太極之用焉。利貞，誠之復者，秋收冬藏之時，陰之靜也，于此而見太極之體焉。此造化之體用動靜也。至若朱子所謂本然未發者，實理之體；善應不測者，實理之用。此則就人身上言，與造化之體用動靜又不同。蓋造化之運，動極而靜，靜極而動，動靜互根，歲歲有常，萬古不易，其動靜各有定時。至若人心之或與物接，或不與物接，初無定時，或動多而靜少，或靜多而動少，非如天地之動靜有常度也。

太極本無動靜體用也，然言太極，則該動用靜體在其中。因陽之動，而指其動中之理為太極之用耳，因陰之靜，而指其靜中之理為太極之體耳，太極實無體用之分也。（文淵閣四庫全書《吳文正集》卷二）

若曰徒求之五經，而不反之吾心，是買櫝而棄珠也。此則至論。不肖一生，切切然惟恐其墮此窠臼。學者來此講問，每先令其主一持敬，以尊德性，然後令其讀書窮理，以道問學；有數條自警省之語，又揀擇數件書，以開學者格致之端，是蓋欲先反之吾心，而後求之五經也。（文淵閣四庫全書《吳文正集》卷三）

百家謹案：草廬嘗謂學必以德性為本，故其序《陸子靜語錄》曰：「道在天地間，今古如一，當反之于身，不待外求也。先生之教以是，豈不至簡至易而切實哉！不求諸己之身，而求諸人之言，此先生之所大憫也。」議者遂以草廬為陸氏之學云。

先儒云：「道亦器，器亦道。」是道器雖有形而上、形而下之分，然合一無間，未始相離也。

理在氣中，原不相離。老子以為先有理而後有氣，橫渠張子詆其有生于無之非，晦庵先生詆其有無為二之非。其「無」字是說理字，「有」字是說氣字。

百家謹案：理在氣中一語，亦須善看一氣流行，往來過復，有條不紊。從其流行之體謂之氣，從其有條不紊謂之理，非別有一理在氣中也。

仁，人心也，敬則存，不敬則亡。

聖人與天為一。

夫人之一身，心為之主。人之一心，敬為之主。主于敬，則心常虛，虛則物不入也。主于敬，則心常實，實則我不出也。（文淵閣四庫全書《吳文正集》卷三）

百家謹案：虛實之言，本于程子。

我之所以為身，豈五臟六腑四肢百骸之謂哉！身非身也，其所主者心也。心非心也，其所具者性也。性非性也，其所原者天也。天之所以為天，我之所以為身也，然則我之身，非人也，天也。（文淵閣四庫全書《吳文正集》卷六）

庸者，常而不易之理，然不可以一定求也。庸因中以為體，中因時以為用。昔之過也，今為不及。彼之不及也，此為過。隨時屢易而不可常者，中也。夫理之常而不易，正以屢易而不可常之故。一定，則惡能常而不易哉！銖兩不易，衡之常也，膠其權則奚取？然則權之前卻無常，衡之所以有常也。時中之謂庸，蓋如此。

或問立之義曰：「定腳之謂立，動腳則非立矣。」此一義也。可與立者，謂行到此處，立定腳跟，更不移動，故先儒以守之固釋之。三十而立，立于禮之立，並同。豎起之謂立，放倒則非立矣，此又一義也。《孝經》所謂立身行道，名立于後世；《左傳》所謂立德立功立言；臧文仲其言立之立，並同。

敬者心之一。

主于天理則堅，徇于人欲則柔。堅者，凡世間利害禍福、富貴貧賤舉不足以移易其心。柔，則外物之誘僅如毫毛，而心已為之動矣。（文淵閣四庫全書《吳文正集》卷七）

百家謹案：所謂水不能濡，火不能爇，天理是也，非特堅而已。

夫學，孰為要？孰為至？心是已。天之所以與我，我之所以為人者，在是。不是之求而他求焉，所學何學哉！聖門之教，各因其人，各隨其事，雖不言心，無非心也。孟子始直指而言先立乎其大者。噫，其要矣乎！其至矣乎！邵子曰：「心為太極。」周子曰：「純心要矣。」張子曰：「心清時，視明聽聰，四體不待羈束而自然恭敬。」程子曰：「聖賢千言萬語，只是欲人將已放之心約之使入身來。」此皆得孟子之正傳者也。

予觀四子言志，而聖人獨與曾點，何哉？三子皆言他日之所能為，而曾點但言今日之所得為。期所期于後，不若安所安于今也。夫此道之體，充滿無毫毛之缺；此道之用，流逝無須臾之停，苟有見乎是，則出王游衍皆天也。素其位而行，無所願乎外，夫子之樂，在飯疏飲水之中，顏子之樂，雖簞瓢陋巷而不改也。邵子曰：「在朝廷行朝廷事，在林下行林下事。」其知曾點之樂者與。凡人皆當志于聖，遜弟一等而為第二等，比于自暴自棄。（文淵閣四庫全書《吳文正集》卷七）

始終一信，中允而外諒，然後無愧于古人務實之學。

夫子生知安行之聖，未嘗不思。思而弗得弗措者，子思所以繼聖統也。子思傳之孟子，以心官之能思，而先立乎其大，實發前聖不傳之祕、至汝南周氏，直指思為聖功之本，有以上接孟氏之傳，而關西之張、河南之程，其學不約而同，可見其真得孔聖傳心之印。（文淵閣四庫全書《吳文正集》卷八）

見孺子入井，惻然不忍，于心從何而萌？聞犬馬呼己，能艴然不受，是心從何而起？舉世倀倀，如無目之人，坐無燭之室，金玉滿堂，而冥然莫知其有此寶也。儻能感前聖之所已言，求吾心之所同得，而一旦有覺焉，譬如目翳頓除，燭光四達，左右前後，至寶畢見，皆吾素有，不可勝用也。（文淵閣四庫全書《吳文正集》卷九）

約愛、惡、哀、樂、喜、怒、憂、懼、悲、欲十者之情，而歸之于禮、義、仁、智四者之性，所以性其情，而不使情其性也。

敬則心存，心存而一動一靜皆出于正。仁義禮智之得于天者，庶其得于心而不失矣乎！

昔趙清獻公日中所為，夜必告天；司馬文正公平生所為，皆可語人。如欲日新乎？每日省之，事之可以告天、可以語人者為是；其不可告天、不可語人者為非。非則速改。昨日之非，今日不復為也。日日而省之，日日而改之，是之謂日日新，又日新。（文淵閣四庫全書《吳文正集》卷十）

純乎天理之實為誠，徇乎人欲之妄為不誠。惟能以天理勝人欲，一念不妄思，一事不妄行，仰無所愧，俯無所怍，庶幾其誠乎！窮物理者，多不切于人倫日用；析經義者，亦無關于身心性情，如此而博文，非復如夫子之所以教，顏子之所以學者矣！

孔門弟子問夫子所志，曰老安、少懷而信朋友。是使之一一皆得其所也。三者之人，欲其無一之不得其所，故曰聖人之心猶天也。若夫自處其身于無過之地，而視人之得其所、不得其所若無與于吾事然，是則楊朱為我之學，而聖賢之所深闢也。

時不同，為其時之所可為者而已；位不同，為其位之所當為者而已。（文淵閣四庫全書《吳文正集》卷十一）

陸子有得于道，壁立萬仞。

仁，人心也，然體事而無不在。專一于心，而不務周于事，則無所執著，而或流于空虛。聖賢教人，使其隨事用力，及其至也，無一事之非仁，而本心之全德在是矣。

凡喪，禮制為斬齊功緦之服者，其文也；不飲酒，不食肉，不處內者，其實也。中有其實，而外飾之以文，是為情文之稱。徒服其服而無其實，則與不服等耳。雖不服其服而有其實者，謂之心喪。心喪之實，有隆而無殺；服制之文，有殺而有隆，古之道也。（文淵閣四庫全書《吳文正集》卷十六）

三綱二紀，人之大倫也。五常之道也，君為臣之綱，其有分者義也；父為子之綱，其有親者仁也；夫為妻之綱，其有別者智也。長幼之紀，其序為禮，朋友之紀，其任為信，之二紀者，亦不出乎三綱之外。何也？因有父子也，而有兄弟，以至于宗族，其先後以齒者，一家之長幼也；因有君臣也，而有上下，以至于儔侶，其尊卑以等者，一國之長幼也；因有兄弟也，而自同室以至于宗族，其互相助益者，同姓之朋友也；因有上下也，而自同僚以至儔侶，其互相規正者，異姓之朋友也。舉三綱而二紀在其中，故總謂之綱常。人之所以為人而異于物者，以其有此綱常之道也。（文淵閣四庫全書《吳文正集》卷二十）

夫道也者，天之所以與我，己所固有也，不待求諸外。有志而進焉，有見有得，可立而竢。（文淵閣四庫全書《吳文正集》卷二十）

讀《四書》有法，必究竟其理而有實悟，非徒誦習文句而已；必敦謹其行而有實踐，非徒出入口耳而已。朱子嘗謂《大學》有二關，格物者夢覺之關，誠意者人獸之關。實悟為格，實踐為誠。物既格者，醒夢而為覺，否則雖當覺時猶夢也。意既誠者，轉獸而為人，否則雖列人群亦獸也。號為讀《四書》而未離乎夢、未免乎獸者蓋不鮮，可不懼哉！物之格在研精，意之誠在慎獨，苟能是，始可為真儒，可以範俗，可以垂世，百代之師也！（文淵閣四庫全書《吳文正集》卷二十五）

朱、陸二師之為教，一也。而二家庸劣之門人，各立標榜，互相詆訾，至于今，學者猶惑。嗚呼甚矣，道之無傳而人之易惑難曉也！為人子孫者，思自立而已矣。族姓之或微或著，何算焉？能自立歟，雖微而浸著；不能自立歟，雖著而浸微。盛衰興替亦何常之有，惟自立之為貴！（文淵閣四庫全書《吳文正集》卷三十二）

不以外物易天性之愛。（文淵閣四庫全書《吳文正集》卷四十三）

夫人之生也，以天地之氣凝聚而有形，以天地之理付畀而有性。心也者，形之主宰，性之郛郭也。此一心也，自堯、舜、禹、湯、文、武、周公傳之，以至于孔子，其道同。道之為道，具于心，豈有外心而求道者哉！而孔子教人，未嘗直言心體，蓋日用事物，莫非此心之用，于其用處，各當其理，而心之體在是矣。操舍存亡，惟心之謂，孔子之言也。其言不見于《論語》之所記，而得于《孟子》之傳，則知孔子教人，非不言心也，一時學者未可與言，而言之有所未及耳。孟子傳孔子之道，而患學者之失其本心也，于是始明指本心以教人。其言曰：「仁，人心也。放其心而不知求，哀哉！」又曰：「學問之道無他，求其放心而已矣。」又曰：「耳目之官不思而蔽于物。心之官則思。先立乎其大者，則其小者不能奪也。」嗚呼至矣！此陸子之學所從出也。夫孟子言心而謂之本心者，以為萬理之所根，猶草木之有本，而苗莖枝葉皆由是以生也。今人談陸子之學，往往曰以本心為學，而問其所以，則莫能知陸子之所以為學者何如。是本心二字，徒習聞其名，而未究竟其實也。夫陸子之學，非可以言傳也，況可以名求哉！然此心也，人人所同有，反求諸身，即此而是。以心而學，非特陸子為然，堯、舜、禹、湯、文、武、周、孔、顏、曾、思、孟以逮周、程、張、邵諸子，莫不皆然。故獨指陸子之學為本心，學者非知聖人之道者也。應接酬酢，千變萬化，無一而非本心之發見，于此而見天理之當然，是之謂不失其本心，非專離去事物，寂然不動，以固守其心而已也。（文淵閣四庫全書《吳文正集》卷四十八）

周子生於千載之下，不由師授，默契道妙。士君子有志斯世，大而宰天下，小而宰一邑，皆可以行志，顧其人何如耳！（文淵閣四庫全書《吳文正集》卷五十七）

夫修己以敬，吾聖門之教也，然自孟子之後失其傳，至程子乃復得之，遂以敬之一字為聖傳心印。程子初年受學于周子，周子之學主靜，而程子易之以敬，蓋敬則能主靜矣。（文淵閣四庫全書《吳文正集》卷五十三）

所貴乎讀書者，欲其因古聖賢之言，以明此理存此心而已。此心之不存，此理之不明，而口聖賢之言，其與街談巷議、塗歌里謠等之為無益。

讀書當知書之所以為書，知之必好，好之必樂，既樂則書在我。苟至此，雖不讀，可也。（文淵閣四庫全書《吳文正集》卷五十七）

宋三百年，禮儒臣，尚經訓，雖季世，家法猶未替。

孝豈易能哉！聖門之以孝名者，曾子也。其門人嘗問：「夫子可以為孝乎？」而曾子以「參安能為孝」答。曾子之父，聖門高弟，樂道亞于顏子。曾子之事親，極其孝矣，而孟子僅以為可。豈謂曾子之孝為有餘哉！蓋子之身所能為者，皆其所當為也，是以曾子終身戰兢，惟恐或貽父母羞辱，逮于啟手足之際，然後自喜其可免，于此見孝行之難也。（文淵閣四庫全書《吳文正集》卷五十六）

古今人言靜字，所指不同，有深淺難易。程子言「性靜者可以為學」，與諸葛公言「非靜無以成學」，此靜字稍易，夫人皆可勉而為。周子言「聖人定之以中正仁義而主靜」，與莊子言「萬物無足以撓心故靜」，此靜字則難，非用功聖賢學者，未之能也。《大學》「靜而后能安」之靜，正與周子、莊子所指無異。朱子以心不妄動釋之，即孟子所謂「不動心」也。孟子之學，先窮理知言，先集義養氣，所以能不動心。《大學》之教，窮理知言則知止，集義養氣則有定，所以能靜也。能靜者，雖應接萬變，而此心常如止水，周子所謂動而無動是也。安則素其位而行，無入不自得之意。（文淵閣四庫全書《吳文正集》卷六十二）

太極者，何也？曰：道也。道而稱之曰太極，何也？曰：假借之辭也。道不可名也，故假借可名之器以名之也。以其天地萬物之所共由也，則名之曰道，道者，大路也。以其條派縷脈之微密也，則名之曰理，理者，玉膚也。皆假借而為稱者也。真實無妄曰誠，全體自然曰天，主宰造化曰帝，妙用不測曰神，付與萬物曰命，物受以生曰性，得此性曰德，具於心曰仁，天地萬物之統會曰太極。道也，理也，誠也，天也，帝也，神也，命也，性也，德也，仁也，太極也，名雖不同，其實一也。極，屋棟之名也。屋之脊檁曰棟，就一屋而言，惟脊檁至高至上，無以加之，故曰極。而凡物之統會處，因假借其義而名為極焉，辰極、皇極之類是也。道者，天地萬物之統會，至尊至貴，無以加者，故亦假借屋棟之名而稱之曰極也。然則何以謂之太？曰：太之為言，大之至甚也。夫屋極者屋棟，為一屋之極而已；辰極者北辰，為天體之極而已；皇極者人君，一身為天下衆人之極而已，以至設官為民之極，京師為四方之極，皆不過指一物一處而言也。道者，天地萬物之極也。雖假借極之一字強為稱號，而曾何足以擬議其仿佛哉！故又盡其辭而曰太極者，蓋曰此極乃甚大之極，非若一物一處之極。然彼一物一處之極，極之小者耳；此天地萬物之極，極之至大者也，故曰太極。邵子曰：「道為太極。」太祖問曰：「何物最大？」答者曰：「道理最大。」其斯之謂與！然則何以謂之無極？曰：道為天地萬物之體，而無體謂之太極，而非有一物在一處可得而指名之也，故曰無極。《易》曰：「神無方，易無體。」《詩》曰：「上天之載，無聲無臭。」其斯之謂與！然則「無極而太極」，何也？曰：屋極、辰極、皇極、民極、四方之極，凡物之號為極者，皆有可得而指名者也，是則有所謂極也。道也者，無形無象，無可執著，雖稱曰極，而無所謂極也，雖無所謂極，而實為天地萬物之極，故曰無極而太極。（文淵閣四庫全書《吳文正集》卷四）

墓焉而體魄安，廟焉而神魂聚，人子之所以孝于親者，二端而已。何也？人之生也，神與體合；而其死也，神與體離。以其離而二也，故于其可見而疑于無知者，謹藏之而不忍見其亡；于其不可見而疑于有知者，勤求之而如或見其存。藏之而不忍見其亡，葬之道也；求之而如或見其存，祭之道也。葬之日，送形而往于墓；葬之後，迎精而反于家。方其迎精而反於家也，一旬之內，五祭而不為數，惟恐其未聚也。及其除喪而遷于廟也，一歲之內，四祭而不敢疏，惟恐其或散也。家有廟，廟有主，祭之禮，于家不于墓也。墓也者，親之體魄所藏，而神魂之聚不在是，以時展省焉，省之禮非祭也。（文淵閣四庫全書《吳文正集》卷四）

諸經序說

《易》，羲皇之《易》，昔在羲皇，始畫八卦，因而重之為六十四。當是時，《易》有圖而無書也。後聖因之作《連山》，作《歸藏》，作《周易》，雖一本諸羲皇之圖，而其取用蓋各不同焉。三《易》既亡其二，而《周易》獨存，世儒誦習，知有《周易》而已。羲皇之圖，鮮獲傳授，而淪沒于方技家，雖其說具見于夫子之《繫辭》《說卦》，而讀者莫之察也。至宋邵子始得而發揮之，于是人乃知有羲皇之《易》，而學《易》者不斷自文王、周公始也。今于《易》之一經，首揭此圖，冠于經端，以為羲皇之《易》，而後以三《易》繼之，蓋欲使夫學者知《易》之本原，不至尋流逐末，而昧其所自云爾。

連山，夏之《易》。《周官》太卜掌三《易》，一曰連山，二曰歸藏，三曰《周易》，經卦皆八，其別皆六十有四。或曰神農作《連山》，夏因之，以其首艮，故曰《連山》，今亡。

歸藏，商之《易》。子曰：「我欲觀殷道，是故之宋，而不足徵也。吾得坤、乾焉。」說者以坤、乾為歸藏。或曰，黃帝作歸藏，商因之，以其首坤，故曰歸藏，今亡。

《周易》，《上、下經》二篇，文王、周公作；《彖辭》《象辭》《繫辭上下》《文言》《說卦》《序卦》《雜卦》傳十篇，孔子作。秦焚書，《周易》以占筮獨存。《漢志》《易》十二篇，蓋《經》二《傳》十也。自魏、晉諸儒分《彖》《象》《文言》入《經》而《易》非古，注疏傳誦者，苟且仍循，以逮于今。宋東萊呂氏始考之以復其舊，而朱子因之，第其文闕衍謬誤，未悉正也。今重加修訂，視舊本為精善，雖于大義不能有所損益，而于羽翼遺經，亦不無小補云。凡十三卷，今存。（以上《易序錄》，文淵閣四庫全書《易纂言》卷首）

《尚書》二十八篇，漢伏生所口授者，所謂《今文書》也。伏生，故秦博士。焚書時，生壁藏之。其後兵起流亡。漢從生求其《書》，亡數十篇，獨得二十八篇，以教授于齊、魯間。孝文時，求能治《尚書》者，天下無有。欲召生，時年九十餘矣，不能行。詔太常遣掌故鼂錯往受之。生老，言不可曉，使其女傳言教錯。齊人語多與潁川異，錯所不知凡十二三，略以其意屬讀而已。夫此二十八篇，伏生口授而鼂錯以意屬讀者也，其間缺誤顛倒固多，然不害其為古《書》也。漢、魏數百年間，諸儒所治，不過此耳。當時以應二十八宿，蓋不知二十八篇之外猶有書也。東晉元帝時，有豫章內史梅賾增多伏生《書》二十五篇，稱為孔氏壁中古文，鄭沖授之蘇愉，愉授梁柳，柳之內兄皇甫謐從柳得之，以授臧曹，曹授梅賾。賾遂奏上其書。今考傳記所引《古書》，見于二十五篇之內者，鄭玄、趙岐、韋昭、王肅、杜預輩並指為「逸書」，則是漢、魏、晉初諸儒曾未之見也。故今特出伏氏二十八篇如舊，以為漢儒所傳，確然可信，而晉世晚出之《書》，別見于後，以俟後之君子擇焉。

《書》二十五篇，晉梅賾所奏上者，所謂《古文尚書》也。《書》有今文、古文之異，何哉？鼂錯所受伏生《書》，以隸寫之，隸者，當世通行之字也，故曰今文。魯恭王壞孔子宅，得壁中所藏，皆科斗書，科斗者，倉頡所製之字也，故曰古文。然孔壁中真《古文書》不傳。後有張霸偽作《九共》九篇《舜典》《汩作》《大禹謨》《益稷》《五子之歌》《允征》《湯誥》《咸有一德》《典寶》《伊訓》《肆命》《原命》《武成》《旅獒》《冏命》二十四篇，目為《古文書》。漢《藝文志》云：「《尚書經》二十九篇。《古經》十六卷。」二十九篇者，即伏生《今文書》二十八篇及武帝時增偽《泰誓》一篇也。《古經》十六卷者，即張霸偽《古文書》二十四篇也。漢儒所治，不過伏生《書》及偽《泰誓》共二十九篇爾。張霸偽《古文》雖在，而辭義蕪鄙，不足取重于世以售其欺。及梅賾二十五篇之《書》出，則凡傳記所引《書》語、諸家指為逸「書」者，收拾無遺，既有證驗，而其言率依于理，比張霸偽《書》遼絕矣。析伏氏《書》二十八篇為三十三，雜以新出之《書》，通為五十八篇，并《書序》一篇，凡五十九，有孔安國傳及序，世遂以為真孔壁所藏也。唐初諸儒從而為之疏義。自是以後，漢世大、小夏侯、歐陽氏所傳《尚書》止二十九篇者，廢不復行，惟此孔壁傳五十八篇，孤行于世。伏氏《書》既與梅賾所增混淆，誰復能辨！竊嘗讀之，伏氏書雖難盡通，然辭義古奧，其為上古之《書》無疑。梅賾所增二十五篇，體製如出一手，采集補綴，雖無一字無所本，而平緩卑弱，殊不類先漢以前之文。夫千年古書，最晚乃出，而字畫略無脫誤，文勢略無齟齬，不亦大可疑乎？吳才老曰：「增多之《書》，皆文從字順，非若伏生之《書》，詰曲聱牙。夫四代之書，作者不一，乃至二人之手，而定為二體，其亦難言矣。」朱仲晦曰：「《書》，凡易讀者皆古文，豈有數百年壁中之物，不能損一字者？」又曰：「伏生所傳皆難讀，如何伏生偏記其所難，而易者全不能記也？」又曰：「孔《書》至東晉方出，前此諸儒皆未見，可疑之甚。」又曰：「《書序》，伏生時無之，其文甚弱，亦不是前漢人文字，只是後漢末人。」又曰：「《小序》決非孔門之舊，安國《序》亦非西漢文章。」又曰：「先漢文文字重厚，今《大序》格致極輕。」又曰：「《尚書》孔安國傳，是魏、晉間人作，託安國為名耳。」又曰：「孔《傳》並《序》皆不類西京文字，氣象與《孔叢子》同是一手偽書，蓋其言多相表裏，而訓詁亦多出于《小爾雅》也。」夫以吳氏、朱子之所疑者如此，顧澄何敢質斯疑，而斷斷然不敢信此二十五篇之為古《書》，則是非之心，不可得而昧也。故今以此二十五篇自為卷帙，以別于伏氏之《書》，而《小序》各冠篇首者，復合為一，以置其後，孔氏《序》亦并附焉，而因及其所可疑，非澄之私言也，聞之先儒云爾。凡四卷。今存。（以上《書序錄》，文淵閣四庫全書《書纂言·目錄》）

《詩》，《風》《雅》《頌》凡三百十一篇，皆古之樂章。六篇無辭者，笙詩也，舊蓋有譜以記其音節而今亡。其三百五篇，則歌辭也。樂有八物，人聲為貴，故樂有歌，歌有辭。鄉樂之歌曰《風》，其詩乃國中男女道其情思之辭，人心自然之樂也，故先生采以入樂，而被之弦歌。朝廷之樂歌曰《雅》，宗廟之樂歌曰《頌》，于燕饗朝會享祀焉用之，因是樂之施于是事，故因是事而作為是辭。然則《風》因詩而為樂，《雅》《頌》因樂而為詩，詩之先後，于樂不同，其為歌辭一也。經遭秦火，樂亡而《詩》存。漢儒以義說《詩》，既不知《詩》之為樂矣，而其所說之義，亦豈能知詩人命辭之本意哉？由漢以來，說三百篇之義者，一本《詩序》。《詩序》不知始于何人，後人從而增之。鄭氏謂《序》自為一編，毛公分以置諸篇之首。夫其初之自為一編也，《詩》自《詩》，《序》自《序》，《序》之非經本旨者，學者猶可考見。及其分以置篇之首，則未讀經文，先讀《詩序》，《序》乃有似詩人所命之題，而《詩》文反若因《序》而作，于是讀者必索《詩》于《序》之中，而誰復敢索《詩》于《序》之外哉！宋儒頗有覺其非者，而莫能斷也。至朱子始深斥其失而去之，然後足以洗千載之謬。嘗因是舍《序》而讀《詩》，則雖不煩訓詁而意自明。又嘗為之強《詩》以合《序》，則雖曲生巧說而義愈晦。是則《序》之有害于《詩》為多，而朱子之有功于《詩》為甚大也。今因朱子所定，去各篇之《序》，使不淆亂乎《詩》之正文，學者因得以《詩》

求《詩》，而不為《序》說所惑。若夫《詩》篇次第，則文王之《二南》而間有平王以後之詩，成王之《雅》《頌》而亦有康王以後之詩，變雅之中而或有類乎正雅之辭者，今既無從考據，不敢輒更。至若變風強入樂歌，而未必皆有所用；變雅或擬樂辭，而未必皆為樂作。其與《風》《雅》合編，蓋因類附載云爾。《商頌》，商時詩也；《七月》，夏時詩也，皆異代之詩，故處《頌》詩、《風》詩之末。《魯頌》乃其臣作為樂歌以頌其君，不得謂之風，故繫之《頌》。周公居東時詩，非擬朝廷樂歌而作，不得謂之《雅》，故附之《豳風》焉。（《詩序錄》，文淵閣四庫全書《吳文正集》卷一）

《春秋經》十二篇，《左氏》《公羊》《穀梁》文各不同。昔朱子刻《易》《書》《詩》《春秋》于臨漳郡，《春秋》一經，止用《左氏》經文，而曰「《公》《穀》二經所以異者，類多人名地名，而非大義所繫，故不能悉具。」竊謂三《傳》得失，先儒固言之矣。載事則《左氏》詳于《公》《穀》，釋經則《公》《穀》精于《左氏》。意者《左氏》必有按據之書，而《公》《穀》多是傳聞之說，況人名地名之殊，或由語音字畫之舛，此類一從《左氏》可也。然有考之于義，確然見《左氏》為失，而《公》《穀》為得者，則又豈容以偏徇哉？嗚呼！聖人筆削魯史，致謹于一字之微，三家去夫子未久也，文之脫謬已不能是正，尚望其能有得于聖人之微意哉！漢儒專門，守殘護缺，不合不公，誰復能貫穿異同而有所去取。至唐啖助、趙匡、陸淳三子，始能信經駁傳，以聖人書法，纂而為例，得其義者十七八，自漢以來，未聞或之先也。觀趙氏所定三《傳》異同，用意密矣，惜其予奪未能悉當，間嘗再為審訂，以成其美。其間不繫乎大義者，趙氏于三家從其多，今則如朱氏意，專以《左氏》為主。儻義有不然，則從其是，《左氏》雖有事跡，亦不從也，一斷諸義而已。嗚呼！屬辭比事，《春秋》教也，今欲因啖、趙、陸三氏遺說，博之以諸家，參之以管見，使人知聖筆有一定之法，而是經無不通之例，不敢隨文生義以侮聖言。顧有此志而未暇就，故先為正其史之文如此。若聖人所取之義，則俟同志者共講焉。（《春秋序錄》，文淵閣四庫全書《吳文正集》卷一）

《儀禮》十七篇，漢高堂生得之以授瑕丘蕭奮，奮授東海孟卿，卿授后倉，倉授戴德、戴聖。大戴、小戴及劉氏《別錄》所傳十七篇，次第各不同，尊卑吉凶，先後倫序，惟《別錄》為優，故鄭氏用之，今行于世。《禮經》殘缺之餘，獨此十七篇為完書，以唐韓文公尚苦難讀，況其下者！自宋王安石行新經義，廢黜此經，學者益罕傳習。朱子考定《易》《書》《詩》《春秋》四經，而謂三《禮》體大，未能敘正，晚年欲成其書，於此至惓惓也，《經傳通解》，乃其編類草稿，將俟喪祭禮畢而筆削焉，無祿弗逮，遂為萬世缺典，每伏讀而為之惋惜。竊謂《樂經》既亡，經僅存五。《易》之《彖》《象》傳本與《繫辭》《文言》《說卦》《序卦》《雜卦》諸傳共為《十翼》，居《上下經》二篇之後者也，而後人以入卦爻之中。《詩》《書》之序，本自為編，居《國風》《雅》《頌》《典》《謨》《誓》《誥》之後者也，而後人以冠各篇之首。《春秋三經》《三傳》，初皆別行，《公》《穀》配《經》，其來已久，最後註《左氏》者又分《傳》以附《經》之年，何居夫《傳》文、《序》文與經混淆，不惟非所以尊經，且于文義多所梗礙，歷千百年而莫之或非也，莫之或正也。至東萊呂氏於《易》

始因晁氏本，定為經二篇、傳十篇。朱子於《詩》《書》，各除篇端小序，合而為一，以置經後；《春秋》一經，雖未暇詳校，而亦剔出《左氏》經文，併以刊之臨漳。于是《易》《詩》《書》《春秋》悉復夫子之舊。五經之中，其未為諸儒所亂者，惟二《禮經》。然三百三千，不存蓋十之八九矣。朱子補其遺缺，則編類之初，不得不以《儀禮》為綱，而各疏其下。脫稿之後，必將有所科別，決不但如今稿本而已。若執稿本為定，則《經》之章也，而以後記、補傳，分隸于其左，與《彖》《象》傳之附《易經》者，有以異乎？否也？經之篇也，而以傳篇、記篇、補篇錯處于其間，與《左氏傳》之附《春秋經》者有以異乎？否也？夫以《易》《書》《詩》《春秋》之四經既幸而正，而《儀禮》一經，又不幸而亂，是豈朱子之所以相遺經者哉！徒知尊信草創之書，而不能探索未盡之意，亦豈朱子之所望于後學者哉！嗚呼！由朱子而來，至于今將百年，以予之不肖，猶幸得私淑其書，用是忘其僭妄，輒因朱子所分《禮經》，重加倫紀。其經後之記，依經章次，秩序其文，不敢割裂，一仍其舊，附于篇終。其十七篇次第，並如鄭氏本，更不間以他篇，庶十七篇正經，不至雜糅二戴之《記》中。有經篇者，離之為逸經。禮各有義，則經之傳也，以戴氏所存，兼劉氏所補，合之而為傳。正經居首，逸經次之，傳終焉，皆別為卷而不相紊。此外悉以歸諸戴氏之《記》。朱子所輯，及黃氏《喪禮》、楊氏《祭禮》，亦參伍以去其重復，名曰《朱氏記》，而與二戴為三。凡周公之典，其未墜于地者，蓋略包舉而無遺。造化之運不息，則天之所秩，未必終古而廢壞，有議禮制度考文者出，所損所益，蓋百世可知也。雖然，苟非其人，禮不虛行，存誠主敬，致知力行，下學而上達，多學而一貫，以得夫堯、舜、禹、湯、文、武、周、孔之心，俾吾朱子之學，末流不至為漢儒學者事也。澄也不敢自棄，同志其尚敦勖之哉！

《儀禮逸經》八篇，澄所纂次。漢興，高堂生得《儀禮》十七篇，後魯共王壞孔子宅，得《古文禮經》于壁中，凡五十六篇，河間獻王得而上之，其十七篇與《儀禮》正同，餘三十九篇藏在祕府，謂之《逸禮》。哀帝初，劉歆欲以列之學宮，而諸博士不肯置對，竟不得立。孔、鄭所引逸《中霤禮》《禘于太廟禮》《王居明堂禮》，皆其篇也。唐初猶存，諸儒曾不以為意，遂至于亡。惜哉！今所纂八篇，其二取之《小戴記》，其三取之《大戴記》，其三取之鄭氏《註》。《奔喪》也、《中霤》也、《禘于太廟》也、《王居明堂》也，固得《逸禮》三十九篇之四。而《投壺》之類，未有考焉。疑古《禮》逸者甚多，不止于三十九篇也。《投壺》《奔喪》篇首與《儀禮》諸篇之體如一，《公冠》等三篇雖已不存，此例蓋作《記》者刪取其要以入《記》，非復正經全篇矣。《投壺》，《大、小戴》不同，《奔喪》與《逸禮》亦異，則知此二篇，亦經刊削，但未如《公冠》等篇之甚耳。五經之文，殆皆不完，然實為《禮經》之正篇，則不可以其不完而擯之于《記》，故特纂為《逸經》，以續十七篇之末。至若《中霤》以下三篇，其經亡矣，而篇題僅見于註家片言隻字之未泯者，猶必收拾而不敢遺，亦「我愛其禮」之意也。

《儀禮傳》十篇，澄所纂次。按《儀禮》有《士冠禮》《士昏禮》，《戴記》則有《冠義》《昏義》，《儀禮》有《鄉飲酒禮》《鄉射禮》《大射禮》，《戴記》則有《鄉飲酒義》《射義》，以至燕聘皆然。蓋周末漢初之人作以釋《儀禮》，而戴氏鈔以入《記》者也。今以此諸篇正為《儀禮》之傳，故不以入《記》，依《儀禮》篇次，萃為一編。文有不次者，頗為更定，如《射義》一篇，迭陳天子諸侯卿大夫士之射，雜然無倫，釐之為《鄉射義》《大射義》二篇。《士相見義》《公食大夫義》則用清江劉原父所補，並因朱子而加考詳焉。于是《儀禮》之經，自一至九經各有其傳矣，惟《覲義》闕，然《大戴朝事》一篇，實釋諸侯朝覲天子及相朝之禮，故以備《覲禮》之義，而為傳十篇云。

《周官》六篇，其《冬官》一篇闕。《漢藝文志》序列于禮家，後人名曰《周禮》。文帝嘗召魏文侯時老樂工至，因得《春官大司樂》之章。景帝子河間獻王好古學，購得《周官》五篇，武帝求遺書得之，藏于祕府，禮家諸儒皆莫之見。哀帝時，劉歆校理祕書，始著于錄，略以《考工記》補《冬官》之闕。歆門人河南杜子春能通其讀，鄭衆、賈逵受業于杜。漢末馬融傳之鄭玄，玄所注，今行于世。宋張子、程子甚尊信之，王安石又為《新義》。朱子謂：「此經周公所作，但當時行之，恐未能盡，後聖雖復損益可也。至若肆為排觝訾毀之言，則愚陋無知之人耳。」《冬官》雖闕，以《尚書》《周官》考之，冬官司空掌邦土，而雜于地官司徒掌邦教之中，今取其掌邦土之官，列于司空之後，庶乎《冬官》不亡，而《考工記》別為一卷，附之于經後云。

《小戴記》三十六篇，澄所序次。漢興，得先儒所記禮書二百餘篇，大戴氏刪合為八十五，小戴氏又損益為四十三，《曲禮》《檀弓》《雜記》分上下，馬氏又增以《月令》《明堂位》《樂記》，鄭氏從而為之註，總四十九篇，精粗雜記，靡所不有。秦火之餘，區區掇拾，所謂存十一于千百，雖不能以皆醇，然先王之遺制，聖賢之格言，往往賴之而存。第其諸篇出于先儒著作之全書者無幾，多是記者旁搜博採，勦取殘篇斷簡，會萃成編，無復詮次，讀者每病其雜亂而無章。唐魏鄭公為是作《類禮》二十篇，不知其書果何如也而不可得見。朱子嘗與東萊吕氏商訂《三禮》篇次，欲取《戴記》中有關于《儀禮》者附之經，其不繫于《儀禮》者，仍別為《記》，吕氏既不及答，而朱子亦不及為，幸其大綱見于文集，猶可考也。晚年編校《儀禮》經傳，則其條例與前所商訂又不同矣。其間所附《戴記》數篇，或削本篇之文而補以他篇之文。今則不敢，故止就其本篇之中，科分櫛剔，以類相從，俾其上下章文義聯屬，章之大指標識于左，庶讀者開卷瞭然。若其篇第，則《大學》《中庸》程子、朱子既表章之，以與《論語》《孟子》並而為四書，固不容復廁之《禮》篇，而《投壺》《奔喪》，實為禮之正經，亦不可雜之于《記》。其《冠義》《昏義》《鄉飲酒義》《射義》《燕義》《聘義》六篇，正釋《儀禮》，別輯為傳，以附經後。此外猶三十六篇，曰《通禮》者九：《曲禮》《內則》《少儀》《玉藻》通記大小儀文，而《深衣》附焉；《月令》《王制》專記國家制度，而《文王世子》《明堂位》附焉。曰《喪禮》者十有一：《喪大記》《雜記》《喪服小記》《服問》《檀弓》《曾子問》六篇記喪，而《大傳》《間傳》《問喪》《三年問》《喪服四制》五篇，則喪之義也。曰《祭禮》者四：《祭法》一篇記祭，而《郊特牲》，《祭義》《祭統》三篇，則祭之義也。曰通論者十有二：《禮運》《禮器》《經解》一類，《哀公問》《仲尼燕居》《孔子閒居》一類，《坊記》《表記》《緇衣》一類，《儒行》自為一類，《學記》《樂記》，其文雅馴，非諸篇比，則以為是書之終。嗚呼！由漢以來，此書千有餘歲矣，而其顛倒糾紛，至朱子始欲為之是正，而未及竟，豈無望于後之人與！用敢竊取其義，修而成之，篇章文句，秩然有倫，先後始終，頗為精審，將來學禮之君子，于此考信，或者其有取乎！非但為戴氏之忠臣而已也。

《大戴記》三十四篇，澄所序次。按《隋志》：《大戴記》八十五篇，今其書闕前三十八篇，始三十九，終八十一，當為四十三篇。中間第四十三、四十四、四十五及六十一，四篇復闕，第七十三有二，總四十篇。據云八十五篇，則末又闕其四；或云止八十一，皆不可考。竊意大戴類萃此記，多為小戴所取，後人合其餘篇，仍為《大戴記》，已入《小戴記》者，不復錄，而闕其篇，是以其書冗泛，不及小戴書甚，蓋彼其膏華，而此其渣滓爾。然向或間存精語，不可棄遺。其與《小戴》重者，《投壺》《哀公問》也。《投壺》《公冠》《諸侯遷廟》《諸侯釁廟》四篇既入《儀禮逸經》，《朝事》一篇又入《儀禮傳》，《哀公問》《小戴》已取之，則于彼宜存，于此宜去。此外猶三十四篇，《夏小正》猶《月令》也，《明堂》猶《明堂位》也，《本命》以下雜錄，事辭多與《家語》《荀子》、賈傳等書相出入，非專為記禮設，《禮運》以下諸篇之比也。《小戴》文多綴補，而此皆成篇，故篇中章句，罕所更定，惟其文字錯誤，參互考校，未能盡正，尚以俟好古博學之君子云。（以上《三禮序錄》，文淵閣四庫全書《吳文正集》卷一）

《漢藝文志》：「《孝經古文孔氏》一篇，二十二章；《孝經》一篇，十八章。長孫氏、江翁、后倉、翼奉、張禹傳之，各自名家。經文皆同，惟孔氏壁中古文為異。」《隋經籍志》：「《孝經》，河間人顏芝所藏。漢初，芝子貞出之。」「又有《古文孝經》與《古文尚書》同出，孔安國為傳，劉向以顏本比古文，除其繁惑，而安國之本亡于梁。至隋，祕書監王劭訪得《孔傳》，河間劉炫因序其得喪，講于人間，漸聞朝廷，儒者皆云炫自作之，非孔舊本。」邢昺《正義》曰：「《古文孝經》，曠代亡逸，隋開皇十四年，祕書學生王逸于京市陳人處得本，送與著作郎王劭，以示河間劉炫，仍令校定，炫遂以《庶人》章分為二，《曾子敢問》章分為三，又多《閨門》一章，凡二十二章，因著《古文孝經稽疑》一篇。」唐開元七年，國子博士司馬貞議曰：「《今文孝經》是漢河間王所得顏芝本，至劉向以此校古文，定一十八章。其古文二十二章出孔壁，未之行，遂亡其本。近儒輒穿鑿更改，偽作《閨門》一章，文句凡鄙，又分《庶人》章從『故自天子』以下別為一章，以應二十二之數。」朱子曰：「《孝經》獨篇首六七章為本經，其後乃傳文，皆齊、魯間儒纂取《左氏》諸書語為之。傳者又頗失其次第。」澄按夫子遺言，惟《大學》《論語》《中庸》《孟子》所述醇而不雜，此外傳記諸書所載，真偽混淆，殆難盡信，《孝經》亦其一也。竊詳《孝經》之為書，肇自孔、曾一時問答之語，今文出于漢初，謂悉曾氏門人記錄之舊，已不可知。武帝時，魯共王壞孔子宅，于壁中得《古文孝經》，以為秦時孔鮒所藏。昭帝時，魯國三老始以上獻，劉向、衛宏蓋嘗手校。魏、晉以後，其書亡失，世所通行，惟《今文孝經》十八章而已。隋時，有稱得《古文孝經》者，其間與今文增減異同，率不過一二字，而文勢曾不若今文之從順，以許氏《說文》所引，及桓譚《新論》所言考證又皆不合，決非漢世孔壁中之古文也。宋大儒司馬公酷尊信之，朱子《刊誤》亦據古文，未能識其何意。今觀邢氏疏說，則古文之為偽，審矣。又觀朱子所論，則雖今文，亦不無可疑者焉。今特因朱子《刊誤》，以今文古文校其同異，定為此本，以俟後之君子云。（《孝經序述》，文淵閣四庫全書《吳文正集》卷一）

太學王先生科

王科，字子純，樂安人。宋末，貢補國學。草廬嘗曰：「耆儒宿學如吾子純者，寥寥若晨星。」

廉訪吳先生當

吳當，字伯尚，草廬之孫也。幼承祖訓，精通經史百家言。草廬既歿，四方從遊者悉就先生卒業。以薦由國子助教歷官翰林直學士。順帝至元中，江南盜起，大臣有言先生世居江右，習知民俗，且其才可任政事，特授江西廉訪使，克復建、撫兩郡。時參政朵歹方駐兵于此，忌先生屢捷，功在己上，因搆為飛語，謂先生與賊通。詔解兵柄。尋除名。先是，先生平賊功狀，自廣東海道未達京師，而朵歹方公牘先至，故朝廷責先生，左遷。及得功狀，知其誣，復拜江西參政。命未下，而陳友諒已陷江西。先生戴黃冠，服道士服，杜門不出，日以著書為事。友諒遣人辟之，先生以死自誓，拘留江州一年，終不屈。歸隱廬陵之谷坪。所著有《周禮纂言》及《學言稿》。

草廬門人

文敏元先生明善

元明善，字復初，清河人。讀書過目輒記，諸經皆有師法。時虞集以治經名世，先生言：「集所治者，惟朱子所定者，殊為未廣。」官至翰林學士，參議中書省事。至治二年，卒于位。贈河南行省左丞，追封清河郡公，謚文敏。初，先生為江西省掾，吳草廬講于郡學，先生問以《易》《書》《詩》《春秋》奧義，歎曰：「與吳先生言，如探淵海。」遂執弟子禮終其身。

學士虞邵庵先生集

虞集，字伯生，蜀人，僑寓崇仁。官至奎章閣侍書學士。至正八年卒，年七十七。先生文章為一代所宗，而其學術源委則自父汲。與草廬為友，先生以契家子從之遊，故得其傳云。

道園文集

許文正公遺書，于聖賢之道，五經之學，蓋所志甚重遠焉。其門人之得于文正者，猶未足以盡文正之心也。而後之隨聲附影者，謂修辭申義為玩物，謂辨疑答問為躐等，謂無猷為為涵養德性，謂深中厚貌為變化氣質，外以聾瞽天下之耳目，內以蠱晦學者之心思，上負國家，下負天下，而謂文正之學，果出于此！（《送李擴序》，文淵閣四庫全書《道園學古錄》卷五）

學士鮑西溪先生恂

鮑恂，字仲孚，崇德人。嘗受《易》于草廬。洪武初，以明經召除文華殿大學士，輔導東宮，固辭歸里。學者稱為西溪先生。

都事藍先生光

藍光，字仲晦，江西人。受業于草廬之門。初為安南路主事。江西陷，先生入閩，轉行省照磨，尋陞檢校，改都事。時八郡騷擾，陳參政方事興役，先生一言不合，遂拂衣而去。全閩內附，先生深衣幅巾，隱居教授，越三十二年而卒。善詩文，考古制度尤加精密。

州同夏先生友蘭

夏友蘭，字幼安，樂安人。事母以孝謹聞。從草廬先生學。大德中，建鰲溪書院，捐田五百畝以贍學者，行省薦于朝。三覲仁宗于潛邸，賜書院額，授會昌州同知，辭。

袁樓山先生明善

袁明善，字誠夫，臨川人。歸事吳文正公。晚年教授于邵庵之門，自號樓山。所著有《徵賦定考》，援引經傳，言井田水利之法甚備，經世之書也，邵庵為之序。又有文集藏于家。

徵君黃西齋極（附子寶）

黃極，字建可，樂安人。師事草廬。元統中，南臺薦其窮極義理之學，恪守貧素之風，廉介不阿，不求聞達，徵之不起。所著有《西齋集》。子寶，字仲瑤，淹洽經史，與何淑、張潔、王翊稱樂安四傑。明永樂間，遣使徵之，亦不起。

李先生本（祖榮，父伯源，從父季淵）、李先生棟

李本，字伯宗，臨川人。從學于草廬。祖榮，至元初，為行軍令史。宜黃南坑盜起，調兵捕治，議畫地以兵殲之，榮抗議不可。時內附未久，守吏率欲以威服眾，軍中又利其子女金帛，計皆出此，聞榮言變色，主兵怒，引弓射榮，榮曰：「殺我以活萬命，可也。」兵官愧悟，納矢箙中，曰：「今當何如？」榮曰：「盜烏合，不能持久；若良民，豈不知逃死。按兵勿動，以誠意諭之，盜可擒矣。」主兵者從之，獲盜首四人，餘散去，鄉民遂安。孫濬軒表其墓。父伯源，為寧都學正。草廬歿，就學者皆依李氏，先生與從弟棟講明濂、洛之學。所居有環翠亭、君子堂，虞邵庵皆為之記。棟父季淵，嘗三割股療母疾，輒愈，郡人以孝稱之。

徵君朱先生夏

朱夏，字元會，金溪人。自遊草廬先生門，杜門究心經史，草廬稱其為文不及于古不止。濟南張起巖在江南行臺，辟憲司掾；京兆賀某在相位，欲薦入史館，皆未就。至正中，鄉寇起，竟罹其禍。所著有《鳴陽集》。

教授黎先生仲基

黎仲基，名載，以字行，臨川人。家三世治喪不用僧道。先生性端重，嘗謁草廬于郡學，草廬喜曰：「期年所接，無如君者。」郡以明經博學薦，湖廣左丞章伯顏徵為太平路儒學教授。蘄黃盜起，常以奇策佐伯顏取勝江上。歸築室瓜園。洪武初，再薦不起，卒。有《瓜園集》十卷、《語錄》八卷。

國博王先生彰

王彰，字伯遠，金溪人。少從草廬先生學，登進士，除國子博士。元亡，歸隱故山。王英嘗作《六賢詠》，謂葛元喆、劉傑、朱夏、陳介、黃彛及先生也。

王西齋先生梁

王梁，樂安人，字純子。師事草廬。嘗築汪陂，溉田千頃，邑長燮理、溥化，郡守楊友直，皆加禮敬。有《西齋稾》藏于家。

楊玉華先生準

楊準，字公平，泰和人。履行修潔，嘗從學于吳文正公，文章高古，甚為虞集、揭傒斯所推許，危素尤敬服之。號玉華居士。

李先生心原

李心原，吉水人。師事草廬，通《五經》，確守朱子之學，尤善推演其說。

通判皮先生溍

皮溍，字昭德，清江人。嘗從草廬先生遊，得其領要。以父南雄總管蔭補邵陽丞，廉潔有惠政。秩滿歸家，三召始起，為平江路通判，流通泉貨，公私便之。

舉解先生觀

解觀，吉水人。天歷鄉舉，預修《宋史》。有《四書大義》行于世。

教諭黃先生盅

黃盅，字子中，萬載人。受學臨川吳草廬，草廬奇其篤志，以子妻之。至正丁卯，舉于鄉，授龍泉縣學教諭。嘗題其讀書堂曰「大本」。有虞道園記。

隱君潘待清先生音

潘音，字聲甫，新昌人。生甫十歲而宋亡，見長老談崖山事，即潸然涕下。及長，讀《夷齊傳》，擊節憤嘆。從吳草盧學，草盧以薦召欲行，先生勸止之，不從，遂歸。築室南洲山中，自名其軒曰「待清隱居」。

編修趙先生宏毅（附子恭）

趙宏毅，字仁卿，晉州人。好學，嘗從吳草盧遊。為國史編修官。元運已終，明兵入城，先生嘆曰：「我今但有一死以報國耳。」乃與妻解氏皆自縊。其子恭為中書管句，亦與妻訣曰：「吾父母已死，尚敢愛生乎！」遂公服向闕拜而縊死。

王先生祁

王祁，藁城人。早受學于臨川吳草盧先生。既有得，仍東歸教授鄉里，士多賴以成就。

草盧再傳

邵庵門人

監丞陳先生旅（附師傅古直）

陳旅，字衆仲，莆田人。初從鄉先生傅古直遊，出為閩海儒學官。至京師，虞伯生見所為文，歎曰：「我老將休，付子斯文。」朝夕以道義學問相講習，薦授國子助教，歷江浙儒學副提舉，應奉翰林文字、國子監丞而卒，年五十六。

左丞王先生守誠

王守誠，字君實，陽曲人。從鄧文原、虞伯生遊。泰定元年進士，累官參議中書省事，出為河南行省參知政事，進左丞。

參政蘇滋溪先生天爵

見《北方學案》。

後記

本書的完成得益于四川社會科學院文學所研究員謝桃坊老師的指導、激勵與鞭策。謝師是我生命中的貴人，也是讓我敬重的師長。二十年前報考南京大學古典文學研究生，因才力不濟未能進入心儀的學校讀書，幸賴謝師幫助指引得以到成都跟隨陳子謙研究員讀研，碩士期間的方向是錢鍾書研究，雖跟古典文學有些關係，但課程設置較為隨意，大多為當代文學方面的內容，沒有版本、目錄、校勘方面的課程，再加之陳師不喜這方面的學問，我在自學中遇到的問題多得謝師的指教、答疑，我的文獻學知識多為謝師當年所授。

二〇一七年十二月中旬，我在貴陽郊區閱卷，接到謝師的電話，謝師一如既往簡單詢問我的近況後即談論學問，這次談論的是黃宗羲原著、全祖望補修的《宋元學案》的文獻復原，此前雖然了解《宋元學案》的成書過程複雜，學術價值遠不及《明儒學案》，但對它的認識並不深刻。回昆後翻閱了中華書局的四卷本，有了初步的認識，並在二〇一八年六月寫了一篇小文談了文獻復原的途徑、思路及注意事項，算是對老師的回應和交代。其後一直忙於教學，雖時時關注這方面的研究狀況，但並無實質性的行動與推進。二〇一九年年初，謝師來電詢問進展的情況，我如實以告，謝師聽後沒有責備而給予了善意的提醒與鞭策。謝師的來電對我觸動很大，謝師雖八十五歲，依然關注當下學術的近況，筆耕不輟，反躬自問，自己近幾年因身體原因和糟糕的工作環境而心灰意冷無所事事，令人赧然。與謝師通話後次日即購買了浙江古籍出版社的《黃宗羲全集》，打印了《續修四庫全書》影印清道光二十六年道州何氏刊本，開始動手。在教學之餘，全部用於此書的整理，期間遇到的問題多次與謝師溝通、商議，聽取他的指導意見，歷時十一個月終於完稿。借此書問世之際，恭祝老師健康長壽。

安芳編輯不辭辛勞，認真負責，嚴格把關，避免了諸多訛誤，謹致謝忱。

《宋元學案》编纂，成書过程复杂，文獻乏徵，本書复原依現今通行之百卷本，書中定有訛誤与不准确之處，請讀者批評指正。

作者二〇一九年十二月記于春城